作者简介

布和朝鲁，内蒙古阿拉善盟阿拉善左旗人，蒙古族，研究生学历。曾任内蒙古阿拉善右旗旗委书记，内蒙古阿拉善盟盟委委员、宣传部长、秘书长，内蒙古党委组织部副部长，内蒙古锡林郭勒盟盟委书记，内蒙古党委副秘书长、政策研究室主任，内蒙古自治区人大常委会委员。曾任中国国际经济交流中心特邀研究员，内蒙古党建研究会副会长，内蒙古低碳发展研究院常务副院长，内蒙古人力资源协会名誉会长，内蒙古党校、内蒙古行政学院客座教授。

发表论文300余篇。2010年，人民出版社出版的经济学著作《奋力走进前列——内蒙古现象研究》获内蒙古自治区第三届哲学社会科学优秀成果政府一等奖。2016年，人民出版社出版的经济学著作《富民论》获内蒙古自治区第五届哲学社会科学优秀成果政府三等奖。

布和朝鲁文集

理念思路篇

布和朝鲁◎著

图书在版编目（CIP）数据

布和朝鲁文集/布和朝鲁著. —北京：经济管理出版社，2020. 1
ISBN 978-7-5096-7003-3

Ⅰ. ①布… Ⅱ. ①布… Ⅲ. ①布和朝鲁—文集 Ⅳ. ①Z427

中国版本图书馆 CIP 数据核字（2020）第 021656 号

组稿编辑：申桂萍
责任编辑：申桂萍　姜玉满　杜羽茜　王虹茜
责任印制：黄章平
责任校对：张晓燕　陈　颖

出版发行：经济管理出版社
（北京市海淀区北蜂窝 8 号中雅大厦 A 座 11 层　100038）
网　　址：www. E-mp. com. cn
电　　话：（010）51915602
印　　刷：三河市延风印装有限公司
经　　销：新华书店
开　　本：720mm×1000mm/16
印　　张：70. 75
字　　数：1286 千字
版　　次：2020 年 7 月第 1 版　　2020 年 7 月第 1 次印刷
书　　号：ISBN 978-7-5096-7003-3
定　　价：198. 00 元（全五册）

凡购本社图书，如有印装错误，由本社读者服务部负责调换。
联系地址：北京阜外月坛北小街 2 号
电话：（010）68022974　　邮编：100836

自　序

举国欢庆祖国母亲七十华诞的历史时刻，个人文集即将出版，我的心情格外激动。文集者，顾名思义是文章文稿的汇集选编。为什么出版文集？领袖、伟人、名家的文选文集有其不可估量的价值。我这里要说的是普通人的文集，其意义至少有三个方面：一是对当代人或许有某种参考借鉴的意义；二是对后代人或许有某种增知和启迪意义；三是对历史具有比较研究的意义。所谓历史，从其存在形式来说，就是当时人的文字记录、口口相传的记忆记录和某些物体的特殊记录。如果没有了这些记录，历史便不能被后人知晓。这是我对文集出版价值的认识。

什么样的文集有价值呢？概言之，文集中文章文稿说的是真话实话自己的话，而不是假话空话套话。说来容易，真正做到并不容易。说真话，就是说的话具有真理性、科学性，以党的创新理论为指导，符合习近平新时代中国特色社会主义思想的原则和立场、观点、方法。说实话，就是说的话是实事求是的，符合当时当地的实际情况，坚持问题导向，以解决当时当地发展中的问题为出发点，以实现、维护、发展人民群众的根本利益为落脚点。说自己的话，就是理论与实际相结合，说有见解、有新意，有针对性、有操作性的话。这是我对文集参考价值的认识。我不敢说这套文集有这样的价值，但一直以来是我努力的方向。

进入新时代，人们为实现自己的梦想而奋斗，都在只争朝夕。读书看文章，希望在有限的时间里能看到有新意、有启迪的短文。这套系列文集选录了260多篇文章，近百万字，时间跨度从20世纪80年代到现在，多数文章的篇幅比较短。当然，也有上万字甚至数万字的课题研究报告，数量相对较少。希望这套系列文集能适应不同读者的兴趣，非常期待读者不吝赐教。

这套系列文集尽管是一己之见，却是我从政几十年的印记和心血。恰逢盛世，愿以此为我的祖国献上小小的礼物。是为序。

布和朝鲁

2019年9月30日

目　录

布和朝鲁文集之一

理念思路篇

布和朝鲁文集之二

全面发展篇

布和朝鲁文集之三

研究探索篇

布和朝鲁文集之四

随笔散记篇

布和朝鲁文集之五

党建引领篇

布和朝鲁文集之一

理念思路篇

锡林郭勒盟发展面临的形势[①]

实现“两个提高”，即提高财政收入水平，提高城乡人民生活水平，是内蒙古自治区“九五”时期的根本任务和主要奋斗目标。内蒙古自治区党委确立的“两个提高”目标，符合邓小平理论和党的十五大精神，符合内蒙古自治区实际，也完全符合锡林郭勒盟（以下简称锡盟）的实际。邓小平同志指出：“社会主义的本质是解放生产力，发展生产力，消灭剥削，消除两极分化，最终达到共同富裕。”“两个提高”是生产力发展的集中体现，反映了广大人民群众的强烈愿望。只有城乡人民生活水平提高了，才能达到小康，消除贫富差距，最终实现共同富裕；只有财政收入水平提高了，才能增强综合经济实力，提高国民经济整体素质；只有实现“两个提高”，才能推动边疆少数民族地区的繁荣和进步，维护改革发展稳定的大局。“两个提高”目标的确立，抓住了经济社会发展的主要矛盾；“两个提高”目标能不能如期实现，实现得快与慢，不仅是一个经济问题，而且是一个政治问题。因此，我们要高举邓小平理论伟大旗帜，认真贯彻落实党的十五大精神，以实现“两个提高”统揽锡盟发展全局，把实现“两个提高”作为一切工作的出发点和落脚点，进一步动员各行各业、各条战线，紧紧围绕实现“两个提高”抓好工作，为实现“两个提高”搞好服务。

锡盟“两个提高”的目标是，到2000年，全盟地方财政收入达到3.85亿元，年递增15%；牧民人均纯收入达到3200元，年递增7.5%；农民人均纯收入达到2000元，年递增13.1%；城镇居民人均可支配收入达到3500元，年递增12.4%。在过去的两年里，锡盟各级党委、政府团结带领各族人民，紧紧围绕实现“两个提高”，艰苦奋斗，锐意进取，做了大量卓有成效的工作，改革开放和经济建设都取得了可喜的成就，为今后的发展打下了坚实的基础。1997年，锡盟国内生产总值达到50.6亿元，比“八五”期末增加10.9亿元，年均递增12.9%；财政总收入完成4.56亿元，比“八五”期末增加1.25亿元，年均递增17.4%。其中，地方财政收入完成2.99亿元，比“八五”期末增加1.07亿元，年均递增24.8%；牧民人均纯收入2918元，比“八五”期末提高685元，年均递增14.3%；农民人均纯收入1240元，比“八五”期末提高157元，年均递增

① 本文节选自1998年8月16日在中共锡林郭勒盟委员会1998年第一期读书会上的讲话提纲，原载于1998年9月9日锡党发〔1998〕12号文件。

7.0%；城镇居民人均可支配收入3383元，比“八五”期末提高1706元，年均递增24.6%。以上几项主要经济指标说明，锡盟委员会、锡盟行署确定的“九五”发展战略是正确的，工作是富有成效的。

现在距“九五”期末只有两年多，时间十分紧迫，任务相当艰巨。我们必须进一步增强以实现“两个提高”统揽全局的意识和实现“两个提高”的责任感、紧迫感，解放思想、实事求是，认清形势、理清思路，提高认识、统一思想，振奋精神、真抓实干，加大工作力度，加快实现“两个提高”的进程。为此，我们有必要对实现“两个提高”所面临的形势进行简要的分析，以期进一步完善思路，明确重点，制定措施，卓有成效地开展工作。

从锡盟财政收入情况看，1997年，全盟财政总收入为45550万元，其中，地方财政收入29971万元，占65.8%，上划中央两税15579万元，占34.2%。地方财政收入中，农牧业税收收入占40.9%，城镇经济税收收入占40.3%，其他收入占18.8%。锡盟的财政状况有三个特点：一是财源单一，基础脆弱，后续财力不足。锡盟地方财政收入的大头来自农牧业和华油税收，近几年一直占到3/5左右，地方工业仅占1/5，严重依赖一个企业、一个产业。二是地方财政收入远远不能保证正常运转，严重依赖上级财政的扶持。从1997年的情况看，来自上级的各类资金达4亿多元，占可用财力的57.4%。在财政“分灶吃饭”的体制下，国家不可能为锡盟提供充足的财政补助，长期依赖国家，锡盟将永远处于被动落后的状态。三是旗县级财政总量小、财力弱，而且层级间、地区间很不平衡。在锡林郭勒盟地方财政收入中，盟本级占20%，旗县级占80%。锡林浩特和二连浩特两市的财政收入占到旗县级总量的1/3，再加上盟本级，三家之和与其余10个旗县财政收入总量相当。地方财政收入超过5000万元的只有锡林浩特市一家，1/4的旗财政收入还不到1000万元。绝大多数旗县不但没有财力搞建设，就连发工资、保运转都极为困难。因此，提高财政收入水平，一要广辟财源，实现财源多元化；二要自力更生，打财政翻身仗，提高财政自给能力；三要大力发展旗县经济，从根本上壮大旗县财政实力。

从城乡人民收入水平看，1997年，锡盟农牧民人均纯收入为1907元，位列内蒙古自治区第6位；城镇居民人均可支配收入3383元，位列内蒙古自治区第10位。

先说牧民收入。1997年，锡盟牧民人均纯收入2918元，居内蒙古自治区各盟（市）之首。改革开放以来，锡盟畜牧业的长足发展和牧民收入水平的显著提高有目共睹，但存在的问题也非常突出。一是收入来源单一。在1997年的牧民人均纯收入中，97.5%来自牧业收入，仅有2.5%来自其他收入，而且牧业收入的大头来自出售活畜，占60.6%。二是牧民的高收入是建立在对草原资源的过度利用和消耗上。日趋尖锐的草畜矛盾和草场大面积退化沙化等一些深层次问题已明显暴露出来，外延扩展的传统增长模式已无法继续支持畜牧业的发展。三是牧户的贫富差距拉大，较高的牧民人均纯收入掩盖了相当数量牧户的真实收入水平。据抽样调查，1997 年，63.3% 的牧户人均纯收入低于锡盟平均水平，人均纯收入在 1500 元以下的牧户比重达 34.4%，其中一半的牧户人均饲养牲畜不到 35 个羊单位；人均收入万元以上的大户虽仅占 4.4%，但收入占到全盟牧民纯收入总额的 19.5%，由于大户的拉动，使得锡盟牧民人均纯收入提高 469 元。因此，提高牧民收入，应当加快推进畜牧业产业化，通过加工增值增收，使收入来源多元化；坚持“双增双提”的方针，实现集约经营，调整畜群畜种结构，加大出栏，加快周转，提高效益；运用市场经济的办法，制定相应政策，引导牧民实现共同富裕。

从农民收入来看，1997 年，锡盟农民人均纯收入为 1240 元，比内蒙古自治区、全国平均水平分别低 464 元和 850 元，位列内蒙古自治区末位。农民收入上不去的原因主要有四条：一是基础薄弱，抗御自然灾害特别是旱灾的能力差。1996 年农业普查资料显示，锡盟有效灌溉面积只有 7 万多亩，仅占总播种面积的 2.5%，比内蒙古自治区平均水平低 25 个百分点。1997 年由于遭受旱灾，比 1996 年减收 136 元，降幅近 10%。二是经营粗放，机械化程度和科技含量低。从近几年的情况看，锡盟农区人均播种面积近 10 亩，平均单产不足 200 斤，属典型的广种薄收。每亩耕地占有农机总动力仅 0.07 千瓦，比内蒙古自治区和全国平均水平分别低 0.04 千瓦和 0.13 千瓦，机耕面积不到一半，机收仅占 13.5%，地膜覆盖率还不到 3%。三是粮经结构和种养结构不合理。粮食种植比例过大，经济作物仅占总播种面积的 10% 左右。近几年，来自牧业的收入仅占农民总收入的 1/3，特别是牛羊育肥在大部分农区仍是空白。四是产业结构不合理，乡镇企业不发达。1997 年，锡盟农民总收入中，家庭经营收入占 94.4%，农民收入来源单一，从事第二、第三产业的人员很少。因此，提高农民收入，应当组织和引导农民加强农田基本建设，主攻水浇地和旱作基本田；大力推广适用技术，精种高产；调整粮经结构和种养结构，“一退三还”，走农牧结合的路子；调整产业结构，大力发展乡镇企业。

从城镇居民收入来看，1997 年，锡盟城镇居民人均可支配收入 3383 元，比内蒙古自治区、全国平均水平分别低 562 元和 1777 元。造成锡盟城镇居民收入偏低的原因虽然是多方面的，但主要原因是城镇经济不景气，地方企业效益差，职工工资水平偏低。1997 年，锡盟职工年人均工资中，金融、电力、邮电等行业为 9675 元，就业比重为 8.6%；行政事业单位为 5023 元，就业比重为 44.5%；个体经营者为 7672 元，就业比重为 12.2%；而占就业比重 1/3 的地方企业职工，年人均工资仅为 3831 元。此外，还有一个重要原因是锡盟城镇就业率低。据 1997 年的抽样调查，平均每一就业者供养两人、月人均收入在 200 元以下的低收入户占 1/3。因此，提高城镇居民收入，应当尽快扭转城镇经济不景气局面，加快发展第二、第三产业和非公有制经济，拓宽就业渠道，创造就业岗位，提高就业率，进而提高城镇居民生活水平。

锡林郭勒盟发展的基本思路①

通过前文的分析，不难得出这样的结论，即加快实现“两个提高”的进程，必须调整经济结构，优化产业结构；必须巩固提高第一产业，全力主攻第二产业，突出发展第三产业；必须加快经济体制从传统的计划经济向社会主义市场经济转变，经济增长方式从粗放型向集约型转变。概括起来讲，我们的总体思路是以市场为导向，以效益为中心，发挥资源优势，发展特色经济，依靠科技教育，实现富民强盟。

发挥资源优势，必须以市场为导向，以效益为中心。在市场经济条件下，只有做到产品适销对路，才能实现资源转换。因此，必须用市场经济规律来指导推动特色产业的发展，始终面向市场，根据多元化的市场需求，发展不同档次的产品，逐步形成高、中、低档并举的发展格局，以提高竞争力和市场覆盖率。“两个提高”的目标，本质上是效益目标。因此，必须强化效益意识，坚持以特色战略求效益，以开拓市场争效益，以结构调整创效益，以资本运营出效益，以科技进步促效益，以强化管理增效益，把工作着力点尽快转移到提高经济运行质量和经济效益上来。

发挥资源优势，必须立足于资源转换。资源是一个地区经济赖以发展的物质基础。论发展条件，锡盟在许多方面赶不上经济发达地区，但从资源角度看，锡林郭勒盟有自己独特的优势：一是畜牧业资源丰富。锡林郭勒盟有 18 万平方公里可利用草场、1600 多万头（只）牲畜，发展草原畜牧业以及畜产品加工业的潜力非常大。二是矿产资源丰富。锡林郭勒盟有煤炭、石油、天然碱、原盐、芒硝和金、银、钨、铁、锗等各种矿藏，而且储量大，易开采，开发前景广阔。三是旅游资源丰富。秀丽的草原风光，灿烂的民族文化，浓郁的民俗风情，多彩的名胜古迹，构成了独具魅力的旅游资源。在发展社会主义市

① 本文节选自 1998 年 8 月 16 日在中共锡林郭勒盟委员会 1998 年第一期读书会上的讲话提纲，原载于 1998 年 9 月 9 日锡党发〔1998〕12 号文件。

场经济的新形势下，像锡林郭勒盟这样资源富集而又经济欠发达的地区，只有把资源开发转换作为经济发展的基本立足点，使地区经济发展符合国家产业政策，才能在国家和内蒙古自治区的支持和帮助下加快发展；只有把资源开发转换作为新的经济增长点，才能以市场紧缺的资源性产品参与国内外经济分工，促进与发达地区的优势互补，在经济技术合作中求得发展；只有把资源开发转换作为工作着力点，加快资源优势向产业优势和经济优势转换的步伐，才能增强自身的经济实力，在发展市场经济的大格局中争得主动。因此，加速资源开发的步伐，变资源优势为产业优势和经济优势，这是锡林郭勒盟加快经济发展，努力实现“两个提高”的一条根本出路，也是缩小与发达地区差距的希望所在。

发挥资源优势，必须发展特色经济。在市场经济条件下，变资源优势为经济优势，战略性的选择就是发展特色经济。特色就是生产力，特色就是竞争力，特色就是生命力，唯有特色之树常青。无论是什么产业、什么企业、什么产品，只有以鲜明的特色开辟独特的市场空间，才能有竞争力，才能求得生存与发展。开发资源绝不能重复过去的老路，跟在别人后边搞大路货。如果别人干什么我们干什么，别人出什么产品我们也出什么产品，其结果只能是永远处于市场的“下风头”，不是很快被无情淘汰，就是苦苦挣扎、勉强度日。只有依托资源面向市场，具备“人无我有、人有我新、人新我优、人优我特”的比较优势，靠特色开拓市场，靠特色稳定地占有市场，才能招招领先，步步获胜，也才能够实现资源优势向产业优势和经济优势的转化，加速实现“两个提高”的进程。正因为如此，大力培育和发展特色经济，绝不是权宜之计，而是一个带有全局性、根本性、战略性的大问题。

发挥资源优势，必须依靠科技教育。优势资源必须依靠先进的科学技术才能转变成为有竞争力和扩张力的优势产业和优势产品。靠价廉可以成特色，靠量大也可以成特色，但最终还是要靠科技创出特色，靠科技形成的特色更具生命力和扩张力。锡盟之所以农牧业比较效益低、工业企业效益差、整体经济实力弱，最关键的还是缺少科技含量高的产品，没有形成科技含量高的主导产业。因此，一定要把经济的发展切实转到主要依靠科技进步和提高劳动者素质的轨道上来，大力实施科教兴盟战略。只有这样，才能够加快实现“两个提高”的步伐。

领会内蒙古自治区经济工作会议精神要处理好几个关系①

落实好内蒙古自治区经济工作会议精神，首先必须领会好会议精神，把我们的思想认识统一到会议精神上来。这次会议有很多新内容、新精神，对会议精神学习得深入不深入、领会得透彻不透彻、把握得准确不准确，直接关系到1999年锡林郭勒盟经济工作大局，关系到改革发展进程。我们一定要在深刻领会上下功夫，正确把握和处理好六个关系。

一是正确处理机遇和困难的关系。同全国和内蒙古自治区一样，1999年，锡林郭勒盟面对的形势依然是困难与希望同在，机遇和挑战并存。一方面，国家将继续实行积极的财政政策，扩大投资的同时启动消费，形成投资和消费的双拉动。这是极为难得的机遇，能不能发展得更快一些，关键在于能不能把握和利用好这个机遇。另一方面，因东南亚金融危机带来的市场需求萎缩等消极因素，也会对锡林郭勒盟国民经济发展产生一定影响。我们要正确认识机遇和困难，准确判断形势。同发达地区、沿海地区相比，锡林郭勒盟经济外向程度较低，经济增长主要靠国内市场拉动。对我们来说，1999年总的形势是机遇大于困难。只要我们审时度势，知难而进，努力把握工作主动权，就一定能够保持一个较快较好的发展水平。

二是正确处理速度和效益的关系。能快就不要慢，这个思想在中央和内蒙古自治区经济工作会议上强调得特别突出。我们要在确保经济增长的质量和效益的前提下保持一定的增速，这个增速要力争高于全国和内蒙古自治区的水平。这是因为没有一定的速度就没有效益，就适应不了形势发展的需要，就不能实现“两个提高”，就不能缩小与发达地区的差距。不能简单类比，不能说中央和内蒙古自治区的速度都降了，我们也必然降。这要从锡林郭勒盟的具体情况出发，要实事求是地加以分析，不搞一刀切，不搞攀比，要坚持速度、结构、质量、效益的统一。条件允许就要力争速度更快一些，效益更好一些。

三是正确处理调整结构和开拓市场的关系。调整结构、开拓市场是全国和内蒙古自治区明年经济工作的重点，也是锡林郭勒盟1999年经济工作的重中之重。调整结构，当然首先要调整第一、第二、第三产业比重，但无论是农牧业还是工业，都有一个进一步调整内部结构的问题。只有加大调整力度，进一步优化结

① 本文节选自1998年12月24日在内蒙古自治区经济工作会议锡林郭勒盟组讨论时的讲话录音稿。

构，才能适应市场、开拓市场。推进畜牧业产业化，大力发展农区畜牧业，推进工业改革、改组、改造，优化结构、减员增效、挖潜增效，强化营销策略、营销手段，开拓市场，都是我们应当认真研究解决的问题。

四是正确处理科技进步与转变方式的关系。科技是第一生产力，是经济发展的决定性因素。转变经济增长方式，解决锡林郭勒盟经济工作许多深层次矛盾和问题，归根结底要靠科技进步和劳动者素质的提高。要进一步加大科教兴盟战略实施力度，强化实用技术推广应用，加快科技成果转化和先进技术推广速度，提高科技对经济增长的贡献率。

五是正确处理加强领导和提高素质的关系。做好 1999 年经济工作，把锡林郭勒盟改革开放和现代化建设不断向前推进，加强和改善党对经济工作的领导是关键，全面提高干部素质是保证。按照中央经济工作会议要求，适应新形势、学习新知识，研究新情况、解决新问题，积累新经验、开创新局面，提高各级领导班子和领导干部驾驭市场经济的能力，显得尤为紧迫和重要。新的一年里，在加大教育培训力度，建立健全科学有效的干部竞争、激励和约束机制，充分调动各级干部的积极性、主动性和创造性等方面，都要有新的举措，以保证中央、内蒙古自治区党委和锡林郭勒盟委员会重大决策部署的有效贯彻落实。

六是正确处理改革、发展、稳定的关系。全面贯彻内蒙古自治区经济工作会议精神，坚定不移坚持党的基本路线，必须始终注意处理好改革、发展、稳定的关系。改革是发展的动力，发展是改革的目的，稳定是发展和改革的前提。没有稳定的政治和社会环境，既不能搞好改革，也不能促进发展。推进各项改革，要把握好改革政策出台的时机和力度，充分考虑社会的承受能力和各项措施之间的协调配合。要相信群众，依靠群众，各项改革措施都要征得群众的同意。要经常分析研究影响稳定的新情况、新问题，耐心地、深入细致地做好群众的思想政治工作，及时化解矛盾，努力把问题解决在基层，解决在萌芽状态。

贯彻内蒙古自治区经济工作会议精神的几项措施①

贯彻落实好内蒙古自治区经济工作会议精神，抓好 1999 年的经济工作，要有得力措施。

① 本文节选自 1998 年 12 月 24 日在内蒙古自治区经济工作会议锡林郭勒盟组讨论时的讲话录音稿。

一、具体化落实总体发展战略

锡林郭勒盟委员会提出的以实现“两个提高”统揽全局，以市场为导向，以效益为中心，发挥资源优势，发展特色经济，依靠科技教育，实现富民强盟的发展战略，符合中央和内蒙古自治区经济工作会议精神。抓好1999年的经济工作，必须把这个总体发展战略结合各地各部门实际加以具体化，使其落地生根、开花结果。以实现“两个提高”统揽全局是总的指导思想和总的要求，是一切工作的基本出发点和落脚点，各行各业各条战线的工作都必须围绕着“两个提高”来展开，为实现“两个提高”搞好服务。以市场为导向是市场经济条件下各项工作特别是经济工作必须坚持的一项基本方针；以效益为中心是各项工作必须遵循的一条基本原则；发挥资源优势是我们推动发展的依托和基础；发展特色经济是我们的必然选择；依靠科技教育是经济发展、社会进步的有力支撑；实现富民强盟是我们的奋斗目标。这几个方面是相互联系、有机统一的整体。我们要结合学习贯彻内蒙古自治区经济工作会议精神，通过深入研究和思考，把思想统一到总体发展战略上来，把总体发展战略转化为具体工作思路，把各方面的积极性都凝聚到实现“两个提高”的目标上来。

二、科学确定经济增长目标

在市场经济条件下，我们确定的目标虽然是指导性的、预测性的，但却是必不可少的。科学确定经济发展预期目标是新形势下政府行使宏观调控的重要手段。目标就是努力的方向，有了目标才有干劲、有动力，才能避免工作的盲目性，增强工作的预见性、计划性和可操作性。因此，做好1999年的经济工作，我们必须确定一个实事求是、科学合理、符合经济发展规律的增长目标。

确定实事求是、科学合理的目标。总体来说，一是符合锡林郭勒盟的实际，扎扎实实，没有水分；二是积极向上，促进发展，能快不能慢；三是经过努力奋斗才能够实现的目标。统计数据显示，1998年经济总量锡林郭勒盟是内蒙古自治区倒数第四，增长速度也是倒数第四。缩小差距、迎头赶上，首先在发展目标的确定上要实事求是、科学合理、能快不慢。确定这样一个目标，要求我们对盟情、旗情、乡情、村情甚至户情，以及发展现状进行认真深入的分析，做到心中有数，把目标建立在准确可靠的基础之上。比如国内生产总值，内蒙古自治区确定1999年的目标是增长8%左右，我们确定一个什么样的目标才能既符合锡林郭勒盟实际又符合上级要求，既鼓舞人心又适应形势发展和逐步缩小差距的需要，这就要求对锡林郭勒盟国内生产总值的构成进行深入的分析，第一、第二、第三产业增加值各为多少，每个产业的潜力和新的增长点在什么地方，都要分析清楚。再比如农牧民人均纯收入，内蒙古自治区确定1991年农牧民增收150元以上，锡林郭勒盟应确定一个什么样的目标，增收的潜力究竟在哪里，这些都必须通过深入的调查研究，做到实事求是、心中有数。

三、提高收入是首要目标

必须把提高城乡人民生活水平特别是农牧民收入水平作为首要目标。总的要求是：增加收入指导到户，推广技术培训到人。指导农牧民增加收入，我们义不容辞。推广技术，是农牧民增收的可靠保证。要做到增加收入指导到户，就必须制定具体方案，领导带头，组织大批干部深入农牧民家中，一户一户算账，增收多少、怎么增收，逐家逐户都要搞清楚。这样就可以知道能够达到预期增收目标的户数有多少，超过的有多少，达不到的有多少，原因是什么，潜力在哪里，对策是什么。通过与每家每户讨论新的一年采取何种措施增加收入，指导每家每户地怎么种、畜怎么养，实用技术如何应用，就可以做到增加收入一年早知道。

我们讲指导到户，与农牧民自主生产经营并不矛盾。当前，我们正处在由计划经济向市场经济的转轨时期，广大农牧民迫切需要政府给予指导、协调和帮助，宏观调控和微观指导不可或缺。那种认为搞市场经济，政府可以撒手不管的思想是脱离实际、不负责任的表现。指导到户的过程，本身就是各级干部深化对盟情、旗情、乡情、村情的认识过程，是向群众学习的过程，是宣传党的路线方针政策的过程，是引导农牧民群众适应市场经济的过程，是坚持党的群众路线、密切联系群众、转变工作作风的过程，体现了全心全意为人民服务的宗旨。能不能做好这项工作是对各旗县市（区）、各级党组织和广大干部的一次检验。能不能做到增加收入指导到户，关系到1999年经济工作全局，谁做好了这项工作，谁就能处于主动地位，抓全年工作就得心应手；抓不好就会处于被动，抓工作就可能有盲目性。其他各项指标特别是财政收入、城镇居民人均可支配收入以及工业经济效益综合指数等指标也要这样，要认真分析、科学分解，找到潜力和新的增长点，做到心中有数。

锡林郭勒盟有15万户农牧民，指导到户工作量很大，但非常重要。能不能抓好，抓出成效，关键在旗县市（区）党委、政府，责任在一把手。各旗县市（区）要制定切实可行的方案，做好组织工作。干部下去前要进行集中培训，领会精神，掌握政策，统一思想。在深入到户、具体指导的过程中，要宣传政策，研究措施，绝不能简单化、强迫命令或应付差事。各地要在深入细致工作的基础上，实事求是、科学合理地确定明年经济工作的各项目标。

四、大力实施科教兴盟战略

实事求是、科学合理的发展目标靠什么去实现呢？主要是靠实行“两个转变”。经济体制的转变，要通过深化改革、创新制度，使我们领导经济、管理经济的方式逐步适应发展社会主义市场经济的要求。经济增长方式的转变，说到底就是要真正把经济发展转到依靠科技进步和提高劳动者素质的轨道上来。依靠科技提高生产力水平，这是我们努力的方向，也是最根本、最可靠、最现实的途径。锡林郭勒盟实施科教兴盟战略，当前的重点是科教兴农兴牧，科教兴农兴牧的重点是推广农牧业实用技术。因此，必须大力推广农牧业实用技术，做到推广技术培训到人，使每户农牧民、每个劳动力都掌握一两门实用技术，包括种子工程、牛羊育肥、人工草地建设、疫病防治、基本田建设、经济作物种植、节水灌溉等关键环节的实用技术。广大农牧民只有真正掌握和运用了这些技术，农牧业生产力水平才能大幅度提高，农牧民收入才能稳定增加，农村牧区面貌才能发生根本性变化。从这个意义上讲，增加收入指导到户与推广技术培训到人是相辅相成的，我们一定要高度重视，认真组织，精心实施。

以新思路投入西部大开发①

江泽民同志强调指出：“在发展社会主义市场经济的条件下，加快开发西部地区，要有新的思路。”思路决定出路。以新的思路投入西部大开发，是实现锡林郭勒盟大发展的前提。理清思路，寻找出路，我们必须对所面临的形势有客观的把握，对自身的优劣势有清醒的认识，使发展思路建立在客观可靠的基础之上。

一、根据优劣势理清发展思路

今天我们投入西部大开发，所面临的国际国内形势和经济环境已大不同于过去。一是国内市场供求发生变化，连续几年处于买方市场，国内需求不足；二是

① 本文写于2000年10月1日，原载2000年第10期《实践》、2000年第9期《政策研究》。

开放进一步扩大，我国即将加入世界贸易组织，与经济全球化的国际市场接轨，经济结构正在全面调整之中；三是科技进步突飞猛进，知识经济初见端倪，对人才的争夺日趋激烈。

今天我们投入西部大开发，对我们自身的优劣势要有清醒的认识。锡林郭勒盟的优势主要体现在三个方面：一是资源优势。草原畜牧业资源、矿产资源和旅游资源都很富集。二是区位优势。锡林郭勒盟横跨东北、华北、西北，北与蒙古国接壤，在内蒙古自治区处于承东启西的位置，是全国乃至东亚各国通往蒙古、独联体和东欧各国的重要通道。三是比较优势和后发优势。我们的劳动力成本低、市场潜力大。由于锡林郭勒盟处于后发阶段，可以实行“拿来主义”，通过学习他人走捷径来缩小差距。我们的劣势主要是生态环境日趋恶化，基础设施比较薄弱，经济结构不尽合理，科技教育发展滞后等，这些都直接制约着经济社会的发展。

基于以上认识，研究制定锡林郭勒盟投入西部大开发的发展思路，必须坚持江泽民同志“三个代表”重要思想，始终代表最广大人民的根本利益，以“两个提高”统揽全局，确立富民强盟的目标；在市场经济条件下，决定地区产业发展的主导因素是市场需求，整个经济工作和经济活动都要坚持以市场为导向的方针，都要遵循以效益为中心的原则；大开发要以发挥自身优势为依托，始终坚持发展特色经济的方向；大开发要以技术创新为先导，推进素质教育，培养创新型人才，依靠科技教育实现大发展。简而言之，锡林郭勒盟投入西部大开发的发展战略是：以实现“两个提高”统揽全局，以市场为导向，以效益为中心，发挥资源优势，发展特色经济，实现富民强盟。这一总体发展战略，突出市场导向，其着力点是发展特色经济，故称之为特色经济战略。

二、发挥优势发展重点产业

立足于发挥优势、克服劣势，我们要大力发展产业化畜牧业、矿产资源开发业、草原特色旅游业三个重点产业，切实加强生态环境建设、基础设施建设、城镇建设三个基础，大力实施结构调整、开放带动、科教兴盟三个战略，积极推进观念、政策、制度三个创新，确保总体发展战略顺利实施。

锡林郭勒盟应大力发展产业化畜牧业、矿产资源开发业和草原特色旅游业三个重点产业，具有资源富集、开发潜力大、市场前景好的鲜明特色和支撑“两个提高”、贯通三次产业、覆盖城乡经济、拉动整体增长的突出特点。要把资源优势尽快转换为经济优势，把发展潜力尽快转换为现实生产力，我们必须全力构筑这三个重点产业。

发展产业化畜牧业，要突出抓好培育龙头企业、加强基础建设、建立一体化经营机制三个关键环节。发展矿产资源开发业，要坚持资源开发与保护生态环境相统一，提高资源综合开发利用水平；坚持深化改革和技术创新，培育壮大矿产资源采选加工企业；坚持引进先进设备、技术和人才，对现有企业和整个产业进行改造提升。发展草原特色旅游业，坚持突出特色、立足开发、完善设施、优化服务、加强促销的方针，加速推进旅游业产业化进程。

三、克服劣势实施重点突破

投入西部大开发，大力发展三个重点产业，必须不断夯实三个基础、加快推进三个战略。一是切实加强生态环境保护和建设，加快草原植被建设步伐，不断扩大围栏草场面积，对草场退化沙化严重的地区实行禁牧育草、封沙绿化、舍饲圈养。二是切实加强基础设施建设，重点加快交通网、通信网、城乡电网、广播电视网、城乡住宅和农牧业基础设施建设。三是切实加强城镇建设，重点建设好中心城市锡林浩特、口岸城市二连浩特、旗县所在地城镇和公路铁路沿线及商品集散地的小城镇。四是在经济结构调整上实施突破，把调整产业结构的着力点放在发展特色经济上，重点从三次产业内部结构调整入手，推动产业内部结构优化升级，促进各产业协调发展。五是在开放引进上实施突破，把优化软环境工作放在首位，以“一厅式”服务为抓手，为客商提供优质服务；立足长远发展，围绕产业结构调整抓好项目编制和储备工作；进一步增强“跑”的意识和力度，瞄准大企业、大老板实行项目攻关。六是在发展科技教育和培养人才上实施突破，一方面加快科研与技术推广部门机构改革，充分调动科技人员的积极性；着眼于提高劳动者的科技素质，积极开展实用技术培训；制定出台优惠政策，大力引进先进技术、设备和高层次人才。另一方面深化教育改革，全面推进素质教育，加快培养经济社会发展急需的各类人才。

四、推动创新营造良好环境

在发展社会主义市场经济条件下投入西部大开发，一定要按市场经济规律办事，必须主要靠市场经济的办法来激活内部活力，充分发挥观念的先导性、政策的激励性、制度的保障性作用。要通过观念、政策、制度三个创新来调动市场主体投入大开发的积极性、主动性和创造性。一是推进观念创新，以思想观念的大更新迎接大开发。在当前和今后一个时期内，要以江泽民同志“三个代表”重要思想为指导，认真抓好社会主义市场经济理论的学习，在广大干部群众中深入开展“致富思源、富而思进”教育和产业结构调整、改善经济发展环境等大学习、大讨论活动，认真总结改革开放以来的基本经验，促进思想解放和观念更新。二是推进政策创新，以优惠的政策营造优良的大开发环境。根据国家实施西部大开发战略的重点，制定完善区域经济发展的产业政策，推动产业结构的战略性调整；制定培养、引进和使用人才的政策，营造凝聚人力资源的“政策盆地”；制定向国内外全方位开放，吸引各类人才、吸纳各方资金、吸收各种技术、吸取先进经验的政策，提高对外开放的层次和水平；制定有利于技术创新和科技成果转化的政策，提高经济增长中的科技含量；制定有利于推进生态建设和环境保护的政策，促进经济可持续发展；制定城镇基础设施投资、开发、建设和经营的政策，加快城镇建设步伐，改善投资硬环境。三是推进制度创新，以改革体制、搞活机制调动市场主体投入大开发的积极性。充分发挥市场机制对资源配置的基础性作用，把市场调节同政府调控有机结合起来；充分体现效率优先、兼顾公平的原则，允许和鼓励资本、技术、管理等生产要素参与收益分配；加快建立真正独立于企事业单位之外，与锡林郭勒盟经济发展水平以及各方面承受能力相适应、统一规范和完善的社会保障体系。

投入西部大开发，要大力加强各级领导班子和干部队伍建设，提高领导班子和干部队伍的综合素质能力，为大开发提供坚强的政治和组织保证；要大力加强社会主义文化建设，不断提高全民的科技文化素质，为大开发营造积极向上的文化氛围；要大力养成良好的精神状态，弘扬不甘落后、团结奋斗、务实创新、敢争一流的精神，为锡林郭勒盟各族人民创造美好生活。

紧紧抓住结构调整主线①

2000 年是新世纪的开元之年，是实施“十五”计划的第一年。锡林郭勒盟经济社会发展的总体要求是，加快实施特色经济战略，紧紧抓住经济结构战略性调整主线，以改良牲畜品种和扩大水浇地为重点，提高农牧业抗灾能力和整体效益，努力增加农牧民收入；以大力引进优势企业为重点，扩大工业总量，加强企业管理监督，提高经济效益；以发展草原特色旅游业为重点，加强信息化建设，加快发展服务业。

畜牧业结构调整要以品种改良为重点，提升比较优势，提高市场竞争力。良

① 本文节选自 2001 年 1 月 15 日在中共锡林郭勒委员会扩大会议上的讲话提纲，原载于 2001 年 1 月 17 日《锡林郭勒日报》头版。

种化是实现畜牧业产业化、现代化的基础和前提，是依靠科技调整畜牧业结构的关键环节。当前，锡林郭勒盟牲畜改良比重仅为58.5%，比内蒙古自治区平均水平低12.2个百分点，其中牛的改良比重比内蒙古自治区平均水平低22.6个百分点。锡林郭勒盟牲畜改良特别是牛的改良已经到了下大力气非抓不可的时候了。

从保护生态环境的角度讲，锡林郭勒盟草原退化沙化严重，数量扩张型畜牧业已经走到了尽头，再不控制牲畜头数，草原畜牧业将丧失赖以生存的基础。从改善农牧民生活的角度讲，既要控制牲畜头数，又要确保农牧民收入不断增加，唯一的出路是大力改良品种，不断提高牲畜个体产出效益。从市场需求角度讲，国内外市场对高档牛肉的需求增长很快，价格上涨，土种牛不值钱且没人买，市场需求已向锡林郭勒盟以土种牛占主体的养牛业亮出了黄牌。锡林郭勒盟北部地方良种羊和南部改良细毛羊也在逐步退化，如果不迅速扭转这种趋势，锡林郭勒盟抓了30多年的地方良种选育和细毛羊改良工作将前功尽弃，优势将不复存在，市场也将逐步萎缩。从发展畜产品加工业角度讲，牲畜良改化程度低，皮毛肉乳等畜产品产量就低，质量也差，不利于发展规模化精深加工和综合利用，资源优势就无法转变为经济优势。从产业化经营角度讲，如果没有优良品种，育肥业就发展不起来，没有规模化育肥业，就不可能培育和发展规模较大的龙头企业。从这个意义上讲，牲畜的品种就是畜牧业的品牌，就是特色、优势和竞争力。以品种改良为重点，大力推进畜牧业结构调整已是迫在眉睫，势在必行。

当前，推进牲畜品种改良有许多有利条件：一是市场认准良种；二是农牧民的观念有了转变；三是我们积累了有益的经验；四是棚圈和草业建设有了一定的基础，为配种期舍饲圈养创造了条件。现在面临的主要困难是：牧区居住分散，组织和管理工作难度较大；冷配设施不够完备，技术力量不足；一部分牧民对牲畜改良认识不高，习惯于粗放经营；连续两年遭受严重自然灾害，牧民支出加大，对牲畜改良造成不利影响。但是，不管有多少困难和问题，有多大阻力和难度，我们都要坚定不移突出品种改良这个重点，全力予以推进。因为这项工作关系到锡林郭勒盟畜牧业乃至整个国民经济的长远发展，关系到广大农牧民的根本利益和全面实现小康的大局。对此，认识早、行动快，就主动；见事迟、行动慢，就被动。在具体措施上，一是要切实抓好基础母牛配种期舍饲圈养，大力推行冷配和胚胎移植；二是要继续抓好肉羊和绒山羊地方优良品种的选育提高，扩大细毛羊人工授精规模。

农业结构调整要以大力开发水浇地、发展节水灌溉为重点，处理好推进水浇地开发、退耕还林还草和发展农区畜牧业的关系，以进促退，以退促养。十年九旱是我们的基本盟情之一。在这种自然条件下发展“两高一优”农业，增加农民收入，就必须因地制宜开发水浇地，发展节水灌溉。从提高农业抗灾能力角度讲，只有大力开发水浇地，发展节水灌溉，才能从根本上解决因旱灾减产减收的问题，做到旱涝保收，稳定增收。从农业结构调整角度讲，我们实施“进退养”战略，如果没有一定的人均水浇地作保证，农作物单产就难以提高，高效经济作物种植面积就难以扩大，就无法保证农业效益和农民收入持续稳定增长。如果“进”不能进到位，“退”肯定也退不下来，还草还林、发展农区畜牧业也就成了无本之木、无源之水。从农业的长远发展讲，只有人均占有一定面积的水浇地，大力发展节水灌溉，才能促进农业生产方式由粗放型向集约型转变，实现农业的现代化和可持续发展。

种植业内部结构调整要继续按照少种种好、品种调新、质量调优、产品调特、效益调高的要求，扩大经济作物和饲草料种植面积，加快发展秸秆转化和饲草料加工业，推广舍饲化养殖和牛羊育肥，大力发展农区畜牧业。

工业结构调整要以引进优势企业为重点，努力扩大总量，提高质量。工业发展滞后是制约锡林郭勒盟产业结构优化升级和经济社会快速健康发展的重要原因。当前存在的主要问题是，总量小、结构不合理、技术和管理水平低，缺少具有较强辐射带动能力的地方优势企业。在短期内解决这些问题，迅速扭转工业经济发展滞后的被动局面，最有效途径就是加大开放引进力度，大力引进资金、技术、人才和先进的管理经验，特别是引进那些技术装备水平高、辐射带动作用强的优势企业。要依托我们的优势资源，围绕培育壮大以牛羊肉为主的农畜产品加工业，以煤炭、石油、电力为主的能源工业和以盐碱、有色金属为主的矿产资源采选加工业三大支柱产业，瞄准国内外同行业的排头企业和领先技术，以最优惠的政策、最优质的服务和锲而不舍的精神进行招商攻关，吸引他们到锡林郭勒盟投资办厂，争取上一批新的工业项目。

同时，通过大力引进嫁接重组，吸收先进技术成果，加快企业技术改造，增强市场竞争能力。凡具备挂靠条件的都要想方设法向技术装备水平高的优势企业或企业集团挂靠。要继续扶持现有企业做大做强，支持二连油田稳定生产规模，提高效益；积极帮助蒙西联苏尼特公司等企业提高生产能力，扩大市场占有率。鼓励支持非公有制工业企业快速发展，引导其上规模、上档次，提高企业整体素质和竞争能力。

服务业结构调整要以大力发展草原特色旅游业为重点，提高服务质量和信息化水平。近几年，草原旅游作为锡林郭勒盟的新兴产业发展较快，但距离真正成为一个产业还有相当大的差距。当前存在的主要问题是：基础设施投入不足，景区景点建设滞后；旅游季节短暂，旅游活动缺乏内容、缺少特色；从业人员素质偏低，缺乏有效的行业管理，整体服务水平不高。解决好这些问题，加快草原特色旅游业发展，要坚持突出特色、立足开发、完善设施、优化服务、加强促销的方针，通过争取西部大开发专项建设资金和扩大招商引资，实行多元投入，搞好旅游基础设施和景区景点建设。要突出草原风光、民族风情、历史文化、民族文化特点，开发一批具有地方民族特色和文化内涵的旅游精品项目，丰富旅游活动内容。积极开发秋冬季旅游项目，延长旅游季节，提高旅游业整体效益。采取多种形式，运用现代传媒，加大旅游宣传促销力度，扩大锡林郭勒草原旅游的知名度。加强旅游业队伍建设，对现有从业人员进行专业培训，规范旅游服务程序和内容，提高服务层次和水平。

服务业结构调整，还要抓好农村牧区信息服务网络建设和苏木乡镇电子信息馆建设，加快经济社会信息化步伐。要认真分析当前农村牧区信息服务网络建设中存在的问题，有针对性地加以解决，不断扩大服务内容，提高服务质量。同时，要加快发展商贸流通、交通运输、邮电通讯、金融保险等行业，满足经济和社会发展的需要。

调整结构从养牛入手①

“九五”期间，多伦县县委、县政府认真贯彻党的十五大精神，带领全县各族干部群众艰苦创业，各项工作取得很大成绩。“九五”期间，多伦县 GDP 年均增长 14%，财政收入年均增长 19%，城镇居民人均可支配收入年均增长 16.7%，农民人均纯收入年均增长 10.5%，这些速度在全锡林郭勒盟也是比较高的。多伦县县委、县政府对“十五”时期和 2001 年工作的安排，体现了十五届五中全会和锡林郭勒盟委员会（扩大）会议精神，符合多伦县加快发展实际。

“九五”期间多伦县发展很快，但认真分析一下多伦县的数据，就显现出发展中存在的一个不容忽视的问题，而且即使实现了“十五”发展目标，这个问题仍然会十分突出。什么问题呢？就是财政收入占 GDP 的比重偏低。2001 年多伦县 GDP 达到 4 亿元，财政收入完成 2000 万元，财政收入占 GDP 的比重是 5%。按照计划，到“十五”期末 GDP 完成 8 亿元，财政收入 4000 万元，5 年内两项收入都翻一番，但比重仍然是 5%。财政收入占地区生产总值的比重，目前锡林郭勒盟将近 10%，内蒙古自治区是 10% 以上，全国就更高了，而世界发达国家能占到 20% ~30%。由此可以看出，虽然我们发展很快，但是财政紧张、发展后劲不足的问题仍然会存在，怎么发展也还是一个捉襟见肘的局面。

---

① 本文选自 2001 年 3 月 17 日听取多伦县工作汇报后的讲话录音整理稿，原载于 2001 年 5 月 15 日第 18 期《锡党办通报》。

为什么会是这样一个局面呢？归根结底还是产业结构不合理，一产大，二产、三产小，来钱处不多，财政只是靠从农民那里收税费来支撑。但现在党和国家的大政方针是尽量少从农民那里收税费，农民本身就很苦。这次实行税费改革，最根本的目的就是要把农民的负担减下来，让农民休养生息。如果再不这样改，不仅关系到农民的吃饭问题，而且关系到政权的巩固问题。所以，我们的思路绝不能立足于从农民那里收税收费来养活干部，来谋求发展。怎么办？着眼点还是要放在发展二产、三产上，这是唯一的出路，没有别的办法。只有这样才能培植税源，不断增加财政收入，提高财政收入占 GDP 的比重。这样，不仅能够保证发放干部工资，还能依靠自己的力量加快发展。当然，这件事说来容易，干起来很难，但是再难也要这么干。多伦县全县 10 多万人，要吃饭、穿衣、住房，而且随着时代的发展，不仅要吃得饱，而且要吃得好、穿得时髦、住得宽敞，整个多伦县要跟上全锡林郭勒盟、全内蒙古自治区和全国的步伐，加快发展的任务很艰巨。

那么，多伦县到底怎么发展？笔者觉得还是要突出养牛这个重点。我们要发展第二产业，发展加工业，必须依托资源。搞加工业要有原料，而且原料必须达到一定规模，要符合精深加工和综合利用的需要，加工出来的产品要有销路。从国内外市场需求角度考虑这个问题，多伦县发展养牛业很有前途。国内市场对牛肉和牛奶的需求量很大，我国现在消费肉、奶的水平跟世界发达国家相比差距很大，大概只相当于世界平均水平的 1/15。发展养牛业，我们有明显的区位优势，离京津市场近，交通便捷，而且已有一定基础，改良也走上正轨，质量有保证，特别是多伦县增草的潜力很大，饲草料供应不用愁。

发展养牛业，今后主要靠舍饲圈养，这样既有利于生态保护，又有利于种植业结构调整，用养牛业把种植业带动起来。锡林郭勒盟委员会提出农业结构调整要突出特色，形成规模。围绕养牛业调整种植业结构，要大种玉米、大种草料，发展饲草料的青贮、氨化和糖化加工。全面实行牛的冷配，努力提高受胎率。要因地制宜，既要发展肉牛，也要发展奶牛；既要发展牛肉加工，也要发展牛奶加工。在肉牛和奶牛的选择上，群众愿意养什么、当地适合养什么就养什么。搞生态移民，也可以集中移民来发展奶牛业。

现在多伦县养牛业的特色还不突出，规模也比较小。资源有特色、有规模才能进行精深加工，加工业才能发展起来。锡林郭勒盟目前还没有科技含量较高的大型畜产品加工企业，只要我们把原料基地建设好，原料规模和质量达到建立现代加工企业的要求，肯定会有人来投资，因为这里有钱可赚。关键是要尽快形成规模，而不是小打小闹。

养牛业发展起来了，可以带动一系列相关产业的发展。首先可以拉动饲草料种植业的发展，可以带动育肥业发展，可以带动饲草料加工业和牛肉、牛奶加工业发展，可以带动相关领域服务业发展。牛肉、牛奶的精深加工发展起来后，生物制品才会有发展的基础和前提。所以，围绕养牛业的发展可以把多伦县整个经济带动起来。太仆寺旗提出蔬菜兴旗，多伦县也可以响亮提出养牛兴县。

现在我们要千方百计使养牛业尽快形成规模，依托特色资源引进大企业。即使暂时引进不了大企业，也可直接增加农民收入。养牛风险小，不管加工与否，都能卖出去，只是附加值高与低的问题，这对于多伦县来说最适合不过了。从现在开始抓，到“十五”末期就能变个样，使财政收入占 GDP 的比重有一个较大的变化。

要全面推进素质教育①

全面推进素质教育，是教育事业发展的一场深刻变革。从 2001 年起，我们将进入全面建设小康社会，加快推进社会主义现代化的新的发展阶段。在实施第三步战略目标的进程中，锡林郭勒盟能不能跟上全国的发展步伐，特别是在“十五”期间能不能抓住国家实施西部大开发战略的历史机遇，实现“走进前列”的目标，决定性的因素是我们能不能全面推进素质教育，能不能切实转变教育思想、教育观念，从锡林郭勒盟实际出发来定位教育改革和发展的方向、目标、重点。具体讲，就是教育改革和发展的目标、方向、重点能不能定位在为锡林郭勒盟培养大批新型牧民、新型农民、新型工人和其他各类新型人才上。

为什么这样讲？锡林郭勒盟实施特色经济发展战略，从根本上说，要依靠广大牧民、农民、工人和干部在内的各族干部群众。他们的素质状况，直接决定着锡林郭勒盟经济发展的速度和质量。现在大家都认为，锡林郭勒盟委员会、锡林郭勒盟行署确定的发展思路，包括各项措施都是正确的，符合锡林郭勒盟发展实际。为什么到基层落实起来就比较难，发展的速度就比较慢，工作成效就不那么明显呢？除一些客观原因之外，主要是我们的基层干部和广大劳动者的综合素质还不能适应加快发展的需要。这个问题如何解决？最根本的是通过全面推进素质教育和职业教育来解决。只有结合锡林郭勒盟实际，全面推进素质教育，大力发展职业教育，才能加快培养出我们急需的各类人才。

实施特色经济发展战略，加快锡林郭勒盟的发展，需要各个层次的人才，既

① 本文选自 2001 年 3 月 25 日在锡林郭勒盟教育工作会议上的讲话录音整理稿，原载于 2001 年第 11 期《锡党办通报》。

需要高级人才，更需要大量直接从事基层工作和生产一线工作的人才。教育工作只有服务于锡林郭勒盟发展的大局，只有同经济建设、科技进步以及生产劳动紧密结合，只有不断提高办学质量和效益，才能适应锡林郭勒盟经济社会发展对人才的需要。

什么是素质教育?《中共中央　国务院关于深化教育改革全面推进素质教育的决定》（以下简称《决定》）明确指出，“实施素质教育，就是全面贯彻党的教育方针，以提高国民素质为根本宗旨，以培养学生的创新精神和实践能力为重点，造就‘有理想、有道德、有文化、有纪律’的、德智体美等全面发展的社会主义事业建设者和接班人”。素质教育的根本宗旨是提高国民素质。如何提高锡林郭勒盟92万名公民的素质，学生的创新精神应体现在什么地方、实践能力怎么培养，这些是我们首先应深入思考的问题。要结合锡林郭勒盟实际，结合旗（县、市）、苏木乡镇实际，结合各学校实际，全面领会中央《决定》精神，切实转变计划经济体制下形成的教育观念。各级领导要转变观念，广大教育工作者要转变观念，全社会包括家长和学生要转变观念，上上下下、方方面面都要把思想认识统一到中央《决定》的精神上来。

全面推进素质教育，要坚持“三个面向”，即面向现代化、面向世界、面向未来，体现了适度超前发展的战略思想。同时，我们还应该面向当地、面向实际、面向现在。这样，可以从我们边疆少数民族地区经济社会发展的特点和现状出发，加快培养我们急需的各类新型人才。要把这两个层面的“三个面向”结合起来，培养我们急需的人才，使我们的教育充分体现和适应锡林郭勒盟经济社会发展的需要，真正把教育发展的目标、重点放在培养新型牧民、新型农民、新型工人和其他各类新型人才上。

全面推进素质教育，要面向全体学生。立足于每个学生的全面发展，这是一个重要原则。我们要面向锡林郭勒盟17万名在校学生，不是仅仅面向其中部分有希望升入高校的学生。推进素质教育不仅要重视培养那些学习成绩好、有希望升学的学生，更要重视每一个学生，使他们学到应该学到的文化知识，掌握走出校门以后就业所需要的职业技能。锡林浩特市新时代中学提出“一切为了学生，为了一切学生，为了学生的一切”。这三句话很有道理。一切为了学生，学校的一切工作都是为了学生的学习，校长、教师、工勤都要围绕学生做好工作。为了一切学生，体现了面向全体学生，体现了因材施教。为了学生的一切，不仅为学生学习知识，还要为学生学习做人；不仅为学生的现在，还要为学生的将来，使学生德智体美全面发展。教育与生产劳动相结合是培养全面发展人才的重要途径。教育要与经济建设、生产劳动紧密结合起来，让学生在生产劳动中提高动手能力，在实践中掌握职业技能，在接触自然、了解社会中培养热爱劳动的习惯和艰苦奋斗的精神。

全面推进素质教育，要更加重视德育工作。加强德育工作、思想政治工作，要改进方式方法，寓德育于教学之中。要从娃娃抓起，以马列主义、毛泽东思想、邓小平理论和“三个代表”重要思想为指导，加强对学生的爱国主义、集体主义、社会主义教育，帮助学生从小树立正确的世界观、人生观、价值观。从小培养学生热爱家乡、建设家乡的志向，培养勤奋向上、崇尚科学的精神，培养遵纪守法、吃苦耐劳的作风。要培养学生强烈的求知欲望和好学精神，还要使学生懂得人人都上大学不现实，而且也不是只有上大学才能成为人才的道理。让他们在很好地接受基础教育，掌握必需的文化知识的同时，积极主动地参加“三加一”职业教育等途径，掌握熟练的职业技能，增强适应职业变化的能力，形成“不求人人升学，但求个个成才”的风气。人才是一个相对的、有层次的概念，不能说只有造原子弹、氢弹、“和平号”宇宙飞船的是人才，放羊、种地的就不是人才。把羊放好、把地种好，科学养畜、科学种地，搞集约化经营，提高经济效益，照样是人才。我们需要这样的人才。所以，要教育学生树立正确的、适应市场经济的就业理念和择业观念，树立劳动致富、科技兴业、奋斗创业的精神，让每个学生都成为有用之才，力争“三百六十行，行行出状元”。这是推进素质教育首先要解决的问题。

全面推进素质教育，要积极推行启发式教学。激发学生独立思考，引导学生创新思维，让学生理解知识产生和发展的过程，培养学生的科学精神，提高学生收集处理信息的能力、获取新知识的能力、分析和解决问题的能力、语言文字表达能力以及团结协作和参与社会活动的能力。教育观念、教学内容和教育方法一定要从应试教育模式转变到培养学生的创新精神和实践能力上来。十几年的学校教育对学生是不可缺少的，但对一个人一辈子的事业来说是远远不够的，更多的知识和技能要靠继续学习、终身教育来解决。因为，知识在不断地发展、更新、膨胀。在有限的义务教育阶段一定要让学生掌握必要的基础知识，培育学生的求知欲望和不断学习的自觉意识，帮助他们学会学习的方法，教给他们“点石成金”的办法。

全面推进素质教育，要与大力发展职业教育结合起来。职业教育是整个教育事业的重要组成部分。大力发展职业教育，培养各层次的实用型、技能型人才，是提高广大劳动者素质的重要途径。要积极发展“三加一”学校和综合性职业高中，实行产教结合，走出一条具有锡林郭勒盟民族和地区特点的职业教育路子。在推进农村牧区教育综合改革中，要大力发展职业教育，实行农（牧）科教结合，坚持为农村牧区经济社会发展服务的方向，适应各旗（县、市）产业发展和结构调整的需要，办好直接为农牧业服务的专业。要把文化知识教育和扫除青壮年文盲、实用技术培训结合起来，与农牧民脱贫致富结合起来，抓紧培养一大批农村牧区急需的实用技术推广人才和直接从事农牧业生产的乡土人才。

全面推进素质教育，要建设一支高质量的教师队伍。教师队伍建设要符合推进素质教育的要求，教育者必先受教育。毛泽东同志说过，先当学生，后当先生。提高教师队伍的整体素质，必须以改革为动力。为此，要全面实施教师资格制度，引入竞争机制，完善教师职务聘任制。学校校长具有特殊的作用，各学校校长包括各级教育局负责人、分管教育的领导要率先转变教育观念，带领广大教职工，结合各地、各学校实际，创造性地推进素质教育。

全面推进素质教育，全党全社会要共同努力。各级党委、政府特别是党政一把手，首先要转变教育观念，充分认识全面推进素质教育的重要性和紧迫性，把思想统一到中央《决定》上来，全力以赴，抓好贯彻落实。要注意研究新情况、新问题，按照全面推进素质教育的要求，分析存在的突出问题，及时加以解决。要大力宣传，做到家喻户晓，学校要全面推进，全社会要全力配合。把尊师重教落到实处，保障教师的合法权益，特别是要按时发放教师工资。要整治校园内部和周边环境，维护学校正常秩序，确保学生的人身安全、身心健康。要加大教育投入，妥善解决各种具体困难和问题。要进一步加快发展民族教育，继续巩固和发展民族基础教育“两主一公”办学形式。要高度重视和认真解决好辍学生、困难生的问题，做到义务教育阶段受教育对象一个也不能少。把我们的学生都培养成为具有创新精神和实践能力，有理想、有道德、有文化、有纪律，德智体美等全面发展的社会主义事业建设者和接班人。

督查是推动落实的有效手段[①]

督促检查是党委、政府工作的重要组成部分，是领导活动的重要环节，是转变作风的重要措施，是推动决策落实的有效手段。新世纪，在全面实施“十五”计划的实践中，我们要高度重视督查工作，切实加强督查工作，充分发挥其促进决策落实的重要作用。

一

江泽民同志指出：“决策的制定和实施方案的部署，事情还只是进行了一半，

① 本文原载于2001年4月22日内蒙古自治区党委督查室《督查工作文选》。

还有更重要的一半就是要确保决策和部署的贯彻落实。”督查作为推动决策落实的实践活动，是“更重要的一半”中的首要环节，是把决策和部署变为现实的重要途径。制定决策的出发点在于贯彻落实，督查是为决策部署的落实服务的，督查的成效只能用落实的程度来衡量。

决策、督查和落实三者相互依存、紧密关联。科学的、可行的决策是督查顺利进行的基础和前提，扎实有效的督查是决策得以落实的动力和保证。要把决策真正落到实处，首先我们的决策必须以“三个代表”重要思想为指导，符合党的路线方针政策，符合本地区、本部门实际情况，符合最广大人民的根本利益。也就是说，我们的决策应当是“上情”与“下情”相结合的产物，是党的路线方针政策的具体化，应当具有可操作性、可落实性和可督查性。

二

根据党的十五届五中全会精神，锡林郭勒盟委员会、锡林郭勒盟行署确定了以党的十五届五中全会精神为指导，紧紧抓住西部大开发历史机遇，继续实施特色经济战略，大力发展产业化畜牧业、矿产资源开发业和草原特色旅游业，不断加强生态环境和基础设施建设，加快实施结构调整、改革开放、科教兴盟三个战略，努力推进工业化、信息化、城镇化，把锡盟建设成为祖国北疆绿色生态防线、绿色畜产品加工基地、能源原材料基地、草原旅游胜地和向北开放的前沿阵地的总体思路。

这一系列决策部署适应新世纪国际国内形势发展的要求，符合锡林郭勒盟实际，体现了锡林郭勒盟各族人民的根本利益。各地区各部门落实总体思路，将其变为锡林郭勒盟各族干部群众的自觉行动和实践活动，就必须高度重视和不断加强督查工作，充分发挥督查工作在落实决策部署中不可替代的作用。

三

督查工作涉及范围广，具有综合性、实效性、艰巨性的特点。加强督查工作必须从各级领导做起，着力建立健全有关制度，完善工作运行机制。

第一，领导抓。领导只管决策部署，不抓督促检查，不问落实与否，是典型的官僚主义和形式主义，其结果必然贻误党和人民的事业，必然失信于民。所以，各级领导特别是主要领导要不断增强抓督促检查的责任意识，切实把自己摆到抓决策落实的主体地位上来，对那些事关全局的重大决策要亲自督查，带头抓落实。只有一把手亲自抓、带头抓，才能影响和带动班子成员及下属强化责任意识和落实意识，才能形成一级抓一级、层层抓落实的良好氛围。

第二，抓领导。要立足于制度和机制创新，进一步完善集体领导下的分工负责制，健全领导成员抓督查的制度，把决策落实的任务分解到每个班子成员头上。首先，目标要具体，尽可能将工作目标量化、具体化，具有可操作性；其次，责任要明确，把重点工作目标任务分解到每个班子成员，权责一致，切实负责；再次，考评要准确，通过定期督查、随机抽样检查、即时考核、年终考评等方式，对目标任务完成情况做出准确的、符合实际的评价；最后，奖惩要严明，把工作业绩同干部使用结合起来，同个人利益结合起来，从制度和机制上调动领导干部抓督查的积极性和主动性，形成各级班子、各级领导都全力抓落实的工作运行机制。

第三，抓部门。督查部门是党委实施督促检查的职能部门和得力助手，必须充分发挥督查部门的作用。首先，督查部门要树立很强的督查意识，党委作出决策部署后，督查部门应积极主动地及时立项分解，将目标任务细化量化到地区、部门和责任人，确定落实时限，跟踪问效，及时反馈。其次，要树立求真务实的工作作风，实施督查雷厉风行，反馈情况实事求是，敢于坚持原则，敢于碰硬，不怕得罪人，从而促进各级机关和各级干部转变工作作风，提高工作效率，形成唯实、务实、求实的好风气。最后，要为督查部门撑腰，为他们开展工作创造一个好的环境和条件。在充分发挥职能部门作用的同时，还要善于利用新闻舆论宣传、人大代表视察、设立监督电话等形式，调动广大干部群众参与督查的积极性，加大督查力度，确保党的路线方针政策和锡林郭勒盟委员会、锡林郭勒盟行署重大决策部署的贯彻落实。

建设好锡林郭勒盟经济技术开发区①

在锡林浩特建设一个经济技术开发区的想法，酝酿已有一段时间。1999 年 9 月，笔者从南方考察回来，感到在锡林郭勒盟建设经济技术开发区很有必要，在锡林浩特地区庆祝新中国成立 50 周年干部大会上讲过初步设想。2000 年 5 月，我们委托内蒙古大学搞一个规划，征求各方面意见，锡林郭勒盟委员会、锡林郭勒盟行署讨论了规划初稿。2000 年 12 月，笔者率锡林郭勒盟党政考察团赴长春市专门考察长春经济技术开发区，向锡林郭勒盟委员会作了通报，大家都非常支

① 本文选自 2001 年 5 月 12 日在第 12 次中共锡林郭勒盟委员会会议上讲话录音整理稿，原载于 2001 年第 19 期《锡党办通报》。

持这项工作。为进一步加快工作进度，2001 年 3 月再派有关人员到长春经济技术开发区考察学习。同年，4 月 28 日，在书记会上讨论了这个问题，就这件关系锡林郭勒盟发展的大事，统一了认识，形成了共识。

我们的发展战略是特色经济战略，发展目标是富民强盟。从目前锡林郭勒盟的产业格局看，在实现富民强盟中，第一产业发挥着很大作用并将继续发挥重要作用。但是，要加快富民强盟步伐，光靠畜牧业和农业还不够，关键是加快发展工业，发展第二产业。“十五”时期发展工业的思路是扩大总量，提高质量。扩大总量，当然要搞好现有企业的改革、改组和改造，但仅靠现有存量难以扩大总量。必须依托锡林郭勒盟优势资源，大力引进优势企业，实现总量迅速扩张。提高质量，也要抓好现有企业的技术改造和经营管理，逐步提高质量和效益。但从发展高新技术和培育现代优势企业的角度讲，仅靠我们现有企业，一是比较慢，二是比较难，也得靠引进。总之，无论扩大总量，还是提高质量，都必须走大力引进优势企业这条路。

大力引进优势企业必须具备一定的环境和条件。通过近几年的不懈努力，锡林郭勒盟实施开放引进的大环境正在逐步改善，交通、通信等基础设施和城市建设水平在不断提高，地区吸引力不断增强，为扩大开放引进、招商引资创造了必要的条件。但从发达地区的经验看，光有大环境还不行，还得有一个封闭运行、有利于企业快速发展的小环境。我们确实迫切需要建设一个起点较高、具备“七通一平”、软硬件都比较好的经济技术开发区，为高层次、大规模招商引资创造有利条件。“不栽梧桐树，引不来金凤凰”，我们一定要栽好这棵“梧桐树”，引来发展锡林郭勒盟工业的“金凤凰”。

锡林郭勒盟建设经济技术开发区有很多有利条件。

一是有西部大开发的历史机遇。国家实施西部大开发战略，引导东部地区企业到西部来开发，这使我们依托开发区大力引进成为可能。这是一个难得的历史机遇，抓住了这个机遇，我们就能引得多一些，起点高一些，发展快一些。如果我们的环境和条件不具备，尽管有这个历史机遇，也还是抓不住，会白白错过。

二是有优势资源依托。锡林郭勒盟有得天独厚的畜产品资源、矿产品资源和旅游资源优势，是扩大招商引资的重要依托，对投资者有很大吸引力。经济技术开发区是发挥资源优势，扩大招商引资的有利环境和必要条件。

三是发达地区的经验可资借鉴。发达地区的开发区已经搞了 20 来年，第一次热潮在深圳，第二次热潮在邓小平同志南方谈话之后。我们可以很好地学习借鉴别人的经验教训，避免走弯路，发挥我们的优势，加快建设步伐。

四是可以和城镇建设结合起来。开发区选址在锡林河西，与锡林浩特市城市建设特别是河西区的建设结合起来，与火车站的利用、锡林大街的延伸和 101 省

道建设等，都可以紧密衔接、相互促进，提高土地的综合利用水平和经济效益。

我们应该怎样建设经济技术开发区呢？

指导思想：以发展为主题，以服务为主线，以引进为重点，以创新为动力，以再造为目标，努力把开发区建设成功能完备、服务优良、环境优美，具有独特文化的改革试验区、开放先行区、管理样板区、经济增长区。经过5~8年的努力，使锡林郭勒开发区的经济总量达到再造一个锡林浩特市的水平，并培育出上市企业。

开发重点：建设锡林郭勒盟经济开发区，要以引进盟外资金为主，以引进龙头企业为主，以引进高新技术为主。也就是以引进大项目为主、科技项目为主、盟外投资项目为主。重点选择投资密度大、科技含量高、市场前景好、产值及附加值高的企业。

开发原则：一是高起点规划，高水平建设。“七通一平”的起点要高，特别是河西区不能再有明线明管，供电、通信、供暖等各类管线都要埋入地下。二是边建设，边引进。不是把基础设施搞完了再引进，而是同步进行。入驻企业要形成低密度、高效益、智能化和园林式布局。三是自主经营，封闭管理。

发展动力：以创新为动力，走出一条具有开发区特色的改革创新之路。一是观念创新。思想上充分准备白手起家、艰苦创业；主动服务、市场运作，为入驻企业创造一个生存发展、迅速壮大的环境；封闭运行、独立运作，靠市场寻找解决问题的办法。二是体制创新。实行“小政府、大社会”的职能设置，建立“小机构、大服务”的服务体系。锡林郭勒盟经济技术开发区管理委员会是锡林郭勒盟行署的派出机构，行驶盟一级审批管理权限，实行集中统一管理。三是制度创新。实行公开选拔、合同聘用、竞争上岗、双向择优的人事制度。不设科级建制，减少管理层次；部门和岗位职责明确，细化考核，规范运行，高薪聘用专业技术人员，实行末位淘汰辞退；从严治区，清正廉洁，树立开发区形象。四是管理创新。坚持一个窗口对外，一条龙服务，一站式管理。为入驻企业提供从立项、合同审批、工商登记、颁发土地使用证、规划建设到竣工验收等一条龙服务。发改、财政、税务、公安、海关等部门要在区内设派出机构，做到入驻企业办事不出区，实行一站式管理。服务和管理承诺办理时限，创造开发区效率；靠投资环境和服务质量取胜，增强开发区的吸引力和竞争力。五是技术创新。对入驻企业的技术门槛要高，初期规模可以小，但起点要高，前景要好；企业管理运行的技术含量要高，注重向智能化发展。六是文化创新。坚持以人为本，建设企业文化、园林文化、生态文化，营造良好人文环境；培育开发区精神，树立开发区形象，创造独具特色的开发区文化。七是政策创新。竞争要平等，政策要灵活。对不同规模、不同科技含量、不同行业、不同层次的企业实行不同的优惠政策。集约高效利用土地，提高单位面积产出。执行政策要公开、公正、竞争、择优，实行招投标，市场化运作，按市场经济规律办事。

建设锡林郭勒盟经济技术开发区是关系锡林郭勒盟全局发展、长远发展的一件大事。办成这件大事有很多有利条件，也有不少困难。主要是锡林郭勒盟不具备大城市或沿海地区的科技、教育、人才、信息、市场、资金等方面的优势。只能依托我们得天独厚的资源优势，只能依靠不甘落后、争创一流的志气，只能发扬白手起家、百折不挠、艰苦创业、无私奉献的精神。我们搞开发区的目的是再创造一个新的优势。只有我们的政策更优惠、环境更优越、服务更优质，才能再创新优势，从而引进资金、技术和人才，加快发展，走进前列。锡林郭勒盟上下都要增强为开发区建设服务的意识，排除一切障碍，提供一切方便，把它作为培育新的经济增长点的重大举措，作为“十五”发展的一件大事来抓好。

新阶段扶贫开发要有新思路①

锡林郭勒盟实施“二七”扶贫攻坚计划以来，各级投入大量资金，全盟上下不懈努力，扶贫开发工作取得很大成绩。但是，必须清醒地看到，目前锡林郭勒盟农村牧区贫困人口比重仍高达48%，比1993年底高6个百分点，扶贫开发工作任务非常艰巨。之所以形成这种局面，主要是由于近几年锡林郭勒盟连续遭受多种严重自然灾害，返贫致贫人口大幅度增加。同时，也有必要从主观上查找原因，认真总结经验教训，进一步理清新阶段扶贫开发的思路。

当前锡林郭勒盟扶贫开发工作正面临新机遇。国家和内蒙古自治区实施风沙源治理工程、退耕还林工程和千村扶贫开发工程，加大了资金投入力度，特别是内蒙古自治区党委、政府决定144个区直机关、企事业单位用三年时间定点帮扶西部五旗。锡林郭勒盟围封转移战略已全面启动，盟直机关、企事业单位也要用三年时间集中帮扶西乌旗、正蓝旗、锡林浩特市。所有这些，都为我们做好新阶段扶贫开发工作创造了有利条件。

用新思路做好新阶段扶贫开发工作，要着眼于长远上稳定脱贫，立足于根本上解决问题，坚持“工作到村、措施到户”，逐户分类，因户制宜，坚持就地扶持与易地扶持相结合，切实改善基本生产生活条件，从整体上加强基础设施建设，用产业化思路培育主导产业。按照这个思路抓扶贫开发，前提是逐户分类，因户制宜。一是严格按照贫困户标准，分清贫困村的贫困户与非贫困户，搞清每

① 本文写于2002年3月23日，原载于2002年5月16日《内蒙古日报》，2002年3月23日发锡党电〔2002〕14号文件。

个贫困户的基本情况，登记造册、建档立卡，实行动态管理；二是根据贫困户的家庭状况，主要是家庭成员的年龄、健康、智力、勤奋以及今后潜力等因素，区分可扶持户与不可扶持户；三是根据可扶持户的立地条件，主要是草场、耕地、水源、通电、道路、住房、棚圈等状况，区分就地扶持户与易地扶持户。

在对所有贫困户逐户进行分析分类的基础上，要针对不同情况，分别制定和实施具体扶持计划。对于就地扶持户，要着眼于长远上稳定脱贫，切实改善基本生产生活条件，提高“造血”功能，不断增强其抵御自然灾害和自我发展的能力。对于易地扶持户和不可扶持户，由于前者的立地条件不能满足基本生产生活的需要，后者的家庭成员在健康、智力等方面存在缺陷，不能自食其力，所以，原则上都要采取移民搬迁的方式。

对易地扶持户，要结合实施围封转移战略，搬入围封转移示范园区或其他已实现“五通”的地方，从根本上改善生产生活条件，使其通过自身努力稳定脱贫。对不可扶持户，也要抓住当前国家投入力度较大的机遇，尽量集中搬迁到具备“五通”条件的地方，改善他们的生活条件，并组织他们从事一些力所能及的集体劳动，通过托管、民政救济、社会救助等渠道保证他们的基本生活，稳定解决温饱。对其中有子女在外读书、几年内能回来从事生产劳动的，在搬迁时要预留出一定的发展空间，为其靠下一代的努力摆脱贫困创造必要的条件。

着眼于长远上稳定脱贫，立足于根本上解决问题，逐户分类、因户制宜的扶贫开发工作思路，是党中央“扶贫开发到村到户”要求的具体化，是符合锡林郭勒盟扶贫开发工作实际的创造性实践。各地区和各帮扶单位要按照这一思路的要求，坚持把千村扶贫开发工程与实施围封转移战略结合起来，与生态移民项目结合起来，加强领导，落实责任，一次性规划到位，分年度组织实施，下大力气抓好落实，确保通过三年努力，稳定解决贫困人口脱贫问题。

论建设学习型、创新型、服务型机关①

2003 年 4 月 9 日，在宣布政研室领导任职干部大会上，笔者提出政研室要建设学习型、创新型、服务型机关的目标和全体干部要努力学习、精诚团结、勤奋工作的要求。下面，笔者想进一步讲一讲创建“三型”机关、落实三点要求的具体想法。

---

① 原文来自 2003 年 4 月 17 日在内蒙古自治区党委政研室干部大会上的讲话。第一部分发表在 2003 年第 7 期《内蒙古工作》、2003 年 8 月 19 日《内蒙古日报》。

一、政研室要建设学习型、创新型、服务型机关

（一）关于建设学习型机关

党的十六大报告提出“形成全民学习、终身学习的学习型社会，促进人的全面发展”，并把提高全民族思想道德素质和科学文化素质作为全面建设小康社会四大目标的重要内容。这对全面建设小康社会，特别是对我们内蒙古自治区这样的欠发达地区应对挑战，抓住机遇，增创后发优势，具有深远历史意义和重大的现实意义。

建设学习型社会要从建设学习型机关、学习型企业、学习型社区、学习型乡村、学习型家庭等学习型组织抓起。建设学习型组织是建设学习型社会的基础和载体。学习型组织，是当今最前沿的管理理念之一。这个理念要求，以学习为动力，以共同理想为目标，把学习、工作、生活融为一体，提高每个成员的综合素质和创新能力，强化民主管理和民主决策，实现组织的不断创新与发展。学习型组织的理念有三个特点：一是强调学习与工作不可分离，即工作学习化，学习生活化。工作学习化，就是把工作和学习统一起来，将工作过程变为学习过程，根据机关职能、岗位职责和工作需要进行学习。学习生活化，就是把学习作为人生存和发展的第一需要。二是强调个人学习与组织的学习不可分离。组织的学习主要是在个人学习的基础上讨论、交流、沟通，形成共识。三是强调学习与行动不可分离。学习的收获必须转化为新的行为，就是学习与工作紧密结合，提高工作能力，实现工作创新。

政研室作为为内蒙古自治区党委决策服务、从事综合性研究的工作部门，要率先建设学习型机关，这是新形势对我们的要求。为党委决策服务，是一种高层次、高质量的服务，是从宏观与微观相结合的层面上系统思考、综合研究的服务。这要求我们具备较高的理论素养、较深的知识阅历、较强的研究能力。我们要以增强创新能力、提高服务水平为目标，建设学习型机关，不断提高素质，适应工作需要，这是其一。其二，要创新理念。创新理念是建设学习型机关的前提和基础。要树立学习是生存和发展第一需要的理念，人人学习、终身学习的理念，工作学习化、学习工作化的理念等。其三，要创新制度。建设学习型机关是关系政研室工作全局和长远发展的战略性任务。要顺利开展这项工作，必须建立健全符合我们机关实际的学习、讨论和研究制度，边学习、边总结、边提高，不断完善。

（二）关于建设创新型机关

政研室工作是直接为党委决策服务的，我们能不能保持与时俱进的精神状态，有没有创新意识、创新思维和创新能力，关系到我们的服务质量，影响到党委的决策。从这个意义上讲，创新是我们机关的生命力所在。

政研室为党委决策服务，主要通过两个方面：一是调研服务；二是文稿服务。建设创新型机关，首先，调研思路要创新。要紧紧围绕党的十六大关于全面建设小康社会的目标和内蒙古自治区党委提出的“两个高于、一个达到”的近期目标和三个动力、“三化”要求确立调研思路，确定调研课题。比如，农牧处应围绕建设现代农业、现代畜牧业，研究内蒙古自治区实现农牧业产业化、农牧民组织化，发展农村牧区经济，增加农牧民收入及相关问题。城市处应围绕实现工业化，研究内蒙古自治区走新型工业化道路，扩大就业、增加城镇居民收入及实现城镇化等相关问题。政文处应围绕科技创新、制度创新、文化创新，研究内蒙古自治区创建学习型社会，提高全民素质，增创后发优势，形成持久竞争力等相关问题。党建处应围绕学习贯彻“三个代表”重要思想，以加强党的执政能力为重点，研究加强领导班子和领导干部队伍建设，充分发挥党组织战斗堡垒作用和党员先锋模范作用，保持党的先进性等相关问题。

其次，调研方法要创新。我们为党委决策服务，主要是通过我们的调研成果转化为决策来体现的，这就要求我们的调研成果必须是高质量的。形成高质量的调研成果，除了要求确立正确的思路以外，还必须坚持正确的方法。方法创新应包括以下几个方面：一是探索规律性，就是调研要深入，要抓住事物的根本，“透过现象看本质”。二是增强针对性，既有战略针对性，又有现实操作性，要管用，要解决问题。三是把握综合性，客观事物是发展变化的、普遍联系的，研究问题既要分类考察，因事制宜，又要系统思考，综合解决；既要内部统筹，协同作战，又要借助外力，形成合力。

最后，文稿文风要创新。我们的调研成果和成果转化，都以文稿为载体，文稿质量直接关系到服务质量。提高文稿质量，应把握三点：一是短，在说清问题的前提下越短越好，长了没人看，等于白写。二是准，反映事物要准确无误，这是基本要求。三是顺，文字要深入浅出、朴实清新、鲜明生动，让人能看完。

（三）关于建设服务型机关

政研室就是为党委决策服务的，服务是我们的根本，是我们一切工作的出发点和落脚点。

建设服务型机关，一是要主动服务。要树立强烈的服务意识，主动围绕党委重大决策，想党委之所想，急党委之所急，办党委之所需。

二是要协调服务。从一定意义上说，党委、政府各部门都是为党委的决策准备、决策过程和决策落实服务的，我们只有增强合作意识，注重协调，才能搞好服务。党委办公厅是直接为党委服务的枢纽机关，我们要主动配合办公厅工作，积极服从调度，搞好协调服务。

三是要超前服务。要想党委之未想，谋党委之未谋，超前谋划，及早动手，提供多个调研成果供领导选择。只要我们深入研究实际情况，深刻理解党委意图，是可以做到超前服务的。

我们建设学习型、创新型机关，其目的是搞好服务。服务型是根本，学习型是基础，创新型是关键。加强基础，抓住关键，才能把握根本。

二、我们要努力学习，精诚团结，勤奋工作

建设学习型、创新型、服务型机关，是我们大家的责任，共同的使命。我们每个人都要努力学习，精诚团结，勤奋工作。努力学习，是时代的要求，是我们生存和发展的第一需要，是提高自身思想道德素质、科学文化素质的主要途径。努力学习，就要不断积蓄自己的学习力。按照学习型组织理念，所谓“学习力”是指一个人、企业或组织学习的动力、毅力和能力的综合体现，学习力是学习型组织的根基。增强动力、磨炼毅力、提高能力，就必须认真学习领会“三个代表”重要思想和党的十六大提出的新思想、新观点、新要求，就必须认真学习把握我们的职能职责所要求的各种业务知识，提高自己的综合素质和业务能力。政研室应该成为努力学习、注重研究、培养人才、输送人才的熔炉。我们要凭自己的综合素质、真才实学，凭高质量的服务来适应党委决策需要，适应社会需求，实现自身价值。

精诚团结，历来是党的事业兴旺发达的保证，当然也是搞好我们政研室工作的保证。精诚团结，要牢固树立全局意识、整体意识、集体荣誉意识。我们每个人的进步和发展，都离不开集体。只有依靠集体的智慧，才能在一些重大课题研究上有新突破、新创新。为了我们的共同目标，增强凝聚力、形成合力，最为重要。精诚团结，要正确认识自己。要始终保持良好的精神状态和平衡的心态。人生在世，关键是要做事。实现自己的价值，唯有以事业为重。要把全部精力集中在事业上，为了干好事业而学习终身、努力终身、奋斗终生。精诚团结，要正确对待别人。人生几十年，能在一起工作学习，实在难得。同志之间要友情为重，以诚待人；严于律己，宽以待人；相互学习、相互激励，取长补短、共同提高。

勤奋工作，是成就事业的条件。贯彻“三个代表”重要思想，对机关干部来说，主要看工作努力不努力，勤奋不勤奋，敬业不敬业，本职工作出色不出色。勤奋工作，就要积极主动、认真负责，不怕困难、耐得寂寞，不推脱、不应付，尽心尽力、尽职尽责。对政研室干部来说，动脑、动手——善于思考、善于写作这两项硬功夫必须练就。勤奋工作，主要靠一个人坚定的理想信念和事业心、自觉性来支撑。同时，必须建立健全必要的制度来约束，必须建立健全科学有效的机制来激励。

新形势新任务对政研室工作提出了新的更高的要求。让我们同心同德、与时俱进，努力开创政研室工作新局面。

推进“三化”的思考①

我们赴阿拉善盟、乌海市、巴彦淖尔盟，就推进工业化、城镇化和产业化问题进行调研，重点探讨了完善发展思路问题。

阿拉善盟、乌海市、巴彦淖尔盟是三个不同类型的地区，各自的特点非常明显。阿拉善盟是一个牧区，但经济总量中畜牧业比重较小，2002 年三次产业比例为 14∶45∶41。面积很大，但多数是沙漠戈壁，发展放养畜牧业条件较差，但在水资源条件相对较好的“十大滩”有 30 万亩水浇地，农牧民人均 5 亩，就是把农牧民全部转移到“十大滩”，发展舍饲半舍饲畜牧业，也有条件。阿拉善盟有丰富的煤、盐等矿产资源和独具特色的旅游资源，地广人少，工业比重较高，城镇人口占总人口的 74%，乌斯太、吉兰泰等工业园区初具规模，加快发展的潜力很大，前景很广。阿拉善盟实行转移发展战略，符合实际，取得了显著成效。2002 年 GDP 达 29.6 亿元，人均 1.35 万元，居内蒙古自治区第 4 位；地方财政收入 1.8 亿元，人均 1009 元，居内蒙古自治区第 1 位；城镇居民人均可支配收入 6037 元，农牧民人均纯收入 2664 元，分别居内蒙古自治区第 4 位、第 5 位。

乌海市是一个新兴工业城市，2002 年三次产业比例为 2.6∶66.1∶31.3，矿产资源、水利资源和电力资源都很丰富，适合发展高载能工业，而且已形成很好的园区环境和产业基础，发展前景广阔；城镇人口占多数，农牧业人口 4.6 万人，仅占总人口的 10.6%，人均水浇地 2 亩，有条件把农牧民转为城镇人口，实

① 原文为 2003 年 7 月 26 日至 8 月 5 日，赴阿拉善盟、乌海市、巴彦淖尔盟调查研究后的报告，原载于 2003 年第 13 期内蒙古自治区党委政研室《决策参阅》。

现城乡一体化。乌海市关于推进工业化、城镇化的思路，符合实际，经济社会呈现出快速发展的态势。2002 年，GDP 达到51.4 亿元，人均1.25 万元，居内蒙古自治区第5 位；地方财政收入2.8 亿元，人均688 元，居内蒙古自治区第4 位；城镇居民人均可支配收入5742 元，农牧民人均纯收入2625 元，分别居内蒙古自治区第5 位、第4 位。

巴彦淖尔盟是农牧业大盟，2002 年三次产业比例为37.8∶25.1∶37.1，农牧民占总人口的68%，农民人均水浇地7 亩，牧民人均可利用草场1495.25 亩，畜均草场30 亩，建设现代农牧业有较好的基础和条件，特别是引进了草原兴发、蒙牛、汇源等企业，调整农牧业结构，大力发展奶牛、肉羊业。目前，农民人均牲畜5 头（只），发展农区畜牧业有很大空间。农牧业资源和矿产资源很丰富，发展农畜产品加工业、有色金属为主的矿产业和电力工业以及合作开发蒙古国资源，有很大的潜力和条件。巴彦淖尔盟交通比较发达，离呼和浩特、包头两市较近，加快推进工业化、城镇化进程的区位优势较好。最近，在对盟情再认识的基础上，提出了由种植业主导型向养殖业主导型、农业主导型向工业主导型的两个转变，构建绿色农畜产品、有色金属两大基地，打造农畜产品加工业、有色金属为主的矿产业、电力工业三大支柱产业，加快推进“三化”进程的思路，是发展思路上的与时俱进。

三个盟（市）各有各的优势，各有各的打法，发展势头都很好。我们在这次调研中受到很多启示，并对内蒙古自治区推进工业化、农牧业产业化、城镇化问题进行了一些思考。

第一，关于工业化问题。推进工业化，首先还是要进一步提高认识。工业化是社会形态转变过程，是传统的农业社会向现代工业社会转变的过程，是由农业经济向工业经济转变的自然历史过程。工业化是现代化的基础和前提，高度发达的工业社会是现代化的重要标志。按照国际通用的工业化指标，衡量一国是否完成工业化，有三个最主要的结构性指标：农业产值占 GDP 的比重降到15%以下；农业就业人数占全部就业人数的比重下降到20%以下；城镇人口比重上升到60%以上。

当然，这个指标是衡量一个国家工业化状况的指标，不能用来层层套。但工业化是产业结构由农业经济为主向工业经济为主转变的过程，是全面建设小康社会的必由之路，是实现现代化不可逾越的历史阶段。工业化，从一定意义上讲是农业的工业化，是通过农业产业工业化来使传统农业融入工业化进程的必然选择。农业产业化和城乡一体化，是工业化的表现和结果。

推进工业化，我们必须大力发展工业经济，扩大工业总量，提高工业比重，这毫无疑问。但工业化不仅仅是发展工业经济，工业化过程是经济高速增长的过程，不仅表现为经济总量的快速扩张，更重要的是经济结构变动所带来的经济素质的变化。

推进工业化，有其自身的规律性，但在不同体制下，在工业化的不同阶段，可以有不同的发展道路和模式。走新型工业化道路，是党的十六大提出的要求。新型工业化道路的主要特征是走跨越式、可持续和文明发展道路，要走经济发展与人的发展相结合、人与自然和谐共处的文明发展道路。这一点是新型工业化道路与传统工业化道路最重要的区别。具体表现在：新型工业化道路要把经济发展与增加就业相结合；要使先进工艺和先进管理方法的应用同人的发展结合起来，真正在工业化进程中树立人本观念，使工业化水平的提高同人的自由发展相协调，人与自然和谐共处。

推进工业化，走新型工业化道路，实现社会形态的转变，我们需要用工业化理念、工业化思路、工业化生产组织方式来谋划解决农牧业、农村牧区、农牧民问题，使工业发展有利于农村牧区人口持续转移和城镇化程度的提高，有利于人力资源优势的发挥。

第二，关于农牧业产业化问题。农牧业产业化是推进工业化的重要内容和有机组成部分，是实现农牧业现代化的现实途径。人们一直说，农牧业产业化，龙头企业是关键。笔者认为，真正关键的还是农畜产品的生产。农牧业产业化的实质是农牧民生产的农畜产品通过加工来实现增值。所以，关键是看生产出来的农畜产品适合不适合加工。一般来讲，农畜产品可分两大类：一类是直接消费的产品，如西瓜、水果等，不经过加工，直接上市，这类产品需要有流通型企业作龙头；另一类产品则是必须经过加工才能消费，须有加工型企业作龙头。实践表明，不论是哪类产品，要适应直接上市或加工增值的需要，就必须满足五个要求：市场化、规模化、均衡化、标准化、有序化。市场化，是指生产的产品必须有市场、有销路；规模化，是说产品好还得产量多，值得加工；均衡化，就是能够满足企业常年加工的需要，做到均衡供给；标准化，是指产品质量、规格符合绿色、安全、卫生、无公害等要求；有序化，是指生产基地和农牧户的组织形式、生产经营方式、管理体制和运行机制，要符合产业化的要求。从内蒙古自治区的情况看，牛奶、猪肉、鸡肉等产品基本符合上述“五化”要求，从而基本实现了产业化。牛羊肉，特别是羊肉，由于传统草原畜牧业的生产经营方式——主要是一年一羔、一季出栏的特殊性所决定，只能做到初级加工，远未实现产业化。随着传统生产经营方式的转变、舍饲半舍饲的推广，逐步做到两年三羔、四季出栏，就可以实现牛羊肉产业化。

目前，内蒙古自治区多数农产品尚不能具备“五化”要求。笔者认为，推进农牧业产业结构的战略性调整，就要按上述“五化”要求来整合农牧业资源，实施结构调整。只有这样，才能实现真正的产业化发展，加工增值，稳定增加农牧民收入。

第三，关于城镇化问题。从根本上讲，城镇是商品交换的产物，城镇化则是工业化的产物。以规模经济、集聚经济和交换经济为特征的现代工业，要求把工业布局在交通中心、信息中心、技术中心和人才中心，也就是城市。推进工业化，必须以城市为依托，充分发挥城市作为交通中心、信息中心、技术中心和人才中心的作用，为工业化提供基础设施、市场、技术和人力资本条件。同时，城镇化也要以工业化为依托，没有发达的工业，城市的经济实力、对转移人口的吸纳能力以及对周边地区经济的辐射力就弱。因此，城市应积极致力于工业化，以工业化促进城镇化。

推进城镇化，就其实质来讲是各种经济资源向特定空间聚集的过程，其基本内容是农村牧区人口向城镇转移。从这个意义上说，城镇化是农村牧区的城镇化，城镇化进程的快慢，首先取决于农村牧区人口转移的规模与速度。

推进城镇化，布局问题很重要。城镇的布局与发展进程，总的来讲，主要是市场选择的结果。就内蒙古自治区来讲，城镇布局要着眼于以发展大中城市为主，充分发挥现有城市基础设施和各种生产要素的作用；城镇规模要立足于水资源的可持续利用，量水而居，量水而发展。城镇布局上，要注意防止在旗（县）所在地以外地区盲目布点搞建设。

推进城镇化，需要抓好城镇建设，这也毫无疑问。但城镇化不仅仅是城镇建设，城镇建设不等于城镇化。城镇化需要有产业发展来支撑。城镇化是社会生产力大发展和工业化全面推进的过程，是人们的生产与生活方式由农村型向城市型转变的过程，是一个地区现代文明一定高度的标志，集中了这个地区经济、政治、文化、科技和教育的绝大部分资源，体现了它的综合实力和竞争力。

论扶贫开发机制创新①

2004 年中央一号文件明确要求，完善扶贫开发机制。认真落实中央关于千方百计增加农民收入的精神，重点是增加贫困农牧民收入，关键在于完善扶贫开发机制。实践证明，实行股份合作制，是完善扶贫开发机制的一种有效形式。

---

① 本文原载于 2004 年 7 月 27 日《农民日报》，2004 年第 2 期内蒙古自治区党委政研室《决策参阅》，标题是《用新机制扶贫》。

在贫困地区往往有这种情况，在同一个地区、同样的环境条件下，有些农牧户没有得到什么扶持，日子却越过越红火、生活越来越富裕；有些农牧户以各种形式被扶贫十几年，未见什么效果，仍处于贫困状态。这种现象，无论是在农村还是在牧区，无论是条件好的地区还是条件差的地区，都较为普遍地存在。究其原因，不是扶贫工作没有抓，不是扶贫投入少，也不是生产条件没改善，根本的是农牧民的综合素质、生产经营能力有差异。综合素质相对较高的生产经营能手越来越富裕了，综合素质较低的贫困农牧民却怎么扶也扶不起来。这种现象及其实质问题应当引起我们的高度重视，并从完善扶贫开发机制上研究解决这个问题。

提高贫困农牧民的综合素质，是一项长期的、艰巨的任务，不能指望提高了素质再来解决温饱问题。在理论和实践上都比较可行的选择是，坚持制度创新，在完善机制上下功夫，积极引导和组织生产经营能手与贫困农牧民以股份合作制形式组织起来，一户生产经营能手带几个、十几个甚至几十个贫困户，各自以土地、草场、牲畜、生产设施和劳动、技术、管理、资金等生产要素入股，甚至对贫困户的扶持资金也作为贫困户的股份来投入，由生产经营能手作为法人来经营，参照现代企业制度来完善经营机制和监督机制，形成一个符合市场经济要求的农牧业经济实体。

这种经济实体的实质，可以概括为“利益联结、股份合作”。利益联结是指贫困户可依托生产经营能手的经营能力稳定增加收入，生产经营能手可借助贫困户的土地、草场等生产资料进一步做大做强。这种对双方有利、优势互补的联结机制非常重要，是实现土地、草场的使用权与经营权分离，实现一体化经营的基础。

这种股份合作制对扶贫开发的直接好处有三：一是可以解决贫困户不善经营的问题；二是可以变“输血”为“造血”，提高扶贫资金的使用效益；三是可以稳定增加贫困户收入。这些都是长期以来困扰我们的问题。着眼于生产经营体制创新来解决这些问题，就是完善扶贫开发机制。

这种股份合作制在普遍意义上的好处至少有七点：第一，是实现农牧民组织化的有效途径，它不同于松散性的各类协会，它是一体化经营的实体；第二，是实现规模化经营的有效途径，喊了多年的“土地向种田能手集中”“牲畜向放牧能手集中”可以变为现实；第三，是调整产业结构的有效途径，可以把实体直接建成龙头企业的生产基地，加快农牧业产业化进程；第四，可以提高农牧业经营效益，有条件推广适用技术和机械化，提高劳动生产率；第五，有利于减少农村牧区人口，农牧民可以没有后顾之忧地进城务工或从事其他产业；第六，避免草场租赁使用过程中的掠夺式利用，有利于草原生态的保护与建设，实现可持续发展；第七，较之千家万户分散经营的小生产，有利于加强对农牧业的支持和保护，有利于提高金融部门农牧业信贷的安全性。

加快推进农牧民组织化，完善扶贫开发机制，必须坚持以人为本，充分尊重农牧民的意愿，以自愿为前提。但自愿不等于自发，等农牧民自发地组织起来，从而提高组织化程度，那是不切实际的。实行“利益联结、股份合作”，要深入宣传、积极引导，细心组织、大力扶持，先行试点、逐步推开。推开这项新事物，必然会有很多困难和问题需要在探索中解决。但它是对当前已经不适应生产力发展要求的农村牧区经营体制的一种符合时代要求的创新，必定有广阔的前景。

着力建设社会主义新农村新牧区[①]

《中共中央关于制定国民经济和社会发展第十一个五年规划的建议》提出了建设社会主义新农村的重大历史任务，确定了生产发展、生活宽裕、乡风文明、村容整洁、管理民主的总要求。这五句话总要求是一个有机整体，体现了经济建设、政治建设、文化建设、社会建设“四位一体”总体布局，为我们建设社会主义新农村新牧区指明了方向。

一、着力推动生产发展

推动生产发展是建设新农村的中心任务，是建设新农村的物质基础。推动生产发展，要落实党的十六届五中全会《中共中央关于第十一个五年规划的建议》提出的建设现代农业的总体要求：“加快农业科技进步，加强农业设施建设，调整农业生产结构，转变农业增长方式，提高农业综合生产能力。”应立足于发挥农牧业产业化经营的优势和特色，深化农村牧区经济结构战略性调整，做大做强内蒙古自治区确定的乳、肉、绒、粮、菜、料六大产业，努力培育适合当地条件、适应市场需求的特色优势产业，形成新的经济增长点。推动生产发展，要加快推进以水利建设为中心的道路、电网、通信等基础设施建设，提高农牧业机械化水平，加快农牧业标准化，健全农牧业技术推广、农畜产品市场、农畜产品质量安全和动植物病虫害防控体系。提高资源的综合开发利用水平，推行节地、节

① 本文原载于2006年第2期内蒙古自治区党委政研室《决策参阅》。

水、节肥、节药、节种、节能和资源循环利用，建立循环农牧业发展模式。切实抓好龙头企业、生产基地、合作经济组织建设，建立和完善农民户与龙头企业利益联结机制。

二、着力实现生活宽裕

生活宽裕是建设新农村的根本出发点，是坚持以人为本的具体体现。实现生活宽裕，要千方百计增加农牧民收入。调整农村牧区经济结构，促进农牧业产业化经营，发展农区畜牧业，推进农牧业科技进步，转变农牧业增长方式，挖掘农牧业内部增收潜力；培育非农非牧产业，发展个体私营经济，转移农村牧区富余劳动力，拓展农牧业外部增收潜力。加大扶贫开发力度，实行整村推进扶贫开发方式，完善扶贫开发机制，注重提高贫困人口素质，增强贫困群众的脱贫致富能力。实现生活宽裕，要想方设法提高农牧民生活质量。高度重视农村牧区房屋建设，尽快改变布局分散、破破烂烂，建设无序、杂乱无章，基础设施匮乏、居住环境极差，房屋功能落后、资源浪费严重的状况。改善生活条件，推进通水、通电、通路、通电话、通广播电视，改水、改灶、改厕、改圈，积极发展沼气和秸秆气化等清洁能源。

三、着力推行乡风文明

发展社会事业是推进乡风文明的根本举措。大力发展教育事业，健全农村牧区义务教育经费保障新机制，加快实行免费九年制义务教育制度，重点普及和巩固农村牧区九年义务教育；推广农牧业实用技术，提高农牧民科技素质和经营管理能力。大力发展文化事业，扎实开展文明村镇创建活动，加强基层文化站、文化室建设，丰富农村牧区精神文化生活。大力发展卫生事业，加强农村牧区公共卫生和基本医疗服务体系建设，改善农村牧区医疗条件，建立新型农村牧区合作医疗制度，提高农牧民医疗保障水平，使农牧民人人享有初级卫生保健。完善农村牧区困难群体救助体系，提高农村牧区社会保障覆盖面，尽快缩小城乡社会保障的差距，最终建立城乡一体化的养老、医疗、低保等社会保障体系。树立文明、科学的生活习惯，倡导新风尚，建立人与人之间的和谐关系。

四、着力促进村容整洁

按照建设环境友好型社会的要求，坚持保护优先、加快建设、科学利用、依法管理，强化对水源、土地、森林、草原等自然生态的保护。牧区应按照围封转移战略思路，推动围封禁牧、收缩转移、集约经营，实行禁牧、休牧、轮牧和草畜平衡两项制度，推进畜牧业结构调整，转变畜牧业增长方式，收缩转移牧区人口，实现牧民、牧业与草原的和谐发展。农区应推进退耕还林工程，严格保护耕地，调整农业结构，转变农业增长方式，推广保护性耕作，大力发展设施农业、有机农业和避灾农业，实现农业可持续发展。着力改善农村牧区居住环境，开展农村牧区生活垃圾收集与处理，推进沟渠水塘、院落棚圈整治，实现街巷硬化、环境绿化，建设农村牧区良好的生态环境和优美的生活环境。

五、着力推进管理民主

完善农村牧区民主自治制度是推进管理民主的关键。切实加强基层民主政治和嘎查村民自治制度建设，使农牧民的思想道德水平、科学文化素质、民主法制观念在潜移默化中得到提高，自我管理、自我服务、自我教育、自我发展的能力不断得到增强。依据国家法律法规，制定乡规民约，移风易俗，破除赌博、迷信等陋习，依法管理宗教活动，倡导健康、文明、科学的生活方式，着力创造群众安居乐业、文化生活丰富多彩、邻里之间和睦相处的良好社会环境。

六、着力加强基层党组织建设

农村牧区基层党组织是农村牧区各种组织和各项工作的领导核心，也是新农村新牧区建设的领导核心。农村牧区党员是贯彻党在农村牧区各项方针政策的骨干力量，也是新农村新牧区建设的骨干力量。要结合开展保持共产党员先进性教育活动，切实解决党组织和党员队伍中存在的突出问题，解决影响改革发展稳定的主要问题，解决群众最关心的重点问题。要发展农村牧区基层民主，健全嘎查村党组织领导的充满活力的嘎查村民自治机制，学会与群众商量办事，提高做好新时期农村牧区工作的本领。增强集体经济服务功能，积极发展“民管、民办、民受益”的各类农牧民合作经济组织，提高农牧民的组织化程度，形成逐步实现共同富裕的新机制。加强农村牧区法制建设，加大法制宣传和教育力度，依法办事和依法行政的理念深入人心，切实保障农牧民的合法权益。

七、着力培养新型农牧民

农牧民是建设新农村新牧区的主体。建设新农村新牧区，必须培养新型农牧民；没有新型农牧民，就没有新农村新牧区。培养和造就千千万万有文化、懂技术、会经营的新型农牧民，才能为建设社会主义新农村新牧区提供有力的人才保证。要把培养新型农牧民作为建设新农村新牧区的根本措施来抓。一是高度重视农村牧区教育事业，统筹发展基础教育、职业教育和成人教育，提升农牧民整体素质。二是大力开展实用技术培训，科技入户工程、农村牧区劳动力转移就业培训阳光工程，提高农牧民的科技素质。三是深入开展农村牧区精神文明创建活动，加强苏木乡镇、嘎查村文化设施和文化队伍建设，提高农牧民文明素质。

八、着力落实各项保障措施

一是坚持循序渐进，注重实效。建设社会主义新农村新牧区是一项长期的、艰巨的任务，需要付出艰苦努力，防止急于求成，不顾当地条件和农牧民承受能力，搞达标升级。二是坚持从实际出发，尊重农牧民意愿。要发挥农牧民的积极性和创造性，防止形式主义，强迫命令。三是坚持城乡统筹发展。要建立以工促农、以城带乡长效机制，取消针对进城务工农牧民的各种就业限制，引导在城镇稳定就业的农牧民逐渐完成向市民的转变。四是坚持因地制宜，规划先行。新农村新牧区建设不能一个模式，应体现区域特色、地域特色、民族特色，多彩多姿，不搞整齐划一，防止走弯路，造成资源浪费。五是坚持“多予少取放活”方针。要建立政府、社会、农牧民相结合的多元投入机制，鼓励和引导民间资本投向新农村新牧区建设。六是坚持体制机制创新。推进农村牧区综合改革，深化就业与户籍制度改革、城乡建设体制改革、财政体制改革和行政管理体制改革，为新农村新牧区建设提供持续动力。

社会主义新牧区怎么建①

中央关于社会主义新农村建设“生产发展、生活宽裕、乡风文明、村容整洁、管理民主”的总要求，是中央在新时期加强“三农”工作、解决“三农”问题的重大战略举措。在牧区贯彻落实中央的战略举措，建设社会主义新牧区，必须从牧区实际出发，走出一条内蒙古特色的建设社会主义新牧区的路子。

① 本文原载于2007年2月5日《学习时报》，2006年第9期《北方经济》，2006年第8期《内蒙古工作》，2006年第31期内蒙古自治区党委政研室《决策参阅》。

与农村相比，牧区有其特殊性，具体有以下特点：第一，生产方式不同于农村。牧区靠草原经营畜牧业，以草场放养为主，这本来是草原畜牧业的优势，但由于连年大旱、超载过牧、草场退化沙化，导致生产成本不断提高，传统畜牧业的优势正在丧失。农区靠耕地经营种植业，与畜牧业相比，生产周期短，丰歉当年见分晓。农区畜牧业则利用农作物秸秆，以舍饲圈养为主，这是农区的优势。第二，生活方式不同于农村。牧区以散居为主，交通不便，信息闭塞，生活支出远高于农区。农区则全部聚居。分散或聚居，是由生产方式决定的。第三，文化习俗不同于农村。这是千百年来的生产生活方式造就的。第四，社会事业发展滞后。上学难、看病贵的程度比农区更甚，文化生活比农区更缺。第五，基础设施建设欠账多。由于牧区地域辽阔，立地条件差，建设难度大，历来投入很少。建设社会主义新牧区，应认清牧区特点，有针对性地加强建设。

一、着力发展牧业生产

发展牧业生产是新牧区建设的基础。应实行新制度新政策，促进畜牧业发展。

第一，实行最严格的草畜平衡制度。在新时期发挥传统草原畜牧业优势，必须处理好草畜矛盾，保护好草原生态。像农村实行最严格的耕地保护制度一样，实行最严格的草畜平衡制度，这是围封转移战略的一项重要制度，也是牧区落实科学发展观、实现人与自然和谐相处的必然选择。应加强饲草料基地建设，提高饲草料产量，为实行草畜平衡制度和草场“三牧”制度创造条件。政府应支持有条件的地方搞饲草料基地建设。

第二，实行草场“三牧”制度。因地制宜实行禁牧、休牧、轮牧，是围封转移战略的又一重要制度。对失去人和畜生存发展条件的草场实施禁牧，依靠大自然的修复功能恢复草原植被；在牧草返青期实施休牧，防止草场退化；有条件的草场实施划区轮牧，科学利用草场，这“三牧”制度是保护草原生态、增加产草量、提高草场利用率、提升经济效益的最有效措施。财政应实行“三牧”制度补贴政策。

第三，调整畜牧业结构。调整畜牧业结构应按照产业化经营的要求，重点抓好三个方面：一是调整畜种结构，以适应龙头企业加工的需求；二是调整品种结构，大抓改良，以改善产品质量；三是调整畜群结构，合理搭配基础母畜、后备母畜、种公畜比例，以加快周转，减轻草场压力，提高经济效益。财政应实行补贴政策加速推动牲畜品种改良。

第四，推进产业化经营。这是现代畜牧业发展的方向。以草定畜、草畜平衡，意味着牲畜数量少、质量效益高。转变畜牧业生产经营方式，是挖掘畜牧业潜力，实现牧民增收的重要措施；引导牧民实现组织化，在家庭承包经营基础上发展新型生产经营组织，是牧民优势互补、自我服务的好形式，对于推进畜牧业产业化经营和增加牧民收入，具有重要作用。要引导经营能手与贫困户在自愿的基础上，以草场、牲畜、设施等入股合作，由经营能手统一经营，实行按股分红，形成一种“优势互补、利益联结、股份合作、能手经营”的合作机制。

第五，推进畜牧业科技进步。因地制宜推进畜牧业机械化，在畜牧业生产主要环节，诸如在剪毛、抓绒、药浴、割搂捆草联动、青储玉米收割粉碎联动、草料粉碎等环节推进机械化，以减轻劳动强度，提高经济效益。财政应实行对牧民购买大型牧机具直接补贴的政策。

二、着力增加牧民收入

实现生活宽裕是建设新牧区的中心任务。实现生活宽裕，一是要增加收入，提高生活水平；二是要改善生活条件，提高生活质量。增加牧民收入，要从以下三个方面着力：

第一，大力发展畜牧业生产，这是增加收入的主要来源，前面做了阐述。

第二，大力发展县域经济。2007 年中央一号文件提出“要着眼兴县富民，着力培育产业支撑，大力发展民营经济，引导企业和要素集聚，改善金融服务，增强县级管理能力，发展壮大县域经济”。牧业旗发展县域经济，可依托旗所在地的基础设施和发展环境，大力发展特色产业，发挥资源优势，适应市场需求，突出当地特色，打好特色产业牌；大力发展劳动密集型产业，应立足于转移牧区富余劳动力，放手发展民营经济，创造更多的就业岗位；大力发展服务业，应围绕城乡生产和城乡居民生活需求，发展生活性服务业和生产性服务业并举，城镇服务业与牧区服务业并举，服务生产，方便生活。

第三，大力推进牧区社会保障体系建设。将城市社会保障体系逐步向牧区延伸，首先建立健全牧民最低生活保障制度。内蒙古自治区党委、政府实施的特困农牧民最低生活补助是一项公德之举。在此基础上，适当提高补助标准，扩大保障范围，应保尽保，使之制度化。同时，逐步建立牧民养老保险制度，使牧民解除后顾之忧。

三、着力培养新型牧民

有文化、懂技术、会经营的新型牧民，是持续推进新牧区建设的主体力量。

培养新型牧民，提高牧民综合素质，应加快发展牧区社会事业。

第一，大力发展教育事业。加快发展基础教育，确保牧民的孩子都受到与市民的孩子同等的公平教育，实行财政对贫困牧民孩子寄宿生活免费政策；加快发展职业教育，广泛开展教育培训，使牧区劳动力既掌握畜牧业生产技术，又掌握进城务工技能。

第二，大力发展卫生事业。从牧区人口较少、居住分散的特点出发，重点加强苏木镇卫生院建设，提高医务人员业务水平，配备必要的设备和交通工具，增强卫生院巡回出诊能力。建立疾病防疫监控体系，防治牧区地方病、传染病和人畜共患疾病发生。应提高公共财政配套比例，扩大牧区新型合作医疗覆盖面，切实解决牧民看病难、看病贵问题。

第三，大力发展文化事业。从满足牧民文化需求、提高文化生活质量出发，加强苏木镇文化站、嘎查文化室建设，派乌兰牧骑、送电影到牧户，扶持业余文化队和文化中心户，深入持久地开展群众喜闻乐见、广泛参与的精神文明创建活动和富有民族特色的文体活动，努力推进牧区和谐文化建设。

四、着力加强基础设施建设

较完善的基础设施是改善牧民生产生活条件的迫切需要，是社会主义新牧区的重要体现。

第一，加强交通建设。便捷的交通是牧区连接城镇、连通市场的载体。尽快实现苏木镇都通油路，10 户以上牧民聚居区通油路，牧户通简易沙石路。

第二，加强电力建设。用电是牧区融入现代文明的必要条件。苏木镇都通网电，没有条件用网电的牧户因地制宜发展风电、光电或风光互补式电源，实行公共财政补贴的政策。

第三，加强信息化建设。信息化是新牧区的重要特征。加强通信设施建设，用固定电话或移动通信覆盖广大牧区，让牧民都能听到广播、看到电视，需要公共财政加大投入。

第四，加强水利建设。水利同样是牧区和畜牧业的命脉。应尽快解决一些地区的人畜饮水困难；加强水窖、塘坝、水库建设，截住雨水，增强抗旱能力，减少地下水开采；实现牧区安全卫生饮用水基本普及，实行公共财政补贴政策。

第五，加强围栏建设。指导牧民合理布设网围栏，既要发挥网围栏作用，又要节材、整齐，不影响交通。草场围栏属于“六小工程”，对贫困户草场围栏建设，应给予补助。

第六，加强住房建设。为牧民免费提供新牧区住宅设计图以及暖棚、畜圈、

草库、厕所设计图，供牧民选择。对至今仍住蒙古包或危房的贫困牧民建新房，实行财政补助政策。

五、着力加强基层民主建设

按照管理民主的要求加强基层民主建设，保障牧民各项权益，使牧民真正当家做主。

第一，确立牧民主体地位。建设新牧区，牧民是建设主体、享受主体，也是决策主体，涉及牧民切身利益的问题都要经过牧民讨论，形成共识，调动牧民的积极性、主动性和创造性。

第二，完善牧民自治制度。加强党组织领导下的牧民自治制度建设，健全各项规章制度，规范“一事一议”和嘎查事务公开，落实牧民的选举权、知情权、参与权和监督权。

第三，加强牧区党的建设。牧区基层党组织是建设新牧区的组织者、实施者。切实加强牧区基层党组织建设，发挥党组织的领导核心作用，发挥党员的先锋模范作用，带头建设新牧区，带领牧民致富。

论新农村新牧区建设的重点和根本①

党的十六大以来，中央连续四年下发了指导“三农”工作的一号文件。今年一号文件的主题是，积极发展现代农业，扎实推进社会主义新农村建设。本文拟结合内蒙古“三农三牧”工作实际，谈一谈对新农村新牧区建设的重点和根本的粗浅认识。

一、认清新农村新牧区建设的重点和根本

（一）从“三农三牧”问题的本质说起

我们研究问题要抓住问题的本质。笔者认为，农牧业、农村牧区和农牧民问题，本质上是人与土地、草场的关系问题，就是人们利用土地、草场资源，满足

① 本文原载于2007年第6期《北方经济》，2007年第11期内蒙古党委政研室《决策参阅》。

人自身需要的过程。纵观农业和畜牧业发展历程，人利用土地、草场资源的过程，也是不断提高利用土地、草场资源的能力水平的过程。利用土地、草场资源的能力水平，取决于社会生产力发展水平，取决于人们的认识水平，取决于一定的历史条件。

随着社会历史的发展，土地、草场资源不断减少与人口不断增加、人的需要不断增长的矛盾日益突出。现代工业、现代城市蓬勃发展的现阶段，要提高利用土地、草场资源的能力水平，就必须发展现代农业、现代畜牧业。因此说，发展现代农牧业是新农村新牧区建设的重点。

在人与土地、草场这对矛盾中，人始终是矛盾的主要方面。提高利用土地、草场资源的能力水平，发展现代农牧业，关键是提高人的素质能力，培养新型农牧民，这是其一。其二，发展现代农牧业，需要减少和转移农村牧区人口。转移农村牧区富余人口到第二、第三产业就业或进城务工，关键是提高人的素质能力，培养新型农牧民。因此说，培养新型农牧民是建设新农村新牧区的根本。建设新农村新牧区，我们必须认清发展现代农牧业这个重点、培养新型农牧民这个根本。

（二）现代农牧业是经济社会发展的必然产物

现代农牧业与现代工业、现代城市一样，是经济社会发展的必然产物。工业化、城镇化以现代农牧业为基础，现代农牧业发展以工业化、城镇化为前提。现代工业、现代城市与现代农牧业之间有一定的依存关系，现代农牧业建设既不能长期滞后于工业化、城镇化进程，又不能超越和脱离工业化、城镇化条件。目前，内蒙古自治区同全国一样，总体上已进入工业化中期阶段，统筹城乡经济社会发展和实行工业反哺农牧业、城市支持农村牧区的条件基本具备，发展现代农牧业有了相应基础。

（三）发展现代农牧业的思路

发展现代农牧业，要用现代物质条件装备农牧业，用现代科学技术改造农牧业，用现代产业体系提升农牧业，用现代经营形式推进农牧业，用现代发展理念引领农牧业，用培养新型农牧民发展农牧业，提高农牧业水利化、机械化和信息化水平，提高土地和草场产出率、资源利用率和农牧业劳动生产率，提高农牧业素质、效益和竞争力。这“六个用”是建设现代农牧业总的思路，也是其内涵和建设内容。“三个提高”是发展现代农牧业的目标，也是现代农牧业建设从量变到质变的结果。

（四）产业化是现代农牧业的基本经营形态

从发展现代农牧业思路六个方面的内在关系来看，笔者认为，用现代经营形式即产业化经营推进农牧业，是现代农牧业发展的基本经营形态；用现代物质条件装备农牧业，用现代科学技术改造农牧业，用现代产业体系提升农牧业，是产业化经营的物质条件、技术支撑和产业载体；用现代发展理念引领农牧业，是产业化经营的必然要求；用培养新型农牧民发展农牧业，是发挥产业化经营主体的作用。其相互之间的关系说明，产业化经营是发展现代农牧业的方向，是发展现代农牧业的切入点。

（五）发展现代农牧业是新农村新牧区建设的首要任务

发展现代农牧业与新农村新牧区建设两者实质上是一个问题，是从属关系。发展现代农牧业，是社会主义新农村新牧区建设的题中之义，是社会主义新农村新牧区建设的重点，是社会主义新农村新牧区建设的产业基础。两者是紧密联系的有机整体，在思想认识上和实际工作中绝不能割裂开来。社会主义新农村新牧区建设，必须从发展现代农牧业上切入，必须首先抓好现代农牧业发展。

二、现代农牧业离我们有多远

（一）内蒙古自治区农牧业在全国占有十分重要的地位

内蒙古自治区是国家重要的农畜产品生产基地，是国家13个粮食主产区之一，也是其中三个人均粮食产量超千斤的省份之一。同时，内蒙古自治区又是全国五大牧区之一，其草原畜牧业基本经营制度、经营管理水平、产业化程度、草原生态保护和草场利用建设制度等，在全国都处于领先地位。内蒙古自治区农畜产品若干驰名品牌在国内市场占有很大份额，已成为提高内蒙古自治区知名度的重要媒介。内蒙古草原是国家北方重要生态屏障，在国家生态安全中居于重要地位。

（二）内蒙古自治区农牧业发展的优势

一是产量不断增加。2006年，内蒙古自治区粮食总产量达到341亿斤，亩产达到520斤，创历史新高，实现了自1985年以来粮食产量首次连续三年持续增长。2006年牧业年度我区牲畜头数达到11051.5万头（只），肉类产量达到257万吨，牛奶产量达到880万吨，均创历史新高。二是结构进一步优化。畜牧业占第一产业的比重达到50%，农区畜牧业占畜牧业的比重达到70%，优质、高产、高效农作物占种植业的比重达到52.6%。三是产业化经营稳步推进。销售收入过亿元的龙头企业有120户、过百万元的有1820户，鲜奶年加工能力达到760万吨，肉类年加工能力达到200万吨，农畜产品加工企业销售收入达到1159亿元，完成增加值356亿元，利润达到90.5亿元。四是品牌优势显著。伊利、蒙牛、鄂尔多斯等驰名品牌始终处于行业领先地位，农畜产品质量安全水平不断提高，内蒙古自治区无公害农畜水产品达到900个，产值达到65亿元；使用绿色食品标志的产品达到424个，绿色食品原料生产基地面积达到2912万亩；有机食品产品达到145个。五是农牧业科技水平显著提高。农牧业科技入户工程辐射带动农牧民24万户，免费测土配方施肥1000万亩，农业保护性耕作面积700万亩，农作物良种覆盖率达95%、牲畜改良比重达93.2%。农业机械化不断发展，内蒙古自治区综合机械化率达到57.7%。六是草原生态保护建设取得明显成效。草原建设总规模达到13964.3万亩，围栏面积达到8363万亩，禁牧休牧面积达到6.5亿亩，划区轮牧面积达到0.7亿亩。

（三）差距就是发展的潜力

内蒙古自治区地域辽阔，各地在气候状况、水资源情况、土地质量、草原类型等方面差异很大，农牧业发展的自然条件很不平衡。内蒙古自治区农牧业发展的差距在于：农村牧区基础设施特别是农田草场水利设施建设滞后，农牧业生产条件差，抵御自然灾害能力低；农牧业增长方式粗放，土地和草场产出率、资源利用率低，单位面积产量低，2005年，内蒙古自治区粮食总产量排在国家13个粮食主产区的第13位、单产排在第12位；先进适用技术推广工作薄弱，农牧业科技含量低，农牧业信息化和机械化程度差，农牧业劳动生产率低；农牧民与龙头企业之间的市场主体地位不平等，没有形成基地农牧户分享产业化经营加工营销环节利润的有效机制，农牧业和农牧民组织化程度低；农村牧区贫困面依然比较大，富裕群体与贫困群体之间的收入差距很大，贫困人口的生活水平很低；生态环境依然很脆弱，在整体上远未建立保护生态环境的体制机制，可持续发展能力低。

（四）内蒙古自治区发展现代农牧业正当其时

发展现代农牧业是一个过程，而且是一个长期演进的过程。各地的起点有差别，进程有快慢，水平有高低，方式有不同，但无论是条件好的地方还是条件差的地方，都应该善于把握机遇，积极努力，在发展现代农牧业中有所作为。我们在认识上绝不能有现代农牧业离我们还很远，现在我们还谈不上发展现代农牧业之类的想法。多年来，内蒙古自治区农牧业发展已经奠定了比较坚实的基础，存在的差距和问题是前进中的问题。只有发展现代农牧业，才能缩小这些差距，解决存在的问题，内蒙古自治区发展现代农牧业正当其时。从总体上讲，只有积极发展现代农牧业，才谈得上建设社会主义新农村新牧区；只有积极发展现代农牧业，才能增加农牧民收入；只有积极发展现代农牧业，才能提高农牧业综合生产能力；只有积极发展现代农牧业，才能夯实新农村新牧区的产业基础。

三、产业化是现代农牧业的经营形式

（一）发展现代农牧业要从产业化经营入手

按照“六个用”的思路发展现代农牧业，必须用现代经营形式推进农牧业，从农牧业产业化入手。笔者认为，产业化经营的核心是实现农畜产品增值。所谓产业化经营，就是立足于发挥资源优势，适应市场需求，调整产业结构，实行规模化生产，通过加工、营销使农畜产品增值，实现利益共享、风险共担。没有规模化生产，就没有产业化的基础；没有利益共享、风险共担，产业化就不能健康发展。推进产业化经营，要大力调整农牧业结构，大力完善产业化三要素。

（二）推进产业化经营要完善产业化三要素

产业化三要素是指龙头企业、产业基地、农牧民合作组织。用现代经营形式推进农牧业发展，产业化三要素缺一不可。

龙头企业是产业化经营的关键，是引导农牧民发展现代农牧业的重要带动力量。农畜产品的加工增值和营销增值只有通过龙头企业才能实现，龙头企业必须具备加工增值、营销增值的能力，必须让农牧民承担“利益共享、风险共担”的责任和义务。2006 年，内蒙古自治区销售收入过百万元的龙头企业达到 1820 户、过亿元的龙头企业达到 120 户。但目前多数龙头企业还没有建立起与农牧民“利益共享、风险共担”的有效机制。要引导龙头企业逐步建立健全与产业基地和农牧民合作组织“利益共享、风险共担”的机制。

产业基地是产业化经营的基础，是实行区域化布局、规模化生产的载体。产业基地的意义在于其生产的农畜产品能满足龙头企业加工和营销的需求。建立产业基地，要调整农牧业结构，提高农牧业设施装备水平，提高农牧业科技进步水平。目前，内蒙古自治区各类产业基地覆盖面不广，生产规模小，基础设施差，科技含量低。2006 年，内蒙古自治区农畜产品加工能力过剩 35%，其中一个主要原因是产业基地建设还不能适应龙头企业的需求。应加大建设力度，使产业基地逐步达到区域化、规模化、标准化要求。

农牧民合作组织是实现规模化经营的组织形式，是农牧民实现“利益共享、风险共担”、持续增收的组织保证。实践证明，农牧民合作组织与龙头企业之间只有形成利益联结的紧密性关系，农牧民才能实现“利益共享、风险共担”、持续稳定增收。目前，内蒙古自治区有农民专业合作组织3018个，成员55.1万人，辐射带动农户84万户；牧民专业合作组织362个，辐射带动牧户1.7万户。内蒙古自治区农牧民组织化还处于探索起步阶段，数量少，规范差，能力低，作用有限。应进一步加强领导，积极引导，加大扶持力度，使之健康发展。

四、实现人与草原和谐相处

（一）人与草原和谐相处是科学发展的内在要求

草原生态的多种重要功能和保护草原生态的全局性、战略性重大意义，已经被历史和实践一再证明。坚持人与草原和谐相处，是落实科学发展观的内在要求。建设社会主义新牧区，发展现代畜牧业，必须把人与草原和谐相处作为基本前提。没有这个基本前提，建设社会主义新牧区，发展现代畜牧业，都无从谈起。近年来，内蒙古自治区草原生态保护建设工作取得显著成绩，草原建设总规模达到13964.3万亩，退牧还草面积4000万亩，禁牧、休牧、轮牧面积达到72000万亩，但草原生态环境依然很脆弱，还没有建立起草原生态保护建设的体制机制。实现人与草原和谐相处，必须坚持“保护优先，加强建设，科学利用，依法管理”的方针，实行草畜平衡制度和草场“三牧”制度。

（二）坚持“保护优先，加强建设，科学利用，依法管理”的方针

保护优先，就是把保护草原生态环境放在首要位置，贯穿于建设、利用、管理各个环节，划分生态功能区，对退化沙化草场实行禁牧，对已经丧失人畜生存条件的地区实施生态移民。加强建设，就是推进草场围栏化，实行人工种草、飞播牧草、轮刈、切根、补播，因地制宜地开辟建设高产饲草料基地，提高草原产草量。科学利用，就是在避免草原退化沙化前提下适度利用，实行春季休牧、划区轮牧以及牲畜放养与舍饲相结合。依法管理，就是逐步做到依法保护、依法建设、依法利用，逐步实现人与草原和谐相处的制度化、法制化。

（三）实行严格的草畜平衡制度和草场“三牧”制度

草畜平衡是指草场产草量与草场载畜量的平衡。从本质上讲，草场载畜量过多是由牧区人口过多造成的。实行草畜平衡制度，有利于促进牧区人口转移。如同农区实行最严格的耕地保护制度一样，牧区必须实行最严格的草畜平衡制度，这是围封转移战略的一项重要制度，也是牧区实现人与草原和谐相处的必然选择。草场“三牧”制度是指对草场退化沙化而失去人畜生存发展基本条件的地区实行禁牧，靠大自然的修复功能恢复生态；在草场返青期实行休牧，防止草场退化；因草场制宜实行划区轮牧，实现均衡持续利用草场。禁牧、休牧、轮牧，是保护草原生态、增加草场产草量、提高草场利用率、提升畜牧业经济效益的最有效措施，关键是妥善安置禁牧区牧民的生产生活，实行休牧期饲草料补贴政策，加强对划区轮牧的围栏、水源等配套建设。

五、培养新型农牧民是根本

（一）什么是新型农牧民

建设新农村新牧区，发展现代农牧业，和其他事业一样，关键在人。千百万农牧民是建设社会主义新农村新牧区的主体，是发展现代农牧业的主体，没有高素质的新型农牧民，就没有新农村新牧区，没有现代农牧业。只有培养造就千百万有文化、懂技术、会经营的新型农牧民，才能形成持续推动新农村新牧区建设和发展现代农牧业的智慧和力量的源泉。培养造就新型农牧民，是社会主义新农村新牧区建设的根本。那么，有文化、懂技术、会经营的新型农牧民是什么样的？据笔者理解，有文化的农牧民应有较强的学习意识，常读书看报，了解党的政策，勤俭持家、文明生活；懂技术的农牧民应有较强的科技意识，积极参加职业技术培训，掌握一两项先进适用技术，生产效率效益较高；会经营的农牧民应有较强的市场意识，参加产业化经营，加入合作组织，勤奋劳动、算账生产，收入来源多元化。

（二）培养新型农牧民是重要目标

目前，内蒙古自治区农牧民的综合素质与建设新农村新牧区、发展现代农牧业的要求还很不适应。我们的责任是立足于提高农牧民的综合素质，解决好义务教育、合作医疗、社会保障等基本公共服务供给问题。农村牧区改革发展实践证明，进一步解放和发展农村牧区生产力已经越来越依赖于农村牧区人口素质的提高。人是生产力发展中最能动的因素。培养新型农牧民，不仅关系现代农牧业发展和新农村新牧区建设全局，其本身就是新农村新牧区建设的重要目标。当前，内蒙古自治区和全国一样，已具备为农牧民提供基本公共服务的条件。事实上，基本公共服务首先不是资金问题，而是发展理念问题、制度安排问题。应尽快打破城乡二元结构，建立统筹城乡发展体制。

（三）培养新型农牧民的方针和原则

培养新型农牧民，应坚持政府主导、科学规划、因地制宜、社会参与的方针和全员性、针对性、长期性、公益性原则。全员性，就是教育培训全覆盖。做有文化、懂技术、会经营的新型农牧民是对全体农牧民的共同要求。教育培训必须坚持内容有区别、层次有高低、程度有差异，突出农村牧区劳动力这个重点，但提高科学文化素质和生产经营能力是全员性要求。针对性，就是从农村牧区和农牧民实际出发。广大农牧民最愿意短期培训，最乐意现场示范，最好是本村指导。培训转移就业者应突出务工技能和创业能力，培训务农务牧者应突出实用技术、劳动技能和经营能力。长期性，就是把培养新型农牧民纳入国家助学政策体系长期抓。长期规划，常年坚持，持之以恒，务求实效。公益性，就是提供免费教育培训。统筹整合教育培训资源、资金和基础设施条件，调动社会力量广泛参与。

（四）结论

没有新型农牧民，就没有现代农牧业；没有现代农牧业，就没有新农村新牧区。以发展现代农牧业为重点，大力推进产业化经营，以培养新型农牧民为根本，大力提升农牧民综合素质，这是推进内蒙古自治区新农村新牧区建设的基本途径。

发展现代畜牧业的有益探索①

新巴尔虎左旗实施“七个一”生态家庭牧场工程，2005 年 8 月至 2008 年 4 月以来的短短两年多时间，在转变牧民思想观念、草场使用权流转、改善生态环境、实现草畜动态平衡、提高畜牧业经营管理水平、稳定增加牧民收入等方面取

① 本文选自 2008 年 4 月 12 日在新巴尔虎左旗“七个一”生态家庭牧场工程理论研讨会上的发言。

得非常显著的成效，在发展现代畜牧业上进行了有益探索，实在是令人鼓舞。

笔者认为，新巴尔虎左旗“七个一”生态家庭牧场建设至少有以下几个方面特点：

第一，生态家庭牧场的定位体现了发展现代畜牧业的理念。生态畜牧业是指以牲畜与草原之间物质和能量的转化及平衡为基本特征的畜牧业。生态畜牧业是现代畜牧业发展的一种形式。生态畜牧业将畜牧业生产视作生态系统，从牲畜和草原的有机结合上，充分发挥能量多级转化和物质再生的功能，创造出高产量、少污染的优质产品，实现牲畜和草原的良性循环，促进畜牧业的可持续发展。新巴尔虎左旗推进社会主义新牧区建设，发展现代畜牧业，从加强牧区基本生产单位抓起，并定位为生态家庭牧场，这是一个富有时代特点的创新。

第二，生态家庭牧场“七个一”的建设内容体现了发展现代畜牧业的方向。现代畜牧业是用现代物质条件装备畜牧业，用现代科学技术改造畜牧业，用现代产业体系提升畜牧业，用现代经营形式推进畜牧业，用现代发展理念引领畜牧业，用培养新型牧民发展畜牧业，提高畜牧业水利化、机械化和信息化水平，提高草场产出率、资源利用率和畜牧业劳动生产率，提高畜牧业素质、效益和竞争力的畜牧业。这“六个用、三个提高”是建设现代畜牧业的思路和目标。草（场）、棚（圈）、地（饲料地）、井再加三机（牧业机具、发电机、机动车）体现了从传统畜牧业向现代畜牧业转变的设施装备要求。

第三，贫富结对、以富带贫的形式体现了促进牧民组织化、共同富裕的方向。共同富裕是社会主义制度的本质要求，提高牧民组织化程度则是在市场经济条件下完善现代畜牧业经营形式的必然选择。“七个一”生态家庭牧场探索用贫富结对、以富带贫的组合形式经营家庭牧场，开始发育着用市场机制促进牧民组织化的雏形，具有重大的方向性、典型性意义。

第四，实行草畜平衡制度和草场“三牧”制度体现了人与草原和谐共生、建设生态文明的理念。党的十七大第一次提出了建设生态文明，基本形成节约能源资源和保护生态环境的产业结构、增长方式、消费模式的新要求。实行草畜平衡制度和草场禁牧、休牧、轮牧制度是牧区建设生态文明的基本要求，也是从传统畜牧业向现代畜牧业转变的一个基本标志、基本前提。否则，生态文明难以建设，发展现代畜牧业无从谈起。“七个一”生态家庭牧场实行草畜平衡制度和草场“三牧”制度，难能可贵。

对进一步加强“七个一”生态家庭牧场建设，提以下几点建议：

第一，建议将贫富结对、以富带贫的家庭牧场组织逐步改革为经营能手与贫困户以“利益联结、优势互补、股份合作、一体化经营”形式组建的股份制合作组织。可以考虑合作组织成员用草场、牲畜入股，基础设施折旧，草场、牲畜变股份，牧民变股东，由经营能手一体化经营。一体化经营，有利于规模发展、提高效益，有利于生态建设、可持续发展，有利于解决进城就业牧民的后顾之忧，有利于牧民增加工资性收入和财产性收入。这样，生态家庭牧场就变为党的十七大提出的“创造条件让更多群众拥有财产性收入”的组织形式。

第二，建议政府涉牧部门每年为所有牧户无偿监测草场产草量和饲料地产草量。这是实行草畜平衡的依据和关键环节。通过监测草场产草量和饲料地产草量，增强广大牧民以草定畜、草畜平衡的意识，促进出栏，加快周转，提高效益。

第三，建议加快发展阿木古郎镇的劳动密集型产业、服务业和个体私营等非公有制经济，创造更多的就业岗位，为牧区富余劳动力进城就业创造条件。建议加快发展牧民职业技术教育，提高牧民就业创业能力，促进以创业带动就业。减少牧区人口，促进牧区富余劳动力转移就业，这是发展现代畜牧业、建设社会主义新牧区的必然要求和必要条件。

附：

新巴尔虎左旗有2670万亩草场，3700个牧户，18000多名牧民，占总人口的46%。2005年牲畜总头数200万头（只）。户均草场7216亩、人均草场1483亩，户均牲畜541头（只）、人均牲畜111头（只），畜均草场13.4亩。到2007年末，建设“七个一”生态家庭牧场近1200户，效益好的户均年收入10万元左右、贫困户收入1.5万~2万元。2007年新巴尔虎左旗牧民人均纯收入5995元，增长24.5%，在呼伦贝尔市，收入居第3位，增幅居第2位。

对包头市发展思路的解读①

笔者对这次包头市委常委专题民主生活会谈几点感受：一是准备工作很充分；二是分析检查很深刻；三是批评与自我批评很认真。以上三点给指导检查组的印象是，包头市委班子是自觉贯彻科学发展观的班子，是团结和谐、富有战斗力的班子，是求真务实、善于实战的班子，是善于创新、富有活力的班子，是民生为重、廉洁从政的班子。

会后要形成一个很好的班子分析检查报告，以科学发展观为指导，调查研

① 本文选自2008年12月9日在包头市委常委专题民主生活会上的讲话。

究、征求意见、找准问题、深入分析，分析问题形成的主客观原因，特别是主观原因，进一步理清科学发展的思路。这也是对包头市当前发展阶段性特征的再认识，是对发展战略、发展思路、发展措施的再完善，是对促进科学发展体制机制的一个创新和完善。形成一个好的分析检查报告是党员干部受教育、科学发展上水平、人民群众得实惠的理论性概括总结，非常重要。

说到发展思路的完善，包头市委提出了“科学发展、富民强市”战略，也是这次活动的实践载体，非常好。最近包头市委提出“创业富民，创新强市”，目前，又进一步提出富民靠创业，强市靠创新。这一步步的深入，充分体现了我们通过学习实践科学发展观活动，对包头市的发展战略、发展思路不断创新和完善，集中和概括了大家的智慧，包括广大党员群众干部的意见和建议。

“科学发展、富民强市”是一个总体战略目标，富民靠创业、强市靠创新是实现这个战略目标的战略措施。创业富民，集中体现了以人为本，集中体现了发展为了人民、发展依靠人民、发展成果由人民共享的理念。特别是发展依靠人民，怎么依靠？全民创业就是一个很好的载体。依靠人民就得让人民群众通过自己创业来创造财富，增加收入，改善生活质量，提高生活水平。从经济学角度讲，创业和就业的不同在于就业是劳动者作为生产要素参与生产力的发展，而创业是作为生产要素的组织者、经营者来推动生产力的发展，不仅仅是就业，而是把劳动和资本、土地组合起来创造财富。

就业的条件是给他一个岗位，而创业是创造性的劳动。所以，党的十七大提出要以创业带动就业，这是第一次这样提出来，具有非常重大的意义。创业需要创业意识、创业激情、创业能力和其他一系列条件，包括需要政策激励、资金支持、环境改善。这些需要党和政府提供一系列好的条件，包括体制机制和政策创新，使其获得一个好的创业环境。特别是通过创业技能培训、创业能力提高来使其成为一个创业者。当然创业具有多种形式，就业在某种意义上说也是一种创业，但是作为全民创业，就业是多数，创业是少数。当然，在发展过程中，创业者越多越好，创业者越多带动就业越多，形成一种内生活力，这样才能形成自主增长机制。

所谓自主增长，是全民创业的根本。从这个角度讲，要像对待跨国公司那样善待夫妻店，从创业讲，跨国公司和夫妻店是一样的，都在为社会创造财富，只不过是程度和范围不同而已，他们要的服务和环境是一样的。包头市将拿出 1 亿元为中小企业、非公经济发展贴息，这本身就是为创业创造好的条件。全民创业对农牧民和广大市民来说更为重要，党的十七届三中全会刚刚召开，大家都在贯彻全会精神。笔者认为党的十七届三中全会精神对今后解决农牧业农村牧区问题具有划时代的意义。2008 年 11 月下旬在成都召开了一个城乡一体化发展论坛，成都五年前开始搞城乡一体化试点，2007 年国家正式批准它为全国的试点，走出了一条城乡一体化发展的路子。

包头市可以到成都考察一下，把经取回来，结合包头市的实际，在内蒙古自治区率先推动城乡一体化发展，包头市有这个条件。城乡一体化发展的核心问题是三个集中：第一是工业集中发展，向园区集中；第二是农民向城镇集中，向社区集中；第三是土地规模经营。这些都符合党的十七届三中全会关于“建设新农村是战略任务，发展现代农业是基本方向，城乡一体化是根本要求”的精神。

创业富民、创新强市，全民创业、全面创新，富民优先、民生为重，进一步丰富和具体化了富民强市战略。实施富民强市战略，富民是发展的根本目的，富民才能人民幸福，富民优先才是以人为本；经济、政治、文化、社会全面发展，城乡、区域协调发展，人与自然和谐发展，才是强市；强市才能富民，强市为了富民，富民是目的，强市是手段。

富民必须靠创业，必须全民创业，创业是富民的根本途径，共同富裕靠全民创业，要树立全民创业意识，提高全民创业能力，营造全民创业环境。而创业需要创业意识、创业理念、创业能力、创业环境和条件，这些都需要由党和政府培育、营造和提供，这正是以人为本的本质体现。当人民想创业、能创业、会创业、创业成功了，人民就感到幸福。全民创业、全民幸福是我们的目标。强市为了富民，强市才能富民，强市必须靠创新，创新是强市的有力支撑。创新是全面创新，包括观念创新、思路创新、制度创新、文化创新以及方式创新，最根本的是科技创新、自主创新，经济结构优化升级、经济发展方式转变、科技进步和创新都是中心环节。我们感到这些促进科学发展的正确思路不仅具有现实针对性，而且富有战略指导性。我们坚信，按照这样的思路推动科学发展，富民强市的战略目标必定实现。

对呼和浩特市发展思路的解读①

呼和浩特市市委领导提出并阐述了呼和浩特市学习实践活动的实践载体，“科学发展、打造‘一核双圈’，富民强市、构建和谐首府”。这个实践载体是我们搞好学习实践活动的有力抓手。笔者认为，这个实践载体的内涵，科学发展是指导思想，富民强市、和谐首府是目标，“一核双圈”是实现目标的路径。就整

① 本文选自 2009 年 3 月 20 日在呼和浩特市学习实践科学发展观活动动员大会上的讲话。

个战略来说，富民是目的，是出发点和落脚点；强市也是为了富民，是富民的途径和手段；构建和谐首府的重点是富民，归根到底，人民富裕、共同富裕，社会才能和谐。所以，作为路径的“一核双圈”怎样打造，“一核”怎样辐射带动“双圈”，城镇圈和经济圈怎样联动融合，“一核双圈”怎样推动形成城乡经济社会发展一体化新格局，最终实现富民强市的目标，特别是在当前国际金融危机影响蔓延，我国经济下行压力加大的严峻形势下，如何将打造“一核双圈”与保增长、保民生、保稳定紧密结合起来，保持经济平稳较快发展，这些都是广大党员特别是县级以上领导班子和领导干部需要在学习实践活动中进一步理清思路，并认真加以落实的问题。我们相信，在呼和浩特市市委的正确领导下，所有参学单位共同努力，一定能达到“两手抓、两不误、两促进”的要求。

对鄂尔多斯市发展思路的解读[①]

鄂尔多斯市市委书记在动员讲话中提出并阐述了鄂尔多斯市学习实践活动的实践载体，“转型升级，城乡一体，富民强市”。这个实践载体体现了科学发展主题，体现了保增长、扩内需、调结构方针，符合鄂尔多斯市发展实际，是我们搞好学习实践活动的有力抓手。笔者认为，这个实践载体的内涵，涵盖了“结构转型、创新强市”“城乡统筹、集约发展”战略，目标明确，措施具体。富民强市是目标，转型升级、城乡一体是实现目标的路径。

就富民与强市的关系来说，富民是目的，是出发点和落脚点，把富民摆在优先地位，体现了以人为本；强市为了富民，强市才能富民，强市是富民的途径和手段。强市靠转型升级，靠产业结构转型升级，就是由农牧业主导向工业乃至服务业主导转型、由资源性产业为主向非资源性产业为主转型，由传统农牧业、传统工业和服务业向现代农牧业、现代服务业和先进制造业转型；产业结构由低级向高级升级，靠经济发展方式转变，由粗放型向集约型转变，通过转变经济发展方式推动产业结构优化升级；产业结构由低级向高级升级，靠提高自主创新能力，由投资拉动型向创新驱动型转变，通过制度创新推动产业结构优化升级。强市靠城乡一体，靠统筹城乡发展，形成城乡经济社会发展一体化新格局；城乡一体化不是城乡一样化，而要实现城乡基本公共服务均等化；通过实现城乡基本公共服务均等化，将从事农牧业的农牧民培育为现代农牧业的经营者，将转移进城

① 本文选自2009年5月18日在鄂尔多斯市学习实践科学发展观活动动员大会上的讲话。

的农牧民培育为自主经营的创业者，这是城乡一体的内在要求。产业结构转型升级、经济社会发展城乡一体，才能实现更长时间、更高水平、更好质量的发展，才能实现富民强市。

从富民强市的本质要求讲，富民靠创业、强市靠创新。创业是富民的根本途径，创新是强市的有力支撑。创业需要创业意识、创业理念、创业能力、创业环境和条件，这些都需要由党和政府培育、营造和提供，这正是以人为本的本质体现。当人民想创业、能创业、会创业、创业成功了，人民就富裕了。全民创业、共同富裕是我们的目标。强市必须靠创新，创新是强市的持久动力。创新包括理论创新、制度创新、文化创新以及观念创新、思路创新、方式创新，而最根本的是科技创新、自主创新。无论是当前应对金融危机、保持经济平稳较快发展，还是实现产业结构转型升级、形成城乡经济社会发展一体化新格局，科技进步和创新都是中心环节。自主创新能力提高之日，便是转型升级、城乡一体乃至富民强市目标实现之时。

论社区建设的几个问题①

社区是构成城镇的基本单位。社区建设是城镇建设的重要组成部分，社区建设直接关系到城镇发展和城镇形象，直接关系到保障和改善民生，直接关系到社会和谐稳定，直接关系到基层民主和基层组织建设。了解社区发展历程，把握社区建设目标、社区服务要求、社区治理机制和社区党建任务，对于加强社区建设，推动社区科学发展具有重要意义。

一、社区要素及社区发展

“社区”一词源于德国社会学家滕尼斯 1887 年出版的《社区和社会》一书。社会学家把“聚居在一定地域范围内的人们所组成的社会生活共同体”称为社区。整个社会就是由大大小小的社区组成的。一般说来，社区由五个方面的基本要素构成：一是一定数量的社区人口。人口是构成社区的首要因素，是社区的主体，是社区生活的创造者。人口数量多少、密度大小、素质高低等，决定着社区的发展。二是一定范围的地域空间。地域要素是社区存在和发展的基本自然环境

① 本文节选自 2010 年 5 月 14 日在呼和浩特市新城区社区干部培训班讲座讲稿。

条件，为社区成员提供活动场所，提供生产、生活的一部分资源，对社区发展影响很大。三是一定规模的社区设施。社区设施包括生活、生产、交通、通信、文化体育、医疗卫生等设施。设施数量多少和完善程度，是衡量社区发展水平的重要标准。四是一定特征的社区文化。社区文化包括行为规范、价值观念、传统习俗、生活方式、社区意识等，它融合渗透到社会生活的各个方面。社区文化是社区认同感、归属感和社区凝聚力、影响力的重要基础。五是一定类型的社区组织。社区组织包括党组织、政府组织、群众自治组织和民间组织等。这些社区组织优势互补、协调配合，在社区发展中承担各自的职能，发挥着不可替代的作用，共同促进社区发展。

我国社区的前身是居民委员会。1949 年，中华人民共和国第一个居民委员会在杭州市成立。1954 年，第一届全国人大常委会第四次会议审议通过了《城市居民委员会组织条例》。1989 年，第七届全国人大常委会第十一次会议审议通过了《居民委员会组织法》。居民委员会是我国城镇居民实行基层群众自治的重要载体，是实现人民当家做主的重要方式。城市居民委员会制度不断丰富和完善，并在各个历史时期发挥了重要作用。2000 年，中共中央办公厅、国务院办公厅转发了民政部《关于在全国推进城市社区建设的意见》。从此，社区这个概念进入了我国城市居民的生活。

社区构成要素表明，社区和居委会是两个不同含义的概念。社区是一个社会生活共同体，居委会则是城市基层群众自治组织，是社区构成要素的一部分。社区构成要素状况决定社区的发展，加强社区建设就要不断完善社区要素，切实增强社区要素功能。

二、社区建设的基本目标

2005 年，胡锦涛同志指出：“要加强城乡基层自治组织建设，从建设和谐社区入手，使社区在提高居民生活水平和生活质量上发挥服务作用，在密切党和政府同人民群众的关系上发挥桥梁作用，在维护社会稳定、为群众创造安居乐业的良好环境上发挥促进作用。”2007 年，党的十七大要求“把城乡社区建设成为管理有序、服务完善、文明祥和的社会生活共同体”，这一要求指出了我国社区建设的方向，也是和谐社区建设的基本目标。管理有序，就是要建立健全社区组织，明确职责，完善机制，实现社区有序运转；服务完善，就是要优化社区环境，完善社区设施，方便居民生活，满足居民需求；文明祥和，就是要倡导健康、科学、文明的生活方式，实现人与人和睦相处，人与社会的和谐共生。

为实现这一基本目标，在社区管理上，要更加强化政府职责，健全城乡基层党组织领导的充满活力的基层群众自治机制，充分发挥群团组织和各类社会组织的积极作用，实现政府行政管理和社区自我管理的有效衔接、政府依法行政和居民依法自治的良性互动。

在社区服务上，要更加注重保障和改善民生，加快社区服务体系建设，积极推进政府部门“一站式”服务，实现社区公共服务广覆盖，群众性互助和志愿服务制度化，专业服务和商业服务兴旺发达，居民群众生活舒适方便。

在文明建设上，要更加注重把社会主义核心价值体系融入社区教育的各个方面，加强社会公德、职业道德、家庭美德、个人品德建设，深入开展社区群众性精神文明创建活动，实现家庭和谐幸福，邻里团结互助，人际关系融洽。建设资源节约型、环境友好型社区，促进人与自然的和谐发展。

在维护稳定上，要以社区组织为依托，建立健全社情民意汇集和分析机制，及时准确地掌握各种群体的思想动态，畅通民意反映渠道，引导社区居民以理性合法的形式表达利益诉求，使群众的意见及时得到反映，利益关切及时得到回应，努力把矛盾解决在基层、解决在社区、解决在萌芽状态。

总之，要在管理有序上动真格，在服务完善上下功夫，在文明建设上用力气，在安定祥和上出实招，常抓不懈，持之以恒，把我国城乡社区建设成为人民安居乐业的社会生活共同体、国家长治久安的基石。

三、社区服务的基本要求

社区服务是社区建设的核心，是社区建设的永恒主题，是社区建设的生命力所在。要把服务居民、造福群众作为社区建设的出发点和落脚点。居民群众既是社区的建设者，也是建设成果的受益者。只有坚持以人为本、服务居民，社区建设才能抓住根本，才能保持旺盛的生命力，才能实现可持续发展。

随着经济社会发展，人民生活水平的提高，社区居民的利益诉求和服务需求日益多样化，给社区服务提出了更高的要求。同时，越来越多的“单位人”和流动人口涌入社区，为数不少的低保人口、下岗失业人员和残疾人、未成年人、老年人、离退休职工等困难群体生活在社区，千方百计地保障他们的基本生活权益，满足普通居民群众多层次、多样化的物质文化生活需求，已经成为当前社区管理和服务中的一项紧迫任务。

社区服务是在各级党委、政府的指导与支持下，发动和组织社区居民，开发利用社区资源，开展各种福利服务和便民服务，以不断满足社区居民生活需求的过程，是服务与自治相统一的服务型自治模式。它是政府的公共服务体系、企业的市场服务体系、社会组织的公益慈善服务体系的有机结合，其目的是保障社区居民社会福利权利，满足社区居民多元化、多层次的需求，化解社会矛盾，和谐居民关系，实现有序管理。

服务型自治模式要取得成效，关键在于居民群众的普遍参与，达到参与过程中的普遍协商，协商过程中的普遍民主，民主基础上的有效自治。这样，才能实现和谐社会“各尽所能，各得其所”的要求。

服务型自治模式应达到以下基本要求：一是社区服务要以社区居民的需求为导向。针对社区不同人群的不同需求建立各种各样的兴趣活动组织，提供专门服务。二是社区服务要实现主体多元化。改变由政府单一主导的状况，建立社区党组织、居委会、服务站、业委会“四位一体”的管理机制。三是社区服务要多渠道筹集资金。政府财政承担一点，物业管理费补贴一点，企业赞助一点，经济组织盈利补贴一点，义工组织奉献一点的“五个一点”筹集。四是社区服务要与社区自治相结合。通过居民普遍参与业主委员会选举，维护业主自治权利；通过组建各种社区组织，提高居民的组织化程度；通过广泛的社区服务，扩大居民普遍的社区参与，使提供社区服务的过程成为社区自治的过程。五是社区服务要与政府治理对接。通过建立社区服务体系，对接政府的公共服务体系；建立社区公益慈善体系，对接政府的公共福利体系；建立社区民间非政府组织，对接党和政府对社区的领导与管理体制，从而形成社区服务合力。六是社区服务要与社区管理高度融合。以服务促管理，寓管理于服务之中，把服务机制与管理机制融为一体，编织成无所不及的高效服务网络。

四、社区治理的基本模式

自治是社区治理的重要特点，没有成功的社区自治，就不会有令人满意的社区治理和社区服务。社区治理本质上是社区服务，社区治理模式就是服务型自治模式。建立服务型自治模式，应实现社区服务架构与治理结构的统一，进一步完善社区建设的领导体制、工作机制，进一步完善社区组织和社区居民的参与机制，发挥社区居民的主体作用和社区组织的支持作用，充分调动社区内机关、团体、企事业单位等一切力量，广泛参与和谐社区建设，最大限度地实现社区资源共有共享。

内蒙古自治区现行的社区治理结构主要是社区党组织、居委会治理模式，居民自治不够、社区组织发展不够是社区服务和治理结构的薄弱环节。应加快发展社区组织，提高居民参与度，完善服务型自治模式，将社区服务架构与社区治理结构统一起来，提高服务效率和治理效率，实现服务治理双赢。

社区重大事项决策制度是社区治理机制的核心。社区的决策制度可以借鉴农村牧区嘎查村的“四议两公开”制度，但社区的情况与嘎查村不同，决策制度的内容也不同。社区的重大事项与嘎查村的重大事项不同，嘎查村重大事项一般是关系全嘎查村居民利益的问题，而社区重大事项虽然也有关系全社区居民利益的问题，但多数情况下是关系部分居民利益的问题。比如，社区的城市改造、水暖电气供应、房屋维修、卫生、绿化、治安等方面的问题，往往只涉及一个住宅小区或一个楼院的居民；其他诸如各种利益调节、各类统计登记、提供信息咨询、帮助无业者就业、扶持弱势群体等方面的事项，都是面对个体个别解决的经常性服务问题。因此，内蒙古自治区现行的社区治理结构需要进一步改革完善，逐步形成党组织、居委会、业委会、服务站“四位一体”的治理结构。社区重大事项的决策可以实行“五议两公开”制度，即社区重大事项的决策由社区党组织在广泛征求与这个重大事项有关系的党员和居民意见、同相关驻区单位积极协商的基础上提议，经“两委”会联议、“四位一体”会商议、与重大事项有关的党员会审议、与重大事项有关的居民代表会或居民大会决议，决议和实施结果向与重大事项有关的居民公开。

五、社区党建的基本任务

社区党组织在社区建设中居于核心地位，发挥领导作用。党的十七大提出“充分发挥基层党组织推动发展、服务群众、凝聚人心、促进和谐的作用”。党的十七届四中全会提出“把服务群众、凝聚人心、优化管理、维护稳定贯穿街道社区党组织活动始终”。加强社区党组织建设，要紧紧围绕社区发展目标，在服务群众中充分发挥党组织的领导核心作用。

一是健全社区党组织网络，实现社区党组织的全覆盖。根据党员数量，优化社区党组织设置模式，按照地缘、业缘、趣缘原则，灵活设立各种建制性、非建制性党组织，充分发挥基层党组织的作用。

二是建立社区党组织与驻社区单位党组织联席会议制度，强化社区党组织的领导核心地位。要把“单位党建”与“社区党建”统筹起来，把组织要求与党员志愿结合起来，使党员管理主体从一元变为多元，党员活动空间从工作单位延伸到社区居住地。

三是加强社区学习型党组织建设，带动学习型社区建设。学习型社区是现代社区的重要标志之一，是建设学习型社会的基础。建设学习型党组织，要从转变学习理念着眼、确立共同目标着手、创新学习方式着力，使每个党员成为学习型党员，实现工作学习化、学习工作化。建设学习型社区，要以培育学习型家庭为着力点，以居民学校、社区图书室等为载体，整合教育资源，普及科学知识，提高居民自我发展能力，实现生活学习化、学习生活化。

四是大力培养社区工作者，提高其综合素质。社区工作者是社会工作者的一部分，是社区建设的重要组织者、实践者、推动者。应培养造就一支政治可靠、业务过硬、作风扎实、结构合理的社区工作者队伍，不断提高他们管理社会事务、协调利益关系、开展群众工作、处理矛盾纠纷、维护社会稳定的本领，多为社区居民办实事、解难事，做社区居民的贴心人，不辜负社区居民的信任和期望。

如何建立利益共享机制①

2011 年 6 月初，胡春华同志到锡林郭勒盟督查指导矿山整顿工作时强调，要切实维护好广大农牧民群众的利益，探索建立完善企业与农牧民利益共享机制，使发展成果更多地惠及广大群众。内蒙古自治区政府下发的《关于全面整顿锡盟矿业开发秩序的通知》，也把研究锡林郭勒盟产业发展政策及农牧民与矿山开发企业的共享机制作为整顿矿业开发秩序的主要任务之一。建立资源开发企业与农牧民利益共享机制，这是整顿矿山开发秩序、维护群众利益的迫切需要，更是实施富民与强区并重、富民优先战略的内在要求，具有重大的现实意义和长远的战略意义，必须建立，加快建立。

那么，什么是资源开发企业与农牧民利益共享机制，怎样建立利益共享机制呢？一个现有做法很有借鉴意义。包头市九原区阿嘎如泰苏木柏树沟嘎查是一个有 88 户 246 个牧民的纯牧业嘎查。1997 年，鑫达黄金矿业公司到柏树沟嘎查草场上开金矿时，九原区就与企业商定每年按一定比例对嘎查生产发展和牧民生活给予补贴，2007 年正式达成每年按税后利润（2010 年鑫达公司的利润达到 6000 万元）的 6% 分红的协议。“泉山”金矿、“呱呱叫”矿泉水、铁矿、沙石场等其他几家来柏树沟开发资源的企业，嘎查也与它们建立了类似的利益共享机制。十几年来，柏树沟嘎查从几家企业分红达 2000 多万元，草原生态没有遭到破坏，牧民与企业之间没有发生过纠纷。2010 年，柏树沟嘎查牧民人均从企业分红 17500 元，牧民人均纯收入达到 2. 2 万元，集体资产达到 2000 多万元。

与资源开发企业建立利益共享机制的不止一个柏树沟嘎查，根据自身实际与资源开发企业建立利益共享机制的还有不少，模式也不一样。但它们有以下共同特点：第一，企业利益最大化以农牧民的基本利益不受损害、长远利益得到保障

① 本文写于 2011 年 6 月。

为前提。第二，资源开发不以生态破坏、环境污染为代价。第三，农牧民以资源入股等形式分享资源开发利用的成果。第四，农牧民分享资源开发成果，体现共同富裕、持续增收。第五，资源开发企业与农牧民利益共享、风险共担，相互依存、共同发展。这些特点实际上就是建立企业与农牧民利益共享机制应坚持的原则，建立利益共享机制应围绕这些要求，制定和完善相关各项制度。我们招商引资、引进企业开发资源，目的就是为了富民，就是为了实现人民群众的根本利益和长远利益，而不是相反。我们制定政策、建立制度，只要坚持富民优先，符合实际，针对性、操作性强，就能形成利益共享机制。

建立资源开发企业与农牧民的利益共享机制，是调整国民收入分配结构的有效手段。与2000年相比，2010年内蒙古自治区财政总收入由155.59亿元增长到1738.13亿元，增长10.2倍；规模以上工业企业利润由16.10亿元增长到1074.26亿元，增长65.7倍；而城镇居民人均可支配收入由5129元增长到17698元，仅增长2.5倍，农牧民人均纯收入由2038元增长到5530元，仅增长1.7倍，是时候改变这种极不合理的收入分配结构了。已经分配的能不能再分配呢？不仅能，而且应该能。建立资源开发企业与农牧民的利益共享机制，就是改变这种分配结构的有效手段。相信我们有能力、有智慧调整这种极不合理的分配结构。

建立资源开发企业与农牧民的利益共享机制，是城乡居民收入赶上全国平均水平的有效举措。城乡居民收入增长相对缓慢，与全国平均水平的差距不断扩大，已经成为内蒙古自治区经济社会发展中最突出的问题。与2000年相比，2010年内蒙古自治区城镇居民人均可支配收入与全国平均水平的差距由1151元扩大到1411元，扩大了260元；农牧民人均纯收入与全国平均水平的差距由215元扩大到389元，扩大了174元。21世纪的第一个十年，内蒙古自治区与全国平均水平的差距不但没有缩小，而且越拉越大了。在第二个十年里如果还赶不上全国平均水平，对下对上都难以交代。最近《国务院关于进一步促进内蒙古经济社会又好又快发展的若干意见》明确提出，到2015年城乡居民收入达到全国平均水平，到2020年城乡居民收入超过全国平均水平。在你追我赶的竞争态势下，达到和超过全国平均水平，不是一件轻而易举的事，需要综合施策。建立资源开发企业与农牧民的利益共享机制，是其中一项最有效举措。

建立资源开发企业与农牧民的利益共享机制，是持续增加农牧民收入的有力措施。持续增加农牧民收入，超过全国平均水平，我们需要分析农牧民收入来源的构成。农牧民人均纯收入的构成主要包括工资性收入、家庭经营纯收入、财产性收入和转移性收入。与2000年相比，2009年农民人均纯收入来源的四项构成中，基数最小、增长最快、潜力最大的是财产性收入；转移性收入增长最快，但基数一般比财产性收入大，潜力可能也不如财产性收入大；内蒙古自治区农牧民人均纯收入的增长来源构成情况，还有全国农民人均纯收入增长来源构成情况，以及2009年农民人均纯收入突破1万元的上海、北京和浙江3个省（市）的情况，都说明了这一点。建立资源开发企业与农牧民的利益共享机制，就是提高农牧民人均纯收入中财产性收入比重，进而快速增加农牧民收入的有力措施。

实施富民与强区并重、富民优先战略，需要用一项项切实可行的具体措施来落到实处。建立资源开发企业与农牧民的利益共享机制，就是一项有力有效的重大措施。为了使内蒙古自治区城乡居民收入在“十二五”时期达到全国平均水平、“十三五”超过全国平均水平，我们必须建立、加快建立利益共享机制。

内蒙古自治区发展不足在哪里①

一、内蒙古自治区要转型发展吗

胡锦涛同志在庆祝中国共产党成立90周年大会上的讲话中指出，我们必须始终把人民利益放在第一位，把实现好、维护好、发展好最广大人民根本利益作为一切工作的出发点和落脚点。党的十七届五中全会审计通过的《中共中央关于制定国民经济和社会发展第十二个五年规划的建议》提出，要坚持把保障和改善民生作为加快转变经济发展方式的根本出发点和落脚点。2011年6月《国务院关于进一步促进内蒙古经济社会又好又快发展的若干意见》提出，始终把保障和改善民生作为经济社会发展的出发点和落脚点。

这三个纲领性文件中的三个重要论断，都提出了出发点、落脚点问题。出发点，就是我们想问题、做事情的起点和最根本的着眼点；落脚点，就是我们想问题、做事情的目的和归宿，概括起来就是我们为什么而出发、为了谁而发展。出发点和落脚点这个命题，其内涵的核心是正确处理做事情的目的与手段的关系。现阶段，我们正在思考的问题、正在做的事情，是加快转变经济发展方式、促进经济社会又好又快发展。我们做好一切工作，包括加快转变经济发展方式、促进经济社会又好又快发展的最根本的着眼点和最终目的是什么呢？是实现好、维护好、发展好最广大人民根本利益，是保障和改善民生，用一个词来概括就是富民！

① 本文原载于2011年10月14日、21日、28日《内蒙古日报》（理论版），分三期连续刊发。

富民，是我们一切工作的根本着眼点和最终目的。达到这个目的的途径和手段是加快转变经济发展方式、促进经济社会又好又快发展。这里，富民与发展、目的与手段的关系如此明确。毋庸讳言，尽管我们党的根本宗旨就是全心全意为人民服务，但一个时期以来，人们把经济增长本身当作目的，单纯追求 GDP 增速第一，而忽略富民这个根本目的，使目的与手段错了位。随着科学发展观的深入贯彻落实，以人为本理念的逐步深入人心，人们日益重视富民问题。但追求 GDP 增速的理念具有很强的思维惯性、体制机制惯性和利益惯性，不会轻易退出错位的交椅。从这个意义上讲，我们正处于一个理念转化、模式转换、方式转变的转型发展阶段。论清楚富民与发展、目的与手段的关系，确立富民第一、富民优先的理念，进而推动方式转变，既有理论上的必要性，又有实践上的紧迫性。

2010 年，内蒙古自治区党委围绕内蒙古自治区科学发展提出了一系列新思路。这些新思路的新意主要体现在三个方面：第一，发展不足是内蒙古自治区的主要矛盾、坚持发展第一要务不动摇；第二，要坚持富民与强区并重、富民优先；第三，内蒙古自治区不再刻意追求 GDP 增速全国第一、努力提高发展的质量和效益。这些新思路新论断，其实是集中回答了怎样认识区情、为谁发展、怎样发展这样三个问题，是内蒙古自治区转型发展的新思路。

这个转型发展的新思路，体现了科学发展的新要求，反映了各族人民的新期待。首先，敏锐地抓住了内蒙古自治区发展不足的主要矛盾，而内蒙古自治区发展不足的实质是富民不足，内蒙古自治区发展的主要矛盾决定内蒙古自治区的发展必须以富民为出发点和落脚点，必须坚持富民优先、富民为目的。其次，实现富民的目的，必须坚持发展第一要务不动摇，必须加快转变经济发展方式，提高发展的质量和效益，这是实现富民的必由之路。最后，目的和手段决定内蒙古自治区不再刻意追求 GDP 增速全国第一，要实现由 GDP 增长为重、强区优先向富民与强区并重、富民优先转型。

所谓转型发展，就是突出科学发展主题，把握转变经济发展方式主线，以富民为目的、坚持富民优先，转化发展理念、转换发展模式，强化科技支撑、调整经济结构，节约能源资源、保护生态环境，推动产业升级、提高质量效益，增强发展的全面性、协调性、可持续性，实现经济社会又好又快发展。内蒙古自治区转型发展，将是经济社会领域的一场深刻变革，经济社会各领域都应围绕富民而转型发展，而最根本的是由 GDP 增长为重、强区优先向富民与强区并重、富民优先转型，核心是把富民优先原则体现在发展理念和政策措施上，落实到推动发展的具体行动上。实现转型发展，需要对涉及转型发展的一些深层次问题进行深入研究，从理论与实际的结合上进行深刻把握，首先从思想认识上实现转型。

二、怎样理解发展与富民的关系

“发展不足是内蒙古的主要矛盾”，这是一个富有哲学意味的重要判断。毛泽东同志在《矛盾论》这篇重要哲学论文中指出：“在复杂的事物的发展过程中，有许多的矛盾存在，其中必有一种是主要的矛盾，由于它的存在和发展规定和影响着其他矛盾的存在和发展。”人们观察事物、处理问题时往往忽略把握事物发展过程中的主要矛盾，这不是一个无关紧要的问题，特别是对各级决策者来说是绝不可忽略的问题。找准事物发展过程中的主要矛盾非常重要，它对决策思路的科学性、重大举措的可行性，都具有决定性意义。党的十七大报告指出：“经过新中国成立以来特别是改革开放以来的不懈努力，我国取得了举世瞩目的发展成就，从生产力到生产关系、从经济基础到上层建筑都发生了意义深远的重大变化，但我国仍处于并将长期处于社会主义初级阶段的基本国情没有变，人民日益增长的物质文化需要同落后的社会生产之间的矛盾这一社会主要矛盾没有变。”胡锦涛同志在庆祝中国共产党成立 90 周年大会上的重要讲话中进一步指出：“党的一切奋斗，归根到底都是为了解放和发展社会生产力，不断改善人民生活。我们已经取得了举世瞩目的伟大成就，但我国仍处于并将长期处于社会主义初级阶段的基本国情没有变，人民日益增长的物质文化需要同落后的社会生产之间的矛盾这一社会主要矛盾没有变，我国是世界上最大的发展中国家的国际地位没有变。发展仍然是解决我国所有问题的关键。”说发展不足是内蒙古自治区的主要矛盾，其理论根据就是我们党关于社会主义初级阶段社会主要矛盾的基本理论，其实践基础则是内蒙古自治区经济社会发展的现实状况。

现阶段，社会的主要矛盾是落后的社会生产与人民群众日益增长的物质文化需要的矛盾，这个正确判断，是我们观察和处理发展问题的一个基本依据。我们必须依据这个重要判断来分析发展中的问题。人们往往把发展生产当作目的，把 GDP 增速奉为衡量政绩的标准。其实，社会生产和人民的需要这对矛盾中，满足人民需要即富民是目的，社会生产是达到富民目的的手段。目的指的是人们想问题、做事情要得到的结果，手段则是人们为达到一定目的而采取的具体行为方式。我们说经济社会的发展要始终以保障和改善民生为出发点和落脚点，这里，保障和改善民生是目的，经济社会发展是手段，经济社会又好又快发展的标志或结果，就是民生改善、人民富裕，即富民。目的决定手段，需求决定供给；目的统率手段，手段服务目的。只有科学认识人民日益增长的物质文化需要同落后的社会生产之间的矛盾这一社会主要矛盾，才能正确处理目的与手段即富民与发展的关系。不能把手段等同于目的。如果把手段当作目的，为生产而生产，把 GDP

增速当作追求的目的，GDP 增长的速度上去了，而人民群众的收入没有同步增长，生活水平没有相应提高，那么，说明手段偏离了富民的目的。

科学认识并正确处理手段与目的的关系至关重要。内蒙古自治区经济社会转型发展的思想认识前提是，由对发展与富民这一对手段与目的关系的模糊的片面的认识转变到正确的科学的认识上来。没有有效的手段，目的难以达到，必须始终坚持发展第一要务不动摇；而偏离了目的，则手段毫无意义，必须始终坚持富民优先。我们的问题往往出在见物不见人、只认手段而忽略目的。富民，具有丰富的内涵，概括地讲，就是始终坚持以人为本，切实满足各族人民日益增长的物质文化需要。发展，也具有丰富的内涵，概括地讲，就是统筹兼顾，实现全面协调可持续的科学发展。如前所述，人民日益增长的物质文化需要同落后的社会生产之间的矛盾这一社会主要矛盾没有变，但与改革开放以前相比，随着经济社会的持续发展和我国发展阶段性特征的新变化，人民日益增长的物质文化需要的内涵出现了新变化。这个新变化主要表现在人民群众的物质文化需求正在或者已经由生存型需求向发展型需求转型。这个转型是从改革开放以来基本满足了人民群众以解决温饱为主的生存型需求之后必然出现的教育、文化、科技、医疗卫生、公共就业、社会保障、基本住房、环境保护等发展型需求的快速增长。这个转型表明，人的全面发展已经成为发展的主题，人的全面发展必然对社会公平正义提出新要求。我们的问题往往出在忽视这个新变化、新要求，忽视人民需求的转型，仍然单纯追求经济数量、经济总量，而忽略了经济质量和效益，忽略了经济社会全面发展，忽略了发展成果共享。以人为本、全面发展，共建共享、共同富裕，是科学发展的本质要求，是最具时代特点的新理念。促进经济社会又好又快发展，就要由各族人民共同推动发展进程、共享改革发展成果，坚持共同富裕的方向，走共同富裕的道路。

在现实生活中之所以存在目的与手段错位的现象，究其原因：一是发展思路不科学，对社会主要矛盾和新的时代条件下推动改革发展缺乏全局上的把握；二是政绩观不正确，单纯追求 GDP 增速，以 GDP 论英雄，忽略了富民这个根本目的。当然，光有好的目的，如果没有相应的有效手段，同样达不到目的。目的和手段是相互依存、相辅相成的，必须把富民目的与发展手段有机统一起来。发展手段是不是有效，最终要看是不是达到了富民目的。毛泽东同志讲过：“一切为群众的工作都要从群众的需要出发，而不是从任何良好的个人愿望出发。”看生产落后不落后、发展足不足，衡量的标准是生产和发展是不是满足了人民群众日益增长的物质文化实际需求，而不是单纯的 GDP 增速、GDP 总量，老百姓不关心什么 GDP。这就要求我们必须站在人民群众的立场上，真正认清现阶段人民群众日益增长的物质文化需求是什么、有哪些新变化，如何立足于满足人民群众的需求来加快社会生产、推动改革发展，如何通过调整结构、转变方式、转型发展来更好地满足人民群众的需求。作出发展不足是对内蒙古自治区主要矛盾的重要判断，是说内蒙古自治区的发展还不能满足各族人民群众日益增长的物质文化需求，内蒙古自治区发展不足，归根结底是富民不足。

三、增长等同于发展吗

要判断内蒙古自治区发展足不足，需从了解什么是发展开始。按照以往的认识，人们认为发展就是增长，就是经济增长，就是 GDP 增长，并没有搞清楚发展与增长的联系与区别所在。其实，增长和发展是两个概念，不能简单地把增长等同于发展，也不能简单地把经济增长等同于经济发展。过去，曾将经济增长与经济发展当作内涵相同的概念来理解和使用。但后来人们发现，有些地区 GDP 增长了，但经济社会并没有相应发展，人民群众并没有同步富裕，而出现了资源浪费、环境污染、社会事业发展滞后、收入增长缓慢、贫富差距拉大、社会矛盾加剧等问题，导致了所谓的“有增长而无发展”。现在，我们要科学发展，就必须正确理解经济增长与经济发展的含义，把经济增长与经济发展作为既有联系又有区别的两个概念区分开来。

经济增长是指经济变量的数量扩张、社会财富的增加、物质生产的发展，也就是 GDP 增加；而经济发展既包括社会物质生产的发展、人们物质福利的改善等可量化因素的数量扩张，也包括支配经济运行的制度、组织和文化以及环境质量的提高等非量化因素变化的过程。经济发展的过程是一个地区通过经济数量增加、经济结构优化、经济质量提升和经济效益提高以及体制机制完善，实现人民群众实际福利增长及生态环境质量提高的过程。也就是说，经济发展比经济增长的含义更丰富，经济增长是经济发展的基础和前提，但远不是经济发展的全部。今天，我们再不能把经济增长等同于经济发展了。

那么，为什么说内蒙古自治区发展不足呢？发展得足与不足是相对的，在不同的时代条件下，其内容和表现形式有着很大不同。21 世纪以来，内蒙古自治区发展步伐明显加快，“十一五”时期是其综合实力提升最快、城乡面貌变化最大、社会建设成就最好、人民群众得到实惠最多的时期之一。从纵向比较而言，包括“十五”时期在内，内蒙古自治区经济增长是超常速的，2002～2009 年，内蒙古自治区 GDP 增速连续八年居全国第一位，就是证明。为什么这一时期内蒙古自治区经济能够超常速增长，笔者在《奋力走进前列——内蒙古现象研究》一书中对此做过全面详尽的分析。除了宏观环境因素之外，内蒙古自治区经济本身是在较低起点上实现较长时间的高增长，虽然增速很快，但欠发达的基本区情尚未根本改变，总体上仍处于工业化的初期阶段，发展不足仍然是主要矛盾。用社会主要矛盾的理论来观察内蒙古自治区的发展，弄清楚内蒙古自治区发展不足所在，需要从内蒙古自治区的发展状态入手，从经济发展的速度、结构、质量和效益上切入，分析内蒙古自治区的发展与人民群众日益增长的物质文化需要相适应的状况。

四、发展速度不协调原因何在

速度是事物在一定时期内运动变化快慢的程度，是事物量变快慢的程度。量变是质变的前提，没有量变就没有质变。一个地区经济社会发展必须保持一定的速度，否则很多矛盾和问题难以解决，人民群众日益增长的物质文化需要难以满足。但发展的速度不是越快越好，过快的速度、不协调的速度反而会带来各种问题，欲速则不达；速度必须适当，必须与结构、质量和效益相统一，必须符合全面、协调、可持续的要求。

21 世纪以来，内蒙古自治区经济最显著的特点，就是增长速度快，GDP 年均增长 17.3%，增速全国最快；经济总量由 2000 年的 1539.12 亿元增加到 2010 年的 11655 亿元，由全国第 24 位前移到第 15 位；人均 GDP 突破 7000 美元，由全国第 16 位前移到第 6 位；地方财政总收入由 110.68 亿元增加到 1738.13 亿元。从内蒙古自治区成立到 1996 年内蒙古自治区 GDP 跃上 1000 亿元台阶用了 49 年，而从 1000 亿元跨入 10000 亿元俱乐部仅仅用了 14 年时间。内蒙古自治区经济的快速增长，为今后的发展打下了较好的物质基础。

与此同时，内蒙古自治区发展速度方面存在的问题也比较突出。经济社会发展中，经济增长速度很快，社会事业发展速度相对缓慢；经济增长中，第二产业特别是工业增长速度很快，第一、第三产业增长速度缓慢；工业经济中，大企业发展速度很快，中小企业发展速度相对缓慢；产业发展中，资源型产业特别是能源产业发展较快，其他产业特别是非资源型产业发展较慢；区域发展中，呼包鄂（呼和浩特、包头、鄂尔多斯三市）地区发展较快，其他盟（市）发展较慢；城乡发展中，城市发展较快，农村牧区发展较慢；效益增长中，财政收入、企业利润特别是大企业利润增长很快，居民收入增长缓慢等。

内蒙古自治区发展速度方面存在这些问题，特别是存在诸多快与慢不协调的问题，其原因可以列举很多，但最根本的是追求 GDP 增速第一的冲动所致。追求 GDP 增速，抓经济来得快，抓社会事业见效慢；工业特别是能源产业市场需求大，农牧业和服务业不容易抓上去；上一个大项目、引进一个大企业，比上几个甚至几十个中小企业都管用；在城乡和区域发展中，雪中送炭总是比锦上添花

费劲得多等。这一系列发展速度快慢不协调，导致经济社会、产业和企业发展不协调，区域城乡发展不平衡，而这种不协调、不平衡的发展不利于扩大就业、扶持创业，不利于增加城乡居民收入，归根结底，不利于富民。

发展速度不协调，源于发展理念不科学，而直接原因则是投资结构不合理。要使各方面的发展速度协调起来，就应加快转变发展理念，立足于满足人民群众日益增长的物质文化需要，特别是快速增长的发展型需求，以富民为目的、坚持富民优先，按照全面、协调、可持续的基本要求和统筹兼顾的根本方法，强化投资政策引导，积极调整投资结构，通过投资的协调拉动，促进经济社会、产业和企业协调发展，形成有利于扩大就业、扶持创业、增加收入的经济社会环境和产业企业基础，形成有利于区域城乡互动平衡发展的机制。

五、结构决定功能吗

结构是指事物各个组成部分的搭配和排列，即事物构成要素的数量比例关系。调整结构就是调整事物各个组成部分的搭配和排列，使事物构成要素的数量比例关系发生有利于事物协调发展的变化。在工业化初期阶段，三次产业增加值占国内生产总值比重变化的特点是工业比重超过农业，这是规律性现象。所以，说到调整结构，人们首先想到的是产业结构调整，想方设法通过发展工业来提高第二产业增加值比重，从而做大 GDP。其实，结构调整不仅仅是产业结构调整，其内涵很丰富，它是构成国民经济的各种要素之间质的联系和量的比例的调整，也就是各种经济成分、各个部门、各个地区、各种经济组织，以及社会再生产各个环节的构成及其相关关系的调整。

经济结构调整大体可以划分为两个方面：一是生产力结构的调整，包括产业结构的调整或部门结构、技术结构、产品结构、企业规模结构、地区结构、就业结构的调整，以及从社会再生产的各个环节划分的生产结构、交换结构、积累和消费结构等的调整。二是生产关系结构的调整，主要是所有制结构和分配结构的调整。一个地区的经济结构是该地区经济、技术长期发展的结果，并受资源、历史、地理、区位、人才等多种因素的制约。经济结构调整要以人民群众日益增长的物质文化需要、经济结构变化趋势和经济社会发展规律为依据。只有搞清楚人民群众日益增长的物质文化需要、经济结构的变化趋势和经济社会发展规律，才能搞好结构调整和经济转型升级，才能从经济层面解决发展不足的问题。

从一定意义上讲，结构决定功能，结构决定经济系统的正常运行。经济结构不合理，就会直接影响经济发展的速度、结构、质量和效益的协调统一，就会直接影响社会生产的发展，最终难以富民，难以满足人民群众日益增长的物质文化需要。我们从产业结构、需求结构、要素结构、城乡结构、地区结构和经济发展的质量效益等方面简要分析内蒙古经济发展中的结构性问题。

六、产业结构中的问题怎样破解

调整产业结构，既要调整优化三次产业之间的结构，也要调整优化各产业内部结构。21世纪以来，由于工业的迅猛发展，使得内蒙古自治区产业结构大幅调整，与2000年相比，2010年内蒙古自治区三次产业结构比例由22.8∶37.9∶39.3演变为9.5∶54.6∶35.9，第一产业比重下降13.3个百分点，第二产业比重上升16.7个百分点，第三产业比重下降3.4个百分点。与此同时，各产业内部结构也得到一定程度调整。第一产业的种养结构、品种结构、生产设施化和机械化、产品加工率等都有不同程度的调整优化。工业的若干特色优势产业得到较快发展，工业园区化程度、产业集中度和多元化程度、产品加工程度、产业链延伸程度以及技术进步程度等都有不同程度的调整优化。服务业比重虽然下降，但质量有所提升，新兴服务业不断发展，现代服务业起步较快，不论是生活性服务业，还是生产性服务业，整个产业层次在持续提高。

《国务院关于进一步促进内蒙古经济社会又好又快发展的若干意见》提出，把经济结构战略性调整作为加快转变经济发展方式的主攻方向，协调推进新型工业化、新型城镇化和农牧业现代化。推进工业化，不是说第一产业比重越低越好，而是作为国民经济的基础的农牧业本身的结构要优化。内蒙古自治区第一产业发展的结构性问题是，农牧业和农村牧区的产权结构、产业组织结构、经营规模结构、技术结构、产品结构、服务体系结构和城乡人口布局结构以及农牧民的素质技能结构等，还不能与建设现代农牧业的要求相适应，不能与支持工业结构优化、新农村新牧区建设、城乡一体化发展和提高农牧业劳动生产率的要求相协调，不能与满足人民群众对粮食安全和大量、多种、优质农畜产品的消费需求相适应，不能与富裕农牧民的需要相适应。制约农牧业发展的结构性问题中的核心问题是产权结构和组织结构问题，这既是其他一系列结构性问题的原因所在，也是破解难题的切入点所在。明晰的产权不仅是产权流动的前提，也是产权人流动的前提。应按照权属明确、管理规范的要求，全面开展农村牧区土地草场承包经营权、宅基地使用权和房屋所有权的确权、登记、颁证工作，依法明确土地草场和宅基地权属，确保农牧民的用益物权，通过产权制度改革促进生产要素在城乡之间顺畅流动，推动农村牧区生产力发展。

推进工业化，不是说工业的比重越高越好，不能为工业而发展工业，关键是工业本身的结构要优化、产业要升级。内蒙古自治区工业发展的结构性问题是，工业各行业结构、所有制结构、企业规模结构、产业链结构、技术结构、产品结构和企业布局结构等，还不能与支持农牧业和农村牧区发展、支撑城镇化发展、节约能源资源、保护生态环境的要求相协调，不能与满足人民群众对工业产品的消费需求和农村牧区剩余劳动力向第二产业转移就业、城镇居民充分就业、新增劳动力多层次就业的需求相适应，不能与富民的要求相适应。内蒙古自治区工业的超常速增长，主要是靠资源支撑、投资拉动。工业发展中的结构性问题，主要是工业的投资投向带来的。破解工业发展中的结构性问题，也要坚决转变发展理念，以保障和改善民生为出发点，以富民为落脚点，立足于百姓充分就业、支持能人创业、以创业带动就业，完善支持政策，调整投资投向，促进工业所有制结构、企业规模结构和产业链结构调整优化，实现新型工业化关于人力资源优势得到充分发挥的目标。

推进工业化，不是说第三产业比重就应该低，而且随着工业化深度发展，服务业比重要超过工业，其本身的结构要不断优化、层次要不断提升，这也是产业发展的规律性现象。内蒙古自治区服务业发展的结构性问题是，服务业在三次产业结构中的比重逐年下降的趋势尚未改变，现代服务业、新兴服务业发展缓慢，无论是生活性服务业，还是生产性服务业，都不能与转型发展、产业升级包括农牧业社会化服务体系建设、工业的社会化生产和服务外包等相协调，不能与满足人民群众多层次就业和多方面服务的需求，特别是快速增长的发展型需求相适应，不能与富民的要求相适应。一般来讲，服务业的发展就是要满足社会对服务的需求，有需求就应有服务。目前的问题是，人民群众的工作生活和全面发展，企业的生产经营，大到技术创新，小到快餐外卖，几乎处处需要服务而处处得不到服务或得不到满意的服务。在这些服务中，除了基本公共服务主要由政府提供以外，都应由市场提供服务，而且部分基本公共服务也可以由政府与市场相结合而提供。这就需要认真研究和梳理社会服务需求，根据服务需求培育服务主体；制定支持政策，扶持服务主体；加强指导培训，规范服务内容、提高服务质量；统一技术标准，打造服务品牌等，从而使服务业得到发展、服务需求得到满足，就业岗位得以扩大、充分就业得以实现，居民收入稳步增长、人民群众逐步富裕。

七、怎样调整需求结构

调整需求结构，是调整经济结构的重要内容。从字面上讲，需求就是由需要而产生的要求。经济学意义上的需求，是指消费者在一定时间内按既定的价格对某种商品和服务愿意并且有能力购买的数量，社会需求是指一个国家或地区在一定时期（通常为一年）内由社会可用于投资和消费的支出所实际形成的产品和劳务购买力总量，是市场经济条件下拉动经济增长的直接动力。需求分国内需求和国外需求两个方面。国外需求指的是净出口，即产品和服务的输出，是国外市场需求对经济增长的拉动。国内需求包括消费需求和投资需求，是国内市场需求对经济增长的拉动。消费需求是指一定时期内全社会形成的对最终消费品包括产品和服务的有支付能力的购买力总量。投资需求是一定时期内全社会形成的固定资产投资和库存增加额之和，即资本形成总量。消费需求、投资需求和国外需求构成总需求，即所谓拉动经济增长的“三驾马车”。

消费、投资、出口这“三匹马”对经济这辆“车”的拉力是不是协调，也就是消费、投资、出口三大需求的结构和三大需求各自的内部结构是不是合理，直接关系到经济能不能长期平稳较快发展。从三大需求的功能、特点和相互间的关系看，消费需求是最终消费性需求，在生产和再生产过程中起着决定性作用；投资需求是生产性需求，生产性需求是中间环节的需求，是从属于再生产过程终点的消费性需求；出口需求也是最终消费性需求。消费需求的增长相对稳定，不易发生急剧的变动；而投资需求则上下摆动的幅度很大，其摆动幅度对总需求的影响也比较大；出口需求容易受国际经济形势乃至政治局势变动的影响而上下摆动，从而对总需求的影响也很大。

消费、投资、出口三者在再生产过程中的地位和作用不同。启动消费需求，可以直接刺激生产，其实质就是发挥消费对生产的促进作用；启动投资需求，即启动生产性需求，既可以直接拉动生产，又可以经过分配、交换、消费阶段刺激生产，其实质是发挥生产对消费的促进作用；扩大出口需求，也可以直接刺激生产，其实质是发挥出口对生产的促进作用。启动投资需求以货币政策和金融资产为杠杆，其力度取决于全部投资增长率；启动消费需求以个人收入为杠杆，其力度取决于居民收入增长率。无论是投资需求，还是消费需求，其目的都是通过需求的增加来刺激和扩大生产，或者说通过社会总供给和社会总需求的矛盾运动促进经济增长。

消费、投资、出口三大需求之间具有互相影响、互相作用的关系，由此形成了市场经济的供求机制。在经济发展的不同阶段，应正确处理三者的关系，在国民收入增加的基础上，努力使三者都有增长。投资需求的增加是扩大再生产的源泉，也是人民生活水平提高的保障；消费需求的增加是人民生活水平提高的实际表现；而出口需求的增加是参与经济全球化的结果，对人民生活水平的提高有积极作用。只有三者都随国民收入的增加而增加，协调拉动经济，经济才会持续稳定较快发展。在工业化初期，人们往往过分追求投资需求的快速增长而忽略需求结构和投资结构的协调增长。投资需求的增长，必然要求消费需求相应增长，因

为投资需求是中间性、生产性需求，消费需求才是最终性需求，最终性消费需求制约中间性投资需求。如果投资膨胀过度，经济增长过快，会超过社会财力、物力和资源环境的承受能力，各方面都将绷得很紧，难以持久；投资需求增长过快，会引起生产资料供不应求、价格上涨，导致通货膨胀，进而导致企业生产行为和居民消费购买行为的混乱；投资结构不合理、畸形增长，会影响经济结构，引起经济结构失衡。这些状况最终会引起经济大起大落，给国民经济造成巨大损失。

21 世纪以来，内蒙古自治区的需求结构发生重大变化，投资需求实现持续扩张。一是投资增长快。2002 年起，固定资产投资增速连续三年居全国第一位。“十五”期间，全社会固定资产投资年均增长 44.25%，高于全国同期增速 22.35 个百分点。二是投资规模大。2001～2007 年，固定资产投资累计达 14728.81 亿元，年均增长 39.4%。三是投资投向集中。2001～2007 年，全社会固定资产投资中第一产业投资占 5.49%，第二产业投资占 49.75%，第三产业投资占 34.12%。四是投资率大幅上升。2001～2007 年，内蒙古自治区投资率从 39.7% 上升到 73.8%，消费率从 56.9% 下降到 43.2%，净流出率从 3.4% 下降到 -17.0%。2007 年，内蒙古自治区三大需求对 GDP 增长的贡献率中投资贡献率高达 89.4%，消费贡献率达到 43%，净流出的贡献率则是 -32.4%。

内蒙古自治区需求结构方面存在的问题是，经济的超常速增长始终以投资拉动为主，产业投入以工业投入为主，工业投入以大企业、大项目投入为主，相比之下，其他方面的投入却显得不足。这三个“为主”使投资畸形膨胀，投资结构、消费结构、出口结构及三大需求内部结构失衡，投资需求过高、消费需求不足、出口需求乏力，不能与产业结构优化、经济转型升级、经济社会全面发展和城乡区域平衡发展、人与自然和谐共生等要求相协调，不能与满足人民群众收入同步增长、生活质量提升、共享改革发展成果的需求相适应，总之，需求结构与富民要求不相适应。

内蒙古自治区需求结构的这些特征，首先，与其发展阶段有关。在宏观环境影响和市场需求拉动下，资源富集而欠发达地区实现经济起飞，必然要靠大量投入来将资源优势变为经济优势，这样做既符合地方政府的需要，也符合投资者的需求，有其必然性和合理性，就是在全国也具有一定的普遍性。依靠投资拉动增长，已经成为我国经济发展方式的基本特征之一。其次，与追求 GDP 增速第一的发展理念有关。加快 GDP 增速、做大 GDP 总量，唯有扩大投资才来得快，唯有上大企业、大项目才来得快。但这种资源支撑、投资拉动、粗放增长的模式，具有资源环境难以为继的不可持续性、经济大起大落的潜在风险性。最后，与一定程度上忽视民生有关。政策一味向资本倾斜，缺少资源开发的普惠性和发展成果的共享性，经济增长与居民收入增长不能同步、劳动生产率提高与劳动报酬提高不能同步，城乡居民收入水平与全国平均水平的差距不断拉大，导致消费能力较低、消费预期不足、消费需求不旺、消费拉动乏力，需求结构不合理。

目前，内蒙古自治区正处于由GDP优先向富民优先的转型发展阶段。在这个阶段，不是不要投资，而是由投资拉动为主向消费、投资、出口协调拉动转型，由工业投入为主向三次产业和经济社会发展协调投入转型，由大企业、大项目投入为主向大中小微企业和不同所有制经济协调投入转型，由城镇投入为主向城乡协调投入转型，由经济投入为主向经济和民生协调投入转型。从一定意义上讲，内蒙古自治区的欠发达和发展不足，很大程度上是投入不足。无论是产业发展、基础设施建设、生态环境保护，还是社会建设、民生改善，欠账都很多。在坚持需求结构协调平衡的前提下，保持足够的投入强度，是破解内蒙古自治区发展不足矛盾的重要措施之一。今天的投资就是明天的生产能力、保障能力和公共服务能力；今天的投资结构就是明天的产业结构、经济结构、城乡结构、区域结构和保障改善民生的程度。保持需求结构及需求内部结构动态协调，是调整经济结构，提高经济质量效益的需要。

在当前过剩经济阶段，应更加注重增强最终消费需求对经济增长的拉动作用，加快构建居民收入与经济同步增长机制，保持消费需求与投资需求协调增长，特别注重投资需求内部结构协调，在保持经济建设投资适度增长的同时，应着力加大社会建设特别是民生改善投资力度；保持产业发展投资适度增长的同时，应着力加大科技进步投资力度；保持第二产业投资适度增长的同时，应着力加大第一产业、第三产业投资力度；在保持工业大企业、大项目投资适度增长的同时，应着力加大中小微企业发展投资力度；保持城镇建设投资适度增长的同时，应着力加大新农村新牧区建设投资力度；保持物质资源开发投资适度增长的同时，应着力加大文化建设和人力资源开发投资力度。只有着力加大对这些薄弱环节的投资力度，才能逐步扭转产业结构不合理、需求结构不协调，包括三大需求内部结构不协调、城乡和区域发展不平衡、经济社会发展不可持续、经济增长和民生改善不同步的局面，努力实现消费、投资、出口协调拉动经济增长。

总之，投资与消费失衡是目前内蒙古自治区经济增长方式的突出问题。消费增长速度长期滞后于投资增长速度，投资率不断上升，消费率不断下降，最终消费支出中居民消费和政府消费呈现此消彼长的趋势。

转型发展的一个重要方面，是逐步实现由投资主导向消费主导的转型。无论从宏观环境看，还是从长远发展看，投资主导的经济增长模式不可持续。只有推动从投资主导向消费主导转型，逐步实现投资与消费的平衡，才能形成经济增长的内生动力。

八、为什么要调整要素结构

调整要素结构，也是调整经济结构的重要内容，是加快转变经济发展方式的重大举措。这里说的要素是生产要素，是指进行物质资料生产所必需的各种经济资源和条件，包括人的要素、物的要素两部分。人的要素是劳动力，物的要素是土地（资源）和资本。所以，最早将生产要素简单地概括为土地、资本、劳动力。知识经济得到发展以后，科技、管理等也成为重要的生产要素。也就是说，在社会生产力发展的不同阶段，生产要素所含的内容也不同。土地，作为生产要素，在广义上不仅包括土地本身，还包括地上地下的一切自然资源。资本，作为生产要素指的是由人类生产出来又用于生产的物质生产资料。劳动力，是指生产活动中所投入的人的体力和脑力，是生产活动中最能动的因素。随着社会生产力的不断发展，科技和管理也都成为独立的生产要素。

从一定意义上讲，人类的物质资料生产过程是对资源约束条件变化的反应，即对生产要素稀缺的积极应对过程。当土地资源相对稀缺，而资本和技术相对充裕时，就会出现资本和技术对土地的替代；当劳动力成本提高时，只能节约劳动，提升产业技术含量。这就是要素结构的变动过程。党的十七大报告在阐述加快转变经济发展方式、推动产业结构优化升级问题时强调，促进经济增长“由主要依靠增加物质资源消耗向主要依靠科技进步、劳动者素质提高、管理创新转变”。顺应经济发展规律，着力调整要素结构，是经济转型发展的内在要求，是加快转变经济发展方式的主要举措，是推动产业结构优化升级的必由之路。

内蒙古自治区要素结构中存在的问题，恰恰是物质资源消耗过多，而科技进步、劳动者素质和管理创新对经济增长的贡献率过低。进入新世纪以来，主要靠大量投入资源和资本这些物的要素的粗放增长模式，通过土地、资源无偿划拨和依托劳动力成本低的竞争优势，实现了经济超常速增长。这样的要素结构中，资源利用效率较低，资本回报率过高，劳动者素质得不到提高，科技进步的动力不足，管理创新难以实现。这样的要素结构，使经济增长的资源环境代价过高、劳动力代价过低，导致能源资源加速消耗、污染物过度排放、生态环境遭到破坏，不利于技术进步和管理创新，不利于提高发展的质量和效益，不利于人民群众共享发展成果。

要素结构与需求结构直接相关。在追求 GDP 增速第一、主要依靠投资拉动经济超常速增长的阶段，当资本成为稀缺资源时，政策和制度向资本倾斜，将虽然富集但毕竟有限的土地、矿产资源和非常脆弱的生态环境资源视为取之不尽、用之不竭的充裕资源，难以推动技术对土地、矿产资源和生态环境的替代；当劳动力成本较低时，也难以实现节约劳动而提升产业技术含量和推动管理创新。所以，要素结构是需求结构的反映和结果，需求结构决定要素结构；当然，要素结构也不完全是被动的，要素结构可以反作用于需求结构。必须把要素结构调整与需求结构调整紧密结合起来。当坚持科学发展观，创新政策和制度，特别是发挥市场配置资源的基础性作用，还土地、矿产资源和生态环境以稀缺资源的本来面目和本质属性，主动调整需求结构，那么，要素结构也将得以调整。要素结构的调整，也将更有力地促进需求结构的调整。

要素结构是生产力发展水平的体现，调整要素结构又能有效促进生产力发展。目前，内蒙古自治区这种物质资源消耗过高、主要依靠投资拉动、科技创新能力不强、劳动者素质不高、管理创新滞后的要素结构状况，已经不能适应科学发展、转型升级的要求，严重制约着经济发展方式转变。调整要素结构是一个渐进过程。正是要素结构调整的艰巨性和长期性，要求我们增强紧迫感。着力调整要素结构，已经刻不容缓。应坚持不懈地增强自主创新能力，持之以恒地提高劳动者素质，扎扎实实地推进管理创新，不断促进经济增长由主要依靠增加物质资源消耗向主要依靠科技进步、劳动者素质提高和管理创新转变。

九、城乡二元结构的本质是什么

调整城乡结构，是解决内蒙古自治区发展中结构性矛盾的一个重要方面。我国城乡结构的实质是城乡二元结构，包括城乡二元经济结构和城乡二元社会结构。城乡二元经济结构一般是指以社会化大生产为主要特点的城市经济和以农业小生产为主要特点的农村经济并存的经济结构。城乡二元社会结构一般是指城市基本公共服务体系较为完善，农村基本公共服务发展滞后，以户籍制度为主的一系列制度将城市人口和农村人口分开，并由此形成基本权利不平等的两类人群并存的社会结构。

内蒙古自治区的城乡二元结构除具有一般意义上的二元结构特征外还显现出以下特征：城市的工业和服务业发展相对比较快，而农村牧区仍然以传统的小农经济为主；城市的交通、通信等基础设施相对比较发达，而农村牧区的基础设施仍然很薄弱；城市的教育、科技、文化、卫生和社会保障等社会事业发展相对比较快，工作生活条件比较好，而农村牧区的社会事业发展滞后，社会保障不健全，生产生活条件比较差；农村牧区人均收入水平远比城市低，进城务工人员远没有融入城市，而城市人均消费水平远比农村牧区人均消费水平高等。

城乡二元结构及由此形成的二元制度的危害不容忽视。长期以来，城乡二元结构及二元制度使农牧业与工业分割、农村牧区与城市分割，使城乡市场和生产要素分割、城乡社会发展分割，从而阻碍了农牧业、农村牧区发展，阻碍了农村牧区消费扩大、城乡要素流动和社会公平的实现，积累了诸多难以解决的社会矛盾和问题。诸如城乡差距扩大、贫富差距扩大、农牧民与城镇居民收入差距扩大、农牧民与市民的科学文化素质差异加深、地区发展不平衡、城乡基本公共服务不均等、就业机会不平等乃至农牧民的各项基本权益和人格尊严受到侵害等，已经成为影响和制约经济社会发展、实现全面小康的突出问题，已经成为影响和制约农牧民富裕的制度性羁绊。

城乡二元结构是历史形成的，是在特定历史阶段的政治文化制度下形成的。城乡二元制度的差异性反映在教育制度、卫生制度、就业制度、社会保障制度、劳动保护制度、人才制度、兵役制度和户籍制度等诸多方面。城乡二元结构的本质是城乡人口的二元分割，即农民与市民的不同身份及由此产生的各项基本权利不平等。这种不同身份和各项基本权利不平等正是由上述城乡二元制度固化的，城乡二元制度是农民与市民政治、经济、文化和社会地位不平等在制度上的反映。城乡二元结构的历史性决定了消除城乡二元分割也需要一个历史过程，归根结底关系经济社会发展阶段。

调整城乡结构，要统筹城乡、双轮驱动、一体化发展，逐步消除城乡二元结构及二元制度，形成城乡经济社会发展一体化新格局。统筹城乡，就是从就农村抓农村、就城镇抓城镇的二元思维转变到统筹城乡发展的科学思维上来，用统筹的理念谋划和推进城乡发展，着力构建新型工农、城乡关系。双轮驱动，指的是用新型城镇化和新农村新牧区建设两个抓手，充分发挥以工促农、以城带乡的作用，着力创造农村牧区接受城镇辐射带动的条件，通过新型城镇化带动新农村新牧区建设，通过新农村新牧区建设使农村牧区融入新型城镇化进程。一体化发展，就是推动城乡规划、产业发展、基础设施建设、公共服务、劳动就业、社会事业和社会管理一体化，特别是从改革城乡二元制度入手，破解二元制度带来的一系列突出的结构性矛盾和问题，形成城乡经济社会发展一体化新格局。调整城乡结构，统筹城乡、双轮驱动、一体化发展，其根本目的是为城乡居民平等参与现代化进程、共同分享改革发展成果创造体制机制条件，促进城乡居民逐步实现共同富裕。

十、调整区域结构的思路是什么

调整区域结构，也是解决内蒙古自治区发展中结构性矛盾的一个重要方面。调整区域结构，就是不断完善区域协调发展思路，加大党委、政府协调指导力度，解决区域发展中的一系列结构性矛盾，推进区域基本公共服务均等化，缩小区域发展差距，构筑区域经济优势互补、主体功能定位清晰、国土空间高效利用、人与自然和谐相处的区域发展新格局。内蒙古自治区区域发展格局是逐步形成的，在20世纪末就已初显态势。进入21世纪，呼和浩特、包头、鄂尔多斯三市经济增长率先加速，呈现异军突起之势，被称为“金三角”，格外得到重视和鼓励。相比之下，东部几个盟（市）发展相对缓慢，国家实施振兴东北等老工业基地战略之后争取借势发展，被纳入《东北地区振兴规划》范围，经济增速逐步加快。值此，虽有西部“金三角”、东部五盟（市）的区域划分，但仍没有覆盖全域的区域发展格局。

2010年，内蒙古自治区调整和完善了经济区域划分，形成了覆盖七个盟（市）的以“金三角”为核心的西部经济区，覆盖被纳入东北地区振兴规划的五个盟（市）的东部经济区，提出并实施了以缩小差距为宗旨的区域发展新思路。一是在西部经济区，打造沿黄河沿交通干线经济带，使之成为带动西部经济区跨越式发展的龙头，形成了区域性资源整合模式。二是在东部经济区，锡林郭勒盟和呼伦贝尔市分别支援兴安盟36亿吨和30亿吨煤，作为招商引资的资源配置，使缺少资源的兴安盟的发展有了一定的资源依托，形成了跨盟（市）资源支援模式。三是在东部经济区，由锡林郭勒盟提供煤炭，赤峰市提供土地和水资源，大企业投资，在赤峰市的克什克腾旗建设新型煤化工工业园，三方受益，形成了资源优势互补模式。四是西部经济区和东部经济区互动，由鄂尔多斯市对口支援兴安盟，为鄂尔多斯及其他地区的企业在兴安盟投资兴业创造条件，调动了市场主体的积极性，形成了发展较快地区对发展较慢地区的政府主导、企业跟进的对口支援模式。五是从发展较快的地区选拔优秀干部到发展较慢的地区任职，近两年有四个盟市的党政正职从鄂尔多斯市选拔上来，将一些先进经验、成功做法和好的作风带到任职地区，特别是引导一些有实力的企业到任职地区投资开发，促进任职地区发展，出现了优秀干部抓欠发达地区的用人导向模式。

区域发展不平衡是历史形成的，是一个普遍性现象。区域发展差距的形成，有自然、地理、资源、区位、人才、体制机制以及内外部环境等多方面的复杂原因。随着生产力发展和社会进步，逐步缩小区域发展差距已经成为经济社会又好又快发展的客观要求。促进区域协调发展是一个历史过程和系统工程。内蒙古自治区根据自身区域发展实际提出的调整区域结构的思路和措施的特点是，着眼于解决区域发展中存在的结构性矛盾，坚持党委、政府协调指导与发挥市场机制作用相结合，调动市场主体参与促进区域协调发展的积极性，以跨地区整合物质资源和人力资源为抓手，以发展较快地区、支援和带动发展较慢地区为引领，以产业、企业集聚集群发展为载体，促进生产要素顺畅流动，实现各方共享共赢。由于这些思路和措施都很实际，而且以实体为主有序实施，已经取得了初步成效。

这些思路和措施的实施将为遵循经济布局区域化、产业发展集群化、资源配置市场化的规律，促进区域融合、推进一体化发展创造有利条件。

调整区域结构的一个重要方面，是促进基本公共服务均等化，实现社会公平。把提高效率同促进社会公平结合起来，是我们摆脱贫困、加快实现现代化的重要经验和重大原则。在收入分配问题上，初次分配和再分配都要处理好效率和公平的关系，再分配更加注重公平。衡量社会公平程度，不仅要看人们的直接收入，而且要看人们得到的社会保障、公共服务，要看分配背后的规则和机会的公平程度。目前，内蒙古自治区经济实力不断增强，公共财政对欠发达地区发展社会事业的支持能力不断提高。应进一步加大对欠发达地区的转移支付力度，促进基本公共服务均等化，并完善相关制度机制，建立健全基本公共服务体系，保证各盟（市）基本公共服务能力和水平大致趋同，从而实现效率与公平兼顾。

十一、提高经济质量从何入手

提高经济发展的质量，是调整经济结构、转变经济发展方式的重要目标，是增强经济实力、提高市场竞争力的必由之路，是保障和改善民生、提高人民幸福指数的内在要求。经济发展的质量，集中体现在产品质量、工程质量、服务质量、环境质量、生态质量和生活质量上，直接反映着经济的市场竞争能力、自主创新能力、服务管理能力和可持续发展能力。经济的市场竞争能力的一个重要表现是品牌。品牌是一个国家和地区经济实力的象征，是经济发达的标志，特别是有自主知识产权的品牌反映着经济的文化内涵、生产标准和经营诚信，反映着消费者对产品和服务的认同和信任，反映着消费者的生活品质。自主创新能力特别是掌握关键核心技术的能力是经济转型升级、提高竞争力的支撑，也是经济可持续发展的支撑。提高服务管理能力，指的是寓管理于服务之中，加快转变政府职能，推进服务型政府建设，强化政府的公共管理和公共服务能力。可持续发展能力，就是以较小的能源资源和环境代价、较低的内部和外部成本取得较大的发展成果、较高的经济效益的能力。提高产品、工程、服务、环境、生态和生活质量，增强经济的市场竞争能力、服务管理能力和可持续发展能力，其中心环节是增强自主创新能力。

早在20世纪90年代，内蒙古自治区就实施名牌推进战略；2009年推进质量兴区战略，推动企业加强质量基础管理，促进技术标准发展，共有1100多家企业通过了ISO 9000质量管理体系认证，截至2010年，有33个产品荣获中国驰名商标，企业管理水平进一步提升，经济发展的质量明显提高。但是，从产品质量、工程质量、服务质量、环境质量、生态质量、生活质量和GDP质量来衡量，内蒙古自治区经济发展的质量还不高。2011 年 7 月，中国科学院发布了《中国科学发展报告 2011》，首次提出“GDP 质量指数”概念，北京、上海、浙江、天津、江苏、广东、福建、山东、辽宁、海南十个省（市）在各省（区、市）GDP 质量排序中位于前十名。耐人寻味的是，2010 年，增长速度倒数第 2、经济总量居第 13 位的北京在这次 GDP 质量排序中排第 1 位，增长速度倒数第 1、经济总量居第 9 位的上海在 GDP 质量排序中排第 2 位，增长速度倒数第 5、经济总量居第 4 位的浙江排第 3 位，增长速度第 1、经济总量居第 20 位的天津排第 4 位，而增长速度第 6、经济总量居第 15 位的内蒙古自治区在这次 GDP 质量排序中排第 18 位。

这个“GDP 质量指数”采用的是经济质量、社会质量、环境质量、生活质量、管理质量五大子系统。GDP 质量排第 1 位的北京的五个质量指数分别是 0.994、0.980、1.000、0.875、0.886，GDP 质量指数为 0.947；GDP 质量排第 18 位的内蒙古自治区的五个质量指数分别是 0.558、0.316、0.590、0.261、0.216，GDP 质量指数为 0.388。内蒙古自治区五个质量指数中最高的是环境质量指数，最低的两个指数是管理质量指数和生活质量指数。经济发展的质量应当是经济增速、社会进步、环境改善、生态保护、生活提高、管理创新等综合因素的有机统一，是 GDP 增速、总量、结构、质量、效益的有机统一，表现为用较少的要素投入、较小的资源环境代价生产出较多较好的产品，获取较大的经济效益，体现为市场竞争能力、自主创新能力、服务管理能力和可持续发展能力较强，百姓能够共同参与发展进程、共同分享发展成果、切实改善生活质量和水平。

内蒙古自治区经济质量方面存在的突出问题是，经济增长的资源环境代价过大，草原生态恶化趋势尚未改变，能耗和污染物排放过高，资源综合利用效率较低，粗放增长方式亟待转变；生产标准化程度不高，标准制定能力不强，质量管理体系认证面不广，产品质量、工程质量亟待提高；知名品牌产品特别是中国名牌产品较少，有自主知识产权的品牌更少，品牌的信任度、美誉度、知名度不够，品牌建设亟待加强；创新资源相对匮乏，创新环境需要优化，创新制度不够完善，创新激励不够有力，技术进步对经济增长的贡献率较低，自主创新能力亟待增强；服务缺少规范，制度需要完善，监管不够有力，生产安全事故、交通道路事故、食品质量安全事件时有发生，责任意识、道德文化、诚信建设亟待加强等。内蒙古自治区经济质量方面存在这些问题，其原因既与单纯追求经济增速而忽略经济质量的发展理念、相关政策和体制机制以及政府职能转变滞后有关，又与企业的经营战略、整体素质和社会责任心有关。政府转化理念、转变职能，企业提升素质、增强社会责任，都应以维护老百姓的切身利益为出发点和落脚点。

经济质量的一个重要方面是老百姓的生活质量。老百姓是从他们的衣食住行用中感受经济质量的，买的衣服耐穿不耐穿、受看不受看，食品干净不干净、好吃不好吃，房子好住不好住、水电气暖好用不好用，交通便利不便利、公交方便不方便，用具好使不好使、有了毛病好修不好修，空气新鲜不新鲜，有没有晨练健身的去处，居家、工作或出行安全不安全等。这些问题都是老百姓日常生活工作中的问题，每时每刻都离不开的问题，而这些问题恰恰是产品质量、工程质量、服务质量、环境质量、生态质量和生活质量问题。如果老百姓对这些问题满意，说明经济质量是好的，生活质量是好的，政府工作是有成效的。也就是说，老百姓对哪些产品、工程、服务以及生态环境满意，哪些产品、工程、服务就有市场，政府就有威信。

提高经济质量，企业是主体。强化企业质量主体作用，要通过严格企业质量主体责任、提高企业质量管理水平、加快企业质量技术创新、发挥优势企业引领作用、推动企业履行社会责任五个方面的举措，对企业质量安全实施“一票否决”，发挥企业在质量发展过程中的主体作用。

质量是经济的生命，也是政府的信誉。经济的质量，是经济发展的重要基础和保证，是经济活动的重要目标。经济发展的质量关系着经济社会发展全局，关系着人民群众的衣食住行用等切身利益及生命健康和财产安全。提高经济发展的质量，是一项长期艰巨的工作和涉及面很广的系统工程。加快转变经济发展方式，要以保证质量为先导，从提高产品质量、工程质量、服务质量、环境质量、生态质量和生活质量入手，坚持不懈地在提升经济的市场竞争能力、自主创新能力、服务管理能力和可持续发展能力上狠下功夫。

十二、提高经济效益的核心是什么

提高经济效益，是经济活动所追求的主要目标，是加快转变经济发展方式的重要目标。经济效益，是指经济活动中资源利用、劳动消耗、环境代价与由此所获得的符合社会需要的劳动成果之间的对比关系。经济效益既是投入产出关系问题，也是产出成果分配问题。从投入产出关系讲，经济效益好是指产出比投入大、成果比付出多，而且这种产出和成果要符合社会需要；同时，获得这种产出和成果时所投入的资源得到综合、充分、高效利用，即资源浪费尽可能少、能源消耗尽可能低、二氧化碳和污染物排放尽可能低、因利用资源而对生态环境造成的破坏和影响尽可能小，一味追求增长速度而不计资源环境代价的粗放增长方式得到转变；另外，获得这种产出和成果时所投入的劳动得到充分利用，科技含量高、劳动生产率高、劳动报酬高，经济增长带来就业增加，实现经济增长与居民收入增长同步。

从产出成果分配关系讲，经济效益好直接表现为国民收入分配关系合理，主要体现在政府财政收入、企业利润和城乡居民收入协调增长。产出成果分配关系的核心是国民收入分配结构合理，财政收入增长与城乡居民收入增长同步，企业利润增长与劳动者报酬增长同步。

进入21世纪以来，内蒙古自治区在提高经济效益的某些方面取得了骄人的成绩。与2000年相比，2010年内蒙古自治区地区生产总值由1539.12亿元增加到11655亿元，增长了4.95倍；财政总收入由110.68亿元增加到1738.13亿元，增长了14.7倍；规模以上工业企业利润由16.10亿元增加到1688.44亿元，增长了103.9倍。仅看这组数据，特别是从规模以上工业企业利润增长的倍数看，内蒙古自治区经济效益的增长是惊人的，在其他省（区、市）恐怕是绝无仅有的。当然，仅从这组数据看经济效益是极其片面的。因为，这10年间，与规模以上工业企业利润增长103.9倍相比，内蒙古自治区城镇居民人均可支配收入仅增长了2.5倍，农牧民人均纯收入仅增长了1.7倍。仅此三个倍数，就非常直观地说明了内蒙古自治区国民收入分配关系中存在的问题。

内蒙古自治区经济效益方面存在的突出问题是，从投入产出关系讲，经济增长中的能源资源消耗过大、污染物排放过高，甚至不惜以牺牲生态环境为代价来换取GDP超常速增长，搞重复建设、盲目铺摊子，造成产能落后、产能过剩，更加剧了能源资源浪费、生态环境破坏，制约着经济可持续发展，增加了经济发展方式转变的难度；经济增长中人力资源没有得到充分开发利用，经济增长特别是工业的超常速增长没有带来就业增加，劳动者素质和技能没有得到明显提高，劳动生产率不高、劳动报酬增长缓慢。

从产出成果分配关系讲，国民收入分配结构很不合理，企业利润、财政收入增长与城乡居民收入增长很不协调，城乡居民收入水平与全国平均水平的差距进一步拉大、农牧民收入水平与城镇居民收入水平的差距进一步拉大的局面没有得到根本扭转。内蒙古自治区经济效益方面存在这些问题，其原因是多方面的，从一定阶段的某种意义上讲，有些或许是难以避免的，但根本原因是坚持GDP优先、追求GDP增速第一，国民收入分配过多倾向于政府部门和企业部门。显然，这些问题与节约能源资源、保护生态环境，强化科技支撑、促进结构调整，加快转型升级、实现可持续发展的要求不协调，与富民强区并重、富民优先，人民群众共同参与、共享成果，不断增加收入、提高生活水平的需求不适应。

提高经济效益是经济活动的重要目标，是经济可持续发展的重要保证。用科学发展观衡量，科学发展意义上的经济效益应是速度、结构、质量、效益的有机统一，是经济效益、社会效益和生态环境效益的有机统一。提高内蒙古自治区经济效益，其核心是合理调整国民收入分配关系。一是努力实现城乡居民收入增长和经济发展同步、劳动报酬增长和劳动生产率提高同步，建立长效机制来保证“两个同步”，从而调整国民收入分配关系。二是加快调整经济结构，使之有利于扩大就业、以创业带动就业，形成全体劳动者共同参与财富创造、共同分享发展成果的格局，从而调整国民收入分配关系。三是按照《国务院关于进一步促进内蒙古经济社会又好又快发展的若干意见》提出的“鼓励农牧区集体和个人以土地、草场使用权入股等方式参与当地资源开发建设，增加农牧民财产性收入”的要求，建立资源开发企业与农牧民利益共享机制，从而调整国民收入分配关系。四是建立健全能源资源节约机制、资源综合利用机制和生态环境补偿机制，使经济效益真正涵盖能源资源利用效率和生态环境效益。

十三、发展足与不足用什么衡量

本文围绕“发展不足是内蒙古的主要矛盾”这一重要论断，从实现富民目的出发，用社会主要矛盾理论来观察内蒙古自治区的发展，从经济发展的速度、结构、质量和效益诸方面切入，集中而又简要地分析现阶段内蒙古自治区的发展状况，试图通过分析发展中存在的一系列突出矛盾和问题及其原因，来解答内蒙古自治区发展不足在哪里的问题。

分析表明，如果从经济发展状态概括内蒙古自治区发展的阶段性特征，那就是：经济发展的速度需要加快协调，结构需要加快调整，质量需要加快提升，效益需要加快提高。进入21世纪以来，内蒙古自治区的发展速度不可谓不快，特别是经济超常速增长，2002～2009年，GDP增速连续八年居全国第一位，与此同时，社会事业发展、区域城乡发展、居民收入增加等诸多方面的增长速度还比较缓慢，与GDP的超常速增长很不协调，与富民优先的要求很不适应；内蒙古自治区产业结构调整不可谓不快，三次产业结构由2000年的22.8∶37.9∶39.3调整为2010年的9.5∶54.6∶35.9，与此同时，需求结构、要素结构、城乡结构、区域结构等诸多方面的结构还很不合理，与富民优先的要求很不适应；内蒙古自治区经济质量逐步提高，经济实力不断增强，与此同时，产品质量、工程质量、服务质量、环境质量、生态质量和生活质量还需要大力提高，市场竞争能力、自主创新能力、服务管理能力和可持续发展能力与提高经济质量的要求很不适应，与富民优先的要求很不适应；内蒙古自治区经济效益中政府财政收入特别是规模以上工业企业利润增长不可谓不快，与此同时，城乡居民收入增长还很缓慢，与初次分配和再分配都要处理好效率和公平的关系、再分配更加注重公平的要求很不适应，与富民优先的要求很不适应等。

速度、结构、质量和效益，是相互联系、相互作用、相辅相成的有机统一体。效益是经济活动的主要目标，而效益以质量为依托，没有质量就难有效益；质量和效益又以结构为基础，结构不合理则质量难以提高、效益难以实现；结构、质量和效益又是以速度为前提，没有一定的速度就无所谓结构、质量和效益。但是，速度不是越快越好，过快的速度可能劣化结构、降低质量、影响效益；速度必须兼顾结构、质量和效益，否则适得其反，影响经济目标的实现；结构合理则速度适当，能够保证质量和效益；质量高则反过来影响速度和结构，促使速度适当、结构合理，从而保证效益；较好的效益是保持适当速度、合理结构和较高质量的动力。从一定意义上讲，经济社会科学发展，就是速度、结构、质量和效益的有机统一；四者有机统一，才能达到富民的目的。

发展足与不足用什么来衡量呢？与衡量任何一件事情的成功与否要看是不是达到了目的一样，衡量发展足与不足也要看是不是达到了富民目的。综上所述，内蒙古自治区经济发展的速度、结构、质量、效益以及城乡结构、区域结构中都存在着与富民优先的要求很不适应的结构性矛盾和问题，内蒙古自治区的发展还没有达到富民目的。解决这些矛盾和问题、实现富民目的，就必须坚持富民优先战略，加快转变经济发展方式，实现转型发展。结论是：内蒙古自治区仍然发展不足，发展不足是主要矛盾，内蒙古自治区发展不足在于富民不足，发展不足的核心是富民不足。

既然经济发展的速度、结构、质量、效益以及城乡结构、区域结构中存在的结构性矛盾和问题影响着富民目的的实现，那么，如何通过协调速度、调整结构、提升质量和提高效益即加快转变经济发展方式来达到富民目的呢？这是接下来要在《富民与强区如何并重》《富民从何入手》等篇目中深入分析的问题。

实现新跨越的行动纲领①

内蒙古自治区第九次党代会是在内蒙古自治区发展的关键时期召开的一次非常重要的会议。胡春华同志在大会上的报告体现了时代发展的新要求，顺应了各族人民的新期待，是内蒙古自治区在新时期实现发展新跨越的行动纲领。

一、全面领会统领全篇的鲜明主题

报告的一个重要特点是坚持科学发展、推进富民强区的主题特别鲜明突出。

① 本文节选自2011年11月29日在乌海市宣讲内蒙古自治区第九次党代会精神讲座讲稿。

科学发展，是以人为本、富民优先的发展，是速度、结构、质量、效益有机统一的发展，是经济社会、城乡区域、人与自然协调可持续的发展，是经济、政治、文化、社会、生态和党的建设全面加强的发展，是为了富民、依靠人民、成果共享的发展。富民强区，就是富民与强区并重、富民优先，是正确处理富民与强区的关系、为富民而强区，是把富民摆在优先位置、坚持科学发展实现富民强区。科学发展，是统领和指导，也是富民强区的必由之路，只有坚持科学发展才能富民强区；富民强区，是发展的目标，也是发展的结果，只有富民强区才能检验是不是坚持了科学发展。

报告提出坚持科学发展第一要务不动摇，坚持富民与强区并重、富民优先，加快构建多元发展的现代产业体系、多极支撑的城镇体系和健全完善的基本公共服务体系，筑牢我国北方重要生态安全屏障和祖国北疆安全稳定屏障的战略思路。这“两个坚持”“三个体系”“两个屏障”集中体现了今后五年内蒙古自治区工作的总体要求。

报告提出内蒙古自治区地区生产总值年均增长12%以上、城镇居民人均可支配收入和农牧民人均纯收入年均增长12%，城乡居民收入和基本公共服务达到全国平均水平，发展保障能力和可持续发展能力显著增强。这“两个同步”“两个达到”“两个增强”是“十二五”时期的主要奋斗目标。

报告提出坚持推动经济平稳较快发展、坚持调整优化经济结构、坚持保障和改善民生、坚持走生态文明发展之路、坚持促进社会和谐稳定、坚持加强和改进党的建设。这“六个坚持”是今后五年内蒙古自治区构建“三个体系”，构筑“两个屏障”及做好各项工作必须遵循的指导原则。

报告提出今后五年内蒙古自治区全面提高经济综合发展水平、切实保障和改善民生、努力实现生态保护与发展双赢、扎实推进和谐内蒙古建设、不断加强和改进党的建设。这五项任务是贯彻“两个坚持”方针，落实构建“三个体系”，构筑“两个屏障”思路，实现“两个同步”“两个达到”“两个增强”目标的具体措施。

学习领会和贯彻落实报告，要全面领会统领报告全篇的主题，深刻理解“两个坚持、三个体系、两个屏障”总体要求、“两个同步、两个达到、两个增强”的主要目标、“六个坚持”的指导原则和开创内蒙古自治区科学发展新局面的五项任务。这个总体要求、主要目标、指导原则和五项任务是把科学发展观与内蒙古自治区发展实际紧密结合、深入分析区情、理性思考未来发展的结果。

报告准确把握内蒙古自治区所处的历史方位和发展的阶段性特征，明确指出，内蒙古自治区的跨越式发展是从进入21世纪开始的，这一时期是内蒙古发展进程中综合实力提升最快、城乡面貌变化最大、社会建设成就最好、人民群众得到实惠最多的时期之一。同时，也要清醒认识到，尽管内蒙古自治区的经济实力有了较大提升，但欠发达的基本区情没有根本改变，发展不足仍是主要矛盾。内蒙古自治区近年来的快速发展，是低起点上的高增长，与先进地区相比还有很大差距，突出表现在发展水平不高上。这些问题正是在今后坚持科学发展、推进富民强区中努力解决的问题。报告提出的总体要求、主要目标、基本原则和五项任务，全面体现了科学发展、富民强区的主题，集中回答了如何认识区情、为谁发展和怎样发展的问题。

二、牢牢把握贯穿始终的一条红线

报告在总体要求中明确提出"坚持富民与强区并重、富民优先"。所谓并重，就是同等重视，对富民与强区要同等重视，就是从偏重强调 GDP、片面追求 GDP 增速第一转变到同等重视强区与富民，实现经济增速与城乡居民收入增速同步。所谓优先，就是把握事物先后次序，正确处理相关事物之间的关系。富民与强区并重、富民优先，其核心是正确处理富民与强区的关系。富民是我们的根本目的，是我们一切工作的出发点和落脚点；强区是实现这个目的的手段，是为富民夯实物质文化基础。富民优先是一个重大原则，是贯穿报告始终的一条红线。在新的时代条件下，富民具有丰富的内涵，其丰富的内涵决定了我们必须正确处理富民优先与经济建设、政治建设、文化建设、社会建设、党的建设以及生态建设的关系。从富民与经济社会发展的关系讲，坚持富民优先，就要在富民强区中始终坚持就业优先、增收优先、服务优先、生态优先。

始终坚持就业优先。报告要求"就业是民生之本，要始终放在经济社会发展优先位置来抓"。就业优先是富民优先的内在要求，推动经济社会发展应坚持就业优先，在发展现代农牧业和先进制造业的同时，大力发展服务业，创造更多的就业岗位。在引进大项目、培育大集团、发展大企业的同时，大力发展中小企业、微型企业和劳动密集型企业，吸纳更多劳动者就业；大力发展个体私营等非公有制经济，充分发挥非公有制经济吸纳就业的主渠道作用；大力发展城镇经济，强化产业支撑，吸纳更多农村牧区人口转移就业；为城乡劳动者提供平等就业机会，搞好公共就业服务，为劳动者免费提供职业技能、创业能力教育培训和多种形式的就业创业支持援助，以创业带动就业，逐步实现充分就业。

始终坚持增收优先。增加收入是富民的物质前提，坚持增收优先，要加大收入分配调节力度。报告提出"要大力提高城乡居民收入水平，合理调整收入分配关系，努力提高居民收入在国民收入中的比重，提高劳动报酬在初次分配中的比重，把改善民生落到真金白银上"。坚持增收优先，要加快增加城乡居民的经营性收入，转变农牧业发展方式，推动农牧民组织化，促进规模化经营，提高农牧业劳动生产率，持续增加农牧民家庭经营纯收入；实行支持全民创业的政策，营造鼓励人人创业的环境，使创业者想创业、能创业、成功创业，持续增加城乡居民的经营性收入。要加快增加工资性收入，建立企业职工工资正常增长机制，完善机关事业单位收入分配制度。要加快增加转移性收入，建立贫困标准、城乡最低生活保障标准和特殊群体供养标准的动态调整提高机制，不断提高城镇基本医疗保险和新型农村牧区合作医疗保险报销比例，使这些保障标准和报销比例高于全国平均水平。要加快增加财产性收入，认真落实国务院《关于促进内蒙古经济社会又好又快发展的若干意见》提出的"鼓励农牧区集体和个人以土地、草场使用权入股等方式参与当地资源开发建设，增加农牧民财产性收入"的要求，"完善资源开发、征地拆迁补偿办法，创造条件让更多群众拥有财产性收入"，探索建立无矿产资源区农牧民收入增长基金，完善资源开发企业与农牧民利益共享机制，使发展成果更多地惠及老百姓。

始终坚持服务优先。服务优先是指基本公共服务优先，健全完善基本公共服务体系，推进基本公共服务均等化。富民，既要满足人民群众的生存型需求，也要满足人民群众的发展型需求。在大多数群众的生存型需求基本满足的今天，坚持富民优先，应着眼于满足包括城乡贫困人口和弱势群体在内的广大人民群众全面快速增长的发展型需求，着力推进教育、文化、卫生、就业服务、社会保障、住房保障等基本公共服务均等化。

推进教育均等化，要坚持教育优先发展、优先重点发展民族教育，教育资源重点向农村牧区、边远贫困地区、少数民族地区倾斜，健全财政资助制度，扶持家庭经济困难学生完成学业，全面普及高中阶段免费教育，解决好人民群众极为关注的上学难、上好学问题。推进公共文化均等化，要加强旗（县）文化馆和图书馆、苏木乡镇综合文化站、嘎查村文化室建设，深入实施文化信息资源共享、农村牧区电影放映等文化惠民工程，完善覆盖城乡的公共文化服务网络，让人民群众广泛享有免费或优惠的基本公共文化服务，保障人民群众看电视、听广播、读书看报、参与公共文化活动等基本文化权益。推进公共卫生和基本医疗服务均等化，要把公立医院的公益性回归作为深化改革的核心目标，重点加强农村牧区三级医疗卫生服务网络和社区医疗卫生服务体系建设，加快培养全科医生，提高重大疾病预防控制能力和医疗救治能力。推进公共就业服务均等化，要加强城乡公共就业创业服务体系建设，提供免费教育培训，提高劳动者素质能力、提升职业技能，提供各类就业援助，统筹解决好高校毕业生、城镇就业困难人员、新生劳动力和农村牧区富余劳动力就业问题，建立健全促进就业和支持创业的长效机制。推进基本社会保障均等化，要把人人享有基本生活保障作为优先目标，实现社会保险城乡统一，从条件具备的地区起步，让农牧民享受与城镇居民相同的养老医疗保险待遇；完善社会救助制度，实行城乡统一的最低生活保障制度。推进基本住房保障均等化，要结合城镇化和新农村新牧区建设，构建多层次住房保障体系，重点解决城乡低收入家庭住房困难问题。

三、加快构建富民强区的产业体系

加快构建多元发展的现代产业体系，全面提高经济综合发展水平，是报告提出的首要任务，是坚持科学发展、推进富民强区的内在要求，是夯实富民优先物质基础的迫切需要。经过60多年特别是改革开放以来的不断努力，内蒙古自治区产业得到长足发展，产业总量迅速扩大，产业门类趋向多元，产业技术逐步提升，为构建多元发展的现代产业体系奠定了较好的基础。同时，应该看到，内蒙古自治区产业在很大程度上仍然是传统产业，影响产业转型升级的深层次矛盾和问题比较突出，构建多元发展的现代产业体系的制约因素也比较多，呈现出一些阶段性特征。

（1）内蒙古自治区产业发展的阶段性特征。农牧业产业化经营稳步推进，农畜产品产量增加，加工转化的比重提高；同时，农牧业生产的规模化、标准化、社会化、集约化远没有破题，靠天吃饭、粗放经营的局面远没有扭转，农牧业劳动生产率难以提高，农牧民收入与全国平均水平的差距不断拉大。工业保持快速增长，矿产资源开发量居全国前列，工业企业特别是规模以上工业企业利润超常扩张；同时，工业增长的资源环境代价过大，工业能耗和污染物排放过高，工业反哺农牧业的作用过小，工业带动就业的能力过低。服务业保持稳定增长，新兴服务业和现代服务业发展开始起步，在吸纳就业方面发挥了可喜的作用；同时，服务业的比重逐年下降，现代服务业比重仍然很低，促进第一、第二产业发展和满足城乡居民需求方面的作用远没有发挥。

（2）发展富民优先的现代农牧业。内蒙古自治区发展现代农牧业的制约因素是投入不足，基础设施难加强，抗风险能力难提高；经营分散，市场难对接，科技难推广，结构难调整，服务难以社会化；利益联结不紧密，产业化难发展，农牧民增收慢；机制不新，资产难变财产，共同富裕难实现；教育培训乏力，素质能力难提高，新型农牧民难培养。破解上述制约因素的对策是大力扶持发展农牧民专业合作组织特别是股份制合作组织，是发展现代农牧业的切入点。

（3）构建富民优先的新型工业体系。报告提出“以构建多元发展现代产业体系为目标，大力提升资源型产业层次、提高非资源型产业比重，推进信息化与工业化深度融合，进一步增强内蒙古自治区工业经济实力”的要求，是结合内蒙古自治区实际推进新型工业化的要求。提升资源型产业层次，就要实行资源环境成本内部化的政策，大力推广绿色低碳发展技术，大力推广资源综合利用技术和模式，加快转变资源型产业发展方式。提高非资源型产业比重，就要积极承接发达地区现代制造业转移，大力发展适合内蒙古自治区条件的先进制造业，大力发展与提升资源型产业层次相配套的装备制造业。推进信息化与工业化深度融合，就要大力推动企业内部专业化、服务外包化，提高产前、产中、产后各个环节的信息化程度。增强工业经济实力，就要着眼于继续保持高于全国平均水平的增长速度，大力实施“双百亿工程”，立足于扩大就业、增加收入，大力实施“千户中小企业成长工程”，大力培育发展新能源、新材料、生物医药、信息技术、节能环保等战略性新兴产业，打造一批新的支柱产业。

（4）加快发展富民优先的服务业。报告提出“把发展服务业作为产业结构优化升级的重点，大力推进生产性服务业和生活性服务业发展，培育新的支柱产业，推动服务业发展提速、比重提高、竞争力提升和结构优化”。服务业的比重和水平是衡量经济社会发达程度、区域综合竞争力和现代化水平的重要标志。生产性服务业的实质是服务生产的外部化，把企业内部的生产服务部门从企业分离和独立出去，目的在于降低生产费用，提高生产效率，提高企业经营的专业化水平。加快发展生产性服务业，应深化专业化分工，加快服务产品和服务模式创新，制定扶持政策，鼓励制造业企业分离发展现代服务业，将企业的研发、设计、采购、供应、物流、销售和售后服务部门分离出来，使其内部服务资源走上专业化、社会化和市场化发展道路。生活性服务业涉及每一个家庭和每一个人，是人们日常生活所不能缺少的行业，是城乡居民消费升级的重要载体，是解决就业的重要渠道，也是提高城乡居民收入的重要行业。生活性服务业所提供的产品是服务产品，服务产品一般具有无形的特点，不能计量，服务的环节有时主要靠服务主体来确定，服务质量的高低取决于从业人员的素质，又与服务标准、服务诚信相关。加快发展生活性服务业，应深入研究在新的发展阶段城乡居民生活领域的服务需求，针对服务需求发展相应的服务行业。

（5）加快提高科技创新能力。报告提出“更加注重发挥科技在转变经济发展方式中的支撑作用，推动内蒙古自治区经济社会发展步入创新驱动、内生增长轨道”。经济社会发展步入创新驱动、内生增长轨道，是经济发展方式转变、经济转型升级的重要标志。内蒙古自治区经济高增长主要靠投资拉动、资源支撑，而不是创新驱动、科技支撑。科技创新一直是内蒙古自治区最突出的薄弱环节。从一定意义上讲，科技创新是解决经济社会发展对科学技术的需求问题。加快提高科技创新能力，一是把握经济社会发展对科技进步的需求，找准经济社会发展急需和制约长远发展的科技难题；二是有效整合科技资源，精心组织科技力量，紧扣科技需求、科技难题，特别是瞄准主导产业、支柱产业重点领域的关键共性技术、核心技术进行攻关，实施突破，不断提高产业技术水平；三是深化科技体制改革，加强科技人才队伍建设，完善培养、引进和使用科技人才的政策，建立调动科技人才积极性、突出成果和成果产业化的机制，为科技创新提供人才保证；四是加大科技研发投入，加强科技基础设施、创新平台和创新载体建设，建设大型数据中心、重点工程实验室、工程技术研究中心和企业技术中心，为科技创新营造良好环境条件；五是强化企业在科技创新中的主体地位，通过资源环境成本内部化增强企业创新动力，加快建立以企业为主体、市场为导向、产学研相结合的技术创新体系，引导和支持创新要素向企业集聚，提高企业自主创新能力。

四、努力构筑事关全局的两个屏障

两个屏障就是筑牢我国北方重要生态安全屏障和祖国北疆安全稳定屏障。构筑我国北方重要生态安全屏障，其实质是保护、恢复和建设好内蒙古大草原。草原不仅是生态的主体，而且是牧民的生产资料、内蒙古文化的载体，具有调节气候、涵养水源、防风固沙、保持水土、净化空气以及维护生物多样性等多种功能。保护、恢复和建设好草原，要坚持生态生产生活统筹、生态优先。报告指出"广种薄收、超载过牧是内蒙古生态退化的重要原因"。保护、恢复和建设草原生态，必须深化牧区产权制度改革，按照权属明确、管理规范、承包到户的要求，积极稳妥地推进草原确权和承包工作，保持草原承包关系稳定并长久不变；必须坚持减人减畜，引导和扶持牧区富余劳动力转产转业、进城就业；必须因地制宜实施禁牧、休牧、轮牧，实行草畜平衡，全面落实草原生态保护补助奖励政策；必须坚持禁牧不禁养、减畜不减收、减畜不减肉，加快转变畜牧业发展方式，用牧民组织化推动畜牧业生产的规模化、社会化、标准化，促进草原休养生息。保护、恢复和建设草原生态，必须高度重视和解决好工业化与草原生态保护、资源环境约束之间的矛盾，坚持生态优先，维护牧民利益，加强资源开发的科学规划和依法保护，坚决摒弃无节制、粗放型的开发方式。保护、恢复和建设草原生态，必须高度重视和解决好城镇化与生态保护之间的矛盾，构建有利于生态保护的多极支撑的生态型城镇体系。

筑牢祖国北疆安全稳定屏障，其实质是建设各族人民各尽所能、各得其所而又和谐相处的内蒙古自治区，这是国家稳定、民族振兴、人民幸福的重要保证。筑牢祖国北疆安全稳定屏障，必须切实加强社会主义民主法制建设，推动各级国家机关严格按照法定权限和程序办事，保障各族人民享有更多更切实的民主权利，最大限度地团结和调动一切积极力量投身内蒙古自治区建设；必须深入推进

民族团结进步事业，发展社会主义新型民族关系，推动各民族和睦相处、和衷共济、和谐发展，促进各民族共同团结奋斗、共同繁荣发展；必须进一步加强和创新社会管理，把做好新形势下群众工作与加强和创新社会管理紧密结合起来，着力解决群众最关心最直接最现实的利益问题，切实维护群众合法权益，紧紧依靠群众做好社会管理工作。

报告指出，建设现代化内蒙古自治区，走进我国发展前列，今天，这一美好的前景已不再遥远，将通过我们的接力奋斗去实现。把内蒙古自治区建设得更加繁荣富裕、和谐美好，关键在党，关键在各级党委书记善于管党治党，关键在善于把党的建设与科学发展、富民强区融为一体，通过发挥党的领导核心作用和党员的先锋模范作用，团结带领内蒙古自治区各族人民，实现第九次党代会提出的奋斗目标。

党的十七大以来内蒙古自治区的社会建设[①]

党的十七大以来，内蒙古自治区坚持科学发展，推动经济加快发展的同时，更加注重加强社会建设，在推进教育、就业、增收、社保、医保、住房和社会管理等基本公共服务均等化方面取得了显著成效。认真总结加强社会建设的成就和问题，厘清新形势下推进基本公共服务均等化的思路，对于实施好富民与强区并重、富民优先战略，促进经济社会又好又快发展，具有重要意义。

一、党中央对社会建设的重大部署

2002 年 11 月，党的十六大第一次把“社会更加和谐”作为建设全面小康的重要目标之一。2004 年 9 月，党的十六届四中全会关于加强党的执政能力建设的决定把构建社会主义和谐社会作为党执政的重要目标提出来，强调要把和谐社会建设摆在重要位置，表明中国特色社会主义事业的总体布局由社会主义经济建设、政治建设、文化建设“三位一体”发展为“四位一体”。2005 年 2 月，胡锦涛同志在省部级主要领导干部提高构建社会主义和谐社会能力专题研讨班上提出，我们所要建设的社会主义和谐社会是民主法治、公平正义、诚信友爱、充满活力、安定有序、人与自然和谐相处的社会。2006 年 10 月，党的

① 本文节选自 2012 年第 6 期《北方经济》发表的文章。

十六届六中全会通过了第一个关于构建社会主义和谐社会若干重大问题的决定，全面部署了以解决人民群众最关心、最直接、最现实的利益问题为重点，着力发展社会事业、促进社会公平正义、建设和谐文化、完善社会管理、增强社会创造活力，走共同富裕道路，推动社会建设与经济建设、政治建设、文化建设协调发展的各项任务。2007 年 10 月，党的十七大报告第一次提出加快推进以改善民生为重点的社会建设，包括发展教育、扩大就业、增加城乡居民收入、社会保障体系、医疗卫生制度、完善社会管理等任务。2010 年 10 月，党的十七届五中全会关于《国民经济和社会发展第十二个五年规划的建议》提出了加强社会建设，建立健全基本公共服务体系的任务。2011 年2 月，胡锦涛同志在省部级主要领导干部社会管理及其创新专题研讨班上强调，社会管理，说到底是对人的管理和服务，涉及广大人民群众切身利益，必须始终坚持以人为本、执政为民，切实贯彻党的全心全意为人民服务的根本宗旨，不断实现好、维护好、发展好最广大人民的根本利益。2011 年 7 月，党中央、国务院印发了《关于加强和创新社会管理的意见》。

党中央对社会建设的重大部署说明，社会建设与人民幸福安康息息相关，社会建设的重点是改善民生。我们要坚持富民优先，立足于满足人民群众日益增长的精神文化需求，加强社会建设，加快建立健全覆盖城乡居民的基本公共服务体系，不断推进基本公共服务均等化。

二、办好人民满意的教育

党的十七大以来，内蒙古自治区按照办好人民满意的教育的要求，坚持优先发展教育，促进教育公平，提高教育质量，特别是制定实施内蒙古自治区教育改革发展“中长规划”，在解决人民群众极为关注的“上学难”“上好学”等问题上做了卓有成效的工作，并取得了显著成绩。

一是实施“两免”政策。2011 年，内蒙古自治区把实施高中阶段免费教育列入“十二件实事”，惠及中职、蒙授高中和家庭经济困难学生 54. 2 万人。2012 年全面实施“两免”政策，82 万高中阶段学生将从中受益。二是推进校安工程。前三年中小学校舍安全工程建设任务基本结束，部署启动了今后四年八个盟（市）的校安工程。三是推进教育改革。教育“中长规划”确定的九项重大改革中，扩大学前教育资源、高校实行学分制等四项改革已取得积极进展，县域义务教育校长交流等五项改革从 2012 年起推开。

目前，内蒙古自治区教育发展中存在的突出问题仍然是优质教育资源分配不合理、公共教育资源配置不均等，而最根本的矛盾在于内蒙古自治区优质教育资

源严重短缺，满足不了老百姓“好上学”“上好学”的需求。

提高教育质量的根本是提升教育资源的质量，促进教育公平的实质是实现优质教育资源均等化。所以，办好人民满意的教育，第一件大事是提高教育资源质量，重点是坚持师德为先、能力为重，加快培养大批能跟上不断发展的新时代、满足人民群众新期待的优质师资队伍，以适应坚持德育为先、能力为重，促进学生德智体美全面发展的需求。同时，提高校舍、设备等其他教育资源质量。第二件大事是合理配置公共教育资源，重点是向农村牧区、边远贫困、民族地区倾斜，加快缩小教育差距，加大财政资助力度，扶助家庭经济困难学生完成学业，保障进城务工人员子女平等接受义务教育。第三件大事是推动教育事业科学发展，重点是坚持育人为本，发展素质教育，深化教育教学改革，优先重点发展民族教育，积极发展学前教育，巩固提高义务教育质量和水平，加快普及高中阶段教育，大力发展职业教育，全面提高高等教育质量，加快发展继续教育，支持特殊教育发展。

三、把就业放在优先位置

党的十七大以来，内蒙古自治区坚持实施积极的就业政策，加强对城乡劳动者的公共就业服务，开展职业教育培训，支持自主创业、自谋职业，在扩大就业规模、改善就业结构方面取得了明显成效。

与2007年相比，2010年内蒙古自治区就业人员总数由1081.5万人增加到1184.7万人，增加了103.2万人。从三次产业就业结构看，第一产业就业人员由569.3万人增加到571.0万人，增加了1.7万人，但占就业人员总数的比例从52.6%下降到48.2%，下降4.4个百分点；第二产业就业人员由183.6万人增加到206.2万人，增加22.6万人，占就业人员总数的比例由17.0%提高到17.4%，仅提高0.4个百分点；第三产业就业人员由328.6万人增加到407.5万人，增加78.9万人，占就业人员总数的比例由30.4%提高到34.4%，提高4个百分点。

就业结构变化说明，内蒙古自治区第一产业就业比重有所下降，但就业人员总量不但没有大幅下降，反而略有增长，其原因不外乎两个方面：一方面，农村牧区劳动力尚不具备大量向第二、第三产业转移就业的素质和技能；另一方面，第二、第三产业没有吸纳更多农村牧区劳动力就业的容量。

就业是民生之本。党的十七届五中全会明确提出，把促进就业放在经济社会发展优先位置。内蒙古自治区实施富民优先战略，就必须坚持就业优先。破解内蒙古自治区就业工作中的结构性矛盾，促进充分就业，需要提高劳动者就业能力、提供劳动者就业机会、完善公共就业服务三管齐下。提高就业能力，就要建立健全面向全体劳动者的职业教育培训制度，开展广泛持久管用的培训，转变择业观念，提升职业技能，使无业者有业、有业者乐业。提供就业岗位，就要围绕富民优先、立足就业优先，调整优化产业结构、企业结构，大力发展个体私营经济、劳动密集型产业、服务业和中小微型企业，多渠道开发就业岗位。完善就业服务，就要建立健全城乡劳动者平等就业制度、对所有困难群众的就业援助制度和鼓励自主创业、以创业带动就业制度，以高校毕业生、农村牧区转移劳动力、城镇就业困难人员为重点，提供优质高效的就业服务。

四、把增收作为头等大事

党的十七大以来，内蒙古自治区认真落实党的十七大提出的“着力提高低收入者收入，逐步提高扶贫标准和最低工资标准，建立企业职工工资正常增长机制和支付保障机制”的要求，在增加城乡居民收入、提高人民群众生活水平方面取得了显著成效。

2010年2月，内蒙古自治区党政联席会议专题研究民生问题，提出改善民生问题首先要从加强社会保障、提高中低收入群众收入水平抓起，决定全面提高企业退休人员养老金标准等六项指标达到甚至略高于全国平均水平。到2010年底，内蒙古自治区企业退休人员养老金、城乡低保、五保和孤儿供养、城乡基本医疗报销比例等标准，都实现了达到甚至略高于全国平均水平的目标。

此后，内蒙古自治区党政联席会议多次研究出台了保障和改善民生的政策措施。2010年7月，内蒙古自治区党政联席会议决定将我区四个类型地区的最低工资标准将比2007年的标准提高32%～36%。2010年11月，内蒙古自治区党政联席会议决定再次提高农村牧区五保集中供养、社区老年人、高龄老人、城乡居民基础养老金等困难群众的救助标准。2011年12月，内蒙古自治区党政联席会议决定将我区新的扶贫标准调整为农民年人均纯收入2600元以下、牧民年人均纯收入3100元以下，比原有标准高1040元和1300元，决定把扶贫开发作为头号民生工程，举全区之力打好使266.6万贫困人口脱贫的新一轮扶贫攻坚战。

这些重大民生决策有效促进了城乡居民收入增加。与2007年相比，2010年内蒙古自治区城镇居民人均可支配收入由12378元增加到17698元，农村牧区人均纯收入由3953元增加到5530元。但与全国平均水平相比，差距没有缩小反而拉大了。城镇居民收入差距由1408元扩大到1411元，农村牧区居民收入差距由187元扩大到389元。

从收入分配结构看，与2007年相比，2010年内蒙古自治区财政总收入由1018.35亿元增加到1738.14亿元，增长70.68%；规模以上工业企业利润由

641.99 亿元增加到 1688.44 亿元，增长 163.00%；而城镇居民人均可支配收入仅增长 42.98%，农村牧区居民人均纯收入仅增长 39.89%。规模以上工业企业利润增幅是城乡居民收入增幅的 4 倍。

《国务院关于进一步促进内蒙古经济社会又好又快发展的若干意见》明确要求内蒙古自治区城乡居民收入 2015 年达到全国平均水平，2020 年超过全国平均水平。这是一项历史性的艰巨而紧迫的任务。如期实现这个目标是头等大事。

加快提高城乡居民收入，要从四个来源入手，充分挖掘潜力，努力创造条件，促进全面提高，实现共同富裕。提高薪水收入，要建立机关事业单位工资与经济发展同步增长制度和企业职工劳动报酬与劳动生产率同步提高机制，提高劳动报酬在初次分配中的比重。提高个体经营者净收入，要创造劳动者通过自谋职业、自主创业增收致富的环境条件。提高财产性收入，要千方百计落实党的十七大提出的“创造条件让更多群众拥有财产性收入”的要求。提高转移性收入，要加快完善社会保障体系，实现各项社会保障制度全覆盖，不断提高社会保障标准。提高农村牧区居民家庭经营纯收入，要深化农村牧区产权制度改革，通过承包经营权流转市场化、农牧民组织化，促进规模化生产、集约化经营，提升农牧业劳动生产率。提高工资性收入，要在推动农牧民组织化的同时，促进农牧业生产服务社会化，引导和扶持农牧民转产转移就业。提高财产性收入，千方百计落实《国务院关于进一步促进内蒙古经济社会又好又快发展的若干意见》提出的“鼓励农牧区集体和个人以土地、草场使用权入股等方式参与当地资源开发建设，增加农牧民财产性收入”和 2012 年《政府工作报告》提出的“建立公共资源出让收益的全民共享机制”的要求。提高转移性收入，要按照城乡发展一体化的要求，加快城乡社会保障制度和社会救助制度并轨步伐，切实提高低收入者收入，持续扩大中等收入群体，基本消除贫困现象。

五、要保障人民基本生活

社会保障是基本而重大的民生问题，是社会安定的重要保证。基本建立覆盖城乡居民的社会保障体系，人人享有基本生活保障，是党的十七大提出的重要目标。

完善的社保制度是经济社会健康发展的必要条件，是各族人民共享改革发展成果的基本途径。切实保障各族人民的基本生活，就要把人人享有基本生活保障作为优先目标，坚持广覆盖、保基本、多层次、可持续方针，加快推进覆盖城乡居民的社会保障体系建设。要按照扩大覆盖范围、提高保障水平、提升统筹层次、实现制度统一的要求，建立城乡一体化社会保障制度。一是实现社会保险城乡统一，从条件具备的地区起步，让农牧民享受与城镇居民相同的养老医疗保险待遇。2011 年，内蒙古自治区决定将城镇居民社会养老保险与新型农村牧区社会养老保险合并实施。二是提高社会保障水平，提高城镇居民和农牧民养老金待遇；实行城乡统一的基本医疗制度，提高城镇居民、农牧民的基本医疗保险待遇水平。三是完善农牧民转移进城配套政策，完善被征地农牧民养老保险政策和生态移民养老保险政策；做好养老医疗保险关系转移接续工作。四是提高社会保障统筹层次。坚持筹资标准、待遇标准与经济发展及各方面承受能力相适应，个人和政府合理分担责任，权利与义务相对应；政府主导和居民自愿相结合，引导城乡居民普遍参保；实行属地管理，以旗县市区为单位统筹，逐步提高统筹层次。五是完善社会救助制度，实行城乡统一的最低生活保障制度，尤其要高度重视困难群众的生活，加强对困难群众的救助，实行动态管理，应保尽保，稳步提高城乡居民最低生活保障水平。

六、要提高全民健康水平

健康是人全面发展的基础，关系千家万户幸福。党的十七大以来，内蒙古自治区在建立覆盖城乡的基本医疗卫生制度，特别是加强农村牧区三级医疗卫生服务网络和城市社区医疗卫生服务体系建设方面取得了显著成效。2011 年，内蒙古自治区新农合参合人数达到 1240.2 万人，参合率达到 94.8%，职工医保和城镇居民医保参保率达到 90.7%，新农合和城镇居民医保政府补助标准提高到 200 元；基层卫生服务体系日趋完善，公共卫生服务均等化明显提升，人均基本公共卫生服务经费提高到 25.4 元；公立医院改革试点稳步推进，内蒙古自治区有 20 所公立医院开展改革试点，有 1783 个政府办基层医疗卫生机构配备和使用基本药物。

同时，内蒙古自治区医药卫生事业发展水平与各族人民群众的健康需求和经济社会协调发展的要求相比还有较大差距，城乡、区域之间医疗卫生事业发展不平衡，医疗卫生资源配置不合理，公共卫生和农村牧区卫生工作比较薄弱，医疗保障制度不健全，普通百姓反映强烈的看病难、看病贵问题没有得到根本缓解。

提高各族人民群众的健康水平，就要以人人享有基本医疗卫生服务为目标，努力使广大群众少生病、看得起病、看好病。因此，要坚持公共医疗卫生的公益性质，坚持预防为主、以农村牧区为重点，强化政府责任和财政投入，建设覆盖城乡居民的公共卫生服务体系、医疗服务体系、医疗保障体系、药品供应保障体系，形成“四位一体”的基本医疗卫生制度，为各族人民群众提供安全、有效、方便、价廉的医疗卫生服务。要按照保基本、强基层、建机制的要求，优先满足

群众基本医疗卫生需求，健全覆盖城乡居民的基本医疗保障体系，逐步提高保障标准。要重点加强以旗县医院为龙头、苏木乡镇卫生院和嘎查村卫生室为基础的农村牧区三级医疗卫生服务体系和以社区卫生服务中心为主体的城市社区卫生服务体系建设，新增医疗卫生资源重点向农村牧区和城市社区倾斜，加快全科医生培养。要积极稳妥推进公立医院改革，实行政事分开、管办分开、医药分开、营利性和非营利性分开，建设结构合理、覆盖城乡的医疗服务体系，满足群众多样化的医疗卫生需求。探索城市医院和基层医疗机构协作格局，方便群众就近看病。

七、抓好保障性住房建设

住房是群众安身立命之所。保障群众基本住房需求是各级政府的重要职责，通过建设保障房，帮助困难群众以低成本改善住房条件，实现住有所居，是群众的热切期盼。帮助困难群众改善住房条件，也是收入再分配的一种有效形式，有利于缩小收入差距，促进社会和谐稳定。同时，保障房建设是宏观调控的重大举措，有利于扩大内需，支撑城镇化发展，促进经济平稳较快发展和物价基本稳定。

在全国各省（区、市）中，内蒙古自治区住房条件比较差。2009 年，农村牧区居民人均住房面积 22.24 平方米，比全国平均水平 33.58 平方米低 11.34 平方米，居全国第 29 位，仅高于青海和甘肃；住房价值每平方米 231.32 元，比全国平均水平 359.35 元低 128.03 元，居全国第 26 位；住房结构中钢筋混凝土结构人均只有 0.5 平方米，比全国平均水平 14.51 平方米低 14.01 平方米，居全国第 30 位，仅高于西藏。

2010 年，内蒙古自治区政府决定将设区城市、旗县市区人均住房建筑面积不足 15 平方米的低保家庭纳入保障范围，实现应保尽保；将低保以外人均住房建筑面积不足 13 平方米的低收入住房困难家庭，主要是把收入水平不足当地低保标准 2 倍以内的家庭逐步纳入保障范围。重点是把城市和其他棚户区改造项目范围内符合条件的低收入家庭纳入保障范围。2011 年，内蒙古自治区新开工建设保障性住房 46.5 万套，2012 年开工建设 27.77 万套，在建任务将达到 58.77 万套。

抓好保障性住房建设，要结合推进城镇化和新农村新牧区建设，认识住房的商品属性和民生属性，发挥其经济功能和社会功能，构建多层次住房保障体系，重点解决好城乡低收入家庭住房困难。在城镇建设中，要结合旧城改造、老旧社区平房改造、城中村改造，加大保障性安居工程建设力度，完善相关制度，加快解决低收入家庭和农民工住房困难，并按原有房屋院落面积分配安置房，为居民通过出租房屋获得财产性收入创造条件。

八、加强和创新社会管理

社会建设的一项重大任务是社会管理。加强和创新社会管理，是中央在新形势下作出的重大部署。加强和创新社会管理，着力点要放在基层，切实解决好为谁管、管什么、谁来管、靠什么管、怎么管好的问题，真正做到管理创新在基层、矛盾化解在基层、造福群众在基层。

为谁管。胡锦涛同志强调，社会管理，说到底是对人的管理和服务，涉及广大人民群众切身利益，必须始终坚持以人为本、执政为民，切实贯彻党的全心全意为人民服务的根本宗旨，不断实现好、维护好、发展好最广大人民根本利益。社会管理，就是为群众谋利益。要切实做到寓管理于服务之中，着力解决好人民群众最关心最直接最现实的利益问题。

管什么。胡锦涛同志强调，我们加强和创新社会管理，根本目的是维护社会秩序、促进社会和谐、保障人民安居乐业，为党和国家事业发展营造良好社会环境。社会管理的基本任务包括协调社会关系、规范社会行为、解决社会问题、化解社会矛盾、促进社会公正、应对社会风险、保持社会稳定等方面。

谁来管。人民群众的积极参与是加强和创新社会管理的可靠保证。要充分调动广大群众的积极性、主动性、创造性，着力构建党委领导、政府负责、社会协同、公众参与的社会管理格局，紧紧依靠人民群众，调动一切积极因素，努力形成社会管理人人参与、和谐社会人人共享的良好局面。

靠什么管。制度管长远、管根本，是社会管理的重要基础。要加强社会管理法律、体制、能力建设，完善法律法规和政策体系，健全基层管理和服务体系，加强和改进基层党组织建设，发挥群众组织和社会组织作用，提高农村牧区嘎查村和城镇社区自治和服务功能，健全新型社区管理和服务体制，形成社会管理和服务合力。

怎么管好。方法决定成效，有什么样的方式方法就会产生什么样的管理效果。要树立统筹兼顾、协商协调的理念，摒弃管、控、压、罚的传统做法，更多地运用民主、说服的方式，尽可能地通过对话、沟通的办法，确保矛盾不积累、不激化、不蔓延、不升级，使基层社会管理真正成为依法、科学和人性化的管理。

全面建成小康旗①

着力壮大县域经济，是内蒙古自治区党委发展新思路的重要内容。在全面建成小康社会决定性阶段壮大县域经济，要用党的十八大提出的全面建成小康社会宏伟目标统领县域发展，紧紧围绕富民这个根本目的，加快转变方式，促进“四化同步”，实现富民强旗。

一、深刻领会全面建成小康社会的新要求

全面建成小康社会，要深刻领会党的十八大关于扎实推进全面小康建设的一系列新要求。这对我们用党的十八大精神指导县域经济发展，至关重要。这些新要求可以用“质量、创新、改革、富民、实干”五个关键词来概括。

提高质量是关键。党的十八大报告突出强调提高各方面工作质量，比如，“把推动发展的立足点转到提高质量和效益上来”“着力提高城镇化质量”“着力提高教育质量”“推动实现更高质量的就业”“扩大干部工作民主，提高民主质量，完善竞争性选拔干部方式”“提高发展党员质量，重视从青年工人、农民、知识分子中发展党员”等。

创新驱动是核心。党的十八大报告多处强调创新问题，比如，“实施创新驱动发展战略”“科技创新是提高社会生产力和综合国力的战略支撑，必须摆在国家发展全局的核心位置”“更多依靠科技进步、劳动者素质提高、管理创新驱动”等。中央经济工作会议强调“我们面临的机遇，不再是简单纳入全球分工体系、扩大出口、加快投资的传统机遇，而是倒逼我们扩大内需、提高创新能力、促进经济发展方式转变的新机遇”“要着力增强创新驱动发展新动力，注重发挥企业家才能，加快科技创新，加强产品创新、品牌创新、产业组织创新、商业模式创新”等。

深化改革是动力。党的十八大报告强调“必须以更大的政治勇气和智慧，不失时机深化重要领域改革”。习近平同志在党的十八届一中全会上讲“只有改革开放才能发展中国、发展社会主义、发展马克思主义”，在广东考察工作时讲“实践发展永无止境，解放思想永无止境，改革开放也永无止境，停顿和倒退没

① 本文节选自2013年3月22日、28日在奈曼旗、扎鲁特旗旗委中心组学习会上的讲座讲稿。

有出路”，在政治局第二次集体学习时讲，“改革开放只有进行时没有完成时。没有改革开放，就没有中国的今天，也就没有中国的明天。改革开放中的矛盾只能用改革开放的办法来解决”。李克强同志在全国综合配套改革试点工作座谈会上强调“改革是中国最大的红利”。

实现富民是目的。党的十八大报告强调“必须坚持走共同富裕道路”“提高人民物质文化生活水平，是改革开放和社会主义现代化建设的根本目的”。习近平同志在党的十八届一中全会上提出“检验我们一切工作的成效，最终都要看人民是否真正得到了实惠，人民生活是否真正得到了改善”，在同中外记者见面时提到“人民对美好生活的向往就是我们的奋斗目标”。

坚持实干是保障。习近平同志在不同场合多次强调实干问题，比如，在参观《复兴之路》展览时强调“空谈误国，实干兴邦”，在党外人士座谈会上提出“增长必须是实实在在和没有水分的增长”，在广东考察工作时讲“全面建成小康社会要靠实干，基本实现现代化要靠实干，实现中华民族伟大复兴要靠实干”。

总之，在全面建成小康社会决定性阶段，推动经济持续健康发展，必须明确富民目的，抓住质量关键，突出创新核心，强化改革动力，提供实干保障。

二、全面建成县域小康的着力点

（一）推动传统工业新型化

工业化是现代化的核心内容，是传统农业社会向现代工业社会转变的过程，也是县域发展不可逾越的阶段。我们要实现的工业化是新型工业化，是推动传统工业新型化，不论是发展资源型产业还是非资源型产业、资本技术密集型产业还是劳动紧密型产业、大中型企业还是小微企业，都要坚持促进农牧业发展、吸纳农牧民就业，都要坚持以信息化带动工业化、以工业化促进信息化，都要坚持园区化、绿色、低碳、循环发展，提高科技含量、提升经济效益、降低资源消耗、减少环境污染、充分发挥人力资源优势。

（二）推动传统农牧业现代化

农牧业现代化是农牧业发展的必由之路。现代农牧业是科技化、机械化、设施化、标准化的农牧业，这些都需要加快发展适度规模经营。应按照党的十八大报告“发展多种形式规模经营，构建集约化、专业化、组织化、社会化相结合的新型农业经营体系”的要求，要立足于富裕农牧民，引导农村牧区土地草场承包经营权有序流转，鼓励和支持承包土地草场向专业大户、家庭农牧场、农牧民合作社流转，发展多种形式的适度规模经营。通过提高农牧民组织化程度，促进农牧民转产转移就业，提升农牧业劳动生产率，加快农牧民增收致富。

（三）推动现代服务业发展

第一、第二产业发展与第三产业发展是相互影响、相互促进的关系。推动现代服务业发展，其着力点是围绕传统农牧业现代化、传统工业新型化、生态环境保护建设以及着力发展非公有制经济，大力发展金融业、保险业、咨询信息服务业和科研技术服务业等生产性服务业；围绕保障和改善民生、加强和创新社会管理，大力发展公用事业、居民服务业、租赁和商务服务业、文化体育和娱乐业、旅游业等生活性服务业。

（四）推动新兴产业规模化

推动新兴产业规模化，与推动传统产业新型化既有区别又有联系，不完全是并列关系。从内蒙古自治区实际出发推动新兴产业规模化，重点是推动风能、太阳能、生物质能、地热能等新能源产业规模化，围绕传统产业新型化推动信息产业、节能环保产业规模化，推动稀土新材料产业、新医药和生物育种以及新能源汽车产业规模化。

（五）推动支柱产业多元化

推动支柱产业多元化，因地而异、因条件而异。支柱产业是一个地区国民经济中发展速度较快、产业比重较高，对整个经济起引导和推动作用的先导性产业，对地区经济结构调整和发展方式转变，具有深刻而广泛的影响。支柱产业多元化是在传统产业新型化中形成，是其题中之义。无论是传统产业新型化、新兴产业规模化，还是支柱产业多元化，都强调提高经济增长的质量和效益是立足点，进一步强化创新驱动是重要前提和不可或缺的动力。能不能实现这新“三化”目标，很大程度上取决于能不能尽快改变内蒙古自治区研发投入过低、创新主体积极性不高、创新能力整体靠后的状况。这是内蒙古自治区发展中的根本性、战略性问题。

（六）推动县域城镇化

着力壮大县域经济，是推动内蒙古自治区经济持续健康发展、提高城镇化质量、促进城乡区域协调发展、改善民生和富民优先的重大举措，对于县域经济发展不平衡、城镇化质量不高的现状而言，具有较强的针对性。着力壮大县域经济，必须着力推动县域城镇化，充分发挥旗县所在地镇的龙头作用。推进城镇化，核心是人的城镇化。县域城镇化应坚持以人为本、一体化发展，突出县域产业支撑不断强化、基础设施建设向农村牧区延伸、基本公共服务向农村牧区覆盖三个重点，带动新农村新牧区建设，引领现代农牧业发展，吸纳农牧民转移就业，促进农牧业转移人口市民化。

（七）更加注重保障和改善民生

更加注重保障和改善民生，这是我们一切工作的根本目的所决定的。人民对美好生活的向往就是我们的奋斗目标。着力壮大县域经济，其出发点和落脚点就是更加注重保障和改善民生，就是富民。调整产业结构应兼顾就业结构调整，壮大县城产业应兼顾农村牧区人口转移，发展非公有制经济应兼顾提升人力资源能力，必须坚持以人为本、富民优先，为富民而调整、为富民而壮大、为富民而发展。首先必须把增加城乡居民收入放在第一位，具体分析收入结构及其原因，针对性地采取有效措施，特别是让低收入群体、贫困人口的收入得到较快增长，使发展成果更多、更公平惠及全体人民。

（八）更加注重加强和创新社会管理

更加注重加强和创新社会管理，其实质是正确处理政府与社会的关系，向社会放权，激发社会活力，发挥社会力量在管理社会事务中的作用。让人民群众依法通过社会组织实行自我管理、自我服务和参与社会事务管理。政府要寓管理于服务之中，加快推进社会体制改革，围绕构建社会管理体系，紧密结合内蒙古自治区实际，加快形成社会管理体制、基本公共服务体系、社会组织体制和社会管理机制。

（九）全面建成县域小康的重点工程

（1）实施全民能力提升工程。人民群众是全面建成县域小康的主体，是着力发展非公有制经济的主体。着力发展非公有制经济的前提是着力提高全民创业能力。要立足于让人民群众平等参与发展进程、共同分享发展成果，结合学习型党组织和学习型社会建设，完善终身教育体系，有针对性地开展全民职业教育和技能培训，持之以恒地实施全民能力提升工程。

（2）实施创新驱动发展战略推进工程。调整产业结构，促进经济转型的关键是增长动力转换，经济能不能转型升级取决于创新驱动的强弱。应坚持科教兴县，把科技创新摆在核心位置，围绕强化创新驱动、构建技术创新体系、实施重大专项、突破技术瓶颈、促进成果转化、完善激励机制等关键环节，实施创新驱动发展战略推进工程。

（3）实施工业园区转型升级工程。着力壮大县域经济的重头是工业转型，工业转型需要依托园区转型。应促进信息化和工业化深度融合，立足于节约能源资源、保护生态环境，推动绿色发展、循环发展、低碳发展，围绕推进新型工业化等五个重点，突出产业集群化集约化、大中小型企业配套、保证“三个平等”，实施工业园区转型升级工程。

（4）实施发展农牧民专业合作组织推进工程。农牧业生产经营组织创新是推进现代农牧业建设的核心和基础。农牧民合作社是带动农牧户进入市场的基本主体，是发展农村牧区集体经济的新型实体，是创新农村牧区社会管理的有效载体。要尊重和保障农牧户生产经营的主体地位，坚持依法自愿有偿原则，引导农村牧区土地草场承包经营权有序流转，实施农牧民专业合作组织推进工程。

（5）实施农牧业转移人口市民化推进工程。有序推进农牧业转移人口市民化，是提高城镇化质量的本质要求。应逐步破除“双二元结构”，立足于实现城镇基本公共服务常住人口全覆盖，围绕增强旗县所在地城镇产业发展、公共服务、吸纳就业、人口聚集功能，加快户籍制度改革，实施农牧业转移人口市民化推进工程。

全面建成县域小康，全民能力提升是核心工程，创新驱动发展是动力工程，园区转型升级是主导工程，农牧民组织化是基础工程，公共服务均等化是关键工程。

附件：

2000 年、2005 年、2010 年全国、内蒙古自治区人均收入

年份	2000	2005	2010
全国 GDP（万亿元）	9. 92	18. 49	40. 15
全国人均 GDP（元）	7858	14185	30015
内蒙古自治区 GDP（万亿元）	0. 14	0. 39	1. 17
内蒙古自治区人均 GDP（元）	6502	16285	47347
全国城镇居民人均可支配收入（元）	6280	10493	19109
内蒙古自治区城镇居民人均可支配收入（元）	5129	9137	17698
全国农村居民人均纯收入（元）	2253	3255	5919
内蒙古自治区农牧民人均纯收入（元）	2038	2989	5530

资料来源：历年《中国统计年鉴》。

2012 年全国、内蒙古自治区、通辽市、奈曼旗相关指标

指标	全国	内蒙古自治区	通辽市	奈曼旗
GDP（亿元）	519322	15988	1700	133.2
人均 GDP（元）	38354	64319	53459	29976
三次产业结构	10:45:45	9:57:34	14:60:26	19:56:25
财政收入（亿元）	117210	2497.3	138.1	6
财政收入占 GDP 比重（%）	22.57	15.61	8.12	4.50
私营企业（万户）	1085	14.37	1.36	0.1341
千人拥有企业（户）	8.01	5.77	4.3	3.01
个体工商户（万户）	4060	94.23	10.20	1.2014
千人拥有个体户（户）	29.98	37.85	36.9	26.98
城镇居民人均可支配收入（元）	24565	23150	19196	15571
农牧民人均纯收入（元）	7917	7611	8731	6999
城镇化率（%）	52.6	57.7	43.5	37.7

论内蒙古自治区发展定位和路径[①]

一、发展思路的内涵及特点

内蒙古自治区党委提出：把内蒙古建成保障首都、服务华北、面向全国的清洁能源输出基地，全国重要的现代煤化工生产示范基地，有色金属生产加工和现代装备制造等新型产业基地，绿色农畜产品生产加工输出基地，体现草原文化、独具北疆特色的旅游观光、休闲度假基地，我国北方重要的生态安全屏障，祖国北疆安全稳定屏障，我国向北开放的重要桥头堡和充满活力的沿边经济带；着力调整产业结构，着力壮大县域经济，着力发展非公有制经济；更加注重民生改善和社会管理，更加注重生态建设和环境保护，更加注重改革开放和创新驱动；扎实做好推动经济持续健康发展、提高经济增长的质量和效益、做好“三农三牧”工作、推进城镇化和城乡发展一体化、改善民生和社会管理创新、深化改革开放和推动科技进步、提高党的建设科学化水平等重点工作。

① 本文原载于 2013 年 5 月 10 日《内蒙古日报》理论版。

内蒙古自治区发展思路有以下五个方面的鲜明特点：

第一，体现中央要求。内蒙古自治区发展思路体现了党的十八大关于推进社会主义经济建设、政治建设、文化建设、社会建设、生态文明建设“五位一体”总体布局和坚持走中国特色新型工业化、信息化、城镇化、农业现代化道路，促进工业化、信息化、城镇化、农业现代化同步发展的要求，“八个建成”是对《国务院关于进一步促进内蒙古经济社会又好又快发展的若干意见》提出的能源基地、新型化工基地、有色金属生产加工基地和绿色农畜产品生产加工基地以及两个屏障、一个桥头堡战略定位的具体化。

第二，符合内蒙古实际。内蒙古自治区的发展思路反映了内蒙古自治区在全国发展大局中重要的战略地位、独特的区位特点、丰富的资源优势、较好的发展基础、巨大的发展潜力，对解决发展中存在的突出问题和薄弱环节有较强的针对性。建成五个基地就是要推动经济量的扩张、质的提高、规模扩大、多元发展，为内蒙古自治区持续健康发展夯实基础，为全国发展做出更大贡献；建成两个屏障就是要推动经济可持续发展、推动社会和谐发展；建成一个桥头堡和沿边经济带就是要努力构建面向北方、服务内地的对外开放新格局。

第三，目标措施具体。“八个建成”即五个基地、两个屏障和一个桥头堡，既是内蒙古自治区的发展定位，也是未来一个时期的发展目标；“三个着力”“三个更加”是发展路径，也是战略举措，五个基地和一个桥头堡只有着力调整产业结构、着力壮大县域经济、着力发展非公有制经济才能建成，两个屏障只有更加注重生态建设和环境保护、更加注重社会管理才能建成，而更加注重民生改善是建成五个基地、两个屏障和一个桥头堡的根本目的；七项重点工作是必须落到实处的具体要求。

第四，发展导向清晰。建成五个基地强调“清洁”“示范”“新型”“绿色”“文化”，就是要把功夫下在资源转化、方式转变、结构转型、产业升级上，就是要推动绿色发展、循环发展、低碳发展，就是要打造内蒙古自治区经济的升级版；强调“特色”“加工”“输出”，就是要把功夫下在基地与市场的连接上，立足扩大内需，发挥资源优势，创新驱动发展，开发增长潜力，适应市场需求变化，创建知名品牌，提高经济增长的质量和效益，提升内蒙古自治区产品在全国乃至全球市场的占有率。

第五，根本目的明确。内蒙古自治区发展思路强调更加注重保障和改善民生，这是建基地、立屏障、筑桥堡、调结构、抓县域、促非公的出发点和落脚点，是做好一切工作的根本目的。只有更加注重保障和改善民生，把富民优先战略真正落到实处，才能如期实现中央要求内蒙古自治区城乡居民收入到2015年和2020年分别达到和超过全国平均水平的目标，才能赢得2400万各族人民的信任和拥护，为实现走进全国前列的内蒙古梦奠定坚实基础。

二、落实发展思路的着力点

着力调整产业结构、着力壮大县域经济、着力发展非公有制经济，是内蒙古自治区发展新思路的着力点。着力调整产业结构，要着力构建传统产业新型化、新兴产业规模化、支柱产业多元化的产业发展新格局。推动传统产业新型化，应包括推动传统农牧业现代化、传统工业新型化和现代服务业发展。

第一，推动传统工业新型化。工业化是现代化的核心内容，是传统农业社会向现代工业社会转变的过程。我们要实现的工业化是新型工业化，是推动信息化与工业化融合、提高科技含量、提升经济效益、降低资源消耗、减少环境污染、充分发挥人力资源优势的工业化。推动传统工业新型化，就是要推动五个基地清洁、绿色、循环、低碳发展。

第二，推动传统农牧业现代化。农牧业现代化是农牧业科技化、机械化、设施化、信息化、专业化、标准化和适度规模化的过程。应按照党的十八大关于构建新型农业经营体系的要求，立足于富裕农牧民、建成绿色农畜产品生产加工输出基地，引导农村牧区土地草场承包经营权有序向专业大户、家庭农牧场、农牧民专业合作社流转，提高农牧业劳动生产率。

第三，推动现代服务业发展。发展现代服务业，应围绕农牧业现代化、工业新型化、生态环境保护建设以及发展草原文化旅游业，大力发展金融、物流、商贸、广告会展、科技服务、信息服务等生产性服务业；围绕保障和改善民生，大力发展公用事业、居民服务业、医疗保健、旅游休闲、文化娱乐等生活性服务业。

第四，推动新兴产业规模化。推动新兴产业规模化，与推动传统产业新型化既有区别又有联系，不完全是并列关系。从内蒙古自治区的实际出发推动新兴产业规模化，重点是推动清洁能源产业规模化和风能、太阳能、生物质能等新能源产业规模化，推动信息产业、节能环保产业规模化，推动稀土新材料产业、新医药和生物育种以及新能源汽车产业规模化。

第五，推动支柱产业多元化。支柱产业是一个地区经济体系中占有战略地位、较大份额、发挥支撑作用的产业或产业群，对地区经济结构调整和发展方式转变，具有深刻而广泛的影响。支柱产业多元化，应因地而异、因条件而异，在推动传统产业新型化、新兴产业规模化过程中实现。新“三化”的实现，很大程度上取决于改变内蒙古自治区创新驱动不足的现状。

第六，着力壮大县域经济。就县域发展来讲，“三个着力”是“三位一体”的推进。着力壮大县域经济，应立足于人的城镇化，通过着力发展县城特色经济来强化县城的产业支撑；通过基础设施建设向农村牧区延伸、基本公共服务向农村牧区覆盖来带动新农村新牧区建设；增强县城的龙头作用，引领现代农牧业发展，吸纳农牧民转移就业，促进农牧业转移人口市民化。

第七，着力发展非公有制经济。非公有制经济发展不足是内蒙古自治区产业结构不协调、城乡区域发展不平衡、经济发展内生活力不强、城乡居民收入增长相对缓慢的重要原因。而着力发展非公有制经济的重要前提是着力提升发展主体的素质能力。应坚持“三个平等”、完善创业政策、创造创业条件、营造全民创业良好环境的同时，大力开展全民创业技能培训，切实提高全民创业能力。

第八，更加注重民生改善和社会管理。人民对美好生活的向往就是我们的奋斗目标。更加注重保障和改善民生，让各族人民的物质生活更加富裕、精神生活更加充实，逐步实现共同富裕，这应是内蒙古自治区发展思路的灵魂。坚持富民优先，必须把增加城乡居民收入放在第一位，使发展成果更多更公平地惠及全体人民。社会管理，说到底是对人的管理和服务。面对社会需求多样化、思想观念多元化的新形势，加强和创新社会管理必须坚持以人为本，以改善人民生活为核心、实现人民共享为宗旨、增进人民幸福为目标，积极推进社会体制改革，加快形成社会管理新机制。

三、落实发展思路的重点工程

第一，实施劳动力能力提升工程。人民群众是落实内蒙古自治区发展思路的主体。应立足于让人民群众平等参与发展进程、共同分享发展成果，结合学习型党组织和学习型社会建设，坚持干什么学什么、缺什么补什么，广泛开展劳动力职业技能培训，为每个人实现自己的梦想创造条件。

第二，实施创新驱动发展战略推进工程。建成五个基地、推进“三个着力”，打造内蒙古经济的升级版，创新驱动发展是强大动力。应把科技创新摆在核心位置，突出企业创新主体地位，构建技术创新体系，完善激励机制，实施重大专项，突破技术瓶颈，促进成果转化，实现创新驱动。

第三，实施工业园区转型升级工程。建成五个基地靠工业，推动工业转型靠园区。发挥内蒙古自治区工业集中于园区的优势，依托工业园区推动产业发展集群化集约化，推进绿色发展、循环发展、低碳发展，以园区生态化转型促进工业升级。

第四，实施农牧民组织化推进工程。农牧业生产经营组织创新是发展现代农牧业的核心和基础。应坚持依法自愿有偿原则，引导土地草场承包经营权有序流转，大力发展农牧民专业合作组织，促进农牧民转产转移就业，提升农牧业劳动生产率，加快农牧民增收致富。

第五，实施农牧业转移人口市民化工程。立足于提高城镇化质量，增强城镇产业发展、公共服务、吸纳就业、人口聚集功能，实现城镇基本公共服务常住人口全覆盖，加快户籍制度改革，破除“双二元结构”，促进农牧业转移人口市民化。

谈党的十八大新思路[①]

一、定位

“两个一百年”：在中国共产党成立一百年时全面建成小康社会，在新中国成立一百年时建成富强民主文明和谐的社会主义现代化国家两个百年奋斗目标。实现中华民族复兴的中国梦。

“五位一体”：全面推进经济建设、政治建设、文化建设、社会建设、生态文明建设五位一体总布局。

“两个翻番”：实现国内生产总值和城乡居民人均收入比 2010 年翻一番的两个翻番目标。党的十六大提出国内生产总值到 2020 年力争比 2000 年翻两番。党的十七大提出实现人均国内生产总值到 2020 年比 2000 年翻两番。

“四化同步”：坚持走中国特色新型工业化、信息化、城镇化、农业现代化道路，推动信息化和工业化深度融合、工业化和城镇化良性互动、城镇化和农业现代化相互协调，促进工业化、信息化、城镇化、农业现代化同步发展。

文化强国：关键是增强全民族文化创造活力，开创全民族文化创造活力持续迸发、社会文化生活更加丰富多彩、人民基本文化权益得到更好保障、人民思想道德素质和科学文化素质全面提高、中华文化国际影响力不断增强的新局面。

美丽中国：面对资源约束趋紧、环境污染严重、生态系统退化的严峻形势，必须树立尊重自然、顺应自然、保护自然的生态文明理念，把生态文明建设放在突出地位，融入经济建设、政治建设、文化建设、社会建设各方面和全过程，努力建设美丽中国，实现中华民族永续发展。

平安中国：平安是人民幸福安康的基本要求，是改革发展的基本前提。把平安中国建设置于中国特色社会主义事业发展全局中来谋划，着力建设平安中国，确保人民安居乐业、社会安定有序、国家长治久安。要始终把人民生命安全放在首位。

---

① 本文节选自 2013 年 6 月 26 日在赤峰市市委中心组学习扩大会上讲稿。

人命关天，发展决不能以牺牲人的生命为代价。这必须作为一条不可逾越的红线。

二、路径

加快形成新的经济发展方式：立足点是提高经济发展的质量和效益；着力点是激发各类市场主体发展新活力、增强创新驱动发展新动力、构建现代产业发展新体系、培育开放型经济发展新优势；动力是更多依靠内需特别是消费需求拉动，更多依靠现代服务业和战略性新兴产业带动，更多依靠科技进步、劳动者素质提高、管理创新驱动，更多依靠节约资源和循环经济推动，更多依靠城乡区域发展协调互动，不断增强长期发展后劲。一个立足点、四个着力点和五个动力构成推动经济持续健康发展的新方式。

释放改革大红利：深化改革是加快转变经济发展方式的关键。经济体制改革的核心问题是处理好政府和市场的关系，必须更加尊重市场规律，更好发挥政府作用。改革开放只有进行时没有完成时。把“摸着石头过河”和顶层设计结合起来。改革是中国最大的红利。

实施创新驱动发展战略：科技创新是提高社会生产力和综合国力的战略支撑，必须摆在国家发展全局的核心位置。经济转型的关键是要实现增长动力转换，即从要素驱动、投资拉动转向通过技术进步提高劳动生产率的创新驱动，从过度依赖“人口红利”“资源红利”转向靠深化改革形成“人才红利”“制度红利”，促进经济内涵式集约型发展。

城乡发展一体化是解决“三农”问题的根本途径：让广大农民平等参与现代化进程、共同分享现代化成果；发展农民专业合作和股份合作，培育新型经营主体，发展多种形式规模经营，构建集约化、专业化、组织化、社会化相结合的新型农业经营体系；改革征地制度，提高农民在土地增值收益中的分配比例；着力在城乡规划、基础设施、公共服务等方面推进一体化，促进城乡要素平等交换和公共资源均衡配置。

“两个同步、两个比重”：实现发展成果由人民共享，必须深化收入分配制度改革，努力实现居民收入增长和经济发展同步、劳动报酬增长和劳动生产率提高同步，提高居民收入在国民收入分配中的比重，提高劳动报酬在初次分配中的比重。

三、目的

提高人民物质文化生活水平是改革开放和社会主义现代化建设的根本目的：这个论断明确了改革开放和现代化建设与人民生活的关系，充分体现了科学发展观以人为本的核心立场。要多谋民生之利，多解民生之忧，让发展成果更多更公平地惠及全体人民，在学有所教、劳有所得、病有所医、老有所养、住有所居上持续取得新进展，努力让人民过上更好生活。

“三个更加注重”浅谈①

内蒙古自治区党委的发展思路内含着发展定位、发展路径和发展的目的，回答了当前和今后一个时期内蒙古发展什么、怎样发展和为谁发展的问题。建成五个基地、两个屏障、一个桥头堡和沿边经济带是发展定位，明确了发展什么。三个着力点、三个更加注重和七项重点是发展路径，明确了怎样发展，而其中两处强调的保障和改善民生是发展目的，明确了为谁发展，是内蒙古自治区发展的出发点和落脚点。笔者着重就三个更加注重的发展路径和保障及改善民生的发展目的谈几点认识。

一

更加注重保障和改善民生，是内蒙古自治区党委发展思路的出发点和落脚点。党的十八大提出“提高人民物质文化生活水平，是改革开放和社会主义现代化建设的根本目的”。习近平总书记强调“人民对美好生活的向往就是我们的奋斗目标”。习近平总书记还强调，为人民谋利益是“唯一的追求”。坚持富民优先，让各族人民的物质生活更加富裕、精神生活更加充实，逐步实现共同富裕，这是内蒙古自治区党委发展思路的灵魂。坚持富民优先，必须把增加城乡居民收入放在第一位。《国务院关于进一步促进内蒙古经济社会又好又快发展的若干意见》明确提出内蒙古自治区城乡居民收入到2015年和2020年分别达到和超过全国平均水平的目标。近年来，内蒙古自治区城乡居民收入年年都有一定增长，但与全国平均水平相比，差距不是在缩小，而是不断在拉大，实现党中央提出的目标，任务艰巨、时间紧迫、形势严峻。

更加注重保障和改善民生，首先必须努力实现中央提出的阶段性增收目标。从近年来内蒙古自治区城乡居民收入构成看，增加城乡居民的家庭经营纯收入、工资性收入和转移性收入，都有一定的潜力，而最大、最持久的潜力还是要增加

① 本文选自2013年7月16日在内蒙古自治区社科联召开的发展思路理论座谈会上的发言稿。

城乡居民的财产性收入。这就要结合内蒙古自治区党委提出的五个基地建设，以改的革勇气和先行先试的智慧，创造性落实《国务院关于进一步促进内蒙古经济社会又好又快发展的若干意见》关于“鼓励农牧区集体和个人以土地、草场使用权入股等方式参与当地资源开发建设，增加农牧民财产性收入”的政策，大幅度增加城乡居民的财产性收入，使发展成果更多更公平惠及全体人民。这样做，政策上有依据，实践上有经验，操作上有示范，完全可行。

更加注重社会管理，是把内蒙古自治区建成祖国北疆安全稳定屏障的主要途径。社会管理是运用法律法规、政策制度等手段，直接或间接对社会不同领域和各个环节进行服务、协调、组织、监管、控制的过程和活动，其基本任务是协调社会关系、规范社会行为、解决社会问题、化解社会矛盾、促进社会公正、应对社会风险、维护社会稳定、激发社会活力、增强社会凝聚力，营造既充满活力又富有凝聚力的社会环境。社会管理，说到底是对人的管理和服务。面对社会需求多样化、思想观念多元化的新形势，加强和创新社会管理必须坚持以人为本，以改善人民生活为核心、维护人民利益为重点、实现人民共享为宗旨、增进人民幸福为目标，积极推进社会体制改革，建设平安内蒙古。

二

更加注重生态建设和环境保护，是把内蒙古自治区建成我国北方重要的生态安全屏障的主要途径。构筑生态安全屏障，要正确处理推动发展与生态环境保护的关系。发展是硬道理，不计代价硬发展没道理。面对资源约束趋紧、环境污染严重、草原生态退化的严峻形势，必须树立尊重自然、顺应自然、保护自然的生态文明理念，把生态文明建设放在更加突出的地位，融入五个基地、三个着力、七项重点、一个桥头堡和沿边经济带建设各方面和全过程，坚持生态优先、环境优先，做到保护中开发、开发中保护，建设天蓝、云白、草绿、水净的美丽内蒙古，实现内蒙古的可持续发展。

三

更加注重改革开放，是落实内蒙古自治区党委发展思路的根本举措。深化改革是加快转变经济发展方式、促进经济转型升级的关键。经济体制改革的核心问题是处理好政府和市场的关系，更加尊重市场规律，更好发挥政府作用，政府应该把自己该管的领域管好，把应该由市场发挥作用的领域真正交给市场；政府应主要在经济调节、市场监管、社会管理和公共服务等方面发挥作用，弱化微观经济管理，让市场真正发挥配置资源的基础性作用，有效提升市场效率，同时强化社会管理和服务职能，弥补市场本身的不足和缺陷，努力打造服务型政府，为市场经济健康发展创造良好环境，让改革红利惠及百姓。扩大开放是把内蒙古自治区建成我国向北开放的重要桥头堡和充满活力的沿边经济带的关键。深入实施向北开放战略和“走出去”战略，加快转变外贸发展方式，加大政府的服务支持力度，做大做强外贸企业，提升外贸发展主体的素质能力，大力发展口岸经济，坚持对内对外开放并重，利用好两个市场、两种资源，发挥好向北开放的重要桥头堡作用。

更加注重创新驱动，是落实内蒙古自治区党委发展思路的根本动力。建成五个基地、推动三个着力点、促进经济转型，关键是要实现增长动力转换，即从要素驱动、投资拉动转向通过技术进步提高劳动生产率的创新驱动。创新不够、动力不足是内蒙古自治区发展的软肋。在经济下行压力加大、产能普遍过剩的今天，这个问题更加突出了。创新，包括科技创新、制度创新、机制创新、管理创新以及理论创新、文化创新、理念创新等。创新驱动发展，核心是技术创新，前提是理念创新；企业是创新的主体，人才是创新的关键。创新驱动发展，应建立企业主动创新、人才积极创新、政府促进创新的机制。企业主动创新的前提是形成资源有偿使用、生态环境补偿和风险可控的竞争机制，人才积极创新的前提是形成自由流动、利益保证、价值实现的活动平台，而建立和打造上述竞争机制、活动平台，则是政府促进创新的重大使命。当前，政府的责任不是帮助企业渡过难关，而是支持企业实施技术攻关。因为，经济转型升级的趋势表明，保护产能过剩有无数难关，而实现创新驱动，就走上了阳关大道。

新常态下鄂尔多斯市转型发展的思路研究[①]

引言

一、转型发展的思路

实现鄂尔多斯市转型发展，就是适应我国经济发展新常态，落实习近平总书

① 本文选自2014年2月受鄂尔多斯市市委委托执笔研究的课题。

记考察内蒙古自治区重要讲话精神，坚持富民优先导向，提高经济发展的质量效益，满足人民群众的精神文化需求，推进以人为核心的城镇化，建设美丽鄂尔多斯，推动经济建设、文化建设、社会建设、城镇化和生态建设全面转型，凝心聚力、转型发展、创新创业、再铸辉煌，把鄂尔多斯建成祖国北疆亮丽风景线上的璀璨明珠。

二、转型发展的必要性

实现鄂尔多斯市转型发展，是适应我国经济发展新常态的必然要求。习近平总书记指出，我国发展仍处于重要战略机遇期，我们要增强信心，从当前我国经济发展的阶段性特征出发，适应新常态，保持战略上的平常心态。在战术上要高度重视和防范各种风险，早作谋划，未雨绸缪，及时采取应对措施，尽可能减少其负面影响。适应新常态，要求我们适应新机遇、应对新挑战，牢牢把握我国经济发展新常态下速度变化、结构优化、动力转换三大特点，统一思想认识，实现鄂尔多斯市转型发展。

实现鄂尔多斯市转型发展，是落实习近平总书记考察内蒙古重要讲话精神和内蒙古自治区“8337”发展思路的重大举措。贯彻“坚持稳中求进，坚持改革创新，努力在转方式、调结构、促改革、惠民生上不断取得新成效，推动城乡区域发展相平衡、经济社会发展相协调，全面做好改革发展稳定各项工作，把祖国北部边疆这道风景线打造得更加亮丽”的总体要求，我们必须着力转变经济发展方式，促进经济转型升级，推动转方式同调整优化产业结构、延长资源型产业链、创新驱动发展、绿色循环低碳发展、全面深化改革开放相结合，突出发展重点、培育新增长点，从速度超常型向质量效益型转变，打造鄂尔多斯市经济增长的新优势。

实现鄂尔多斯市转型发展，是再铸鄂尔多斯市新辉煌的战略选择。坚持“守望相助”，我们既要守业尽责，守好多年来鄂尔多斯市跨越式发展的丰硕成果、长期以来积累的宝贵经验，守好鄂尔多斯人的精神家园；又要登高望远，放眼全国、放眼世界、放眼未来，跳出鄂尔多斯看鄂尔多斯，全面把握新形势新任务，用世界眼光和大局意识谋划新发展；更要亲密相助，团结奋斗，在新起点上统一思想、形成共识，坚持凝心聚力、转型发展、创新创业、再铸辉煌的发展思路，以转型发展为主线，创新创业为动力，凝心聚力为保障，实现再铸辉煌目标。

三、转型发展思路内涵

凝心聚力，就是凝识而凝心、聚信而聚力，把鄂尔多斯市人民的思想认识统一到习近平总书记考察内蒙古重要讲话精神上来，统一到内蒙古自治区“8337”

发展思路和内蒙古自治区九届十一次全委会精神上来，统一到实现鄂尔多斯市转型发展上来，总结经验教训、发扬优良传统，提升广大干部群众的精气神，提振市场主体转型发展的信心，培育弘扬开放包容、诚信友善、不屈不挠、拼搏创新、艰苦奋斗、不断进取的鄂尔多斯精神，汇聚全社会智慧和力量，激发全市人民创新创业的激情，再铸增进人民福祉新辉煌。简言之，凝心聚力就是切实抓好“三个统一”，培育弘扬一个精神，激发转型发展新活力。

转型发展，就是着力转变发展方式，坚持以提高人民物质文化生活水平为根本目的，推动经济建设由速度超常型向质量效益型转变；坚持以满足人民精神文化需求为出发点，促进文化事业和文化产业大发展大繁荣，推动文化建设由资源优势型向综合优势型转变；坚持以保障和改善民生为重点，推动社会建设由基本公共服务不平衡型向标准化、均等化转变；坚持以人为核心的城镇化，推动城乡发展由二元型向一体化转变；坚持尊重、顺应和保护自然的理念，推动生态文明建设与经济社会发展由分割型向融入型转变。简言之，转型发展就是立足于“五个坚持”、推动“五个转变”，增进人民福祉，形成鄂尔多斯市科学发展新优势。

创新创业，就是以全面深化改革推动转型发展，以制度创新、科技创新为核心，以经济体制改革牵引其他领域改革，以科技体制改革促进创新能力提升，强化企业在科技创新中的主体地位，提升产业技术水平，让市场决定资源配置，提高政府效率效能，提升推动转型发展的能力水平，形成公平竞争、创新驱动的发展环境。就是全面支持全民创业，坚持权利平等、机会平等、规则平等，充分发挥非公有制经济包括中小微企业在集群配套、促进创新、扩大就业、服务生活、增加税收等方面的重要作用，实现社会公平正义，让社会创造活力竞相迸发。简言之，创新创业就是全面深化改革、全面支持创业、全面增强社会活力。

再铸辉煌，就是坚持富民优先，在多年来鄂尔多斯市跨越式发展的丰硕成果基础上，运用长期以来积累的宝贵经验，吸取发展中存在的深刻教训，适应发展新常态，保持战略上的平常心态，顺应人民群众对幸福生活的新期待，满足人民群众从物质上到精神上都把日子过得更加红火起来的新要求，把增进人民福祉作为转型发展的出发点和落脚点，再铸人民群众共同参与转型发展、共同分享发展成果的新辉煌，使人民群众物质上富裕、精神上富有，促进人的全面发展。简言之，再铸辉煌就是再铸适应新常态转型发展的辉煌，就是再铸顺应人民群众对幸福生活新期待的辉煌，实现富民目标。

四、转型是全面转型

工业转型，要坚持以信息化带动工业化、以工业化促进信息化，推进科技含量高、经济效益好、资源消耗低、环境污染少、人力资源优势得到充分发挥的新型工业化，着力打造清洁能源、现代煤化工、铝循环产业和装备制造业等新增长点，由结构单一型向多极支撑型转变，形成主导产业新优势。

农牧业转型，要坚持以农牧民增收为核心，培育新型经营主体，创新生产经营方式，集成推广新技术，提高土地产出率、草原利用率、劳动生产率，发展生产技术先进、经营规模适度、市场竞争力强、生态环境可持续的符合鄂尔多斯市农村牧区实际的现代农牧业，着力打造结构优化、布局合理，质量较高、效益较好，农牧结合、种养互动的绿色生态农牧业新增长点，由粗放低效型向优质高效型转变，形成绿色农畜产品新优势。

服务业转型，要坚持加快服务业增速、扩大服务业规模、增加服务业比重、优化服务业结构、提高服务业质量、提升服务业水平、增强吸纳就业能力，满足工业转型升级、建设绿色生态农牧业和人民群众日益多样化的服务需求，着力打造生产性与生活性相统筹、公共性与高端性相兼顾、硬设施与软实力相匹配、面对当地与面向全国相促进的现代服务业新增长点，由服务短缺型向促进发展型转变，形成现代服务业新优势。

城镇化转型，要坚持以人的城镇化为核心，以产城融合为支撑，有序推进农牧业转移人口市民化，切实提高城镇化质量，推进以人为核心的新型城镇化与新农村新牧区建设并举，着力打造城乡发展一体化新格局，由产业支撑薄弱型向产城融合型转变，形成吸纳人口新优势。

文化建设转型，要坚持推动文化事业全面繁荣，完善城乡公共文化服务体系，满足人民群众基本文化需求；推动文化产业快速发展，把鄂尔多斯市文化优势转化为市场优势，满足人民群众多样化、多层次、多方面的精神文化需求。要充分发挥文化的引导作用，引领时代潮流、引导社会思想观念、引导经济社会发展；充分发挥文化的推动作用，提高素养、更新观念、凝聚人心、振奋精神，从而推动经济社会发展；充分发挥文化的提升作用，把文化产业发展成为支柱性产业，着力打造文化产业新增长点，由文化资源优势型向文化综合优势型转变，增强鄂尔多斯文化软实力。

社会建设转型，要坚持加快健全基本公共服务体系，促进基本公共服务均等化，保障人人享有基本公共服务，加快发展义务教育、就业服务、基本养老、基本医疗卫生、公共文化、保障性住房等基本公共服务，加快社会保障制度体系建设，着力创新社会治理体制，由基本公共服务城乡差异型向城乡均等型转变，建设和谐鄂尔多斯。

生态建设转型，要坚持为人民群众创造良好生产生活环境，努力建设美丽鄂尔多斯，为构筑我国北方重要的生态安全屏障做出贡献。着力满足人民群众对清新空气、清洁水源、舒适环境、宜人气候等生态产品的需求，提高人民群众的生活质量，由生态环境初步改善向更好改善转变，形成生态环境新优势。

简言之，实现转型发展，就是着力打造清洁能源、现代煤化工、装备制造业、铝循环产业、绿色生态农牧业、现代服务业等经济新增长点，着力打造城乡发展一体化新格局、鄂尔多斯文化软实力、社会治理新体系、生态文明新气象，着力打造转型发展新动力、人才强市新支撑、鄂尔多斯人新精神，形成科学发展新优势。

第一章　实现转型发展的基础和条件

一、经济超常速增长的经验和教训

21 世纪以来，鄂尔多斯市经济社会发展取得了令世人刮目相看的成绩。与 2000 年比，2013 年鄂尔多斯地区生产总值由 150.1 亿元增加到 3955.9 亿元，年均增长 23.5%，这个增长速度比内蒙古自治区同期增长速度高 7.5 个百分点，比全国同期增长速度高 13.5 个百分点；鄂尔多斯市地区生产总值占内蒙古自治区地区生产总值的比重由 10.7% 提高到 20.7%；2013 年，鄂尔多斯市人均 GDP 达到 31768 美元，在全国地级市（地区）中位列第二。同期，鄂尔多斯市地方财政总收入由 15.74 亿元增加到 855.37 亿元，年均增长 36%，这个增长速度比内蒙古自治区同期财政总收入增长速度高 8.3 个百分点，比全国同期财政收入增长速度高 17 个百分点；鄂尔多斯市地方财政总收入占内蒙古自治区财政总收入的比重由 14.2% 提高到 32.18%，其中，公共财政预算收入由 10.10 亿元增加到 440.02 亿元，年均增长 33.7%，占内蒙古自治区公共财政预算收入的比重由 10.6% 提高到 25.6%（见表 1）。

表 1　2000～2013 年鄂尔多斯市地区生产总值和财政收入

年份	地区生产总值（亿元）	增速（%）	财政收入（亿元）	增速（%）
2000	150.1	22.1	15.74	25
2001	171.84	13	17.98	14.2
2002	204.77	17.4	21.7	20.7
2003	278.46	27.1	28.61	31.8
2004	395.96	31	42.4	87.7
2005	594.83	37	93.37	120.3
2006	822.51	26.2	145.86	56.2
2007	1173.16	25.8	200.82	37.7
2008	1690.2	22.9	265.03	50.8

续表

年份	地区生产总值（亿元）	增速（%）	财政收入（亿元）	增速（%）
2009	2161	23	365.8	38
2010	2643.23	19	538.28	47.2
2011	3218.54	15.1	796.47	48
2012	3656.8	13	820	3
2013	3955.9	9.6	855.37	4.3

资料来源：数据由鄂尔多斯市统计局提供。

21 世纪以来，鄂尔多斯市经济实现超常速增长，主要是依托异常丰富的资源特别是煤炭资源，紧紧抓住 21 世纪头十年全国能源市场需求迅速扩张的难得机遇，大力度推进招商引资，大规模引进项目投资，超常规做大了以能源产业为主的资源型产业。资源是发展之母。当然，资源不仅仅是矿产资源，所有孕育发展、催生发展、推动发展的要素都是资源。以煤炭为主的矿产资源是鄂尔多斯市的独特优势。发挥独特资源优势，把握市场需求机遇，以项目为载体引进投资，营造良好的发展环境，提高产业竞争力，这是鄂尔多斯市经济实现超高速增长的主要经验，也是对鄂尔多斯市在新的起点上实现转型发展仍然管用的经验。

实现鄂尔多斯市转型发展，仍然要发挥资源优势。问题是在新常态下，怎样发挥资源优势，怎样把握市场需求机遇？当前及今后的市场需求与 21 世纪头十年的市场需求不可同日而语。市场需求改变了，发挥资源优势的方式必须跟着转变，也就是要着力转变经济发展方式。转变经济发展方式的主攻方向和主要途径，就是适应市场需求新变化，推动转变发展方式同调整优化产业结构、延长资源型产业链、创新驱动发展、绿色循环低碳发展、全面深化改革开放相结合，加快形成新的经济发展方式。由此可见，积极主动适应市场需求新变化，是关键之关键。近些年，伴随鄂尔多斯市经济超常速增长而积累的突出矛盾和问题，从根本上说，是没有准确把握市场需求的结果。

21 世纪头十年里，鄂尔多斯市经济实现超常速增长的支撑点，充分反映了经济结构与经济发展的速度、质量、效益的关系以及对经济发展走势的影响。从产业结构看，支撑超常速增长的是第二产业，与 2000 年相比，2010 年鄂尔多斯市第二产业增加值由 83.94 亿元增加到 1551.44 亿元，年均增长 24.8%，占 GDP 比重由 55.9% 提高到 58.7%；与此同时，第一产业增加值由 24.52 亿元增加到 70.81 亿元，年均增长 7.2%，占 GDP 比重由 16.3% 下降到 2.7%；第三产业增加值由 41.63 亿元增加到 1021 亿元，年均增长 27.3%，占 GDP 比重由 27.7% 提高到 38.6%（见表 2）。从第二产业内部结构看，支撑第二产业快速增长的是能源产业，与2000年相比，2010年鄂尔多斯市能源产业（煤炭、天然气）增加值由13.1亿元增加到891.9亿元，占第二产业的比重由15.6%提高到57.5%。从能源产业内部结构看，支撑能源产业快速增长的是煤炭产业，与2000年相比，2010年鄂尔多斯市煤炭产量由2678.9亿吨增加到44934.2亿吨，年均增长32.6%；鄂尔多斯市煤炭产量占内蒙古自治区煤炭产量的比重由37%提高到56.9%，占全国煤炭产量的比重由2.1%提高到13.9%。从企业结构看，与2000年相比，2010年鄂尔多斯市规模以上工业企业由129个增加到451个，其中，从事煤炭生产加工和经营行业的企业由20个增加到189个。从税收结构看，与2006年相比，2011年鄂尔多斯市以煤炭生产加工和经营为主的煤基产业税收由67.1亿元增加到392.5亿元，占全市财政收入的比重由46%提高到49.3%（见表3）。从固定资产投资结构看，与2000年相比，2010年鄂尔多斯市煤炭开采和洗选业投资由4.6亿元增加到240亿元，年均增长48.5%，占全部固定资产投资的比重由9.2%提高到14%；基础设施投资由26.46亿元增加到452.1亿元，年均增长32.8%，占全部固定资产投资的比重由53%下降到23.8%；房地产业投资由1.33亿元增加到280.5亿元，年均增长70.7%，占全部固定资产投资的比重由2.7%提高到14.8%（见表4）。

表2　2000~2013年鄂尔多斯市三次产业结构　　单位：亿元

年份	三次产业增加值			三次产业比重
	第一产业增加值	第二产业增加值	第三产业增加值	
2000	24.52	83.94	41.63	16.34∶55.93∶27.73
2001	24.38	95.44	52.02	14.19∶55.54∶30.27
2002	28.11	110.3	66.35	13.73∶53.87∶32.4
2003	33.11	141.73	103.62	11.89∶50.9∶37.21
2004	36.72	196.51	162.74	9.27∶49.63∶41.1
2005	40.64	312.45	241.74	6.83∶52.53∶40.64
2006	43.08	439.64	339.79	5.24∶53.45∶41.31
2007	47.78	633.1	492.28	4.07∶53.97∶41.96
2008	57.65	944.55	688	3.41∶55.88∶40.71
2009	60.61	1260.49	839.9	2.8∶58.33∶38.87
2010	70.81	1551.44	1021	2.68∶58.69∶38.63
2011	83.16	1933.68	1201.7	2.58∶60.08∶37.34
2012	90.14	2213.13	1353.5	2.46∶60.52∶37.01
2013	97.5	2369.33	1489.07	2.5∶59.9∶37.6

资料来源：数据由鄂尔多斯市统计局提供。

表 3　2000 ~ 2013 年鄂尔多斯市煤炭产量及效益

年份	煤炭产量（亿吨）	煤炭行业税收（亿元）	煤炭税收占财政收入（%）
2000	2678.9	—	—
2001	3629.4	—	—
2002	5919.1	—	—
2003	8103.3	—	—
2004	12777	—	—
2005	15252.7	—	—
2006	17625	67.1	46
2007	19849.9	82.1	40.9
2008	57877.8	139	52.5
2009	33840	168.7	46.1
2010	44934.2	252.6	46.9
2011	58793.8	392.5	49.3
2012	63937.9	378.2	46.1
2013	63071	346.5	40.5

资料来源：数据由鄂尔多斯市统计局、发展和改革委员会提供。

表 4　2000 ~ 2013 年鄂尔多斯市固定资产投资结构

年份	固定资产投资	煤炭开采和洗选业		基础设施		房地产业	
	总额（亿元）	投资（亿元）	比重（%）	投资（亿元）	比重（%）	投资（亿元）	比重（%）
2000	49.92	4.6	9.2	26.46	53.0	1.33	2.7
2001	58.84	2.11	3.6	37.29	63.4	1.88	3.2
2002	68.56	2.17	3.2	30.07	43.9	3.68	5.4
2003	135.57	8.5	6.3	65.24	48.1	5.56	4.1
2004	262.74	13.65	5.2	121.87	46.4	6.33	2.4
2005	403.69	44.34	11.0	208.52	51.7	17.05	4.2
2006	616.67	117.72	19.1	234.57	38.0	40.56	6.6
2007	885.74	181.97	20.5	301.72	34.1	84.86	9.6
2008	1088.39	240.37	22.1	241.98	22.2	150.82	13.9
2009	1567.53	230.3	14.7	473.62	30.2	219.44	14.0
2010	1898.40	239.99	12.6	452.13	23.8	280.53	14.8
2011	2243.42	256.39	11.4	452.04	20.1	426.03	19.0
2012	2570.58	179.6	7.0	620.37	24.1	175.34	6.8
2013	2996.04	404.79	13.5	646.17	21.6	137.56	4.6

资料来源：数据由鄂尔多斯市统计局提供。

21 世纪头十年里，以能源产业特别是煤炭产业为主的第二产业的超常速增长，使鄂尔多斯市经济总量迅速做大；以煤基产业税收为主的财政收入超常速增长，使鄂尔多斯市的发展投入能力迅速增强；从事煤基产业的企业数量迅速增加和煤基产业利润迅速提高，使社会资本迅速扩大、市场主体的投资能力迅速增强。在经济高速增长时期，一些资源富集地区特别是经济基数比较小的地区，抓住市场对矿产资源特别是能源资源的需求持续扩大的机遇，用比较粗放的方式将其经济总量迅速做大，这是一定环境条件下的规律性现象。一个地区的发展一旦走上快车道，具备了进一步发展的能力，其投入的优先方向是加强基础设施建设、改变地区形象，为更快的发展创造条件，凭借富集的资源和优惠的政策加大招商引资力度，甚至在改变形象中追求“全国第一、世界一流”，这是一定时期的普遍性现象。在资源开发中形成的持续扩大的社会资本、投资能力比较强的市场主体，他们追求利润最大化，积极选择实现利润最大化的途径进行投资，这也是市场主体从事市场经济活动的一种必然性现象。

这些现象也是 21 世纪头十年里鄂尔多斯市发展中的现象。富足的资源和优惠的条件吸引大量投资，纷纷落地的大项目带来大量施工队伍和外来打工者，名目繁多的国际和国家级节庆活动带来前所未有的人气，一时间，各类交通设施人满为患，酒店餐馆异常火爆，给人们的印象，“打造百万人口城市”目标似乎指日可待了。从一定意义上讲，市场需求的本质是人的需求，人多了特别是具有消费能力的人多了，市场需求也就大了。因此，政府继续加大基础设施和城市建设投入，资金不足就举债建设，让企业垫资建设，从而形成所谓的政府性债务；而市场主体瞄准的是人口激增可能带来的住房需求和投资商聚集可能带来的写字楼需求，特别是一些不成熟的市场主体把它看作实现“利润最大化”的快捷路径，资金不足就精心凿出一眼吸引力巨大的集资“陷阱”，从而形成所谓民间借贷，同时也矗立起一座房地产问题。这就是鄂尔多斯市发展中形成的人们比较关注的三大问题。政府敢于举债建设，依托的是以煤基产业税收、“土地财政”为主的财政收入的快速增长，企业敢于垫资建设，也是看好政府年年快速增长的财政收入，甚至以此托底举债垫资建设。

当全国经济处于增长速度换挡期、结构调整阵痛期、前期刺激政策消化期的“三期叠加”新时期，发展进入新常态，经济下行压力加大、煤炭价格大跌，使政府和企业共同依托的以煤基产业税收、“土地财政”为主的财政收入快速增长不再，一时托不住巨额债务，就形成了短期内难以化解的政府性债务—民间借贷—房地产问题的债务链。如果说政府性债务及相关的企业债务与煤炭价格大跌、土地市场有关，那么，房地产问题及与其相连的民间借贷所依托的人口激增可能带动的房地产需求，从一开始就是一个虚构的、想象的、表象的、违背规律的需求，即便是没有煤炭价格大跌，也难以“快捷”实现的需求。无论是依托以煤基产业税收、“土地财政”为主的财政收入长期超常速增长，还是寄希望于人口激增带动房地产需求大增、价格大涨，都根源于对发展预期和市场需求的误判。未能冷静分析和科学研判经济发展预期、城镇发展预期、市场需求预期，未能正确处理市场作用与政府作用的关系、进行适时适度和理性调控，这是21世纪头十年里鄂尔多斯市经济超高速增长中积累的突出矛盾和问题带来的教训，也是实现鄂尔多斯市转型发展必须引以为戒的深刻教训。

21世纪头十年里鄂尔多斯市经济超高速增长中积累的突出矛盾和问题，其深层次的原因还是在经济结构，各类结构以一种构成要素为主的单一化特征很突出。从2010年数据看，三次产业中第二产业比重占达到60%，第二产业中能源产业（煤炭、天然气）占57.5%，三次产业结构实质上是以能源产业为主的单一化结构；能源产业的规模以上工业企业产值中，煤炭、燃气、电力、化工四大行业产值占92.5%，其中，煤炭产业产值占64%，能源产业是以煤炭产业为主的单一化结构；能源产业生产结构中，化石能源占99.27%，其中，煤炭占92.53%，能源产业生产是以煤炭为主的单一化结构；在4.49亿吨煤炭产量中，销往市外的占90.7%，就地加工转化的只占9.3%，深加工的比重较低，煤炭资源利用是以“原”字号为主的单一化产品结构；产业发展的技术含量低，研发投入少，创新能力弱，产品附加值低，产业链条短，总体上是粗放型的生产方式；财政收入结构中，煤基产业税收占财政收入的46.9%，财政收入是以煤基产业税收为主的单一化结构。很显然，这种“一煤独大”的经济结构，其抗风险能力比较弱，一旦煤炭市场有个风吹草动，必然直接影响全局。实践已经证明了这一点。这样的经济结构，即便是没有市场的冲击，就是从能源利用效率和鄂尔多斯市本身的水资源状况、环境容量等条件看，也是制约重重，难以为继。

上述分析充分说明，实现鄂尔多斯市转型发展，就必须适应我国经济发展新常态，全面落实习近平总书记考察内蒙古重要讲话精神，坚持稳中求进、改革创新、转变方式，推动转方式同调整优化产业结构相结合，把转方式有效融入调结构之中；同延长资源型产业链相结合，把转方式有效融入资源转化增值之中；同创新驱动发展相结合，把转方式有效融入创新驱动发展之中；同节能减排相结合，把转方式有效融入绿色循环低碳发展之中；同全面深化改革开放相结合，把转方式有效融入改革开放之中。推动“五个结合、五个融入”，要发挥优势、扬长避短，把经济发展的立足点转到提高质量和效益上来，加快形成新的经济发展方式，积极构建多元发展、多极支撑的现代产业，形成优势突出、结构合理、创新驱动、区域协调、城乡一体的发展新格局。

二、工业转型发展的基础和条件

鄂尔多斯市工业转型的重点是能源产业、煤化工产业、铝循环产业和装备制造业。21世纪以来，这些产业得到快速发展，为今后转型发展创造了较好的基础和条件。

（一）能源产业转型发展的基础和条件

具有得天独厚的资源基础。鄂尔多斯市是全国地级市中煤炭资源最丰富的区域，煤炭探明储量1930亿吨，约占内蒙古自治区的1/3、全国的1/6，预测远景储量1万亿吨，不仅储量大、分布广、品种全，而且埋藏浅、厚度深、易开采；与2000年相比，2013年鄂尔多斯原煤产量由1008万吨增加到6.31亿吨，占内蒙古自治区原煤产量的比重由13.9%提高到63.5%，占全国煤炭产量的15%。煤炭洗选率达到51.8%。2013年，煤炭外运出市5.1亿吨，占全市煤炭产量的80%。

鄂尔多斯市是国内罕见的天然气资源富集区，拥有我国最大的世界级整装气田——苏里格气田，探明天然气储量2.65万亿立方米，天然气成为鄂尔多斯仅次于煤炭的第二大产业；与2000年相比，2013年鄂尔多斯市天然气产量由4.5亿立方米增加到270.6亿立方米，占内蒙古自治区天然气产量的99.9%，占全国天然气产量的22.3%。非常规天然气方面，鄂尔多斯市煤层气（瓦斯）储量约5万亿立方米，是天然气的2倍；页岩气储量7万多亿立方米，是天然气的3倍。另据国土资源部公布的数据，鄂尔多斯盆地及外围地区页岩气地质资源潜力为11.81万亿立方米，可采资源潜力为2.71万亿立方米，具有良好的勘探开发前景。

鄂尔多斯市的太阳能、风能资源较丰富稳定，可开发量均在1000万千瓦以上，生物质能源也具备一定的开发条件。上述数据显示，鄂尔多斯市丰富而多样的能源资源为能源产业转型奠定了雄厚的资源基础。

具有资源转化的产业基础。与2000年相比，2013年鄂尔多斯市电力装机容量由210万千瓦增加到1357万千瓦①，发电量由90.5亿千瓦时增加到690.7亿千瓦时，占内蒙古自治区发电量的20%，居内蒙古自治区之首，其中外送电量占内蒙古自治区外送电量的16.2%。2012年，鄂尔多斯市本地用电400亿千瓦时，外输180亿千瓦时，富余装机约300万千瓦。

煤基燃料生产方面，神华年产108万吨煤直接液化示范工程于2008年底投料试车，2012年生产各类油品86.5万吨，其200万吨规模的第二、第三条生产

① 另一种数据是2013年鄂尔多斯市的电力装机容量为1535万千瓦，两种数据哪个更准确，未能核实。

线正在开展基础设计工作；具有自主知识产权的伊泰煤间接液化示范项目于2009年3月试生产，2012年生产各类油品17.19万吨，其放大示范规模的200万吨/年煤间接液化技术产业化商业示范项目已报国家发改委开展前期工作。

煤制气项目方面，已核准和同意开展前期工作的共有7项，其中，汇能16亿立方米/年煤制气第一期已完工，神华集团20亿立方米/年煤制气正进行开工前准备，新蒙80亿立方米/年煤制气和中海油、河北建投、北京控股各40亿立方米/年煤制气四个项目正推进核准前准备，新奥集团20亿立方米/年煤制气项目正在开展前期工作，总规模达到256亿立方米。

新能源发展方面，2012年，可再生能源发电装机达到105万千瓦，其中，风电装机25万千瓦、发电量5.2亿千瓦时，水电装机75万千瓦、水力发电16.4亿千瓦时，生物质发电4.8万千瓦、太阳能光伏发电0.83万千瓦。

燃气发展方面，2012年，天然气产量达到259亿立方米。2013年，天然气产业增加值占鄂尔多斯市规模以上工业增加值的18.4%。

具备先进的加工转化技术条件。鄂尔多斯市具有发展煤炭液化、气化的技术优势。神华集团和伊泰集团两个煤液化项目试车成功，煤制烯烃、煤制天然气等示范项目落地，不仅掌握了发展煤基燃料的先进技术，而且为搭建一个完整配套平台，研发和实践能源清洁利用的前沿技术，汇集具有自主知识产权的核心技术成果，凝聚能源化工科技人才队伍，确立能源化工自主创新的发展模式，为建设国家级甚至世界级煤基能源高效清洁利用和延伸转化科技研发中心及技术示范基地创造了条件。鄂尔多斯市已成为我国各种煤制燃料技术最为集中的地区，也是世界上唯一掌握百万吨级煤直接液化关键技术的地区，而超超临界火电机组的建成投产，为建设国家清洁能源输出基地奠定了坚实的基础。

具备一定的水煤组合优势条件。发展清洁能源需要具备必要的水资源条件。我国水资源和煤炭资源错位分布，但鄂尔多斯市处于黄河“几字湾”内，发展工业项目具备就近取水的自然条件，为鄂尔多斯市通过水权置换、水沙置换、南水北调西线工程等措施和途径，解决发展清洁能源用水问题创造了条件。

具备输送能源的各种通道条件。运煤铁路通道，有北向的包西铁路、包神铁路、呼准铁路均接入京包兰线，东向的大准铁路接大秦铁路至秦皇岛港，南向的包神铁路接神朔和朔黄铁路至黄骅港，西向的东乌铁路接海（勃湾）公（乌素）铁路至包兰线，铁路总里程1280公里，复线338公里，路网密度141.5公里/万平方公里，2012年通过铁路发运煤炭2.3亿吨。公路通道已形成以东胜为中心，以包茂、荣乌高速公路和109国道、210国道、沿黄公路为主网架，连接各省道和各旗乡公路的干支结合的运输网，公路总里程18102公里，密度20.8公里/百平方公里，2012年公路煤炭运量达3亿吨。电力输送通道，已初步形成以500千伏为支撑、220千伏为骨干、110千伏为辐射的供电网络，1条丰镇至万全至顺义网对网的500千伏电力外送通道，输出能力300万千瓦。油气输送管网，已建成天然气输送管道12条，总长度2540公里，设计年输气量105.1亿立方米；在建原油输送管道1条，总长度580公里，设计年输原油300万吨；在建成品油输送管道1条，总长度336公里，设计年输成品油350万吨。内蒙古西至天津南、上海至山东两条特高压电力外送通道已被列入国家《大气污染防治行动计划重点输电通道方案》。

总之，鄂尔多斯市已形成发展清洁能源的以煤炭、常规和非常规天然气、新能源为主的资源基础，以电力、煤制液体和气体燃料、新能源初步发展的门类齐全的产业基础，以及发展清洁能源的先进技术、水煤组合、输送通道条件。

（二）煤化工产业转型发展的基础和条件

煤化工与能源产业。煤化工是以煤为原料，经过化学加工使煤转化为气体、液体、固体燃料及化学品，生产出各种化工产品的工业。从现代煤化工和清洁能源产品看，现代煤化工与清洁能源是相互交叉的，清洁能源的煤基燃料是现代煤化工的上游产品，现代煤化工产品是清洁能源煤基燃料产品的延伸转化。也就是说，现代煤化工产业包含清洁能源产业的部分行业，其共同点是以煤为基础，上游产品的一些技术是共性技术。由此可知，前面分析的鄂尔多斯市能源产业转型发展的两个基础和三个条件，从总体上讲，也是煤化工产业转型发展的基础和条件。

煤化工发展走在全国前列。“十一五”以来，鄂尔多斯市充分发挥资源优势，引进和培育了一批大企业，建设了一批大项目，煤化工产业从无到有、长足发展，已经走在了内蒙古自治区和全国前列。目前，煤化工产能达到2630万吨，其中，焦化1306万吨、电石592万吨、煤制油142万吨、煤制甲醇410万吨、煤制合成氨180万吨。另外，天然气化工产能达到195万吨，其中，甲醇135万吨、合成氨60万吨；氯碱化工产能183万吨，其中，PVC90万吨、PVA11万吨、烧碱72万吨；精细化工形成产能12.3万吨。化工行业总产能达到3020.3万吨，在建中的煤化工还有煤制气、煤制烯烃、煤制乙二醇等项目。2013年，煤制油产品产量达到104.8万吨，另外，甲醇410万吨、合成氨240吨，分别占全区产量的83.3%和45%；PVC产量54.5万吨，占内蒙古自治区产量的23.8%。

发展煤化工的优势条件。鄂尔多斯市地处呼包银榆经济区重点开发区域，居于全国重要的能源、煤化工基地建设区域，煤炭资源丰富，配套资源条件优越，属于国家明确的可以作为发展现代煤化工重点地区的煤炭净调出地区。其煤炭品种较全，煤质优良，具有高热值、高挥发、低硫、低水分的特点，适宜各种煤气化技术。经过近些年的发展，在发展煤化工产业上积累了一定的经验，在资源、技术、市场等方面都具有明显的比较优势，是最具发展潜力、最有可能承接国家煤化工产业升级示范项目而成为煤化工产业转型升级示范基地的地区。这些都是鄂尔多斯市煤化工产业转型发展的基础和条件。

（三）铝循环产业转型发展的基础和条件

铝是主要用于航空、建筑、汽车等领域且用途十分广泛的经济适用的重要有色金属材料。鄂尔多斯市虽然缺乏铝土矿资源，但准格尔煤田的煤炭富含氧化铝，综合利用的潜力较大。近年来，蒙西集团等企业致力于粉煤灰提取氧化铝技术研发，带动铝循环产业发展，为铝循环产业转型发展奠定了基础。

高铝煤炭资源较为丰富。准格尔煤田是高铝煤炭资源富集区，已探明煤炭储量264亿吨，煤炭中氧化铝含量达到10%～13%，煤炭燃烧后粉煤灰氧化铝含量达到40%～55%，是目前国内发现的最大非常规铝土矿资源。另外，准格尔地区高铝煤炭粉煤灰中的镓含量达到89.2ppm，镓的保有储量为86万吨。2012年，准格尔旗原煤产量2.09亿吨，其中高铝煤产量约1亿吨。丰富的资源储量为铝循环产业转型发展提供了充足的原料基础，形成可观的产业基础。目前，鄂尔多斯市粉煤灰提取氧化铝生产能力20万吨、铝深加工能力4.2万吨，在建粉煤灰提取氧化铝项目规模超过300万吨。各种技术示范工程积极推进，除了本土企业蒙西集团、鄂尔多斯集团以外，还引进了中铝、大唐、华电、神华、鑫恒等大型企业参与技术研发和项目建设，铝循环产业发展呈现出蓬勃向上的局面。发挥独特的资源优势，合理有序开发高铝煤炭资源，推动延伸加工，可以提高资源综合利用水平，促进产业结构调整。

具有明显的电力成本优势。在提取氧化铝和电解铝的生产成本中，用电成本是原料成本之外的最高成本。鄂尔多斯市煤炭资源丰富，2013年电力装机已达到1357万千瓦，每千瓦小时发电成本比全国平均水平低0.15元左右。同时，由于蒙西电网的独立性，其电价比较低，目前工业电价仅为珠三角、长三角地区的一半，比中部地区低15%～30%，铝循环产业转型发展的电力成本优势明显。

技术研发取得一定进展。经过企业多年的自主创新，鄂尔多斯市粉煤灰提取氧化铝取得一系列科研成果，科研成果转化稳步推进。大唐集团预脱硅—碱石灰烧结法粉煤灰年产20万吨氧化铝示范项目已在托克托县建成，并成功实现较长周期生产，正在总结示范项目经验，即将在准格尔旗建设年产50万吨氧化铝一体化项目；蒙西集团石灰石烧结法年产40万吨氧化铝项目一期20万吨生产线已建成，正在进一步完善工艺；神华集团利用酸法年产4000吨粉煤灰提取氧化铝中试生产线已建成运行；华电集团硫酸氨法提取氧化铝年产5000吨中试生产线、鄂尔多斯电力冶金公司年产5000吨硫酸氨法提取氧化铝示范生产线、开元铝业年产1万吨硫酸氨法提取氧化铝试验生产线正在建设。这些项目为铝循环产业转型发展拓宽了技术路线。

提高资源综合利用水平的迫切需要。2012 年，鄂尔多斯市 1235 万千瓦火电装机容量中用高铝煤炭的电厂装机容量达到 348 万千瓦，用高铝煤炭约 1200 万吨，年产高铝粉煤灰约 370 万吨。目前，高铝粉煤灰在建材、铺路等行业利用率不足 10%，大量高铝粉煤灰集中堆存占用大量土地，导致资源浪费，影响环境。另外，大量高铝煤炭销往周边地区和区外分散掺烧，也造成大量资源的浪费。推动铝循环产业转型发展，已成为提高高铝煤炭资源综合利用水平、减少资源浪费、加强环境保护的迫切需要。

（四）装备制造业转型发展的基础和条件

装备制造业已有一定规模。近年来，鄂尔多斯市装备制造业规模逐渐扩大，产品种类逐步增多，产品档次不断提升。目前，初步形成以乘用车、重型汽车、专用车及零部件为主的汽车制造业，以煤炭综采设备为主的煤矿及矿用设备制造业，以风机整机组装及叶片、塔筒等零部件为主的风力发电设备制造业和以压力容器为主的化工设备制造业等装备制造产业体系。已形成 35 万辆乘用车、2 万辆重型汽车、200 台（套）风机、30 万台柴油发动机、15 万台变速器的生产能力。2012 年，规模以上装备制造业企业 11 户，实现工业总产值 24.3 亿元，占全部规模以上工业企业总产值的 0.62%。

产业集聚效应初步显现。鄂尔多斯市装备制造业基地成为汽车及零部件、煤矿机械、新能源设备和电子信息产业集聚区，已建成大项目 32 个，在建大项目 25 个。园区基础设施完备，产业承载能力强，是装备制造业发展的主要平台。2013 年，4 家汽车制造企业中，奇瑞汽车下线 6.5 万多辆，零部件本地化生产已超过 50%，已有 30 多家零部件供应商来鄂尔多斯市为奇瑞汽车生产零部件。奇瑞汽车分公司职工 1700 多人，其中，内蒙古籍 638 人，鄂尔多斯籍 127 人。奇瑞汽车年下线超过 10 万辆是一个平衡点，可由二三百家供应商进来生产零部件，东胜区可逐步建成汽车城。包钢集团已能参与供应车壳钢板。一个国家汽车制造业的成熟是一个比较漫长的过程。地方支持汽车行业发展，其中一项重要措施是将本地产汽车作为政府采购目录的重点。电子信息产业的京东方源盛光电公司生产第 5.5 代 AMO－LED。

（五）科技进步对转型发展的支撑能力

科技进步具备一定基础。鄂尔多斯市具有较好的创新环境，被评为中国最具创新环境城市地级市第 6 名，进入中国城市综合创新力 50 强，2013 年再次进入全国科技进步先进市行列。建成自治区级高新区两个，国家认定高新技术企业 15 家。建成煤化工、装备制造等六个自治区级高新技术特色产业化基地。企业自主创新能力进一步增强，经国家、自治区认定的工程技术研究中心、企业技术中心、研究开发中心、重点实验室、院士专家工作站等研发机构累计达到47家。

转型发展的科技支撑仍然不足。与实施创新驱动发展战略的要求相比，鄂尔多斯市远未形成科技进步对转型发展的强大支撑力。科技投入相对不足，2012年，全市研发经费投入达到33.78亿元，连续5年保持了较大幅度增长，但研发经费投入占GDP比值仅为0.92%，远低于2012年国家平均水平的1.98%。2013年，市本级财政科技投入占财政一般预算支出的0.8%，未达到国家科技进步先进市考核1.4%的要求。企业技术创新投入相对较低，2012年，鄂尔多斯市规模以上企业371家，平均科技研发投入占主营业务收入比例仅为0.84%，远低于国家1.5%的一般要求。从整体看，企业自主研发能力还比较薄弱，拥有核心知识产权比较少，特别是中小微企业人力资源储备不足，研发人员、技术骨干、管理人员和技能型产业工人短缺，自主创新能力不强，核心技术缺乏，产品处于产业链和价值链的中低端。从长远看，科技创新仍然是转型发展特别是工业转型发展的最大制约，必须把科技创新摆在全面转型发展全局的核心位置，坚定不移地实施创新驱动发展战略。

三、农牧业转型发展的基础和条件

（一）农牧业转型发展的现实基础

一是耕地和草原基础。鄂尔多斯市有耕地635万亩，其中，黄河流域耕地230万亩、无定河流域耕地30万亩，水浇地450万亩；草原面积9785万亩，饲草料基地117.7万亩；林沙产业面积2876万亩。二是集约化经营基础。截至2013年底，共建设现代农牧业基地244万亩，其中，规模经营土地206万亩、现代草原畜牧业示范户配套饲草料基地29万亩、设施农业6万亩、现代渔业基地3万亩。土地规模经营206万亩，占全市耕地总面积635亩的32.4%，培育现代草原畜牧业示范户1130户，占牧区草原畜牧业经营户6.4万户的1.77%。三是农畜产品产量基础。2013年，玉米种植面积294.2万亩、瓜果蔬菜种植面积24.92万亩，玉米产量26.8亿斤、瓜果蔬菜产量14亿斤。牲畜总头数，年中1223.4万头（只）、年末758.3万头（只），其中，年中肉牛24万头、肉羊497.8万（只）、绒山羊587.6万头（只）、生猪103.2万头、家禽97万只。①

（二）农牧业新型经营主体得到初步发展

截至2013年底，鄂尔多斯市发展各类农牧民合作组织2743个；规模以上农

① 农牧业方面的数据由鄂尔多斯市农牧业局提供。

牧业产业化龙头企业198家，带动农牧户14.63万户，占全市农牧户19.88万户的73.6%，呈现出家庭经营、集体经营、合作经营、企业经营等共同发展的态势。特别是经过30年的持续发展，鄂尔多斯羊绒集团已成为基础雄厚、技术先进、研发实力较强的龙头企业，其“温暖全世界”的“鄂尔多斯”羊绒衫是全国知名品牌。2013年，羊绒产量达到2710吨，生产羊绒衫1159.5万件、羊绒裤5万件、羊绒围巾98万件。但除了“鄂尔多斯”羊绒衫以外，鄂尔多斯市鲜有农畜产品知名品牌，说明发展农牧业产业化经营还有较大差距，是农牧业转型发展需要着力解决的问题。

（三）土地确权登记有序推进

从2011年底起，鄂尔多斯市开展农村牧区集体土地草场所有权确权登记发证工作，全面落实承包地块、面积、合同、证书“四到户”，发放土地承包经营权证书18.2万份，到户率达87%，草场承包经营权证书6.8万份，到户率达95.1%。按照依法自愿有偿原则，推进多种形式的适度规模经营，流转耕地面积135万亩，流转率为19.7%；流转草牧场430万亩，流转率为4.5%。

四、服务业转型发展的基础和条件

（一）服务业发展慢且结构不合理

鄂尔多斯市第三产业增加值占GDP的比重由“十五”末的40.64%下降到2012年的37.01%，下降3.63个百分点。从第三产业内部结构看，交通运输、仓储和邮政业增加值占第三产业增加值的31.1%，比内蒙古自治区高10个百分点；信息传输、计算机服务和软件业占1.5%，比内蒙古自治区低1.3个百分点；批发和零售业占26.9%，比内蒙古自治区高1.8个百分点；住宿和餐饮业占4.6%，比内蒙古自治区低3.1个百分点；金融业占8.2%，比内蒙古自治区低0.7个百分点；房地产业占5.1%，比内蒙古自治区低1.7个百分点；租赁和商务服务业占1.6%，比内蒙古自治区低2个百分点；科学研究、技术服务和地质勘查业占0.6%，比内蒙古自治区低0.9个百分点；水利、环境和公共设施管理业占1.1%，比内蒙古自治区高0.3个百分点；居民服务和其他服务业占9.3%，比内蒙古自治区高4.9个百分点；教育占2.0%，比内蒙古自治区低2.6个百分点；卫生、社会保障和社会福利业占1.8%，比内蒙古自治区低0.7个百分点；文化、体育和娱乐业占0.5%，比内蒙古自治区低0.6个百分点；公共管理和社会组织占5.8%，比内蒙古自治区低3.3个百分点。①

（二）优化结构中扩大服务业规模

从上述十几个行业的比重看鄂尔多斯市服务业结构，交通运输等行业几乎占

① 数据来源：根据《鄂尔多斯统计年鉴2013》《内蒙古统计年鉴2013》数据计算。

了1/3，比内蒙古自治区高10个百分点，而信息、金融、商务、科技、教育、卫生、社保、文化、公管等现代服务业、新兴服务业比重都比内蒙古自治区低。生活性服务业发展不足，不能满足人民群众生活的多方面需求。一些地区一直存在“干什么都不方便、搞什么都不赚钱”的尴尬。这说明同时存在服务业市场需求与市场供给难对接的盲目和政府这只“看得见的手”对服务业发展的规划、调控、引导、扶持的缺失。生产性服务业发展不足，严重影响企业的生产经营活动，使企业生产经营成本上升，结构调整受阻，导致经济增长乏力。

五、文化建设转型发展的基础和条件

（一）公共文化服务体系比较健全

近年来，鄂尔多斯市大力推进公共文化服务体系建设，新建全民健身中心、图书馆、文艺中心、大剧院、博物馆、会展中心等一批大型公共文化服务设施，公共文化服务基础设施不断完善。鄂尔多斯市公共图书馆、艺术馆、文化馆、文物管理机构、艺术表演团体和文化市场综合执法机构各有9个，文化艺术研究机构、演出中介服务机构1个。7个旗（区）建有博物馆，苏木乡镇和街道办事处全部建有综合文化站，866个行政嘎查村和社区全部建有文化室，鄂尔多斯市建成草原书屋718个，市、旗文化信息资源共享中心9个，基层服务点927个，实现了农村牧区全覆盖。鄂尔多斯市政府投资建设的1013个公共文化活动场所全部免费开放，公共文化服务基础设施初步形成市、旗、苏木乡镇、嘎查村、文化户五级公共文化服务网络。

（二）群众文化活动丰富多彩

充分发挥各级群艺馆、文化馆、图书馆等公共文化单位的职能作用，大力开展广场文化、社区文化、企业文化、军营文化、少儿文化等丰富多彩的群众文化活动。每年平均举办“百日广场文化活动”和民族民间专题文化活动等各类群众文化活动1000多场次，市、旗两级艺术团队每年平均送文化下乡活动1000多次，初步构建了城镇10分钟文化圈、农村2公里文化圈和牧区10公里文化圈。有国家级民间艺术之乡1个、自治区级民间艺术之乡5个、市级民间艺术之乡12个。鄂尔多斯市被列入自治区级“鄂尔多斯文化生态保护区”。

（三）文化服务队伍建设得到加强

重点加强专业人才、志愿者和业余文化骨干3支公共文化服务队伍建设，形成了政府与民间相结合的文化服务队伍。5支乌兰牧骑全部达到自治区级一类标准，组建1000支业余文化队伍。苏木乡镇和街道综合文化站专职工作人员平均达到3名，60%的嘎查村和社区文化室均配备1名享有财政补贴的管理人员。公共文化服务志愿者达到9506名，组织开展了122项、2400多场（次）文化志愿服务活动。

（四）文化产业发展初具规模

成吉思汗陵旅游区、响沙湾旅游区被命名为国家级文化产业示范基地；恩格贝生态示范区、冠丰胜州奇石古玩有限责任公司被命名为第二批自治区级文化产业示范基地。2012 年，有 5 家企业被命名为第三批自治区级文化产业示范基地。"十二五"以来，鄂尔多斯市特色民族文化艺术创作成果丰硕，全市专业艺术院团新创重点剧（节）目 28 台，排演各类晚会近 50 台，创作音乐、舞蹈、曲艺作品 300 多件，一批舞台艺术作品在区（省）级以上重大文化艺术门类比赛、评奖活动中获奖，共获国家级集体大奖 4 项，获国家级单项奖 48 项，获自治区级集体大奖 30 项，获自治区级单项奖 150 项。截至 2012 年，文化类经营机构 2000 多家，投资超亿元重点项目 20 多个，从业人员 1.5 万人，文化产业实现增加值 80 亿元，占 GDP 的 2%。

（五）对外文化交流不断扩大

相继举办三届鄂尔多斯国际文化节，协助承办第十一届亚洲艺术节、两届鄂尔多斯国际那达慕大会和第七届中国舞蹈"荷花奖"当代舞、现代舞大赛等一系列大型文化艺术活动。各级艺术团体参加第九届上海国际艺术节、广州第九届中国艺术节等国内重大文化艺术展演活动，先后出访美国、德国、日本、奥地利、泰国、蒙古等国家和地区进行文化艺术交流，向全国和世界传播鄂尔多斯具有地方民族特色的文化。

六、社会建设转型发展的基础和条件

近年来，鄂尔多斯市努力推进社会建设，形成了水平较高的社会保障体系、软硬件良好的职业教育培训体系、资源丰富的医疗卫生服务体系和不断探索完善的社会治理体系。

（一）职业教育和职业培训体系比较完善

目前，有鄂尔多斯职业学院、鄂尔多斯生态环境职业学院 2 所高等职业教育学校、中等职业学校 13 所、民办职业培训机构 56 家、技工学校 4 所，有国家职业资格鉴定所 33 家。总体来看，鄂尔多斯市职业教育办学条件较好，教育质量较高，就业率较高，形成了发展职业教育的良好基础和潜力，解决产业工人、技术工人短缺问题有良好前景。

（二）医疗卫生服务体系比较完善

近年来，鄂尔多斯市医疗资源不断扩大，公立医疗服务体系的床位、人力、设备、技术等资源从数量到质量均占有绝对优势，处于主导地位。有公立医院 25 所、民营医院 56 所、社区服务中心 28 个、乡卫生院 105 个、新增标准化村卫生室110个。拥有床位9872张、卫生技术人员15028人，平均每千人拥有卫生技术人员7.51人、执业（助理）医师3.45人、执业注册护士2.76人。

（三）社会保障体系逐步趋于完善

目前，企业职工养老保险实行省级统筹，城乡居民养老、医疗、失业、工伤、生育社会保险均实现市级统筹。城乡居民养老保险综合参保率提高到91.03%，参保人数达到51.29万人，城乡居民养老保险待遇水平分别为550元/月和310元/月，下一步将逐步统一农牧民和城镇居民养老保险待遇标准。新农合参保率持续保持在95%以上，人均筹资达448元以上，住院实际报销比例提高到75%以上，最高支付限额达到12万元，均居内蒙古自治区第一；人均基本公共卫生服务经费为30.67元，12类基本公共卫生服务向全民免费提供。建立城乡低保标准与经济社会发展同步增长机制，2012年，低保标准分别达到每人每年5916元和4277元，五保人员集中、分散供养标准分别达到每人每年7000元、4200元，孤儿、城镇“三无”人员集中供养标准和优抚对象抚恤标准分别为每人每月1500元、680元，75周岁、80周岁以上老年人生活补贴每人每月分别发放100元和150元；社会福利机构18家、敬老院35所、社区服务中心141个、床位近1万张。

（四）探索建设社会治理体系

社会治理是政府、社会组织、驻区单位、企业、个人等所有利益相关者共同参与、协调行动，共管共治的过程。鄂尔多斯市在流动人口管理、社会组织建设、在公共安全体系建设等方面取得较大进展。流动人口管理上，健全工作机制，推进基本公共服务均等化、管理规范化和信息化。截至2014年6月底，暂住人口59.45万人，其中，流入人口68.54万人，流出人口20.72万人。有各类社会组织913个，其中社会团体629个、民办非企业单位284个，还有备案社区社会组织34个。在公共安全体系建设上，推进平安鄂尔多斯建设，社会治安秩序稳定良好；重点生产领域安全生产形势持续好转，各类事故率、伤亡人数明显下降；食品、药品安全监管得到加强，成为首个国家食品生产质量安全示范城市试点地区。

七、生态建设转型发展的基础和条件

（一）生态环境有很大改善

2013年，森林覆盖率达到25.35%，比内蒙古自治区高5.3个百分点，植被覆盖度达到75%以上；完成林业生态建设166.2万亩，占内蒙古自治区的13.3%；完成退牧还草370万亩，占内蒙古自治区的26.4%；建成自然保护区10个；完成水土流失治理180.9万亩；鄂尔多斯市各城镇建成区绿地率达到

38.5%，绿化覆盖率达41.09%，人均公园绿地面积达31.23平方米。空气质量好于国家二级标准天数达340天，生活污水收集率达80%以上，工业园区循环经济发展步伐加快，国家产业废物综合利用示范基地建设稳步推进。

（二）形成独特的防沙治沙模式

坚持生物措施与工程措施相结合，重点防治与区域防治相结合，2012年，毛乌素沙地治理率达到70%，库布齐沙漠治理率达到25%，水土流失综合治理率达到31%。荒漠化土地面积占国土面积比例由2003年的56%下降到31.6%，荒漠化面积较2004年减少262万亩，占到内蒙古自治区荒漠化土地减少面积的37.45%。

（三）主体功能区生态建设有序推进

一是重点开发区域坚持结构调整、节能降耗和环境保护一体化推进。大力实施煤炭行业资源整合和企业兼并重组，煤炭开采现代化水平进一步提升，回采率和机械化率分别提高到75%和90%。按照煤炭开采与生态修复相统一原则，建立生态保护修复和补偿机制、露天采矿临时用地占补平衡机制，建立复垦保证金制度，最大限度地减少对生态环境的影响。二是限制开发区域遵循环境承载能力原则推进开发建设。坚持以水定田、以草定畜、以田定人方针，适度发展现代农牧业。三是禁止开发区坚持禁止开发和生态移民相结合，以毛乌素沙地防治区、库布齐沙漠防治区和黄土高原丘陵沟壑水土保持区为主体，以点状分布的禁止开发区域为重要组成部分，制定实施农牧业优化开发区、限制开发区、禁止开发区“三区”规划，逐步推进444万公顷禁止开发区人口整体搬迁转移，2012年底，生态自然恢复区搬迁农牧民3.05万户、8.6万人，退出面积222万公顷；煤矿开采和工业开发（城市建设）区搬迁农牧民1.57万户、4.52万人，退出面积12万公顷。

（四）水资源节约利用成果显著

鄂尔多斯市水资源总量28.47亿立方米，其中，地表水11.8亿立方米，地下水16.67亿立方米。水资源可利用量21.74亿立方米，其中，地表水可用量2.4亿立方米，地下水可开采量12.54亿立方米，两者重复计算量0.2亿立方米，黄河初始水权7亿立方米。中水回用率达到60%以上，节水灌溉面积16万亩，灌区水利用系数由0.43提高到0.45，节水型社会建设通过水利部中期评估。2013年度，鄂尔多斯市用水总量为15.91亿立方米，其中，农牧业用水12亿立方米、工业用水2.4亿立方米、城镇生活及其他用水1.51亿立方米，分别占用水总量的75.4%、15.1%和9.5%。

第二章　实现转型发展的新增长点和重点任务

所谓转型发展，从字面含义上讲，就是由原有发展类型转变到新的发展类型。实现鄂尔多斯市转型发展，是落实习近平总书记考察内蒙古重要讲话精神的转型发展；是全面转型，即经济建设、文化建设、社会建设、生态建设全面转型；是科学发展，即统筹发展、协调发展、可持续发展。转型发展的本质，是转变发展方式，调整优化结构，创新驱动发展，提高质量效益。从转型发展的路径讲，就是要在原有发展成果的基础上，着力培育发展新增长点；就是要突出发展重点，带动全局转型。

一、着力打造新型工业化新增长点

打造新型工业化新增长点，要坚持以信息化带动工业化、以工业化促进信息化，推进科技含量高、经济效益好、资源消耗低、环境污染少、人力资源优势得到充分发挥的新型工业化，推动传统能源向清洁能源、传统煤化工向现代煤化工、高铝煤炭向煤电铝一体化、弱配套装备制造业向集群化装备制造业转型，着力打造清洁能源、现代煤化工、铝循环产业和装备制造业等新增长点，从结构单一型向多极支撑型转变，把鄂尔多斯市建成国家清洁能源输出基地和现代煤化工生产示范基地。

打造新增长点，是指在转变经济发展方式和调整优化产业结构过程中，培育市场需求潜力比较大、增长比较快，辐射带动能力强，经过努力可以较快发展的新兴产业或行业。其特点是当前市场需求和潜在需求及发展潜力较大、成长性较好、技术和资金密集度高，产业关联效应强，可以成为主导的消费热点，能够带动和促进产业结构优化和升级，其新产品或服务的技术附加值较高。经济新增长点是随着经济成长阶段和产业结构的升级而不断发生变化的，不是一成不变的，只有当经济发展到一定阶段、条件成熟时，某一产业或行业才会成为新增长点。实现鄂尔多斯市工业转型发展，着力推进新型工业化，要以培育新增长点来启动新的发展引擎，拓展新的增长空间。

（一）着力打造清洁能源产业新增长点

清洁能源及其特点和优势。清洁能源是指在生产和消费过程中对生态环境低污染或无污染的能源，包括风能、太阳能、生物能、水能等可再生能源，天然气等低污染化石能源，洁净煤、煤制气、煤制油等经过清洁能源技术处理的化石能源。可再生能源是最理想的能源，但其成本比其他能源高，主要是投资和维护费用高，而且受自然条件的影响，效率低。

清洁能源最突出的特点和优势，是没有污染或污染低。当前和今后，我国能源结构战略性调整是大势所趋，应对气候变化、减少二氧化碳排放的压力持续加大，特别是解决京津冀地区雾霾问题迫在眉睫。这些因素决定清洁能源市场将持续扩大，对清洁能源的投资将不断加大，这些都对鄂尔多斯市加快发展清洁能源带来了历史性机遇。

加快发展清洁能源，是调整能源结构、改善环境质量的重要抓手。着力打造清洁能源产业的新增长点，鄂尔多斯市具有得天独厚的资源基础和资源转化的产业基础，具备较先进的加工转化技术条件、一定的水煤组合优势条件和输送能源的各种通道条件，而且具有距离消费市场较近的区位优势，以及良好的发展环境。这些优势使鄂尔多斯市具有了很强的市场竞争力。着力打造清洁能源产业新增长点，是鄂尔多斯市在经济发展新常态下，调整优化产业结构，延长资源型产业链，推动经济绿色循环低碳发展的重要途径之一。

打造清洁能源产业新增长点的核心。在现有能源产业基础上着力打造清洁能源产业新增长点，要着重解决产业链条短、发展方式粗放、创新驱动薄弱三个核心问题。只有延长产业链条，才能调整能源结构、优化产业结构、形成新兴产业，带动产业升级的同时做大产业规模；只有转变发展方式，才能节能减排、绿色循环低碳发展、提高经济质量效益，带动经济持续健康发展；只有坚持创新驱动发展，才能依靠科技支撑、改革体制机制，优化产业结构、转变发展方式。所以，要围绕延长煤制油、煤制气和天然气产业链条，扩大开发利用新能源规模，探索开发利用非常规天然气，逐步提高超超临界机组比例，以及与此相关的技术创新、体制创新等方面取得积极突破。高度重视清洁能源生产关键环节的工艺和技术的可靠性问题，防止出现生产成本过高、资源消耗过多、污染物排放、安全生产隐患等问题。

提高超超临界机组比例。采用超超临界发电机组，可通过升高蒸汽参数、加温来提高燃煤发电效率，每度电煤耗和二氧化碳排放量可降低20%以上，加上烟气净化装置，脱硫率可达98%，减少65%的氮氧化物排放量。采用煤基多联产能源系统实现电力、化工、热、气联产，可以使总能效从40%提高到60%，硫化合物回收率达到96%～98%，二氧化碳减排40%；使发电效率提高约10%，成本下降30%；如联产甲醇，成本可下降40%；采用燃气轮机驱动，可以减少冷却水的消耗，节约大量水资源。把煤制气技术同先进的发电、化工、冶金技术结合起来，可以进一步延长煤电的产业链，提高资源利用的经济效益和环境效益。

统筹解决发展清洁能源用水瓶颈。鄂尔多斯市发展煤制油、煤制气、洁净煤等清洁能源的最大瓶颈制约是水资源缺乏。清洁能源项目耗水比较多，解决发展清洁能源的生产用水难度比较大，可以从几个方面考虑：一是要求需求侧地区政府或投资企业帮助解决黄河用水指标。二是请求内蒙古自治区政府和主管部门帮助解决发展清洁能源生产用水问题。三是挖掘自身潜力，从现有工业用水中调剂一部分用水指标。另外，杭锦旗正在搞可行性研究的库布齐沙漠分凌蓄水生态治理工程，把防治灾害、生态治理、调凌蓄水三者相结合，通过将黄河分凌水引入库布齐沙漠洼地，形成3.1亿立方米蓄水量，或许是破解鄂尔多斯市工业用水难题的一条可行途径。

（二）着力打造现代煤化工产业新增长点

传统煤化工与现代煤化工。煤化工是以煤为原料，经过化学加工使煤转化为气体、液体、固体燃料及化学品，生产出各种化工产品的工业。煤化工分为传统煤化工和现代煤化工。传统煤化工包括煤焦化、煤电石、煤合成氨（化肥）等领域。现代煤化工是以技术创新为手段，通过多种单项技术耦合与集成，对煤炭进行加工转化，生产多种清洁燃料、化工产品的产业，生产清洁能源和可替代石油化工的产品，主要包括煤制油、煤制气、煤制烯烃、煤制乙二醇、煤制二甲醚、煤制芳烃等，是能源化工一体化的新兴产业。

现代煤化工的特点和优势。与传统煤化工相比，现代煤化工具有环境污染少、产业链条长等特点。现代煤化工产业的洁净能源产品和其产品可替代石油化工产品的市场竞争优势是不可替代的。这对于减轻我国燃煤造成的环境污染、降低对进口石油的依赖均有着重大意义。可以说，现代煤化工产业在我国面临新的市场需求和发展机遇。发展现代煤化工产业，有利于实现煤炭资源的综合利用，提高煤炭转化效率；有利于缓解国内石油资源短缺，保障国家能源安全；有利于将资源优势转变为经济优势，调整优化产业结构。

2013年，鄂尔多斯市煤炭外运出市5.1亿吨，占煤炭总产量的80%。变卖煤为卖煤化工产品，延长煤炭资源产业链，把煤炭变作原料，发展现代煤化工产业，比单纯输出煤和电增值6～10倍，是有效解决大量原煤外运带来的交通运输压力，优化全国产业布局，保障国家能源安全和治理大气污染的重大举措之一。

改造提升传统煤化工产业。目前，鄂尔多斯市煤化工产业产值只占规模以上工业增加值的4%，以传统煤化工产业为主，资源利用效率低、产品附加值低、污染物排放高，初级原料型、低附加值产品比重大，延伸配套产业发展不足，没有形成关联度较高的产业集群。打造现代煤化工产业新增长点，要下功夫改造提升传统煤化工产业。在现有煤化工产业基础上着力打造现代煤化工产业新增长点，同样要着重解决产业链条短、发展方式粗放、创新驱动薄弱三个核心问题。要延伸煤制油、煤制气、煤制烯烃、煤制醇醚燃料的产业链条，生产各种有机化工、精细化工产品。要准确把握现代煤化工产业的市场需求定位，科学选择延长产业链的工艺路线和保证关键核心技术的稳定可靠，积极推动产业的集群化发展，尽量减少对生态环境的不利影响。

现代煤化工产业是公认的耗水大户，缺水同样是鄂尔多斯市发展现代煤化工的瓶颈制约。解决现代煤化工用水问题，除了依靠技术进步，采用新工艺新技术，在节约用水上下功夫以外，还可以按照前面所讲的清洁能源产业用水思路加以解决，最终是要以水定项目。

（三）着力打造铝循环产业新增长点

打造铝循环产业新增长点，目的是综合利用鄂尔多斯市高铝煤炭资源，粉煤灰提取氧化铝，变废为宝，弥补我国氧化铝短缺的劣势，进而发展铝深加工，延长铝循环产业链条，调整优化产业结构。要积极推进各种技术示范工程，重点突破一些技术难点。

坚持煤电铝一体化循环发展。国家发改委和工信部下发通知，决定从2014年起严禁新开工电解铝项目，同时对电解铝企业用电实行阶梯电价政策，这对鄂尔多斯市利用高铝粉煤灰资源和电力低成本优势发展铝循环产业十分有利。要抓住国家鼓励发展战略性新兴产业、调整过剩产能机遇，坚持煤电铝一体化方式，在已有技术基础上进一步加强研发，构建高铝煤炭—电力—氧化铝—铝深加工、硅铝钛—电解铝—铝箔循环经济产业链，进一步延伸铝深加工，培育形成新的经济增长点。

依靠科技创新降低铝提取成本。煤电铝一体化、高铝粉煤灰提取氧化铝，是鄂尔多斯市发展铝循环产业的优势，而粉煤灰提取氧化铝技术不成熟、铝的市场竞争力较弱，则是打造铝循环产业新增长点的瓶颈制约。加大投入、集中攻关，努力开发流程短、消耗少、排放低的新技术、新工艺，降低生产成本，集成利用高铝粉煤灰生产高附加值产品的工艺技术。

推动深加工不断延长产业链。鄂尔多斯市铝循环产业的发展，关键在技术攻关，生命力在深加工。铝的深加工要努力与装备制造业，特别是汽车制造业发展深度融合，生产各种专用铝合金，重点制造汽车车身、轮毂和汽车其他零部件；生产建筑用铝型材，高精铝板、铝带、铝箔和高纯高压电子铝箔等，提高产品附加值、提升产品档次，增强市场竞争力。

依托循环发展综合利用副产品。推动煤电铝生产企业与水泥生产企业等相关企业形成资源循环利用生产链，资源化利用高铝粉煤灰提取氧化铝生产过程中产生的硅钙渣、活性碳酸钙、白炭黑等副产品，特别是回收利用高铝粉煤灰中的镓资源，提高资源综合利用水平。同时，要依靠科技进步，探索解决氧化铝生产废渣赤泥这个铝行业面临的世界性难题的方法。

（四）着力打造装备制造业新增长点

装备制造业及其特点。制造业包括装备制造业和最终消费品制造业。装备制造业又称装备工业，即“生产机器的机器制造业”，是为满足国民经济各部门发展和国家安全需要而制造各种技术装备的产业总称。其产品范围包括金属制品业、通用装备制造业、专用设备制造业、交通运输设备制造业、电器装备及器材制造业、电子及通信设备制造业、仪器仪表及文化办公用品装备制造业七个大类。装备制造业是为国民经济各行业提供技术装备的战略性产业，产业关联度高，吸纳就业能力强，技术资金密集，是各行业产业升级、技术进步的重要保障和国家综合实力的集中体现。

装备制造业是少有的资金密集、技术密集、劳动密集相结合特点很突出的产业。一是资本密集，需要很大的财力投入，其厂房成本、设备成本、材料成本、研发成本、人力成本等成本都很高，投资规模巨大。二是劳动密集，装备制造业需要大量人力参与产成品的制造过程。一般来讲，生产过程对技术要素的依赖与对劳动要素的依赖成反比，即只有当技术程度低时，容纳的劳动力才会多。但装备制造业则不同，技术密集与劳动密集并存，由于其产品的生产组织过程非常复杂，主要是通过按单制造、非标制造、项目制造等模式进行，与最终消费品制造业的批量化、流水线生产组织模式极为不同，存在着大量的定制化采购、设计、生产组织和装配工作，都需要靠大量人力介入进行解决，对资本、技术与人力的需求都很旺盛的产业，对投资、技术进步、就业的拉动效果极为明显。

推动装备制造业集群化发展。加快发展装备制造业等非资源型产业，着力打造装备制造业新增长点，是鄂尔多斯市调整优化产业结构，积极构建多元发展、多极支撑的现代产业的主攻方向，也是实现转型发展的重要内容。目前，装备制造业发展中最突出的问题是产业集中度低、配套能力弱、集群化发展不够。由于配套能力弱，缺少专业化、社会化服务，成本难以降低，效率难以提速，质量难以提升，竞争力难以提高。打造装备制造业新增长点，要按照集群化发展的思路，既要引进和培育一批在国际国内有竞争力的大型企业，又要引进和配套一大批强、精、专的中小企业集群，瞄准薄弱环节，着力提高核心技术研发能力、基础材料制造能力、基础工艺创新能力、基础元器件生产能力和关键零部件的配套能力。

加速引进和开发先进的装备制造技术。装备制造业是科学技术和知识转化为生产力的最具深度、最有影响的产业。现阶段，经济增长方式的集约化不再是盲目追求速度和产量，而是注重效率和质量，以及节约资源和降低污染。集约化的决定性因素是加速技术进步，集约化的物质基础是开发先进、高效的技术装备。技术装备作为技术载体，是科研成果转化为生产力的媒介和桥梁，是科研成果从潜在效益转化为现实效益的重要手段。技术装备是技术含量高、附加价值大、产业关联度大以及出口贸易利益较大的商品。打造装备制造业新增长点，要加速装备制造技术进步，依靠科技提高产业质量和效益，提升产品市场竞争力，用先进装备改造传统产业，实现产业结构优化升级。打造装备制造业新增长点，需要引起我们高度重视的是机器人。2014 年 6 月，习近平总书记在“两院”院士大会上讲，机器人的研发、制造、应用是衡量一个国家科技创新和高端制造业水平的标志。我国将成为全球最大的机器人市场。鄂尔多斯市应深谋远虑、审时度势，及早谋划机器人发展，积极引进机器人项目。

积极发展新能源汽车。通过发展清洁能源、调整能源结构来改善环境，是今后能源发展的方向。鄂尔多斯市有丰富的天然气和非常规天然气储量，有得天独厚的生产和利用清洁能源的基础和条件。适应今后能源发展方向，要积极引进包括特斯拉在内的新能源汽车技术。日前，美国电动汽车生产厂商特斯拉宣布将公开其技术秘密，"特斯拉、其他电动汽车公司以及全世界，都将受益于一个共同的、飞速发展的技术平台"。要稳步发展新能源汽车，引进和发展与新能源生产和运输相关的装备制造业及相关产业，比如，特种车制造和改装、民用车和运输车油改气、天然气和非常规天然气勘探设备制造、清洁能源汽车改装，以及新能源汽车加气站建设和服务等产业发展，这是打造装备制造业新增长点的巨大潜力，也是一个极具发展空间、需要重点培育的新增长点。

（五）着力构建市域科技创新体系

科技创新体系是社会系统工程。着力构建市域科技创新体系，是实施创新驱动发展战略，为鄂尔多斯市实现转型发展提供引擎，为打造三次产业新增长点乃至完成各项建设重点任务提供支撑的迫切需要，必须摆在全市发展全局的核心位置。坚持创新驱动发展，推动科技创新，要以建设创新型鄂尔多斯为目标，着力构建具有鄂尔多斯特色的市域科技创新体系。市域科技创新体系是以政府为主导、充分发挥市场配置资源的决定性作用、各类科技创新主体紧密联系和有效互动的社会系统工程。

科技创新体系要建设四个系统。即：科技创新体系，即科技创新主体和技术研发及其成果的转化系统，这是创新链上的供给源；创新服务体系，即创新基础设施和创新环境，为创新主体提供社会化、专业化服务，促进创新活动开展的系统，这是创新链的中间环节和联动枢纽；创新示范体系，即创新主体与创新需求互动，创新成果的产业化系统，这是创新链的终端部分；创新保障体系，即创新资源，创新投入体系、创新人才体系、创新政策支持体系，这是创新链的中介服务和宏观管理。

科技创新体系要支撑转型发展。构建市域科技创新体系，要紧紧围绕促进科技进步与转型发展相结合，以加强科技创新、促进科技成果转化和产业化为目标，以调整结构、延长产业链、转换机制为重点，推动形成政府、企业、科研院所及高校、技术创新服务体系四方互动的创新体系，完成为鄂尔多斯转型发展提供动力支撑的基本任务。要深化科技体制改革，解放创新人才这个科技第一生产力的最活跃因素，推动科技和转型发展紧密结合，着力构建以企业为主体、市场为导向、产学研相结合的技术创新体系。

二、着力打造绿色生态农牧业新增长点

（一）绿色生态农牧业及其特点

所谓绿色农业，是指以生产并加工销售绿色食品为轴心的农业生产经营方式。绿色农业生产加工的绿色食品，是按照特定方式进行生产，经专门机构认定，允许使用绿色标志的无污染的安全、优质、营养类食品。生态农业是指以保护改善农业生态环境为前提，运用系统工程方法和现代科学技术，实行集约化经营的农业发展模式。生态农业是把农业生态系统和农业经济系统统一起来，以取得最大生态经济整体效益的复合系统，是把农、林、牧、副、渔各业综合起来，把生产、加工、销售综合起来，适应市场经济发展的现代农业。

从绿色农业和生态农业的关系来讲，绿色农业注重防止污染，追求整个生产过程的无污染、无公害，针对的是农业生产经营方式；生态农业注重环境保护，追求生产过程中既要保护生态、又要依赖生态的有效支撑，重视提高太阳能利用率和生物能转换效率，使生物与环境之间得到最优化配置，使生态与农业经济良性循环，增强抗御自然灾害的能力，针对的是农业生产体系。简言之，绿色生态农业是坚持农业生态系统与农业经济系统相统一，生产、加工和销售符合标准的绿色食品的农业发展模式和生产经营方式。发展绿色生态农牧业，更加符合鄂尔多斯市农村牧区实际和农牧业生产的环境条件，是鄂尔多斯市发展现代农牧业的模式。

（二）绿色农畜产品有广大的市场需求

绿色生态农牧及其生产加工的绿色食品，出自良好的生态环境。本来，地球为人类提供了良好的气候、新鲜的空气、丰富的水源、肥沃的土壤，使人类能够世代繁衍生息。但是由于人口剧增、经济发展，使资源受到破坏，环境受到污染，人类对自然的伤害最终都反馈给人类自身。于是，人们出于本能和对科学的认知，开始越来越关心健康，注重食品安全，保护生态环境，特别是对没有污染、没有公害的农畜产品倍加青睐。绿色生态农牧业及绿色食品以其固有优势被广大消费者认同，成为具有时代特色的必需品。积极发展绿色生态农牧业，已成为应对食品安全挑战的战略举措。绿色生态农牧业以绿色环境、绿色技术、绿色产品为主体，促使过分依赖化肥、农药的化学农业和过度破坏草原生态的头数畜牧业向主要依靠生物内在机制的生态农业和草畜平衡的生态畜牧业转变。绿色农畜产品具有广大的市场需求，绿色生态农牧业具有广阔的发展前景。

（三）发展绿色生态农牧业有较好的基础和条件

鄂尔多斯市具有发展绿色生态农牧业的天然优势。没有被污染的草场、耕

地、水浇地、两河流域、不断改善的生态环境等；水质、土壤、大气良好，绿色食品原料资源丰富。2012 年，鄂尔多斯市农作物总播种面积 381500 公顷，其中蔬菜播种面积 7800 公顷；蔬菜产量 343698 吨；草原总面积 7047000 公顷，其中可利用面积 7007000 公顷；人工种草保有面积 691 万亩，其中当年种草面积 209 万亩；园林水果产量 8133 吨，其中苹果 5220 吨。2012 年，年中牲畜总头数 1208.41 万头（只），其中牛 28.24 万头、羊 1097.28 万只、生猪 77.82 万头；年末牲畜总头数 751.80 万头（只），其中牛 21.11 万头、羊 683.24 万只、生猪 43.14 万头。[①]

（四）根据立地条件推动农牧业转型

鄂尔多斯市农牧业立地条件的特殊性决定了发展现代农牧业任务的艰巨性。其特殊性主要体现在以下五个方面：第一，农村牧区本身是生态脆弱区，发展现代农牧业必须处理好与保护生态的关系，农牧业生产经营方式必须从粗放型向集约型转变，实现由传统农牧业向现代农牧业的转型。第二，农业耕地中，集中连片的平川地少、分散在丘陵沟壑间的小块地多，旱涝保收的水浇地少、靠天吃饭的旱地多，缺少大规模机械化作业的条件，集中连片流转耕地的优势不突出。第三，草原畜牧业依托的是硬梁地荒漠草原，干旱少雨，生态环境脆弱，只有在严格实行草畜平衡、春季休牧制度的前提下，才有可能可持续利用。第四，水利条件较好的平川地主要集中在境内黄河流域和无定河流域，具有种植瓜果蔬菜等经济作物和种植饲草料发展肉牛、肉羊等舍饲畜牧业的优势。第五，难以规模化开发利用的小块地，必须因地制宜、因条件制宜，发展特色种植业或特色养殖业。

（五）重点培育发展六个主导产业

打造绿色生态农牧业新增长点，推动农牧业转型，要在巩固提高玉米、绒山羊、细毛羊等传统产业的基础上，重点培育发展肉牛、肉羊、生猪、家禽、瓜果蔬菜、林沙产业六个主导产业。要坚持以农牧民增收为核心，培育新型经营主体，创新生产经营方式，集成推广新技术，提高土地产出率、草原利用率、劳动生产率，发展生产技术先进、经营规模适度、市场竞争力强、生态环境可持续的符合鄂尔多斯市农村牧区实际的现代农牧业。要以发展瓜果蔬菜等经济作物和肉牛肉羊等舍饲畜牧业为主攻方向，着力打造结构优化、布局合理，质量较高、效益较好，农牧结合、种养互动的绿色生态农牧业新增长点，从粗放低效型向优质高效型转变，形成绿色农畜产品新优势。

（六）培育新型经营主体是关键

绿色生态农牧业是传统农牧业和现代农牧业的有机结合，以高产、稳产、高

---

① 数据来源：《鄂尔多斯统计年鉴》（2013 年）。

效为目标，不仅增加了劳动力、机械、设备等农用生产资料的硬投入，还增加了科学技术、信息、人才等软投入，使绿色生态农牧业具有更鲜明的时代特征。这些都对农牧业生产经营者的素质能力和实力提出了更高的要求，因地、因条件、因产业制宜，扶持和培育农牧民专业合作社、种植养殖大户、家庭农牧场、农牧业企业等新型经营主体，是打造绿色生态农牧业新增长点的关键。

（七）建立土地草场有序流转机制是条件

适度规模经营是农牧民专业合作社、种植养殖大户、家庭农牧场、农牧业企业等新型经营主体从事绿色生态农牧生产经营活动的必要条件。坚持依法自愿有偿原则，因地、因条件、因产业制宜，探索建立土地草场承包经营权市场化有序流转机制，是促进农牧业适度规模经营的基本前提。探索建立土地草场流转机制，必须坚持不改变用途原则，必须兼顾农牧户和新型经营主体双方利益，特别是应做到农牧户流转土地草场的收益与经营主体的生产经营效益同步增长。在流转方式上，采用入股、出租、转包、托管等哪一种形式，由利益双方平等协商。

（八）建立稳定的市场销售网络是动力

绿色生态农牧业是多元结合、产业化发展的农牧业。要根据各旗区优势特色，以肉牛肉羊、瓜果蔬菜为主体，以产加销、贸工农、运建服等产业链为外延，大力发展以饲草料种植业为依托的肉牛肉羊产业、错季节生产的瓜果蔬菜产业。这两大产业能不能持续健康发展，取决于准确的市场定位和持久的市场需求。要鼓励农畜产品加工和销售的龙头企业，注重绿色认证、使用绿色标识、打造特色品牌，提升市场竞争力，凭借过硬的产品质量赢得消费者，构建互联网、物联网销售网络，不断提高市场占有率。

（九）集成推广绿色生态新技术是支撑

绿色生态农牧业的产品——绿色食品要在严格的质量标准控制下生产，绿色食品认证除了要求产地环境、生产资料投入品的使用外，还对产品内在质量、执行生产技术操作规程等有极其严格的质量标准，可以说从土地草场到餐桌，从生产到产后的加工、管理、贮运、包装、销售的全过程都是靠监控实现的。因此，绿色生态农牧业是各种技术措施的科学组合，是机械技术和生物技术相结合、绿色农牧业技术和生态农牧业技术相结合的农牧业系统。绿色农牧业、生态农牧业各种新技术的集成推广，是绿色生态农牧业持续健康发展的有力支撑。要统一品牌和标准，注重开拓市场，为绿色生态农牧业发展提供强大动力。

（十）加强社会化服务体系建设是保障

绿色生态农牧业是改善生态环境，提高消费者健康水平的环保产业、新兴产业。从产前、产中到产后的各个生产经营环节，都需要社会化、专业化服务。绿色生态农牧业服务体系，既包括政府部门的基本公共服务，也包括社会组织的专业化服务，要把公共服务和市场服务紧密结合起来。市场服务看重规模性需求，没有区域性规模化生产经营，很难有市场化服务。在推动绿色生态农牧业规模化发展的同时，政府要鼓励引导专业化服务组织发展，或由政府购买专业化服务。这既是发展绿色生态农牧业的保障措施，也是发展农牧业生产性服务业的重要方面。

（十一）确保农牧民增收致富是目的

着力发展肉牛肉羊等舍饲畜牧业和瓜果蔬菜等经济作物，是鄂尔多斯市发展绿色生态农牧业的主攻方向。无论是发展舍饲圈养的肉牛肉羊产业和瓜果蔬菜产业，还是发展草原畜牧业和特色种养业，都必须把农牧民增收致富作为根本出发点和落脚点。就是说，不管发展什么产业，都必须把提高产业的质量效益摆在第一位，搞清市场需求、搞准市场定位，培育新型经营主体，建立稳定的销售网络。特别是瓜果蔬菜具有很强的季节性，舍饲圈养具有动物疾病的易传性，都具有一定的风险性。要加强风险防控，依托龙头企业实现农畜产品加工增值和营销增值，建立健全龙头企业与农牧户的紧密型利益联结机制，使农牧民持续增收致富。

而且，发展舍饲圈养的肉牛肉羊产业和瓜果蔬菜等经济作物产业，包括发展特色种养业，都属于集约化经营的精细农牧业，对设施设备、资金投入、技术技能、经营主体、生产模式、合作机制、标准质量、市场营销、利益共享和农牧民素质能力等，都有较高要求。着力解决所有这些问题的过程，就是传统农牧业向现代农牧业转变的过程，也是实现鄂尔多斯市转型发展的重要内容。

三、着力打造现代服务业新增长点

（一）现代服务业及其特点

现代服务业是指以现代科学技术特别是信息网络技术为主要支撑，建立在新的商业模式、服务方式和管理方法基础上的服务产业。现代服务业既包括随着技术发展而产生的新兴服务业态，也包括运用现代技术对传统服务业的改造和提升。现代服务业是相对于商贸、住宿、餐饮、仓储、交通运输等传统服务业而言，往往被划分为生产性服务业、消费性服务业、公共性服务业和基础性服务业四大类，主要以金融保险业、信息传输和计算机软件业、租赁和商务服务业、科研技术服务和地质勘查业、文化体育和娱乐业、房地产服务业及居民社区服务业等为代表。

现代服务业虽然是不生产商品和货物的产业，但现代服务业的发展在本质上是适应了社会进步、经济发展、社会分工的专业化等需求，具有人力资本含量高、技术含量高、智力要素密集度高、产出附加值高、资源消耗少、环境污染少等特点，主要以基础服务、生产和市场服务、个人消费服务三类服务为载体。现代服务业发展水平是衡量一个国家和地区现代化程度的重要标志，其发展程度已经成为反映一个国家和地区综合实力的重要内容。

（二）现代服务业发展思路和新增长点

服务业增速较慢、规模较小、比重较低，不能适应鄂尔多斯市经济社会发展的需求，是鄂尔多斯市产业发展的短板。打造现代服务业新增长点，带动鄂尔多斯市服务业转型，要坚持加快服务业增速、扩大服务业规模、增加服务业比重、优化服务业结构、提高服务业质量、提升服务业水平、增强吸纳就业能力，满足工业转型升级、建设绿色生态农牧业和人民群众日益多样化的服务需求，着力打造生产性与生活性相统筹、公共性与高端性相兼顾、硬设施与软实力相匹配、面对当地与面向全国相促进的现代服务业新增长点，从服务短缺型向促进发展型转变，形成现代服务业的新优势。

打造鄂尔多斯市现代服务业新增长点，应立足于满足服务需求，突出发展重点。一是优先发展生产性服务业，加快发展信息、金融、保险以及会计、咨询、法律服务、科技服务等商务服务行业，促进服务业行业结构优化，推动产业转型升级。二是全面提升消费性服务业，积极发展文化、体育健身、旅游、教育培训、社区服务、家政服务、物业管理等需求潜力大的产业，切实改善人民群众生活水平。三是加快发展计算机和软件服务业、创意服务业、动漫服务业、会展服务业等，不断拓展新的服务领域。四是努力培育新兴服务业，运用现代经营方式和信息技术改造提升传统服务业，推进连锁经营、特许经营、物流配送、代理制、多式联运、电子商务等组织形式和服务方式的发展。五是突出发展竞争力强的大型服务企业集团，促进服务业的集团化、网络化、品牌化经营，催生经济增长新引擎。

（三）促进服务业与实体经济融合发展

产业相互融合是现代产业发展的重要特征，集聚发展是产业融合的前提条件，是现代服务业发展新趋势。与实体经济的融合程度，代表着现代服务业发展的程度。要积极推动金融服务业、现代物流业、交通运输业、商务服务业、信息服务业等生产性服务业进一步深化专业化分工，在企业所在园区与清洁能源、现代煤化工、铝循环产业和装备制造业企业及相关机构实现集聚，通过服务产品和服务模式创新深度融合，形成持续的竞争优势。

促进服务业与实体经济融合发展，要大力推进制造业服务化。要鼓励引导制造业顺应现代科技的发展和市场的变化，创新制造方式和服务业态，推进制造业的智能化、数字化、网络化、服务化；发展产品定制、零部件定制、柔性制造、个性化制造等，在规模化、批量化生产的同时，注重满足不同层面、不同客户和消费者的需求；制造业企业要进一步提升品牌质量，为开拓市场、发展服务业提供物质保障，成为制造与服务融合型企业。要鼓励引导制造业围绕产品功能扩展服务业务，搞好售后服务、全寿命周期服务；发展故障诊断、维护检修、检测检验、远程咨询、仓储物流、电子商务、在线商店等专业服务和增值服务，向下游延伸。要鼓励引导大中型骨干企业、“专精特新”科技型优势中小企业凭借自身的技术、人才优势，向研发、设计服务上游扩展；通过科技成果推广、工业设计服务、科技管理咨询等方式推进行业优化升级；有条件的企业还可以为行业、为社会提供信息软件、节能环保等服务，为提升产业信息化水平、促进绿色低碳转型服务。实践证明，制造业服务化不仅是工业调整结构、扩大规模、提高质量的有力措施，而且是大力发展生产性服务业的重要途径。

（四）鼓励企业将主业与辅业分立发展

发展生产性服务业，更多是第二产业的延伸、扩展和分立。工业分工协作越深化，对服务业需求就越大。要制定扶持政策，鼓励引导清洁能源、现代煤化工、铝循环产业、装备制造企业主辅分立，将企业的研发、设计、采购、供应、物流、销售和售后服务等服务性环节剥离出来，使企业内部服务资源实现专业化、社会化和市场化发展，带动现代物流、软件服务、物联网、电子商务、信息服务、工业设计等生产性服务业快速发展，实现企业服务外包的同时使其自身结构由“橄榄型”向“哑铃型”升级。

（五）引导中小企业实行服务外包发展

服务外包是中小企业快速成长的重要途径。要制定支持政策，建立以政府服务机构为主体、中介服务机构为支撑、社会化服务主体共同参与、面向中小企业的公共科技和融资服务平台，引导中小企业将非强项、非主营业务和环节外置化，委托第三方中介提供创业辅导、产品设计、产品认证、技术咨询、信息服务、节能服务、市场营销、融资投资、内部管理、员工培训等专业化服务。同时，为更多中小企业进入上述服务领域创造条件。

（六）推动物流业实现园区化发展

把运输、仓储、货代和信息等产业融为一体，将不同规模专长的物流企业、各类服务资源和专业部门集聚到一起，联系上下游产业开展各项物流活动，是物流园区的功能。要围绕设立条件和标准、战略定位和经营特色、服务方式和盈利模式、管理体制和组织架构、物流信息和公共服务、网络协同和竞争合作、评价体系和考核方法等方面加强建设，打造绿色低碳物流园区，促进产业集聚、资源整合，吸纳就业、拉动消费，提高经济发展的竞争力。

（七）注重生活性服务业标准化发展

服务业质量的高低与服务质量相关，服务质量又与服务标准、服务诚信相关。生活性服务业所提供的产品是服务产品，其具有无形的特点，不能计量而又客观存在。一般来说，服务质量的高低与从业人员的素质相关，生活性服务业的无形性也使得服务的环节有时主要靠服务主体来确定。因此，要健全服务标准体系，加强从业人员队伍建设和诚信建设，切实提高生活性服务业的质量和水平。

（八）加快基本公共服务均等化发展

要加快发展公共教育、医疗卫生、就业服务、社会服务、社会保险、文化体育、住房保障等基本公共服务，满足人民群众的基本生活需求。强化政府提供基本公共服务的主体责任，坚持城乡统筹、发挥市场机制作用、鼓励社会力量参与，实现城乡基本公共服务均等化。落实党的十八届三中全会精神，加快事业单位分类改革，坚持政企分开、政事分开、事企分开、营利性与非营利性分开，加大政府购买公共服务力度。

（九）统筹文化旅游特色化发展

旅游业是现代服务业的重要组成部分。加快旅游业发展，是适应人民群众消费升级和产业结构调整的必然要求，对于扩大就业、增加收入、改善生态环境、推动转型发展，具有重大意义。要发挥民族文化旅游得天独厚的优势，坚持以人为本，遵循市场规律，追求创意创新，把握好资源承载力，在保护中开发和发展。在资金投入上，积极探索将矿区生态修复资金用于草原旅游，鼓励社会资金投资旅游，使牧民和企业从草原旅游发展中受益。突出鄂尔多斯旅游特色，统筹整合旅游产品，打造复合型旅游产品，使旅游产品向观光、休闲、度假并重转变，发挥最大效益。加强对牧民的培训，增强服务技能，促进牧区产业转型、牧民群众致富。

（十）积极发展假日休闲经济

鄂尔多斯市已具备发展假日经济和休闲经济的基本设施条件。假日经济是人们利用节假日集中购物和消费的行为，休闲经济是休闲大众化过程中休闲消费需求和休闲产品供给构筑的经济，表现为旅游、休闲、娱乐等形式，涉及商品消费、旅游服务消费和文化消费等领域，涵盖面非常广。发展假日休闲经济，要针对内容单调、方式单一、产品匮乏等问题，创新理念、丰富内容、转变方式，搞好服务，促进消费，提高消费者满意度。

（十一）积极发展健康服务业

健康服务业包括医疗护理、康复保健、健身养生等众多领域，是现代服务业的重要内容。鄂尔多斯市城镇核心区具备发展健康服务业的硬件设施条件，要把发展健康服务业和旅游观光、休闲度假结合起来，提升中蒙医药的医疗保健服务功能，引进和培养专门人才，形成对内对外统筹兼顾、硬件和软件相得益彰、基本和非基本健康服务协调发展的健康服务业新优势。

四、推动城镇化转型的重点任务

（一）城镇化转型思路和重点任务

城镇化转型，要坚持以人的城镇化为核心，以产城融合为支撑，有序推进农牧业转移人口市民化，切实提高城镇化质量，推进以人为核心的新型城镇化与新农村新牧区建设并举，着力打造城乡发展一体化新格局，由产业支撑薄弱型向产城融合型转变，形成吸纳人口新优势。

城镇化是农村人口逐步向城镇聚集的过程，是衡量一个国家现代化水平的重要标志。2013 年，鄂尔多斯市常住人口 201.75 万人，其中，城镇人口 146.01 万人，乡村人口 55.74 万人，城镇化率为 72.4%；户籍人口 154.34 万人，其中，非农业人口 48.85 万人，户籍人口城镇化率为 31.7%。

推动城镇化转型的重点任务是调整优化城镇产业结构，强化城镇产业对就业的支撑；有序推进农牧业转移人口市民化，必须解决他们的就业、住房、社会保障、子女教育问题，稳步提高户籍人口城镇化水平；加快发展社会事业，实现基本公共服务常住人口全覆盖；完善城乡发展一体化体制机制，强化城镇辐射带动农村牧区发展，全面建设品质城市。

（二）着力强化城镇产业支撑

推进以人为核心的新型城镇化，首要的是大力发展城镇产业。产业发展是农牧业人口转移的基础，没有产业支撑的城镇化没有人气。鄂尔多斯市的城镇，马路宽、高楼多、广场大，就是产业发展不足，特别是就业容量大的中小企业和服务业发展不足，吸纳就业能力弱。要围绕产业集群化发展、大企业配套发展，围绕满足人民群众的生产生活需求，加快发展中小微企业、生产性和生活性服务业，把城镇打造成为创业乐园和创新摇篮。

（三）有序推进农牧业转移人口市民化

新型城镇化的标志是推进农牧业转移人口市民化，而农牧业转移人口市民化的实质是从户籍制度的不平等走向权利、机会、规则公平的社会公平。要积极推进户籍制度改革，着力促进有能力在城镇稳定就业和生活的农牧业转移人口有序实现市民化，优先解决好进城时间长、就业能力强、可以适应城镇和市场竞争环境的人，使他们及其家庭在城镇落户。旗所在地镇和经济集聚能力强的镇，落户要向符合落户条件的农牧民放开。

（四）实现基本公共服务常住人口全覆盖

在城镇基本公共服务相对比较完善的基础上，加快发展义务教育、就业服务、基本养老、基本医疗卫生、公共文化、保障性住房等城镇基本公共服务，坚持公平共享城镇化发展成果，积极推进城镇基本公共服务由主要对本地户籍人口提供向对常住人口提供转变，逐步解决在城镇就业居住但未落户的农牧业转移人口享有城镇基本公共服务问题，稳步推进城镇基本公共服务常住人口全覆盖。

（五）完善城乡发展一体化体制机制

推动城乡发展一体化，就要加快完善城乡发展一体化体制机制，着力在城乡规划、基础设施、公共服务等方面推进一体化，促进城乡要素平等交换和公共资源均衡配置。要以城乡规划一体化为龙头、基础设施一体化为纽带、公共服务一体化为保障，形成城镇辐射带动农村牧区发展新格局，让广大农牧民平等参与转型发展进程、共同分享转型发展成果。

（六）着力提高农牧业转移人口素质能力

推进新型城镇化，核心是人的城镇化。要坚持以人为本，把提升人力资本作为城镇化过程中基本公共服务均等化的重中之重，将农牧业转移人口随迁子女义务教育纳入政府教育发展规划和财政保障范畴，足额拨付教育经费，保障农牧业转移人口随迁子女以公办学校为主接受义务教育。要加强农牧业转移人口职业技能培训，提高就业创业能力和职业素质，提升他们适应城镇和市场竞争环境的能力。

五、推动文化建设转型的重点任务

（一）文化建设转型思路和重点任务

文化建设转型，要坚持推动文化事业全面繁荣，完善城乡公共文化服务体系，满足人民群众基本文化需求；推动文化产业加快发展，把鄂尔多斯市的文化优势转化为市场优势，满足人民群众多样化、多层次、多方面的精神文化需求。

推动文化建设转型的重点任务是，深化文化体制改革，完善文化管理体制，健全现代公共文化服务体系，建立文化产品生产经营机制，建设现代文化市场体系，解放和发展文化生产力，增强全民的文化创造活力，让一切文化创造源泉充分涌流，社会文化生活更加丰富多彩，由文化资源优势型向文化综合优势型转变，建设文明鄂尔多斯。

（二）健全现代公共文化服务体系

公共文化服务体系是全面繁荣文化事业、满足人民群众基本文化需求的载体。基层公共文化场馆设施利用率不高、专业人员少、管理不完善、群众参与热情不高，是文化事业发展中的突出问题。要建立公共文化服务体系建设协调机制，统筹服务设施网络建设，促进基本公共文化服务在服务内容、功能定位、建设形式、资金投入、运行管理等方面探索出台规范化的指标体系，实现标准化、均等化。要明确不同文化事业单位功能定位，建立法人治理结构，完善绩效考核机制。要整合基层宣传文化、党员教育、科学普及、体育健身等设施，建设综合性文化服务中心。推动公共图书馆、博物馆、文化馆、科技馆等组建理事会，吸纳有关方面代表、专业人士、各界群众参与管理。引入竞争机制，推动公共文化服务社会化发展。鼓励社会力量、社会资本参与公共文化服务体系建设，培育文化非营利组织。建立群众评价和反馈机制，推动文化惠民项目与群众文化需求有效对接。

（三）完善文化发展管理体制

完善文化管理体制，是深化文化体制改革的一个重要方面。文化管理体制不顺，政企不分、权责不明是鄂尔多斯市文化发展中的一个突出问题。要按照政企分开、政事分开原则，推动政府部门由办文化向管文化转变，推动党政部门与其所属的文化企事业单位进一步理顺关系，由专门机构监管国有文化资产，实行管人管事管资产管导向相统一。要健全文化产业统计指标体系、文化产品评价体系，改革评奖制度，推出更多的文化精品。

（四）建设现代文化市场体系

鄂尔多斯市文化企业数量少、资源开发经营能力弱，文化产业规模小、层次低、效益差、发展缓慢，文化产业增加值仅占 GDP 的 2% 左右。要建立多层次文化产品和要素市场，鼓励金融资本、社会资本、文化资源相结合。完善文化市场准入和退出机制，鼓励各类市场主体公平竞争、优胜劣汰，促进文化资源顺畅流动。完善文化经济政策，扩大政府文化资助和文化采购，推进国有经营性文化单位转企改制，加快公司制、股份制改造，推动文化企业跨地区、跨行业、跨所有制兼并重组，提高文化产业规模化、集约化、专业化水平，把文化产业发展成为支柱性产业。

（五）建立文化生产经营机制

鼓励非公有制文化企业发展，降低社会资本进入门槛，允许以控股形式参与文艺院团改制经营。支持各种形式小微文化企业发展，大中小企业间形成合理分工、活力迸发、协作发展的格局，坚持把社会效益放在首位，社会效益和经济效益相统一，将草原文化资源、文艺精品转换为高档次、高品质、高附加值、具有广泛影响力的文化产品和服务，将文化资源优势转化为文化产业发展优势。

（六）构建引进培养文化人才机制

全面繁荣文化事业、加快发展文化产业，关键在培养文化人才。鄂尔多斯市文化人才特别是文化创新人才匮乏、复合型创意型人才短缺，人才和技术已成为制约文化产业发展的最大瓶颈。引进高层次文化创意人才、专业技术人才、经营管理人才，激活本地人才、培养适用人才和用好人才，是影响当前、关系长远的大问题。要构建引进和培养文化人才机制、相关研究机构和院校对文化产业发展提供智力支持机制，让文化人才引领文化产业发展。

六、推动社会建设转型的重点任务

（一）社会建设转型思路和重点任务

社会建设转型，要坚持加快健全基本公共服务体系，促进基本公共服务均等化，保障人人享有基本公共服务，加快发展义务教育、就业服务、基本养老、基本医疗卫生、公共文化、保障性住房等基本公共服务，加快社会保障制度体系建设，着力创新社会治理体制，由基本公共服务城乡差异型向城乡均等型转变，建设和谐鄂尔多斯。

推动社会建设转型的重点任务是，加快建设现代职业教育体系，建立促进就业创业的体制机制，提高人民群众的健康水平，健全更加公平可持续的社会保障制度，探索建立保障性住房供应机制，实现人人享有均等化的基本公共服务。

（二）加快建设现代职业教育体系

鄂尔多斯市转型发展急需要加速培养大量创新型人才、创业型人才、技能型人才、新型产业工人和新型职业农牧民。为转型发展培养人才，是教育事业特别是职业教育的重要使命。要推进职业教育综合改革，理顺管理体制、整合教育资源，深化产教融合、校企合作，创新人才培养机制，提高人才培养质量，形成鄂尔多斯特色的人才培养模式，建设一流的现代职业教育体系。

（三）建立促进就业创业的体制机制

2012 年，鄂尔多斯市户籍总人口是 152.08 万人，社会从业人员为 102.39 万人；三次产业增加值构成是 2.46∶60.52∶37.01，而社会从业人员在三次产业就业比例是 25.80∶30.30∶43.90。数据说明，从业人员比例相对较低，相对于产业结构，就业结构极不合理。实现充分就业、改善就业结构，既要调整优化产业结构，也要改进就业创业服务。建立经济发展和扩大就业的联动机制，健全政府促进就业责任制度。完善扶持创业的优惠政策，形成政府激励创业、社会支持创业、劳动者勇于创业新机制。完善城乡均等的公共就业创业服务体系，构建劳动者终身职业培训体系。促进以高校毕业生为重点的青年就业和农村牧区转移劳动力、城镇困难人员、退役军人就业。结合产业升级开发更多适合高校毕业生的就业岗位。健全鼓励高校毕业生到基层工作的服务保障机制，实行激励高校毕业生自主创业政策，建立高校毕业生就业创业基金。

（四）提高人民群众的健康水平

统筹推进医疗保障、医疗服务、公共卫生、药品供应、监管体制综合改革，深化基层医疗卫生机构综合改革，健全网络化城乡基层医疗卫生服务运行机制。完善合理分级诊疗模式，建立社区医生和居民契约服务关系。充分利用信息化手段，促进优质医疗资源流动。要充分发挥城镇核心区先进医疗设施条件优势，建立吸引相关医学专家流动服务机制，建设区域性乃至全国一流的健康服务中心，将体检、治疗、康复、健康服务融为一体，和旅游观光、休闲度假、避暑、养老结合起来，打造具有区域特色的健康服务品牌。

（五）健全更加公平可持续的社会保障制度

社会保障作为二次分配的重要手段，具有调节差距、促进公平的功能。要整合城乡居民基本养老保险制度、基本医疗保险制度，实现城乡居民在基本养老保险和基本医疗保险制度上的平等和管理资源上的共享。推进城乡最低生活保障制度统筹发展，建立健全合理兼顾各类人员的社会保障待遇确定和正常调整机制，完善社会保险关系转移接续政策，扩大参保缴费覆盖面，适时适当降低社会保险费率，加快健全社会保障管理体制和经办服务体系。探索建立符合实际的住房保障和供应体系，结合棚户区改造、房屋拆迁、生态移民和农牧业转移人口市民化，逐步消化房地产过剩问题。

七、推动生态建设转型的重点任务

（一）生态建设转型思路和重点任务

生态建设转型，要坚持为人民群众创造良好生产生活环境，努力建设美丽鄂尔多斯，为构筑我国北方重要的生态安全屏障做出贡献。着力满足人民群众对清新空气、清洁水源、舒适环境、宜人气候等生态产品的需求，提高人民群众的生活质量，由生态环境初步改善向更好改善转变，形成生态环境新优势。

生态建设转型的重点任务是坚持保护优先、保护中开发的方针，通过发展绿色生态农牧业，实行草畜平衡、禁牧休牧轮牧制度，使草原生态得到自然恢复，使农村生态环境得到保护；通过推进新型工业化，节约集约利用资源，减少生态环境破坏污染，着力推进绿色发展、循环发展、低碳发展，走生产发展、生活改善、生态良好的路子，建设美丽鄂尔多斯。

（二）实行草畜平衡和禁牧休牧轮牧制度

保护草原生态是生态建设的重点。保护草原生态必须依靠制度。要结合实施主体功能区制度，在科学测定不同区域草原的草畜平衡点和春季休牧始终点的基础上，严格实行草畜平衡制度和春季休牧制度，建立相应的监测考评制度和激励约束机制；同时，结合新农村新牧区建设，探索建立解决农村牧区垃圾和污水处理、防止面源污染机制，为建设美丽鄂尔多斯提供保障。

（三）实行资源有偿使用和生态补偿制度

能源、煤化工、煤电铝一体化等产业，是鄂尔多斯市发展的主导产业，同时也都是消耗能源资源和水资源、污染环境、破坏生态等方面影响较大的产业。推

动这些产业转型升级的根本性措施是加快建立全面反映市场供求、资源稀缺程度、生态环境损害成本和修复效益的自然资源及其产品价格机制，实行资源有偿使用制度和生态补偿制度，坚持使用资源付费和谁污染环境、谁破坏生态谁付费原则，逐步将资源税扩展到占用各种自然生态空间。建立有效调节工业用地和居住用地合理比价机制，提高工业用地价格。调整工业园区项目占地，提高土地利用效率。坚持谁受益、谁补偿原则，完善对重点生态功能区的生态补偿机制。

（四）实行监管污染物排放的环境保护制度

推动节能减排，促进绿色循环低碳发展，是鄂尔多斯市转型发展的内在要求。鄂尔多斯市工业的主导产业都是能源资源消耗、污染物排放比较严重的产业，节能减排任务比较艰巨。要建立和完善严格监管所有污染物排放的环境保护管理制度，健全生态环境保护责任追究制度和环境损害赔偿制度，独立进行环境监管和行政执法，及时公布环境信息，健全举报制度，加强社会监督。要完善污染物排放许可制，实行企事业单位污染物排放总量控制制度。坚决杜绝高耗能、高排放行业低水平重复建设，该关停的要坚决关停，坚定不移化解产能过剩，淘汰落后过剩产能，加强节能减排重点工程建设。探索发展环保市场，推行节能量、碳排放权、排污权、水权交易制度，建立吸引社会资本投入生态环境保护的市场化机制，推行环境污染第三方治理。加强生态文明宣传教育，增强全民节约意识、环保意识、生态意识，形成合理消费的社会风尚，营造爱护生态环境的良好风气。要完善最严格的耕地草原保护制度、水资源管理制度、环境保护制度，把资源消耗、环境损害、生态效益纳入经济社会发展评价体系，建立体现生态文明要求的目标体系、考核办法、奖惩机制。

第三章　再铸辉煌的目标和任务

再铸辉煌的目标是实现转型发展和增进人民福祉。再铸辉煌，就是坚持富民优先，在多年来鄂尔多斯市跨越式发展的丰硕成果基础上，发扬长期以来积累的宝贵经验，吸取粗放型增长的深刻教训，适应经济发展新常态，保持战略上的平常心态，顺应人民群众对幸福生活的新期待，满足人民群众从物质上到精神上都把日子过得更加红火起来的新要求，把增进人民福祉作为转型发展的出发点和落脚点，再铸人民群众共同参与转型发展、共同分享发展成果的新辉煌，使人民群众物质上富裕、精神上富有，促进人的全面发展。简言之，再铸辉煌是再铸适应新常态转型发展的辉煌，是再铸顺应人民群众对幸福生活新期待的辉煌，实现富民目标。

实现富民目标，直接关系上涉及就业、收入、基本公共服务、扶贫、生态环境等领域，间接关系上涉及整个经济社会发展的方方面面。坚持富民优先，必须实施就业优先战略，切实增加城乡居民收入和着力调整收入分配结构，实现教育、就业创业服务、公共文化、医疗卫生、养老、低保、保障性住房等基本公共服务均等化，加快脱贫致富，为人民群众创造良好生产生活环境。

一、坚定实施就业优先战略

（一）为劳动者创造充分就业机会

实施就业优先战略，要把扩大就业作为经济社会发展的优先目标，建立转型发展与扩大就业的联动机制，贯彻劳动者自主就业、市场调节就业、政府促进就业和鼓励创业的就业方针，坚持市场导向的就业机制不动摇，尊重劳动者和企业的市场供求主体地位，消除一切影响平等就业的制度障碍，形成有利于劳动力要素自由流动、平等交换的市场体系，提高人力资源配置效率和公平性。

实施就业优先战略，要千方百计地创造充分的就业机会。就业机会的多少，与经济社会发展水平、产业结构、企业结构、劳动者素质、市场机制和政府政策等有关，首先是与产业结构有密切关系。2012 年，鄂尔多斯市就业人员总数是 102.39 万人，三次产业就业人员构成是 25.80∶30.30∶43.90，但是从三次产业就业结构与三次产业结构 2.46∶60.52∶37.01 的比较看，占 GDP 仅 2.64% 的农牧业容纳了 25.80% 的就业人员，后者是前者的 9.77 倍，倍数比内蒙古自治区高 4.86；占 60.52% 的第二产业仅容纳了 30.30% 的就业人员，后者是前者的 0.50 倍，倍数比内蒙古自治区高 0.17；占 37.01% 的第三产业容纳了 43.90% 的就业人员，后者是前者的 1.19 倍，倍数比内蒙古自治区高 0.14。上述数据说明，鄂尔多斯市调整优化产业结构，必须把扩大就业作为优先目标，为全市劳动者创造充分的就业机会。

（二）以产业结构调整带动就业结构优化

从一般意义上讲，工业化过程是产业结构调整优化带动就业结构变化的过程。就业结构变化即劳动力由劳动生产率较低的领域向劳动生产率较高的领域流动、由第一产业向第二、第三产业流动是一个规律性现象。尽管这种流动受到领域和产业容纳空间、劳动力素质、思想观念和相关政策制度等的制约，然而，在市场经济条件下，劳动力的流动是一种经济现象，就业结构是经济结构的反映，就业结构由经济结构所决定。内蒙古自治区的工业化，由于资源结构、产业基础、就业观念、发展理念等多方面原因，产业结构的快速变动没有带动就业结构加快变化。总体上，内蒙古自治区的就业结构很不合理，从上面的对比分析可以看出，鄂尔多斯市的就业结构更加不合理。

就业结构是经济结构的反映，优化就业结构应从优化经济结构入手。优化经济结构，不仅要优化三次产业结构、调整三次产业比重，更重要的是优化三次产业内部结构，使之适应优化就业结构的需要。坚持富民优先，应立足于实现充分就业，在推动转型发展、调整经济结构的过程中，着力提高第三产业就业比重，稳定提高第二产业就业份额，挖掘第一产业特别是现代农牧业就业潜力，以经济结构的优化带动就业结构优化，以就业结构的优化推动就业质量的提高，促进就业富民。

（三）切实加强劳动者公共就业服务

就业的本质是社会对就业者素质能力的需要和认可。因此，就业者是否具备社会需要和认可的素质，是否具备适应就业岗位需求的能力，便成了能不能实现就业的决定性因素。对已经就业的劳动者来说，其职业技能对其劳动报酬又有较大影响。劳动者具备适应岗位需求的技能，就能快乐工作、快乐生活。劳动者素质能力包括思想道德素质、科学文化素质、健康素质在内的综合素质和职业技能，是劳动者就业创业、增收致富最重要的主观条件。提高劳动者就业能力，是推动实现更高质量就业的需要，是解决劳动者技能与岗位需求不相适应、劳动力供给与企业用工需求不相匹配的结构性矛盾的必要措施。政府要切实履行加强公共就业服务的职责，加快健全和完善覆盖城乡的公共就业服务体系，包括健全全体劳动者终身学习的职业教育体系，建立面向全体劳动者的职业技能培训制度，通过更高质量的公共就业服务，提高劳动者整体素质，提升劳动者的职业技能、就业能力和创业能力，促进就业富民。

实施就业优先战略，要健全覆盖城乡的公共就业和人才服务体系，努力提高服务专业化和信息化水平。一般来讲，劳动者收入水平高低和收入增长快慢，与就业是否充分、就业结构是否合理、劳动生产率高低、劳动者素质能力状况等直接相关，而就业率、就业结构、劳动生产率、劳动者素质能力等又与经济结构、技术进步和社会发展程度有关，并受到社会保障发展程度等因素的制约。提高居民收入水平，必须注重人力资源的充分开发利用，切实加强职业教育和技能培训，提高劳动者的就业能力、增收能力，实施更加积极的就业政策，规范人力资源市场，完善就业服务，提供就业援助，最大限度地创造劳动者就业和发展的机会。这就要建设健全的覆盖城乡的公共就业服务体系，突出提高劳动者就业能力、营造公平就业环境和构建和谐劳动关系等重点，完善有利于劳动者成长成才的引导机制、培养机制、评价机制和激励机制，坚持教育的公益性和普惠性，切实加强教育培训的实效性，提高全体劳动者素质和能力，促进就业富民。

二、千方百计增加居民收入

（一）实现居民收入增长和经济发展同步

收入是富民之源。增加居民收入，是富民的物质基础，是扩大内需的前提。

所以，党的十八大报告明确提出："千方百计增加居民收入。"增加居民收入是目的，转型发展是手段。应把目的和手段统一起来，把实现好、维护好、发展好全市人民根本利益、增加城乡居民收入作为转型发展的出发点和落脚点。这样才能达到党的十八大报告提出的"努力实现居民收入增长和经济发展同步、劳动报酬增长和劳动生产率提高同步"的要求。

2012年，鄂尔多斯市城镇居民人均可支配收入33140元，比内蒙古自治区高9990元；农牧民人均纯收入11416元，比内蒙古自治区高3805元。鄂尔多斯市人均地区生产总值达到182680元，城镇居民人均可支配收入占人均地区生产总值的18.14%，比内蒙古自治区的36.24%低18.1个百分点；农牧民人均纯收入占人均地区生产总值的6.25%，比内蒙古自治区的11.91%低5.66个百分点。2012年，内蒙古自治区101个旗（县、区）按生产总值排序，鄂尔多斯市准格尔旗居第1位、东胜区居第3位、伊金霍洛旗居第6位、达拉特旗居第8位、鄂托克旗居第11位、乌审旗居第14位；按农牧民人均纯收入排序，鄂托克前旗居第30位、准格尔旗居第31位、伊金霍洛旗居第32位、乌审旗居第33位、达拉特旗居第35位、鄂托克旗居第36位、杭锦旗居第38位。上述对比分析表明，鄂尔多斯市还没有做到居民收入增长和经济发展同步。

2012年鄂尔多斯市城乡居民收入相关数据说明，单纯从城乡居民收入的绝对数看，比内蒙古自治区平均水平高很多。但从收入分配结构的一个侧面分析，与内蒙古自治区水平还有很大差距；从生产总值排序看，鄂尔多斯市8个旗（区）中有6个居内蒙古自治区前15位；从农牧民人均纯收入排序看，所有7个旗都排在30~40位。可见，坚持富民优先，不是一句空话，必须落实到"千方百计增加居民收入"上，必须落实到居民收入增长和经济发展同步、劳动报酬增长和劳动生产率提高同步这"两个同步"上。

（二）提高转移性收入比重增加城镇居民收入

增加居民收入，要认真分析居民收入的主要来源和构成，搞清楚居民收入增长或快或慢的原因，有针对性地采取相应措施，为城乡居民增加收入创造条件，将提高人民群众的生活水平落实到真金白银上。一般来说，城乡居民收入的来源主要是工资性收入、经营净收入、财产性收入和转移性收入四个方面。2012年，鄂尔多斯市城镇居民平均每人全部年收入是35669元，其中，工资性收入25102元，占年收入的70.37%，比内蒙古自治区的68.06%高2.31个百分点；经营净收入4935元，占年收入的13.84%，比内蒙古自治区的10.89%高2.95个百分点；财产性收入2352元，占年收入的6.59%，比内蒙古自治区的2.28%高4.31个百分点；转移性收入3281元，占年收入的9.20%，比内蒙古自治区的18.78%低9.58个百分点。鄂尔多斯市城镇居民的工资性收入、经营净收入和财产性收入比重都比内蒙古自治区水平高，说明城镇居民工资水平较高，私营企业特别是个体工商户经营效益较好；只有转移性收入比重较低，说明社会保障覆盖面和保障水平还需要进一步提高，要完善以税收、社会保障、转移支付为主要手段的再分配调节机制，增加转移性收入。

（三）提高财产性收入比重增加农牧民收入

2012 年，鄂尔多斯市农村牧区居民家庭平均每人纯收入是 11416 元，其中，工资性收入 3660 元，占纯收入的 32.06%，比内蒙古自治区的 19.17% 高 12.89 个百分点；家庭经营收入 5742 元，占纯收入的 50.30%，比内蒙古自治区的 61.61% 低 11.31 个百分点；转移性和财产性收入 2014 元，占纯收入的 17.64%，比内蒙古自治区的 19.22% 低 1.58 个百分点。鄂尔多斯市农村牧区居民的工资性收入比重比内蒙古自治区高很多，说明进城务工者较多；家庭经营收入比重虽然比内蒙古自治区低，但仍然是农牧民人均纯收入的主体，而且加快转变农牧业粗放型生产方式、挖掘提高家庭经营纯收入的潜力也比较大；转移性和财产性收入比重比内蒙古自治区低，说明增加转移性收入特别是增加财产性收入的潜力很大，要完善促进农村牧区生产要素自由流动的市场机制，落实国务院关于“鼓励农牧区集体和个人以土地、草场使用权入股等方式参与当地资源开发建设，增加农牧民财产性收入”的政策，增加农牧民的财产性收入和转移性收入。

近年来我国城乡居民收入结构发生了明显变化。城镇居民收入中的经营净收入比重、农村居民收入中的工资性收入比重，这两个比重不断提高，显然是一种发展趋势。目前阶段，哪个地区这两个比重提高得快，哪个地区的城乡居民收入就增加得快。分析城乡居民收入构成，为的是研究居民收入增长缓慢的具体原因，探索加快增长的对策。坚持富民优先，要适应城乡居民收入结构变化，采取相应的针对性措施，千方百计拓宽增收渠道，加快增加居民收入。

三、努力实现基本公共服务均等化

（一）切实加强义务教育均衡发展

鄂尔多斯市农村牧区义务教育学校占全市义务教育学校的 38.79%、学生占 23.44%、教职工占 20.25%；鄂尔多斯市义务教育阶段小学辍学率为 0.07%、初中辍学率为 0.1%，初中毕业生升学率达 99.54%。义务教育中存在的问题是农村牧区办学条件相对薄弱，实施“校安工程”以来农村牧区学校办学条件有很大改善，但相对于城区学校依然薄弱；师资队伍相对短缺，特别是名优教师很缺乏；教育教学质量相对较低，基层学校教学质量不高。解决这些问题，要围绕育人为本这个核心，突出促进公平、提高质量两个重点，办好公平共享的教育。教育不公平主要表现在城乡、区域、校际、群体四大教育差距上。要从旗域教育均衡发展起步，从学校标准化建设、师资均衡、生源均衡、规范办学行为、开展督导评估等方面着手，大力推动优质教育资源共享，均衡配置办学资源特别是教师资源，大力推进义务教育学校标准化建设、校长和教师校际交流、保障特殊群体平等接受义务教育的权利等多种措施，扶持基础薄弱地区、薄弱学校、弱势群体，特别是办好农村牧区、边远贫困地区、少数民族地区教育和学校，加强和改进学校管理，全面提高教育质量，不断实现高位均衡。

（二）切实加强公共文化服务

鄂尔多斯市公共文化服务基础设施，初步形成了覆盖城乡的市、旗、苏木乡镇、嘎查村、文化户五级公共文化服务网络。切实加强公共文化服务，要建设公共文化服务体系，促进基本公共文化服务标准化、均等化，完善公共文化服务网络，让群众广泛享有免费或优惠的基本公共文化服务。这是保障人民群众基本文化权益，满足人民群众精神文化需求的主要途径。要按照公益性、基本性、均等性、便利性的要求，坚持政府主导，以公共财政为支撑，以公益性文化单位为骨干，以全体人民为服务对象，以保障人民群众看电视、听广播、读书看报、进行公共文化鉴赏、参与公共文化活动等基本文化权益为主要内容，以苏木乡镇和街道为依托、嘎查村和社区为重点，完善覆盖城乡、结构合理、功能健全、实用高效的公共文化服务体系。建设公共文化服务体系，要统筹规划和建设基层公共文化服务设施，推动跨部门合作建设，拓展投资渠道，实现资源整合、共建共享。要把主要公共文化产品和服务项目、公益性文化活动纳入公共财政经常性支出预算。加快城乡文化一体化发展，要重点解决体系完善、覆盖全面、供给有序、服务规范、保障有力问题，把市场运作和公共服务结合起来，充分发挥市场配置资源的决定性作用，采取公开招标的方式选择公共文化服务主体，积极探索市场运营机制，鼓励社会参与公共文化服务，达到企业经营、市场运作、政府购买、公众受惠的目的。

（三）切实加强公共医疗卫生服务

公共卫生是预防疾病、延长人的寿命和促进人的身心健康的一门科学和艺术。公共卫生服务关系到每个人的健康，为每个人提供公共卫生服务是政府义不容辞的责任。要开展针对全体人群的公共卫生服务，包括为常住人口建立统一、规范的居民健康档案，提供健康教育宣传和咨询服务；开展针对婴幼儿、孕产妇、老年人等重点人群的公共卫生服务；开展针对适龄儿童接种、传染病防治知识宣传、慢性病高危人群进行指导、重性精神疾病患者进行康复指导等疾病预防控制的公共卫生服务等。要坚持把基本医疗卫生制度作为公共产品向全民提供的基本理念，深化新型医药卫生体制改革，坚持保基本、强基层、建机制原则，突出重点、统筹推进，努力做到让人民群众不得病或少得病、看得上病、看得起病、看得好病，逐步缓解人民群众看病难、看病贵问题。要建立健全覆盖城乡全体居民的基本医疗保障制度框架，在继续提高城乡居民参保率的基础上，进一步提高政府补助标准，健全全民医保体系，建立重特大疾病保障和救助机制，完善突发公共卫生事件应急和重大疾病防控机制。健全农村牧区三级医疗卫生服务网络和城市社区卫生服务体系。加快健全覆盖城乡的基层医疗卫生服务体系，基本实现嘎查村都有卫生室、苏木乡镇都有卫生院、各旗都有达标县级医院的目标。转变医疗卫生服务方式，完善服务功能，为城乡居民提供预防、保健、基本医疗、康复、健康教育、计生指导等为一体的公共服务，着力提高医疗卫生服务水平，逐步建立全科医生制度，为城乡居民提供连续的健康管理，为群众提供安全有效方便价廉的公共卫生和基本医疗服务。要建立食品药品安全监管体制机制，在政府办基层医疗卫生机构全部实施基本药物零差率销售，把制度实施范围扩大到嘎查村卫生室和非政府办基层医疗卫生机构。

（四）切实加强社会保障制度建设

社会保障是保障人民生活、调节社会分配的一项基本制度，是向全民提供的公共品，关系人民幸福安康和社会公平和谐。社会保障是城乡统筹发展的先行者，是全面推进城乡统筹发展的必要条件和重要前提。统筹推进社会保障，要坚持全覆盖、保基本、多层次、可持续方针，全面建成覆盖城乡居民的社会保障体系。全覆盖，就是要根据社会保障制度的类型实现最广泛的覆盖，其中基本养老和基本医疗保障制度要覆盖城乡全体居民，工伤、失业、生育保险制度要覆盖城镇所有职业群体，实现人人享有基本社会保障的目标。保基本，就是要坚持尽力而为、量力而行原则，根据全市经济社会发展状况合理确定社会保障待遇水平，保障基本的生活需求。多层次，就是要以社会救助为保底层、社会保险为主体层，积极构建以企业（职业）年金等补充社会保险和商业保险为补充的多层次社会保障体系。可持续，就是要立足制度的长远发展，统筹协调，探索建立长效机制，实现社会保障制度长期稳定运行。加快建立同经济发展水平相适应、覆盖城乡居民的社会保障体系，是保障人民群众基本生活的现实需要，也是实现转型发展、保持社会和谐稳定的必然要求。要把人人享有基本生活保障作为优先目标，以社会保险、社会救助、社会福利为基础，以基本养老、基本医疗、最低生活保障制度为重点，以慈善事业、商业保险为补充，全面建成覆盖城乡居民的社会保障体系，促进社会保障富民。

（五）切实加强住房保障和供应体系建设

住房是人类生存与发展的基本资料，是保障人民群众居住权的核心产品。住有所居是城乡居民体面生活、尊严生活的基本体现，是基本民生问题之一。加强住房保障和供应体系建设，是满足群众基本住房需求、实现全体人民住有所居目标的重要任务，是促进社会公平正义、保证人民群众共享转型发展成果的必然要求。要努力把住房保障和供应体系建设办成一项经得起实践、人民、历史检验的德政工程。加强住房保障和供应体系建设，要处理好政府提供公共服务和市场化的关系、住房发展的经济功能和社会功能的关系、需要和可能的关系、住房保障和防止福利陷阱的关系。保障性住房的保障对象是住房困难群众，住房保障是“保基本”，只满足基本住房需求，满足符合健康、文明标准的基本住房需求，而不是满足舒适型需求。把保障房定位在只满足基本需求，可以引导收入条件改善、具有一定住房支付能力的居民为追求舒适而自动退出。从这个意义上说，政府的住房保障，也是以居民家庭尽了自己最大努力为前提。住房问题是当前经济社会发展中诸多矛盾的一个侧影。建设和完善住房保障和供应体系，是保障和改善民生，推动经济社会持续健康发展的客观要求。加强住房保障和供应体系建设，要实施好各类棚户区改造。棚户区改造既是重大民生工程，也是重大发展工程，可以有效拉动投资、消费需求，带动相关产业发展，推进以人为核心的新型城镇化建设，破解城市二元结构，提高城镇化质量，让更多困难群众住进新居，为企业发展提供机遇，为扩大就业增添岗位，发挥助推经济持续健康发展和民生不断改善的积极效应。加强住房保障和供应体系建设，要实施好农村牧区危房改造。推进农村牧区危房改造，要和“十个全覆盖”工程结合起来，合理确定补助对象和标准，优先帮助住房最危险、经济最贫困的农牧户解决住房安全问题。要和社会主义新农村新牧区建设结合起来，落实建设基本要求，强化工程质量安全管理，完善档案管理和产权登记，推动农村牧区基本住房安全保障制度建设。

四、全面鼓励支持全民创业

（一）坚持以创业带动就业

创业是人民群众共同参与转型发展、共同分享发展成果、共创鄂尔多斯市新辉煌的重要途径和形式。创业是指全社会具有创业意愿和创业能力的劳动者，通过自筹资金、自找项目、自主经营、自负盈亏、自担风险，创办企业、合作组织或者开办新的项目、开展个体经营的过程。从经济意义上讲，创业是组合劳动、资本、技术、管理等生产要素进行生产经营性活动，就业是提供劳动要素参与组合进行生产活动。而发展经济，从本质上讲，就是激活生产要素，使其相互结合、优化组合，共同创造财富。创业者是生产要素的组合者，就业者是生产要素的提供者。因此，创业者越多，生产要素的组合就越丰富、越活跃，经济发展也就越有活力；创业者越多、越成功，带来的就业机会就越多，带动就业就越有力。

（二）创造全民创业的氛围

鼓励支持全民创业，要切实加强创业教育，宣传包括敢于开创事业的思想意识以及相应价值观念和鼓励创业的社会心理在内的创业文化，普及创业知识，普遍形成尊重创业、尊重创新的文化氛围，增强全民的自主创业意识，激发全社会的创业热情，发挥社会各方面支持和推动创业的积极作用，形成崇尚创业、竞相创业的创业环境，努力营造全民创业的良好氛围。要不断完善支持自谋职业、自主创业的政策，减少创业手续，减免税费负担，降低准入门槛，减轻行业垄断，以降低创业成本；要切实完善创业融资环境，加大创业能力培训，加强对创业的公共服务，积极鼓励和引导劳动者创业，使更多劳动者成为创业者。

（三）发挥高校毕业生创业引领作用

鼓励支持全民创业，要切实发挥高校毕业生在转型发展中的人才引领作用。高校毕业生是新兴产业发展的骨干力量，是经济转型发展的生力军。要结合着力打造清洁能源、现代煤化工、铝循环产业、装备制造业和现代服务业、绿色生态农牧业等新增长点，创造条件让高校毕业生发挥知识技术专长，使产业增长点与就业增长点有效融合。要采取更有针对性的激励政策，鼓励高校毕业生到社区、中小企业、农村牧区基层生产服务一线施展才华。要坚持法无禁止皆可为，凡法律法规未禁止的行业和领域，一律向包括高校毕业生在内的创业主体开放，平等对待各类创业主体。就业创业服务机构要根据产业发展趋势和市场需求，征集和开发创业项目，建立项目库，对创业者提供方案设计、风险评估、协调场地、开业指导、融资服务、跟踪扶持等“一条龙”服务。

（四）着力发展非公有制经济

鼓励支持全民创业，要着力发展非公有制经济。从一定意义上讲，非公有制经济是老百姓经济，是老百姓就业创业的广阔天地，只有更多人自谋职业、自主创业，才能创造更多的就业岗位，以创业带动就业。小微企业是创业者的“出发点”，是大中型企业的“母体”，是企业家创业成长的主要平台。坚持富民优先，要完善扶持创业的优惠政策，形成政府激励创业、社会支持创业、劳动者勇于创业的新机制。这是“毫不动摇鼓励、支持、引导非公有制经济发展，激发非公有制经济活力和创造力”的一个重要方面。坚持权利平等、机会平等、规则平等，废除对非公有制经济各种形式的不合理规定，消除各种隐性壁垒，激发高校毕业生和返乡农牧民的创业动力，加大创业培训和创业服务力度，认真落实鼓励自谋职业、自主创业的税费减免、小额担保贷款、社会保险补贴、岗位补贴等政策，营造宽松创业环境，提高创业成功率，使更多劳动者成为创业者，推动以创业带动就业。从实践来看，以创业带动就业，对于缓解就业压力具有重要的现实意义。劳动者通过创业，在实现自身就业的同时还能发挥倍增效应，吸纳带动更多劳动者就业，促进就业富民、创业富民。

鼓励支持全民创业，要建立全民创业考核评价体系，把优化创业环境、落实创业政策、加强创业培训、改善创业服务以及创业初始成功率、创业稳定率、创业带动就业率等指标，纳入政府业绩考核内容，营造鼓励所有劳动者自主创业的政策环境，形成以创业带动就业的政策体系和工作格局。

五、建立精准扶贫工作机制

（一）着力推动精准扶贫

“十二五”以来，鄂尔多斯市积极推进扶贫开发，平均每年脱贫 2.3 万人，到 2013 年末，全市贫困人口减少到 3.4 万户、9.7 万人。但贫困户和人口仍然占农村牧区常住人口的 15% 和 14%，贫困面不小，2017 年基本解决贫困人口脱贫问题，任务很艰巨。要建立精准扶贫工作机制，做到精准识别，通过群众评议、入户调查、公告公示、抽查检验、信息录入等，把贫困人口识别出来，为贫困户建档立卡；精准帮扶，针对贫困原因确定责任人和帮扶措施，确保帮扶效果；精准管理，建立贫困户信息网络系统，将扶贫对象的基本资料、动态情况录入系统当中动态管理，实现扶贫对象有进有出、扶贫信息真实可靠。

（二）实行“三到村三到户”制度

建立精准扶贫工作机制，要实行规划、项目、干部“三到村三到户”制度，做到规划跟着贫困村、贫困户走，项目跟着规划走，干部跟着项目走，实现扶贫规划、项目、干部与扶贫对象的无缝对接，切实提高扶贫开发的精准度，让贫困人口早日脱贫致富。实施精准扶贫，实行“三到村三到户”，核心是规划到村到户，特别是产业发展规划，当地条件适合发展什么产业能致富、没有条件怎么脱贫，这些是规划首先要明确的问题；关键是干部到村到户，干部不仅要牵头搞好规划，而且要把规划落实到位，到村到户干部要具备这样的素质能力。

（三）统筹谋划精准扶贫

扶贫越往后，困难问题越多。集中连片贫困地区多数在丘陵沟壑区、干旱硬梁区、沙漠荒漠区。所以精准扶贫，要和“三区”建设紧密结合起来，和主体功能区建设紧密结合起来，和发展肉牛、肉羊、生猪、家禽、瓜果蔬菜、林沙产业六个主导产业紧密结合起来，和城乡发展一体化紧密结合起来，和实施“十个全覆盖”工程紧密结合起来，和实行联系服务群众“三到两强”制度紧密结合起来，统筹谋划产业怎么发展、项目怎么实施、住房怎么建设、扶贫对象的技能怎么提高，或者往哪里移民、就业怎么解决、收入怎么增加等。这是精准扶贫的本质要求，是实施“一村一策、一户一法”分类扶持的基础。只有在这个前提下，才能有针对性地推行各项扶贫措施，才能搞好专项扶贫、行业扶贫、社会扶贫，才能花好每一笔扶贫资金。否则，花钱不少，效果不好。多年来的扶贫实践证明了这一点。2017 年即将来临，时间之紧迫、任务之艰巨、要求之高，可想而知。

第四章　全面深化改革的思路和举措

全面深化改革是鄂尔多斯市实现全面转型发展的强大动力和有力保障。全面深化改革，要以制度创新、科技创新为核心，以经济体制改革牵引其他领域改革，以科技体制改革促进创新能力提升，强化企业在科技创新中的主体地位，提升产业技术水平，让市场决定资源配置，提高政府效率效能，提升推动转型发展的能力水平，形成公平竞争、创新驱动的发展环境。

全面深化改革，激发市场活力和增强内生动力，是实现转型发展的必然选择和根本之策。问题倒逼转型发展，矛盾催生改革创新。无论是着力打造三次产业新增长点、着力推动四个建设转型的重点任务，还是坚持富民优先、再铸辉煌，唯有全面深化改革才是获得成功的根本保证。无论是完善市场体系、转变政府职能，还是财政金融体制、城乡一体化体制、文化建设体制、社会建设体制、生态环境保护制度、党的建设制度等，都需要从深化改革上破题。

近年来，鄂尔多斯市综合配套改革进展顺利，获批成为国家发改委“资源型经济创新发展改革联系点”和内蒙古自治区综合配套改革实验区，并制订了改革联系点方案。推进经济社会各领域改革，基本完成集体林权制度改革；金融领域改革中，稳步推进农村信用社改制，组建一批村镇银行、小额贷款公司；民间资本准入领域进一步放宽，非公有制经济发展的政策环境更加宽松；积极争取城乡建设用地增减挂钩、工矿用地置换建设用地、电力市场多边交易试点、跨区域水权交易、设立保税物流中心等政策，取得一定进展；行政效能建设继续加强，重大事项决策风险评估、专家论证、社会听证等制度还不尽完善；推动行政审批权限简化下放，行政审批事项和事业性收费项目分别减少到258项、158项。然而，实现全面转型发展，体制机制是主要约束，必须全面深化改革来破解体制机制瓶颈制约。

全面深化改革，既是全面的，又是具体的，着力打造经济新增长点和推动社会建设重点任务，都需要全面深化改革来破解瓶颈制约，每一项改革举措，都必须注重改革的系统性、整体性、协同性和针对性、可行性、操作性。只有这样，才能破除制约市场主体活力和要素优化配置效率的体制机制障碍，让全社会创造潜力充分释放，让一切劳动、知识、技术、管理、资本的活力竞相迸发，形成大众创业、万众创新的新局面。

一、建立完善现代市场体制机制

经济体制改革是全面深化改革的重点，经济体制改革的核心问题是处理好政府和市场的关系，使市场在资源配置中起决定性作用和更好发挥政府作用。统一开放、竞争有序的市场体系，是市场在资源配置中起决定性作用的基础，而市场主要是通过价格机制决定资源配置。

(一) 建立资源价格和环境保护机制

能源、煤化工、铝循环产业等资源型产业，是鄂尔多斯市工业的特色优势产业，也是工业转型发展的主导产业，同时，这些产业都是消耗能源资源和水资源、污染环境、破坏生态等方面影响最大的产业。解决这些问题的最有效途径，就是建立完善全面反映市场供求、资源稀缺程度、生态环境损害成本和修复效益的自然资源及其产品价格的机制，实行资源有偿使用制度和生态补偿制度。建立完善主要由市场决定价格的机制，是指凡是能由市场形成价格的都交给市场，政府不进行不当干预。着力打造清洁能源、现代煤化工、铝循环产业等新增长点，要重点推进水、土地、煤炭、天然气、电力和环保等领域价格改革，放开竞争性环节价格。

(二) 建立全市统一的节能环保市场

发展节能环保市场，实行资源和环境使用权交易制度，建立全市统一的节能量交易市场、碳排放权交易市场、排污权交易市场、水权交易市场、工业用地交易等市场。建立有效调节工业用地和居住用地合理比价机制，提高工业用地价格。实行工业园区规范化管理制度，促进合理布局、明确定位、集群发展、节约用地，避免规模过大、资源浪费、设施闲置、功能重复、不当竞争。

(三) 建立城乡统一的建设用地市场

在符合规划和用途管制的前提下，允许农村牧区集体经营性建设用地出让、租赁、入股实行与国有土地同等入市、同权同价。缩小征地范围，规范征地程序，完善对被征地农牧民合理、规范、多元保障机制。

(四) 建立适应转型发展的财政金融制度

改革公共财政管理制度，调整财政预算支出，适度控制支出规模，优化公共投资结构。一是降低行政成本；二是压缩经济建设支出；三是提高社会福利性支出比重，促进基本公共服务均等化；四是在厘清各级政府事权和支出责任的基础上，把政府性债务纳入预算管理，防范和化解债务风险。金融是经济发展的血液和重要支撑。要改革金融体制机制，构建与转型发展相匹配的多元化金融体系，不断改进金融服务，加快优化金融环境，增强防范和化解金融风险能力。在加强监管前提下，允许具备条件的民间资本依法发起设立中小型银行等金融机构。推进政策性金融机构改革，保障金融机构农村牧区存款主要用于农牧业和农村牧区。

(五) 建立激励科技创新的体制机制

建设市域科技创新体系，建立技术创新市场导向机制，发挥市场对研发方向、路线选择、要素价格、要素配置的导向作用。建立政产学研协同创新机制，发挥政府的引导作用，强化企业的创新主体地位，增强大型企业创新能力，激发中小企业创新活力，推进应用型技术研发机构市场化、企业化改革，建设市域创新体系。制定鼓励创新人才创新创业政策，鼓励本地高校、科研院所和国有事业、企业单位的科技人员、高校师生等离岗创新创业、转化创新成果，实行在一定时期内保留其原有身份、职称和档案工资正常晋升，优化创新环境、强化创新激励、调动创新人才积极性，让发明者、创新者合理分享创新收益的新制度，解放科技人员、解放科技第一生产力。实行以资助创新成果转化为主的企业科技研发中心扶持制度。建立中小微企业技术需求汇总和技术服务对接机制，建设中小微企业共性技术服务平台。发展技术市场，建立技术转移机制，改善科技型中小企业融资条件，完善政府对共性技术研究的支持机制，完善风险投资机制，创新商业模式，促进科技成果资本化、产业化。建立企业增加研发投入、公共财政增加科技投入、社会资本科技投资、民间资本介入科技风险投资机制。

二、建立完善正确履行政府职能的体制机制

有效的政府治理是发挥市场在资源配置中起决定性作用的内在要求。要切实转变政府职能，坚持用制度管人管权管事，构建决策科学、执行坚决、监督有力的权力运行体系，建设法治政府和服务型政府。

（一）建立中观调控机制和体系

建立政府中观调控机制，健全中观调控体系，保持经济总量平衡，调整优化产业结构，促进生产力布局优化，防范区域性、系统性风险，稳定市场预期，实现经济持续健康发展。确立企业投资主体地位，企业投资项目，除关系国家安全和生态安全、涉及全国重大生产力布局、战略性资源开发和重大公共利益等项目外，一律由企业依法依规自主决策，政府不再审批。强化节能节地节水、环境、技术、安全等市场准入标准，建立防范和化解产能过剩长效机制。完善政绩考核评价体系，纠正单纯以经济增长速度评定政绩的偏向，加大资源消耗、环境损害、生态效益、产能过剩、科技创新、安全生产、新增债务等指标的权重，更加重视劳动就业、居民收入、社会保障、人民健康状况。

（二）建立正确履行政府职能制度

进一步简政放权，深化行政审批制度改革，最大限度地减少对微观事务的管理，市场机制能有效调节的经济活动，一律取消审批，对保留的行政审批事项要规范管理、提高效率。政府要加强发展战略、规划、政策、标准等制定和实施，加强市场活动监管，加强各类公共服务提供。加强政府公共服务、市场监管、社会管理、环境保护等职责。加大政府购买公共服务力度，凡属事务性管理服务，

原则上都要引入竞争机制，通过合同、委托等方式向社会购买。加快事业单位分类改革，推动公办事业单位与主管部门理顺关系和去行政化，创造条件，逐步取消学校、科研院所、医院等单位的行政级别。建立事业单位法人治理结构，推进有条件的事业单位转为企业或社会组织。

（三）建立政府机构有效运行机制

转变政府职能必须深化机构改革。优化政府机构设置、职能配置、工作流程，建立决策权、执行权、监督权既相互制约又相互协调的行政运行机制。实行各级政府及其工作部门权力清单制度，依法公开权力运行流程。完善党务、政务和各领域办事公开制度，推进决策公开、管理公开、服务公开、结果公开。严格绩效管理，突出责任落实，确保权责一致。统筹党政群机构改革，理顺部门职责关系。严格控制机构编制，严格按规定职数配备领导干部，减少机构数量和领导职数，严格控制财政供养人员总量。推进机构编制管理科学化、规范化、法制化。

三、建立完善城乡发展一体化体制机制

推动城乡发展一体化，要健全体制机制，形成新型城乡关系，培养新型职业农牧民，让广大农牧民平等参与转型发展进程、共同分享转型发展成果。

（一）建立新型农牧业经营体系

实行最严格的耕地草场保护制度，稳定农村牧区土地草原承包关系并保持长久不变，赋予农牧民对承包地和草场占有、使用、收益、流转及承包经营权抵押、担保权能，允许农牧民以承包经营权入股发展农牧业产业化经营。建立耕地草场承包经营权流转市场，鼓励承包经营权在公开市场上向农牧专业大户、家庭农牧场、农牧民合作社、农牧业企业流转，发展多种形式规模经营。实行财政项目资金直接投向符合条件的合作社制度，允许财政补助形成的资产转交合作社持有和管护，允许合作社开展信用合作。实行政府培养新型职业农牧民制度。实行鼓励和引导工商资本到农村牧区发展适合企业化经营的现代种养业制度，向农牧业输入现代生产要素和经营模式。

（二）建立赋予农牧民更多财产权利的制度

实行农村牧区集体资产经营管理制度，保障农牧民集体经济组织成员权利，积极发展农牧民股份合作，赋予农牧民对集体资产股份占有、收益、有偿退出及抵押、担保、继承权。实行农村牧区宅基地用益物权保障制度，在农村和牧区各选择一个试点，慎重稳妥地推进农牧民住房财产权抵押、担保、转让，保障农牧户宅基地用益物权，探索农牧民增加财产性收入渠道。建立农村牧区产权流转交易市场，推动农村牧区产权流转交易公开、公正、规范运行。

（三）建立城乡要素平等交换和公共资源均衡配置制度

实行农牧民工同工同酬保障制度，维护农牧民生产要素权益。实行农牧民公平分享土地草原增值收益保障制度，增加农牧民财产性收入。建立农牧业支持保护体系，健全肉牛、肉羊产业补贴制度，完善肉牛、肉羊主产区利益补偿机制。实行政府购买农牧业公共服务、第三方评估公共服务质量制度。完善农牧业保险制度。实行鼓励社会资本投向农村牧区建设制度，允许企业和社会组织在农村牧区兴办各类事业。建立义务教育均衡发展、医疗卫生资源向农村牧区流动、城乡社会保障统一、农村牧区保障性住房建设等制度，推进城乡基本公共服务均等化。注重发挥市场形成价格作用，完善农畜产品价格形成机制。

（四）建立新型城镇化健康发展体制机制

实行产业和城镇融合发展制度，促进新型城镇化和新农村新牧区建设协调推进。实行农牧业转移人口市民化制度，逐步把符合条件的农牧业转移人口转为城镇居民。加快户籍制度改革，全面放开东胜区、康巴什新区和各旗所在地镇符合条件的农牧业转移人口落户限制。实行城镇基本公共服务常住人口全覆盖制度，把进城落户农牧民完全纳入城镇住房和社会保障体系，在农村牧区参加的养老保险和医疗保险规范接入城镇社保体系。建立财政转移支付同农牧业转移人口市民化挂钩机制，从严合理供给城市建设用地，提高城市土地利用率。

四、创新文化发展体制机制

文化建设转型，要坚持以人民为中心的工作导向，坚持把社会效益放在首位、社会效益和经济效益相统一，以激发文化创造活力为中心环节，创新文化发展体制机制。

（一）理顺文化产业管理体制

按照政企分开、政事分开原则，推动政府部门由办文化向管文化转变，推动党政部门与其所属的文化企事业单位进一步理顺关系。建立党委和政府监管国有文化资产的管理机构，实行管人管事管资产管导向相统一。

（二）建立现代文化市场体系

建立文化市场准入和退出机制，鼓励各类市场主体公平竞争、优胜劣汰，促进文化资源自由流动。推进国有经营性文化单位转企改制，加快公司制、股份制改造。推动文化企业跨地区、跨行业、跨所有制兼并重组，提高文化产业规模化、集约化、专业化水平。鼓励非公有制文化企业发展，降低社会资本进入门槛，允许参与文艺院团改制经营。支持各种形式小微文化企业发展。建立多层次文化产品和要素市场，鼓励金融资本、社会资本、文化资源相结合。完善文化经济政策，扩大政府文化资助和文化采购，加强版权保护。健全文化产品评价体系，改革评奖制度，推出更多文化精品。

（三）建立现代公共文化服务体系

建立公共文化服务体系建设协调机制，统筹服务设施网络建设，促进基本公共文化服务标准化、均等化。建立群众评价和反馈机制，推动文化惠民项目与群众文化需求有效对接。整合基层宣传文化、党员教育、科学普及、体育健身等设施，建设综合性文化服务中心。明确不同文化事业单位功能定位，建立法人治理结构，完善绩效考核机制。推动公共图书馆、博物馆、文化馆、科技馆等组建理事会，吸纳有关方面代表、专业人士、各界群众参与管理。引入竞争机制，推动公共文化服务社会化发展。鼓励社会力量、社会资本参与公共文化服务体系建设，培育文化非营利组织。坚持企业主体、市场运作，培育外向型文化企业，支持文化企业开拓市场。积极吸收借鉴一切优秀文化成果，引进文化人才、技术、经营管理经验。

五、创新社会事业和社会治理体制机制

实现转型发展成果更多更公平地惠及人民群众，要加快社会事业改革，解决好人民群众最关心、最直接、最现实的利益问题，增强社会发展活力，提高社会治理水平，努力为社会提供多样化服务，建设和谐鄂尔多斯。

（一）建立教育领域综合改革制度

坚持立德树人，加强社会主义核心价值体系教育，形成爱学习、爱劳动、爱祖国活动的有效形式和长效机制，增强学生社会责任感、创新精神、实践能力。实行促进教育公平，逐步缩小区域、城乡、校际差距的制度。建立统筹城乡义务教育资源均衡配置，实行公办学校标准化建设和校长教师交流轮岗机制。实行现代职业教育体系化建设，深化产教融合、校企合作，加快培养高素质劳动者和技能型人才制度，解决工业企业缺少产业工人、现代农牧业发展缺少新型职业农牧民、生产性服务业发展缺少中高端专业技术和管理人才问题。实行义务教育免试就近入学制度，试行学区制和九年一贯对口招生。

（二）建立促进就业创业体制机制

建立经济发展和扩大就业的联动机制，健全政府促进就业责任制度。实行规范招人用人、平等就业制度，消除城乡、行业、身份、性别等一切影响平等就业的制度障碍和就业歧视。实行鼓励支持全民创业制度和优惠政策，形成政府激励创业、社会支持创业、劳动者勇于创业新机制。建立城乡均等的公共就业创业服务体系，构建劳动者终身职业培训体系。增强失业保险制度预防失业、促进就业功能，完善就业失业监测统计制度。创新劳动关系协调机制，畅通职工表达合理诉求渠道。政府购买基层公共管理和社会服务岗位更多用于吸纳高校毕业生就

业。建立鼓励高校毕业生到基层工作的服务保障机制，提高公务员定向招录和事业单位优先招聘比例。实行激励高校毕业生自主创业制度和优惠政策，建立高校毕业生就业创业基金。

（三）建立合理有序的收入分配机制

建立劳动报酬增长和劳动生产率提高同步机制，提高劳动报酬在初次分配中的比重。建立工资决定和正常增长机制，完善最低工资和工资支付保障制度，完善企业工资集体协商制度。建立资本、知识、技术、管理等由要素市场决定的报酬机制。探索建立多渠道增加居民财产性收入机制。

（四）建立城乡统一的社会保障制度

整合统一城乡居民基本养老保险制度、基本医疗保险制度。推进城乡最低生活保障制度统筹发展。建立健全合理兼顾各类人员的社会保障待遇确定和正常调整机制。完善社会保险关系转移接续政策，扩大参保缴费覆盖面，适时适当降低社会保险费率。加快健全社会保障管理体制和经办服务体系。建立符合市情的住房保障和供应体系。建立社会养老服务体系和发展老年服务产业。建立农村牧区留守儿童、妇女、老年人关爱服务体系，健全残疾人权益保障、困境儿童分类保障制度。

（五）建立新的医药卫生体制机制

深化基层医疗卫生机构综合改革，健全网络化城乡基层医疗卫生服务运行机制。加快公立医院改革，落实政府责任，建立科学的医疗绩效评价机制和适应行业特点的人才培养、人事薪酬制度。建立社区医生和居民契约服务机制，完善合理分级诊疗模式。整合康巴什城镇核心区医疗卫生资源，建立充分利用信息化手段，吸引国内外优质医疗资源相向流动机制，发展健康服务业。改革医保支付方式，建立全民医保体系。建立重特大疾病医疗保险和救助制度。制定鼓励社会办医政策。

（六）建立激发社会组织活力和公共安全的体制机制

正确处理政府和社会关系，加快实施政社分开，实行社会组织明确权责、依法自治、发挥作用制度，适合由社会组织提供的公共服务和解决的事项，交由社会组织承担。支持和发展志愿服务组织。建立通畅有序的诉求表达、心理干预、矛盾调处、权益保障机制，使群众问题能反映、矛盾能化解、权益有保障。完善人民调解、行政调解、司法调解联动工作体系，建立调处化解矛盾纠纷综合机制。改革信访工作制度，实行网上受理信访制度，健全及时就地解决群众合理诉求机制。把涉法涉诉信访纳入法制轨道解决，建立涉法涉诉信访依法终结制度。建立最严格的覆盖全过程的监管制度，建立食品原产地可追溯制度和质量标识制度，保障食品药品安全。深化安全生产管理体制改革，建立隐患排查治理体系和安全预防控制体系，遏制重特大安全事故。加快社会信用体系建设，建立自然人、法人统一代码，实行失信企业、个人黑名单制度，让失信者寸步难行、守信者一路畅通。

六、建立完善保护生态环境的制度

保护生态环境，要实行最严格的源头保护制度、损害赔偿制度、责任追究制度，完善环境治理和生态修复制度，用制度保护美丽鄂尔多斯。

（一）建立自然资源资产产权制度

对水流、森林、山岭、草原、荒地、滩涂等自然生态空间进行统一确权登记，形成归属清晰、权责明确、监管有效的自然资源资产产权制度。建立能源、水、土地节约集约使用制度。

（二）划定生态保护红线

实行主体功能区制度，建立国土空间开发保护制度，严格按照主体功能区定位推动发展。实行最严格的水资源管理和生态环境保护管理制度，建立资源环境承载能力监测预警机制，对水土资源、环境容量和草原资源超载区域实行限制性措施。建立生态环境损害责任终身追究制。

（三）实行资源有偿使用制度和生态补偿制度

实行使用资源付费和谁污染环境、谁破坏生态谁付费制度。实行草畜平衡、禁牧休牧轮牧奖励和第三方监测评估制度。坚持谁受益、谁补偿原则，完善对重点生态功能区的生态补偿机制，推动地区间建立横向生态补偿制度。建立吸引社会资本投入生态环境保护的市场化机制。实行资源开发企业缴费、生态破坏环境污染第三方治理制度。

（四）改革生态环境保护管理体制

理顺生态环境保护管理体制，明确生态环境监管主体，统一监管生态环境，避免多部门都管、都管不好。建立最严格监管所有污染物排放的环境保护管理制度，独立进行环境监管和行政执法。及时公布环境信息，健全举报制度，加强社会监督。完善污染物排放许可制，实行企事业单位污染物排放总量控制制度。对造成生态环境损害的责任者严格实行赔偿制度，依法追究刑事责任。

七、加强党委对全面深化改革的领导

充分发挥党委总揽全局、协调各方的领导核心作用，建设学习型、服务型、创新型的领导班子，提高党的领导水平和执政能力，确保改革取得成功。加强各级领导班子建设，完善干部教育培训和实践锻炼制度，不断提高领导班子和领导干部推动改革能力。创新基层党建工作，健全党的基层组织体系，充分发挥基层党组织的战斗堡垒作用，引导广大党员积极投身改革事业。深化干部人事制度改革，构建有效管用、简便易行的选人用人机制，使各方面优秀干部充分涌现。改革和完善干部考核评价制度，改进竞争性选拔干部办法，改进优秀年轻干部培养选拔机制，区分实施选任制和委任制干部选拔方式，真正把信念坚定、为民服务、勤政务实、敢于担当、清正廉洁的好干部选拔出来。落实领导干部问责制，完善从严管理干部队伍制度体系。建立集聚人才体制机制，择天下英才而用之。建立人才向基层流动、向艰苦地区和岗位流动、在一线创业的激励机制。

全面深化改革是实现转型发展的根本之策。深化以上七个方面的改革从哪里入手，习近平总书记明确强调，有几类改革可以“往前排”，一是解决具体问题的改革，二是有针对性和实效性的改革，三是着眼于解决发展中突出矛盾和问题的改革，四是有利于稳增长、调结构、防风险、惠民生的改革。我们要从鄂尔多斯市实际出发排出全面深化改革的顺序，坚定不移推进改革创新，为转型发展不断激发市场活力、切实增强内生动力。

关于通辽市农牧民增收的研究报告①

通辽市农牧民增加收入的愿望非常迫切，对通辽市委高度重视增加农牧民收入特别称赞。我们坚持问题导向，分析增加农牧民收入面临的形势，针对存在的问题提出了相应对策。

一、增加农牧民收入面临的形势

增加农牧民收入是紧迫课题。全面建成小康社会要求我们尽快增加农牧民收入。党的十八届五中全会《中共中央关于制定国民经济和社会发展第十三个五年规划的建议》对全面建成小康社会提出了新的目标要求，核心是城乡居民人均收入翻一番。五年内能不能较大幅度提高农牧民收入，直接关系到通辽市能不能与内蒙古自治区、全国同步实现全面建成小康社会的目标。贯彻落实新发展理念要求我们尽快增加农牧民收入。共享是中国特色社会主义的本质要求，共享发展是新发展理念的根本性理念。坚持发展第一要务是推动经济社会全面、协调、可持续发展，根本目的是让老百姓共享发展成果，让群众有更多的获得感，重中之重

① 本文节选自应通辽市市委领导要求，2016 年 3 月 25 日至 4 月 11 日到奈曼旗、库伦旗、科左后旗和科左中旗深入调研基础上形成的研究报告。

是较大幅度提高农牧民收入。提高发展的质量效益要求我们尽快增加农牧民收入。经济发展的质量效益集中体现在企业利润、政府财政收入和城乡居民收入上。财政收入的支出归根结底是为了富民。增加农牧民收入是富民的坚实基础，也是衡量经济发展质量效益的主要标尺。精准扶贫、精准脱贫要求我们尽快增加农牧民收入。只有大幅度提高农牧民收入，才能实现通辽市到2017年基本消除绝对贫困现象，到2020年贫困人口全部稳定脱贫的目标。

增加农牧民收入的成绩和问题。“十二五”时期，通辽市农牧民收入增长速度较快，与2010年相比，2015年农牧民人均可支配收入由5567元提高到10757元，年均增长14.2%，增速比内蒙古自治区高0.9%。由于农牧民收入持续较快增长，农牧民生活水平得到很大改善，农村牧区面貌发生了前所未有的变化。

同时，我们要看到，与全国和内蒙古自治区平均水平相比，通辽市农牧民收入水平还存在一定差距。2015年，通辽市农牧民人均可支配收入比内蒙古自治区平均水平低19元，而内蒙古自治区平均水平本身比全国平均水平低646元。南部四旗的农牧民人均可支配收入又比全市平均水平低很多。农牧民收入水平较低，是通辽市发展中最突出的问题。就经济总量讲，2015年通辽GDP排在呼和浩特、包头、鄂尔多斯之后，居内蒙古自治区第四位，而农牧民人均可支配收入却排在倒数第四位，反映出经济总量与农牧民收入水平不相称，或者说经济增速与农牧民收入增速不同步。

为什么会出现这样的现象？从不同角度分析，其原因是多方面的。如果从与收入直接相关的生产方面分析，其原因也是显而易见的。我们知道，农牧民的收入主要来自生产，生产发展不足则收入提高不快；生产是收入的基础，收入是生产的成果。生产发展需要生产资料，生产资料多则生产成果丰；生产资料是生产发展的依托，生产发展是利用生产资料的结果。现阶段，通辽市农牧民赖以发展生产的基本生产资料主要是耕地和牲畜，特别是牛。农牧民收入的绝大部分来自出售玉米及其他作物和牛羊的收入。市场比较稳定的情况下，种地多、卖牛多的农牧民收入就高。农牧民收入水平较低的主要症结恰恰在于农牧民人均占有的生产资料较少。2015年，通辽市总人口319万人，其中农牧民201万人，还不包括农牧场人口，农牧民约占总人口的2/3。说农牧民收入水平较低是通辽市发展中最突出的问题，是基于这个人口比例来讲的。农牧民的比例很高，人均占有的生产资料却较少。

今后增加农牧民收入，就大多数农牧民来讲，仍然要依托耕地和牲畜特别是牛，但必须转变生产方式，即扩大生产资料数量、提高生产资料质量、提升生产资料利用水平。就耕地来说，扩大面积没有丝毫余地，也不能扩大面积，只能提高耕地质量，推动适度规模经营，增加全过程科技含量，降低生产经营成本，提升单位面积产量。就牛来说，既要扩大数量，也要提高质量，更要提升集约化饲养水平。

综上所述，立足于增加农牧民收入，扩大生产资料数量，主要是增加牛的数量；提高生产资料质量、提升生产资料利用水平，要全面提高、全程提升，种植业、养殖业都要以提高质量和效益为中心，都要提升集约化经营水平。

二、增加农牧民收入的对策思路

根据增加农牧民收入面临的形势，着眼于解决存在的问题，通辽市增加农牧民收入的思路是：增牛为主，调整种养结构；规模经营，促进玉米转型；制度创新，干部服务到位。概括讲就是“增牛转型增收”。

增牛为主，调整种养结构。增加养牛头数，促进农牧民增收，要从当地产业基础、生产资料优势和具体条件出发，不搞一刀切。增牛要从无牛户起步、贫困户起步、人均一头基础母牛起步，有条件养牛的地区都要养牛，种养结合、为养而种，三到五年人均达到三至五头基础母牛，人均纯收入达到三万元以上。没有条件养牛的地区，要因地制宜、多种经营，发展有优势、有市场的特色产业，实现多渠道、多途径、多品种增收。

规模经营，促进玉米转型。国家推进玉米收储制度改革，不是不种玉米了，也不是市场没有玉米需求了，而是玉米的生产成本上升、收储价格过高，各方面都难以承受。通辽市是以玉米为主的产粮大市，玉米产业是通辽市的优势产业。推动适度规模经营，促进玉米产业转型升级，就要积极推进土地流转，用国外先进农机实现生产过程机械化，从而降低玉米生产成本，提高经济效益。同时，扶持流转土地的农民种青贮养牛，实现较大幅度增收。

通辽市具有“增牛转型增收”的基础、优势和潜力。从总量讲，通辽既是黄牛大市，也是产粮大市。耕地面积较大、水浇条件较好，黄牛数量多、品种优良，具有农牧结合、种养融合的独特优势。在长期的养牛、种玉米生产实践中，老百姓积累了丰富的经验、形成了良好的传统，而且有较畅通的销售渠道，占有比较稳定的市场份额。随着经济社会的发展，人们的饮食习惯、食物结构将不断升级，对肉食品、奶制品、杂粮、蔬菜、瓜果的需求将增加。只要能把种植成本降下来，以玉米为原料的饲料工业、医药工业、食品工业等对玉米的需求也是很大的。所以，如果能够成功转型升级，黄牛、玉米仍然是通辽市很有前途的优势产业，将成为第一、第二、第三产业融合发展的新增长极。

制度创新，干部服务到位。制度创新就是所有阻碍“增牛转型增收”的思想观念、思路理念、方针政策、体制机制、经验做法、方法措施等，都应进行改革创新；一切有利于增牛调结构、促进玉米转型的政策制度、体制机制等，都应建立健全。比如，创新财政金融政策，把各级相关资金包括扶贫资金捆绑使用，与金融部门合作，探索建立增牛扶持基金和玉米转型基金。这是实现“增牛转型增收”的关键环节。再比如，创新扶贫机制，就是那些不会安排生产生活、不会生产经营、不能保证生产资料安全的贫困户，把扶持他们的资金和牛，用入股或托管的形式由龙头企业和合作社经营，确保贫困户合理分红。这是精准脱贫的有效形式。又比如，创新干部服务制度，把各级干部作为决胜阶段实施突破的尖兵，建立市旗乡村四级干部驻村服务制度，做到“干部到村、服务到户、温暖到心”，把“增牛转型增收”压实给驻村干部，使各级干部为民服务真正服务到位。最基本的是联系户的干部要做到扶持资金安全、生产资料安全，确保实现转型增收。这是实现“增牛转型增收”的根本保证。

三、增加农牧民收入的具体措施

（一）增牛增收的具体措施

实现“增牛转型增收”目标，必须做到养牛、种地各环节的标准化、规范化、集约化。增牛增收需要具备品种优良、棚窖健全、草料充足、饲养规范、规模适度、防疫配种、资金保障、教育培训、试点引导九个要素，其内涵是相互衔接的九项措施。

品种优良。养牛必养优良品种，这一关必须由专业技术人员把好，并负责到底。品种不良，将导致草料白喂、人工浪费、没有效益。在购买优良品种的基础母牛上要舍得花钱。

棚窖健全。棚舍窖池齐全，是养牛的必要设施条件，还包括饮水井、粉碎机，也要考虑母犊分离等需要。要做到大小适度，设计合理，既结实耐用，又不浪费资金。

草料充足。没有充足的草料就没有较高的效益。要做到种养结合、为养而种，根据饲养头数、全舍饲或半舍饲需要，种好青贮和紫花苜蓿，做好黄贮，备足饲料。条件类似的农牧户应学乌恩巴特尔全舍饲模式，既提高效益又保护生态。

饲养规范。针对全舍饲和半舍饲要求，分类制定饲养规程，是保证养牛效益的科学遵循。要引导和监督养牛户严格按规程饲养。鼓励有能力的养牛户充分发挥西门塔尔肉乳兼用优势做奶食品，进一步提高效益。

防疫配种。防疫和配种是确保养牛效益的最重要环节。防疫员要对养牛户防疫全程负责。优良品种来自优良种粒，在用优良种粒上要舍得花钱。对贫困户应免费提供配种。

规模适度。要根据家庭人口数和饲草料种植能力，确定自己最佳效益养殖规模，关键是加快周转、及时更新来提高效益。

资金保障。没有资金保障难以增牛。应根据增牛户的经济状况，通过农牧户自筹、金融部门贷款、龙头企业注入、项目资金投入、专项资金扶持、政府基金支持等多渠道筹措，制定相应政策，既要保障资金，又要保证资金安全和效益。

教育培训。教育培训是转变干部群众观念、掌握相关政策、实行饲养规程、提高养牛效益的重要环节。教育群众，首先要培训干部，由驻村干部帮助养牛户按规程饲养。

试点引导。把通辽市委、市政府的思路变为群众的积极性和内生动力，需要抓试点来引导。抓试点要及时总结完善，创造可复制，可推广的经验。农牧民以眼见为实。教育培训应现场示范，让群众听得懂、学得来、做得好。

（二）玉米转型的具体措施

促进玉米产业转型升级的目的是降低成本、提高效益、提升竞争力，抗衡进口玉米冲击，让农牧业稳定发展，让农牧民大幅度增收。玉米产业转型升级的制约因素是农户小规模种植和粗放型生产。促进玉米产业转型升级的思路是，积极推进土地流转，推动适度规模经营，用国外先进农机实现生产过程机械化，降低生产成本，提高经济效益。与此同时，支持流转土地的农户种青贮养牛，使他们从土地流转和养牛两个方面增加收入。概括讲就是“规模降成本、农机提效益、养牛增收益”。

将“规模降成本、农机提效益、养牛增收益”的对策付诸实施，应抓住今年春耕在即的有利时机，在科左中旗、开鲁县、科尔沁区等玉米主产区先行抓试点，转变生产方式。

推动规模种植。两台美国“满胜”播种机、一台“凯斯6188”玉米籽粒收获机在一个作业期能满足5000亩耕地的作业需求。建立5000亩规模的玉米种植合作社，需要动员一百多户农民自愿以股份合作、耕地转包、耕地出租等形式进行合作。这是一件有难度的事情，需要做好大量深入细致的工作。通辽市是玉米大市，转型升级是必由之路，早破题，对全市发展有利，老百姓能早受益。

办好种植合作社。制定好章程，组建强有力的理事会，合作社本身不以营利为目的，除预留必要的生产基金以外，当年收益按股或按地分红，确保流转土地农民的单位面积收入比其他农民的收入高。以此坚定社员信心，巩固合作社健康发展的基础。

购买先进农机。美国“满胜”六行玉米播种机和“凯斯6188”玉米籽粒收获机是目前国外常用先进农机，黑龙江等地已经在用。“满胜”每台22万元，服务15年；“凯斯6188”每台135万元，服务15年。购机款可争取项目资金扶持，也可以由玉米深加工龙头企业支持，以减轻合作社负担。还需要及早考虑机手的资格和培训，确保机械良好运转。

支持农户养牛。推动玉米规模化种植，需要相应解决流转土地农民的就业问题。有能力的可以多渠道就业，一般农户应支持他们养牛增收。养牛户应预留青贮地，为养而种，以降低饲养成本。既可以分散种养，也可以组建合作社种养。

增牛为主，是养殖结构调整和转型升级；玉米规模化，是种植结构调整和转型升级。种养结构调整升级，是适应和引领新常态，实施“藏粮于地”“藏粮于技”战略，培育新型农牧业经营主体，推进农牧业供给侧结构性改革，提升农牧业质量效益和农牧民收入水平，实现通辽市农牧业现代化的必由之路。

通辽市党代会报告总体思路①

回顾五年的工作，必须清醒地看到，我们工作中还存在一些突出矛盾和问题，前进道路上还面临不少困难和挑战。主要是发展不足，人均GDP和财政收入比内蒙古自治区平均水平低；居民收入不高，城乡居民收入在内蒙古自治区靠后；产业结构不合理，第三产业比重比内蒙古自治区低4.6个百分点；创新能力不强，科技投入占GDP比重仅为0.18%，比内蒙古自治区平均水平低0.54个百分点；一些干部适应新常态的能力不强、办法不多，一些基层党组织作用发挥不够。我们只有高度重视、切实解决这些困难和问题，才能全面建成小康通辽。

总结五年来的经验，最重要的是把中央的大政方针和内蒙古自治区党委的决策部署与通辽市的实际紧密结合起来，善于具体化，落地落细落实；最根本的是让老百姓过上美好生活作为一切工作的出发点和落脚点，共谋小康，共建小康，共享小康；最要紧的是坚持创新引领，主动适应新常态，积极深化改革，在转方式、调结构、促升级上下功夫；最关键的是全面从严治党，发挥政治优势，加强基层基础，坚持问题导向、务实担当，以身作则、以上率下，齐心协力全面建成小康通辽。

① 2016年9月，应通辽市委之邀，起草通辽市第五次党代会报告。本文节选自党代会报告《创新引领，务实担当，开放转型，为全面建成小康通辽而努力奋斗》。

一、今后五年的奋斗目标

今后五年是全面建成小康通辽决胜的五年。我们要自觉按照“五位一体”总体布局和“四个全面”战略布局，牢固树立和贯彻落实新发展理念，主动适应经济发展新常态，以提高发展质量和效益为中心，以供给侧结构性改革为主线，坚持创新引领、务实担当、开放转型，奋力夺取全面建成小康通辽的新胜利。

二、今后五年的发展定位和奋斗目标

努力建成蒙东发展的重要增长极。在提高发展质量和效益的基础上，地区生产总值、公共财政收入、城乡居民人均收入增速高于内蒙古自治区平均水平，到2020年均比2010年翻一番，经济总量和财政收入保持蒙东领先地位，城乡居民人均收入超过内蒙古自治区平均水平。产业迈向中高端水平，先进制造业加快发展，服务业比重达到内蒙古自治区平均水平，消费对经济增长贡献明显加大。

努力建成具有核心竞争力的产业基地。铝及铝产品生产加工、玉米生物技术产业、牛肉猪肉等农畜产品生产加工和清洁能源输出基地、蒙医药科研生产基地、自驾游目的地六大产业基地基本建成，其中前三大千亿级产业支撑全市经济。建立煤电铝一体化经营机制，依托低成本优势引进高新技术、力争铝产品向高端延伸。建立集科尔沁文化、草原风情、蒙医养生于一体的自驾旅游目的地，形成产业发展新优势。

努力建成东北振兴的重要枢纽城市。加快完善公铁海空立体化交通枢纽体系，建设东北经济区和环渤海经济圈的区域物流中心，发挥连接内蒙古与东三省的枢纽城市优势，融入国家“一带一路”倡议和新一轮东北振兴战略。加快推进中心城区建设，完善城市枢纽功能，增强集聚和辐射作用，借助沈阳、长春、北京、天津等大城市，吸引高端要素和创新人才，建设蒙东地区创新创业中心。

努力建成国家和区域生态安全屏障。把生态文明建设放在突出位置来抓，尊重自然、顺应自然、保护自然，统筹推进生态工程、节能减排、环境整治、美丽城乡建设。沙漠化防治和草原建设切实加强，退牧还草、退耕还林还草、三北防护林建设持续推进，能源资源开发利用效率大幅提高，主要污染物排放显著减少，城乡人居环境明显改善，国家和区域生态安全屏障基本形成。

努力建成人民群众的幸福家园。国家现行标准下农村牧区贫困人口全部脱贫，贫困旗县全部摘帽。就业更加充分，社会保障全面覆盖，就业、教育、医疗、文化、社保、住房等公共服务体系更加健全，基本公共服务均等化水平显著提高。中国梦和社会主义核心价值观深入人心，人民思想道德素质、科学文化素质、健康素质明显提高，全社会文明程度不断提升。

实现今后五年的奋斗目标，我们要坚持创新引领、务实担当、开放转型。创新引领，就要把创新放在发展全局的核心位置，用新发展理念统领一切工作，指导通辽市的发展思路、发展方向和发展着力点；就要深入实施创新驱动发展战略，推动以科技创新为核心的全面创新，强化第一动力，持续推进大众创业、万众创新；就要全面深化改革，不断推进政策制度、体制机制、组织管理、方法模式等各方面创新，破除制约发展的体制性障碍。务实担当，就要把人民放在心中的最高位置，求真务实、履职尽责，雷厉风行、动真碰硬；就要坚持问题导向，敢于正视问题，勇于分析原因，善于解决问题，在解决问题中谋事创业；就要认真负责、敢作善为，积极协调、密切配合，调动一切积极因素推动改革发展。开放转型，就要把质量效益摆在发展的中心位置，主动适应经济发展新常态，加快转变发展方式，加速调整经济结构，着力培育新的发展动能，实现经济中高速增长、迈向中高端水平；就要解放思想、包容开放，积极融入“一带一路”倡议和东蒙振兴战略，在融合互动中改造提升传统优势产业转型升级；深化供给侧结构性改革，去产能、去库存、去杠杆、降成本、补短板，提高供给结构对需求结构的适应性。

内蒙古自治区城乡居民增收目标能实现吗①

一、决胜全面小康的核心目标

内蒙古自治区第十次党代会报告提出了城乡居民收入达到全国平均水平的奋斗目标。这个目标，体现了习近平总书记关于人民对美好生活的向往就是我们的奋斗目标的重要思想，反映了内蒙古自治区各族人民增收致富的愿望，表达了党和政府对人民群众根本利益的责任担当。这个目标，是富民与强区并重、富民优先战略的具体化，是深化供给侧结构性改革的根本出发点，是决胜全面小康的核

① 本文原载于2017年3月27日《内蒙古日报》。

心目标。决胜全面小康只有不足四年时间，在不足四年的时间里怎样才能顺利实现这个核心目标，需要我们认真分析研究这个最紧迫、最突出的问题，提出切合实际的思路，采取超常规举措，撸起袖子加油干，确保目标实现。

二、居民收入现状不容乐观

目前，内蒙古自治区城乡居民收入与全国城乡居民收入平均水平相比，仍有较大差距。刚刚过去的2016年，内蒙古自治区城镇居民人均可支配收入为32975元，比全国城镇居民人均可支配收入33616元低641元；农牧民人均可支配收入为11609元，比全国农民人均可支配收入12363元低754元。到“十三五”末的2020年，内蒙古自治区城镇居民人均可支配收入和农牧民人均可支配收入能不能分别消除641元和754元的差距，实现城乡居民收入达到全国平均水平的目标呢？为了分析这个问题，我们需回顾一下“九五”以来内蒙古自治区城乡居民收入与全国平均水平的差距。

三、收入差距呈现不断拉大趋势

这些年，自己跟自己比，内蒙古自治区城乡居民收入年年有增长；跟全国比，内蒙古自治区与全国平均水平的差距不是在缩小，而是在拉大。内蒙古自治区城镇居民人均可支配收入与全国城镇居民人均可支配收入的差距，“九五”末的2000年是1151元，“十五”末的2005年是1356元，“十一五”末的2010年是1411元，“十二五”末的2015年是601元。内蒙古自治区农牧民人均可支配收入与全国农村居民人均可支配收入的差距，“九五”末的2000年是215元，“十五”末的2005年是266元，“十一五”末的2010年是389元，“十二五”末的2015年是646元。这里需要指出的是，由于2013年起国家收入统计一体化改革，内蒙古自治区城乡居民收入与全国平均水平的差距数据发生了变化，但差距拉大的趋势没有变化。

四、缩小收入差距不能重蹈覆辙

2011年，《国务院关于进一步促进内蒙古经济社会又好又快发展若干意见》明确要求，到2015年城乡居民收入达到全国平均水平，到2020年城乡居民收入超过全国平均水平。五年过去了，内蒙古自治区城乡居民收入不但未能实现达到全国平均水平的目标要求，而且与全国平均水平的差距在不断扩大。“十五”和

“十一五”时期，内蒙古自治区GDP增速连续八年全国第一，而城乡居民收入与全国平均水平的差距却越拉越大，这是为什么？其原因在哪里？如果不能认真分析研究这些问题，在决胜全面小康的今后四年里重蹈过去五年、十年、十五年覆辙的可能性不是没有。所以，必须像李纪恒书记讲的那样，以超常规举措，精准发力，持续用力。

五、找准问题的症结所在

坚持问题导向，是以习近平同志为核心的党中央治国理政的重要工作方法。习近平总书记强调，要坚持问题导向，奔着问题去，跟着问题走。城乡居民收入与全国平均水平的差距越拉越大，是内蒙古自治区经济社会发展中最突出的问题。应把深入研究收入差距问题作为解决问题的突破口。从根本上讲，我们的所有工作、一切奋斗都是为了解决这个问题。解决问题，必须认清问题、看准方向，分析原因、找准症结，确定目标、理清思路，对症下药、精准施策，明确责任、完善机制，落小落细、一抓到底。其中，分析原因、找准症结是解决问题的必要前提和关键所在。

六、重视只能体现在行动上

收入差距拉大的首要原因是领导重视不够。一段时期以来，在以GDP论英雄的思想影响下，有些领导“唯GDP”论作祟，眼睛只盯着GDP，忘记了搞经济的根本目的，不重视或只在口头上重视城乡居民收入；对收入差距越拉越大视而不见，见了也不以为然、习以为常；对制约增收的问题，不调查、不研究、不分析原因，提不出具体思路、拿不出有效措施；讲一些没有错但也没有用的空话、套话来应付，使问题依然故我。重视增收问题，我们要像习近平总书记到河北省张家口市张北县小二台镇德胜村徐海成家和村民们细算收入支出账那样，真正把老百姓的切身利益放在心中最高位置。

七、群众增收缺少必要条件

增加收入靠发展生产，发展生产的基础是生产资料。除了生产工具以外，发展养殖业最基本的生产资料是牲畜，发展种植业最基本的生产资料是耕地。兴安盟、乌兰察布市、赤峰市、通辽市是城乡居民收入水平较低的盟（市），同时又是乡村人口较多、耕地面积较多、牲畜头数较多的盟（市）。这些盟（市）的特

点是工业化、城镇化程度较低，城镇经济发展不足，城镇吸纳就业能力较弱。因此，增加农牧民收入主要靠种养业，具有种养结合的优势，有条件发展肉牛。但从目前看，乡村人口的年中人均拥有牛头数，兴安盟 0.8 头、乌兰察布市 0.3 头、赤峰市 1.1 头、通辽市 1.8 头，人均生产资料太少，特别是多数低收入户没有牛，增收缺少物质基础。

八、农牧民组织化程度较低

大力发展农牧民专业合作社等新型经营主体，是推进农牧业现代化的重要措施，是实现适度规模经营的必由之路，是农牧民增收的有效途径。内蒙古自治区农牧业组织化程度与全国相比有很大差距，农牧民专业合作社有数量没质量，多数合作社只是为了拿到一点扶持资金而到工商部门登记注册。真正做到紧密型合作、对农牧民增收有贡献的农牧民专业合作社，其数量不到总数的百分之十。相关领导和有关部门还没有认识到大力发展农牧民专业合作社等新型经营主体的重大意义和重要作用，做好组织引导、扶持发展、总结完善、典型引路、推广提高等工作，还有很大空间。

九、城镇居民就业增收的产业基础较弱

城镇居民增加收入的前提是就业，就业的前提是有就业岗位，就业岗位的多寡取决于产业发展。产城融合，是推进新型城镇化的重要原则之一，是城镇辐射带动乡村、城乡一体化的重要条件，是城镇居民就业增收的重要依托。新型城镇化是以人为核心的城镇化，就业创业是人民群众的第一需求。因此，应以宜业为重点，统筹推进宜业、宜学、宜医、宜养、宜居、宜行、宜游的城镇化。这些年，不少城镇楼房建造有余、产业发展不足，造成有城无产或有城少产，导致创业不易、就业难问题，直接影响了城镇居民收入的增长。

十、大幅度提高居民收入是最紧迫的问题

习近平总书记强调，准确把握全面建成小康社会内涵，对实现第一个百年奋斗目标至关重要。全面建成小康社会，在保持经济增长的同时，更重要的是落实以人民为中心的发展思想，想群众之所想、急群众之所急、解群众之所困，在学有所教、劳有所得、病有所医、老有所养、住有所居上持续取得新进展。在民生五大需求中，劳有所得是核心。劳有所得，是老百姓获得学、医、养、居的基

础，是拉动消费、扩大内需、稳中求进的基础，是坚持共享发展理念、实现共建共享的具体体现，是人民群众最关心、最直接、最现实、最紧迫的利益问题。

十一、提高城乡居民收入的本质

提高城乡居民收入水平的本质是提升劳动生产率，提高劳动者的劳动回报。在市场经济条件下，劳动者的劳动转化为产品才能有回报。因此，首先要让劳动者实现就业或者拥有生产产品的生产资料。劳动者的劳动要有回报，其产品必须适应市场需求。为此，必须构建从生产、加工到消费的完整产业链。提高劳动者劳动回报，就是提高生产效益。这意味着必须降低生产成本、提高生产效率，必须转变生产方式、提高技术含量、完善体制机制、提升劳动者劳动技能。在整个过程中，要充分发挥市场配置资源的决定性作用和更好地发挥政府的作用。

十二、针对不同问题制定不同措施

我们应充分认识大幅度提高城乡居民收入水平、实现城乡居民收入达到全国平均水平目标的重大意义，树立和践行以人民为中心的发展思想，始终坚持富民与强区并重、富民优先，在解决供给侧结构性矛盾过程中提高城乡居民收入；应分门别类地调查研究本地区制约城乡居民收入提高的突出问题，分层次分析问题存在的原因，针对不同问题和不同原因，制定切实管用的措施，动用各类可利用资源，以超常规举措，限期解决问题。对老百姓来说最高兴、最实惠的事情莫过于增加收入。大幅度提高城乡居民收入，让老百姓过上美好生活，那才是真本事，真担当。应以大幅度提高城乡居民收入、让人民群众过上更美好生活论英雄。

十三、根据收入构成提高城镇居民收入

城镇经济发展是城镇居民增收的基础。2015 年，内蒙古自治区城镇居民人均可支配收入中，工资性收入占 62.1%，经营性收入占 15.7%，财产性收入占 6.1%，转移性收入占 16.1%。财产性收入比重最小，但目前大幅度提高城镇居民财产性收入的潜力不大。提高工资性收入，既要按政策提高机关事业单位干部职工工资，更要提高企业职工工资。应结合推进供给侧结构性改革，深化“放管服”改革，最大限度减轻企业负担，创新驱动、转型升级，降成本、增效益，实现职工工资同步增长。提高经营性收入，应落实大众创业、万众创新措施，优化

创业就业环境，放手发展非公经济，扩大就业，提高个体私企收入。提高转移性收入，应合理提高养老、医疗、教育、廉租房等的财政补助标准。

十四、用市场机制完善收入分配制度

应以市场价值回报人才价值，完善创新创造利益回报机制，分类施策，支持劳动者以知识、技术、管理、技能等创新要素按贡献参与分配。应营造崇尚技能的社会氛围，培养造就更多技术工人，提升技能人才待遇，完善技术工人薪酬激励机制。应保障科研人员合理的基本薪酬水平，落实中央财政科研项目资金管理有关政策，健全绩效评价和奖励机制，激励创业创新。应扶持小微创业者创业，深化简政放权、放管结合、优化服务改革，释放市场活力，降低市场准入门槛，健全创业成果利益分配机制，打通创业创富通道。

十五、构建独具特色的现代农牧业产业体系

构建独具特色的产业体系，要解决的是生产什么产品的问题。推进农牧业供给侧结构性改革，应以大幅度提高农牧民收入、保障有效供给为主要目标，充分发挥本地资源优势，持续扩大低收入农牧户的生产资料，主动适应市场需求变化，大力调整种植业、养殖业结构，优化农牧业产业体系，推动农牧业产业提质增效。比如，适宜于发展种养结合产业的玉米主产区，应坚持粮改饲，引导农牧户改种青贮玉米，大力发展肉牛产业，延长产业链。扶持低收入农牧户人均饲养基础母牛两头起步，四年内人均饲养基础母牛三至五头，人均增收一万到三万元。依托什么产业增收，必须从每个农牧户实际出发，决不能一刀切、强迫命令。

十六、构建富有效率的现代农牧业生产体系

构建富有效率的生产体系，要解决的是怎样生产产品的问题。必须强化农牧业物质技术装备支撑，提高农牧业良种化、机械化、科技化、信息化、标准化水平，提高生产效率，推行绿色生产，优化农畜产品生产体系，推动农牧业可持续发展。比如饲养肉牛，必须坚持集约化饲养，大力推广优良品种，因地制宜制定饲养规程，从棚舍窖池建设到品种选择、配种防疫、草料搭配、饲养饮水、出栏周转等，都要规程化、信息化、标准化。必须适应生产产品各环节需求，创新公益性服务方式，引入项目管理机制，推行政府购买服务，支持社会力量广泛参与

服务。只有这样才能提高生产效率。

十七、构建效益较高的现代农牧业经营体系

构建效益较高的经营体系，要解决的是谁来生产产品的问题。适度规模经营是破解小生产与大市场的矛盾，降低生产成本、提高经营效益、扩大农牧民增收渠道的有效途径。农牧民专业合作社等新型经营主体是实现适度规模经营、发展现代农牧业、带动农牧户增收的有效组织形式。应完善新型经营主体扶持政策，重点培育专业合作社、家庭农牧场、种养大户等新型农牧业经营主体，因地制宜推进多种形式适度规模经营，优化农牧业经营体系，增加农牧民收入。应依托农牧业适度规模经营延长产业链，大力发展农畜产品加工业、农村牧区生产性服务业和休闲旅游产业，完善利益联结机制，推动种养加一体、一二三产业深度融合发展。

十八、加快推进确权登记颁证工作

开展农村牧区承包土地草场的确权登记颁证，是推进农村牧区土地草原集体所有权、农牧户承包权、土地草场经营权“三权分置”的依据，是促进农牧户土地草场经营权流转、因地制宜发展多种形式适度规模经营的前提，是搞活土地草场用益物权、农牧户用承包土地草场的经营权抵押贷款、增加农牧民财产性收入的条件，是培育农牧民专业合作社、家庭农牧场、种养大户等新型农牧业经营主体的基础。由此可见，加快推进农村牧区承包土地草场确权登记颁证的重要性和紧迫性。应在总结试点经验的基础上，尽快保质保量搞好全区农村牧区承包土地草场的确权登记颁证。

十九、创新精准扶贫脱贫机制

精准扶贫的要义在于因户因人施策。精准认定每户每个人的脱贫能力，是精准扶贫各项措施中的基础性前提性措施。导致贫困的原因是多方面的，对一些因智力、体力方面的缺陷而脱贫能力不足的贫困户，如果沿用直接给钱给物的方法扶持，往往难以奏效。在多年来的扶贫开发中，脱贫能力较强的贫困户已经脱贫。现有的贫困户，相当一部分脱贫能力不足。针对这种情况，需要创新扶贫方式，引入市场机制，将扶贫资金或相当的生产资料量化入股经营效益较好的农牧业企业和专业合作社，用合同形式确保贫困户依靠股份分红和力所能及的打工收

入脱贫，建立健全稳定脱贫长效机制。

二十、创新城乡居民增收的财政金融支撑

大幅度提高城乡居民收入，需要财政金融强有力的支撑。金融是产业发展、生产运行的血脉，调整产业结构、调优种养结构、扩大生产资料、农田基本建设、畜牧业基础建设、购置先进机械、创新创业、经办实体等，都需要资金投入、金融服务。而且这些投入具有用量大、周期长、见效慢、抵押小、有风险等特点，需要创新服务方式，尽力解决老百姓增收难题。应把大幅度提高城乡居民收入作为财政支出的优先保障领域，确保投入适度增加；发挥财政资金的引导作用，设立政府和社会资本城乡居民增收发展投资基金；探索财政资金支持城乡居民增收金融化运作，扩大金融供给总量；坚持金融服务的公共服务和市场服务双重属性，建立支持城乡居民增收普惠金融体系；扩大金融服务覆盖面，降低服务成本、改善服务质量、提高服务效率，破解金融城乡二元结构；依托支持城乡居民增收发展基金，建立健全购买保险服务体系、政策性信贷担保体系、金融风险线上线下监测、预警、防控体系和风险分担补偿机制等。

二十一、农区调整种植业结构的典型

老百姓最实际，凡事眼见为实。培树典型，典型引路，很有必要。2016 年，通辽市科尔沁区西伯营子村繁盛农机专业合作社购置进口先进大型农机，托管全村 1 万亩玉米耕地全程集中连片机械化作业，每亩节约费用和增加产量累计增收 190 元。600 余农民向第二、第三产业转移就业，每人务工增收 2 万元左右。西伯营子村是种粮节本增效增收的典型。辽阳村春睿农机专业合作社将社员的 3700 亩籽粒玉米地改种青贮玉米，亩产达 3.5 吨，每吨售价 310 元，亩均纯收入 760 元，比种植籽粒玉米亩均增收 260 元。辽阳村是粮改饲增收的典型。小三合兴村圆葱种植专业合作社在本村种圆葱 800 余亩，辐射带动周边 120 个村种圆葱 1.1 万亩，亩均纯收入 2800 元，比种植玉米亩均增多 2300 元，套种向日葵每亩纯增收 700 元，合计亩增收 3000 元左右。小三合兴村是粮改经增收的典型。它们的共同特点是合作社牵头，根据本地实际找准调结构方向，推进规模化、机械化、标准化生产，降成本、提质量、增效益，提升产业竞争力，提高农民收入。

二十二、牧区集约化经营的典型

通辽市库伦旗额勒顺镇泊白嘎查牧民乌恩巴特尔是养牛户，一家三口两个劳

动力，饲养西门塔尔牛，饲养量保持27头，其中基础母牛12头、用来更新的两年龄母犊3头、当年生牛犊12头，基础母牛人均4头。全年舍饲圈养，每天早晚各喂一次，中午饮水，不耽误干别的活。好母牛能“三年产四犊”，每年出栏12头，八月龄牛犊平均8000元左右，包括转移性收入和补助，人均纯收入2万~3万元。呼伦贝尔市新巴尔虎右旗克尔伦苏木芒来嘎查芒来养羊合作社于2010年成立，有12.5万亩草场、19户社员，其中4户社员进城就业创业。合作社实行草场统一管理、牲畜统一放养、饲草统一购买、畜疫统一防治、贷款统一协调。牲畜饲养量由3000多只发展到8000多只并保持稳定，每年出栏3000多只。牧民人均纯收入当初是7000多元，近年来虽然羊价大幅下跌，上年人均纯收入仍达到12000元。它们的特点是适度规模经营、标准化生产，成本下降，质量提升，收入提高。笔者在《富民论》一书中将此作为案例，除了芒来养羊合作社以外，还介绍了包头市九原区柏树沟嘎查牧民增加财产性收入和达茂旗希拉穆仁草原由畜牧业向旅游业转型的做法和经验。

二十三、关键是干部的责任担当

一年之计在于春，结构调整先于春。2016年城乡居民收入能不能扭转差距拉大的趋势，取决于春播结构和种养结构大力度调整，时不我待。大幅度提高城乡居民收入，实现城乡居民收入达到全国平均水平的目标，是对各级干部宗旨意识、担当精神、综合素质、工作能力最现实的检验。主要领导负有主要责任，需要搞好顶层设计；分管领导负有直接责任，需要上下左右统筹协调，创造一切必要条件，对实现目标负最终责任；基层领导负有具体责任，苏木乡镇和嘎查村干部、街道和社区干部、上级联系嘎查村和社区干部、嘎查村和社区第一书记等，需要帮助城乡居民人均可支配收入线以下的城乡居民户制订大幅度提高收入计划，对每户实现目标负最终责任。需要大力培育新型职业农牧民和城镇创业者、自谋职业者，充分发挥他们的示范带动作用。需要紧紧围绕实现全面小康目标，创新干部监督和政绩考核制度，从制度机制上保证增收目标实现。

深刻领会“四个伟大”[①]

习近平总书记在“7·26”重要讲话中第一次提出，在新的时代条件下，我

① 本文原载于2017年10月9日《内蒙古日报》。

们要进行伟大斗争、建设伟大工程、推进伟大事业、实现伟大梦想。这“四个伟大”新概括具有重大而深远的政治意义、理论意义、实践意义和战略意义。认真学习贯彻习近平总书记重要讲话精神，要深刻理解“四个伟大”新概括的丰富思想内涵。

一、领会“四个伟大”

“四个伟大”就是进行具有新的历史特点的伟大斗争、建设全面从严治党新的伟大工程、推进中国特色社会主义伟大事业、实现中华民族伟大复兴的中国梦。从历史渊源讲，2012 年 11 月 8 日，党的十八大报告首次提出“发展中国特色社会主义是一项长期的艰巨的历史任务，必须准备进行具有许多新的历史特点的伟大斗争”。1939 年 10 月 4 日，毛泽东同志在《〈共产党人〉发刊词》一文中首次提出建设党是伟大的工程。1982 年 9 月 1 日，邓小平同志在党的十二大开幕词中指出：“把马克思主义的普遍真理同我国的具体实际结合起来，走自己的道路，建设有中国特色的社会主义，这就是我们总结长期历史经验得出的基本结论。”2012 年 11 月 29 日，习近平总书记率领新一届中央政治局常委集体参观“复兴之路”展览时首次提出“何为中国梦？我以为，实现中华民族的伟大复兴，就是中华民族近代最伟大的中国梦”。可见，“四个伟大”新概括是习近平总书记在推进实践基础上的理论创新中坚持继承与创新的典范。

从现实来源看，党的十八届六中全会首次提出“更好进行具有许多新的历史特点的伟大斗争、推进党的建设新的伟大工程、推进中国特色社会主义伟大事业”。从“三个伟大”到“四个伟大”，习近平总书记首次明确地把进行具有许多新的历史特点的伟大斗争、加强党的建设新的伟大工程、推进中国特色社会主义伟大事业、实现中华民族伟大复兴中国梦统一起来，构成了“四个伟大”有机统一整体。

从逻辑关系看，实现伟大梦想是中国共产党和中华民族的崇高目标，推进伟大事业是实现崇高目标的唯一正确路径，进行伟大斗争是实现崇高目标的强有力手段，建设伟大工程是进行伟大斗争、推进伟大事业、实现伟大目标的坚强政治保证。“四个伟大”集中概括了中国特色社会主义新的发展阶段的内涵，体现了路径、手段、保证与目标高度统一的严密内在逻辑关系。可以说，“四个伟大”是党的十八大以来以习近平同志为核心的党中央所推进的实践创新和理论创新的总体框架，是习近平总书记在全面系统总结治国理政实践经验基础上推进理论创新的总体思路，是党中央治国理政实践的总体方略。

从重大意义讲，“四个伟大”是我们党对社会主义建设规律的深刻把握，是对世情国情党情的深刻认识，凝结着一代代中国共产党人不懈奋斗的精神和开拓创新的智慧，是以习近平同志为核心的党中央治国理政新理念新思想新战略的高度凝练，是习近平总书记重要思想的精髓要义。在理论意义上，“四个伟大”新概括开创了马克思主义基本原理与我们党在新的时代条件下的伟大实践相结合的最新发展，形成了马克思主义中国化的最新成果，开辟了21世纪马克思主义发展的最新境界，标志着当代中国马克思主义达到了新的理论高度。在实践意义上，“四个伟大”新概括是我们党在中国特色社会主义新的发展时期所做事情的全部内容和全部实践，是新的历史起点上坚持和发展中国特色社会主义的行动指南，是在新的发展阶段确保党和国家事业始终沿着正确方向胜利前进的总纲领。

二、实现伟大梦想

实现中华民族伟大复兴的中国梦，凝聚和寄托了几代中国人的夙愿，体现了中华民族和中国人民的整体利益，是每一个中华儿女的共同期盼。习近平总书记指出：“自1840年以来，我们持续奋斗，在中国大地上展现出了中华民族伟大复兴的光明前景。我们大家都能感到，我们现在比历史的任何时期都更接近中华民族伟大复兴的目标，我们现在比历史上任何时期都更有信心、有能力实现这个目标。”实现伟大梦想，首先要实现“两个一百年”奋斗目标，到中国共产党成立100周年时实现全面建成小康社会的目标，到中华人民共和国成立100周年时实现把我国建成富强民主文明和谐的社会主义现代化国家的目标。

习近平总书记指出，全面建成小康社会是实现中华民族伟大复兴中国梦的关键一步，他在“7·26”重要讲话中进一步强调：“2020年全面建成小康社会后，我们要激励全党全国各族人民为实现第二个百年奋斗目标而努力，踏上建设社会主义现代化国家新征程，让中华民族以更加昂扬的姿态屹立于世界民族之林。”

实现中华民族伟大复兴的中国梦，是我们实现共同坚守的理想信念的崇高目标，是进行伟大斗争、推进伟大事业、建设伟大工程的崇高目标。只有实现中华民族伟大复兴的中国梦，中国才能真正屹立于世界舞台中心，中华民族才能真正屹立于世界民族之林，中国人民才能真正站起来、富起来、美起来。实现中国梦必须走中国特色社会主义道路，必须弘扬以爱国主义为核心的民族精神和以改革创新为核心的时代精神，必须凝聚中国各族人民大团结的磅礴力量。

实现中华民族伟大复兴的中国梦，就是要实现国家富强、民族振兴、人民幸福。就是说，中国梦是国家的梦、民族的梦，也是每个中国人的梦。中国梦归根结底是人民的梦，必须紧紧依靠人民来实现，必须不断为人民造福。党的十八大以来，在中华人民共和国成立特别是改革开放以来我国发展取得的重大成就基础上，党和国家事业发生历史性变革，我国人民完成从政治上站起来到生活上富起来的历史性飞跃。

实现伟大梦想，我们要牢牢把握我国社会主义初级阶段不断变化的特点，全面把握人民群众的需要呈现多样化多层次多方面的特点，始终以实现人民对美好生活的向往为一切工作的出发点和落脚点，坚持以人民为中心的发展思想，解放和发展社会生产力，不断实现习近平总书记在“7·26”重要讲话中所概括的人民群众期盼有更好的教育、更稳定的工作、更满意的收入、更可靠的社会保障、更高水平的医疗卫生服务、更舒适的居住条件、更优美的环境、更丰富的精神文化生活的目标。

三、推进伟大事业

推进伟大事业是实现伟大梦想的必由之路。推进伟大事业，要始终坚持中国特色社会主义主题。习近平总书记在“7·26”重要讲话中指出：“中国特色社会主义是改革开放以来党的全部理论和实践的主题，全党必须高举中国特色社会主义伟大旗帜，牢固树立中国特色社会主义道路自信、理论自信、制度自信、文化自信，确保党和国家事业始终沿着正确方向胜利前进。”党的十二大第一次提出了建设有中国特色的社会主义的命题。改革开放以来，我们党总结历史经验，不断艰辛探索，终于找到了一条实现中华民族伟大复兴的正确道路，这条道路就是中国特色社会主义。

高举中国特色社会主义伟大旗帜，走中国特色社会主义道路，是中国共产党和中国人民的坚定信念，代表了中国最广大人民的根本利益，指引着中华民族伟大复兴的正确方向。经过改革开放近40年的发展，我国社会生产力水平明显提高，人民生活显著改善。特别是党的十八大以来，党和国家事业发生历史性变革，我国社会主义初级阶段进入新的发展时期，中国特色社会主义进入新的发展阶段，我国发展站到了新的历史起点上。中国特色社会主义使近代以来久经磨难的中华民族实现了从站起来、富起来到强起来的历史性飞跃，使社会主义在中国焕发出强大生机活力并不断开辟发展新境界，使中国特色社会主义拓展了发展中国家走向现代化的途径，为解决人类问题贡献了中国智慧、提供了中国方案。所有这些都雄辩地证明，中国特色社会主义道路是无限光明宽广的道路，中国特色社会主义伟大事业是实现中华民族伟大复兴中国梦的唯一正确路径。

在新时期、新阶段、新的历史起点上推进伟大事业，要始终坚持党的基本路线，在继续推动经济发展的同时，更好解决我国社会出现的各种问题，更好实现各项事业全面发展，更好推动人的全面发展、社会全面进步。要继续统筹推进“五位一体”总体布局，协调推进“四个全面”战略布局，全面落实新发展理念。

“五位一体”是中国特色社会主义伟大事业的总体布局，统筹推进经济建设、政治建设、文化建设、社会建设、生态文明建设的要害是统筹，关键是一体推进；不仅要在规划和文件里一体推进，更要在行动上统筹推进；不仅在领导层统筹推进，更要在基层统筹落实。

“四个全面”是实现“五位一体”的战略布局，其要害是全面、关键是协调；全面建成小康社会是实现“五位一体”总体布局的阶段性战略目标，全面小康是“五位”一体实现的小康；全面深化改革是统筹推进“五位一体”的强大动力，“五位”的改革要相协调；全面依法治国是统筹推进“五位一体”的法治支撑，“五位”的法治要相衔接；全面从严治党是统筹推进“五位一体”的政治保证，首先党的建设本身要全面从严，这是保证“五位”全面实施的前提。

新发展理念是引领“五位一体”“四个全面”的理念，从总体上讲，“五位一体”“四个全面”都是发展的布局，都要用新发展理念来引领。创新是发展的动力，协调是发展的方式，绿色是发展的方向，开放是发展的条件，共享是发展的目的。

从大的历史过程看，“两个一百年”是大目标，“五位一体”是大结构，“四个全面”是大保障，新发展理念是大引领，统一于坚持和发展中国特色社会主义。

四、进行伟大斗争

进行伟大斗争是推进伟大事业、建设伟大工程、实现伟大梦想的重要手段。进行伟大斗争，要牢牢把握社会主义初级阶段这个最大国情，既要把握我国正处于并将长期处于社会主义初级阶段，也要把握我国社会主义初级阶段不断变化的特点。这些特点不是一般的特点，而是影响长远、影响全局的历史特点；不是个别特点，而是许多特点，往往表现为事关全局、事关长远的一系列挑战和问题。1993 年 9 月，邓小平同志曾说过：“发展起来以后的问题不比不发展时少。”我国社会主义初级阶段不断变化的特点，就表现为不少这样的问题。

党的十八大以来，习近平总书记反复强调，“我们正在进行具有许多新的历史特点的伟大斗争，面临的挑战和困难前所未有”“发展中国特色社会主义是一项长期的艰巨的历史任务，必须准备进行具有许多新的历史特点的伟大斗争”。以习近平同志为核心的党中央科学把握当今世界和当代中国的发展大势，顺应实践要求和人民愿望，推出一系列重大战略举措、重大方针政策，进行一系列具有许多新的历史特点的伟大斗争，解决了许多长期想解决而没有解决的难题，办成了许多过去想办而没有办成的大事。党和国家事业发生的历史性变革，是通过进行具有许多新的历史特点的伟大斗争所取得的。今后在新的发展阶段、新的历史起点上，继续推进中国特色社会主义伟大事业，在迅速变化的时代中赢得主动，在新的伟大斗争中赢得胜利，就要在坚持马克思主义基本原理的基础上，以更宽广的视野、更长远的眼光来思考和把握国家未来发展面临的一系列重大战略问题，继续进行具有许多新的历史特点的伟大斗争。

当前，全面建成小康社会正处于决胜阶段，中国特色社会主义发展正处于关键时期，中华民族伟大复兴正处于关键阶段。在这样的决胜阶段和关键时期，前进的道路上会遇到各种难题和挑战，会集聚各种风险和隐患，会遇到新的矛盾和问题。我们党面临的执政环境相当复杂，影响党的先进性、弱化党的纯洁性的各种因素也会相当复杂。我们既要看到成绩和机遇，更要看到短板和不足、困难和挑战，看到形势发展变化给我们带来的风险。在踏上建设社会主义现代化国家新征程时，我们要跨越中等收入陷阱、突破利益固化藩篱，要补上短板、提质增效，要坚决打好防范化解重大风险、精准脱贫、污染防治攻坚战，要坚决开展好意识形态、国家安全、网络安全、外交和军事等领域的斗争，继续保持反腐败斗争压倒性态势。要从最坏处着眼，做最充分的准备，朝好的方向努力，争取最好的结果。

进行伟大斗争，最关键的是要提高战略思维能力，不断增强工作的原则性、系统性、预见性、创造性，坚持问题导向，增强忧患意识，做到居安思危、知危图安。要以新的精神状态和奋斗姿态，坚决克服精神懈怠，时刻准备战斗，始终保持昂扬奋发、敢于斗争、直面挑战、迎难而上的精神状态，凝聚人民的智慧和力量，勇于攻坚克难，为建设富强民主文明和谐的社会主义现代化国家，实现中华民族伟大复兴而顽强奋斗、艰苦奋斗、不懈奋斗。

五、建设伟大工程

建设伟大工程是进行伟大斗争、推进伟大事业、实现伟大梦想的坚强政治保证。习近平总书记在“7·26”重要讲话中指出：“党要团结带领人民进行伟大斗争、推进伟大事业、实现伟大梦想，必须毫不动摇坚持和完善党的领导，毫不动摇推进党的建设新的伟大工程，把党建设得更加坚强有力。”只有进一步把党建设好，确保我们党永葆旺盛生命力和强大战斗力，我们党才能带领人民成功应对重大挑战、抵御重大风险、克服重大阻力、解决重大矛盾，不断从胜利走向新的胜利。实践使我们越来越深刻地认识到，管党治党不仅关系党的前途命运，而且关系国家和民族的前途命运，必须以更大的决心、更大的勇气、更大的气力抓紧抓好。

党的十八大以来，以习近平同志为核心的党中央坚定不移推进全面从严治党，着力解决人民群众反映最强烈、对党的执政基础威胁最大的突出问题，形成了反腐败斗争压倒性态势，党内政治生活气象更新，全党理想信念更加坚定、党性更加坚强，党自我净化、自我完善、自我革新、自我提高能力显著提高，党的执政基础和群众基础更加巩固，为党和国家各项事业发展提供了坚强政治保证。

习近平总书记在“7·26”重要讲话中强调，“全面从严治党永远在路上”“全面从严治党依然任重道远。全党要坚持问题导向，保持战略定力，推动全面从严治党向纵深发展，把全面从严治党的思路举措搞得更加科学、更加严密、更加有效，确保党始终同人民想在一起、干在一起，引领承载着中国人民伟大梦想的航船破浪前进，胜利驶向光辉的彼岸”。

全面从严治党永远在路上，是由党的性质和历史使命决定的，保持先锋队的特质永不变色，就要同一切影响先进性、弱化纯洁性的问题做斗争，确保我们党永葆旺盛生命力和强大战斗力；是由党的执政地位和执政基础决定的，厚植党的执政基础，就要同一切脱离人民群众、败坏党风政风的现象做斗争，永远赢得人民群众的信任和拥护；是由“四个伟大”的统一整体决定的，离开建设伟大工程，就不可能进行伟大斗争、推进伟大事业、实现伟大梦想，在新的发展阶段建设新的伟大工程，就要推动全面从严治党向纵深发展。

推动全面从严治党向纵深发展，要把全面从严治党的思路举措搞得更加科学、更加严密、更加有效。第一，把思想建党的思路举措搞得更加科学严密有效，切实加强思想理论建设，进一步用习近平总书记重要思想武装全党，进一步坚定理想信念，强化“四个意识”。第二，把制度治党的思路举措搞得更加科学严密有效，坚持思想建党与制度治党相结合，坚持标本兼治，完善党内法规制度体系。第三，把严肃党内政治生活的思路举措搞得更加科学严密有效，努力营造风清气正的政治生态和干事创业的从政环境，坚持用党章党规规范党员、干部言行。第四，把抓住“关键少数”的思路举措搞得更加科学严密有效，使各级领导机关和领导干部带头筑牢信念之基，补足精神之钙，把稳思想之舵。第五，把抓实基层支部的思路举措搞得更加科学严密有效，树立党的一切工作到支部的鲜明导向，用党支部工作目标制度、党员履责制度、党支部专题学习制度推进“两学一做”学习教育常态化、制度化，把全面从严治党要求落实到每一个支部、每一名党员。

“四个伟大”是有机统一的整体，在坚持和发展中国特色社会主义中具有覆盖全部、指导全面、引领全局、统领全程的重要地位和重大作用，我们要融会贯通地理解，提纲挈领地把握，统筹协调地推进，勇往直前地实现中国梦。

光辉题词指引亮丽内蒙古[①]

——兼论贯彻落实党的十九大精神

在庆祝内蒙古自治区成立70周年之际，习近平总书记为内蒙古自治区欣然题词："建设亮丽内蒙古，共圆伟大中国梦。"这是内蒙古历史进程中具有划时代意义的大事。这个光辉题词是习近平新时代中国特色社会主义思想关于内蒙古发展思想的高度凝练，是习近平总书记考察内蒙古重要讲话的精髓要义。

我们感恩党中央的关怀，感谢伟大领袖的关爱，就要带着深厚感情，紧密结合学习贯彻党的十九大精神认真学习光辉题词，深入领会光辉题词的丰富内涵，深刻把握光辉题词的重大意义，坚定不移地沿着习近平总书记内蒙古发展思想指引的方向前进，把光辉题词落实到建设亮丽内蒙古的伟大实践中去。

一、光辉题词是高高飘扬的旗帜

习近平总书记始终关心内蒙古工作，始终关切内蒙古发展，始终关怀内蒙古各族人民。习近平总书记的光辉题词首次把内蒙古的发展与实现中华民族伟大复兴的中国梦紧紧联结在一起，指明了新时代内蒙古发展的前进方向，确立了新时代内蒙古发展的新目标、新方略和新举措。共圆伟大中国梦，就是我们内蒙古2500万各族人民同全国31个省（区、市）56个民族13亿人民共同实现中华民族伟大复兴的中国梦。建设亮丽内蒙古，就是为实现中华民族伟大复兴的中国梦而把内蒙古建设得更加富强民主文明和谐美丽。

光辉题词深刻昭示了新时代内蒙古发展的广阔前景和光荣使命，是新时代指引建设亮丽内蒙古的行动指南和精神力量。共圆伟大中国梦是内蒙古各族人民对伟大祖国的历史担当，建设亮丽内蒙古是内蒙古各族人民实现光荣使命的实践过程，是新时代内蒙古发展的奋斗目标。光辉题词承载着以习近平同志为核心的党中央对内蒙古继往开来、再谱新篇的殷切期望，表达了内蒙古各族人民不忘初心、牢记使命，守望相助、团结奋斗，为祖国担当、为梦想奋斗的坚强决心。

内蒙古自治区成立70年来，改革开放40年来，特别是党的十八大以来的5年里，内蒙古坚定不移贯彻落实以习近平同志为核心的党中央治国理政新理念新

① 本文原载于内蒙古自治区2018年1~2期合刊《北方经济》。

思想新战略和习近平内蒙古发展思想，经济社会发展和各族人民生活发生了历史性变革，取得了历史性成就，和全国一样站到新的历史起点上。同时我们也清醒地看到，与共圆伟大中国梦的宏伟目标相比，与建设亮丽内蒙古的奋斗目标相比，与全面建成小康社会的战略目标相比，内蒙古在发展中还存在不少差距问题，面临不少困难挑战。在中国特色社会主义进入新时代的关键时刻，习近平总书记的光辉题词，犹如一面高高飘扬的旗帜、一盏光芒四射的明灯，为新时代内蒙古发展指明了继续前进的方向。

在新的历史起点上，我们要深入学习贯彻党的十九大精神，按照光辉题词的要求创新发展思路、完善发展战略，立足于共圆伟大中国梦，谋划建设亮丽内蒙古。要以习近平新时代中国特色社会主义思想为指导，全面贯彻落实习近平内蒙古发展思想，根据社会主要矛盾转化对各项工作提出的新要求，着力解决好内蒙古自治区发展不平衡不充分问题，更好满足各族人民日益增长的美好生活需要，更好推动人的全面发展、内蒙古自治区各族人民共同富裕，共圆伟大中国梦。

二、共圆伟大中国梦是光荣使命

2012 年 11 月 29 日，习近平总书记率新一届中央政治局常委在国家博物馆参观“复兴之路”展览时第一次阐释“中国梦”概念：“我以为，实现中华民族伟大复兴，就是中华民族近代以来最伟大的梦想。”中国梦是国家的梦、民族的梦，也是每个中国人的梦。实现中国梦，就是要实现国家富强、民族振兴、人民幸福。他特别强调：“历史告诉我们，每个人的前途命运都与国家和民族的前途命运紧密相连。国家好，民族好，大家才会好。”

实现中华民族伟大复兴的中国梦，凝聚和寄托了几代中国人的夙愿，体现了中华民族和中国人民的整体利益，是每一个中华儿女的共同期盼。习近平总书记指出：“自 1840 年以来，我们持续奋斗，在中国大地上展现出了中华民族伟大复兴的光明前景。我们大家都能感到，我们现在比历史的任何时期都更接近中华民族伟大复兴的目标，我们现在比历史上任何时期都更有信心、有能力实现这个目标。”

共圆伟大中国梦，是习近平总书记对内蒙古自治区的殷切期望，是全国各族人民的共同期盼，也是内蒙古自治区 2500 万各族人民的光荣使命。建设亮丽内蒙古，是我们共圆伟大中国梦的实现途径。习近平总书记在党的十九大报告中强调：“行百里者半九十。中华民族伟大复兴，绝不是轻轻松松、敲锣打鼓就能实现的。全党必须准备付出更为艰巨、更为艰苦的努力。”共圆伟大中国梦，必须进行伟大斗争、建设伟大工程、推进伟大事业，用“四个伟大”统揽建设亮丽内蒙古的伟大实践。共圆伟大中国梦，必须走中国道路，不断增强“四个自信”，始终坚定不移地沿着中国特色社会主义道路奋勇前进；必须弘扬中国精神，大力弘扬以爱国主义为核心的民族精神、以改革创新为核心的时代精神和吃苦耐劳、一往无前的蒙古马精神，不断增强团结一心、自强不息的精神动力，永远朝气蓬勃，迈向未来；必须凝聚中国力量，不忘初心、牢记使命，同呼吸、共命运、心连心，心往一处想、劲往一处使，用13亿人民的智慧和力量凝聚起同心共筑中国梦的磅礴力量。

三、高举伟大旗帜建设亮丽内蒙古

习近平新时代中国特色社会主义思想是新时代指引我们前进的伟大旗帜，是建设亮丽内蒙古、共圆伟大中国梦的行动指南。习近平总书记考察内蒙古重要讲话是习近平内蒙古发展思想的集中体现，是建设亮丽内蒙古的根本遵循。按照习近平总书记“守望相助”的要求，我们要始终坚持“守”，守好家门，守好祖国边疆，守好内蒙古少数民族美好的精神家园；始终坚持“望”，登高望远，规划事业、谋求发展要跳出当地、跳出自然条件限制、跳出内蒙古，有宽广的世界眼光，有大局意识；始终坚持“相助”，各族干部群众要牢固树立平等团结互助和谐的思想，各族人民拧成一股绳，共同守卫祖国边疆，共同创造美好生活。这是习近平内蒙古发展思想的核心要义，是我们在新时代开启新征程的世界观、价值观和方法论。

在指导思想上要以共圆伟大中国梦为总任务，以建设富强民主文明和谐美丽的内蒙古为奋斗目标，统筹推进“五位一体”总体布局，协调推进“四个全面”战略布局，紧扣我国社会主要矛盾变化，完善发展战略，创新发展思路，深入贯彻新发展理念，着力解决好发展不平衡不充分问题，更好满足各族人民日益增长的美好生活需要，更好推动人的全面发展、内蒙古自治区各族人民共同富裕。

在工作实践中要始终坚持党对一切工作的领导，切实增强“四个意识”，更加自觉地维护伟大领袖习近平的核心地位和权威，更加自觉地维护党中央的权威和集中统一领导，更加自觉地在思想上、政治上、行动上同党中央保持高度一致。要始终坚持人民当家作主，更加自觉地维护各族人民的根本利益，发展社会主义协商民主，保证各族人民当家作主落实到内蒙古自治区政治生活和社会生活之中。要始终坚持以人民为中心的发展思想，坚持立党为公、执政为民，践行全心全意为人民服务的根本宗旨，把各族人民对美好生活的向往作为奋斗目标，依靠各族人民创造建设亮丽内蒙古的历史伟业。

要按照完善和发展中国特色社会主义制度、推进国家治理体系和治理能力现代化的总目标全面深化各项改革，不断推进内蒙古自治区治理体系和治理能力现代化，构建系统完备、科学规范、运行有效的制度体系，充分发挥社会主义制度和民族区域自治制度的优越性。要按照建设中国特色社会主义法治体系、建设社会主义法治国家的总目标全面推进依法治区，坚持依法治区、依法执政、依法行政共同推进，坚持法治自治区、法治政府、法治社会一体建设，坚持依法治区和以德治区相结合，深化司法体制改革，提高各族人民法治素养和道德素质。

四、在创新引领中建设现代化经济体系

建设现代化经济体系是建设亮丽内蒙古的中心任务，是新时代推动经济跨越转变发展方式、优化经济结构、转换增长动力关口的迫切要求和内蒙古自治区发展的战略目标。建设现代化经济体系，要以习近平新时代中国特色社会主义思想为指导，全面落实“五个结合”，按照推动高质量发展的要求确定发展思路、制定经济政策、实施宏观调控。这是应对社会主要矛盾转化为人民日益增长的美好生活需要和不平衡不充分的发展之间矛盾的迫切要求；是解决好内蒙古自治区经济发展方式不合理，产业结构不合理，传统产业多、新兴产业少，低端产业多、高端产业少，资源型产业多、高附加值产业少，劳动密集型产业多、资本科技密集型产业少这些问题的迫切要求。

建设现代化经济体系，要以供给侧结构性改革为主线，深化要素市场化配置改革，以“破”“立”“降”为重点，大力破除无效供给，推动化解过剩产能；大力培育新动能，推动传统产业优化升级；大力降低实体经济成本，降低制度性交易成本。坚持提高供给体系质量这个主攻方向，加快发展先进制造业、现代服务业，推动传统产业优化升级，把去产能、去库存、去杠杆、降成本、补短板落实到每个企业，推动互联网、大数据、人工智能和企业深度融合，夯实增强内蒙古自治区经济质量优势的微观基础。

建设现代化经济体系，创新是引领发展的第一动力，是转变经济发展方式的关键驱动，是建设内蒙古自治区现代化经济体系的战略支撑。如果说城乡居民收入增长缓慢是民生领域的短板，那么，科技创新能力不强则是内蒙古自治区经济发展的弱项。要加强创新能力和创新体系建设，深化科技体制改革，培育一批具有创新能力的排头兵企业，强化企业在科技创新中的主体地位，建立以企业为主体、市场为导向、产学研深度融合的技术创新体系。不断加大科技投入，紧紧围绕提高企业产品质量、经营效益组织关键共性技术攻关，依靠科技推动经济发展质量变革、效率变革、动力变革，提高全要素生产率。

建设现代化经济体系，要全面深化改革，激发各类市场主体活力，加快形成推动高质量发展的体制机制和政策体系，包括推动高质量发展的指标体系、政策体系、标准体系、统计体系、绩效评价、政绩考核，创建和完善制度环境，推动内蒙古自治区经济在实现高质量发展上不断取得新进展。要强化标准制度，用法治化、市场化手段监管企业产品质量，增强市场竞争力。要强化优胜劣汰机制，实现要素自由流动、价格反应灵敏、竞争公平有序、企业有进有出，使市场活起来，质量提起来。

五、在优先发展中实施乡村振兴战略

实施乡村振兴战略，是加快推进农牧业农村牧区现代化的根本举措。内蒙古自治区土地肥沃、草原广袤、气候条件良好，草原文化深厚，草原畜牧业历史悠久，农牧业特色鲜明，是全国13个粮食主产区之一，粮食生产还大有潜力可挖，但农牧业基础还比较薄弱，生产方式比较粗放。内蒙古自治区发展不平衡不充分尤其表现在农村牧区发展滞后、农牧业生产经营方式粗放上。实施乡村振兴战略，既有较好基础，也有不少难题，需要下很大工夫去解决。

实施乡村振兴战略，坚持农牧业农村牧区优先发展，坚持质量兴农兴牧、绿色兴农兴牧，准确把握产业兴旺、生态宜居、乡风文明、治理有效、生活富裕的总要求。乡村振兴，产业兴旺是基础，生态宜居是方向，乡风文明是标志，治理有效是保障，生活富裕是目的。农村牧区产业兴旺直接决定农牧民生活富裕，必须把构建现代农牧业产业体系、生产体系、经营体系始终抓牢抓实。建设现代农牧业产业体系，要立足当地资源优势，瞄准市场需求，发展特色种植业、养殖业、农畜产品加工业、服务业和旅游业，促进农村牧区一、二、三产业融合发展，拓宽增收渠道。建设现代农牧业生产体系，就要加强农牧业物质技术装备，推动各类产业实现规模化、标准化、专业化、机械化、绿色化、信息化、智能化发展，降低农牧业生产经营成本，提高农牧业质量效益。建设现代农牧业经营体系，就要培养新农牧民，培育农牧民专业合作社、种植养殖大户、家庭农牧场等新型农牧业经营主体，健全农牧业社会化服务体系，实现小农牧户和现代农牧业发展有机衔接。

现代农牧业产业体系、生产体系、经营体系，三者必须相互衔接、相互促进、相互支撑，协同构建、协调推进，才能形成集约化的现代农牧业经济体系，否则仍然是粗放型的传统农牧业经济。必须巩固和完善农村牧区基本经营制度，深化土地草场制度改革，完善承包土地草场“三权”分置制度，保持土地草场承包关系稳定并长久不变，落实第二轮土地承包到期后再延长三十年政策；深化农村牧区集体产权制度改革，保障农牧民财产权益，壮大集体经济，完善农牧业支持保护制度，是构建现代农牧业产业体系、生产体系、经营体系的制度保证。

六、在加强保护中建设美丽内蒙古

美丽内蒙古是亮丽内蒙古的底色和特色，草原是内蒙古的名片，是内蒙古自治区各族人民生存发展的依托，各族人民与草原是生命共同体。建设亮丽内蒙古，既要创造更多物质财富和精神财富以满足各族人民日益增长的美好生活需要，也要提供更多优质生态产品以满足人民日益增长的优美生态环境需要。内蒙古自治区生态状况如何，不仅关系全区各族群众生存和发展，也关系华北、东北、西北乃至全国生态安全，我们必须努力把内蒙古建成我国北方重要的生态安全屏障。

近年来，内蒙古自治区加大生态文明建设力度，探索出很多保护生态环境的有效做法，实现了“整体遏制、局部好转”的转变，走到了“进则全胜、不进则退”的历史关头。建设美丽内蒙古，要积极探索加快生态文明制度建设，对领导干部实行自然资源资产离任审计，建立生态环境损害责任终身追究制。不仅要增加经济资产、减少财政负债，也要增加生态资产、减少环境负债，两方面都要搞离任审计、搞责任终身追究，也都要研究建立相应的财税制度。

只有保护恢复绿色草原，才能使绿色草原变成金山银山。建设美丽内蒙古，要坚持保护优先、自然恢复为主的方针，敬畏草原、顺应草原、保护草原，保护好以草原为主体的生态环境，形成节约资源和保护环境的空间格局、产业结构、生产方式、生活方式，还草原以宁静、和谐、美丽。要着力推进绿色发展，加快建立绿色生产和消费的制度和政策导向，把内蒙古自治区现代化经济体系建设成为绿色低碳循环发展的经济体系。构建市场导向的绿色技术创新体系，以支撑绿色发展。

要着力解决突出环境问题，构建政府为主导、企业为主体、社会组织和公众共同参与的环境治理体系。提高污染排放标准，强化排污者责任，健全环保信用评价、信息强制性披露、严惩重罚等制度，实施大气污染防治，加强农牧业面源污染防治，加快水污染防治，打赢蓝天保卫战、绿草保卫战、碧水保卫战。完成生态保护红线、永久基本农田草场、城镇开发边界三条控制线划定工作。

草原是畜牧业发展的基础。发展现代畜牧业，一项紧迫任务就是要保护和建设好草原，把保护基本草原和保护耕地放在同等重要的位置。严格保护耕地和草场，扩大退耕还林还草，实行轮作休耕和禁牧休牧轮牧，健全耕地草原森林河流湖泊休养生息制度，建立市场化、多元化生态补偿机制。

七、在充分发展中保障和改善民生

习近平总书记在党的十九大报告中提出，坚持以人民为中心；增进民生福祉是发展的根本目的；带领人民创造美好生活，是我们党始终不渝的奋斗目标。建设亮丽内蒙古，必须始终把各族人民利益摆在至高无上的地位，针对人民群众关心的问题精准施策，在幼有所育、学有所教、劳有所得、病有所医、老有所养、住有所居、弱有所扶上不断取得新进展，让改革发展成果更多更公平惠及各族人民，朝着实现各族人民共同富裕不断迈进。

由民生"五有"拓展为民生"七有"，充分体现了习近平总书记提出的"保障和改善民生要抓住人民最关心、最直接、最现实的利益问题，既尽力而为，又量力而行，一件事情接着一件事情办，一年接着一年干"的决心和恒心。提高保障和改善民生水平，要全面落实优先发展教育事业、提高就业质量和人民收入水平、加强社会保障体系建设、坚决打赢脱贫攻坚战、实施健康中国战略、打造共建共治共享的社会治理格局、有效维护国家安全七项战略举措，不断满足人民日益增长的美好生活需要。

在民生"七有"中，实现更高质量和更充分就业、提高各族人民收入水平是最大的民生。内蒙古自治区第十次党代会报告提出了城乡居民收入达到全国平均水平的奋斗目标。之前，2011 年，《国务院关于进一步促进内蒙古经济社会又好又快发展的若干意见》就明确要求到 2015 年内蒙古自治区城乡居民收入达到全国平均水平。2015 年不但未能实现这个目标要求，而且差距更大了。兑现 2020 年城乡居民收入达到全国平均水平的承诺是异常艰巨的任务。产业兴旺是收入增加的来源，大幅度提高农牧民收入，关键是实施好乡村振兴战略，发展集约化的现代农牧业。以往内蒙古自治区农牧民收入增长相对缓慢的根本原因是没有摆脱农牧业粗放型发展方式。城镇居民收入增加也要靠产城融合发展。产业兴旺是实现更高质量和更充分就业的前提。要提供全方位公共就业服务，促进高校毕业生等青年群体、农牧民工多渠道就业创业。拓宽居民劳动收入和财产性收入渠道。履行好政府再分配调节职能，加快推进基本公共服务均等化，缩小收入分配差距。

保障和改善民生要以各族人民根本利益为最高标准，坚持把人民群众的小事当作自己的大事，从人民群众关心的事情做起，从让人民群众满意的事情做起，带领各族人民不断创造美好生活。

八、在提升本领中全面从严治党

建设亮丽内蒙古、共圆伟大中国梦，起决定性作用的是党的建设新的伟大工程；建设伟大工程，起决定性作用的是加强执政能力建设。结合建设亮丽内蒙古的伟大实践坚定不移全面从严治党，要按照新时代党的建设总要求，贯彻坚持和加强党的全面领导的根本原则，贯彻坚持党要管党、全面从严治党的根本方针，夯实坚定理想信念宗旨根基，围绕加强党的长期执政能力建设、先进性和纯洁性建设的主线，以政治建设为统领布局党的政治、思想、组织、作风、纪律建设，把制度建设贯穿其中，深入推进反腐败斗争，把着力点放在调动全党积极性、主动性、创造性上，全面落实八项部署，不断提高党的建设质量。

坚定不移全面从严治党，必须把政治建设摆在首位，牢固树立“四个意识”，坚决维护习近平总书记的核心地位，坚决维护党中央权威和集中统一领导；必须紧紧围绕加强党的长期执政能力建设、先进性和纯洁性建设这个主线，抓住“关键少数”，抓实基层支部。抓住“关键少数”，要努力做到既要政治过硬，也要本领高强，不断增强党的政治领导力、思想引领力、群众组织力、社会号召力。增强政治领导力，就要始终把握政治方向、保持政治定力、善于驾驭政治局面、有效防范政治风险。增强思想引领力，就要用习近平新时代中国特色社会主义思想武装头脑、指导实践、推动工作。增强群众组织力，就要坚持唯物史观，坚持以人民为中心的发展思想，带领人民群众创造更加幸福美好生活。增强社会号召力，就要用共同价值追求和奋斗目标感召鼓舞人，形成夺取新时代中国特色社会主义伟大胜利的磅礴力量。各级党组织和广大党员干部就要不断增强学习本领、政治领导本领、改革创新本领、科学发展本领、依法执政本领、群众工作本领、狠抓落实本领、驾驭风险本领。

抓实基层支部，要以提升组织力为重点，突出政治功能，把企业、农村牧区、机关、学校、科研院所、街道社区、社会组织等基层党组织建设成为宣传党的主张、贯彻党的决定、领导基层治理、团结动员群众、推动改革发展的坚强战斗堡垒。让每个党支部担负好直接教育党员、管理党员、监督党员和组织群众、宣传群众、凝聚群众、服务群众的职责，引导广大党员发挥先锋模范作用。提升组织力，不是靠简单的行政命令，更不是靠简单的物质刺激，而是党组织凭借自身的组织体系和组织资源，把工作做到群众心里，让群众自觉自愿跟着党组织实现自己利益的能力。我们要努力提升组织力，永远同各族人民想在一起、干在一起，奋力谱写建设亮丽内蒙古、共圆伟大中国梦的壮丽篇章。

推动高质量发展的经济学思考[①]

——学习习近平总书记重要讲话体会之一

习近平总书记在内蒙古自治区代表团的重要讲话，是习近平新时代中国特色社会主义思想关于内蒙古发展思想的最新精神，是新时代内蒙古发展的行动指南，明确了内蒙古发展的方向、目标、任务、路径和方法。学习好领会透总书记重要讲话是贯彻落实好讲话精神的前提。习近平总书记提出的“锐意创新、埋头苦干，守望相助、团结奋斗，扎实推动经济高质量发展，扎实推进脱贫攻坚，扎实推进民族团结和边疆稳固”总要求，是把祖国北部边疆风景线打造得更加亮丽的路线图。

锐意创新，是习近平总书记对内蒙古自治区发展第一位的要求，如果思维方式还停留在过去的老套路上，不仅难有出路，还会错失良机；埋头苦干，才能扎实推进，幸福都是奋斗出来的；守望相助，我们既要守好祖国边疆、守好内蒙古少数民族美好的精神家园，又要登高望远，跳出内蒙古、跳出老套路；团结奋斗，团结最有力、奋斗最幸福，各族人民拧成一股绳，建设亮丽内蒙古，共圆伟大中国梦。

扎实推动经济高质量发展，是解决好发展不平衡不充分问题，推动经济发展质量变革、效率变革、动力变革的必然要求。扎实推进脱贫攻坚，是实施全面建成小康社会标志性工程的必由之路。扎实推进民族团结和边疆稳固，是决胜全面小康、建设亮丽内蒙古、共圆伟大中国梦的基础和保证。本文就扎实推动经济高质量发展问题，谈粗浅的认识。

一、推动经济社会发展再上新台阶

总书记希望内蒙古自治区“推动经济高质量发展，要把重点放在推动产业结构转型升级上，把实体经济做实做强做优”“推动经济社会发展再上新台阶”。从全国讲，中国特色社会主义进入了新时代，我国经济发展也进入了新时代，基本特征是我国经济已由高速增长阶段转向高质量发展阶段。推动高质量发展，是保持经济持续健康发展的必然要求，是适应我国社会主要矛盾变化和全面建成小

① 本文原载于2018年4月9日《内蒙古日报》理论版。

康社会、全面建设社会主义现代化国家的必然要求，是遵循经济规律发展的必然要求。

从内蒙古自治区看，发展质量参差不齐、产业结构不尽合理、创新驱动发力不足、实体经济实力不强，是经济发展中普遍存在的突出问题。扎实推动经济高质量发展，是推动内蒙古自治区经济社会发展再上新台阶的必由之路，是形成优势突出、结构合理、创新驱动、区域协调、城乡一体发展新格局的必由之路，是形成有竞争力新增长极的必由之路。推动内蒙古自治区经济社会发展再上新台阶，必须把习近平总书记的殷切希望牢记在心，把习近平总书记的重要指示落到实处。问题的关键是如何选准落实的切入点。

笔者认为，扎实推动经济高质量发展，应把高质量发展的各项要求落实到企业。因为企业是市场主体，也是经济高质量发展的主体。经济发展的高质量，具体体现为产品、工程和服务的高质量。产品由企业生产，工程由企业实施，基本公共服务以外的服务也是由企业提供的。企业是市场主体、生产经营主体，当然是经济高质量发展的主体。推动高质量发展的各项要求理应落实到企业。

推动经济高质量发展，要把重点放在推动产业结构转型升级上，把实体经济做实做强做优。产业结构转型升级，就是产业结构的高级化、高端化，是产业结构适应居民消费加快升级的重大变化，是围绕解决发展不平衡不充分问题、满足人民日益增长的美好生活需要而不断优化的过程。

从一定意义上讲，经济质量取决于经济结构，经济结构中产业结构是基础。产业结构转型升级取决于企业转型升级，企业转型升级直接推动产业结构转型升级，进而推动经济高质量发展。可以说，经济质量取决于产业质量，产业质量取决于企业质量。企业的生产经营推动产业发展，产业结构转型升级实质上是企业生产经营转型升级，是实体经济、实体企业的转型升级，应做实做强做优实体经济。

产业结构转型升级的关键是技术进步，企业转型升级靠创新这个第一动力，包括技术创新、管理创新和经营机制创新等。一个地区推动经济高质量发展，眼睛应紧紧盯住产业、紧紧盯住企业，谋深抓实一批牵动性强、含金量高的重大项目，把产业结构转型升级的要求落实到每个企业，落脚到具体项目，以高质量项目支撑高质量发展，用锐意创新把企业做实做强做优，决不能错失良机。

二、构建现代产业体系新格局

习近平总书记在重要讲话中要求内蒙古自治区“要立足优势、挖掘潜力、扬长补短，努力改变传统产业多新兴产业少、低端产业多高端产业少、资源型产业多高附加值产业少、劳动密集型产业多资本科技密集型产业少的状况，构建多元发展、多极支撑的现代产业新体系，形成优势突出、结构合理、创新驱动、区域协调、城乡一体的发展新格局”。构建内蒙古自治区现代产业新体系，必须用多元发展、多极支撑来实现，取决于产业结构调整力度。习近平总书记科学分析的“四多四少”，一针见血地指出了内蒙古自治区产业结构存在的突出问题。

“四多四少”的产业结构实际上反映的是“四多四少”的企业结构，调整优化产业结构应落实到调整优化企业结构。调整优化企业结构，构建多元发展、多极支撑的现代产业新体系，路径有三条：一是立足资源、区位和发展环境优势，大力引进先进技术和新兴企业、高端企业、高附加值项目、资本科技密集型项目，用扩大增量的方式变“四少”为“四多”；二是挖掘发展容量潜力，依托现有企业基础，依靠科技、管理和体制机制创新，延长产业链，或兼并重组，提高企业素质，用优化存量的方式变“四少”为“四多”；三是“要以壮士断腕的勇气，果断淘汰那些高污染、高排放的产业和企业，为新兴产业发展腾出空间”，用优胜劣汰的方式变“四少”为“四多”。

一个地区调整优化产业结构，应深入分析研究所属企业，搞清楚哪些是“四多”企业，哪些是“四少”企业；用扩大增量的方式变“四少”为“四多”，需要引进什么企业、上什么项目；用优化存量的方式变“四少”为“四多”，需要推动哪些环节创新或技术改造；用优胜劣汰的方式变“四少”为“四多”，需要淘汰哪些“僵尸企业”等，拉出清单，从更好发挥政府作用角度，针对企业生产经营中的主要矛盾和问题，一企一策制定引导支持服务企业转型升级策略，靠市场机制促进企业转型升级。企业结构调整优化之日，便是产业结构转型升级之时。

多元发展的企业结构，是构建多极支撑的现代产业新体系的基础；多元发展、多极支撑的现代产业新体系，是形成优势突出、结构合理、创新驱动、区域协调、城乡一体的发展新格局的基础。企业结构多元发展、产业体系多极支撑，才能形成独特优势和合理结构，才能形成产业联动、区域协调、以城带乡、城乡一体发展新格局，而锐意创新是形成这种新格局的第一动力。

三、紧跟世界能源技术革命新趋势

习近平总书记在重要讲话中要求内蒙古自治区“要把现代能源经济这篇文章做好，紧跟世界能源技术革命新趋势，延长产业链条，提高能源资源综合利用效率”。以煤炭为基础的能源经济是内蒙古自治区工业的主体。做好现代能源经济这篇文章，不仅关系内蒙古自治区现代经济体系建设，而且关系全国现代能源经济发展。

从2017年数据看，内蒙古自治区能源经济有以下特点：一是煤炭产量大，比重高。内蒙古自治区产煤8.79亿吨，占全国煤炭产量的25.5%。二是发电量相对较少，比重较低。发电总量为4422.3亿千瓦时，占全国发电量的7%。三是清洁能源发展较快，比重较高。清洁能源占全国清洁能源的19.5%。四是煤炭加工转化率较低，还没有根本扭转挖煤卖煤格局。内蒙古自治区煤炭加工转化率不足煤炭产量的35%。

做好现代能源经济这篇文章，紧跟世界能源技术革命新趋势，需要深入研究世界能源技术革命新趋势。21世纪以来，随着能源生产和消费革命持续深化，全球范围正在开启再电气化。与传统能源生产和消费方式不同，再电气化在能源生产环节体现为越来越多的风能、太阳能等新能源转换成电力得到开发利用，在终端消费环节体现为电能对化石能源的深度替代，以电代煤、以电代油力度将越来越大。这是能源生产和消费革命的新趋势。

从全国讲，近年来坚持用清洁能源替代化石能源，清洁能源占一次能源消费比重显著提升。大量清洁能源通过特高压电网，从西部地区源源不断输送到东部地区。与2000年相比，2018年电能占终端能源消费比重提高12个百分点，比全球平均增幅高8个百分点。同时，要看到能源转型的长期性、复杂性、艰巨性。一方面化石能源占比依然很高，全国散烧煤超过5亿吨，带来巨大生态环保压力，另一方面大量清洁能源产能放空，弃水、弃风、弃光“三弃”突出。问题的症结在于，电源电网发展统筹不够，电力外送通道不畅，电力系统调峰能力不足，电能替代项目发展滞后，市场机制、标准体系仍不完善等。

从内蒙古自治区看，作为能源大区，能源经济发展成绩显著，而存在的问题尤为突出。提高内蒙古自治区能源资源综合利用效率，应始终坚持绿色发展理念，以构建清洁低碳、安全高效的能源体系为目标，三管齐下打赢蓝天保卫战：首先，立足以煤为主的资源禀赋优势，发挥煤电的基础支撑作用，坚持煤电清洁开发，鼓励采用新技术、新装备、新工艺，不断提高煤电效率，降低污染物排放；把发展燃煤热电多联供技术作为散煤替代抓手，实现电、热、冷、气等多能互补，达到煤炭清洁高效经济利用。其次，发挥新能源资源丰富的优势，统筹新能源和煤电清洁开发协调发展，使新能源成为新增装机增量主体。下大力气解决弃风、弃光问题，完善新能源电费补贴政策，推动新能源规模化集中式与分布式分散式并重发展，加快智能微电网的示范与推广。最后，延长煤化工产业链条，大力发展现代煤化工。与传统煤化工相比，现代煤化工具有环境污染少、产业链条长等特点。发展现代煤化工产业，有利于实现煤炭资源的综合利用，提高煤炭转化效率。笔者在《新常态下鄂尔多斯市转型发展的思路研究》一文中详尽阐述了发展现代煤化工的路径。

四、努力形成有竞争力的新增长极

习近平总书记在重要讲话中要求内蒙古自治区“要大力培育新产业、新动能、新增长极，发展现代装备制造业，发展新材料、生物医药、电子信息、节能环保等新兴产业，发展现代服务业，发展军民融合产业，补足基础设施欠账，发挥国家向北开放重要桥头堡作用，优化资源要素配置和生产力空间布局，走集中集聚集约发展的路子，形成有竞争力的增长极”。新增长极理论是习近平中国特色社会主义思想的重要组成部分，是区域经济发展的指导思想。区域经济增长极，就是由主导产业及其相关产业的空间集聚而形成的经济中心，具有较强的创新能力和增长能力，通过扩散效应及自身发展带动其他产业和周围地区发展。

根据增长极形成特点，在产业发展上要大力培育新产业，发展现代装备制造业，发展新材料、生物医药、电子信息、节能环保等新兴产业，发展现代服务业，发展军民融合产业，使之成为带动区域发展的核心。应充分发挥内蒙古自治区现有产业基础和潜力，培育新产业、新动能，构建现代产业体系。在空间布局上要优化资源要素配置和生产力空间布局，使之成为支配区域经济活动空间分布与组合的重心。应依托各类开发区、工业园区，大力发展主导产业、创新型企业，优化生产力空间布局，提高区域增长极竞争力。在具体形态上要走集中集聚集约发展的路子，使之成为区域集约发展的中心。应提高资源配置效率效能，推动资源向领军企业和品牌产品集中、创新资源向创新型企业聚集，实现集约发展，发挥增长极扩散和带动效应。

形成有竞争力的增长极，核心是产业集中、企业聚集，大力发展现代装备制造业、新兴产业、现代服务业和军民融合产业，培育创新能力特别强的领军企业，实现资本与技术高度集中，形成规模经济和技术外溢的外部经济，增强增长极的带动作用；重心是技术创新、极化效应，大力支持领军企业的技术创新活动，普遍提高主导产业的技术水平，使创新成为极化效应的不懈动力，强力影响周边地区锐意创新，使企业产出增长率、投资回报率提升，带动区域经济稳步增长。中心是完善设施、互联互通，大力加强网络基础设施在内的基础设施建设，补足基础设施欠账，打破行政界限分割，增强“一带一路”建设重要节点优势，用好国际国内两个市场、两种资源，发挥国家向北开放重要桥头堡作用。

形成有竞争力的增长极，应全面分析现代装备制造业企业、新兴产业企业、现代服务业企业和军民融合产业企业，按领军企业、骨干企业、成长性企业和薄弱企业进行分类，锐意创新、埋头苦干，做实做强做优企业，提高增长极的竞争力。

五、推动经济高质量发展的新措施

一分部署，九分落实。增强“四个意识”，归根结底是把以习近平同志为核心的党中央的决策部署落到实处。学习领会习近平总书记在内蒙古自治区代表团的重要讲话，应抱着落实的目的进行研究。抓落实应直接抓行为主体，否则就会止于一般号召、流于形式。推动内蒙古自治区经济高质量发展，主要行为主体是企业。只有抓企业，高质量发展才能最终落到实处。

用锐意创新转换动能。创新是第一动力。推动产业结构转型升级、构建现代产业体系、紧跟能源革命新趋势、形成有竞争力的增长极，都靠创新这个第一动力。内蒙古自治区以往经济发展中的一些亮点，都是技术进步在发光；往后建设亮丽内蒙古，就靠创新这个软肋变为硬翅膀。企业是创新的主体，而企业的创新动力来自市场机制，市场机制的运行需要更好发挥政府作用。人才是第一资源，人才创新的积极性靠体制机制调动。真正的人才看重的是事业的平台，创新平台由政府搭架、企业构筑。完善以企业为主体、需求为导向、产学研深度融合的技术创新体系，需要解决成果所有者应得回报的一张“发票”。政府锐意创新应包括解决成果转化“最后一张纸”难题。

用市场机制推动转型。经济调节、市场监管是政府职能，该政府管的事一定要管好、管到位。把推动经济高质量发展的各项要求落实到企业，不是要过多干预微观经济运行，而是用市场化、法治化手段促进企业转型升级，通过企业转型升级实现产业结构转型升级。用市场机制的作用，强化竞争倒逼企业提高产品和服务质量，让落后企业退出，让优质企业成长；用深化改革降低企业融资、物流、用电、制度性交易等成本，清理规范各类涉企经营服务性收费，切实降低企业成本；用节能环保的法律法规规范企业集约发展、绿色发展；用产品、工程、服务、设备、技术质量标准和安全生产要求监管企业，推动经济发展质量变革、效率变革、动力变革。

用满意衡量“放管服”。继续深化“放管服”改革，寓服务于监管之中，全面落实放宽市场准入“六个一”要求：企业开办时间再减一半、项目审批时间再砍一半、政务服务一网办通、企业和群众办事只进一扇门、最多跑一次、凡是没有法律法规依据的证明一律取消，打造一流政务环境。切实优化投资环境，加大招商引资力度，实现引进增量、盘活存量、做大总量、提高质量。立足激发市场主体活力、提高发展质量，努力为企业创造审批最少、流程最短、效率最高、服务最好的营商环境。

用数字化引领高端化。应立足互联网、面向物联网，依托云计算中心和大数据平台，大力实施智能化战略，推行“互联网+监管”模式，将企业转型升级、高质量发展过程纳入数字化监管，引导支持帮助服务企业生产经营实现数字化、智能化，通过大数据与实体经济深度融合推动跨越式发展。以企业数字化为基础，做大做强做优数字经济，推动经济社会发展数字化，加快“数字内蒙古”“智慧内蒙古”建设进程。

打赢三大攻坚战是头等大事①

——学习习近平总书记重要讲话体会之二

党的十九大提出的三大攻坚战，是以习近平总书记为核心的党中央从巩固党的执政地位、维护国家政治安全的高度作出的重大部署，是全面建成小康社会的头等大事。这是必须打赢、没有退路的攻坚战，是对各级党委、政府驾驭风险、跨越关口能力的考验，是对各级领导干部“四个意识”的检验。我们要坚决落实内蒙古自治区党委十届六次全委会精神，用实际行动经受考验、工作成效接受检验，坚决打赢三大攻坚战。

一、坚决打赢防范化解重大风险攻坚战

坚决打赢防范化解重大风险，重点是防范化解金融风险。从内蒙古自治区讲，防范化解金融风险，重点是防范化解政府债务风险。这是事关内蒙古自治区发展全局、群众生产生活的重大问题，是推动经济高质量发展必须跨越的重大关口。我们必须清醒认识、高度重视、守住底线、攻坚克难。

化解债务风险应理性认识债务。政府债务风险是客观存在的，不能视而不见、置若罔闻，而要高度重视、增强风险意识；不能回避风险，认为“虱子多了不咬，债多了不愁”，而要勇于面对、果断出手；不能遮遮掩掩、推卸责任，而

① 本文原载于2018年6月11日《内蒙古日报》理论版。

要实事求是、主动化解；不能有上级财政“兜底幻觉”，而要“自己的孩子自己抱走”，借钱是要还的。正确认识债务，保持清醒头脑，是防范化解债务风险的思想前提。

化解债务风险应坚持“新官必理旧账”。在经济社会发展进程中，政府举可控债务是必要的和正常的。但杠杆率过高，超过警戒线，就有风险。“冰冻三尺非一日之寒”，今天的政府债务风险是一段时间以来逐步形成的。无论什么原因，任何一届负责任的政府、任何一个有担当的领导，他必然是“新官必理旧账”。因为，这个风险是区域性、系统性、全局性的，事关重大，不可不理。

化解债务风险应摸清债务详情。必须全面审计排查各级政府及其融资平台融资和担保行为，彻底摸清存量债务特别是隐性债务底数，彻底摸清债务总量、结构和分布，彻底摸清负有偿还责任、负有担保责任和承担救助责任的债务，彻底摸清债务来源和资金去向，彻底摸清每一笔债务的领导责任和具体责任，彻底摸清真实财政收入和国有资产状况，彻底摸清经济增长和财政收入增速趋势，客观评估债务负担率、未来偿债能力和地方债务问题所隐藏的风险程度等。这是化解债务风险的前提和基础。

化解债务风险应深入分析原因。思想是行动的先导。深入分析政府债务不断积累、“债台高筑”的原因，需要从根本上解决思想认识问题。中国特色社会主义进入新时代，经济发展进入新常态，发展动力已从要素驱动转向创新驱动。新常态下，政府投资的重点应大力支持科技创新、技术研发、新旧动能转换，而不是搞“政绩工程”“形象工程”。投资于创新驱动，可能暂时降低增长速度，但为高质量、高效益发展夯实基础，偿债能力越来越强。搞“政绩工程”“形象工程”，可能面子上好看，但“债台”越垒越高，恶性循环。科技创新离不开思想创新，如果我们的思维方式还停留在过去的老套路上，不仅难有出路，还会错失良机。

化解债务风险应合理制定化解方案。坚持开前门、堵后门，规范增量、压缩存量原则，合理制定各级政府债务风险化解方案，规范举债行为。开前门，就是合理安排新增债务规模，合法合规举债融资，确保在建项目有序推进，保障重点领域合理融资需求。堵后门，就是严格落实政府债务限额管理和预算管理制度，防止盲目过度超前、不考虑偿还能力举债。规范增量，就是严格执行对举债主体、举债方式、规模控制、预算管理、举债用途、风险控制、责任追究的有关规定，增强防范化解债务风险的自觉性。压缩存量，就是实行一地一策，灵活选择资产置换、转换股权、资产证券化、信托等方式消化存量债务；优化财政支出结构和使用方式，压减一般性支出，盘活财政资金，增强化解债务风险能力。

化解债务风险应加强举债融资监督。坚持标本兼治，加快财政体制和地方融资机制改革，全面取消融资平台的政府融资功能，消除地方政府债务问题的体制根源。加快编制地方政府资产负债表及债务使用情况表，弄清家底，加强监督，防止违法违规担保、以政府投资基金之名变相举债融资、以政府和社会资本合作之名变相举债融资、以政府购买服务之名变相举债融资等。坚持“各扫门前雪”，自己的问题自己解决。实行终身问责、倒查责任，多管齐下解决防范化解政府债务风险问题。

二、坚决打赢精准脱贫攻坚战

习近平总书记指出，全面建成小康社会，标志性的指标是农村贫困人口全部脱贫、贫困县全部摘帽。只要还有一家一户乃至一个人没有解决基本生活问题，我们就不能安之若素；只要群众对幸福生活的憧憬还没有变成现实，我们就要毫不懈怠团结带领群众一起奋斗。习近平总书记的谆谆教诲是内蒙古自治区打赢精准脱贫攻坚战的行动指南，我们应坚决贯彻落实，用实际行动向总书记看齐。

全面建成小康社会的标志性指标，是说农村贫困人口全部脱贫、贫困县全部摘帽是全面建成小康社会最重要的特征。这个特征的内涵是什么？就是精准二字。精准者，精细准确，非常准确，非常标准也。准确到只要还有一家一户乃至一个人没有解决脱贫问题，那就不算全面建成小康社会。精准扶贫、精准脱贫，精准在这里。我们应把提高脱贫质量放在首位，在坚决打赢精准脱贫攻坚战的每个环节都应精准、精准、再精准，采取更加有力的举措、更加精细的工作，不能有一丝一毫的马虎。

精准扶贫务必精准识别。精准识别是精准扶贫的第一道程序，是打赢精准脱贫攻坚战的前提和基础。应严格坚持标准、严肃执行政策，该扶的一户一人也不能落下，不该扶的一户一人也不许进来，接受群众和社会监督，做到公正公道，让大家心服口服。否则，告状不断，影响不好，形象败坏。不能精准识别，不仅影响精准扶贫本身，而且影响社会和谐稳定。

精准扶贫务必精准增收。精准脱贫的核心是贫困户的人均收入精准超过脱贫标准线。产业兴旺是精准增收的基础和来源。习近平总书记要求，把脱贫攻坚同实施乡村振兴战略有机结合起来。推进产业兴旺，就要加快构建现代农牧业产业体系、生产体系、经营体系。这是推动农牧业高质量、高效益发展，确保贫困户稳定增收的必由之路。不仅要因地制宜解决发展某些产业的问题，而且要解决怎样发展产业、谁来发展产业的问题，建立和完善让贫困户参与产业发展的体制机制，确保贫困户精准增收。

精准增收务必精准到户。贫困户的情况千差万别、参差不齐，不可能用一种产业、一个模式、一条途径解决所有贫困户精准脱贫问题。贫困群众既是脱贫攻坚的对象，更是脱贫致富的主体。务必针对每个贫困户的具体情况，因村因户因人施策，精准制定每一户的脱贫方案，充分征求贫困户的意见，充分调动贫困户脱贫致富的积极性、主动性，充分激发内生动力。通过发展产业、股份合作、耕地草场流转、资金入股、种植托管、牲畜托养、季节性打工、转移就业、易地扶贫、教育扶贫、健康扶贫、生态扶贫、托底保障等多种途径增收脱贫。无论选择哪种途径脱贫，都必须建立长效体制机制，确保贫困户长期精准增收致富。

精准扶贫务必精准选派第一书记。所谓精准选派是指务必选派能扶贫、真扶贫的人。一个嘎查村能不能精准脱贫关键在第一书记。应把最能干的人派到最需要的岗位，最需要的岗位也是最锻炼人的岗位。有的地方提出来“凡提必下”是有道理的。2018 年 2 月，习近平总书记深入四川昭觉县看望贫困群众时强调，深度贫困地区，是脱贫攻坚的坚中之坚，“打这样的仗，就要派最能打的人，各地要在这个问题上下大功夫。否则，有钱也不成事”。随后在成都主持召开座谈会时强调，打好脱贫攻坚战，关键在人，在人的观念、能力、干劲。我们应落实总书记的指示，派“最能打”的人打好扶贫攻坚翻身仗，也要关心爱护和激励基层一线扶贫干部。

精准扶贫务必精准整顿作风。精准，是质量，是标准，更是作风。在脱贫攻坚作风建设年，我们应坚决反对脱贫攻坚工作中的形式主义、官僚主义、弄虚作假、急躁和厌战情绪，这些都直接违背精准的要求，必须彻底纠正；我们应坚决打击挪用、贪污扶贫款项的腐败行为，这些都是对人民的犯罪，必须严惩不贷。我们务必坚持阳光扶贫、廉洁扶贫；加强制度建设，扎紧制度笼子；严格考核监督，强化监管，让内蒙古的精准脱贫经得起人民的检验、历史的检验。

精准扶贫务必精准领导。习近平总书记强调，坚持党的领导、强化组织保证，落实脱贫攻坚一把手负责制，省市县乡村五级书记一起抓，为脱贫攻坚提供坚强政治保证。精准领导是指精准抓落实，推动脱贫攻坚各项政策措施落地生根。特别是贫困旗县党委和政府应负精准脱贫攻坚的主体责任，一把手是第一责任人，应把主要精力用在精准脱贫攻坚上，不是满足于开会讲话，而是坚持问题导向，精准发现问题、精准解决问题，按照内蒙古自治区党委李纪恒书记的讲话对标中央精神深刻反思，用知耻后勇、破釜沉舟的精神打好翻身仗，打赢精准脱贫攻坚战。

三、坚决打赢污染防治攻坚战

打赢污染防治攻坚战的目标任务是，到 2020 年使主要污染物排放总量大幅减少，生态环境质量总体改善。自治区党委十届六次全委会提出要实施打赢蓝天保卫战三年计划、实施水污染防治行动计划、落实土壤污染防治行动计划。内蒙古自治区打赢污染防治攻坚战，实际上就是打赢蓝天保卫战、绿地保卫战、清水保卫战三个重大战役。打赢这三个重大战役，既是必须完成的艰巨任务，也是推动创新发展的大好机遇。

打赢蓝天保卫战，必须大幅减少主要污染物排放总量。主要污染物排放主体，在内蒙古自治区，主要是一些生产工艺技术比较落后的煤化工、冶金、建材、能源企业和跑公路运输的柴油货车等。在三个重大战役中，这些企业面临两种选择：要么成为重大战役的对象，消极应付结构调整、动能转换，最终被去产能、淘汰；要么用三个重大战役倒逼企业转型升级，主动加大科技创新力度，积极进行技术改造，减少乃至杜绝主要污染物排放，从根本上提高企业发展的质量效益，为内蒙古自治区天蓝、地绿、水清和推动经济高质量发展做出贡献。各级政府应把创新发展作为决胜三个重大战役的突破口，积极引导企业进行技术改造，大力推进技术研发，集中突破减少主要污染物排放的关键技术和共性技术，集中突破电网消纳风能、太阳能电量，减少弃风、弃光的关键技术和共性技术，从根本上解决制约内蒙古自治区高质量发展的弱项和短板。

在蓝天保卫战中，应针对内蒙古自治区公路运输量大、公路柴油货车数量多的特点，积极调整运输结构，提高货车公路运输门槛，大力增加铁路运输能力，打好柴油货车污染治理战役，减少公路运输量，增加铁路运输量。这样调整，既能减少主要污染物排放，也能减少公路损毁、减少公路拥堵，提高公路服务年限。

打赢绿地保卫战，必须加快转变草原利用方式。打赢绿地保卫战，既是打赢污染防治攻坚战的重大战役，更是建设亮丽内蒙古的题中应有之义。绿地保卫战，重点是保卫绿色大草原。绿色大草原是亮丽内蒙古的鲜亮底色。在内蒙古自治区，各族人民与绿色草原是生命共同体。我们应树立绿水青山就是金山银山、绿色草原就是金山银山的理念，坚持党的十九大提出的节约优先、保护优先、自然恢复为主的方针，形成保护绿色大草原的空间格局、产业结构、生产方式、生活方式，实现内蒙古自治区生态环境质量总体改善。

打赢绿地保卫战，保护绿色大草原，关键是以习近平总书记“三农”思想为指导，立足于转变草原利用方式，构建现代畜牧业产业体系、生产体系、经营体系，从根本上解决牧区发展什么产业、怎么发展产业、谁来发展产业的问题。构建现代畜牧业产业体系，应因地制宜实现多业并举，促进一、二、三产业融合发展；构建现代畜牧业生产体系，应大力推进畜牧业生产各环节机械化、信息化、自动化、智能化、标准化；构建现代畜牧业经营体系，应大力发展多种形式适度规模经营，健全畜牧业社会化服务体系，实现牧户家庭经营和现代畜牧业发展有机衔接，提高畜牧业经营集约化、组织化、规模化、社会化、产业化水平，加快畜牧业转型升级。

产业体系、生产体系、经营体系是现代畜牧业的三大支柱。只有加快构建内蒙古自治区畜牧业三大体系，才能推动畜牧业高质量发展、提高经济效益、持续稳定增加牧民收入，才能有条件有基础真正落实禁牧、休牧、轮牧制度和草畜平衡制度，有效解决草场超载过牧问题，让草原休养生息、自然恢复，实现生态环境质量总体改善。

打赢绿地保卫战，还应坚持质量兴农、绿色兴农，调整农业投入结构，减少化肥农药使用量，增加有机肥使用量，治理农业面源污染，加强固体废弃物和垃圾处置，推进农田生态修复，开展农村牧区人居环境整治行动。

打赢清水保卫战，必须严格禁止向河湖水体排污。打赢清水保卫战，应不折不扣贯彻落实习近平总书记的重要指示精神，打好呼伦湖、乌梁素海、岱海等水生态综合治理战役，打好河水湖水干净清澈、湿地保护和城市黑臭水体治理战役。内蒙古自治区河水湖水质量变差，有近年来持续干旱、气候变化等因素的影响，但主要的还是企业排放污水、生活污水污染和农牧业面源污染所致。恢复河水湖水干净清澈，应推进河水流域环境和湖水周边环境综合治理。特别是加强呼伦湖、乌梁素海、岱海等重点湖泊污染防治，基本消除城市建成区黑臭水体。

打赢清水保卫战，应严格禁止向河水湖水湿地和沙漠排污，坚决取缔排污企业，追究其法律责任。提高污染排放标准，强化排污者责任，健全环保信用评价、信息强制性披露、严惩重罚等制度。应严格落实河长制、湖长制，派“最能打的人”担任河长、湖长，压实管护责任，建立健全水生态保护长效机制。应加快构建政府为主导、企业为主体、社会组织和公众共同参与、群防群治的水生态环境治理体系。

在以习近平总书记为核心的党中央坚强领导下，我们一定能抓好打赢三大攻坚战这个头等大事，在祖国北疆构筑起万里绿色长城。

乡村振兴产业始[①]

——学习习近平总书记重要讲话体会之三

实施乡村振兴战略，要从产业兴旺开始。产业兴旺是推动乡村振兴五句话总

① 本文原载于内蒙古2018年第9期《北方经济》。

要求第一位的要求，是乡村振兴的重点也是基础。这个重点不突出，这个基础夯不实，乡村振兴不了。什么是产业兴旺、怎么抓好产业兴旺，对这个问题认识准、理解透，是推动乡村振兴的前提。否则，乡村振兴不了。

一、构建“三大体系”是重点

习近平总书记在“两会”重要讲话中强调：“要推动乡村产业振兴，紧紧围绕发展现代农业，围绕农村一、二、三产业融合发展，构建乡村产业体系，实现产业兴旺，把产业发展落到促进农民增收上来，全力以赴消除农村贫困，推动乡村生活富裕。要发展现代农业，确保国家粮食安全，调整优化农业结构，加快构建现代农业产业体系、生产体系、经营体系，推进农业由增产导向转向提质导向，提高农业创新力、竞争力、全要素生产率，提高农业质量、效益、整体素质。”

对习近平总书记的这个重要指示，我们应从以下几个方面学习理解：

第一，实现产业兴旺，要紧紧围绕发展现代农牧业构建产业体系，而不是在传统农牧业上打转转。这些年，内蒙古自治区尽管有一些集约化经营程度较高的农牧业合作组织的先进典型，但总结推广不够，总体上还是在搞传统农牧业，现代农牧业远远没有破题。如果我们的思维方式还停留在过去的老套路上，不仅难有出路，还会错失良机。其实，我们停留在老套路、固守传统农牧业模式，耽误了一年又一年，再也耽误不起了。

第二，实现产业兴旺，要把产业发展落实到促进农牧民增收上来，这是实现产业兴旺的根本目的，农牧民收入有没有稳定较快增长是衡量产业是不是兴旺的最终标准。目前，经营性收入仍然是内蒙古自治区农牧民收入的主要来源，产业发展的质量和效益决定着农牧民收入的增长。这些年，跟自己比，内蒙古自治区农牧民收入年年有增长；跟全国比，与全国平均水平的差距不是在缩小，而是在拉大。这个差距由2000年的215元扩大到2016年的754元。农牧民收入差距持续扩大充分说明，内蒙古自治区农牧业产业发展的质量效益与全国农业产业发展的质量效益有很大的差距。

2011年，《国务院关于促进内蒙古经济社会又好又快发展的若干意见》明确要求，到2015年内蒙古自治区城乡居民收入达到全国平均水平。众所周知，这个目标未能实现。其根本原因是没有打造出实现目标的产业支撑。2016年11月，内蒙古自治区第十次党代会再次提出城乡居民收入达到全国平均水平的奋斗目标。最近，国家和内蒙古自治区2017年统计公报相继公布，内蒙古自治区农牧民收入与全国平均水平的差距进一步扩大到848元。实现内蒙古自治区第十次党代会对内蒙古自治区各族人民庄严承诺的艰巨程度可想而知，实现产业兴旺的紧迫程度可想而知。

第三，实现产业兴旺，要加快构建现代农业产业体系、生产体系、经营体系，推进农业由增产导向转向提质导向。加快构建现代农业“三大体系”是习近平总书记“三农”思想的重要内容。2015 年 3 月，在全国“两会”期间参加吉林省代表团审议时，习近平总书记第一次提出“三大体系”，要求突出抓好加快建设现代农业产业体系、生产体系、经营体系三个重点。“三大体系”思想深刻回答了新时代发展现代农业，兴旺什么产业、怎么兴旺产业、谁来兴旺产业的问题。

二、构建产业体系是基础

加快构建现代农牧业产业体系，要解决的是发展什么产业、发展哪些产业的问题，实质是调整产业结构，推动多业并举，多渠道增加农牧民收入。不是停留在过去的老套路上，不是只盯着单一的种植业或养殖业，不是单纯发展第一产业，而是努力拓宽农牧业边界，着力拓展农牧业功能，全力增加农牧民收入来源，促进农村牧区生活富裕。在总体上，内蒙古自治区仍然延续着传统农牧业单一的种植业或养殖业经营模式，远未形成多业并举的产业体系。

加快构建现代农业产业体系，要以农业供给侧结构性改革为主线，以质量效益为导向，加快调整种养结构、种植结构，发挥资源优势、突出自身特色，统筹发展种植业、养殖业、加工业、服务业等，实现多业并举，促进一、二、三产业融合发展；大力发展文化、科技、旅游、生态等乡村特色产业，振兴传统工艺，扶持培育家庭工场、手工作坊、乡村车间，鼓励在乡村兴办环境友好型企业，实现乡村经济多元化；统筹发展休闲农业和乡村旅游业，建设设施完备、功能多样的休闲观光园区、森林人家、康养基地、乡村民宿、特色小镇；大力发展农村电子商务等新业态，促进种植业、养殖业、林果业、渔业、农产品加工流通业、农业服务业转型升级和融合发展，带动农村经济繁荣，切实增加农民收入，为乡村振兴奠定坚实的物质基础。

加快构建现代畜牧业产业体系，要以畜牧业供给侧结构性改革为主线，以质量效益为导向，加快调整畜种结构、品种结构和畜群结构，因地制宜发展肉牛产业、肉羊产业、草产业、饲料产业、青贮产业、畜产品加工业、生产生活服务业，实现多业并举，促进一、二、三产业融合发展；大力发展文化、科技、旅游、生态等牧区特色产业，振兴传统工艺，扶持培育家庭工场、手工作坊、嘎查车间，鼓励兴办草原友好型企业，实现牧区经济多元化；加快发展森林草原旅游、河湖湿地观光、冰雪运动、野生动物驯养观赏等产业，积极开发观光畜牧业、游憩休闲、健康养生、牧区民宿、生态教育等服务；大力发展牧区电子商务等新业态，促进畜牧业、饲草料产业、畜产品加工流通业、畜牧业服务业转型升级和融合发展，带动牧区经济繁荣，切实增加牧民收入，为牧区振兴奠定坚实的物质基础。

三、构建生产体系是根本

加快构建现代农牧业生产体系，要解决的是怎么生产、怎样发展的问题，实质是转变生产方式，降低生产成本，提高生产效率，提升农牧业科技含量来增加农牧民收入。同样的产业、同样的产品，用什么样的生产方式生产，其质量效益大不一样。加快构建现代农牧业生产体系，就是要用现代物质装备武装农牧业，用现代科学技术服务农牧业，用现代生产方式改造农牧业，提升农牧业科技和装备应用水平，大力推进农牧业科技创新和成果应用，大力推进农牧业生产经营机械化和信息化，增强农牧业综合生产能力和抗风险能力。

加快构建现代农业生产体系，要坚持质量兴农、绿色兴农，推进土地整治和高标准农田建设，加强水利建设，提升耕地质量，发展节水灌溉；增强转变农业生产方式的紧迫感，尽快转变传统农业生产方式，种植业无论种什么作物都要推广良种，养殖业无论养什么畜禽都要养优良品种，大力提高农业良种化水平；从种到收的各环节都使用先进机械，大力提高农业机械化水平；种植业和养殖业都要推广先进实用技术，大力提高农业科技化水平；根据作物生长需求和畜禽养殖特性，因地制宜发展智能大棚，大力提高农业信息化水平；种植业和养殖业都要制定科学种植、饲养规程，推行标准化生产，培育农产品品牌，大力提高农业标准化水平。强化物质条件支撑能力建设，提高农业良种化、机械化、科技化、信息化、标准化水平，是构建现代农业生产体系的要义所在。

构建现代畜牧业生产体系，要坚持质量兴牧、绿色兴牧，树立绿水青山就是金山银山、绿色草原就是金山银山的理念，坚持节约优先、保护优先、自然恢复为主的方针，形成保护绿色大草原的产业结构和生产方式；因地制宜调整畜种结构、选养优良品种，大力提高畜牧业良种化水平；增强转变畜牧业生产方式的紧迫感，尽快转变传统畜牧业生产方式，在可使用机械的生产环节都使用先进机械，大力提高畜牧业机械化水平；积极推广畜牧业生产各环节先进实用技术，大力提高畜牧业科技化水平；根据畜种养殖特性，因地制宜发展智能棚圈、自动饲喂、感应饮水、无人机放牧等，大力提高农业信息化水平；制定不同畜种科学饲养规程，推行标准化饲养管理，培育畜种和畜产品品牌，大力提高畜牧业标准化水平。强化畜牧业物质条件支撑能力建设，提高畜牧业良种化、机械化、科技化、信息化、标准化水平，是构建现代畜牧业生产体系的要义所在。

四、构建经营体系是关键

加快构建现代农牧业经营体系，要解决的是谁来经营、怎样经营的问题，实质是加快培育新型农牧业经营主体，发挥其服务带动作用，促进小农牧户和现代农牧业发展有机衔接。众多小农牧户分散经营，是内蒙古自治区基本区情和基本农牧情。广大农牧民是乡村振兴、发展现代农牧业的主体。围绕帮助农牧民、提高农牧民、富裕农牧民，加快培育新型农牧业经营主体，是关系农牧业现代化的重大战略，是构建现代农牧业经营体系的主要内容，是实现小农牧户和现代农牧业发展有机衔接的必由之路。

加快培育新型农牧业经营主体，加快形成以农牧户家庭经营为基础、合作与联合为纽带、社会化服务为支撑的立体式复合型现代农牧业经营体系，对于带动农牧民就业增收具有十分重要的意义。截至 2017 年底，内蒙古自治区注册的农牧民专业合作社 8.21 万家、入社农牧户 81.4 万户，家庭农牧场 1.03 万家，有一定规模的农畜产品加工企业 1800 家，农牧业生产性服务组织 2.1 万个。与全国相比，内蒙古自治区新型农牧业经营主体数量少、质量低、服务带动力弱。加快培养爱农牧业、懂技术、善经营的新型职业农牧民，加快培育新型农牧业经营主体，是建设内蒙古自治区现代农牧业的关键所在。

加快构建现代农牧业经营体系，应鼓励农牧民按照依法自愿有偿原则流转土地草场经营权，以土地、草场、资金、劳动、技术、产品为纽带，积极发展生产、供销、信用“三位一体”的综合合作，依法组建农牧民合作社和联合社，依照章程加强民主管理、民主监督，发挥成员积极性，共同办好合作社，提升土地草场适度规模经营水平；应鼓励以家庭成员为主要劳动力、以农牧业为主要收入来源，从事专业化、集约化生产的规模适度的家庭农牧场，与农牧民合作社、龙头企业开展产品对接、要素连接和服务衔接，实现节本增效，并使用规范的生产记录和财务收支记录，提升标准化生产和经营管理水平。

加快构建现代农牧业经营体系，应鼓励龙头企业建立现代企业制度，带动农牧民以土地草场经营权入股产业化经营，推广“保底收益 + 按股分红”等模式，完善订单带动、股份合作、利润返还等利益联结机制，和农牧民合作社、家庭农牧场以“公司 +”等形式开展农畜产品加工流通，提供技术培训服务，制定农畜产品生产、加工和服务标准，示范引导标准化生产，提升农畜产品质量安全水平和市场竞争力；应培育多元化农牧业服务主体，探索建立集技术指导、信用评价、保险推广、质量监管、产品营销于一体的公益性、综合性农牧业公共服务组织，大力发展机械作业、生资供应、技术推广、改良配种、统防统治、储草储料、建棚搭圈、粪污处理、集中育秧、机种机收、全程托管、专业服务、加工储存、电子商务等产前、产中、产后社会化服务的经营性服务组织，提升农牧业社会化服务水平。应将新型农牧业经营主体服务带动农牧户数量和成效作为相关财政支农支牧资金和项目审批、验收的重要依据，提升农牧业经营集约化、组织化、规模化、社会化、产业化水平。

乡村振兴产业始，产业兴旺体系撑。加快构建现代农牧业产业体系、生产体系、经营体系三大体系，应认真落实习近平总书记的重要指示，加快形成推动现代农牧业高质量发展的指标体系、政策体系、标准体系、统计体系、绩效评价、政绩考核，持之以恒抓落实，发扬钉钉子精神，每件事都要一抓到底，一件事情接着一件事情办，一年接着一年干，锲而不舍向前走，做到件件有着落、事事有回音，让广大农牧民看到变化、得到实惠。

作者简介

布和朝鲁，内蒙古阿拉善盟阿拉善左旗人，蒙古族，研究生学历。曾任内蒙古阿拉善右旗旗委书记，内蒙古阿拉善盟盟委委员、宣传部长、秘书长，内蒙古党委组织部副部长，内蒙古锡林郭勒盟盟委书记，内蒙古党委副秘书长、政策研究室主任，内蒙古自治区人大常委会委员。曾任中国国际经济交流中心特邀研究员，内蒙古党建研究会副会长，内蒙古低碳发展研究院常务副院长，内蒙古人力资源协会名誉会长，内蒙古党校、内蒙古行政学院客座教授。

发表论文300余篇。2010年，人民出版社出版的经济学著作《奋力走进前列——内蒙古现象研究》获内蒙古自治区第三届哲学社会科学优秀成果政府一等奖。2016年，人民出版社出版的经济学著作《富民论》获内蒙古自治区第五届哲学社会科学优秀成果政府三等奖。

布和朝鲁文集

全面发展篇

布和朝鲁◎著

经济管理出版社
ECONOMY & MANAGEMENT PUBLISHING HOUSE

图书在版编目（CIP）数据

布和朝鲁文集/布和朝鲁著．—北京：经济管理出版社，2020.1
ISBN 978－7－5096－7003－3

Ⅰ．①布…　Ⅱ．①布…　Ⅲ．①布和朝鲁—文集　Ⅳ．①Z427

中国版本图书馆 CIP 数据核字（2020）第 021656 号

组稿编辑：申桂萍
责任编辑：申桂萍　姜玉满　杜羽茜　王虹茜
责任印制：黄章平
责任校对：张晓燕　陈　颖

出版发行：经济管理出版社
（北京市海淀区北蜂窝 8 号中雅大厦 A 座 11 层　100038）
网　　址：www. E－mp. com. cn
电　　话：（010）51915602
印　　刷：三河市延风印装有限公司
经　　销：新华书店
开　　本：720mm×1000mm/16
印　　张：70.75
字　　数：1286 千字
版　　次：2020 年 7 月第 1 版　　2020 年 7 月第 1 次印刷
书　　号：ISBN 978－7－5096－7003－3
定　　价：198.00 元（全五册）

联系地址：北京阜外月坛北小街 2 号
电话：（010）68022974　　邮编：100836

自 序

举国欢庆祖国母亲七十华诞的历史时刻，个人文集即将出版，我的心情格外激动。文集者，顾名思义是文章文稿的汇集选编。为什么出版文集？领袖、伟人、名家的文选文集有其不可估量的价值。我这里要说的是普通人的文集，其意义至少有三个方面：一是对当代人或许有某种参考借鉴的意义；二是对后代人或许有某种增知和启迪意义；三是对历史具有比较研究的意义。所谓历史，从其存在形式来说，就是当时人的文字记录、口口相传的记忆记录和某些物体的特殊记录。如果没有了这些记录，历史便不能被后人知晓。这是我对文集出版价值的认识。

什么样的文集有价值呢？概言之，文集中文章文稿说的是真话实话自己的话，而不是假话空话套话。说来容易，真正做到并不容易。说真话，就是说的话具有真理性、科学性，以党的创新理论为指导，符合习近平新时代中国特色社会主义思想的原则和立场、观点、方法。说实话，就是说的话是实事求是的，符合当时当地的实际情况，坚持问题导向，以解决当时当地发展中的问题为出发点，以实现、维护、发展人民群众的根本利益为落脚点。说自己的话，就是理论与实际相结合，说有见解、有新意，有针对性、有操作性的话。这是我对文集参考价值的认识。我不敢说这套文集有这样的价值，但一直以来是我努力的方向。

进入新时代，人们为实现自己的梦想而奋斗，都在只争朝夕。读书看文章，希望在有限的时间里能看到有新意、有启迪的短文。这套系列文集选录了260多篇文章，近百万字，时间跨度从20世纪80年代到现在，多数文章的篇幅比较短。当然，也有上万字甚至数万字的课题研究报告，数量相对较少。希望这套系列文集能适应不同读者的兴趣，非常期待读者不吝赐教。

这套系列文集尽管是一己之见，却是我从政几十年的印记和心血。恰逢盛世，愿以此为我的祖国献上小小的礼物。是为序。

布和朝鲁

2019年9月30日

目　录

布和朝鲁文集之一

理念思路篇

布和朝鲁文集之二

全面发展篇

布和朝鲁文集之三

研究探索篇

布和朝鲁文集之四

随笔散记篇

布和朝鲁文集之五

党建引领篇

布和朝鲁文集之二

全面发展篇

关于嘎查干部体制改革的设想①

阿拉善右旗实行“畜草双承包”责任制以后，以家庭为单位经营的畜牧业对产前、产中、产后服务的需求不是少了而是更多了，牧区基层工作不是简单了而是更复杂了，对牧区基层基础建设提出了新的更高的要求。加强牧区基层基础建设，要从嘎查干部体制改革入手进行探索，切实提高牧区基层服务水平。

一、嘎查干部体制现状

从合作化到党的十一届三中全会以前的一个较长时期，牧区实行的是“两级所有，队为基础”的管理体制，大队领导班子从党支部正副书记、正副队长到会计、保管员等，都是脱产的。他们在长期的基层工作中辛辛苦苦、任劳任怨，做出了积极的贡献，其中许多人在牧民群众中享有较高的威信。但随着时间的推移，这批干部年事已高，身体不好，已不能适应繁重的基层工作，在实行双承包责任制以后退了下来，并做了适当的安排和照顾。

目前的嘎查干部队伍，从数量看，比实行双承包责任制以前减少了，一般为3～4人，多数嘎查有党支部书记1人、嘎查达1人、会计1人，有的嘎查配有副嘎查达；从年龄看，老干部的数量有所减少，增加了一批年轻干部，处于新老交替阶段；从文化程度看，相对来说也有一定改善。这些干部大多数是好的，也做出了一定的成绩。但总体来看，目前嘎查工作还是相当薄弱，很不适应双承包以后牧区发展的需要。从主观方面看，有的干部努力不够，责任心不强，缺乏主动性、创造性；有的老干部退坡思想严重，想撂挑子；有的年轻干部还缺乏经验。但这些还不是主要原因，从客观方面看，实行双承包责任制以后，嘎查干部和其他牧民一样，都承包了牲畜，特别是相当一部分嘎查干部的家庭劳动力不足，他们不得不用大部分精力从事家庭的生产经营，难免产生顾此失彼的现象。客观地讲，“畜草双承包”的今天，我们硬要求嘎查干部舍家而顾工作是不现实的，两头不能兼顾是明显的。特别是在接羔保育等生产大忙季节和抗灾保畜的关键时

---

① 本文原载于阿拉善右旗旗委办公室、政研室，1986年第7期《情况反映》。内蒙古自治区党委办公厅编印的1987年第129期《综合通报》以《阿拉善右旗推行嘎查干部新体制》为题摘要刊发，称“阿右旗旗委、政府自1986年开始，在八个苏木镇中进行了嘎查干部体制改革的试点工作”。

刻，这种矛盾显得更加突出。

另外，嘎查干部虽然没有或者不可能把工作做得很好，但按制度规定，他们仍然从嘎查集体提留中领取一定数量的报酬。从阿拉善旗全旗看，平均每人每年900元左右，每个嘎查每年支付的干部报酬为3000元左右，全旗44个嘎查一年支出13万多元，牧业户户均负担50多元。

由于这些主客观的原因，按原来的办法已经不可能搞好嘎查工作，各种服务跟不上，牧民的经济负担没有减轻，这样势必影响到干群关系。在一些嘎查，群众对干部有一定的不满情绪，而相当一部分干部则不安心嘎查工作，想辞去职务专心搞家庭经营。如果这个问题不能及时解决，牧区基层工作不能真正加强，牧民面临的各种困难就得不到妥善解决，牧区建设、畜牧业生产、商品经济发展等，都会受到很大影响。

一般情况下解决这类问题，当然要靠强有力的思想政治工作，加强对嘎查干部的思想教育，辅之以必要的制度约束。但在阿拉善旗这样的牧区，地域辽阔，居住分散，以户为单位的生产经营，虽然加强思想政治工作仍然是必不可少的重要环节，但不能从体制上有所突破，笔者认为不可能从根本上解决问题。因此，针对实际问题，推进嘎查干部体制改革，以适应新形势下牧区基层工作需要，是我们面临的一项紧迫任务。

二、嘎查干部体制改革的设想

从阿拉腾敖包苏木搞的经营管理服务站改革试点经验和笔者下乡调查研究所了解到的情况看，嘎查干部体制改革可以分两步走。

第一步，取消嘎查会计，建立苏木经营管理服务站。实行双承包责任制以后，家庭经营已成为牧区生产经营的主要方式。嘎查会计业务和“大锅饭”时期相比已大大减少。在这种情况下，每个嘎查都有一个会计，实际上是一种人力的浪费，而且加重了牧民不必要负担。因此，取消各嘎查会计，并从原来的会计中挑选政治、业务、文化素质都比较好，年纪轻、家庭拖累少的同志，或从其他青年牧民中选拔符合上述条件的同志，经过培训充实到苏木经营管理服务站，统一承担各嘎查会计业务，是一个很好的改革。各苏木经营管理服务站受本苏木政府和旗经营管理站双重领导，从各嘎查选拔会计以2～3人为宜，承担会计、出纳、统计业务，嘎查多的多配，嘎查少的少配。他们的户粮关系不变、承包的牲畜不变，报酬比照目前嘎查干部的报酬标准，由各嘎查分摊，从集体积累中支付。经营管理服务站的职责是：以嘎查为单位分别立账管理各嘎查集体所有的资金、财产和财务往来，搞好嘎查生产统计并汇总全苏木数据，为苏木、嘎查领导及牧民群众提供各种咨询服务。

第二步，嘎查党支部书记由下派行政干部担任。一般从苏木现有干部中选派有文化、有能力，能够开创工作新局面的干部到各嘎查担任支部书记。苏木没有合适人选的可从旗直机关选派符合条件的干部担任。对苏木或旗直机关下派的干部，要实行任期目标责任制，规定任职期限、职责和具体要求。苏木党委和组织部门对下派干部定期进行严格考核。除考核各项任务指标的完成情况外，还要广泛听取牧民群众的意见。任期届满后要实行奖惩，表现突出、开创新局面的要提拔重用。下派干部的工资由原单位发，下乡补助按本人在嘎查工作的实际天数和有关规定从嘎查集体积累中支付。

嘎查达仍然由牧民大会或牧民代表会议选举产生。选出来的嘎查达是党员的，可兼任党支部副书记或支部委员，充分发挥嘎查党支部的战斗堡垒作用。党支部的主要职责是加强牧民的思想政治工作，抓好党员的党性教育和党风建设，教育党员发挥先锋模范作用，支持嘎查达抓好生产建设和其他各项工作。涉及嘎查全局的一些重大问题，如生产计划的制订、基本建设项目的安排、扶贫资金的使用、较大数额的财务开支等，要由党支部集体研究决定，报苏木党委、政府批准后执行。

三、实行嘎查干部新体制的好处

下派行政干部担任嘎查党支部书记，有以下几点好处：

（1）体现领导就是服务。下派行政干部担任嘎查党支部书记，要求他们常年坚持在嘎查工作，就能逐步改变群众思想政治工作没人抓、牧民生产经营中的问题没人解决、对群众的各种服务跟不上等状况，使嘎查工作有人管、有人抓，牧区基层服务真正得到加强，党群、干群关系不断得到改善。

（2）切实减轻牧民负担。建立苏木经营管理服务站，取消嘎查会计，由行政干部担任嘎查干部，全旗各嘎查负担的嘎查干部总数将由现在的170名左右减少到80名左右，可减轻牧民一半以上经济负担。

（3）提高干部的责任心。从嘎查集体积累中支付下派干部的补助，可以把下派干部的个人利益与嘎查工作有机联系起来。这样势必加强牧民群众对下派干部工作的监督，同时又能调动下派干部的责任心，使嘎查工作得到加强。

（4）增强干部的进取心。明确规定下派干部的任期、任务和工作要求，完善奖惩措施，使嘎查干部有制度和纪律的严格约束，能够激发他们的进取心、努力工作的主动性和创造性，同时能够使下派干部在实际工作、群众工作中得到锻炼，有利于提高他们的政治素质和实际工作能力。

关于嘎查干部体制改革的想法在笔者的脑海里酝酿了较长时间。1986 年初，在副科级以上干部大会上谈过初步想法。后来从阿拉腾敖包苏木嘎查会计体制改革的实践中受到启发，在北部地区各苏木传达内蒙古自治区旗县委书记会议精神的过程中又和基层的同志们深入交流了思想，深深感到目前嘎查工作确实太薄弱，仅采取一些治标的措施难以解决问题，必须从根本上、体制上进行改革。

于是，笔者找树贵、塔木素、阿拉腾敖包等苏木的领导提出推进嘎查干部体制改革的想法，在这些苏木部署了搞改革试点的任务。回来以后，笔者将部署改革试点的情况向阿拉善旗委做了汇报，旗委同意试点工作做法。因此，可以说这些意见来自于调查研究，来自于基层干部群众的智慧。改革可以有不同的形式和做法，但总的目的是进一步促进生产力的发展，使广大牧民群众尽快走上致富之路。胡耀邦同志说过："领导群众劳动致富是农村工作的根本任务。"我们推进改革的目的就是实现这个根本任务。我们必须加强领导，随时注意总结，逐步加以完善，取得改革的成功。

阿拉善右旗饲草料基地建设初探①

"念草木经，兴畜牧业"是贯彻落实"林牧为主，多种经营"的经济建设方针的正确决策。从阿右旗的实际出发落实这个决策，必须抓好以饲草料基地为重点的草原建设，首先念好"草木经"。

阿拉善右旗是一个以骆驼、羊为主的畜牧业经济区。阿拉善右旗总面积 7.3 万多平方公里，著名的巴丹吉林沙漠横贯全旗，沙漠面积占总面积的 38%，草场面积 4.5 万多平方公里，是超干旱荒漠草原，其中可利用草场面积 3.2 万多平方公里，占总面积的 44%。阿拉善右旗总人口 2.1 万多人，其中牧业人口 1.1 万多人，占 50% 以上。阿右旗的自然环境、民族特点和经济发展阶段，决定了畜牧业是阿拉善右旗的主体经济和最大优势，是振兴阿右旗的根本，也是各族牧民脱贫致富奔小康的主要途径。

党的十一届三中全会以来，阿拉善右旗认真贯彻中央为内蒙古确定的"林牧

---

① 本文是为 1986 年 11 月 4～28 日召开的内蒙古自治区旗县委书记会议准备的论文。1986 年 11 月 8 日在分组会上宣读受到好评，24 日在大会上做典型发言，26 日时任内蒙古自治区党委书记张曙光作总结时两次点到阿右旗给予肯定，27 日《内蒙古日报》摘要刊发该文，标题改为《走建设养畜之路》。1987 年 3 月 24 日刊发于内蒙古自治区党委办公厅、内蒙古自治区党委政研室《内蒙古简报》第 6 期。

为主，多种经营”的经济建设方针，落实“畜草双承包”责任制，畜牧业发展取得一定成绩。但是，由于传统畜牧业观念的影响，至今仍然没有摆脱“大灾大减产，小灾小减产，无灾增点产”的被动局面。干旱多灾是阿拉善右旗的一大特点，正反两方面的经验教训告诉我们，畜草矛盾是阿拉善右旗畜牧业的主要矛盾。所以，念好“草木经”，一方面要加大对草原的投入，保护和合理利用天然草原；另一方面要因地制宜发展饲草料基地，增加产草量，推进建设养畜，是兴畜牧业致富的必由之路。

民以食为天，畜以草为本。兴畜必先兴草，无草不能兴畜。阿拉善右旗饲草料基地的开发和建设，是从1969年额肯呼都格镇光明嘎查在陈家井打出阿拉善右旗第一眼锅锥井种草种料开始的。到1986年，阿拉善右旗已有饲草料基地37处，种植面积达5400亩，从事饲草料种植业的牧民324户、劳动力701人，占阿拉善右旗总户数和劳动力的11.7%和13.9%，其中，种草专业户253户、劳动力503人，兼搞养畜的67户、劳动力198人。现在阿拉善右旗13个苏木镇都有了饲草料基地。1983年成立了旗饲草料公司，并在陈家井、陆家井和板滩井三处设立了饲草料收购点，统一收购和销售饲草料，做到了丰年储灾年用。收购饲草料也激发了饲草料种植户的生产积极性。

饲草料基地建设在发展畜牧业和抗灾保畜方面发挥了不可替代的作用。例如，1986年是阿拉善右旗最近一次持续性旱灾的第六年，旱情比历史上遭受特大旱灾的1966年还要严重，但抗灾保畜的成果却好得多（如下表所示）。

阿拉善右旗1966年、1986年两个年份灾害损失比较表

项目 年份	成畜死亡		牲畜纯减		产羔成活		繁殖母畜减少	
	万头（只）	%	万头（只）	%	万头（只）	成活率	万头（只）	%
1966	6.5	16.68	11.1	28.3	2.4	21	2.3	—
1986	1.75	5.22	4.66	13.2	3.82	31.2	1.1	—

究其原因，主要是饲草料基地发挥了重要作用。1966年阿拉善右旗主要靠从外地调运饲草料，而1985年仅旗饲草料公司就储草490多万斤，阿拉善右旗当年自产和历年库存的饲料有200万斤。这些事实说明，饲草是畜牧业发展的物质基础。只有把饲草料基地建设与天然草原的保护和合理利用结合起来，走建设养畜的道路，畜牧业才能持续稳定发展。

阿拉善右旗饲草料基地建设虽然初具规模，每年能为畜牧业提供300万斤草、100多万斤料，但总的来说还不能满足阿拉善右旗畜牧业稳定发展的需要，还不能成为广大牧区可靠的抗灾基地。所以，今后要继续集中力量抓好饲草料基地建设，充分挖掘潜力，因地制宜扩大种植面积，提高饲草料产量，不断增强畜牧业的抗灾能力。

（1）抓好重点，带动全面。用电力提灌的陈家井、陆家井、白芨芨和利用水库涝坝灌溉的额日布盖苏木、孟根苏木板滩井五处较大型饲草料基地，是多年来形成的重点，也是今后发展的重点。这五处的围栏面积1.2万亩，1986年播种4844亩，占阿拉善右旗的89.7%，产草222.5万斤，占阿拉善右旗的91.5%，产料58.7万斤，占阿拉善右旗的71.8%。抓好饲草料基地建设，要坚持大型与小型结合、重点与一般结合，凡有条件的地方都要搞，苏木、嘎查、个人都可以搞，先满足自身需求，剩余的由旗饲草料公司收购，并且在种子、技术等方面给予指导和支持。

（2）创造条件，优化布局。目前，五个重点饲草料基地中四个在南部地区，中部只有一个板滩井，养驼业集中的北部地区没有条件搞较大型饲草料基地。将来北部四苏木和孟根苏木的饲草只能由板滩井解决。1986年，板滩井的种植面积为520亩，亩产谷草1500斤左右。板滩井土质肥沃，地下水资源丰富，制约因素是不通高压电。如果从甘肃民勤县架设75公里高压线，其播种面积可扩大到8000~10000亩。按种草5000亩、亩产1000斤估算，年产草量可达500万斤。这样，可以解决北部地区也就是半个旗的饲草需求。虽然投资较多，但从“念草木经，兴畜牧业”的大计考虑，这个投入是必要的、值得的。

（3）挖掘潜力，强化措施。为了充分挖掘潜力，更好发挥饲草料基地作用，目前需要做好两方面的工作：一是充分重视水利设施的维修和建设。水利是农业的命脉，也是牧业的命脉。要对现有机井进行检查、维修、冲洗，搞好配套，充分发挥其效益。二是稳定饲草收购价格，使种草户有利可图，调动他们种草的积极性。同时，要求所有饲草料基地以种草为主，适当种一些饲料，并下达指令性计划予以保证。

（4）妥善安排，扶贫优先。一般来说，在饲草料基地从事生产较容易脱贫致富。因为直接受旱灾影响较少，无论是种草专业户，还是兼搞养畜的户，收入都比较稳定。例如，额肯呼都格镇光明嘎查张生财，全家五口人，两个半劳动力，1984年种草38.5亩，总收入4412.5元，除去生产费用，纯收入3612元，人均收入达702.5元，效益很好。所以，增加饲草料基地劳动力要兼顾扶贫，帮助贫困户掌握种植技能，作为扶贫措施优先安排贫困户到饲草料基地种草。

（5）注重加工，提高利用率。据测算，用未加工的饲草喂牲畜，利用率只有45%左右，加工后利用率可提高1倍。发展饲草料加工业是“念草木经，兴畜牧业”系统工程的重要一环，而这恰恰是阿右旗畜牧业发展中的一个薄弱环节。我们必须采取积极有效的措施，坚持以小型分散为主、个体和集体为主，由简单粉碎逐步向配合饲料转变，由苏木镇定点加工逐步向嘎查专业户推进，加快发展饲草料加工业，增加加工饲草料供给量，提高饲草料利用率。

（6）推广围栏，建设草原。围栏建设对于封育草场、恢复植被、提高载畜量具有十分重要的意义。阿拉善右旗自1981年以来投入110.3万元，搞草原围栏61处，面积15.7万亩。效益好的阿拉腾敖包苏木巴申高勒大型围栏，面积3.38万亩，丰年可打草200万斤，旱年也能打草50万～100万斤。近年来的实践证明，建设畜群小围栏效益也很好，适应“畜草双承包”以后的经营方式，具有投入少、权责明、好利用的特点。例如，阿拉腾敖包苏木巴音塔拉嘎查乌兰布拉格畜群围栏，面积157亩，投入6211元，由于管理和使用落实到了个人，围栏内牧草长势良好，灾年50头小畜可放牧6个月。所以，草原围栏建设要坚持国家、集体、个人一起上的方针，坚持因地制宜、小型为主、畜群草库伦为主来推进。

（7）各负其责，搞好服务。为“念草木经，兴畜牧业”提供周到的服务，是各行各业、各职能部门应尽的职责。从目前的需求看，工业部门需要提供种植草料、饲草料加工储存的机具设备，物资部门要供应建设材料，饲草料公司要组织好饲草料收购和供应工作，财政金融部门要努力筹集建设草原的资金，草原、林业、水利等部门要做好草原普查及饲草料基地规划建设的指导工作，政法部门要做好执行《草原法》的监督保证工作，科技部门要从科学技术上对草原建设和饲草料种植提供有效服务。

“念草木经，兴畜牧业”必须从当地实际出发。上述七项就是从阿右旗实际出发落实“念草木经，兴畜牧业”决策部署的基础性建设。这七项既是眼前要着力完成的紧迫任务，也是必须长期抓好的重要工作；既要早抓、实抓、常抓不懈，又要在实践中不断探索完善，取得实实在在的成效。

阿拉善右旗南部四苏木饲草料基地建设刍议①

阿拉善右旗现有饲草料基地多数集中在南部。1986年12月16～22日，笔者一行到额日布盖、阿拉腾朝克、努日盖、巴音温都尔4个苏木及其所属的14个嘎查、25处饲草料基地调查研究，7天行程700多公里，走访20个种草专业户，

① 本文原载于阿拉善右旗旗委办公室、政研室1987年第1期《情况反映》。

听取各苏木关于当前抗灾保畜以及围栏、草库建设情况的汇报，着重对各饲草料基地的历史、现状、水源、水质、土质、产量、发展潜力以及存在的问题做了较全面的了解，就“念草木经，兴畜牧业”问题征求了基层干部群众的意见。

一、饲草料基地现状

南部4个苏木有大小饲草料基地25处，耕地面积5312亩，1986年实际播种2185.6亩，其中，种草1237亩、产草90.68万斤，种料743.2亩、产料26.28万斤，在当年的抗灾保畜中发挥了很大作用。这些饲草料基地有以下特点：

（1）水资源方面：额日布盖、阿拉腾朝克的饲草料基地多数利用截引管道，通过小型水库和蓄水塘坝进行灌溉，水质好，水量也可以，雨多则水多，生产成本较低。巴音温都尔、努日盖的饲草料基地均在巴音高勒滩上，耕地集中，有电源，机井布局已初具规模。

（2）发展潜力方面：额日布盖、阿拉腾朝克如果能逐步维修和扩建现有水库、塘坝，从而增加蓄水量，可使播种面积扩展到1500亩，其中的900亩用来种草，可年产草50万~70万斤；600亩用来种料，可年产料18万斤。这样可以基本解决自己的饲草料需要。巴音温都尔、努日盖两个苏木饲草亩产均在800斤左右。这里从20世纪70年代就开始种植饲草料，群众有一定的种草经验。特别是实行双承包责任制以后，调动了他们种草料的积极性，种草收入也逐年增加。如呼和乌拉嘎查陈海春一家6口人，2个劳动力，1986年种草纯收入达2800元，人均收入466.60元。据苏海图嘎查干部反映，许多户因牲畜不多，劳动力有余，要求从饲草料基地拨给一些地去种。

二、当前存在的问题

（1）没有充分挖掘耕地潜力。一是弃耕；二是种地劳力投入少，田间管理差，精耕细作不够。如努日盖苏木陆家井饲草料基地可播种800多亩，1986年只播种442亩。

（2）不能充分发挥水利设施效益。不少水库、塘坝泥沙淤积，致使蓄水量逐年减少，每年冬季大量的水白白流走，不能充分利用有限的水资源。如额日布盖苏木乌兰塔塔拉、敖伦布鲁格饲草料基地以及阿拉腾朝克苏木的阿雅格布日等都存在这类问题。不少机井因管理不善或年久失修造成报废。如呼和乌拉嘎查饲草料基地原有7眼机井，已报废4眼，其中一眼井被人扔进一块大石头卡在离地面10米处而不能利用，另有一眼井口塌方2米多，如不及时修复，也要报废。多数井的水泵也需要更新。现在不少机井仍然用20世纪60年代的离心泵，出水量小，且容易坏，需要用潜水泵代替。

（3）没有充分认识饲草料基地的重要性。有些基层领导对饲草料基地建设认识不足，重视不够，领导不力。有的只是在春天给专业户下达任务，平时对生产经营不闻不问，因而挫伤了群众种草积极性。乌兰塔塔拉嘎查承包土地时，采取简单按人平均分的做法，使许多放牧员只管春种秋收，不问田间管理，因而产量很低。

三、今后建设的意见

（1）提高认识，更新观念。兴畜必先兴草的道理大家都已清楚。尤其在超干旱的阿拉善右旗，要解决牲畜冬春补饲的问题，非大抓人工种草不可。这是一项基础建设，只有把这个基础抓好了，我们的畜牧业才能持续稳定发展。提高认识，更新观念，就要从以往的几次折腾中总结出有益的经验教训，着重更新重畜轻草、重收轻管、重收入轻投入，只顾眼前而不看长远以及故步自封、无所作为、放任自流等观念。提高认识，更新观念，不仅各级干部要提高更新，群众也要提高更新；不仅种草专业户要提高更新，牧民也要提高更新。

（2）加强领导，完善责任。在阿拉善右旗政府的统一领导、统一部署下，各苏木镇和各业务部门以及各嘎查都要明确责任，尽职尽责，提高工作效率。从全面规划到合理部署，从安排劳动力到完善责任制，从兴修水利到科技服务，从春种秋收到贮、运、存、喂，把所有工作都做深、做细、做实。个别饲草料基地按全嘎查人均分地的做法是不可取的，须用完善责任制来解决这类问题。

（3）开发水源，维修设施。开发水源，既包括探查新的水资源，也包括把现有的水资源管好、用好，充分发挥它的效益。维修水利设施，既包括对机井、提水机具、电力设施的维修更新，也包括对水库、塘坝以及水渠、水闸、管道的保护、修复、配套和必要的扩建。

（4）挖掘潜力，扩大面积。从这次调研的情况看，只要有针对性地、及时地解决好具体问题，各饲草料基地恢复和扩大种草面积的潜力还是很大的。具体问题无非是水利、劳力、网围栏以及收购草料等。只要上下一起努力，调动各方面的积极性，问题不难解决，也花不了多少钱。

（5）合理安排，提高效益。种草种料，安排好劳动力很重要。种地不搞必要的劳力、财力投入，那就势必要“人哄地皮，地哄肚皮”。水利条件较好的情况下，种草种料在某种程度上是旱涝保收的。因此，安排那些具有一定种植技能的贫困户种草种料，还是一项扶贫措施。从长远考虑，一些大型饲草料基地只有逐步实现机械化种植，才能较大幅度提高经济效益。

（6）稳定草价，调动积极性。现行饲草收购价格要作为保护价稳定下来，无论丰年旱年都要稳定执行，给种草专业户吃“定心丸”。统筹考虑的基础上，在一些播种面积大、饲草产量高的地方，饲草料公司还可以考虑增设饲草收购点。

（7）科学种草，提高产量。要提高产草量，加强田间管理是关键，科学种草更是重要一环。据了解，一些饲草料基地的种草专业户所种的谷种、麦种还是20世纪50年代的一些低产种子。农牧和科技部门要做好技术指导，及时提供信息。要解决好以上问题，首先必须做到情况清楚。情况必须是真实情况，似是而非不行，模棱两可不行，粗枝大叶不行，一知半解不行。所以，我们的各级领导，包括我们自己在内，还有各业务部门的同志都要转变作风，深入下去，逐个了解饲草料基地情况，逐一解决饲草料基地问题，在这一紧要关口上搞好突破，为全旗“念草木经，兴畜牧业”做出更大贡献。

抗灾保畜形势简析①

1987年2月13日至3月4日，笔者到北部树贵、塔木素格布拉格、笋布日、阿拉腾敖包、孟根布拉格、雅布赖、莎尔台等苏木和雅布赖镇，就抗灾保畜、草原建设、水利建设、饲草料基地建设、棚圈建设、草库建设、牧民房屋建设、嘎查干部体制改革试点工作进行了较深入的调查了解。期间，参加了树贵、塔木素、笋布日等苏木的“两干”会，慰问了边防部队三连、恩格尔乌苏派出所和边境民兵点，查看了沿途微波站，到20多个嘎查的50多户牧民家，接触干部群众320多人，历时20天，行程2000公里。

1987年是阿拉善右旗遭受持续性严重旱灾的第七个年头。这几年的旱灾，其持续时间之长、分布面积之广、受灾程度之严重，在我旗历史上是空前的。但是，掌握了生产经营自主权的广大牧民，在各级党委、政府的正确领导和盟、旗两级抗旱指挥部的具体指挥和大力支持下，采取各种有效措施，奋力抗灾，从而把持续性旱灾造成的损失尽力降到了最低程度。各苏木镇1986年的牲畜保命率、出栏率、商品率很能说明这一点（见表1）。

---

① 原载于阿拉善右旗旗委办公室、政研室1987年第7期《情况反映》。

表 1　1986 年阿拉善右旗各苏木镇抗灾保畜情况表

地区	牲畜保命率（%）	骆驼保命率（%）	牲畜出栏率（%）	牲畜商品率（%）
额日布盖	97.34	90.55	23.3	13
阿拉腾朝克	98.9	99.18	10.66	3.4
努日盖	98.15	97.36	7.81	3
树贵	97.97	98.66	10.25	3.75
塔木素格	98.78	97.34	15.59	5.8
笋布日	97.39	96.03	13.81	6.16
阿拉腾敖包	98.41	92.56	26.23	14.03
孟根布拉格	96.26	90.13	30.31	12.79
雅布赖	98.61	97.1	16.66	8.74
雅布赖镇	90.36	89.53	34.1	19
莎尔台	97.06	91.26	26.48	11.76
巴音温都尔	97.53	98.64	28.26	20.69
额肯呼都格镇	98.61	97.5	16.58	7.1
平均	97.34	95.06	20	9.94

注：牲畜保命率是指牲畜存活率。

在大灾之年保护牲畜、保护骆驼，提高出栏率和商品率，取得这样的成绩应该说是很不容易的。就当前的抗灾保畜形势来看，总的情况也是比较好的。在树贵苏木和塔木素、笋布日的边境一带，不时还能看到直峰骆驼。各苏木在盟、旗各单位的大力支援下，对草料调运工作抓得很紧，大部分已调入并分到畜群，尚缺的部分正在组织调运。春节以后从吉兰泰调入的150 万斤饲料，基本满足了北部各苏木的需求。牧民们说："这次的饲料来得真及时，我们买的也不少。这样的年景，党和政府太照顾我们了。剩下的问题就在于我们自己的饲养管理了。"所到之处，干部群众的情绪是好的。

另外，树贵苏木和塔木素的格日勒图嘎查，笋布日的恩格尔乌苏嘎查，阿拉腾敖包、孟根布拉格、雅布赖、额日布盖、阿拉腾朝克苏木的山区，去秋有插花雨，地里有些墒。1987 年 2 月 24 日在恩格尔乌苏、那林哈日梁和阿日格楞太山一带还下了些雪；3 月 9 日的雪对有些地区返青不利。如果春天的大风日少些，以上地区可望接青。

面对抗灾保畜这样的形势，我们绝不能盲目乐观，绝不能放松工作。相反，我们在原有的基础上，必须从以下几个方面大力加强工作。

（1）牢固树立长期抗旱的思想。对阿拉善右旗"十年十旱，年年大旱"的特点，我们必须有一个清醒的认识，必须克服在一些干部群众中存在的“今年怎么也好一些吧，怎么也有个转机吧”的侥幸心理。安排一切工作必须立足于1987年仍然是大旱年这样一种思想准备，早抓、抓紧、抓实。

（2）继续调运储备饲草料。接一次青靠不住，牲畜绝不能断草、断料。否则将前功尽弃。从1986年秋以来到1987年3月初，各苏木镇备草料情况如表2所示。

表2　1986年底至1987年初阿拉善右旗各苏木镇备草料情况表 单位：万斤

地区	已拉的草	尚缺草	已调入料	尚缺料
额日布盖	41.5	15	21.5	3
阿拉腾朝克	37	8	14	9
努日盖	64.5	20	25	5
（以上三个苏木是1986年12月末的情况）				
树贵	2	1	4.5	25.5
塔木素格	62	38	38	32
笋布日	82	30	86	14
阿拉腾敖包	95	40	88	27
孟根布拉格	90	仍在拉	63	20
雅布赖	35.5	10	45	粮站尚存7万
雅布赖镇	10	不缺	2	0.8
莎尔台	100	26	43	8.5
巴音温都尔	45	不缺	35	不缺
额肯呼都格镇	21	不缺	8.6	不缺
合计	685.5	188	473.6	144.8

半月以来可能又调运了一部分草料，但总的来看，草料仍有相当的缺口，需要继续组织人力和车辆及时调运储备。

（3）当务之急是抓好种草种料工作。加强饲草料基地建设是“念草木经，兴畜牧业”的突破口，是阿拉善右旗走建设养畜、建设抗旱之路的长远之计。当前春耕春播在即，各苏木镇特别是几个重点饲草料基地一定要从各自的实际出发，保证完成旗政府下达的1987年种草种料任务。关键是旗直有关部门和各苏木、嘎查要层层健全责任制，领导带头，指定专人，及时深入饲草料基地，抓起步，巧安排，一亩一亩地抓落实，首先打好春播这一仗。

（4）切实解决通场移牧有关问题。各苏木镇有18000峰骆驼通场移牧在外。

阿拉善左旗南部1986年秋无雨，古日乃的骆驼于1987年5月也需要撤出来。为这么多骆驼安排草场，寻找新的通场移牧地，这是必须解决而且及早考虑解决的问题。盲目等待会给我们的工作带来被动。抗旱指挥部必须指定专人抓此项工作。

（5）要做全面深入细致的调查研究。在几年的抗灾保畜中，牧民买草买料花了很多钱。现在好些牧民存款用完了，畜产品预购订金花完了，又从信用社贷了不少款。例如，巴音温都尔苏木截至1986年底牧民贷款累计达21.3万多元，阿拉腾敖包牧民信用社贷款7万多元，最多的一户2000多元。这样不仅减弱了今后的抗灾能力，而且有些牧民眼前的生活也有了困难。今后的灾怎么抗，今年我们的牧民用绒毛款还完了供销社的畜产品预购订金以后有能力继续买草料的有多少，没有能力的有多少，用什么办法加以解决，这些都是摆在我们各级领导面前的严重问题。由民政、畜牧等有关部门牵头，与各苏木、嘎查及下乡工作组密切配合，首先做一次全面深入详细的调查研究，掌握可靠的第一手材料，从而为领导决策提供依据。

这是下乡归来首先提请各方面注意的几点。

论畜群的专业化经营[①]

调整畜群结构，实行畜群专业化经营，是牧区第二步改革的重要内容，是提高畜牧业生产经营效益的必然选择。我们应对此进行认真分析，深入研究，大胆探索，从理论上说明，在实践中引导，加速改革进程。

一、专业化经营是畜牧业生产发展的内在要求

牧区第一步改革主要是推行“畜草双承包”责任制，对原有的生产经营方式进行改革，革除吃“大锅饭”的弊端，给牧民经营自主权，极大地调动了牧民的生产积极性。然而，第一步改革是在农村改革热潮推动下，理论准备不充分，对草原畜牧业发展的规律性认识不足的情况下起步的。因此在实践过程中，既呈现出其优点，同时也暴露出一些缺陷。最突出的是畜群结构的小而全。当时，人们的心理是“不怕低水平，就怕不公平”。将牲畜按人头平均归户经营的

① 本文原载于阿拉善右旗旗委办公室、政研室1988年第11期《情况反映》，发表在1988年9月9日《内蒙古日报》，1988年9月获阿拉善盟纪念党的十一届三中全会10周年理论讨论会论文二等奖。

结果，形成了家家有畜群，结构小而全。这种大小畜混群的结构，既不利于草场资源的有效利用，又浪费劳动力，影响了改良选育、疫病防治，制约适度规模经营，不可避免地阻碍了生产力的发展。调整畜群结构，实行专业化经营，正是在这样的背景下提出来的。

二、专业化经营有利于提高畜牧业经济效益

从阿拉善右旗阿拉腾朝格苏木调整畜群结构、推进专业化经营的试点情况看，专业化经营至少有六个方面的优点：①有利于发挥草场优势。“羊上山，驼下滩”，大畜和小畜各自利用所适应的草场，既不影响采食，又能较好地防止草场退化。②有利于通场移牧，抗灾保畜。十年九旱的阿拉善，不同范围、不同程度的通场移牧年年都有。驼群适于远距离通场，羊群可以就近移牧，各扬其长。③有利于合理配置劳动力，提高劳动生产率。当然，这里有个适度规模经营的前提。专业化经营加上适度规模经营，就有可能节约劳动力，大大提高劳动生产率。④有利于牧区产业结构调整。专业化经营提高了劳动生产率，节约了劳动力，解放了劳动力，为更多的牧民从事饲草料种植业，从事第二、第三产业创造了条件。⑤有利于发挥牧民的技能专长。放羊的经验不适用于放骆驼，养驼能手放羊发挥不了其特长。专业化经营有利于牲畜向放牧能手集中。⑥有利于科学养畜。专业化经营在开展土种选育、畜种改良、种公畜的有效利用以及疫病防治等方面，较之“小而全”要方便得多，有效得多。显而易见，以上六个方面均与畜牧业的经济效益密切相关。这些优点正好克服了小而全结构的缺陷。

三、专业化经营必须坚持以家庭承包经营为基础

实行畜群专业化经营，并不是动摇牲畜归户经营这个基础，也绝不是要回到过去那条吃“大锅饭”的老路。恰恰相反，专业化经营必须坚持以家庭经营为基础的“畜草双承包”。这是因为：首先，它是草原畜牧业自身的特点所决定的，是牧区的自然条件、生产方式、民族传统以及牧民的文化素养等决定的。特别是现阶段的畜牧业难以摆脱靠天养畜的局面。因此，它要求经营者在全部生产过程中，根据自然条件的变化随时采取相应的对策。这些特点说明，家庭承包制经营方式对于畜牧业生产具有长期的适用性。其次，它是适应现阶段生产力发展水平的。目前，牧区的生产力水平很低，经营管理比较落后，畜牧业生产主要靠家庭劳动潜能和经济潜能。另外，只有坚持以家庭承包经营为基础，才能满足牧民在经营和分配上有自主权的要求，适应牧民的诉求，保护牧民的生产积极性。

四、专业化经营要采取互惠互利的方式

实现富群的专业化经营，必须以家庭承包经营为基础，以互惠互利的措施来实现。从我们在阿拉腾朝格苏木搞的试点和别的苏木的做法来看，有以下几个较为有效的方式：①互换式。在群众自愿互利的前提下，苏木和嘎查根据牧民的技术特长和专业经营的需求牵线搭桥，促成大小畜等价互换，形成养羊、养驼专业户。②代放式。自找对象，自愿组合，特别是在亲戚朋友间，我放你的骆驼，你放我的羊，各算各的账，各得各的收入。③扶持式。苏木、嘎查用无息贷款、扶贫款来扶持有经验的牧民购买骆驼或羊，根据技能特长承揽放牧或者自己发展成为养驼、养羊专业户。④分工式。支持和鼓励人口多、劳动力充足的家庭把骆驼和羊分群管理，并划给草场，实行专业化经营。⑤集中式。创造条件，将牲畜向放牧能手集中。苏木、嘎查鼓励羊多驼少的牧民发展养羊，将骆驼通过换、卖、代放的方式向养驼能手集中，促进骆驼专业化经营。

五、专业化经营要坚持正确的方针政策

党的十三大报告提出，要巩固和完善以家庭经营为主的多种形式的联产承包责任制。调整畜群结构，实行专业化经营，是深化牧区经济体制改革，巩固和完善"畜草双承包"家庭经营责任制，克服"小而全"的弊端，逐步达到适度规模经营，推动服务社会化，发展商品经济，提高畜牧业经济效益的主要措施之一。我们一定要根据实际情况制定切实可行的政策和措施，把这项工作抓紧抓好。

调整畜群结构，实行专业化经营，必须坚持以家庭承包经营为基础，这一点不能动摇。在具体实行中应注意两条原则：一是自愿平等，互助互利。我们办任何事情必须考虑到群众的觉悟程度和心理承受能力。牧民对于牲畜的感情、经营牲畜的韧性，不亚于农民对待土地的情形。不论是互换、代放、买卖，还是分工、并群、集中，都要自愿平等，互助互利。任何强迫命令都会适得其反。二是因地制宜，循序渐进。牧区面积广，各地差异大，草场类型不同，生产经营形式亦有区别。因此，即使专业化经营也不能要求把畜群搞得"纯而又纯"，特别是在社会化服务还不具备的现阶段，只能是因地制宜，循序渐进，切忌"一刀切"。总的要求是，我们所制定的政策和采取的措施要对发展当地畜牧业生产有利，对牧民脱贫致富、提高生活水平有利，对发展商品经济、发展生产力有利。

当务之急是搞清矿产资源[①]

一年来，我们认真学习贯彻党的十三大精神，使我们的认识有了新的提高，思想得到进一步解放，特别是在探索解决振兴阿拉善右旗经济中存在的突出问题方面进一步厘清了思路。我们既要稳定发展畜牧业，也要加快发展工矿业，推动地上地下资源综合利用，加快发展速度，如期实现小康。

畜牧业是阿拉善右旗经济的基础，是其的一大优势。这几年，阿拉善右旗认真贯彻“林牧为主，多种经营”的经济建设方针，立草为业，坚持走建设养畜道路，在发展商品畜牧业、效益畜牧业方面做出了很大的努力，取得了一定的成绩。但是，在十年九旱的荒漠草原上发展畜牧业，往往受制于自然条件，在短期内根本摆脱靠天养畜的局面是不可能的。阿拉善右旗的畜牧业是一种不稳定的、脆弱的畜牧业。仅靠不稳定的、单一的畜牧业，财政不可能自给，整个经济不可能振兴，牧民生活也不可能达到小康水平。这些已被实践所证明。

那么，出路何在？出路是在地上地下资源综合利用，加快发展工矿业。阿拉善右旗矿产资源丰富，是振兴经济的又一大优势。立足资源，有水快流，开发利用地下资源，发展工矿业，尽快变资源优势为经济优势，是振兴阿拉善右旗经济的出路。开发矿产资源，发展工矿业，不仅可以以工致富，而且可以以工补牧，促进畜牧业发展。同时，可以转移牧业剩余劳力从事第二、第三产业，为调整产业结构创造条件。所以，对阿拉善右旗来说实在是：无工，则牧民不能致富；无工，则财政不能自给；无工，则经济不能振兴。

阿拉善右旗矿产资源丰富，发展潜力很大，在境内已发现的矿产资源品种不下几十种。但是到目前为止，在这几十种矿藏之中除了煤、硝、碱已有一定规模的开采以外，其余均未得到开发利用。原因是资源丰富、潜力很大的同时，还存在着很多制约因素。比如，资金短缺、技术落后、人才匮乏、交通不便、信息不灵等，而最主要的是对资源情况不甚清楚！20 世纪 60 年代和 70 年代，有关地质部门在阿拉善右旗境内搞过地质勘探，但多数是属于普查，几乎没有搞过详查。再加上这期间行政区划几经变化，仅有的一些地质资料也没有留下。所以，现在面临的问题是：大力兴办苏木镇企业，资源情况不清楚；搞横向联合、引进资金，资源情况不清楚；报项目、搞可行性研究，资源情况不清楚。许多事情都受

① 本文原载于阿拉善右旗旗委办公室、政研室 1988 年第 15 期《情况反映》。

制于资源情况不清楚!

把地质情况搞清楚，是眼下的当务之急！我们要想方设法、千方百计搞这件事，勒紧裤腰带也要搞这件事。这件事不仅关系现在的经济振兴，而且关系将来的经济发展、富及子孙后代。我们已经着手搞了或者正在搞这件事，包括档巴井石墨矿的地质详查和选矿试验、巴丹吉林盐湖提硼试验、老山头地区煤矿地质详查等。今后我们务必进一步加强这项工作，真正抓出成效来。在拟定具体方案、选择实施办法时，尽量使我们的思路宽一些，点子多一些。

一是请求上级政府和有关业务部门考虑到阿拉善右旗底子薄、基础差的困难和由于过去的种种原因而造成的差距，尽可能提供一些地质详查方面的无偿投资，扶持阿拉善右旗早日形成一个经济振兴的启动点。

二是争取无偿投资的同时尽量争取一些比较可行的“拼盘投资”项目，宁可不干别的事，也要挤出点钱“拼”上去，先把基础性工作搞好。

三是宁可少干别的事，也要挤出点钱，将握在别人手里的有用的地质资料买回来，以利于我们把地下资源开发出来。

四是通过横向联系的办法，邀请原来在阿拉善右旗境内搞过地质勘探工作的地质部门的领导和专家技术人员召开座谈会、研讨会等，请他们提供咨询服务。

五是聘请有关地质部门的领导或专家技术人员为我们的地质顾问，请他们提供咨询服务。

总的要求是我们要积极引导各族干部群众大力解放思想，以更大的气魄和足够的胆识进行开放搞活，以开放促开发、开发促发展，卓有成效地加快阿拉善右旗经济发展速度。只要我们积极主动、想方设法、坚持不懈地努力，一定会把这件事搞出成果来。

中泉子化工厂蹲点报告[①]

中泉子化工厂是阿拉善右旗第一个引入竞争机制，实行承包经营的企业。为了加强企业思想政治工作，帮助企业深化内部改革，1989 年 3 月下旬至 4 月上旬，笔者到中泉子化工厂蹲点调查半个月，组织干部职工学习中央有关文件，结合实际开展形势教育，共同探讨了深化企业内部改革的路子。

① 本文原载于阿拉善右旗党委 1989 年第 3 期《阿右旗通讯》。

一、变化

改革，是一项复杂的系统工程，没有现成的经验可资借鉴。一年多来，化工厂的改革走过了艰难的历程。但是，改革毕竟为企业注入了活力，带来了生机，带来了新的变化。一是企业经营实现了“两权分离”、政企分开。企业逐步走上了自主经营、自负盈亏、独立核算的轨道，成为社会主义商品生产经营者。二是建立了生产经营管理系统。厂长的中心地位已确立，副厂长和管理委员会成员能团结协作，在相互信任的基础上各司其职、各负其责，发挥了主心骨作用。三是厂与各车间实行了内部承包。各车间主任熟悉业务，能管理。内部承包合同尽管还有不完善之处，但已初步调动了各车间和广大职工的生产积极性。四是生产有发展，效益有提高。与承包前的1987年相比，1988年完成产值259.54万元，增长17.6%；生产硫化碱3542.19吨，增长30.9%；生产元明粉2757.77吨，增长8.5%；生产无水芒硝9817.23吨，下降31.5%；采掘工业盐2600吨，销售1045.44吨。实现利润15.48万元，增长118.5%，全员劳动生产率达6299元/人，增长23.63%。

1988年，中泉子化工厂虽然未能完成承包合同任务，但在扩建工程工期延长、包装材料价格猛涨、劳动力紧张的情况下，主要指标与1987年相比有一定幅度的增长，也算不错。

1989年第一季度，完成产值88.6万元，生产硫化碱1692.3吨，采掘水硝18783吨，生产再生硝5147吨，实现利润47.2万元。化工厂生产形势看好。原料硝加上1988年库存的无水硝5000吨，基本能满足万吨硫化碱的生产。原料煤和燃料煤能保证供应。从目前外部环境看，铁皮价格虽然居高不下，但硫化碱价格也在涨，产品销路很好，消化铁皮涨价后仍有利可图。现库存铁皮70吨，另有50吨将于4月10日到货，第二季度的包装已经备足。在做好准备的基础上，第三台炉拟于4月20日点火，三台转炉均投入生产。

以上变化和成绩是全厂干部职工共同奋斗的结果，也与政府领导及主管旗长的具体指导分不开。

二、问题

（1）深化配套改革进展缓慢。中泉子化工厂在企业改革中起步较早，解决了企业吃国家大锅饭的问题。虽然车间也实行了承包，但工人吃企业大锅饭的问题还没有根本解决。合同本身也不够严密、完善。优化劳动组合没有搞起来，精简科室，充实加强生产第一线没有实质性变化，目标管理责任制还没有全部落实到人，没有约束机制。

（2）思想政治工作薄弱。承包以后调去的党支部书记工作一直不安心，没有尽到职责。企业思想政治工作新体制尚未建立，未能充分调动广大干部职工的积极性、主动性和创造性。《企业法》和中共中央关于贯彻《企业法》的文件颁布已近一年，厂内没有组织学习；中共中央关于加强和改进企业思想政治工作的通知发表近四个月，厂内没有传达贯彻。

（3）制度不健全，纪律松弛，管理混乱。一是没有制定学习制度和思想政治工作制度。二是没有职工教育培训计划和制度，不搞上岗前的培训和岗位培训，职工素质得不到提高。生产各个环节上大小事故不断或生产效率不高，与此不无关系。三是缺乏严格的生产作业秩序和管理制度，操作规程有较大的随意性。四是缺乏严格的人事劳动制度。目前，全厂 129 名合同制工人中有 17 名无故长期不到岗；有些人到了岗也是“三天打鱼两天晒网”；打架闹事、偷盗破坏的得不到处理等。用工制度管理不严，不仅影响了职工的情绪和积极性，而且扰乱了正常的生产秩序和社会治安。五是有些制度比如实行企业党支部、厂长、职代会工作条例，厂内也制定了具体实施细则，但在实践中严格依照执行不够。总体来看，依法治厂、民主管理意识较弱。

（4）硫化碱生产仍然不很正常。一是各种原因造成机器设备坏的大小事故、毛病时有发生，由此带来的经济损失少则几百元，多则几千元、上万元。二是原设计有好些不合理、不配套。三是各环节上浪费比较严重。从原料的撒落、半成品出料到成品装桶以及零配件的领用过程中都有浪费现象。特别是硫化碱车间的废料回收设备尚未完工，据说现在每生产一吨硫化碱，在废料中就流失掉 1/10 至 3/10，按一万吨计至少要流失掉 100 万元，这是个惊人的数字。

（5）企业负债重，压力大。目前中泉子化工厂共负债 831 万元，其中，万吨硫化碱技改工程投资 581 万元，流动资金贷款 2099 万元，元明粉生产欠账 41 万元。

论思想路线的哲学基础①

——关于推进建设养畜的思考

一切从实际出发，理论联系实际，实事求是，在实践中检验真理和发展真

① 原文是 1991 年 10 月在中央党校中青年干部培训班学习期间的马克思主义哲学课作业。

理，这是党的思想路线。从哲学层面讲，辩证唯物主义是党的实事求是思想路线的理论基础，体现了以实践为基础的、能动的、革命的反映论，体现了认识对实践的指导作用，坚持了实践是检验真理的唯一标准。

一、党的思想路线体现了马克思主义的反映论

作为主体的人对客体的认识是以实践为基础的，人的认识是对客体的反映。这种能动的革命的反映不是一次实践的结果，而是反复实践、循环往复的过程。一切从实际出发，充分体现了这一哲学基本原理。就阿拉善右旗的畜牧业来说，怎样从本旗实际出发搞好畜牧业生产，走什么样的畜牧业发展路子，人们的认识经历了一个很长的实践、认识、再实践、再认识的过程。

阿拉善右旗总面积73443平方公里，其中可利用草场面积33185平方公里，只占总面积的42.4%。这里干旱少雨，植被稀疏，年平均降水量只有110毫米，蒸发量却高达4000毫米。阿拉善右旗是以畜牧业为主体经济的纯牧业旗，发展畜牧业的条件却很差。内蒙古自治区成立以后特别是党的十一届三中全会以来，畜牧业得到迅速发展，1980年牲畜总数一度达到40万头（只）。但受严酷的自然环境制约，始终处于不稳定状态，大灾大减产、小灾小减产、风调雨顺增点产，牲畜膘情年年是夏壮、秋肥、冬瘦、春乏。一遇大灾还要千里调草、万里运料，靠财政拨款来抗灾保畜。

民以食为天，畜以草为本。就像人不能不吃饭一样，牲畜不能没有草。这个看似很简单的道理，人们对它真正有一个深刻的、正确的认识却不是一件简单的事情。由于传统观念的影响，牧民养畜历来追求头数，惜售思想比较严重，导致超载过牧、掠夺性放牧，草场退化沙化，生态平衡遭到破坏。这种掠夺和破坏反过来制约畜牧业的发展，其实是自然规律的一种惩罚。由于认识主体认识能力的局限，一次次受到自然规律惩罚而不能吸取经验教训，使认识主体取得正确认识的代价加大、过程延长。

多年的、反复的实践使人们认识到，畜牧业生产是一个大的系统，其中畜草矛盾是主要矛盾，这一对矛盾中草又是主要矛盾方面，草是牲畜赖以生存的基础。发展畜牧业，必须从这个实际出发；实现畜牧业持续稳定发展，必须从根本上解决畜草矛盾，走建设养畜、科学养畜的路子。这说明主体对客体的认识要经过多次反复才能够完成。完成了这一认识过程就实现了认识的第一次飞跃，就是从感性认识到理性认识的飞跃。

二、党的思想路线体现了认识对实践的指导作用

实践是认识的来源，实践是推动认识发展的动力，实践也是认识的目的。认识对实践具有指导作用。意识的能动作用是通过认识对实践的指导而实现的。毛泽东同志说："认识从实践始，经过实践得到了理论的认识，还须再回到实践去。认识的能动作用，不但表现于从感性的认识到理性的认识之能动的飞跃，更重要的还须表现于从理性的认识到革命的实践这一个飞跃。"

理论联系实际，实事求是，就体现了这第二个飞跃。人们从多年的正反两个方面的经验教训中逐步懂得了必须走建设养畜、科学养畜路子的理性认识以后，就依据这个理性认识制定具体方针政策，积极开展了相关方面的工作。

积极宣传科学养畜思想，克服传统畜牧业观念，坚持增加牲畜头数与提高牲畜质量并举，注重在提高质量、提高产出上做文章，提高畜牧业出栏率和商品率，加速畜群周转，保持合理的载畜量。积极宣传建设养畜思想，根据水资源条件，因地制宜开辟饲草料基地，大力种草种料，以解决灾难性畜缺草缺料的问题。积极宣传和贯彻落实《草原法》，加强对草原的保护和管理，推进草场围栏封育、重点建设，制止对草原的人为破坏，防止草原退化沙化。

积极解决新的矛盾和问题。事物是普遍联系的、不断发展的，旧的矛盾解决了，还会出现新的问题。比如，饲草料基地种植户的饲草料，灾年卖得好，正常年景又不好卖。这是种植户与养殖户之间的矛盾，处理不好会影响种植户的积极性。这就需要改革经营体制，成立饲草料公司来收储饲草料。再比如，有些种植户为了多赚钱，多种经济作物、少种饲草料。这是局部利益与整体利益之间的矛盾，涉及办饲草料基地的方向问题。需要制定具体政策和种植比例，兼顾各方利益。

在关于畜牧业发展理性认识的指导作用下，阿拉善右旗畜牧业逐步实现了三个转变：由单纯靠天养畜向建设养畜转变、由单纯头数畜牧业向数量与质量并举转变、由传统养畜向科学养畜转变。更为重要的是在这些转变深层次上的人的观念的转变。从这个意义上说，畜和草的矛盾归根结底是人和自然的矛盾，即主体和客体的矛盾。这一对矛盾中主体又是主要矛盾方面。通过实践，主体对客体的认识在不断深化，一步一步地由片面到全面、低级向高级发展，并用比较理性的认识指导实践、改造客体，在这个过程中又不断地充实和完善原先的认识，即改造主体自身，进一步发挥认识对实践的指导作用。这是认识的第二次飞跃。

三、党的思想路线坚持了实践是检验真理的唯一标准

阿拉善右旗坚持科学养畜、建设养畜，已建成各种水利工程151项，开辟饲草料基地10700亩，围栏封育草场87300亩，建成畜群草库伦86处、9753亩，从而结束了千里调草、万里运料的历史，改善了畜牧业生产条件，增强了防灾抗灾能力。目前，阿拉善右旗牲畜数量稳定在合理载畜量范围，牧民人均收入逐年提高，生活水平不断改善。

阿拉善右旗畜牧业稳定发展的实践证明，走科学养畜、建设养畜的路子符合当地实际，符合畜牧业发展规律。实践是检验真理的唯一标准。但是，实践永远不会完结，人们的认识也不能结束。况且目前建设养畜的条件还远远不能满足畜牧业发展的要求，还有许多尚未认识或认识不深的领域，还没有完全摆脱靠天养畜的局面。所以，必须遵循认识发展的规律，不断认识、不断完善，在实践中检验和发展认识。

四、原因

产生上述问题的原因是多方面的，有客观的，也有主观的；有外部的，也有内部的；有间接的，也有直接的。包装铁皮价格猛涨几倍，这是对企业致命的冲击。还有扩建工程工期延长，计划外用工劳动力短缺，这些都直接影响了生产和经济效益。

从外部看，政府主管部门和有关部门不能保证计划内物资供应，在为企业提供咨询、信息服务、协调关系、维护正常生产秩序等方面做得不够。在加强企业党组织建设和改进思想政治工作方面，我们也有责任。

在企业内部，对承包以后如何进一步深化改革、理顺关系，从厂长到中层干部都缺乏经验。广大职工也有个逐步适应新形势的过程。特别是在“巧妇难为无米之炊”的情况下，厂长为解决包装疲于奔命，不能在厂坐镇指挥、集中精力抓深化内部改革和理顺关系，不能不说是一个主要原因。

五、对策

（1）深化企业内部配套改革，推行“厂内银行”制度。根据化工厂承包以后存在的问题和难点，笔者认为推行“厂内银行”制度，并以此为中心抓好优化劳动组合、全员风险抵押等配套改革措施和制度，进一步强化企业管理，是可

行的。

“厂内银行”是从改革企业财务管理制度入手，以经济核算为中心，寻求企业内部层层承包制度化的一种形式。“厂内银行”效仿国家银行对企业的一套管理办法，通过划小核算单位，在各个车间、科室建立模拟法人，借助于模拟银行的监督、控制、停贷、结算机制来落实企业内部的承包制，使厂内各种经济活动变供领制为等价交换关系，使权责利更具体地落实到更小的范围，使每个人都能直接与之牵上线、挂上钩，既感到责任推动，又受到利益驱动。推行“厂内银行”制度，有利于增强全体职工的价值观念、核算观念和商品经济观念，有利于实行职工工资和经济效益挂钩，有利于调动广大职工的积极性。

中泉子化工厂的承包经营发展到今天，为推行“厂内银行”制度打下了一定的基础，各种条件基本具备。有鉴于此，笔者向厂领导提出下一步推行“厂内银行”制度的建议，并同分管旗长、厂领导和有关同志反复分析研究有关情况，统一了思想认识。1989 年 4 月 5 日起，我们用两个下午、两个晚上的时间，组织中层以上领导和管理人员会议，学习有关材料，由阿拉善右旗经委领导讲授“厂内银行”知识，并决定由厂长亲自牵头抓好制定实施方案在内的各项准备工作，下半年起正式推行“厂内银行”制度。

（2）建立企业思想政治工作新体制，坚持“两手抓”。厂长要对企业物质文明建设和精神文明建设负全面责任，组织全厂各方面力量，一手抓经济工作，一手抓党的建设；一手抓生产经营，一手抓改革搞活；一手抓制度建设，一手抓思想政治工作，使思想政治工作渗透到生产、管理、分配各环节，落到实处，从而促进生产经营。

要认真贯彻落实《中共中央关于加强和改进企业思想政治工作的通知》，党支部、工会、共青团都要努力履行各自职责，形成重视思想政治工作的制度和风气。要通过加强思想政治工作，努力创建自己的企业精神，加强职业道德建设，培养“四有”职工队伍。

笔者在蹲点期间先后组织干部职工和党员传达学习了《企业法》《中共中央关于贯彻执行企业法的通知》《中共中央关于加强和改进企业思想政治工作的通知》。同时，根据厂里的现状和今后的发展目标，笔者建议以“团结、勤奋、文明、高效”为中泉子化工厂的企业精神，从而形成一种积极向上的群体意识，培养企业内在的凝聚力和向心力，激励全体职工奋发图强。其含义是：教育全厂干部职工树立团结协作、互助互爱的集体主义精神，勤俭节约、勤劳自立的艰苦奋斗精神，干净整洁、井然有序的文明精神，工作高效率、生产高效益的求实精神。

（3）抓好制度建设，强化企业自我约束机制。对已有的实施细则和规章制度要根据新形势进一步修订完善，切实执行起来。对尚未建立的必不可少的制度，要尽快建立起来。特别是职工教育培训的计划和制度，要尽快制定并实行。其实，条件已具备，只要重视抓，必有成效。

（4）挖潜力，搞革新，提高经济效益。一是克服各环节上的浪费，杜绝“跑、冒、滴、漏”。二是千方百计使硫化碱车间正常生产，配套完善，提高产量。最大的浪费仍然是时间的浪费。三是搞好技术革新和技术改造。固体硫化碱生产技术的引进务必抓紧。在探硝、采硝上搞技术革新，既能解决劳动力短缺，又可以降低劳动强度。四是抓铁皮货源丝毫不能放松，政府主管部门要全力以赴协助解决。

中泉子化工厂，尽管负债重、压力大、困难多，但只要加强领导，深化改革，采取正确的对策，坚持不懈抓下去，依笔者看大有希望。

畜牧业发展的哲学思考①

畜牧业是牧区经济的基础。新中国成立以来，阿拉善畜牧业有了很大的发展，社会主义现代化建设又对畜牧业的发展提出了新的要求。认真总结以往的经验，正确认识和处理畜牧业发展中的几个重要关系，对今后进一步加强经济基础，稳定发展效益畜牧业，具有重要意义。

一、在对立统一中把握畜和草的关系，坚持立草为业、草业先行

阿拉善地处荒漠，风大沙多，植被稀疏，少雨缺水，年平均降水量100多毫米，最低年份只有几十毫米，蒸发量却高达4000毫米。十年九旱，不同范围、不同程度的旱灾年年都有。在这样严酷的自然条件下经营畜牧业，畜草矛盾历来十分突出。

民以食为天，畜以草为本。就像人不能不吃饭一样，牲畜不能没有草。有草便有畜，草多则畜旺，草丰则畜肥，草是牲畜赖以生存的基础。阿拉善的自然条件和气候特点决定了畜草矛盾是畜牧业的主要矛盾，草又是主要矛盾方面。这是畜牧业发展中最简单、最明白而又最本质的关系。草制约着畜，畜依赖于草，草

① 原文是1991年11月在中央党校中青年干部培训班学习期间的马克思主义哲学课考试论文，获“优+”成绩。于1991年11月28日发表在《阿拉善报》。

的长势又取决于季节的变化和旱灾的程度。所以，牲畜常常是夏壮、秋肥、冬瘦、春乏，畜牧业常常是大灾大减产、小灾小减产、风调雨顺增点产。

解决畜草矛盾，传统的办法是部分地区受旱，则“逐水草而牧”——通场移牧；普遍受旱，则千里调草、万里运料。随着牲畜头数的增加和草场的承包，过去的那种地域辽阔、回旋余地大的优势已向我们告别，“逐水草而牧”的办法已逐渐行不通了。千里调草、万里运料需要投入大量的人力、财力，是特定时期为保护三种畜即母畜、种公畜、骆驼而采取的特殊办法，在讲究经济效益的今天不可常用。

作为认识主体的人，在认识客体、改造客体的实践中，自己也变得聪明起来。一方面，从20世纪60年代起，人们积极开发水资源（主要是一些盆地的地下水资源），因地制宜地开辟不同规模的饲草料基地种草种料，解决畜草矛盾。20多年中发展起来的星罗棋布于各地的大中小型饲草料基地，在历次旱灾中为畜牧业提供了大量饲草料，为抗灾保畜发挥了巨大的作用。

另一方面，认真贯彻《草原法》，坚持全面规划、加强保护、合理利用、重点建设的方针，采取围栏封育、轮放轮牧的措施，防止草场继续沙化退化，逐步恢复了植被；因地制宜地建设畜群草库伦，尽可能解决一家一户的草料需求，从而保护、利用和建设现有的天然草场。后一方面在解决畜草矛盾方面更具有根本性。

在对立统一中把握畜和草的关系，要把草上升到主要矛盾方面来认识，在实践中坚持立草为业、草业先行的方针，加强对天然草场的保护、建设和合理利用。同时，加强对现有饲草料基地的管理，提高其经济效益，因地制宜地开发建设新的饲草料基地，不断为饲草料自给而努力，坚定不移地走建设养畜的道路。这是符合阿拉善畜牧业发展规律的正确的指导思想。这个指导思想的确立，是人们对畜牧业认识的一次飞跃。这个飞跃经历了认识的多次反复，而且人们为此付出了很大的代价。有了这样的飞跃，我们在今后的实践中就可以少走弯路，少一点盲目性，多一些自觉性。

二、在对立统一中把握质与量的关系，坚持质量并举、科学养畜

在畜牧业工作中抓住畜草这个主要矛盾，瞄准草这个主要矛盾方面来解决矛盾，其目的就是发展畜牧业。但这里有一个怎样发展的问题。一般来说牲畜头数越多，为国家提供的畜产品也越多，牧民的收入也越高。牧民群众历来认为圈里的牲畜越多越好，牲畜多是富裕的标志，宁可不吃不卖也要使它多起来。长期以

来，在这种惜售思想的影响下，盲目追求牲畜头数的倾向普遍存在着。另外，由于有关部门收购牲畜措施不得力，缺少必要的运输、冷藏、加工设备，流通渠道不畅，市场体系不健全，牲畜商品率、出栏率低，畜群周转慢，在客观上阻碍了盲目发展牲畜头数、不注重提高牲畜质量的情况得到有效的改善。

世界上一切事物都是对立统一的。畜牧业中牲畜的数量和质量也是对立统一的。不加限制地盲目发展牲畜头数，从眼前看，数量多了，质量也有了。但从长远看，这种数量和质量进一步加剧了畜草矛盾，造成草场超载，掠夺性放牧，破坏生态平衡，反过来制约了牲畜的发展，也就谈不上质量了。如果遇上一场旱灾，雪上加霜，要为保护牲畜必须付出很多代价不说，到头来损失更大。1979年大旱，阿拉善右旗成畜死亡12万，损失了牲畜头数的1/3。这是自然灾害的强行调整。这方面，我们的教训太多了。不顾草场的实际载畜量，不顾生态平衡，只顾眼前利益，搞短期行为，盲目发展牲畜头数，常常给我们带来灾难。

发展畜牧业必须根据草场合理载畜量来确定牲畜存栏头数。在此前提下，要坚持多繁殖、多出栏、快周转，着重在提高牲畜质量上大做文章。

保持草场的合理载畜量，要做深入细致的思想政治工作，教育牧民克服惜售思想，使他们认识到自己的眼前利益和长远利益，进一步树立商品意识、市场意识和效益畜牧业观念。同时，要从牧区实际出发，进一步疏通流通渠道，活跃市场，建立一种促进牲畜出栏和加速畜群周转的机制，加强产前、产中、产后服务。

提高牲畜质量，发展效益畜牧业，要依靠科技，全面实施科技兴牧战略。科技兴牧是一项系统工程，要求各系统要素的紧密配合，用各系统层次的有力协调来打一场整体战。而就提高牲畜质量来说，主要是选育优良品种，提高牲畜个体质量，即提高个体的绒、毛、肉、乳产量，以较少的投入获得较高的产出，提高经济效益。个体产出的增加，个体质量的提高，会带来总体质量、总体效益的提高，从而能够以数量较少、质量较高的总体获得比数量较多而质量较低的总体多得多的经济效益。这是量变和质变的辩证统一。个体产出的量变引起个体的质变，个体质变的基础上又开始个体产出的新的量变；个体的质变同时引起总体产出的量变和总体的质变。这就是毛泽东同志指出的“因为量的变化产生了质的变化，反过来质的变化又产生了量的变化”的道理。

坚持以草定畜，坚持牲畜质量并举，依靠科技提高牲畜质量，是我们稳定发展效益畜牧业唯一正确的途径。

三、在对立统一中把握抗与防的关系，坚持立足于防、建设养畜

十年九旱是阿拉善的特点。据气象资料统计，从1960年到1980年，阿拉善右旗共发生小旱、中旱、大旱20次，其中1965年和1979年降水量只有59毫米，成畜分别死亡9.5万头（只）和11.9万头（只）。旱灾是客观存在，是不以人们意志为转移的。阿拉善畜牧业是在抗灾中发展的畜牧业，抗灾保畜成为畜牧业工作的主要任务之一。问题在于我们如何对待旱灾，如何抗灾保畜，是主动防灾，还是被动抗灾，怎样变被动抗灾为主动防灾。所以，正确认识和处理抗与防的关系，对进一步搞好抗灾保畜不无益处。

防是旱灾到来之前的预防工作，包括按计划种草种料，加工、储存草料和储备天然草；搞好棚圈、草库、水井等畜群基础建设；有计划配种，畜疫防治；处理乏弱畜，按计划出栏；安排好群众生活；甚至确定万不得已时通场移牧的方向等。抗是旱情已成定局以后的行动，包括从上到下的动员；有计划地运草调料，适时补饲；派工作组深入基层，及时掌握情况，加强指导，解决具体困难；继续处理乏弱畜，集中力量保护重点畜；组织必要的通场移牧，安全过冬度春等。

防与抗是辩证统一的，旱灾到来之前，防是主要矛盾，要踏踏实实地做好防的工作。当旱灾已成定局后，抗又上升为主要矛盾，一切以抗为中心来开展工作。防是抗的前提，防是抗的准备，防是抗的基础，没有防，抗就失去了依托；没有有效的防，就不会有成功的抗，就不能把灾害的损失减少到最低限度，防决定着抗。抗是防的继续，抗是防的最紧张的阶段，抗是对防的检验，有效的抗取决于主动的防。防经常表现为主要矛盾，抗只是在旱灾发生后上升为主要矛盾。旱情缓解后，又进入以防为主要矛盾的阶段。

没有主动防灾，抱着老天爷突然会降雨的侥幸心理，不做必要的、充分的准备，一旦旱灾成为定局，就会变得手忙脚乱，顾得了东顾不了西，这是被动抗灾，往往事倍功半，损失惨重。有了主动的防，也就有了主动的抗，在抗灾中可以从容不迫，忙而不乱，把旱灾的损失降到最低程度。

坚持立足于防，主动防灾，从而主动抗灾，是抗灾保畜的正确指导思想，这是由阿拉善的草场和气候的特殊性所决定的，是人们不断总结经验教训、逐步认识自然规律的结果，也是人们在改造自然和适应自然的过程中发挥自己能动性的具体体现。主动防灾依赖于建设养畜，依赖于以饲草料基地为中心的防灾基地建设。坚持走建设养畜的道路，我们就能逐步做到常备不懈，有备无患，变被动抗灾为主动防灾。

畜草关系、牲畜的数量和质量关系、防灾和抗灾的关系，远不是阿拉善畜牧业发展问题的全部，但却是经常遇到的普遍联系着的几个关系问题。在对立统一中认识和把握这些关系，有助于克服形而上学的片面性，不仅对阿拉善畜牧业的稳定发展具有重要意义，而且对其他地区畜牧业的健康发展也具有启发和借鉴意义。

让“惊险的跳跃”成功①

——关于搞活牧区流通的思考

畜牧业是牧区经济的基础。发展牧区商品经济，为市场提供优质畜产品，满足消费者的需求，提高畜牧业经济效益，不断改善牧民的生活水平，这是畜牧业生产的出发点和归宿。发展牧区商品经济，必须遵循商品经济规律，重视商品流通和市场机制的作用。马克思曾把商品化市场实现交换的过程，比作“惊险的跳跃”。这个跳跃不成功，摔坏的不是商品本身，而是商品生产者。培育牧区市场，搞活牧区商品流通，关系到牧区商品生产者——牧民的切身利益。本文试就这个问题，结合阿拉善畜牧业发展的特殊条件，特别对牧区流通领域内牲畜商品化问题做一些探讨。

一

商品经济是以交换为目的的一种经济联系的形式。以货币为媒介的商品交换，就是商品流通。商品是在市场进行交换的，搞活流通离不开市场的培育和发展。改革开放以来，牧区实行畜草双承包责任制，调动了广大牧民的生产积极性，牧区商品经济有了一定的发展，畜产品的商品化程度有了显著提高，特别是绒毛的商品率比较高，达到90%以上。活畜的出栏率和商品率也比传统的“吃七卖八”，即牧民自食7%、出售8%有了较大提高。但现在的牲畜出栏率和商品率同发展畜牧业商品生产的多繁殖、高出栏、快周转的要求还相去甚远。在继续保持绒毛高商品率的同时，努力提高牲畜（活畜）的出栏率和商品率，是今后发展畜牧业商品经济中特别予以重视的问题。

在牧区，牲畜既是牧民的生产资料，也是劳动产品。按照畜牧业生产本身的

① 原文是1992年5月在中央党校中青年干部培训班学习期间的政治经济学课程考试论文，获“优+”成绩。发表在1992年《阿拉善报内参》第38、39期。

要求保持部分生产资料基础牲畜的同时，不断提高牲畜商品率，牧民生产才能得到充分补偿，畜牧业经济效益才能提高。现阶段，在牧区经济还比较单一，乡镇企业尚不发达的情况下，牧民的收入主要来自两个方面，一是卖绒毛，二是卖牲畜。卖牲畜的收入在牧民的总收入中占有相当的比重，在目前牲畜商品率还较低的情况下也不少于四分之一。这就说明，通过提高牲畜商品率，加速畜群周转来提高劳动生产率，对于加速半自给畜牧业向商品畜牧业转变，增加牧民收入，改善牧民生活，促进牧区经济社会全面发展，实现内蒙古自治区党委提出的“牧业上台阶，牧民率先达小康”，具有极其重要的现实意义。

提高牲畜出栏率和商品率，不限于经济效益，而且有生态效益。以草定畜是草原畜牧业必须遵循的方针。不顾草场载畜量，掠夺性放牧，必然导致生态破坏、草场沙化退化，不能永续利用。在阿拉善这样超干旱的荒漠地区，坚持以草定畜更有其重要意义。兼顾畜牧业的经济效益和生态效益，我们的对策只能是：依靠畜牧业科技，改良牲畜品种，提高畜牧业产出；加速畜群周转，努力提高牲畜商品率。

无论是从经济还是从生态讲，提高牲畜商品率都是重要的。牲畜的商品化是通过收购牲畜这一环节实现的，收购牲畜是牧区商品流通的一个主要部分。商品的价值实现，离不开流通。在商品经济中，流通不仅是不可缺少的环节，而且是启动整个经济发展的重要机制。流通的发达程度标志着商品经济的发展水平。我们同发达地区差距的一个重要方面，就是市场发育程度低，经济活动往往在流通中受阻。因此，搞活流通是阿拉善盟畜牧业商品经济发展的关键环节。流通搞活了，畜牧业经济就会在“惊险的跳跃”中化险为夷；否则，就会影响商品实现价值，制约和阻碍畜牧业生产的发展。

二

在实践中，我们深切感受到抓流通和抓生产一样重要。从阿拉善盟牲畜出栏率和商品率情况看，“六五”末期与“七五”末期相比，1985 年 6 月末阿拉善盟牲畜 169.9 万头（只），出栏率为 20%，商品率为 11.6%；1990 年 6 月末阿拉善盟牲畜 176 万头（只），出栏率为 22.8%，商品率为 11.5%。两相比较，多出栏牲畜 6 万头（只），出栏率略有提高；多出售牲畜 5000 头（只），商品率还略有下降。出现这种情况，其原因尽管是多方面的，但市场建设跟不上，流通不畅，难以适应生产发展，不能不说是主要原因。现阶段，牧区流通特别是牲畜收购方面存在的问题，主要有以下几个方面：

（1）出售不方便。阿拉善盟 1 万多户牧民散居在 27 万平方公里土地上。地域辽阔，居住分散，交通不便，信息不灵，是阿拉善牧区突出的特点。以往收购牲畜的办法是在各苏木或几个苏木中间设临时收购点。由于牧户居住过于分散，有的信息传递不灵，得不到收购牲畜的消息；有的劳动力少，分身乏术；有的出售牲畜少，送交有困难等。总之，没有固定的市场，没有畅通的信息，没有适用的办法，给牧民出售牲畜带来诸多不便。其结果是出售任务完不成，牧民的产品变不成商品，牲畜的商品率上不去。

（2）收购时间晚。畜牧业生产不同于工业生产，它的劳动对象是牲畜，牲畜一年四季在草场上采食，受自然条件变化的影响很大。阿拉善盟干旱少雨、植被稀疏、枯草期长，牲畜一般是夏壮、秋肥、冬瘦、春乏，这已成为规律性现象。从为消费者提供肉食品的角度讲，牲畜的使用价值在于膘肥肉多。使用价值是商品的交换价值的提前，从而也是它的价值的前提。如果牲畜瘦了、乏了，既影响其使用价值，也影响其交换价值。可见，收购牲畜的最佳季节是在牲畜夏壮、秋肥，特别是秋肥的时候，而不是在冬瘦、春乏的时候。适时收购，无论对生产者还是消费者，都是重要的。可是多少年来，牧区的牲畜收购工作差不多是在牲畜冬瘦的时候进行的。之所以这样，主要是下面讲的流通环节缺少必要的设施和交通工具造成的。

（3）设施不健全。长期以来，牧区流通相关设施简陋且数量不足，导致流通阻塞。比如，现有冷库容量太小或者根本没有像样的冷库，没有或者很少有冷藏车，而且基层也没有合乎要求的屠宰场等。如果在秋肥季节大量收购牲畜，就无法冷冻储存和运销。所以，必须等到能够自然冷冻的冬瘦季节才能收购。可是到了冬瘦季节，相当一部分牲畜由于缺草、受冻而发生“有形损耗”（即物质损耗），变得膘瘦体轻。因此，收购人员不肯出价，甚至不愿意收；牧民说“一只羊还不值一张羊皮钱”，也不愿意卖了。这种季节差造成的损失究竟有多少？粗略估计，一只羊至少要瘦掉几斤肉。

（4）流通渠道单一。以往的牲畜收购是商业部门独家经营、地区分割、渠道单一，行政管理一统天下。而且收购网点少，价格不合理，“估皮断肉”的方法也不科学。没有竞争，没有活力，没有讨价还价的余地，挫伤了牧民出售牲畜的积极性。另外，经营部门原有力量已经不能应付变化了的生产状况。这种独家经营的单一流通渠道制约着畜牧业商品经济的发展。

（5）思想观念陈旧。自然经济讲自给自足，产品经济也不注重流通。今天，商品经济有了一定的发展，但传统的观念依然束缚着人们的思想。特别是轻商抑商，只重视生产、不重视流通的情况在各级领导的思想上不同程度地存在，抓流通的意识不强。所以，不能认真分析研究和解决流通环节上存在的问题，有的只是想起来才强调一下，一般号召多，具体抓得少。另外，牧民的惜售思想也不容忽视。有些牧民把牲畜头数多看作富裕的标志，盲目追求发展头数而较少考虑多出售，对出售牲畜缺乏应有的积极性和主动性，不能从加速周转中获取更大的经济效益。

以上种种因素造成的直接后果是多方面的。首先，阻碍了产品价值的实现。牧民生产的产品——牲畜不能顺利实现“惊险的跳跃”，牲畜“跳”不过市场这道坎，受损失的自然是牧民。其次，加大了草场的压力。牲畜存栏头数增多，造成超载过牧，生态继续遭到破坏。最后，加重了牧民的负担。牧民需要为过多的存栏牲畜准备过冬度春的草料，如果遇到严重旱灾，还要投入大量人力、物力和财力，到头来乏弱牲畜仍然保不住，往往造成双重损失。总之，目前牧区的流通体制和市场状况，不利于抗灾保畜，不利于生态保护，不利于牲畜商品化，不利于提高畜牧业经济效益，不利于商品畜牧业的发展。这正是加快牧区流通体制改革的必要性、紧迫性所在。

三

改革也是解放生产力。通过改革解放生产力，不仅要从旧的经济体制的束缚下解放出来，而且首先要从旧的传统观念的束缚下解放出来。不解放思想，不更新观念，改革就不会有新思路。

加快牧区流通体制改革，要从实际出发，因地制宜，把有利于牧民群众、有利于牧区商品流通、有利于发展商品畜牧业作为考虑问题的出发点，研究不同于以往的新情况、新办法和新措施，从以下几个重要环节上加以突破。

（1）建立市场，方便牧民。市场是商品交换的场所，商品交换离不开市场。经济发达地区的经验表明，市场兴、百业旺，建一处市场、活一片经济、富一方群众。建立牧区市场，要按照促进货畅其流、方便牧民群众的原则，根据牲畜集中产区、交通通信条件等情况合理布点，建立多层次、多类型的市场。比如，集贸市场、专业市场、综合市场，季节市场、定期市场，交流会、集散地，流动收购、上门服务等，相互配套，不断完善，发挥市场的商品交换、价值实现、调节供需、信息反馈、提供服务等功能，改变市场建设滞后于经济发展的局面，促进商品畜牧业发展。

（2）拓宽渠道，搞活流通。要按照畜牧业商品经济发展的要求，打破独家经营、单一渠道的旧体制，鼓励国营、集体、个体、联合体一起上，“八仙过海，各显神通”，建立和完善以国营商业为主导的多种所有制形式、多种经营方式、多条购销渠道的流通格局。继续发挥国营商业、供销合作社主渠道作用的同时，特别要支持和鼓励集体经济组织和牧民个人以多种方式组织起来进入流通领域，以商致富。要保护他们在法规制度允许的范围内，利用地区差、时间差所获得的收入，发挥他们作为国营商业的重要补充活跃流通的作用。有条件的地方，还应当大力提倡和鼓励工牧直交、产销挂钩，减少流通环节。

（3）放开价格，鼓励竞争。价格是价值的货币表现，是价值规律借以发挥作用的主要形式。价格问题是流通的核心问题，流通的作用能否充分发挥，关键在于能否理顺价格关系。在市场活动中由价值和供求关系决定商品的价格，才能建立社会主义市场机制，培育和完善市场体系。在现阶段，羊肉基本可以满足市场需求和提高牲畜商品率还有很大潜力的情况下，完全可以放开牲畜价格，让市场来调节。放开价格以后，生产者之间、收购者之间和供求双方之间，必然会展开竞争。只有在竞争中，价值决定和价值规律才能形成并发挥作用。在竞争中，按照优胜劣汰的竞争法则，牧民会更快地树立起商品意识、价值意识和竞争意识，使自己的产品在“惊险的跳跃”中获得成功。他们自己也会在商品经济的原野上更快地学会跃马扬鞭，自由驰骋。当然，放开价格不是不要价格管理，而是让价格的浮动转向市场调节的轨道。与此同时，为了保持草畜平衡，按照以草定畜的要求，政策上规定指令性牲畜出栏比例，制定一个最低保护价格，对在价格放开的条件下缺乏竞争力的部分牲畜，由国营商业、供销合作社以最低保护价进行收购，以保护牧民的利益。

（4）改善条件，夯实基础。商品的运输、保管、储存、加工转化等都是商品流通中不可缺少的环节，这些环节上的设施和设备又是流通的物质基础。不断加强和改善流通的物质技术条件，会进一步活跃流通，加快流通的速度。特别是交通运输条件的改善，可以变空间上的长距离为时间上的短距离；储存、转化能力和手段的改进，可以带来巨大的经济效益。经济发达地区“一种、二养、三加工、四运销”的做法，对我们是很好的借鉴。我们要把有限的资金，既投向生产，也投向流通，尽快建立起冷库、冷藏车等必不可少的设施设备，变“冬瘦”收购为“秋肥”出栏。

牧区流通体制改革不限于以上几点，本文仅就牲畜商品化问题作了点粗浅分析。但是，加快牧区流通体制改革是大势所趋，是当务之急。有人说，在市场经济条件下发展农牧业，“一靠政策，二靠科技，三靠投入，四靠流通”，这是很有见地的。我们要牵住流通这个“牛鼻子”，像抓生产那样抓好流通，创造必要的条件，让畜产品在“惊险的跳跃”中获得成功，努力促进牧区商品经济发展。

大力实施科教兴盟战略[①]

科教兴盟是全面落实邓小平同志关于科学技术是第一生产力思想的战略决策，是保证国民经济持续快速健康发展的根本措施，是加速实现锡林郭勒盟“两个提高”，尽快富民强盟的必然选择。

实施科教兴盟战略，必须认真贯彻“经济建设必须依靠科学技术，科学技术工作必须面向经济建设”的科技工作基本方针，积极稳妥地推进科技体制改革，围绕三大产业重点，促进科技与经济的结合。要鼓励科研机构和科技推广机构兴办科技产业和经营实体，鼓励和引导科技人员到经济建设的主战场建功立业。

必须因地制宜、突出重点，抓好各类实用技术的引进、消化和推广应用，围绕畜牧业产业化、生态农业建设以及畜产品、矿产品、旅游商品开发，发展技术承包、技术服务、技术咨询和技术培训活动。

必须紧跟时代步伐，切实抓好人才培养，大力开展科普活动，瞄准科技制高点，主动迎接信息时代、知识经济时代的到来。实施科教兴盟战略，教育是基础。各级党委、政府必须把教育摆在优先发展的战略地位，加强对教育工作的领导，增加教育投入，改善办学条件，提高教师队伍整体素质。教育工作必须全面贯彻党的教育方针，以邓小平同志“三个面向”为指导，坚持教育为当地经济建设和社会发展服务的办学方向。以普及九年义务教育为重点，大力发展职业教育，积极发展成人教育，优先发展民族教育，切实加强素质教育，把提高教育质量、培养跨世纪合格人才摆到突出位置。

大力发展产业化畜牧业[②]

畜牧业是锡林郭勒盟的主体经济，是我们赖以生存和发展的基础，必须坚定不移加强畜牧业基础地位。实现畜牧业的集约化、产业化，是畜牧业发展的方向。在实现产业化上求得突破，关键是促使龙头企业、基地牧户和中介组织以股份合作制形式结成利益共享、风险共担的利益共同体，从而形成生产、加工、销

①② 本文节选自 1998 年 8 月 16 日在中共锡林郭勒盟委员会 1998 年第一期读书会上的讲话提纲，原载于 1998 年 9 月 9 日锡党发〔1998〕12 号文件。

售有机结合和相互促进的机制，推进畜牧业向商品化、专业化、现代化转变。

大力发展产业化畜牧业，要突出抓好以下几点：一要坚持立草为业、草业先行，贯彻全面规划、合理利用、重点建设、加强保护的方针，加快草原植被建设速度，保护和改善草原生态环境，使畜牧业步入可持续发展轨道。全面落实草场的“双权一制”，调动广大牧民建设草原、保护草原、合理利用草原的积极性，按照种植一点、改良一块、带动一片的思路抓好增草工作，为“双增双提”打好基础。二要大力实施牲畜“种子工程”，努力提高牲畜质量和个体生产能力。“种子工程”是一项跨世纪的宏大工程，必须从战略的高度，统筹规划，合理安排，有组织、有计划、有步骤地加以实施。突出抓好种源基地、推广体系和质量监测体系等基础性工作，实现畜牧业的高产、优质、高效。三要重点抓好牛羊育肥业，力求在较短时期内解决四季出栏、均衡上市问题，加快周转，提高效益。牛羊育肥是畜牧业产业化的关键环节。大搞牛羊育肥，不仅可以为加工企业源源不断地提供原料，而且能够带动草原建设、饲草料加工业和“种子工程”的实施，还能够提高畜牧业集约经营水平，提高一、二、三产业的关联度，提高畜牧业的经济效益，从而能够增加城乡居民收入和地方财政收入。这样一件举足轻重的大事、一举数得的好事，再不能停留在一般性号召上，要下大力气尽快推开，尽快形成规模。四要搞好加工增值。畜产品加工业对第一产业的带动作用最强，畜产品加工业发展壮大了，才能有效解决畜产品卖难和转化增值的问题，进而较快地形成富民强盟的产业优势。应当说，锡林郭勒盟发展畜产品加工业最有条件，最有基础，也最易见效。我们应坚定不移地把畜产品加工业作为第一支柱产业，优先安排人力、物力、财力，尽快扶持发展壮大。当前，尤其要突出肉类产品加工业这个重点，创造锡林郭勒肉食品品牌，创造锡林郭勒盟特色。应积极发展与国内外有实力大企业的紧密合作，以此带动锡林郭勒盟畜产品加工业的大发展。

农业要切实转变广种薄收的粗放型经营状况，坚持科教兴农，坚定不移走“两高一优”的路子。广种薄收、粗放经营，既浪费了土地资源，又恶化了生态环境，农民难以脱贫致富奔小康。因此，必须搞好以水利为中心的农田基本建设，采用工程、生物、农艺措施，建设好人均3亩基本田。下决心退耕坡梁地，种树种草养畜，以牛羊育肥为重点，大力发展农区畜牧业。要重点推广地膜覆盖、节水灌溉等适用增产技术，加大实施“种子工程”力度。要适应市场需求，调整种植结构，发展特色农副产品，加强农产品转化增值，推进农业产业化进程。

完善旅游业发展思路[①]

旅游业是一个能够带动多个产业共同发展的重要产业。随着经济的发展、人民生活水平的提高和国内外交往的进一步扩大，旅游业越来越成为影响经济社会发展的支柱产业。国家旅游局决定1999年为我国生态旅游年，国内外游客已把目光从名山大川、沿海城市转向草原。笔者认为，我们驰名中外的锡林郭勒大草原，正面临着前所未有的旅游业大发展的机遇。

近几年，锡林郭勒盟旅游业已呈现出良好的发展势头。1997年，仅锡林郭勒盟旅游局统计的全盟18家主要接待点、5家定点涉外饭店和1家旅行社接待的游客就已达16万人次，仅食宿两项营业收入就达1900多万元，旅游外汇收入31万美元。1998年，预计游客将达到45万人次，营业收入上亿元。发展草原特色旅游业，要坚持以下几点：

一要以特色取胜。我们的草原风光、民族文化、民俗风情、名胜古迹、生态环境和宜人的气候，独具特色。随着锡林郭勒草原特种邮票的发行，锡林郭勒盟的知名度会更高，特色优势能更好地发挥出来。

二要加快旅游要素建设。要围绕食、宿、行、游、购、娱全面规划、科学布局，硬件、软件建设一齐上，力争经过几年的努力，成龙配套，形成规模，办出特色，闯出名气。朱镕基同志在内蒙古自治区视察时讲："欧洲很多城市搞旅游，不是搞大宾馆，都是家庭式的旅馆。一个家庭就可以开一个旅馆，在自己的一栋房子里面，有几间房子搞旅馆，而且非常舒服，搞得非常干净，服务非常好，像回到自己家里一样。"朱镕基同志讲的非常符合锡林郭勒盟的实际，对我们启发很大。我们应当鼓励引导全社会力量去发展它、兴旺它。政府主要搞好市容市貌等市政设施建设，搞好旅游景点建设，搞好发展规划，其他一律放开让社会力量去搞。

三要广开思路，进行深度开发，立体开发，大力挖掘整理民族文化，丰富旅游项目，加大促销宣传力度，开拓旅游市场，把淡季变旺，使旺季更旺。锡林浩特市要突出"草原中的城市，城市中的草原"风格，向现代草原旅游城市发展；二连浩特市要突出口岸城市风格，向现代边贸旅游城市发展；其他旗县（区）也要充分利用各自的特色旅游资源，以旅游促开发、促发展。

---

① 本文节选自1998年8月16日在中共锡林郭勒盟委员会1998年第一期读书会上的讲话提纲，原载于1998年9月9日锡党发〔1998〕12号文件。

四要大力开发具有锡林郭勒盟特色的旅游商品。这方面我们几乎是空白，远远不能适应旅游业发展的需要，应组织专门力量加大研制、开发、生产、销售的力度。

切实加强生态环境建设①

环境保护是我国的一项基本国策。众所周知，锡林郭勒草原是目前世界温带草原中原生植被保存最完整、草地类型最多、饲用植物资源最丰富的天然草原之一，国家把锡林郭勒草原的保护和利用列入了《21 世纪议程》。

我们作为这块土地的主人，如何把这块绿色宝地保护、开发和利用好，不仅关系到眼前经济社会的发展，而且关系到子孙后代的生存和发展；不仅国家在关心，而且世界在注目。我们必须站在这样的高度来认识这个问题，增强使命感和责任心。

要面向全社会广泛深入开展环境保护的宣传教育，增强全民的生态意识、环境意识，使生态环境建设变成广大群众的自觉行动。现在，锡林郭勒盟不少地区草场退化、沙化和城镇环境污染现象日益严重，一些矿产资源也因无序和过度开采而受到破坏。对此，必须引起各地各部门高度重视，采取得力措施加以扭转。

我们在确定经济社会发展战略、调整产业结构时，应充分考虑经济效益、社会效益和生态效益的统一，在资源开发和项目建设上，要有所为、有所不为，任何时候都不能以牺牲生态环境为代价去追求一时的发展。保护生态环境要同依法治盟结合起来，把生态环境保护纳入法治化轨道。

努力提高对外开放水平②

坚持对外开放是党的基本路线的重要组成部分，也是我国的一项基本国策。加快发展，我们面临很多困难和制约因素，比如缺资金、缺技术、缺人才、缺管理经验。解决这些问题单靠自身力量不行，等靠要也不行。必须实行对外开放，借助外力发展自己。

---

①② 本文节选自 1998 年 8 月 16 日在中共锡林郭勒盟委员会 1998 年第一期读书会上的讲话提纲，原载于 1998 年 9 月 9 日锡党发〔1998〕12 号文件。

扩大开放，必须积极主动地跑出去。不跑不行，跑得慢了也不行。汇报情况、掌握信息、寻求机遇、争取项目、争取资金、争取支持，要主动向外跑，积极寻求合作伙伴，物色嫁接对象。引进资金、引进人才、引进技术和管理经验，要百折不挠、锲而不舍、抓住不放，用耐心、诚心、苦心打通各个环节，争取成功。

扩大开放，还必须有放的胆识。锡林郭勒盟的自然条件、基础设施、文化生活等与发达地区不可同日而语，靠什么吸引国内外客商？就是要靠我们优势的资源、优惠的政策、优良的环境、优质的服务。

我们必须进一步解放思想，统一认识，从各方面放手、放胆、放活，实行开明政策，增强服务意识，提高服务质量，诚招天下客商。扩大开放，必须加强领导，层层建立强有力的机构和队伍，明确任务和责任，只争朝夕而又持之以恒地抓下去。各驻外办事机构，应充分发挥对外开放的窗口作用，加大宣传力度，提高锡林郭勒盟知名度，及时准确地提供信息，努力扩大交往，积极牵线搭桥。

关于产业化畜牧业的一体化经营[①]

锡林郭勒盟是畜牧业大盟，要发挥资源优势，发展特色经济，首先要发挥畜牧业资源优势，走畜产品加工增值的路子。推动畜产品加工由目前的粗初加工向精深加工发展，进而提高产品附加值，提高畜牧业经济效益，这件事关系到提高城乡居民收入、提高全盟财政收入，关系到加快“两个提高”的进程，这件事非常重要。

畜产品加工包括皮、毛、肉、乳、血、骨、脏器等的加工，这些都有很大潜力。但从目前的情况看，皮、毛加工对技术设备等方面的要求比较高，况且内蒙古自治区内的一些大企业如鄂尔多斯、鹿王等已经走在我们的前面，形成了规模，留给我们的市场空间很小，步人后尘没有出路。所以，皮、毛加工可以保持现状，下一步再谋求进一步发展。

当前最有出路的是肉类产品加工，这些年我们已经有了较好的基础，拥有相当规模的库容和加工能力。锡林郭勒盟的肉食品独具特色，中外驰名。我们的优势是别人所没有的。发挥我们的优势，首先需要开拓市场，提高市场份额。据说北京有的大饭店日需求 3 吨肉，如果能做到常年稳定供货，市场还会更大。羊绒

① 原文是 1998 年 9 月 6 日在肉类产品加工企业厂长经理座谈会上的讲话录音整理稿，原载于 1998 年第 21 期《锡党办通报》。

衫等产品的市场也很大，但一个人买一件羊绒衫三五年够穿了，肉食品则不然，人们差不多每天都要吃肉，其市场需求比耐用品大得多。

关键是如何做到按照市场需求稳定供货。按照传统生产方式，牲畜集中在秋天一季出栏，而市场需求是常年性的，市场需要的时候我们的产品却没有了。当前，锡林郭勒盟大部分肉类产品加工企业不是没有市场，而是苦于无法做到常年加工、均衡上市。这个问题已经成为制约锡林郭勒盟畜牧业和畜产品加工业发展的最大问题。

解决这个问题，要靠畜牧业产业化。产业化不是一个口号，而是一项实实在在而又必须抓紧抓好的工作。产业化不外乎是“五化三连”，即区域化布局、专业化生产、一体化经营、社会化服务、企业化管理，市场牵龙头、龙头带基地、基地连牧户。概括地讲，就是贸工牧一体化，产加销一条龙。推进产业化，一体化经营是核心。“五化”最主要的是一体化经营，但现在一体化远没有破题。真正做到一体化经营，就需要建立符合市场经济规律的利益联结机制，实现利益共享、风险共担。不遵循市场经济规律，不建立利益联结机制，产业链就形不成。

建立一体化经营的利益联结机制，需要一定的组织形式。组织形式可以因地制宜、因企制宜、多种多样。比较紧密的利益联结是股份合作制。就是龙头企业在一定区域内建立稳定的原料基地，让基地牧民把牛羊卖给龙头企业，龙头企业按市场价格收购，同时把牧民卖给龙头企业的牛羊折成一定股份，牛羊肉加工增值后按股分红，给基地牧户一定比例的利润返还。

这样，基地牧户除了市场价格以外共享一部分利润，就觉得把牲畜卖给龙头企业比卖给二道贩子强，就会源源不断地为龙头企业提供原料。各类中介服务组织也可以入股经营，按股分红。企业利润多了多分，少了少分，无利润不分，真正实现利益共享、风险共担。当然，一体化经营采取什么样的组织形式，要大胆尝试，怎么合适就怎么搞。

能不能建立一体化经营机制，龙头企业是关键。不解决一体化经营的利益联结机制，就难以走出贸工牧分割、产加销脱节的怪圈。建立一体化经营机制的初始阶段，政府要进行一定的干预，采取必要的行政措施，为加工企业解决牛羊育肥问题。由旗县、苏木乡镇、嘎查村各级做工作，按照龙头企业加工需求落实一批农牧户为企业提供育肥的牛羊。龙头企业应制订加工计划，并做出按市场价格收购和适当返还利润的承诺，请地方帮助落实育肥问题。

推进产业化，牛羊育肥是突破口。育肥问题解决了，一体化经营问题解决了，其他问题便迎刃而解。这个题破了，就会带动相关产业发展起来，诸如搞棚圈的建筑业、饲草料加工业、运输业、实用技术服务等。龙头企业有了原料，加工的产品需要有订单，这就要求加工企业必须创名牌产品。没有名牌就没有市场，没有市场就没有规模，没有规模就没有效益。同时，企业经营管理也要跟上去，讲究营销策略和手段，走出一条有质量、有市场、有规模、有效益的路子。这是锡林郭勒盟的肉类产品占领市场的需要，是加快发展产业化畜牧业，实现“两个提高”目标的需要。

这些都是以建立一体化经营机制、逐步实现四季出栏，常年加工、均衡上市为基础和前提的。当务之急是各级政府要着力创造条件，抓四季出栏，促成常年加工、均衡上市。这个过程中肯定会有不少困难，可以先抓试点，培育典型，逐步推广。每个旗县市都要认真部署，每个企业都要动起来，都要有危机感、紧迫感，通过政府协调、企业努力，走出我们自己加工增值、企业与牧民双赢的路子。

科教兴农兴牧要落到实处①

中共十五届三中全会审议通过的《中共中央关于农业和农村工作若干重大问题的决定》（以下简称《决定》）指出，由传统农业向现代化农业转变，由粗放经营向集约经营转变，必然要求农业科技有一个大的发展，进行新的农业科技革命；农业的根本出路在科技、在教育。我们必须进一步提高对科技教育工作重要性的认识，牢固树立科学技术是第一生产力和教育为本的思想，把思想认识真正统一到党的十五届三中全会精神上来。

锡林郭勒盟是国家和内蒙古自治区重要的畜产品生产基地。畜牧业的生产经营水平和科技水平应当走在内蒙古自治区和全国的前列，起到示范和带头作用，从而与畜牧业大盟的地位相称。在这一点上我们也要进一步提高认识，增强责任感和使命感，自我加压，加大工作力度，力争早日跨进内蒙古自治区乃至全国先进行列。

锡林郭勒盟实施科教兴盟战略的重点是科教兴农兴牧，科教兴农兴牧的重点是大力推广农牧业实用技术。必须因地制宜、突出重点，围绕种子工程、牛羊育肥、人工草地建设、疫病防治、节水灌溉、畜产品加工等关键环节，抓好各类实用技术的引进、消化和推广应用，抓好技术承包、技术服务、技术咨询和技术培训活动。

实施科教兴农兴牧战略，关键在于深化科技体制改革，促进科教与经济的紧

① 本文节选自1998年11月12日在中共锡林郭勒盟委员会1998年第二期读书会上关于认真贯彻落实党的十五届三中全会精神的讲话提纲，原载于1998年第23期《锡党办通报》。

密结合。要放活科技人员、放活科研机构，鼓励科研机构和科技推广机构到农村牧区搞有偿科技承包，鼓励科技人员深入田间地头、深入农牧户搞有偿科技服务。要健全完善基层科技服务组织，理顺管理体制，不断拓宽服务领域。各级科技主管部门要抓好科技队伍素质的提高，抓紧对现有科技人员进行培训，在提高业务水平的同时，使每一个科技人员明确自己在科教兴盟中担当的重任，增强责任感和使命感。

《决定》指出，发展农村教育事业是落实科教兴农方针、提高农村人口素质的关键。我们要在抓好基础教育和成人教育的同时，大力发展职业技术教育。职业技术教育必须围绕为农村牧区培养大量技术人才调整办学方向，培养大量熟练掌握先进生产技能的技术人才。要优先发展民族教育，为农村牧区培养大量蒙汉兼通的人才。各地要下大力气抓好扫盲工作、科普工作和农牧民培训，使更多的农牧民掌握先进实用技术，提高农牧民素质。

《决定》指出，建设有中国特色社会主义新农村，关键在于加强和改善党的领导，充分发挥乡（镇）党委和村党支部的领导核心作用，建设一支高素质的农村基层干部队伍。党管农村工作是我们党的一个传统，也是一个重要原则。建设有中国特色的社会主义新农村新牧区，必须加强和改善党的领导，牢固树立以农牧业为基础的思想，把农村牧区工作摆在首要地位，切实搞好农村牧区基层党组织建设和干部队伍建设，以上率下，同心同德，扎实工作，努力开创锡林郭勒盟农牧业和农村牧区工作新局面。

农区要实施“三调整一结合一推进”战略[①]

中共十五届三中全会审议通过的《中共中央关于农业和农村工作若干重大问题的决定》（以下简称《决定》）指出，千方百计解决好农民增收问题，始终是农业和农村工作的一项重要任务。中央和内蒙古自治区党委要求，坚持把发展农村牧区经济，提高农牧业生产力水平和农牧民收入作为整个农村牧区工作的中心不动摇。农村牧区的各项工作都要服从和服务于这个中心。

锡林郭勒盟有太仆寺、多伦两个农业旗县。改革开放以来，锡林郭勒盟农村经济取得了长足发展。1998 年粮油总产量达到 6.06 亿斤，比 1978 年翻了一番，

① 本文节选自 1998 年 11 月 12 日在中共锡林郭勒盟委员会 1998 年第二期读书会上关于认真贯彻落实党的十五届三中全会精神的讲话提纲，原载于 1998 年第 23 期《锡党办通报》。

农区牲畜头数达到89.4万头（只），比1978年增长一倍多，农民收入大幅度提高。但是，与兄弟盟（市）的情况相比，与锡林郭勒盟实现“两个提高”的要求相比，与党的十五届三中全会和新形势、新任务的要求相比，与广大农民致富奔小康的强烈愿望相比，我们还有很大差距。锡林郭勒盟农业农村现状概括起来讲，突出表现为“两多、四低、三不合理”。“两多”是指人口多，人均耕地多。农村人口占全盟总人口的1/3，人均耕地10余亩。“四低”是指产量低、收入低、抗御自然灾害的能力低、科技含量低。锡林郭勒盟农业平均单产不足200斤，农民人均纯收入排在内蒙古自治区靠后位置，有效灌溉面积仅占总播面积2.5%，机收面积仅占13.5%，地膜覆盖还不到3%。“三不合理”指产业结构不合理、粮经结构不合理、种养结构不合理。1997年，锡林郭勒盟农村社会总产值中，第一产业占75.4%，第二产业占14.1%，第三产业占10.5%；种植业总播面积中，粮食作物占74.9%，经济作物占25.1%；在家庭经营收入中，牧业收入的比重虽达到42%，但农牧结合的优势远未发挥出来。

如何改变这种状况呢？笔者认为，应该实施“三调整一结合一推进”战略。所谓“三调整”就是调整种植结构、种养结构和产业结构。所谓“一结合”就是进退结合，“进”就是抓好以水浇地和节水灌溉为重点的基本田建设，“退”就是退耕还林还草还牧；“进”与“退”互相促进、辩证统一，只有“进”到位，才能“退”彻底；也只有真正“退”下来，才能集中精力“进”。所谓“一推进”就是推进科教兴农。这“三调整一结合一推进”是锡林郭勒盟农区今后努力的方向。

《决定》指出，水资源短缺越来越成为我国农业和经济社会发展的制约因素，必须引起全党高度重视。锡林郭勒盟农业广种薄收、粗放经营，最直接的原因就是以水利为重点的基本田建设严重滞后，水浇地面积过少。这个问题不解决，一退三还、农民增收和可持续发展就是一句空话。只有把基本田和水浇地问题解决好，才能大幅度提高单位面积产量，稳定提高农民收入；多余的耕地才能退下来还林还草还牧，实现经济社会和生态效益的统一。

搞好基本田和水浇地建设，关键是抓好五个环节。一是节约用水。有效利用天上水、适度开采地下水、充分利用地表水，实行“三水归田”。要按照联户打井、分户受益的方式，集中打一批股份合作制机电井，建设一批骨干水源工程，围绕机电井和骨干水源工程，配套建设一批蓄水池，最大限度地提高单井效益。要大力发展节水农业，推广喷灌、滴灌、管灌等新技术，把推广节水灌溉作为一项革命性措施来抓，大幅度提高水资源利用率，努力扩大农田有效灌溉面积。二是深翻耕地。深翻是最简便、最直接，也是最有效的增产措施，各地应该高度重视，下大力气全面推开。三是增加施肥。有机肥要全部归田。在此基础上适当增加化肥使用量。四是选用良种。下决心在一两年内把主要粮食作物都更换成良种，改善品质。五是抓好坡改梯。结合小流域治理，把15度以上的坡地全部退下来，15度以下的坡地尽可能改造成梯田。抓住农闲季节，组织大会战，集中进行治理。

《决定》要求，积极发展牧区畜牧业，加快发展农区畜牧业。合理调整土地利用结构，大力发展农区畜牧业，是锡林郭勒盟农区工作的重中之重。锡林郭勒盟农区背靠牧区，加速发展农区畜牧业很有条件。农区要充分发挥耕地多的优势，大力种植饲草饲料，以牛羊育肥和养猪业为重点尽快扩大农区牲畜饲养规模。同时，要以市场为导向，调整种植业结构，在确保粮食作物稳定提高单产、改善品质的情况下，把发展高附加值的优质产品放在突出地位，什么效益好、市场前景好就种什么。要大力调整农村产业结构，积极发展乡镇企业和其他非农产业。要通过乡镇企业和非农产业的发展，转移农村剩余劳动力，多方增加农民收入，加快实现小康。

长期稳定政策与深化农村牧区改革相结合①

坚持党的农村基本政策不动摇，在这个基础上推进和深化农村改革，推动农业和农村经济的更大发展，是党的十五届三中全会的主题。长期稳定党的农村基本政策，关键是稳定农村基本经营制度，稳定土地承包关系，这是党的农村政策的基石。中央要求，要坚定不移地贯彻土地承包期再延长30年的政策，抓紧制定确保农村土地承包关系长期稳定的法规，赋予农民长期而有保障的土地使用权。

同全国和内蒙古自治区一样，改革开放以来，锡林郭勒盟农村牧区的改革和建设都取得了令人瞩目的成就。以落实“草畜双承包”责任制和家庭联产承包责任制为核心的农村牧区改革取得显著成效，极大地调动了广大农牧民发展生产的积极性，解放和发展了农村牧区生产力。1984年，锡林郭勒盟全面推行了“牲畜归户、户有户养”的生产责任制，这一变革充分调动了广大牧民发展牲畜的积极性。1998年，锡林郭勒盟大小畜总头数达到1675万头（只），比1984年的829万头（只）翻了一番。从1995年开始，锡林郭勒盟将草牧场使用权划分

① 本文节选自1998年11月12日在中共锡林郭勒盟委员会1998年第二期读书会上关于认真贯彻落实党的十五届三中全会精神的讲话提纲，原载于1998年第23期《锡党办通报》。

到户，目前98%的草牧场落实了使用权。这一变革有效地调动了广大牧民保护建设草原的积极性。1995～1997年，锡林郭勒盟完成植被建设总规模833万亩，其中人工半人工草地450万亩；新增围栏草场392万亩。1989年，锡林郭勒盟牲畜规模首次突破1000万头（只），虽然经历了几次较大雪灾和旱灾，但已连续10年稳定增长，在历史上是发展最好、最快的时期。锡林郭勒盟已初步具备了抵御较大自然灾害的能力。这充分说明，“草畜双承包”责任制极大地调动了广大牧民养畜的积极性。

新形势新任务向我们提出了新要求。锡林郭勒盟贯彻落实三中全会精神，既要长期稳定党的农村牧区基本政策，又要推进和深化农村牧区改革。稳定政策最关键的是长期稳定以家庭承包经营为基础的双层经营体制，长期稳定草场土地承包关系。江泽民同志指出：“一条是不搞土地私有，一条是不改变家庭承包经营，这就是有中国特色社会主义的农业。”农牧业以家庭经营为基础，是农牧业生产的规律决定的，也是生产关系一定要适应生产力发展要求的规律决定的。家庭经营再加上社会化服务，能够容纳不同水平的农牧业生产力，既适应传统农牧业，也适应现代农牧业，具有广泛的适应性和旺盛的生命力，必须长期坚持。农区要认真做好土地延包工作，不折不扣地贯彻落实好中央和内蒙古自治区党委关于土地草场承包期再延长30年的政策。对于违背政策缩短承包期、提高承包费等错误做法，必须坚决纠正。牧区要继续认真做好草牧场划分承包到户工作。草场必须真正划分承包到户，做到户户界线清楚，把使用权证书发到牧民手中。

在认真做好草场承包、土地延包工作的同时，要针对锡林郭勒盟农村牧区工作中存在的问题，遵循市场经济规律，认真研究提出深化各方面改革的具体措施。比如，如何在稳定完善双层经营体制的基础上，促进农村牧区土地、草场、资金、技术、劳动力等生产要素合理流动和优化组合，特别是建立和完善草牧场流转机制；如何在加快发展集体经济的同时，积极扶持个体私营经济更快更好地发展；如何支持农牧民发展各类专业服务组织，加强农牧业社会化服务体系建设；如何建立农畜产品流通体制，提高农牧业市场化程度；如何建立农牧业投融资体制，加大对农牧业的投入，真正使农牧民成为农牧业建设和发展的投资主体；如何改革和规范农村牧区税费制度，切实减轻农牧民负担，保护农牧民发展生产的积极性；如何积极扶持乡镇企业发展，积极推进乡镇企业改革，增强企业活动；如何加快小城镇建设步伐，以及深化国营农牧场体制改革等。这些都需要结合锡林郭勒盟实际，按照中央和内蒙古自治区党委的有关精神大胆探索和实践。

大力发展草原特色旅游业[①]

近年来，随着经济社会的不断发展和人们生活水平的不断提高，旅游业已成为日益旺盛的“朝阳产业”，成为投资少、见效快、创汇多、回报率高的新兴产业，也被称为“无烟工业”。锡林郭勒盟有发展旅游业的良好条件，草原特色旅游业是锡林郭勒盟的三大重点产业之一。大力发展草原特色旅游业，对于锡林郭勒盟经济的快速发展具有重大意义。

大力发展草原特色旅游业，有利于调整产业结构。党的十五大做出调整和优化经济结构的战略部署，明确要求中西部地区立足资源优势，发展优势产业。目前，锡林郭勒盟产业结构不合理，互补性差，特别是第三产业发展相对滞后。因此，锡林郭勒盟委员会提出调整产业结构要突出发展第三产业。从锡林郭勒盟的资源优势看，旅游业是第三产业中基础条件比较好、发展潜力比较大、产业关联度比较高的新兴产业。突出发展第三产业，现实的选择是大力发展草原特色旅游业，进而促进锡林郭勒盟经济结构的优化。

大力发展草原特色旅游业，有利于培育新的经济增长点。一个行业要成为新的经济增长点应具备五个方面的条件：一是增长方式新，有利于经济增长的集约化；二是市场需求旺，有利于增加有效供给；三是产业关联度高，有利于带动相关产业发展；四是国际竞争力强，有利于扩大出口创汇；五是投资回收快，有利于经济良性循环。旅游业的产业特征和产业规模完全符合作为新的经济增长点的基本要求，具有拉动经济的巨大作用。据有关部门测算，旅游业每投入 1 元，可以使国民生产总值增加 4. 86 元。锡林郭勒盟发展草原特色旅游业的潜力很大，完全能够成为国民经济的新兴骨干产业，成为新的经济增长点。

大力发展草原特色旅游业，有利于扩大对外开放。锡林郭勒盟经济发展相对滞后的一个重要原因是开放程度不高。锡林郭勒盟的资源开发和经济发展迫切需要解决资金、技术、人才不足的问题，需要进一步解放思想，扩大开放，以更加优惠的条件和良好的环境吸引国内外资金、技术和人才。旅游业的发展，可以通过人员流动促进生产要素流动，在人流的基础上形成物流、信息流、资金流，促进对外开放向高层次、宽领域、纵深化方向发展，达到旅游搭台、经贸唱戏的目的。

大力发展草原特色旅游业，有利于实现“两个提高”。提高财政收入水平，

① 本文原载于 1999 年第 3 期《政策研究》。

提高城乡人民生活水平，旅游业是一个重要支撑。旅游业和相关产业的发展，各类旅游企业和个体经营者的大量增加，必将为增加财源拓展新的空间。近年来，随着企业改革深化、行政事业单位机构改革和农村牧区经济结构调整步伐加快，下岗失业人员和农村牧区剩余劳动力将不断增加。发展新兴产业，提供更多就业机会是亟须解决的突出问题，而旅游业是提供更多就业岗位的产业。据世界旅游组织测算，旅游业每增加 1 个就业者，相关产业可以增加 5 个就业机会。围绕旅游业而发展起来的餐饮业、旅馆业、运输业等，可以使大量富余劳动力通过各种旅游服务实现就业，增加收入。

当前，锡林郭勒盟大力发展草原特色旅游业正面临着难得的机遇。一方面，国家旅游局决定 1999 年为生态旅游年，国内外游客普遍具有“回归自然”的渴望。锡林郭勒盟的草原特色旅游正可以满足这种需求。另一方面，锡林郭勒草原特种邮票的发行和外宣工作的加强，使锡林郭勒盟的知名度进一步提高，草原旅游的吸引力不断增强，很多国内外游客更加憧憬和向往大草原。今后一个时期，锡林郭勒盟将坚持突出特色、立足开发、完善设施、优化服务、加强促销的方针，加快草原特色旅游业发展。

第一，突出特色，靠特色开拓市场、占领市场。中外闻名的锡林郭勒大草原幅员辽阔，原始风貌保存完整，草原类型较为齐全。有草甸草原、典型草原、荒漠草原和沙地植被，动植物种类繁多，自然保护区也已加入世界生物圈保护网，蓝天、白云、绿草、清溪构成了引人入胜的自然景观。锡林郭勒大草原又是北方游牧民族的主要繁衍生息地，是马背民族成长的摇篮。察哈尔、乌珠穆沁、阿巴嘎、苏尼特蒙古民族生产生活方式和风俗民情独具特色，绚丽多彩。近千年的历史留下众多文物古迹和丰厚的文化遗产，一代天骄成吉思汗影响着世世代代蒙古民族，中华民族历史上疆域最广的元代王朝陪都——元上都遗址被列为国家级文物保护单位，明成祖五次北征，在大草原刻石留下珍贵的玄石坡、立马峰古迹等，构成了锡林郭勒盟独特的历史文化。智慧的蒙古民族创造了色彩斑斓、博大精深的民族文学、艺术、建筑、歌舞、宗教、服饰、语言、饮食等，民族特点鲜明，构成了独具魅力的马背民族文化。1000 多公里的边境线和两个连接欧亚大陆桥的陆路口岸，加上北方夏凉秋爽的气候特点，区位和气候条件独特。这些特色是锡林郭勒盟发展草原特色旅游业的优势所在、潜力所在。锡林郭勒盟的旅游业就是要围绕这些特色搞开发，挖掘和整理民族文化、人文景观、民族风情，使高品位的旅游资源转化为高档次、深内涵、特质鲜明的旅游产品。

第二，立足开发，把锡林郭勒盟丰富的旅游资源转化为独具特色的旅游产品，推动产业整体素质全面提升。锡林郭勒盟旅游资源富集，许多自然和人文景观本身对游客具有强烈的吸引力。但从市场经济的角度和旅游业发展的内在要求讲，高品位旅游资源并不等于高品质的旅游产品。旅游资源只有经过科学合理的开发建设，赋予其适应消费者需求的特质和内涵，精心雕饰、扬长避短，使资源本身蕴含的内在潜力转化为旅游产品的现实竞争力，才能成为旅游业真正的载体，实现资源优势向市场优势和经济优势转变。旅游产品的开发要面向国内和国际两个市场，开展广泛深入的市场调研，在此基础上选准开发项目，力争每启动一个新的项目，都能产生辐射带动效应。要对现有产品进行重新组合包装，促使其上档次、上水平。在改进现有线路景点、综合接待条件的基础上增加产品的新内容，提高文化品位，开发具有浓郁民族特色的旅游娱乐项目，加速现有产品的更新。突出民族传统特色，紧紧依托丰富的畜产品、矿产品和动植物资源及独特的草原文化艺术优势，大力发展有艺术价值、收藏价值、实用价值的各类旅游商品和旅游纪念品。

第三，把基础设施建设与发展草原特色旅游业的需要结合起来，为草原特色旅游业大发展创造良好的硬件环境。旅游业是靠吸引游客和增加旅游消费体现其效益的，这个产业的特点决定了其发展必须以良好的服务作为前提和保证。近几年，锡林郭勒盟的交通、通信、电力、市政、饮食服务等基础设施建设发展很快。但是用发展的眼光看，目前基础设施建设的水平与草原特色旅游业大发展的需要还有不小差距，必须抓紧加以解决。要进一步放宽政策，加大内引外联力度，靠优惠政策调动各类投资主体投资基础设施建设的积极性，吸引各方面资金，本着“谁投资、谁受益”和“谁开发、谁所有”的原则，建立多元化的开发建设体制，形成全社会参与开发建设旅游业的格局。

第四，不断提高旅游行业的服务质量，把创一流服务作为发展旅游业的关键环节来抓。要加强旅游业队伍建设，搞好旅游业从业人员资格培训和旅游服务技能培训，特别是要选配好各级旅游部门的领导，培养一支懂经营、会管理的旅游企业管理人才队伍，包括既有服务才能又熟悉锡林郭勒盟历史文化和经济社会现状，搞好规范服务的翻译、导游和接待服务队伍。要将礼貌、热情、周到、灵活和高效作为旅游服务的基本要求，加强职业道德教育。要以优质的服务赢得游客的满意，使游人乘兴而来、尽兴而归，从而吸引更多的游客。同时，要通过旅游业这个窗口，提高锡林郭勒盟的声誉，塑造锡林郭勒盟的良好形象。

第五，重视宣传，加强促销。一方面要走出去，加大促销力度，宣传美丽富饶、如诗如画的锡林郭勒大草原；另一方面要请进来，让游人亲自体验、认识锡林郭勒盟独特的草原风光和民族风情，达到借助外力宣传自己的目的。只有促销工作搞好了，才能招徕更多的游客，才能获得较高的经济效益。

千方百计把工业搞上去[①]

江泽民同志考察内蒙古重要讲话指出："你们在发展进程中，要注意发挥资源优势，提高资源的综合开发利用水平，加快把资源优势转化为经济优势，力争使内蒙古成为我国下个世纪经济增长的重要支点。"这段话充分体现了党中央对内蒙古各族人民的亲切关怀和殷切期望，指明了内蒙古经济发展的方向。

一、振兴工业面临的形势

"要注意发挥资源优势，提高资源的综合开发利用水平，加快把资源优势转化为经济优势"，这是江泽民同志重要讲话的纲要，也是锡林郭勒盟经济建设的指导思想。锡林郭勒盟是一个资源富集而又经济欠发达的地区，提高资源的综合开发利用水平至关重要。只有提高资源的综合开发利用水平，才能把资源优势转化为经济优势。畜牧业资源、矿产资源、旅游业资源是锡林郭勒盟的优势资源，依托这三大优势资源，搞好综合开发利用，就可以加快锡林郭勒盟实现"两个提高"的进程。资源的综合开发利用是一个系统工程，涉及方方面面。实践证明，工业的发展水平直接体现着资源的综合开发利用水平；资源的综合开发利用必须发展工业，对资源进行精加工、深加工，提高产品的附加值。我们应进一步提高对资源综合开发利用水平的认识，高度重视工业发展，千方百计振兴工业。

改革开放以来，锡林郭勒盟工业有了较快的发展，已初步形成了以开发优势资源为主的工业体系。从近五年的情况看，锡林郭勒盟工业呈现以下特点：一是规模不断扩大。从 1994 年到 1998 年，村及村以上工业企业由 3159 个增加到 4310 个；从业人数由 11263 人增加到 24346 人；工业增加值从 8.6 亿元增加到 15.3 亿元，年均增长 10.2%。二是门类比较齐全。开发利用农牧业资源的工业主要有牛羊肉加工、毛纺、皮革、酿酒、饲料、造纸等行业；开发利用矿业资源的工业主要有石油、煤炭、化工和金属、非金属行业。三是经济和社会效益逐年提高。解决了相当数量城镇居民的就业问题，提高了居民的收入。劳动生产率也逐年提高，据统计全员劳动生产率由 6039 元/人提高到 13682 元/人。四是地方工业增长较快。除去华油和碱矿外，乡及乡以上工业增加值的比重由 36.6% 增长

① 本文是 1999 年 5 月 4 日在中共锡林郭勒盟委员会读书会上的讲话提纲，1999 年 6 月 17 日发表于《内蒙古商报》，原载于 1999 年 7 月 18 日锡党发〔1999〕9 号文件。

到47.5%。

但总体上看，锡林郭勒盟工业基础比较薄弱，起步晚，发展慢，支柱作用差，对经济发展的带动力小。一是总量小，发展慢。1998年锡林郭勒盟工业增加值仅为15.3亿元，低于第一产业增加值。工业增加值占GDP的比重由1994年的25.6%提高到1998年的27.2%，五年仅提高1.6个百分点。二是贡献率在下降。来自工业的税收收入占财政总收入的比重由1994年的64.2%下降到1998年的28.4%。三是对大企业的依赖比较大。从今年第一季度经济分析情况看，华油的原油产量同比下降11.2%，导致锡林郭勒盟工业增加值减少1800万元，这也是第一季度第二产业下降18.2%的主要原因。原油产量左右工业经济局势，一旦原油产量下降，价格波动，则锡林郭勒盟经济发展受到影响。四是转制以后相当数量的企业未能及时启动。1996年开始进行以产权制度改革为核心的企业转制，锡林郭勒盟列入转制范围的国有工商企业有616户。到1998年底，完成转制的企业598户，转制面达到97.6%，其中重组启动的有344户，占57.9%，还有252户企业没有启动。

二、振兴工业的思路措施

加快锡林郭勒盟经济发展，重点是千方百计把工业搞上去。工业发展了，才能提高第二产业比重，调整和优化产业结构；才能培育新的经济增长点，增加财政收入，增强经济实力，缩小同发达地区的差距；才能扩大就业，提高城镇居民可支配收入，才能最终加快实现“两个提高”的进程，全面完成跨世纪发展的历史任务。因此，我们必须贯彻江泽民同志的重要讲话精神，千方百计振兴工业。

第一，坚持以市场为导向。这是锡林郭勒盟以实现“两个提高”统揽全局总体发展战略的基本方针。正如江泽民同志指出的那样：“我们发展社会主义市场经济，一定要有市场的观念。没有市场，技术、产品和产业都难以发展。”我们发展工业，关键是努力开发具有市场竞争优势的好产品。所谓好产品就是适应市场需求的、附加值高的、畅销的产品。无论是畜牧业资源、矿产资源，还是旅游资源，或者是其他资源，提高资源的综合开发利用水平，都必须坚持以市场为导向，生产加工出适应市场需求的好产品。加工出来的产品如果没有市场，就不能变为商品。马克思在《资本论》中称这个过程为“惊险的一跳”。产品不能变为商品，“跳”不过去，那么受到损伤的不是产品本身，而是它的所有者。因此，必须以市场需求为前提，生产适销对路的产品。要使产品适应市场，就必须搞清楚市场的需求。一是以市场细分化方式，全面深入了解市场，选好目标市场。二是了解现有市场、传统市场的同时开辟潜在的市场，创造新的市场。三是把开拓市场的过程作为宣传产品、打造品牌的过程，提高产品知名度，占领和扩大市场。四是建立稳定的市场网络，畅通信息，为促进销售提供服务。五是维护市场秩序、公平竞争，对各类市场主体一视同仁，使竞争者机会平等，营造公平交易的市场环境。

第二，坚持以特色取胜。发展特色经济是振兴工业的必由之路，也是加快实现“两个提高”奋斗目标的必然选择。首先，要发挥我们的地区特色优势，打出“锡林郭勒”品牌。江泽民同志指出：“适应市场需求须选准具有区域优势的主导产业，搞好农畜产品的精深加工，特别要努力开发具有内蒙古独特优势的高效益绿色产品。”这正是我们必须遵循的原则。其次，要发挥我们的品牌优势。要重塑原有名牌，像“马兰牌”小苏打、52 克凸板版等，现在虽然有困难，但我们要尽快启动，重振雄风，占领市场。受到挫折并不可怕，重要的是总结经验教训继续前进，把原有的名牌重塑起来。同时，要发展新的品牌，特别是着力打造“锡林郭勒”牛羊肉品牌。先把盟级的品牌搞起来，然后争取全区的、树立全国的。只有这样我们才能立足市场，应对激烈的市场竞争。最后，要不断提高产品的质量和档次。没有质量上不了档次，就树不起品牌。只有高度重视品牌质量，才能在激烈的市场竞争中站稳脚跟，求得新发展，闯出新天地。

第三，持续推进技术进步。提高资源的综合开发利用水平，推进科技进步是唯一途径。振兴工业在一定意义上取决于我们产品质量的优劣，取决于工业科技含量的高低。江泽民同志要求：“必须高度重视发挥科学技术第一生产力的作用，把现代科技同资源优势紧密结合起来，形成更大的发展优势。”持续推进技术进步，要搞好企业的技术改造和技术创新，加强技术引进和横向联合，力求高起点开发名、优、新、特产品。提高产品的质量和档次，创出自己的名牌，要不断依靠科技进步来实现。加工设备要靠科技进步来改造，加工工艺要靠技术创新来改进，管理者和劳动者的素质也要通过学习掌握现代科技知识和先进适用技术来提高。企业的技术进步搞上去了，工业才能够有一个大的发展。

第四，加快国有企业改革。江泽民同志强调：“要下大气力搞好国有企业，使国有企业更好地发挥国民经济的支柱作用。”国有企业是锡林郭勒盟工业和国民经济的中坚力量，只有加快国有企业改革步伐，才能加快工业经济的发展。一是尽快启动已经转制的企业。要逐个进行分析，创造一切条件，解决面临的问题，全力抓好今年重点启动和嫁接改造的 20 户企业，这是当务之急。二是切实转换经营机制。转换企业经营机制问题是深化改革的重点。目前存在的问题是体制上改了，机制上没有改。要扎扎实实从三项制度改革抓起，转换企业经营机制。三是加强内部管理。企业管理是一个永恒的主题。要坚持学邯钢抓管理，重视经营管理，特别是成本管理、财务管理和员工管理。四是加快建立和完善社会保障体系。统一抓好减员增效和再就业工程，为国有企业改革创造有利的环境条件。五是不断提高企业经营管理者的素质。这是解决企业现存问题的关键。实行竞争上岗制度，拓宽选人用人的渠道，想方设法引进人才，同时强化对现有经营管理者的培训，尽快提高其综合素质和驾驭市场经济的能力。六是加强政府对企业的监管。保护所有者利益，保证国有资产保值增值。七是加强企业党的建设。发挥企业党组织的政治核心作用，全心全意依靠工人阶级，充分发挥政治保证和民主监督作用。

第五，大力发展个体私营经济。锡林郭勒盟个体私营经济发展滞后，比重很低。1998 年，国有工业占全部工业增加值的 61.5%，高于内蒙古自治区 3.2 个百分点；国有企业资产占全部独立核算工业企业资产的90.1%，高于内蒙古自治区 21.7 个百分点。要制定相应政策，鼓励私营企业发展规模经营，通过竞争使生产要素向优势企业集中。支持私营企业通过多种形式实现低成本扩张，形成产业优势，成为具有市场开拓能力、带动农牧户发展商品生产的龙头，提高市场竞争能力。认真落实好有关政策，创造宽松的环境和条件，为个体私营经济搞好服务，宣传个体私营企业的经营机制。阿巴嘎旗的私营企业呼格吉勒冷库与基地牧户建立一体化利益机制，在绒毛没有下来、牧民需要买网围栏而手中缺钱的时候，该企业给牧民赊销网围栏，到收购羊的时候，牧民就把自己的羊卖给这个企业。东苏旗的个体户李瑞，1999 年无偿投入 6000 多元帮助牧户建了暖棚，他说这些年收购牧民的羊加工赚了不少利润，应该让出一部分利润支持牧民搞基础建设。企业与牧户就应该是这种关系，我们要宣传这些搞一体化经营的典型。

第六，坚持以效益为中心。在市场经济条件下振兴工业，要立足于可持续发展，走生态效益、经济效益、社会效益相统一的路子。从锡林郭勒盟实际出发，依托畜牧业资源，以牛羊肉加工为突破口，走加工增值增效的路子，向优势资源要效益；依托丰富的矿产资源和草原特色旅游业资源，发挥比较优势，发展特色产品，以特色战略求效益；依托边境口岸优势，扩大对外开放，发展对外贸易，以开拓国内外市场争效益；强化政策扶持引导，搞活资本经营，加大对高新技术产业和高效益产业的投入力度，促进产业结构、产品结构升级，以结构调整创效益；发展壮大中介组织，坚持灵活的营销策略，以搞活流通抓效益；提高企业经营管理者驾驭市场经济的能力和管理水平，以强化管理增效益。

用发展的办法抗灾救灾[①]

入冬以来，锡林郭勒盟大部分地区连续降雪，特别是进入2000年1月，又出现几次降雪和大风降温天气，形成了雪灾，有些地区灾情十分严重，已出现了畜群无法出牧、牲畜死亡、人员伤亡和交通受阻、抗灾物资调运困难等严重情况。这次雪灾的特点和成因主要有以下七点：

一是成灾时间早，受灾面积大。1999年11月初就有部分地区遭受雪灾，至2000年1月初锡林郭勒盟已有10个旗县市（区）约11.4万平方公里面积受灾。二是降雪量大，积雪厚。据气象部门分析，除东乌旗外，锡林郭勒盟降雪量比近年来平均水平多6倍，局部地区多1倍左右。受灾地区积雪深度普遍达到15～20厘米，局部地区达到30～70厘米。三是气候变化异常。冬季降雪过程多，初期伴有雨加雪，进入1月又出现大风雪天气，气温骤然下降，部分地区形成冰盖雪，加重了灾情。四是因上年夏季干旱，牧草长势不好，加之受口蹄疫影响，牲畜采食不足，膘情不好，抵御灾害的能力明显减弱。五是由于近几年没有出现大的天灾，干部群众防灾意识淡薄，特别是一些中小牧户过冬饲草料严重不足。六是部分牧户草牧场、牲畜棚圈等基础设施建设相对滞后，而且有相当数量的牧户甚至仍没有建起定居住房和棚圈，抗灾能力很弱。七是大气环流形势仍不稳定，并将持续一段时间。据气象部门预报，2000年1月中下旬还有可能出现几次降雪过程，并伴有大风降温天气，灾情有可能继续加重。抗灾救灾形势非常严峻。

面对严重的灾情，锡林郭勒盟盟委、行署高度重视，先后几次召开专门会议研究部署抗灾救灾工作，明确提出要树立长期抗灾、抗大灾的思想，必须采取转移牲畜、杀白条羊等主动抗灾措施，同时加强饲草料调运工作。经过各级的努力已有部分牧户采取走场的办法主动抗灾。但从目前情况看，因没有更多的草牧场可供走场，继续走场已没有可能。锡林郭勒盟盟内调剂饲草料余地不大，从盟外调运则时间长，成本高。

1999年11月，江泽民同志在中央经济工作会议上强调要“坚持用发展的办法解决前进中的问题”。我们也必须采取市场经济的办法、发展的办法、积极主动的办法抗灾救灾。目前，最有效的办法就是往农区转移牲畜或杀白条羊，而且必须早卖早杀。只有这样才能争取主动，才能减少灾害损失，才能把有限的饲草

① 本文选自2000年1月15日写给锡林郭勒盟抗灾救灾紧急会议的信。

饲料用在保母畜、保重点上，才能避免出现“钱畜两空”。但是，现在仍有相当一部分牧民还没有充分认识到雪灾的严重性，存有侥幸心理，仍然在等、在靠，没能痛下决心主动出售牲畜、杀白条羊，以减少损失。针对这种情况，各旗县市（区）党委、政府和有关部门一定要按照盟委、行署的安排部署，组织大批人员深入抗灾救灾第一线，全面准确掌握辖区内灾情，详细了解重灾区受灾牧户、受灾牲畜和饲草料贮备等情况，逐户帮助牧民根据草料贮备等情况算好经济账，反复说服牧民根据实际情况，采取卖和杀的办法加大出栏。有条件的地区要继续启动食品企业，收购加工牲畜，或组织力量往南部农区转移，以尽量减少受灾牧民的损失，帮助他们渡过难关。要逐户指导牧户科学补饲、科学管理畜群，确保母畜和种公畜顺利度过冬春。同时，各地要十分重视和加强疫病防治，特别是五号病的防治工作，抓好接羔保育，为畜牧业发展打好基础。

这次灾害也反映出锡林郭勒盟农牧业基础设施建设仍然薄弱、抵御自然灾害能力还不强的问题。为此，今年和今后一个时期，必须进一步加强农牧业基础设施建设，特别要重点抓好牧民住宅、牲畜棚圈、草牧场建设，加快农村牧区通信网络建设步伐，提高苏木乡、嘎查村道路等级，增强抗御自然灾害的能力，经过几年的不懈努力，从根本上改变农牧业生产受制于天的被动局面。

当前锡林郭勒盟抗灾救灾工作形势十分严峻，我们必须对灾情的严重性有充分的估计，对抗灾的长期性有充分的准备，采取积极主动的措施，全力抗灾。笔者相信，只要锡林郭勒盟上下进一步统一思想，增强信心，团结奋斗，发扬伟大的抗灾精神，我们一定能够战胜自然灾害，一定能够夺得抗灾救灾的全面胜利！

向朱镕基总理汇报提纲①

一、锡林郭勒草原及浑善达克沙地现状

锡林郭勒有天然草原19.7万平方公里，占锡林郭勒盟总面积的97.3%。海拔为800～1800米，降水量为150～400毫米。按草原所处地带气候条件分为三个草原亚带和一个沙地植被类型，东部草甸草原面积3.1万平方公里，占15.9%；中部典型草原面积6.8万平方公里，占34.50%；西部荒漠草原面积

① 本文选自2000年5月12日向朱镕基总理书面汇报材料。

3.05 万平方公里，占15.80%；沙地总面积6.62 万平方公里，占33.6%。7.1 万平方公里浑善达克沙地在锡林郭勒盟境内有5.8 万平方公里，占锡林郭勒盟总面积的28.6%，主要分布于典型草原南端，与西部荒漠草原相连。该沙地沙漠化面积达3.1 万平方公里，占43%；潜在沙漠化面积1.4 万平方公里，占20%；非沙漠化面积2.6 万平方公里，占37%。

20 世纪 70 年代以来，锡林郭勒草原退化沙化日趋严重。与 1984 年相比，1999 年牧草覆盖度由 35.5% 降到 27.2%，牧草平均高度由 40.9 厘米降到 26.1 厘米，亩产草量由 33.9 公斤减少到 21.24 公斤，退化沙化草场占可利用草场的面积由 48.6% 扩大到 64%。1949 ~ 1995 年，浑善达克沙地沙漠化面积由 2.6 万平方公里增加到 3.1 万平方公里，年平均扩大 103 平方公里。目前，流沙每年以 143 平方公里的速度吞噬着可利用草场，浮尘、扬沙和沙尘暴天气由 50 年前的每年 6 天增加到目前的 20 多天。

锡林郭勒草原生态恶化的主要原因有以下三个方面：

一是气候干旱、大风频繁。由于气温逐年升高，牧草生长期降水量减少，蒸发量加大，加之受蒙古气旋影响，每年 7 级以上大风天数长达 70 天以上。如 1997 年和 1999 年，锡林郭勒盟出现历史罕见的旱灾，在牧草生长的关键期的 5 月至 7 月，大部分地区出现持续 2 个多月的高温、少雨、大风天气，极端气温达到 40℃，降水量与常年同期相比偏少 20 ~ 50 毫米，光热与水分失调，严重影响牧草生长，草原退化沙化加剧。

二是草原鼠虫害严重。20 世纪 80 年代中期以后草原鼠害暴发面积达 1.33 万平方公里，造成草原退化 4.83 万平方公里，占草原总面积的 24.5%。进入 20 世纪 90 年代，蝗虫害大规模发生，面积由 20 世纪 50 年代初的 330 平方公里扩大到 4000 平方公里，虫口密度由每平方米 50 头增加到每平方米 200 头以上。

三是草场人口和牲畜负载加大。畜牧业是锡林郭勒盟的主体经济，地方财政收入特别是旗县级财政收入和广大农牧民收入的增加，主要依赖于畜牧业的发展。人口的快速增长和牲畜头数的迅速增多，造成草场超载过牧，加快了草原退化沙化速度。

锡林郭勒盟人口、牲畜、草场变化情况如表 1 所示。

表 1　锡林郭勒盟人口、牲畜、草场变化情况

年份	人口（万人）	牲畜数量（万头只）	人均牲畜（头只）	草场/羊（亩）	无水草场（万平方公里）
1949	20.5	146.3	7.1	87.78	5.63
1965	48.4	771.8	15.9	19.36	3.33
1999	92.4	1178.6	12.8	17.53	1.8

注：牲畜数量为日历年度数。

1949～1999年，锡林郭勒盟人口增长了3.5倍，牲畜增加了11.5倍，畜均占有草场下降11.4倍，而且开发利用无水草场1.8万平方公里。1999年锡林郭勒盟实际载畜量与理论载畜量相比较，冷暖季分别超载725.8万个羊单位和732.6万个羊单位。

草原生态环境的日趋恶化，不仅严重影响锡林郭勒盟畜牧业发展和地方财政收入、农牧民收入增长，制约国民经济可持续发展，而且直接影响到京津地区的生态环境。锡林郭勒草原平均海拔比京津地区高1000多米，处于北京主风向上方。目前，由于西部荒漠草原退化沙化加剧，与之相连的浑善达克沙地每年以1.8公里的速度向北京方向推进，成为华北、华东地区扬沙和沙尘暴的主要沙源地。因此，综合治理浑善达克沙地和荒漠草原，事关大局，势在必行。

二、锡林郭勒草原生态建设情况

从20世纪80年代初，我们开始重视对草原生态环境的保护和建设。近年来，通过不断摸索，形成“种植一点、改良一块、保护一片”的思路，推进了草原生态建设。

种植一点，是指以水为中心的高产饲草料基地建设和旱作多年生牧草种植。到1999年，锡林郭勒盟人工草地面积累计达59.9万亩，高产饲料基地面积累计达39.9万亩，人工草地打草5.8亿公斤，占锡林郭勒盟打储草总量的1/3。

改良一块，是指以补播、施肥、灌溉封育为主的草地改良、治理水土流失和治沙造林。到1999年，锡林郭勒盟草地改良面积累计达到4346平方公里，治理水土流失面积1500平方公里。从1978年起，相继启动了三北防护林、防沙治沙等工程。到1999年，累计完成人工造林、飞播和封山育林2067平方公里，沙地综合治理面积1867平方公里，在一定程度上减缓了沙化的速度。

保护一片，是指采取围封草场、划区轮牧、打草轮刈、灭鼠灭蝗等措施，使实施保护的草场产草量提高了5～50倍，为实行舍饲半舍饲提供了条件，减轻了草场放牧强度。目前，锡林郭勒盟草场围栏面积达到2.44万平方公里，占可利用草场面积的13.6%；20世纪80年代以来，相继开展了草原灭鼠灭蝗工作，年防治鼠害面积达1300平方公里，年防治虫害面积达400平方公里。近几年，又进行荒漠化草场改造和牧草返青期禁牧试点，已取得初步成效。

农区实行退耕还草还林。闭耕25度以上的坡耕地和滥垦的草场，退耕还草还林。1990～1999年锡林郭勒盟退耕92.6万亩。2000年农区全面推行“进退养”战略，进一步加大种植结构和种养结构调整力度，计划退耕100万亩，种草种树。

近年来，我们加大草原生态建设力度，收到一定成效，但仍存在着不少困难和问题。一是思想观念陈旧，生产方式落后，还没有彻底改变农业广种薄收、畜牧业粗放经营的状况，导致自然资源过度利用。二是尚未建立激励约束机制，使用草场的权利与保护建设草场的义务不统一，需要深化农村牧区改革，进一步完善鼓励农牧民保护建设草原生态的政策措施。三是草原生态建设投入不足，锡林郭勒盟经济不发达，地方财政收支矛盾突出，农牧民收入水平较低，能够用于生态建设的资金很少，加之国家投入有限，近年来国家和地方向草原生态建设投入的资金平均每年仅有2000万元左右，难以适应生态建设需要。

三、今后打算

我们加强草原生态建设的思路是：按照朱镕基提出的“退耕还林（草）、封山绿化、以粮代赈、个体承包”的方针，对草场退化沙化严重地区实行“禁牧育草、封沙绿化、以粮（料）代赈、个体承包，改良品种、舍饲育肥、加工增值、提高效益”的措施，加强生态环境保护和建设，实现农村牧区经济可持续发展。

（1）进一步完善草场“双权一制”。在全面落实草场所有权、使用权和承包责任制基础上，规范合同管理，强化使用者保护建设责任，逐步纳入法制化轨道。

（2）全面推行草畜平衡制度。实行贮草养畜、以草定畜，实现草畜平衡。加大草场保护建设力度，因地制宜采取局部禁牧、春季休牧、划区轮牧等措施，恢复退化沙化地区的林草植被。通过改良品种，提高牲畜个体产出量，推广舍饲育肥，加快周转，减轻草场压力。

（3）加大结构调整力度。突出发展牛羊肉等农畜产品加工业，加快发展煤炭、电力、石油等能源工业和盐、碱、有色金属等矿产资源采选加工业，大力发展草原特色旅游业，通过发展第二、第三产业转移农村牧区剩余劳动力，减轻第一产业就业压力，逐步提高非农产业对地方财政收入和农牧民收入的贡献率。

四、请求中央帮助解决的问题

（1）锡林郭勒盟南部距离北京较近，改善锡林郭勒盟生态环境对于阻挡沙尘侵袭京津地区具有重要意义。恳请国家将锡林郭勒盟各旗县纳入北京周边地区风沙综合治理范围，加大资金投入，予以重点治理。

（2）浑善达克沙地和乌珠穆沁沙地是京津地区发生浮尘、扬沙和沙尘暴的主要沙源地。从长远考虑，改善京津地区生态环境，应重点加大对沙源地的治理力度，逐步恢复林草植被。恳请国家将浑善达克沙地和乌珠穆沁沙地涉及的锡林郭勒盟各旗（县、市）纳入全国防沙治沙工程，加快治理和建设步伐。

（3）锡林郭勒草原是华北地区最大的绿色生态屏障，要从根本上改善华北地区生态环境，需要对锡林郭勒草原进行全面综合治理。恳请国家将锡林郭勒盟12个旗（县、市）全部列为全国退耕还林还草试点地区，享受以粮代赈政策。

在内蒙古自治区的指导下，锡林郭勒盟编制了京北风沙源综合治理、锡林郭勒草原生态治理和牧区水利基础设施建设三个项目，已分别上报有关部门，恳请国家给予重视，尽快批准立项，早日付诸实施。

落实朱镕基总理重要指示是我们的历史责任①

2000年5月12～13日，朱镕基总理受江泽民总书记的委托，率领五位部长，从北京驱车1000多公里，专程来锡林郭勒盟考察防沙治沙和生态建设工作，充分体现了以江泽民同志为核心的党中央对锡林郭勒草原92万各族人民的亲切关怀，具有重大的现实意义和深远的历史意义！

朱镕基总理在视察中强调指出，保护和治理生态环境，是西部大开发重要的基础建设，是造福子孙后代的伟大事业。有关地区的党委和政府要从现代化建设的全局和实施可持续发展战略的高度，切实把防沙治沙工作放到更加突出的位置上。

朱镕基总理的视察对锡林郭勒盟来说是一次千载难逢的历史机遇！实施西部大开发，锡林郭勒盟的理念是抢抓大机遇、投入大开发、促进大发展，而且把生态建设列为第一个重点和切入点。这次朱镕基总理的视察就是我们保护建设生态环境的最大机遇！抓住抓好这次机遇，对锡林郭勒盟的生态建设、可持续发展、畜牧业发展、农业发展乃至整个经济社会的全面发展，将产生根本性的重大影响。首先是对锡林郭勒盟广大干部群众的思想观念带来革命性转变，锡林郭勒盟传统畜牧业生产方式和发展模式将发生伟大的转折。我们已经清晰地看到这个大转折的方向。这是朱镕基总理视察锡林郭勒盟带来的重大机遇和深远意义。

---

① 2000年5月18日在传达朱镕基总理视察锡林郭勒盟重要指示精神干部大会上的讲话提纲，原载2000年第6期《锡党办通报》。朱镕基总理视察锡林郭勒盟重要指示见5月15日《内蒙古日报》头版头条消息。

朱镕基总理在视察中强调指出，治沙止漠刻不容缓，绿色屏障势在必建。必须把防沙治沙、加强生态环境建设，作为一项重大而紧迫的任务。对土地沙化的地区，必须真正下大决心治理。要采取种树种草、绿化荒漠、以粮代赈、承包到户的措施，并要和农牧民脱贫致富结合起来。一定要封山、封荒，大力植树种草，增加地表植被覆盖，以固结泥沙。

朱镕基总理的指示阐明了生态建设的紧迫性，是刻不容缓的一项重大而紧迫的任务；阐明了生态建设的必要性，绿色屏障势在必建，要和农牧民脱贫致富结合起来，必须真正下大决心治理；阐明了生态建设的具体措施，要采取种树种草、绿化荒漠、以粮代赈、承包到户的措施，要封山、封荒，大力植树种草，增加地表植被覆盖，以固结泥沙。朱镕基总理为我们搞好生态环境建设指明了方向、明确了途径，这也是给我们带来的重大机遇。

朱镕基总理在视察中强调指出，防治荒漠化，要讲求生态效益和经济效益的结合，但主要是生态效益，有了生态效益，就会有经济效益。在荒漠化地区，一定要抓紧进行产业结构调整，把保护和改善生态环境放在首要位置。要加强对造林种草的监督检查，国家要一年检查两次，春天检查是否种了，秋天检查是否存活。

朱镕基总理的指示阐明了搞好生态建设的价值观、方法论，阐明了生态建设与经济建设的关系，阐明了确保生态建设成效的制度机制。朱镕基总理的指示提高了我们的认识，开阔了我们的视野，教给了我们方式方法。

朱镕基总理在视察中强调指出，草原过度放牧，是土地沙化的重要原因。要采取切实措施加强草原的保护和建设。一是抓紧落实草原家庭承包制，这是当务之急，也是最重要的措施。二是对承包的草原，要限定最高载畜量，严禁超载放牧，实行严格的奖惩办法。对目前有的地方在承包草原中出现的掠夺性经营，必须坚决加以制止和纠正。要建立草原监理制度。三是搞好草原围栏，围栏旁边要种树。银行要给予贷款支持，国家要无偿提供树苗。四是改变饲养方式，推行牲畜舍饲圈养或实行划区轮牧。此外，要加强对草原的养护，大力防治草原病虫鼠害。

朱镕基总理的指示是党中央、国务院领导对牧区经济包括草原生态保护建设最系统、最具体的一次指示，党和国家领导人对牧区工作这样明确、这样系统、这样具体地讲是从未有过的。朱镕基总理的指示对牧区特别是对锡林郭勒盟牧区畜牧业和草原生态建设具有极其重要的指导意义。我们要用切切实实的措施落实朱镕基总理的指示。一要抓紧落实草原家庭承包制。1984 年以后，锡林郭勒盟在全国率先实行了“畜草双承包”责任制，但事实上只是采取作价归户、无偿归户的形式把牲畜归户经营，没能把草场承包到户。1997 年开始落实草场“双权一制”，才把草场承包从分组或联户落实到户。但也只是在纸面上到了户、在草场使用证上到了户。多数牧民经济实力还很弱，没有钱把自己的草场全部围起来，牲畜吃的还是草场的“大锅饭”。必须改变这种状况。二要限定草场最高载畜量。我们早就提出实行草畜平衡制度，但思想上有顾虑，认为要限制就得限制大户，限制大户是不是会打击大户的生产积极性，财政收入也相应受到影响。所以一直下不了决心。这次朱镕基总理讲得很明确，我们一定要严格落实。三要搞好草原围栏。解决草场承包到户，草原围栏是关键。要把草原围栏作为生态建设最重要的措施来抓，否则保护是纸上谈兵，落不到实处。四要改变饲养方式。推进牲畜舍饲圈养、实行划区轮牧，可以说是畜牧业发展的一个趋势，我们要努力促进这个大变革。

朱镕基总理在视察中强调指出，加快防沙治沙，加强生态环境建设，既是一项重大而紧迫的任务，也是十分艰巨的工作。要认真总结经验教训，根据新形势、新情况，进一步明确工作思路，坚持做到保护优先、预防为主、防治结合、统筹规划、综合治理、突出重点、分步实施，特别要完善机制，加强法治，实行严格的责任制，为实施这一关系中华民族生存与发展的千秋伟业而不懈奋斗。

朱镕基总理把生态建设提到关系中华民族生存与发展的千秋伟业的高度，阐明了生态建设的方针和各项工作要求，我们必须扎扎实实地落到实处。

朱镕基总理在视察中强调指出，防沙治沙，迫在眉睫，一定要抓得很紧，一点也不能放松；要狠抓落实，不能讲空话；要注重实效，不能做表面文章。我们要不折不扣地按照总理的指示办。我们的政治意识、大局意识和责任意识要体现在完成中央和国务院交给我们的任务上。

这次在朱镕基总理视察中，他在多伦县砧子山山坡上现场办公，听完我们的汇报，成立了国务院京津风沙源治理五人小组，责成有关部委帮助内蒙古自治区和锡林郭勒盟抓好防沙治沙和生态建设工作。锡林郭勒盟盟委决定成立锡林郭勒盟生态建设领导小组，切实加强领导，全面落实朱镕基总理的指示。抓好防沙治沙和草原生态建设，是朱镕基总理交给我们的光荣而艰巨的任务，也是我们极其重要的历史责任。我们要深入学习、广泛宣传，让朱镕基总理的指示家喻户晓、人人皆知，把锡林郭勒盟各级干部和广大群众的思想认识统一到党中央、国务院的精神上来。

为全面贯彻落实朱镕基总理视察内蒙古重要指示精神，国务院派出的调研组5月18日就到达锡林郭勒盟。各地区各部门一定要配合好，把情况介绍好。我们要以朱镕基总理的指示为指导，进一步理清思路，制定切实可行的生态建设规划，长期抓下去。要分解任务、责任到人，明确时间质量要求，加强监督检查，确保落到实处。

大灾之后要大反思[①]

东乌珠穆沁旗是锡林郭勒盟的重灾区之一。2000年冬以来，东乌珠穆沁旗旗委、政府带领全旗干部群众奋起抗灾自救，做了大量艰苦细致、卓有成效的工作，抗灾救灾取得阶段性成效。刚才听了东乌珠穆沁旗旗委的汇报，今年的工作思路和措施，锡林郭勒盟都同意。抗灾救灾工作丝毫不能放松，其他工作也要扎实推进，圆满完成今年的各项任务。这里再强调以下几个问题。

一、在东乌珠穆沁旗广泛深入开展大灾之后的大反思活动

灾害发生后，锡林郭勒盟的相关人员来过东乌珠穆沁旗几次，都没有讲灾后反思问题，他们觉得当时讲不合时宜。现在抗灾救灾工作已经取得阶段性胜利，灾后反思问题应该提到日程上来，要作为年度工作的一项重要内容在全旗全面开展。东乌珠穆沁旗是锡林郭勒盟畜牧业大旗，搞好大灾之后大反思，对于全旗经济特别是畜牧业经济的发展意义深远。

毛泽东同志说过，在一定条件下，坏事可以变成好事。遭遇特大暴风雪袭击，畜牧业和广大牧民遭受重大损失，这对我们来说是坏事。但是，只要我们对它来一个全面深刻的反思认识，这个坏事可以变成好事。如何把这件坏事变成促进大力加强畜牧业基础设施建设、转变落后的生产经营方式的好事，这首先取决于各级领导的能力水平、责任意识和思想解放程度。

东乌珠穆沁旗旗委、政府要响亮提出大灾之后大反思，通过各种媒体广泛宣传，利用各种会议、牧民党员学习、春季牧民大会等形式开展大学习、大讨论。各级干部要深入到牧户，帮助牧民分析遭受损失的原因。在此基础上，进一步分析普遍性原因有哪些，具体到一个苏木、一个嘎查、一个牧户的特殊原因是什么，是因为盲目走场，还是草料储备不足；是没有重视基础设施建设，还是牲畜出栏太少等。只有把原因找准，才能认真总结经验教训，有针对性地加以改进和加强，使我们的工作更富有成效。

从东乌珠穆沁旗看锡林郭勒盟，锡盟在内蒙古自治区一直是草场条件比较

---

① 本文选自2001年3月11日在东乌珠穆沁旗听取东乌珠穆沁旗旗委工作汇报后的讲话录音整理稿，原载2001年第6期《锡党办通报》。

好，有发展传统草原畜牧业的优势。所以，有相当数量的牧民意识不到转变生产经营方式、采用先进适用技术的重要性和紧迫性。但现在，形势正在发生根本性的变化，草场日渐退化沙化，市场竞争日趋激烈。再不转变传统的生产经营方式和饲养管理方法，锡林郭勒盟畜牧业将丧失持续发展的基础和参与市场竞争的优势。

所以，我们有必要开展大灾之后大反思，使基层干部和广大牧民的观念有一个明显的转变，在草畜平衡、储草养畜和畜牧业基础设施建设以及饲养管理方法等方面有一个大的转变。开展大反思活动的目的，就是进一步提高锡林郭勒盟畜牧业的抗灾能力和市场竞争能力。这次，锡林浩特市在遭受同样严重雪灾的情况下损失却比较小，主要得益于认真吸取了前年遭受雪灾的教训，加强了棚圈等基础设施建设和饲草料储备工作。

这次大灾对于东乌珠穆沁旗和锡林郭勒盟来说都是一件坏事。但从坏事可以变为好事的辩证法考虑，也是一次推进工作的契机，绝不能放过。要牢牢抓住，大做文章，首先解决思想认识问题，其次解决行动和落实问题，使牧民的思想观念、牧区的各项工作在大灾之后有一个大变化。只有这样才能对党、对人民、对国家、对社会各界有一个满意的交代。

二、在牧区广泛深入开展算账养畜活动

锡林郭勒盟盟委提出在牧区广泛深入开展算账养畜活动，主要是想通过这样一个通俗的提法开展与牧民的生产生活联系紧密的活动，促进牧民转变观念、学会算账，树立生态意识、市场意识、效益意识，不断提高牧民的科学文化素质。我们要结合科技兴牧活动和牧区精神文明建设，结合基层党组织建设，把这一活动扎扎实实地开展起来。既要算小账，也要算大账；既要算眼前账，也要算长远账；既要算发展账，也要算生态账；既要算生产账，也要算消费账；收入支出、投入产出都要算，每家每户都要算。东乌珠穆沁旗要率先把这项活动开展起来。搞好算账养畜活动对于提高牧民素质、发展集约化畜牧业具有现实和长远意义。

三、突出抓好牲畜品种改良

党的十五届五中全会提出要以结构调整为主线，锡林郭勒盟盟委根据锡林郭勒盟情况强调畜牧业结构调整的重点是牲畜品种改良。东乌珠穆沁旗是畜牧业大旗，也是养牛大旗，草场条件好，相对来说，牲畜营养能跟上，推进品种改良有很好的条件。东乌珠穆沁旗制定的以纯种本交和冷配为主的改良措施很好，只是

不要仅仅满足于完成任务，能多推一些就尽量多推一些，能快就不要慢。要提前做好各项准备工作，改良任务要分解落实到户，技术服务等各项措施要跟上。

四、切实抓好信息服务网络建设

东乌珠穆沁旗的特点是地域辽阔、居住分散、信息闭塞、交通不便，这也是锡林郭勒盟的特点。我们要积极运用现代通信和网络技术，畅通广大牧区信息传输渠道，以克服我们的劣势。要把我们在牧区基层社会治安综合治理方面的一套好办法运用到牧区信息服务网络建设中来，尽快把牧区的信息服务网络建立起来。2000 年，锡林郭勒盟在全国率先启动了“乡村电子信息馆”项目建设。要结合信息服务网络建设切实抓好这个项目，努力把苏木镇电子信息馆建设成为牧区普及科技文化知识和加强精神文明建设的重要阵地。

牧区的几项重点工作[①]

一、深入开展大灾之后大反思活动

无论是 2000 年的罕见旱灾，还是 2000 年冬、2001 年春的特大雪灾，都给锡林郭勒盟畜牧业生产和牧民生活造成了非常严重的损失，是一件大坏事。但是，毛泽东同志说过，在一定条件下，坏事可以变成好事。现在，我们要通过广泛深入开展大灾之后大反思活动，创造一个促进事物转变的条件，使一件大坏事变成一件大好事。

（一）认真开展灾后反思的大宣传大学习大讨论活动

各种新闻媒体要在锡林郭勒盟广泛深入开展大灾之后进行大反思活动，做到家喻户晓，深入人心。各级党委、政府要认真组织学习国务院副总理温家宝、内蒙古自治区党委书记刘明祖视察锡林郭勒盟灾情时的重要讲话和锡林郭勒盟盟委（扩大）会议精神，从上到下全面分析讨论我们在大灾之中遭受严重损失的原因：锡林郭勒盟存在的普遍性问题是什么，具体到一个旗、一个苏木、一个嘎

① 本文选自 2001 年 3 月 26 日在锡林郭勒盟畜牧业工作会议上的讲话录音整理稿，原载 2001 年第 13 期《锡党办通报》。

查、一个牧户的具体原因是什么，总结经验教训，找准主要问题，着力加以解决。解决问题有两个方面：一方面是从上到下各级干部要找到工作上的差距、作风上的问题；另一方面是解决广大群众的观念问题，努力克服传统畜牧业的旧观念，树立建设养畜、集约化经营的新观念。

（二）围绕大反思做好大文章

我们要把大反思活动作为促进工作的大好契机。各级领导要痛下决心，不要犹豫，不怕揭短。怕揭短、掩盖矛盾是愚蠢的。聪明的做法是抓住大反思，做好大文章。因为，这不是个人的问题，而是关系锡林郭勒盟畜牧业长远发展的大问题。只有从大局出发，从长远出发，搞好大反思活动，解决好存在的问题，我们才能在实际行动上代表最广大人民的根本利益。我们开展大灾之后的大反思活动，也是向党中央、国务院，向内蒙古自治区党委、政府的关怀支持和全国各地、社会各界的支援帮助做出一个交代。

（三）制订切实可行的活动方案

为了使活动取得实实在在的成效，各旗县市（区）要制订开展大反思活动方案，明确何时抓、抓什么、怎么抓、抓到什么程度，分几个阶段、哪个阶段什么内容、怎么搞、谁负责，这些都必须具体化。大反思活动的大量工作在基层，在牧民群众中，要利用好基层的各种会议。首先要利用好一年两度的牧民会议。2001 年春季牧民会议的一项主要内容就是开展大灾之后的大反思学习讨论活动，让牧民自己讲、自己总结。其次要和基层组织建设结合起来，发挥好基层党组织的作用，不能只喊口号，一定要深入扎实地落到实处。畜牧部门要会同宣传、组织部门把这项活动当作 2001 年锡林郭勒盟工作的一件大事抓紧抓好。

二、紧紧抓住结构调整这条主线

（一）大力推进牲畜品种改良

锡林郭勒盟盟委（扩大）会议明确提出畜牧业结构调整要以牲畜品种改良为重点，围绕实施“种子工程”、加强生态建设、提高牧民收入、适应市场需求、发展牛羊肉加工业、畜牧业产业化经营和发展特色经济，分别阐述了加快牲畜品种改良的重要性和必要性，分析了开展这项工作的有利条件和不利因素，明确了主要措施。各旗县市（区）、各苏木乡镇、各嘎查村和每个牧户都要认清本地和自己的有利条件和不利因素，做好充分准备，扎扎实实搞好 2001 年的冷配、人工授精、良种选育等工作，确保改良效果。绝不能因为我们的工作不到位或准备不充分而出现受胎率低的问题，从而给牧民造成不良影响，增加今后工作的难度，影响了全局工作。

（二）切实加强基础设施建设

基础设施建设是加快结构调整的重要条件，是提高抗灾能力的必由之路。生态建设、棚圈建设、水利建设、种草贮草、出栏加工、疫病防治等，这些工作抓好了，就不怕灾害了。刘明祖书记这次来锡林郭勒盟视察时说，下雪对草原应该是件好事，对抑制沙尘暴、蓄水保墒和草场返青都有好处。但是，由于抗灾能力低，便形成了灾害。自然灾害是客观存在的，我们的对策只能是主动应对，加强建设，提高抗御自然灾害的能力。要把牧区“五通”作为基础设施建设的主要内容来抓。提高牧民生活水平，光有收入高还不够。全面建设小康，必须通水、通电、通路、通广播电视、通电话。人畜饮水问题要继续解决好。通电除了有条件的地方拉网电以外，居住分散的地方要抓好风光互补设备的推广和普及，有关部门要做出规划，尽快加以解决。通路要努力向嘎查村延伸。通广播电视要抓好一些薄弱环节和空白点。通电话要通过 ETS 无线接入和农村牧区信息服务网络来解决。此外，农村牧区小康住宅建设任务已经下达，一定要抓好。

（三）实行重点工作目标责任制度

从 2001 年起，锡林郭勒盟盟委、行署对干部实绩目标考核工作进行改革，锡林郭勒盟盟委、行署领导班子成员实行重点工作责任目标分解制度，这个制度从上到下都要实行。建立这个制度的目的是使重点工作目标更加具体，责任更加明确，考评更加准确，奖惩更加严明。各级都要建立基础档案，采取阶段检查、随机抽样、即时考核等方法，形成一个抓落实不留死角，抓工作扎扎实实，报成绩实事求是的机制。一把手负总责，把任务分解到每个分管领导，切实发挥每个人的积极性、主动性和创造性。

三、努力提高广大牧民的科学文化素质

（一）充分认识提高牧民科学文化素质的重要性

邓小平同志讲，办好中国的事情关键在党，关键在人。办好任何事情都要靠人。就锡林郭勒盟畜牧业的发展来讲，所有的工作任务最终都要落实到牧户，牧民是发展畜牧业的主体。牧民的素质直接关系畜牧业发展的质量和水平。实事求

是地讲，现阶段锡林郭勒盟牧区生产力水平还比较低。我们在发展畜牧业方面所采取的一切措施都是为了促进牧区生产力的发展。生产力诸要素中最活跃的因素是人。我们推进各项工作，既要见物，更要见人，要把推进工作落实和提高人的素质紧密结合起来。今后无论哪一项工作都要贯彻这个原则。笔者在锡林郭勒盟教育工作会议上提出，锡林郭勒盟的教育发展要为锡林郭勒盟的经济建设和社会发展服务，要与生产劳动相结合，要把重点放在培养一代有觉悟、有知识、有能力的新型牧民、新型农民、新型工人和其他各类新型人才上。

（二）加强牧区社会主义精神文明建设

全面提高牧民的思想道德素质和科学文化素质，为牧区经济社会发展提供强大的思想保证、精神动力和智力支持，是牧民生活达到小康水平、建设新牧区的重要保证。当前，提高牧民的科学文化素质要采取典型引路、以点带面、普遍推开的方法，结合精神文明建设和科技兴牧活动，抓好牲畜改良示范户、划区轮牧示范户、节水灌溉示范户、科学饲养示范户创建活动。科学饲养问题对锡盟更具有普遍意义。科学饲养抓什么？目前能够做到“长草短喂，饲料粉碎，槽斗齐备，营养搭配”，就是一个了不起的进步。

（三）普遍开展算账养畜活动

在牧区普遍开展与牧民生产生活紧密联系的算账养畜活动，其目的是帮助牧民转变观念，学会算账，树立生态意识、市场意识、效益意识。算账养畜，既要算小账，也要算大账；既要算眼前账，也要算长远账；既要算发展账，也要算生态账；既要算生产账，也要算消费账等。收入支出账、投入产出账都要算，每家每户都要算。这项工作由锡林郭勒盟盟委宣传部牵头，畜牧、农业、水利、林业、科技部门紧密配合，制订方案，确立标准，检查评比，有组织、有计划，持之以恒，长期抓下去，务必抓出成效来。转变牧民观念，提高牧民的科学文化素质，就要从这些具体事情、细枝末节上抓起。

关于加强技术创新的定位问题[①]

当前，我国科技工作总的方针是加强技术创新，发展高科技，实现产业化。

① 本文选自2001年4月4日在锡林郭勒盟科技工作会议上的讲话录音整理稿，原载于2001年第16期《锡党办通报》。

加强技术创新是基础，只有不断加强技术创新，才能发展高科技，进而实现产业化目标。结合锡林郭勒盟实际贯彻这一方针，首先必须解决锡林郭勒盟加强技术创新的定位问题。加强技术创新的定位准确不准确，能不能适合锡林郭勒盟实际、适合各旗（县、市）实际，关系技术创新的成效。这关系到我们科技工作、科技部门本身讲不讲科学，有没有科学精神的问题。定位准确了，科技工作的方向、目标、重点和方法措施就能更加明确，科技才能成为经济建设和结构调整的动力，科技工作具有可操作性。否则，科技和经济就是两张皮。

我们经常讲，经济建设必须依靠科学技术，科学技术必须面向经济建设。我们的各级领导，特别是科技部门和广大科技工作者一定要结合锡林郭勒盟实际，把这“两个必须”理解好，真正搞清楚现阶段锡林郭勒盟经济建设必须依靠什么样的科学技术，科学技术必须面向经济建设的哪些主要环节。只有把这些问题搞清楚了，才能真正把科技和经济结合起来，真正为经济发展和结构调整提供动力。

中央提出加强技术创新，发展高科技，实现产业化的方针，这是新形势、新情况、新条件下对“两个必须”的发展。科技工作面向经济建设就必须创新，科技成果实现产业化必然以提高科技持续创新能力为基础和前提，这对于一个地区的经济发展特别重要。基于以上认识，笔者认为“十五”时期锡林郭勒盟科技工作的核心任务是围绕结构调整这条主线，以大幅度提高产业总体技术水平和市场竞争力为目标，加强技术创新，为经济发展和结构调整提供强大动力和支撑。概括地讲就是围绕主线，突出重点，准确定位，提供动力。这里的关键是要准确定位。

那么，技术创新如何定位呢？第一，在目标选择上，要为结构调整服务，为结构调整、产业升级提供强大动力。第二，在工作重点上，要与经济结构调整的重点相一致。也就是说，要围绕为经济结构调整的重点提供动力来定位科技工作重点。第三，在创新内容上，要与现阶段锡林郭勒盟生产力发展的水平、层次、程度相适应。如果不相适应，科技必然脱离经济，成为两张皮。第四，在创新方法上，要坚持典型引路，示范带动，以点带面，逐步推进。第五，在创新动力上，要坚持体制改革，以科技体制改革促进技术创新。只有在加强技术创新的目标、重点、内容、方法、动力等方面从实际出发，准确定位，锡林郭勒盟科技工作才能够有所突破。实施科教兴盟战略，首先从思想上、认识上很好地解决这些问题。也就是说，锡林郭勒盟科技工作必须为畜牧业、农业、工业、服务业结构调整服务，为结构调整提供强大的动力。只有这样，科技工作才能体现其价值。否则，就要脱离实际，一事无成。

锡林郭勒盟盟委（扩大）会议提出畜牧业结构调整要以牲畜品种改良为重

点，这是市场需求和畜牧业发展现状所决定的。畜牧业科技工作要为畜牧业结构调整提供动力，就必须把重点放在牲畜品种改良上。这是科技工作领导者、科技主管部门和畜牧业科技工作者不可推卸的责任。

锡林郭勒盟是畜牧业大盟，实施科教兴盟战略，首先要科技兴牧，着力推进畜牧业科技革命。我们强调牲畜品种改良，不论从生态保护角度、市场需求角度讲，还是从提高人民生活水平角度讲，都是符合锡林郭勒盟实际的，是正确的。控制数量、提高质量是锡林郭勒盟畜牧业发展的必然选择。如果我们把科技工作的重点放在牲畜品种改良上，把锡林郭勒盟现在58%的改良比重提高到内蒙古自治区80%的平均水平或者更高一些；如果我们狠抓牲畜品种改良，提高牲畜质量，控制牲畜数量，从而使生态环境得到明显改善，牲畜品种结构适应市场需求，牧民收入得到显著提高，这难道不是一次深刻的畜牧业科技革命吗！难道不是一项非常重要的技术创新吗！

加强畜牧业技术创新，既要突出牲畜品种改良这一重点，还要加强生产经营各个环节上的技术创新。比如，牲畜饲养管理也要科学化。我们抗灾保畜，千里之外调草调料，价格很贵，政府还要补贴。但我们喂牲畜的方法却过于粗放，把草料往地上一撒，夸张点讲，吃一半，糟蹋一半，浪费非常严重。这样的饲养方法，需不需要来一个技术创新呢？我们的科技工作绝不能对这些普遍存在的具体问题视而不见，绝不能不顾我们现阶段生产力发展水平和层次而脱离实际地高谈阔论。锡林郭勒盟牲畜头数几乎占内蒙古自治区的1/3，这么一个畜牧业大盟连最起码的牲畜饲养管理问题都不解决，还能说科技工作跟生产建设紧密结合了吗？

当然，解决这些问题需要有个过程，它是转变人们思想观念和生产方式的一个革命性过程。以往锡林郭勒盟水草丰美，牧民逐水草而牧，不需要太多投入，不需要买饲料进行补饲，牲畜就能发展起来，牧民收入就能提高。但现在情况有了很大变化，牲畜归户经营，草场普遍超载，生态不断恶化，灾害频繁发生。面对变化的情况，在牲畜饲养管理方法上应如何改进呢？笔者归纳为四句话，叫做“长草短喂，饲料粉碎，槽斗齐备，营养搭配”，这几点起码应该做到。还有草场建设、棚圈建设、水利建设等，这些环节上都需要技术创新。我们的科技创新就应该定位在这些方面。如果能通过我们实实在在的工作把传统落后的饲养管理方式改变了，防灾抗灾能力提高了，这难道不是一次深刻的畜牧业科技革命吗！难道不是一项非常重要的技术创新吗！

畜牧业技术创新的方法，应坚持典型引路，示范带动，以点带面，逐步推开。正是基于这样的思路，锡林郭勒盟盟委（扩大）会议明确提出，从2001年起在全盟范围内开展创建牲畜改良示范户、科学饲养示范户、划区轮牧示范户活动和“算账养畜”活动。通过开展这类活动这样一个载体，就能够找到科技和经济、科技和畜牧业生产各个环节的结合点。光喊口号不行，必须得有抓手。我们加强技术创新要跟这些活动结合起来，大力推动这些活动的深入开展。这项工作由锡林郭勒盟盟委责成宣传部结合牧区精神文明建设、科技兴牧活动来组织开展，科技主管部门也要作为自己的重点工作切实抓好。

加强技术创新要以体制创新为动力，体制创新是科技进步和创新的保证。要继续深化锡林郭勒盟科研单位和技术推广部门体制改革，形成符合市场经济要求和锡林郭勒盟技术推广需要的新体制、新机制，调动广大科技工作者的积极性，促进现有科技资源优化配置，加强技术集成，进一步解决科技与经济脱节问题。科技主管部门要把科技体制改革作为一项主要任务来抓好，抓出成效。

加强技术创新的定位问题，对畜牧业结构调整是这样，对其他产业的结构调整，包括农业结构调整、工业结构调整、服务业结构调整以及生态建设、基础设施建设等，都是同样的道理。总之，面对新世纪、新形势、新任务、新条件，我们的各级干部都应进一步解放思想、实事求是，加强学习、加强调查研究，从人云亦云、空话套话中解脱出来，使我们的思想观念适应新形势、新任务、新情况、新条件的要求。各地区、各部门的各项工作都必须从锡林郭勒盟社会生产力发展的水平出发，围绕中心、服务大局，在全局中找准自己的地位、找准自己的方位和角色，通过扎扎实实、卓有成效的工作为实现全局的大目标做出自己应有的贡献。

锡林郭勒盟必须发展抗旱农业①

2001 年入春以来，锡林郭勒盟遭受历史罕见的春旱，加上 2000 年夏秋的旱灾，农区耕地墒情普遍不好，春播受到很大影响。在严重旱情面前，农区各级党委、政府组织广大干部群众打机井、开发水浇地、落实节水灌溉措施，抗旱春播取得了一定成效。但是，到目前为止，播种面积不足 1/3，旱情仍在发展，形势很严峻。

最近，笔者一直在思考锡林郭勒盟农业到底应该怎样发展？锡林郭勒盟农区最大的特点是旱灾频繁，十年九旱，农业以旱作为主。据了解，以前的旱情可能没有这么严重。1997 年是旱灾，但 2000 年和 2001 年的旱情要比 1997 年严重得

① 本文选自 2001 年 5 月 17 日在太仆寺旗调研时的讲话录音整理稿，原载于 2001 年第 20 期《锡党办通报》。

多。2001 年是严重春旱，明后年有没有旱灾，以后是什么情况，现在没法预料。谁也不希望有旱灾，但是随着气候变化、生态恶化，不同季节的旱灾，特别是不同范围、不同程度的局部旱灾恐怕年年都会有。所以，锡林郭勒盟农业能不能解决抗旱问题，不仅关系到 30 万农民的脱贫致富，关系到农区经济社会发展，而且直接关系到锡林郭勒盟“两个提高”目标的实现。

我们想问题、办事情必须从实际出发，我们的思路和措施必须立足于现实。我们必须从现有的基础出发，进一步厘清农业发展思路。笔者想，锡林郭勒盟解决农业的发展问题，必须把努力方向定位在发展抗旱农业上。抗旱问题解决不了，调整农业结构、发展“两高一优”农业、实现传统农业向现代农业转变等，都无从谈起。因为，连籽都种下不去，还谈什么别的呢？可以说，抗旱的问题解决不了，锡林郭勒盟农业就没有出路。太仆寺旗是农业大旗，人口最多，耕地面积也最大，应该首先把这个问题理清楚。

那么，抗旱农业抓什么、怎么抓？关键环节是解决水的问题，在“水”字上做文章。锡林郭勒盟盟委、行署提出农业结构调整要以扩大水浇地和发展节水灌溉为重点，这是符合锡林郭勒盟实际的正确思路。农业旗县各级党委、政府认真贯彻锡林郭勒盟盟委、行署的决策部署，做了大量工作，采取政策引导、典型示范等办法，鼓励农民打井，开发水浇地，势头非常好。就拿太仆寺旗来说，2000 年冬和 2001 年春，已打小机电井 2500 眼，比历年累计数还多 500 眼，现在仍有 81 台打井机昼夜不停地在钻井，计划全年突破 4000 眼。这是一个很大的突破，是历史上没有过的。广大群众开发水浇地的积极性这么高，原因是政府实行了优惠政策，每开发一亩水浇地“以奖代补”100 元。

另外，太仆寺旗这几年“打小井、建大棚、种特菜、快见效”已形成一定气候，开发水浇地种菜的农民得到了实惠，起到了典型示范作用。现在太仆寺旗又下大力气建蔬菜交易市场，使群众看到种菜市场有保障，致富有希望，这本身就是龙头的带动作用。龙头企业不只是指加工企业，流通企业也可以做龙头。蔬菜交易市场就是个龙头。

大力开发水资源，扩大水浇地面积，这是我们发展抗旱的主要措施之一，要继续坚持不懈地抓下去。同时，从农区水资源情况看，可开发的水资源是有限的，不可能把所有的农田都改造成水浇地。拿太仆寺旗来说，水资源相对丰富的是四条沟，开发的重点也集中在四条沟。从锡林郭勒盟看，现在保灌面积十多万亩，人均不足半亩。就是将来实现了人均一亩水浇地的目标，也只占到总播面积的 1/6，况且多数地方不具备开发水浇地的条件。这就要求锡林郭勒盟发展抗旱农业，除了因地制宜扩大水浇地以外，还必须实施节水农业科技行动，在节水灌溉上下功夫，在节水灌溉技术上有所突破，做好节水灌溉这篇文章。

发展节水灌溉在我们这个地区比较适用的可能有两项技术：一是坐水点种，二是发展滴灌。坐水点种是其他地方推广多年的成功做法，它的优点是用较少的水能够做到适时播种。虽然锡林郭勒盟农区有好多地方水资源缺乏，但利用大口井、筒井和大机电井来解决坐水点种的水还是有可能的。沙沟乡在太仆寺旗是最缺水的地方，据沙沟乡党委书记介绍，沙沟现有的水井完全可以满足坐水点种用的水。与漫灌相比，坐水点种并不需要太多的水。漫灌 1 亩地大概要 60 吨水。笔者在正镶白旗了解到，坐水点种 1 亩西瓜要 5 吨水就够了，种 1 亩玉米最多 2 吨水。所以，即使当地没有水，从较远的地方拉水也可以解决坐水点种。

节水灌溉的另一项措施是滴灌。滴灌最省水，如果把漫灌比作泡澡的话，喷灌就是淋浴，滴灌就是输液，最管用。而且滴灌不用平整土地，省事省力效果好。搞滴灌一次性投入可能稍多一点，但长远受益，既节水又省电，保证获得好收成。总体来说，只要我们立足于发展抗旱农业，在扩大水浇地的同时抓好坐水点种和滴灌这两项节水措施，就可以提高水资源利用率，农业就能真正做到旱涝保收。而且坐水点种和滴灌适合扩大玉米种植面积，有利于利用秸秆，有利于发展农区畜牧业，是推进新的农业科技革命的一项具体措施，也是调整农业结构的保证措施。

当前，在锡林郭勒盟普遍推广节水灌溉有一定难度。2001 年春播，锡林郭勒盟要求人均应 2 亩坐水点种，但到目前为止大概人均还不到 2 分地。什么原因呢？除了缺少必要的设备和投入以外，主要是各级领导的思想认识问题，群众的观念和传统的耕作习惯、耕作方式问题，归根结底还是我们的工作问题。

首先，各级领导要认清这项工作的重要性、必要性和必然性，切实把指导思想统一到发展抗旱农业上来。一定要从本地实际出发，从群众的切身利益出发，事事处处替群众着想，把群众怎么生存、如何发展的路子选择好。

其次，要教育引导广大干部群众解放思想，更新观念。现在锡林郭勒盟正在开展大灾之后大反思活动，农区要通过大反思活动，把工作做深做细，把群众的观念转变过来，让群众认识到一方水土能养一方人，认识到坐水点种和发展滴灌的现实意义和长远意义，上下达成共识。

最后，协调筹措必要的投入，让各家各户都备齐车辆、水箱等设备，做到常备不懈，有备无患。要改变传统耕作习惯，发扬自力更生、艰苦奋斗的精神，养成采取节水灌溉措施，抗旱播种的习惯。而且要抓典型、抓示范，持续不断抓下去。

总之，锡林郭勒盟发展抗旱农业是顺应自然规律、适应客观环境、主动应对旱灾挑战的重要措施，是从坏处着手、往好发展。从抗旱农业抓起，往“两高一优”发展，开创抗旱保丰收的新路子。

初论围封转移工程[①]

这些年，随着牲畜头数不断增加，草畜矛盾不断加剧，生态环境日趋恶化，对畜牧业生产和广大牧民的生存发展构成了很大威胁。特别是连续几年的严重旱灾，使西部苏尼特右旗、苏尼特左旗和镶黄旗的大部分草场寸草不生，赤地千里，人畜饮水极度困难，已经到了难以为继的程度。很多地方已失去人类生存的基本条件，人与生态环境的尖锐对立已无以复加。

锡林郭勒盟盟委、行署十分重视对生态环境的保护和建设，特别是朱镕基总理来锡林郭勒盟视察以后，锡林郭勒盟上下坚持保护优先、加快建设、科学利用、依法管理的方针，进一步统一思想，提高认识，加快建设步伐，取得了比较明显的成效。但是，与草原生态遭到破坏的严重程度相比，治理力度还远远不够，生态环境整体恶化的趋势仍在加剧，并且已经成为制约锡林郭勒盟经济社会可持续发展和提高农牧民生活水平的重要因素。我们必须树立强烈的忧患意识，必须把草原生态问题放在前所未有的重要地位予以高度重视，必须在生态环境保护和建设的思路、措施上有所创新，有所突破。

对草原生态极度恶化，已经失去生产生活条件的地区，要实行“围封禁牧、收缩转移、集约经营”的综合措施，对生态实施有效保护，对牧民的生产生活进行妥善安排。

围封禁牧，就是把草原生态极度恶化、失去生产生活条件的地区全部围封起来，彻底禁牧。实践证明，围封禁牧是最简便、最经济、最有效的生态保护措施。只要把草场围起来，彻底禁牧，即使不搞其他治理措施，三至五年植被也可以自然恢复起来。

收缩转移，就是把围封区内的牲畜和从事生产经营的牧民全部转移出来，搬迁到旗县所在地和其他建制镇周围，实施移民扩镇；也可以搬迁到已实现水、电、路、广播电视、电话“五通”的苏木所在地或具备“五通”建设条件的地方，进行易地发展。

集约经营，就是要从移民区的实际出发，发展家家能干、户户受益，能够确保移民收入稳定提高的集约化、高效益的产业。根据一些地区的成功经验和锡林郭勒盟牧民历来从事养殖业的特点，在移民区内可以发展模式化养殖，即以户为

① 本文节选自 2001 年 7 月 31 日在锡林郭勒盟经济形势分析会议上的讲话。

单位建设标准化养殖设施、饲草料基地，制定标准化饲料配方、饲喂方式，推行舍饲育肥，每年出栏三至四批次。发展模式化养殖，要先把移民区的棚圈等基础设施建设好，及时启动生产。移民区的住房要按小康标准进行规划，先盖小房，安排好牧民生活。具体实施中要抓好三个关键环节：一是建立繁育区，解决架子牛羊来源，使育肥达到一定规模，以满足加工企业的加工量。二是饲草料供应、饲养管理技术指导、疫病防治等社会化服务要跟上。三是加工企业适时收购，搞好加工，开拓市场，提高效益。

实施“围封转移”工程，有利于保护草原生态环境，尽快恢复植被；有利于调整结构，培育新的增长点；有利于转变粗放式分散生产，推进集约化生产；有利于发展育肥业，促进产业化经营；有利于适应市场供求变化，合理配置资源，增强市场竞争能力；有利于牧民向城镇转移，推进城镇化；有利于解决“五通”，提高牧民生活质量；有利于集中攻坚，实现贫困人口稳定脱贫；有利于推广实用技术，提高牧民的科学文化素质；有利于发展教育文化事业，加强精神文明建设，转变牧民生活方式。

实施“围封转移”工程直接面临两个难题，一个是认识问题，另一个是资金问题。我们要广泛开展宣传教育活动，深入做好思想政治工作，使牧民群众和基层干部充分认识到实施“围封转移”的必要性、重要性和紧迫性，充分认识到群众自身的根本利益和长远利益，从而把锡林郭勒盟盟委、行署的决策变为他们的自觉行动。我们要调整资金使用管理思路，把生态建设、人畜饮水工程、草原建设、防灾基地建设、农牧业综合开发、扶贫开发等方面的资金捆起来，集中用于“围封转移”工程。资金的使用要实行专户管理、政府采购、国库集中支付，最大限度地发挥资金的使用效益。

实施“围封转移”工程也正面临着两个千载难逢的机遇，一个是京津周边风沙源治理项目，另一个是举办北京奥运会。这两个重大行动都需要地处上风位置的锡林郭勒盟尽快改善生态环境。只要我们抓住机遇，积极争取，就一定能够搞好“围封转移”这一历史性的重大工程。行署有关部门要立即着手制定规划，论证项目，及时上报，争取国家和内蒙古自治区的支持。

实施“围封转移”工程，不仅关系到锡林郭勒盟的发展大局，而且关系到京津乃至整个华北地区生态环境的改善；不仅是当务之急，而且是长远之计。实施这一工程，我们既要有科学的思路、科学的方法，又要有科学的态度、科学的精神；既要充分调研、全面论证，典型引路、分步实施，又要有紧迫感，抓紧实施，大力推进；既要深入宣传，广泛动员，又要制定政策，利益引导；既要把生态环境保护好治理好，又要把牧民的生产生活安排好。

实施“围封转移”工程，从目前实际情况看，苏尼特右旗、苏尼特左旗和镶黄旗这些草原生态极度恶化的地区要率先规划，率先实施。浑善达克沙地和其他生态极度恶化、失去生产生活条件的地区，还有各旗县市所在地周围、旅游景观区等也都要制定规划、分步实施。乌拉盖开发区、东乌珠穆沁旗、西乌珠穆沁旗等目前生态条件还比较好、恢复能力还比较强的地区，要未雨绸缪，加快草场围栏化进程，实现春季休牧，划区轮牧，科学利用草场。

再论围封转移战略[①]

我们要从六个方面把握储波同志视察锡林郭勒盟讲话要点。一是锡林郭勒盟要把草原生态的保护和建设放在经济工作的首位。二是要把“围封转移”作为一项长期的战略任务来实施。仅仅把“围封转移”作为一项工程，或者作为一项重点工作是不够的，要把它提到战略的高度来组织实施。三是生态极度恶化地区要适度减少牧民人口和适度减少牲畜。四是要把妥善解决好牧民的出路问题作为决定围封转移战略成败的关键。这是考虑问题的重点和关键。五是实施围封转移战略要加大力度、加快进度，尽早解决草原生态的恢复问题。六是要制定好围封转移战略的整体规划，搞好科学论证。

如何把“围封转移”提升到战略高度呢？首先，把围封转移工程提升到战略的高度，就不能将其理解为地域概念。作为一个战略，不仅适用于锡林郭勒盟西部地区或牧区，而是锡林郭勒盟盟委、行署根据不同的生态类型、水资源状况和产业特点做出的具有全局意义的重大决策，对锡林郭勒盟各地区具有普遍的适用性。其次，不能把围封转移简单地理解为移民搬迁。应该全面把握“围封禁牧、收缩转移、集约经营”这三个词，根据形势和任务的要求，赋予其新的内涵。“围封”包括围封禁牧、春季休牧、划区轮牧、封山育林、封沙绿化、退耕还草还林。“转移”包括饲养方式由自然放牧向舍饲半舍饲转移，生产经营方式由粗放向集约转移，农业生产由广种薄收向少种种好、精种高产、为牧而种转移，产业衔接由传统经营向产业化经营转移，结构调整由适应性调整向战略性调整转移，经营方式由计划经济的思路和方法向市场经济的体制和机制转移，增长方式由数量扩张型向质量效益型转移，农牧民居住由过度分散向适度集中转移，农牧业富余劳动力由农村牧区向城镇转移。

要正确把握围封转移战略的实施原则。一是要突出重点，不搞平衡。锡林郭

① 本文选自 2001 年 11 月 3 日在锡林郭勒盟沙源治理工作会议上的讲话录音整理稿，原载于 2001 年第 26 期《锡党办通报》。

勒盟要突出重点，各旗县市的项目也要突出重点。不搞地区平衡，不搞部门平衡，不撒“胡椒面”。否则，资金分散，效果不好。二是要集中连片，综合治理。就围栏来说，集中连片大面积围栏，投资少得多，治理效果也好。反之，如果小片分散围，投入加大了，治理效果也不好。三是要少花钱、多办事。国家投入的资金是有限的，我们要尽可能用少的钱来办多的事。要多动脑筋、多想办法。比如，围封转移示范园区的住宅建设，规划要一步到位，建设要逐步完善。先把生产设施搞好，把提高收入的基础打好。

实施围封转移战略力争三年初见成效。三年初见成效，关键在第一年，也就是2002年。2001年秋冬要做好准备工作，为2002年全面实施打好基础。首先，最紧迫、最突出的问题是2002年春季牧草返青期要咬紧牙关坚决禁牧。围封禁牧区要做到绝对禁牧，饲草料问题尽早解决。其次，舍饲圈养不能立足于保畜，而要立足于加快周转、提高效益，提高牧民收入。通过增加育肥批次来提高牧民的收入。最后，大力推进城镇化。鼓励引导禁牧区牧民进城，转为城镇居民，这是一项根本性措施。尽管现在就业岗位比较少，但要想办法转。鼓励支持青年牧民从事商贸流通和民族特色餐饮等服务业，加强培训，提高劳动技能，增强就业能力。

实施围封转移战略要加强宣传教育工作。围封转移战略的成败取决于广大群众的认识程度和积极性、主动性、创造性的发挥。要靠强有力、广泛深入的宣传和思想政治工作，让广大群众充分认识到保护和建设草原生态的重要性和紧迫性。各级领导要切实转变作风，深入基层、深入群众，利用今冬明春，结合抗灾救灾，有计划、有组织、有步骤地抓好宣传教育工作。只有宣传教育工作搞好了，2002年的禁牧才能顺利进行，实施围封转移战略才会有好的开头。

三论围封转移战略①

2002年锡林郭勒盟经济工作的总体要求是：以邓小平理论和“三个代表”重要思想为指导，深入贯彻落实内蒙古自治区第七次党代会和内蒙古自治区经济工作会议精神，抓住机遇，迎接挑战，以改革开放和科技进步为动力，全面实施围封转移、结构调整、城镇化战略，大力推进全民素质工程，加强基础设施建设，提高经济增长的速度、质量和效益，以两个文明建设的优异成绩迎接党的十

① 本文选自2002年1月18日在锡林郭勒盟委扩大会议上的讲话提纲，原载于2002年第3期《锡党办通报》。

六大召开。

实施以围封禁牧、收缩转移、集约经营为主要内容的围封转移战略，是锡林郭勒盟盟委、行署面对全盟发展的新形势新任务，面对草原畜牧业发展中的突出问题和草原生态急剧恶化的严峻趋势，认真总结经验教训，把灾后反思加以成果化，立足当前、着眼长远做出的关系全局的重大决策。

实施围封转移战略，对于从根本上改善草原生态环境、转变生产经营方式、加强农牧业基础地位、优化经济结构、促进经济社会可持续发展具有十分重要的意义。2001 年上半年，在西部四旗紧急启动示范试点工作，进展比较顺利。2001 年 12 月，内蒙古自治区党委、政府听取锡林郭勒盟专题汇报后，根据内蒙古自治区党委常委会会议纪要精神，我们进一步修改完善了围封转移战略实施规划和政策措施。

实施围封转移战略，要按照生态、生产、生活“三生”结合和生态效益、经济效益、社会效益“三效”统一的要求，在转移上狠下功夫，逐步实现草场利用由超载过牧向科学利用转移，畜牧业饲养方式由自然放牧向舍饲半舍饲转移，农业生产由广种薄收向少种种好、退耕还林还草转移，品种和增长方式由劣质粗放向优质集约转移，经营方式由产加销分割向产业化经营转移，农村牧区生产力向城镇转移，农牧业劳动力向第二、第三产业转移，促进农牧业生产经营方式的根本性转变和经济结构的战略性调整。规划布局上，坚持因地制宜、分类治理，将锡林郭勒盟生态治理划为四区、四带、十二基点，分别采取围封禁牧、沙地治理、围栏轮牧、退耕还林还草，依托交通干线建设两横两纵绿色防护带，建设旗县市所在城镇生态防护体系等措施，保护和恢复草原生态。实施原则上，坚持科学规划、集中连片、水草先行、集约经营、项目化管理、产业化发展，依靠群众、艰苦奋斗、脱贫致富，实现三步九年规划目标。

实施围封转移战略，要始终坚持和认真把握以下几个方面：草原生态保护和建设是重点，调整结构是主线，转变生产经营方式是核心，科技进步是动力，转变观念是关键，提高农牧民生活水平是根本出发点。

突出草原生态保护和建设这个重点，要在锡林郭勒盟上下牢固树立保护生态环境就是保护生产力、改善生态环境就是发展生产力的观念，坚持保护优先、加快建设、科学利用、依法管理的方针，按照突出重点、集中连片、综合治理的要求，在围封转移的各项工作中都要突出草原生态保护和建设，围绕这个重点尽快研究制定相关政策、制度和办法，抓紧组织实施。

抓住结构调整这条主线，要围绕认真落实江泽民同志关于“尽快把畜牧业发展成一个大产业”的要求，继续把品种改良作为畜牧业结构调整的重点，狠抓牛羊胚胎移植和冷配改良，搞好地方良种选育提高，同时，抓好畜种结构和畜群结构调整，逐步推进专业化生产、规模化经营，四季出栏、均衡上市。农业结构调整要继续大力开发水浇地，发展节水灌溉，扩大饲草料种植面积，力争在三至五年内除了种植蔬菜瓜薯等经济作物外，其余耕地全部退耕还林还草，大力发展农区畜牧业。要把农牧业产业化经营作为促进农牧业结构调整的重要途径，通过产加销结合，使广大农牧民普遍受益，推动农牧业产业化经营更快更好发展。要通过政策引导、资金扶持、优化环境等措施，促进农村牧区生产力向城镇聚集，农牧业剩余劳动力向第二、第三产业转移。

抓住转变生产经营方式这个核心，要以转变饲养方式为重点，从设施标准化、饲养规范化、饲草料充分利用入手，发展模式化养殖和模式化种植，提高种养业集约化程度。大搞舍饲半舍饲养殖，发展牛羊育肥，加快畜群周转。以科技进步为动力，推广先进适用技术，搞好社会化服务，提高农牧民模式化养殖种植技能。

把握转变观念这个关键，要围绕重点、主线和核心，把解决农牧民和基层干部思想认识问题作为突破口，有组织、有计划、扎扎实实地抓好宣传，加强思想政治工作，加大教育培训、典型示范力度，使围封转移战略的重大意义、内容要求、政策措施家喻户晓、深入人心，促进广大干部群众思想观念转变，为实施围封转移战略奠定坚实的群众基础。

坚持以提高农牧民生活水平为根本出发点，要把千方百计增加农牧民收入作为农牧业和农村牧区工作的重点任务，按照“多予，少取，放活”的指导思想，积极争取资金，增加对围封转移投入，加快改善农牧民生产生活条件；落实农牧业税减免政策，切实减轻农牧民负担，让农牧民休养生息；认真落实党在农村牧区的各项政策，把农牧民群众的积极性、主动性、创造性充分发挥出来，进一步活跃农村牧区经济，拓宽农牧民增收渠道。贯彻开发式扶贫方针，搞好千村扶贫开发工程，把扶贫开发与围封转移结合起来，抓好贫困人口的移民安置，从根本上改善贫困群众的生产生活条件。

实施围封转移战略，要结合工业结构调整，做大做强农畜产品加工业，大力培育和发展以肉、乳、绒毛、饲草料加工为主的龙头企业，带动农牧业产业化经营，提高农牧业生产经营的组织化程度，引导龙头企业与农牧民建立稳定的购销关系和合理的利益联结机制，促进集约化经营，带动农牧民致富；要加速推进城镇化，加快城镇基础设施建设，把着眼点放在发展城镇经济、培育新的经济增长点上，放在增强城镇的聚集、辐射功能和综合服务能力上，加快户籍制度改革，切实解决好城镇新增人口医疗、子女上学、就业等实际问题，为实施围封转移、结构调整和推进工业化服务。

实施围封转移战略，要大力推进全民素质工程。江泽民同志在“七一”讲话中指出：“我们建设有中国特色社会主义的各项事业，我们进行的一切工作，既要着眼于人民现实的物质文化生活需要，同对又要着眼于促进人民素质的提高，也就是要努力促进人的全面发展”。近年来，锡林郭勒盟围绕提高人民素质做了大量工作，加强干部教育培训，开展农牧民推广技术培训到人、“示范四户”和灾后反思、算账养畜等活动，使劳动者素质有了一定提高。但是我们必须看到，目前锡林郭勒盟劳动者素质还远不能适应改革开放和现代化建设需要，特别是在经济全球化、科学技术迅猛发展、我国加入世贸组织的新形势下，提高劳动者素质比以往任何时候都显得更加重要、更加紧迫。

推进全民素质工程要紧紧围绕加快实施围封转移、结构调整、城镇化战略，以不断提高全民思想道德素质、科学文化素质、法律素质和劳动技能、创造才能为目标，以提高干部队伍素质为重点，以理念创新为先导，以构筑终身教育体系为依托，以创建各类学习型组织为基础，创新学习载体，完善运行机制，加快人力资源能力建设，为锡林郭勒盟经济社会发展提供坚实基础和有力保证。

各级党委、政府和党政一把手都要高度重视，把它放在经济社会发展的突出位置，持之以恒抓下去。要切实加强基础教育，大力发展职业教育，加快社会化终身教育体系建设，建立多层次、广覆盖的教育培训网络和多形式、重实效的体制和机制，把各级党校、职业技术学校、各类干部院校和农牧民技术学校建成教育培训的主要阵地。广泛普及信息网络知识，加强信息网络技术培训，充分发挥电子信息馆的作用，发展远程教育，提升全民素质。组织人事和宣传部门要担负起牵头抓总、统筹规划、宏观指导、组织协调职责，科技、教育、畜牧、农业、林业、水利、经济等部门共同参与，抓紧制订锡林郭勒盟实施方案和与之相配套的各专业教育培训规则，明确各行各业、各个领域、各类群体教育培训的目标、重点和措施，尽快组织实施。

实施围封转移是锡林郭勒盟经济社会发展第一位的战略任务，要坚持为长远打基础、为百姓办实事的宗旨，克服各种困难，树立必胜信心，以奋发有为的精神状态和求真务实的工作作风，努力实现围封转移的各项奋斗目标。

四论围封转移战略[①]

实施围封转移战略是一个庞大的系统工程，在新形势新条件下实施好这一战略，必须突出重点、整体推进，实实在在抓好各个环节的工作，这是总的要求。

---

① 本文选自2002年4月9日在2002年春季围封转移工作电话会议上的讲话录音整理稿，原载于2002年第12期《锡党办通报》。

在具体实施中，必须自始至终突出抓好三个方面的重点工作。

一、突出抓好生产经营方式转变

转变生产经营方式是一个综合性要求，包括生产方式转变和经营方式转变。畜牧业生产经营方式包括饲养方式、繁育方式、周转方式和产业延伸方式等。农业生产经营方式包括耕作方式、管理方式和销售加工方式等。这些方面都有传统和现代之别。实施围封转移战略中如何转变生产经营方式，这是迫切需要解决的问题。实施围封转移战略，核心是转移。什么是转移、转移什么？在锡林郭勒盟盟委（扩大）会议上，笔者曾讲过要从七个方面转移，其中最关键的是生产经营方式的转移。这个问题不解决，整个围封转移战略难以成功。传统畜牧业和农业的突出特点是生产经营方式粗放，而粗放经营的实质是没有节制地消耗草场土地资源，超载过牧，广种薄收。现在，这种粗放的生产经营方式已经难以为继了。

转变生产经营方式必须从推进模式化养殖、模式化种植切入。现在搞禁牧休牧轮牧，实行舍饲圈养，如果我们的饲养方式不转变，饲草不切碎，饲料不粉碎，槽斗设计不合理，那么，尽管把牲畜从野外圈到圈里，实质上还是粗放经营，这种舍饲圈养注定要失败。2002 年春耕备耕，我们要求抓好六个环节、打好四个战役，这里面关键是要按照模式化耕作的要求，抓好科技培训，从而使每个农户、每个农民都学会模式化耕作，以保证有好的收成。

实行模式化养殖、模式化种植，至少要抓好四个环节。一是制定技术规程。科技部门和主管部门要给农牧户提供按集约经营要求制定的模式化养殖、模式化种植的技术规程，不仅给示范园区的试点户提供，也要给就地禁牧户、春季休牧户提供。二是抓好技能培训。有了技术规程以后，最重要的一环是抓好培训。不仅示范园区要搞好培训，就地禁牧的、春季休牧的、退耕还林还草的、搞模式化种植的，都要培训，使每个农牧户每个农牧民都明白要求，掌握要领。三是购置设备。按照标准化要求，购买和制造切碎机、粉碎机、草料槽斗和其他需要配套的一系列设施设备。否则，饲草料不能充分利用，成本降不下来，就做不到模式化养殖和集约化经营。最近从各地报的材料看，只说就地禁牧、春季休牧、划区轮牧多少面积，饲草料准备了多少，不说准备了多少槽斗、多少切碎机。如果我们在具体工作中不考虑这些必要的设备，效果肯定不会好。四是工作到户。农牧户是农村牧区最基本的生产单元，如果各项工作不能到户，任务就落不到实处。所以，工作到户非常重要。过去我们要求“增加收入指导到户”“推广技术培训到人”，现在实施围封转移战略也要指导到户、培训到户、落实到户。这是最关键、最基本的要求。

二、突出抓好思想观念的转变

思想观念是认识领域的问题，转变思想观念具有复杂性、艰巨性和长期性的特点，切不可简单化。而且思想认识问题最容易出现反复，我们一定要充分认识它的复杂性、艰巨性和长期性，耐心细致地、深入扎实地抓好广大农牧民和基层干部思想观念的转变工作。

思想观念的转变是生产经营方式转变的保证，前者的转变必须适应后者的转变。往往不是思想观念转变好了再转变生产经营方式，而是相互作用、相互促进的关系。前一阶段各地做了大量深入细致的工作，派出大批干部深入农牧户，一户一户地做工作，取得了较好的效果。但是发展并不平衡，宣传教育和引导工作还得加大力度，还得进一步抓好。的确，千百年来延续下来的传统思想观念和传统生产经营方式，一朝一夕让他转变，确实很难。从这个意义上讲，实施围封转移战略半年多，我们的工作进展能够达到现在这样的深度和广度，确实很不简单。应该说是出乎预料，这是各级领导和广大干部群众共同努力的结果。现在，锡林郭勒盟上下全面实施围封转移战略的关键时候，我们要乘势而上，进一步转变思想观念，不只农牧民要转变思想观念，各级干部特别是领导干部都要转变思想观念，不断地统一思想，提高认识。只有思想观念转变了，才能保证生产经营方式的转变。

三、突出抓好生产生活条件的改善

生产生活条件的改善也是两个方面，一个是生产条件的改善，另一个是生活条件的改善。改善农牧民的生活条件，提高牧民的生活水平，这是我们实施围封转移战略的根本目的。改善生产条件，加快发展生产，这是提高农牧民生活水平的主要手段。生活条件的改善将进一步增强农牧民的信心，从而促进生产条件的改善和生产经营方式的转变。抓好生产生活条件的改善，要求各级领导一定要站在高处，审时度势，着眼于长远稳定发展，立足于从根本上解决问题，认真研究如何改善每一户、每个嘎查村和每个苏木乡镇的生产生活条件。

当前改善农村牧区生产生活条件，要从加快“五通”建设入手，从有利于结构调整、有利于培育主导业、有利于生产经营方式转变出发，全面把握，统筹规划，逐步实施。我们一定要抓住当前难得的机遇，解决好我们多年来想解决而没有能力解决的问题。改善农牧民生产生活条件，要围绕提高农牧民收入，算好投入产出账，努力降低成本，推进模式化养殖和模式化种植，提高生产经营效益。这是一项非常艰巨的任务，也是我们不可推卸的历史责任，必须抓紧抓好。

实施围封转移战略，我们一定要以“三个代表”重要思想统揽全局，突出抓好生产经营方式转变、思想观念转变和生产生活条件的改善。这“两个转变、一个改善”是实施围封转移战略的重点，也是从锡林郭勒盟实际出发贯彻落实“三个代表”重要思想的具体体现。生产经营方式粗放是锡盟农牧业的要害问题，也是农牧业经济的主要矛盾。抓好生产经营方式的转变，就是在抓先进生产力的发展。转变思想观念是建设先进文化的要求，也是建设先进文化的重要内容。改善农牧民的生产生活条件，本身就是代表广大人民群众的根本利益。我们要用“两个转变、一个改善”的实际行动贯彻落实“三个代表”重要思想。

五论围封转移战略[①]

2001 年四五月，正是锡林郭勒盟西部最干旱、最艰难的时候。我到西苏旗、东苏旗下乡，看望灾区牧民。我到走场牧户的帐篷看望牧民，牧民握着我的手，抱住我哭了。他们有些绝望地说“现在我们怎么办，我们怎么办”？那时候是草原牧草返青期，可眼前是赤地千里、寸草不生。牧民把所有的钱都用来买草料也接不上茬。确实，一点办法都没有了，真的是绝望了。

我们当领导的在最困难的时候必须做群众的主心骨，当时我心中已有底数。因为连续几年的大旱，传统畜牧业的生产经营方式已难以为继。笔者一直在思索怎么改变这种状况，大体有了一些想法。这个想法就是开发利用贯穿西苏旗、东苏旗的苏尼特古河道，适度开采地下水，发展灌溉饲草料地，搞舍饲养殖，从而转变饲养方式，恢复草原生态。我紧紧握住牧民的手对他们说，大家不要着急，天无绝人之路，只要党和政府在，就有办法帮助大家解决困难和问题。我对他们说，原来那种活法活不下去了，现在必须换一个活法。今后的问题我们负责研究解决，当前要听我一句话，趁牲畜还有一些膘情抓紧把牲畜全部卖掉，把钱存起来，减少灾害损失，到合适的时候再用钱来买牲畜。如果继续赶着牲畜跑，那损失就更大了。

当时说让牧民换一个活法，就是想按照江泽民同志讲的用发展的思路、发展的办法解决前进中的问题，就是想立足于从根本上改善生产生活条件、转变生产经营方式，就是要实施围封转移。从这个意义上讲，之所以提出围封转移的思

① 本文节选自 2002 年 5 月 11 日在锡林郭勒盟政法系统领导干部围封转移战略培训班上的讲话录音整理稿。

路，是形势所逼，形势逼我们走出一条新路来。

实施围封转移战略不是权宜之计，也不是适应性调整，而是战略性调整，这是温家宝同志讲的。2001 年 10 月 20 日，温家宝同志在山西省大同市召开河北、辽宁、内蒙古、山西、陕西五省（区）领导及受灾严重地区领导参加的农村工作座谈会。内蒙古只有锡林郭勒盟参加了座谈会，我着重汇报了实施围封转移战略来增强防灾抗灾能力的初步思路。温家宝同志在座谈会结束时的讲话中几次举例肯定锡林郭勒盟的围封转移战略。他说，这几天在山西调查研究，有个县抓农业结构调整，他们说 70 年代种胡麻，80 年代种葵花，90 年代种南瓜，市场需要什么就种什么。这也是调整，但这是适应性调整。内蒙古锡林郭勒盟的围封转移不是适应性调整，而是畜牧业生产经营方式的战略性调整。围封，无非就是围栏封育、封山育草、封沙绿化；转移，就是从粗放转移到集约，从分散转移到集中。这种收缩和转移也要推广到北方地区农业上去。现在，北方地区人均耕地太多，一个人十几亩。应该收缩，集中种好人均二三亩地，其他的种草，发展畜牧业。听了温家宝副总理的讲话，我非常受鼓舞，进一步提高了认识，更加坚定了信心。

围封转移战略是我们根据形势的变化，根据当时面临的严峻挑战和应对挑战的有利因素，总结历史经验教训，把灾后反思加以成果化而提出的一整套战略性思路。这个思路得到国务院领导和内蒙古自治区党委、政府的肯定。2002 年以来，通过广泛的宣传，锡林郭勒盟广大干部群众的思想认识也逐步趋于一致。如果我们当时抓不住这个历史机遇，看不准新的形势、大的挑战和发展趋势，提不出正确的应对措施，那就不仅仅是称职不称职的问题，可能是犯历史性的错误，对人民群众、对一个地区的发展、对子孙后代都无法交代。

总体来说，实施围封转移战略就是要达到改善草原生态、改善牧民生活的“双赢”目的。改善草原生态要有具体的措施，改善牧民生活要有正确的选择。过去我们面临这“两难”选择，改善牧民生活就要发展牲畜头数，改善草原生态就必须减少牲畜头数，好像非常矛盾、不可调和。实施围封转移战略，就是要协调这对矛盾，变“两难”为“双赢”。我们改善草原生态是为了建设祖国北方重要的绿色生态屏障，这是一个具有全局意义的大事。农牧业生产经营方式的转变是一个根本性转变，千百年来都没有过。农牧民思想观念的转变是一个历史性转变，就是让广大农牧民树立起一个新的生存理念和发展理念，这个转变太深刻了。

锡林郭勒盟围封转移战略从最初提出到全面组织实施大体经历了四个阶段：一是 2001 年上半年，在灾后反思活动中认真分析面临的形势，调整发展思路，于 2001 年 7 月提出以“围封禁牧、收缩转移、集约经营”为主要内容的围封转移工程思路，并在西部四旗紧急启动了试点工作。二是按照 2001 年 10 月初内蒙古自治区党委书记储波视察锡林郭勒盟时的指示精神，将草原生态保护和建设放在经济工作的首位，把围封转移上升到战略高度，赋予其更丰富的内涵。三是12月，内蒙古自治区党委、政府在听取锡林郭勒盟专题汇报后，根据会议纪要精神，进一步修改完善了围封转移战略实施规划和政策措施，在2002年初召开的锡林郭勒盟盟委扩大会议上进行全面部署。四是2002年4月初召开2002年春季围封转移工作电话会议，具体部署了2002年的任务，围封转移战略进入全面实施阶段。

回顾围封转移战略思路的形成过程，我们可以归纳这样几点体会。首先，我们想问题、作决策、解决矛盾，一定要把局部放在全局中加以认识，放在发展中加以分析把握和科学定位。不仅是实施围封转移战略，任何一项工作都是这样。其次，我们的思想观念、思路措施一定要适应发展变化的形势，一定要与时俱进。草原生态环境变化了，市场挑战加剧了，如果发展理念、思路举措、经营方式还是老一套，那就没有出路。最后，看准的问题要抢抓机遇，当机立断，敢于决策。当断不断，必有后患。当断不断就要丧失机遇，贻误战机，说严重了就要犯历史性错误。概括地讲，我们想问题办事情一定要解放思想，实事求是，一切从实际出发；要用新的认识、新的理念、新的思路来观察问题，分析问题；具体问题要具体分析，才能找到解决问题的正确思路和办法。

内蒙古自治区党委副书记陈光林同志在2001年视察锡林郭勒盟时说，锡林郭勒盟实施围封转移战略是一个伟大的创造。前一段，全国政协有关领导和专家教授来内蒙古自治区视察后说，锡林郭勒盟实施围封转移战略的政治意义不亚于土改，而且它的意义还在于前所未有地指出了以从事传统草原畜牧业生产为主的蒙古民族，在新的历史条件、新的发展形势下通过一个什么样的转变才能求得生存和发展的方向。当然，实现围封转移战略的目标，是一个漫长的过程。这个过程中有很多困难和问题需要不断地研究，不断地探索。

六论围封转移战略①

步入21世纪，锡林郭勒盟草原畜牧业的发展环境发生了重大变化。由于长期对草场过度利用，加之近几年气候异常、多种严重的自然灾害频繁发生，草原退化沙化不断加剧，草畜矛盾日益尖锐，不仅使传统草原畜牧业面临着前所未有

① 本文原载于2002年第9期《内蒙古工作》，原标题为《实施围封转移战略推进传统畜牧业向现代畜牧业转变》。

的发展危机，而且直接危及京津乃至整个华北地区的生态安全。随着社会主义市场经济体制的不断完善和我国加入 WTO，国内外畜产品市场竞争日趋激烈，传统畜牧业的生产经营方式和牧民的思想观念面临严峻挑战。锡林郭勒盟畜牧业要适应新形势，必须立足现实，着眼长远，努力探索一条草原生态保护建设与畜牧业市场竞争力提高相统筹的可持续发展之路。

国家实施西部大开发战略，实行积极的财政政策，把生态建设作为投入重点，启动京津风沙源治理、退耕还林、生态移民、扶贫开发等一批重点工程，以及北京申办 2008 年奥运成功，为我们加强草原生态保护建设，推动畜牧业生产经营方式的历史性转变，提供了千载难逢的机遇。

面对新形势新任务和难得的发展机遇，2001 年，锡林郭勒盟结合灾后反思活动，认真总结经验教训，适时调整发展思路，提出并实施以“围封禁牧、收缩转移、集约经营”为主要内容的围封转移战略。一年多来，在党中央、国务院的亲切关怀和内蒙古自治区党委、政府的直接领导下，经过锡林郭勒盟上下共同努力，这一战略思路得到不断充实和完善，在实施中实现良好开局。

一

围封转移战略，是立足于锡林郭勒盟实际，着眼于草原畜牧业生产经营方式的根本性转变和经济结构的战略性调整，以实现传统畜牧业向现代畜牧业的历史性转变为目标，以提高农牧民生活水平为根本出发点，以科技进步为动力，坚持生态、生产、生活“三生”结合，生态效益、经济效益、社会效益“三效”统一的社会系统工程。围封转移不是简单地把生态恶化地区的草场围起来，把牧民和牲畜转移出来，以解决局部地区生态问题的权宜之计，而是关系锡林郭勒盟经济社会发展全局的战略大计，其核心在于转移，即草场利用方式由超载过牧向科学利用转移，牲畜饲养方式由单一自然放牧向休牧轮牧、舍饲半舍饲转移，农业生产方式由广种薄收向少种种好、退耕还林还草转移，种植养殖品种由劣质向优质转移，增长方式由粗放向集约转移，经营方式由产加销分割向产业化经营转移，农村牧区剩余劳动力向城镇转移，以及思想观念由传统向创新转移。

实施围封转移战略，是结合锡林郭勒盟实际贯彻落实“三个代表”重要思想的必然要求。从锡林郭勒盟现实情况看，发展先进生产力，必须从转变传统畜牧业粗放的生产经营方式入手；建设先进文化，首要的是转变干部群众的思想观念；实现最广大人民的根本利益，就要不断改善生产生活条件，切实提高各族群众的生活水平。实施围封转移战略，我们把转变生产经营方式、转变思想观念和改善生产生活条件作为重点，努力保持与时俱进的精神状态，用发展的思路和办

法解决前进中的问题，紧紧依靠广大干部群众，扎扎实实地抓好各项措施的落实。

二

实施围封转移战略，坚持把草原生态的保护和建设放在首位，遵循自然规律和经济规律，尊重群众意愿，遵循以下治理原则。

因地制宜，分类治理。根据不同地区草原类型和生态状况，将锡林郭勒盟规划为四区、四带、十二基点，即围封禁牧区、围栏轮牧区、沙地治理区和退耕还林还草区，在浑善达克沙地南缘和沿主要交通干线建设两横两纵绿色防护带，在十二个旗县市所在地城镇周边建设生态防护林体系。规划用三步九年时间实现生态环境、生产条件和人民生活明显改善，生产经营方式明显转变，经济结构明显优化，地区经济实力和竞争力明显增强的目标。

集中连片，综合治理。实施围封转移战略坚持项目布局集中连片，各项措施综合运用。一是禁牧、休牧、轮牧。禁牧是对生态极度恶化、植被再生能力极其脆弱的地区坚决实行彻底禁牧，使其自然恢复。休牧是在每年春季牧草返青期实行舍饲圈养，保护和恢复植被，提高产草能力。轮牧是在生态状况较好的草场，适应一定时段内牧草生长和合理采食需要，根据水源条件合理布局，用围栏将草场分成若干区，轮流放牧利用。二是“封、飞、造”。封是对生态极度恶化的草场进行围栏封育，或为禁牧、休牧、轮牧、飞播和人工造林创造条件。飞是通过飞播种草和飞播造林措施，对沙地进行大面积治理。造是人工造林，坚持草灌乔结合、以灌木为主，做到适地适树适法。三是退耕还林。抓住国家加大退耕还林力度的机遇，结合农区经济结构调整，力争三至五年内，除种植特色蔬菜等经济作物外，其余耕地全部退耕还林还草。四是发展灌溉饲草料基地。这是实行禁牧休牧和发展舍饲半舍饲的前提和保证，是实施围封转移战略的物质基础。坚持因地制宜，科学规划，充分利用地表水，适度开发地下水，普遍实行节水灌溉，推广模式化种植技术，重点发展以青贮玉米为主的优质饲草料种植，不断提高人工增草能力，降低饲养成本。五是生态移民。对于生态极度恶化地区的农牧户，立足于从根本上改善其生产生活条件，有计划地向城镇或具备“五通”条件的地区搬迁，安排好生产生活，做到搬得出来、稳得下来、富得起来。

整合投入，集中治理。实施围封转移战略坚持规划布局先行，在不改变项目资金规定用途的前提下，将生态、水利、扶贫等各类项目资金适当整合，突出重点，集中治理。2002 年国家下达给锡林郭勒盟的京津风沙源治理、退耕还林、生态移民、禁牧舍饲试点等国债资金 3. 12 亿元，把这些资金与人畜饮水、扶贫开发、农业综合开发、防灾基地建设等项目资金适当整合，投入规模可达4.3亿元，治理面积可达8283万亩。

三

实施围封转移战略，坚持以结构调整为主线，以转变生产经营方式为核心，以转变思想观念为关键，重点落实好以下措施。

一是抓调整，促进结构优化。提高畜牧业市场竞争力，关键是提高畜产品品质，而畜产品品质主要取决于牲畜品种。调整畜牧业结构，把品种结构调整放在首位，引进优良品种，推广冷配、人工授精、胚胎移植技术，搞好地方良种提纯复壮，不断提高牲畜良改比重。同时，抓好畜种结构、畜群结构和繁育方式调整，推进专业化生产，加大出栏，加快周转。调整农业结构，结合退耕还林还草工程，大力发展以特色蔬菜为主的经济作物，大力发展以良种牛为主的农区畜牧业，积极培育主导产业和特色产业。大力开发水浇地，推广节水灌溉技术，不断改善生产条件，为农牧业结构调整提供保证。

二是抓科技，促进经营集约化。传统草原畜牧业最大的问题是生产经营方式粗放。转变生产经营方式，以提高效益为目标，以科技作支撑，大力推行模式化养殖和模式化种植。从设施标准化、饲养规范化入手，设计适合于不同地区、不同品种的养殖、种植技术规程，通过建立健全技术服务体系和教育培训体系，逐户指导落实。按照市场需求，实行区域化布局、规模化生产，积极培育龙头企业，提高农牧民组织化程度，健全社会化服务体系，推进农牧业产业化经营。

三是抓教育，促进思想观念转化。思想观念的转变是生产经营方式转变的先导。坚持广泛深入开展灾后反思活动和算账养畜活动，结合围封转移各项政策措施的落实，做深做细基层干部和农牧民群众的思想转化工作，增强生态环境意识和可持续发展观念。积极培育和推广各类典型，发挥典型的示范带动作用，逐步把围封转移战略变为广大干部群众的自觉行动。

一年多来，在党中央、国务院的亲切关怀和内蒙古自治区党委、政府的正确领导下，依靠锡林郭勒盟上下的团结一心、艰苦奋斗，围封转移战略顺利起步。2001年秋季在西部几个旗紧急启动围封转移示范园区试点工作，生态移民434户、1600人，禁牧草场540万亩。2002年春季，在锡林郭勒盟1/10的草场实行历史上第一次休牧，植被恢复效果比较明显。牧区新增灌溉饲草料基地8.76万亩，锡林郭勒盟种植青贮玉米43万亩，均创历史最高纪录。牲畜良改比重三年提高10个百分点，奶牛数量两年增长74%。农区退耕还林50万亩。

广大干部群众的思想观念正在发生深刻变化，实施围封转移战略的主体意识明显增强。尽管这些是实施围封转移战略的一个良好开端，前进道路上还有许多困难和问题需要克服和解决，但锡林郭勒盟各族干部群众决心在实践中学习，在前进中探索，一步一个脚印地实施好围封转移战略，实现传统畜牧业向现代畜牧业的历史性转变。

抓实六个环节打好四个战役[①]

——就春耕备耕致农区旗县领导的信

千方百计增加农民收入，是农业和农村工作的核心任务。春种才能秋收，秋收才能增收。春种关系全局，关系每个农民的切身利益。当前，正值春耕备耕的关键时期。面对严重的春旱，搞好 2002 年的春播，我们必须吸取以往的经验教训，按照模式化种植要求，把握农时，精心组织，全力打好种土豆、种玉米、种蔬菜瓜类和种草四个战役。

实行模式化种植，要实实在在地抓好六个基本环节：一是种植任务落实到户。根据农民意愿、家庭劳动力、农业机械、生产技能和土地状况，合理确定每户的作物种类和面积，坚持少种精种、高产高效。二是作物种类落实到地块。根据农户不同地块的土质、墒情和灌溉等条件，做到适地适种。水浇地主要种蔬菜瓜类等经济作物。旱作田不宜种植土豆、玉米的要全部安排种草。三是抓好农资供应和打井配套。根据生产需求，积极组织投放支农贷款，提前搞好籽种、农药、化肥、农膜的调运和销售，维修购置各类农机具，准备好坐水点种的设备，春播之前完成抗旱坐水点种水源建设和现有水利设施维修配套工作，确保不误农时，及时播种。四是抓好实用技术培训。这是模式化种植最关键的环节。各级农业和科技部门要根据不同农作物，制定科学的模式化耕作技术规程，明确翻、耙、耱、覆膜、坐水、播种等各个环节的技术标准和技术要求，通过集中培训、现场示范等方式，使每个农户至少有一名主要劳动力能够熟练掌握模式化种植技术，使 2002 年的春耕春播真正做到精耕细作。五是加强田间管理。切实做好间苗、穴窝补水、锄草、灭虫、防病等田间管理工作，保证水浇地及时灌溉，确保有一个好的收成。六是转变干部作风。组织县、乡、村各级干部深入春耕生产第一线，与技术人员紧密配合，采取包片、包点、包户的办法，指导和帮助农户严格按照模式化种植要求把地种好，及时解决农户在生产中遇到的各种困难和问

① 本文选自 2002 年 3 月 13 日写的信，原载于 2002 年第 6 期《锡党办通报》，《内蒙古日报》2002 年 4 月 18 日 7 版以《春耕关键在于抓环节》标题刊出。

题，确保春耕春播工作取得成效。

2002年锡林郭勒盟农业能不能增产，农民能不能增收，就看这四个战役的模式化种植能不能抓好。希望切实贯彻“三个代表”重要思想，动员和依靠广大干部群众，扎扎实实做好春耕生产各个环节的工作，全力打好发展抗旱农业的翻身仗。

畜牧业结构调整调什么[①]

畜牧业结构调整调什么、怎么调？这个问题关系到草原畜牧业的发展前途，关系到草原生态的保护和建设，关系到广大牧民的根本利益和经济社会发展全局。在我国加入世贸组织，传统草原畜牧业同时面对国内外两个市场激烈竞争和严峻挑战的新形势下，搞清楚这个问题，解决好这个问题，至关重要。

畜牧业结构调整的目的，是优化畜牧业内部结构，适应市场对畜产品优质化、多样化的需求，提高畜牧业的整体素质、效益和竞争力，增加广大牧民的收入。要达到这一目的，必须着眼于从根本上解决制约传统草原畜牧业发展的矛盾和问题，面向新的畜牧业科技革命和畜牧业现代化，全力抓好以下六个方面的调整。

（1）调整品种结构。调整优化畜牧业结构，提高畜牧业竞争力，最关键和最重要的是提高畜产品品质，而畜产品品质主要取决于牲畜品种。为此，必须把调整优化牲畜品种结构放在畜牧业结构调整的首位，在改良牲畜品种上下功夫。要根据草场特点和环境条件，大力引进适合当地发展的优良吊种，推广冷配、人工授精以及胚胎移植等现代生物技术，加大牲畜品种改良力度，加快地方良种的提纯复壮步伐，强制淘汰劣质品种，不断提高牲畜良改比重，尽快形成品种优势，促进产业优化升级。

（2）调整畜种结构。传统畜牧业的一个突出特点是牧户经营的牛、马、驼、羊等五畜俱全。这样的畜种结构，不利于科学利用草场和提高劳动生产率，不利于规模生产和产业化经营。调整畜种结构是促进畜牧业区域化布局、专业化生产，形成规模和特色，提高效益和竞争力的必要措施。要根据不同区域的生态状况、植被类型和牧民生产经验，选择有比较优势和市场潜力的一个畜种作为主攻

① 本文原载于2002年5月26日《中国畜牧业报》、2002年7月4日《内蒙古日报》、2002年第7期《现代农业》、2002年第8期《北方经济》、2002年第5期《内蒙古畜牧科学》、2002年第9期《内蒙古工作》。

方向，大力发展专业户、专业嘎查乃至专业苏木，逐步形成特色鲜明、规模适度、优势突出、效益良好的畜种结构。

（3）调整畜群结构。畜群结构决定着一个生产周期内的畜产品产量和再生产能力。调整畜群结构是提高畜群产出能力、提高效益的有效措施。要根据不同畜种的繁殖特性，合理确定畜群内部基础母畜、后备母畜和种公畜比例，通过加大出栏，形成母畜比重高、总增高、周转快、持续发展的畜群结构。

（4）调整繁育方式。传统草原畜牧业的一个主要特征是由自然放牧和粗放生产形成的春季一季繁育。这是制约开拓畜产品市场，影响畜产品加工业发展壮大和推进畜牧业产业化经营的主要原因。实施围封转移战略，由自然放牧向舍饲半舍饲转移、粗放生产向集约经营转移，为调整繁育方式创造了条件。要通过推进模式化养殖，改善母畜的营养状况，增强母畜体质，科学运用人工催情和同期发情技术，最大限度地发挥母畜繁殖潜力，缩短繁殖周期，增加繁殖次数，从而实现常年育肥，四季出栏，均衡上市。

（5）调整饲养方式。传统草原畜牧业的本质特征是粗放经营。实现传统畜牧业向现代畜牧业的转变，必须从调整饲养方式上切入。为此，要加快推进由自然放牧向舍饲半舍饲转变，实施模式化养殖，推广“长草短喂、饲料粉碎、槽斗齐备、营养搭配”的饲喂方式。这是草原畜牧业生产方式的根本性变革，是加速畜牧业现代化的突破口。

（6）调整经营方式。畜牧业经营方式决定着畜牧业的市场化程度。调整经营方式就是加速由产加销分割向产业化经营转变，达到龙头企业增效、牧民增收的双赢目标。要大力培育畜产品加工龙头企业，加快建设畜产品生产基地，特别要建立健全企业与牧户之间稳定的产销关系和利益联结机制。为此，要积极发展专业的合作组织和行业协会等中介服务机构，提高畜牧业生产的组织化程度。这是调整经营方式的切入点。

新时期畜牧业结构的战略性调整，是在全新的背景下展开的一项复杂的系统工程，涉及畜牧业生产经营的各个方面，其内涵之丰富，任务之繁重，远远超过以前的适应性调整。加快畜牧业结构调整，必须各方联动，循序渐进，强化各项保证措施。

（1）切实加强草原生态保护和建设。草原生态是畜牧业生存和发展的基础，任何时候都不能以牺牲草原生态为代价换得畜牧业一时的发展。要坚持以水定种、以草定畜的原则，因地制宜发展灌溉饲草料基地，提高人工增草能力，并根据产草量限定牲畜饲养量，减轻生态负荷，逐步恢复草原植被，改善生态环境。

（2）大力实施全民素质工程。畜牧业结构调整，是畜牧业现代化过程中的一次深刻变革，要求领导者和经营者相应提高素质。要以提高思想道德素质和科学文化素质为目标，以转变思想观念、转变生产经营方式为内容，健全培训制度，提高培训质量，使广大牧民尽快提高劳动技能，掌握模式化养殖技术。

（3）推进体制机制创新。畜牧业结构调整的过程也是健全畜牧业经营机制和改革政府管理畜牧业方式的过程。要用新思路、新办法解决畜牧业结构调整中的问题，建立和完善畜产品市场体系、畜牧业社会化服务体系和政府对畜牧业的支持保护体系，建立和完善符合市场经济发展要求的管理体制和运行机制，突破束缚畜牧业生产力发展的体制性障碍。

（4）强化科技支撑作用。畜牧业结构调整，要把科技进步放在突出位置，将推广实用技术、普及先进设备贯穿于畜牧业生产经营的全过程，发挥科技在改造传统草原畜牧业中的关键作用，不断提高科技对畜牧业发展的贡献率。

（5）从根本上改善生产生活条件。这是顺利推进畜牧业结构调整的保证。要加快以水为中心的通水、通电、通路、通广播电视、通电话“五通”建设和其他基础设施建设进度。对不具备“五通”条件、草原生态环境极度恶劣的地方，要有计划地实施移民搬迁。

（6）加强组织领导。开展好广泛深入的宣传教育，提高各级领导和广大牧民对畜牧业结构调整重要性和紧迫性的认识，厘清思路，制定规划，落实责任，精心组织，务求实效。

论实施全民素质工程①

江泽民同志在建党80周年讲话中指出：“我们建设有中国特色社会主义的各项事业，我们进行的一切工作，既要着眼于促进人民现实的物质文化生活需要，同时又要着眼于促进人民素质的提高，也就是要努力促进人的全面发展。”锡林郭勒盟盟委、行署提出实施全民素质工程，是结合锡林郭勒盟实际贯彻落实江泽民关于促进人民素质的提高重要论述的具体行动，是关系锡林郭勒盟经济社会发展全局的重大决策，具有基础性、战略性、决定性的意义。

近年来，锡林郭勒盟围绕提高广大干部群众的综合素质，在加强基础教育和职业技术教育等方面做了大量工作，取得了一定成效。但是与新形势的要求相比，与锡林郭勒盟经济社会发展的需求相比，与未来竞争和发展的趋势相比，还有很大差距。从受教育程度看，2001年锡林郭勒盟还有文盲81679人，占总人口

① 本文节选自2002年7月26日在锡林郭勒盟实施全民素质工程动员大会上的讲话提纲。

的8.4%，比全国平均水平高1.7个百分点；锡林郭勒盟“普九”地区以旗县市为单位达到57.3%，分别低于内蒙古自治区、全国8.38个和27.7个百分点；25岁以上每万人中接受大专以上教育的仅有275人，比全国平均水平少215人；锡林郭勒盟有研究生学历的只有40人。

总体看，锡林郭勒盟劳动者文化知识水平相对较低，知识更新速度比较缓慢。具体表现为干部队伍解决实际问题和创造性工作的能力不强、企业经营管理者竞争意识和经营管理能力不强、专业技术人员科学素养和创新能力不强、工人与农牧民劳动技能和致富能力不强的问题比较普遍。干部群众的综合素质问题已经成为制约锡林郭勒盟经济社会发展的一个最突出的问题。这一问题不解决，锡林郭勒盟的发展速度就快不了、质量就高不了，就难以在日益激烈的国际国内竞争中占据一席之地，缩小差距、走进前列的目标就不可能实现。

实施全民素质工程的总体要求是：以邓小平理论和“三个代表”重要思想为指导，紧紧围绕改革发展稳定大局和加快实施围封转移、结构调整、城镇化战略，以不断提高全民思想道德素质、科学文化素质、法律素质和劳动技能、创造才能为目标，以提高干部队伍素质为重点，广大工人、农牧民、知识分子等全体劳动者普遍参与，以理念创新为先导，以构筑终身教育体系为依托，以创建各类学习型组织为基础，创新学习载体，完善运行机制，加快人力资源能力建设，为锡盟经济社会发展提供坚实基础和有力保证。

实施全民素质工程阶段性目标是：经过若干年不懈努力，全社会自觉学习、提高素质、增强能力的意识初步树立；多层次的教育培训网络和社会化终身教育体系初步形成；激励学习提高的多形式、重实效的体制机制初步建立；各类学习型组织普遍建立，多数干部群众参加到学习型组织中来；全民的思想道德素质、科学文化素质、法律素质和劳动技能、创造才能得到显著提高。

实施全民素质工程要着力抓好以下四个环节：

（1）推进理念创新，在树立新学习理念上下功夫。理念创新是推进全民素质工程的前提。要树立新学习理念，即与发展变化的新形势相适应、与未来竞争和发展需要相适应、与创建学习型社会的要求相适应的全新的学习理念。比如，要树立学习是生存和发展第一需要的理念，使每个人都认识到在新形势下，学习是为自己的未来投资，是为自己的生存而学，为自己的发展而学。不学习，不掌握新知识新本领，就不具备生存和发展的能力。又比如，要树立终身受教育、终身学习的理念，使每个人都认识到在科学技术日新月异、知识不断更新的今天，如果只满足于现有的知识储备就跟不上时代的发展。要生存和发展，就必须不断进行知识更新，接受终身教育，坚持终身学习。再比如，要树立工作学习化、学习工作化的理念，把工作和学习统一起来，将工作的过程作为学习的过程，根据部门职能、岗位职责和工作需要进行学习；将学习与工作一样对待，把学习作为工作的前提，通过学习实现工作创新。

在树立新学习理念上下功夫，要从各级领导班子和领导干部自身做起，特别是各旗县市（区）党委、政府和锡盟各部门要首先解决好思想认识问题，率先转变观念，带头树立新学习理念。只有这样才能带动全社会提高认识和转变观念，才能调动广大干部群众的积极性和主动性，推动全民素质工程顺利实施。

（2）推进体制创新，在构筑终身教育体系上下功夫。教育是人力资源能力建设的基础。构筑终身教育体系，是实现全民学习，推进全民素质工程的重要条件和保证。终身教育，不是学校教育、成人教育和社会教育的简单叠加，而是对教育资源和人才培养模式进行优化整合，实现终身教育与终身学习双向强化、教育型社会与学习型社会双重组合。构筑终身教育体系，就是要围绕提高全民素质的总体目标，以新的教育观念、新的工作思路和新的机制办法，构筑资源共享、开放式、社会化的教育体系，创造“人人是学习之人、处处是学习之所”的社会环境。

在构筑终身教育体系上下功夫，首先，要立足于优化整合现有教育资源，充分发挥现有各类学校、各种教育培训场所、各种教育形式和广大教师的作用，统一规划，综合利用，积极推进教育的开放式和社会化，为不同层次、不同职业、不同年龄、不同学历的人创造适合其需要的学习环境和条件，在全社会形成浓厚的学习氛围。其次，要努力营造良好的文化环境。发展先进文化是实施全民素质工程的重要内容，也是构筑终身教育体系的一个重要方面。要深入持久地开展群众性精神文明创建活动，加强全民的思想道德、职业道德、社会公德和家庭美德建设。广泛开展城市文化、企业文化、社区文化等群众性文化活动，寓学习教育于文化活动之中，活跃群众文化生活，陶冶情操，提高品位，为实施全民素质工程营造良好的文化氛围。

（3）推进载体创新，在创建各类学习型组织上下功夫。创建学习型组织是创建学习型社会的基础，是实施全民素质工程的有效载体。这里讲的学习型组织，不是一般意义上的组织干部群众学习的组织，而是当今最前沿的一种管理理论的实践形式。学习型组织的学习，是强调与工作不可分离的学习，是强调个人学习基础上的组织的学习，是强调学习之后必须有新行为的学习。我们在创建学习型组织过程中，必须把握好学习型组织学习的这三个特点，严格按照学习型组织的规范要求运行。只有这样，才能使这一先进理念与我们的工作、生产、生活实际有机结合，使学习真正成为一种生存方式，最终达到提高全民素质的目的。

在创建各类学习型组织上下功夫，要从扎扎实实地抓好学习型机关、学习型企业、学习型社区、学习型嘎查村、学习型家庭五类学习型组织的试点工作入手，边创建边探索，边总结边提高，在抓好试点的基础上逐步推开。一开始选择试点不宜太多，防止一哄而起、搞形式、走过场。各级领导班子、领导机关和领导干部要在创建学习型组织中起带头作用，按照学习型组织的要求，率先把各级党委理论学习中心组建成学习型组织，把各级党委、政府建成学习型党委、政府。只有这样才有说服力和号召力，才能领导和组织好各类学习型组织的创建活动，带动广大干部群众积极投身到实施全民素质工程的实践中来。

（4）推进机制创新，在强化组织领导上下功夫。推进全民素质工程是关系全局、关系长远的战略任务，是一项基础性的社会系统工程。要保证这项工作的顺利开展，必须积极推进机制创新。机制创新主要是指领导机制创新、动力机制创新和投入机制创新，特别是要在建立协调有力、运转高效的领导机制上下功夫。各级党委、政府一把手一定要统一认识，高度重视，亲自解决全民素质工程实施中遇到的各种困难和问题，持之以恒把这项工作抓紧抓好，形成党委领导，政府推进，各部门齐抓共管的领导机制。全民素质工程指导中心作为专门工作机构，要配足配强人员，率先加强学习，尽快熟悉业务，创造性地开展工作。要明确各部门的工作职责和主要任务，建立部门领导责任制，分工协作、形成合力。要切实做好宣传动员工作，通过既有声势又深入持久的宣传教育，形成正确的舆论导向和良好的社会氛围，增强全民的参与意识，使实施全民素质工程成为每个人的自觉行动，为把锡林郭勒盟建设成学习型锡林郭勒盟而努力奋斗。

实施全民素质工程，是锡林郭勒盟盟委、行署以“三个代表”重要思想为指导，正确把握时代发展趋势和科学分析盟情基础上做出的重大决策，是对锡林郭勒盟发展战略的重要完善，对于从根本上和长远上提升锡林郭勒盟整体竞争力和创造力，形成后发优势，实现经济社会跨越式发展具有重要的现实意义和深远的历史意义。各级党委、政府和广大干部群众要充分认识推进全民素质工程的重要性，将思想统一到锡林郭勒盟盟委、行署的决策部署上来，增强责任感和紧迫感，以极大的热忱、务实的作风，把实施全民素质工程这件大事抓紧抓好。

澳大利亚、新西兰两国畜牧业考察报告①

2002年6月22日至7月7日，锡林郭勒盟畜牧业考察团赴澳大利亚、新西兰两国学习考察。澳大利亚和新西兰是出口型、效益型畜牧业发达国家，坚持草场利用科学化、牲畜品种优良化、生产经营集约化，实现了可持续发展。

① 本文于2002年10月30日写完，原载于2002年第32期《锡党办通报》。

一

（1）草场利用方面，澳大利亚、新西兰两国充分利用气候适宜、降水量多、水资源丰富、科技进步等条件，加强草场建设，提高草场生产能力，实现草场利用科学化。一是大规模改良草场。澳大利亚主要采取施肥、灌溉和补播等措施改良草场，新西兰对土壤、牧草、气候进行综合研究，因地制宜施肥改土，种植优质牧草，建设人工草场。澳大利亚大多为改良草场，新西兰几乎全部是人工草场，产草量较天然草场成倍提高，增加了草场载畜量。据澳大利亚新南威尔士州一个饲养美利奴羊的家庭牧场介绍，未经改良的1英亩（合6亩）草场仅能养1只羊，施肥改良后可养2只羊，施肥和补播优质牧草的可养4只羊。二是培育优质牧草。澳大利亚、新西兰两国地处大洋洲，原生植被牧草种类单一，大规模改良草场和建设人工草场都要引种优质牧草。经过长期育种、杂交、中间扩繁及大田试种，逐步培育出适合当地生长的优质牧草品种。目前广泛推广的有三叶草、黑麦草、苜蓿、羊茅等。三是发展青贮饲料。青贮的一项关键技术是掌握作物收割期，在作物养分最高、纤维未老化的时候突击收割贮藏，并掺入一定量的豆科牧草，提高青贮的营养价值。据澳大利亚考力代羊场的杰夫先生介绍，他家的青贮饲料蛋白质含量达到16%，即使喂牛也不需要添加其他精料。贮存方式主要有地下壕贮、半地下壕贮、地面堆贮和塔贮等形式，使用比较多的是半地下壕贮，这样贮藏的饲料一般五至十年不变质。袋贮方式由于营养流失多、贮存时间短而被淘汰。四是科学利用草场。澳大利亚、新西兰两国所有草场全部实现围栏化，同时用移动电围栏将草场合理划分为若干小区，实行轮牧。这不仅有利于有效保护草场、科学利用草场，便于放牧管理，减少牲畜体能消耗，而且可以提高载畜量20%～25%。

（2）牲畜改良方面，澳大利亚、新西兰两国广泛采用良种，运用先进技术，不断选育，加速扩繁，提高牲畜品质，经过长期努力实现牲畜良种化。一是根据自然条件和市场需求选择品种。目前，澳大利亚主要饲养毛用美利奴羊、毛肉兼用考力代羊，新西兰主要饲养毛用美利奴羊、罗姆尼肉羊和毛肉兼用的库帕羊。肉牛主要是海福特、西门塔尔和安格斯，奶牛主要是荷斯坦（黑白花）。二是搞好良种培育。主要采取提纯复壮、人工授精和胚胎移植等技术措施，保证优良畜种的典型性状能够稳定遗传和现有品质不断提高。三是严格管理种畜。普遍利用计算机管理种畜系谱，防止退化。强化政府和行业协会对种畜的监管。政府农业兽医部门进行定期抽查，行业协会对种畜进行鉴定并出具系谱证书。四是以亲本种群的选优提纯为前提开展经济杂交。通过杂交，牲畜生产性能明显提高，牛的体重一般可增长20%左右。

（3）经济效益方面，澳大利亚、新西兰两国畜牧业从生产到消费的各个环节都根据市场需求决定生产品种、生产规模和生产方式，最大限度地提高经济效益。一是注重适时出栏。绵羊每年分两期配种，以满足均衡上市需求，空怀母畜无论畜龄大小都被淘汰。羔羊当年出栏，肉牛18月龄左右出栏，剪毛羊饲养5～6年、奶牛饲养5年、母羊饲养7年，以保证向市场提供最优产品。二是注重畜群结构优化。比如，杰夫家经营的考力代羊场有7000只羊，除保留适龄母羊、后备母羊和一定数量有系谱的种公羊外，其余经过育肥后全部出售。三是注重促进出口。澳大利亚每年出口70%左右的畜产品，遍布世界110个国家，其中羊毛和牛肉的出口量居世界第一位。新西兰羊肉和羊毛出口量分别居世界第一位和第二位，奶制品的90%用于出口。为适应国际市场需求的变化，澳大利亚、新西兰两国保存着丰富的品种资源，随时可为从事商品畜生产的农户提供各种优良品种，使他们能够尽快组织生产。同时大力发展育肥业，全澳大利亚日育肥牲畜常有量达40万头只。四是注重机械化。由于人口少、劳动力价格高，澳大利亚、新西兰两国在畜牧业生产和经营管理上普遍实行机械化作业、自动化管理，降低成本，提高劳动生产率。五是注重发展畜产品加工。澳大利亚、新西兰两国依托本国优势资源，大力发展以肉食品、毛纺织品、乳制品为重点的畜产品加工业，实现了产加销一条龙、科工贸一体化和原料综合利用，带动畜牧业发展。比如，堪培拉市布里金肉类加工公司，现有牛、羊、猪三条生产线，牛、羊、猪内脏和骨血经过磨碎、烘干等工序制成有机肥料，效益非常好。这些副产品被称为“蛋糕上的奶油”。

澳大利亚、新西兰两国之所以能在上述三方面取得显著成效，其原因主要有以下三点：

第一，以科技进步为支撑。一个世纪以来，澳大利亚、新西兰两国畜牧业一直处于世界领先地位，其重要原因之一是高度重视科技进步。一是适应畜牧业经济发展需要，超前抓科研，目前，澳大利亚、新西兰两国正在加紧研究现代生物技术，胚胎移植、性别控制、克隆、转基因等技术已相当成熟。二是拥有完善的推广应用体系，致力于科研成果转化，并应用于草场建设和利用、牲畜繁育、饲养管理、疾病防治、检疫监测等各环节。三是科研机构直接面向生产，大都分布于各牧场，科研人员直接为牧户提供服务，进行技术指导。多数牧场主与科研单位建立了契约关系。

第二，管理体制完善。澳大利亚、新西兰两国都是移民国家，完全承袭了英国的经济体制。经过200多年的发展，市场发育更加成熟，各种经济活动主要靠市场来调节。两国均实行土地、草场私有制，牧场主保护生态环境、强化经营管理、提高经济效益的意识和主动性强。政府主要行使服务和监管职能，通过农业部门研究畜牧业生产中的技术问题和教育科技如何与生产相结合的问题，并为牧场主提供信息服务。同时加强宏观管理和专项法律监督，比如，严禁在降水量低于200毫米的草场和沙化地区养畜，对经营管理不善而退化的草场由政府或银行收回，对种畜、牲畜防疫等进行严格监督管理。

第三，运行机制健全。主要体现在企业化管理、市场化运作和社会化服务三个方面。澳大利亚、新西兰两国在畜牧业生产各环节上都实行企业化管理，讲求投入产出比，精心核算成本，在保护生态的前提下，谋求最佳效益。市场体系十分健全，牧户可通过拍卖市场、直接销售、订单和电子商务等形式销售，畜产品迅速进入流通和消费领域。社会化服务体系非常完善，有养羊、养牛以及羊毛等各类协会。这些协会由民间自发组织，其主要职责是研究如何提高本行业产品的竞争力，保护牧户利益。在提供信息、推广技术、连接牧户与国内外市场方面发挥着重要作用。疫病防治、农资供应、农畜产品购销、机械化作业、剪羊毛等服务，都由私营公司承担。

在学习考察中我们还直接感受到，澳大利亚、新西兰两国教育很发达，牧场主文化程度普遍都高，而且特别重视适应市场变化、科技成果转化、新知识普及，不断加强对牧场主的教育培训，进一步提高他们的综合素质和劳动生产技能。这大概是澳大利亚、新西兰两国畜牧业处于领先地位的根本原因。

二

我们认为，澳大利亚、新西兰两国发展现代畜牧业的一条最重要经验是，从本国终年气候温和、降水量充沛等自然条件出发，走出了一条符合本国国情的畜牧业发展道路。我们学习借鉴澳大利亚、新西兰两国经验和做法，也必须从锡林郭勒盟的具体环境和条件出发。实施围封转移战略是锡林郭勒盟盟委、行署根据锡林郭勒盟草原生态环境和国际国内形势以及所面临的挑战和机遇而做出的重大决策。一年多的实践证明，这一战略符合锡林郭勒盟实际，我们要坚定信心，坚定不移地把围封转移战略的各项措施落到实处。

（1）把草原生态保护和建设放在首位，坚持综合治理。一是推进禁牧、休牧、轮牧。按照局部禁牧、全面休牧、普遍轮牧的要求实施综合治理，是加强草原生态保护和建设的根本性措施。在草场严重退化区、生态脆弱区和四带、十二基点以及实行封、飞、造的地区必须禁牧，加强监管，恢复植被。在每年春季牧草返青期实行全面休牧，保证牧草正常生长和繁殖。2002年春季休牧的实践证明，在锡林郭勒盟这样降水量少、枯草期长的地区实行春季休牧是一项必须长期坚持的制度。坚持休牧制度，必须以搞好饲草料种植、储备为基础，以强化草原监理为保证。轮牧是休牧的延伸措施。在休牧的基础上实行划区轮牧，才能科学有效地利用草场。据有关部门测算，实行划区轮牧，草场增产、牲畜增重均可达20%左右。划区网围栏的设置应引进先进技术，运用移动式电围栏，以减少投入。二是加大草场改良力度。根据不同地区降雨量和植被状况，因地制宜采取施肥、切根、补播等措施，加快草场改良，提高牧草品质，增加草场产草量。同时采取封、飞、造综合措施，集中连片进行治理。三是加快建设人工草场。坚持以水为中心，充分利用地表水，适度开发地下水，采取节水灌溉措施，发展以青贮玉米为主的优质饲草料种植。坚持科学的耕作制度，大力推广青贮技术，搞好青贮玉米、籽实玉米和牧草青贮，改善饲草料的营养与质量，提高利用效率和转化率，满足牲畜的营养需求。

（2）以结构调整为主线，提高畜牧业市场竞争力和经济效益。一是以牲畜品种结构调整为重点狠抓改良，提高牲畜品质和畜产品质量。充分发挥锡林郭勒盟畜种资源优势，围绕搞好乌珠穆沁羊、苏尼特羊等地方良种的提纯复壮，制定切实可行的技术措施和相关制度，确保取得实效。同时，根据舍饲半舍饲和培育主导产业的需要，积极引进高产奶牛、优质肉牛、肉乳兼用牛、肉绒兼用羊等优良种畜，采用人工授精、胚胎移植等先进技术加速扩繁，不断提高良改比重和经济效益。二是抓好畜群结构调整，合理确定基础母畜、后备母畜和种公畜比例，提高母畜比重，淘汰空怀母畜，加大出栏，加快周转，提高效益，推进草畜平衡。三是抓好繁育方式调整，通过模式化养殖和必要的技术手段，调整繁育季节，增加繁殖次数，从而实现四季出栏、均衡上市，开拓畜产品市场，推进产业化经营。

（3）以科技进步为动力，切实转变生产经营方式。这是实施围封转移战略的重点。转变生产经营方式，一要坚持以科技进步为动力，提高生产经营各个环节的科技含量，加快推进由粗放经营向集约经营转变。加强与科研单位和专业技术部门的合作，有针对性地开展科技示范和技术推广，提高生产经营水平。二要大力推广模式化养殖，从设施标准化、饲养规范化入手，坚持“机械相配、槽斗齐备、长草短喂、饲料粉碎”，提高饲草料利用水平，改进饲养方式。三要大力推广模式化种植，坚持科学的耕作制度，加强防护林建设，推行节水灌溉措施，在提高单产上狠下功夫。四要实行区域化布局、规模化生产，积极培育主导产业，大力发展畜产品加工业。五要引导农牧民建立各类协会，发展专业合作组织，提高农牧业生产经营的组织化程度，大力推进社会化服务。

（4）积极稳妥开展生态移民，改善生产生活条件。对草原严重退化沙化区和生态脆弱区农牧户，有计划向城镇和具备“五通”条件的地区移民，搞好示范园区规划建设，安排好群众的生产生活，做到搬得出来、稳得下来、富得起来。实施好围封转移战略，关键是不断提高广大干部群众的综合素质。要按照锡林郭勒盟大力推进全民素质工程的统一部署，积极创建学习型嘎查村，加强教育培训，不断转变思想观念，提高思想道德素质和科学文化素质，形成加快推进传统畜牧业向现代畜牧业转变的合力。

苏尼特右旗齐哈日格图生态移民示范园区蹲点调研报告①

锡林郭勒盟荒漠半荒漠草原区第一个生态移民点——苏尼特右旗齐哈日格图生态移民示范园区（以下简称齐哈示范园区）启动建设一年多来，锡林郭勒盟盟委很重视这个示范园区的建设和发展。2003 年 2 月 24 日至 3 月 6 日，笔者和锡林郭勒盟盟委副书记王中和同志带领一个综合调研组到齐哈示范园区蹲点，就加强示范园区建设、解决好移民的长远生计问题做了较深入的调查研究。这个调研组由锡林郭勒盟盟委委员、宣传部长其木格，锡林郭勒盟盟委委员、统战部长兼围封转移办公室主任田学臣，锡林郭勒盟盟行署分管副盟长阿迪雅，锡林郭勒盟盟委办、组织部、牧业局、民政局、科技局、扶贫办等部门负责同志组成。这次蹲点调研历时 11 天，盟、旗、苏木、园区四级干部组成 18 个小组，走访了园区内的 111 户牧民。

2003 年 3 月 2 日，笔者在园区牧民会上宣讲党的十六大精神，就实施围封转移战略、保护草原生态、实现可持续发展的重大意义向牧民作了讲解；3 月 4 日，分别召开党员、团员座谈会，听取他们的意见建议，就发挥党员先锋模范作用、团员青年生力军和突击队作用提出希望和要求。调研组在深入了解情况、找准存在问题、认真分析研究的基础上提出解决问题的思路和办法，制订一系列实施方案和制度，对能够马上解决的问题予以解决。

一、园区建设初见成效

苏尼特右旗草场属于荒漠半荒漠草原，1999 ~ 2001 年连续遭受历史罕见的旱灾，加上长期以来对草场的过度利用，致使草场严重退化沙化，草原生态急剧恶化，特别是北部的额仁淖尔和格日勒敖都两个苏木赤地千里、寸草不生，已经失去了人畜生存的基本条件。在这种情况下，如果不采取果断措施进行治理，继

① 本文于 2003 年 3 月 18 日写完，相关 19 项方案和制度载 2003 年 3 月 22 日锡党办发〔2003〕2 号文件。

续掠夺式利用草场，将对这一地区乃至整个苏尼特草原生态环境造成不可挽回的灾难性后果。

为此，苏尼特右旗党委、政府按照锡林郭勒盟盟委、行署关于实施围封转移战略的决策部署，于2001年9月紧急启动齐哈生态移民工程，规划用三至五年时间把额仁淖尔和格日勒敖都两个苏木的草场全部围封起来，彻底禁牧，自然恢复植被；把禁牧区的牧民和牲畜转移出来，搬迁到城镇或具备通水、电、路、广播电视、电话“五通”条件的地方进行舍饲圈养或从事其他产业，转变思想观念和生产经营方式，从根本上改善生产生活条件，提高牧民收入，为推进牧区生态移民工程探索道路、积累经验。

齐哈示范园区启动建设以来，累计投入1196.48万元，其中，住宅建设310.97万元，棚圈建设280.3万元，水源工程和节水灌溉建设353.35万元，电力、通信、有线电视、自来水建设223.3万元，青贮窖建设28.56万元。2001年冬天和2002年秋天，分两批移民142户，搞舍饲圈养。

一年多来，牧民的生产生活条件得到改善，生产经营方式开始发生变化，为推动传统畜牧业向现代畜牧业转变进行了有益的尝试和探索。一是园区牧民的住房条件显著改善。建成砖木结构住宅162套，每套41.5平方米或54平方米。在已迁入园区的142户牧民中，原来有34户住蒙古包、25户住小土房，现在全都住上了砖瓦房。二是棚圈实现了标准化。建成砖木结构棚圈162处，每处110平方米。在迁入园区的142户牧民中，原来有25户没有棚圈，50余户棚圈条件比较差，现在全都得到改善。三是灌溉饲草地和青贮窖一次性建成配套。2001年新打机井19眼，开发灌溉饲草地3200亩，户均达到19.8亩，全部落实了节水灌溉措施；每户新建一处青贮窖，这些牧民在原住地都没有灌溉饲草地，没有青贮窖。四是牲畜品种、畜种和畜群结构正在优化。2001年迁入园区的20户牧民迁入前饲养牲畜4172头只，全部是土种牛和苏尼特羊，目前存栏牲畜1829头只，其中奶牛4头、西门塔尔牛35头、小尾寒羊53只。2002年迁入园区的122户牧民迁入前饲养牲畜12100头只，也是土种牛和苏尼特羊，目前存栏牲畜8442头只，其中奶牛12头、西门塔尔牛77头、小尾寒羊87只。牲畜饲养量虽减少了，但品种改善、结构优化了。五是就业结构发生了变化。园区部分牧民开始从事第二、第三产业，谋求新的发展门路。其中，从事运输业的2户、兽医1户、机动车修理的1户、饲草料粉碎的1户、搞缝纫1户、开小卖铺10户、出租书和光盘3户，有30户的35名劳动力外出打工，其中18人在齐哈爆花碱厂就业。六是“五通”条件明显改善。园区紧靠公路、铁路，交通十分便利。迁入园区的142户牧民中原来使用网电的只有9户，使用风力发电或柴油汽油机发电的93户，没有用电的40户，现在家家用上了网电。原来人畜饮水困难的47户，现在户户接上了自来水。原来安装电话的31户，现在达到73户。原来有电视机的80户，现在86户，并且家家接通了有线电视。七是科技培训工作明显加强。建立了园区综合活动中心，举办各类培训班5期，培训牧民750人次。八是牧民的思想观念开始转变。保护草原生态的意识得到增强，千百年来粗放经营的生产方式正在发生变革。目前，迁到园区的142户牧民饲养牲畜10271头只，其中大畜227头，小畜10044只，全部实行了舍饲圈养。九是建立了管理机构和基层组织。成立了示范园区管理委员会，选派得力干部驻区开展工作，建立了党支部、团支部等基层组织和牧民种养业协会。

二、困难和问题仍不少

牧区实施生态移民工程在锡林郭勒盟历史上是第一次，没有经验可供借鉴，而且142户中的122户是2002年10月以后才陆续迁入园区的。在这种情况下，如何使牧民稳下来，进而富起来，还需要进一步探索和实践。从调查情况看，当前存在的困难和问题主要有以下九个方面：

（1）连续三年历史罕见的自然灾害，给牧民生产生活带来严重困难。这三年中，牧民把加大牲畜出栏、减少灾害损失作为一项主要的抗灾措施，牲畜头数逐年减少。从142户牧民情况看，2000年牧业年度牲畜存栏28300头（只），2001年减少到17630头（只），有22户牧民变成了无畜户。由于加大了牲畜出栏，牧民人均纯收入在1999年和2000年两年呈增长态势，由1998年的2389元增加到1999年的2759元，2000年达到2872元。这些收入绝大部分用于买草买料、牲畜走场和偿还贷款。到2001年，由于旱情进一步加重，存栏牲畜大幅度减少，牧民人均纯收入急剧下降，由2000年的2872元减少到2001年的848元，2002年仅为503元，部分牧民生活非常困难。从调查的111户情况看，负债的有68户，占47.9%，户均负债9147元；贫困户41户，占36.9%；没有劳动力的有7户。

（2）牲畜结构调整刚刚起步，饲养方式仍然比较粗放。尽管目前园区牲畜品种、畜种结构正在发生变化，但从总体上看，结构仍不合理，有33户牧民饲养的牲畜全部是土种牛，个别牧户把马也迁入园区圈养。虽然盟、旗两级科技人员深入园区开展了相关科技培训，但是真正深入到牛棚羊圈手把手进行技术指导的不多；多数牧户没有按照模式化养殖规程操作，真正把实用技术学到手、运用到生产环节的不多。所有牧户饲喂的青干草都没有切碎，更没有做到合理搭配。有的牧户不计成本，超量饲喂，每只羊日喂2斤草、3斤青贮、1斤料；有些牧户青干草和饲料已经用完，而青贮还没有开窖。

（3）饲草地种植和管理水平比较低，越冬度春饲草料有缺口。牲畜舍饲圈养有没有效益，关键在于有没有价低量足的饲草料。2002 年，苏尼特右旗将园区 3200 亩灌溉饲草地承包给内蒙古自治区某厅下属公司种植，合同规定亩产青贮玉米不低于 6000 斤，而实际亩产只有 2700 斤。目前，园区内每个羊单位平均储备饲草 40.25 斤、饲料 7.7 斤、青贮 291.6 斤；迁入园区的 142 户中青干草和饲料已经喂完的有 55 户，能喂 15～20 天的有 67 户，能喂 30～45 天的有 20 户。按目前园区内牲畜饲养量和存储的草料计算，青干草能喂 1 个月，饲料能喂半个月，青贮能喂 3 个半月。

（4）额仁淖尔和格日勒敖都两个苏木部分牧户还没有迁出来，禁牧不彻底。迁出来的牧户还有部分牲畜在原地放养，移民户的部分草场没有围封。搬迁的目的是为了彻底禁牧，自然恢复植被。两个苏木境内现在还有 300 多牧户、31137 头（只）牲畜没有转移出来。2002 年迁入园区的牧户中有 62 户的 3000 多头（只）牲畜仍留在原地放养。迁入园区的 142 户牧户共承包草场 122.8 万亩，围封的只有 22 万亩，没有围封的 100.8 万亩草场中实现彻底禁牧的不足 30%，其余都还没有禁牧，只是牲畜数量由 16272 头（只）减少到 3000 多头（只）。

（5）基础设施还需要进一步完善。目前 142 户牧户只有 20 台粉碎机，喂牛的槽斗大多不符合标准。2002 年新建的移动式暖棚保温性能不适合饲养奶牛。饲草地种植、收储机械短缺，难以开展大面积机械化作业和实行统种分管。没有奶站，影响了牧民饲养奶牛的积极性。

（6）移民文化程度偏低，还有部分劳动力无事可做。在调查的 111 户 389 个牧民中，小学文化程度的有 197 人，初中文化程度的有 162 人，青壮年文盲有 13 人；在 269 个劳动力中有富余劳动力 47 人，且 80% 是年轻人。应积极创造条件，帮助他们尽快实现就业。

（7）基层组织不够健全，作用没有充分发挥。由于园区尚处在建设阶段，大部分牧民迁入时间较短，目前虽然建立了基层党组织、团组织，但居民委员会、妇代会、民兵组织等尚未建立起来，充分发挥作用需要一个过程。

（8）精神文明建设有待加强。园区群众的文化生活比较单调，环境卫生差，垃圾乱堆乱倒，牛羊粪没有集中管理，有些家庭不注重清洁卫生。牧民缺医少药、看病难的问题有待解决。

（9）牧民对原住地房屋财产不放心。搬入园区的牧民担心自己原住地的草场被人占用，房屋、水井、棚圈等设施被盗被毁。

三、必须不断加强园区建设

建设齐哈生态移民示范园区，是要利用齐哈具备“五通”的条件和优势，适度开发地下水，建设适当规模的灌溉饲草料基地，把生态极度恶化、已经失去人畜生存条件的额仁淖尔和格日勒敖都两个苏木的部分牧民转移到园区，转变生产经营方式，实行模式化养殖和模式化种植，逐步提高牧民收入，使牧民能够迁得出、稳得住、富起来，使草场彻底禁牧，逐步恢复植被，为牧区生态移民起到示范作用。

示范园区的生产方式是舍饲圈养。实行舍饲圈养有三个关键环节：一是调整牲畜品种；二是转变饲养方式；三是提供价低量足的饲草料。同时，必须加强科技培训，提高牧民的科学文化素质和饲养技能；必须加强以党支部为核心的基层组织建设，发挥党支部的战斗堡垒作用和党员的先锋模范作用；必须加强精神文明建设，倡导科学、文明、健康的生活方式，提高园区的文明程度等。总之，园区建设是一项系统工程，只有综合治理、整体推进，才能保证重点工作的落实，达到提高园区建设总体水平的目的。

按照这样的思路，调研组对调查了解的问题进行认真梳理和研究，并围绕舍饲圈养的关键环节，制定了产业结构调整、饲草料基地种植、牛羊模式化饲养规程、组建种植业股份合作公司、组建牧业机械化服务公司、基础设施建设及生产设备购置、贫困户扶持、传统奶食品加工销售、扫盲和继续教育、牧民文化技术学校、园区科技培训、禁牧区草场和牧民房屋管护、园区党支部建设、园区居委会建设、园区团支部建设、园区妇代会建设、园区民兵组织建设、齐哈示范园区区规民约、齐哈示范园区有关政策等19项实施方案、具体制度和措施。

一年多来，齐哈示范园区建设尽管取得了一定成效，但也确实存在着许多亟待解决的问题。对这种前所未有、矛盾集中、问题突出、事关全局的工作，采取上下结合、蹲点调研的方式，集中时间、集中精力研究解决存在的问题是十分必要的，调研组针对存在的问题制定的19项方案和相关制度是切实可行的。苏尼特右旗党委、政府要进一步加强组织领导，锡盟直属有关部门密切配合，帮助齐哈示范园区不失时机把各项措施落到实处。

论推进农牧民组织化[①]

党的十六大报告指出，统筹城乡经济社会发展，建设现代农业，发展农村经济，增加农民收入，是全面建设小康社会的重大任务。锡林郭勒盟实现全面建设

① 本文选自2003年3月23日在锡林郭勒盟农村牧区经济工作会议上的讲话录音整理稿。

小康社会目标最繁重、最艰巨的任务在农村牧区。没有农牧民的小康，就没有全盟的小康。这就是我们历来更多关注农村牧区、关心农牧民、重视农牧业，把解决好农牧业、农村牧区和农牧民问题作为锡林郭勒盟工作重中之重的原因。

新世纪新阶段，锡林郭勒盟加快实施三大战略、一个工程，努力开创农牧业和农村牧区工作新局面，必须坚定不移坚持党在农村牧区的基本政策，立足于创新体制机制，从加快推进农牧民组织化切入，不断深化农村牧区改革，加快发展农牧业经济，切实提高农牧民收入。

一、为什么要推进农牧民组织化

深化农村牧区改革，加快发展农牧业经济，切实提高农牧民收入，为什么必须从推进农牧民组织化切入呢？20 世纪 80 年代初实行家庭承包经营责任制，极大调动了农牧民的积极性，极大促进了锡林郭勒盟农村牧区生产力解放和发展。同时，我们也看到，伴随着发展出现了一些比较突出尖锐的矛盾和问题，主要是两个方面：一方面是发展不平衡，贫富差距拉大，出现了两极分化。前些年有一种判断，说 30% 的大户拥有 70% 的牲畜，70% 的中小户仅有 30% 的牲畜。2001 年底，锡林郭勒盟有贫困人口 24. 2 万，占农牧业人口的 41. 9%。另一方面是伴随着发展不平衡出现了草原生态退化沙化，自然因素主要是气候变化、灾害频繁发生，人为因素主要是草场超载过牧。

为什么会出现这些情况呢？贫富差距拉大归根结底是人的能力差异造成的，有文化、善经营、勤奋节俭的农牧民富起来了，没文化、智力差、好吃懒做或遇天灾人祸的越来越穷了。草原退化沙化的一个主要原因是超载过牧，而超载过牧的主要是大户，不是贫困户。那么，贫困户的草场是不是没有退化沙化呢？从某种意义上讲，退化沙化更为严重的是小户贫困户的草场。因为，小户贫困户没有能力围封自己的草场。大户要么无代价利用别人的草场，要么租赁小户贫困户的草场。出租草场对小户贫困户来说解决了眼前利益，却导致草场更加过度利用。

针对上述情况，这些年来我们采取两项措施：一是加大扶贫力度，投入大量资金扶持贫困户，解决贫富差距问题。二是落实“双权一制”，推进草场围栏化和草畜平衡制度，解决吃草场“大锅饭”问题。这些措施无疑是正确的，但对其效果也需要从两方面看，一方面取得了很大成绩，另一方面还没有达到预期目的。新形势下，需要我们从更深层次上思考这些问题。

一部分农牧民率先富起来，这是农村牧区生产力发展的生动体现。先进生产力是一个相对的概念，在不同发展阶段、不同区域、不同领域具有不同的含义。在锡林郭勒盟这样传统草原畜牧业地区现有发展阶段，这些先富起来的农牧民就是先进生产力。不能因为解决两极分化而限制他们的发展，限制了将导致生产力整体萎缩。他们是在邓小平同志让一部分人先富起来的伟大思想指导下富起来的。这一伟大思想并没有过时，锡林郭勒盟农村牧区全面建设小康社会要依靠这部分生产经营能手带头发展，积累财富。党的十六大报告明确指出，要形成与社会主义初级阶段基本经济制度相适应的思想观念和创业机制，营造鼓励人们干事业、支持人们干成事业的社会氛围，放手让一切劳动、知识、技术、管理和资本的活力竞相迸发，让一切创造社会财富的源泉充分涌流，以造福于人民。在新世纪、新阶段，我们不是要限制生产经营能手的发展，而要想方设法支持他们发展，鼓励他们发展得更快更好。

那么，70%的中小户包括其中占农牧业人口42%的贫困户怎么办？我们的任务是千方百计解决他们的温饱，尽快脱贫致富。我们代表最广大人民的根本利益，就必须帮助这部分人尽快脱贫。没有这部分人的脱贫致富，就没有锡林郭勒盟人民的小康。这是我们要解决的主要问题，是我们工作的重点和难点。尽快解决贫富差距，锡林郭勒盟“三农三牧”工作中的突出问题就这样非常尖锐地摆在我们面前。我们既要支持生产经营能手更快更好地发展起来，又要帮助贫困户稳定脱贫。从传统思维定式看两者，似乎是尖锐对立的。在新形势下看这个问题，两者可以统一、可以兼顾。党的十六大报告明确要求，发展要有新思路，改革要有新突破，开放要有新局面，各项工作要有新举措。我们要创新体制机制来解决这个问题，用新的思路和发展的办法来解决这个问题。这个办法就是推进农牧民组织化。

二、如何推进农牧民组织化

推进农牧民组织化，要用发展工业的理念发展农牧业，用企业经营方式管理农牧业，用现代企业制度所有权与经营权分离的思路推进农牧民组织化。就是以大户即生产经营能手为中心，推进生产经营能手与小户贫困户利益连接、股份合作，群众自愿、政府引导，项目扶持、规范运作。这里，实质是所有权或使用权与经营权分离，关键是优势互补，核心是利益连接，方式是股份合作。比如，牧区生产经营能手和小户贫困户自愿以草场、牲畜、基础设施、劳动、技术、管理和投入等要素入股，组建股份制合作社，入股者都是股东。

合作社里，生产经营能手占大股，担任社长，对合作社资产统一经营，规模化发展。生产经营能手与小户贫困户能不能合作的关键是优势互补、利益连接。通过股份合作，生产经营能手能够利用小户贫困户的草场、基础设施、劳动等生产要素发展壮大，而小户贫困户能够利用生产经营能手的经营管理能力稳定增加收入。所以，股份合作对生产经营能手和小户贫困户都有利。就是说，生产经营能手可以借助资源和生产要素的优化配置发展得更快更好，小户贫困户可以依托自己的股份有一份稳定的收入，还可以在合作社打工或从事第二、第三产业增加一份收入，最起码是原有资产不减少，又可逐年增加。农区发展股份制合作社，推进农民组织化，其机制同牧区一样。

这种创新的体制机制运用到扶贫开发上，可以用贫困户草场或扶贫开发资金往合作社入股，变直接扶持贫困户为直接扶持股份合作社，把扶贫资金作为贫困户的股份，使贫困户稳定受益。实践证明，以往那种扶贫方式有很多局限性，扶持多年而扶不起来的现象不是个别。通过股份合作社的发展来间接扶持贫困户，可以稳定增加贫困户收入，使其脱贫。这也是扶贫开发方式的创新。

这种股份合作体制机制创新，其实质是把现代企业制度所有权与经营权分离的原则创造性地运用到农牧业发展上，实行土地草场使用权与经营权分离，达到资源和生产要素的优化配置，借助现代企业法人治理结构相互制衡机制确保股份合作社健康发展。可以说，这种经济组织模式符合锡林郭勒盟现阶段生产力发展水平，符合进一步完善和发展社会主义市场经济体制的要求，符合提高农牧业竞争力的要求，符合创新扶贫开发思路的要求，符合最终实现共同富裕目标的要求。

三、推进农牧民组织化的好处

推进农牧民组织化有以下好处：一是有利于生产经营能手即大户做大做强。实质上，这是一次生产关系的调整，有利于生产力的解放和先进生产力的发展。二是有利于小户贫困户多渠道稳定增加收入。小户贫困户可以借助股份合作体制机制逐步提高收入，走上共同富裕的道路。三是有利于提高扶贫开发成效。借助股份合作体制机制，可以充分发挥扶贫资金的效益，确保贫困户有稳定的收入来源，逐步脱贫致富。四是有利于农村牧区人口向城镇转移。加入股份合作社的农村牧区劳动力可以没有后顾之忧地从事第二、第三产业，农村牧区人口向城镇转移，促进生产力布局调整，加快推进城镇化。五是有利于草原生态保护和建设。股份合作社对合作社草场可以统一规划、合理布局，草畜平衡、科学利用，依法依章程实现可持续发展。六是有利于适用技术推广。股份合作社实现规模化经营，有条件加快品种改良，转变生产经营方式，更好地使科学技术转化为现实生产力。七是有利于农牧业产业化。股份合作社的规模化经营，有条件推进区域化布局、专业化生产、社会化服务，实现与龙头企业有效对接、产加销一体化，加速工业化进程。八是有利于解决发展资金短缺问题。股份合作社可以提高资金使用效率和安全性，增强金融诚信，融到更多的发展资金。九是有利于思想观念转变。股份合作体制机制可以增强农牧民的市场意识、合作意识、法制意识和竞争意识，逐步提高综合素质。同时，有利于培养人才，在股份合作社生产经营实践中，生产经营能手可以锻炼提高为经营管理人才。

四、推进组织化的几个重要环节

第一，要大力宣传，提高对推进农牧民组织化必要性、重要性的认识，统一思想，调动积极性。第二，一定要以生产经营能手即大户为中心，选择好股份合作社的领头人。第三，制定好股份合作社章程，科学合理确定股值，处理好股份比价问题。比如，单位草场土地多少股，单位牲畜多少股，基础设施、劳动、技术、管理怎样折股，相互之间什么比价等，总的原则是有利于调动经营管理者的积极性、主动性，明确经营管理责任，保证小户贫困户的分红逐年稳定提高，调动他们的积极性，使他们把自己的切身利益与合作社的发展联结在一起。

可以说，推进农牧民组织化是农村牧区的一场深刻革命，其重大的现实意义和深远的历史意义将不亚于家庭承包经营责任制的推行。毫无疑问，这是新形势下对家庭承包经营责任制的深化和提升，是实施围封转移战略、解决锡林郭勒盟“三农三牧”问题的战略性举措。要加强领导、落实责任，先抓试点、典型引路，积极而又稳妥地推进。

关于加快推进农牧业产业化的思考[①]

——兼论农牧业经济结构战略性调整

农牧业产业化是新世纪新阶段加快农村牧区改革发展的根本途径，是统筹城乡经济社会发展，调整农牧业经济结构，推动农村牧区工业化的重要动力。近年来，农牧业产业化经营取得重大进展，但一些关键性问题还没有得到根本解决。认真总结经验，进一步厘清思路，加快产业化进程，是农村牧区工作的当务之急。

① 本文原载于中央政研室《学习与研究》杂志2004年第1期，内蒙古党委政研室《决策参阅》2003年第15期。

一、农牧业产业化的关键是什么

农牧业产业化，是把农畜产品的生产、加工、销售等环节连接成一体，把农村牧区和城镇生产要素有机结合，使第一、第二、第三产业有效衔接、相互促进的组织形式和经营机制。实施农牧业产业化经营，对农牧民增收、龙头企业得利、为消费者提供优质消费品，乃至政府增加税源，都有利。但是要把这件对各方都有利的好事办好，并不是一件容易的事。

认真分析这些年来的探索和实践，我们可以得出这样的结论：农牧业能不能实现产业化，关键取决于农牧民生产的产品适不适合龙头企业加工。具体讲，就看农畜产品符不符合以下五个方面的要求：一是市场化。农牧民的生产活动必须以市场为导向，效益为中心。农畜产品既要适销对路，又要有较高的收益。二是规模化。农畜产品再好，再有市场，如果没有较大的规模，就不值得龙头企业加工或销售，就形不成一个产业。三是均衡化。农牧民生产的有市场、有规模的农畜产品，除了可以储存的以外，尽可能四季均衡地向龙头企业提供，使龙头企业能够常年加工或销售，提高设备利用率，加快资金周转，达到利益最大化。四是标准化。农牧民生产的产品必须符合安全、绿色、无公害标准和龙头企业加工或销售的规格以及各项质量要求。五是组织化。农牧民的生产方式、经营体制、运行机制以及为农牧民提供服务的社会化程度等，都要适合产业化发展的需要。

从目前内蒙古农村牧区生产力发展水平和农牧业生产经营方式来看，上述五项要求中难度最大的是均衡化，其次是规模化。有些农畜产品较容易实现“五化”要求，所以较早地走上了产业化发展的路子，比如，加工牛奶、猪肉、鸡肉、鸭肉、山羊绒等产品的奶牛产业、生猪产业、肉鸡产业、肉鸭产业、白绒山羊产业以及加工小麦、玉米、油葵等农产品的相关产业。有些农畜产品较难实现“五化”要求，所以还未能实现产业化，比如，草原羊肉，市场非常看好，总体规模也不小，但是由于传统畜牧业是一年一羔、季节性出栏（它是由一岁一枯荣的牧草生产周期所决定），不能均衡出栏，未能实现真正意义上的产业化，只是停留在季节性屠宰的层次上。因此，牧民不能稳定增收、企业不能精深加工、消费者也不能常年买到优质鲜肉。另外，还有相当数量的农产品，或因不适应市场需求，或因形不成规模，或因不能均衡上市，也就是说，不能符合“五化”的某一项或几项要求而不能实现或不能完全实现产业化发展。

从总体上说，农畜产品可分为两大类：一类是直接消费型，即不经加工可直接消费的产品，如蔬菜、水果等；另一类是原料型，通过不同程度的加工才能消费的产品。不论哪类产品，一般地讲，只要符合“五化”要求，就可以形成原料基地，没有龙头可以引来龙头，有龙头可以壮大龙头。从这个意义上讲，实现农牧业产业化，关键不在于龙头企业，而在于农畜产品本身，在于农牧民生产的农畜产品是否适合加工的需要。当然，在产业化经营中，龙头企业一头连着生产农畜产品的广大农牧民，另一头连着需求日益精致化、复杂化的市场，没有龙头企业的带动，不可能实现农牧业产业化。但是，如果没有适合龙头企业加工农畜产品，也是“巧妇难为无米之炊”。

农村牧区为龙头企业提供符合“五化”要求的农畜产品是一个渐进过程，是按照产业化要求整合农牧业资源的过程。在这个过程中，基地和龙头互为依托、互促相长。培育“五化”产品，可为龙头企业的发展创造条件；扶持龙头企业，将拉动和加快“五化”进程。

二、战略性调整怎么调

实现农牧业产业化，对农牧业和农村牧区发展有巨大的促进作用，有利于农村牧区产业结构调整。实现农畜产品生产的“五化”要求是农牧业产业化的关键，推进农牧业经济结构的战略性调整，应按照“五化”要求来整合农牧业资源。

内蒙古农牧业的特征比较明显：一是抗灾能力弱。十年九旱条件下的雨养农业，一旦遭灾，不要说增收，连吃饭都成问题。二是生产经营粗放。农业广种薄收，畜牧业以放养为主，牲畜良改化程度低。三是发展潜力大。农民人均耕地8.94亩，人均水浇地2.69亩，农作物秸秆尚未得到有效利用。四是牧业五畜俱全，专业化程度低。五是农业品种齐全，只是形不成规模。六是农牧业科技含量比较低。这些特征既反映了劣势，又显示了优势；既说明了问题，也包含了潜力。推进农牧业结构战略性调整，应抓住这些特征，发挥优势，克服劣势，充分发掘潜力，解决存在问题，使农畜产品逐步达到“五化”要求，形成产业化经营的能力。

（1）农区由农业为主向畜牧业为主转移。相对于农业来说，畜牧业的比较效益是明显的，种粮不如种草，种地不如养畜。就拿应对干旱来说，农业经不住当年的干旱，春、夏、秋，哪一季旱了也不行。畜牧业则只要不是连年大旱，一般伤不了元气。种粮，三季都不能缺水；种草，只要有一季雨就解决问题。再拿水浇地来说，种什么作物都不如种青贮玉米养奶牛收入高。现在，奶业龙头遍布内蒙古自治区各地，任何地方养奶牛，都在辐射半径之内。

（2）牧区由一年一羔向两年三羔、四季接羔转变。这是肉羊实现产业化的关键之举。在传统畜牧业经营方式下，这是不可想象的。但现在结合退牧还草、生态建设，推行舍饲半舍饲，加强基础母畜营养，调整配种季节等，完全可以实现两年三羔、四季接羔。

（3）大力培育优势产业。不论是农村还是牧区，不论是种植业还是养殖业，都要着眼各地的资源状况和自然条件，根据市场需求和加工需要，立足深度开发，培育一个或若干个有特色的优势产业，下大力气克服小而全、杂而散的状况，突出本地特色，逐步形成区域化布局、标准化生产、品牌化管理、规模化上市、产业化经营的格局。

（4）大力推进体制创新。农牧民组织化是农牧业产业化的内在要求。提高农牧民的组织化程度，不能搞行政捏合，而要创新经营体制和机制，在群众自愿的前提下，通过政府引导，坚持“民办、民管、民受益”原则，运用市场机制，采取“利益联结、股份合作”的形式，将农牧民组织起来，建立多种形式的合作经济组织。

（5）立足于农牧业资源推进工业化。农畜产品加工业是工业经济的重要组成部分，农牧业产业化是农村牧区实现工业化的起点。应按照“五化”要求调整农牧业结构，发展农畜产品加工业，实现农牧业产业化，进而推进工业化。

论草原畜牧业发展阶段及特征①

——兼论围封转移战略

草原畜牧业的发展，可能经历了几千年。今天用科学发展观指导草原畜牧业发展，要解决的实质问题是坚持以人为本，促进人与草原和谐发展。为了深入考察这个问题，我们有必要根据牧区生产力发展水平和生产关系变革情况，对草原畜牧业的发展阶段及其特征做一些分析。

迄今为止的草原畜牧业，都可以称为传统畜牧业。但在漫长的发展过程中经历了不同的发展阶段。远的且不说，1949 年以来，把内蒙古的草原畜牧业就可以分为四个阶段：第一阶段是 1949 年到 20 世纪 50 年代末合作化之前过渡时期的草原畜牧业；第二阶段是 50 年代末到 70 年代末人民公社化时期计划经济的草原畜牧业；第三阶段是 80 年代初到 21 世纪初改革开放时期进入市场经济的草原畜牧业；第四阶段是 21 世纪初以来转型时期的草原畜牧业，可以说是从传统畜

① 本文选自 2004 年 7 月 5 日演讲录音整理稿。

牧业向现代畜牧业转型的起步阶段。党的十六大提出要建设现代农业，对牧区来说就是建设现代畜牧业。

对上述四个发展阶段草原畜牧业的特征，可以从五个方面加以概括：一是发展畜牧业的指导思想；二是畜牧业经营体制；三是草原利用方式和草畜关系；四是畜牧业生产经营方式；五是生产经营的主体。

过渡时期的草原畜牧业。这一阶段的指导思想是坚持“稳长宽”方针，实行“三不两利”政策，鼓励人畜两旺。牲畜私有户养，草场归属不清，但有习惯性利用范围。养畜单纯依赖草原，由于草多畜少，草畜关系协调。生产方式简单粗放，棚圈等设施较简陋，传统草原畜牧业成本低的特点明显。游牧，是牧民的生产方式，也是生活方式，人少牲畜少，人均牲畜少，穷的多，富的少。

计划经济时期的草原畜牧业。这个阶段坚持以阶级斗争为纲，划阶级、斗牧主，合作化、割资本主义尾巴。人民公社的大集体体制，推行“大锅饭”“一大二公”，是一种低水平的平均化。草原和牲畜集体所有、分户饲养，以单纯依赖草原为主，有的地方开垦草场种粮种料，草原载畜量相对较少，草畜关系基本协调。生产方式依然简单粗放，棚圈等基础设施建设起步，开始推广牲畜改良等实用技术。牧民的生产生活方式仍以游牧为主。

改革开放时期的草原畜牧业。这个阶段党的工作重点转移，坚持以经济建设为中心。牧区从 1984 年开始实行“畜草双承包”责任制，统分结合、双层经营，牲畜或作价归户或无偿归户，但草场仍然吃“大锅饭”，锡林郭勒盟是 1997 年开始落实草场“双权一制”，才把草场承包从分组或联户落实到户。牲畜归户、户有户养，极大调动牧民发展牲畜的积极性，牲畜头数发展很快，有的地方草场开始退化沙化。牧民收入大幅增加，生活改善，牧区定居逐步增加。

这个时期人草畜关系发生很大变化，人口增加，牲畜增多，草场超载过牧严重。锡林郭勒盟面积为 20.3 万平方公里，中华人民共和国成立初人口约 20 万，牲畜 146 万头只。到 2000 年，人口达到 90 多万，牲畜增至 2000 万头只。人口增加 4 倍多，牲畜增加了 12 倍，草场面积没有变化，草场质量不断下降，生产经营方式粗放，超载过牧使草场难以承受。由于牧户个体素质差异，收入差距拉大，出现两极分化。锡林郭勒盟 20 万牧民人均牲畜约 100 头（只），但是据判断，30% 的大户拥有 70% 的牲畜，牲畜最多的户有牲畜 7000 多头（只），而扶贫温饱线是人均牲畜不足 20 头（只）。

转型时期的草原畜牧业。从 21 世纪初开始了传统草原畜牧业向现代畜牧业的历史性转变。这个阶段坚持草原生态保护优先，推进草原围栏化，逐步把草场放养和补饲、舍饲、圈养结合，主张人与草原和谐相处，牧民观念开始转变。推动畜牧业结构调整，推行草畜平衡制度和禁牧、休牧、轮牧制度，减少超载过牧。推动畜牧业产业化经营，推进牲畜品种改良，畜产品加工业加快发展，牧民收入大幅增加，多数牧民实现定居。

锡林郭勒盟实施围封转移战略，可以说是草原畜牧业转型的重要标志，也是草原畜牧业发展本身的矛盾积累和草原生态环境形势所迫。锡林郭勒盟的牲畜头数，1949 年为 100 多万头，1989 年突破 1000 万头，1998 年突破 2000 万头，粗放经营、超载过牧问题很突出。又赶上 1999 年到 2001 年锡林郭勒盟遭受历史罕见的自然灾害，特别是西部三年不下一滴雨，风灾、雪灾、虫灾不断。到 2001 年春夏，西部五旗赤地千里，寸草不生，草场退化沙化严重，传统草原畜牧业的路子已经走到尽头。

2001 年 5 月 12 ~ 13 日，朱镕基同志视察锡林郭勒盟时指出，治沙止漠刻不容缓，绿色屏障势在必建；必须把防沙治沙、加强生态环境建设作为一项重大而紧迫的任务；草原过度放牧，是土地沙化的重要原因，要采取切实措施加强草原的保护和建设。一定要抓得很紧，一点也不能放松；要狠抓落实，不能讲空话；要注重实效，不能做表面文章。这次视察中朱镕基同志在多伦县砧子山山坡上现场办公，听取锡林郭勒盟盟委汇报，成立了国务院京津风沙源治理五人小组，紧急启动了京津风沙源治理工程。

2001 年 7 月，锡林郭勒盟盟委提出围封转移的思路，抓住国家京津风沙源治理工程投入的机遇，实施了围封禁牧、收缩转移、集约经营工程。2001 年 10 月，内蒙古自治区党委书记储波来锡林郭勒盟考察时充分肯定围封转移，并要求将围封转移工程提升为围封转移战略。2001 年 12 月自治区党委、政府听取锡林郭勒盟专题汇，常委会专门出了会议纪要。从 2002 年开始，内蒙古自治区直属 143 个厅局帮扶锡林郭勒盟实施围封转移战略。

围封转移战略的围封禁牧、收缩转移、集约经营的核心是畜牧业生产经营方式转变。不能简单理解为把草场围起来，把牧民搬出来。围封禁牧是保护修复退化沙化草原的新思路，禁牧是转变草原利用方式，畜牧业生产方式由粗放型向集约型转变的主要措施。禁牧包括常年禁牧，即在失去基本生产生活条件的地区彻底禁牧；季节性禁牧，即在草场返青期休牧；分块禁牧，即在休牧基础上把草场分成若干块，轮块利用。禁牧、休牧、轮牧是三种不同目的的禁牧，是草原利用方式的历史性转型。收缩转移是调整生产力布局的新思路，将草原利用方式由超载过牧向草畜平衡转移，牲畜饲养方式由单一自然放牧向休牧轮牧、舍饲半舍饲转移，种养品种由劣质低产向优质高产转移，农牧民居住由过度分散向适度集中转移，农村牧区剩余劳动力向城镇转移。集约经营是推进增长方式转变的新思路，推动畜牧业由头数型向效益型转变，结构调整由适应性调整向战略性调整转变，经营方式由产加销分割向产业化经营转变，经营体制由一家一户分散经营向合作化经营转变，农业生产方式由广种薄收向精种高效转变，思想观念由传统向创新转变。

2001 年 10 月，温家宝副总理在山西大同召开座谈会听取旱情严重的辽宁、内蒙古、河北、山西、陕西五省（区）汇报，锡林郭勒盟用 20 分钟汇报围封转移战略思路，得到温家宝的充分肯定。他在座谈会结束时的讲话中几次举例评价锡林郭勒盟的围封转移战略。他说，这几天在山西调查研究，有个县在汇报农业结构调整时说，80 年代种胡麻，90 年代种葵花，现在是种南瓜，意思是眼前市场需要什么就种什么。这也是调整，但这是适应性调整。内蒙古锡林郭勒盟的围封转移不是适应性调整，而是畜牧业生产经营方式的战略性调整。围封，无非就是围栏封育、封山育草、封沙绿化；转移，就是从粗放转移到集约，从分散转移到集中。这种收缩和转移也要推广到北方地区农业上去。现在，北方地区人均耕地太多，一个人种十几亩。应该收缩，集中种好人均二三亩地，其他的种草，发展畜牧业。

2003 年 1 月 3 ~5 日，胡锦涛总书记视察锡林郭勒盟。他在视察途中对实施围封转移战略非常肯定，说围封转移战略的方向是完全正确的，你们要扎扎实实地抓下去。

实施围封转移战略，是贯彻落实科学发展观的需要，是统筹人和自然和谐发展的需要，是草原畜牧业发展的崭新阶段。实施围封战略以来，锡林郭勒盟 12 个旗县市全部建立围封转移示范园区，牧民的生产生活方式开始转变。当然，牧民思想观念的转变需要一个过程，我们必须有耐心。保护好锡林郭勒大草原，是大局的需要，是构筑首都生态屏障的需要，是构筑祖国北疆生态屏障的需要，终究要实现。

《关于围封转移战略的研究报告》简介

围封转移战略，是关于传统草原畜牧业向现代草原畜牧业转变的思路创新和制度创新。《关于围封转移战略的研究报告》就如何实现这个历史性转变，提出一系列新观点和一整套对策措施，具有一定的前瞻性和较强的理论性、针对性、可操作性，较高的学术价值和实践意义。

一、主要观点

（一）关于围封转移战略的观点

内蒙古草原面积占全国草原面积近 1/4，是首都北京、华北乃至全国的绿色生态屏障。保护和恢复内蒙古草原生态，对于牧区经济社会与生态协调发展，促进各民族团结，维护国家生态安全，具有极其重要的全局和战略意义。

锡林郭勒盟提出实施围封转移战略，是草原畜牧业发展到一定阶段的必然产物，有其自然环境剧烈变化、经济发展与环境容量的矛盾空前尖锐、对草原畜牧业发展历史的深刻反思、传统观念与创新思维的激烈碰撞、国家和内蒙古自治区有力的支持等多方面背景和时代条件。

实施围封转移战略，就是以邓小平理论和“三个代表”重要思想为指导，树立和落实科学发展观，坚持生产、生活、生态“三生”统筹，经济效益、社会效益、生态效益“三效”统一，以实现传统草原畜牧业向现代草原畜牧业转变为目标，以牧区经济结构的战略性调整为主线，以畜牧业产业化为途径，以转变生产经营方式为核心，以科技进步为动力，走出一条生产发展、生活富裕、生态良好的文明发展道路。

（二）关于改善草原生态的观点

改善草原生态，就是在人与草原的关系上，从迫使草原与人的需要相适应，转为主动地使人的需要与草原相适应的过程。

要坚持“保护优先，加快建设，科学利用，依法管理”的草原工作方针，因地制宜地实行禁牧、休牧、轮牧的“三牧”制度。

推行“三牧”制度，在锡林郭勒盟乃至我国草原畜牧业的发展史上是前所未有的。这是认识自然规律、顺应自然规律的自觉行为。锡林郭勒盟提出局部禁牧、全面休牧、普遍轮牧，这是保护草原生态和科学利用草场的最主要、最有效的措施。

建设高产饲草料基地，是牧区解决枯草期补饲和舍饲圈养之需的重要措施，是调整畜牧业结构，转变生产经营方式，扩大圈养规模的必要条件。

实行草畜平衡制度，是防止超载过牧，有效保护草原，促进可持续利用的措施。

（三）关于调整畜牧业结构的观点

调整畜牧业结构，就是调整畜牧业内部结构和外部关系，促进畜牧业市场化，提高畜牧业经济效益的过程。内部结构和外部关系这两方面的调整是相辅相成的。产业化经营是畜牧业结构调整的方向，结构调整是产业化经营的基础和前提。

基地建设必须从结构调整起步，基地建设的过程就是畜牧业结构调整的过程。要围绕发展特色经济，以畜产品基地建设为切入点，对畜牧业结构进行五个方面的调整。

龙头企业带动结构调整，是产业化经营的关键。龙头企业的设备、技术、规模、实力和经营管理理念，决定着对结构调整的带动力，决定着产业化基地的发展，决定着畜牧业产业化经营的层次和水平。基地与龙头是基地促进龙头、龙头带动基地的关系。

牧民专业合作组织是畜牧业产业化经营的纽带，是产业化基地的载体，是牧民实现自我服务的有效形式。牧民的组织化程度，决定着畜牧业生产经营方式转变的进程，决定着产业化基地建设的层次和水平，决定着牧民作为市场主体的地位和作用，特别是与龙头企业关系中维护自身利益的地位和能力。

（四）关于调整生产力布局的观点

生产力布局的实质是人口布局。人口布局要注重人居环境和发展经济的条件。调整生产力布局，要坚持以人为本，关注人的生产生活的环境和条件，使生产力在区域和城乡之间有一个合理的布局。

调整生产力布局，将人口向优势地区转移，将各类生产要素向城镇集中，有利于草原生态的保护和建设，有利于基础设施的建设和充分利用，有利于加快工业化、城镇化进程，有利于各项社会事业发展，有利于牧民生活水平的提高和生活质量的改善。

城镇化的实质是乡村人口逐步向城镇转移的过程。加快牧区城镇化进程，是调整牧区生产力布局，转移牧区富余劳动力的重要依托，是统筹城乡发展，改变城乡二元经济结构的战略性措施。加快牧区城镇化进程，逐步建立和完善城乡统一的劳动就业制度、户籍管理制度、义务教育制度、医疗卫生制度、社会保障制度、税收制度和财政转移支付制度，稳步推进城乡配套改革，消除体制性障碍，形成有利于以城带乡、以工促牧、城乡互动、协调发展的体制和机制。

加快牧区工业化进程，是调整牧区经济结构的过程，也是调整生产力布局的必要条件。工业化进程滞后，是锡林郭勒盟经济社会落后、多数人从事农牧业生产、对草原掠夺式利用的主要原因。加快牧区工业化进程，是解决牧区经济社会生活中深层次矛盾的关键措施，也是实施围封转移战略的必然要求。

加快牧区工业化进程的制约因素，主要是交通等基础设施条件差，远离市场中心等。牧区推进工业化，要从加强基础设施建设、建立工业园区起步，从畜牧业产业化经营、发展畜产品加工业切入，把资源优势转化为经济优势，为调整生产力布局、转移牧区富余劳动力创造更多的就业岗位，增强反哺畜牧业的实力。

（五）关于建设现代草原畜牧业的观点

现代草原畜牧是草原畜牧业发展的新阶段。现代草原畜牧业的核心是科学化，特征是商品化，方向是集约化，途径是产业化。建设现代草原畜牧业，要以科学技术为强大支柱、以现代工业装备为物质条件、以产业化为经营方式。

实施围封转移战略，是实现传统草原畜牧业向现代草原畜牧业转变的现实途径。要树立和落实科学发展观，在实践中及时总结经验，不断完善思路，加强各项措施，继续抓好以下五点：一是扎实推进生产力布局调整。二是扎实推进产业化生产。三是扎实推进集约化经营。四是扎实推进社会发展。五是切实保证投入的连续性。

二、对策措施

（1）改善草原生态，要坚持“保护优先，加快建设，科学利用，依法管理”的方针，一要实行禁牧、休牧、轮牧制度；二要建设高产饲草料基地；三要实行草畜平衡制度。

（2）调整畜牧业结构，要坚持产业化经营的方向，认真抓好基地建设、扶持龙头企业、建立牧民专业合作组织三个重要环节。一是以产业化基地建设为切入点，对畜牧业结构进行五个方面的调整：品种结构、畜种结构、畜群结构、饲养方式、繁育方式。二是以龙头企业带动结构调整，着眼于增强龙头企业的带动力，着力扶持加工龙头企业和流通龙头企业。三是以市场主体的组织化为纽带，着眼于产业化基地与龙头企业之间的利益联结，立足于建立“风险共担、利益均沾”的机制，发展多种形式的专业合作组织。

（3）调整生产力布局，要坚持以人为本，关注人的生产生活的环境和条件，使生产力在区域和城乡之间有一个合理的布局。重点抓好三个环节：一是加快围封转移示范园区建设，促进生态移民和扶贫移民。二是加快城镇化进程，转移牧区富余劳动力。三是加快工业化进程，为调整生产力布局创造条件。

三、学术价值

（1）研究报告根据党的十六大提出的统筹城乡经济社会发展，建设现代农业的要求，第一次提出建设现代草原畜牧业的较系统的思路和一系列新观点，填补了这方面研究的空白，为进一步的研究奠定了基础，具有较鲜明的理论创新意义和较高的学术价值。

（2）研究报告对围封转移战略的阐述中，立足于正确认识和处理人、畜、草之间的关系，把实现传统草原畜牧业向现代草原畜牧业转变与全面、协调、可持续发展结合起来，提出一系列新思路、新观点和战略性措施，具有较鲜明的理论创新意义和较高的学术价值。

（3）研究报告围绕草原生态建设、畜牧业结构调整、生产力布局调整以及现代草原畜牧业，第一次提出了一系列新概念、新范畴，在一定程度上反映了事物的本质和普遍联系，是对事物的认识深化的产物和标志，具有较鲜明的理论创新意义和较高的学术价值。

四、实践意义

研究报告提出的一系列新观点和对策措施，都是实践经验的总结，是感性认识的升华，经受了若干年实践的检验，具有较强的理论指导性，现实针对性和实践可操作性，对草原畜牧业的发展乃至整个牧区工作，有普遍的指导作用和实践意义。

五、社会影响

2001 年，锡林郭勒盟提出实施围封转移战略以来，得到了内蒙古自治区党委、政府的充分肯定和大力支持，不仅变为锡林郭勒盟各族人民的具体实践，而且很多具体思路和措施被其他盟（市）的牧区所借鉴和采纳，各类媒体广为传播，同时，学术界也曾热烈讨论，可谓社会影响较大。

我们如何与草原和谐相处①

人与自然和谐发展，是科学发展观的基本观点。草原是牧区最基本的生产资料。没有草原，牧区生产无从谈起，草原状况直接影响牧区生产、牧民生活。建设社会主义新牧区，必须坚持科学发展，必须坚持人与草原和谐发展。人与草原和谐相处，是社会主义新牧区建设的基本前提。

人与草原和谐相处，其实质是牲畜与草原和谐相处。这就要求终止对草原的超载过牧、掠夺式利用，实行草畜平衡制度。如同农区实行最严格的耕地保护制度一样，牧区应实行最严格的草畜平衡制度。前者关系粮食安全，后者关系生态安全。

草畜平衡是指草场产草量与草场载畜量的平衡。从本质上讲，草场载畜量取

① 本文原载于 2006 年 9 月 11 日《内蒙古日报》，2006 年第 12 期《北方经济》，2006 年第 9 期《内蒙古工作》，内蒙古党委政研室 2006 年第 42 期《决策参阅》。

决于在草原上生产生活的人口数量。现有草场面积只有减少，不可能增加。实现草畜平衡，对策有两条：一是增草；二是减人。所谓增草，就是采取有效措施提高草场产草量。所谓减人，就是将牧区富余劳动力向城镇转移。

增草要坚持保护优先、加强建设、科学利用、依法管理的方针。

保护优先，就是把保护草原生态环境放在首要位置，贯穿于建设、利用、管理各个环节。划分生态功能区，对草场分类确定利用强度。对退化沙化草场实行禁牧，对已经丧失人畜生存条件的地区实施生态移民。

加强建设，就是采取积极的草场增草措施。推进草场围栏化，实行人工种草、飞播牧草、轮刈、切根、补播等，是草原建设的主要措施。在水资源、土壤、气候条件适宜地区，因地制宜地开辟建设高产饲草料基地，提高草原产草量。

科学利用，就是在避免草原退化沙化前提下适度利用，实现永续利用。在牧草返青期实行春季休牧，在适宜的草场推行划区轮牧，饲养方式上推行牲畜放养与舍饲相结合。

依法管理，就是逐步做到依法保护、依法建设、依法利用，逐步实现人与草原和谐相处制度化、法制化。

在当前条件下，草场增草的潜力是很有限的。实现人与草原和谐相处，主要应在减人上下功夫。转移牧区富余劳动力，应坚持立足就业优先、发展县城经济、提高就业能力、促进人口转移的方针。

立足就业优先，就是把牧区富余劳动力转移就业问题摆在优先位置。转移牧区人口，关键是解决他们的生计问题。只有妥善解决了就业问题，有了稳定的收入，才能移得出、稳得住、不反弹。

发展县城经济，是促进牧区人口转移就业的主要渠道。发展县城经济，应着力发展劳动密集型产业，创造更多的就业岗位；着力发挥资源优势，大力发展特色经济；着力优化发展环境，大力发展民营经济。

提高就业能力，是促进牧区人口转移就业的关键环节。应大力发展职业教育，加强针对性培训，提高转移人口就业创业能力，以创业带动就业。从一定意义上讲，职业教育就是就业教育，应立足于提高就业能力，优化教育内容、改进教育方式、增强教育效果。

促进人口转移，主要是用政策制度来激励。应制定优惠政策，让转移人口全面享受市民待遇；支持发展牧区股份合作组织，引导转移就业牧民草场入股，增加增收渠道，解除后顾之忧。

坚持保护优先、善待草原，就是善待我们自己。坚持就业优先，是为了实现保护优先。真正做到就业优先，是一个渐进过程，是一项战略任务，也是建设新牧区的一项迫切任务。

关于稀土产业发展的研究报告[①]

稀土是新技术革命和未来国际竞争的重要战略资源，是世界各国倍加关注的21世纪的重要基础材料。稀土也是我国的优势战略资源，具有巨大的发展潜力和广阔的应用前景。我国稀土在世界上不仅资源储量第一、产量第一、应用第一，而且出口量第一，在世界稀土市场上起着举足轻重的作用。认识稀土，研究稀土，提高稀土的开发利用水平，对于加快发展新材料，培育战略性新兴产业，提高国际竞争力，具有重大意义。

一、稀土及其用途

所谓稀土是指门捷列夫元素周期表第三副族中原子序数从57～71的15个镧系元素和另外两个与其电子结构和化学性质相近的钪和钇共17个元素的简称。18世纪末被发现时得名“Rare Earth”，即“稀有的土”。

稀土是非常宝贵的战略资源，因具有独特的理化特性，对发展高新技术产业和改造传统产业发挥着重要作用，被称为现代工业的维生素。稀土被广泛应用于冶金机械、石油化工、玻璃陶瓷、农业以及电子信息、生物、新材料、新能源等高新技术产业，特别是在材料领域独树一帜。稀土永磁材料、稀土发光材料、稀土储氢材料、稀土抛光材料等都是现代信息产业不可缺少的原材料，在计算机、电动汽车、核磁共振、镍氢电池、移动电话、汽车尾气净化器、液晶显示、高温超导、激光材料等许多领域中，稀土具有不可替代的作用。稀土在航空航天、国防工业中也发挥着特殊作用，激光制导、雷达、侦察卫星和自动指挥系统等尖端设备，均使用稀土以提高关键部位的性能。

稀土是一种特殊的、稀有的、宝贵的矿产资源。稀土元素自开发利用以来，西方发达国家在稀土资源提取、分离、应用方面做了大量开发研究。特别是自20世纪八九十年代以来，稀土资源的开发利用进入高速发展时期。目前，稀土元素的应用还在向新的领域拓展，几乎每隔3～5年，人类就发现稀土的一项新用途，每四项高新技术发明中就有一项与稀土有关，表现出难以估量的开发潜能，应用前景异常广阔。稀土元素因其独特的磁、光、电等性能而被誉为“材料

① 本文2007年11月19日在呼和浩特受中央政策研究室主任王沪宁委托，以内蒙古党委政策研究室名义执笔写的研究报告。

维生素”和“21世纪高科技和功能材料的宝库”。因此，稀土是国内外科学家，尤其是材料专家最为关注的一组元素。美国、日本、中国以及西欧等国政府将其列为战略资源和发展高新技术产业的关键资源。据初步统计，在已开发的新材料中有1/4含稀土。有人甚至预测，随着稀土基础理论研究的不断深入和各种稀土新材料的开发，将会引发一场新的材料技术革命。

我国拥有世界上最大的稀土储量和稀土产业。1992年，邓小平同志在南方谈话中，就我国稀土发展讲道：“中东有石油，中国有稀土。中国的稀土资源占全世界已知储量的80%，其地位可与中东的石油相比，具有极其重要的战略意义，一定要把稀土的事情办好，把我国稀土的优势发挥出来。”① 世界稀土资源主要分布在中国、俄罗斯、美国、澳大利亚、印度、扎伊尔、加拿大、巴西、马来西亚、南非等国家。中国的稀土工业储量为6588万吨，占世界稀土工业储量的71.1%，其中内蒙古白云鄂博矿区稀土工业储量为5738万吨（折合REO—稀土氧化物计，下同），占中国稀土工业储量的87.1%，占世界稀土工业储量的62%，内蒙古稀土资源储量居全球首位。山东、四川稀土储量占中国稀土储量的10.6%，南方七省（区）稀土储量占中国稀土储量的2.3%（见表1）。

表1　中国和世界稀土工业储量分布

分布国家、区域名称	储量（万吨REO）	比例（%）
中国内蒙古白云鄂博	5738	87.1
中国山东微山	400	6.0
中国四川凉山	150	2.3
中国南方7省（区）	150	2.3
中国其他省	150	2.3
合计	6588	100
中国	6588	71.1
俄罗斯	600	6.5
美国	1300	14.0
澳大利亚	520	5.6
其他国家	253	2.8
合计	9261	100

注：山东、四川的稀土系轻中型，南方七省（区）的稀土系中重离子型。

① 鲁志强：《为什么稀土卖成土价钱》，《四川稀土》2006年第4期第8页。

二、稀土的开发利用

从20世纪50年代起，稀土就受到周恩来、聂荣臻、方毅等领导人的重视。1987年温家宝同志指出：“应把稀土资源的开发、利用、出口战略同科学技术发展战略，同经济发展战略结合起来考虑，制定明确的资源政策、产业政策、科技政策和外贸政策，使之并行不悖地促进我国经济和科技的迅速发展。”① 1998年精简政府机构时，朱镕基同志批示：“此（稀土）事应予重视，工作要加强，机构要保留。”② 事实表明，一个国家的稀土开发应用水平，尤其在高新技术领域的用量，与其工业技术发达程度成正比。美国的稀土用量世界第一，日本的稀土应用技术水平最高，而欧洲则是开发稀土经典用途的发源地。我国的稀土工业从无到有、从小到大逐步发展起来，建立了一套完整的具有中国特色的采、选、冶、用相结合的稀土工业体系，成为世界最大的稀土生产和供应国。从某种意义上讲，稀土的开发应用水平几乎可以看作技术经济发达程度的标尺。

经过半个世纪的发展，内蒙古已拥有世界上最大的稀土产业体系，成为世界最大的稀土生产、消费、出口地区。内蒙古包头钢铁集团公司白云鄂博矿是举世无双的特大型稀土矿。2008年，内蒙古有稀土企业70多家，其中规模以上企业41家，固定资产54亿元，职工16000多人。稀土产品品种规格齐全，出口遍及国内外市场，生产量、出口量均为世界第一，冶炼分离能力超过5.5万吨，产品产量和供应量占世界的50%左右，其中高纯产品约占50%。内蒙古稀土产业规模不断扩大，其生产能力大幅提高，2008年稀土精矿产能达到18万吨，产量达到11万吨，约占世界产能的85%（见表2）。内蒙古稀土产业总产值从2000年的14.4亿元增加到2006年的65亿元。

表2　2008年内蒙古稀土产业产能、产量及占全国比例

产品	年生产能力	实际产量	约占全国比例
稀土精矿	18万吨	11万吨（REO）	84.8%
稀土分离能力	9万吨（REO）	5.5万吨	40.9%
单一稀土金属	12000吨	7740吨	35%
稀土合金	35000吨	12500吨	12%
钕铁硼合金及永磁材料	3100吨	2850吨	5.7%
抛光粉	4200吨	2380吨	23.8%

①② 鲁志强：《为什么稀土卖成土价钱》，《四川稀土》2006年第4期第8页。

续表

产品	年生产能力	实际产量	约占全国比例
储氢合金粉	3800 吨	1820 吨	18.2%
稀土荧光粉原料	120 吨（EUO2）	93 吨	11.7%

资料来源：数据由包头稀土高新区稀土办提供。

（1）内蒙古稀土产业集群开始形成。随着美国 ECD/OBC 公司，日本清美化学株式会社、三德金属株式会社、昭和电工株式会社、稀元素株式会社，法国罗纳普朗克公司等一批世界稀土知名企业入驻包头稀土高新区，内蒙古稀土产业集群开始形成。内蒙古稀土产业主要包括生产稀土原材料、稀土功能材料及应用产品和稀土在传统产业领域中的应用。

（2）技术创新能力显著增强。内蒙古与中国工程院、中国科学院长春应化所、清华大学等建立了合作关系，以国家稀土冶金及功能材料工程研究中心为中心，成立稀土永磁电机、稀土永磁材料、稀土储氢材料、稀土金属材料、稀土研磨材料等 10 个稀土工程研发中心，包头稀土高新区与内蒙古科技大学联合创建稀土学院，使内蒙古稀土技术创新能力和稀土人才培养能力显著增强。

（3）稀土出口不断扩大。世界对稀土原材料的年需求量约为 14 万吨，我国供应量达到 80%。世界对稀土原材料的年需求量以 10% 左右的速度递增，2010 年世界需求量预计达到 16 万～18 万吨，单一稀土产品和一些具有特殊物理化学性质及形状的稀土产品将大量涌入国际市场，但我国稀土产品仍将占世界稀土贸易量的 70% 以上。

（4）稀土产品出口政策逐步完善。随着应用市场的不断拓宽，稀土产品将会呈现多样化格局。国家发改委按照全球对稀土需求量的 80%～90% 安排稀土资源配置，以合理组织稀土产品的开发和生产。国家产业政策禁止稀土矿产品出口，对稀土产品出口实行配额管理，主要产品包括稀土化合物、稀土金属及合金、稀土功能材料等。

三、稀土产业发展中存在的问题

（1）稀土资源开发缺乏战略规划。由于条块分割、利益驱动、多头管理、企业权属关系复杂，我国稀土产业存在的违规或越权审批项目的现象多年来一直禁而不止，造成稀土资源开发秩序混乱，乱采滥挖、采富弃贫现象严重，落后工艺开采和初级分离能力膨胀，导致供需失衡、相互压价、出口增加，使稀土产品的价值与价格背离。

（2）稀土回收率低，浪费严重。受资源条件和采选工艺等因素影响，我国国有稀土矿山资源回收率一般在60%左右，个体矿山不足40%，南方的离子型稀土矿平均利用率只有20%～50%，像内蒙古包钢白云鄂博铁、铌、钍、稀土等多金属共生矿，稀土资源的回收率仅为10%左右，其余90%的稀土资源随铁矿石进入包钢选矿厂，绝大部分资源存放在矿山、尾矿库、高炉渣坝中。据有关人士预测，按照目前落后的开采分离方式，加上储备不足、新增可采储量很少，用不了多长时间，已探明的宝贵稀土资源将消耗殆尽。

（3）创新投入不足，科研力量分散。稀土新材料主要应用于高新技术领域，其研发和产业化需要大量科研经费。目前，许多应用稀土新材料生产高端元器件的技术和生产许可权均由发达国家和跨国公司控制。由于我国科研体制和管理机制的原因，科研经费不能集中使用、联合攻关，科研人才和队伍各自为战、形不成合力，缺乏高新技术支撑，使得我国多数稀土企业设备落后、自动化水平低，达不到规模经济，产品合格率比国外低3～5个百分点，产业发展缺乏后劲，难以占领终端市场。

（4）出口管理混乱，产品处于低端。我国稀土出口以原料和初级产品为主，一直是多头对外，国内企业为抢占国际市场低价竞销，造成企业利润大幅降低，部分产品出现亏损，国外企业从中获利。近15年来，我国稀土出口量增长近10倍，稀土企业利润却下降36%，稀土矿产企业利润普遍只有1%～5%。我国稀土出口绝大部分是中低端产品，初级产品占出口总量的75%。近年来，美国、澳大利亚、加拿大等国限制或停止开采本国稀土，实施战略储备。日本从我国进口的稀土占其稀土进口总量的83%，并将其列入储备矿产品范围。由于外资企业购买稀土原料、初级产品出口不受配额限制，日本、法国等国的企业在内蒙古包头投资设厂，以获取我国稀土原料。

四、稀土产业发展的措施和制度

（1）切实加强对稀土资源开发利用的管理，使稀土真正“稀”起来。鉴于稀土是稀有的、不可再生的宝贵资源，国家对稀土工业从采选、冶炼、加工、销售到出口各环节都应实行有效的统一管理。整合对稀土行业的多个部门多头管理，理顺管理体制，明确职能职责，建立协调统一、反应迅速、执行有力的调控机制。制定国家稀土产业发展规划，整顿稀土行业开采企业过多、生产规模过小，产能过剩、浪费严重，经营分散、效率不高，环境污染、市场混乱的问题，使稀土资源区有计划、科学合理地开采稀土资源，提高资源采选回收率，使有限资源得到充分利用。加快稀土产业结构调整，优化资源配置，控制稀土资源初级加工，对工艺落后、技术水平低的稀土分离企业限量或者停止供应原料，迫使其改善管理、改进工艺、改造技术，推动联合重组、集约化经营、集团化发展，促进产业升级。根据国内外市场需求，严格控制稀土精矿产量，是合理利用稀土资源、提高经济效益的首要环节。内蒙古包钢是我国最大的稀土矿产品生产基地，其稀土精矿产量的变化对国内外市场供求具有重要影响。包钢认真落实国家关于总量控制的指令性计划，对稀土精矿生产从计划、生产、销售、价格、经营上实行“五统一”管理，有效遏制了稀土原料市场的恶性竞争。

（2）加强稀土科技研发，使稀土品牌“亮”起来。目前，我国稀土及相关科研领域有科研人员近6000人，分散在数百家科研机构、稀土企业和高等院校，难以形成公关合力。国家科研管理部门应统一制定稀土科研规划，创新科研体制，加快建设以企业为主体、市场为导向、产学研相结合的稀土技术创新体系，使稀土企业真正成为稀土研究开发投入的主体、技术创新活动的主体和创新成果应用的主体，不断提高企业的自主创新能力。充分发挥政府的主导作用，不断完善政策环境，充分调动科技人员的积极性、主动性和创造性，精心组织科研力量，集中使用研发经费，对稀土产业发展的核心技术、关键技术实施联合公关，掌握具有自主知识产权的稀土专利技术，打破国外的技术垄断。包头稀土研究院是全国乃至世界最大的稀土研究机构，拥有16个稀土工程研究开发中心，其稀土冶金及功能材料国家工程研究中心是内蒙古唯一国家级稀土国家工程研究中心，拥有专业科技人员近2000人，占全国稀土科技人员总数的1/3以上。包头稀土研究院作为工艺型研究院所和国家级稀土国家工程研究中心，其主要任务是工程化共性技术及关键技术的开发，实现科技成果的产业化。但该院发展中存在科研经费严重不足的问题，不得不投入大量精力去创收而影响科研水平，需要国家和地方从重大项目上给予支持，尽可能保证其研发投入，使其能够跟踪世界稀土前沿技术，进行前瞻性、创新性开发，同时对现有技术成果实施集成，进行工程化、关键性、共性技术的开发，掌握自主知识产权的技术，扩大稀土在国内的应用量，打破稀土市场受制于国外的局面，为稀土工业的发展提供技术支撑。

（3）建立稀土出口管理制度，使稀土身价“贵”起来。应建立严格的稀土产品出口管理制度，加强稀土初级产品出口管制，将稀土战略资源开采列入限制外资进入产业名录，保护国家战略资源。在实行稀土出口总量控制过程中，鉴于氯化稀土、碳酸稀土作为大宗稀土产品在整个产业链上仍属于原料型产品，其产量变化、价格起伏对整个稀土产业具有重要影响，应将总量控制从稀土精矿延伸到氯化稀土和碳酸稀土，使宏观调控更有效果，使国际稀土市场保持适度紧缺，以利于稀土资源及其产品不断增值，以利于引进国外技术先进的稀土企业到国内进行技术合作。整合稀土出口管理机构，使稀土战略资源进出口由超大型稀土企业集中控制。

（4）支持稀土高新区建设。包头稀土高新技术产业开发区是全国56个国家级高新区中唯一以稀土冠名并专注于发展稀土产业的高新区，肩负着以高新技术推动稀土产业发展的重要使命。近年来，包头稀土高新区推进产业结构调整，扩大稀土产业规模，实现资源综合利用，2008年主要经济指标均增长70%以上，在国家级高新区的排名前移5位，工业总产值由2007年的33位升至27位。其稀土永磁材料、稀土储氢材料和稀土抛光材料三种材料产量分别占到全国的6%、9.8%和30%，在国内外市场占有重要地位，开始形成了产业集群、科技创新、发展环境、项目储备四个方面的优势。2008年，包头稀土高新区联合包钢稀土等7家企业组建内蒙古包钢稀土国际贸易公司，实现了稀土原料集中销售、就地转化。2009年5月，内蒙古与科技部签订部区工作会商制度议定书，把推进稀土资源开发与高效利用作为工作会商主题，提出“依托包头稀土高新区，搭建公共研究开发平台，开展稀土功能材料及应用产品开发与产业化应用，推进稀土应用产业园区的建设”。支持稀土产业发展，应把包头稀土高新区作为重点，从税收、信贷、科技等方面集中扶持稀土高新区加快发展，进而提高内蒙古稀土行业技术水平及高附加值产品的国际竞争力，使内蒙古成为我国稀土产业化科技开发基地、稀土高新技术产业化基地、稀土功能材料基地、培养稀土科技人才基地，将我国的稀土资源优势转化为经济优势和战略优势。

（5）建立稀土等战略资源储备制度。从国家安全及国家发展战略的高度，充分认识实施战略资源储备的必要性，建立国家稀土资源储备制度，使各级政府按制度作为。严格市场准入标准，使稀土产品的生产者和消费者明确各自的责任和义务。严格稀土企业的资源消耗、能源消耗和三废排放标准，促进稀土资源节约，提高稀土资源综合利用水平。促进稀土勘探技术创新，推动稀土地质勘探，扩大稀土资源战略储备。

（6）制定支持稀土产业发展的财税政策。为了解决稀土产业发展的资金需求，国家和相关地区应设立稀土产业发展基金。国家和地方财政还可以实行转移支付、提供低息或无息贷款、收取资源环境补偿费等政策，专项用于扶持稀土高新区建设、稀土科技创新和稀土产业发展。相关部门还应围绕高新技术产业化、稀土资源高效利用和循环利用等影响稀土行业发展的瓶颈技术攻关，设立重大专项，适当匹配资金，加大资金支持力度，通过稀土产业的长足发展，满足国家发展高新技术、改造传统产业、保护生态环境的需求，促进经济社会又好又快发展。

国家实行扩大内需、促进经济平稳较快发展的政策，特别是加强基础设施建设的高速铁路项目等，将带动高性能稀土产品钕铁硼消费进入快速增长期；与此同时，国际金融危机的冲击所形成的倒逼机制，将有力推动稀土产业的转型升级，促进稀土产业向高附加值、高科技含量的中下游发展，不断提升稀土产业乃至相关产业的核心竞争力。

关于中国特色新型工业化①

一、中国特色新型工业化的提出

从 18 世纪 70 年代最早的英国工业化算起，工业化已有 200 多年的历史。纵观世界工业化历程，实现工业化经历了传统工业化和新型工业化两种模式。

传统工业化模式是以大量消耗资源和牺牲生态环境为代价的。传统工业化的典型特征是高投入、高消耗、高排放、高污染、低产出、低效益的粗放增长方式。发达国家在传统工业化过程中大量消耗资源、严重破坏生态环境，虽然在其本国范围内“先污染、后治理”取得了一定成效，但从全球范围看，在很多方面已经造成无法挽回的损失。美国在其工业化过程中总共消耗了 300 多亿吨石油和近 50 亿吨钢，日本工业化高峰时期每年人均消费 1 吨钢材、2 吨标准油。工业化国家无一不是以超过发展中国家几倍甚至几十倍的矿产资源人均消耗量实现了较少数人的工业化。

我国推进工业化面临的基本国情是人口多、就业压力大，底子薄、人均资源量少，能源消耗高、资源浪费严重，生态环境脆弱、难以承受传统工业化之重。我国人均矿产资源占有量约为世界人均的 1/2，但能源利用率却很低，每创造 1 美元产值所消耗的能源是西方工业七国平均数的 5. 9 倍。近几十年我国高速工业化已经给生态环境造成巨大破坏，大气污染、水污染、固体废物污染等已经非常严重，对经济持续发展、人民群众健康造成了很大威胁。

改革开放以来，中央不断强调把全部经济工作转到以提高经济效益为中心的

① 本文节选自 2007 年 11 月干部培训讲座讲稿《关于内蒙古工业化问题》。

轨道上来，使经济建设转到依靠科技进步和提高劳动者素质的轨道上来，促进整个经济由粗放经营向集约经营转变。但是，传统工业化粗放型增长模式并未得到根本改变，生态恶化、环境污染和资源浪费的问题越来越严重。2003 年以来，新一轮经济高速增长中出现的煤电油运紧张、部分行业和地区投资过热等问题，其深层次原因在于我国仍未根本改变传统工业化模式。沿袭传统工业化道路，资源和环境将是我国实现工业化不可逾越的硬约束。我国必须走出一条新型工业化道路。

我国面临的世界经济科技发展的大趋势，有两个鲜明特征。一是 20 世纪 90 年代以来，以信息技术为代表的技术革命突飞猛进，对经济社会产生了强烈而深刻的影响，信息化对经济增长的推动作用越来越大。二是经济全球化成为不可阻挡的趋势，世界范围的信息、资金、技术、商品、人员流动加快，各国经济和市场更加相互开放、相互依存，同时，各国之间的竞争更加激烈。

上述基本国情和外部环境条件，对我国走出一条新型工业化道路，既是新的挑战，也是难得的机遇。必须以新的战略应对新的挑战，抓住历史性机遇，实现历史性使命。2002 年 11 月，党的十六大明确提出，走新型工业化道路，大力实施科教兴国战略和可持续发展战略。坚持以信息化带动工业化，以工业化促进信息化，走出一条科技含量高、经济效益好、资源消耗低、环境污染少、人力资源优势得到充分发挥的新型工业化路子。2007 年 10 月，党的十七大进一步提出，要坚持走中国特色新型工业化道路，大力推进信息化与工业化融合，促进工业由大变强。

二、中国特色新型工业化的内涵

坚持走中国特色新型工业化道路，是我们党立足我国基本国情，总结我国工业发展的实践，借鉴发达国家工业化的经验教训，顺应时代发展要求而确立的中国工业化基本方略，是用科学发展观指导中国工业化的一项根本性发展战略。坚持走中国特色新型工业化道路，既是我国工业化理念和路径的创新，也是工业化模式和标准的创新。坚持走中国特色新型工业化道路，其实质是转变经济发展方式，改变以往以矿物燃料为基础的工业化模式，按照信息化和可持续发展的要求，在经济发展中像利用物质资源和能源一样充分利用信息资源，以信息资源替代和减少物质资源的消耗，实现可持续发展。

坚持走中国特色新型工业化道路，其基本内涵是实施两大战略、坚持一个方针、实现五项要求。从总体上讲，走新型工业化道路，必须用科教兴国、可持续发展两大战略来支撑；信息化是我国加快实现工业化和现代化的必然选择，必须坚持以信息化带动工业化、以工业化促进信息化的方针；五项要求就是科技含量高、经济效益好、资源消耗低、环境污染少、人力资源优势得到充分发挥。

两大战略、一个方针、五项要求是相互联系、相互促进，相互依存、有机统一的整体。推进新型工业化，科教兴国是第一位的战略，科技含量高是第一位的要求，信息技术是最新技术，必须发挥科学技术作为第一生产力的重要作用，以信息化带动工业化，以工业化促进信息化，增强自主创新能力，实现技术跨越式发展；人力资源优势得到充分发挥，是科教兴国战略的重要目标，必须深化科技和教育体制改革，加强科技教育同经济的结合，注重依靠科技进步和提高劳动者素质，改善经济增长质量和效益。推进新型工业化，可持续发展是一个重大战略，资源消耗低、环境污染少是可持续发展的内在要求，必须坚持节约资源、保护环境的基本国策，实现人口、资源、环境的协调发展。推进新型工业化，经济效益好是重要目标，科技含量高、资源消耗低、环境污染少、人力资源优势得到充分发挥都是为了经济效益好，必须用尽可能少的资源、劳动投入取得尽可能多的产出，最大限度地满足社会需要即人的需要。这两大战略、一个方针、五项要求体现了新型工业化道路最鲜明的中国特色。

三、中国特色新型工业化的特点

中国特色新型工业化“新”在哪里？概括地讲，相对于我国传统工业化是新型的，相对于西方发达国家和新兴工业化国家的工业化是新型的、具有新的历史条件所赋予的时代特点；新型工业化是科学发展观在我国工业化进程中的具体化。

新型工业化是以人为本的工业化。推进新型工业化本身不是目的，目的是实现现代化，提高各族人民的生活水平。新型工业化是以满足人的需求和全面发展为目标，将人力资源开发作为头等大事，充分发挥人力资源优势，做到工业化为了人民、工业化依靠人民、工业化成果由人民共享的工业化。

新型工业化是信息化的工业化。21世纪以信息技术为核心的新技术革命方兴未艾，牢牢把握历史机遇，发挥后发优势，乃是我国新型工业化有别于传统工业化的一个最重要的特征。信息化是新型工业化的灵魂和核心。中国特色新型工业化道路的精髓就在于大力推进信息化与工业化融合。没有信息化，就没有新型工业化。

新型工业化是自主创新的工业化。自主创新是新型工业化的动力。新型工业化内涵五项要求中，科技含量高是统率其他四项要求的“纲”，是发挥后发优势，转变发展方式的中心环节。切实增强自主创新能力是实现中国特色新型工业化的关键。

新型工业化是市场经济条件下的工业化。我国传统工业化是在高度集中的计划经济体制下进行的，而新型工业化是在我国社会主义市场经济体制初步建立，经济全球化深入发展的条件下进行。要切实把握时代赋予的历史机遇，既要坚持拉动内需的长期方针，开拓国内市场；又要坚持“引进来”和“走出去”相结合，开拓国际市场，为我国新型工业化拓展更广阔的市场空间。

新型工业化是统筹发展的工业化。新型工业化不同于我国传统工业化主要通过工农业产品剪刀差和农业税积累资金，不是把城市居民驱往农村和农业，而是坚持以工补农，把改变城乡二元结构、促进农民向第二、第三产业转移作为历史性任务，注重城乡、区域、经济社会、人与自然统筹发展，注重城乡结构、区域结构、产业结构等的协调发展。

新型工业化是可持续发展的工业化。可持续发展是新型工业化的根本要求。可持续发展的理念要渗透到新型工业化的每一个环节、每一个领域，吸取发达国家在传统工业化过程中“先污染、后治理”的教训，走出一条资源消耗低、环境污染少的可持续发展新道路。

新型工业化是又好又快发展的工业化。新型工业化注重经济增长的速度与结构、质量、效益相统一，用尽可能少的资源、劳动投入取得尽可能多的产出，最大限度地满足社会需要。通过技术进步、改进管理、制度创新和人力资源开发，创造更高的效益。

新型工业化是和平发展的工业化。当今主要发达国家在其工业化进程中都曾借助于对殖民地或半殖民地的掠夺与剥削，这是传统工业化的一个历史特点。我国是社会主义国家，我国提出走新型工业化道路，是向全世界昭示和平发展纲领。新型工业化是在过去几十年努力的基础上，完全依靠自身力量来实现工业化。

内蒙古工业化的特点[①]

一、内蒙古工业化历程

内蒙古的工业化是新中国成立以后开始的。1950 年末，地质勘探发现白云

① 本文节选自 2007 年 11 月干部培训讲座讲稿《关于内蒙古工业化问题》。

鄂博有丰富的铁、稀土、铌等矿产资源。当时，中国的钢铁事业刚刚起步，这一发现立刻引起国家的重视。1954 年，国家“一五”时期 156 个重点项目之一的包头钢铁联合企业开始建设，开发利用白云鄂博铁矿石资源的大会战掀起高潮，这是内蒙古工业发展史上的火热年代。1959 年 9 月，滚滚铁水从包钢一号高炉流出，比原计划提前了一年。10 月 16 日，周恩来总理为包钢一号高炉出铁剪彩，对欢呼的工人们说：“这是世界上一流的大高炉，第一次在我们国家出现，你们要好好管理啊！”草原上千百年来由锄头和套马杆主导经济的历史，开始被工业化进程所取代。仅“一五”时期，国家在内蒙古投资建设工厂、修建铁路的基本建设投入就达 11. 39 亿元，奠定了内蒙古工业发展的基础。

改革开放以来，内蒙古工业化进程不断加快。到“八五”末，初步建起门类较为齐全，结构较为合理，具有地区特点和民族特色的工业经济体系，基本形成了煤炭、电力、冶金、机械、轻纺、化工、建材、森工等重点产业，成为国家重要的能源原材料基地。“九五”时期内蒙古工业发展经历了重大调整，形成了以煤炭、电力为主的能源工业，以钢铁、有色金属为主的冶金工业，以水泥、玻璃为主的建材工业、以盐碱硝为主的化学工业，以纺织、乳肉为主的农畜产品加工业等支柱产业，为加快推进工业化奠定了坚实的基础。

“十五”时期，内蒙古紧紧抓住西部大开发和国际国内产业转移的难得机遇，充分发挥资源优势和区位优势，完善基础设施，改善投资环境，加大招商引资，使工业投资规模和工业发展均创历史最好水平，工业经济实现前所未有的高速增长，形成了以煤、电、天然气为主的能源工业，以钢和铝等有色金属为主的冶金建材工业，以煤化工、天然气化工、盐碱化工为主的化学工业，以工程机械为主的装备制造业，以乳、肉、绒、粮加工为主的农畜产品加工业，以稀土、生物制药、电子制造为主的高新技术工业等六个优势特色产业，成为拉动内蒙古工业超常速增长的主导力量。

二、“十五”以来内蒙古工业化的特点

一是工业超常速增长，速度居全国前列。与 2000 年相比，2007 年内蒙古工业增加值由 484. 19 亿元增加到 2668. 58 亿元，增长了 4. 51 倍，年均增长 23. 3%。规模以上工业增加值由 279. 54 亿元增加到 2495. 34 亿元，增长了 7. 93 倍，先后超过重庆、广西、新疆、陕西、吉林、安徽、云南、北京八个省（区、市），增速连续四年居全国第一位。

二是工业占 GDP 比重增加，贡献率显著提高。与 2000 年相比，2007 年内蒙古工业增加值占 GDP 比重由 31. 5% 提高到 44. 3%，提高 12. 8 个百分点。规模以上工

业增加值占 GDP 的比重由 18.2% 提高到 41.5%，提高 23.3 个百分点。六个优势特色产业增加值占 GDP 的比重由 15.8% 提高到 39.1%，提高了 23.3 个百分点。

三是工业效益大幅提高，利润逐年增加。与 2000 年相比，2007 年内蒙古规模以上工业企业经济效益综合指数由 88.84 提高到 301，提高了 212.16；规模以上工业企业利润由 16.1 亿元增加到 642 亿元，增长了 38.8 倍，年均增长 69.3%。规模以上工业全员劳动生产率由 2000 年的 21989 元/人年提高到 2006 年的 190306 元/人年，增长了 7.65 倍。

四是优势特色产业结构不断改善。与 2000 年相比，2007 年内蒙古六个优势特色产业增加值比重显著变化：能源产业比重由 30.7% 增加到 33.9%；冶金建材产业比重由 23.6% 增加到 28.5%；化工产业比重由 3.6% 增加到 7.0%；装备制造业比重由 2.5% 增加到 4.2%；农畜产品加工业比重由 22.1% 下降到 16.9%；高新技术产业比重由 4.3% 下降到 3.8%。

短短几年时间，内蒙古工业何以取得如此骄人的成绩？除了历史条件和宏观环境以外，其直接原因有以下四点：

第一，“十五”以来内蒙古工业投入大幅度增加。“十五”时期，内蒙古实施工业重点项目 1002 项，累计完成固定资产投资 2021.34 亿元，占全部城镇规模以上工业固定资产投资的 62.30%。其中，六个优势特色产业重点项目累计完成投资 1844.87 亿元，占工业重点项目累计完成投资的 91.29%，占全部工业累计完成投资的 57%。

第二，工业企业数量增多，实力增强。内蒙古规模以上工业企业由 2000 年的 1373 户增加到 2005 年的 2447 户，其中，大企业集团 46 户，中型企业 319 户。2007 年规模以上工业企业增加到 3261 户。2007 年内蒙古营业收入超百亿元企业达到 12 户。

第三，用基地化、园区化思路推进工业化。内蒙古按照引进大项目、发展大产业、建设大基地的思路，规划建设东胜、蒙东两个亿吨级，锡林郭勒、霍林河等四个 5000 万吨级六大煤炭生产基地，鄂尔多斯、乌海、锡林郭勒、霍林河、呼伦贝尔五个能源重化工基地。六个风电基地和三个有色金属工业基地和五个农畜产品加工基地以及三大通道工程。

第四，品牌产品引领产业发展，提高市场份额。世界品牌实验室发布的 2005 年中国 500 个最具价值品牌，内蒙古有 7 个品牌上榜，伊利以品牌价值 136.12 亿元排名第 41 位，蒙牛以品牌价值 85.13 亿元排名第 57 位，鄂尔多斯以品牌价值 55.43 亿元排名第 93 位，小肥羊以品牌价值 55.12 亿元排名第 95 位。其中，在乳品业中，伊利、蒙牛分别排第一和第二位；在餐饮酒店业中，小肥羊排第二位；在纺织服装业中，鄂尔多斯排第四位。

三、六个优势特色产业支撑工业发展

内蒙古工业的优势特色产业，是指依托优势资源，长期着力培育，具有地区特色，在全国同行业中占有一定份额的产业。“十五”以来，六个优势特色产业增加值由2000年的243亿元增加到2007年的2352.9亿元，占GDP的比重由15.8%提高到39.1%。这些特色产业，因其资源、规模、技术和品牌等优势，已经成为发展潜力较大、成长性较好、带动能力较强的特色产业，是内蒙古推进新型工业化的主导产业。

能源产业是第一大产业。以煤炭开采、火力发电为主，还有石油、天然气、风能、水能、生物质能和太阳能等。2007年，内蒙古能源产业增加值由2000年的86亿元增加到845.5亿元，增长8.8倍，其增加值占6个优势特色产业增加值的35.9%，占规模以上工业增加值的33.9%，占全部工业增加值的31.7%，占GDP的14.0%。

冶金产业是第二大产业。以钢、铝为主，还有其他有色金属冶炼。2007年，冶金建材产业增加值由2000年的66亿元增加到711.2亿元，增长9.8倍，其增加值占六个优势特色产业增加值的30.2%，占规模以上工业增加值的28.5%，占全部工业增加值的26.7%，占GDP的11.8%。

化工产业是新兴产业。以煤化工、天然气化工、氯碱化工为主导，呈现出多元化发展的态势。2007年，其增加值由2000年的10亿元增加到174.1亿元，增长16.4倍。化工产业的优势来自非常富集的煤炭、天然气、盐碱等资源，特别是具备发展“煤代油”“煤变油”煤化工产业的水资源、电力、生态、环境、技术、资金和社会配套条件。

装备制造业是潜力较大的产业。装备制造业是为国民经济发展和国防建设提供技术装备的基础性、战略性产业。装备制造业的振兴，是实现工业化、现代化的重要标志。内蒙古装备制造产业的基础是军工企业，经过50多年的发展，形成了具有相当规模和一定水平的产业体系。2007年，装备制造业增加值由2000年的7亿元增加到105.5亿元，增长了14.1倍。

农畜产品加工产业是独具优势的产业。以乳类加工、肉类加工、绒毛加工为主，还有粮、油、薯（果蔬）加工等行业，是基础坚实、优势突出、特色鲜明、最具生命力的产业。其优势特色在于植根于绿色大草原的产业发展环境、源于民族文化的产业文化内涵、产业化发展的产业经营机制、受消费者信赖的众多驰名品牌。2007年，农畜产品加工业增加值由2000年的62亿元增加到420.6亿元，增长5.8倍。

高新技术产业是具有后发优势的产业。以新材料、生物医药、电子信息为主的新兴产业。稀土资源是内蒙古独特的优势资源。邓小平同志曾说，中东有石油，中国有稀土。而中国的稀土主要在内蒙古。内蒙古稀土工业储量为5738万吨（折合REO），占中国稀土工业储量的87.1%，占世界稀土工业储量的62%，稀土资源储量居全球首位。2006年，高新技术产业实现总产值810.93亿元，有高新技术企业338家。2007年，内蒙古高新技术产业增加值由2000年的12亿元增加到95.9亿元，增长6.9倍。

四、内蒙古工业发展中的问题

第一，工业总量仍然偏小。尽管近年来内蒙古工业超常速增长，但总规模还比较小。2007年，工业增加值占地区生产总值的44.3%，只占全国工业的2.53%，内蒙古规模以上工业增加值在31个省（区、市）中排第16位。

第二，结构性矛盾突出。工业发展中的结构性矛盾集中体现在以下六个方面：一是以资源性产业为主，非资源性产业发展滞后，非资源性产业比重不足14%。二是产业内部结构特别是六个优势特色产业发展不平衡。三是企业结构上，国有及国有控股企业占60%，中小企业占40%左右，10万户小工业企业平均完成增加值90万元。四是内蒙古仍然是资源输出区，远不是产品输出区，工业产品以原材料和初级产品为主，由于产业集群化发展滞后，精深加工上不去，产品结构中原材料和初加工产品占80%。五是中小企业发展不够，非公有制工业对工业经济发展的贡献率不足40%。六是工业在地区间发展不平衡，工业主要集中在呼和浩特、包头、鄂尔多斯“金三角”，2007年呼和浩特、包头、鄂尔多斯三市全部工业增加值1468.7亿元，占内蒙古的55.0%。

第三，增长方式比较粗放。“十五”以来，内蒙古经济跨越式增长，GDP增速连续六年居全国第一位，令世人刮目相看，但也为此付出了很大的资源和环境代价，经济发展与资源环境的矛盾日趋尖锐，能耗和排污量远远高于全国平均水平，节能减排任务非常艰巨。从能源消耗看，2006年、2007年连续两年没有完成预期目标。2007年内蒙古是全国七个没有完成节能任务的省（区）之一。这意味着，要在任务期限一半的时间内完成70%以上的节能任务。从污染物排放看，“十一五”的减排任务必须在今后三年内完成，主要污染物减排形势很严峻。

第四，工业带动就业能力低。与2002年相比，2007年规模以上工业企业由1440个增加到3364个，增长1.34倍；从业人员由78.9万人增加到93.3万人，增长0.18倍；利润总额由37.3亿元增加到641.99亿元，增长16.2倍；工资总额由75.8亿元增加到269.96亿元，增长2.6倍；从业人员年平均工资由9607元增加到28934元，增长2.0倍；万元工业增加值吸纳从业人员由0.21减少到0.037。这表明，在工业化进程中，企业数量增加较多，企业利润大幅度提高，工业吸纳就业增加无几，职工平均工资水平提高较慢，工业化对提高城乡居民生活水平贡献不大。

第五，自主创新能力弱。截至目前，内蒙古大中型企业建立研发机构的有161家，内蒙古认定的企业技术中心有50家，其中国家级的有七家。有民营科技企业820家，其中以成熟技术商品化、高新技术产品开发及为主营业务的占50%以上。2007年，内蒙古企业研发投入为12.05亿元，增长47.1%，占内蒙古研发投入的73.1%。

走有内蒙古特点的新型工业化路子①

一、内蒙古新型工业化应实现“五个融合”

内蒙古正处于从传统工业化向新型工业化转变的关键阶段。对这个阶段工业发展的特征，总体来看，来势较好、速度较快、利润较高，同时代价较大、贡献较小、矛盾较多。

比如，信息化带动工业化不力，自主创新能力较低；工业超常速增长没有带来更多的就业岗位，人力资源优势没有得到充分发挥；投入高、能耗高、排放高、污染高，能源、资源、环境、技术的瓶颈制约日益突出，节能减排难度加大；产业集中度较低，优势特色产业规模较小；产业链条短，集群化发展不够，资源综合开发利用水平还不高。内蒙古工业化中的突出矛盾和问题，既反映了工业化进程的一般特点，也凸显了内蒙古工业化的具体特征。

内蒙古必须走中国特色新型工业化道路，必须认真实施和贯彻新型工业化的两大战略、一个方针、五项要求，而且必须与内蒙古工业化进程的实际紧密结合起来，必须与解决工业化进程中的突出矛盾和问题紧密结合起来，走出一条有内蒙古特色的新型工业化路子。这就是大力推进信息化与工业化融合、资本密集型产业与劳动密集型产业融合、资源性产业与非资源性产业融合、公有制经济与非公有制经济融合、大企业与中小企业融合。

① 本文节选自2007年11月干部培训讲座讲稿《关于内蒙古工业化问题》。

推进“五个融合”是内蒙古走中国特色新型工业化道路的特点。所谓融合是指事物发展过程中不同形态事物之间的有机统一和一体化发展。大力推进“五个融合”，就是要把握内蒙古自治区工业化进程中相关产业和市场主体之间相互联系、相互依托、相互影响的关系，促进其有机统一、协调发展。

大力推进信息化与工业化融合，是用以信息技术为代表的高新技术和先进适用技术改造传统产业，使增强自主创新能力成为调整产业结构、促进产业升级、转变经济发展方式的主要途径。大力推进资本密集型产业与劳动密集型产业融合，是工业带动就业、带动百姓增收，充分发挥人力资源优势的重要举措。大力推进资源性产业与非资源性产业融合，是加快转变粗放型增长方式，在节能减排上取得实质性突破的根本措施。大力推进公有制经济与非公有制经济融合，是深化企业改革，以现代产权制度为基础，发展混合所有制经济，增强经济活力的有效形式。大力推进大企业与中小企业融合，是提高产业集中度，延长产业链条，推动集群化发展，促进工业由大变强的必然选择。

这“五个融合”是紧密结合内蒙古工业化实际，大力实施科教兴国战略和可持续发展战略，坚持以信息化带动工业化，以工业化促进信息化，达到科技含量高、经济效益好、资源消耗低、环境污染少、人力资源优势得到充分发挥要求的系统性对策。走这样一条有内蒙古特点的新型工业化路子，虽然面临诸多挑战，但也有较好的基础，更有难得的机遇，完全有条件推进“五个融合”，实现经济又好又快发展。

二、推进工业化“五个融合”的思路

大力推进信息化与工业化融合。新型工业化是信息化时代的工业化，信息化将贯穿新型工业化的全过程。没有信息化，就没有新型工业化。信息技术具有高渗透性、高倍增性、高带动性特征，可以应用到各行业、各领域，消耗低、产出高，能够带动各产业，应用于整个社会。大力推进信息化与工业化融合，要不断深化改革开放，理顺体制机制，创造良好的微观基础；要努力提高自主创新能力，努力掌握核心技术和关键技术，促进科技成果向现实生产力转化；要加快培养信息技术人才，培养掌握信息技术和工业经济管理等知识的复合型人才，引进信息技术和工业经济管理方面的人才，为推进信息化与工业化融合所用。

大力推进资本密集型产业与劳动密集型产业融合。要根据内蒙古工业吸纳就业能力低，城乡居民收入与全国平均水平的差距不断拉大的实际，在一定时期内，继续发展资本密集型、技术密集型产业的同时，更加注重因地制宜地发展劳动密集型产业是非常必要。要着力发展社会化大生产，推进专业化分工，引导资本密集型产业分离劳动密集型生产流程、服务外包，加快发展相应的劳动密集型产业；引导资本密集型特别是加工组装型核心企业，推进加工组装型制造业社会化和专业化分工。同时，着力发展县域经济，着力发展现代家庭工业，着力培养创业型人才，着力完善体制机制，促进创业和就业。

大力推进资源性产业与非资源性产业融合。要根据资源性产业能源资源消耗较高、排放较高、污染较高，而非资源性产业能源资源消耗较少、污染物排放较低、就业容量较大，两者互为条件、相互补充、相互促进、融合性强的特点，不断延长资源性产业的产业链条，围绕资源性产业加快服务业发展。同时，要抓住难得机遇，积极承接东部发达地区产业转移。

大力推进公有制经济与非公有制经济融合。要按照党的十七大提出的“以现代产权制度为基础，发展混合所有制经济”的要求，着力发展混合所有制经济；要着力推进公有制经济与非公有制经济公平准入，即未禁即入，平等对待，改善服务，促其发展；要着力改善融资条件，加快推进金融体制改革，形成多种所有制和多种经营形式、结构合理、功能完善、高效安全的现代金融体系，为各种所有制经济创造平等的融资条件；要着力加强非公有制经济人力资源开发；加强对非公有制企业经营管理人员、技术人员和从业人员的教育培训，把人力资源提升为人力资本，不断增强非公有制经济的竞争力。

大力推进大企业与中小企业融合。既要培育“如日中天”的大企业，又要发展“繁星满天”的中小企业；要着力做大做强优势特色产业，使优势特色产业从“小而散”走向“大而强”，逐步走上集约式增长的可持续发展之路；要着力构建成长性好、关联度大、带动性强的产业集群，为不同生产力水平的企业构建适宜的发展平台，为不同层次的劳动者提供广阔的就业空间，特别是有利于中小企业的成长；要着力加强园区建设、促进工业园区化。

把握机遇实现跨越式发展[①]

21 世纪初，内蒙古经济实现跨越式发展，首先是敏锐地把握机遇，把宝贵

① 本文节选自《新世纪的领跑者：内蒙古自治区——谈内蒙古经济增速全国领先的经验》一文。该文应中国国际经济交流中心领导约稿而写，原文八个部分，近 1 万字，收入社会科学文献出版社 2010 年 1 月出版的中国国际经济交流中心“智库报告”《中国经济分析与展望（2009～2010）》一书，2010 年 3 月 2 日《内蒙古日报》理论版转载。

机遇同自身优势紧密结合起来，赢得了发展先机。

1947 年成立的内蒙古自治区是我国第一个少数民族自治区。60 年来，内蒙古发生了翻天覆地的历史巨变，特别是“十五”以来，内蒙古经济实现了跨越式发展。令人瞩目的是，自 2002 年起内蒙古 GDP 增长速度连续 7 年居全国第 1 位，成为 21 世纪中国经济增长的领跑者。与 2000 年相比，2008 年内蒙古 GDP 由 1539. 12 亿元增加到 7761. 80 亿元，年均增长 17% 以上；三次产业结构由 22. 8 : 37. 9 : 39. 3 调整为 11. 7 : 55. 0 : 33. 3；财政总收入由 155. 59 亿元增加到 1107. 31 亿元，年均增长 30% 以上；城镇居民人均可支配收入由 5129 元增加到 14431 元，年均增长 13% 以上；农村牧区居民人均纯收入由 2038 元增加到 4656 元，年均增长 9% 以上。

随着经济快速增长、经济总量不断扩大，内蒙古在全国的排序连续前移，人均主要经济指标进入全国前列。内蒙古的 GDP 在全国的位次由 2003 年的第 24 位跃升到 2008 年的第 16 位。人均 GDP、人均地方财政一般预算收入分别由 2000 年的第 16 位、第 14 位前移到 2007 年的第 10 位和第 8 位。城镇居民人均可支配收入、农村牧区居民人均纯收入分别由 2000 年的第 22 位和第 16 位前移到 2008 年的第 9 位和第 14 位。

内蒙古是一个地处西部的欠发达边疆少数民族自治区，为什么“十五”以来能够创造经济跨越式发展的奇迹，成为新世纪的领跑者？从根本上说，是坚持走中国特色社会主义道路，结合内蒙古实际，深入贯彻落实科学发展观的结果。内蒙古创造的奇迹，是中国特色社会主义伟大实践的一个闪光点，是中国实行民族区域自治的一个杰作。内蒙古是西部发展的一个缩影，在西部大开发中具有标志性，对于少数民族地区的发展具有示范性。

机遇不常有，机遇稍纵即逝。内蒙古人善于寻找机遇、争取机遇，更把挑战变为机遇。20 世纪末，国家提出实施西部大开发战略，虽然最初内蒙古并不在西部大开发范围之内，但内蒙古积极争取，不懈努力，终于被列入“10 + 2”框架，从而享受到西部大开发的优惠政策。2003 年，中央决定实施振兴东北地区等老工业基地战略，这对内蒙古特别是发展较为滞后的内蒙古东部盟（市）也是一个难得的机遇。内蒙古依据其东部盟（市）与东北三省经济联系源远流长，关联性、互补性、依存性非常强的特点，积极响应、主动争取，2005 年内蒙古东部五个盟（市）被纳入国务院东北地区振兴规划。2002 年下半年开始我国经济进入新一轮快速增长周期的上升期，这是对内蒙古经济超常速增长具有牵动力的机遇。这个时期的主要特点是以住房、汽车为主的消费结构不断升级，带动钢铁、水泥、电解铝等行业的快速增长，导致煤电油运瓶颈制约凸显，宏观经济一度表现全面紧张。内蒙古紧紧抓住全国煤电油运全面紧张的契机，大力发展具有比较优势的煤电等能源产业和钢、铝等基础原材料产业，带动工业乃至整个经济实现了前所未有的超常速增长。

内蒙古人善于把宝贵机遇同自身优势紧密结合起来。看内蒙古的优势，有三点最为显著：一是有厚重的发展基础。经过半个多世纪的持续稳步快速发展，内蒙古建立了比较完整的国民经济体系，包括具有地区特点和民族特色的工业经济体系，为21世纪加快推进工业化奠定了坚实基础。与1947年相比，2000年内蒙古的生产总值增长了286倍，财政收入增长17万倍，工业总产值增长了2226倍，城镇居民人均可支配收入比1978年增长了16倍，农村牧区居民人均纯收入比1978年增长了14倍。二是有富集的资源。截至2007年，内蒙古共发现各类矿产136种，开发利用矿种112种，其中73（亚）种矿产保有资源储量居全国前10位，31种矿产的保有资源储量居全国前3位，20种矿产的人均占有量是全国的2倍以上。煤炭和贵金属储量均居全国第1位。三是有优越的区位。内蒙古“边连两国，横跨三北，毗邻八省”，北部与俄罗斯、蒙古两国接壤，19个口岸联结成为一个公路、铁路、水路和空运交织的全方位、立体式口岸通关网络，是内蒙古对外开放的优势；地域横跨东北、华北、西北3个区域，与黑龙江、吉林、辽宁、河北、山西、陕西、宁夏、甘肃8个省（区）相邻，是内蒙古与周边省（区）联系合作的天然条件。内蒙古立足雄厚基础，依托优势资源，利用区位条件，以空前阵势招商引资，掀起前所未有的投资热潮。与2000年相比，2007年内蒙古全社会固定资产投资由430.42亿元猛增到4404.75亿元，增长了9.2倍；投资对GDP增长的贡献率由27.1%上升到87.7%。2007年，投资对GDP的19.1%的增速拉动14.6个百分点。内蒙古把握机遇跨越式发展的实践说明，善于将自身优势与难得机遇相结合，才能赢得发展先机。

推进工业化带动跨越式发展①

多年来，内蒙古着力培育和加快发展能源、冶金、化工、装备制造、农畜产品加工、高新技术6个优势特色产业，使其成为新世纪带动经济跨越式发展的主导力量。“十五”以来，6个优势特色产业增加值由2000年的243亿元增加到

① 本文节选自《新世纪的领跑者：内蒙古自治区——谈内蒙古经济增速全国领先的经验》一文。该文应中国国际经济交流中心领导约稿而写，原文八个部分，近1万字，收入社会科学文献出版社2010年1月出版的中国国际经济交流中心“智库报告”《中国经济分析与展望（2009～2010）》一书，2010年3月2日《内蒙古日报》理论版转载。

2007年的2352.9亿元，占GDP的比重由15.8%提高到38.6%，占全部工业增加值的比重由50.2%提高到85.8%，占规模以上工业增加值的比重由86.9%提高到94.3%。工业增加值对经济增长的贡献率由2000年的34.9%提高到2007年的61%。内蒙古做大做强优势特色产业的主要做法有以下五点：

一、大幅度增加工业投入

“十五”时期，内蒙古实施工业重点项目1002项，累计完成固定资产投资2021.34亿元，占全部城镇规模以上工业固定资产投资的62.30%。其中，6个优势特色产业重点项目累计完成投资1844.87亿元，占工业重点项目累计完成投资的91.29%。2008年，内蒙古工业固定资产投资达到2881.76亿元，占全社会固定资产投资总额的51.5%。

二、工业企业实力增强

内蒙古规模以上工业企业由2000年的1373户增加到2007年的3364户，是2000年的2.5倍，其中大型企业50户，中型企业388户。2007年有7个企业进入中国企业500强，主营业务收入超100亿元的企业增加到12户。

三、加强工业园区建设

内蒙古以大企业为龙头建设工业园区，促进产业集中，为产业集群化发展、循环发展创造了条件。2007年，内蒙古建成各级各类经济开发区、工业园区46个，其中重点工业开发区20个，工业开发区完成工业增加值1034.3亿元，同比增长40.3%。

四、高起点引进大企业

内蒙古在工业招商引资中，注重企业规模、设备先进程度、技术领先水平一步到位，以提高资源综合利用水平，增强市场竞争力。“十五”以来，随着工业化加快推进，招商引资力度加大，一批技术起点较高的能源、冶金、化工大项目纷纷在内蒙古落地，一批本土企业加快技术改造，引进国外先进设备，一些企业技术装备达到了国内甚至国际领先水平。比如，一些大型煤矿技术装备达到了世界领先水平，包钢集团薄板坯连铸连轧等设备已达到国外同类装备的先进水平，神华集团煤直接液化项目试车成功是我国煤制油技术的重大突破，标志着我国成为世界上唯一掌握百万吨级煤直接液化关键技术的国家，鄂尔多斯集团和鹿王集团在羊绒新型纺纱、新型印染和自动化编制等领域居于国际领先水平。

五、实施名牌推进战略

内蒙古从20世纪90年代起实施名牌推进战略，品牌经济具有一定基础。截至2007年底，内蒙古拥有各类注册商标2万余件，其中内蒙古著名商标182件、中国驰名商标24件、中国名牌产品7个。鄂尔多斯集团羊绒制品产销量占中国的40%和世界的30%以上，伊利雪糕、冰淇淋产销量连续11年居全国第1位，蒙牛主要产品市场占有率达到30%以上。

考核评价制度促进跨越式发展①

内蒙古实行以加快经济发展为主的干部考核评价制度、奖励制度，着力发挥干部考核评价制度的激励作用，明确选人用人导向，调动各级干部抓增长、抓发展的积极性、主动性、创造性，上上下下比经济总量、比财政收入，层层排序排次、争名升位，各级干部越干越想干，越干越会干，越干越能干，形成了争先恐后、竞争赶超的氛围。内蒙古干部考核评价制度的激励作用体现在以下三个方面：

一是把大力招商引资作为加快经济增长、做大经济总量的主要抓手。各地依托各自的优势资源招商引资，以优势资源吸引优势企业，让优势企业发展优势产业，引进一大批国内一流的大企业、大集团，使其雄厚的资金实力、先进的技术力量、强大的人才支撑等优势与本地的资源转换优势相结合，实现了“以优集优，集优发展”。各地主要领导带头、分管领导为主全面招商引资，以大部分时间、大部分精力找企业、进部委甚至跑国外，盯着大企业，策划大项目，组织力量，攻坚克难，跟踪落实，直至项目落地、企业落户。

---

① 本文节选自《新世纪的领跑者：内蒙古自治区——谈内蒙古经济增速全国领先的经验》一文。该文应中国国际经济交流中心领导约稿而写，原文八个部分，近1万字，收入社会科学文献出版社2010年1月出版的中国国际经济交流中心“智库报告”《中国经济分析与展望（2009～2010）》一书，2010年3月2日《内蒙古日报》理论版转载。

二是把营造良好发展环境作为招商引资取得成功的必要条件。各地坚持软硬环境两手抓，加快交通通信基础设施建设、城镇基础设施建设、口岸基础设施建设、开发区和工业园区建设，实行划拨矿产资源、出让土地资源的优惠政策，财政税收的优惠政策，提供有力的信贷支持和良好的金融生态，使投资者降低投资成本、运行成本，提高规模效益、经营效益，从而使经济超常速增长的软硬环境大为改善。

三是把提供优质服务作为促进项目落地、企业发展的重要举措。各级领导对企业都有非常强烈的服务意识，极力打造“投资者的天堂”。实施全天候服务，组织专门班子、指定专人负责，为大项目、大企业落地和发展随时提供服务，使项目建设、企业发展中遇到的各种问题得到及时有效的解决。实施全过程服务，从企业用地、立项、注册、贷款、生产、技改、销售、改制、上市等各个方面，给予周到的协调和服务。实施一站式服务，各级都成立行政服务中心，使企业待审批项目全部进入一条龙、一站式服务，降低企业办事成本，提高企业经营效率。

21 世纪以来，内蒙古像一匹奔腾的骏马，在经济增长速度上一路领先，持续跨越的势头不减。尽管在前进的路上仍然面临一些新的挑战，比如，经济发展方式还比较粗放，经济发展付出的资源环境代价还比较大；产业结构不尽合理，服务业发展相对滞后；自主创新能力还不强，自主知识产权还比较少；经济快速增长与人民群众生活改善不甚协调，城乡居民收入还没有达到全国平均水平；干部考核评价办法不尽完善，制度机制还需要健全等。但人们通过内蒙古跨越式发展的实践有理由坚信，在中国特色社会主义道路上，内蒙古必将实现科学发展、和谐发展，必将按照邓小平同志的预见——发展起来，走进前列。

加快转变农牧业发展方式①

2010 年 2 月初，中央举办了省部级主要领导干部深入贯彻落实科学发展观，加快经济发展方式转变专题研讨班。胡锦涛总书记在专题研讨班上的重要讲话中指出，转变经济发展方式已刻不容缓，我们必须见事早、行动快、积极应对，并提出加快经济发展方式转变的八个重点，包括加快推进农业发展方式转变。

① 本文节选自 2010 年 7 月 18 日在内蒙古扶贫开发重点旗县嘎查村党员干部培训班讲座讲稿。

一、加快转变农牧业发展方式

（一）什么是农牧业发展方式

农牧业发展方式指的是发展农牧业的方法、手段和模式，其中包含农牧业数量增长、结构优化、质量提升、效益提高，还包括收入分配、环境保护、城市化程度、工业化水平以及农牧业现代化进程等诸多方面的内容。转变农牧业发展方式的鲜明特征是，更加注重农牧业结构优化和产业升级，更加注重农牧业发展的可持续性，更加注重农牧民转移就业、社会保障、扩大消费、增加分配等一系列社会需要的满足等。

（二）内蒙古农牧业发展方式现状

改革开放以来，内蒙古农牧业得到长足发展，2008 年粮食产量达到 426.26 亿斤、2009 年降到 396.34 亿斤，农村牧区面貌发生深刻变化，农牧民生活水平显著提高，2009 年农牧民人均纯收入达到 4938 元。从农牧业发展方式看，农牧业生产条件逐步改善，产业化经营加快发展，种植业和畜牧业结构调整取得明显成效，草原生态恶化的趋势初步得到遏制。

同时，内蒙古农牧业的物质技术装备水平还比较差，基础设施很薄弱，抗灾避灾能力和可持续发展能力较低，草场超载过牧现象仍旧普遍存在；龙头企业与农牧民尚未建立紧密型利益联结机制，农牧民专业合作组织发展滞后，农牧户小规模、分散化经营不仅使农畜产品生产与市场需求难以有效衔接；农畜产品市场体系和农牧业社会化服务体系不健全，土地草场承包经营权流转不规范，征用耕地草场过程中损害农牧民利益的现象时有发生；农牧民职业教育和技术培训滞后，农牧民科学文化素质、生产经营能力和转移就业技能总体上依然比较低。

（三）走有内蒙古特点的农牧业现代化路子

要立足基本区情，遵循农牧业现代化一般规律，以保障农畜产品供给、增加农牧民收入、促进可持续发展为目标，以现代科学技术、物质装备、产业体系为支撑，以稳定和完善农村牧区基本经营制度、发展农牧业产业化经营、健全社会化服务体系为保障，充分发挥市场配置资源的基础性作用、农牧民的主体作用、政府的支持保护作用，提高土地草场产出率、资源利用率和劳动生产率，增强农牧业抗风险能力、市场竞争能力、可持续发展能力，实现农牧业现代化。

走有内蒙古特点的农牧业现代化路子，要加快转变农牧业发展方式，以农牧民增收为目的，以市场需求为导向，以科技进步为手段，以产权制度改革为动力，围绕提高农牧业质量和效益，加快推进农牧业结构战略性调整。

二、构建现代农牧业产业体系

构建现代农牧业产业体系，是加快转变农牧业发展方式的主要内容。应根据各地土地、草场、水资源和生产经营条件，搞好产业布局规划，科学确定区域农牧业发展重点，加快发展现代农业、现代畜牧业、设施农业以及农牧业产业化经营，形成优势突出和特色鲜明的产业带，加快乳、肉、绒、粮、薯、饲优势产区建设。

（一）加快发展现代农业

内蒙古是国家13个粮食主产区之一，但由于基础条件差，避灾能力低，生产方式粗放，粮食单产在13个主产区中处于后列。应加快以水利为中心的农牧业基础设施建设，推进农牧业专业化分工、规模化生产、集约化经营，为国家粮食安全保障做出更大贡献。

（二）加快发展现代畜牧业

内蒙古是全国五大牧区之一，是国家重要的畜产品生产加工基地，近年来内蒙古自治区牛奶、羊肉、山羊绒、绵羊毛产量一直处于全国前列。但畜牧业发展的专业化、规模化、集约化、信息化程度低，抗灾避灾能力差，生产经营成本加大、效益降低，仍处于由传统畜牧业向现代畜牧业转变的探索阶段。应加快草原利用方式转变，实行草畜平衡制度、草场禁牧休牧轮牧制度和补贴制度，搞好牧区水利和人工饲草料基地建设，发展规模化、舍饲化养殖，加强品种改良和疫病防控。

（三）加快发展设施农业

设施农业是现代农业的一种形式。通过发展设施农业，推进蔬菜、水果、花卉等园艺作物生产集约化、设施化，积极发展无公害农畜产品、绿色食品和有机食品，加大农畜产品注册商标和地理标志保护力度，因地制宜发展特色产业和观光休闲农牧业。

（四）加快推进产业化经营

促进农畜产品加工业结构升级，扶持壮大龙头企业，鼓励龙头企业与农牧民建立紧密型利益联结机制，扩大农畜产品知名品牌影响力。加强农牧业标准化生产和农畜产品质量安全监管体系建设，严格产地环境、投入品使用、生产过程、产品质量全程监控，切实落实农畜产品生产、收购、储运、加工、销售各环节的质量安全监管责任。

三、推进农牧业科技创新

（一）内蒙古农牧业科技创新的成绩和问题

改革开放以来，内蒙古农牧业科技进步水平显著提高，农牧业机械化不断发展。2007 年，农牧业机械总动力达到2209 万千瓦，大、中、小型农用拖拉机拥有量达到70.87 万台，机耕、机播、机收面积分别达到耕地面积和播种面积的80.70%、72.30%、27.30%，农牧业综合机械化水平达到60.1%，农牧业科技进步贡献率达到43.16%。同时，内蒙古农牧业科技还不能适应发展现代农牧业、转变农牧业发展方式的需要，先进适用技术推广工作薄弱，农牧业科技含量低，农牧业信息化程度差，农牧业劳动生产率低，农牧民增收潜力有限。

（二）加快推进农牧业科技创新的重点

科技进步是推动传统农牧业向现代农牧业转型的根本途径。应针对农牧业科技进步工作中存在的问题，围绕构建现代农牧业产业体系，围绕做大做强乳、肉、绒、粮、薯、饲六个主导产业，围绕大面积提高粮食单产和品质、加快发展设施农业、绿色食品、有机食品、农作物病虫害防治，围绕加快发展集约化畜牧业、品种改良、疫病防控、创新草畜平衡以及禁牧休牧轮牧技术，围绕提高农牧业防灾抗灾能力，围绕提高农牧业产业化、标准化程度和农畜产品加工业结构升级等重点领域，切实增强农牧业科技自主创新能力，推进现代农牧业产业技术体系建设，促进农牧业技术集成化、劳动过程机械化、生产经营信息化，以节地、节水、节肥、节药、节种、节能、资源综合循环利用和农牧业生态环境保护为重点，研发和推广应用农牧业节约型技术、减少农牧业面源污染、农牧业废弃物资源性利用等环保技术，促进农牧业可持续发展。

四、推进农牧业经营体制创新

（一）推进适度规模经营

当前，内蒙古发展现代农牧业、推进农牧业技术进步，主要面临农牧业生产规模、基础设施和农牧民合作组织三方面制约，其中尤为突出的是生产规模制约。推进适度规模经营是农牧业发展方式转变的重要内容，农牧户的小规模、分散化经营，由于信息不对称而难以使农畜产品生产与市场需求有效衔接，由于不能标准化生产而难以参与产业化经营，由于小户实力不强而难以进行基础设施投入，由于成本偏高而难以形成社会化服务体系等，直接影响着农牧业发展方式转变、质量效益提高、农牧民增收，乃至农村牧区发展。

（二）推进农村牧区产权制度改革

内蒙古农牧业、农村牧区发展中长期存在的一系列突出矛盾和问题充分说明，既有的发展方式和经营体制已经难以继续提高农牧业发展效率、效益和农牧民增收。这是农牧业发展方式转变难有突破的深层次原因。我们必须按照党的十七届三中全会提出的总体思路，在现有土地草场承包关系保持稳定并长久不变的基础上，推进农牧业经营体制机制创新，建立健全归属清晰、权责明确、保护严格、流转顺畅的现代农村牧区产权制度，加快家庭经营向采用先进科技和生产手段的方向转变，统一经营向发展农牧户联合与合作经营服务体系的方向转变。在深化产权制度改革的基础上，推动土地草场承包经营权市场化流转，提高农牧民组织化程度，是加快推进农牧业发展方式转变的两个重要抓手。

（三）推进农牧民合作组织发展

近几年，农民专业合作社蓬勃发展。2009 年，全国农民专业合作社达到 24.64 万家，入社农户达到 2100 多万户；内蒙古有农牧民专业合作社 5919 户，成员 58954 个。内蒙古农牧民专业合作组织发展还处于探索起步阶段，发育慢、数量少，规模小、规范差、覆盖面窄、带动能力弱。加快发展农牧民专业合作组织要从以下几个方面着力：坚持市场驱动，建立土地草场承包经营权流转市场和服务组织，按照依法、自愿、有偿原则，引导农牧民以转包、出租、互换、转让、股份合作等形式流转土地草场承包经营权，发展多种形式的适度规模经营。坚持利益驱动，协调龙头企业与农牧民建立紧密型利益联结机制，使农牧民既能得到生产环节的收益，又能分享加工营销环节增值收益。坚持服务驱动，形成多元化、多层次、多形式经营服务体系，提高农牧业生产经营组织化程度。坚持政策驱动，认真落实优惠政策，营造良好的政策、法律和社会环境，从财政、金融、税收、担保、保险、科技、人才等方面加大扶持力度。

（四）推进开发式扶贫

到 2020 年绝对贫困现象基本消除，这是党的十七大提出的总体目标之一。

2008年，国家上调扶贫标准，把绝对贫困标准与低收入标准合二为一，实施人均收入1196元的新扶贫标准。内蒙古新扶贫标准是农区人均纯收入1560元，牧区人均纯收入1800元。2001年内蒙古农村牧区有绝对贫困人口183.7万人，2003年有低收入人口117万人。2009年，内蒙古有贫困人口76.4万人，其中牧区8万多人。2009年农村牧区低保人口为130多万人，人均保障达到1396元。

贯彻落实中央关于新阶段扶贫开发工作思路，抓好整村推进、产业化扶贫和劳动力转移培训，就要坚持把扶贫开发与生产力布局调整紧密结合起来，积极推进扶贫移民；与生态环境建设紧密结合起来，积极推进生态移民；与探索建立农村牧区低保制度紧密结合起来，实现应保尽保、应扶尽扶；与民政部门社会救济紧密结合起来，为贫困人口中的五保对象建设“五保嘎查村”；与实施农村牧区劳动力转移培训“阳光工程”紧密结合起来，在提高贫困人口的综合素质和劳动技能上下功夫，特别是确保贫困户的孩子都能接受教育，决不能把贫困延续到子孙后代。

（五）推进农牧民素质提升

着力培育新型农牧民，提高农村牧区人力资源素质，是发展现代农牧业的基础工程，是农牧业科技成果转化为生产力的关键因素，是农牧业经营体制创新的重要环节。推进农牧业发展方式转变，必须高度重视农牧民教育培训，建立健全农牧民教育培训制度，以基本公共服务均等化促进农村牧区社会事业发展，以学习型嘎查村建设促进农牧民素质提升，充分发挥新型农牧民发展现代农牧业、转变农牧业发展方式的主体作用。

乌珠穆沁羊名扬天下①

乌珠穆沁羊是中国肉羊的著名优良品种，具有体大尾肥、肉质鲜美，多肋骨遗传基因、羊肉营养品质高等独特优势。2008年牧业年度，东乌珠穆沁旗有绵羊228.25万只，占内蒙古绵羊的4.2%，占锡林郭勒盟绵羊的26.1%。2008年，东乌珠穆沁旗羊肉产量2.4万吨，占内蒙古羊肉的2.9%，占锡林郭勒盟羊肉的19.4%。东乌旗乌珠穆沁羊在数量上、质量上和羊肉产量上都居于锡林郭勒盟、内蒙古前列。乌珠穆沁羊不仅是东乌旗畜牧业的品牌，也是锡林郭勒盟乃至内蒙

① 本文节选自2010年9月13日在内蒙古首届乌珠穆沁羊肉产业发展论坛上的发言。

古畜牧业的品牌，加快发展乌珠穆沁羊产业不仅是满足消费市场的需求，更是广大牧民增收致富的需要。

在新的时代条件下，加快发展乌珠穆沁羊产业，面临着数量减少、品质下降，草场退化、生态恶化，生产方式粗放、经营体制不善等方面的严峻挑战；同时，科学发展观深入人心，牧区改革发展逐步推进，发展现代草原畜牧业思路逐步形成，为加快发展乌珠穆沁羊带来了前所未有的难得机遇。抓住机遇，应对挑战，加快发展乌珠穆沁羊，要紧密结合牧区实际，认真落实党的十七届三中全会《中共中央关于推进农村改革发展若干重大问题的决定》关于家庭经营要向采用先进科技和生产手段的方向转变，着力提高集约化水平；统一经营要向发展农户联合与合作，形成多元化、多层次、多形式经营服务体系的方向转变，培育农民新型合作组织，发展各种农业社会化服务组织，着力提高组织化程度的重要精神。这“两个转变、两个提高”是推进畜牧业经营体制机制创新的指导方针，是培育发展牧民新型合作组织的行动指南。

近年来，东乌珠穆沁旗牧民合作组织快速发展，各类牧民专业合作组织达到60多个，初步形成了符合牧区实际的好做法、好经验。其中，额吉诺尔镇哈日戈壁嘎查股份制牧民专业合作社推行的草场、牲畜、基础设施、劳动力“四个整合”的做法给我们留下深刻影响和诸多启发。

整合草场，就是实行草畜平衡制度，统一规划、统一利用草场，分类利用、轮换利用草场，规模化利用、规范化利用草场。这是草原畜牧业草场利用方式的重大转变，为人与草原和谐共生、可持续发展提供了制度保证。从没有草原围栏—逐步建设围栏—实现草原围栏化到为了整合草原而拆除部分围栏，这是一个多么耐人寻味的变化啊!

整合牲畜，就是统一生产经营牲畜，把牲畜分为种公羊、基础母畜、后备母畜和羯羊四类，实行分群饲养、专业化、规模化养殖，降低饲养成本，提高个体产出；统一购置生产资料、统一加工销售畜产品，降低生产费用，提高经营效益，分享加工销售环节的利润，增加收入。哈日戈壁嘎查牧民专业合作社的独到之处在于选育和提纯复壮种公羊、注册“乌珠穆沁额尔敦”种公羊商标，获得内蒙古种公羊选育基地资质，运用新技术，推广新品种，甚至销往内蒙古外，使合作社种公羊价格比其他种公羊高出300多元。

整合基础设施，就是根据草场统一利用、分类利用的需要，适应牲畜专业化、规模化养殖的用途，实现生产设施和生产资料资源共享，避免重复购置、重复建设，重新布局和完善基础设施，降低畜牧业生产成本。

整合劳动力，就是根据草场统一利用、分类利用，牲畜专业化、规模化养殖，畜产品统一加工销售的需要，按照牧民的劳动技能特点，发挥能人擅长，尊重个人意愿，既合理安排劳动力从事畜牧业生产和各类社会化服务活动，又鼓励支持牧区劳动力进城就业创业。哈日戈壁嘎查牧民专业合作社在旗所在地设立联系点，搜集市场信息、就业信息，为牧民进城就业创业提供服务，该嘎查已有100多人进城就业创业。2007年以来，东乌珠穆沁旗有5416个牧民进城就业创业，其中从各类合作组织转移出来3850人，占进城牧民的71%，说明提高牧民组织化程度是转移牧区人口的重要条件之一。

“四个整合”，核心是整合牲畜，整合草场、基础设施和劳动力是整合牲畜的必然要求，是为整合牲畜服务的；整合牲畜不是在增加数量上求效益，而是在提高质量、集约化经营上求效益；整合草场不是简单的合并，而是按草畜平衡原则入股，在分类利用、划区轮牧上下功夫，在保护建设上下功夫，达到永续利用、可持续发展；整合基础设施要围绕整合牲畜、整合草场来实施，要适应采用先进科技和生产手段，推行社会化服务、提高集约化水平的需要；整合劳动力本质上是开发牧区人力资源，既要通过组织、政策、市场等机制合理配置人力资源，又要通过教育培训加快人力资源能力建设，满足牧民日益增长的物质文化需求，促进牧民全面发展。“四个整合”是草原畜牧业发展方式的转变，是实现牧民组织化的有效形式。

实践证明，建立牧民专业合作组织，提高牧民组织化程度，是加快发展乌珠穆沁羊产业的有效途径，也是发展现代畜牧业、建设社会主义新牧区的重要举措。东乌珠穆沁旗道特淖尔镇白音图嘎嘎查是全国新牧区建设的试点，东乌珠穆沁旗旗委、政府具有建设社会主义新牧区的高度自觉，下发了《关于进一步加快推进牧区改革发展的实施意见》，统筹推进工业化、城镇化和以乌珠穆沁羊为主的畜牧业现代化，取得了非常显著的成绩。我们相信，随着牧民专业合作组织的不断发展，乌珠穆沁羊这个著名品牌将名扬天下。

论城乡二元结构及其制度性特征[①]

城乡二元结构是历史形成的，与经济社会发展阶段有关，其实质是城乡居民基本权利二元化，农民不能享有平等的基本权利。统筹城乡经济社会发展，是破

① 本文节选自《统筹城乡发展的核心是保障农民权益》一文，原文1万字，收入由社会科学文献出版社2011年1月出版的中国国际经济交流中心“智库研究”《城乡一体化——中国生产力再一次大解放》一书。2011年3月18日《内蒙古日报》转载时略有删减。

除城乡二元结构的重大方略，其核心是保障农民权益。

一、城乡二元结构的历史性

2002 年，党的十六大第一次提出“统筹城乡经济社会发展”的重大方略。这是党中央正确把握21 世纪我国经济社会发展的时代特征和主要矛盾，致力于消除城乡二元结构，破解“三农”难题，全面建设小康社会而提出的重大战略决策，具有极强的时代性、创新性和针对性，具有极为重要的战略意义，表明党的农村工作指导思想的重大转变、解决“三农”问题思路的重大创新，标志着城乡发展理念、发展方式的重大突破。

2007 年，党的十七大第一次提出“形成城乡经济社会发展一体化新格局”的战略要求。如果说统筹城乡经济社会发展是城乡发展的新思路、新方略，那么，形成城乡经济社会发展一体化新格局，是贯彻这一新方略的根本要求和战略举措。统筹城乡发展，推进城乡经济社会发展一体化，才能从根本上消除城乡二元结构。

城乡二元分割是人类社会发展进程中的一个必然现象，是城市出现并不断发展，特别是工业化进程加快的产物。城乡二元分割形成了城乡二元结构，包括城乡二元经济结构和城乡二元社会结构。城乡二元经济结构一般是指以社会化大生产为主要特点的城市经济和以农业小生产为主要特点的农村经济并存的经济结构。我国城乡二元经济结构主要表现为：城市经济以现代化大工业生产为主，而农村经济以传统的小农经济为主；城市的道路、通信等基础设施较发达，而农村的基础设施很薄弱。

城乡二元社会结构一般是指城市基本公共服务体系较为完善、农村基本公共服务发展滞后，以户籍制度为主的一系列制度将城市人口和农村人口分开，并由此形成基本权利不平等的两类人群并存的社会结构。我国城乡二元社会结构主要表现为：城市的教育、科技、文化、卫生等社会事业发展较快，而农村的社会事业发展滞后；农村人口远比城市人口多，而城市人均消费水平远比农村人均消费水平高。

城乡二元分割即城乡二元结构的本质是城乡人口的二元分割即农民与市民的不同身份及由此产生的各项基本权利不平等。这种不同身份和各项基本权利不平等是由城乡二元制度固化的，城乡二元制度是农民与市民政治、经济、文化和社会地位不平等在制度上的反映。

城乡二元分割的历史性决定了消除城乡二元分割的长期性，消除城乡二元分割需要一个历史过程，归根到底关系到经济社会发展阶段。城乡二元分割不仅是中国发展中的突出问题，也是制约所有发展中国家发展的难解之题。2004 年 9

月，胡锦涛总书记在党的十六届四中全会上提出了“两个趋向”的重要论断，指出：“综观一些工业化国家发展的历程，在工业化初始阶段，农业支持工业、为工业提供积累是带有普遍性的趋向；但在工业化达到相当程度以后，工业反哺农业、城市支持农村，实现工业与农业、城市与农村协调发展，也是带有普遍性的趋向。”在2004年的中央经济工作会议上，胡锦涛总书记进一步强调指出：“我国现在总体上已到了以工促农、以城带乡的发展阶段。我们应当顺应这一趋势，更加自觉地调整国民收入分配格局，更加积极地支持‘三农’发展。”把握我国发展阶段性特征，遵循“两个趋向”规律，坚持以工促农、以城带乡，统筹城乡发展、消除城乡二元结构，我们需要认清城乡二元结构的具体存在形式。

二、城乡二元结构的制度性

发展经济学理论认为，社会二元结构的本质是制度性的。我国城乡二元结构不仅是历史形成的，而且是在特定历史阶段的政治文化制度下形成的。我国城乡二元制度的差异性反映在教育制度、卫生制度、就业制度、社会保险制度、劳动保护制度、人才制度、兵役制度、婚姻制度、生育制度、粮食供给制度、副食品与燃料供给制度、户籍制度等诸多方面。

首先，城乡分割的教育制度。教育公平是社会公平的基础。按照政府公共职能，政府应当实行城乡公平的义务教育制度，但实际上存在很大差异。从世纪之交的2000年看，我国小学在校学生的生均预算内经费，城镇为658元，农村仅为479元，只相当于城镇的72%。而且农村初中和小学义务教育经费只有60%～70%由财政预算内经费解决，其余30%～40%由集资办学、学费杂费和其他经费来源解决，增加了农村基层和农民的负担。2006年我国实施农村义务教育经费保障机制改革，2007年农村义务教育实行免费，从2008年秋季新学年开始免除城乡义务教育阶段1.6亿学生的学杂费，这意味着我国开始全面实行免费义务教育。但农村教育和城市教育，无论在办学条件、教学环境，还是在师资队伍、教学质量方面，都还存在不少差距。农村学生和城市学生在发展的起点和机会上仍然存在不平等。

其次，城乡分割的医疗卫生制度。健康是人全面发展的基础，人人应该享有基本医疗卫生服务。人人享有就是城乡居民公平享有，把基本医疗卫生制度作为公共产品提供给城乡居民，努力使群众少生病、看得起病、看好病。改革开放以来，我国医药卫生事业得到较快发展，群众的健康水平有了较大提高。但城市和农村的医疗卫生服务差距仍然比较大，农村三级医疗卫生服务体系还不健全，公共卫生服务能力还比较弱。2003年开始实施新型农村合作医疗制度，但一场突如其来的“非典”疫情，集中暴露了公共卫生体系薄弱、突发公共卫生事件应对机制不健全等问题。

再次，城乡分割的就业制度。就业是民生之本，是城乡居民获得一份工作、拥有一份收入，使就业者及其亲属能够过上正常生活的重要条件，是缩小贫富差距的有效途径，是就业者后代健康成长的重要保证。实现充分就业是经济发展的重要目标，是检验科学发展、和谐发展的主要标准。在以往传统的就业制度下，国家只负责城市非农业人口在城市的就业安置，不允许农村人口进入城市寻找职业。改革开放以后，这种城乡分割的就业壁垒逐渐被打破，数亿农民工在城乡之间"候鸟式"流动，在城市里打工就业，但还没有建立城乡统一的劳动力市场和城乡居民平等的就业制度，农民工的各项权益得不到有效保障，农民工工资偏低，子女就学、公共卫生、住房租购等方面与城镇居民难有同等待遇，劳动条件较差，工伤、医疗、养老保险还不能覆盖农民工。

最后，城乡分割的户籍制度。传统的户籍制度严重阻碍农村人口向城市转移，把农民束缚在土地上，成为城乡之间的户籍壁垒，造成了城乡对立的格局。我国于20世纪50年代实行了控制户口迁移的政策，1958年的《户口登记条例》规定："公民由农村迁往城市，必须持有城市劳动部门的录用证明，学校的录取证明，或者城市户口登记机关的准予迁入的证明，向常住地户口登记机关申请办理迁出手续。"这一规定标志着我国以严格限制农村人口向城市流动为核心的户口迁移制度的形成，农民没有自由流动和迁徙的权利。改革开放以后，开始允许农民进入城市经商或打工，但农民仍然没有在城市定居的权利，而是实行暂住证制度。暂住证制度既是城乡二元分割壁垒存在的标志，也是弱化这种壁垒的一种措施。

三、城乡二元制度的危害性

城乡二元结构及一系列二元制度的危害不容忽视，主要是长期以来积累了诸多难以解决的社会矛盾和问题，如城乡差距扩大、贫富差距扩大、农民与城镇居民收入差距扩大、农民与市民的科学文化素质差异加深、地区发展不平衡等，已经成为影响和制约经济社会发展、实现现代化的突出问题。

第一，阻碍了农业发展。城乡二元经济结构使农业与工业分割，或者农业支持工业、为工业提供积累很多，而工业促进农业、工业反哺农业很少，农产品市场难以不断扩张，农业生产难以持续增长，农民收入难以持续增加，农业发展受到严重影响。农业发展不稳定、农产品不充裕，反过来制约了农产品加工业的发展。第二，阻碍了农村发展。城乡二元经济结构使农村与城市分割，或者农业支持城市很多，而城市带动农村很少，对农村的投入力度不大，农村基础设施建设滞后，农民生产生活条件改善缓慢，制约了农村经济发展。农村经济的落后导致农村需求不足，反过来影响了工业和城市的发展。第三，阻碍了消费扩大。城乡二元经济结构使城乡市场分割，城乡居民收入水平与消费水平差距不断拉大，农村消费品与城市消费品档次不断拉大，受农民收入水平的制约，在城市市场趋于饱和的中高档耐用消费品无法向农村市场转移，农村需求结构制约了供给结构调整，从而影响了产业结构升级。第四，阻碍了要素流动。城乡二元经济结构使要素市场分割，资金、技术、劳动力等生产要素难以在城乡之间顺畅流动，导致农业产业化进程难以加快、乡镇企业资产难以重组、物流业难成气候，不仅影响了农村经济的快速发展，而且影响了城乡统一市场的形成和国民经济的协调发展。第五，阻碍了社会公平。城乡二元社会结构使社会发展分割，城乡社会事业发展差距拉大，导致教育、科技、文化、卫生和社保等基本公共服务不均等，农民在综合素质上的差异造成就业机会不平等，而就业机会不平等又造成收入机会不平等。这种“不平等”链条使农民的各项基本权利和人格尊严受到了侵害。

总之，城乡二元结构及其制度影响，造成了城乡之间、工农之间、贫富之间、市民与农民之间及干群之间程度不同、形式不同的矛盾，构成了政治、经济、文化、社会发展中的结构性障碍。统筹城乡发展，就要从改革城乡二元分割的制度入手，破解二元分割制度带来的一系列突出的结构性矛盾和问题，破除城乡二元经济结构和二元社会结构，形成城乡经济社会发展一体化新格局。

用城乡发展一体化保障农民权益①

城乡二元结构是历史形成的，与经济社会发展阶段有关。城乡二元结构的实质是城乡居民基本权利的二元化，农民享有的基本权利不平等。党的十六大第一次提出“统筹城乡经济社会发展”，这是党中央消除城乡二元结构、破解“三农”难题的重大战略决策，是党的农村工作指导思想的重大转变、解决“三农”问题思路的重大创新，标志着城乡发展理念、发展方式的重大突破。党的十七大第一次提出“形成城乡经济社会发展一体化新格局”，是统筹城乡经济社会发展的目标要求和根本举措。统筹城乡发展，推进城乡经济社会发展一体化，其核心是保障农民的权益。我们要以保障农民权益为出发点和落脚点，着力推进城乡经济社会发展一体化。

① 本文节选自《统筹城乡发展的核心是保障农民权益》一文，原文1万字，收入由社会科学文献出版社2011年1月出版的中国国际经济交流中心“智库研究”《城乡一体化——中国生产力再一次大解放》一书。2011年3月18日《内蒙古日报》转发时略有删减。

一、我们党始终重视保障农民权益

1978年，党的十一届三中全会强调，调动我国几亿农民的社会主义积极性，"必须在经济上充分关心他们的物质利益，在政治上切实保障他们的民主权利"。1998年，党的十五届三中全会《中共中央关于农业和农村工作若干重大问题的决定》重申"调动农民的积极性，核心是保障农民的物质利益，尊重农民的民主权利"。2008年，党的十七届三中全会《中共中央关于推进农村改革发展若干重大问题的决定》把"坚持保障农民物质利益和民主权利"作为我国农村30年改革发展的5条重要经验之一，并作为实现2020年农村改革发展目标任务必须遵循的5项重大原则之一强调："必须切实保障农民权益，始终把实现好、维护好、发展好广大农民根本利益作为农村一切工作的出发点和落脚点。坚持以人为本，尊重农民意愿，着力解决农民最关心最直接最现实的利益问题，保障农民政治、经济、文化、社会权益，提高农民综合素质，促进农民全面发展，充分发挥农民主体作用和首创精神，紧紧依靠亿万农民建设社会主义新农村。"

改革开放30年来，我们党始终坚持经济上充分关心农民的物质利益、政治上切实保障农民的民主权利，极大地调动了亿万农民的积极性，不断解放和发展了社会生产力。特别是党的十六大以来，党中央提出了一系列推进农村改革发展的新理念、新思路，从"统筹城乡经济社会发展"到"全党工作的重中之重"，从"两个趋向"的重要论断到建设社会主义新农村战略任务的提出，再到"形成城乡经济社会发展一体化新格局"的目标要求，体现了党对保障农民权益的关切，体现了党对中国特色社会主义建设规律认识的深化。在党的"三农"工作新思想、新理论指导下，我国农村改革30年迈出了三大步。第一步是以家庭承包经营为核心，建立农村基本经济制度和市场机制，保障农民生产经营自主权，一举解决了中国人的吃饭问题。第二步是以农村税费改革为核心，统筹城乡发展，调整国民收入分配关系，保障农民物质利益，"三农"工作出现重要转机，粮食连续7年增产，农民收入年均增长超过6%。第三步是以促进农村上层建筑变革为核心，实行农村综合改革，解决农村上层建筑与经济基础不相适应的一些深层次问题，保障农民民主权利，农村改革发展已进入重在制度建设的新阶段。

二、推进城乡制度规划一体化

一般认为，城乡经济社会发展一体化是指城乡之间生产要素自由流动、公共资源均衡配置、基本公共服务均等化，城乡居民平等参与现代化进程、共享改革发展成果，城乡经济社会良性互动、协调发展、融合一体。其实质在于从法律、制度和政策上切实保障农民经济、政治、文化、社会等方面的合法权益。

城乡二元结构的本质是制度性的，城乡二元制度把人分为农民、市民两类基本权利不平等的人群。统筹城乡发展，形成城乡经济社会发展一体化新格局，必须从统筹城乡规划、产业发展、公共服务、社会发展和社会管理上切入，建立促进城乡经济社会发展一体化制度。规划是制度的基础。规划的本质是立足于发挥规划对象的功能，调整布局结构，合力配置资源，实现科学发展。城乡规划分割，甚至只搞城市规划，不搞乡村规划，规划不顾人的权益和人的发展，这是以往规划中存在的问题。统筹城乡规划，应统筹安排县域城镇建设，为农民就近转移创造条件。土地利用、农田保护、产业聚集、村落分布、生态涵养等结构布局，应有利于农民生产生活条件的改善，切实保障农民的各项权益。

三、推进城乡产业发展一体化

长期以来城乡产业分割，农村产业结构单一，农业生产规模小、链条短、服务缺、效益低，城镇生产要素难以向农村流动，第二、第三产业不能与第一产业融合，导致农民增收缓慢，城乡居民收入差距不断扩大；城镇产业发展较少考虑农村富余劳动力转移就业，产业结构以第二产业为主，大项目、大企业为主，服务业发展滞后，包括一些县城在内的中小城镇甚至缺少产业支撑，且不说对农村的带动能力弱，自身发展的内生动力也不足。

统筹城乡产业发展，应坚持以工促农，促进农村生产、加工、销售一体化发展，推动农业产业化经营，龙头企业与农民建立紧密型利益联结机制，让农民分享加工、销售环节的利润；应坚持发展多种形式的适度规模经营，提高农业经济效益，按照依法自愿有偿原则，通过土地承包经营权流转，保障农民对承包土地的占有、使用、收益等权利；应培育扶持农民专业合作社，发展各种农业社会化服务组织，着力提高组织化程度，按照服务农民、进退自由、权利平等、管理民主的原则，使之健康发展，使农民受益；应完善城乡平等的要素交换关系，坚持市场竞争与政府宏观调控相结合，从制度层面上彻底改变农村土地、劳动等要素价格低于城市的制度，禁止城市廉价征用农村集体土地，实现农村劳动力与城市劳动力同工同酬，通过政策性金融引导农村储蓄主要用于农村发展，引导城市资金、技术、人才、管理等生产要素向农村流动；应坚持以城带乡，强化城镇产业支撑，加快发展城镇服务业、劳动密集型产业，加快发展中小企业、个体私营经济，创造更多的就业岗位和创业机会，促进农村劳动力向第二、第三产业转移，农村人口向城镇聚集。

四、推进城乡基础设施和公共服务一体化

长期以来由于经济社会发展阶段的原因，特别是国家有限的投入主要向城市倾斜，对农村水、电、路、气、通信等基础设施和教育、科技、文化、卫生等各项社会事业投入较少，农村普遍存在挑水吃、点煤油灯、烧柴禾、信息闭塞、行路难、上学难、看病贵、买东西远、科技缺少、文化落后的现象，农民与市民在分享基础设施和公共服务方面的差距越来越大。

改革开放特别是21世纪以来，随着经济社会加快发展，财政对“三农”的投入逐步加大，推进城乡基本公共服务均等化，农村基础设施不断改善，社会事业不断发展，多数行政村通了电、有了自来水、接通了硬化路面和通信设施、也有了沼气，农村教育经费由县财政统筹，95%以上的农民参加了新型农村合作医疗，新型农村养老体系正在建立，一些发达地区的农村正在与城市接轨，那里的农民与市民的差距正在逐步缩小。但从总体上看，城乡基础设施建设和公共服务的差距仍然很大，农村各类基础设施还不适应农业生产发展和农民生活改善的需要，各项社会事业还存在覆盖面不全、布局不合理、保障水平低等问题。

统筹城乡基础设施建设和公共服务，应切实强化政府对改善农村基础设施的责任，优先发展社会共享型基础设施，促进城市基础设施向农村延伸，在全面提高财政保障农村公共事业水平的同时，调动和引导社会资金在内的各方面力量加强对农村水利、电力、交通运输、燃气、电信、商业网点等基础设施的投入，扩大基础设施的服务范围、服务领域和受益对象，使乡村联系城市的硬件设施得到尽快改善，让农民同样分享基础设施；应切实强化政府保障农村基本公共服务供给的基本职责，加快健全公共财政框架，调整财政支出结构，建立城乡一体的财政支出体制，投入更多的资金提高保障能力，完善城乡统一的公共服务制度，努力实现城乡教育、科技、文化、卫生资源均衡配置，促进城市社会事业向农村覆盖、城市文明向农村辐射，加快农村公益事业建设，提升农村公共服务水平，促进社会公平正义。

五、推进城乡劳动就业一体化

就业是民生之本，城乡居民只有就业才有收入，有了收入才能改善生活，也才能扩大居民消费，进而扩大内需；城乡居民享有平等就业机会，也是促进社会公平正义的题中之义，是城乡居民有尊严地工作生活的基础和前提。在计划经济体制下，由于经济社会发展阶段的原因和城乡二元就业制度藩篱，农村

居民只能从事农业生产，农民不能到城里就业，农民与市民没有平等的就业机会。改革开放以来，由于乡镇企业的异军突起，农民可以“离土不离乡”在乡镇企业就业。随着东南沿海地区的率先发展和工业化、城镇化加快推进，一个数以亿计的“候鸟式”流动就业的庞大群体——农民工的出现，冲破了分割城乡就业的藩篱。但城乡居民平等就业的制度性障碍依然存在，城乡统一的劳动力市场还没有建立起来，农民进城就业机会不平等，权益难保障，环境和条件亟待改善。

统筹城乡劳动就业，就要把促进城乡居民就业放在经济社会发展的优先位置，实施更加积极的就业政策，加快建立城乡统一的人力资源市场，逐步实现农民与市民享有同等就业机会，引导农民有序外出就业；就要把提高农民就业能力放在农村教育培训工作的优先位置，加快建立提升农民综合素质和职业技能的长效机制，增强农民在第二、第三产业就业和自主创业的能力；就要把大力发展服务业、劳动密集型产业、中小企业和个体私营经济放在县域经济结构调整的优先位置，扶持农民工返乡创业，创造更多就业机会，鼓励农民就近转移就业；就要把解决农民工问题放在保障和改善民生的重要位置，加强农民工权益保护，逐步实现农民工劳动报酬、子女就学、公共卫生、住房租购等与城镇居民享有同等待遇，改善农民工劳动条件，保障生产安全，扩大农民工工伤、医疗、养老保险覆盖面；就要逐步实现新型农村社会养老保险制度与城镇居民社会养老保险制度合并实施，逐步把新型农村合作医疗制度纳入基本医疗保险制度，进城务工的农村居民和其他职工一样依法参加社会保险，依法解决被征地农民的社会保险问题，建立覆盖城乡居民的社会保障体系，切实维护农民参加社会保险和享受社会保险待遇的合法权益，不断提高各项社会保障水平，使农民共享发展成果，促进和谐社会建设。

六、推进城乡社会管理一体化

社会管理的二元分割表现在很多方面，但最重要、最根本的是现有户籍管理制度，户籍上附着了农民与市民诸多基本权利不平等，长期以来城镇户口与农村户口成为城乡之间难以逾越的鸿沟，户籍背后隐藏着公民身份的差异和享有基本公共服务、社会福利的不平等。

统筹城乡社会管理，最根本的是推进户籍制度改革，实现户籍管理城乡统一，完善公民信息管理系统，城乡居民凭合法固定住所证明登记户口，破除长期以来束缚城乡居民自由迁徙的制度障碍，尊重城乡居民双向自由迁徙的权利，户口随居住地变动而变动；实现登记前提城乡统一，登记户口不以农民放弃原有利益为代价，农民进城落户可以不放弃农村宅基地使用权、土地承包经营权、林地承包经营权，就业、参加社保不以放弃承包地为前提，农民的各项权益不因居住地的迁徙、职业的改变而受到侵害；实现公共服务城乡统一，城乡居民在统一户籍管理制度下享有平等的教育、科技、文化、卫生、住房、社保等基本公共服务和社会福利，农民进城不进城完全尊重农民的意愿，不进城的农民同样享受政府提供的基本公共服务、社会保障和社会福利；实现失业登记城乡统一，建立城乡统一的就业失业登记管理制度，统一失业保险待遇标准和城乡统一的社会保险制度，建立城乡统一的就业援助扶持制度，使一部分新增农业人口、失地农民及时得到就业失业登记和就业援助的政策保障，达到城乡社保公平；实现住房保障城乡统一，建立分区域统一的城乡住房保障体系，对城乡居民符合住房保障条件的家庭，统一纳入城乡住房保障体系，以廉租住房、公共租赁房、经济适用住房以及租房、建房补贴等方式解决其住房困难，实现城乡居民人人都能住有所居的目标。

七、关于统筹城乡发展的几点启示

统筹城乡发展、推进城乡经济社会发展一体化的实践和一些先行先试地区的做法经验，给了我们诸多启示。

第一，全面落实统筹城乡经济社会发展的重大方略，是坚持科学发展，更加注重以人为本，更加注重保障和改善民生，促进社会公平正义的内在要求。从整体上讲，农民仍然是弱势群体，以人为本首先要以农民为本，保障和改善民生首先要保障和改善农村民生。

第二，全面落实统筹城乡经济社会发展的重大方略，是坚持扩大内需战略，建立扩大消费需求长效机制的迫切需要。扩大内需的战略重点是扩大消费需求，而扩大消费需求的重点是释放城乡居民特别是农民的消费潜力，必须多渠道增加农民收入，增强农民消费能力。

第三，全面落实统筹城乡经济社会发展的重大方略，要从科学发展、促进和谐的战略全局和时代发展要求的高度，牢牢把握保障农民权益这个核心，把使农民与市民一样享有各项基本权利、基本公共服务和社会福利作为统筹城乡经济社会发展的根本出发点和落脚点。

第四，全面落实统筹城乡经济社会发展的重大方略，要牢固树立城乡全域理念，坚决同城乡分割的传统思维定式决裂，想问题、出思路、做决策、搞规划、定目标、提措施，都要从城乡全域考虑，同样重视城市和农村，平等对待市民和农民，甚至按照“重中之重”的要求优先考虑农村和农民。

第五，全面落实统筹城乡经济社会发展的重大方略，要坚持推进城镇化、建设新农村双轮驱动，通过推进城镇化辐射带动农村发展，吸纳农民进城就业；通过建设社会主义新农村，加快培育新型农民，加强农业基础地位，在工业化、城镇化深入发展中同步推进农业现代化。

第六，全面落实统筹城乡经济社会发展的重大方略，要针对城乡二元结构的制度性特点，从改革创新制度、完善体制机制入手，破除城乡二元分割、二元结构制度，建立城乡经济社会发展一体化制度，健全保障农民享有各项基本权利、基本公共服务和社会福利的长效机制。

第七，全面落实统筹城乡经济社会发展的重大方略，要增强机遇意识和忧患意识。城乡二元分割、二元结构是历史形成，解决也需要一个历史过程。胡锦涛同志提出的“两个趋向”重要论断以及我国的发展阶段表明，我们已经具备了解决问题的基本条件。抓住机遇，乘势而上，我们定将彻底破除城乡二元结构，形成城乡经济社会发展一体化新格局。

《国务院关于进一步促进内蒙古经济社会又好又快发展的若干意见》是富民意见①

《国务院关于进一步促进内蒙古经济社会又好又快发展的若干意见》（以下简称《意见》），从指导思想、战略定位到基本原则，从主要目标、重点任务到支持政策，通篇贯穿了着力保障和改善民生、切实增进各族人民福祉的富民精神。

《意见》明确提出要“走富民强区之路，始终把保障和改善民生作为经济社会发展的出发点和落脚点，着力解决各族人民最关心、最直接、最现实的利益问题，努力实现居民收入增长和经济发展同步，劳动报酬增长和劳动生产率提高同步，使发展成果惠及各族人民”，并把这一条列为内蒙古经济社会又好又快发展的基本原则之一，要求到2015年城乡居民收入达到全国平均水平，到2020年超过全国平均水平。这些基本原则和主要目标，对内蒙古发展的针对性和指导性都很强。

21世纪的第一个10年里，内蒙古在推动经济起飞、加快增长速度和扩大总量上取得了令人瞩目的成绩，但是城乡居民收入与全国平均水平的差距不但没有

① 本文原载于2011年8月8日《经济日报》第13版，标题改为《促进内蒙古经济社会又好又快发展》，发表时删去第三自然段，倒数第二自然段里删去与全国和浙江对比的部分。

缩小，而且越拉越大了。与2000年相比，2010年内蒙古城镇居民人均可支配收入与全国平均水平的差距由1151元扩大到1411元，农牧民人均纯收入与全国平均水平的差距由215元扩大到389元。缩小收入差距，进而超过全国平均水平，这是内蒙古一切工作的出发点和落脚点，是促进经济社会又好又快发展的重要目标。

《意见》不仅提出了富民的目标和原则，而且提出了富民政策。《意见》强调："鼓励农牧区集体和个人以土地、草场使用权入股等方式参与当地资源开发建设，增加农牧民财产性收入。"这些非常明确而具体、体现市场机制、含金量很高、具有多方面效应的富民政策，特别符合内蒙古自治区资源富集而居民收入较低的实际，对于城乡居民持续增收、改善生活质量、提高生活水平，对于缩小收入差距，进而超过全国平均水平，具有极其重要的现实意义和长远的战略意义。

增加财产性收入，有利于调整国民收入分配结构。与2000年相比，2010年内蒙古财政总收入增长了14.7倍，规模以上工业企业利润增长了65.7倍，而城镇居民人均可支配收入仅仅增长了2.5倍，农牧民人均纯收入仅仅增长了1.7倍。是时候改变这种极不合理的收入分配关系了。增加居民财产性收入，是改变这种分配关系的有效手段。

增加财产性收入，有利于建立资源开发企业与农牧民利益共享机制。最近，内蒙古自治区党委、政府提出，要切实维护好广大农牧民群众的利益，探索建立企业与农牧民利益共享机制，使发展成果更多地惠及广大群众。建立资源开发企业与农牧民利益共享机制，这是整顿矿山开发秩序、维护群众利益的迫切需要，更是实施富民与强区并重、富民优先战略的内在要求。农牧民以土地、草场使用权入股，增加财产性收入，是建立企业与农牧民利益共享机制的有效举措。

增加财产性收入，有利于调整农牧民收入来源构成。农牧民人均纯收入的构成主要包括工资性收入、家庭经营纯收入、财产性收入和转移性收入。2009年，内蒙古农牧民财产性收入占人均纯收入比重为2.78%，全国农民财产性收入占纯收入的比重是3.24%，农民人均纯收入突破1万元的浙江的比重则是4.88%。内蒙古比全国平均水平低0.46个百分点，比浙江低2.1个百分点。收入来源多元化，财产性收入比重不断提高，这是居民收入来源构成变化的趋势。增加财产性收入，是调整收入来源构成的有力措施。

《意见》是富民意见，深入贯彻落实《意见》，必将切实增进内蒙古各族人民的福祉。

《国务院关于进一步促进内蒙古经济社会又好又快发展的若干意见》是增进各族人民福祉的纲领[①]

《国务院关于进一步促进内蒙古经济社会又好又快发展的若干意见》（以下简称《意见》），第一次将内蒙古的发展提升到国家战略层面，是指导内蒙古科学发展、增进各族人民福祉的纲领。学习贯彻国务院《意见》，要全面把握其丰富内涵，在新的历史起点上加快内蒙古富民强区进程。

一、《意见》是促进内蒙古转型发展的纲领

《意见》的主题是促进内蒙古经济社会又好又快发展。2010年，内蒙古自治区党委、政府围绕内蒙古科学发展提出一系列新思路。这些新思路的新意主要体现在三个方面：第一，发展不足是内蒙古的主要矛盾，坚持发展第一要务不动摇；第二，要坚持富民与强区并重、富民优先；第三，内蒙古不再刻意追求GDP增速全国第一，努力提高发展的质量和效益。这些新思路集中回答了怎样认识区情、为谁发展、怎样发展这样三个问题，标志着内蒙古自治区的发展由GDP增长为重、强区优先向富民与强区并重、富民优先转型。内蒙古发展的新思路体现了《意见》的主题，《意见》是促进内蒙古转型发展的纲领。

二、《意见》是构建多元化现代产业体系的纲领

《意见》对内蒙古产业发展的战略定位是“国家重要的能源基地、新型化工基地、有色金属生产加工基地和绿色农畜产品生产加工基地”。这四大基地是根据内蒙古资源丰富、靠近市场、基础较好的优势提出来的，由此内蒙古将正式成为国家战略资源支撑基地和新的经济增长点。建设四大基地，做大做强特色优势产业，加快构建多元化的现代产业体系，要落实到诸多具体基地建设上，《意见》围绕建设四大基地提出了蒙西煤电基地等20多个具体的基地，还包括沿黄河沿交通干线经济带、沿边开发开放经济带，以及众

① 本文节选自2011年8月19日《内蒙古日报》第10版《国务院〈意见〉是增进各族人民福祉的纲领》一文。

多工程、项目、示范区、试验区等，为内蒙古自治区下一阶段的发展描绘了宏伟蓝图。

三、《意见》是构筑我国北方重要生态安全屏障的纲领

《意见》提出的在新形势下推进内蒙古加快转变经济发展方式的五个重大意义的第一项是“有利于构筑我国北方重要的生态安全屏障”，指导思想中“五个着力”要求的第一条是“着力加强生态保护和基础设施建设，夯实可持续发展基础”，《意见》对内蒙古五个方面战略定位的第一个方面是“我国北方重要的生态安全屏障”，五项基本原则中有一项是“坚持节约资源保护环境，树立绿色发展理念，加强生态建设和环境保护”，两个阶段的奋斗目标中都有生态保护的目标，八项重大任务的第一项是“全面推进生态建设和环境保护”，六个方面的支持政策几乎都涉及生态建设和环境保护政策。中央文件将生态建设和环境保护提到这样的第一位高度，是没有先例的。可见，内蒙古生态保护的重要程度和中央的重视程度。

四、《意见》是切实增进各族人民福祉的纲领

《意见》从指导思想、战略定位到基本原则，从主要目标、重点任务到支持政策，通篇贯穿了着力保障和改善民生、切实增进各族人民福祉的富民精神。《意见》在基本原则中明确提出要“走富民强区之路，始终把保障和改善民生作为经济社会发展的出发点和落脚点，着力解决各族人民最关心、最直接、最现实的利益问题，努力实现居民收入增长和经济发展同步，劳动报酬增长和劳动生产率提高同步，使发展成果惠及各族人民”，增加收入的目标是到2015年城乡居民收入达到全国平均水平，到2020年城乡居民收入超过全国平均水平。增加收入的政策措施中提出“进一步完善机关事业单位收入分配制度，落实艰苦边远地区津贴动态调整机制。建立企业职工工资正常增长机制，逐步提高职工收入水平。落实国家对基层边远地区教育、卫生和农牧业技术服务人员的工资倾斜政策，逐步提高边境一线地区干部职工工资收入水平和守土固边农牧民的生活补助标准。逐步提高老干部、老党员、老劳模生活补贴标准”“鼓励农牧区集体和个人以土地、草场使用权入股等方式参与当地资源开发建设，增加农牧民财产性收入”。这些原则、目标和政策措施，对内蒙古实施富民与强区并重、富民优先战略，切实增进各族人民福祉，具有很强的针对性和指导性。

五、《意见》是指导内蒙古先行先试的纲领

《意见》作为一项基本原则，明确提出“赋予先行先试政策，深化重点领域和关键环节的改革，力争取得突破”。《意见》为内蒙古经济社会又好又快发展带来了多方面的机遇，将内蒙古发展上升到国家层面而明确战略定位是机遇，凸显了内蒙古在全国产业分工中的地位和格局，明确了主攻方向和战略重点，特别是实施差别化产业政策，优先布局煤炭、电力、煤化工、有色金属生产加工项目，并给予项目核准、资源配置、土地利用等政策支持，有利于内蒙古资源优势向产业优势转化，实现经济转型升级；大力加强基础设施建设是机遇，加快打通连接周边省区的高速公路、打通到北京的客运专线和连接50万人口以上城市的快速铁路、打通公路铁路和港口运煤大通道、建设煤基液态产品运输管道、发展支线航空等综合交通运输体系，加快特高压等输电通道、水利工程和信息网络建设，有利于破解内蒙古发展的瓶颈制约；将内蒙古整体列为国家资源型地区可持续发展试点也是机遇，有利于发展非资源型产业，培育壮大接续替代产业，建立多元化产业体系，探索资源型地区可持续发展新模式；特别是6个方面37条配套政策，包括推进资源税改革，研究完善煤炭等矿产资源领域收益基金政策，将公益性建设项目国债转贷资金全部改为拨款等，为内蒙古靠国家政策支持实现又好又快发展带来难得的机遇。关键是我们要敢于和善于先行先试，把《意见》的各项政策要求落实到一条条可操作的具体措施上，落实到一个个能上手去抓的具体规划和工程项目上，避免就文件落实文件、守着政策要政策，最大限度地发挥《意见》的促进和支持效应。

《国务院关于进一步促进内蒙古经济社会又好又快发展的若干意见》是构建现代产业体系的纲领①

积极构建多元化现代产业体系，是《国务院关于进一步促进内蒙古经济社会又好又快发展的若干意见》（以下简称《意见》）提出的八项重大任务之一，是促进内蒙古经济社会又好又快发展的内在要求。改革开放以来的不断努力，内蒙

① 本文节选自2011年8月19日《内蒙古日报》第10版《国务院〈意见〉是增进各族人民福祉的纲领》一文。

古产业得到长足发展，产业总量迅速扩大，产业门类趋向多元，产业技术逐步提升，为构建多元化现代产业体系奠定了较好的基础。同时，应该看到，内蒙古产业在很大程度上仍然是传统产业，影响产业转型升级的深层次矛盾和问题比较突出，构建现代产业体系的制约因素也比较多，呈现出一些阶段性特征。

一、内蒙古产业发展的阶段性特征

农牧业产业化经营稳步推进，农畜产品产量增加，加工转化的比重提高，同时，农牧业生产的规模化、标准化、社会化、集约化远没有破题，靠天吃饭的局面远没有扭转，农牧业劳动生产率难以提高，农牧民收入与全国平均水平的差距不断拉大。工业保持快速增长，矿产资源开发量居全国前列，工业企业特别是规模以上工业企业利润超常扩张，同时，工业增长的资源环境代价过大，工业能耗和污染物排放过高，工业反哺农牧业的作用过小，工业带动就业的能力过低。服务业保持稳定增长，新兴服务业和现代服务业发展开始起步，在吸纳就业方面发挥了可喜的作用，同时，服务业的比重逐年下降，现代服务业比重仍然很低，促进第一、第二产业发展和满足城乡居民需求方面的作用远没有发挥。

二、构建现代产业体系的基本原则

构建多元化现代产业体系，要按照《意见》提出的基本原则，“把经济结构战略性调整作为加快转变经济发展方式的主攻方向，协调推进新型工业化、新型城镇化和农牧业现代化，增强自主创新能力，加快产业结构调整升级，优化城乡结构和区域布局，促进经济社会协调发展”。要把加快转变经济发展方式作为构建多元化现代产业体系的根本途径，把经济结构战略性调整包括产业结构、城乡区域结构和收入分配关系调整作为主攻方向，把增强自主创新能力作为重要支撑，把保障和改善民生作为根本出发点和落脚点，把节约资源和保护环境作为重要着力点，把改革开放作为强大动力，这样才能推动产业结构优化升级。无论是稳步推进国家能源基地建设、大力发展资源深加工产业、改造提升传统产业，还是努力发展装备制造业、积极培育战略性新兴产业、加快发展服务业，都必须坚持这个基本原则。

三、协调推进新型工业化、新型城镇化和农牧业现代化

新型工业化，是科技含量高、经济效益好、资源消耗低、环境污染少、人力

资源优势得到充分发挥的工业化。按照新型工业化的五项要素改造提升内蒙古工业，应把降低能源资源消耗、减少污染物排放、保护生态环境的各项指标量化分解到每个企业，形成企业加大科技研发投入、产学研结合、注重技术改造、提高科技含量的倒逼机制；在继续引进和培育大企业、大集团、大项目，做大工业总量、增强工业实力的同时，着力扶持发展中小企业，包括“鼓励中小企业与大企业形成产业链的协作配套关系”，建立和完善中小企业发展服务平台，为中小企业发展提供全天候服务，大力支持创业者创办中小企业，增加就业岗位，努力扩大就业，促进以创业带动就业，从而使人力资源优势得到充分发挥；建立健全企业工资集体协商机制和职工工资正常增长机制，实现劳动报酬增长和劳动生产率提高同步。

促进农牧业现代化，就要用现代物质条件装备农牧业，用现代科学技术改造农牧业，用现代产业体系提升农牧业，用现代经营形式推进农牧业，用现代发展理念引领农牧业，用培养新型农牧民发展农牧业，提高农牧业水利化、机械化和信息化水平，提高土地草原产出率、资源利用率和农牧业劳动生产率，提高农牧业素质、效益和竞争力。结合内蒙古自治区农牧业发展现状，推进“六个用”，提高“三化”水平，达到提高“三率”和素质、效益、竞争力的目标，就是要着力推进农牧业设施化、规模化、标准化、社会化生产，其切入点则是农牧民的组织化。组织化程度过低，是加快农牧业现代化进程的制约因素之一。大力扶持发展农牧民专业合作组织特别是股份制合作组织，推进土地、草场市场化流转，促进适度规模经营，有利于推动设施化、标准化、社会化生产，有利于推广农牧业适用技术，有利于培养新型农牧民，有利于提高农牧业“三化”“三率”和竞争力，有利于农村牧区劳动力转移就业、转行就业，有利于农牧民收入来源多元化和共同致富。

新型城镇化，是坚持以人为本，综合承载能力、产业支撑能力、辐射带动能力、人才聚集能力较强，宜居、宜业、宜休闲，城乡一体化发展的城镇化。推进新型城镇化，应统筹城乡、布局合理、节约土地、功能完善、以大带小，促进资源承载力、环境承载力、经济承载力和社会承载力的有机结合；应增强吸纳力、包容力、影响力、辐射力、带动力，创造更多的就业岗位，吸引更多农牧民进城，同时提升城镇生活品质；应实现有序建设，有效管理，低碳生产，文明生活，管理执法更加关注合理性，达到生产和生活、建设和管理俱佳；应完善基础设施，提升公共服务，切实处理好人与人、人与城镇、人与自然的关系，真正让生活更美好。

四、加快发展服务业

加快发展服务业，是构建多元化现代产业体系的重要任务。内蒙古服务业发展速度相对缓慢，结构调整相对滞后，发展环境不够宽松，制约着产业结构优化升级。《意见》明确要求，把发展服务业作为产业结构优化升级的重点，推进生产性服务业和生活性服务业发展，并重点就城乡物流业、商贸流通业、会展业、文化旅游业、金融业发展的思路、目标和措施，提出了具体要求。服务业的比重和水平是经济社会发展水平的重要标志，《意见》的出台是内蒙古加快发展服务业的难得机遇，应认真研究生产生活服务需求，规范市场准入标准，调整税费和要素价格政策，营造有利于服务业发展的体制和政策环境；应大力发展生产性服务业和生活性服务业，特别是顺应社会化、专业化分工不断深化的趋势，引导企业将大量产前的采购、供应、研发、设计、咨询和产中的财务、运营、管理以及产后的物流、销售等环节，从生产过程中分离出来、剥离出去，实行服务外包，降低成本、提高效益，刺激服务业发展。

五、切实增强自主创新能力

增强自主创新能力，是产业结构优化升级，构建多元化现代产业体系的重要支撑和必要条件。《意见》就科技创新平台建设、科技合作和成果应用、发挥企业家和科技领军人才作用，提出了具体思路和目标要求。经过多年的持续努力，内蒙古科技创新能力不断增强，特别是引进大企业、大项目，使集成创新和引进消化吸收再创新能力有所增强，一些特色优势产业的技术和工艺达到了国内或国际领先水平。但科技人才特别是领军人才缺乏、研发投入不足、体制机制改革滞后，尤其是企业创新动力不足，制约着自主创新能力的提升。应从建立和完善有利于科技创新的体制机制切入，制定产业发展关键核心技术目录，采用产学研结合的有效载体——行业创新联盟等形式，实施攻坚，突破产业升级瓶颈。应高度重视人才培养和引进，加强适用技术推广和职业技能培训，推动发展向主要依靠科技进步、劳动者素质提高、管理创新转变。

《国务院关于进一步促进内蒙古经济社会又好又快发展的若干意见》是推进和谐社会建设的纲领①

《国务院关于进一步促进内蒙古经济社会又好又快发展的若干意见》（以下

① 本文节选自2011年8月19日《内蒙古日报》第10版《国务院〈意见〉是增进各族人民福祉的纲领》一文。

简称《意见》）提出“着力加强社会建设和社会管理，促进民族团结边疆稳定，努力实现全面建设小康社会目标，为全国经济社会发展做出更大贡献”。促进内蒙古经济社会协调发展，促进民族团结边疆稳定，要坚定不移推进和谐内蒙古建设。和谐社会建设包括两个方面：一个是大力保障和改善民生，另一个是加强和创新社会管理，这是相辅相成的两个方面。内蒙古发展不足的主要矛盾表现在经济社会发展的诸多方面，包括经济社会发展不协调，但最终的表现是城乡居民收入增长与经济增长不同步，核心是富民不足。

一、努力推进和谐社会建设，要大力保障和改善民生

《意见》提出要加大对就业和创业的支持力度，建立健全促进就业和支持创业的长效机制，以创业带动就业；建立覆盖城乡的社会保障体系，扩大覆盖范围，加大投入力度，提高保障水平；优先发展教育事业、提高医疗卫生服务水平和积极发展文化体育事业；改善农村牧区和贫困地区生产生活条件。这些任务和措施，既立足解决群众最迫切的具体问题，又着眼于形成长效机制，体现了富民优先的发展导向。

大力保障和改善民生，要千方百计提高城乡居民收入。21 世纪的第一个 10 年里，内蒙古在推动经济起飞、加快增长速度和扩大总量上取得了令人瞩目的成绩，但是城乡居民收入与全国平均水平的差距不但没有缩小，而且越拉越大了。与 2000 年相比，2010 年内蒙古城镇居民人均可支配收入与全国平均水平的差距由 1151 元扩大到 1411 元，农牧民人均纯收入与全国平均水平的差距由 215 元扩大到 389 元。缩小收入差距，进而达到和超过全国平均水平，这是内蒙古一切工作的出发点和落脚点，是促进经济社会又好又快发展的重要目标。

内蒙古城乡居民收入与全国平均水平的差距不断拉大，主要是内蒙古自治区就业率较低，从业者工薪收入、经营净收入水平普遍较低，社会保障覆盖面较小、保障水平较低，特别是农牧民收入来源构成仍以传统收入为主。2009 年，内蒙古农牧民工资性收入居全国第 28 位，其比重比全国低 21.8 个百分点，农牧民主要还是靠农牧业来获得收入。

《意见》提出：“鼓励农牧区集体和个人以土地、草场使用权入股等方式参与当地资源开发建设，增加农牧民财产性收入。”这是一条非常明确而具体、体现市场机制、含金量很高、具有多方面效应的富民政策，特别符合内蒙古自治区资源富集而居民收入较低的实际，对于城乡居民持续增收、改善生活质量、提高生活水平，对于缩小收入差距，进而超过全国平均水平，具有极其重要的现实意义和长远的战略意义。增加财产性收入，有利于调整农牧民收入来源构成，有利

于建立资源开发企业与农牧民利益共享机制，有利于调整国民收入分配结构。我们应在增加居民财产性收入上先行先试。

大力保障和改善民生，要努力扩大就业。《意见》提出要实施积极的就业政策，进一步发挥政府投资、重大项目建设带动就业的作用，吸纳一定比例的当地劳动力就业。就业是民生之本、收入之源、增长之力、稳定之基，保障民生的第一件大事就是保障就业，改善民生的第一件大事就是通过扩大就业来增加城乡居民的收入。与2000年相比，2009年内蒙古三次产业结构比例由22.8∶37.9∶39.3演变为9.5∶52.5∶38.0，而三次产业就业比例由52.2%、17.1%和30.7%演变为48.8%、16.9%和34.3%。

数据表明，内蒙古三次产业就业构成与产业结构几乎是逆向演变的，GDP高速增长、产业结构加速演变没有促进就业增长。48.8%的劳动者仍然靠农牧业谋生，这个比例比全国平均水平高10.7个百分点，居全国第24位；占GDP比重达52.5%的第二产业只吸纳了16.9%的就业人员，这个比例比全国平均水平低10.9个百分点，居全国第25位。9年间，内蒙古城镇就业人员增加了9.4万人，乡村从业人员增加了71.5万人。城镇国有单位就业人员减少了34.4万人，城镇私营企业就业人员增加了60.6万人、个体工商户就业人员增加了16.3万人。

三次产业、城乡、不同所有制单位就业数据表明，目前内蒙古三次产业结构和产业内部结构不利于扩大就业，城镇发展尚未发挥以城带乡的作用，非公有制经济正在发挥吸纳就业的主渠道作用。坚持富民优先，要更加注重发展中小企业、劳动密集型企业和配套服务型企业，努力扩大就业；更加注重扶持非公有制经济发展，创造全民创业的环境条件，鼓励人人创业，支持创业成功，促进创业带动就业；更加注重就业技能和创业技能培训体系建设，使劳动者观念得到转变、就业得以实现、创业得到成功。

大力保障和改善民生，要加快发展社会事业。要按照《意见》提出的要求，优先发展教育，保证经济社会发展规划优先安排教育发展，财政资金优先保障教育投入，公共资源优先满足教育和人力资源开发需要；积极发展文化体育事业，着眼造福各族人民群众，坚持重心下移、面向基层，把更多的文化资源投向基层，把更多的文化项目放在基层，加快构建覆盖城乡的公共文化服务体系，让群众共享文化发展成果；提高医疗卫生服务水平，建立健全覆盖城乡的公共卫生服务体系，加强农村牧区三级医疗卫生服务网络建设、完善新型城市医疗卫生服务体系、积极培养全科医生；完善社会保障体系，建立覆盖城乡的社会保障体系，“十二五”期间实现新型农村养老保险制度全覆盖和基本建成盟市旗县人力资源和社会保障服务中心；加大扶贫开发力度，改善贫困地区发展环境和生产生活条件，加大财政扶贫资金投入力度，妥善解决搬迁农牧民后续发展和长远生计问题。

从贫困情况看，目前内蒙古20%的城镇最高收入户与20%的最低收入户人均收入相差7.6倍，62.5%的城镇居民和61.7%的农牧民收入低于内蒙古平均水平。内蒙古还有150多万农牧民生活在贫困线以下，城镇还有80多万低保对象，贫困人口占总人口的9.5%以上，一些群众的生活水平没有明显改善，有的甚至有所下降。人的素质和能力是决定贫富的关键。加大扶贫开发力度，必须坚持远近结合、标本兼治、完善机制，从解决教育公平入手，提高贫困人口的素质和自我发展能力，打破贫困的恶性循环，达到脱贫的可持续性。

从住房条件看，2009年内蒙古农村牧区居民人均住房面积22.24平方米，比全国平均水平33.58平方米低11.34平方米，居全国第29位，仅仅高于青海和甘肃；住房价值每平方米231.32元，比全国平均水平359.35元低128.03元，居全国第26位；住房结构中钢筋混凝土结构人均只有0.5平方米，比全国平均水平14.51平方米低14.01平方米，居全国第30位，仅仅高于西藏。住房问题是涉及千家万户切身利益，解决好广大中低收入者的住房，保证人人有房住，政府责无旁贷。

二、努力推进和谐社会建设，要加强和创新社会管理

加强和创新社会管理，要提高管理科学化水平。牢牢把握最大限度地激发社会活力、最大限度地增加和谐因素、最大限度地减少不和谐因素的总要求，完善党委领导、政府负责、社会协同、公众参与的社会管理格局，以解决影响社会和谐稳定突出问题为突破口，提高社会管理科学化水平。要发扬内蒙古民族团结优良传统，巩固和加强民族团结，切实保障少数民族群众的合法权益，尊重少数民族群众的风俗习惯、文化传统和宗教信仰。

加强和创新社会管理，要坚持科学发展。社会是否和谐，在很大程度上取决于发展是否科学。科学发展是社会和谐的内在要求，而发展不科学极易导致社会不和谐。要以保障和改善民生为重点，着力解决好各族人民群众最关心最直接最现实的利益问题，建立健全维护群众权益机制，解决好资源开发、土地征用、房屋拆迁等涉及群众切身利益问题。社会管理不是目的，服务群众才是根本，归根到底是做好群众工作，维护群众利益。这是社会管理的基础性、经常性、根本性工作。群众始终是我们党的力量源泉，是社会管理的胜利之本。

加强和创新社会管理，要坚持以人为本。社会管理，本质上是对人的管理和服务。尊重人、理解人、关心人，寓管理于服务之中，实现管理和服务的有机统一，这是社会管理的本质要求。在管理理念上，要由防范、控制型向人性化、服

务型转变。在管理体制上，政府要加快职能转变，推进服务型政府建设，强化政府的公共管理和公共服务职能。在管理方式上，从主要依靠管、控、压、罚等方式向主要通过对话、沟通、协商、协调等方式转变，营造和谐有序的社会环境，促进社会公平正义，确保人民安居乐业、边疆和谐稳定。

我国日益重视低碳经济发展①

低碳经济，在国际国内都是一个比较新的提法。虽然低碳经济的术语在20世纪90年代后期的文献中就曾出现，但直到2003年英国能源白皮书《我们未来的能源：创建低碳经济》正式发布，才逐渐受到国际社会的关注。所谓低碳经济是指在不影响经济社会发展的前提下，通过技术进步和制度创新，尽一切努力最大限度地减少自然资源消耗、减少温室气体排放，从而减缓全球气候变化，实现经济社会可持续发展的新经济形态。其基本特征是低能耗、低排放、低污染、高效率、高碳汇，特别强调降低碳排放，以应对全球气候变暖。低碳经济是一种碳生产力达到一定水平的经济形态，是一种单位碳排放的经济产出较高的经济增长模式。

低碳经济是低碳发展的重点，低碳发展是低碳经济、低碳产业、低碳城市、低碳建筑、低碳交通、低碳技术、低碳生活等发展模式的总称。有一个新概念叫负碳经济，就是一种以吸收转化二氧化碳为主要形态的经济模式，其主要表现形式是能源农业。

发展低碳经济，是当今世界经济发展的新趋势，更是我国加快经济发展方式转变、走新型工业化道路、实现经济社会可持续发展的必然选择。近年来，我国日益重视低碳经济发展，逐渐加大了发展低碳经济力度。

2008年6月27日，胡锦涛总书记在政治局第六次集体学习时强调，必须以对中华民族和全人类长远发展高度负责的精神，充分认识应对气候变化的重要性和紧迫性，坚定不移地走可持续发展道路，采取更加有力的政策措施，全面加强应对气候变化能力建设，为我国和全球可持续发展事业进行不懈努力。要大力落实控制温室气体排放的措施，坚持实施节约资源和保护环境的基本国策，坚持走中国特色新型工业化道路，加快转变经济发展方式，强化能源节约和高效利用，积极发展循环经济、低碳经济。这是最高决策层明确提出我国要积极发展低碳

① 本文节选自2012年5月16日《关于低碳经济发展的有关问题》一文。

经济。

2009 年 8 月，全国人大常委会通过了应对气候变化决议，明确提出：立足国情发展绿色经济、低碳经济，把积极应对气候变化作为实现可持续发展战略的长期任务，并纳入国民经济和社会发展规划。

2010 年 3 月，全国“两会”《政府工作报告》明确提出，中国要积极应对气候变化，加强适应和减缓气候变化的能力建设。大力开发低碳技术，推广高效节能技术，积极发展新能源和可再生能源，加强智能电网建设。加快国土绿化进程，增加森林碳汇。要努力建设以低碳排放为特征的产业体系和消费模式，积极参与应对气候变化国际合作，推动全球应对气候变化取得新进展。

2010 年 10 月，党的十七届五中全会《中共中央关于制定国民经济和社会发展第十二个五年规划的建议》（以下简称《建议》）提出，“十二五”要以科学发展为主题，以加快转变经济发展方式为主线，坚持把建设资源节约型、环境友好型社会作为加快转变经济发展方式的重要着力点，节约能源，降低温室气体排放强度，发展循环经济，推广低碳技术，积极应对气候变化。面对日益强化的资源环境约束，必须增强危机意识，树立绿色、低碳发展理念，以节能减排为重点，健全激励和约束机制，加快构建资源节约、环境友好的生产方式和消费模式，增强可持续发展能力。《建议》将积极应对气候变化放到更加突出的位置，成为中国未来发展重要的导向。

内蒙古是目前我国主要的能耗高、污染重、排放多的省（区）之一，内蒙古能源消费对煤炭的依赖度超过 90%，是全国 6 个对煤炭依赖度最高的省（区）之一。这种过度依赖煤炭的能源消费结构，造成了严重的环境问题，是不可持续的能源消费方式。据测算，内蒙古人均二氧化碳排放量达到 11.95 吨/人，居全国第 1 位。内蒙古是典型的高碳经济区。积极发展低碳经济，对内蒙古来说既是严峻的挑战，也是难得的机遇，更是推动技术创新、调整经济结构、转变发展方式的不二选择。应充分发挥可再生能源资源丰富的优势，加快推进低碳技术开发和低碳产品研发，大力发展可再生能源和煤基洁净燃料，开辟碳排放交易市场，切实转变能源消费结构和方式，逐步减少能源消费对煤炭的依赖度。

应对气候变化形势不容乐观①

气候变化是当今人类社会面临的严峻挑战。2010 年全球年均气温创新高，

① 本文节选自 2012 年 5 月 16 日《关于低碳经济发展的有关问题》一文。

联合国世界气象组织12月初发布消息称，2010年已确定在有记录以来最热年份的排名中位列前三，并有可能成为1850年以来最热的一年。世界气象组织（Word Meteorological Organization，WMO）2010年11月在日内瓦发布的2009年度《温室气体公报》表明，2009年全球大气中几种主要温室气体的浓度再次突破有历史记录以来的最高点，二氧化碳全球平均浓度比工业革命前（1750年前）增加了38%，甲烷、氧化亚氮平均浓度分别比工业革命前增加了158%和19%。据观测，近百年来中国平均气温升高了1.1℃，目前我国已经是世界第一大温室气体排放国，气候变化造成灾害性气候事件频发，冰川和积雪融化加速，水资源分布失衡，酷暑、干旱、洪涝等极端气候事件明显增多，直接影响许多地区的生存环境和发展条件。2011年1月12日中国气象局发布的《2010年中国气候公报》显示，2010年我国极端高温和强降水事件发生之频繁、强度之强、范围之广历史罕见，是21世纪以来我国气候最异常的一年。

气候变化问题事关各国人民的福祉和全人类的可持续发展，需要国际社会合作应对。近20年来，为应对气候变化挑战，世界各国在联合国框架下就气候变化问题开展对话、谈判、磋商，不断加深认识、凝聚共识，形成了国际社会应对气候变化的基本法律框架。

1992年9月，在巴西里约热内卢召开的由世界各国政府首脑参加的联合国环境与发展大会通过了《联合国气候变化框架公约》（以下简称《公约》），这是世界上第一个关于控制温室气体排放、遏制全球变暖的国际公约。《公约》的目标是减少温室气体排放，减少人为活动对气候系统的危害，减缓气候变化，增强生态系统对气候变化的适应性，确保粮食生产和经济可持续发展。为实现上述目标，公约确立了五个基本原则："共同而有区别的责任"原则，要求发达国家率先采取措施，应对气候变化；要考虑发展中国家的具体需要和国情；各缔约方应当采取必要措施，预测、防止和减少引起气候变化的因素；尊重各缔约方的可持续发展权；加强国际合作，应对气候变化的措施不能成为国际贸易的壁垒。《公约》没有对参加国规定具体承担的义务，具体问题将体现在以后的《联合国气候变化框架公约的京都议定书》中。中国于1992年6月11日签署该公约，1993年1月5日交存加入书。

1997年12月11日，第3次缔约方大会在日本京都召开，149个国家和地区代表通过了《联合国气候变化框架公约的京都议定书》（以下简称《京都议定书》），是《公约》的补充条款。其目标是"将大气中的温室气体含量稳定在一个适当的水平，进而防止剧烈的气候改变对人类造成伤害"。《京都议定书》规定从2008年到2012年，主要工业发达国家的温室气体排放量要在1990年的基础上平均减少5.2%，其中欧盟将6种温室气体的排放削减8%，美国削减7%，日本削减6%。同时，《京都议定书》确立了三个实现减排的灵活机制，即联合履约、排放贸易和清洁发展机制。其中清洁发展机制同发展中国家关系密切，其目的是帮助发达国家实现减排，协助发展中国实现可持续发展，由发达国家向发展中国家提供技术转让和资金，通过项目提高发展中国家能源利用率，减少排放，或通过造林增加二氧化碳吸收，排放的减少和增加的二氧化碳吸收计入发达国家的减排量。中国于1998年5月签署并于2002年8月核准了该议定书。《京都议定书》于2005年2月16日开始强制生效。到2009年2月，共有183个国家通过了该条约（超过全球排放量的61%）。美国人口仅占全球人口的3%~4%，而排放的二氧化碳却占全球排放量的25%以上，为全球温室气体排放量最大的国家。美国曾于1998年签署了《京都议定书》。但2001年3月，布什政府以“减少温室气体排放将会影响美国经济发展”和“发展中国家也应该承担减排和限排温室气体的义务”为借口，宣布拒绝批准《京都议定书》。

2007年12月，《公约》第13次缔约方大会在印度尼西亚巴厘岛举行，会议着重讨论“后京都”问题，即《京都议定书》第一承诺期在2012年到期后如何进一步降低温室气体排放问题，通过了“巴厘岛路线图”，启动了加强《公约》和《京都议定书》全面实施的谈判进程，致力于在2009年底前完成《京都议定书》第一承诺期2012年到期后全球应对气候变化新安排的谈判并签署有关协议。

2009年12月，《公约》第15次缔约方会议暨《京都议定书》第5次缔约方会议在丹麦首都哥本哈根召开，192个国家的环境部长和其他官员们商讨《京都议定书》一期承诺到期后的后续方案，就未来应对气候变化的全球行动签署新的协议。这将是继《京都议定书》后又一具有划时代意义的全球气候协议书，是一次被喻为“拯救人类的最后一次机会”的会议。但哥本哈根世界气候大会虽然没有形成具有法律约束力的文件，只达成了具有政治共识的《哥本哈根协议》，取得了重要阶段性成果，协议中提出，发达国家向发展中国家提供资金，用于减缓和适应行动。

2010年11月，《公约》第16次缔约方会议暨《京都议定书》第6次缔约方会议在墨西哥坎昆举行。会议于2010年11月29日开幕，12月11日凌晨闭幕。由于发达国家和发展中国家在减排责任和目标等关键议题上依然分歧严重，谈判进行得非常艰苦，只通过了《公约》及《京都议定书》两个工作组分别递交的决议，即所谓的《坎昆决议》。尽管坎昆会议没能完成“巴厘路线图”授权的谈判任务，还是坚持了《公约》《京都议定书》和“巴厘路线图”，坚持了“共同但有区别的责任”原则，确保明年的谈判继续按照“巴厘路线图”确定的双轨制进行，确认了《京都议定书》规定的发达国家减排第二承诺期的存在，并就资金、技术、适应等问题取得不同程度的进展。这些是2010年气候谈判最大的成果，向正确方向迈出重要一步，向国际社会发出了积极信号。《坎昆决议》是各方艰难妥协的产物，程序性、制度性安排多于实质性内容，许多难题还留存待2011年南非的德班会议继续谈判。

应对气候变化问题不仅仅是简单的气候问题，而是包含经济、政治、国家战略等诸多因素的复杂问题，从根本上说是发展问题，气候谈判的实质是两大阵营在争夺未来发展空间（国际气候谈判形成了两大阵营、三股力量、多个主体、多重博弈的格局）。《京都议定书》是国际社会经过长期努力达成的唯一有法律约束力的国际协议，各方必须继续坚持，《京都议定书》的第二承诺期不能断档。坎昆会议之所以艰难推进，主要是发达国家极力逃避《公约》《京都议定书》及“路线图”框架下应该承担的减排义务，并企图脱离在其看来对发展中国家较为有利的《京都议定书》轨道，将“双轨”进行“并轨”，混淆发达国家的强制减排义务与发展中国家的自主减缓行动，严重违背了“共同但有区别的责任”原则。

2011年11月，《公约》第17次缔约方大会暨《京都议定书》第7次缔约方会议在南非港口城市德班举行。会议于2011年11月28日开幕，12月11日凌晨闭幕。经过14天的艰苦谈判，大会最终通过决议，对《京都议定书》第二承诺期做出了安排，启动了绿色气候基金，建立了德班增强行动平台特设工作组。中国代表团团长解振华表示，就本次会议的结果而言，一是坚持了《公约》《京都议定书》和“巴厘路线图”授权，坚持了双规谈判机制，坚持了“共同但有区别的责任”原则；二是就发展中国家最为关心的《京都议定书》第二承诺期做出了安排；三是在资金问题上取得了重要进展，启动了绿色气候基金；四是在《坎昆协议》基础上进一步明确和细化了适应、技术、能力建设和透明度的机制安排；五是深入讨论了2020年后进一步加强公约实施的安排，并明确了相关进程，向国际社会发出积极信号。

根据会议达成的有关发达国家进一步减排承诺的文件，《京都议定书》第二承诺期将于2013年1月1日起生效，到2017年12月31日结束，目标是发达国家到2020年将温室气体排放总量在1990年的基础上减少25%~40%。文件呼吁《京都议定书》发达国家缔约方在2012年5月1日前提交各国的量化减排目标，然后经进一步减排特设工作组讨论，提交下届气候大会并通过各国的量化减排目标。但加拿大（后几日加拿大宣布退出《京都议定书》）、日本、俄罗斯此前已明确表示不签署第二承诺期，美国也一直拒绝承诺强制减排，因此，第二承诺期主要由欧盟国家参与。德班会议未能全部完成“巴厘路线图”的谈判，将在2013年的卡塔尔会议上完成《京都议定书》第二承诺期的谈判。

气候变化历次会议

时间	会议名称	地点
1992 年 9 月	通过《联合国气候变化框架公约》	巴西里约热内卢
1995 年 3 月	首次缔约方大会	德国柏林
1996 年 7 月	第二次缔约方大会	瑞士日内瓦
1997 年 12 月	第三次缔约方大会，通过《京都议定书》	日本京都
1998 年 11 月	第四次缔约方大会	阿根廷布宜诺斯艾利斯
1999 年 10 月	第五次缔约方大会	德国波恩
2000 年 11 月	第六次缔约方大会	荷兰海牙
2001 年 7 月	第六次缔约方延长大会	德国波恩
2001 年 10 月	第七次缔约方大会	摩洛哥马拉喀什
2002 年 10 月	第八次缔约方大会	印度新德里
2003 年 12 月	第九次缔约方大会	意大利米兰
2004 年 12 月	第十次缔约方大会	阿根廷布宜诺斯艾利斯
2005 年 11 月	第十一次缔约方大会	加拿大蒙特利尔
2006 年 11 月	第十二次缔约方大会	肯尼亚内罗毕
2007 年 12 月	第十三次缔约方大会	印度尼西亚巴厘岛
2008 年 12 月	第十四次缔约方大会	波兰波兹南
2009 年 12 月	第十五次缔约方大会暨第五次《京都议定书》缔约方大会	丹麦哥本哈根
2010 年 11 月	第十六次缔约方大会	墨西哥坎昆
2011 年 11 月	第十七次缔约方大会	南非德班
2012 年 11 月	第十八次缔约方大会	卡塔尔多哈

低碳发展的相关问题①

一、中国面临碳减排的巨大压力

我国是一个有 13 亿人口的发展中国家，2009 年人均国内生产总值只有 3700

① 本文节选自 2012 年 5 月 16 日《关于低碳经济发展的有关问题》一文。

多美元，在世界的排序还在100位左右。按照联合国相关标准，中国还有1.5亿人处于贫困线标准以下。我国还处在工业化、城镇化加快发展的历史阶段，面临着发展经济、消除贫困、改善民生、保护环境的繁重任务和多重压力。与发达国家的奢侈排放、消费排放相比，我国很大程度上仍然是生存排放、生产排放，而且在目前的国际产业分工中，我国尚处于产业链条低端，不仅是自身的发展排放，还替发达国家的消费者进行着大量生产制造，承受着发达国家的“转移排放”，我国出口产品生产过程中所消费能源的二氧化碳排放约占全国总排放量的1/4。未来相当长一段时间，我国的能源需求还会不断增长，控制温室气体排放面临着巨大压力和特殊困难。但我们绝不能重复发达国家传统的发展道路，绝不能无约束地排放温室气体来实现经济发展。

二、内蒙古是碳源大区

造成温室气体的二氧化碳排放主要来自化石能源消耗，特别是工业能源消耗。2009年内蒙古万元GDP能耗为2.009吨标准煤，仅次于山西和贵州，居全国第3位。2010年各省区市如期完成“十一五”节能目标前提下，全国万元GDP能耗可下降到0.98吨标准煤左右，内蒙古万元GDP能耗将下降到1.93吨标准煤左右，仍居全国第3位，内蒙古万元GDP能耗是全国平均水平的1.97倍，仍然是2倍左右。2011年前7个月，内蒙古工业用电占全社会用电量的87.7%，重工业用电占工业用电量的96%，电石、铁合金等高耗能工业用电占重工业用电量的33.6%。毫无疑问，内蒙古将继续成为国家推动节能的重点区域，内蒙古自治区的发展将长期面临更为严峻的节能约束。

三、我国发展低碳经济的主要障碍

从发展阶段讲，我国正处于工业化、城镇化加速推进阶段，能源需求和温室气体排放还会不断增长，短期内难以改变。从发展水平讲，对能源和资源的依赖度高，单位GDP能耗和主要产品能耗均高于主要能源消费国家的平均水平，经济发展方式粗放。从能源禀赋讲，我国人均能源资源拥有量不高，“富煤、缺油、少气”的能源资源结构使低碳转型面临较大压力。从能源消费讲，目前我国人均能源消耗量还较低，大部分能源消费还属于生存型消费，未来能源消费必然不断上升，淘汰低能效能源设施和用能设备的成本很高。从产业结构讲，能源密集度较低的第三产业发展滞后，而能源资源消耗高的钢铁、化工、建材等重化工行业是国民经济的支柱产业，加快经济发展、增加财政税收、提高生活水平，都需要继续发展这些产业，短期内调整结构困难较大。从产业层次讲，在全球产业分工体系中，我国产业多数处于低端环节，包括出口产品在内高能耗、高排放、低能效产品的比例较高。从低碳技术研发讲，技术研发方面缺少完整的政策支持体系、缺少稳定的投入机制等激励机制，低碳技术创新能力不足，低碳技术成果难以转化推广，国际先进低碳技术转让难且引进成本高。在这些障碍因素中，发展阶段短期难以超越，能源结构难以根本改变，而发展水平、用能效率、产业结构、产业层次、技术创新和激励机制等障碍是可以克服的。

四、发达国家发展低碳经济的主要做法

发达国家一般都将发展低碳经济提升到国家战略高度，设定了低碳经济发展的战略目标，建立了低碳经济发展的法律体系。

发达国家二氧化碳减排量目标

国家名称	基准期年份	2020 年目标	2030 年目标	2050 年目标
英国	1990	26% ~32%	—	60%
德国	1990	40%	—	—
欧盟 25 国	2007	20%	—	—
日本	2008	—	—	60% ~80%
美国	2009	2006 年水平	1990 年水平	—

发达国家都制定了有利于低碳经济发展的激励政策。比如，英国在财税政策方面，对电力供应商实行可再生资源配额制度，对商业和公共部门开征气候变化税，对家庭能耗引入能源效率义务；启动气体排放贸易机制，对一组企业确定一个总的减排目标值，规定每个企业的排放额度，各企业通过减排或市场交易来完成其排放指标；用气候变化税建立碳基金，资助创新性低碳技术的研究开发、加速技术的商业化、投资于孵化器；对所有建筑物实行“能源绩效证书”管理制度。德国实施气候保护高技术战略、实施二氧化碳排放权交易制度、征收生态税、建立“领跑者”制度、鼓励企业实行现代化能源管理、开展气候保护领域的国际合作。美国实行“总量管制与排放交易”制度、为低碳经济发展提供财政支持、制定严格的产品能耗效率标准与耗油标准、执行新建筑物“碳中和”或“零碳排放”制度。发达国家在发展低碳经济上采取的具体措施，主要集中在两个方面：一是改进现有技术，大力发展节能减排技术；二是推动技术创新，开发利用可再生能源和清洁能源。

五、应对气候变化要大力促进低碳经济发展

温室气体是全人类面临的灾难性挑战，应对气候变化、减少二氧化碳排放是全人类共同的责任。发展低碳经济，是应对气候变化的必由之路。推动低碳发展，减少二氧化碳排放，路径有三：一是节约能源，提高能源利用效率，减少二氧化碳排放；二是用新能源替代部分碳基能源，发展清洁能源、可再生能源，减少二氧化碳排放；三是保护森林、扩大森林、增加碳汇，即通过植树造林等方式把排放到大气中的二氧化碳以生物量的形式固定下来，减少二氧化碳。

低碳发展的路径选择[①]

一、低碳发展要在节约能源上着力

工业、建筑和交通是能源消耗的三大领域。从世界平均水平看，在三大领域能源消耗结构中，工业占 37.7%，建筑占 32.8%，交通占 29.5%。目前，我国重点领域能源消耗结构中，工业占 60% ~70%，建筑占 26%，交通占 10%。节约能源，减少碳排放，要促进经济结构战略性调整，从几个重点领域实施突破：

一要推进结构节能。单位第二产业增加值能耗是第三产业的 3 ~4 倍，第二产业比重每下降 1 个百分点，单位 GDP 能源强度下降可超过 1 个百分点。要加快发展第三产业和高新技术产业，提高其在 GDP 中的比重，不断优化产业结构，同时，坚决淘汰高耗能、高排放、高污染、低效率的落后产能，不断优化第二产业内部结构，从而降低单位 GDP 碳排放强度。

二要推进建筑节能。欧盟的测算标准表明，在建筑全过程对全球资源和环境的影响中，温室气体排放占 42%。由此可见，建筑节能是应对气候变化的主要领域之一。建筑节能的主攻方向是大力发展以节能、节水、节材、节地、环保为主要特征和以应用可再生能源为主要技术途径的产业化 + 全装修的绿色建筑。我国既有建筑面积达 400 多亿平方米，同时每年新建 16 亿 ~20 亿平方米，建筑节能潜力巨大。就投入和节能效益而言，高能效照明技术是建筑物温室气体减排最

① 本文节选自 2012 年 5 月 16 日《关于低碳经济发展的有关问题》。

有效的措施之一。比如，LED照明作为第四代照明光源和绿色光源，光感品质高，应用领域广，发展前景好，非常符合日益强劲的节能环保潮流。一根高质量的LED灯管200多元，是普通荧光灯管的20倍，但前者比后者节电50%。一只LED家用灯泡60~70元，是普通节能灯的2~3倍，但可以再节电50%，且寿命在3万小时以上，是后者的20倍。虽然一次性投入大，但可以用节能服务公司的机制来解决投入问题。发展绿色建筑是节能减排的重要切入点，对于应对气候变化、扩大内需、调整经济结构、发展新兴产业和转变城镇发展方式等，都具有重要意义。

三要推进交通节能。交通节能的重点是汽车节能减排，而节能减排是汽车产业发展的唯一出路。据测算，二氧化碳排放量的25%来自汽车排放，汽车节能减排对整个社会的节能减排有重要意义。在转型期，汽车节能减排要两条腿走路，既要抓住战略机遇、发展新能源汽车，又要提高燃油汽车的经济性、发展清洁柴油汽车。相关数据显示，清洁柴油车与同排量的汽油车相比，可以节能30%，动力提高30%~50%，减少二氧化碳排放25%。

二、低碳发展要在发展新能源上着力

大力发展清洁能源是减少二氧化碳排放、应对气候变化的主要措施之一。相关统计显示，我国空气中80%的二氧化碳、75%的二氧化硫及70%的悬浮颗粒物都来自煤炭燃烧。我国一次能源消费中，煤炭约占总量的70%。在未来相当长一段时期内，煤炭仍将占据我国一次能源的主导地位。我国富煤、缺油、少气的能源蕴藏结构决定了我国经济社会发展对煤炭的高度依赖。然而，相对落后的燃烧技术及设备，导致我国主要工业产品的能耗比先进国家高出20%~60%。发展新能源，优化能源结构，是我国能源发展战略的方向，并取得了显著成绩。2005~2009年，我国新能源和可再生能源供应量增长50%，占一次能源比重由6.8%上升到7.8%，可再生能源年均增长速度和增长量均居世界前列。截至2009年底，我国太阳能热水器集热面积达到1.45亿平方米，农村沼气用户达到3650万户。目前，水电装机容量突破2亿千瓦，核电在建规模2665万千瓦，居世界第一位，光伏发电容量居世界第一位，风电装机容量超过3000万千瓦，居世界第二位。我国发展可再生能源和清洁能源的巨大努力和取得的成效举世瞩目，对全球应对气候变化具有重要意义。

三、低碳发展要在增加碳汇上着力

碳汇，一般是指森林、草原等生态系统减少大气中二氧化碳浓度的过程、活动或机制，碳汇产生的减排量可以作为碳交易的内容。内蒙古是碳源大区，同时是碳汇大区，也是减碳潜力大区。压缩碳源、扩充碳汇、逐步实现净固碳，是内蒙古减少碳排放的方向。说碳源大区，是因为内蒙古正处在高增长高排放阶段。从产业结构看，高碳行业比重偏高，规模以上工业中能源、冶金、化工等高碳排放行业占到2/3，服务业中交通运输等高碳排放行业接近30%。从能源供应看，高碳能源占据主导，一次能源消费中90%以上是煤炭，高出全国平均水平20多个百分点，燃烧1吨煤平均产生4.12吨二氧化碳，比燃烧1吨石油或天然气高30%和70%。从增长方式看，清洁发展水平偏低，用最终能源消费量测算，全国万元GDP排放二氧化碳约2吨，内蒙古万元GDP排放二氧化碳约4.9吨，差不多是全国的2.5倍。说碳汇大区，是因为内蒙古森林、草原面积大，2009年，内蒙古造林面积达到86.2万公顷，占全国造林面积626万公顷（居世界第一位）的13.8%，森林覆盖率达到20%，比全国的20.36%低0.36个百分点，是对全球应对气候变化做出的积极努力。据报道，内蒙古13亿亩天然草原的固碳能力为1.3亿吨，相当于减少二氧化碳排放量6亿吨，3亿亩森林的碳汇效益更加显著。

四、低碳发展要在推广低碳技术上着力

低碳经济的目标是低碳高增长。低碳经济的核心内容包括低碳产品、低碳技术、低碳能源的开发利用等。低碳经济发展离不开低碳技术，支撑低碳经济的是低碳技术。低碳技术研发与技术成果转化推广是发展低碳经济的关键环节之一。低碳技术涉及电力、交通、建筑、冶金、化工、石化、汽车等多个行业，包括可再生能源及新能源、煤的清洁高效利用、油气资源和煤层气的勘探开发、二氧化碳捕获与埋存等领域的有效控制温室气体排放的新技术。低碳技术几乎涵盖了国民经济发展的所有支柱产业。未来经济竞争在很大程度上可能是低碳技术的竞争。从某种意义上说，谁掌握了发展低碳核心技术，谁就将赢得主动，赢得商机。

低碳发展要依靠科技进步，研究开发低碳技术，加快企业节能技术改造，不断提升低碳技术水平。要加快现有低碳技术的推广应用，包括能源资源开发和高效利用技术、建筑和交通节能技术、煤的清洁高效综合利用技术、材料的环境友好可再生利用技术、制造业绿色智能化技术、减少农牧业面源污染和废弃物资源化利用技术等。

五、低碳发展要在发挥市场机制上着力

国际国内经验证明，市场化运作是推进低碳经济发展的重要基础。应充分发

挥市场配置资源的基础性作用，积极推进资源性产品价格改革，加快建立能够充分反映市场供求关系、资源稀缺程度、环境损害成本的价格形成机制；充分发挥企业发展低碳经济的主体作用，按照“谁污染、谁治理，谁投资、谁受益”的原则，探索建立资源有偿使用制度、生态环境补偿机制和排放权、排污权交易制度，积极推广合同能源管理等市场化节能新机制，着力实现市场主体的外部成本内部化，增强市场主体节能减排的内在动力和压力，促进低碳经济发展。合同能源管理是运用市场手段促进节能的服务机制。节能服务公司与用户签订能源管理合同，为用户提供节能诊断、融资、改造等服务，以节能效益分享方式回收投资和获得合理利润。这种方式可以大大降低用能单位节能改造的资金和技术风险，充分调动用能单位节能改造的积极性。加快推行合同能源管理，积极发展节能服务产业，是利用市场机制促进节能减排、减缓温室气体排放的有力措施，也是培育战略性新兴产业、形成新的经济增长点的重要举措，我国正在逐步形成扶持节能服务产业发展的配套政策。

发达国家运用市场机制的做法是碳排放交易。2005 年，欧盟建立了碳排放交易体系，使用配额的工业企业单位达到 1.2 万个。每个排放单位都可以获得一定的排放配额，如果当年没用完，下一年度可以继续使用，或出售给排放超标单位。如果排放超过配额，则必须缴纳罚款。从 2005 年至 2012 年，欧盟的碳排放配额免费分配给排放单位。2013 年开始，碳排放配额将通过拍卖的方式进行分配。

六、低碳发展要在政策扶持上着力

国际和国内经验同样证明，政策扶持特别是有利的财政和金融政策是促进低碳经济发展的有力手段。应加快完善有利于低碳经济发展的财税金融政策体系，加大财政资金倾斜力度，优化投入结构，建立低碳经济积累投入机制，支持低碳经济的发展；应不断完善税收制度，发挥税收减免、财政补贴、政府绿色采购等财税政策的示范激励作用，积极利用金融及资本市场，引导商业性金融机构支持低碳经济发展，充分发挥资本市场对低碳经济的支持作用，完善低碳经济的项目融资方式，搭建低碳经济类中小企业服务平台，形成促进低碳经济发展的政策体系。

2010 年 6 月，财政部发布了支持节能改造政策公告，中央财政对年节能量在 500 吨标准煤以上（含）、10000 吨标准煤以下的工业节能改造项目给予奖励，其中，中央财政奖励标准为 240 元/吨标准煤，省级财政奖励标准不低于 60 元/吨标准煤。这次财政奖励的特点：一是补贴对象变了，第一次以节能服务企业作为直接奖励对象，直接补贴节能量而非设备采购量；二是补贴范围更广，工业以外的其他节能形式，其下限放宽到100吨标准煤/年。

七、低碳发展要在目标责任考核上着力

促进低碳经济发展是全社会的义务，强化节能目标责任考核，是节约能源、减少二氧化碳排放的激励约束机制保障。《中共中央关于制定国民经济和社会发展第十二个五年规划的建议》（以下简称《建议》）提出“把大幅降低能源消耗强度和二氧化碳排放强度作为约束性指标，有效控制温室气体排放”。同时也要实行能源和排放总量控制，强调指出“合理控制能源消费总量，抑制高耗能产业过快增长，提高能源利用效率”。对强化节能目标责任考核问题，《建议》特别强调要完善节能法规和标准，健全节能市场化机制和对企业的激励与约束，实施重点节能工程，推广先进节能技术和产品，加快推行合同能源管理，抓好工业、建筑、交通运输等重点领域节能，建立相应的统计、监督、考核和奖惩体系。

总之，气候变化挑战、能源资源约束，已经成为制约经济发展的重要因素；应对气候变化、促进低碳经济发展，已经成为坚持科学发展、加快转变经济发展方式的迫切要求和必然选择。顺应时代要求、加大促进力度，提高研究水平、推动低碳发展，也是我们的必然选择。

交通基础设施是中蒙互利共赢的纽带①

“中蒙俄第四届二连浩特经贸论坛”确定的“友好合作，互利共赢”的主题非常好，反映了中蒙俄三国间经济贸易关系的本质要求和发展方向。中蒙经贸合作分论坛的主题——交通基础设施建设，则是三国经贸论坛主题的具体化，具有很强的现实针对性和指导性。

中国和蒙古国是山水相连的友好邻邦，有4710公里的漫长边界线，2011年又建立了战略伙伴关系，这是两国关系史上新的里程碑。中蒙两国经济互补性强，利益融合紧密，互利合作具有得天独厚的条件。中蒙两国将重点推进矿产资源、能源、交通基础设施等领域合作，共同抵御国际金融危机的影响，实现互利共赢、共同发展。这说明，交通基础设施是中蒙两国互利合作、共同发展的重点

① 本文选自2012年9月10日，在中蒙俄第四届二连浩特经贸论坛上的演讲。

领域之一，是中蒙两国互利共赢的纽带。

蒙古国提出并实施“矿业兴国”战略引人注目。蒙古国矿产资源非常丰富，通过实施“矿业兴国”战略造福百姓、振兴国家，这符合蒙古国国情，顺应了时代潮流。据媒体报道，2011 年，蒙古国国内生产总值增长 17.3%，成为世界上发展最快的经济体之一。外贸进出口总额达到 113.07 亿美元，较 2010 年增加 51.99 亿美元，同比增长 46%。这样的速度令人刮目相看！说明蒙古国实施“矿业兴国”战略有了良好开端。

中国老百姓用一句话概括了自己的经验，叫做“要想富，先修路”。基础设施是经济社会发展的重要条件，加强基础设施建设对促进经济复苏、实现经济持续平稳增长十分重要。我们应该为加强基础设施建设营造公正、透明、高效的政务环境、法制环境、市场环境，发挥基础设施建设在拉动内需、增加就业、服务民生方面的积极作用。要提高农业、能源、水利、信息等领域基础设施水平，推进铁路、公路、水路、民航、管道等交通运输网络建设。要发挥政府在基础设施建设中的重要作用，加大对基础设施建设的财政性资金支持，积极探索和完善基础设施投融资机制，建立多元参与机制。

建设比较完善的交通基础设施，是蒙古国实施“矿业兴国”战略的必要条件。从一定意义上讲，交通基础设施的完善程度决定着实施“矿业兴国”战略的质量、进度和民众的富裕程度。蒙古国实施“矿业兴国”战略，既包括开发矿产资源，也包括围绕开发矿产资源加强相应的交通基础设施建设，还包括惠及百姓的住房建设等。这些建设项目需要大量的建筑材料。目前，这些建筑材料大部分可能从中国进口。

开发矿产资源也好，搞基础设施建设也好，核心的问题是降低成本。降低成本的一个重要方面是降低运输成本，降低运输成本直接要求改善交通运输条件。比如，2000 年开始修的乌兰巴托至二连的“千禧年公路”是改善蒙古国与中国之间公路运输状况的重要公路。但这条 700 多公里的路修了 12 年，至今没有修通。原因可能比较复杂，但不管原因有多么复杂，相关方面应针对性地采取有力措施，尽快修通公路，及早发挥它的作用。

建设现代交通基础设施，需要较大的投入。蒙古国建设比较完善的交通基础设施，既可以自己筹措资金，也可以吸引和利用国际投资。如果蒙古国引进和利用中国的投资来加快交通基础设施建设，中国的企业包括内蒙古的企业是很乐意来投入并帮助修建公路、铁路、机场等基础设施。只要完善相关制度机制，市场化运作，互利互惠，现代交通基础设施将使蒙古国“矿业兴国”战略走上快车道；这样修建的现代交通基础设施也将成为中蒙两国互利共赢的纽带。

近年来，蒙古国的交通基础设施有了明显改善。蒙古国实施“矿业兴国”

战略，应根据经济社会发展的需要，修建新的交通基础设施，也应充分发挥现有交通基础设施的作用。据说，近来内蒙古的一些从蒙古国进口煤炭的企业，由于蒙古国一些煤矿的煤炭价格过高、进口煤炭的内蒙古企业承受不了而停止或减少了从该煤矿拉煤。这样一来，运煤的交通基础设施有些闲置了、拉煤的车辆也停止或减少了运输、煤矿的开采也受到影响。当然，受到影响的不仅仅是这几个直接相关的方面。

蒙古国一些煤矿煤炭价格上涨，是受到前几年中国国内煤炭价格上涨的影响。2012 年以来，中国国内煤炭价格大幅度下跌，而蒙古国一些煤矿的煤炭价格不可能立即随着中国煤炭价格下跌来调整价格。也就是说，市场自动调节价格的机制是滞后的，而市场调节滞后效应的影响面是广泛的，具有传导作用，波及方方面面。

市场调节的盲目性和滞后性，应由政府调控来加以纠正和弥补。中国与蒙古国、中国内蒙古与蒙古国有关部门和毗邻地区之间应建立健全一种协调机制。中国与蒙古国开展友好合作、互利共赢的经贸活动过程中，有许多具体问题需要国与国、地区与地区之间协调解决。如果没有这种机制，或者虽然有制度但不健全、不完善，那么就会影响到两国之间的经贸合作。但实际生活却要求国与国、毗邻地区和相关部门之间不断加强交往和联系，形成多层次、宽领域的合作交流机制。

中国与蒙古国、中国内蒙古自治区政府及其边境盟市政府与蒙古国毗邻地区和相关部门之间，应建立多层次、多渠道、多形式、多功能的双边协调机制，包括年度会议、定期会晤、临时联系和系统规范的信息沟通机制，以便及时交流信息、表达双方意愿，妥善解决双方企业合作、贸易、投资、物流、基础设施建设、劳务合作以及经济文化交流中存在和出现的各类问题。这种协调机制也是中蒙两国友好合作、互利共赢的纽带。

论全面深化改革的若干重大理论突破①

党的十八届三中全会通过的《关于全面深化改革若干重大问题的决定》（以下简称《决定》），是在新的历史起点上继续把改革开放的伟大事业推向前进的行动纲领，是实现党的十八大提出的到 2020 年全面建成小康社会的根本保证，

① 本文原载于 2013 年 12 月 6 日《内蒙古日报》，2013 年第 4 期《内蒙古人力资源》刊发。

是对中国特色社会主义的完善和发展。《决定》句句讲改革，字字有新意，通篇贯穿了创新精神，需要从全面深化改革的目的、目标和重点等重要论断切入，全面理解《决定》的一系列重大理论突破。

一、牢牢记住改革的出发点和落脚点

《决定》在全面深化改革的指导思想中提出："必须以促进社会公平正义、增进人民福祉为出发点和落脚点。"这一重要论断高度概括而又精练精确地回答了为什么要全面深化改革的问题。对全面深化改革的出发点和落脚点做这样的概括是第一次。出发点，就是做事最根本的着眼点即动机；落脚点，就是做事要达到的目的地，总的来说就是做事的根本目的。智者说，不管走多远，都不能忘了为什么而出发。改革开放的实践证明，只有人民群众公平共享发展成果，改革发展才能凝心聚力；只有人民群众富裕起来，党的执政基础才能稳如泰山。《决定》关于改革目的的重要论断，彰显了我们党为人民服务的根本宗旨，顺应了人民群众过上美好生活的新期盼，回应了老百姓对公平正义的新诉求。牢牢记住全面深化改革的根本目的，才能明确改革方向，增强改革自觉。

公平正义是中国特色社会主义的内在要求，增进人民福祉是改革开放和社会主义现代化建设的根本目的。改革开放以来，我国经济社会发展取得巨大成就，为增进人民福祉、促进社会公平正义提供了坚实物质基础和有利条件。同时也要看到，在现有发展条件下，人民群众的生活水平还不是很富裕，社会上还存在不少有违公平正义的现象，特别是随着经济社会发展，人民群众的公平意识、民主意识、权利意识不断增强，对社会不公问题反映越来越强烈。促进公平正义、增进人民福祉，既是全面深化改革的最大共识所在，更是取得改革成功的深厚根基所在，是贯穿《决定》全篇的鲜明主题。

促进公平正义、增进人民福祉，其决定因素是经济社会发展水平。现阶段存在的贫富不均、社会不公现象，许多是发展中的问题。在全面深化改革进程中，我们既要紧紧抓住经济建设这个中心，进一步把"蛋糕"做大，为促进社会公平正义奠定坚实物质基础，又要逐步建立以权利公平、机会公平、规则公平为主要内容的社会公平保障体系，把"蛋糕"分好，不断增进人民福祉。

促进公平正义、增进人民福祉，要通过创新制度来加以保证。建立公平开放透明的市场规则，建设公正高效权威的司法制度，缩小收入分配差距、形成橄榄型分配格局，消除城乡、行业、身份、性别等一切影响平等就业的制度障碍，健全促进就业创业体制机制，《决定》提出的这一系列决策部署和制度创新，都是致力于克服人为因素造成的不公平现象，着眼于保证人民群众平等参与、平等发展权利，目的正是要创造更加公平正义的社会环境，使改革发展成果更多更公平地惠及全体人民。学习贯彻《决定》，必须牢牢把握促进社会公平正义、增进人民福祉这个主题，用全面深化改革根本目的的实现程度检验工作成效。

二、全面把握治理体系现代化总目标

《决定》指出："全面深化改革的总目标是完善和发展中国特色社会主义制度，推进国家治理体系和治理能力现代化。"这一重要论断高度概括而又精练精确地地回答了全面深化改革改什么的问题。推进国家治理体系和治理能力现代化，这是一个全新提法，是《决定》的重大理论突破和一大亮点，丰富了我国社会主义现代化的内涵。提出建设富强民主文明和谐的社会主义现代化，是从经济、政治、文化、社会建设角度概括现代化目标；提出推进国家治理体系和治理能力现代化，是从制度层面概括现代化目标。这样，发展目标与制度目标就衔接起来了。治理体系和治理能力现代化，具有治理内涵全面、治理制度成熟、治理主体多元、治理方式法治的特点。制度问题更带有根本性、全局性、稳定性和长期性。1992 年，邓小平同志提出，再有 30 年的时间，我们才会在各方面形成一整套更加成熟更加定型的制度。今天，我国已经站在改革开放的新起点上，提出完善和发展中国特色社会主义制度，从国家治理的角度提出长远目标，可谓正当其时。

国家治理体系和治理能力，是一个国家制度和制度执行能力的集中体现。从我国来讲，国家治理体系是指在党领导下管理国家的制度体系，包括经济、政治、文化、社会、生态文明和党的建设等各领域的体制机制、法律法规安排，是一整套紧密相连、相互协调的国家制度；国家治理能力则是运用国家制度管理社会各方面事务的能力，包括改革发展稳定、内政外交国防、治党治国治军等各个方面。这两者是一个有机整体，相辅相成，治理体系健全了，治理能力才能提高；治理能力提高了，治理体系才能充分发挥效能。一个国家的现代化，离不开治理现代化，包括治理体系和治理能力现代化。学习贯彻《决定》，必须牢牢把握全面深化改革的总目标，增强按制度办事、依法办事意识，善于运用制度和法律治理国家，从各个领域推进治理体系和治理能力现代化。

三、必须遵循市场经济的一般规律

《决定》提出："经济体制改革是全面深化改革的重点，核心问题是处理好政府和市场的关系，使市场在资源配置中起决定性作用和更好发挥政府作用。"

这一重要论断高度概括而又精练精确地回答了全面深化改革重点何在、怎么改的问题。全面深化改革，要坚持“六个紧紧围绕”的主线和方向，分别深化经济、政治、文化、社会、生态文明体制改革和党的建设制度改革，而重点则是经济体制改革；经济体制改革的核心问题是处理好政府和市场的关系，既要使市场在资源配置中起决定性作用，又要更好发挥政府作用。为什么要把重点放在经济体制改革上？这是因为我国仍处于并将长期处于社会主义初级阶段，发展仍是解决我国所有问题的关键，经济建设仍然是全党工作的中心，社会主义市场经济体制还不完善，经济体制改革在全面深化改革中起着牵引作用。

《决定》提出“使市场在资源配置中起决定性作用”的重要论断，从而把市场配置资源作用的表述由“基础性”变为“决定性”，把“基础”改为“决定”，两个字的改变意义十分重大，是《决定》的最大亮点和重大理论突破。这个重要论断使我国社会主义市场经济内涵实现质的提升，标志着我们党对社会主义市场经济规律认识的新飞跃。可以说，这个重要论断是深化经济体制改革以及引领其他领域改革的基本方针。

为什么把市场配置资源的作用由“基础性”改为“决定性”呢？因为，市场决定资源配置是市场经济的一般规律，健全社会主义市场经济体制必须遵循这条规律。理论和实践都证明，市场配置资源效率最高。“使市场在资源配置中起决定性作用”的重要论断体现了社会主义市场经济体制的本质特征、主要内涵和一般规律，抓住了我国经济体制改革最深层次的问题。我国社会主义市场经济体制已经建立，但在很多方面还不完善，主要是政府直接配置资源过多，不合理干预太多。产能过剩、城市病、耕地占用过多、地方债务风险、收入增长缓慢、环境污染、生态破坏等，很大程度上都与政府干预过多有关。比如产能过剩问题，除了市场本身的盲目性外，一个很重要的原因是政府干预，是地方政府主导推动下的盲目投资。

使市场在资源配置中起决定性作用，不是否定或弱化政府作用，而是更好地发挥政府作用。在现代经济中，市场和政府的作用同样重要。要建立完善的社会主义市场经济，没有市场在资源配置中起决定性作用不行，没有政府更好发挥作用也不行。但是，必须充分认识到市场作用与政府作用内涵不同。《决定》明确提出：“政府的职责和作用主要是保持宏观经济稳定，加强和优化公共服务，保障公平竞争，加强市场监管，维护市场秩序，推动可持续发展，促进共同富裕，弥补市场失灵。”只有界定清楚政府的职能和作用，政府不越位，才能使市场在资源配置中发挥决定性作用，才能解决目前政府职能越位、缺位和不到位并存的问题。《决定》对政府职能和作用的界定，可以概括为五项职能，即宏观调控、公共服务、市场监管、社会管理、环境保护。与以前政府的“经济调节、市场监管、社会管理、公共服务”四项职能相比，《决定》表述的政府职能里，宏观调控更加明确，公共服务更加强化，环境保护责无旁贷。这五项职能具有鲜明的时代特点和很强的现实针对性。

处理好政府和市场的关系，更好地发挥政府作用，政府必须认清自己的职能，把伸得过长的“有形的手”坚决缩回来，最大限度地减少对微观事务的管理，着力解决市场体系不完善、政府干预过多和监管不到位问题；必须着力保持宏观经济稳定，加强和优化公共服务，保障公平竞争，加强市场监管，维护市场秩序，推动可持续发展，促进共同富裕，弥补市场失灵。

四、坚决纠正唯GDP用干部的偏向

《决定》提出“完善发展成果考核评价体系，纠正单纯以经济增长速度评定政绩的偏向，加大资源消耗、环境损害、生态效益、产能过剩、科技创新、安全生产、新增债务等指标的权重，更加重视劳动就业、居民收入、社会保障、人民健康状况”。这一重要论断高度概括而又精练精确回答了发展成果考核评价体系应纠正什么偏向、考核哪些指标、重视哪些指标、加大哪些指标的权重等问题。

在此之前，习近平同志多次讲到发展成果考核评价问题。比如，2012年11月，在党外人士座谈会上提出“增长必须是实实在在和没有水分的增长，是有效益、有质量、可持续的增长”。2013年6月，在全国组织工作会议上强调，要改进考核内容和方法手段，“把民生改善、社会进步、生态效益等指标和实绩作为重要考核内容，再也不能简单以国内生产总值增长率来论英雄了”。2013年10月，在亚太经合组织工商领导人峰会上的演讲中说，中国坚持以人为本的理念，推动发展成果惠及更广泛地区、更广大民众，我们不再简单以国内生产总值增长率论英雄，而是强调以提高经济增长质量和效益为立足点。2013年11月，在湖南省考察时强调“我们这么大个国家、这么多人口，仍然要牢牢坚持以经济建设为中心。同时，要全面认识持续健康发展和生产总值增长的关系，防止把发展简单化为增加生产总值，一味以生产总值排名比高低、论英雄”。2013年11月，中央党的群众路线教育实践活动领导小组办公室下发《关于开展“四风”突出问题专项整治和加强制度建设的通知》要求：“整治‘形象工程’和‘政绩工程’。坚决叫停违背科学发展、盲目铺摊子上项目的行为，坚决遏制盲目‘造城’之风，坚决查处制造假情况、假数字、假典型、虚报工作业绩的问题。坚决纠正唯国内生产总值用干部问题。”完善发展成果考核评价体系，就是要用制度把中央相关决策思路落到实处。

完善发展成果考核评价体系，是推进国家治理体系和治理能力现代化的重要组成部分。发展实践充分证明，用什么指标考核评价发展成果，用什么工作业绩选拔使用干部，是无形而又最灵活的指挥棒。多年来，政府职能越位、缺位和不到位，政府直接配置资源过多、不合理干预太多，都与“把发展简单化为增加生产总值，一味以生产总值排名比高低、论英雄”有很大而又直接的关系。以GDP论英雄，就千方百计做大GDP，想方设法引进大项目。为了大项目落地，可以全然不顾市场配置资源，可以无偿划拨资源或廉价出让资源，可以不顾生态破坏、环境污染。其结果是GDP增速领先了，城乡居民收入却没有同步增长，产能不断过剩，科技创新依然薄弱，基本公共服务长期滞后，人民群众不能公平共享发展成果。

当然，GDP是衡量一个国家或地区经济规模、综合实力和国民收入水平的重要统计指标，对分析和判断经济运行状况、正确实施宏观调控政策，具有重要的作用。促进社会公平正义、增进人民福祉，也不能没有GDP。但是，GDP只是实现目的的工具和手段，不是目的本身。我们的根本目的是促进公平正义、增进人民福祉，不能把手段当成目的，而忘记了为什么而出发。

学习贯彻《决定》，必须牢牢记住全面深化改革的根本目的，准确把握全面深化改革的总目标，始终突出全面深化改革的重点，确立考核评价发展成果的正确导向，统一思想，凝心聚力，争取中国特色社会主义伟大事业的更大胜利。

谈京津风沙源治理与围封转移战略①

2015年是国家实施京津风沙源治理工程15周年。当年，国家实施京津风沙源治理工程，从锡林郭勒盟来讲，有三个方面的重要背景。1998年，锡林郭勒盟牲畜突破2000万头只，草场严重超载。1999～2001年，地处首都正北方的锡林郭勒盟草原遭受历史罕见的三年大旱，尤其是西部草原赤地千里、寸草不生，草场大面积退化沙化。2000年春天频繁发生的沙尘暴搅得京津乃至整个北方天昏地暗。

2000年5月12～13日，时任国务院总理朱镕基率领有关部委领导来锡林郭勒盟考察。2000年5月13日上午，朱镕基一行到浑善达克沙地南缘考察草原生态，在一个山坡上，笔者代表锡林郭勒盟盟委、行署向朱镕基汇报了实施“围封转移”工程、保护建设草原生态的初步思路。朱镕基不时插话深入了解情况，并

① 本文于2014年7月应锡林郭勒盟政协领导之邀而写。

点名让部长们谈对策。最后，朱镕基发表治理京津风沙源的重要讲话，当场宣布成立5人领导小组。这个在锡林郭勒草原上召开的共和国总理现场办公会，意味着京津风沙源治理工程正式启动。

朱镕基一行考察结束时，时任内蒙古党委书记刘明祖向朱镕基表态要坚决贯彻落实总理的决策，立即着手开展工作。在国家项目资金尚未下拨的情况下，内蒙古积极筹措资金，率先启动了京津风沙源治理工程。正是在国家实施京津风沙源治理工程的难得有利条件下，2001年，锡林郭勒盟盟委才果断实施了“围封禁牧，收缩转移，集约经营”的围封转移工程。后来，内蒙古党委专门听取锡林郭勒盟盟委的汇报，把围封转移工程提升为围封转移战略，决定由内蒙古区直143个厅局对锡林郭勒盟实施围封转移战略进行帮扶。

持续三年的大旱灾对锡盟畜牧业给予深刻教训，锡林郭勒盟在深入反思的基础上提出的围封转移战略，是从锡林郭勒盟现实出发实施京津风沙源治理工程的实际举措，是传统草原畜牧业向现代畜牧业转变的重要开端。从此，草畜平衡、禁牧休牧轮牧不仅成为全区发展草原畜牧业的一项重要制度，而且成为国家指导草原畜牧业发展的制度要求。今后，建设牧区生态文明，也必然因地制宜实行围封禁牧，也必然结合主体功能区建设推进收缩转移，而集约经营则是转变草原畜牧业发展方式的唯一途径。

试论适应新常态[①]

2014年5月，习近平总书记在河南考察时指出，我国发展仍处于重要战略机遇期，我们要增强信心，从当前我国经济发展的阶段性特征出发，适应新常态，保持战略上的平常心态。前不久，习近平总书记再次强调，进一步增强信心，适应新常态，共同推动经济持续健康发展。新常态的重大战略判断，深刻揭示了我国经济发展阶段的新变化，充分展现了中央高瞻远瞩的战略眼光和处变不惊的决策定力。

一、什么是新常态

所谓新常态，就是不同以往的、相对稳定的状态，实质上是经济发展告别过

① 本文原载于2014年10月15日《内蒙古日报》理论版。

去传统粗放的高速增长阶段，进入高效率、低成本、可持续的中高速增长阶段。从总体上看，新常态主要有四个特征：一是中高速增长，经济增速换挡回落；二是结构优化，经济结构发生全面、深刻变化，不断优化升级；三是动力转换，经济将从要素驱动、投资驱动转向创新驱动；四是挑战增多，面临新的挑战，一些不确定性风险显性化。

从速度层面看，经济由高速增长转为中高速增长是新常态的最基本特征。从经济学角度讲，新常态的成因与潜在增长率有关。什么是潜在增长率呢？潜在增长率是一国或地区在一定时期内在所有生产要素最优配置和各种资源充分利用条件下所能达到的经济增长率。潜在增长率是理想状态下的增长率，GDP 增速往往围绕潜在增长率合理波动。未来一段时间，我国潜在增长率下降将成必然趋势。因为，潜在增长率主要由劳动投入、资本投入和全要素生产率等因素决定。从劳动投入看，2012 年，我国 15～59 岁劳动年龄人口第一次出现绝对下降，随着被抚养人口增加、抚养支出上升、储蓄率下降，可用于投资的资本增长将放缓。经济总量和基数变大，资源环境压力加大，不可能长期高速增长。代表效率的全要素生产率也难以大幅提高。潜在增长率是长期供给概念，要求我们既不追求超越承受能力的超常发展，也不能在经济发展上无所作为。

从结构层面看，随着资本、土地等生产要素供给下降，资源环境约束强化，第一、第二产业比重将下降，服务业将加快发展，带来产业结构优化；随着新型城镇化提速、农业转移人口市民化，有利于缩小城乡差距，带来城乡结构优化；随着相关产业由东部转移到中西部，最终实现区域协调发展，带来区域结构优化；随着劳动力供给减少、价格提高，服务业占主导使人力资源更为重要，将推动劳动工资提高，带来收入分配结构优化；随着居民收入水平提高和社会保障完善，消费需求将持续较快增长，带来需求结构优化。

从动力层面看，以往，廉价生产要素是驱动经济高速增长的重要动力，今天，要素价格都发生了质的变化，倒逼经济转向创新驱动。2014 年 5 月下旬，习近平总书记强调，谁牵住了科技创新这个牛鼻子，谁走好了科技创新这步先手棋，谁就能占领先机、赢得优势。2014 年 8 月 18 日，中央财经领导小组第七次会议研究实施创新驱动发展战略，习近平总书记强调，要推动以科技创新为核心的全面创新，坚持需求导向和产业化方向，坚持企业在创新中的主体地位，发挥市场在资源配置中的决定性作用和社会主义制度优势，增强科技进步对经济增长的贡献度，形成新的增长动力源泉，推动经济持续健康发展。

从风险层面看，风险显性化并不是经济本身出了问题，而是因为随着经济增速放缓，很多原来在高速增长时期被掩盖的风险暴露出来。比如，产能过剩，经济下行导致投资信心削弱，楼市泡沫凸显出来；楼市下行预期导致土地需求减少，土地财政财力紧张，地方债务风险凸显出来；而房地产市场不景气会导致银行相关贷款埋下金融风险隐患。

从我国经济发展阶段看，用新常态来判断经济走势是科学的，标志着我国经济进入了更高层次的发展阶段。2014 年上半年，GDP 增长 7.4%。但是，产业结构在优化，2013 年，我国第三产业增加值占 GDP 比重达 46.1%，首次超过第二产业，2014 年上半年，这一比例攀升到 46.6%；需求结构在变化，2012 年，消费对经济增长贡献率首次超过投资，2014 年上半年，最终消费贡献率达 54.4%、投资为 48.5%、出口是 -2.9%；城乡区域差距在缩小，2011 年，城镇人口比重达 51.27%，首次超过农村人口；收入分配结构在改善，居民收入占比上升；物价水平稳定，2012 年和 2013 年平稳增长 2.6%，2014 年上半年保持在 2.3% 的水平；就业形势较好，城镇新增就业 737 万人；民生继续改善，保障房开工 530 万套；上半年单位 GDP 能耗同比下降 4.2%，是 6 年来最大降幅；经济增长更有人情味，总体处于合理区间。

同时，2014 年 1 ~5 月，全国规模以上工业企业利润总额增长仅为 5.8%，说明依靠低要素成本驱动的经济发展方式已难以为继，必须把发展动力转换到科技创新上来。总体来看，新常态有利于就业充分、收入均衡、社保完善、物价稳定、增长平稳、质量提升，对经济社会发展的影响是正面的、积极的。从现实看，继续保持高速增长，做不到、受不了、没必要。

适应新常态，要创新宏观调控和推动发展的思路和方式。要从只盯增速转变为坚持区间调控。当经济运行接近合理区间的下限时，政策着力点是稳增长；当经济运行接近上限时，注重防通胀；当经济运行在合理区间内，则加大调结构、促改革的力度。要从事后救急转变为保持底线思维。底线管理、区间调控，就是一方面要守住就业底线和通胀底线，另一方面还要守住风险底线。要从“大水漫灌”转变为坚持定向精准调控。2014 年上半年，针对经济结构中的关键领域和薄弱环节，国家实施旨在支持“三农”、小微企业的定向降准、定向再贷款，精准发力，支持棚改的专项金融债等政策，用“喷灌”“滴灌”代替“大水漫灌”。

适应新常态，要从单一需求管理转变为引入供给管理。目前，经济总需求受到制约，经济增长的“三驾马车”有所降速。但是，从供给方面着手，就能找到经济增长的新动力。在短期，有效需求决定经济增长，在中长期，劳动力和资本等生产要素的供给和有效利用决定经济增长。提高劳动生产率，就要提高劳动者素质和技术水平，改进劳动力和资本两种要素的结合方式。因此，新常态下，宏观调控不仅关注速度的短期变化，更关注经济结构优化升级、经济动力转向创新驱动等更为长期的目标，正在从主要关注需求端的“三驾马车”转向主要关注供给端的人力资本、科技进步和深化改革这长期的三大动力。

新常态不是一个新的周期，而是一个新的时期，调控和改革的难度前所未有。新常态下最关键的，就是要把对经济增速的关注，真正回归到促进社会公平正义和增进人民福祉上来。只有深刻认识新常态，积极适应新常态，保持定力、顺势而为、积极有为，才能在新的起点上更好地推动转型发展。

二、怎样适应新常态

内蒙古发展适应新常态，就要全面贯彻落实习近平总书记考察内蒙古重要讲话提出的“四个着力”“五个结合”，在转变经济发展方式上取得新进展的重大战略思想和实践要求。

要在发展理念上适应新常态。要彻底摆脱“唯 GDP”思维，不再纠结高速增长，不图数据好看，不热衷于装门面出政绩，把经济发展的立足点转到提高质量和效益上来，深入分析当前及今后一个时期内蒙古的潜在增长率，科学确定经济增长的合理区间，创新调控思路和方式，坚持底线管理、区间调控，加大转方式、调结构、促改革的力度，在调整优化产业结构、延长资源型产业链、创新驱动发展、节能减排和全面深化改革开放上取得实实在在的成效，让发展成果更多地惠及广大人民群众。

要在调整优化产业结构、延长资源型产业链上适应新常态。资源型产业是我区的优势，适应新常态不是不要资源型产业，而是要延长产业链，大力开发下游产品，提高资源综合利用率和产业精深加工度，推动低端产业向中高端产业迈进；加快用高新技术和先进适用技术改造传统产业，形成具有旺盛活力和持续竞争力的新经济增长点，推动传统产业向现代产业转型升级；因地制宜加快发展非资源型产业、资本技术密集型产业和战略性新兴产业，积极构建多元发展、多极支撑的现代产业体系。

要在发展现代农牧业上适应新常态。发展现代农牧业，要扶持和培育农牧民专业合作社、种植养殖大户、家庭农牧场、农牧业企业等新型经营主体，培养新型职业农牧民，推动农牧业适度规模经营。强化农牧业科技创新支撑，提高农业单产、畜产品产量和科技贡献率，调动农牧民积极性，增强农牧业综合生产能力。把保护基本草原和保护耕地放在同等重要的位置，调动牧民保护草原积极性，减少超载过牧，实现草畜平衡，实现保护草原生态和促进牧民增收双赢。加大天然草原退牧还草等草原生态保护工程建设力度，促进草原畜牧业由天然放牧向舍饲、半舍饲转变，实现禁牧不禁养。

要在加快发展服务业上适应新常态。要尽快把服务业这块“短板”补起来。加快发展生产性服务业，在国务院关于加快发展生产性服务业指导意见提出的研发设计、第三方物流、融资租赁、信息技术服务、节能环保服务、检验检测、电子商务、商务咨询、服务外包、售后服务、人才服务和品牌培育等重点领域，培育打造支柱产业。加快发展生活性服务业，满足城乡居民的生活性需求，推动基本公共服务均等化。实现服务业与工业、农牧业融合发展，形成工业转型服务化、农牧业转型服务化、服务业发展社会化、人民生活服务化新格局。

要在创新驱动发展上适应新常态。创新是转变经济发展方式的关键驱动。调整优化产业结靠创新，延长资源型产业链靠创新，发展现代农牧业靠创新，补服务业这块“短板”同样靠创新，不创新就不能适应新常态。必须尽快使创新这条“软肋”硬起来。加强创新能力和创新体系建设，强化企业在科技创新中的主体地位，加强重点产业领域关键共性技术攻关，加快科技成果转化和推广应用。优化创新环境，完善创新制度，强化创新激励，培养和吸引创新人才，让发明者、创新者合理分享创新收益，形成有利于创新的良好社会氛围。

要在生态文明建设上适应新常态。扎实抓好内蒙古生态文明建设，一要继续组织实施好重大生态修复工程，搞好京津风沙源治理、三北防护林体系建设、退耕还林、退牧还草等重点工程建设；二要积极探索加快生态文明制度建设，探索编制自然资源资产负债表，对领导干部实行自然资源资产离任审计，建立生态环境损害责任终身追究制。也就是说，不仅要增加经济资产、减少财政负债，也要增加生态资产、减少环境负债，两方面都实行离任审计、实行责任终身追究，研究建立相应的财税制度。推动发展要综合考虑资源环境承载能力，决不能以牺牲环境为代价去换取一时的经济增长。

要在富民上适应新常态。“天下顺治在民富，天下和静在民乐”。在新的时代条件下富民，不只是增加收入、改善生活，而是让人民群众物质上富裕、精神上富有、各项权益得到保障，促进人的全面发展。顺应人民群众对幸福生活的新期待，使他们从物质上到精神上都把日子过得更加红火起来。提高劳动生产率和各产业生产效益，持续稳定增加城乡居民收入。加快社会事业发展，统筹做好教育、就业、收入分配、医药卫生、住房保障等民生工作，加快社会保障制度体系建设，让全体人民共享改革发展成果。打好扶贫开发攻坚战，在培育特色优势产业的同时，加强人力资源开发和软环境建设，挖掘扶贫对象自身潜力，努力为贫困群众就业增收创造条件。

要在干部作风转变上适应新常态。内蒙古发展适应新常态，迫切需要营造风清气正的党内政治生活。历时一年半的党的群众路线教育实践活动表明，制度更加严格、纪律更加严明、行动更加务实、作风更加廉洁、干部更敢担当，是党内政治生活的内在要求。从严治党重在从严管理干部，从严治党必须从党内政治生活严起。严肃党内政治生活应做到严于律己，一切按规矩办事；求真务实，为官

必须有为；廉洁奉公，始终保持政治本色；风清气正，搞好政治生态；敢于碰硬，时时体现责任担当；坚定信念，补好精神之钙。

新常态是新挑战，也是内蒙古发展的新动力和新机遇。只要保持战略上的平常心态，科学制定战略战术，勇于担当、积极作为，就能化挑战为机遇，提升经济发展的质量效益，开创科学发展的新局面。

中蒙经济合作区研究报告的特点及建议①

一、研究报告的特点和意义

国经中心课题组完成的《构建中蒙策克—西伯库伦跨境经济合作区研究》报告，全面阐述建设跨境合作区的必要性，充分论证其可行性，明确提出了建设合作区的总体思路和政策建议，是一个立足完善我国向北开放区域布局，在理念、思路和对策上都富有新意的重要研究成果。

建设中蒙策克—西伯库伦跨境经济合作区，符合《中共中央关于制定国民经济和社会发展第十三个五年规划的建议》关于完善对外开放战略布局，加强内陆沿边地区口岸和基础设施建设，开辟跨境多式联运交通走廊，提高边境经济合作区、跨境经济合作区发展水平等精神，是我国全面向北开放的需要，是推进“一带一路”建设的一个重要支撑，是建立中蒙俄国际经济合作走廊的一个重要节点，体现了习近平总书记提出的亲诚惠容理念和共商共建共享原则。研究报告具有选题准确、论点新颖、论据充分、论证严密，问题导向明确、构想思路清晰、政策建议具体等特点。

建设中蒙策克—西伯库伦跨境经济合作区，对于内蒙古特别是阿拉善盟来说，是深入贯彻落实习近平总书记考察内蒙古重要讲话精神的战略举措，是融入“一带一路”建设的重要支点，是全面建成小康社会决胜阶段扩大向北开放顶层设计的重要建议，是推动经济持续健康发展的新增长极。研究报告不仅对额济纳旗，对促进全盟和全区改革开放和发展，都具有现实可行性和长远持续性意义。

① 本文选自2015年12月18日在中国国际经济交流中心《中蒙跨境经济合作区研究报告》评审会上的发言。

二、一点不成熟的建议

研究报告围绕构建中蒙策克—西伯库伦跨境经济合作区的研究很全面，笔者仅仅就中蒙产能合作讲一点建议。其实研究报告在中蒙产业合作举措中已经阐述了这个问题，笔者最多是提供一些相关情况。

2014 年初，习近平总书记在考察内蒙古时的重要讲话中指出，内蒙古地处“三北”、外接俄罗斯、蒙古，具有发展沿边开放的独特优势，是我国向北开放的前沿。要通过扩大开放促进改革发展，发展口岸经济，加强基础设施建设，完善同俄罗斯、蒙古合作机制，深化各领域合作，把内蒙古建成我国向北开放的重要桥头堡。习近平总书记强调，在对外经济合作中，要树立正确义利观，既要算经济账，也要算政治账。对蒙古经济合作，要从大局考虑，从长远考虑，在一些具体合作上不要斤斤计较，能让的就让一些，争取把各方面合作搞起来、深下去。习近平总书记的这些重要论述，是内蒙古扩大向北开放和促进中蒙合作的重要指导思想，也是建设中蒙策克—西伯库伦跨境经济合作区的重要指导思想。

据笔者前两年在额济纳旗调研了解，近年来蒙古国在矿业兴国战略思路上正在经历一个由简单输出矿产资源向加工出口矿产品的转变。比如，想把单纯卖煤变为卖洗精煤，进而深加工出口煤化工产品，以提高产品附加值，获取更多税收和利润。

支持和帮助蒙古国加工矿产资源、加快实现工业化，是落实中央关于睦邻惠邻、互利共赢战略的题中之义。建设中蒙策克—西伯库伦跨境经济合作区，应与蒙古国矿业兴国战略相对接，扩大利益汇合点，打造命运共同体，从而使跨境合作区成为促进中蒙产能合作、助力蒙古国工业化进程的有效载体。研究报告提出的能源资源开发加工、“两线”基础设施互联互通、农畜产品加工和发展跨境旅游等，都是中蒙推进产能合作的重要平台。

推进产能合作，对蒙古国来说，是契合其实施矿业兴国战略、提高就地加工转化率、转变出口思路的需要；对我国特别是内蒙古自治区来说，是发挥比较优势、化解过剩产能、优化产业结构、提升“走出去”质量的现实机遇。如果蒙古国南部能逐步形成矿产资源就地深加工的态势，那么，研究报告提出的“北水南调”设想实现的可能性将增加。

建设中蒙策克—西伯库伦跨境经济合作区，推进产能合作，应坚持以企业为主体，实行市场化运作，加强政府宏观谋划和统筹指导；应积极争取亚洲基础设施投资银行和丝路基金的融资支持，努力实现开放、多元、共赢。

论新常态下的经济走势①

引领新常态是保持经济中高速增长、迈向中高端水平的根本要求。引领新常态，必须全面认识新常态的特点，准确把握当前经济运行的特征，根据经济走势的特征确定引领新常态的举措。

一、新常态的主要特点

2014 年 5 月，习近平总书记在河南考察时指出，我国发展仍处于重要战略机遇期，我们要增强信心，从当前我国经济发展的阶段性特征出发，适应新常态，保持战略上的平常心态。2014 年 11 月，习近平总书记在亚太经合组织工商领导人峰会上的演讲中概要分析了我国经济发展新常态下速度变化、结构优化、动力转换三大特点。

认识新常态的特点，要准确把握新常态带来的趋势性变化。从消费需求看，模仿型排浪式消费阶段基本结束，个性化、多样化消费渐成主流；从投资需求看，传统产业相对饱和，但基础设施互联互通和一些新技术、新产品、新业态、新商业模式的投资机会大量涌现；从出口和国际收支看，我国出口竞争优势依然存在，高水平引进来、大规模走出去正在同步发生；从生产能力和产业组织方式看，新兴产业、服务业、小微企业作用更加凸显，生产小型化、智能化、专业化将成为产业组织新特征；从生产要素相对优势看，人口老龄化日趋发展，经济增长将更多地依靠人力资本质量和技术进步；从市场竞争特点看，过去主要是数量扩张和价格竞争，现在正逐步转向质量型、差异化为主的竞争；从资源环境约束看，环境承载能力已经达到或接近上限，必须推动形成绿色低碳循环发展新方式；从经济风险积累和化解看，风险总体可控，但化解以高杠杆和泡沫化为主要特征的各类风险将持续一段时间；从资源配置模式和宏观调控方式看，全面刺激政策的边际效果明显递减，既要全面化解产能过剩，也要通过发挥市场机制作用探索未来产业发展方向。

这些趋势性变化说明，我国经济正在向形态更高级、分工更复杂、结构更合理的阶段演化。这些趋势性变化，既是新常态的外在特征，又是新常态的内在动

① 本文原载于 2015 年 5 月 15 日《内蒙古日报》理论版。

因。新常态的特点说明，经济增长速度正从10%左右的高速增长转向7%左右的中高速增长，经济发展方式正从规模速度型粗放增长转向质量效率型集约增长，经济结构正从增量扩能为主转向调整存量、做优增量并存的深度调整，经济发展动力正从要素驱动、投资驱动的传统增长点转向创新驱动的新增长点。

进入新常态是我国经济发展阶段性特征的必然反应，是不以人的意志为转移的。认识新常态，适应新常态，引领新常态，是当前和今后一个时期我国经济发展的大逻辑。认识新常态，首先要全面认识新常态的主要特点，深刻理解新常态带来的趋势性变化，用这些主要特点和趋势性变化审视我们自己的心态和本地区经济发展的状态，不能把经济发展仅仅理解为数量增减、简单重复，找到认识上的偏向和发展上的差距。适应新常态，首先要从观念上适应，学会新常态思维，掌握新常态下稳中求进的方法，提高转方式、调结构、换动力、惠民生的能力。引领新常态，就要引领新常态带来的趋势性变化，用新常态思维打造新增长点，创新驱动形成新方式，而不是视而不见新变化，面对新问题束手无措，继续盲目铺摊子，贻误转方式、调结构、换动力、促升级的良机，使发展中的矛盾和问题进一步积累、激化，最后爆发。

在新常态下，发展仍然是党执政兴国的第一要务，是解决前进道路上一切问题的基础和关键。但这个发展不能是数字好看、水分不少、粗放型增长的发展，而应是有质量、有效益、可持续的发展，是以比较充分就业和提高劳动生产率、投资回报率、资源配置效率为支撑的发展。

二、经济形势的总体特征

2014年，我国发展面临的国际国内环境复杂严峻。全球经济复苏艰难曲折，国内经济下行压力持续加大，多重困难和挑战相互交织。在党中央、国务院的坚强领导下，全国各族人民万众一心，克难攻坚，实现经济社会平稳发展，完成了全年各项主要目标任务，总体特征是稳中有进。

2014年是内蒙古发展进程中具有非常重要意义的一年，是内蒙古深入学习贯彻习近平总书记考察内蒙古重要讲话精神的第一年。内蒙古自治区党委、政府按照“守望相助”“四个着力”的战略思想完善发展思路，着力转变经济发展方式，着力抓好农牧业和牧区工作，着力保障和改善民生，主动适应经济发展新常态，总体特征也是稳中有进。

“稳”的标志是经济运行处于合理区间。一是增速稳，2014年全国国内生产总值达到63.6万亿元、增长7.4%，内蒙古地区生产总值达到17769.5亿元，增长7.8%。二是就业稳，2014年全国和内蒙古城镇新增就业均高于2013年。三是价格稳，2014 年全年居民消费价格平稳，全国上涨 2%，内蒙古上涨 1.6%，经济平稳增长带来物价相对稳定。

新常态下，我国经济增速虽然放缓，但实际增量依然可观。经过 30 多年高速增长，经济体量已今非昔比。即使是 7% 左右的增长，无论是速度还是体量，在全球也是名列前茅。关键是，通过近两年的结构优化，第三产业占比越来越大，而第三产业是就业的最大容纳器。就业增长对 GDP 增速的依赖性下降，对产业结构优化的依赖性增强。

“进”的特征是发展的协调性增强。一是经济结构有新的优化。从全国看，消费对经济增长的贡献率上升 3 个百分点，达到 51.2%；服务业增加值比重由 46.9% 提高到 48.2%，新产业、新业态、新商业模式不断涌现。从内蒙古自治区看，以建设“五大基地”为重点调整产业结构，现代煤化工等新兴产业快速成长，服务业增加值占比重由 36.5% 提高到 39%；全社会消费品零售总额达到 5619.9 亿元，增长 10.6%。二是发展质量有新的提升。全国一般公共预算收入增长 8.6%，研究与试验发展经费支出与国内生产总值之比超过 2%，能耗强度下降 4.8%，是近年来最大降幅。内蒙古一般公共预算收入达到 1843.2 亿元，增长 7.1%，万元生产总值能耗下降 3.93%，超额完成年度下降目标和“十二五”进度目标。三是人民生活有新的改善。全国居民人均可支配收入实际增长 8%，快于经济增长；农村居民人均可支配收入实际增长 9.2%，快于城镇居民收入增长。内蒙古城镇常住居民人均可支配收入 28350 元，增长 9%；农村牧区常住居民人均可支配收入 9976 元，增长 11%，快于经济增长速度。四是改革开放有新的突破。全面深化改革系列重点任务启动实施，中央政府减少 1/3 行政审批事项的目标提前实现。按照习近平总书记先行先试的要求，内蒙古稳步推进了生态文明制度建设、建立龙头企业与农牧民紧密型利益联结机制、加强同俄蒙合作三项重点改革。内蒙古自治区本级取消和下放行政审批事项 114 项，精简 1/3。

2014 年的成绩来之不易，2015 年第一季度又实现了平稳开局，坚定了我们奋勇前行的决心和信心。在经济仍然存在较大下行压力的形势下，关键是要看到内蒙古与全国发展的差距，敢于直面问题，勇于应对挑战。

三、引领新常态的关键举措

引领新常态，从思想认识到行为方式上要遵循新常态下经济发展的大逻辑，坚持问题导向，突出重点、把握关键，选准突破口。

关键是加快现代服务业发展。习近平总书记在考察内蒙古重要讲话中明确指出，要在服务业领域培育打造支柱产业，尽快把服务业这块“短板”补起来。加快发展现代服务业是顺应我国经济正在向形态更高级、分工更复杂、结构更合理的阶段演化趋势的必然要求。全国第三产业增加值占GDP比重在2013年就超过了第二产业，内蒙古第三产业增加值比重比第二产业还低12.9个百分点。内蒙古产业结构调整缓慢、经济转型升级滞后和产业吸纳就业能力不强、城乡居民收入增长不快等，都与服务业特别是现代服务业发展不足有直接的关系。引领新常态，要以产业转型升级需求和群众生产生活需求为导向，大力推进信息基础设施建设，促进服务业包括互联网与工业、农牧业融合发展，推动经济转型升级。

关键是加快创新驱动发展。习近平总书记在考察内蒙古重要讲话中明确指出，创新是转变经济发展方式的关键驱动。创新是引领发展的第一动力，抓创新就是抓发展，谋创新就是谋未来。经济发展新常态的本质是增长动力转换。如果说服务业是内蒙古发展的“短板”，创新驱动不足就是内蒙古发展的“软肋”。加快实施创新驱动发展战略，应破除一切制约创新的思想障碍和制度藩篱，激发全社会创新活力和创造潜能，强化科技同经济对接、创新成果同产业对接、创新项目同现实生产力对接、研发人员创新劳动同其利益收入对接，促进科研人员在事业单位和企业间合理流动，增强科技进步对经济发展的贡献度。

关键是全面深化改革。习近平总书记指出，能不能适应新常态，关键在于全面深化改革的力度。全面深化改革，就要激发市场蕴藏的活力。有效的市场经济体制是保证市场主体更便利地行使自主权的体制。简单来说，市场经济是最具经济便利性的制度。所谓经济便利性，就是市场主体行使自主选择权的制度有效性和无障碍性。市场主体行使自主选择权的成本越低，说明体制的经济便利性越高。

通过全面深化改革不断完善社会主义市场经济体制，就是要达到经济便利性更高的目标。我们常说的改革红利，实际上就是因制度变革带来经济便利性提高而由市场主体所创造的活力增量。在经济便利性更高的新制度下，市场主体能够具有更高的行为效率和创造力，从而以更大的创新活力来释放经济增长潜力。总之，最大限度地保证市场主体有序从事有益活动的便利性，就可以最大限度地释放经济活力。

通俗地讲，全面深化改革的实质就是使人民群众的生产生活便利化。市场活力来自于人，特别是来自企业家和科技人才。更好发挥政府作用，就要从管理者转向服务者，为企业服务，为创业者服务，为推动经济社会发展服务；就要把该放的权放到位，该营造的环境营造好，该制定的规则制定好，激发市场活力，形成改革红利。

表1 2010年以来全国和内蒙古经济增速、就业、物价指标

指标 年份	增速（%）				就业（万人）				物价（%）			
	全国		内蒙古		全国		内蒙古		全国		内蒙古	
	目标	增长	目标	增长	目标	人数	目标	人数	目标	增长	目标	增长
2010	8	10.4	13	14.9	900	1168	25	24.7	3	—	3	3.2
2011	8	9.3	13	14.3	900	1221	25	26.3	4	—	4	5.6
2012	7.5	7.8	13	11.7	900	1266	25	26.5	4	2.6	4	3.1
2013	7.5	7.7	12	9	900	1310	25	27.1	3.5	2.6	3.5	3.2
2014	7.5	7.4	9	7.8	1000	1322	25	27.2	3.5	2	3.5	1.6
2015	7	7	8	—	1000	320	25	—	3	1.4	3	—

注：2015年的数据是第一季度的数据，其中物价是3月的数据。

表2 2014年全国和内蒙古稳中有进主要指标

指标	全国		内蒙古	
	总量	增速	总量	增速
国内生产总值	636463亿元	7.4%	17769.5亿元	7.8%
城镇新增就业	1322万人	—	27.2万人	—
居民消费价格	—	2.0%	—	1.6%
三次产业结构	9.2:42.6:48.2		9.1:51.9:39	
消费贡献率	—	51.2%	—	—
公共预算收入	140350亿元	8.6%	1843.2亿元	7.1%
研发经费支出占比	13312亿元	2.09%	—	—
能耗强度下降	—	4.8%	—	3.93%
城镇居民人均可支配收入	28844元	9%，6.8%	28350元	9%，7.2%
农村居民人均可支配收入	10489元	11.2%，9.2%	9976元	11%，9.7%

资料来源：全国和内蒙古2015年统计公报。

谈企业转型升级①

近年来，东方控股集团积极主动适应经济发展新常态，厘清发展思路，转变

① 本文节选自2016年8月5日在鄂尔多斯东方控股集团“两学一做”专题报告会上的讲话，根据录音整理。

发展方式，在承受经济下行压力的大环境下，结合企业实际推进供给侧结构性改革，在爬坡过坎中探索创新，在谷底走出了转型升级的路子。路桥集团、路产集团、投资集团、文化集团探索创新的实践说明了这一点。东方控股集团探索的路子体现了“四个全面”战略布局，贯彻了新发展理念。比如，企业自觉把经营理念和经营行为纳入全面建成小康社会关于精准扶贫、精准脱贫的重大部署，企业的改革创新、依法经营、党的建设都是全方位的。企业的各项改革措施体现了新发展理念，企业处理内外上下各种关系体现了协调发展理念，企业生产、职工生活及农畜产品生产体现了绿色发展理念，企业与外界的交流合作体现了开放发展理念，企业宗旨、奋斗目标和分配措施体现了共享发展理念。

从各产业集团推动转型升级的情况看，路桥集团探索创新的特点是实行合伙人管理、自主经营、利润分成，属于内部管理机制创新；路产集团探索创新的特点是提高公路收费和公路养护技术水平，属于经营方式和生产方式创新；投资集团探索创新的特点是“改名换姓”，创办很多合伙众筹实体，属于跨界跨行业转型升级；文化集团探索创新的特点是一业为主、拓宽领域，属于在原有基础上拓展转型。

从推动转型升级的初步成效看，路桥集团突出工程公司和子公司的主体地位，调动员工的积极性，涉足综合管廊建设积累经验，工程造价和完成产值2015年筑底、2016年实现了反弹。路产集团推动技术升级，六条公路中四条安装电子收费系统，提高了通行效率；采用热再生和冷再生公路翻修新技术，提高了养护水平。投资集团实行集团控股、创办新实体，市场主体由2012年的1个增加到11个，收入由2015年上半年的889万元增加到2016年上半年的4116万元。文化集团旅游业，2015年与2016年相比，蒙古风情园入园人数由7万人增加到19万人，萨拉乌苏入园人数由2万人增加到10万人，东方民族艺术团与黎巴嫩卡拉卡拉舞剧院合作打造《丝绸古道》舞台剧，在黎巴嫩成功首演。

东方控股集团及各产业集团在探索创新过程中，对经济发展新常态的认识在逐步深化，对经营结构调整、新旧动力转换、生产方式转变和供给侧结构性改革的重要性、必要性和现实针对性的认识正在不断提高，整个集团上上下下的精神状态正在发生前所未有的变化，这一点最为难能可贵！

今后的路子怎么走，这个路子已经找到了，那就是调整结构、转换动力、转变方式。推进供给侧结构性改革对企业的要求，概括地讲，就是提升质量、效益、竞争力，用产品的质量、效益、竞争力来适应市场需求的变化。就东方控股集团的产品来说，从最初的路桥逐步扩展到路产、地产、建筑、能源、旅游、酒店、文化、农牧业等，今天已经增加到城镇管廊、广告、餐饮、物业、装修、家具、零售、旅行社、演艺、文博、金融、创新等行业和领域，涵盖了第一、第

二、第三产业。只有我们的各产业、各行业的产品和服务都达到质量好、效益高、竞争力强的要求，东方控股集团才能实现转型升级。

我们推动企业转型升级，说到底是为了开拓市场、占领市场，悉心打造百年东方。占领市场靠什么，靠的是品牌，而质量则是品牌的灵魂。质量与效益互为依托、相辅相成，没有效益谈不上质量，没有质量不可能有效益。效益来自效率。效益是投入产出之比，效率是单位时间内创造价值的多少。效率来自人均生产率和全要素生产率。

提高人均生产率和全要素生产率，是推动企业转型升级的出发点，也是它的落脚点。我们的探索创新远没有结束，我们的各项改革创新，包括创新理念、理清思路、谋划战略、改革机构、设置层级、人员配备和更新设备、改进技术、生产经营、检测监管、健全制度等，都要围绕提高企业人均生产率和全要素生产率来推进。

提高人均生产率和全要素生产率，涉及企业的方方面面，归根结底靠创新来实现。从大的方面讲，创新包括理论创新、制度创新、科技创新和文化创新等。对企业来讲，最重要的是应变的新理念、新战略、新体制、新技术、新机制等。企业必须对形势和市场的变化及趋势保持最大的敏锐性。理念来自对形势和市场的准确把握，理念决定战略。理念的落实、战略的实施取决于体制。被誉为“欧洲之父”的法国政治家让·莫内曾说：“没有人，一切皆无可能，但是没有体制，一切不可持续。”在正确的理念、战略和体制下，决定性的因素是技术创新，特别是集成创新。技术要素作用的发挥又取决于能够充分调动人的积极性、主动性和创造性的机制。

经过近 20 年的艰苦创业，东方控股集团已经确立了自己独特的优势，主要是“以人为本，共同富裕”的企业宗旨、“让无产者变为有产者”的奋斗目标、“人本重于资本”的分配理念等独具特色的新思路。这些新思路和执着的质量意识、敢想敢干的创业精神，都是我们在新常态下开拓市场的品牌。基础设施建设的新领域、适应消费需求变化的新业态，将是我们各产业集团占领市场、大显身手的广阔空间。比如，涉足城镇管廊、铁路建设，扩大公路养护市场，家政市场，旅游业等。概括地讲，这些就是企业发展与经济发展新常态相适应的问题。

作者简介

布和朝鲁，内蒙古阿拉善盟阿拉善左旗人，蒙古族，研究生学历。曾任内蒙古阿拉善右旗旗委书记，内蒙古阿拉善盟盟委委员、宣传部长、秘书长，内蒙古党委组织部副部长，内蒙古锡林郭勒盟盟委书记，内蒙古党委副秘书长、政策研究室主任，内蒙古自治区人大常委会委员。曾任中国国际经济交流中心特邀研究员，内蒙古党建研究会副会长，内蒙古低碳发展研究院常务副院长，内蒙古人力资源协会名誉会长，内蒙古党校、内蒙古行政学院客座教授。

发表论文300余篇。2010年，人民出版社出版的经济学著作《奋力走进前列——内蒙古现象研究》获内蒙古自治区第三届哲学社会科学优秀成果政府一等奖。2016年，人民出版社出版的经济学著作《富民论》获内蒙古自治区第五届哲学社会科学优秀成果政府三等奖。

布和朝鲁文集

研究探索篇

布和朝鲁◎著

经济管理出版社
ECONOMY & MANAGEMENT PUBLISHING HOUSE

图书在版编目（CIP）数据

布和朝鲁文集/布和朝鲁著．—北京：经济管理出版社，2020.1
ISBN 978－7－5096－7003－3

Ⅰ．①布…　Ⅱ．①布…　Ⅲ．①布和朝鲁—文集　Ⅳ．①Z427

中国版本图书馆 CIP 数据核字（2020）第 021656 号

组稿编辑：申桂萍
责任编辑：申桂萍　姜玉满　杜羽茜　王虹茜
责任印制：黄章平
责任校对：张晓燕　陈　颖

出版发行：经济管理出版社
（北京市海淀区北蜂窝 8 号中雅大厦 A 座 11 层　100038）
网　　址：www.E－mp.com.cn
电　　话：（010）51915602
印　　刷：三河市延风印装有限公司
经　　销：新华书店
开　　本：720mm×1000mm/16
印　　张：70.75
字　　数：1286 千字
版　　次：2020 年 7 月第 1 版　　2020 年 7 月第 1 次印刷
书　　号：ISBN 978－7－5096－7003－3
定　　价：198.00 元（全五册）

联系地址：北京阜外月坛北小街 2 号
电话：（010）68022974　　邮编：100836

自　序

举国欢庆祖国母亲七十华诞的历史时刻，个人文集即将出版，我的心情格外激动。文集者，顾名思义是文章文稿的汇集选编。为什么出版文集？领袖、伟人、名家的文选文集有其不可估量的价值。我这里要说的是普通人的文集，其意义至少有三个方面：一是对当代人或许有某种参考借鉴的意义；二是对后代人或许有某种增知和启迪意义；三是对历史具有比较研究的意义。所谓历史，从其存在形式来说，就是当时人的文字记录、口口相传的记忆记录和某些物体的特殊记录。如果没有了这些记录，历史便不能被后人知晓。这是我对文集出版价值的认识。

什么样的文集有价值呢？概言之，文集中文章文稿说的是真话实话自己的话，而不是假话空话套话。说来容易，真正做到并不容易。说真话，就是说的话具有真理性、科学性，以党的创新理论为指导，符合习近平新时代中国特色社会主义思想的原则和立场、观点、方法。说实话，就是说的话是实事求是的，符合当时当地的实际情况，坚持问题导向，以解决当时当地发展中的问题为出发点，以实现、维护、发展人民群众的根本利益为落脚点。说自己的话，就是理论与实际相结合，说有见解、有新意，有针对性、有操作性的话。这是我对文集参考价值的认识。我不敢说这套文集有这样的价值，但一直以来是我努力的方向。

进入新时代，人们为实现自己的梦想而奋斗，都在只争朝夕。读书看文章，希望在有限的时间里能看到有新意、有启迪的短文。这套系列文集选录了 260 多篇文章，近百万字，时间跨度从 20 世纪 80 年代到现在，多数文章的篇幅比较短。当然，也有上万字甚至数万字的课题研究报告，数量相对较少。希望这套系列文集能适应不同读者的兴趣，非常期待读者不吝赐教。

这套系列文集尽管是一己之见，却是我从政几十年的印记和心血。恰逢盛世，愿以此为我的祖国献上小小的礼物。是为序。

布和朝鲁

2019 年 9 月 30 日

目　录

布和朝鲁文集之一

理念思路篇

布和朝鲁文集之二

全面发展篇

布和朝鲁文集之三

研究探索篇

布和朝鲁文集之四

随笔散记篇

布和朝鲁文集之五

党建引领篇

布和朝鲁文集之三

研究探索篇

德力斯台嘎查考察报告①

一、基本情况

德力斯台嘎查位于兴安盟扎赉特旗西南部，距乌兰浩特 60 公里，面积 5.36 万亩，辖 3 个自然村，216 户、854 人，是一个蒙古族聚居的、以种植玉米杂粮为主的农业嘎查。

德力斯台嘎查无霜期有 114 天，年平均降水量 390 毫升，耕地 8198 亩，其中水浇地 389 亩，人均耕地 9.56 亩，人均水浇地不到半亩。拥有四轮车、播种机等农机具 211 台，户均 0.98 台。有 1 所小学，50 个学生。16 户有电话。全嘎查 216 个户主中，高中学历 5 人，初中学历 87 人，小学学历 124 人，分别占 2.31%、40.28% 和 57.41%。2005 年是该嘎查连续几年严重旱灾后的第一个丰收年，粮食总产量达到 246 万斤，人均 2880 斤。牧业年度牲畜 3055 头只，人均 3.58 头只。2004 年，农民人均纯收入 860 元，其中来自农牧业的收入 700 元，占人均收入的 81.39%。人均纯收入 2000 ~ 3000 元的有 14 户，3000 元以上的有 8 户。这些富裕户经营能力较强，积累了在当地条件下发展生产、增加收入的经验。嘎查党支部书记比较精干，是富裕户，且带领群众致富的决心比较大。

德力斯台嘎查 216 户中，贫困户 105 户、407 人，占该嘎查户数和人口的 48.61% 和 47.66%。贫困户耕地 3632 亩，人均 8.92 亩，比嘎查平均水平低 0.64 亩；水浇地 136 亩，人均 0.33 亩，比嘎查平均水平低 0.13 亩；牲畜 315 头只，人均 0.77 头只，比嘎查平均水平低 2.81 头只。2004 年，贫困户人均纯收入 640.54 元，比嘎查人均收入低 219.46 元。这些贫困户生产生活状况非常差，有 90 户住茅草房，其中 22 户是危房，四处透风，破烂不堪；缺粮少穿的情况比较普遍，有的贫困户不得不“啃青”（玉米刚结棒就掰下来食用）来度过青黄不接，个别贫困户的媳妇跟着别人出走了。

① 按照内蒙古自治区党委、政府扶贫工作部署，从 2006 年至 2008 年，内蒙古党委政研室帮扶兴安盟扎赉特旗宝力根花苏木德力斯台嘎查。此考察报告是为了搞清情况，明确帮扶思路，2006 年 1 月 3 日至 7 日赴德力斯台嘎查调查研究而写成，本文原载 2006 年 2 月 28 日内蒙古党委政研室《决策参阅》第 3 期。

二、贫困原因

从整体看，德力斯台嘎查自然条件差、生态环境恶劣、草场面积小，目前不具备调整结构、发展养殖业的条件。农业基础设施薄弱，农田水利建设更弱，真正保灌的水浇地很少，抵御自然灾害的能力差。嘎查到苏木路况不好，三个自然村之间没有像样的路；没有文化活动场所，没有卫生室，群众看病难，因病致贫返贫的占一定比例。

从个体看，在同样的自然条件下，富裕户的玉米亩产在600斤以上，高的达到1070斤，而贫困户的玉米亩产高的也仅有300斤，低的不到170斤。贫困户产量低是因为：一是投入不足。贫困户没钱购买良种、化肥、农膜、农药，只能用自留种子；更没有资金购置农机具，只能以换工形式先帮富裕户播种，轮到自己已错过最佳季节。二是管理不好。因机具、技术、勤奋程度等原因，在田间管理上与富裕户相比，贫困户有较大差距。三是经营不善。把握农畜产品市场、适时销售农畜产品、主动讨价还价等方面，与富裕户相比，贫困户也有较大差距。

投入不足、管理不好、经营不善是贫困户产量少、收入低的直接原因。对导致“三不”的深层次原因，在这里不做具体分析。提高贫困户的管理能力、经营水平，是个较艰巨、较长期的任务，要有一个过程。贫困户生产投入不足的问题，从现阶段的扶贫投入力度看，也难以完全解决，解决了也难以收到预期的效果。

所以，帮助德力斯台脱贫致富，必须从新的实际出发，既需要尽力加大投入来加强基础设施、改善公共服务，更需要努力创新帮扶机制来挖掘内部潜力、激发内生活力。

三、帮扶措施

（1）创新帮扶方式，组建“共同富裕合作社”。坚持“利益联结、优势互补、能手带动、间接扶持”，组建一个富裕户带动若干贫困户的“共同富裕合作社”，发挥经营能手（富裕户）的投入能力和经营管理能力，用“五统两分”模式统一耕种参加合作社的贫困户的耕地，以增产分成的分配方式联结富裕户与贫困户的利益，达到优势互补，以间接扶持的方式吸引富裕户和贫困户参加合作社。组建合作社要尊重农民意愿，实行自愿组合、进退自由，典型示范、逐步推广，使贫困户学习管理经验、掌握种养技能、提高自我发展能力。2006年由嘎查支部书记、嘎查达、治安主任等四个富裕户牵头组建四个合作社，覆盖近30

户、1000亩地。力争用三年时间将贫困户都纳入合作组织。

所谓“五统两分”的合作方式，就是由经营能手统一投入，统一购买良种、化肥、农膜、农药等生产资料，统一整地，统一播种，统一销售农产品；按照经营能手的安排，各户分户搞田间管理，分户收割和脱粒。

所谓“增产分成”的分配方式，就是从合作社年终总收入中扣除经营能手投入的生产费用后，以各户2005年亩产量为基数，将增产部分经营能手与贫困户按三七比例分成。

所谓“间接扶持”的帮扶方式，就是内蒙古党委政研室筹措资金建立风险基金，在帮扶期间如果农业因灾减产七成以上，则按每亩70元补偿经营能手对贫困户的投入损失；2006年按每亩一次性投入40元，深翻合作社耕地，以改善土壤，提高产量。

（2）筹措帮扶资金，加强基本农田建设。一是建设水浇地。三年投入120万元，打机电井50眼，把3000亩比较平坦、用电便利，且水资源较为丰富的川地建成水浇地。资金投入包括内蒙古自治区扶贫资金30万元，盟旗两级投入35万元，其余部分由内蒙古党委政研室筹措。同时，引导富裕户参与打井投入，并根据投入情况探索建立机电井管理新机制。二是实施坡改梯。帮助嘎查领导班子组织农民投工投劳，力争在2006年春播前把3000亩坡地改造成坡式梯田，解决水土流失问题。三是扶持没有水浇地的贫困户养羊，拓宽增收渠道。

（3）改造茅草房，改善居住条件。按照新农村建设规划，坚持就地改造和危房重建相结合，用三年时间，分轻重缓急，争取用内蒙古自治区支持兴安盟5000万元茅草房改造资金，改造90户茅草房，使贫困户居住条件和整个村容村貌发生明显变化。

（4）建设文化室、卫生室，改善文化和医疗条件。三年间，筹措10万元，帮助嘎查建设300平方米的文化活动室和卫生室，为农民开展文化活动和就近看病提供方便。同时，采取机关捐赠等办法，对贫困学生进行资助，切实解决14名贫困学生辍学问题。

（5）抓好教育培训，引导农民进城务工。由内蒙古党委政研室配合旗、苏木科技人员搞好政策教育，开展农牧业和非农职业技能培训，转变思想观念，推广种养殖业适用技术，积极争取“阳光工程”项目，积极开拓外出务工渠道，增加农民收入。

当前，要按照上述思路，制订三年帮扶计划，起草“共同富裕合作社”章程，协同盟旗有关部门设计水浇地建设、茅草房改造、文化和卫生室建设、农民教育培训等方案，落实帮扶工作责任制，如期完成帮扶任务。

论科学发展观的丰富内涵[①]

科学发展观是迄今为止我们党提出的最好、最科学、最系统、最体现时代要求、最符合中国发展实际的发展观，科学发展观提出五年多来的发展实践证明了这一点。同时，一个科学理论掌握人民群众、人民群众用科学理论武装自己、把科学理论转化为自觉行动，需要一个过程。尽管科学发展观提出已经五年多了，但深入贯彻落实科学发展观还存在不少突出问题。

所以，党的十七大做出在全党开展深入学习实践科学发展观活动，是非常正确的战略性决定。特别是2008年下半年以来，国际金融危机的影响迅速蔓延，我国经济下行压力加大，我们面临着变压力为动力、变挑战为机遇、保持经济平稳较快发展的考验。在这种形势下，开展深入学习实践科学发展观活动，尤为必要、尤为迫切。

一、为什么提出科学发展观

进入21世纪新阶段，我国发展中长期积累的一些矛盾和问题逐渐暴露出来，主要表现为发展的不平衡问题突出。2003年初，突如其来的“非典”暴露了两方面的问题：一是经济社会发展不平衡，在卫生事业发展落后这个最薄弱环节上突出表现出来。二是城乡发展不平衡，卫生事业落后突出地反映在农村，抗击“非典”的难度也主要在农村。

“非典”刚发生时，广东的疫情非常严重，2003年4月10～15日，胡锦涛同志在视察广东时的讲话中首次提出：“要坚持全面的发展观，通过促进三个文明协调发展不断增创新优势。”这个“观”字很重要，就是对事物总的看法和根本认识，表明已站在全局高度思考发展问题。世界观是人们对世界的总体看法和根本观点，方法论是人们认识和改造世界所遵循的根本方法。世界观和方法论体现到发展问题上就是发展观。

2003年6月，在全国抗击“非典”总结大会上，胡锦涛同志提出要进一步研究并切实抓好以下工作，第一个是“要进一步加强经济社会协调发展的工作”，第二个是“要进一步加强统筹城乡经济社会发展的工作”。8月28日到9

① 本文节选自2009年4月，在深入学习实践科学发展观活动的指导工作中，为开展党员干部培训讲座而写的讲稿《学习实践科学发展观》。

月 1 日在江西考察时的讲话中，胡锦涛同志使用了“科学发展观”概念，指出：“要牢固树立协调发展、全面发展、可持续发展的科学发展观，积极探索符合实际的发展新路子，进一步完善社会主义市场经济体制。”

2003 年 10 月，胡锦涛同志在党的十六届三中全会上的讲话中阐述科学发展观，增加了“以人为本”的概念，形成了“坚持以人为本，树立全面、协调、可持续的发展观”的完整表述。党的十六届三中全会通过的《中共中央关于完善社会主义市场经济体制若干问题的决定》完整地阐述了科学发展观的基本内涵：“坚持以人为本，树立全面、协调、可持续的发展观，促进经济社会和人的全面发展。”同时，提出了“五个统筹”。2003 年 12 月中央经济工作会议、2004 年 3 月全国人口与资源环境工作会议等一系列重要讲话中，胡锦涛同志对科学发展观做了系统全面的阐述。

科学发展观是为了解决 21 世纪新阶段出现的新问题而提出来的。以人为本、全面协调可持续发展的科学发展观，第一要义是发展，核心是以人为本，基本要求是全面协调可持续，根本方法是统筹兼顾。

二、怎样理解以人为本

以人为本，是科学发展观的核心。在发展的价值取向上，科学发展观把发展的目的定位于造福全体人民。以人为本中的“人”是人民群众，是个体与群体的统一。“本”就是根本，指的是发展之本，就是出发点、落脚点，最广大人民的根本利益是一切发展之根本。

以人为本是一个具有社会发展规律意义的价值命题。以人为本作为社会一般价值规律的内涵：社会发展是人的价值确立、实践和实现的客观进程，这个进程的规律性体现为人的价值需求的前提性、全面性和价值实践进程的全面化趋势，人在价值实践中的主体性，以及人的价值活动和价值实现的历史性。

马克思讲的“人们首先必须吃、喝、住、穿，然后才能从事政治、科学、艺术、宗教等”的思想就是一种社会价值规律：人首先必须能够生活，人的这个价值需求构成了历史活动的第一个前提，然后才是以此为前提的“直接的物质的生活资料的生产”。这种前提性也体现为人的实践活动——创造历史的动力性。这种前提性还体现为价值需求对价值实现形式的制约性。

马克思曾讲过，未来的新社会是“以每个人的全面而自由地发展为基本原则的社会形式”。反映了人的价值建构的层次性、价值需求结构的某种全面性。比如，全面协调可持续发展，还有从两手抓到三位一体、四位一体，是价值需求结构的一种制约性，反映了价值体系逐步全面化的趋势，体现了“人的全面发展”

的客观要求。

人的价值需求的满足、价值目标和途径的确立、价值目标的实现，都依赖于人的主体性的发挥和主体地位的确立。比如，改革开放的根本意义是解放和发展生产力，往往是通过确立生产经营者的主体地位而实现的。以人为本的社会发展规律意义，还体现为人的价值活动和价值实现的历史性。人的价值需求的满足和人的自我价值的实现，是价值的现实化过程，也是实践的深化过程，因而是一个历史性过程。

坚持以人为本，就是要以实现人的全面发展为目标，从人民群众的根本利益出发谋发展、促发展，不断满足人民群众日益增长的物质文化需要，切实保障人民群众的经济、政治和文化权益，让发展的成果惠及全体人民。

三、如何全面协调可持续发展

全面发展，就是要以经济建设为中心，全面推进经济、政治、文化建设，实现经济发展和社会全面进步。协调发展，就是要统筹城乡发展、统筹区域发展、统筹经济社会发展、统筹人与自然和谐发展、统筹国内发展和对外开放，推进生产力和生产关系、经济基础和上层建筑相协调，推进经济、政治、文化建设的各个环节、各个方面相协调。可持续发展，就是要促进人与自然的和谐，实现经济发展和人口、资源、环境相协调，坚持走生产发展、生活富裕、生态良好的文明发展道路，保证一代接一代地永续发展。

全面协调可持续发展是科学发展观的基本要求，是科学发展观的实践原则。从社会系统发展规律层面讲，全面协调可持续发展的系统方法论体现了社会整体的各个要素之间、整体与部分之间存在着不可分割的关系的整体性规律。全面协调可持续发展的系统方法论也体现了社会系统结构决定系统的功能和性质的社会系统结构性规律。全面协调可持续发展的系统方法论还体现了结构复杂性和过程复杂性的社会系统复杂性规律。

统筹兼顾是科学发展观的根本方法。统筹兼顾反映了以人为本和全面协调可持续发展的要求，其实践内涵——五个统筹涉及中国特色社会主义事业各种重大关系，蕴含了现代化建设的多重规律，从特定角度反映了科学发展观的科学内涵。第一，统筹城乡发展、区域发展，从发展格局方面反映了工业和农业、城市和农村现代化进程的规律性，是对工业化发展规律认识的深化。第二，经济发展注重统筹兼顾，增强发展的协调性，转变经济发展方式和建设创新型国家，是从发展方式的角度反映了经济结构发展的客观规律。第三，统筹经济社会发展，既反映了经济与社会的一般内在关联，也反映了这种关联在当代的特殊内涵，集中体现了经济与社会的互动规律。第四，统筹国内发展和对外开放、国内国际两个大局，从全球视野反映了经济一体化的客观趋势。第五，统筹人与自然和谐发展，不仅反映了自然环境的一般规律，而且体现了生态经济学的规律，反映了现代化建设的新内涵。

四、什么是发展

毛泽东同志说过："社会主义革命的目的是为了解放生产力。"邓小平同志说过："发展才是硬道理。"江泽民同志说过："发展是党执政兴国的第一要务。"发展问题是毛泽东思想、邓小平理论、"三个代表"重要思想的重要组成部分。但毛泽东同志、邓小平同志、江泽民同志都没有对中国特色社会主义发展理论给以命名。胡锦涛同志全面总结我国50多年特别是改革开放20多年来的发展经验，深入思考未来中国的发展道路和发展目标，在我们党关于发展问题极为丰富的理论成果的基础上，根据我国社会主义现代化建设最新实践的启示，首次将我们党的发展思想概括为科学发展观。

科学发展观是在吸收人类现代文明进步成果的基础上提出来的。20世纪60年代前，在西方发达国家占主导地位的是传统发展观，即工业社会发展过程中形成的发展观念。国外发展理论从"发展=经济增长"到"发展=经济增长+社会变革""发展=可持续发展"，再到"以人为中心的综合发展"的演进。这些都为科学发展观的提出提供了借鉴。

在过去很长一段时间，甚至现在有些地区，人们往往把发展定位于经济发展，甚至把经济增长等同于发展。他们把"发展是硬道理"片面理解为"经济增长率是硬道理"，把经济发展简单化为GDP增长，以GDP论英雄，导致对人的发展重视不够，对社会发展带来不利影响。在这种以经济数据、经济指标论英雄的片面政绩观驱使下，追求一时的增长速度，盲目攀比、弄虚作假，虚报浮夸、自欺欺人，资源浪费、环境污染、生态破坏，给后人和老百姓留下沉重的包袱。

科学发展观强调，发展必须是以人为本的全面协调可持续发展，强调发展是物质文明、政治文明、精神文明和社会建设相互联系、相互促进的过程。

五、以人为本与发展的关系问题

发展观的基本问题是人与物的关系问题，包括两个基本方面：一是发展的根本目的是什么？二是发展的根本动力是什么？科学发展观的本质和核心是以人为本，它回答了人与发展的关系，强调发展的全部出发点和落脚点是人而不是物，发展不仅是为了人民，而且要依靠人民，这就明确了为什么要发展和靠什么发展的问题，科学地回答了发展的目的和发展的动力。以人为本是发展的目的，发展——以经济建设为中心是达到这个目的的手段。以人为本，是科学发展观的价值基础，强调的是人的社会价值与个人价值的统一，人作为目的与手段的统一。全面协调可持续发展，是以人为本这一价值取向的内在要求。

人民群众是历史的主体，是历史的创造者，是推动社会发展的决定性力量，人民群众创造了社会的物质财富和精神财富；人民群众又是社会发展成果的共享者，人民群众创造的社会物质财富和精神财富要不断满足人民群众日益增长的物质文化需要，切实保障人民群众的经济、政治、文化权益。深刻理解以人为本与发展的关系，才能全面把握科学发展观的精神实质和科学内涵，才能以科学发展观统领经济社会发展全局，把科学发展观落到实处。

科学发展观，是立足社会主义初级阶段基本国情，总结我国发展实践，借鉴国外发展经验，适应新的发展要求提出来的。科学发展观，是对党的三代中央领导集体关于发展的重要思想的继承和发展，是马克思主义关于发展的世界观和方法论的集中体现，是同马克思列宁主义、毛泽东思想、邓小平理论和“三个代表”重要思想，既一脉相承又与时俱进的科学理论，是我国经济社会发展的重要指导方针，是发展中国特色社会主义必须坚持和贯彻的重大战略思想。

实现科学发展，首先必须牢固树立科学发展理念，以宽广眼界审视发展，以战略思维谋划发展，以辩证观点推动发展；实现科学发展，关键是要确立和实施科学发展方式，把加快转变发展方式、增强发展可持续性作为一项紧迫的战略任务切实抓紧抓好；推动科学发展，归根到底是为了实现好、维护好、发展好最广大人民的根本利益，要在经济发展的基础上，着力保障和改善民生，不断解决好人民群众最关心最直接最现实的利益问题。

转型发展才能富民优先[①]

——基于内蒙古发展的分析

一、为何转型发展

为什么要转型发展呢？一段时间以来，人们热衷于追求 GDP 增速、做大

① 本文节选自中国国际经济交流中心《中国经济分析与展望（2011～2012）》，社会科学文献出版社2012年，2012年2月24日《内蒙古日报》第12版转载。

GDP总量，而忽略经济增长的速度、结构、质量、效益有机统一，忽略经济社会协调发展，忽略城乡区域均衡发展，忽略国民收入公平分配，忽略能源资源节约和生态环境保护。这些是传统发展理念和发展方式的典型特征。在新形势下，如果不能着力促进传统发展理念和发展方式转变，不能着力推动经济社会转型发展，不仅难以实现发展成果由人民共享，而且影响经济社会可持续发展。

传统发展理念和发展方式，尽管有多方面表现形式，但其核心是GDP优先，以加快GDP增速、做大GDP总量为目的，干什么能做大GDP就干什么，怎么干能做大GDP就怎么干，不管城乡区域差距拉大，不顾能源资源消耗浪费，不惜以牺牲生态环境为代价，等等。其结果是，GDP增速快了，GDP总量大了，但却导致经济结构、产业结构、需求结构、要素结构不协调和经济质量效益不均衡，带来投入高、消耗高、排放高、生态环境代价高，造成城乡区域发展不统筹、国民收入分配结构不合理、城乡居民收入增长与经济增长不同步，富民程度令老百姓不满意。

这个时期是内蒙古经济综合实力提升最快的时期，城乡面貌发生很大变化，社会建设取得很大成就，人民群众得到很多实惠。但是从国民收入分配结构观察，十年间，内蒙古规模以上工业企业利润增长了103.9倍，财政总收入增长了14.7倍，而城镇居民人均可支配收入仅仅增长了2.5倍，农牧民人均纯收入仅仅增长了1.7倍。为什么在这一时期内蒙古经济能够超常速增长，为什么经济增长速度快而城乡居民收入增长速度慢，为什么财政收入特别是规模以上企业利润超常速增长而城乡居民收入增长缓慢，对这些问题可以从不同角度作详尽的分析。概括地讲，除了宏观环境、市场因素的变化之外，内蒙古经济本身是在较低起点上实现了较长时间的高增长，依托富集的资源迅速做大了GDP，依托资源吸引投资必然在资源配置、分配政策上向投资倾斜，实质上没有把城乡居民收入增长放在第一位，没有把保障和改善民生作为经济社会发展的出发点和落脚点，没有把富民摆到优先位置。

所以，21世纪的第一个十年里，内蒙古在推动经济起飞、GDP超常速增长、做大GDP总量上取得了令人瞩目的成绩，但是城乡居民收入与全国平均水平的差距不但没有缩小，反而越来越大了。2010年与2000年相比，内蒙古城镇居民人均可支配收入与全国平均水平的差距由1151元扩大到1411元，农牧民人均纯收入与全国平均水平的差距由215元扩大到389元。

胡锦涛同志在庆祝中国共产党成立90周年大会上的讲话中指出，我们必须始终把人民利益放在第一位，把实现好、维护好、发展好最广大人民根本利益作为一切工作的出发点和落脚点。党的十七届五中全会通过的《中共中央关于制定国民经济和社会发展第十二个五年规划的建议》提出，要坚持把保障和改善民生作为加快转变经济发展方式的根本出发点和落脚点。2011 年 6 月下发的《国务院关于进一步促进内蒙古经济社会又好又快发展的若干意见》提出，始终把保障和改善民生作为经济社会发展的出发点和落脚点。

这三个纲领性文献中的三个重要论断，都提出了出发点、落脚点问题。出发点，就是我们想问题、做事情的起点和最根本的着眼点。落脚点，就是我们想问题、做事情的目的和归宿，概括起来就是我们为什么而出发、为了谁而发展。出发点和落脚点这个命题，其内涵的核心是正确处理目的与发展的关系，实现人民利益、保障和改善民生是我们一切工作的目的，而发展是达到这个目的的手段。现阶段，我们正在思考的问题、正在做的事情，是加快转变经济发展方式、促进经济社会又好又快发展。我们做好一切工作，包括加快转变经济发展方式、促进经济社会又好又快发展的最根本的着眼点和最终目的是什么呢？是实现好、维护好、发展好最广大人民根本利益，是保障和改善民生，用一个词来概括就是“富民”！这是科学发展的要义所在。

传统发展理念与科学发展观的本质区别就在于以什么为发展的目的。传统发展理念以 GDP 为中心，以加快 GDP 增速、做大 GDP 总量为目的；科学发展观坚持以人为本，以富民为发展的目的。换句话说，传统发展理念以增长为目的，为增长而增长；科学发展观以富民为目的，为富民而发展。我们讲转型发展，就是由传统发展向科学发展转型，由为增长而增长向为富民而发展转型。

二、何为转型发展

实现转型发展，需要准确把握转型发展的内涵，而且必须进一步弄清增长与发展的联系和区别。按照传统发展理念，认为发展就是增长，就是经济增长，就是 GDP 增长，并没有搞清楚发展与增长的联系与区别所在。其实，增长和发展是两个概念，不能简单地把增长等同于发展，也不能简单地把经济增长等同于经济发展。过去，曾将经济增长与经济发展当作内涵相同的概念来理解和使用。但后来人们发现，有些地区 GDP 增长了，经济社会并没有相应发展，人民群众并没有同步富裕，而出现了资源浪费、环境污染、社会事业发展滞后、收入增长缓慢、贫富差距拉大、社会矛盾加剧等问题，导致所谓“有增长而无发展”。

经济增长是指经济变量的数量扩张、物质生产的发展、社会财富的增加，也就是 GDP 增加；而经济发展既包括社会物质生产的发展、人们物质福利的改善等可量化因素的数量扩张，也包括支配经济运行的制度、组织和文化以及环境质量的提高等非量化因素变化的过程。经济发展的过程是一个地区通过经济数量增加、经济结构优化、经济质量提升和经济效益提高以及体制机制完善，实现人民群众实际福利增长及生态环境质量提高的过程。也就是说，经济发展比经济增长的含义更丰富，经济增长是经济发展的基础和前提，但远不是经济发展的全部。

我们推动经济社会转型升级，就不能再把经济增长等同于经济发展，也不能为发展而发展，而必须坚持以人为本、富民优先，把富民作为我们一切工作的出发点和落脚点，为富民而出发、为富民而发展。但一个时期以来，人们把经济增长本身当做目的、单纯追求 GDP 增速第一，而忽略富民这个根本目的，使目的与手段错位的现象具有一定的普遍性。传统发展理念和发展方式具有很强的思维惯性、体制机制惯性和利益惯性，不会轻易退出错位的交椅。从这个意义上讲，我们正处于一个理念转化、模式转换、方式转变的转型发展阶段。认清富民与发展、目的与手段的关系，确立富民第一、富民优先的理念，进而推动发展方式转变，既有理论上的必要性，又有实践上的紧迫性。

2010 年，内蒙古党委、政府围绕内蒙古科学发展提出了一系列新思路。这些新思路的新意主要体现在三个方面：第一，发展不足是内蒙古的主要矛盾、坚持发展第一要务不动摇；第二，要坚持富民与强区并重、富民优先；第三，内蒙古不再刻意追求 GDP 增速全国第一、努力提高发展的质量和效益。这些新思路新论断，其实是集中回答了怎样认识区情、为谁发展、怎样发展这样三个问题，是内蒙古转型发展的新思路。

这个转型发展的新思路，体现了科学发展的新要求，反映了各族人民的新期待。首先，敏锐地抓住了内蒙古发展不足的主要矛盾，而内蒙古发展不足的实质是富民不足，内蒙古发展的主要矛盾决定了内蒙古的发展必须以富民为出发点和落脚点，必须坚持富民优先、富民为目的。其次，实现富民的目的，必须坚持发展第一要务不动摇，必须加快转变经济发展方式，提高发展的质量和效益，这是实现富民的必由之路。最后，目的和手段决定内蒙古不再刻意追求 GDP 增速全国第一，而要实现由 GDP 增长为重、强区优先向富民与强区并重、富民优先转型。

说内蒙古发展不足，不是增长速度不快，而是结构不合理，产业结构、产品结构、技术结构、企业规模结构、所有制结构、城乡结构、地区结构、就业结构、需求结构和要素投入结构等仍然不协调，不利于富民；质量不高，经济增长的资源环境代价过大，草原生态恶化趋势尚未改变，能耗和污染物排放过高；资源综合利用效率较低，经济的市场竞争能力、自主创新能力、服务管理能力和可持续发展能力不强，不利于提高老百姓的生活质量；效益不均衡，国民收入分配结构不合理，企业利润、财政收入增长与城乡居民收入增长不协调，城乡居民收入水平与全国平均水平的差距进一步拉大、农牧民收入水平与城镇居民收入水平的差距进一步拉大的局面没有得到根本扭转；经济社会发展不协调，公共产品、公共服务供给不足，人民群众精神文化需求不能满足，社会保障体系建设滞后、保障水平较低，实现城乡区域基本公共服务均等化仍有较大差距等。解决这些突出的矛盾和问题，转型发展是必由之路。只有转型发展才能富民优先。

所谓转型发展，就是突出科学发展主题、把握转变经济发展方式主线，以富民为目的、坚持富民优先，转化发展理念、转换发展模式，强化科技支撑、调整经济结构，节约能源资源、保护生态环境，推动产业升级、提高质量效益，增强发展的全面性、协调性、可持续性，实现经济社会又好又快发展。内蒙古转型发展，将是经济社会领域的一场深刻变革，经济社会各领域都应围绕富民而转型发展，而最根本的是由 GDP 增长为重、强区优先向富民与强区并重、富民优先转型，核心是把富民优先原则体现在发展理念和政策措施上，落实到推动发展的具体行动上。

三、怎样富民优先

转型发展就是由 GDP 优先向富民优先转型。优先与不优先，不仅仅是次序顺序问题，而且要正确处理相关事物之间的关系。处理事物之间的关系，我们要善于把握事物之间本质的关系。在新的时代条件下，富民具有丰富的内涵，其丰富的内涵决定了我们必须正确处理富民优先与经济建设、政治建设、文化建设、社会建设、党的建设以及生态建设的关系。从富民与经济社会发展的关系讲，坚持富民优先，就要在转型发展中始终坚持就业优先、增收优先、服务优先、生态优先。

始终坚持就业优先。《中共中央关于制定国民经济和社会发展第十二个五年规划的建议》明确提出“把促进就业放在经济社会发展优先位置”。就业是民生之本、收入之源、增长之力、稳定之基。就业优先是转型发展的重要目标，是富民优先的内在要求。就业取决于产业，取决于产业发展和产业结构。产业结构调整应坚持就业优先原则，在发展现代农牧业和先进制造业的同时，大力发展服务业，创造更多的就业岗位；企业规模结构调整应坚持就业优先原则，在发展大企业的同时，大力发展中小企业和劳动密集型企业，吸纳更多劳动者就业；所有制结构调整应坚持就业优先原则，大力发展个体私营经济，充分发挥非公有制经济吸纳就业的主渠道作用；改革创新应坚持就业优先原则，营造良好政策环境、金融环境和体制机制环境；城镇发展应坚持就业优先原则，强化城镇发展的产业支撑，吸纳更多农村牧区人口转移就业；劳动力市场应坚持就业优先原则，建立城乡劳动者平等就业的机会；公共服务应坚持就业优先原则，切实搞好公共就业服务，逐步实现全社会充分就业。

始终坚持增收优先。增加收入是富民的物质前提，收入不增、少增或慢增都不能使老百姓致富。收入增速要与经济增速同步，富民优先必须增收优先。深入分析收入来源构成中存在的问题，有针对性地采取相应措施。加快增加经营性收入，应发展现代农牧业，转变农牧业发展方式，提高农牧业劳动生产率，持续增加农牧民家庭经营纯收入；应形成全民创业新格局，实行支持全民创业的政策和制度，为创业者提供周到有效的服务，持续增加城乡居民的经营性收入。加快增加工资性收入，应建立企业职工工资正常增长机制，提高职工收入水平；进一步完善机关事业单位收入分配制度，落实艰苦边远地区津贴动态调整机制。加快增加转移性收入，应建立贫困标准、城乡最低生活保障标准，使这些保障标准和报销比例达到甚至高于全国平均水平。加快增加财产性收入，应认真落实《国务院关于促进内蒙古经济社会又好又快发展的若干意见》提出的“鼓励农牧区集体和个人以土地、草场使用权入股等方式参与当地资源开发建设，增加农牧民财产性收入”的要求，切实维护好广大农牧民群众利益，持续增加财产性收入。

始终坚持服务优先。服务优先是指基本公共服务优先。富民，要不断满足人民群众日益增长的物质文化需要，不仅要使人民群众的物质生活富裕起来，而且要使人民群众的精神文化生活丰富起来。富民，不但要为人民群众提供市场化的多层次的服务，而且要为人民群众提供均等化的基本公共服务。总之，富民，既要满足人民群众的生存型需求，也要满足人民群众的发展型需求。在大多数群众的生存型需求基本满足的今天，应坚持富民优先，着眼于满足包括城乡贫困人口和弱势群体在内的广大人民群众全面快速增长的发展型需求，着力推进公共教育、公共文化、公共卫生、公共就业服务、基本社会保障、基本住房保障等基本公共服务均等化。

始终坚持生态优先。生态优先是建设资源节约型、环境友好型社会，坚持可持续发展的内在要求，是坚持富民优先的重要体现。人民群众的生存型需求基本满足之后，对生态恢复、环境保护的诉求越来越强烈。坚持生态优先，要保护好美丽的内蒙古大草原，构建国家生态安全屏障。必须坚持生产生态有机结合、生态优先的基本方针，把草原生态保护建设作为牧区发展的切入点，加大生态工程建设力度，建立草原生态保护长效机制；坚持保护草原生态和促进牧民增收相结合，加快转变草原畜牧业发展方式，做好草原功能区规划工作，建立草原生态保护补助奖励机制，实行禁牧补助和草畜平衡奖励政策，保障牧民减畜不减收，充分调动牧民保护草原的积极性。

推进基本公共服务均等化，满足人民群众的发展型需求，是富民优先的必然要求，是转型发展的具体体现，是转变经济发展方式的重要举措。就业优先反映了富民优先与经济结构、社会发展、城乡发展的关系；增收优先反映了富民优先与资源开发、产业发展、城镇发展、社会保障等领域制度创新的关系；服务优先反映了富民优先与社会事业发展的关系；生态优先反映了富民优先与生态环境保护的关系。正确处理这些重大关系的过程，就是加快转变经济发展方式的过程。发展方式转变，发展才能转型，富民才能优先，富民这个根本目的才能实现。

内蒙古向北开放战略研究①

2007 年 11 月，胡锦涛总书记在内蒙古自治区考察工作时对扩大开放问题强调指出："要充分利用同俄罗斯、蒙古接壤的有利条件，坚持'引进来'和'走出去'相结合，大力发展边境贸易和口岸经济，有序进行能源资源合作开发，切实做好向北开放这篇大文章。"总书记的指示是内蒙古自治区实施向北开放战略的指导方针。

改革开放以来，内蒙古自治区向北开放经历了三个阶段：1978～1991 年是探索阶段，以货物贸易为主要形式，贸易额成为开放程度的主要标志。1992～2003 年是起步阶段，1992 年 3 月，满洲里市、二连浩特市成为沿边开放城市，实施开放带动战略是内蒙古自治区扩大向北开放的主要标志。2004 年至今是加快发展阶段，实行全方位开放，中俄、中蒙分别建立了战略伙伴关系，进入全面合作的新阶段。

近十年来，内蒙古自治区在实施向北开放战略中取得显著成绩，积累了有益经验。一是对外贸易稳步增长。2000～2010 年，外贸进出口总额由 20.36 亿美元增加到 87.19 亿美元，2011 年首次突破 100 亿美元，达到 119.39 亿美元。对俄蒙贸易占半壁江山，内蒙古自治区对俄蒙进出口贸易额占全部外贸进出口总额的 48%。二是利用外资趋势看好。2000～2010 年，内蒙古自治区实际利用外资由 5.48 亿美元增加到 35.59 亿美元，增长 5.5 倍；外商直接投资由 1.12 亿美元增加到 33.85 亿美元，增长 29.1 倍。三是企业"走出去"成效明显。企业对外投

① 本文节选自 2012 年 10 月受内蒙古商务厅委托主持研究的课题研究报告，王世文参与研究。

资力度加大。据商务厅不完全统计，2010 年，内蒙古自治区对蒙投资额达到 4.1 亿美元，占我国对蒙古国直接投资的 29.4%。2011 年，内蒙古自治区“走出去”的企业在俄蒙设立企业 19 户，协议投资额约为 6.64 亿元。四是口岸过货量稳步增长。2011 年，内蒙古自治区口岸过货量达到 6172.8 万吨，同比增长 17.7%。其中，对俄蒙两国过货量占全部过货量的 95%。

同时，扩大对外开放中也存在一些突出的矛盾和问题。进出口贸易总额过小、结构失衡。进出口贸易规模及其结构，是衡量内蒙古自治区对外开放程度和经济外向度的重要标志。与几个边境省区比，2011 年内蒙古自治区进出口贸易总额仅仅是黑龙江的 62.9%、广西的 51.2%、新疆的 52.3%。走出去的企业数量少、实力弱。实施向北开放战略，企业是主体。内蒙古自治区一些有实力的企业积极利用国内国外两个市场、两种资源，用高附加值产品占领国际市场的意识和能力还比较弱，“走出去”的企业仍然偏少、实力偏弱。口岸建设难以满足通关需要。满洲里、二连浩特两个口岸的各类设施相对完备，口岸经济也有一定规模，国际化程度有一些基础，但远不能应实施向北开放战略的需要。其他口岸普遍存在功能不完善、设施不完备、服务滞后、投入不足等问题。

当前，对外开放的国内外环境条件发生深刻变化，对外开放进入新阶段。我国国际地位进一步提高，内外联系更为密切，对内蒙古自治区实施向北开放战略提出了更高要求。我们应针对对外开放工作中存在的突出问题，立足于提高向北开放水平，实施切实可行的对策。

一、加快转变外贸增长方式

外贸增长包括对外贸易量的增长和质的提升。量的增长指的是外贸进出口总额数量的扩张，但进出口结构不合理，国际分工地位低，以较大的投入和资源浪费为代价，且贸易利益和民生改善效果不佳。单纯量的增长是一种粗放型的增长。质的提升指的是外贸进出口总额数量扩张的同时结构得到改善，进口与出口大体平衡，保持一定顺差，进入国际高端市场，贸易利益与民生利益相得益彰。这是贸易增长方式演进的一般规律。

加快转变外贸增长方式，应坚持进口与出口并重、“引进来”与“走出去”结合的方针。应优化对外贸易结构、稳定和拓展外需，调整出口结构、大力发展服务贸易，加快培育以技术、品牌、质量、服务为核心竞争力的新优势。促进出口结构转型升级，实现进口与出口大体平衡；同时，积极调整进口结构，发挥进口对经济平衡和结构调整的重要作用，以利于内蒙古自治区经济转型升级。

加快转变外贸增长方式，应主攻产业结构调整。促进外贸进出口结构转型升级，是内蒙古自治区实施向北开放战略的核心问题。应坚持通过产业结构调整促进进出口结构调整，在进出口结构调整中优化出口结构，变进出口逆差为逆顺基本平衡，做大外贸进出口总额，合理提高外贸依存度。

加快出口结构调整，应提升出口产品质量档次。保持内蒙古自治区现有外贸优势的基础上，提升传统劳动密集型出口产品质量和档次，鼓励机电、轻纺、建材和优势特色农畜产品以及高新技术产品出口，严格控制“两高一资”即高耗能、高污染、资源性产品出口。完善政策措施，促进加工贸易从组装加工向研发、设计、核心元器件制造、物流等环节拓展，延长国内增值链条。

加快进口贸易结构调整，应优化进口产品结构。根据内蒙古自治区产业发展需要，优化进口结构，积极扩大先进技术、先进设备进口。加大对国内短缺原材料进口的扶持力度，支持有条件的企业在境外建立资源开发基地。促进边境贸易发展，对进口有资质限制的商品，在核定边贸企业资质时适当放宽标准。适度扩大消费品进口，发挥外需对内蒙古自治区经济增长的拉动和结构调整的重要作用。

加快转变外贸增长方式，应提高利用外资水平。利用外资要优化结构、拓宽渠道、提高质量，注重完善投资软环境，切实保护投资者合法权益。加大智力、人才和技术引进工作力度，鼓励外资企业在内蒙古自治区设立研发中心。扩大金融、物流等服务业对外开放，发展服务外包，稳步开放教育、医疗、体育等领域，引进优质资源，提高内蒙古自治区服务业国际化水平。

加快转变外贸增长方式，应加快发展服务贸易。跟货物贸易相比，服务贸易具有能源消耗低、碳排放污染少、附加值高的优点。内蒙古自治区加快发展服务贸易，扩大服务业对外开放，促进服务出口，具有一定的基础。应在稳定和拓展运输、旅游、劳务等传统服务出口的同时，努力扩大中蒙医药、商贸流通、金融保险、计算机和信息服务、通信服务等新兴服务贸易产品出口。

加快转变外贸增长方式的目标是实现经济国际化。应建设开放型经济，坚持扩大内需与扩大外需相结合、提高向北开放水平与经济转型升级相结合，尽快形成以国际化经济为基础、国际化企业为主体、国际化口岸城镇为支撑的向北开放新局面。

二、大力培育国际化企业

提高向北开放水平，应推进内蒙古自治区经济国际化，大力发展外向型经济。推进经济国际化，国际化企业是主体。没有一大批国际化企业，就谈不上提高向北开放水平，也谈不上推进内蒙古自治区经济国际化和提升国际竞争力。培育国际化企业，核心是增强国际化经营能力，衡量的标准是产品境外销售比重、资本跨国经营比例、人才国际化程度，以及企业的国际化视野、国际化规则、国际化品牌，等等。

大力培育国际化企业，是推进内蒙古自治区经济国际化的客观需要，是提高向北开放水平的内在要求和重要着力点之一。培育国际化企业势在必行，是一项需要长期努力、不断积累、务必抓好的系统工程。可喜的是，随着内蒙古自治区积极实施“走出去”战略，一批具有国际竞争力的企业逐渐成长起来，庆华集团、鄂尔多斯集团等一些有实力的优势企业正向国际化企业发展。在它们的带动下，将有一批企业逐步发展成为国际化企业。应全力支持现有有实力的企业全方位开拓国际市场，全球配置资源，努力抢占国际市场份额。

品牌是企业国际化发展的名片。应全力支持有条件的企业走出去兼并收购境外企业、知名品牌，去成本较低的地方建立生产基地，到资源丰富的地方推动合作开发，扩大国际市场占有率。创新是企业国际化发展的“敲门砖”。应全力支持企业到技术人才密集的地方设立研发机构，广泛吸纳集聚创新要素，积极开展国际创新合作，提升核心竞争力。服务贸易是企业国际化发展的一个新领域。应更加重视服务贸易在新一轮开放中的战略定位，全力支持企业做大做强金融保险、物流分销、软件、服务外包、文化创意等新兴服务企业，构筑以技术、品牌、质量、服务为主的竞争优势。抱团“走出去”是企业国际化发展的一条现实途径。应发挥大企业龙头作用，全力支持中小企业以大企业为中心、以资本为纽带、围绕主营业务抱团“走出去”，提升整体竞争力。金融是企业国际化发展的支撑。应加大内蒙古自治区金融创新力度，鼓励金融企业建立国际营销网络，提高开拓国际金融市场能力，为国际化企业开展境外投资提供更强有力的金融支持。企业家是企业国际化发展的关键。企业国际化发展，取决于企业家的国际视野和创新能力，取决于企业运营管理模式的国际化转型，取决于在全球战略市场和新兴市场的全面布局。应把培养国际化企业家作为内蒙古自治区人才工作的一项战略任务，纳入人才发展规划，特别是把现有优秀企业家尽快培养成为国际化企业家。

三、推进口岸城镇国际化建设

推进口岸城镇国际化建设，指的是适应提高向北开放水平，重点加强口岸软硬件建设，加快构建外源外向型口岸经济，促进文化多元化发展，努力完善各项服务功能，提高居民开放包容素质，推动口岸城镇协调发展的过程，就是把口岸城镇建设成为经济活跃、法治完善、文化繁荣、社会和谐、生态宜居、居民幸福的国际化城镇。

推进口岸城镇国际化建设，是进一步加强口岸建设的需要。口岸城镇依托口岸而建，口岸借助口岸城镇而兴，口岸城镇建设必须突出口岸建设这个重点，为口岸的繁荣发展服务。口岸城镇是内蒙古自治区实施向北开放战略的桥头堡，是为“走出去”企业服务的平台，是拉动腹地经济增长的引擎。口岸城镇的国际化程度，在一定意义上影响着向北开放的深度。推进口岸城镇国际化建设，是富民兴边的需要。

口岸城镇是内蒙古自治区的对外窗口。目前，内蒙古自治区已开放的16个口岸中国际性口岸有9个、双边性口岸有7个，其中陆地口岸10个，分布在满洲里、二连浩特等10个市和旗。推进口岸城镇国际化建设，应紧密结合推进满洲里重点开发开放试验区和东北亚国际物流中心建设、二连浩特国家重点开发开放试验区以及沿边开发开放经济带规划建设、中俄和中蒙跨境旅游合作区建设、巴彦淖尔等有条件地区设立边境经济合作区建设、在符合条件的地区设立海关特殊监管区和保税监管场所等建设项目，率先把这10个市和旗城镇的发展目标定位为国际化口岸城镇，以口岸建设为着力点，以口岸建设带动城镇国际化，以城镇国际化促进口岸建设。

口岸功能的强弱和运行效率的高低，直接影响着地区经济的发展和社会的繁荣。口岸管理体制是否顺畅、通关活动是否高效，已经成为衡量一个地区乃至国家经济发展水平和竞争能力的重要标志，直接影响着贸易便利化水平。推进口岸城镇国际化，重点加强口岸建设，既要加大政府投入，推进满洲里、二连浩特、甘其毛都、策克等重点口岸基础设施建设，支持阿尔山口岸正式开放，加快满洲里、二连浩特等重点口岸公路和阿尔山—乔巴山等跨境铁路建设，实现跨境运输畅通。

贸易便利化是对国际贸易制度和手续的简化与协调，旨在加速要素跨境流通。提高对外贸易便利化水平，一是引导和推动政府管理部门实现信息联网及共享，加强对出口退税、出口信贷、出口信保、加工贸易等方面政策的宣传，保障国际贸易供应链安全；二是稳步推进与原产地认证相关的贸易便利化进程，继续推进“大通关”、电子口岸、电子检验检疫建设，推行进出口货物电子监管、直通放行、绿色通道等便利化措施；三是完善海关企业分类管理办法，优化通关环境、提高通关效率，加强检验监管体系建设。

四、加大实施向北开放战略力度

（1）制定向北开放战略规划。向北开放是中央对内蒙古自治区对外开放工作提出的战略方针，实施向北开放战略是内蒙古自治区全局工作的重要组成部分。尽快制定内蒙古自治区实施向北开放战略规划，提出“十二五”乃至“十三五”期间内蒙古自治区实施向北开放战略的目标，包括做大进出口贸易总额目标、发展服务贸易目标、利用外资目标、经济国际化目标、培育国际化企业目标、口岸城镇国际化目标以及口岸发展目标，提出实现各项目标的保障措施，有计划、分步骤地实现各项目标，这是提高向北开放水平的前提和基础。在此基础上，充分论证内蒙古自治区向北开放战略在国家整体对外开放格局中的战略地位，争取将内蒙古自治区向北开放战略提升为国家战略。

（2）建立内蒙古自治区与俄蒙的协调机制。内蒙古自治区实施向北开放战略过程中，有许多具体问题需要与俄蒙有关部门和地区协调解决。由于双方之间的协调机制不健全或不完善，常常影响到对外经贸合作，需要加强内蒙古自治区与俄蒙毗邻地区和相关部门的交往和联系，形成多层次宽领域的合作交流机制。应建立内蒙古自治区政府和边境盟市政府与俄蒙毗邻地区和相关部门建立多层次、多渠道、多形式、多功能的双边协调机制，包括年度会议、定期会晤、临时联系和系统规范的信息沟通机制，以及时交流信息，表达双方意愿，妥善解决双方企业合作、贸易、投资、物流、基础设施建设、劳务合作以及经济文化交流中存在和出现的各类问题。同时，有些问题还需要国家层面进行协调，内蒙古自治区政府应加强与中央有关各部门的汇报沟通，通过两国间的协调机制加以解决。争取国家层面的支持。

附

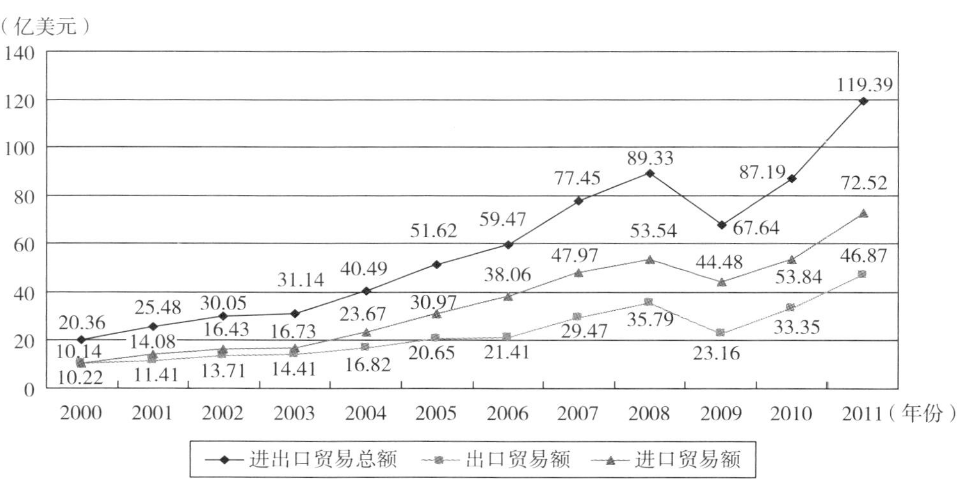

图1　2000~2011年内蒙古自治区外贸进出口贸易总额

数据来源：历年《内蒙古统计年鉴》。

表1 2005年、2011年内蒙古自治区对外贸易总额及贸易结构

单位：万美元

项目	进出口总额		进口额		出口额	
年份	2005	2011	2005	2011	2005	2011
贸易总额	487087	1193910	310014	725187	177073	468723
一般贸易	213642	578542	87648	232350	125994	346192
加工贸易	72209	95086	31369	42850	40840	52236
来料加工	2721	11761	1107	5591	1613	6170
进料加工	69488	83325	30261	37259	39227	46066
边境贸易	188460	465817	178695	441580	9765	242371
其他贸易	201237	520282	190998	449987	10239	70295

资料来源：内蒙古商务厅俄蒙处。

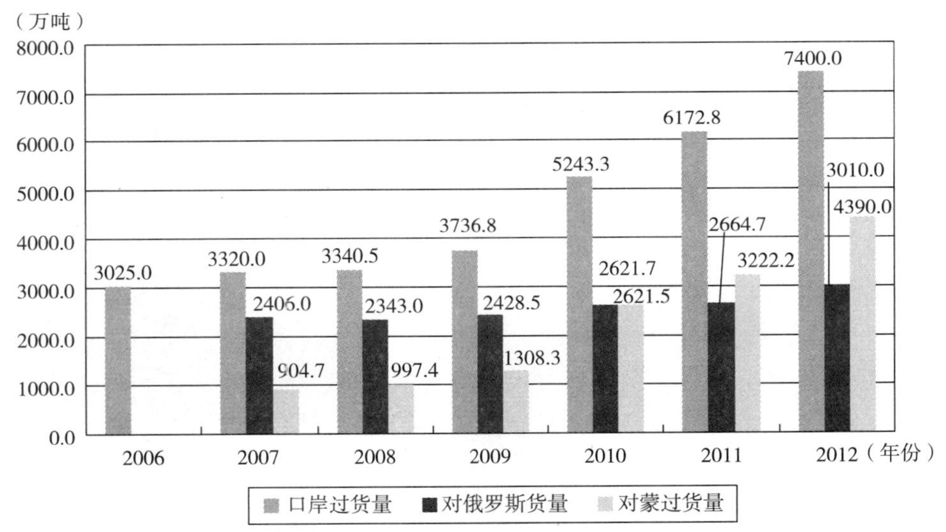

图2 2006~2012年内蒙古自治区口岸过货量

资料来源：根据内蒙古商务厅各年度《全区商务及口岸经济运行情况通报》整理，其中2012年的数据是根据“上半年相关统计和增长率”的推测数据。

表 2　2007～2010 年内蒙古自治区对外贸易进口主要商品总值

单位：万美元

主要进口商品	2007 年	2008 年	2009 年	2010 年
原木	138085	115917	87886	87786
石油原油及从沥青矿物提取的原油	31858	69944	58860	24619
铁矿砂及其精矿	21664	56517	28930	67697
铜矿砂及其精矿	55922	39021	43173	11967
锯材	14888	27127	40444	50542
煤炭	9917	24211	32334	75009
矿物钾肥及化学钾肥	22300	32002	—	—
石油、沥青矿物油类及制品	—	—	9233	10311

资料来源：《内蒙古统计年鉴》（2008～2011 年）。

内蒙古生态文明示范工程推进方式研究[①]

第一部分　前言

本文研究的“生态文明示范工程推进方式”，是指内蒙古自治区为实现生态文明示范工程试点目标而应采用的方式，是为内蒙古自治区六个全国生态文明示范工程试点地区实现试点目标提供切实可行的推进方式，进而为内蒙古自治区生态文明建设探讨推进方式。本文研究遵循什么样的指导思想，提出什么样的推进方式，直接关系到本文研究的实践价值，直接关系到生态文明示范工程各项目标的实现。所以，以科学理论为指导，围绕国家确定的主要目标，深入研究生态文明示范工程推进方式，对于内蒙古自治区乌兰察布市、兴安盟和伊金霍洛旗、多伦县、林西县、新巴尔虎右旗六个全国生态文明示范工程试点地区实施示范工程，乃至探索内蒙古自治区推进生态文明建设的有效途径，都具有很重要的现实意义和长远的战略意义。

胡锦涛同志在省部级主要领导干部专题研讨班开班式上的重要讲话中指出：

① 本文选自 2012 年 11 月内蒙古低碳发展研究院课题组受内蒙古发改委西开办委托主持研究的课题研究报告。杨理、杨阳、张磊参与起草。

“推进生态文明建设，是涉及生产方式和生活方式根本性变革的战略任务，必须把生态文明建设的理念、原则、目标等深刻融入和全面贯穿到我国经济、政治、文化、社会建设的各方面和全过程，坚持节约资源和保护环境的基本国策，着力推进绿色发展、循环发展、低碳发展，为人民创造良好生产生活环境”。胡锦涛同志这一段重要论述是我们研究内蒙古自治区生态文明示范工程推进方式的指导思想。认真学习领会胡锦涛同志的重要论述，是深入研究内蒙古自治区生态文明建设推进方式，进而结合内蒙古自治区实际全面落实胡锦涛同志重要指示的前提和基础。

生态文明是人类正确处理人与自然关系，建设人与自然相互依存、相互促进、共处共荣的生态社会而取得的物质成果、精神成果和制度成果的总和。胡锦涛同志强调，推进生态文明建设，是涉及生产方式和生活方式根本性变革的战略任务。这一重要论述，深刻阐明了生态文明建设的重要地位，突出了生产方式和生活方式是把握生态文明建设本质的首要范畴，指明了生态文明建设的基础工程和战略任务。生产方式与生活方式是紧密相连的两个范畴。生产方式是人类社会赖以建立和发展的基础，没有物质资料的生产活动，就没有人类社会，也就谈不上人们的生活活动；生活方式是人类满足自身生存、发展和享受需要的生活活动方式，如果没有人类的生活活动，也就没有必要进行生产活动。生产方式是社会发展的决定力量，决定文明形态的形成；在不同的文明形态、不同的社会发展阶段，人们的生产方式和生活方式也不同。生产方式决定生活方式，反过来，生活方式也影响生产方式；每一次生产方式的大发展、大变革，都伴随着文明形态的更替，都使人类的物质生活更加丰裕、精神生活更趋丰富。本文研究生态文明建设推进方式的目的，就是探讨适应生态文明建设要求，加快转变内蒙古自治区经济发展方式和人们生活方式的现实途径。

胡锦涛同志的重要讲话要求把“生态文明建设的理念、原则、目标等深刻融入和全面贯穿到我国经济、政治、文化、社会建设的各方面和全过程”，凸显了生态文明建设的基础性地位。这个重要论述，为内蒙古自治区生态文明示范工程推进方式研究指明了方向。把生态文明建设贯穿内蒙古自治区经济、政治、文化、社会建设的各方面和全过程，首先需要研究如何构建内蒙古自治区符合生态文明建设的理念、原则、目标要求的生态产业体系，包括发展生态农业、生态畜牧业、生态林草业、生态工业和生态服务业，需要研究生态城镇建设，需要明确推进生态文明示范工程的目标。国家发改委、财政部和林业局《关于开展西部地区生态文明示范工程试点的实施意见》提出了开展试点的主要目标：“到2015年，试点市、县林草覆盖率达到50%以上，城镇污水处理率和垃圾无害化处理率均达到90%，有机、绿色及无公害农产品种植面积的比重达到70%，工业固体废物综合利用率超过65%，万元GDP能耗低于本省区平均水平，农业灌溉用水有效利用系数高于0.55，主要污染物排放强度低于本省区平均水平。”这些主要目标是发展生态经济、构建内蒙古自治区生态产业体系和推进生态城镇建设的目标依据。

在新的时代条件下，如何构建内蒙古自治区生态产业体系？胡锦涛同志强调指出：“坚持节约资源和保护环境的基本国策，着力推进绿色发展、循环发展、低碳发展。”坚持节约资源和保护环境，是生态文明建设的基础工程，是构建内蒙古自治区生态产业体系的基本原则。着力推进绿色发展、循环发展、低碳发展，是生态文明建设的战略任务，是构建内蒙古自治区生态产业体系的必由之路。研究内蒙古自治区生态文明示范工程推进方式，需要探讨如何强化以生态技术、循环利用技术、清洁能源和环保技术等为主的科技支撑，如何以体制机制创新和管理创新促进产业体系转型升级，推动节约资源和保护环境，夯实内蒙古自治区生态文明建设的基础。

推进内蒙古自治区生态文明建设的根本目的和最终归宿，是为各族人民创造良好的生产生活环境，实现富民目标。胡锦涛同志“为人民创造良好生产生活环境”的重要论述，是党的全心全意为人民服务的根本宗旨和科学发展观以人为本的核心理念在生态文明建设中的集中体现，进一步深化了我们对生态文明建设目的的认识。我们研究内蒙古自治区生态文明示范工程推进方式，必须始终把“为人民创造良好生产生活环境”作为推进内蒙古自治区生态文明建设的出发点和落脚点，把生态文明建设取得的成果体现在为各族人民创造良好生产生活环境上，体现在富民上。

总之，内蒙古自治区生态文明示范工程推进方式研究，要以胡锦涛同志关于生态文明建设的重要论述为指导，坚持节约资源和保护环境的基本国策，着眼于推进绿色发展、循环发展、低碳发展，紧紧围绕实现西部地区生态文明示范工程试点的主要目标，深入探讨内蒙古自治区构建生态产业体系，包括发展生态农业、生态畜牧业、生态林草业、生态工业和生态服务业，以及推进生态城镇建设等问题，从而为内蒙古自治区实现生产方式和生活方式的根本性变革奠定基础，为各族人民创造良好的生产生活环境。

第二部分　发展生态产业的推进方式

本文将立足于生态文明建设，分析内蒙古自治区产业发展，不是做一般化的分析，而是分析生态产业的发展状况，而且紧紧围绕国家发改委、财政部和林业局《关于开展西部地区生态文明示范工程试点的实施意见》提出的开展生态文明示范工程试点的主要目标，分析内蒙古自治区在发展生态产业方面取得的成绩和存在的问题。之所以从产业发展切入进行分析，是因为当前推进生态文明建设面临的最大挑战是发展经济与保护生态环境的矛盾。推进生态文明建设，关键是处理好生态文明建设与经济发展的关系。

生态文明建设的宗旨是建立可持续的生产方式和生活方式，使社会走上可持续、和谐的发展道路。经济发展决不能以破坏生态环境为代价，经济活动必须在生态系统可承受范围内进行，超过了生态环境的承载能力，就会造成生态系统退化，经济活动也不可能持续。经济活动只有在生态承载能力之内良性循环，才能使经济系统与生态系统平衡发展。可见，应对生态文明建设面临的挑战，解决发展经济与保护生态环境的矛盾，必须走经济与生态协调推进的生态经济之路。

所谓生态经济，通俗地讲，就是经济与生态相协调，注重经济系统与生态系统有机结合，按照经济与生态协调推进的要求，转变经济发展方式，优化社会消费模式，完善体制机制，促进转型升级，实现经济效益、社会效益、生态效益的高度统一和可持续发展。生态经济的本质，是把经济发展置于生态系统承载能力之上，实现经济发展和生态保护的双赢，建立经济、社会、自然良性循环的复合型生态系统。发展生态经济，必然要求把经济系统与生态系统的多种组成要素联系起来进行综合实施，必然要求发展生态产业包括生态农业、生态畜牧业、生态林草业和生态工业以及生态服务业，必然要求全面协调推进经济社会与生态发展，达到生态经济的最优目标。所以，研究生态文明示范工程推进方式，实质上就是按照发展生态经济的要求，结合内蒙古自治区发展实际和各试点单位的具体情况，加快转变农牧业、工业和服务业发展方式，构建包括生态农业、生态畜牧业、生态林草业和生态工业以及生态服务业在内的生态产业体系。这是内蒙古自治区不同类型地区和不同类型的试点单位推进生态文明建设的必然选择和必由之路。

一、发展生态农业的推进方式

（一）生态农业发展的成绩和存在的问题

所谓生态农业，通俗地讲，是指遵循生态经济发展规律，以保护和改善农业生态环境为前提，注重现代农业科技与传统种植经验相结合、自然调节与人工调控相结合、农业和生态协调与人的全面发展相结合，对农业发展全过程进行集约化管理，实现经济效益、社会效益和生态效益相统一的现代农业。分析内蒙古自治区发展生态农业取得的成绩、存在的问题，以及探讨转变内蒙古自治区农业发展方式、发展生态农业的路径，其具体目标依据是国家发改委等部委《关于开展西部地区生态文明示范工程试点的实施意见》提出的“到 2015 年，有机、绿色及无公害农产品种植面积的比重达到70%，农业灌溉用水有效利用系数高于0.55”两项指标。内蒙古自治区发展生态农业，必须始终把发展生态农业取得的成果体现在为各族人民创造良好生产生活环境上，体现在为各族人民提供有机、绿色及无公害农产品上，体现在富裕农民上。“有机、绿色及无公害农产品种植面积的比重达到70%”的指标特别强调了农业发展的生态性，强调的是农产品的质量。要达到这项指标要求，唯一的途径是转变农业发展方式，提高农业的安全保障。“农业灌溉用水有效利用系数高于0.55”的指标特别强调了节约水资源，强调的是农业的可持续发展。要达到这项指标要求，唯一的途径也是转变农业发展方式，提高农业的科技含量。两项指标虽然是对西部地区生态文明示范工程试点地区提出的，但对内蒙古自治区不同类型的农区发展生态农业、推进生态文明建设具有普遍的指导作用。

当前，世界农业正处在一个由“高碳”向“低碳”的重大转型期。低碳农业是全球性的生态危机特别是全球气候变暖催生的生态变革产物。农业是温室气体的第二大来源，农业温室气体排放占全球人为排放的13.5%①。联合国《国际农业知识与科技促进发展评估报告（2008）》指出：“世界需要一个从严重依赖农药和化肥等化学品、对环境破坏很大的农业模式转化为对环境友好、能保护生物多样性和农民生计的生态农业模式。”所谓低碳农业就是有机、生态、高效的现代农业，是低碳经济的重要组成部分，从依靠化石能源向依靠太阳能等方向转变，追求低耗、低排、低污和碳汇，使低碳生产、安全保障、气候调节、生态涵养、休闲体验和文化传承等多功能特性得到加强，实现向可持续经济发展方向转变。

我国发展生态农业始于20世纪80年代。目前，我国生态农业面积居世界第二位，重点推广农业固碳技术，减少高碳能源及化肥应用，重建农业湿地系统，发展农业循环经济。内蒙古自治区起步较晚，从20世纪90年代开始逐步展开。我们着重从有机、绿色、无公害农产品生产和提高农业灌溉用水效率两方面分析内蒙古自治区发展生态农业所取得的成绩和存在的问题。

从发展有机、绿色、无公害农产品看，随着生活水平不断提高、健康意识不断增强，人们更多地关注农产品是否安全、是否有营养，农产品的生产过程是否符合安全、营养的要求。人们认识到只有在大气清新、水质优良、田地洁净的环境中，采用标准化生产方式生产出来的农产品才更具有竞争力，才能更好地满足市场消费需求。这也是调整农业结构、提高农业效益、促进农民增收的方向。

随着人们认识的提高和市场需求的扩大，内蒙古自治区有机、绿色及无公害

① 《联合国政府间气候变化专业委员会第四次评估报告（2007）》。

农产品（见专栏1）种植面积逐年增加，获得认证的有机、绿色及无公害农产品逐渐增多。截至2011年末，内蒙古自治区拥有有机食品生产企业75户、产品432种、产量46.47万吨，年销售额达22.3亿元；有绿色食品生产企业145户、产品353种、产量226.86万吨，年销售额达77.58亿元；有无公害农畜产品产地553个，其中，种植业产地391个、面积157.98万公顷，养殖业产地94个、养殖数量达2611.14万头（羽、只），渔业产地68个、养殖水面达28.46万公顷，无公害农畜产品总数1636种，其中，种植业产品1323种、养殖业产品145种、渔业产品168种。[①] 从目前掌握的数据看，内蒙古自治区有机、绿色农产品是产品认证，只有种类和产量，没有种植面积，只有无公害农产品是产地和产品同时认证，有种植面积，无法计算有机、绿色、无公害农产品种植面积占农作物种植总面积的比重。

专栏1

有机、绿色和无公害农产品

有机农产品

有机农产品是指在生产过程中不使用任何合成农药、化肥、除草剂、生长调节剂等化学物质，只依靠纯天然物质生产，在加工过程中不使用合成的防腐剂、食品添加剂和人工色素，在贮藏、运输过程中未受有害化学物质污染的产品。有机农产品（食品）标志的使用期为一年。

有机农产品与其他农产品的区别主要有三个方面：有机农产品在生产加工过程中绝对禁止使用农药、化肥、激素等人工合成物质，并且不允许使用基因工程技术；其他农产品则允许有限使用这些物质，并且不禁止使用基因工程技术，如绿色农产品对基因工程技术和辐射技术的使用就未做规定。有机农产品在土地生产转型方面有严格规定，考虑到某些物质在环境中会残留相当一段时间，土地从生产其他农产品到生产有机农产品需要三年的转换期，而生产绿色农产品和无公害农产品则没有转换期的要求。有机农产品在数量上进行严格控制，要求定地块、定产量，生产其他农产品没有如此严格的要求。有机产品不使用农药、化肥、激素等人工合成物质，反映了农业可持续发展的生产理念。有机产品不过是一种生产加工方式及生活理念，不是食品安全卫生标准。

① 由内蒙古农畜产品质量安全中心提供。

绿色农产品

绿色农产品是指在特定的环境条件下，按照严格的生产、加工方式组织生产，经专门机构认定，许可使用绿色农产品标志商标的安全无污染、优质、营养类食品。按质量标准分为两类：A级绿色食品是在符合规定标准的环境质量产地，生产过程中允许限量使用化学合成物，按特定的生产操作规程生产、加工，产品质量及包装经检测符合规定标准，并经专门机构认定。AA级绿色食品是在符合规定标准的环境质量产地，生产过程中不使用任何有害化学合成物质，按严格规定进行生产加工，产品质量及包装经检测符合特定标准，并经专门机构认定。按照中国农业部发布的行业标准，AA级绿色食品等同有机食品。从本质上讲，绿色农产品是从普通农产品向有机农产品发展的一种过渡性产品。绿色农产品（食品）标志的使用期为三年。

无公害农产品

无公害农产品是指有毒有害物质残留量控制在安全质量允许范围内，经有关部门认定，安全质量指标符合《无公害农产品（食品）标准》的农、牧、渔产品（食用类，不包括深加工的食品）。这类产品在生产过程中允许限量、限品种、限时间地使用人工合成的安全的化学农药、兽药、肥料、饲料添加剂等，它符合国家食品卫生标准，但比绿色农产品标准要宽。无公害农产品是保证人们对食品质量安全最基本的需要，是最基本的市场准入条件，普通食品都应达到这一要求。无公害农产品认证分为产地认定和产品认证。质量认证机构为省级无公害农产品管理办公室，其标志的使用期为三年。

无公害农产品、绿色食品、有机食品都是经质量认证的安全农产品；无公害农产品是绿色农产品和有机农产品发展的基础，绿色农产品和有机农产品是在无公害农产品基础上的进一步提高；无公害农产品、绿色农产品、有机农产品都注重生产过程的管理，无公害农产品和绿色农产品侧重对影响产品质量因素的控制，有机食品侧重对影响环境质量因素的控制。只要严格按照生产标准操作执行，这三类产品都对人们安全无害。

资料来源：百度百科。

内蒙古自治区生态文明示范工程六个试点地区发展有机、绿色、无公害农产品的成效也参差不齐。截至2011年底，乌兰察布市的有机农产品有马铃薯、黍子、豌豆、荞麦、莜麦等33种，种植面积12221.4公顷；绿色农产品有马铃薯、胡麻、大白菜、甘蓝、胡萝卜等14种，种植面积1963公顷；无公害农产品有马铃薯、豌豆、玉米、莜麦、黍子等33种，种植面积233333.3公顷；另外，有绿色畜产品精制羊肉360吨、绿色食品“雪鹿”原生8°啤酒18000吨，还有102万头（只）猪和羊的无公害畜产品，无公害水产品鲤鱼、鲫鱼、鲢鳙鱼、团头鲂等6种，养殖水面4117公顷。兴安盟的有机农产品有小米、玉米、辣椒、油葵、黄米等20种，种植面积15880公顷；绿色农产品有大米、矿泉水、杂豆、高粱、面粉等7种，种植面积18353公顷；无公害农产品有豆角、荞麦、水稻等26种，种植面积84100公顷，有无公害水产品鲤鱼、鲢鱼、河蟹等10种，养殖水面74293.33公顷，无公害畜产品有羊18万只、鸡蛋1万枚。伊金霍洛旗的有机农产品有西红柿、青椒、苦瓜、茄子、豆角等22种，种植面积80公顷；绿色农产品有番茄、甘蓝、乳瓜、黄瓜、彩椒等10种，种植面积200公顷。多伦县的有机水产品有鲤鱼、鲫鱼、鳙鱼、池沼公鱼4种，养殖水面2000公顷；绿色农产品有胡萝卜、大白菜、西芹、甘蓝、菜花8种，种植面积6552公顷；无公害农产品有小麦、马铃薯、玉米3种，种植面积15330公顷。林西县的有机农产品有荞麦、紫花圆豆、红小豆、高粱、葵花等12种，种植面积7000公顷；绿色农产品有黄瓜、西红柿、辣椒、青椒、菜豆等18种，种植面积15000公顷；无公害农产品有茴香、茄子、卷心菜、南瓜、西瓜等39种，种植面积33000公顷。新巴尔虎右旗的有机农产品有马铃薯、茄子、豆角、黄瓜、青椒等6种，种植面积86.67公顷；还有有机畜产品养殖基地1485542公顷，80万只羊、2万头牛的有机畜产品。

在六个试点地区中，林西县的有机、绿色、无公害农产品种植面积比重最高，达到种植总面积的87%，高于70%的目标要求。其次是新巴尔虎右旗和乌兰察布市，三种农产品种植面积比重实现了70%目标的一半以上。其余三个地区离目标要求还有较大的差距（见表1）。

表1　2010年六个试点地区有机、绿色、无公害农产品种植面积

地区	农作物种植总面积（公顷）	有机农产品面积（公顷）	绿色农产品面积（公顷）	无公害农产品面积（公顷）	三者占总面积比重（%）
乌兰察布市	595047	12221.4	1963	233333.3	41.60
兴安盟	760667	15880	18353	84100	15.56
伊金霍洛旗	21700	80	200	892	5.40
多伦县	506677	2000	6552	15330	4.71
林西县	63216	7000	15000	33000	87.00
新巴尔虎右旗	2333.3	86.67	66	933.3	46.54

资料来源：各试点地区实施规划等材料。

从提高农业灌溉用水效率来看，内蒙古自治区地处干旱半干旱地区，降水量少，蒸发量大，属于水资源严重紧缺的省区。内蒙古自治区水资源总量为545.95亿立方米，占全国水资源量的1.95%；内蒙古自治区人均水资源占有量为2285立方米，相当于全国人均水平；但耕地亩均水资源量为548立方米，是全国亩均水平的1/3左右；内蒙古自治区农业灌溉用水有效利用系数为0.47，低于全国0.5的平均水平①。2010年，内蒙古自治区耕地有效灌溉面积302.75万公顷，占农作物总播种面积的43.23%，其中，节水灌溉面积有232.86万公顷，占有效灌溉面积的76.91%；喷灌面积和滴灌面积有52.25万公顷，占有效灌溉面积的17.26%。与2005年相比，耕地有效灌溉面积占农作物总播种面积的比重下降0.24个百分点，节水灌溉面积占有效灌溉面积的比重提高21.63个百分点，喷灌面积和滴灌面积占有效灌溉面积的比重提高0.33个百分点（见表2）。

表2　2005年、2010年内蒙古自治区农业节水灌溉情况

项目	2005年	占有效灌溉面积的比重（%）	2010年	占有效灌溉面积的比重（%）
耕地总面积（万公顷）	735.51		714.85	
农作物总播种面积（万公顷）	621.60	—	700.30	—
有效灌溉面积（万公顷）	270.22	43.47	302.75	43.23
节水灌溉面积（万公顷）	149.37	55.28	232.86	76.91
喷灌和滴灌面积（万公顷）	45.75	16.93	52.25	17.26

资料来源：《内蒙古统计年鉴》（2006、2011）。

因表层水面大导致蒸发量高，并且深层渗漏严重，传统农业灌溉的大水漫灌方式，灌溉用水的利用率很低。在节水灌溉方式中，喷灌方式较好地解决了深层渗漏，但也存在严重的地表蒸发问题。滴灌方式是当前最先进的节水技术之一，与覆膜种植结合成为膜下滴灌，可使农业灌溉用水有效利用系数提高到95%，同时还能利用滴灌带把肥、药同步输送到作物根系，提高肥效一倍以上，有效减少肥料、药物的挥发和流失，防止对地表水和地下水的污染。只要作物株间距大于15cm就可以用滴灌，是目前干旱缺水地区最有效的一种节水灌溉方式，较喷灌具有更高的节水增产效果。其不足之处是滴头易结垢和堵塞，应对水源进行过滤处理。

在六个试点地区中，乌兰察布市的农业灌溉用水有效利用系数最高，达到0.84，其余依次是多伦县、新巴尔虎右旗、伊金霍洛旗和兴安盟，分别达到0.70、0.68、0.61和0.56，均高于0.55的目标要求，林西县离目标要求还有一定的差距（见表3）。乌兰察布市在马铃薯灌溉中普遍推广膜下滴灌技术，从而

① 戈峰：《严格水资源管理，建设节水型社会》，《内蒙古日报》，2012年3月21日。

使肥料利用率由原先的30% ~40%提高到60% ~70%。根据乌兰察布市的经验，滴灌比喷灌和大水漫灌每亩分别节电11.2元和28元，采用膜下滴灌技术，在浇水、锄草、打畦、追肥等用工每亩比大水漫灌节约人工2.5 ~3个，比喷灌节约人工0.5 ~0.75个，减轻了农民的劳动强度，减少了畦埂占地，每亩可扩大种植面积5%左右，还提高了农产品商品率。农民用“省工、省地、省肥、省水、增效益”来概括膜下滴灌给他们带来的实惠（见专栏2）。

表3　2010年六个试点地区农业灌溉用水有效利用情况

项目	乌兰察布	兴安盟	伊金霍洛旗	多伦县	林西县	新巴尔虎右旗
耕地面积（万公顷）	91.364	126.910	3.363	5.200	7.867	0.032
有效灌溉水量（万吨）	35498.11	6.26	2692.16	1285.00	3600.00	740.00
系统取用水量（万吨）	42498.11	11.22	4387.31	1836.00	8600.00	1096.00
有效利用系数	0.84	0.56	0.61	0.70	0.42	0.68

资料来源：各试点地区实施规划等材料。

专栏2

乌兰察布市的节水农业

乌兰察布市是典型的水资源贫乏地区。《乌兰察布市国民经济和社会发展“十二五”规划建议》提出，水是影响乌兰察布经济社会发展的致命因素，必须树立合理利用、保护为主的思想，坚持节约集约用水，实现水资源的高效永续利用。针对十年九旱、年年春旱的实际，乌兰察布市引导农民加大种植结构调整力度，大力发展温室蔬菜，积极推广微灌、滴灌等节水灌溉和覆膜栽培等新技术，大幅度提高灌溉用水利用率，有效增强抗御自然灾害的能力，走出了一条推广喷灌、软管微喷、膜下滴灌、地下渗灌等设施和技术的节水抗旱农业新路。

从2006年开始，乌兰察布市各级水利部门抓喷灌和膜下滴灌试点，政府出台鼓励节水政策，凡购买喷灌设施以及配套农机具的，政府补贴购置费的1/2。从2007年起将补贴比例调整为购买一套喷灌设备政府补贴购置费的1/2，配套的农机具补贴1/3。截至2011年底，乌兰察布市的喷灌面积达到76.17万亩，滴灌面积达到85.36万亩，微灌地膜面积达到6.22万亩。2012年新增以滴灌为主的高效节水灌溉面积39.8万亩，其中，马铃薯23.82万亩、玉米4.86万亩、甜菜5.43万亩、蔬菜2.72万亩，其他2.97万亩；软微喷管面积达到5.33万亩，其中，红萝卜2.48万亩、马铃薯1.88万亩，其他0.97万亩。这样，乌兰察布市高效节水设施农业面积达到200多万亩，占耕地总面积的1/5，其中，以马铃薯为主的滴灌、喷灌面积达到100万亩，以温室、大棚为主的设施蔬菜种植面积达到12万亩，旱作覆膜马铃薯突破100万亩，实现了高效节水“双百万”的目标。

乌兰察布市在节水灌溉区实行“统一汇地、统一整地、统一覆膜、统一种植、统一品种、统一施肥、统一管理、分户经营”的管理模式，提高了农民规避自然风险、市场风险的能力。即使遇到大旱天气或农产品价格下跌等情况，节水灌溉种植也比旱地分散种植具有更大的优势。当地一个农民说，2010年，他第一次用膜下滴灌技术种植马铃薯100亩，亩产由2009年的750公斤提高到1500公斤左右。节水灌溉的效益，根据理论分析和实践经验，土渠年灌溉定额为350~400立方米/亩、管道年灌溉定额为180~200立方米/亩、喷灌年灌溉定额为120~150立方米/亩、滴灌年灌溉定额为80~100立方米/亩，经分析测算，土渠灌溉水利用系数在0.45左右，管道灌溉水利用系数在0.8左右，喷灌水利用系数在0.9左右，滴灌水利用系数在0.95左右。

资料来源：乌兰察布市发改委。

就目前来讲，内蒙古自治区发展生态农业，无论是内蒙古自治区还是试点地区，要达到有机、绿色及无公害农产品种植面积的比重在70%的目标还有较大的差距；提高农业灌溉用水效率，内蒙古自治区要达到农业灌溉用水有效利用系数高于0.55的目标，还需要付出很大努力。

发展有机、绿色、无公害农产品，要求禁用或限用化肥、农药，以实现农产品安全、优质；要求农业生产标准化，以实现禁用或限用化肥、农药；要求农业生产专业化，以实现农业生产服务社会化；要求农业生产科技化，以实现农业高产、高效；要求农业生产机械化，以实现农业高产、高效；要求农业生产规模化，以实现农业生产科技化、机械化；要求农业经营产业化，以实现有机、绿色、无公害农产品的市场化；要求农民知识化、职业化，以实现农业可持续发展；等等。提高农业灌溉用水效率，也要求农业生产规模化、专业化、标准化、科技化、机械化，要求农业生产服务的社会化和农民的知识化、职业化，等等。农业生产的规模化、专业化、标准化、科技化、机械化和服务的社会化程度低，农民的知识化、职业化程度低，是内蒙古自治区有机、绿色、无公害农产品发展缓慢，提高农业灌溉用水效率进度缓慢的直接原因，其深层次的原因则是农民的组织化程度低，农业产业化经营不完善。

（二）发展生态农业的推进方式

生态农业推进方式，就是紧紧围绕“有机、绿色及无公害农产品种植面积的比重达到70%，农业灌溉用水有效利用系数高于0.55”的主要目标，加快转变农业发展方式，就是从一家一户分散化生产方式向适度规模化经营方式转变，以利于实现农业生产的专业化、标准化和推动农业机械化、农业适用技术普及化，为发展生态农业创造条件。

1. 加快发展农民专业合作组织

农民专业合作组织是农民自愿参加，民主管理的，以农户生产为基础，以某一产业或产品为纽带，以增加成员收入为目的，实行资金、技术、采购、生产、加工、销售等互助合作的组织。发展农民专业合作组织是对农村经营体制的完善，是农村经营体制创新的有效组织形式。发展农民专业合作组织，可以建立专业合作社，可以建立紧密型的股份合作社，也可以先建立松散型专业协会，逐步过渡为专业合作社或股份合作社。农民专业合作组织的主要功能是为成员提供交易上所需的服务。农民专业合作组织与成员的交易不以营利为目的。合作组织的盈余，除了一小部分留作公共积累外，大部分要根据成员与合作组织发生的交易额的多少进行分配。实行按股分红与按交易额分红相结合，以按交易额分红为主，是合作组织分配制度的基本特征。

农民专业合作组织与单个农户在生产经营上的最大区别就是合作组织统一安排生产、适度规模经营。统一安排生产、适度规模经营，把整合资源与调整结构协调推进，把组织的能量与农户的积极性有效结合，把降低成本与提高产量、质量、效益有机统一，这正是农民专业合作组织的本质体现、优势所在。统一安排生产、适度规模经营，也正是转变农业发展方式的重要前提和基础，也正是生态农业推进方式的本质要求。因为，只有统一安排、规模经营，才能推动农产品生产的专业化、标准化，才有条件推进农业生产机械化和农业适用技术推广，才能推动农业生产经营服务社会化，才能节约资源包括水资源、减少面源污染，才能根据市场需求调整结构、形成农产品销售网络化，才能为农业产业化经营打下坚实基础，才能实现农民收入来源多元化、稳定增收持续化，才能把一部分农民从土地上解放出来、转产转移就业，才能加速农民知识化、技能化、职业化；等等。实践证明，这九个方面是农民专业合作组织发展过程中将逐步显现的优势效应，也是发展有机、绿色、无公害农产品，提高农业灌溉用水效率的内在要求。从一定意义上讲，加快农民专业合作组织是生态农业最根本的推进方式。

2. 大力推进农业产业化

所谓农业产业化，是指以市场需求为导向，以经济效益为中心，以科技进步为支撑，围绕主导产品优化组合生产要素，实行区域化布局、规模化建设、专业化生产、系列化加工、社会化服务、企业化管理，形成种养加、产供销一体化经营的现代经营方式和产业组织形式。推进农业产业化经营，要确定主导产业，实行区域布局，适度规模经营，推行市场牵龙头、龙头带基地、基地连农户的产业组织形式。产业化经营是从整体上推进传统农业向现代农业转变的有效途径。

农业产业化经营与传统农业生产经营相比，具有以下一些基本特征：一是需求市场化，产业化经营必须以国内外市场需求为导向，依靠市场机制运行，改变小农经济自给自足、自我服务的封闭式生产；二是布局区域化，把小而分散的农户组织起来，使农产品生产在一定区域内集中连片进行，形成稳定的生产基地，克服过于分散、管理不便和生产不稳定；三是建设规模化，生产规模化是产业化经营的必要条件，其生产和加工只有达到一定规模，才能推行标准化，才能增强辐射力、带动力和竞争力，提高规模效益；四是生产专业化，只有生产、加工、销售、服务专业化，才能提高劳动生产率、土地产出率、资源利用率和农产品商品率；五是经营一体化，形成产加销一条龙、贸工农一体化，把产前、产中、产后环节有机结合起来，在各环节主体之间建立利益均沾、风险共担的命运共同体，是产业化经营的实质所在；六是方式集约化，产业化经营方式要实现科技含量高、资源综合利用率高、经济效益高，转变农业粗放型经营方式；七是服务社会化，产业化经营要建立对一体化各环节产前、产中、产后活动提供信息、技术、资金、物资、经营、管理等方面全程服务的社会化服务体系，促进各生产经营要素的运行效率；八是管理企业化，不仅产业龙头企业要规范运作，而且农产品生产基地也要适应龙头企业的标准化要求，由传统农业向设施农业、工厂化农业方向发展，实现生产经营管理企业化。

农业产业化经营的本质是通过加工销售等环节提高农产品附加值，提升农业经济效益。农民、龙头企业和服务实体等都是农业产业化产业链上的平等主体，各主体特别是农民应公平分享农业产业化的效益。农业产业化龙头企业应与基地农户建立紧密型利益联结机制，使农民分享农产品加工和销售环节的利润，确保农民稳定增收。这是大力推进农业产业化的根本目的。

农业产业化的实质是通过市场机制实现第一、第二、第三产业有机融合，带动农业可持续发展。通过农业产业化实现第一、第二、第三产业有机融合的过程，本身就是农村经济结构和农业产业结构的战略性调整过程。发展有机、绿色、无公害农产品，扩大有机、绿色、无公害农产品种植面积，是对农业种植结构和农产品品种结构的战略性调整；提高农业灌溉用水有效利用系数，是农业产业化注重集约化经营方式，实现科技含量高、资源综合利用率高、经济效益高，转变农业粗放型经营方式的具体目标之一。可见，农业产业化经营，是调整农业结构、转变农业发展方式的重要带动力量，是发展有机、绿色、无公害农产品，提高农业灌溉用水效率的重要带动力量。从这个意义上讲，大力推进农业产业化是生态农业最重要的推进方式。

从农业产业化与农民专业合作组织的关系讲，农民专业合作组织，是农民作为推进农业产业化主体的组织形式，是农业产业化区域性原料生产基地的组织形式，是作为农业产业化必要条件的规模化生产的实现形式，因此，农民专业合作组织是农业产业化的重要基础；农业产业化，是农民专业合作组织生产的农产品实现增值、对接市场的经营形式，是农民专业合作组织调整产业和生产结构的引导力量，是农民专业合作组织成员稳定增收的主要渠道，因此，农业产业化是农民专业合作组织发展的带动力量。可见，两者是相互依存、相互促进、相得益彰的关系，都是发展生态农业的主要推进方式。

3. 推进生态农业发展的政策、制度和重点工程

紧紧围绕“有机、绿色及无公害农产品种植面积的比重达到70%，农业灌溉用水有效利用系数高于0.55”的主要目标推进生态农业发展，需要用一系列政策措施、制度机制和重点工程来保证推进方式落到实处。

（1）加快发展农民专业合作组织的政策措施、制度机制和重点工程。加快发展农民专业合作组织，是发展生态农业、扩大有机绿色无公害农产品种植面积、提高农业灌溉用水效率最根本的推进方式。2007年以来的五年间，内蒙古自治区农牧民专业合作组织发展到15679个，占全国农民专业合作组织的3.01%，其中，2011年净增加4637个；合作组织成员153448个，其中农牧民成员145989个，大多合作组织从事种植业、养殖业和农产品销售①。在六个试点地区中，乌兰察布市到2011年末有各类农牧民专业合作社1165个，带动农牧民64800户；兴安盟截至2012年5月底有农牧民专业合作经济组织230个，成员20130人；伊金霍洛旗截至2012年5月底有农牧民专业合作社195个，从业人员870人；多伦县截至2012年2月底有农牧民合作经济组织175个，带动农牧民9080余户；林西县截至2012年4月有农民专业合作社355个，入社6.94万人，占农民总数的27%；新巴尔虎右旗截至2012年4月有牧民专业合作组织44个，其中运营比较好的15个。

尽管近几年内蒙古自治区农牧民专业合作组织得到快速发展，取得一定成效，但也存在经营管理比较粗放、运作制度不够规范、财务制度不够健全、利益分配显得混乱和外部发展环境亟须改善等突出问题，需要从政策措施、制度机制等方面加强引导和扶持，促进其健康发展。

一是依据《农民专业合作社法》，结合内蒙古自治区农村、农业发展实际，

① 段丽萍：《内蒙古农民专业合作社5年发展到15679户》，《北方新报》，2012年3月31日。

制定内蒙古自治区党委、政府《关于大力扶持农民专业合作组织发展的政策意见》，从注册登记、规范管理、财政扶持、税收优惠、金融服务、科技推广、人才支持、骨干培训、股份合作策划、耕地承包经营权流转、合作组织成员转产转移就业指导等方面，为加快发展农民专业合作组织作出政策指导。

二是制定内蒙古自治区政府《关于进一步规范耕地承包经营权流转的规定》，形成在耕地承包经营权流转中保障农民合法权益和长远利益的制度机制。目前，内蒙古自治区耕地承包经营权流转中普遍存在租金、转包费、出让费确定不科学、不合理和导致耕地退化的问题，已经损害了农民的利益、损害了生态安全，并有发生矛盾纠纷的隐患。尽早出台上述文件很有必要。

三是参照中央财政专项资金扶持农民专业合作组织的做法，制定内蒙古自治区《财政专项资金扶持农民专业合作组织发展的制度》，对各级财政专项资金扶持农民专业合作组织的条件、程序、办法等作出明确规定，形成支持农民专业合作组织规范发展的激励机制。

四是结合落实《农民专业合作社法》和《关于大力扶持农民专业合作组织发展的政策意见》，在内蒙古自治区实施"大力扶持农民专业合作组织发展计划""农民专业合作组织科技服务行动""农民专业合作组织带头人培养工程""职业农民培训工程"等重点工程。

（2）大力推进农业产业化的政策措施、制度机制和重点工程。大力推进农业产业化，是发展生态农业、扩大有机绿色无公害农产品种植面积、提高农业灌溉用水效率最重要的推进方式。2011 年，内蒙古自治区国家级农业产业化重点龙头企业达到 38 家，内蒙古自治区级重点龙头企业达到 403 家；销售收入亿元以上企业达到 425 家，占销售总收入的 82.5%；销售收入 10 亿元以上企业 29 家，占销售总收入的 47%。① 这些重点龙头企业显著提升了内蒙古自治区农牧业产业化经营水平，成为带动农牧业结构调整和农牧民增收的中坚力量。同时，存在龙头企业与农牧户建立紧密型利益联结机制不够、带动农牧民持续稳定增收不力等突出问题，需要从政策措施、制度机制上不断加以引导和完善。

一是根据《国务院关于支持农业产业化龙头企业发展的意见》（国发〔2012〕10 号）精神，结合内蒙古自治区推进农牧业产业化的实际，制定内蒙古自治区政府《关于支持农牧业产业化龙头企业与农牧户建立紧密型利益联结机制的意见》，对大的龙头企业与农牧户建立紧密型利益联结机制提出规范性指导政策，对由农牧民专业合作组织发展而形成的龙头企业实行加大扶持力度的优惠政策。

二是建立对农牧业产业化龙头企业与农牧户建立紧密型利益联结机制的监督

---

① 内蒙古农牧业厅：《自治区农牧业产业化重点骨干龙头企业集群稳步发展壮大》，中国内蒙古网站，2012 年 2 月 20 日。

检查制度和奖励制度，形成龙头企业带动农牧户持续稳定增收的激励约束机制。

三是实施“农牧民专业合作组织龙头企业扶持计划”和经营农牧民专业合作组织龙头企业的“农牧民企业家培养行动”，大力培育用传统方式加工农畜产品的小型微型龙头企业，形成大龙头和小龙头相互促进、共同发展的局面。

（3）发展生态农产品和节水的政策措施、制度机制和重点工程。内蒙古自治区发展生态农业，达到“有机、绿色及无公害农产品种植面积的比重达到70%，农业灌溉用水有效利用系数高于0.55”的主要目标，需要制定相关政策措施、制度机制和实施必要的重点工程来保证这个目标的实现。

一是制定内蒙古自治区政府或主管部门《关于加快发展有机、绿色及无公害农产品的意见》和《关于加快发展节水农业的意见》，提出到“十二五”末实现有机、绿色及无公害农产品种植面积的比重达到70%、农业灌溉用水有效利用系数高于0.55的目标，出台确保主要目标实现的政策措施。

二是建立对加快发展有机、绿色及无公害农产品和提高农业灌溉用水进展情况进行监督检查和检测制度，实行以奖代补的激励机制。

三是因地制宜地实施“有机、绿色及无公害农产品产业化发展工程”，在扩大有机、绿色及无公害农产品种植规模的同时，提高农业组织化程度，建立和完善有机、绿色及无公害农产品销售网络，确保农民增收。

四是因地制宜地实施“膜下滴灌技术推广工程”，从财政补助、技术集成、机械匹配、人才服务等方面配套推进，切实提高农业灌溉用水有效利用系数。

二、发展生态畜牧业的推进方式

（一）生态畜牧业发展的成绩和存在的问题

所谓生态畜牧业，通俗地讲，是指遵循生态经济发展规律，以草原生态平衡为前提，注重现代畜牧业科技与传统放养畜牧业经验相结合、自然调节与人工调控相结合、第一性植物生产和第二性动物生产与人的全面发展相结合，对畜牧业发展全过程进行集约化管理，实现经济效益、社会效益和生态效益相统一的现代畜牧业。分析内蒙古自治区发展生态畜牧业取得的成绩、存在的问题，以及探讨转变内蒙古自治区畜牧业发展方式、发展生态畜牧业的路径，其研究方向是“林草覆盖率达到50%以上”的目标。内蒙古自治区发展生态畜牧业，必须始终把发展生态畜牧业取得的成果体现在提高草原植被覆盖率上，体现在为各族人民创造良好生产生活环境上，体现在为各族人民提供有机、绿色及无公害畜产品上，体现在富裕牧民上。“林草覆盖率达到50%以上”的目标特别强调了畜牧业发展的生态性。这个目标是对林业和草原植被总的覆盖率提出的综合性目标，要达到这个目标要求，唯一的途径是转变畜牧业发展方

式，加大草原生态保护建设力度，提高畜牧业的组织化程度、规模化经营水平和草原畜牧业科技含量。这个目标虽然是对西部地区生态文明示范工程试点地区提出的，但对内蒙古自治区不同类型牧区发展生态畜牧业、推进生态文明建设具有普遍的指导作用。

内蒙古自治区是全国最大的草原牧区，拥有天然草原13.2亿亩，占全国草原面积的22%，是我国重要的生态安全屏障。长期以来，内蒙古自治区从牧区实际出发，致力于草原生态保护和建设，出台了一系列政策措施，各地普遍对退化草场实行围封禁牧，采取休牧轮牧和阶段性舍饲圈养的饲养模式，使天然草场迅速退化的状态得到局部性遏制。“十一五”期间，在国家“退牧还草”“京津风沙源治理”等重点生态建设工程的示范带动下，草原治理与保护区生态环境明显好转，草原植被盖度比十年前提高了7~8个百分点，内蒙古自治区草原建设总体规模达到5.04亿亩。2010年，内蒙古自治区把96个旗县划入治理范围，草原建设规模达到6278万亩，禁牧休牧轮牧面积达到7.81亿亩，阶段性禁牧休牧补贴受益面积达到8000万亩①。2011年，内蒙古自治区实行草原生态保护补助奖励制度，73个旗县区的草原禁牧和草畜平衡面积达到10.2亿亩，其中，禁牧面积4.04亿亩、草畜平衡面积6.16亿亩，为牧户发放禁牧和草畜平衡补奖资金40.4亿元②，草原植被覆盖率达到38.85%，比2000年提高了8.27个百分点。

同时，内蒙古自治区发展生态畜牧业仍然面临许多突出的矛盾和问题，特别是保护和建设草原生态的任务还很艰巨。内蒙古自治区第四次荒漠化和沙化土地监测工作结果显示③，截至2009年底，内蒙古自治区荒漠化土地面积为61.77万平方公里，占内蒙古自治区总土地面积的52.2%；沙化土地面积为41.47万平方公里，占内蒙古自治区总土地面积的35.05%，分布于12个盟市的90个旗县市区（见专栏3）。2010年，内蒙古自治区8800万公顷草场中，人工种草保有面积438.41万公顷，仅占总草场面积的4.98%。由此可见，草原生态总体恶化的趋势依然没有扭转，内蒙古自治区草原生态环境的保护与治理仍然任重道远。与此同时，2010年牧业年度拥有大小牲畜9548.1万头（只），平均每只牲畜占有草场仅为0.92公顷。畜牧业的物质基础是草原，牲畜数量不断增加导致畜草矛盾凸显。

---

① 内蒙古自治区农牧业厅：《奋进中的内蒙古农牧业》，内蒙古农牧业信息网，2011年8月18日。

② 内蒙古自治区草原生态保护补助奖励机制工作领导小组办公室：《草原生态保护补助奖励机制工作动态》第1期，内蒙古农牧业信息网，2011年11月23日。

③ 内蒙古林业厅：《内蒙古自治区荒漠化和沙化状况公报》，2011年3月27日。

专栏3

荒漠化土地和沙化土地

荒漠化土地：1992 年世界环境与发展大会将荒漠化土地定义为因气候变异和人类活动在内的种种因素造成的干旱、半干旱和亚湿润干旱地区的土地退化。内蒙古自治区荒漠化土地分布于12个盟市的79个旗县市区。内蒙古自治区荒漠化土地面积61.77平方公里，其中，轻度荒漠化土地面积24.46万平方公里，占荒漠化土地总面积的39.60%；中度荒漠化土地面积20.28万平方公里，占32.83%；重度荒漠化土地面积7.91万平方公里，占12.81%；极重度荒漠化土地面积9.12万平方公里，占14.76%。

沙化土地：土地沙化是指因气候变化和人类活动所导致的天然沙漠扩张和沙质土壤上植被破坏、沙土裸露的过程，沙化是荒漠化的一种结果，也是最严重的结果。内蒙古自治区沙化土地分布于12个盟市的90个旗县市区。内蒙古自治区沙化土地面积41.47平方公里，其中，流动沙丘（地）面积8.48万平方公里，占沙化土地总面积的20.45%；半固定沙丘（地）面积5.85万平方公里，占14.11%；固定沙丘（地）面积12.24万平方公里，占29.52%；露沙地面积5.87万平方公里，占14.17%；沙化耕地面积0.20万平方公里，占0.47%；风蚀劣地（残丘）面积1.74万平方公里，占4.21%；戈壁面积为7.08万平方公里，占17.07%。

资料来源：内蒙古林业厅：《内蒙古自治区荒漠化和沙化状况公报》，2011 年3 月27 日。

内蒙古自治区六个试点单位林草覆盖率普遍较高，都超过了50%的目标要求。最高的新巴尔虎右旗达到88.53%，乌兰察布市达到82.02%，多伦县达到80.85%，兴安盟达到73.80%，林西县是65.20%（见表4）。2011 年内蒙古自治区草原植被覆盖率为38.85%，离50%的目标要求还有很大差距。

表4　2011 年生态文明示范工程试点地区林草覆盖率

单位名称	草场总面积（万公顷）	森林面积（万公顷）	重度退化面积（万公顷）	林草覆盖率（%）
乌兰察布市	345.35	119.56	18.26	82.02
兴安盟	303.40	165.06	27.13	73.80
伊金霍洛旗	43.35	24.13	1.30	—
多伦县	20.00	12.11	0.87	80.85
林西县	16.22	13.68	4.26	65.20
新巴尔虎右旗	230.75	1.26	12.13	88.53

资料来源：各试点地区实施规划等材料。

国家发改委等三部委提出的“林草覆盖率达到50%以上”的指标，科学量化了发展生态畜牧业的目标，具有提纲挈领的指导意义。这项指标对一般牧区而言，就是提高草场植被覆盖率。草场植被覆盖率达到50%以上，其基础和前提是严禁超载过牧，严格实行草畜平衡的制度。在草场产草量既定的前提下实行草畜平衡，就必须减少牧区的牲畜头数。减少牧区的牲畜头数，意味着需要减少直接从事畜牧业生产的人口数量，引导牧民转移就业或转产就业，否则，难以保障牧民的生活，更难保障牧民持续增收、提高生活水平。引导牧民转产就业，需要适度发展牧区第二产业特别是第三产业，即发展畜产品加工业和围绕畜牧业生产和牧民生活需求，加快发展生产性、生活性服务业，为转产就业的牧民提供就业岗位；引导牧民转移就业，需要统筹生态畜牧业发展和生态城镇发展，特别是着力推动旗县所在地城镇第二、第三产业发展，为牧民就近进城就业创造条件。这是实现“草场植被覆盖率达到50%以上”指标一方面的相关性发展要求。

另外，草场植被覆盖率达到50%以上，需要因地制宜地采取禁牧休牧轮牧等措施，加大草原生态保护和建设力度，需要建立健全对草原第一性植物生产成果即草场产草量变化的监测监理制度等，这些都是科学实行草畜平衡制度的必要条件。在减少牧区牲畜头数的同时，需要加快推广畜牧业适用技术，提高牲畜质量，调整畜种、畜群、品种结构，改善畜牧业经营管理水平，提升畜牧业经济效益，以保证牧民持续稳定增收。这些也是确保实现“草场植被覆盖率达到50%以上”指标另一方面重要的相关性发展要求。

以上两个方面的分析说明，“草场植被覆盖率达到50%以上”这一指标具有很强的统揽性，一项指标统揽了发展生态畜牧业方方面面相关性的要求。那么，这些相关性发展要求要怎样才能落到实处？首先，因地制宜采取禁牧休牧轮牧等措施，科学实行草畜平衡制度，需要对整片草场进行整合，统一规划，科学利用。这就需要转变对草场一家一户碎片化利用方式，通过推进组织化，实现对草场的规模化利用。其次，加快推广畜牧业适用技术，调整畜种、畜群、品种结构，改善畜牧业生产水平，提升畜牧业经济效益，需要转变一家一户的小规模生产方式，通过推进组织化，实现畜牧业的规模化生产。再次，发展牧区第二、第三产业，加工畜产品，促进畜牧业生产、牧民生活服务社会化，为转产就业牧民提供就业岗位，需要转变一家一户的小规模经营方式，通过推进组织化，实现畜牧业产业化经营。最后，减少牧区人口，引导牧民进城就业、转移就业，需要通过推进组织化，使进城牧民的草场和牲畜等生产资料资产化、资本化，让一部分牧民从草场和畜牧业生产中解放出来。这方面，内蒙古自治区牧民包括试点地区的牧民正在走出一条符合各自实际的组织化路子（见专栏4）。

专栏4

新巴尔虎右旗“芒来牧民专业合作社”

呼伦贝尔市新巴尔虎右旗克尔伦苏木芒来嘎查有一个“芒来牧民养羊专业合作社”。2010年6月，这个合作社成立时有17户牧民自愿加入了合作社，其中有中等富裕户，也有贫困户，有12户牧民以草场和羊入股，5户没有牲畜的牧民以草场入股，并为合作社放羊，年工资为2500元。合作社有116188亩草场、3600多只羊。合作社成立时，旗里支持17万元，将6万元用于购买过冬和接羔饲草6000捆，11万元作为合作社固定基金。合作社社员每人另缴1000元社员费，作为合作社饲养牲畜、购买饲草、畜疫防治、协调贷款、畜产品销售信息服务等方面的开支。现合作社有理事会成员7人，党员9名，劳动力36人，米吉格道尔吉是合作社的创建人和理事长。

芒来牧民专业合作社实行草场统一管理使用、牲畜统一放养、饲草统一购买、畜疫统一防治、贷款统一协调以及提供畜产品市场销售信息等服务。具体做法上，合作社将17户的草场连成7片，划为春夏秋冬四块牧场，将全社牲畜分成7群放养，实行季节性大区轮牧。畜牧业生产中产生的各项开支费用由社员按入社牲畜头数分摊。2010年到2012年，一只羊的放牧费由3元涨到5元，放牧工工资由1500元涨到2500元。每年3~4月接羔季节，社员各家自己负责接羔，各家的羊有自家的耳标，卖羊的事各家自己决定。

芒来牧民专业合作社自成立以来，通过整合草场，整合畜群，整合设备，整合劳动力，实现规模经营，降低生产成本，提高经济效益，增加了牧民收入。

整合草场，指的是把原来一家一户小块分散的草场连成片，又进行合理划分，实行季节性大区轮牧，使草场得以休养生息、植被恢复，草种多样性增加。

整合畜群，指的是把原先十几个畜群整合为7群，实现适度规模养殖，牲畜数量从合作社成立初期的3000多只发展到2012年6月的5820只。由于草场的草种不同，羊的营养得到均衡搭配，羊的膘情好了，而且避开了针茅草结籽时对羊皮的损伤，原来只卖30~40元的羊皮涨到了100元。

整合设备，指的是将各家各户的棚圈、打草机、拖拉机等设备统一安排使用，节约劳动力，减少了费用，提高了使用设备的效能。

整合劳动力，指的是整合草场、整合畜群、整合设备以后，用少量劳动力经营更多牲畜，解放了劳动力。合作社成立以后有6户社员进城就业创业，其中，宝乐尔、贡毕力格2户4个人在矿上打工；有4户牧民到旗里创业，米吉格道尔吉一家经营服装店，乌仁其其格、乌日汗两家在镇里开民族服装缝纫店，洪伟一家用自家车跑出租。

芒来牧民专业合作社成立短短两年，牧民看到了合作社实实在在的好处，有的加入到合作社里。同时，社员们也感到在接羔季节各家自己接自家的羔、各家的羊打耳标、各家的羊自己卖的做法还是很麻烦，影响了他们进城经营或干别的事情。下一步他们盘算着把羊分等次折成钱入股，合作社生产经营的收益按股分红。

资料来源：笔者根据调研材料整理。

一般来讲，牧区专业合作组织比农区更难搞。令人欣喜的是新巴尔虎右旗“芒来牧民专业合作社”正在走一条符合牧区实际的成功路子。其成功在于有效地整合草场资源、牲畜资源、设施资源和劳动力资源，解放了牧民特别是解放了牧民的思想观念。牧民有条件离开草场、离开牲畜进城开辟新天地了。下一步的路怎么走，牧民自己有想法了，真是难能可贵！牧区要是多有几个米吉格道尔吉就好了，他是克尔伦苏木芒来嘎查唯一一名大专生。新巴尔虎右旗“芒来牧民专业合作社”的做法无疑是对牧区基本经营制度的创新，使我们清晰地看到了现代草原生态畜牧业发展的方向。

（二）发展生态畜牧业的推进方式

1. 加快发展牧民专业合作组织

新巴尔虎右旗的“芒来牧民养羊专业合作社”成立时间不长，但他们的做法和发展思路给人们以许多启示。

第一，转变了草原利用方式。他们把原来一家一户碎片化的草场连成一片，合理划分为春夏秋冬四块牧场，实行季节性大区轮牧，使草场得以休养生息，植被恢复，植物多样性增加。草原利用方式的转变，直接带来了草场植被覆盖率提高。转变草原利用方式，其实质是草原使用权的调整，是草场的规模化利用。这是转变畜牧业发展方式的主要内容，也是转变畜牧业发展方式的重要基础。只有实现畜牧业的组织化，才能转变草原利用方式，才能提高草场植被覆盖率。可见，加快发展牧民专业合作组织，是转变草原利用方式、提高草场植被覆盖率的前提，是发展生态畜牧业的推进方式。

第二，转变了牲畜放养方式。他们把全社3000多牲畜分成7群放养，把原先十几个畜群整合为7个畜群，是牲畜的规模化养殖。转变牲畜放养方式，实行规模化养殖，提高了劳动生产率，也增加了放养牲畜牧民的收入。转变草原利用方式是转变牲畜放养方式的前提条件，而实行牲畜规模化养殖则有利于草场的可持续利用。可见，加快发展牧民专业合作组织，转变牲畜放养方式，有利于提高草场植被覆盖率，是发展生态畜牧业的推进方式。

第三，转变了畜牧业经营方式。他们实行草场统一管理使用、牲畜统一放养、饲草统一购买、畜疫统一防治、贷款统一协调以及提供畜产品市场销售信息等服务，这几个方面的“统一”体现了畜牧业的集约化经营。转变畜牧业经营方式，实行几个统一，为保护草原生态包括实行禁牧休牧轮牧制度和草畜平衡制度，为畜牧业生产服务社会化，为牧民转产转移就业等创造了最根本的条件。转变畜牧业经营方式，是以转变草原利用方式和牲畜放养方式为基础的，转变畜牧业经营方式反过来能够提高转变草原利用方式和牲畜放养方式的成效。

第四，转变了牧民就业方式。17户牧民中有6户进城就业，占到1/3，特别是其中的4户自谋职业、自主创业，难能可贵。转变牧民就业方式，减少了牧区人口，但没有改变进城牧民对草场和牲畜的权益，开辟了牧民多元增收渠道，为减少牧区牲畜、实现草畜平衡创造了条件。转变牧民就业方式，是以转变草原利用方式、牲畜放养方式和畜牧业经营方式为基本前提的，转变牧民就业方式又将进一步促进草原利用方式、牲畜放养方式和畜牧业经营方式转变。

第五，转变了牧民思想观念。十几户牧民在米吉格道尔吉的带领下自愿加入成立了“芒来牧民养羊专业合作社”，这是牧民思想观念的一大转变；在合作社发展过程中对合作社生产经营和管理的思路不断完善，形成共识，这是牧民对发展现代畜牧业认识的提高；牧民主动把自身从草场和畜牧业中解放出来，进城就业创业，这是牧民谋生理念的一大飞跃；牧民把自己的牲畜当成有形财产到看作无形价值——资本，这是牧民对市场经济认识的一大提升。牧民思想观念的转变是从合作社发展的实践中来的，而牧民思想观念的转变必将带动合作社更好更快地发展，也必将促进生态畜牧业更好更快地发展。

上述五个方面的转变，是“芒来牧民养羊专业合作社”的发展带来的，每一个转变又都是发展生态畜牧业所必须的，也是生态畜牧业发展的实践过程。没有这些转变和实践，生态畜牧业不可能发展。芒来牧民专业合作社成立才两年，畜牧业发展方式的有些转变还不到位，有些转变还不明显或没有开始。但毫无疑问，加快发展牧民专业合作组织是发展生态畜牧业最根本的推进方式。

2. 大力推进畜牧业产业化

所谓畜牧业产业化，是指以市场需求为导向，以经济效益为中心，以科技进步为支撑，围绕主导产品优化组合生产要素，实行区域化布局、规模化建设、专业化生产、系列化加工、社会化服务、企业化管理，形成种养加、产供销一体化经营的现代经营方式和产业组织形式。产业化经营是从整体上推进传统畜牧业向现代畜牧业转变的有效途径。

畜牧业产业化与农业产业化一样，同样具有需求市场化、布局区域化、建设规模化、生产专业化、经营一体化、方式集约化、服务社会化、管理企业化等基本特征。农业畜牧业产业化经营的本质是通过加工销售等环节提高畜产品附加值，提升畜牧业经济效益。牧民、龙头企业和服务实体等都是畜牧业产业化产业链上的平等主体，各主体特别是牧民应公平分享畜牧业产业化的效益。畜牧业产业化龙头企业应与基地牧户建立紧密型利益联结机制，使牧民分享畜产品加工和销售环节的利润，确保牧民稳定增收，这是大力推进畜牧业产业化的根本目的。

畜牧业产业化的实质是通过市场机制实现第一、第二、第三产业有机融合，带动畜牧业可持续发展。通过畜牧业产业化实现第一、第二、第三产业有机融合的过程本身，就是牧区经济结构和畜牧业产业结构的战略性调整过程。实现提高草场植被覆盖率的目标，需要通过畜牧业结构的战略性调整，加快转变畜牧业发展方式，包括转变草原利用方式、牲畜放养方式、畜牧业经营方式、牧民就业方式和牧民思想观念等。畜牧业产业化经营，是调整畜牧业结构、转变畜牧业发展方式的重要带动力量，是发展生态畜牧业的重要带动力量。从这个意义上讲，大力推进畜牧业产业化是生态畜牧业最重要的推进方式。

从畜牧业产业化与牧民专业合作组织的关系来讲，牧民专业合作组织，是牧民作为推进畜牧业产业化主体的组织形式，是畜牧业产业化区域性原料生产基地的组织形式，是作为畜牧业产业化必要条件的规模化生产的实现形式，因此，牧民专业合作组织是畜牧业产业化的重要基础；畜牧业产业化，是牧民专业合作组织生产的畜产品实现增值、对接市场的经营形式，是牧民专业合作组织调整产业和生产结构的引导力量，是牧民专业合作组织成员稳定增收的主要渠道，因此，畜牧业产业化是牧民专业合作组织发展的带动力量。可见，两者是相互依存、相互促进、相得益彰的关系，都是发展生态畜牧业的主要推进方式。

比如说，新巴尔虎右旗“芒来牧民养羊专业合作社”的成立和发展，为合作社的产业化经营奠定了必不可少的基础。在前面分析加快发展农民专业合作组织问题时，我们讲“农民专业合作组织与单个农户在生产经营上的最大区别就是合作组织统一安排生产、适度规模经营。统一安排生产、适度规模经营，把整合资源与调整结构协调推进，把组织的能量与农户的积极性有效结合，把降低成本与提高产量、质量、效益有机统一，这正是农民专业合作组织的本质体现、优势所在”。统一安排生产、适度规模经营，也正是新巴尔虎右旗“芒来牧民养羊专业合作社”的优势所在。芒来牧民专业合作社既可以成为现有大龙头企业的生产基地，为其提供畜产品原料，也可以自己发展生产、加工、销售一体化经营，即把传统生产方法与现代标准化生产方法相结合，生产加工民族特色食品。实践证明，这样的产品具有广阔且稳定的市场前景。扶持有条件的牧民专业合作组织自身实现产业化经营，就会形成少数实力强的大龙头与为数众多、各具特色的小龙头共同带动畜牧业组织化和产业化的局面。扶持有条件的牧民专业合作组织自身实现产业化经营，最大的好处是广大牧民直接分享畜产品加工销售环节的利润，实现稳定增收。可见，大力推进畜牧业组织化、产业化，不仅是发展生态畜牧业最根本的推进方式，而且是实现富民的重大举措之一。

3. 推进生态畜牧业发展的政策、制度和重点工程

紧紧围绕“草场植被覆盖率达到50%以上”的主要目标推进生态畜牧业发展，需要用一系列政策措施、制度机制和重点工程来保证推进方式落到实处。

（1）加快发展牧民专业合作组织的政策措施、制度机制和重点工程。加快发展牧民专业合作组织，是发展生态畜牧业、提高草场植被覆盖率最根本的推进方式。截至2010年底，内蒙古自治区经工商注册登记的各类牧民专业合作社有1638个，成员发展到4.6万人，辐射带动非成员5.9万户。合作社入股草牧场面积2685万亩，入股牲畜138.6万头（只）。合作社年销售收入达30700万元，生产经营主要涉及肉、乳、绒、草四大产业，肉类占51%，乳类占18%，饲草料占20%，其他占11%①。内蒙古自治区牧民专业合作组织数量只占内蒙古自治区农民专业合作组织的1/10左右，发展生态畜牧业，需要从政策措施、制度机制上进一步加大对牧民专业合作组织的扶持力度。

一是制定内蒙古自治区党委、政府《关于大力扶持牧民专业合作组织发展的政策意见》。牧区与农区相比有其特殊性，牧民居住分散，交通不便，生产生活支出更多；畜牧业生产不像农业生产以年度为一个生产过程，其生产过程具有连续性特征，易遭受风雪、干旱等灾害；因为劳动对象、劳动资料的不同，其生产方式也不同，生产成本更高。由于存在这样一些特殊性，发展牧民专业合作组织的难度更大，更需要加强指导和扶持。应从内蒙古自治区牧区和牧业发展的实际出发，制定更具有针对性的指导和扶持的优惠政策，推动牧民专业合作组织加快发展。

二是制定内蒙古自治区政府《关于进一步规范草场承包经营权流转的规定》，形成在草场承包经营权流转中保障牧民合法权益和长远利益的制度机制。目前，内蒙古自治区草场承包经营权流转中同样存在租金、转包费、出让费确定

---

① 杨印成：《对内蒙古自治区牧民合作社发展现状的分析和建议》，中国农经信息网，2011年5月27日。

不科学、不合理和导致草场退化的问题，已经损害了牧民的利益、损害了生态安全，并有发生矛盾纠纷的隐患。尽早出台上述文件很有必要。

三是参照中央财政专项资金扶持农民专业合作组织的做法，制定内蒙古自治区《财政专项资金扶持牧民专业合作组织发展的制度》，对各级财政专项资金扶持牧民专业合作组织的条件、程序、办法等做出明确规定，形成支持牧民专业合作组织规范发展更加优惠的激励机制。

四是结合落实《关于大力扶持牧民专业合作组织发展的政策意见》，在牧区实施“大力扶持牧民专业合作组织发展计划”“牧民专业合作组织科技服务行动”“牧民专业合作组织带头人培养工程”“职业牧民培训工程”等重点工程。

（2）大力推进畜牧业产业化的政策措施、制度机制和重点工程。大力推进畜牧业产业化，是发展生态畜牧业、提高草场植被覆盖率最重要的推进方式。对结合内蒙古自治区推进农牧业产业化实际，制定内蒙古自治区政府《关于支持农牧业产业化龙头企业与农牧户建立紧密型利益联结机制的意见》、建立农牧业产业化龙头企业与农牧户紧密型利益联结机制的必要性及主要内容，在大力推进农业产业化的政策措施和制度机制那一部分，已经作了阐述。在大力推进畜牧业产业化的重点工程方面，还应结合牧区实际，实施“牧民专业合作组织龙头企业扶持计划”“用传统方式加工民族特色畜产品小型微型龙头企业扶持计划”和经营牧民专业合作组织龙头企业的“牧民企业家培养行动”，全面推动畜牧业产业化经营，加快发展生态畜牧业。

（3）全面实行草场植被覆盖率监测和草场产草量测量制度。发展生态畜牧业，最重要的标志是草场植被有效恢复、草场产草量持续增加，草场植被覆盖率达到50%以上的目标，草原生态保护和草原可持续利用得以实现。建立健全草场植被覆盖率监测制度和草场产草量测量制度是确保实现上述目标的保证。

一是实行草场植被覆盖率监测制度。在牧区和半农半牧区以旗县市为单位建立草场植被覆盖率监测制度，由草原监理部门每年对整个区域草原植被恢复情况进行监测，定期公布所属行政区域草场植被覆盖率，并采取相应的奖惩措施。这是提高草场植被覆盖率的制度保障。

二是实行草场产草量测量制度。在牧区和半农半牧区以旗县市为单位建立草场产草量测量制度，由草原监理部门牵头每年对每个牧户或每个牧民专业合作组织草场的产草量进行测量，据此下达牲畜饲养量限制数。这是兑现草原生态保护补助奖励政策不可缺少的基础环节和制度保障。

三、发展生态林草业的推进方式

（一）生态林草业发展的成绩和存在的问题

所谓生态林草业，通俗地讲，是指遵循生态经济发展规律，以自然环境最美、生产生活环境最优、富民效益最好为目标，最大限度地实现森林、草原和湿地的生态效益、社会效益和经济效益的现代林业和草业。森林在生态平衡中既有涵养水源、防风固沙以及制氧、吸尘、隔音、消毒、杀菌等保护环境的重要作用，也有提供木材、木本粮食、油料、药材和纤维等林产品的功能，具有很高的经济价值。草原具有调节气候、涵养水源、防风固沙、保持水土、净化空气以及维护生物多样性等多种功能，是我国国土的主体和陆地的绿色生态屏障。湿地被誉为"地球之肾"，它可以作为直接利用的水源或补充地下水，能有效控制洪水和防止土壤沙化，还有滞留沉积物、有毒物、营养物质，从而改善环境污染等作用。湿地与森林、草原相互依存，维护着生态平衡。草原的退化、森林的减少首先是从湿地萎缩开始的。内蒙古自治区地处高原，远离海洋，又无冰川雪山，水资源除黄河过境外，主要靠天降水，湿地涵养着这些十分珍贵的水分，调节着气候、栖息着鸟类，形成美好景观。

生态林业担负着净化环境、平衡森林生态系统和湿地生态系统的功能，在自然环境的改善、生态的修复和保障国土生态安全等方面具有重大影响，对生态文明建设、社会可持续发展以及人的全面发展等方面具有非常重要的意义。生态林业是一个系统的、复杂的生产体系，不仅仅是植树造林、禁砍禁伐那么简单。实现生态林业的生态效益、社会效益和经济效益的统一，不仅要搞好生态建设，而且要发挥林业的综合经济功能，从传统的采集式林业向现代的栽培式林业转变，推动选种、育苗、栽树、采伐、管理和综合利用等多环节的统一，促进生态建设与林业发展相结合、生态效益与经济效益相结合。

"十一五"期间，内蒙古自治区在国家272.77亿元林业建设资金支持下，大力推进了"三北"防护林、天然林保护、京津风沙源治理、退耕还林等林业重点生态建设工程。2010年末，内蒙古自治区森林面积达到2366.40万公顷，森林覆盖率达到20.36%（见表5），比2005年末的17.50%提高2.5个百分点。截至2012年5月底，内蒙古自治区共完成人工造林22.62万公顷，飞播造林9200公顷，封山（沙）育林14.22万公顷，完成新育苗1.09万公顷，义务植树7000余万株，"四旁"植树2666.75万株，补植补造6.97万公顷，完成2011年森林抚育补贴试点任务11.53万公顷，完成造林补贴试点任务2.48万公顷①。近年来，内蒙古自治区大力推进全社会办林业，"谁造谁有，合造共有，群众造林归个人所有"的政策深入人心，采取拍卖、承包、股份合作、无偿划拨"四荒"造林地等多种经营形式，逐步实现了投资主体的多元化，为林业发展注入了活力。

① 李国萍：《内蒙古植树造林工作结束完成年度计划的一半多》，内蒙古新闻网，2012年6月10日。

表 5　2010 年全国、内蒙古自治区及各试点单位森林、湿地面积

	全国	内蒙古	乌兰察布	兴安盟	伊金霍洛旗	林西县	新巴尔虎右旗	多伦县
国土面积（万公顷）	96000	11830	544.56	598	56	39.33	248.39	38.64
湿地面积（万公顷）	3848.55	424.50	25	39.70	1.33	0	32.53	1.50
森林面积（万公顷）	19545.22	2366.40	119.56	165.06	24.13	13.68	1.28	12.11
森林覆盖率（%）	20.36	20.00	21.96	27.60	43.09	34.78	0.52	31.34

资料来源：全国、内蒙古自治区数据来自《中国统计年鉴（2011）》《内蒙古统计年鉴（2011）》，各试点地区湿地面积和森林面积来自各试点地区实施规划等材料。

内蒙古自治区人均森林资源相对较少之外，在发展生态林业方面还面临不少困难和问题。一是林业产权不明晰造成所有权和经营权不明确，导致多重利益主体纠纷多。目前，林权改革处于转型期，在集体林区，完全的市场经济体制尚未建立，木材的经营仍然沿袭过去统购统销的垄断性、行政性购销模式，农民利益得不到保证，农民对林地建设积极性受到挫伤。二是林业产业结构不合理，表现在长期以来实行以木材生产为中心的单一产业结构上，忽视森林保护与多种资源综合开发利用的投入。三是林业管理手段落后，林业资源保护环节薄弱，林业检查验收与情况监测体系的不完善。四是发展生态林业的科技手段落后，种树不能抗旱保活是内蒙古自治区发展生态林业的瓶颈。

（二）发展生态林业的推进方式

2011 年 6 月，《国务院关于进一步促进内蒙古经济社会又好又快发展的若干意见》提出，到 2015 年，生态环境恶化趋势得到有效遏制，治理区明显好转，基本实现草畜平衡，草原植被覆盖度达到 43%，森林覆盖率达到 21.5% 的目标。也就是说，到“十二五”末，内蒙古自治区森林覆盖率要比“十一五”末至少提高 1.5 个百分点。提高森林覆盖率是生态林业推进方式的着力点。

1. 加快推进集体林权制度改革

提高森林覆盖率，必须保护现有森林，由砍林转变为护林。深化集体林权制度改革，明确林业所有权和经营权，维护农民利益，调动农民积极性，是保护现有森林、发展生态林业的动力。深化集体林权制度改革，要着力在林权流转、要素市场建立、信贷投放、森林保险以及公益林补偿、私有林采伐规范等方面进行探索，确保林地使用权和林木所有权得到真正明晰、经营权得到真正放活、处置权得到真正落实，真正实现山林有其主、林主有其权、林权有其责、林责有其利。

2. 加强生态林业保护区建设

提高森林覆盖率，必须加强森林自然保护区和湿地自然保护区建设。森林和湿地自然保护区对保持水土、改善环境和保持生态平衡具有重要作用。加强森林自然保护区和湿地自然保护区建设，是发展生态林业、提高森林覆盖率的重要推进方式，必须禁止破坏和污染湿地，严格控制对湿地有影响的生产行为，保证湿地系统生态功能。同时，可以依托各类森林公园、自然保护区以及野生动植物、湿地等景观资源，吸引内蒙古自治区内外资本参与森林和湿地生态旅游资源开发经营，打造特色旅游线路，把发展生态林业和旅游业结合起来，发展生态旅游经济，充分发挥生态林业的价值和作用。

3. 加快林业产业结构调整

提高森林覆盖率，必须加快调整林业产业结构，实现林业生态效益与经济效益的统一。一是坚持保护与开发相结合，以不破坏森林系统的生态平衡为前提，促进森林资源的综合开发利用，既要把生态效益作为首要目标，也要追求适度的经济效益；既把林木资源作为保护与开发的对象，也要注重林地、林中资源的保护与开发，处理好森林资源保护与开发利用的关系。二是坚持多功能发展，加快转变林业生产经营方式，保护森林系统生物多样性，多种经营、全面发展，不单纯追求木材价值，发展野生动物养殖，野生中草药植物栽培，野生林副产品采集、加工、销售等，建设多功能立体林业，既安置农民就业、增加林业收入，又满足社会对生态林业和森林产品的多种需求。三是不断完善林业产业发展政策，鼓励个体、民营、外资等非公有制经济主体以各种形式参与林业产业开发，在坚持生态优先、资源安全、权属不变的前提下，变森林资源为森林资本，采取入股合作、招商引资等多种方式科学利用林业资源。

4. 加快实施植树造林惠民工程

提高森林覆盖率，必须坚持因地制宜植树造林，并把植树造林与惠民富民结合起来。发展生态林业就是要坚持生态效益、经济效益和社会效益的统一，实现森林资源的永续利用。因地制宜植树造林，一要坚持“适地适树”，遵循林业生态规律，根据本地气候、地形、地貌等自然条件，选择适合本地的树种，提高成活率。二要坚持“适地适法”，根据本地自然条件，选择适合本地的植树造林方法，不搞不切实际的盲目攀比，避免造成财政负担和水资源负担。三要坚持植树为民，统筹发挥林业的生态功能和经济功能，像锡林郭勒盟多伦县那样探索适合本地实际的林业生态建设与区域经济发展相协调、植树富民的可持续发展模式，像赤峰市林西县新城子镇七合堂村那样以新兴生态林业替代传统林业、植树富民的可持续发展模式（见专栏5、专栏6）。

专栏 5

多伦县百万亩樟子松造林工程

从 2000 年开始，锡林郭勒盟多伦县陆续实施京津风沙源治理、退耕还林等重点生态治理工程，生态林业建设取得显著成效。十年间，多伦县实行《鼓励集体、个人承包造林实施办法》，把人工造林投资由国家投入转向多元化投入，带动个人、企业以及全社会造林，6.8 万农民进行退耕还林，全县干部职工形成了每年两周的义务植树制度。

通过十年的实践，多伦县在造林技术、保护管理、制度建设等方面积累了宝贵的经验，尤其是总结出了樟子松“以造代育”的种植模式：造林与育苗兼顾，合理密植、适时移植，窄林带、宽草带，有利于农民育苗和打贮草。农民在享受国家退耕还林补贴的同时销售樟子松大苗来增收，调动了农民造林积极性。到 2011 年末，多伦县累计种植樟子松 10 万亩，在保留树林单位面积合理密度的前提下，每年出售樟子松大苗 100 多万株，销售收入达到 8000 万元，农民年人均增收 1200 元。

“十二五”开局之年，多伦县启动以百万亩樟子松造林工程为主的生态林业建设，以集体林权制度改革和林沙产业发展为动力，增强生态林业建设发展后劲，计划用五年完成以樟子松造林为主包括水源涵养水土保持区、城镇村屯绿化区、农田防护林区、林沙产业开发区、工矿植被恢复绿化区和公路沿线、铁路沿线、种苗建设基地在内的“六区两线一基地”生态林业建设任务 130 万亩。到“十二五”期末，多伦县森林覆盖率由“十一五”末的 35% 提高到 43% 以上。

与此同时，多伦县引导农民在林中搞特色养殖、树下种植中草药，发展了林沙产业。截至 2011 年底，已建成杨柴采种基地 2 万亩、沙蒿采种基地 3 万亩、草籽基地 26 万亩，种植山杏 40 万亩、灌柳 20 万亩，年可采杨柴种子 5 万斤、沙蒿种子 6 万斤、优质草籽 800 万斤，收获山杏核 300 万斤，灌柳条 9200 万斤，林沙产业年产值达到 3170 万元，农民人均从林沙产业增收 466 元。

资料来源：笔者根据调研材料整理。

专栏 6

林西县新城子镇七合堂村

七合堂村位于林西县新城子镇北端，全村 228 户、908 口人，全村土地面积 32320 亩，其中耕地面积 6108 亩，除了不足 200 亩的水浇地以外，其余都是 25 度以上的坡耕地。20 世纪 90 年代初，该村人均收入不足 300 元，人均持有粮食 300 斤，是典型的“吃粮靠返销、生活靠救济、生产靠贷款”的“三靠”国家级贫困村。

1991 年底，七合堂村决心走植树造林、恢复植被、大搞生态建设的发展路子，实行封山禁牧，推动荒山、土地、林地使用权流转，实现有山必有权。七合堂的经验可以用“管死、放活、调优”六个字来概括，管死就是实行全面封山禁牧；放活就是把土地、荒山、林地的经营权放活，山定主、树定根、人定心变成现实；调优就是因地制宜搞栽植，对准市场调结构，向生态效益要经济效益。

七合堂村给人们留下深刻印象的是他们用膜下滴灌技术浇果树的一套节水做法：第一步，在山下的沟里打井；第二步，在山顶上修高位蓄水池，通过一级提水把井水储存到高位蓄水池；第三步，用二级地埋管使水自流到果树滴灌系统，一棵树一个滴灌圈，每个滴灌圈有 8 个滴灌头，根据树苗树龄调节水流量和流速达到更加节水的效果。相对于大水漫灌，膜下滴灌可节水 70% ~80%。

截至目前，全村有收益的山杏林 12000 亩、果树 6000 亩、落叶松 6000 亩，森林覆盖率达到 81.1%。2011 年，全村生态建设产值达到 820 万元，占总产值的 85%以上，其中，果品产值 720 万元、牧草产值 60 万元、山杏林产值 40 万元，年产水果 500 万公斤，农民人均收入突破 11000 元，成了远近闻名的富裕村。

今天的七合堂，是一派“阳坡满山杏，阴坡尽是松，山中杨柳缠腰，山下野果遍地红”的生态景观，是“全国国土绿化突出贡献单位”“全国生态文化村”。目前，七合堂村正在进行低产林改造工程，力争用三年左右时间将 1.2 万亩山杏林改造成附加值高、品质好的美国大扁杏林，同时将 6000 亩果树全部实现节水灌溉，让果品产量达到 800 万公斤，果品产值突破 1150 万元。

资料来源：笔者根据调研材料整理。

多伦县和七合堂村的做法及经验说明，集体林权制度改革是生态林业发展的动力，林业产业结构调整是生态林业发展的方向，生产经营方式转变是生态林业发展的主线，而惠民、富民则是生态林业可持续发展的保证。

四、发展生态工业的推进方式

（一）生态工业发展的成绩和存在的问题

所谓生态工业，通俗地讲，是指遵循生态经济发展规律，以工业与生态协调发展为目标，以现代科学技术为支撑，坚持节约资源、清洁生产和废弃物资源化循环利用，运用系统工程方法经营和管理，实现经济效益、社会效益和生态效益相统一的新型工业化发展模式。

生态工业与传统工业的区别：一是追求的目标不同，传统工业片面追求经济效益，忽略生态效益，导致高投入、高消耗、高污染；生态工业追求经济效益和生态效益并重，重视环境保护和资源的集约、循环利用，有利于工业可持续发展。二是资源利用方式不同，传统工业片面追求在较短时间内提高产量、增加收入，资源过度开采、单一利用，引发资源短缺、能源危机、环境污染；生态工业合理开采资源，使各类企业相互依存，形成生态工业链，达到资源的集约、循环利用。三是产业结构布局不同，传统工业区际封闭式发展，导致各地产业结构趋同、产业布局集中，与生态系统和自然结构不相适应；生态工业作为开放性的系统，有利于人流、物流、价值流、信息流和能量流在工业生态经济系统中合理流动和转换增值，产业结构布局与生态系统和自然结构相适应。四是废弃物处理方式不同，传统工业实行单一产品生产加工模式，对废弃物一弃了之；生态工业将“原料—产品—废料”的生产模式改为“原料—产品—废料—原料”模式，延伸资源加工链，最大限度地开发利用资源，实现价值增值和环境保护。五是技术要求不同，传统工业片面追求经济效益最大化技术；生态工业强调其技术有利于经济协调、能源资源节约和环境保护。六是对产品流通控制不同，传统工业对市场所需产品一律放行；生态工业增加了环保限制，更利于生态环境保护，促进工业和生态协调发展。

这六个方面的区别，其根源在于第一个区别：追求的目标不同，传统工业片面追求经济效益，忽略生态效益，导致高投入、高消耗、高污染；生态工业追求经济效益和生态效益并重，重视环境保护和资源的集约、循环利用，有利于工业可持续发展。由传统工业向生态工业转变，必须按科学发展要求调整目标追求，坚持经济效益、社会效益和生态效益相统一，注重资源节约和环境保护，实现可持续发展。

分析内蒙古自治区发展生态工业取得的成绩、存在的问题，以及探讨转变内蒙古自治区工业发展方式、发展生态工业的路径，其具体目标依据是“工业固体废物综合利用率超过65%、万元GDP能耗低于内蒙古自治区平均水平、主要污染物排放强度低于内蒙古自治区平均水平”的三项指标。内蒙古自治区发展生态工业，必须始终把发展生态工业取得的成果体现在为各族人民创造良好的生产生活环境上，体现在富民上。这三项指标都强调了工业发展的生态性，强调了工业的可持续发展，体现了为各族人民创造良好生产生活环境这个根本目的。

“工业固体废物综合利用率超过65%”这一指标强调的是必须减少工业生产过程对生态环境的破坏。要达到这项指标要求，唯一的途径是加快转变工业发展方式，采用循环经济模式，综合利用工业固体废物。“万元GDP能耗低于内蒙古自治区平均水平”这一指标强调的是工业节能，是对试点地区能耗要求的底线。对内蒙古自治区来说，工业是能耗大户，降低万元GDP能耗，首先必须降低工业能耗。要达到这项指标要求，唯一的途径是转变工业发展方式，调整工业结构，强化科技支撑，以降低工业能耗为重点，全面降低万元GDP能耗，试点地区万元GDP能耗必须低于内蒙古自治区平均水平，内蒙古自治区逐步实现万元GDP能耗低于内蒙古自治区平均水平。“主要污染物排放强度低于内蒙古自治区平均水平”这项指标强调的是工业减排，是对试点地区减排要求的底线。工业是内蒙古自治区污染物排放大户，降低主要污染物排放强度，首先必须降低工业污染物排放。要达到这项指标要求，唯一的途径是转变工业发展方式，采用清洁生产技术和工业污染控制技术，切实减少工业污染物排放。这三项指标虽然是对西部地区生态文明示范工程试点地区提出的，但对内蒙古自治区不同类型地区发展生态工业、推进生态文明建设具有普遍的指导作用。

内蒙古自治区作为国家重要的能源基地，担负着保障国家能源供应的重大责任，同时也面临加大节能减排力度，加快转变经济发展方式的艰巨任务。从节能情况看，内蒙古自治区万元GDP能耗由2005年的2.475吨标准煤下降到2010年的1.915吨标准煤，降低了22.62%，超额完成了“十一五”规划提出的降低22%的节能任务。从减排情况看，内蒙古自治区化学需氧量（COD）排放总量由2005年的29.73万吨下降到2010年的27.51万吨，降低了7.46%，超额完成了降低6.7%的任务；二氧化硫由2005年的145.6万吨下降到2010年的139.41万吨，降低了4.25%，超额完成了降低3.8%的减排任务。

根据《中国统计年鉴》（2010~2011）数据，2010年，内蒙古自治区GDP达到11672亿元，占全国GDP总量401202亿元的2.91%；能源消耗总量达到18882.66万吨标准煤，占全国总能耗325000万吨标准煤的5.81%；二氧化硫排放量达到139.41万吨，占全国二氧化硫排放量2185.1万吨的6.38%；化学需氧量达到27.51万吨，占全国化学需氧量1238.1万吨的2.22%。也就是说，内蒙古自治区在创造占全国经济总量2.91%的GDP的过程中消耗了占全国消耗总量5.81%的能源、排放了6.38%的二氧化硫和2.22%化学需氧量（见表6）。

内蒙古自治区万元GDP能耗比全国平均水平高0.89个百分点，二氧化碳排放强度是全国平均水平的2.4倍，二氧化硫排放强度是全国平均水平的2.2倍。六个试点地区中，乌兰察布市的万元GDP能耗高于内蒙古自治区平均水平、兴安盟的万元GDP能耗低于内蒙古自治区平均水平，四个旗县没有数据；乌兰察布市、兴安盟的二氧化碳排放强度低于内蒙古自治区平均水平，林西县的二氧化碳排放强度高于内蒙古自治区平均水平，其余三个旗县没有数据；主要污染物中，二氧化硫排放强度兴安盟、伊金霍洛旗和新巴尔虎右旗低于内蒙古自治区平均水平，氨氮排放强度伊金霍洛旗和新巴尔虎右旗低于内蒙古自治区平均水平，多伦县没有数据，氮氧化物排放强度兴安盟、伊金霍洛旗、林西县、新巴尔虎右旗低于内蒙古自治区平均水平，多伦县没有数据（见表6）。

表6　2010年六个试点地区能耗和主要污染物排放情况

	全国	内蒙古	乌兰察布市	兴安盟	伊金霍洛旗	多伦县	林西县	新巴尔虎右旗
生产总值（亿元）	401202	11672	567.6	261.4	472.9668	46.2584	37.3363	46.1475
能源消费总量（万吨标准煤）	325000	18882.66	950	340	286.69	44.71	63.41	1.44
单位GDP能耗（吨标准煤/万元）	1.03	1.92	2.2	1.7	—	—	—	—
化学需氧量排放量（万吨）	1238.1	27.51	4.29	5.70	0.092	0.12	0.87	0.072
二氧化碳排放总量（万吨）	—	—	2489	330	—	—	221	—
二氧化碳排放强度（吨/万元）	2	4.8	4.39	1.26	—	—	5.92	—
二氧化硫排放量（万吨）	2185.1	139.41	8	2	0.79	2.77	0.46	0.073
二氧化硫排放强度（吨/万元）	0.00545	0.0119	0.014	0.0077	0.0017	0.060	0.012	0.0016
氨氮排放总量（万吨）	—	4.19	0.28	0.29	0.049	—	0.031	0.0069
氨氮排放强度（吨/万元）	—	0.000359	0.00049	0.0011	0.00010	—	0.00083	0.00015

续表

	全国	内蒙古	乌兰察布市	兴安盟	伊金霍洛旗	多伦县	林西县	新巴尔虎右旗
氮氧化物排放总量（万吨）	—	108.07	10.64	2.11	1.10	—	0.084	0.17
氮氧化物排放强度（吨/万元）	—	0.00926	0.019	0.0081	0.0023	—	0.0023	0.0037

资料来源：全国和内蒙古自治区生产总值、能源消费总量、单位GDP能耗、化学需氧排放量、二氧化硫排放量数据来自《中国统计年鉴（2011）》《内蒙古统计年鉴（2011）》。内蒙古自治区氨氮排放总量、氮氧化物排放总量由内蒙古环保厅总量处提供。其余数据由各试点地区提供或根据提供数据计算。

从工业固体废物综合利用情况看，内蒙古自治区工业固体废弃物主要包括八类：尾矿、冶炼废渣、粉煤灰、炉渣、煤矸石、危险物、放射性废物、其他废物等。对工业固体废弃物的综合治理与应用方面，内蒙古自治区出台政策，凡是未建工业固体废物贮存、处置场所的企业，以及工业固体废物贮存、处置场所不符合环保标准的企业，将依法征收固体废物排污费；已经投入运营的火电厂、煤矿、洗煤厂、焦化厂等企业在申请改建、扩建贮灰场、矸石场时必须提出有效的固体废物综合利用方案，否则国土资源、规划部门将不予审批。为了促进固体废物综合利用，内蒙古自治区规定自2010年1月起，粘土砖瓦厂的煤矸石、矿渣、粉煤灰或其他废渣的掺用率不得低于30%，到2010年6月末没达标的粘土砖瓦厂将被关停。同时，盟市、县级市政府所在地城区将全面禁止使用粘土实心砖。此外，以煤矸石、城市垃圾等固体废物为原料的资源综合利用发电厂，如果单机规模超过500千瓦且符合并网调度条件，所产电力将优先上网，并免交小火电上网配套费。为了鼓励企业投资固体废物综合利用，凡是列入内蒙古自治区固体废物综合利用计划的项目，如果产品符合环保，即可享受国家资源综合利用税收优惠政策，而且每利用一吨固体废物可获得财政补助两元[①]。

2010年内蒙古自治区工业固体废物产生量为16996.01万吨，综合利用量9562.36万吨，工业固体废物综合利用率比2005年的40.90%有所提高，达到56.3%[②]，但比“工业固体废物综合利用率超过65%”的指标还有较大的差距。六个试点地区中，多伦县超过了这个目标，乌兰察布市和新巴尔虎右旗达到了这个目标，兴安盟和伊金霍洛旗没有达到这个目标，特别是伊金霍洛旗还有很大的差距（见表7）。

① 任会斌：《内蒙古将强化固体废物综合治理利用》，新华网，2010年1月17日。

② 《内蒙古统计年鉴》（2006，2011）。

表 7　2010 年六个试点地区工业固体废物综合利用情况

项目	乌兰察布市	兴安盟	伊金霍洛旗	多伦县	林西县	新巴尔虎右旗
固体废物当年产生量（万吨）	724.14	130.77	496.45	6.85	72.94	1041.07
固体废物综合利用量（万吨）	546.05	73.15	114.60	5.48	54.70	832.85
综合利用往年贮存量（万吨）	109.21	1.63	—	—	16.60	208.21
固体废物综合利用率（%）	65.53	55.25	23.08	80.00	61.09	66.67

资料来源：各试点地区实施规划等材料。

（二）发展生态工业的推进方式

生态工业推进方式，就是紧紧围绕“工业固体废物综合利用率超过 65%、万元 GDP 能耗低于内蒙古自治区平均水平、主要污染物排放强度低于内蒙古自治区平均水平”的主要目标，加快转变工业发展方式；把发展生态工业取得的成果体现在为各族人民创造良好生产生活环境上，体现在富民上。

1. 切实加大工业节能减排力度

工业是内蒙古自治区耗能大户、排放大户。内蒙古自治区工业能耗由 2001 年的 2172.44 万吨标准煤快速上升到 2010 年的 11501.76 万吨标准煤，占内蒙古自治区总能耗的比重由 48.78% 猛增到 2010 年的 60.91%（见表 8、图 1）。能耗与排放紧密相连，能耗决定排放。二氧化硫、氮氧化物等主要污染物大部分是在煤炭等能源燃烧过程中排放的，化学需氧量、氨氮排放量就是生产生活污水中的主要污染物排放量。高能耗必然伴随高排放，减排必先节能。抓住工业用电量、用水量就抓住了工业节能减排的“牛鼻子”，就能实现万元 GDP 能耗、主要污染物排放强度的目标。2010 年，内蒙古自治区工业增加值占 GDP 比重为 48.1%，而工业能耗占内蒙古自治区总能耗的比重仍然高达 60.91%。工业是内蒙古自治区能源消耗的重点领域，因而也是节能减排的重点领域。内蒙古自治区发展生态工业，必须切实加大节能减排力度，把万元 GDP 能耗和主要污染物排放强度降下来。

内蒙古自治区工业能耗、污染物排放居高不下，与内蒙古自治区经济发展阶段有关，与产业层次处于低端有关，与工业结构比较单一有关，与工业发展方式粗放有关，更与推进节能减排的体制机制有关，特别是与没有把工业节能减排指标分解落实到工业企业直接有关。把工业节能减排指标科学分解落实到每户工业企业，实行严格的考核奖惩制度，可以倒逼企业采用节能减排技术，实施技术改造，主动节约能源资源、减少主要污染物排放，使企业生产经营方式由外部不经济向内部经济性与外部经济性相统一转变。建立工业企业节能减排的倒逼机制，在整个新型工业化进程中可以形成企业自觉增加研发投入、自主创新步伐加快；产业结构加速调整、产业层次不断提升；发展方式加快转变、经济发展质量明显提高的积极效应。

由此可以说，把工业节能减排指标分解落实到企业，是发展生态工业最重要的推进方式。

表8　2001～2010年内蒙古自治区工业能耗情况

年份	工业增加值占GDP比重（%）	内蒙古自治区能耗总量（万吨标准煤）	工业能耗（万吨标准煤）	工业能耗占全区能耗比重（%）
2001	31.6	4453.48	2172.44	48.78
2002	31.7	5190.12	4378.31	84.36
2003	32.4	6612.77	5138.41	77.70
2004	33.4	8601.81	5629.54	65.45
2005	37.8	10788.37	6936.80	64.30
2006	41.0	12835.27	8093.76	63.06
2007	43.3	14703.32	9352.40	63.61
2008	45.7	16407.63	10202.86	62.18
2009	46.2	17473.68	10682.07	61.13
2010	48.1	18882.66	11501.76	60.91

资料来源：《内蒙古统计年鉴》（2002～2011）。

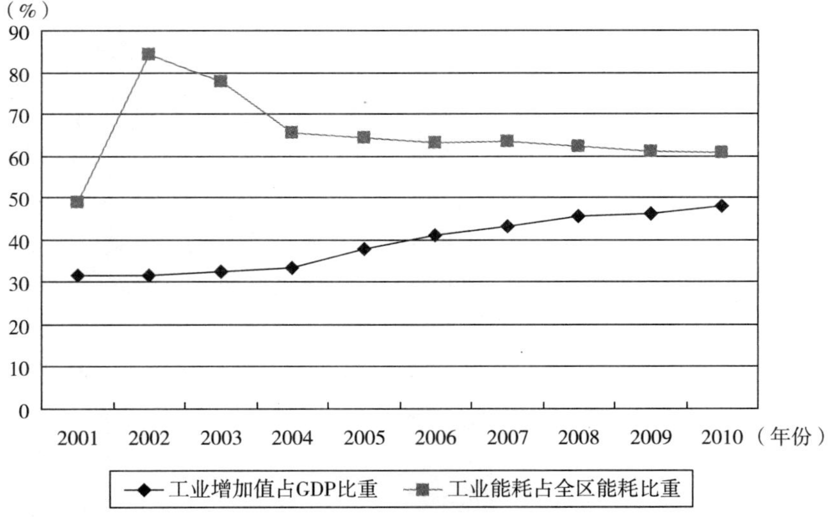

图1　2001～2010年内蒙古自治区工业增加值占GDP比重及工业能耗占内蒙古自治区能耗比重

资料来源：《内蒙古统计年鉴》（2002～2010）。

2. 切实提高工业固体废物综合利用率

工业固体废物综合利用率超过65%，是对试点地区提出的目标要求，也可以作为内蒙古自治区发展生态工业的一项指标。提高工业固体废物综合利用率，就是要把工业固体废弃物资源化循环利用。这就要求围绕行业龙头和骨干企业，发展专业化分工协作的配套企业，实现资源在上下游企业、不同企业和不同产业之间循环利用，提高工业固体废物综合利用水平。生态工业园区是围绕骨干企业发展专业化分工协作的配套企业，实现资源循环利用的有效载体。因地制宜规划、设计和发展生态工业园区，有利于形成产业集群，产生产业集聚效应，提高产业组织程度与产业规模竞争力。

由此可以说，因地制宜发展生态工业园区，是发展生态工业的重要推进方式。

3. 推进生态工业发展的政策、制度和重点工程

紧紧围绕提高工业固体废物综合利用率、降低万元GDP能耗和主要污染物排放强度三项目标推进生态工业发展，需要用一系列政策措施、制度机制和重点工程来保证推进方式落到实处。

一是制定支持企业积极主动节能减排的财政政策。对增加研发投入、研究开发节能减排技术或采用节能减排技术，在节约能源资源、减少污染物排放上取得突出成效的企业给予财政补助。

二是制定支持一般工业园区向生态工业园区升级的政策。生态工业园区以生态工业理论为指导，着力于园区生态链和生态网建设，最大限度地提高资源利用率，从源头上将污染物排放量降至最低，实现区域清洁生产。与传统的“设计—生产—使用—废弃”生产方式不同，生态工业园区遵循“回收—再利用—设计—生产”的循环经济模式。生态工业园区使不同企业之间形成共享资源和互换副产品的产业共生组合，使上游生产过程中产生的废物成为下游生产的原料，达到资源最优化配置（见专栏7）。一般工业园区达到生态工业园区标准的，给予财政补助和奖励。

专栏7

循环经济与生态工业园

循环经济实质是一种生态经济，是一种以资源的高效利用和循环利用为核心，把经济活动组成一个“资源—产品—再生资源”的反馈式流程，以减量化、再利用、再循环为原则，以低消耗、低排放、高效率为基本特征，以尽可能小的资源、环境代价获取尽可能大的经济效益、社会效益和环境效益，是对

传统增长方式的根本变革，既符合可持续发展理念的经济增长模式，又实现经济发展与资源、环境、人口的协调，是实现可持续发展战略最重要和最现实的选择。从生态文明建设的角度讲，循环经济大大提高了工业固体废物综合利用率，降低万元 GDP 能耗以及减少主要污染物的排放强度，因此，要健全激励与约束机制，大力发展循环经济，加强资源节约和综合利用，加快推动资源利用方式向绿色低碳、清洁安全转变，保证生态文明建设目标的实现。发展循环经济的一个重要措施就是建设循环发展的生态工业园。循环生态工业园不仅促进工业生产和生态资源的物质循环、综合利用，提高子系统之间的能量转换和物质使用效率，而且转变了工业生产模式，实现工业生态平衡。工业园区的建立还可以引导不同产业通过产业链进行延伸和耦合，实现资源在不同企业之间和不同产业之间的循环利用。同时，围绕行业龙头和骨干企业，发展专业化分工协作的配套企业，形成产业集群，产生产业集聚效应，提高产业组织程度与产业规模竞争力。另外，从生态文明建设的角度来看，循环模式的生态园区能够大幅度提高工业固体废物综合利用率，降低主要污染物排放，为实现试点目标起到重要作用。

资料来源：百度百科。

三是实行工业节能减排指标和固体废物综合利用要求分解落实到企业的制度。企业是耗能、污染物排放和固体废物废气的主体，也是节能减排、固体废物综合利用的主体。只有把节能减排和固体废物综合利用的指标分解到每户企业，才能确保完成节能减排和工业固体废物综合利用率的目标。实行工业节能减排指标分解制度，应专题调研、先抓试点。一个伊金霍洛旗就有近 400 户工业企业，对不同类型、不同规模的企业如何分解指标，可以在伊金霍洛旗调研。

四是推进工业企业节能减排在线监测行动。在线监测是对工业企业在生产过程中节能减排情况进行监管的有效手段，是完成节能减排目标任务的重要保证。应采用在线监测技术，对所有工业企业实行节能减排在线监测。

五、发展生态服务业的推进方式

（一）生态服务业发展的成绩和存在的问题

所谓生态服务业，通俗地讲，是指遵循生态经济发展规律，以信息技术、生物技术为依托，用生态化的新技术、新业态和新方式改造传统服务业，创造绿色需求，倡导绿色消费，为生态农业、生态畜牧业、生态工业发展和人民群众的绿色消费提供生产服务和生活服务的现代服务业。生态服务业是生态经济的有机组成部分，包括绿色商业服务业、生态物流业、生态旅游业、生态文化、生态教育、绿色公共管理服务等部门，是生态经济正常运转的纽带和保障。

发展生态服务业，其本质要求是创造绿色需求，倡导绿色消费，为绿色消费提供服务。积极倡导绿色消费，不仅倡导居民绿色消费，而且政府要带头绿色消费。国家有关部委就消费模式对生态文明示范工程试点地区提出的具体指标是节能环保产品政府采购率大于或等于40%、非化石能源消费比重11.4%、生态环保产品消费比重大于或等于50%、市场包装限塑比重大于或等于90%。2010年，内蒙古自治区政府采购节能节水产品和环保产品的比重分别达到68.86%和50.02%[①]。除此之外，没有关于居民消费生态环保产品和市场包装限塑方面的数据。

在六个试点地区中，节能环保产品政府采购率，乌兰察布市达到41.32%、兴安盟达到100%、伊金霍洛旗达到96.26%、林西县达到56.02%，新巴尔虎右旗和多伦县没有数据；非化石能源消费比重，乌兰察布市达到20.51%、兴安盟达到4.88%、伊金霍洛旗达到1.81%、林西县达到20.61%、多伦县达到29.52%，新巴尔虎右旗没有数据；生态环保产品消费比重，乌兰察布市达到85.82%、兴安盟达到72.65%、林西县达到41.56%，伊金霍洛旗、新巴尔虎右旗、多伦县没有数据。

（二）发展生态服务业的推进方式

1. 着力推动绿色消费

绿色消费，也称可持续消费，是指一种以适度节制消费，避免或减少对环境的破坏，崇尚自然和保护生态等为特征的新型消费行为和过程。绿色消费包括的内容非常宽泛，不仅包括生产绿色产品，还包括资源的回收利用、能源的有效使用、对生存环境和物种的保护等，可以说绿色消费涵盖生产行为、消费行为的方方面面。

绿色消费的重点是“绿色生活，环保选购”。绿色消费是一种权益，它保证后代人的生存与当代人的安全与健康；绿色消费是一种义务，它提醒我们环保是每个消费者的责任；绿色消费是一种良知，它表达了我们对地球家园的爱心。

2. 着力发展生态物流业

生态物流也称绿色物流，是一种对物流过程产生的生态环境影响进行认识并使其最小化的过程。生态物流是与环境相协调的物流系统，是一种环境友好而有

---

① 《内蒙古自治区财政厅2010年政策采购工作总结》。

效的物流系统。凡是以降低物流过程的生态环境影响为目的的一切手段、方法和过程都属于生态物流的范畴。

3. 着力发展生态旅游业

所谓生态旅游业，就是以大自然为舞台，以休闲、保健、求知、探索为载体，旅游者参与性强，品位高雅、形式多样，既能使旅游者获得身心健康、知识增益，又能增强热爱自然、保护环境意识，维护当地人民利益、珍惜民族文化、弘扬文明精神，实现可持续发展的旅游体系。生态旅游业以保护自然生态为核心，使自然生态既能满足当代人的旅游娱乐需求，又不会对子孙后代的发展能力构成威胁（见专栏8）。

专栏8

兴安盟阿尔山市生态旅游

阿尔山市位于兴安盟西北部，大兴安岭西南麓，地处呼伦贝尔草原、锡林郭勒草原、科尔沁草原和蒙古国草原四大草原交汇处，森林覆盖率超过80%，绿色植被覆盖率达到95%，辖区分布四大矿泉区，经初步查明的矿泉就有100眼之多，辖区内有50余个火山锥，7个高位火山口湖（天池），数十个火山堰塞湖和4座活火山。阿尔山市是内蒙古自治区乃至我国为数不多的温泉疗养区和生态旅游胜地。

在推进工业化的实践中，兴安盟和阿尔山市选择了统筹发展生态农牧业、生态工业和生态旅游业的路子，把发展定位在构建“健康阿尔山·生态文明体验区”，依托得天独厚的生态资源优势，提出“以旅带工、以工促旅，为旅而农，为旅而牧”的理念，规划口岸物流加工园区和新欧亚大陆桥沿线绿色工业基地，坚持发展绿色环保型工业、观光型农牧业和可持续的生态旅游业，有选择地推动矿产资源开发、农畜产品及林产品加工，矿泉饮品、保健品和药品加工，着力培育一批有特色、上规模的骨干企业和以“阿尔山矿泉水”为代表的高端产品。

阿尔山市通过发展生态产业，不断拓宽就业渠道，增加群众收入。据统计，2012年1~7月，阿尔山市接待游客55.39万人次，同比增长29.5%，实现旅游收入6.6亿元人民币，同比增长31.6%。

资料来源：笔者根据调研材料整理。

生态旅游的特征：旅游经历的原始性、独特性；旅游规模的小型化；旅游者的参与性；旅游资源保护的责任心等。可持续发展是判断生态旅游的决定性标准。生态旅游的可持续发展可以概括为：以可持续发展的理论和方式管理生态旅游资源，保证生态旅游地的经济、社会、生态效益的可持续发展，在满足当代人开展生态旅游的同时，不影响后代人满足其对生态旅游需要的能力。

一是生态旅游的可持续发展表现为维护自然生态系统的可持续发展，主要由生物和非生物两大部分组成。系统的生物群落即有生命的系统，包括生产者、消费者、分解者；非生物环境即非生命的系统，包括阳光、空气、水、土壤和无机物等，它们共同构成一个丰富多彩的相对稳定的结构系统，成为生态旅游的主要吸引物。无论是开发经营者、决策管理者，还是旅游者，对保护自然生态都有不可推卸的责任，都必须在生态旅游实践中认识自然、保护自然。对旅游对象尊重与保护的责任是生态旅游可持续发展的重要内涵。

二是促进生态旅游地经济社会可持续发展是发展生态旅游的重要目的，具体表现在旅游地居民个体层面和旅游地经济、文化、社会整体层面两个层次上。从个体层面讲，旅游地居民是旅游地经济社会发展的主体，拥有维护自身全面发展的权利，发展生态旅游必须让当地居民直接参与到管理和服务中去。在经济方面，直接参与和服务可以使他们获得丰厚的经济回报，有效促进旅游地经济发展；在社会方面，直接参与和服务可以使他们开阔眼界，提高素质，更快地融入现代文明；在环境方面，当地居民对自然环境的维护与影响比旅游者更为直接。从整体层面讲，发展生态旅游有利于旅游经济持续增长，成为地方经济新的增长点；发展生态旅游有利于提高旅游业经营管理者、旅游者和当地居民的环境保护意识，增加对自然环境保护和管理的资金投入；发展生态旅游有利于扩大就业机会，促进公平分配，持续增加收入，提高当地居民的生活水平。

4. 着力发展生态文化

所谓生态文化就是由人统治自然的文化过渡到人与自然和谐相处的文化。这是人的价值观念的根本转变，这种转变解决了从人类中心主义价值取向到人与自然和谐发展价值取向的过渡。生态文化的特点在于用生态学的基本观点去观察现实事物，解释现实社会，处理现实问题，运用科学的认识和态度去研究生态学，建立科学的生态理论，提高人的生态文化素质（见专栏9）。

专栏 9

生态危机、生态文化与生态文明

人类之所以创建新的生态文明，是源于工业文明造成的日益加深的全球性生态危机。20 世纪中叶以来，伴随着第三次工业技术革命的发展和世界经济工业化、市场化进程的加快，造成了从局部到整体、从区域到全球的生态危机。这种生态危机突出表现在，全球性气候变化，臭氧层耗竭与破坏，生物多样性锐减，土地退化和荒漠化，水资源短缺水源污染，酸雨污染日趋严重，有毒化学品危害加剧，生产生活垃圾泛滥，栖息地被破坏导致物种灭绝，生态灾难接踵而至。它是以大工业生产和市场经济为基础的现代历史的产物，是人类不合理的生产生活方式、对资源与环境的破坏性开发利用导致人类与自然关系恶化的结果。人们越来越清醒地认识到，人类如果不彻底改变征服自然的态度，不改变以牺牲生态环境来开发自然的生产方式，不改变奢侈浪费的生活方式，不改变损害生态环境的社会制度，则不可能长期有效地阻止地球生物圈的加速退化，人类最终也会由于不适应生态环境而从地球上消失。

生态学研究认为，人类和其他生物一样，生活在特定的生态环境之中，地球生物圈就是人类赖以生存和繁衍的最基本、最重要的生态系统。人类在地球生态系统中扮演着双重角色，即人既是自然的组成部分，受到自然的制约，同时，人又是自然的主宰，对自然生态系统产生巨大的影响。人类虽然无时不在改造和影响着地球的生态系统，但却又不能脱离地球的生态系统。一旦地球的生态系统遭到严重破坏，以致不能通过自我调节而修复，人类将会最终陷于灭顶之灾，像其他生物物种那样从地球上消失。生态学家呼吁，地球的生态系统正在遭到空前的破坏，生态危机已经超越局部区域而具有全球的性质，危及着全人类的生存和发展。西方产业革命以来，随着科学技术水平的迅速发展，人口的急剧增长，人类的社会活动的规模、程度不断扩大，向自然索取的能力和对自然生态干预的能力也日益增强，致使生态危机越来越严重，生态破坏正在逐步以公开或隐蔽的方式威胁着人类自身的生存。

生态文化相对于生态文明而言，是一个内容更为复杂和广泛的概念。如果说，生态文明是由生态化的生产方式所决定的全新的文明类型，它所强调的是所有生态社会中人与自然相互作用所形成的共同特征和起码标准的话，那么，生态文化则是不同民族在特殊的生态环境中多样化的生存方式，它更强调由具体生态环境所形成的民族文化的个性特征。由于生态是人类和非人类生命生存的环境，文化是不同人类生存的方式，所以，一旦地球上有了人类，就不可避免地产生生态文化。即使人类还处于文明之前的采集、渔猎时代，就已经存在着不同人类种族的生态文化。在农业文明时代，不同生态环境中的种族和民族拥有更为丰富多彩的生态文化，其中，中华民族的生态文化传统就是农业文明时代的最高典范。生态文化是自人类诞生以来不同人类种族、民族、族群为了适应和利用地球上多样性的生态环境的生存模式的总和。人类适应和维护不同的生态环境而在生存和发展中所积累下来的一切，都属于生态文化的范畴。

生态文明作为未来社会的文明类型，尽管它的兴起可能只在少数国家和民族，但它的实现需要世界上绝大多数国家和民族都建成生态社会才算完成。任何社会的生态文明建设并不只是少数社会精英的事情，而是关系到每一个社会成员，无论是领导干部、专家学者、文体明星，还是一般民众，他们的生活方式、生存态度都深刻影响到已经严重退化的区域生态环境和全球生态环境的命运。人们必须具有基本的生态文化素质才能积极地推动生态文明建设的发展。

资料来源：百度百科。

发展生态文化，就是要使所有社会成员具备建设生态文明的深厚的生态文化素质。在现实生活中，由于生态知识缺乏、生态意识淡薄、生态文化素质低下，人们常常会以工业文明的思维方式、价值标准和行为习惯来决定经济社会发展思路、发展方式和自己的生产生活方式。如果不能改变这种状况，设法使每一个社会成员养成比较深厚的文化教养，就很难将生态文明建设变为每一个社会成员主动参与、积极创造的自觉行为。

5. 着力发展生态教育

所谓生态教育是以生态学为依据，传播生态知识和生态文化，提高人们生态意识及生态文明素养的教育，是人类为了实现可持续发展和创建生态文明的需要，而将生态学思想、理念、原理、原则与方法融入现代社会的全民性教育过程。

生态教育的内涵极为丰富，涵盖各个教育层面，包括学校教育、职业教育、社会教育等，教育对象包括全社会的决策者、管理者、企业家、工人、农民、军人、科技文化工作者、大专院校和中小学校学生等，教育方式包括课堂教育、实验证明、媒介宣传、野外体验、典型示范、公众参与等，教育内容包括生态理论、生态文明、生态文化、生态哲学、生态价值、生态伦理、生态知识、生态技术、生态健康、生态安全、生态工艺、生态标识、生态美学等，生态教育的主体包括政府、企事业单位、学校、家庭、宣传出版部门、群众团体，等等。发展生态教育，就是要通过生态教育使全社会形成一种新的生态自然观、生态世界观、生态价值观、生态伦理观、可持续发展观和生态文明观，实现人类、社会与自然的和谐发展。

发展生态教育具有非常重要的现实意义和战略意义。生态教育是提高生态意识、塑造生态文明的根本途径。保护和建设好生态环境，走可持续发展道路，固然离不开科学技术手段的支持和法规制度的保障，但更离不开人们生态意识的强化和生态文明素质的提高。要使每个公民自觉维护与其自身生存和发展休戚与共的生态环境，最行之有效的途径就是建立多维的生态教育体系，开展全民生态教育。

生态教育体系和质量是衡量一个国家文明程度的重要标志。生态教育的目标是解决人与自然环境之间的矛盾，调整人的行为，建立生态伦理规范和生态道德观念，教育人正确认识自然环境的规律及其价值，提高人对自然环境的情感、审美情趣和鉴赏能力，为每个人提供机会获得保护和建设生态环境的知识、价值观、责任感和技能，创造个人、群体和整个社会自然环境行为的新模式。我们不得不认识到，一个没有生态教育的民族是可悲的，也是可怕的。

生态教育可以为解决当代生态危机、实现可持续发展提供精神资源。随着人类对生态危机的广泛体认，生态教育逐渐走出生态学专业圈囿，置身公众舞台。人们越来越清醒地意识到，生态问题的背后所隐藏的是人的价值取向问题。生态教育不仅使人们获得生态系统的知识，而且引导和帮助人们树立正确的生态价值观和塑造美好的生态情感。只有热爱大自然，才能自觉爱护自然环境，维护生态平衡，才能落实胡锦涛同志提出的要求："促进人与自然的和谐，实现经济发展和人口、资源、环境相协调，坚持走生产发展、生活富裕、生态良好的文明发展道路，保证一代接一代地永续发展"。

第三部分　发展生态城镇的推进方式

从生态学观点讲，城镇是以人为主体的生态系统，是一个由社会、经济和自然三个子系统构成的复合生态系统。推进城镇生态化发展，就要推进城镇社会、经济、自然三个系统协调发展和整体生态化。推进社会生态化，就要坚持以人为本，增强人的生态意识和环境价值观，带动农村牧区富余劳动力转移，使人口素质、生活质量、健康水平与社会进步、经济发展、生态平衡的要求相适应，满足人的物质文化需求，创造人的各项权益得到尊重和保障的社会环境。推进经济生态化，就要坚持速度、结构、质量、效益相统一，清洁生产、集约经营、绿色消费，技术进步、节约能源、减少排放，提高资源综合利用水平，为城镇打造可持续发展的产业支撑。推进环境生态化，就要坚持以保护自然为基础，与环境承载能力相协调，合理利用一切自然资源，使城镇开发建设活动始终保持在自然环境所允许的承载能力范围之内，减少对自然环境的消极影响，为城镇可持续发展营造良好的自然环境。

一、生态城镇发展的成绩和存在的问题

所谓生态城镇，概括地讲，就是统筹城乡区域，人民安居乐业，经济又好又快发展，文化繁荣昌盛，生活健康舒适，环境清洁优美，人与自然和谐共生，生态良性循环的城镇。分析内蒙古自治区发展生态城镇取得的成绩、存在的问题，以及探讨内蒙古自治区发展生态城镇的推进方式，要把握国家发改委、财政部和林业局《关于开展西部地区生态文明示范工程试点的实施意见》提出的“城镇污水处理率和垃圾无害化处理率均达到90%”的目标要求。

内蒙古自治区选择发展生态城镇的推进方式，必须立足于为各族人民创造良好的生产生活环境上。“城镇污水处理率和垃圾无害化处理率均达到90%”的目标特别强调了城镇发展的生态性。城镇污水和城镇垃圾是除了工业污染之外城镇最主要的污染，是“城市病”的主要体现。提高城镇污水处理率，不仅要求所有城镇都要建立污水处理厂，而且要求配套建设完善的上下水基础设施系统，还要求配套建设污水处理后的中水利用系统等。提高城镇垃圾无害化处理率，不仅要求所有城镇建立垃圾无害化处理设施，而且要求配套建设垃圾分类回收系统，还要求居民分类投放垃圾，进而要求所有居民养成分类投放垃圾的习惯、意识、理念、觉悟，就是要求提高居民的生态文明素质等。提高城镇污水处理率和垃圾无害化处理率，还要求污水处理和垃圾无害化处理技术进步、中水和垃圾资源化利用技术进步等；还涉及城镇规划、布局，城镇产业发展，城镇教育、文化、卫生事业发展，等等。上述分析说明，“城镇污水处理率和垃圾无害化处理率均达到90%”的目标，其实是发展生态城镇的综合性目标，要达到这个目标要求，必须加快转变城镇发展方式，增强城镇发展规划的科学性，加大城镇基础设施建设力度，加强城镇文明发展的制度建设，提高居民生态文明素养。这个目标虽然是对西部地区生态文明示范工程试点地区提出的，但对内蒙古自治区不同类型生态城镇发展、推进生态文明建设具有普遍的指导作用。

“十一五”期间，内蒙古自治区城市污水处理、生活垃圾处置等设施建设得到加强，污水处理厂达到88座，日处理能力为243.1万吨，较“十五”期间新

增67座，日处理能力增加160.8万吨，大多数县城有了污水处理厂；建成生活垃圾填埋场27座，垃圾处理能力为9515万吨，垃圾处理率达到70%以上。[①] 近年来，内蒙古自治区在城市污水处理、生活垃圾处理方面取得了一定成绩，同时也存在不少突出问题，主要是污水处理和垃圾无害化处理能力不足，处理水平低；不同地域、不同城市污水和垃圾处理水平不平衡；技术装备落后，管理体制不顺。六个试点地区中，城镇污水处理率，只有新巴尔虎右旗达到了90%的目标要求，乌兰察布市差距最大；垃圾无害化处理率，多伦县和林西县都达到100%，其余四个地区都有一定差距（见表9）。

表9　2010年六个试点地区城镇污水、垃圾处理情况

项目	乌兰察布市	兴安盟	伊金霍洛旗	多伦县	林西县	新巴尔虎右旗
城镇人口（万人）	83.36	69.08	14.89	4.1	8.2	1.9649
污水排放总量（万吨）	1795.16	1922.09	255	136	972	21
生活污水处理量（万吨）	415.46	1241.07	218	109	756	19.95
垃圾处理覆盖人口（万人）	46.37	55.78	40	4.1	8.2	0.876
城镇污水处理率（%）	23.10	64.60	85.50	80.10	77.80	95.00
垃圾无害化处理率（%）	55.60	80.70	—	100	100	44.60

注：垃圾处理系生活垃圾无害化处理。

资料来源：各试点地区实施规划等材料。

二、发展生态城镇的推进方式

提高城镇污水处理率，不仅要求所有城镇都要建立污水处理厂，而且要求配套建设完善的上下水基础设施系统，还要求配套建设污水处理后的中水利用系统等。提高城镇垃圾无害化处理率，不仅要求所有城镇建立垃圾无害化处理设施，而且要求配套建设垃圾分类回收系统，还要求居民分类投放垃圾，进而要求所有居民养成分类投放垃圾的习惯、意识、理念、觉悟，就是要求提高居民的生态文明素质等。提高城镇污水处理率和垃圾无害化处理率，还要求污水处理和垃圾无害化处理技术进步、中水和垃圾资源化利用技术进步等；还涉及城镇规划、布局，城镇产业发展，城镇教育、文化、卫生事业发展，等等。

1. 切实提高城镇污水处理率

这是减少城镇污染、节约城镇用水、提高用水效率、为人民群众创造良好生

① 《内蒙古自治区环境保护“十二五”规划》。

产生活环境的重要措施，是发展生态城镇的重要推进方式。应加大公共财政对城镇基础设施建设投入力度，在所有旗县市和人口多的中心镇建设污水处理厂，配套建设上下水系统和中水利用系统，实现所有污水有效处理和科学利用的目标。

2. 切实提高城镇垃圾无害化处理率

这是减少城镇污染，垃圾无害化处理、资源化利用，为人民群众创造良好生产生活环境的重要措施，是发展生态城镇的重要推进方式。应加大公共财政对城镇基础设施建设投入力度，在所有旗县市和人口多的中心镇建设垃圾无害化处理设施，因地制宜发展垃圾资源化利用的环保产业，实现所有垃圾无害化处理、资源化利用的目标。

3. 推进生态城镇发展的政策、制度和重点工程

一是完善城镇污水、垃圾处理政策。推进城镇污染治理市场化，坚持“污染者负担、治理者受益”原则，合理确定城镇污水、垃圾处理收费标准，鼓励社会资本参与城镇污水、垃圾处理等基础设施建设投入和运营；鼓励污染治理产业化，促进城乡垃圾专业化集中处理，培育环保产业发展。二是建立城镇污水、垃圾处理监管制度。加强环保部门对城镇污染物排放和治理的监督管理，实施污染物排放总量控制，对排污单位实行排污许可制度。三是在条件具备的城镇实施“城镇垃圾分类回收行动”。四是在条件具备的城镇实施“居民分类投放垃圾行动”。

第四部分　富民优先战略的推进方式

富民优先战略，就是把富民作为一切工作的出发点和落脚点摆在优先位置，坚持发展为了人民、发展依靠人民、发展成果由人民共享，推动经济社会又好又快发展，满足人民群众日益增长的物质文化需要。

推进生态文明建设，是涉及生产方式和生活方式根本性变革的战略任务，也要把富民作为出发点和落脚点，为人民群众创造良好生产生活环境。生态产业应是富民产业。发展生态产业，要把富民作为根本目的，为群众创造更多的就业岗位，为创业者营造更好的创业环境，让城乡居民持续稳定增收，不断提高生活水平。生态城镇应是富民城镇。发展生态城镇，必须城乡统筹，吸纳农村牧区人口进城就业，减轻生态环境的压力；必须以城带乡，辐射带动农村牧区，促进生态城镇和生态农村牧区协调发展、可持续发展。

一、实施富民优先战略的成绩和存在的问题

富民是科学发展观的本质要求，是不是达到了富民目的是检验发展是不是科学的试金石。富民，既要让人民群众的物质生活富裕，也要让人民群众的精神生

活富有。使城乡居民收入持续较快增长，是让人民群众共享发展成果的具体体现，是实现富民的物质基础。

“十一五”期间，内蒙古自治区城镇居民人均可支配收入由10358元增加到17698元，年均实际增长11.1%；农牧民人均纯收入由3342元增加到5530元，年均实际增长9.8%。单从收入增长看，五年间城乡居民收入实现了较快增长，人民群众生活水平有了明显改善。如果从收入增长与经济增长同步性、收入来源构成、城乡收入差距、与全国的差距等方面分析，还存在不少问题。

一是城乡居民收入增速低于经济增速。内蒙古自治区城乡居民收入增长速度与同期地区生产总值增长速度相比，2006年，扣除价格因素，城镇居民人均可支配收入实际增长13.4%，比同期地区生产总值增速19.1%低5.7个百分点，2007年高0.3个百分点，2008年低1.2个百分点，2009年低7.1个百分点，2010年低3.33个百分点；“十一五”期间，城镇居民人均可支配收入年均实际增长11.1%，低于地区生产总值6.5个百分点。2006年，扣除价格因素，农牧民人均纯收入实际增长11.8%，比同期地区生产总值增速19.1%低7.3个百分点，2007年低0.9个百分点，2008年低0.01个百分点，2009年低10.85个百分点，2010年低3.02个百分点；“十一五”期间，农牧民人均纯收入年均实际增长9.8%，低于地区生产总值7.8个百分点。

二是城乡居民收入来源构成不合理。城乡居民收入，一般由工资性收入、经营性收入、财产性收入和转移性收入四个部分构成。内蒙古自治区城镇居民工资性收入占总收入的比重由69.9%下降到66.3%，高于2010年全国平均水平1.1个百分点；经营净收入的比重由8.8%提高到10.6%，比全国平均水平高2.5个百分点；财产性收入的比重由1.9%上升到2.3%，低于全国平均水平0.2个百分点；转移性收入的比重由19.4%上升到20.8%，低于全国平均水平3.4个百分点。这种收入结构不利于城镇居民收入持续快速增长。农牧民工资性收入占纯收入的比重由17.7%上升到18.7%，低于2010年全国平均水平22.4个百分点；家庭经营纯收入比重由72.0%下降到66.4%，高于全国平均水平18.5个百分点，家庭经营纯收入依然是内蒙古自治区农牧民收入的主要来源；财产性收入的比重由2.5%上升到3.0%，低于全国平均水平0.4个百分点；转移性收入的比重由7.8%提高到11.9%，高于全国平均水平4.2个百分点。这种收入结构不利于农牧民收入的持续快速增长。

三是城乡收入差距进一步扩大。“十一五”期间，农牧民人均纯收入年均实际增长9.8%，比城镇居民人均可支配收入年均实际增长低1.3个百分点。从绝对数看，农牧民人均纯收入与城镇居民人均可支配收入的差距由2006年的7016元扩大到2010年的12169元，农牧民人均纯收入与城镇居民人均可支配收入的比例由 1∶3.1 提高到 1∶3.2，如果加上城镇居民所享有的教育、住房、医疗卫生和社会保障等方面福利的隐性收入，则城乡收入的实际差距更大。

四是与全国平均水平差距进一步扩大。2010 年与 2006 年相比，内蒙古自治区 GDP 在全国的位次由第 17 位上升到第 15 位、城镇居民人均可支配收入由第 12 位上升到第 10 位、农牧民人均纯收入仍居第 16 位，而城镇居民人均可支配收入与全国平均水平的差距却由 1401 元扩大到 1411 元，农牧民人均纯收入与全国平均水平的差距由 245 元扩大到 389 元。

由此可见，“十一五”期间，内蒙古自治区城乡居民收入增长与经济增长未能实现同步，城乡居民收入来源构成未能改善，城乡收入差距仍在扩大，城乡居民收入与全国平均水平的差距继续拉大了。

二、实施富民优先战略的推进方式

2011 年 6 月，《国务院关于进一步促进内蒙古经济社会又好又快发展的若干意见》提出，到 2015 年，内蒙古自治区城乡居民收入要达到全国平均水平；到 2020 年要超过全国平均水平的目标。推进富民优先战略，就要把富民摆在生态文明建设优先位置，既要让人民群众物质上富裕，也要让人民群众精神上富有。因此，要加快发展社会事业，推进基本公共服务均等化，满足城乡居民的精神文化需求，同时要加快发展生态经济，不断提高城乡居民收入，让城乡居民共享生态产业发展成果，如期实现中央对内蒙古自治区城乡居民收入增长的目标要求。

1. 通过推进组织化增加城乡居民收入

在农村牧区，加快发展各种形式的农牧民专业合作组织，提高农牧民组织化程度，一是通过规模化生产、实现规模效益，或进城自谋职业、自主创业，可以增加经营性收入；二是通过股份合作、企业化经营，或转产就业、进城打工，可以增加工资性收入和财产性收入。在城镇社区，同样应提高居民的组织化程度，通过各种形式和机制促进联合与合作，可以增加社区无业居民的经营性收入、工资性收入和财产性收入。

2. 通过推进产业化增加城乡居民收入

一是加快推进农牧业产业化，引导龙头企业与农牧户建立紧密型利益联结机制，让农牧民分享加工和销售环节的利润，增加经营性收入和财产性收入，特别是扶持农牧民专业合作组织从事特色加工与销售，增加经营性收入和工资性收入。二是加快推进生态产业体系，立足于提高特色优势产业集中度、企业配套，放手发展中小微企业、劳动密集型企业、个体私营等非公有制经济和服务业，加强就业创业指导和服务，营造全民创业氛围，增加居民的经营性收入、工资性收入和财产性收入。

3. 通过推进城镇化增加城乡居民收入

城镇化是农村牧区人口向城镇集中的过程。促进农村牧区富余劳动力向城镇转移，是发展生态农牧业、增加农牧民收入、建设新农村新牧区的需要，也是发展城镇经济、增加居民收入、建设生态城镇的需要。一是从加快发展教育、就业、文化、科技、医疗卫生、社会保障、住房和交通基础设施等方面增强城镇辐射带动农村牧区的能力和吸纳农村牧区人口转移的能力。二是把提高农牧民科技文化素质和生产技能作为增加其收入的关键，从加强职业教育培训、提高就业创业技能、实行就业创业扶持政策、提供就业创业指导服务等方面增强农村牧区人口融入城镇、增加收入、改善生活的能力。

4. 通过完善政策制度增加城乡居民收入

《国务院关于进一步促进内蒙古经济社会又好又快发展的若干意见》在深化农牧林业改革问题提出“鼓励农牧区集体和个人以土地、草场使用权入股等方式参与当地资源开发建设，增加农牧民财产性收入”。这是中央对内蒙古自治区农牧民通过股份制形式与资源开发企业合作来增加财产性收入的最明确的政策。现在的问题是，各地既没有有效措施尽快提高农牧民收入，又不落实中央如此明确而具体的政策。通过完善政策制度增加城乡居民收入，首先必须不折不扣地落实中央这一条惠民政策。同时应不断完善现有各项惠农惠牧政策，增加农牧民的转移性收入和财产性收入。

第五部分　切实加强生态文明建设能力

加强生态文明建设能力，应不断增强设施设备等硬件能力，更要提高全民特别是实施主体的素质能力。

一、试点地区启动工作的成绩和问题

生态文明示范工程试点工作的启动过程，是试点地区加强生态文明建设能力的一种体现。2011 年 12 月，内蒙古自治区生态文明示范工程六个试点地区的试点工作启动以来，各试点地区严格按照试点工作总体要求，围绕建设生态文明的主要目标，以科学发展观为主题，以加快转变经济发展方式为主线，正在稳步推进示范工程的各项工作。一是制定了本地区推进生态文明示范工程规划，成立专门领导小组，建立由发改委牵头的协调办事机构，有组织、有计划地开展试点工作。二是以保护生态环境为前提，以调整产业结构、优化消费模式为重要抓手，立足于构建生态产业体系，推动经济平稳健康发展。三是以构建生态保护优先的绩效评价体系为关键环节，着手健全生态环境监测评估体系，提高生态环境质量

在政绩考核中的权重，逐步完善建设生态文明的体制机制保障。总的来说，内蒙古自治区生态文明示范工程起步较好，试点工作有了一个良好的开端。

与此同时，各试点地区的起步工作中也有一些需要重视和规范的问题，主要是对试点地区7项主要目标、25个具体指标的理解和把握上需要统一认识、进行规范。例如，有的对森林面积和天然草原面积有重复计算的现象，有的对各种面积单位使用不规范，各试点地区对本地区在《内蒙古自治区主体功能区规划》中划分类型不明晰或填写不清楚（见专栏10），有的对城镇生活垃圾无害化处理覆盖人口数量把握不准确，有的对能源消耗总量与风能消费量的关系没搞清楚，等等。如果对相关概念的含义把握不准确、计算方法不规范和缺少必须的数据，都将影响对生态文明示范工程整体工作的指导、工作进程的把握和工作绩效的评价。

专栏10

内蒙古自治区主体功能区规划确立三大战略格局

《内蒙古自治区主体功能区规划》（以下简称《规划》）是依据不同区域的资源环境承载能力、现有开发密度和发展潜力等，将特定区域确定为具有特定主体功能定位类型的一种空间单元，是国土空间开发的战略性、基础性和约束性规划。《规划》确立了未来内蒙古自治区国土空间开发的三大战略格局。一是构建“沿线、沿河”为主体的城市化战略格局。二是构建“两区两带”为主体的农业战略格局。三是构建“两屏三区”为主体的生态安全战略格局。《规划》按开发方式，划分为重点开发区域、限制开发区域和禁止开发区域三类主体功能区，范围包括国家和内蒙古自治区两个层面。重点开发区域国土面积15.69万平方公里，占全区国土总面积的13.1%，共涉及39个旗县（市、区），其中国家级21个、自治区级18个；其他重点开发的城镇74个，其中国家级14个、自治区级60个。限制开发区域农产品主产区共计21个旗县区，其中包括国家级12个、自治区级9个，另外有国家产粮乡镇123个；限制开发区域重点生态功能区划入的旗县市区41个，其中国家级35个、自治区级6个。禁止开发区域包括自然保护区、世界文化自然遗产、风景名胜区、森林公园、地质公园等，共有318处，其中国家级59处、自治区级259处。

资料来源：戴宏、白中海：《内蒙古主体功能区规划确立三大战略格局》，《内蒙古日报》，2012年8月19日。

因此，一是各试点地区需要围绕试点工作7项主要目标、25个具体指标建立全覆盖的数据统计制度；二是各试点地区生态文明示范工程领导小组、成员单位和具体工作人员需要准确把握“关于报送西部地区生态文明示范工程试点市县申报材料的通知”中“指标解释与说明”；三是各试点地区应自觉将推进全局工作与实现试点工作7项主要目标、25个具体指标紧密结合起来，本文研究的生态文明示范工程推进方式就是为此服务的。

二、完善生态文明建设考核评价体系

生态文明建设考核评价体系，是生态文明建设推进方式的量化要求，是衡量生态文明建设成效的标准。内蒙古自治区不同类型地区特别是六个试点地区应以提高资源生态着力为基础，转变发展方式为主线，优化消费模式为抓手，健全体制机制为保障，紧紧围绕“到2015年，试点市、县林草覆盖率达到50%以上，城镇污水处理率和垃圾无害化处理率均达到90%，有机、绿色及无公害农产品种植面积的比重达到70%，工业固体废物综合利用率超过65%，万元GDP能耗低于本省区平均水平，农业灌溉用水有效利用系数高于0.55，主要污染物排放强度低于本省区平均水平”的7项主要目标和25条具体指标如表10所示，不断完善本地区生态文明建设考核评价体系。

表10　生态文明建设的考核评价体系

考核指标	目标评价标准	属性
一、资源生态		
1. 林草植被覆盖率（%）	≥75	约束性
2. 水域湿地覆盖率（%）	不低于2010年实际值	预期性
3. 各类保护区面积占国土面积比重（%）	大于内蒙古自治区同类地区平均水平（≥20）	预期性
4. 生态系统服务功能指数	生态服务功能指数提升10%	预期性
5. 生态综合治理率（%）	≥80	预期性
6. 农村面源污染防治率（%）	高于内蒙古自治区平均水平10个百分点	预期性
7. 城镇污水处理、生活垃圾无害化处理率（%）	≥90	预期性
8. Ⅲ类或优于Ⅲ类水质达标率（%）	高于内蒙古自治区平均水平10个百分点	预期性
9. 优良以上空气质量达标率（%）	高于内蒙古自治区平均水平10个百分点	预期性
二、发展方式		
10. 单位GDP能源消耗降低和二氧化碳排放降低	完成“十二五”目标任务	约束性
11. 主要污染物排放总量减少率（%）	完成“十二五”目标任务	约束性

续表

考核指标	目标评价标准	属性
二、发展方式		
12. 有机、绿色和无公害农产品种植面积比重（%）	≥60	预期性
13. 固体废物排放强度（吨/公顷）	低于内蒙古自治区同类地区平均水平	预期性
14. 工业固体废物综合利用率（%）	≥65	预期性
15. 污染源排放达标率（%）	≥90	预期性
16. 农业灌溉用水有效利用系数	≥0.55	预期性
17. 耕地和建设用地比例（%）	低于内蒙古自治区同类地区平均水平	预期性
三、消费模式		
18. 节能环保产品政府采购率（%）	≥40	约束性
19. 非化石能源消费比重（%）	≥11.4	预期性
20. 生态环保产品消费比重（%）	≥50	预期性
21. 市场包装限塑比重（%）	≥90	预期性
四、体制机制		
22. 生态环境质量纳入政绩考核	生态环境作为主要考核指标	约束性
23. 生态文化推广体系	生态文化推广方案基本落实	预期性
24. 生态环境灾害应急预案与组织机构落实（%）	≥80	预期性
25. 生态文明建设群众满意度（%）	≥90	预期性

一是明确责任单位。应以5条约束性指标为重点把25条指标全部落实到责任单位，确保目标实现。二是健全参照指标。在25条指标中至少涉及各类保护区面积、农村面源污染、水质达标、空气质量达标、固体废物排放、耕地和建设用地比例六个方面需要与内蒙古自治区平均水平对比，这就要求首先建立健全内蒙古自治区相关指标体系。三是应围绕25条指标建立健全科学可靠的相关数据采集统计制度，以准确完备的数据支撑生态文明建设考核评价体系。

良好的生态环境是可持续发展的基础，保护和改善生态环境是生态文明建设的基本要求和根本任务。在生态文明示范工程试点工作的逐步深化中，试点市县以生态经济为核心，以改善生态环境质量为出发点，以普及生态文化为载体，以构建资源节约型、环境友好型社会为目标，充分发挥该地区的生态与资源优势，统筹规划，推动着内蒙古自治区社会经济与环境协调发展。

三、切实提高生态文明建设能力

所谓生态文明建设能力，是指生态文明建设主体的综合素质在生态文明建设实践中表现出来的正确驾驭生态文明建设各项工作的实际本领和能量。提高生态文明建设主体的能力，也是生态文明建设重要推进方式之一，是生态文明建设的基础性工程。生态文明建设涵盖经济、政治、文化、社会各个领域，涉及众多因素，因而，公共机构、市场主体、私人部门和社会公众都属于生态文明建设主体，主要包括政府、企业、科研机构和社会公众等。

第一，应切实提高生态文化推广能力。党的十七大报告要求在全社会牢固树立生态文明观念。建设生态文明，是全社会的共同理想，是关系国家发展和民族前途的伟大事业，是与我们每个人息息相关的重要问题，是最广大人民的根本利益所在。所以，建设生态文明是全体人民共同的行动，需要推广生态文化来牢固树立全社会的生态文明观念。

生态文化是人与自然友好相处、和谐共生的文化，要求人们正确处理人与自然的矛盾，把生态价值观从传统的征服自然向人与自然协调发展转变。生态文化的推广普及既是生态文明建设能力实现的成果，也是生态文明建设能力的价值尺度。提高生态文化推广能力，要研究分析各类主体在生态文明建设中的角色功能，立足于各类主体的观念转变、作用发挥，制定和实施切实可行的生态文化推广方案，构建生态文化推广体系（见表10），让生态意识成为大众意识、生态观念成为社会观念、生态道德成为社会道德，从而使生态文化成为社会文化。

第二，应切实提高政府生态文明建设能力。各级政府是生态文明建设的实施主体、考核主体，也是生态文明建设的组织者、推动者、服务者、监督者。其他主体对生态文明建设的参与性和参与的有效性在很大程度上取决于政府部门动员、组织、推动、服务、监督和激励的有效性，即政府的生态文明建设能力。各级政府应按照生态文明建设的要求切实转变职能，在生态文明建设的实践中努力探索、切实提高自身能力。

第三，应切实提高企业生态文明建设能力。各类企业是市场主体，也是生态文明建设主体。在生态文明建设中企业发挥主体作用，既是生态文明建设的需要，也是企业自身发展的需要。在全社会大力推进生态文明建设的时代条件下，企业发展如果不能主动适应生态文明建设的要求，只能被无情淘汰。企业提高生态文明建设能力，应主动担负生态责任、环境责任、市场责任和公众消费责任，完善企业发展战略，调整产品结构，加快技术改造，转变生产经营方式，通过发展循环经济，节约能源、减少污染物排放，实现绿色发展、低碳发展。

第四，应切实提高科研机构生态文明建设能力。之所以突出强调提高科研机构的能力，是因为自主创新、技术进步是从现代工业文明向生态文明转变的关键，高等院校、科研院所、学术团体等科研机构，既是科技创新的主体，也是生态文明建设的主体。提高科研机构生态文明建设能力，既需要科研机构发挥科技人才优势，积极推动产学研结合和科技成果转化，为企业技术进步发挥应有作用，又需要政府为科研机构和科技人才发挥作用创造体制机制环境。

第五，应切实提高社会公众生态文明建设能力。生态文明建设事关每个社会成员，需要社会公众人人做出努力。社会公众是生态文明的建设者、监督者，是生态文明建设成果的分享者、生态产业产品的消费者。社会公众的参与、社会公众的能力，是实现生态文明建设目标的保证。从消费者角度讲，消费对生产起反作用，从这个意义上说消费决定生产。提高社会公众生态文明建设能力的一个重要方面，是养成绿色消费。社会公众绿色消费的程度和广度，直接影响生态产业的发展和生态环境的保护。社会公众提高生态文明建设能力，就要逐步把绿色消费方式落实到衣食住行用等方面，比如，拒绝使用一次性餐具，拒绝过度包装，尽量选择步行、骑车或公交，使用节能型灯具，使用菜篮子或布袋，垃圾分类投放……每个公民都要争做生态文明建设的积极倡导者、热心宣传者和忠实践行者。

附

2010 年内蒙古生态文明示范工程试点盟市旗县选择评价指标数据汇总表

项目	乌兰察布市	兴安盟	伊金霍洛旗	林西县	新巴尔虎右旗	多伦县
一、资源生态						
1. 森林覆盖率/林草植被覆盖率（%）	82.02	73.80	—	65.20	88.53	80.85
1.1 森林面积（万公顷）	119.56	165.06	24.13	13.68	1.28	12.11
1.2 天然草原面积（万公顷）	345.35	303.4	43.35	16.22	230.75	20.00
1.3 重度退化草原面积（万公顷）	18.26	27.13	1.30	4.26	12.13	0.87
1.4 国土面积（万公顷）	544.56	598	56	39.33	248.39	38.64
2. 水域湿地覆盖率（%）	20.90	7.02	5.56	5	13.10	4.66
2.1 湿地面积（万公顷）	25	39.70	1.33	—	32.53	1.5
2.2 湖泊面积（公顷）	26000	4649	2781.26	—	29.68	203
2.3 水库积水面积（公顷）	860260	16667	532.44	65	0.30	1713
2.4 水流面积（公顷）	2000	1288	14481.24	19600	96.26	1094
3. 各类保护区面积占国土面积比重（%）	5	—	—	—	—	—
3.1 自然保护区面积（万公顷）	22.55	58.20	—	5.24	72.36	4.25

续表

项目	乌兰察布市	兴安盟	伊金霍洛旗	林西县	新巴尔虎右旗	多伦县
其中：国家级自然保护区	1.90	22.20	—	—	—	—
旗级自然保护区	—	—	6666.70	—	52.84	—
3.2 文化自然遗产面积（万公顷）	—	无	无	0.054	19.52	0.17
3.3 森林公园面积（万公顷）	0.50	3.80	—	3.28	—	1.27
其中：国家级森林公园	0.50	3.80	—	—	—	—
3.4 湿地保护面积（万公顷）	25	0.10	4	—	32.58	1.50
其中：国家重要湿地	6.30	无	—	—	32.53	—
3.5 其他保护区面积（万公顷）	无	36	无	6.01	2.87	—
4. 生态系统服务功能指数						
4.1 在省级主体功能区划中的类型	—	—	—	—	—	—
4.2 耕地面积（公顷）	913640	1269115	33625	78670	320	51916.95
4.3 15°以上坡耕地面积（公顷）	无	6779.50	800	23270	—	—
4.4 未利用地面积（万公顷）	19.88	23.23	5.25	0.41	26.45	0.37
5. 生态综合治理率（%）						
5.1 列入天保工程面积（万公顷）	108.33	70.86	37.41	0		
5.2 享受森林生态效益补偿面积（万公顷）	36.03	54	13.08	7.76	0.29	7.21
其中：国家重点生态公益林（万公顷）	31.20	54	13.61	6.65		6.72
5.3 退耕还林面积（万公顷）	23.93	5.83	1.50	2.05		3.09
5.4 退牧还草围栏面积（万公顷）	无	22.67		1.13	85.97	6
其中：禁牧	无	2.67	10.40	1.13	66.67	35
季节性休牧	无	20	35.97	0	15.30	
划区轮牧	无	52.87		0	4	
5.5 享受草原生态保护补助奖励面积（万公顷）	21.33	无	35.97	16.21	209.39	0.77
其中：禁牧补助	21.33	无		0	66.67	0.77
草畜平衡奖励	无	无		16.21	142.72	
5.6 防护林工程造林面积（万公顷）	无	9.33	16.60	4.15	0.33	15.11
5.7 石漠化治理面积（万公顷）	无	无	0	0		
5.8 水土流失治理面积（万公顷）	25.57	5.70	1.74	25.81	1.33	3.31
5.9 沙漠化防治面积（万公顷）	102.53	11.66	24.13	1.88	1.91	0.16

续表

项目	乌兰察布市	兴安盟	伊金霍洛旗	林西县	新巴尔虎右旗	多伦县
6. 农村面源污染防治率（%）						
6.1　农村生活垃圾总量（万吨）	7124	5048	5.08	50	7854	6.40
其中：农村生活垃圾处理量（万吨）	2138	2200	4.40	45	7200	
6.2　农村牲畜粪便总量（万吨）	1200	144	30	200	69.08	3.50
其中：农村牲畜粪便处理量（万吨）	11	1.30	13.40	180	58	
6.3　单位面积农田化肥施用量（千克）	147	270	80	35	11.87	15
6.4　单位面积农药投放量（千克）	1.50	1.50	1	0.10	0.10	1～1.5
7. 城镇污水处理率（%）	23.14	64.57	85.49	77.8	95	80.15
7.1　城镇污水排放总量（万吨）	1795.16	1922.09	255	972	21	136
其中：城镇污水处理厂处理生活污水量（万吨）	415.46	1241.07	218	756	19.95	109
7.2　城镇生活垃圾无害化处理覆盖人口（万人）	46.37	55.78	40	8.20	0.876	4.10
7.3　城镇人口（万人）	83.36	69.08	14.89	8.20	1.96	4.10
城镇生活垃圾无害化处理率（%）	55.63	80.75		100	44.58	100
8. Ⅲ类或优于Ⅲ类水质达标率（%）	100	100	71.43	70	100	100
8.1　水质监测断面数量（个）	31	10	21	10	2	2
8.2　达到Ⅰ～Ⅲ类水质要求的断面数量（个）	31	10	15	7	2	2
9. 优良以上空气质量达标率（%）	94.52	98.63	82.19	94.79	95.07	82.47
9.1　空气质量优良以上天数（天）	345	360	300	346	347	301
二、发展方式						
10. 单位 GDP 能源消耗（此行来自统计年鉴）	2.2	1.7				
10.1　能源消耗总量（万吨标准煤）	950	340	286.69	63.41	1.435	44.71
10.2　二氧化碳排放总量（万吨）	2489	330		221		
二氧化碳排放总量减少率（%）						
11. 主要污染物排放总量减少率（%）						
11.1　化学需氧量排放总量（万吨）	4.29	5.70	0.0916	0.8704	0.0721	0.1150
11.2　二氧化硫排放量（万吨）	8	2	0.7863	0.4561	0.0729	2.77

续表

项目	乌兰察布市	兴安盟	伊金霍洛旗	林西县	新巴尔虎右旗	多伦县
二、发展方式						
11.3 氨氮排放总量（万吨）	0.2800	0.29	0.0492	0.03134	0.0069	
11.4 氮氧化物排放总量（万吨）	10.64	2.11	1.10	0.08437	0.1708	
12. 有机、绿色和无公害农产品种植面积比重（%）	41.60	15.56	5.40	87	46.54	4.71
12.1 有机农产品种植面积（公顷）	12221.40	15880	80	7000	0	2000
12.2 绿色农产品种植面积（公顷）	1963	18353	200	15000	66	6552
12.3 无公害农产品种植面积（公顷）	233333.3	84100	892	33000	933.30	15330
12.4 农作物种植总面积（公顷）	595047	760667	21700	63216	2333.3	506677
13. 固体废物排放强度（万吨/万公顷）	1.47	0.0047			0.0501	0.22
13.1 固体废物排放量（吨）	8000000	27910			124335	84000
14. 工业固体废物综合利用率（%）	65.53	55.25	23.08	61.09	66.67	80
14.1 工业固体废物当年产生量（吨）	7241400	1307738	4964509	729400	10410662	68500
14.2 工业固体废物综合利用量（吨）	5460500	731460	1146020	547000	8328529.6	54800
其中：综合利用往年贮存量（吨）	1092100	16271		166000	2082132.4	
15. 污染源排放达标率	87.50	41.67			83.33	100
15.1 县级以上重点污染企业数量（个）	142	65	117	5	5	2
15.2 城镇污水集中处理设施数量（个）	2	7	2	1	1	1
15.3 污染企业和污水处理设施达标排放数量（个）	126	30		14	5	3
16. 农业灌溉用水有效利用系数	83.53	55.79	61.36	41.86	67.52	69.99
16.1 有效灌溉水量（万吨）	35498.11	6.26	2692.159	3600	740	1285
16.2 灌溉系统取用的总水量（万吨）	42498.11	11.22	4387.305	8600	1096	1836
17. 耕地和建设用地比例（%）	18.85	23.31	9	22.89	0.19	13.51
17.1 耕地面积（万公顷）	91.364	126.91	3.3625	7.867	0.032	5.2
17.2 建设用地面积（万公顷）	11.263	12.51	1.6778	1.135	0.433	0.0183
17.3 GDP 总额（亿元）	567.6	261.4	472.93	37.3363	46.15	46
三、消费模式						
18. 节能环保产品政府采购率（%）	41.32	100	96.26	56.02		
18.1 政府采购节能环保产品数量（件）	1368	2794	1800	1177		

续表

项目	乌兰察布市	兴安盟	伊金霍洛旗	林西县	新巴尔虎右旗	多伦县
三、消费模式						
其中：汽车	21	406	70		0	
空调	43	288			0	
办公设备——计算机	1304	3100		169	15	
复印机					6	
打印机				32		
照明产品				976		
18.2 政府采购同类产品数量（件）	3311	2794	1870	2101		
其中：汽车	121	406	70	12	0	
空调	53	288	200	0	0	
办公设备——计算机	3137	3100	700	169	15	
复印机			400		6	
打印机			500	32		
照明产品				1888		
19. 非化石能源消费比重（%）	20.51	4.88	1.81	20.61		29.52
19.1 非化石能源消费量（万吨标准煤）	194.80	16.60	5.21	13.07		
其中：核能						
水能		1.30				2.30
生物质能				11.07		
太阳能			0.803	2		1.40
风能	194.80	15.30	0.438		1.47	9.50
地热能						
20. 生态环保产品消费比重（%）	85.82	72.65		41.56		
20.1 生态环保产品消费总量（台）	121000	90238		27721		
其中：享受节能惠民补贴汽车数量（台）		100		278	300	
享受节能惠民补贴家电产品数量（台）	121000	90138		25616	2000	
其他1级和2级能耗产品消费数量（台）				1827		
20.2 同类产品消费数量（台）	141000	124208	3000	66700		
其中：汽车		11534	400	1700		
家电产品	141000	112674		65000		

续表

项目	乌兰察布市	兴安盟	伊金霍洛旗	林西县	新巴尔虎右旗	多伦县
三、消费模式						
其他 3～5 级能耗产品消费数量（台）				17000		
21. 市场包装限塑比重（%）				93. 33	85. 29	
21. 1　超市和集贸市场数量（个）	286	77	11	15	34	6
21. 2　执行国家限塑令超市和集贸市场数量（个）	286	77	11	14	29	
四、体制机制						
22. 生态环境质量纳入政绩考核	已纳入	已制定	已纳入	已纳入	已制定	优秀
23. 生态文化推广体系	健全	有方案	良好	建成体系	有方案	
24. 生态环境灾害应急预案与组织机构落实（%）	100	100	80	80	≥65	82. 4
25. 生态文明建设群众满意度（%）	93	90	85	90	≥75	88

内蒙古实施“走出去”战略研究①

实施“走出去”战略，是指按照国际通行规则，鼓励有竞争力的企业扩大对外投资，开展对外工程承包，加强对外劳务合作，发展跨国经营，把我国具有国际比较优势的产业推向国际市场，在更大范围内配置资源，将企业的生产能力和控制能力向国外延伸布局，不断提升企业国际竞争力的战略举措。

一、实施“走出去”战略的成绩

2003 年以来，内蒙古自治区积极实施“走出去”战略，引导各种所有制企业走向境外，在加大对外直接投资、开展对外工程承包、加强对外劳务合作等方面取得了显著成绩。一是对外直接投资不断扩大。从 2003～2011 年的情况看，对外投资企业数量逐步增加，每年新增“走出去”的企业由 7 户增加到 31 户，

① 本文节选自 2013 年 5 月受内蒙古商务厅委托主持研究的课题研究报告，彭秀芬参与研究。

年均增速达到20.4%；对外投资规模不断扩大，“走出去”的企业当年境外项目投资额由2044万美元增加到252545万美元，年均增长80.59%；投资领域多元化格局正在形成，内蒙古自治区“走出去”的企业在境外投资领域以矿产资源勘探开发为主，同时还包括森林采伐和原木加工、建筑工程承包、电力生产经营、建材生产经营、餐饮、种植业和养殖业、农畜产品加工业等较多领域；境外投资的主要来源地正在形成，内蒙古自治区境外投资规模排前四位的盟市依次是：鄂尔多斯市、呼伦贝尔市、呼和浩特市和包头市，其中鄂尔多斯市的境外投资总额达到257638.6万美元，占内蒙古自治区全部境外投资额的69.5%。二是对外工程承包和设计咨询开始起步。截至2011年底，内蒙古自治区具有境外工程承包资质的企业56户，主要集中在两个重要的沿边开放城市（19户）和呼和浩特市、包头市。2005~2011年，内蒙古自治区签订对外承包工程和设计咨询合同43个，完成营业额22675万美元，外派劳务8308人。三是对外劳务合作初见成效。截至2011年底，内蒙古自治区具有境外劳务合作资质的企业14户，内蒙古自治区境外劳务合作主要在两个沿边开放城市，其有资质企业达到10户，占内蒙古自治区总数的71.4%。

中央要求内蒙古自治区成为我国向北开放的重要桥头堡，打造开放合作平台，扩大对外经贸合作，深化与俄罗斯、蒙古等国家的经贸合作与交流，积极参与东北亚、中亚等国际区域合作，发挥内引外联的枢纽作用，努力构建面向北方、服务内地的对外开放新格局。实施“走出去”战略，是内蒙古自治区加快建设我国向北开放的重要桥头堡，发挥内引外联的枢纽作用，努力构建面向北方、服务内地的对外开放新格局的重要内容。实施“走出去”战略，是加强对外合作的需要，也是扩大外需的需要，还是提升竞争力的需要。应进一步创造必要条件，包括更多有竞争力的大企业大集团走出去、内蒙古自治区经济转型升级取得实质性进展、“走出去”的企业应享有的各项政策落实得更好、政府部门对“走出去”企业的各项服务更到位、东道国的投资环境进一步改善等。这些条件正在或者能够逐步具备，实施“走出去”战略的前景是广阔的。

二、实施“走出去”战略中的问题

内蒙古自治区实施“走出去”战略中存在的突出问题，从大的方面讲主要有以下三点：一是走出去的企业偏少、实力偏弱。“走出去”的企业是对外投资主体、对外工程承包主体、对外设计咨询主体、对外劳务输出主体。“走出去”的企业多少，其规模大小、实力强弱、领域宽窄、竞争力高低，直接决定着实施“走出去”战略的实效。内蒙古自治区实施“走出去”战略已有十几年时间，期间表现出来的明显问题之一是“走出去”的企业仍然偏少、实力偏弱。2003～2011年，内蒙古自治区累计“走出去”企业169户，特别是有实力的大企业“走出去”的更少，只占内蒙古自治区企业122718户（2010年）的0.14%。二是适应环境的能力偏低。适应环境即适应东道国的投资环境，是“走出去”企业在境外投资发展成功的关键。适应环境能力偏低，是内蒙古自治区“走出去”企业中存在的较为普遍性的问题，具体表现在：首先，适应市场环境的能力偏低。内蒙古自治区“走出去”的一些企业对市场环境直接受国际经济和政治变革的影响、受一国政策法规和发展阶段的影响、受基础设施和技术进步等条件的影响等的能力比较低。其次，适应东道国政策法规的能力偏低。受经济发展阶段及国际国内种种因素的影响，一些东道国的政策法规在不断调整，关键是“走出去”的企业如何适应这样的调整和变化。最后，适应投资国文化环境的能力偏低。不少到境外投资发展的企业总想用国内的习惯和做法要求东道国的企业和政府，不能很好地融入东道国的理念、文化和风俗习惯，导致事与愿违、事倍功半。三是政府部门服务监管不到位。政府部门服务监管是指政府部门对“走出去”的企业提供的服务和监管。当前，政府部门的服务和监管不到位，其一是深入宣传党和国家关于实施“走出去”战略的政策法规不到位。其二是贯彻落实党和国家关于实施“走出去”战略的政策法规不到位。深入宣传的目的是为了贯彻落实，只有不折不扣地贯彻落实党和国家的有关政策法规，实施“走出去”战略才能取得实效。其三是适时制定内蒙古自治区实施“走出去”战略的规划和相关政策法规不到位。国家实施“走出去”战略已经十几年了，内蒙古自治区作为沿边开放的少数民族自治区，至今没有制定关于实施“走出去”战略的规划，没有出台结合内蒙古自治区实际贯彻落实国家政策法规的有关文件。其四是及时全面掌握和科学评价实施“走出去”战略的各项工作不到位。科学评价实施“走出去”战略的各项工作，是实施“走出去”战略取得实效的重要环节，而科学评价实施“走出去”战略各项工作的前提是及时全面地掌握实施“走出去”战略各项工作的进展情况，其基础是要有健全的统计制度、准确可靠的数据。没有准确可靠的基础数据，便没有办法对“走出去”企业提供服务、实施监管，便没有办法科学有效地指导工作。

三、实施“走出去”战略的对策

（一）加大企业“走出去”力度

内蒙古自治区实施“走出去”战略，关键是引导、鼓励、组织较多有实力的大企业“走出去”，到境外投资发展，积极利用两个市场、两种资源，使“走出去”的企业成为支撑和拉动内蒙古自治区乃至我国经济持续平稳较快发展的一支重要力量。内蒙古自治区一些有实力的大企业，只有果断地走出去，推进跨国经营，才能在激烈的国际竞争中有能力抗衡众多对手，在竞争中不断锻炼和提升自己，从区内国内优势企业变为国际优势企业，真正提高国际竞争力。

加大内蒙古自治区有实力的大企业“走出去”力度，需要尽快制定内蒙古自治区在实施“走出去”战略规划，提出“十二五”乃至“十三五”期间内蒙古自治区企业特别是有实力的大企业“走出去”的目标，提出内蒙古自治区对外投资目标，提出积极利用两个市场、两种资源的目标，提出实现各项目标的保障措施，有计划、分步骤实现各项目标，确保内蒙古自治区实施“走出去”战略取得实效。

（二）增强适应环境能力

增强“走出去”企业适应东道国投资环境的能力，既要靠“走出去”企业自身在投资发展实践中摸爬滚打、吸取教训、总结经验，也要靠政府主管部门和相关部门积极主动地引导、支持、帮助企业增强适应环境的能力。应采取若干具体措施：一是编写境外投资指南。政府主管部门与相关部门合作或委托研究机构按国别（地区）编写境外投资指南，为“走出去”企业选择投资方向、适应投资环境提供服务。指南应包括东道国的基本国情、政策法规、市场环境、文化环境、发展趋势、比较优势、交往方式等方面的内容。二是印发政策法规汇编。政府主管部门编制实施“走出去”战略以来包括2003年以来国家有关部委出台的《关于对国家鼓励的境外投资重点项目给予信贷支持的通知》《对外直接投资统计制度》《境外投资联合年检暂行办法》《境外投资综合绩效评价办法》《成立境外中资企业商会（协会）的暂行规定》《关于跨国公司外汇资金内部运营管理有关问题的通知》《境外投资项目核准暂行管理办法》《关于境外投资开办企业核准事项的规定》《关于投资体制改革的决定》等，以及内蒙古自治区相关文件的汇编，印发所有“走出去”企业和有意“走出去”的企业，使企业的投资发展和经营行为有所遵循。三是搭建各类交流平台。政府主管部门牵头，举办诸如实施“走出去”战略论坛、“走出去”企业境外投资经验交流会、“走出去”企业政策法律咨询会等，为同行或者同类企业之间、政府部门和社会中介机构与企业之间，实现信息沟通、加强横向联系与合作、相互学习借鉴、共享公共资源，提供交流平台。

（三）创新服务监管模式

一是提供“一站式、一条龙”服务。“一站式、一条龙”服务是近年来服务行业“窗口单位”创造的先进服务方式，受到群众普遍好评，同样适用于政府主管部门和相关单位为“走出去”企业提供指导和服务。先可以将满洲里市、二连浩特市作为试点，根据实际需要确定一周（或两周、一个月、两个月）一次，完善跨部门协调机制，由商务部门牵头，统筹协调发改、财政、金融、保险、税务、外汇、人才、法律、中介、海关、边检、商检、铁路、航空、交通等涉及实施“走出去”战略的所有部门，集中为“走出去”企业服务的所有业务，在一个大厅为“走出去”企业提供公开、公正、限时的指导和服务，并接受服务对象的监督。在取得经验的基础上选择“走出去”企业较集中的地方扩大服务点。

二是建立中外协调会议机制。内蒙古自治区在实施“走出去”战略过程中，有许多具体问题需要与东道国特别是俄蒙有关部门协调解决。由于双方之间的协调机制不健全或不完善，常常影响到对外经贸合作，需要加强内蒙古自治区与俄蒙相关部门的交往和联系，形成经常化或定期的合作交流机制。应建立内蒙古自治区政府和主管部门与俄蒙相关部门建立多形式、多功能的双边协调机制，包括年度会议、定期会晤、临时联系和系统规范的信息沟通机制，以及时交流信息，表达双方意愿，妥善解决内蒙古自治区企业对外投资、双方企业合作、承包工程、设计咨询、劳务合作以及经济文化交流中存在和出现的各类问题。

附

表1　2003～2011年内蒙古自治区对外投资项目分布情况

国家（地区）	项目数（个）	比重（%）	中方投资（万美元）额	比重（%）
柬埔寨	6	3.55	194295	52.4
蒙古国	64	37.87	55396.83	14.9
俄罗斯	44	26.04	32126.64	8.7
美欧发达国家和地区	23	13.61	12361.6	3.3
柬埔寨以外的发展中国家	16	9.47	6292.547	1.7
合计	169	100.0	370646.68	100.0

资料来源：内蒙古商务厅外经处。

表2　2003～2011年内蒙古各盟市境外投资企业和投资额

盟市	对外投资企业（户）	比重（%）	中方协议投资总额（万美元）	比重（%）
阿拉善盟	4	2.37	2450.9	0.7
巴彦淖尔市	15	8.88	11028.9	3.0
包头市	33	19.5	11556	3.1
赤峰市	4	2.37	162.27	0.04

续表

盟市	对外投资企业（户）	比重（%）	中方协议投资总额（万美元）	比重（%）
鄂尔多斯市	25	14.79	257638.6	69.5
呼和浩特市	31	18.34	20786	5.6
呼伦贝尔市	39	23.08	41375	11.2
通辽市	4	2.37	305.36	0.1
乌海市	2	1.18	4200	1.1
乌兰察布市	4	2.37	12081.7	3.3
锡林郭勒盟	8	4.73	9062	2.4
合计	169	100	370646.68	100.0

资料来源：内蒙古商务厅外经处。

表3　2003～2011年内蒙古自治区进口资源情况

年份	煤炭		铁矿砂		铜矿砂		原木		锯材		石油		化肥	
	数量（万吨）	货值（万美元）	数量（万吨）	货值（万美元）	数量（万吨）	货值（万美元）	数量（万吨）	货值（万美元）	数量（万吨）	货值（万美元）	数量（万吨）	货值（万美元）	数量（万吨）	货值（万美元）
2003	—	—	120	0.43	29	1.21	493	4.34	20	—	2	0.14	20	0.41
2004	—	0.11	188	1.11	29	1.89	851	6.47	45	0.58	10	0.56	35	0.88
2005	—	0.29	208	1.29	51	3.76	910	7.88	51	0.68	16	0.98	58	1.82
2006	—	0.41	185	1.42	38	5.80	1028	9.59	59	0.85	71	3.42	80	2.09
2007	311	0.96	180	1.37	33	5.60	1195	12.54	91	1.36	72	4.00	87	2.07
2008	404	2.42	442	5.68	27	4.06	876	11.59	142	2.71	81	6.99	58	3.20
2009	604	3.23	412	2.96	37	4.20	762	87.89	220	4.04	130	6.81	—	—
2010	1326	7.50	595	6.76	7	1.16	724	9.25	287	5.42	45	2.46	37	1.22
2011	1840	14.68	798	10.62	11	2.15	778	11.20	395	7.93	18	1.43	40	1.57
合计	4485	29.6	3128	31.64	262	29.83	7617	160.75	1310	23.57	445	26.79	415	13.26

注：表中数据系海关统计的内蒙古自治区企业进口资源数量及货值，煤炭包括烟煤和焦煤，石油包括原油及成品油。

资料来源：内蒙古商务厅规财处。

表4　2010年部分省份企业境外投资、外派劳务情况

省份	实际投资（万美元）	比重（%）	外派劳务（人）	比重（%）	总人口（万人）	比重（%）	GDP（亿元）	比重（%）
全国	1774542	100	411000	100	134091	100	401202	100
内蒙古	8042	0.45	931	0.23	2472	1.84	11672	2.91

续表

省份	实际投资（万美元）	比重（%）	外派劳务（人）	比重（%）	总人口（万人）	比重（%）	GDP（亿元）	比重（%）
新疆	4776	0.27	5122	1.25	2185	1.63	5437.5	1.36
广西	18682	1.05	4723	1.15	4610	3.44	9569.9	2.39
宁夏	711	0.04	453	0.11	633	0.47	1689.7	0.42
黑龙江	23780	1.34	3166	0.77	3833	2.86	10386.6	2.59
吉林	21340	1.20	15972	3.89	2747	2.05	9128.6	2.28
辽宁	193566	10.91	18291	4.45	4375	3.26	18457.3	4.60
四川	69097	3.89	5876	1.43	8045	6.00	17185.5	4.28

资料来源：实际投资额来自《2010年度中国对外投资报告》，外派劳务数量来自商务部网站，总人口和GDP来自《中国统计年鉴（2011）》。

内蒙古发展口岸经济研究[①]

口岸是国家发展对外贸易、开展技术合作、促进文化交流、推动国际旅游的通道，是国民经济的重要基础设施。口岸的开放使人员和货物出入境便利，使国内国际经贸市场相互衔接，使投资环境得到完善，对于吸引和使用外资、发展外向型经济、增强经济发展后劲等，都具有至关重要的作用。

一、口岸经济成效显著

口岸经济是依托口岸，并由口岸带动、辐射和影响的经济。依托口岸而建立的各类园区是口岸经济的重要载体，而口岸带动、辐射和影响的是口岸所在地区、周边地区、纵深地区乃至相关国家的经济。口岸经济是跨行业、跨地域、多层次的复合型经济，具有涉外性、关联性、牵动性、层次性特点。口岸经济涵盖基础设施建设、各类园区建设、出入境货物运输、进出口贸易发展、经济技术合作、境外资源开发、进出口产品加工、国际旅游业发展及相关服务业发展等众多领域。

当前，内蒙古自治区一些重点口岸的口岸经济已经初具规模，成为口岸城镇

① 本文节选自2013年6月受内蒙古商务厅委托主持研究的课题研究报告，许海清参与研究。

的经济支柱，不仅对内蒙古自治区扩大对外开放、加快经济发展发挥着重要作用，而且对带动周边省区及纵深地区对外开放，乃至周边国家的经济发展和居民生活改善等都有着广泛影响。口岸是内蒙古自治区积极利用国内外两个市场、两种资源的主要通道。口岸经济的发展状况，着重体现在利用境外资源、开拓境外市场及进出口资源的落地加工成效上。“十一五”以来，内蒙古自治区口岸经济得到持续稳定发展。

（1）进出口贸易较快增长。进出口贸易总额是衡量口岸经济发展的主要指标，也是衡量拓展国外市场、利用国外资源的主要指标，而其中出口贸易额又是直接反映扩大外需、拉动区内乃至国内经济增长的指标。2011 年与 2007 年相比，满洲里口岸出口额由 10.4 亿美元增加到 12.9 亿美元，增长 24.04%，进口额由 75.3 亿美元下降到 50.3 亿美元，下降 33.20%；二连浩特口岸出口额由 17.14 亿美元增加到 22.67 亿美元，增长 32.26%，进口额由 7.49 亿美元增加到 14.26 亿美元，增长 90.39%。甘其毛都、策克两个口岸的基数低，增长幅度都在 30 倍以上。

（2）进出口货运量不断扩大。2011 年与 2006 年相比，内蒙古自治区进出口货运量由 3025 万吨增加到 6172.8 万吨，增长 104.06%，其中，进口货运量由 2792 万吨增加到 4488.5 万吨，增长 60.76%；出口货运量由 233 万吨增加到 911.8 万吨，增长 291.33%。一是重点口岸资源进口量增长较快。各种资源进口量中煤炭进口量增长最快。满洲里、二连浩特、甘其毛都、策克四个重点口岸煤炭进口量由 2007 年的 330.43 万吨增加到 2009 年的 737.9 万吨，增长 123.32%。二是重点口岸出口商品值稳步增长。出口各种商品是内蒙古自治区开拓利用境外市场、拉动区内和国内经济发展的重要途径。2011 年与 2006 年相比，二连浩特口岸出口化工产值由 11.71 亿元增加到 16.90 亿元；出口金属产值由 5.36 亿元增加到 5.50 亿元，增长 2.61%，累计出口金属产值达到 24.20 亿元。

（3）口岸城市实力明显增强。“十一五”时期，满洲里市地区生产总值由 55.18 亿元增加到 127.31 亿元，年均增长 18.2%；二连浩特市地区生产总值由 15.11 亿元增加到 47.59 亿元，年均增长 25.8%。2007～2010 年，满洲里市财政收入由 5.58 亿元增加到 7.97 亿元，年均增长 4.3%；二连浩特市财政收入由 1.36 亿元增加到 2.35 亿元，年均增长 6.6%。

（4）口岸经济发展利国惠民。“十一五”时期，满洲里市城镇居民人均可支配收入由 11197 元增加到 18021 元，年均增长 12.6%；二连浩特市城镇居民人均可支配收入由 14509 元增加到 22281 元，年均增长 11.3%；农牧民人均纯收入由 2580 元增加到 7490 元，年均增长 23.8%。

二、口岸发展措施得力

“十一五”以来的六年间，内蒙古自治区克服国际金融危机的不利影响，推动口岸经济长足发展，主要采取了以下措施。

（1）不断加大口岸建设投入。为了尽快完善口岸基础设施，“十一五”时期国家累计投入28.24亿元、内蒙古自治区本级累计投入2.71亿元、口岸所在盟市和旗累计投入7.96亿元。2011年，满洲里投入3000万元建设电子口岸，口岸通关监控指挥系统已完工。二连浩特口岸公路货运新通道于2011年开通。口岸管理部门优化口岸运行机制，联检部门创新便捷通关模式，口岸信息化水平进一步提高，切实改善了口岸通关环境。

（2）着力提高园区加工能力。2011年与2006年相比，满洲里口岸加工园区入驻企业由337户增加到486户，从业人员由13000人增加到14300人，园区工业增加值由10.8亿元增加到29.82亿元，销售收入由21.99亿元增加到92.09亿元，实现利税由1.35亿元增加到2.99亿元。二连浩特口岸加工园区入驻企业由56户增加到74户，从业人员由1100人增加到2394人，园区工业增加值由2.66亿元增加到12.9亿元，销售收入由6.74亿元增加到27.9亿元，实现利税由0.42亿元增加到1.82亿元。

（3）放手发展非公有制经济。企业是口岸经济的主体，特别是规模以上的企业是进口资源、出口商品落地加工的主要承载者，规模以上企业数量决定着资源落地加工的数量和质量。2010年与2006年相比，满洲里市年营业收入500万元及以上各类企业由40户增加到104户，二连浩特市年营业收入500万元及以上各类企业由52户增加到93户。2011年与2006年相比，满洲里市个体工商户由11555户增加到13957户，私营企业由97户增加到415户；二连浩特市个体工商户由4391户增加到7793户，私营企业由304户增加到762户。

三、口岸经济发展中的问题

（1）加工园区建设思路需要创新。建设加工园区是提高进出口资源附加值的重要措施。内蒙古自治区七个常年开放口岸中四个重点口岸的加工园区已初具规模，但发展潜力不大。工业发展缓慢，加工园区发展步履维艰，其主要原因在于多数口岸都缺乏水资源，不具备对进口资源大规模深度加工的条件。这些口岸选择在什么地方建园区、建什么样的园区、怎样建园区，都需要开阔视野、创新思路。内蒙古自治区列入国家口岸发展“十二五”规划的九个口岸中扩大为常年开放的几个口岸面临同样的问题。

（2）引进大企业缺少资源依托。大力发展口岸经济，特别是做大做强加工园区，需要引进大企业、大集团对资源进行深度加工，提高资源综合利用水平。目前，各口岸加工园区企业数量少、规模小，几乎没有大企业、大集团。其原因主要是口岸地区缺乏矿产资源，招商引资、发展工业缺少资源依托。不解决口岸地区的资源依托，口岸经济发展难有大的突破。

（3）亟待提高出口产品附加值。与俄蒙的经贸合作是内蒙古自治区口岸经济的主体，大力发展口岸经济必须扩大与俄蒙的经贸合作。虽然内蒙古自治区对俄、蒙进出口贸易规模占进出口贸易总额的比重不小，但出口规模小，贸易逆差大。2011 年，内蒙古自治区进出口贸易总额达到 119.39 亿美元，其中对俄、蒙进出口额分别为 28.93 亿美元和 28.45 亿美元，占内蒙古自治区进出口贸易总额的 48%，而对俄、蒙出口额仅为 2.13 亿美元和 9.1 亿美元。如果内蒙古自治区出口产品的附加值不能得到大幅度提升，随着进口资源量的扩大和其附加值的提高，贸易逆差仍有可能扩大。

（4）城乡居民收入要进一步提高。2010 年，满洲里市城镇居民人均可支配收入为 18021 元，二连浩特市城镇居民人均可支配收入为 22281 元、农牧民人均纯收入为 7490 元。四个重点口岸所在地区中，城镇居民人均可支配收入最高的是二连浩特市，最低的是乌拉特中旗；农牧民人均纯收入最高的是额济纳旗，最低的是乌拉特中旗。虽然均高于内蒙古自治区平均水平，但从富民优先的发展理念和国民收入分配结构角度看，仍需要进一步提高城乡居民收入，不断提高人民群众的生活水平。

四、发展口岸经济的对策

加快发展口岸经济，应紧紧围绕构筑向北开放的重要桥头堡，紧密结合推进满洲里重点开发开放试验区建设和尽快建立二连浩特国家重点开发开放试验区，积极探索在巴彦淖尔等有条件的地区设立边境经济合作区、在符合条件的地区设立海关特殊监管区和保税监管场所，以加快发展特色优势产业为中心，以扩大与俄蒙经贸合作为重点，以基础设施建设为支撑，以体制机制创新为保障，以富民为出发点和落脚点，统筹城乡区域协调发展，加强能源资源节约和生态环境保护，带动沿边开发开放经济带建设。

（1）加快构建特色优势产业体系。做大做强口岸经济，应以加快发展特色优势产业为中心，在因地制宜构建现代产业体系上下功夫。关键是坚持因地制宜，突出特色优势。一是深入分析口岸所在地区、周边地区及纵深腹地可以用来发展口岸经济的各类资源优势。二是深入分析口岸进出境资源落地加工的可能性和可行性。三是深入分析预测口岸对方国家的现实市场需求及潜在市场需求。根据上述几个方面的深入分析，确立口岸产业发展的特色和优势，确定口岸产业结构，明确构建口岸产业体系的方向，并落实到加快发展口岸经济的具体措施上。

一是加快推进园区建设。进出口资源综合加工园区、边境经济合作区、边民互市贸易区、海关特殊监管区、综合保税区、循环经济园区、物流园区等各类园区，是加快发展口岸经济的重要载体，应根据构建特色优势产业体系的需要和口岸地区的条件，加快推进各类园区建设。但内蒙古自治区多数边境口岸的立地条件比较差，尤其缺乏水资源，在口岸当地不具备建设进出口资源加工园区的条件。可以考虑选择两种模式解决这个问题：一种是乌拉特中旗模式，没有把甘其毛都口岸加工园区建在口岸，而是建在距口岸160公里之外的温更镇，计划利用总排干的水。这是把加工园区建在口岸所在地区，没有离开自己的地盘。另一种模式是可以探索把口岸加工园区建在具备条件的周边地区或纵深地区，是跨地区优势互补、资源共享的“飞地”合作模式。

二是放手发展各类企业。企业是发展口岸经济的主体。做大做强口岸经济，必须放手发展企业，做大做强企业。应通过加强各类园区建设，提供衔接配套、周到完善的服务，为各类企业营造公平竞争、做大做强的环境和条件。既要鼓励扶持城乡居民创业，放手发展当地个体私营等非公有制企业，又要加大招商引资力度，积极引进大企业、大集团，迅速做大做强口岸经济。目前，内蒙古自治区多数边境口岸地区缺少矿产资源，引进大企业没有依托、缺乏吸引力。可以考虑由有关盟市乃至内蒙古自治区为缺少资源的口岸所在市旗划拨或配置资源，作为加快发展口岸经济的依托。这是实施向北开放战略的需要，是推进沿边开发开放经济带建设的需要，是带动内蒙古自治区经济持续平稳较快发展的需要。

三是完善配套产业体系。构建口岸特色优势产业体系，必须促进产业体系的配套完善，注重产业协调发展。既要注重三次产业之间协调发展，也要注重产业内部各行业协调发展，还要注重产业链高中低端协调发展。只有注重产业协调发展，才能更好地突出特色优势，才能促进产业转型升级，才能推动口岸经济持续平稳较快发展。

（2）不断扩大与俄蒙的经贸合作。不断扩大与俄蒙的经贸合作，是内蒙古自治区实施向北开放战略的重点，是发挥内蒙古自治区口岸功能、大力发展口岸经济的内在要求。口岸是扩大与俄蒙经贸合作的主要通道，只有逐步完善口岸功能、切实提高通关能力，才能扩大与俄蒙的经贸合作；扩大与俄蒙的经贸合作是发展口岸经济的主要动力，只有不断扩大与俄蒙的经贸合作、促进资源和产品进出口，才能拉动口岸经济快速发展；扩大与俄蒙的经贸合作，在开发利用俄蒙资源、扩大进口的同时，必须扩大出口、缩小贸易逆差；扩大对俄、蒙出口，缩小贸易逆差，必须调整出口产品结构，扩大机电、建材和特色优势农畜产品以及高新技术产品出口。

（3）切实加强口岸基础设施建设。口岸基础设施，是发挥口岸功能、实现快捷通关、达到通关便利化的物质基础，是扩大与俄蒙经贸合作的基本条件，是大力发展口岸经济的重要支撑。加强口岸基础设施建设，是扩大与俄蒙经贸合作的迫切需要，是大力发展口岸经济的必然要求。口岸作为公共资源来讲，加强口岸基础设施建设是各级政府的责任，应加大公共财政对口岸基础设施建设的投入，推进满洲里、二连浩特、甘其毛都、策克等重点口岸基础设施建设，支持阿尔山口岸正式开放，加快满洲里、二连浩特等重点口岸公路和阿尔山—乔巴山等跨境铁路建设，实现跨境运输畅通；同时应创新体制机制，切实加强口岸软件建设，实现口岸通关便利化，从而提高对外经贸合作便利化。

（4）推动口岸发展体制机制创新。构建特色优势产业体系、扩大与俄蒙的经贸合作、加强口岸基础设施建设等，都需要坚持先行先试，以深化改革为动力，以体制机制创新来加以保障。加快推进各类园区建设需要创新园区建设思路；跨地区建设“飞地”园区，需要创新管理体制和合作机制；放手发展非公有制经济和积极引进大企业，需要创新政策和营造氛围；为发展口岸经济跨地区配置资源，也需要创新思路、创新机制；扩大与俄蒙的经贸合作，既需要探索创新与俄蒙合作的体制机制，也需要创新口岸管理和运行的体制机制；加强口岸基础设施建设，需要创新投资体制和投入机制等。应充分发挥满洲里、二连浩特重点开发开放试验区先行先试的优势，积极推进体制机制创新。

（5）把改善民生放在优先位置。富民是我们一切工作的根本目的，当然也是大力发展口岸经济的根本目的。边境口岸地区生产生活条件比较艰苦，发展口岸经济应把增加城乡居民收入、提高人民群众生活水平放在优先位置。把改善民生放在优先位置，应通过发展特色优势产业，建设各类园区，做大做强企业，尽可能创造更多的就业岗位，逐步实现城乡居民充分就业，特别是为农牧民进城就业创造条件；应鼓励扶持具备创业条件的居民自谋职业、自主创业，实现以创业带动就业；应深入扎实开展就业创业就业培训，提高城乡居民的就业创业技能，并提供切实有效的就业创业指导服务；应为建立完善的、城乡统一的低保、养老、医保等社会保障制度，让城乡居民共享发展口岸经济的成果。

（6）坚持节能减排保护生态环境。大力发展口岸经济，应把节约能源资源、保护生态环境放在优先位置。这不仅是因为边境口岸地区都缺少能源资源、生态环境脆弱，而且是因为口岸经济作为外源外向型经济和内蒙古自治区经济新的增长极，应发挥节约能源资源、保护生态环境的示范作用。口岸经济应是绿色经济、循环经济、低碳经济，口岸经济的发展应是绿色发展、循环发展、低碳发展。特别是把各进出口资源加工园区都建成循环经济园区，通过循环发展实现节能减排，节约矿产资源和水资源，提高资源综合利用水平，保护生态环境。

（7）设计考核指标体系和调控制度。大力发展口岸经济，发挥口岸内联外引的枢纽作用，努力构建面向北方、服务内地的对外开放新格局，需要设计有效推动口岸经济发展的考核指标体系，建立全面系统的口岸经济统计汇总方法，制定指导调控口岸经济的工作制度。

附

表1 内蒙古自治区口岸一览表

口岸名称	开放类型	通货能力（万吨）	通客能力（万人次）	所在地
满洲里铁路口岸	国际性常年开放	3000	40	满洲里市
满洲里公路口岸	国际性常年开放	600	1200	满洲里市
二连铁路口岸	国际性常年开放	1000	35	二连浩特
二连公路口岸	国际性常年开放	500	300	二连浩特
策克公路口岸	双边性常年开放	3000	100	额济纳旗
甘其毛都公路口岸	双边性常年开放	3000	100	乌中期
珠恩嘎达布其公路口岸	国际性常年开放	800	80	东乌旗
满都拉公路口岸	双边性季节开放	500	60	达茂旗
额布都格公路口岸	双边性季节开放	400	60	东新巴旗
阿日哈沙特公路口岸	双边性集中开放	400	60	西新巴旗
黑山头公路口岸	双边性常年开放	300	100	额尔古纳
室韦公路口岸	双边性常年开放	100	未通客运	额尔古纳
阿尔山公路口岸	国际性季节开放	100	40	阿尔山市
呼和浩特航空口岸	国际客运及包机	6	1000	呼和浩特
海拉尔航空口岸	国际客运及包机	10	150	海拉尔区
满洲里航空口岸	国际客运及包机	8	100	满洲里市

资料来源：内蒙古商务厅。

表 2　“十一五”以来重点口岸进出口贸易情况　　单位：亿美元

年份	满洲里口岸			二连口岸		
	出口额	进口额	进出口	出口额	进口额	进出口
2006	—	—	—	21.95	3.99	25.94
2007	10.4	75.3	85.7	17.14	7.49	24.63
2008	12.4	95.9	108.2	16.68	10.45	27.13
2009	5.8	61	66.8	13.92	10.33	24.25
2010	8.4	90.9	99.3	18.63	14.21	32.84
2011	12.9	50.3	63.2	22.67	14.26	36.93

资料来源：内蒙古商务厅口岸办。

表 3　“十一五”以来重点口岸进出境人员情况　　单位：万人次

年份	满洲里口岸		二连口岸		甘其毛都口岸		策克口岸	
	入境	出境	入境	出境	入境	出境	入境	出境
2006	84.4	84.8	68.05	67.58	2.23	1.03	4.13	4.15
2007	110.1	109.3	79.95	79.48	2.79	2.07	3.26	3.28
2008	100.9	101.3	85.06	84.52	3.84	2.38	4.29	4.27
2009	63.5	62.8	69.25	68.50	7.66	9.26	8.23	8.20
2010	71.1	70.7	89.62	88.79	15.59	15.71	14.25	14.17
2011	70.2	70.4	101.33	101.15	21.40	21.53	14.20	14.97
合计	500.2	499.3	493.26	490.02	53.52	51.99	48.36	49.04

资料来源：内蒙古商务厅口岸办。

表 4　“十一五”以来重点口岸的海关税收　　单位：亿元

年份	满洲里口岸	二连口岸	甘其毛都口岸	策克口岸
2007	96.88	14.51	0.14	0.00034
2008	79.1	13.38	1.06	0.24
2009	72.29	19.55	2.28	1.50
2010	92.51	27.05	7.67	4.70
2011	48.18	30.69	11.7	7.12

资料来源：内蒙古商务厅口岸办。

支持工业低碳发展的财政政策研究①

进入21世纪以来，内蒙古自治区紧紧抓住国家实施西部大开发、振兴东北地区等老工业基地战略的历史机遇，坚持不懈推进工业化、城镇化和农牧业现代化，GDP增速连续八年居全国第一，实现了跨越式发展。但是，经济粗放型发展方式没有根本改变，内蒙古自治区仍然是我国主要的能耗高、污染重、排放多的省区之一，能源消费对煤炭的依赖度超过90%，是全国六个对煤炭依赖度最高的省区之一。

内蒙古自治区之所以成为高碳区，主要是工业碳排放过高。运用财政政策的杠杆作用，支持工业企业节能减排，是应对高耗能、高排放、高污染的严峻挑战，破解日益增强的资源环境约束，顺利完成国家下达的节能减碳目标任务，实现可持续发展的重要举措。因此，研究支持工业低碳发展的财政政策，形成切实有效的政策环境，对于内蒙古自治区经济社会发展具有战略性、全局性、导向性意义。

一、推动工业低碳发展的重要性、必要性和紧迫性

（1）推动工业低碳发展的重要性。推动低碳发展，不能片面地理解为就是降低二氧化碳排放。低碳发展是“低碳”和“发展”的相统一，“低碳”是降低二氧化碳排放，而“发展”意味着提高效率、提升竞争力。低碳发展的特征就是“三低一高”：低消耗、低排放、低污染和高效率或高效益。

（2）推动工业低碳发展的必要性。内蒙古自治区“十二五”规划明确提出单位GDP能耗降低15%，单位GDP二氧化碳排放等指标达到国家对内蒙古自治区的要求。工业对GDP增长的贡献率最大，同时又是内蒙古自治区能耗最多、排放最高的产业。工业能耗由2001年的2172.44万吨标准煤快速上升到2010年的11502万吨标准煤，占内蒙古自治区总能耗的比重由48.78%猛增到2010年的60.91%。高能耗必然伴随高排放。只有把工业能耗降下来，内蒙古自治区总能耗才能降下来。

（3）推动工业低碳发展的紧迫性。据《中国统计年鉴》（2010～2011）数

① 本文节选自2013年6月受内蒙古财政厅委托主持研究的课题研究报告。

据，2010 年，内蒙古自治区 GDP 达到 11672 亿元，占全国 GDP 总量 401202.0 亿元的 2.91%；能源消耗总量达到 18882.66 万吨标准煤，占全国总能耗 324939 万吨标准煤的 5.81%；二氧化硫排放量达到 139.4 万吨，占全国二氧化硫排放量 2185.1 万吨的 6.38%。也就是说，内蒙古自治区在创造占全国经济总量 2.91% 的 GDP 的过程中消耗了占全国消耗总量 5.81% 的能源、排放了 6.38% 的二氧化硫。

目前，内蒙古自治区一次能源消费中，90% 以上是煤炭，高出全国平均水平 20 多个百分点，更远高于 29% 的世界平均水平，是全国六个煤炭依赖度最高的省份之一。2010 年，我国能源消费总量达到 32.49 亿吨标准煤，其中煤炭消费占 68%，人均能源消费量为 2.46 吨标准煤；而内蒙古自治区能源消费量达到 1.89 亿吨标准煤，其中煤炭消费占 94.16%，人均能源消费量为 7.64 吨标准煤。内蒙古自治区人均能源消费量比全国人均能源消费量的三倍还多。

二、推动工业低碳发展的有利条件与面临的问题

（1）推动工业低碳发展的有利条件。“十一五”期间，内蒙古自治区加大节能降耗力度，改造工艺技术，淘汰落后产能，使能耗大幅度下降。单位 GDP 能耗由 2005 年的 2.48 吨标准煤/万元降到 2010 年的 1.92 吨标准煤/万元；单位工业增加值能耗由 2005 年的 5.67 吨标准煤/万元降到 2010 年的 3.24 吨标准煤/万元。

新能源加快开发，为低碳发展创造了条件。截至 2010 年底，内蒙古自治区风电并网装机容量达到 1000 万千瓦，占全国风电并网装机容量的 32.3%；太阳能光伏发电并网容量为 1.46 万千瓦，是我国重要的光伏产业基地。

财政收入快速增长，有能力支持低碳发展。从“十一五”时期财政支持新能源的支出看，2008 年，内蒙古自治区各级财政用于发展新能源和节能减排支出达到 14.53 亿元，2009 年达到 17.23 亿元，比 2008 年增加 18.57%。从节能减排奖励资金支出看，2007～2009 年，共下达淘汰落后产能奖励和补助资金 12.89 亿元；以节能量为依据下达奖励资金 4.09 亿元，支持 186 个节能技术改造项目，实现节能量 387 万吨标准煤。

（2）推动工业低碳发展面临的问题。内蒙古自治区推动工业低碳发展与节能减排的矛盾依然很突出。近年来，积极调整经济结构，加快转变经济发展方式，节能降耗工作取得了可喜成绩。2010 年万元 GDP 能耗为 1.92 吨标准煤，比 2009 年万元 GDP 能耗 2.01 吨标准煤下降了 4.48%。但是，工业能耗总量逐年增加，2010 年，内蒙古自治区工业能耗达到 11502 万吨标准煤，比 2005 年的

6936.8万吨标准煤增加了4565万吨标准煤，增长了65.81%。伴随内蒙古自治区工业快速发展的是能源的高消耗，尤其是以煤炭为主的化石能源的高消耗，这种状况在短期内难以根本改变，经济持续增长与工业高耗能的矛盾依然很突出。

从2010年内蒙古自治区工业主要行业能耗总量看，电力、热力、水的生产和供应业能耗为10538.40万吨标准煤，黑色金属冶炼及压延加工业能耗为3315.60万吨标准煤，化学原料及化学制品制造业能耗为2241.99万吨标准煤，均属于高耗能行业。

综合考虑工业主要行业能耗总量、碳排放量、单位产值能耗、单位产值能耗增速情况，内蒙古自治区今后节能减排潜力较大的是电力热力生产和供应业、化学原料及化学制品制造业、黑色金属冶炼及压延加工业、有色金属冶炼及压延加工业等行业。

（3）推动工业低碳发展的路径选择。推动工业低碳发展的本质要求是在工业发展过程中降低二氧化碳排放，而降低工业二氧化碳排放，要从内蒙古自治区工业发展实际出发选择低碳发展路径，针对性地综合施策。一是提高能源效率。从宏观上讲，能源效率就是单位GDP能源消耗。推动工业低碳发展，要把提高能源效率放在首位，着力营造有利于提高能源效率的政策环境和市场环境。二是调整能源结构。温室气体排放的90%来自化石能源的燃烧排放。调整能源结构就是开发利用风能、水能、太阳能、生物质能等可再生能源，用低碳能源或无碳能源逐渐替代或部分替代化石能源。三是采用低碳技术。低碳技术是推动工业低碳化发展的关键手段，能够引领能源利用方式转变，逐步改变内蒙古自治区工业以煤炭为主、高能耗、高污染、高排放的能源利用结构。四是促进资源再利用。资源再利用就是把一个工艺、企业和产业的废弃物作为另一个工艺、企业和产业的原料和资源，循环利用，资源综合利用，能源效率提高，达到节能减排的目的。五是提高准入门槛。淘汰落后产能，严格市场准入，支持优势企业通过收购、兼并、重组落后产能企业；加大执法处罚力度，如对未按规定期限淘汰落后产能的企业吊销排污许可证，金融机构不得提供任何形式的新增授信支持等；加强财政资金引导，安排资金，支持企业淘汰落后产能。六是推进管理创新。加强能源运行管理是推动工业低碳发展的重要措施。通过管理创新，完善体制机制，优化要素配置，促进节能减排。建立科学合理的碳统计、监测和考核制度，逐步形成能源消耗和碳强度的统计与监督核查机制。

三、支持工业低碳发展的财政政策

（1）支持工业低碳发展财政政策的着力点。实行支持工业低碳发展的财政政策，要以科学发展观为指导，通过各种具体的财政政策措施，不断调整各利益主体的经济利益关系，奖励保护环境的经济活动，限制损害环境的经济行为，把企业的局部利益、短期利益同全社会的共同利益、长远利益结合起来。其着力点是从微观经济主体——企业行为的趋利性本质出发，对其符合低碳发展的行为进行正向激励，减少其成本性开支，对其不符合低碳发展的行为进行反向激励，增加其成本性开支，促使企业由高碳发展向低碳发展转变，从而把宏观的可持续发展理念与微观的市场机制连接起来。

（2）支持工业低碳发展的财政政策。企业是工业低碳发展的主体，只有把内蒙古自治区节能减排任务通过激励约束机制直接落实到各企业，才能真正有效节能减排。由于地区发展不平衡，企业情况千差万别，制定和实行面向各类企业的政策，难以做到完全公平。只能选择各类企业发展的共性指标制定政策，只能在试行中加以修正和完善政策。

制定和实行支持工业低碳发展的财政政策，要综合运用财政奖励、财政补贴、财政贴息等财政工具，从低碳技术创新、低碳产业发展、降低能源消耗、高效利用资源、可再生能源发展、减缓气候变化等几方面出台相应配套政策，推动工业低碳发展。

实行支持工业低碳发展的财政政策，需要增设公共财政支持工业低碳发展预算支出项目，对节约能源、节约水资源、提高能源效率、降低温室气体排放、减少污染物排放、清洁能源开发、研发低碳技术、淘汰落后产能的企业给予奖励、补助和贴息等政策支持。实行支持工业低碳发展的财政政策是正向激励，与之配套，还应实行向违反国家节能减排政策的高碳企业收取超耗超排费的反向激励政策。只有实行正向激励与反向激励相结合、奖励与处罚相结合的配套政策，才能取得推动内蒙古自治区工业低碳发展的明显成效，才能确保完成国家下达的节能减排各项约束性目标任务。

本文研究设计支持工业低碳发展的财政政策，坚持下列原则：把完成“十二五”时期内蒙古自治区节能减排任务作为出发点，推动低碳发展，把节能减排任务直接落实到企业，财政政策直接体现的企业，用奖励、处罚两手确保实现节能减排目标。

第一，奖励节约能源成效好的低碳企业。在2011年吨标准煤/万元（营业收入+成品库存）的基础上，年度能耗每下降5个百分点奖励35元；年度能耗在下降5个百分点的基础上每下降1个百分点奖励30元。

设计第一条政策的依据是“十二五”时期内蒙古自治区单位国内生产总值能耗和二氧化碳排放分别降低15%和16%，以2011年为基础，将上述节能减碳指标分摊到今后四年，每年平均降低4%；落实到企业，并采用“万元（营业收入+成品库存)”的指标，就把降低指标提高到5%，多降多奖；2009年内蒙古自治区工业能耗为10682万吨标准煤，“2007~2009年，以节能量为依据下达奖励资金4.09亿元，支持186个节能技术改造项目，实现节能量387万吨标准煤”，据此测算，2009年每节能1万吨标准煤，财政奖励33.6元，考虑到价格因素，“十二五”后四年年度能耗每下降5个百分点奖励35元，年度能耗在下降5个百分点的基础上每下降1个百分点奖励30元；采用“万元（营业收入+成品库存)”的指标，数据可以较为准确、易于采集。

第二，奖励节约水资源成效好的低碳企业。按照第一条标准受到节能奖励的低碳企业，在2011年吨水/万元（营业收入+成品库存）的基础上，年度水耗每下降3个百分点奖励1.5万元；年度能耗在下降3个百分点的基础上每下降1个百分点奖励1万元。

设计第二条政策的考虑是，内蒙古自治区水资源极为短缺，第九次党代会提出要“节能节水减排”，可以根据2011年各行业万元营业收入耗水平均值来确定奖励基数，给予奖励。

第三，补助技术研发和采用低碳技术的企业。在2011年低碳技术研发投入/万元营业收入的基础上，年度低碳技术研发投入/万元营业收入每增长1个百分点补助10万元；按照第一条标准受到节能奖励的低碳企业，如果是采用低碳技术的按其低碳设备价格每100万元一次性补助20万元。

设计第三条政策的考虑是，内蒙古自治区企业技术进步意识比较弱，技术研发投入普遍较少。通过财政政策鼓励企业研发投入从无到有、从少到多，增强企业技术创新能力，是政策设计的出发点。

第四，补助淘汰落后产能的企业。企业通过技术改造将其生产设备、生产工艺的技术水平提高到行业平均水平以上的，按其更新设备价格每100万元一次性补助20万元；关停落后产能的，按相关政策标准补助。

设计第四条政策的考虑是，为了尽快淘汰落后产能，既鼓励通过技术改造来淘汰落后产能，又鼓励通过关停来淘汰落后产能。

第五，奖励低碳发展的工业园区。在2011年吨标准煤/万元GDP的基础上，年度单位GDP能耗每下降5个百分点奖励30万元；年度单位GDP在下降5个百分点的基础上每下降1个百分点奖励10万元。

设计第五条政策的考虑是，鼓励工业园区整体实现低碳发展，采用“吨标准煤/万元GDP”。

第六，贴息支持低碳技术研发。对产学研组织研发低碳技术和产业创新联盟研发低碳技术的，根据其研发技术项目情况，给予贷款贴息支持，甚至给予一定的引导资金补助。

设计第六条政策的考虑是，通过鼓励产学研、产业创新联盟两种形式，促进企业技术进步。

第七，处罚超耗能的企业。在2011年吨标准煤/万元（营业收入+成品库存）的基础上，年度能耗/万元（营业收入+成品库存）每增加1个百分点，每吨标准煤收取超耗能费25元。收取企业超耗能费计算公式：收费金额=企业年能耗总量标准煤×{〔年吨标准煤/万元（营业收入+成品库存）-2011年吨标准煤/万元（营业收入+成品库存）〕÷2011年吨标准煤/万元（营业收入+成品库存）}×100%×25元。

设计第七条政策的依据是，财政部科研所2009年课题《中国开征碳税问题研究》报告建议，碳税从每吨二氧化碳10元的较低税率起步逐步提高。参考这个建议，按排放1吨二氧化碳收费10元计算，超消耗1吨标准煤可收费25元左右。

（3）衡量工业低碳发展的企业经营指标体系。本文研究财政政策，采用以能源生产率为主的指标体系来衡量企业低碳发展成效。能源生产率（企业年营业收入/吨标准煤）是指单位能源消耗所创造的企业营业收入。采用这个指标体系，需要采集企业年度总营业收入、总能耗（标准煤）、总水耗、研发投入、淘汰落后产能情况、工业园区GDP和总能耗、产学研组织和产业创新联盟技术研发等方面的数据。这些数据都在目前企业经营年度统计范围之内，易于采集，易于测算，简便易行。

在技术手段上如果能够对企业排放的二氧化碳进行监测、统计、核查，则可以采用碳生产率指标来衡量一个地区或企业的低碳发展状况。所谓碳生产率就是经济总量或经济效益与碳排放量之比，在一个地区就是GDP/二氧化碳排放量，在一个企业可以用营业收入代替，即年营业收入/二氧化碳排放量。采用这样的指标，有利于达到既低碳又发展的目的。也可以采用资源利用效率指标来衡量企业低碳发展成效。资源生产率（GDP/DMI）是指单位资源消费所创造的GDP。各种能源与碳排放的关系，可参照“碳排放计算器”单位来换算。

实行支持工业低碳发展的财政政策，需要做好管理企业低碳发展的基础工作，推行企业申报节能减排奖励补助制度和企业节能减碳认证管理制度，对企业设备和产品进行节能认证，建立企业控制温室气体排放的技术和数量标准。需要加强执法队伍能力建设，对减碳实施全过程监管，特别是加强事中监管，推广使用在线监测等行之有效的技术手段，对落后的用能设备实行强制淘汰，促进企业低碳发展。

支持工业低碳发展的财政政策是政府应对气候变化、调控经济发展、节约能源资源、保护生态环境的一个非常重要的手段，是政府推动低碳发展的最重要的抓手。但支持工业低碳发展财政政策的设计和实施离不开其他相关措施的配套，离不开其他调控手段和方式的协调。比如，进行资源价格改革，建立能够真正反映资源环境价值的市场价格体系等都是重要的配套措施。实行支持工业低碳发展的财政政策，还需要与市场机制紧密结合起来，两者协调配合，才能取得推动低碳发展的良好效果。推动工业低碳发展是一个长期的、不断实践创新提高的过程。

附

表1　2001～2010年内蒙古自治区能源消费总量及构成

年份	能源消费总量（万吨标准煤）	原煤比重（%）	原油比重（%）	天然气比重（%）	水电比重（%）
2001	4453.48	93.34	4.27	0.04	0.16
2002	5190.12	93.47	3.47	0.05	0.16
2003	6612.77	95.58	2.78	0.41	0.15
2004	8601.81	96.71	1.14	0.05	0.16
2005	10788.37	92.28	1.75	0.78	0.17
2006	12835.27	89.91	1.55	1.49	0.13
2007	14703.32	90.54	1.38	2.40	0.32
2008	16407.63	90.20	1.65	2.47	0.01
2009	17473.68	87.23	1.57	3.37	0.27
2010	18882.66	94.16	1.06	3.02	0.11

资料来源：《内蒙古统计年鉴》（2002～2011）。

表2　内蒙古自治区工业能耗占全区总能耗比重

年份	全区能耗总量（万吨标准煤）	工业能耗（万吨标准煤）	工业能耗比重（%）
2005	10788.37	8496	64.30
2006	12835.27	8104	63.06
2007	14703.32	9352	63.61
2008	16407.63	10203	62.18
2009	17473.68	10682	61.13
2010	18882.66	11502	60.91

资料来源：《内蒙古统计年鉴（2011）》。

表 3　2005～2010 年内蒙古自治区单位 GDP 和单位工业增加值能耗

单位：吨标准煤/万元

年份	单位 GDP 能耗	单位工业增加值能耗
2005	2.48	5.67
2006	2.41	5.37
2007	2.31	4.88
2008	2.16	4.19
2009	2.01	3.56
2010	1.92	3.24

资料来源：《内蒙古统计年鉴（2011）》。

碳排放计算器

减排 1 吨碳（液碳或固碳）＝减排 3.67 吨二氧化碳。
节约 1 度电＝减排 0.997 千克二氧化碳＝减排 0.272 千克碳。
节约 1 千克标准煤＝减排 2.493 千克二氧化碳＝减排 0.68 千克碳。
节约 1 升汽油＝减排 2.3 千克二氧化碳＝减排 0.627 千克碳。
节约 1 升柴油＝减排 2.63 千克二氧化碳＝减排 0.717 千克碳。

资料来源：《奋力走进前列——内蒙古现象研究》，2009 年。

内蒙古应对气候变化规划思路研究[①]

引　言

气候变化是对人类生存和发展的严峻挑战，已经影响到经济社会发展和人们的生产生活，是广大人民群众十分关切的问题。内蒙古自治区是能源资源富集地区，同时也是自然生态环境脆弱地区；是最容易受到气候变化不利影响的地区，同时也是在发展方式上对气候变化产生一定影响的地区。气候变化直接关系到内

① 本文选自 2013 年 7 月内蒙古低碳发展研究院课题组受内蒙古发改委委托研究的国家发改委课题，课题组成员有许柏年、王岩、赵海东、杨阳、小贾等，原标题为《内蒙古自治区应对气候变化规划思路研究》。

蒙古自治区发展全局，直接关系到内蒙古自治区各族人民的生产生活和生命财产安全。积极应对气候变化，是内蒙古自治区加快转变经济发展方式的重要内容，是全面建成小康社会的内在要求。

党的十八大把生态文明建设纳入中国特色社会主义五位一体布局，用独立篇章论述大力推进生态文明建设，把单位国内生产总值能源消耗和二氧化碳排放大幅下降、主要污染物排放总量显著减少、森林覆盖率提高、生态系统稳定性增强、人居环境明显改善纳入全面建成小康社会和全面深化改革开放的目标。内蒙古自治区党委发展思路把内蒙古自治区建成我国北方重要的生态安全屏障的发展定位，要求内蒙古自治区在价值取向上牢固树立尊重自然、顺应自然、保护自然的生态文明理念，自觉把生态文明建设放在更加重要的位置，融入经济社会发展各方面和全过程；在工作实践中，正确处理经济社会发展和生态环境保护的关系，坚持节约优先、保护优先、自然恢复为主的方针，努力形成节约资源和保护环境的空间格局、产业结构、生产方式、生活方式，实现美丽与发展双赢；在制度保障上，探索建立体现生态文明要求的体制机制，加强生态文明立法，完善生态文明相关政策，建立资源有偿使用和环境补偿制度，建立林权、水权、排污权、碳排放交易制度，建立评价监测体系和考核奖惩制度，实现生态环境保护有章可循、有法可依。为了全面贯彻党的十八大精神，深入落实“8337”发展思路，立足于内蒙古自治区实际落实《国家应对气候变化规划（2011～2020年）》，受内蒙古自治区发展和改革委员会的委托，内蒙古低碳发展研究院编写了《内蒙古应对气候变化“十二五”规划思路研究》（以下简称《规划思路研究》）。研究内蒙古应对气候变化“十二五”规划思路，为制定内蒙古应对气候变化“十二五”规划提供依据，对于坚持科学发展、推进富民强区，调整经济结构、转变发展方式，构筑我国北方重要生态安全屏障，做好应对气候变化各项工作，实现可持续发展，都具有十分重要的意义。

《规划思路研究》提出了内蒙古自治区“十二五”时期应对气候变化工作的指导思想、主要目标、政策导向和重点任务，是制定内蒙古自治区应对气候变化“十二五”规划的参考文件。《规划思路研究》主要以《国家应对气候变化规划（2011～2020年）》《国务院关于进一步促进内蒙古经济社会又好又快发展的若干意见》《全国主体功能区规划》《地方应对气候变化规划编制指导意见》《“十二五”控制温室气体排放综合实施方案》《内蒙古自治区国民经济和社会发展第十二个五年规划纲要》和其他相关规划为依据。《内蒙古应对气候变化“十二五”规划》应主要参考《规划思路研究》的基本框架进行编制。

第一章　内蒙古自治区应对气候变化的基础条件

第一节　气候特点和气候变化的影响

自然气候特点。内蒙古自治区位于祖国的北部边疆，由东北向西南斜伸，呈狭长形，所处纬度较高，高原面积大，距离海洋较远，边沿有山脉阻隔，以温带大陆性季风气候为主。气候总的特点是春季气温骤升，多大风天气，夏季短促而炎热，降水集中，秋季气温剧降，霜冻往往早来，冬季严寒漫长，多寒潮天气。年平均气温为0~8℃，气温年差平均在34~36℃，日差平均为12~16℃；降水量由东北向西南递减，年总降水量为50~450毫米；全年太阳辐射量从东北向西南递增；日照充足，大部分地区年日照时数都大于2700小时；全年大风日数平均在10~40天，70%发生在春季，沙暴日数大部分地区为5~20天。

气候变化趋势。在全球变暖的大背景下，内蒙古自治区气候变暖明显，近50年来，平均气温约上升2℃（见图1）。四季增温有差异，冬季增温幅度最大。近50年来，内蒙古自治区年平均降水量为292毫米，2000年以后随着气候变暖和降水减少，进入干旱少雨的枯水期，降水量较20世纪90年代减少39毫米。降水量呈不明显的波动式变化趋势，冬、春季降水呈略增加趋势，夏、秋季呈减少趋势（见图2）。全年及四季日照时数呈显著减少趋势，以夏季减少最为明显，冬季次之，春、秋季略有减少。

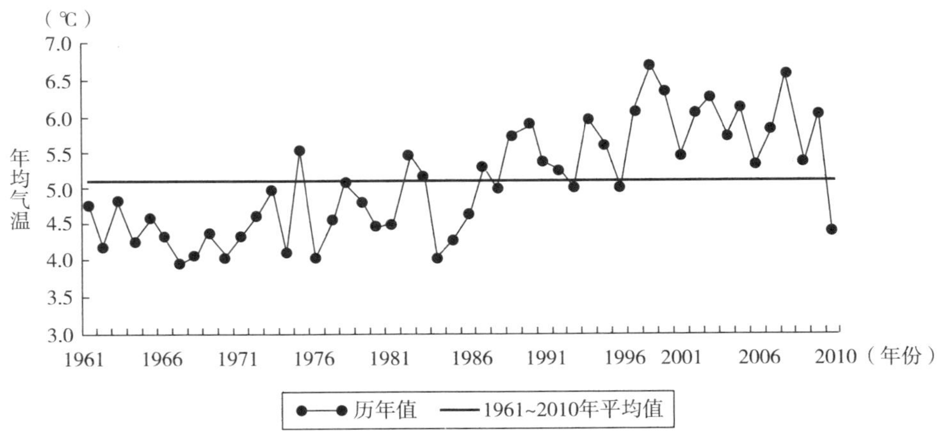

图1　1961~2010年内蒙古自治区年平均气温变化曲线图

资料来源：内蒙古气象局。

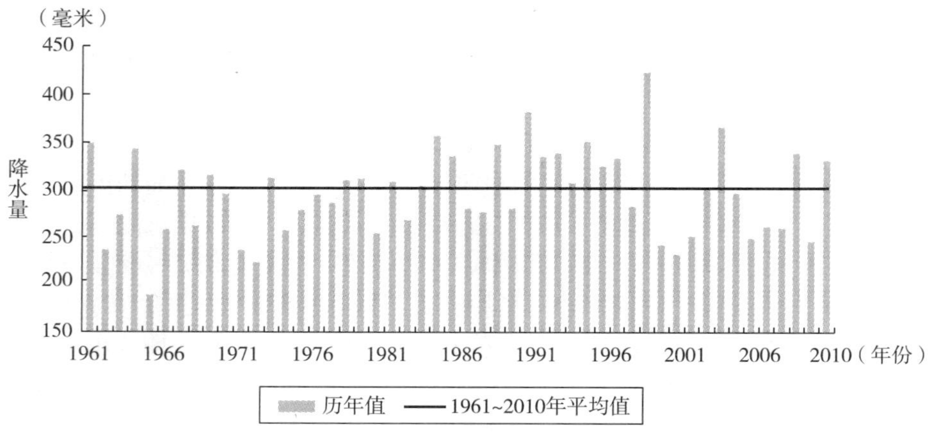

图 2　1961～2010 年内蒙古自治区平均年降水量变化直方图

资料来源：内蒙古气象局。

气候变化对农业生产的影响。内蒙古自治区是国家 13 个粮食主产区和 5 个粮食调出省区之一。气候变化对内蒙古自治区农业生产是一把“双刃剑”。近 50 年来，内蒙古自治区各地热量条件得到不同程度的改善，大部分作物生长期延长，使农业生产结构、种植制度和作物品种发生了改变，喜温作物、晚熟和中晚熟品种的种植面积都在扩大，小麦、玉米、马铃薯三大作物产量呈增加趋势。与此同时，极端天气气候事件频发使干旱、霜冻等灾害的受灾面积扩大，使农业生产的不稳定性有所增加，产量波动性增大。气温升高虽减轻了作物遭受低温冷害和冻害的威胁，但增加了干热风和高温热害的风险。气候变暖有利于病虫卵越冬，部分虫害的首现期、迁飞期及高发期提前，害虫和病菌的繁殖代数增加，危害区域扩大，使病虫草害的防治难度加大，施药量和施肥量增加，进而加剧面源污染。以上多种因素将综合影响作物产量和品质。

气候变化对畜牧业生产的影响。内蒙古自治区是全国主要畜牧业生产基地之一，并以放牧畜牧业为主，对气候变化具有较高的敏感性。冬季变暖虽然使雪灾（白灾）和冷雨湿雪灾害减少，有利于接羔保育，减少母、幼畜的死亡率，降低牲畜冬季御寒的热量消耗，提高产肉率，但影响家畜皮、毛、绒的质量，使商品率降低。气候暖干化（即气温升高、降水减少）使牧草生长高度、地上生物量和盖度明显下降，大部分草原的初级生产力下降，优质牧草比例减少，草场质量降低、功能退化，畜牧业饲草供求矛盾日益显现。另外，冬季气温的升高使草原病、虫、鼠、微生物生长季节加长、繁殖代数增加、种群增长率加快，导致草原病、虫、鼠害和家畜疫病加剧，畜牧生产力下降。

气候变化对草原生态系统的影响。气温升高、降水减少导致内蒙古自治区草原生态系统干旱化加剧，具体表现在：旱灾的出现概率增大，持续时间变长；草地土壤侵蚀危害严重，土地肥力降低，有些多年生优质牧草被一年生牧草所代替，在干旱气候与荒漠化、盐渍化的作用下，牧草平均单产减少，草地景观呈荒漠化趋势。

气候变化对森林生态系统的影响。气候变暖有利于森林生态系统生产力的增加和二氧化碳的吸收。内蒙古自治区森林的平均年净初级生产力将增加10%左右。[①] 气候变化使各物种的适宜生活范围将相对迁徙，导致寒温带针叶林和温带针阔叶混交林明显减少，寒温带针叶林将有可能消失。气候变暖使各种害虫越冬的存活率增加并使分布区域向北移动，虫害加剧。森林火灾呈增加趋势，夏季雷击火发生次数明显增加。

气候变化对水资源的影响。气候变化对内蒙古自治区降水影响明显。气候变化使内蒙古自治区地表径流减少，湖泊萎缩或干涸，可利用的水资源减少。长期干旱少雨导致大气降水补给的减少，气候变暖导致作物生长期延长对水的需求量增加，使大部分河流自20世纪50年代径流逐年减少，河川径流自西向东下降趋势明显增加，目前许多河流已经断流成为季节性河流，从而使地下水开采量过多、补给量减少，呼包鄂地区出现了明显的地下水降落漏斗区，东部辽河井灌区形成2000多平方公里的漏斗区。

第二节　与气候变化相关的基本区情

资源环境等地理条件。内蒙古自治区总面积118.3万平方公里，占全国国土面积的12.3%，是我国第三大省区。东、南、西依次与黑龙江、吉林、辽宁、河北、山西、陕西、宁夏和甘肃八省区毗邻，横跨东北、华北、西北，靠近京津；北部同蒙古国和俄罗斯联邦接壤，国境线长4200多公里。内蒙古自治区地域广袤，以我国四大高原中的第二大高原——蒙古高原为主体，高原面积占内蒙古自治区总面积的53.4%，山地占20.9%，丘陵占16.4%，平原与滩川地占8.5%，河流、湖泊、水库等水面占0.8%。水资源在地区的分布上很不均匀，东部地区丰富，西部地区紧缺。内蒙古自治区森林资源和草地资源丰富，东部的大兴安岭原始林区是我国重要的碳库、基因库和木材资源基地（见专栏1）。

① 内蒙古自治区人民政府《关于印发自治区应对气候变化实施方案的通知》（2010年6月4日内蒙古自治区人民政府内政发〔2010〕44号）。

专栏1

内蒙古森林、草原、土地、水资源状况

内蒙古自治区有大兴安岭次生林区、宝格达山等11片次生林区和人工林区。第七次全国森林资源连续清查（2004~2008）结果显示，内蒙古自治区林地面积6.59亿亩，森林面积3.55亿亩，人工造林保存面积9790.35万亩，宜林地面积2.37亿亩，均居全国第1位；拥有林地面积2.55亿亩，天然林面积2.1亿亩，居全国第2位；森林覆盖率20%。内蒙古自治区活立木总蓄积量13.61亿立方米，占全国活立木蓄积量的9.1%，居全国第五位。内蒙古自治区有天然草原13.2亿亩，占全国草原面积的22%，2010年，内蒙古自治区草原植被盖度达38.85%；可利用草场面积10.2亿亩，占全国可利用草场面积的20%以上，居全国第一位。

内蒙古自治区有河流、湖泊、沼泽、人工湿地4大类13种类型湿地，面积6368万亩，占内蒙古自治区湿地面积的11%，占内蒙古自治区土地面积的3.59%，湿地面积居全国第三位。

2005年土地利用变更调查数据显示，内蒙古自治区土地总面积17.33亿亩：农用地14.30亿亩，占土地总面积的82.52%，其中，耕地1.07亿亩，占内蒙古自治区土地总面积的6.15%；园地109.5万亩，占0.06%；林地3.26亿亩，占18.80%；牧草地9.88亿亩，占57.03%；其他农用地833.1万亩，占0.48%。

2010年，内蒙古自治区水资源总量为388.54亿立方米[①]，东部地区水资源总量占内蒙古自治区的65%；中西部地区占内蒙古自治区的25%，其中除黄河沿岸可利用部分过境水外，大部分地区水资源紧缺。

内蒙古自治区是矿产资源和能源资源富集地区。截至2010年底，在全国已发现的171种矿产资源中内蒙古自治区有143种，其中查明资源储量的97种。资源储量居全国之首的12种、居全国前3位的30种、居全国前10位的74种。稀土储量居世界首位，有色金属和贵金属储量丰富，煤炭累计勘查量居全国第1位，有丰富的天然气、石油和非常规油气资源，如油砂、油页岩、煤层气等；可再生能源中，可开发的风能资源居全国第1位，太阳能资源居全国第2位。内蒙

① 《内蒙古自治区水资源公报（2010）》，内蒙古自治区水利厅。

古自治区是能源生产大区，2010 年输出的能源量占能源生产量的 62.04%（见专栏 2）。

专栏 2

内蒙古矿产、能源资源状况（2010 年）

内蒙古自治区稀土查明资源储量居世界首位，其氧化物总量达 18065.41 万吨。煤炭累计勘查估算资源总量 7601.42 亿吨，其中查明的资源储量为 3629.81 亿吨，预测的资源量为 3971.61 亿吨，居全国第 1 位，煤炭资源具有地质构造简单、埋藏浅、煤层厚的特点，易于露天开采，全国 5 大露天煤矿在内蒙古自治区境内有 4 个。天然气查明地质储量 14746.63 亿立方米，探明石油地质储量 55671.2 万吨。累计查明贵金属金 504.46 吨、银 3.15 万吨。铜、铅、锌 3 种有色金属资源储量 3871.06 万吨。①

风能资源可利用面积占内蒙古自治区总面积的 80%，其中，10 米高度可开发利用的风能储量为 1.01 亿千瓦，50 米高度的可开发风能资源为 2.02 亿千瓦，占全国陆地风能的 40%。阿拉善盟北部、巴彦淖尔市北部和锡林郭勒盟北部，年平均风功率密度大于 200 瓦/立方米，年平均有效风速时数在 5000 小时以上，是国内风力资源最好的地区。太阳能资源居全国第 2 位，年日照时间为 2600 ~ 3200 小时，具备较好的、建设太阳能基地的条件。2010 年，内蒙古自治区能源生产总量为 49740.18 万吨标准煤，占全国能源生产总量的 16.75%；能源消费总量为 18882.66 万吨标准煤，占全国能源消费总量的 5.81%。②

内蒙古自治区经济社会状况。2010 年末，内蒙古自治区人口 2472 万人，居全国第 23 位，2005 年至 2010 年，内蒙古自治区人口净增加 69 万人，年均增长 0.57%。2010 年，内蒙古自治区生产总值 11672 亿元，2005 ~ 2010 年平均增长 17.60%。其中，第一产业增加值 1095.28 亿元，2005 ~ 2010 年平均增长 4.59%；第二产业增加值 6367.69 亿元，2005 ~ 2010 年平均增长 22.75%；第三产业增加值 4209.02 亿元，2005 ~ 2010 年平均增长 15.01%。三次产业比例由 2005 年的 15.1∶45.4∶39.5 演变为 2010 年的 9.4∶54.5∶36.1。按常住人口计算，

① 内蒙古自治区人民政府主办的网站“走进内蒙古”。

② 《内蒙古统计年鉴（2011）》。

2010年人均生产总值47347元，2005~2010年平均增长16.96%。

第三节 应对气候变化工作的成就和问题

内蒙古自治区党委、政府高度重视应对气候变化工作，按照国家应对气候变化领导小组办公室的要求，成立了由26个部门组成的内蒙古自治区应对气候变化工作领导小组，内蒙古自治区主席担任组长，分管副主席担任副组长。2009年编制了《内蒙古自治区应对气候变化实施方案》，并将应对气候变化工作纳入《内蒙古自治区国民经济和社会发展第十二个五年规划纲要》。加强应对气候变化能力建设，大力开展节能减排宣传及应对气候变化教育培训，广泛动员全社会各界参与，应对气候变化工作取得明显成效。

控制温室气体排放取得进展。内蒙古自治区积极开展控制温室气体排放，主要取得如下进展：

——积极优化能源结构，严格控制高耗能行业过快增长，强化用能管理，淘汰落后产能，节约能源提高能效。“十一五”时期，内蒙古自治区单位GDP能耗由2005年的2.475吨标准煤/万元下降到2010年的1.915吨标准煤/万元，累计下降22.62%，超额完成国家下达的节能目标任务0.62个百分点；单位工业增加值能耗由2005年的5.67吨标准煤/万元下降到2010年的3.24吨标准煤/万元，累计下降42.9%。[①]

——清洁能源开发利用幅度加大，截至2010年底，风电并网装机容量1000万千瓦，占全国风电并网装机容量的32.3%，占内蒙古自治区发电装机容量的15.6%；太阳能光伏并网容量达到1.46万千瓦；已投产生物质发电装机9万千瓦。[②]

——实施京津风沙源治理、天然林保护、退耕还林、退牧还草、“三北”防护林建设等重点生态保护与建设工程，碳汇能力增加。截至2010年底，人工造林达到4558.65万亩，居全国第七位，森林面积达到35496万亩，居全国第一位，森林覆盖率20%；草原植被盖度38.85%；城市建成区绿化覆盖率32.4%（2009年）。大力推广保护性耕作，以增加土壤有机质含量，减少因施化肥引起的温室气体排放，增加土壤含水率。[③]

——采取多种措施促进公交车辆升级换代，绿色低碳公交成绩显著。“十一五”期间，努力推行使用新能源、新燃料、高标准的节能环保型车辆，内蒙古自治区新能源公交车达到984标台，约占公交车辆总数的13.2%。积极开展绿色能源示范县和低碳城市试点工作，巴彦淖尔市五原县和杭锦后旗，赤峰市松山区，

① 《内蒙古统计年鉴》《内蒙古自治区国民经济和社会发展第十二个五年规划纲要》。

② 内蒙古能源局。

③ 《中国低碳经济年度发展报告2011》《内蒙古自治区“十二五”生态综合治理建设规划》。

鄂尔多斯市杭锦旗被授予国家首批绿色能源示范县称号。[①] 积极参与清洁发展机制（CDM）项目，增强碳减排能力。截至2012年6月，共有319个CDM项目获得批准，其中有211个在联合国注册，89个获得签发。项目获批个数、注册个数、签发个数均居全国前列。[②]

专栏3

控制温室气体排放工作

2007年以来，内蒙古自治区用于淘汰落后产能补偿奖励资金达9.4亿元。"十一五"以来，累计淘汰小火电装机156.15万千瓦、煤炭2184万吨、钢961万吨、水泥839.5万吨、焦炭1136万吨、铁合金60万吨、电石88.1万吨、有色冶炼15.5万吨、造纸26.80万吨、平板玻璃34万重箱、味精0.60万吨、酒精0.80万吨。

"十一五"期间，工业部门为节能降耗做出较大贡献，火电供电能耗下降3.6%；吨钢综合能耗下降2.49%；水泥综合能耗下降12.59%；合成氨综合能耗下降8.2%；电石综合能耗下降9.16%；硅铁综合能耗下降10.4%。

"十一五"时期，累计投入生态建设资金322.8亿元，草原建设总规模5亿亩，禁牧休牧面积7.8亿亩，林业生态建设总面积5000多万亩。"三北"防护林体系建设四期工程完成人工造林和封山（沙）育林面积828.21万亩。2010年禁牧休牧草原面积达7.81亿亩，规模为历史最大，较2005年增加1.57亿亩。

"十一五"期间，内蒙古自治区财政每年安排800万元，专项用于保护性耕作试验示范项目实施。截至2011年底，内蒙古自治区保护性耕作实施面积达到1548万亩，保护性耕作面积居全国首位。

适应气候变化能力得到加强。努力改善农林牧业生产基础条件，着力提高农林牧业防灾避灾减灾能力和综合生产能力。加大水利基础设施建设力度，提高防汛抗旱和水资源利用调配能力；加强灾害预警预报，防震减灾能力建设，增强内

① 《中国环境报》：绿色能源示范县的可再生能源年开发利用总量必须达到15万吨标准煤以上或者户均1吨标准煤以上，可再生能源必须占农村生活用能的50%以上，包括小水电、风电、沼气及生物质气化和生物质发电、生物质成型燃料、生物液体燃料、太阳能发电、太阳能热利用和地热能等可再生能源利用。

② 中国清洁发展机制网。

蒙古自治区极端气候事件预警及应急能力；卫生应急管理体系更加健全，部门协调联动机制逐步形成，对与气候变化相关的突发公共卫生事件和重大传染病疫情实现及时报告、实时监控、快速应对。

专栏4

"十一五"时期增强适应气候变化能力工作

累计投入水利建设资金203亿元，是"十五"时期的1.8倍，新增有效灌溉面积495万亩、节水灌溉面积1256万亩，内蒙古自治区有效灌溉面积达到4500万亩，节水灌溉面积达到3500万亩。

形成了卫星与地面两级监测和区、盟市、旗县三级服务的生态业务服务体系，生态观测站达到117个，观测要素达到46种。森林资源监测体系、荒漠化监测体系、湿地及野生动植物监测体系逐步完备。27个国有林业局都设立了防火指挥部及办公室。组建完成了内蒙古自治区防火信息网络VPN系统、IP可视电话系统、火场便携式卫星通信系统，升级、拓展了地理信息系统、火灾报表系统，实现了从卫星监测、热点定位、上传下达、火情分析到指挥决策等各个环节的科学化、信息化。以草原生物灾害监测预警、草原资源监测、地面固定监测点、草原生物灾害防治专业化服务队、内蒙古自治区遥感监测中心等为核心内容的草原监理体系建设覆盖面逐步扩大。森林火灾受害率控制在0.2‰以下；草原火灾受害率下降到0.01‰以下；林业有害生物成灾率下降到7‰以下。

中国气象局共投资10983.06万元，用于内蒙古自治区气象防灾减灾、预报预测、风能资源和气象综合观测等项目建设；投入12626.7万元，对内蒙古自治区各级气象台站154个基础设施进行综合改善；内蒙古自治区本级政府投资3291万元，用于气象防灾减灾项目建设和气象事业发展。①

应对气候变化工作仍然存在薄弱环节。气候变化是一个复杂的科学问题，应对气候变化与发展经济之间又存在现实的矛盾，这会影响对气候变化问题的全面认识。在具体工作中，对气候变化的现实性、影响的深远性、应对气候变化任务的紧迫性认识不足。基础工作和能力建设亟待加强，针对内蒙古自治区特点的气

① 《内蒙古自治区"十二五"气象事业发展规划》。

候变化科学研究和影响评估等基础工作相对薄弱，监测预警和应急响应的能力不足；地区温室气体排放的统计和测算体系亟待健全。相关制度和法律法规也有待完善，缺乏相关的配套政策措施、标准和规范。低碳和气候友好等方面技术研发能力不足，缺乏相关技术人才。缺乏资金投入和多元化投融资渠道。

第四节　应对气候变化工作面临的形势

从国际看，控制温室气体排放已是大势所趋，我国面临控制温室气体排放的压力越来越大，在此国际国内大背景下，内蒙古自治区应对气候变化的任务十分艰巨。"十一五"期间，内蒙古自治区经济高速增长，但产业结构不合理、粗放型发展方式没有根本转变，能源资源消耗量大，高污染、高排放问题突出，农牧业基础仍然薄弱，城乡区域发展不协调，这些问题是制约内蒙古自治区未来发展的瓶颈。

内蒙古自治区地处干旱和半干旱地区，生态环境非常脆弱，受气候变化影响很大，增强气候变化适应能力和增加抵御气候灾害能力，减少能源资源消耗和温室气体排放，保护生态环境，加强农牧业基础，是内蒙古自治区经济发展需要面对的长期挑战；内蒙古自治区经济发展对资源（特别是煤炭资源）的依赖性较强，向低碳经济转型较为困难，以煤炭为主的能源生产和能源消费，使内蒙古自治区的能源消费碳强度较高。

"十二五"时期乃至今后较长一段时期内，是内蒙古自治区应对气候变化的重要时期。根据内蒙古自治区近几年经济社会发展的状况以及能源资源禀赋和开发利用情况可以做出判断，内蒙古自治区应对气候变化工作的机遇与挑战并存。

由于内蒙古的资源禀赋及由此产生的"碳锁定效应"，在今后较长时期内，对能源资源的消耗和温室气体的排放仍将呈上升趋势。因此，内蒙古自治区应对气候变化是一项长期而艰巨的任务。在加快推进内蒙古自治区工业化和现代化的进程中，必须抓住应对全球气候变化的契机，推动产业结构优化升级，加快发展节能环保和新能源产业，通过大力开发低碳技术，加快对传统产业的升级改造，加快经济发展方式转变，积极探索具有地区特色的绿色循环低碳发展之路，逐步克服经济社会发展模式对碳排放的"锁定效应"，处理好发展经济与应对气候变化的关系，促进内蒙古自治区经济社会可持续发展。

第五节　影响温室气体排放的主要因素

"十一五"期间，内蒙古自治区抓住西部大开发机遇，发挥自身优势，实现了经济跨越式发展。2002～2009 年经济增长速度连续居全国首位，GDP 总量在全国的排位由 2003 年的第 24 位上升到 2010 年的第 16 位，经济实力有了较大提高。但是，经济发展中不平衡、不协调、不可持续的问题较为严重。经济规模的不断扩张、第二产业特别是工业的快速增长、以煤炭为主的能源消费结构和能源强度的较快下降，从正反两个方向影响着内蒙古自治区温室气体排放。

经济规模因素。二氧化碳排放与经济规模有着明显的正相关关系，并且是最主要的影响因素。2005～2009 年，内蒙古自治区国内生产总值从 3905.03 亿元增长到 7635.70 亿元（按 2005 年为基期的可比价格计算），增长了 0.96 倍，二氧化碳排放总量从 23097.86 万吨增长到 41787.90 万吨，增长了 0.81 倍。可见，在这一时期，内蒙古自治区二氧化碳排放量与经济规模有着明显的正相关关系，两者同步增长，成为影响温室气体排放的主要因素。内蒙古自治区仍处于工业化加速推进阶段，随着国内生产总值的不断增长，二氧化碳排放总量还将持续增长（见表 1、图 3）。

表 1　2005～2009 年内蒙古 GDP、二氧化碳排放量和强度

年份	生产总值（亿元）	2005 年价格计算（亿元）	二氧化碳排放强度（吨/万元）	二氧化碳排放量（万吨）
2005	3905.03	3905.03	5.9149	23097.86
2006	4944.25	4649.36	5.9935	27865.94
2007	6423.18	5543.80	5.7593	31928.41
2008	8496.20	6531.82	6.0107	39260.81
2009	9740.25	7635.70	5.4727	41787.90

资料来源：《内蒙古统计年鉴 2006～2011》。生产总值数据为当年价格；单位 GDP 二氧化碳排放来源于《中国低碳经济年度发展报告 2017》。二氧化碳排放量以 2005 年为基期，按可比价 GDP 计算。

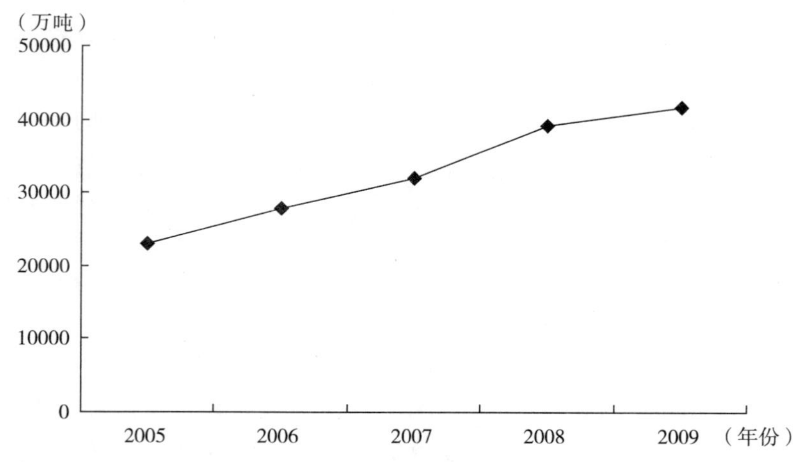

图 3　2005～2009 年内蒙古二氧化碳排放量变化

资料来源：《内蒙古统计年鉴 2006～2011》。生产总值数据为当年价格；单位 GDP 二氧化碳排放来源于《中国低碳经济年度发展报告 2017》。二氧化碳排放量以 2005 年为基期，按可比价 GDP 计算。

产业结构因素。随着内蒙古自治区工业化进程加快，第二产业在三次产业中占比持续增加，2010 年达到 54.5%，比全国高出 7.7 个百分点。已有的研究表明，工业部门是第二产业的二氧化碳排放大户，内蒙古自治区工业六大高耗能行业①规模以上企业产值占全部工业产值比重达 41.96%。第三产业发展相对滞后，"十一五"时期，第三产业比重总体趋向下降，2010 年为 36.1%，比全国低 7 个百分点（见表 2、图 4）。由此可见，产业结构因素是影响内蒙古自治区二氧化碳排放的重要因素。在经济规模扩大的条件下实现二氧化碳排放占国内生产总值比例（碳强度）下降，调整产业结构非常重要。

表 2　"十一五"时期内蒙古产业结构变化　　单位:%

年份	全国			内蒙古		
	第一产业	第二产业	第三产业	第一产业	第二产业	第三产业
2005	12.1	47.4	40.5	15.1	45.4	39.5
2006	11.1	48.0	40.9	12.8	48.1	39.1
2007	10.8	47.3	41.9	11.9	49.7	38.4
2008	10.7	47.5	41.8	10.7	51.5	37.8
2009	10.3	46.3	43.4	9.5	52.5	38.0
2010	10.1	46.8	43.1	9.4	54.5	36.1

资料来源：《内蒙古统计年鉴（2011）》。

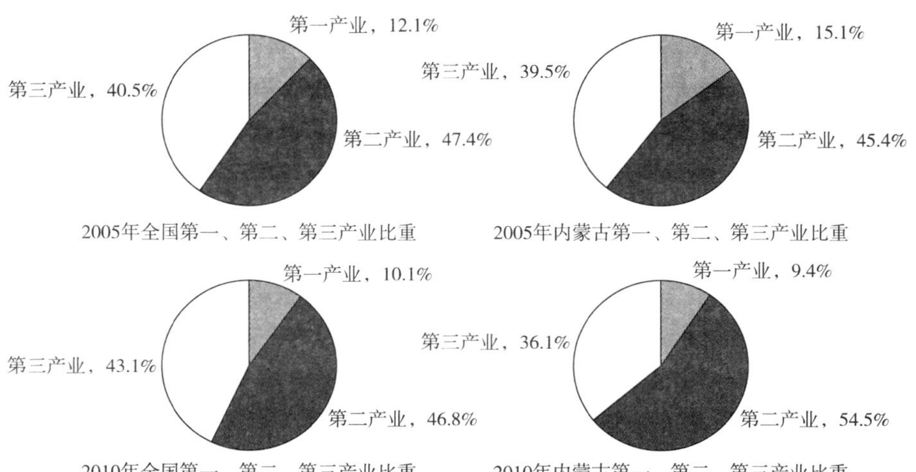

图 4　2005、2010 年全国和内蒙古三次产业比重比较

① 根据《中国统计年鉴》注释，六大高耗能行业分别为石油加工炼焦及核燃料加工业、化学原料及化学制品制造业、非金属矿物制品业、黑色金属冶炼及压延加工业、有色金属冶炼及压延加工业、电力热力生产及供应业。

能源结构因素。内蒙古自治区经济快速发展建立在能源资源生产扩张和煤炭高消费的基础之上。比较一次能源生产结构和消费结构可见，产业发展过度依赖于煤炭资源，煤炭消费在能源消费中的比重上升。与国家的一次能源消费状况相比较，2010 年，内蒙古自治区煤炭消费占比比国家的 68% 高出 26. 16 个百分点；非化石能源消费只占一次能源消费总量的 1. 17%，比国家的 8. 6% 低 7. 43 个百分点（见表 3、表 4、图 5、图 6）。在内蒙古自治区区既有的产业结构和经济规模快速增长条件下，现有的能源消费结构是推动内蒙古自治区二氧化碳排放量持续增长的重要因素。调整能源结构是控制未来能源消费与二氧化碳排放的重要途径。

表 3 “十一五”时期内蒙古能源生产结构变化

年份	能源生产总量（万吨标准煤）	占能源生产总量的比重（%）			
		原煤	原油	天然气	水电
2005	19082. 33	95. 86	1. 10	2. 69	0. 27
2006	22298. 37	95. 33	1. 10	3. 17	0. 09
2007	26725. 88	94. 71	0. 89	3. 51	0. 18
2008	33440. 86	94. 52	0. 75	4. 00	0. 01
2009	40185. 85	92. 87	0. 67	4. 84	0. 12
2010	49740. 18	92. 35	0. 53	5. 42	0. 12

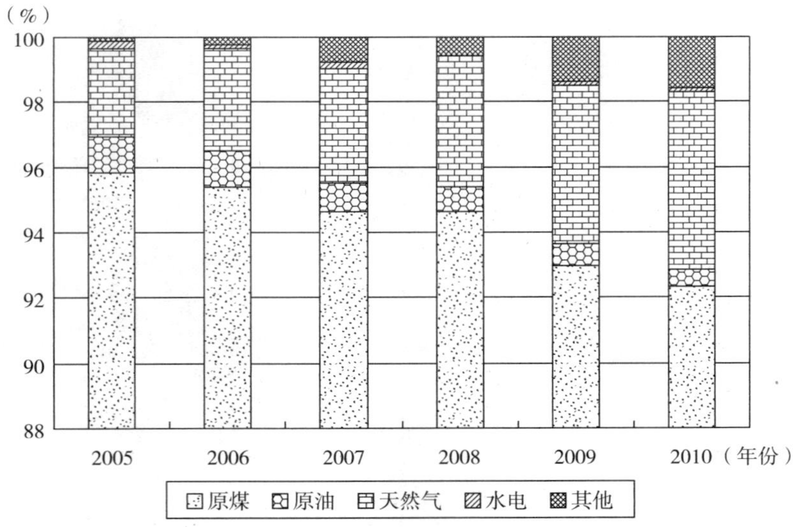

图 5 “十一五”时期内蒙古能源生产结构变化

表4　“十一五”时期内蒙古能源消费结构变化

年份	能源消费总量（万吨标准煤）	占能源消费总量的比重（%）			
		原煤	原油	天然气	水电
2005	10788.37	92.28	1.75	0.78	0.17
2006	12835.27	89.91	1.55	1.49	0.13
2007	14703.32	90.54	1.38	2.40	0.32
2008	16407.63	90.20	1.65	2.47	0.01
2009	17473.68	87.23	1.57	3.37	0.27
2010	18882.66	94.16	1.06	3.02	0.11

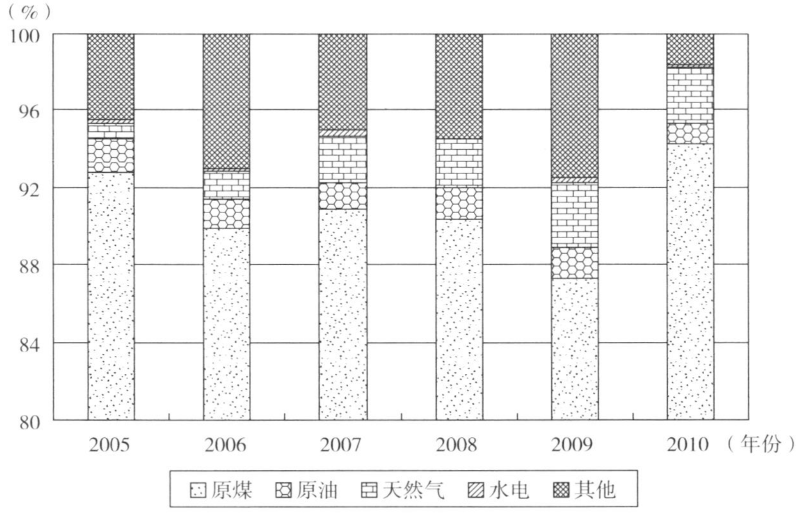

图6　“十一五”时期内蒙古能源消费结构变化

能源消耗强度因素。“十一五”期间，内蒙古自治区能耗强度较快下降是二氧化碳排放强度持续下降的原因，其中工业能耗快速下降对能耗强度下降做出了重要贡献，说明能耗强度下降特别是工业能耗下降对于控制二氧化碳排放至关重要。与全国平均水平相比，内蒙古自治区能源消耗强度仍然比较高，2010年，全国能源消耗强度为1.034吨标准煤/万元，内蒙古自治区能源消耗强度为1.915吨标准煤/万元，比全国平均水平高出0.881吨标准煤，通过降低能耗强度控制二氧化碳排放仍然有较大空间。所以，抓好工业特别是其中的高耗能企业的节能降耗工作非常重要（见表5、表6、图7、图8）。

表5 “十一五”时期内蒙古能源消耗强度变化

年份	2005	2006	2007	2008	2009	2010
单位 GDP 能耗（吨标准煤/万元）	2.48	2.41	2.31	2.16	2.01	1.92

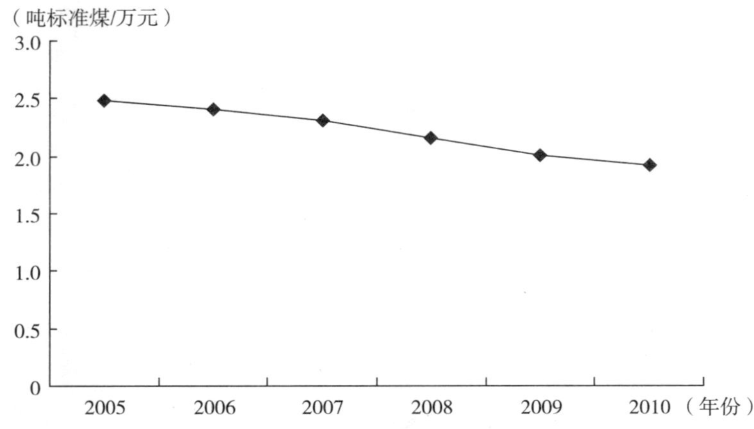

图7 “十一五”时期内蒙古能源消耗强度变化

表6 “十一五”时期内蒙古工业能源消耗强度变化

年份	工业增加值（亿元）	工业能耗（万吨标准煤）	工业能源消耗强度（吨标准煤/万元）
2005	1477.88	8496	5.75
2006	2025.72	8104	4.22
2007	2781.78	9352	3.80
2008	3879.42	10203	3.36
2009	4503.33	10682	2.92
2010	5618.40	11502	2.64

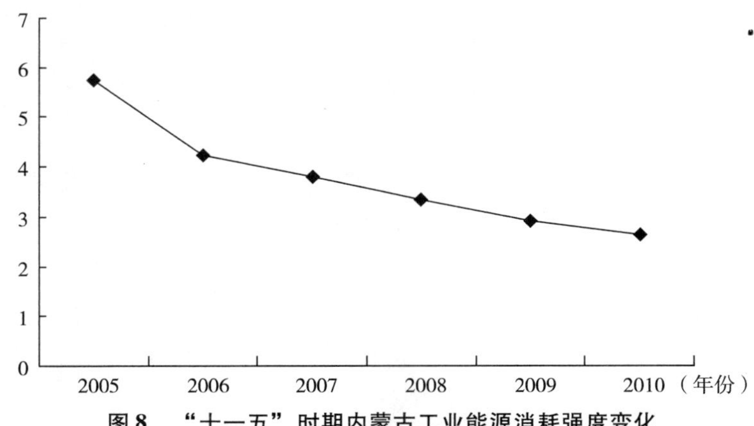

图8 “十一五”时期内蒙古工业能源消耗强度变化

第六节 积极应对气候变化的战略要求

全球气候变化问题是人类社会发展面临的严峻挑战之一，也是“十二五”时期内蒙古自治区经济社会发展必须面对的重大课题。为深入贯彻落实科学发展观和可持续发展战略，要对内蒙古自治区积极应对气候变化提出战略性要求。

要把应对气候变化作为内蒙古自治区社会经济发展的重大战略。内蒙古自治区地处边疆，资源丰富，能源结构以煤为主，但经济发展水平相对落后，气候条件复杂，生态环境脆弱，是最容易受到气候变化不利影响的地区。气候变化不仅对内蒙古自治区自然生态系统和社会经济发展造成现实威胁，还关系内蒙古自治区未来长远发展和根本利益。要充分认识到气候变化对内蒙古自治区社会经济发展的现实和潜在威胁，充分认识到走绿色低碳发展道路是内蒙古自治区发展的必然选择，将应对气候变化提升到内蒙古自治区社会经济发展的重大战略高度，协调好发展经济与应对气候变化的关系，切实提高内蒙古自治区可持续发展水平。

要把积极应对气候变化作为内蒙古自治区走绿色低碳发展道路的重大举措。低碳发展已经成为各地区实现经济社会可持续发展和迈向生态文明的必由之路，“低碳竞争力”成为提升地方经济可持续发展能力的核心要素。对于内蒙古自治区而言，正处于经济高速发展时期，能源消费和温室气体排放还将继续增长，资源和环境面临更大的压力，控制温室气体排放任务艰巨。因此，要清醒认识形势，将应对气候变化作为走绿色低碳发展道路的重大举措和重要战略任务，促进内蒙古自治区经济发展方式转变，逐步实施温室气体排放总量控制，使内蒙古自治区尽早达到排放峰值。

要切实发挥应对气候变化对内蒙古自治区产业结构调整、节能提高能效、发展可再生能源以及生态文明建设的统领作用。应对全球气候变化与内蒙古自治区建成五个基地、两个屏障、一个桥头堡和沿边经济带的发展定位具有高度的一致性，要根据形势任务的发展变化和内蒙古自治区的区情实际，以绿色低碳转型为契机和统领，推进产业结构转型升级，降低能源消耗强度，发展新能源，发展循环经济，加快经济发展方式转变，更加注重生态建设和环境保护，努力增强内蒙古自治区在低碳技术和低碳经济领域的竞争力，全面提升应对气候变化的能力。

第二章 指导思想和主要目标

第一节 指导思想

全面贯彻落实党的十八大精神，以邓小平理论、“三个代表”重要思想、科学发展观为指导，统筹内蒙古自治区当前发展与长远可持续发展、经济社会发展与应对气候变化，坚持减缓气候变化与适应气候变化并重，以调整产业结构、优化能源结构、逐步构建低碳产业体系、促进低碳消费、增加碳汇、增强适应气候变化能力为重点，以重点工程为依托，以科技进步为支撑，以建立应对气候变化政策法规体系为保障，积极探索具有地区特色的低碳发展道路，有效控制温室气体排放，努力实现应对气候变化目标，为全国应对气候变化做出积极贡献。

第二节 基本原则

“十二五”期间，内蒙古自治区应对气候变化工作应坚持以下基本原则：

——推动经济发展与应对气候变化兼顾原则。要统筹经济社会发展与应对气候变化，把应对气候变化政策与经济社会发展政策相结合，积极发展低碳经济，切实提高应对气候变化能力，促进经济社会的可持续发展。

——减缓与适应气候变化并重原则。减缓和适应是应对气候变化工作的两个重要组成部分。减缓就是通过调整产业结构、节能降耗、增加碳汇等手段来控制温室气体排放；适应则是加强对极端天气气候事件的监测、预警和预防及基础能力建设，加快适应技术研发推广，提高农牧业、林业、水资源等重点领域和生态脆弱地区适应气候变化能力，减轻自然灾害。要坚持减缓与适应并重，发挥协同效应，既要采取适应性措施来减轻气候变化造成的损失，又要控制温室气体排放来减缓气候变化的速度和强度，减轻气候变化的长期不利影响。

——地区特色与重点工程突出原则。作为我国地理位置、生态环境较为特殊的省区之一，内蒙古自治区应对气候变化，既要认真落实国家的总体要求，又要结合内蒙古自治区实际抓好产业结构调整，节能降耗，能源结构优化，增加森林、草原和湿地碳汇等工作，着力实施节能减碳工程、生态保护与建设工程、可再生能源发展工程、低碳试点示范工程、低碳技术示范和产业化工程等重点工程。

——科技进步与制度创新推动原则。加强应对气候变化科技支撑体系建设，加大资金投入，推动应对气候变化技术研发，依靠科技进步和技术创新应对气候变化；制定和完善应对气候变化的法律法规，围绕发挥市场机制作用设计应对气候变化的制度和政策，为应对气候变化提供有力保障。

——政府引导与社会参与原则。发挥政府在应对气候变化中的引领作用，制定内蒙古自治区应对气候变化的重大战略、方针政策，明确各级政府和有关部门在应对气候变化工作中的职责，加快完善体制机制和政策体系，广泛宣传内蒙古自治区应对气候变化的重要性和必要性；教育引导企业、社区、家庭、公民增强应对气候变化的责任感，制定相关政策措施，鼓励社会各界积极主动参与应对气候变化。

第三节 主要目标

与国家“十二五”期间对内蒙古自治区温室气体排放指标、“十二五”发展目标及全面建成小康社会目标紧密衔接，综合考虑应对气候变化的发展趋势，到

2015 年的主要目标是：

——温室气体排放得到有效控制。产业结构优化升级，非资源型产业比重显著提高，电力、冶金、建材等资源型产业得到转型升级，服务业占地区生产总值比重提高到 40% 以上；节约能源取得明显成效，节约能源 6000 万吨标准煤左右，既有建筑供热计量和节能改造达到 5000 万平方米以上；能源效率得到提高，单位地区生产总值能耗下降 15%；碳排放强度下降，万元国内生产总值二氧化碳排放下降 16%；森林、草原和湿地碳汇功能得到增强，内蒙古自治区森林覆盖率达到 22%，活立木蓄积量达到 14.1 亿立方米，草原植被盖度达 45% 以上，新增湿地自然保护区面积约 375 万亩，建成区绿化覆盖率达到 35%。[①]

——低碳发展取得明显成效。能源结构得到优化，原煤产量控制在 10 亿吨，非化石能源占一次能源消费比重达到 5%；[②] 低碳城市、低碳园区、低碳社区、低碳家庭等试验试点工作有序推进，建设 1 个国家级低碳城市试点、1 个自治区级低碳产业示范园区和 4 个绿色能源示范旗县区，实施一批碳捕集、封存和利用技术示范项目。

——应对气候变化能力得到提升。低碳经济发展政策逐步完善，对气候变化的统计、监测、评估和研究取得成果，农牧业、生态、水利、交通、卫生等领域应对气候变化的能力不断增强，具有地区特色的基础理论研究、关键技术自主研发和技术示范推广取得较大成果，低碳技术引进步伐加快。

——体制机制逐步完善。充分发挥内蒙古自治区应对气候变化领导小组及办事机构的组织协调作用，促进低碳经济发展的投资、财税、价格、政府采购政策体系和评估考核机制逐步建立，草原固碳标准体系逐步完善，通过培育碳汇交易市场，推动碳汇交易开展。

第三章　减缓气候变化重点任务和重点工程

为了确保实现 2015 年内蒙古自治区单位国内生产总值二氧化碳排放下降 16% 的目标，在控制二氧化碳排放方面，综合运用调整产业结构和能源结构、节约能源和提高能效、增加碳汇等多种手段，实施减缓气候变化重点工程和专项行动，重点控制工业、交通、建筑等领域的二氧化碳排放，加强农牧业、废弃物处理等领域的温室气体排放管理，增加森林、草原和湿地碳汇，构建政府主导、企业为主、全民参与的控制温室气体排放工作格局。

---

① 《内蒙古自治区“十二五”生态综合治理建设规划》《内蒙古自治区“十二五”节能减排综合性工作方案》。

② 《内蒙古自治区国民经济和社会发展第十二个五年规划纲要》。

第一节　调整产业结构

产业结构不合理，第二产业比重高，服务业比重偏低，第二产业单位增加值二氧化碳排放远高于第一产业和第三产业，是内蒙古自治区单位国内生产总值二氧化碳排放偏高的重要因素。立足于把内蒙古自治区建成保障首都、服务华北、面向全国的清洁能源输出基地，全国重要的现代煤化工生产示范基地，有色金属生产加工和现代装备制造等新型产业基地，绿色农畜产品生产加工输出基地，体现草原文化、独具北疆特色的旅游观光、休闲度假基地，加快调整产业结构，促进工业转型升级，逐步建立以低碳排放为特征的产业体系，是内蒙古自治区减缓温室气体排放的重要途径。

抑制高耗能高排放行业过快增长。对电石、铁合金等高耗能行业实行限量配额生产制度，制订产品产量控制计划，按盟市分配配额指标，对产品单耗过高和严重浪费能源的企业，不予分配限量配额。严格控制计划，并逐步缩小生产区域直至退出市场，其中呼和浩特市、包头市、鄂尔多斯市要率先退出。进一步完善高耗能高排放行业新上项目与地方节能减排指标完成进度、与淘汰落后产能相结合的机制。

推动传统制造业优化升级。严格落实《产业结构调整指导目录（2011 年版）》，按照传统产业新型化、新兴产业规模化、支柱产业多元化的要求，加快利用高新技术和先进适用技术改造提升冶金、建材、轻纺等传统产业，重点支持对产业升级具有带动作用大的项目。推进钢铁产品结构调整和换代升级，不断提高特种钢和优质钢比重。提高水泥、玻璃、陶瓷等建材行业生产水平，鼓励发展新型建筑材料。将重点行业淘汰落后产能任务按年度分解落实到各盟市。争取和合理使用国家转移支付，加大对淘汰落后产能工作的支持和奖励力度。完善淘汰落后产能公告制度，对未按期完成淘汰任务的盟市，严格控制国家及内蒙古自治区安排的投资项目，暂停对该盟市重点行业建设项目的核准、审批和备案；对未按期淘汰的企业，依法吊销排污许可证、生产许可证和安全生产许可证；对虚假淘汰行为，依法追究企业负责人和地方政府有关人员责任。

加快发展现代农牧业。调整农牧业结构，扩大高产、优质、高效、生态、安全农作物种植面积，比重提高到 76%。实施绿色有机蔬菜基地建设项目，加强“菜篮子”工程建设，大力发展设施无公害蔬菜、瓜果。提高优质鲜奶、肉比重，农区和半农半牧区牲畜头数占牲畜总头数的比重达到 75%，畜牧业占第一产业产值比重提高到 50% 以上。加大水产养殖力度，提高产出水平。因地制宜发展经济林、速生丰产林。①

① 内蒙古“十二五”规划。

发展绿色农畜产品生产加工业。立足特色农畜产品资源，依托龙头企业和知名品牌，提高乳、肉、绒、粮油等农畜产品加工转化程度和精深加工水平，实现农畜产品加工业高端化、生态化、标准化、安全化，把内蒙古自治区建成国家绿色农畜产品加工输出基地，重点农畜产品加工转化率达到75%以上。加快发展高品质液体乳和婴幼儿乳粉生产，积极开发功能性产品和特色乳制品。大力发展牛羊分割肉、低温保鲜肉、骨血及脏器综合加工。重点发展高支、轻薄、功能性羊绒精纺制品以及毛绒、丝绒等多种纤维混纺、交织产品，创建国际品牌。提升粮油加工业市场竞争力，发展深加工产业，积极承接轻纺、皮革等劳动密集型产业转移，培育产业集群。[①]

培育战略性新兴产业。将稀土功能材料等新材料、高端装备制造、节能环保、煤清洁高效利用产业培育成为内蒙古自治区支柱产业；将新能源、生物技术、新能源汽车培育成为先导产业。在高端装备制造、生物技术、新材料、新能源和新一代信息技术领域突破一批关键核心技术，达到世界先进水平，形成一大批掌握关键核心技术、创新能力强的高新技术企业集群。2015年，内蒙古自治区战略性新兴产业增加值占国内生产总值比重达到8%左右，2020年达到15%左右。[②]

大力发展服务业。加快发展金融、现代物流、高技术服务业、商务等生产性服务业，鼓励发展节能管理服务、碳审计核查服务、低碳咨询宣传等低碳服务业。大力发展商贸、旅游、家政、文化体育等生活性服务业。把内蒙古自治区建成体现草原文化和原生态特色的旅游观光休闲基地，依托草原、森林、沙漠、民族民俗文化等特色旅游资源，开发和培育高品质、具有民族特色的旅游产品，加快建设国家级生态休闲旅游景区景点，建成一批年接待游客能力50万人以上的国内知名旅游景区，创建一批特色旅游城镇和旅游强县。加强基础设施建设，完善旅游服务功能。在重点旅游城市配套建设游客集散中心和旅游服务中心，建立健全旅游信息服务体系。大力发展中俄、中蒙边境旅游、跨境旅游，共建无障碍旅游区。[③]加强规划和产业政策引导，把发展服务业作为产业结构优化升级的重点，明确行业发展重点及支持方向，抓紧完善相关配套政策，形成有利于服务业发展的产业政策体系。到“十二五”末，服务业增加值占国内生产总值比重达到40%以上。

第二节 优化能源结构

按照把内蒙古自治区建成保障首都、服务华北、面向全国的清洁能源输出基地的要求，优化火电发展，促进能源供应低碳化。改善化石能源结构，积极发展

①③ 内蒙古“十二五”规划。

② 内蒙古战略性新兴产业发展“十二五”规划纲要。

天然气和煤层气；积极有序发展风能、太阳能、生物质能。调整能源消费结构，组织开展太阳能等可再生能源与建筑一体化应用工程示范，推广应用蓄能空调系统、太阳能热水器，城市用天然气普及率达到85%以上。到“十二五”末，非化石能源比重达到5%。

改善化石能源供应结构。大力推进煤的清洁生产和高效利用，着力提高煤炭向清洁能源的转化比例，提高煤炭就地转化率。充分利用内蒙古自治区相对丰富的煤炭资源，发展现代煤化工产业，实施石油替代战略。把内蒙古自治区建成全国重要的现代煤化工生产示范基地。积极发展天然气和煤层气。加强天然气管网建设，提高天然气普及率，到“十二五”末，建成苏里格—东胜—准格尔天然气管道；重点建设呼伦贝尔—哈尔滨、赤峰—北京、鄂尔多斯—武汉等煤制天然气管道；建设长庆—呼和浩特天然气输气管道复线。加快煤炭矿区煤层气抽采利用，加大对煤层气开发利用的科技投入，解决煤层气开采的关键技术和难题。重点对符合条件的古拉本、呼鲁斯太、乌达、桌子山、棋盘井和石拐矿区的煤层气进行开发利用。推进鄂尔多斯盆地低渗透天然气、页岩气的勘探开发和利用。

专栏5

内蒙古天然气和煤层气

2010年，内蒙古自治区天然气产量202.87亿立方米①，占全国产量的21.5%，较2009年增长38.7%，主要集中在鄂尔多斯盆地。鄂尔多斯盆地北起阴山、南抵秦岭、东至吕梁、西达贺兰山，面积37万平方公里，行政区域划属陕、甘、宁、内蒙古、晋五个省区。目前，在鄂尔多斯盆地已有内蒙古自治区境内的乌审气田、大牛地气田、苏里格气田。②

内蒙古自治区煤炭资源丰富，伴生的煤层气资源也非常丰富。煤层气存在于煤层中，属于非常规天然气，是一种重要的能源形式。煤层气也是一种温室气体，其温室效应是二氧化碳的21倍，每利用1亿立方米煤层气，相当于减排二氧化碳150万吨。如果用作汽车燃料，可使二氧化碳减少24%。目前内蒙古自治区对煤层气的开发利用仍处于初始阶段，关键技术未能突破，抽采的煤层气大多都排放到大气中，利用量远远低于抽采量，产业化程度低。

① 《内蒙古统计年鉴2011》。

② 《内蒙古天然气开发利用现状及对策》，内蒙古发改委，2008。

2009年已查明高瓦斯矿区的煤层气资源量为2600亿立方米，预测储量5000亿立方米，主要分布于古拉本、呼鲁斯太、乌达、桌子山、棋盘井和石拐等矿区。①

优化发展火电。积极发展高水平火电，抓好重点煤电基地建设。优化火电电源结构，适度发展清洁高效、大容量燃煤机组。继续完善煤电“上大压小”政策，实施煤电节能改造工程，优先发展高效热电联产机组，以及大型坑口燃煤电站和煤矸石等综合利用电站。开展整体煤炭气化燃气——蒸汽联合循环发电及燃煤电厂碳捕获及封存（CCS）技术等示范工程建设。探索开展火电单位供电二氧化碳排放控制绩效评价及对标专项行动。到2015年，内蒙古自治区火电单位供电二氧化碳排放比2010年下降4.5%左右。

积极有序发展风电。内蒙古自治区风力资源丰富，风力发电潜力大。但是，目前风电产业“窝电”问题严重。在“十二五”期间，要进一步强化规划管理，促进风电布局合理、科学有序开发。按照国家“建设大基地、融入大电网”的原则，加快建设蒙西、蒙东大型风电基地，加强并网配套工程建设，增加风电的调峰手段，搞好“风电打捆”外送，逐步解决风电产业“窝电”问题。以已有装备制造业为基础，培育发展风电设备。鼓励发展中小型分布式风力发电项目，解决边远地区用电问题。到“十二五”末，风电装机容量达到3000万千瓦。②

大力推进太阳能利用。把太阳能开发利用作为能源战略的重点，加大财力、物力和人力投入，政策上给予优惠和奖励。设立太阳能研发专项资金，开展科研和实验，在沙漠地区建立太阳能利用示范基地。在太阳能热利用方面，支持开展太阳能热发电项目示范，加快发展太阳能光热发电，加大对光热发电项目的政策支持和财政补贴力度，突破集热、聚光关键技术，逐步使光热发电产业化；研发并推广太阳能与建筑结合的热利用技术，这是未来太阳能开发利用的重要方向。在光伏发电方面，开展以分布式太阳能光伏为主的新能源城市和微网系统示范建设，继续实施“金太阳工程”等扶持措施，鼓励光伏企业与电力系统加强合作，培育光伏产业集群。到“十二五”末，太阳能光伏发电装机达到50万千瓦。③

因地制宜发展生物质能。积极发展生物质发电，优化布局生物质发电项目。

---

① 内蒙古自治区人民政府办公厅《关于印发重点矿区煤层气（煤矿瓦斯）开发利用实施方案的通知》（内政办发〔2009〕71号），内蒙古自治区人民政府公报。

②③《内蒙古自治区“十二五”工业和信息化发展规划》。

在粮食主产区，以农作物秸秆、粮食加工剩余物等为燃料，合理布局建设生物质发电项目；在重点林区，结合林业生态建设，利用采伐剩余物、造材剩余物、加工剩余物和抚育间伐资源及速生林资源，有序发展林业生物质直燃发电；在沙区，利用固沙沙柳抚育间伐资源发展生物质发电；在呼和浩特、包头等城市开展垃圾焚烧发电和供热、填埋气体发电；在农村，发展户用沼气和大中型沼气，加强运行管理和维护服务。到“十二五”末，生物质能、沼气发电装机达20万千瓦。①

表7　可再生能源发展重点工程1

序号	工程
1	风电基地建设工程
2	太阳能电站基地建设工程
3	生物质替代燃料工程
4	新能源微电网示范建设工程
5	锡林浩特800MW抽水蓄能电站重点项目
6	积极开发和利用煤层气②

第三节　节能和提高能效并重

积极发挥节约能源和提高能效对实现控制温室气体排放目标的关键作用，进一步落实目标责任，确保“十二五”期间单位国内生产总值能耗下降到1.63吨标准煤/万元，比2010年的1.92吨标准煤/万元下降15%。

合理控制能源消费总量。明确能源总量控制目标和分解落实机制。按照目标明确、责任落实、措施到位、奖惩分明的总体要求，建立能源消费总量控制责任评价和考核制度。强化政府责任和政策导向作用，到“十二五”末，实现节约能源消费总量6000万吨标准煤。

提高能源使用效率。以实施国家节能改造工程、节能技术产业化示范工程、节能产品惠民工程、合同能源管理推广工程和节能能力建设工程为提高能效重点，继续组织实施好节能“三百工程”，制订分年度实施方案，细化分解任务，落实责任主体，确保节能工程尽快竣工并投产运行。到2015年，工业锅炉、窑炉平均运行效率比2010年分别提高5个和2个百分点，电机系统运行效率提高

① 《内蒙古自治区“十二五”工业和信息化发展规划》。

② 内蒙古煤层气储量10万亿立方米，境内含煤层气较为丰富的有鄂尔多斯、二连、海拉尔三个盆地，其中鄂尔多斯盆地资源量最大，约10.72万亿立方米（地跨蒙、晋、陕、甘、宁五省区），二连盆地的可采资源量最多，约2万亿立方米。

2～3 个百分点，高效节能产品市场份额大幅度提高。“十二五”时期，形成 250 万吨标准煤的节能能力。[①]

加强重点领域节能。加强工业节能，重点推进电力、钢铁、有色金属、化工、建材、煤炭、农畜产品加工等行业节能减排，明确目标任务，加强行业指导，推动技术进步，强化监督管理。严格执行《内蒙古自治区人民政府办公厅关于施行主要工业产品能耗定额限额的通知》，降低单位产品能耗水平。推动建筑节能，制订并实施绿色建筑行动方案。推进交通运输节能，加快构建节能高效的综合交通运输体系。促进农业和农村节能，推广农用节能机械和设备。推动商业和民用节能，加快设施节能改造，引导消费行为，推广使用高效节能家电和照明产品，鼓励购买节能环保型汽车，提倡绿色出行。加强公共机构节能，加快公共机构办公区节能改造，推进公务用车制度改革。

加强能源需求侧管理。按照把内蒙古自治区建成全国重要的现代煤化工生产示范基地、有色金属生产加工和现代装备制造等新型产业基地的要求，加强产业准入管理，对于具有比较优势的煤炭、电力、煤化工、有色金属深加工项目，实施差别化环境准入，调整招商引资和承接产业转移政策，不再鼓励单一生产的煤炭、电石、铁合金、焦化、造纸、钢铁、电解铝等项目。[②] 严格执行固定资产投资项目能评制度，强化固定资产投资项目节能评估和审查，控制能耗过快增长。继续推行合同能源管理，引导重点用能单位积极采用合同能源管理方式实施节能改造。加强煤炭需求侧管理，开展控制煤炭消费增量的试点，在大中城市及近郊严格控制除热电联产外的新建、扩建燃煤电厂，推进集中供热，推行清洁能源替代。推进电力需求侧管理，制定和完善重点用电行业能效标准。推广实施峰谷、丰枯分时电价制度和可中断电价制度，引导错峰避峰用电。深化供热体制改革，全面推进供热计量收费。

大力发展循环经济。推进农牧业、工业、建筑、商贸服务等领域清洁生产示范，从源头和全过程控温室气体产生和排放，降低能源资源消耗。强化政策和技术支持，以煤炭、电力、化工、冶金、建材和农畜产品加工等行业为重点，建设一批国家级和内蒙古自治区级循环经济园区，培育 100 户内蒙古国家级和 100 户内蒙古自治区级循环经济骨干企业。建设再生资源回收利用系统，推进内蒙古自治区各城市和社区废纸、废旧金属、废旧轮胎和废弃电子产品等回收利用，推动节约和循环型消费。“十二五”期间，工业固体废物综合利用率提高到 55% 以上。[③]

---

①② 《内蒙古自治区“十二五”节能减排综合性工作方案》。

③ 《内蒙古自治区国民经济和社会发展第十二个五年规划纲要》。

表 8　减碳重点工程 2

序号	工程
1	燃煤工业锅炉（窑炉）改造工程
2	区域热电联产工程
3	余热余压利用工程
4	节约和替代石油工程
5	电机系统节能工程
6	能量系统优化工程
7	绿色照明工程
8	政府机构节能工程
9	节能监测和技术服务体系建设工程
10	内蒙古自治区节能“三百工程”，节能项目 100 个、节能示范点 100 个、节能技术 100 项

表 9　循环经济示范重点工程 3

序号	工程
1	钢铁循环产业工程
2	煤—电—铝深加工循环产业工程
3	有色金属及其延伸循环产业工程
4	化工及其延伸循环产业工程
5	煤化工及其延伸循环产业工程
6	农畜产品深加工循环产业工程

第四节　控制工业领域排放

按照把内蒙古自治区建成保障首都、服务华北、面向全国的清洁能源输出基地，全国重要的现代煤化工生产示范基地，有色金属生产加工和现代装备制造等新型产业基地的要求，重点推进电力、钢铁、有色金属、化工、建材、煤炭、农畜产品加工等行业节能减排，明确目标任务，加强行业指导，推动技术进步，强化监督管理。突出抓好电力、钢铁、水泥、电石、铁合金、焦炭、有色金属、煤炭等行业重点耗能企业和年耗能 5000 吨标准煤以上企业的节能降耗工作，实施节能低碳行动，落实目标责任。实行能源审计制度，开展能效水平对标活动，健全企业能源管理体系，建立能源利用状况报告制度，加快实施节能改造，提高能源管理水平。对重点企业节能目标完成情况进行考核，公告考核结果。对未完成年度节能任务的企业，强制进行能源审计，限期整改。确定“十二五”期间内蒙古自治区重点减排企业名单，落实责任，制定目标和强化减排措施，重点减排企业全部安装在线监测设备，并与环保部门联网。

能源工业。按照把内蒙古自治区建成保障首都、服务华北、面向全国的清洁能源输出基地的要求，加快推动能源生产和利用方式转变。煤炭行业要淘汰落后煤炭产能，加快煤层气开发利用，推进新型煤化工产业发展，加快煤制油、煤制气、煤制烯烃、煤制二甲醚、煤制乙二醇五大国家示范工程产业化和二代煤化工示范建设，大力发展煤化工产品深加工，构建煤气化、液化、焦化等延伸加工循环产业链，建设国家新型煤化工产业基地。推进煤的洁净利用，发展以整体煤气化蒸汽燃气联合循环技术为主的热电联产，建设千万吨级煤炭地下气化示范工程。电力行业要加快电源结构调整，加强电力行业温室气体排放统计和监测，积极开展行业内的碳排放交易试点，有效开展碳捕获、封存和利用技术的研发和示范。石油和天然气行业要推广放空天然气和伴生石油气回收利用、油气密闭集输综合节能、利用二氧化碳驱油等技术。

钢铁及有色金属工业。按照把内蒙古自治区建成有色金属生产加工和现代装备制造等新型产业基地的要求，严格按照国家产业政策和环保法规，采取切实有效的措施，淘汰落后工艺和装备。适度扩大钢铁生产能力，加快淘汰落后钢铁生产能力，推进产品结构调整和升级换代，提高特种钢、优质钢、稀土钢比重，发展大型石油管材、高强度轿车用钢、高档电力用钢等高附加值产品来降低碳强度。推广高炉高效喷煤、高温高压干熄焦、高炉炉顶余压余热发电、三废综合利用等绿色低碳技术。培育有色金属产业集群，建设国家重要的有色金属冶炼加工基地，提高深加工水平，加工转化率达到50%以上。搞好铜、铝、锌冶炼余热利用，提高铝工业资源综合利用水平，加快实施粉煤灰提取氧化铝专项规划，推动废渣等废弃物的应用，积极推行清洁生产，实现节能减排目标。

建材工业。立足国内需求，淘汰落后产能，优化品种结构，以水泥、玻璃、建筑陶瓷、墙体材料深加工为重点，大力发展低碳节能型建材产品。水泥行业要结合内蒙古自治区建设需求，着重调整优化结构，提高产业技术装备水平，加快发展散装水泥、特种水泥和新型低碳水泥，推广以新型干法生产工艺为主的水泥生产技术，推广纯低温余热发电技术和水泥窑协同处置废弃物技术，加强温室气体排放监测和统计。玻璃行业要加快开发低碳节能产品，推广先进的浮法工艺、玻璃熔窑富氧燃烧等技术，争取将内蒙古自治区建成重要的浮法玻璃生产基地和平板玻璃深加工基地。建筑陶瓷行业要利用发达地区先进的工艺和设备加快推进内蒙古自治区陶瓷产业的整体进步，推广采用大型球磨机及节能型辊道窑煅烧技术。大力发展高性能防火保温材料、烧结空心制品和粉煤灰蒸压加气混凝土等轻质隔热墙体材料，积极利用高岭土、粉煤灰、火山灰等生产新型墙体材料。建材工业年实际利用各类工业固体废弃物超过2500万吨。[①]

化学工业。按照把内蒙古自治区建成全国重要的现代煤化工生产示范基地的要求，加快发展高端化工产品。重点构建三条循环经济产业链，打造以煤化工、氯碱化工、氟化工及下游产品精深加工为主的化工产业链，提高深加工层次。合成氨行业重点推广先进煤气化技术、高效脱硫脱硝、低位能余热吸收制冷等技术。乙烯行业要优化原料结构，重点推广重油催化热裂解等新技术。电石行业要加快采用大型密闭式电石炉，重点推广炉气利用、空心电极等低碳技术。乙二酸、硝酸行业要通过改进生产工艺，采用控排技术显著减少氧化亚氮排放。制冷剂等行业加大氢氟碳化物替代技术和替代品的研发投入，鼓励使用六氟化硫混合气和回收六氟化硫。

第五节　控制建筑领域排放

开展绿色建筑行动，支持和鼓励建筑领域采用节能型建筑结构、材料和产品，抓紧制订并实施绿色建筑行动方案，从法规、规划、技术、标准、设计等方面全面推进建筑节能。

新建建筑严格执行建筑节能标准，凡达不到建筑节能设计标准的工程，不得开工、验收备案和销售，进一步明确参建各方节能工作的责任与义务，提高标准执行率。实行建筑物使用全寿命周期管理制度，寿命周期内建筑物原则上不得拆毁。

推进既有建筑供热计量和节能改造，实施“节能暖房”工程，改造老旧供热管网，实行供热计量收费和能耗定额管理。逐步推行分户供热和分户计量。重点实施建筑物及采暖、空调、照明系统节能改造。到2015年，既有建筑供热计量和节能改造达到5000万平方米以上。

加强公共建筑节能监管体系建设，加强公共机构节能，党政机关率先垂范。加强城市照明管理，严格控制过度装饰和亮化。

表10　低碳建筑重点工程4

序号	工程
1	太阳能光电建筑应用示范工程
2	新型墙体材料推广示范工程
3	“节能暖房”工程

① 《内蒙古自治区建材工业“十二五”发展规划》。

第六节　发展低碳交通

立足于控制交通领域温室气体排放，坚持城市公共交通的公益性定位，围绕切实落实“公交优先发展战略”，加快确立公共交通在城市交通系统中的主体地位，优化调整公交系统结构，扩大公共交通服务覆盖范围，逐步实现城乡客运一体化，推进基本公共交通服务的均等化。以节能减排为核心，建设低投入、低消耗、低排放、高效率的绿色公共交通系统。提高公交车辆的节能环保水平，逐步淘汰尾气排放超过国家规定标准的车辆。到“十二五”末，内蒙古自治区“国Ⅲ”及以上排放标准车辆占公交车辆比重达到77%以上，其中市区人口在100万以上城市达到90%以上，市区人口在40万～100万的城市达到80%以上，市区人口在20万～40万以上城市、盟行政公署所在地城镇市及10万人口以上的旗县和县级市达到70%以上，10万人口以下的旗县和县级市达到50%以上。加快新能源车辆应用步伐，选择1～2个城市，开展城市公交新能源车辆改造试点工程，实施以奖代补，鼓励新能源公交车辆的购置和使用。力争内蒙古自治区中高档、节能、环保型等新型城市公共交通车辆增长率达到10%以上。加大加气站、充电站等新能源供应站的扶持力度和建设力度，保障新能源公交车辆的运营。①

立足于控制交通领域温室气体排放，实施城市疏堵技术改造工程，研究交通拥堵治理技术，提升城市交通运行效率。积极促进现代综合交通运输体系建设，优化交通布局，完善路网结构，加强运输大通道和综合交通枢纽建设，实现客运“零换乘”和货运“无缝对接”。

大力推广应用节能环保型运输车辆。实行老旧交通运输工具报废、更新制度，完善报废汽车回收机制，加速淘汰老旧汽车、机车，基本淘汰2005年以前注册运营的“黄标车”。加快提升车用燃油品质，推进“国Ⅳ”油品供应。实施第四阶段机动车排放标准，呼和浩特、包头、鄂尔多斯等城市逐步实施第五阶段排放标准。

表11　低碳交通重点工程5

序号	工程
1	BRT系统示范工程，建成BRT线路100公里以上
2	城市公交新能源车辆改造试点工程
3	建设混合动力和纯电动汽车整车及零部件制造示范基地

① 《内蒙古自治区城市公共交通“十二五”发展规划纲要》。

第七节　控制其他领域排放

促进农牧业和农村牧区节能减排。加快淘汰老旧农用机具，推广节能农用机械和设备。推进节能型住宅建设，推动省柴节煤灶更新换代。发挥农牧业生态系统的整体功能，提高集约化水平。大力推广保护性耕作、节水灌溉、旱作农业，推广测土配方施肥，鼓励使用高效、安全、低毒农药，推动有机农业发展。大力推广沼气与秸秆综合利用等循环利用技术，发展户用沼气和大中型沼气，加强对农村户用沼气和大中型沼气运行管理和维护服务。以农村牧区沼气建设为依托，推动集约化生态养殖、特色种植、庭院经济和无公害、绿色、有机农畜产品的发展。[①] 治理农牧业面源污染，加强农村牧区环境综合整治，实施农村牧区清洁工程，50% 以上的规模化养殖场和养殖小区配套建设废弃物处理设施，鼓励污染物统一收集、集中处理。因地制宜推进农村分布式、低成本、易维护的污水处理设施建设。

推动商业和民用节能减排。在零售业等商贸服务业和旅游业开展节能减排行动，加快设施节能改造，严格用能管理，引导消费行为。宾馆、商厦、写字楼、机场、车站等要严格执行夏季、冬季空调温度设置标准。推广使用高效节能电器、照明产品，提高节能产品在终端的安装使用。鼓励购买节能环保型汽车，支持乘用公共交通，提倡绿色出行。

加强公共机构节能减排。强化公共机构新建建筑节能，严格建设项目节能评审，加强建设过程节能监管。开展节约型公共机构示范单位创建活动，到 2015 年，内蒙古自治区共创建 100 家示范单位。[②] 充分利用计算机、网络等现代化办公手段，推进无纸化办公。推广再生纸使用，提高办公耗材再利用。深化公务用车制度改革，严格用车油耗定额管理，提高节能与新能源汽车比例。建立完善的公共机构能源审计、能效公示和能耗定额管理制度，加强能耗监测平台和节能监管体系建设。

控制废弃物排放。加大生活垃圾无害化处理设施建设力度。建立健全城市垃圾分类回收制度，完善分类回收、密闭运输、集中处理体系。推广车载桶装密闭式垃圾收运模式和密闭式垃圾自动回收系统，推动社区生活垃圾全部实现分类投放、分类收集。发挥鄂尔多斯市餐厨垃圾无害化处理示范城市的带动作用，鼓励呼和浩特、包头等城市开展垃圾焚烧发电和供热、填埋气体发电、餐厨废弃物资源化利用。到“十二五”末，城市生活垃圾无害化处理率达到 95%。

第八节　增加碳汇

森林、农田、草原湿地生态系统具有重要的碳吸收汇功能。通过植树造林和加强可持续的农、林、牧等管理活动，实现增加碳汇和减少排放。

---

① 内蒙古“十二五”规划。

② 《内蒙古自治区“十二五”节能减排综合性工作方案》。

增加森林生态系统碳汇。加快造林绿化，扩大森林面积，增加森林碳汇。“十二五”时期，完成林业重点生态建设任务6000万亩，其中，人工造林2515万亩，封山育林2485万亩，飞播造林1000万亩。内蒙古自治区森林公园总数达到50处，总面积1200万亩。加强基础支撑保障能力体系建设，使森林火灾受害率稳定控制在1‰以下；使内蒙古自治区有害生物成灾率控制在4.5‰以下；完成内蒙古自治区种质资源普查工作；完成森林资源管理信息系统开发和建设工作，全面建成推广使用内蒙古自治区森林资源管理信息系统。

增加农业碳汇。加强农田保育建设，提升土壤有机碳储量，增加农业土壤碳汇。继续实施沃土工程，推广秸秆还田、增施有机肥、精准耕作技术和少免耕等保护性耕作措施。在嫩江—辽河流域、河套—土默川平原等重点农耕区进行中低产田改造、土地整理；在阴山北麓等农牧交错带积极推进旱作农业示范工程，突出沙化土地封禁保护区建设；黄土丘陵区、大兴安岭东麓黑土区因地制宜，宜乔则乔、宜灌则灌、宜草则草，突出水土保持林建设。

增加草原碳汇。以保护和改善天然草原生态为核心，坚持保护和建设相结合，继续落实基本草原保护、草畜平衡、禁牧休牧轮牧三项制度。水土条件好的地区继续推行轮牧补贴试点并逐步推广；生态退化比较严重区域有计划地实施禁牧；生态极度恶化地区继续组织实施异地扶贫移民、边境生态移民和移民扩镇等项目。“十二五”时期，完成各类草原保护、荒漠治理任务100068万亩，其中，完成长期禁牧补偿面积11110万亩；阶段性禁牧面积20000万亩；实施休牧面积30000万亩；划区轮牧面积5000万亩。建设草原自然保护区30处，面积6308万亩；新建草原保护区10处，面积150万亩；完成农区、半农半牧区人工草地补偿1000万亩。

增加湿地碳汇。新建湿地自然保护区12处，新增湿地自然保护区面积约375万亩，新增加国际重要湿地2处，晋升国家级湿地自然保护区2处，晋升内蒙古自治区级湿地自然保护区4处；建立国家级湿地公园10处，实施湿地生态补水7处，富营养化湖泊生物治理2处；退耕还湿3处；湿地植被恢复11处；栖息地恢复6处；初步建立内蒙古自治区较为完善的湿地生态监测体系和保护管理体系。①

表12 增加碳汇重点工程6

序号	工程
1	退耕还林工程1000万亩
2	三北防护林体系建设工程1750万亩

① 《内蒙古自治区“十二五”生态综合治理建设规划》。

续表

序号	工程
3	天然林资源保护工程完成公益林建设1000万亩
4	重点公益林生态效益补偿工程，内蒙古自治区地方公益林补偿面积达到1000万亩，内蒙古自治区年投入补偿资金5000万元
5	速生丰产林基地建设工程，内蒙古自治区速生丰产用材林基地达到800万亩，灌木工业原料林基地达到2800万亩，灌木饲料林基地达到6500万亩
6	森林经营工程。幼中龄林抚育2953万亩，改造低质低效林1000万亩，新增森林蓄积量5000万立方米
7	林业生态建设工程绩效监测评价和林业信息化建设项目，利用“3S”技术建设数字林业，覆盖内蒙古自治区重点监测区
8	大、小兴安岭林区生态保护与经济转型工程
9	东北黑土区水土保持综合治理工程。实施坡耕地治理改造、沟道治理、营造农田防护林、建立完整的沟壑防护体系、促进退耕和大面积封育保护恢复植被、合理开发利用水资源等综合治理保护措施，建设高标准基本农田基本草场
10	退牧还草工程总面积17300万亩
11	划区轮牧工程，对5000万亩草原实行划区轮牧
12	阶段性禁休牧工程。禁牧面积为20000万亩；实施休牧面积30000万亩
13	草原严重退化区生态移民工程，完成草原严重退化区生态移民15万人
14	湿地保护与恢复工程

第九节　积极推进低碳和生态文明试点工作

建设呼伦贝尔市国家级低碳城市。结合当地自然条件、资源禀赋和经济基础等方面情况，编制低碳发展规划，建立以绿色、环保、循环、低碳为特征的低碳产业体系，建立温室气体排放数据统计和管理体系，建立控制温室气体排放目标责任制，积极倡导绿色低碳生活方式和消费模式。

推进鄂尔多斯低碳谷园区建设。建立一批国际级科研中心和重点实验室研发基地，已经规划准备建设的有低碳国家重点实验室中心、清洁能源研究中心、生命科学研究中心、环保研究中心、新材料研究中心。建立一个以高新技术企业中测为主的中测基地。

落实乌兰察布市、兴安盟，伊金霍洛旗、林西县、新巴尔虎右旗、多伦县生态文明示范工程试点市县考核任务。以保护生态环境为前提，以调整产业结构、优化消费模式为重要抓手，立足于构建生态产业体系，推动经济持续健康发展，探索内蒙古自治区生态文明建设推进方式。

表 13 低碳和生态文明试点工程 7

序号	工程
1	绿色能源示范县建设工程
2	新能源示范城市建设工程
3	生态文明示范工程

第四章 适应气候变化重点任务和重点工程

适应是应对气候变化的重要内容，也是应对气候变化工作中一项现实而紧迫的重大任务。要充分考虑气候变化因素，强化监测预警，加强应对极端天气气候事件能力建设，提高重点领域适应气候变化水平，做到主动适应。

第一节 水资源管理和节水

增强水资源系统的适应能力。“十二五”时期，解决饮水不安全人口 500 万人。加强黄河、嫩江、辽河等大江大河治理，积极推进锡林郭勒盟供水工程、引绰济辽和三座店引调水工程等大中型水资源配置与调蓄水利工程前期工作。水资源利用总量控制在 216.03 亿立方米，新增总供水能力 31.12 亿立方米。①

推进节水型社会建设。统筹农牧业、工业、城镇和生态用水，将节约利用水资源的举措落实到各个领域和环节。推进雨水集蓄和污水处理项目。建设节水灌溉工程，因地制宜，大力推广喷灌、滴灌等节水灌溉技术，建设高效节水灌溉农牧业，农业节水灌溉面积达到 5250 万亩，农业灌溉用水有效利用系数提高到 0.52，逐步将农牧业用水比重降低到 75% 左右。黄河干流区重点进行大中型灌区节水改造和配套，节水措施以渠道衬砌为主，节约的灌溉水量，不再扩大灌溉面积，主要用于工业和城市及生态用水。控制发展高耗水产业，重点推进冶金、化工、电力、建材等高耗水行业的节水技术改造，鼓励企业使用再生水，提高工业用水重复利用率和循环使用率，到 2015 年，单位工业增加值用水量减少 10%。推进城市节水，建设节水型城市，严禁建设高耗水景观，城市推行以节水工程措施为主的绿化模式，加强公共建筑和住宅建筑的节水设施建设，全面推广应用节水器具。

① 2011 年内蒙古自治区发展改革委农牧业厅《关于加快转变东部地区农牧业发展方式建设现代农牧业的实施意见》。

表 14　水资源开发和节水重点任务、重点工程 8

序号	任务和工程
1	三座店引水工程、锡林郭勒盟引水工程、通辽供水工程等
2	四个千万亩节水灌溉工程。到 2020 年，完成现有大中型灌区地表水节水改造配套建设面积 1220 万亩，现有井灌区节水改造配套建设面积 960 万亩，新发展农田有效灌溉面积 1000 万亩，牧区饲草地节水灌溉面积达到 1000 万亩。总投资 358.43 亿元。“十二五”期间，完成 50% 的工程建设
3	牧区节水灌溉人工草牧场建设工程。在牧区、半农半牧区发展以种植多年生牧草为主的标准化节水灌溉草牧场，实施以水为中心的高产饲草基地建设。建设节水灌溉人工草牧场 500 万亩
4	平原灌区节水改造。对现有 543.5 万亩有效灌溉面积内不能保灌的农田，采取渠道防渗衬砌、喷灌、管灌等措施，进行节水改造与配套建设，工程总投资 64.3 亿元

第二节　增强产业适应性

增强农业适应性。加强农田水利基本建设，完善农田水利设施配套。开展沙地沙漠治理，设立防沙治沙专项资金，实施沙地沙漠专项保护治理工程，重点加强沙地生态环境保护治理，加大沙漠综合治理力度，建设防风固沙林带，采取机械沙障、人工造林种草、低质林改造等综合措施，防止沙化面积扩大。加强水土流失综合治理，以黄土高原水土保持综合治理区、阴山北麓水土流失区和嫩江—额尔古纳河流域黑土区为重点，加强小流域综合治理、陡坡耕地水土流失综合治理和淤地坝建设，水土保持区生态环境实现良性循环。① 内蒙古自治区农田草牧场有效灌溉面积达到 5400 万亩，耕地保有量保持在 1.05 亿亩。健全农业灾害预警和防治体系，积极推进农业灾害保险；在农产品主产区开展农业适应技术示范工程。

增强林业适应性。推进内蒙古自治区级林木良种基地和容器育苗基地建设。提高林业科技创新能力和服务水平，使适用技术推广覆盖率达到 90% 以上，林业科技进步贡献率达到 35% 以上，科技成果转化率达到 50% 以上。建立和完善森林草原火险等级预报预警系统，建立遥感监测和实地观测有机结合的森林草原火灾监测系统。加强森林病虫鼠害监测预警防控工作。

增强畜牧业适应性。利用内蒙古自治区农区和半农半牧区耕地资源丰富，水土热资源丰厚，有大量的弃耕地和撂荒地，劳动力资源十分丰富的优势，发展牧草良种基地和人工草地。建设规模化、专业化、标准化草种原种田和原种扩繁田，解决内蒙古自治区优良草品种短缺问题，提高人工草地质量效益，为农区进行舍饲提供保障，减轻天然草原放牧压力。推进草原资源遥感监测及生物灾害体系建设，提升应急防治能力，使草原有害生物防治更加专业、规范、高效。

① 《内蒙古自治区国民经济和社会发展第十二个五年规划纲要》。

表 15　产业发展适应气候变化重点任务和重点工程 9

序号	任务和工程
1	沙源治理工程草原建设项目，建设围栏封育 10037 万亩，划区轮牧 2290. 24 万亩，人工种草 4393. 33 万亩，饲料地 261 万亩，新建棚圈 3451 万平方米，青贮窖 1118. 58 万立方米，购置饲草料加工机械 6. 12 万台套
2	保护性耕作建设工程。在风蚀沙化严重的农牧交错带和优势农作物产业带的 43 个旗县区、7 个农垦牧场，建设高标准保护性示范区 178 万亩，新增保护性耕作专用机具 4824 台、仪器设备 2400 台，建设机库棚及维修间 19. 83 万平方米，修建机耕道 2236 千米。工程总投资 3. 34 亿元
3	旱改水标准农田建设。主要在有农田灌溉用水开发潜力的地区增加农田保灌面积 288. 7 万亩，工程总投资 48. 3 亿元
4	大型水库下游灌区建设。新增灌区面积 100 万亩，工程总投资 23. 2 亿元
5	高标准旱作基本农田建设。通过地力培肥、平整土地、测土施肥、植物保护等措施改造中低产田，建设内容有地力培肥 277. 7 万亩、平整土地 210. 5 万亩，修建田间路 4818 公里。工程总投资 12. 9 亿元
6	坡耕地综合治理工程。整治坡地 39. 03 万亩，其中建设水平梯田 18. 5 万亩、建设坡式梯田 17. 9 万亩、改垄 0. 13 万亩、建设地埂植物带 2. 51 万亩
7	黄土高原淤地坝工程。新建小流域淤地坝坝系 43 条，建设骨干坝 258 座，中型淤地坝 152 座，小型淤地坝 51 座；维修加固病险骨干坝 34 座。坝系建设与小流域综合治理工程配套，沟坡兼治，形成综合防治体系
8	农业科技创新与示范推广。建设 7 个区域性农业科技创新中心，1 个工程创新中心，20 个区域性高产创建示范区，33 个县级农业高科技示范园区，1 个内蒙古自治区耕地质量监测中心（国家分中心），5 个耕地质量监测区域站，33 个旗县级土肥测试中心，190 个有机肥资源集中无害化处理站，368750 个户用农家肥发酵池，23 个玉米良种繁育基地，7 个大豆良种繁育基地，33 个农作物种子质量监测标准，12 个农作物品种区域试验站，13 个品种展示站，9 个盟市级有害生物预警与控制中心，33 个旗县级有害生物预警与控制站，165 个乡镇监控点。工程总投资 74718 万元
9	林木种苗工程。建设自治区级林木良种基地项目 11 个，1. 7 万亩；建设容器育苗基地 5 个
10	草业发展建设工程，包括牧草良种工程，标准化人工草地建设工程。建设牧区节水灌溉人工草牧场 500 万亩；改良退化沙化草地 1000 万亩；防治草原鼠害面积 10000 万亩；防治草原虫害面积 15000 万亩；建设优质牧草种子繁育基地 42 万亩；建设 6 万立方米的饲草料储建设库 10 处
11	建设草原生态系统监测数据观察服务体系。建设自治区级草原遥感监测中心 1 个、地面固定监测点 50 个；建设有害生物监测预警站 27 个、草原生物灾害防治物资储备库 5 个、有害生物防治专业化服务队 5 个
12	完善森林草原火灾预警和评估系统。建立和完善森林草原火险等级预报预警系统。建立遥感监测和实地观测有机结合的森林草原火灾监测系统

第三节　气候变化灾害管理

加强应对气候变化能力建设。加强气候变化对内蒙古自治区粮食安全、畜牧业安全、经济安全、能源安全、水资源安全、生态安全等方面的影响评估，内蒙古自治区大范围灾害性天气监测率达95%，突发灾害性天气监测率达85%以上。编制完善和修订不同灾种和承灾体的减灾预案，建立防灾减灾社会管理体系。①

根据内蒙古自治区不同类型和不同区域的生态系统对气象要素的敏感性，建立森林、草地、荒漠、湿地等生态系统的气象监测评估指标体系；建立自治区、盟市、旗县三级生态信息服务网站；装备先进的生态环境气象监测车载终端，做好突发生态环境事件的现场监测和服务；构建生态环境气象预警服务系统，实现生态环境气象信息查询分析、生态系统健康与安全评价及预警、生态系统管理和服务的气象支持等功能。

完善气候变化对农牧业生产影响评估系统，建立气候变化对农牧业生产可能影响的评估业务系统。建成内蒙古自治区自动土壤水分观测网。逐步开展农田（林、牧）小气候观测系统建设，开展设施农业气象观测站网建设和农田（林、牧）实景观测试验示范。

健全应急联动指挥和应急保障体系。重点建立自治区、盟市、旗县三级畅通的突发公共事件应急指挥平台和网络，完善突发公共事件应急发布系统。加强救灾物资储备库、公安消防应急救援专业力量能力建设。整合应急资源，利用现有公共设施、旅游设施、人防工程等，建立应急避难场所。逐步在盟市、旗县和人员相对密集的乡镇，建立一批防灾人口疏散场所。

表16　气候变化灾害管理重点任务和重点工程10

序号	任务和工程
1	建设气象灾害应急指挥管理系统
2	建立气象灾害监测、预报预警、风险评估、应急处置有机统一的防灾减灾工作机制
3	建设农牧业气象远程可视监测和土壤水分自动监测系统，快速准确反映农作物长势、土壤水分动态变化和农牧业气象灾害
4	建设农牧业气象预报、评估业务系统。发展农牧业气象灾害动态监测、预警和风险评估业务。开展农作物重大病虫害发生气象条件等级预报。开展农牧业气象灾害风险区划和精细化农牧业气候区划，建立粮食安全预警系统
5	气象灾害预警评估服务工程，包括突发公共事件预警评估服务中心建设和公共气象服务系统建设。总投资15095万元，中央投资7847万元，地方投资7248万元

① 《内蒙古自治区“十二五”气象事业发展规划》。

续表

序号	任务和工程
6	气象为农牧服务工程。包括农牧业气象服务体系；农村牧区气象灾害防御体系；生态气象监测预测评估服务系统；生态与农牧业气象科学实验和技术开发。总投资 12964 万元，中央投资 7247 万元，地方投资 5717 万元
7	短期气候预测与气候变化工程。包括内蒙古地区短期气候和极端气候事件预测业务系统；气候变化应对决策支持系统；农牧业应对气候变化保障系统；风能太阳能监测评估预报业务系统；农牧业及旅游气候资源综合开发利用系统 5 个子系统，总投资 4485 万元
8	建立自治区、盟市、旗县三级畅通的突发公共事件应急指挥平台和网络

第五章　强化科技支撑

应对气候变化、减少气候变化对工农业生产的影响，必须依靠科学技术支撑。依托国家和内蒙古自治区科技重大专项、重点科技计划，知识创新工程和技术创新工程，结合内蒙古自治区优势特色产业发展重大技术需求和全社会积极应对气候变化的需要，重点对气候变化的观测、影响、适应和模拟等方面进行研究，突破减缓和适应重点领域的关键技术，加快创新成果推广应用和产业化，构建适应内蒙古自治区应对气候变化的科技支撑体系。

第一节　基础研究

结合内蒙古自治区应对气候变化研究工作的实际，将气候变化的事实、机制、归因、模拟以及预测研究等工作放在基础研究的首位。

气象监测和应急保障研究。提升现有气象监测系统和生态监测网的技术水平，进一步拓展观测领域、提高观测精度和自动化水平，提升观测时效，提高对气象变化反馈过程及其不确定性研究，提高气象监测预报准确性研究。

气候变化影响及适应研究。围绕水资源、农牧业、林业、人体健康、生态系统、重大工程、防灾减灾等重点领域，加强气候变化对内蒙古自治区农牧交错区、生态脆弱区、干旱草原、荒漠草原影响的机理与评估方法研究水平，积极推进应对气候变化与区域可持续发展综合示范区的建设。

第二节　技术研发工程

根据《“十二五”国家应对气候变化科技发展专项规划》中提高减缓温室气体排放和促进低碳经济的主要内容，内蒙古自治区应重点推动非化石能源和洁净煤技术的创新和市场化推广，加强工业、建筑、交通等领域节能，提高其能效新技术开发，推进林业碳汇、工业固碳的关键技术研发，解决碳捕集、利用和封存等关键技术的成本降低和市场化应用问题，建立二氧化碳排放统计监测技术体系。①

能源领域研发项目。积极推进煤炭清洁高效开发利用、发展热电联产、煤层气开采利用、鄂尔多斯盆地低渗透天然气和页岩气勘探开发利用，大型风电设备制造及并网技术、太阳能热利用技术及光伏技术、生物质液体燃料产业化技术开发等。

表 17　能源领域研究与发展的技术 11

序号	项目工程
1	开发 1－5MW 级大型风力发电系统及关键零部件、控制装置等相关产品
2	优化升级现有风电场的示范基地和户用小型风机
3	太阳能热发电、光伏发电、光伏组件制造、太阳能电池制造
4	建筑利用太阳能
5	生物质燃料产业化、生物质发电、生物质沼气利用技术工程
6	发展非常规油气（包括致密和超致密砂岩油气、页岩油气等）勘探、开发与处理技术

工业领域研发项目。重点推进钢铁、有色金属、煤化工等高能耗行业的节能及提高能效技术与装备研发，稀土资源清洁高效选冶、高铝粉煤灰提取氧化铝及其产品技术开发与产业化。

表 18　工业领域研究与发展的技术 12

序号	项目工程
1	煤制气、煤制油、煤制烯烃、煤制二甲醚、煤制乙二醇技术
2	粉煤灰提取氧化铝技术
3	特种钢、优质钢、稀土钢，大型石油管材、高强度轿车用钢、高档电力用钢技术
4	煤气化、液化、焦化循环产业链

建筑领域研发项目。针对内蒙古自治区气候特点，重点推进提高大型热电联产电厂能源利用效率和城市管网热量输送能力关键技术，以及分布式能源应用、照明、垃圾和污水处理等技术研发，适应内蒙古自治区中小城镇供热需要，推进高效集中供热为主的城市能源供应系统节能减排、城市集中供热采暖末端室温调

① 《“十二五”国家应对气候变化科技发展专项规划》《内蒙古“十二五”期间战略性新兴产业发展目标及重点》《内蒙古自治区“十二五”科技发展规划》。

节等方面的技术研发，推进农村建筑保温、“炕—灶”系统、秸秆压缩成型和相应装置、生物质热制气等方面的技术研发。

交通领域研发项目。针对内蒙古自治区自然特点，开展极端干旱缺水地区高速公路建设成套技术研发，推进风吹雪、风积沙及涎流冰等特殊道路灾害缓解技术研发，重载交通路面结构、桥梁结构与设计方法、汽车运输节能减排等方面的技术研发。

农牧业、林业和土地利用研发项目。加强农牧业应对极端天气气候事件的监测预警和防灾减灾技术研发应用，重点推进高寒地区生物液体燃料转化、荒漠化地区治理、林业固碳、草原固碳等方面的技术研发。

碳捕集、封存与利用研发项目。围绕电力、钢铁、水泥、煤化工等重点行业，重点推进二氧化碳捕集、封存和利用关键技术研发，制定技术路线图。

第三节　技术示范应用

编制应对气候变化技术推广目录，面向重点行业和城乡居民生活，实施一批节能低碳技术示范项目，重点推广增加清洁能源供给，煤的清洁高效利用，高耗能产业节能与提高能效，增加碳汇，控制农业及土地利用温室气体排放，加强二氧化碳捕集、封存与利用等技术，推进低碳技术产业化、低碳产业规模化发展。

发挥内蒙古自治区高等院校和科研院所在农林牧业生产和生态环境保护方面的优势，加快建立协同创新中心，建立低碳技术协同创新中心开展低碳技术和气候变化适应技术的研发、示范和产业化。加强低碳技术和气候变化适应技术产业化环境建设，增强大学科技园、产业化基地、工业园区（集中区）对低碳技术和气候变化适应技术产业化的支持力度。推动低碳技术和气候变化适应技术的技术转移体系的完善和发展，加快科技成果的转化和产业化。

第六章　区域政策

根据内蒙古自治区地域辽阔、东西狭长、横跨“三北”、自然气候条件多样的特点和不同地区在国家经济社会发展战略中的主体功能定位，针对城市化地区、农畜产品主产区和重要生态功能区三类主体功能区，建立差别化的应对气候变化区域政策，增强不同类型地区应对气候变化政策的针对性、有效性。

第一节　城市化地区应对气候变化政策

内蒙古自治区城市化地区主要包括呼包鄂地区 1 个国家级重点开发城市化地区（25 个旗县区市）和西部、东部 2 个自治区级重点开发区域。西部区域包括乌海市海勃湾区、海南区、乌达区，阿拉善盟乌斯太镇，巴彦淖尔市临河区、乌拉特前旗，乌兰察布市集宁区、丰镇市等 7 个旗县区市。东部区域包括赤峰市中心城区、通辽市中心城区、霍林郭勒市、锡林浩特市、二连浩特市、乌兰浩特市、满洲里市和呼伦贝尔市海拉尔区等11个旗县区市。

减少城市化地区温室气体排放。优化开发的城市化地区，要确立严格的温室气体排放控制目标。加快转变经济发展方式，调整产业结构，提高产业准入门槛，限制高耗能、高排放产业发展，大力发展战略性新兴产业和现代服务业，构建低碳产业体系和消费模式、加快现有建筑和交通体系的低碳化改造，进一步推动重点工业企业节能降耗，优化能源结构，加强太阳能、风能、生物质能等可再生能源开发利用，加强生态环境保护，优化生产空间、生活空间和生态空间布局，降低温室气体排放强度。

积极发展循环经济。实施重点节能工程，加强资源综合利用，加快发展和消费可再生能源，加大能源资源节约和高效利用技术的开发和应用力度，建成一批循环经济工业园区和循环经济产业链。

提高城市适应气候变化能力。在城市建筑和交通规划设计过程中贯彻低碳发展理念，开展城市规划、建设和城市生活环境的气象环境评价与气象灾害评估。完善城市基础设施和公共服务，进一步提高城市适应气候变化能力，重点加强应对干旱、风沙、局部洪涝等气象灾害防治。

第二节　农畜产品主产区应对气候变化政策

内蒙古自治区农畜产品主产区包括河套—土默川平原农畜产品主产区、西辽河平原农畜产品主产区、大兴安岭沿麓农牧业发展带和呼伦贝尔—锡林郭勒草原畜牧业发展带的“两区两带”。

减少农畜产品主产区温室气体排放。农畜产品主产区要围绕减少农牧业和农村牧区温室气体排放，保护耕地和草原，积极推进农牧业规模化、产业化，加强农牧业污染物无害化处理能力建设，加强农牧业面源污染防治，发展沼气等新能源、可再生能源，以旗县所在地城镇为重点，推进城镇建设和县域特色产业发展，加强义务教育、职业教育职业技能培训，增强农村牧区劳动力转移就业能力，限制高强度大规模工业化、城镇化开发，减少温室气体排放。

提高农畜产品主产区适应气候变化能力。农畜产品主产区要加强农牧业基础设施建设，加大水利工程建设力度，提高农业抗旱、防洪、排涝能力，加大中低产田改造力度，发展以喷灌、滴灌为主的高效节水农业。推进农牧业结构和种养结构调整，选育抗逆品种，遏制草原荒漠化加重趋势。走现代畜牧业发展道路，科学合理利用天然草原，因地制宜建设人工草场，提高以饲草料储备能力为重点的基础设施建设，进一步提高防灾减灾能力。

第三节　重点生态功能区应对气候变化政策

内蒙古自治区是国家北方重要的生态安全屏障，对国家和区域生态安全具有极其重要的战略定位。重点生态功能区分为限制开发的生态功能区和禁止开发的生态功能区。内蒙古自治区限制开发的生态功能区包括大兴安岭森林生态防线、阴山北麓生态防线、呼伦贝尔沙地化防治区、科尔沁沙地化防治区、乌珠穆沁典型草原保护区、浑善达克沙地化防治区和阿拉善沙漠化防治区。禁止开发的生态功能区共247处，占内蒙古自治区总面积的13.45%。

严格控制限制开发区温室气体排放。限制开发的重点生态功能区要制定严格的产业发展目录，限制新上工业项目，逐步转移高碳产业，对不符合主体功能定位的现有产业实行退出机制，因地制宜发展特色低碳产业，引导超载人口逐步有序转移，严格控制开发强度。要推进天然林资源保护、退耕还林还草、退牧还草、风沙源治理、防护林体系建设、湿地保护与恢复，增加草原、森林、农田、沙漠等生态系统的碳汇和固碳能力。积极发展沼气、风能、太阳能、地热能，充分利用清洁低碳能源。

实行禁止开发区强制性保护。禁止开发的生态功能区，要按照核心区、缓冲区、试验区的顺序，实施收缩转移战略，制定人口转移政策，引导人口逐步有序转移。禁止进行与资源保护无关的建设活动，禁止毁林毁草开荒和毁林毁草采石、采砂、采土以及其他毁林毁草行为，禁止在重要湿地内进行其他任何生产建设活动，实现“零排放”。

第七章 经济政策

以应对气候变化，促进经济转型和可持续发展，防范气候变化带来的风险为目标，发挥市场机制配置资源的基础性作用，加大政府引导和调控力度，综合运用区域产业政策、财税政策、投资政策、信贷政策、金融政策、价格政策等多种经济手段，构建有利于促进减缓和适应气候变化的激励约束机制。

第一节 财税政策

加大财政投入力度。充分发挥政府投入的主导作用，加大财政资金对应对气候变化工作的支持力度，不断完善应对气候变化的财政资金投入机制。加大财政补贴力度，合理确定补贴范围，规范补贴资金监督，引导和促进企业应对气候变化行为。设立应对气候变化专项资金，用于支持应对气候变化的项目及相关技术研发和成果推广，支持农牧业、森林、水资源等领域适应以及减缓气候变化能力建设。加强应对气候变化的基础设施建设，强化宣传、培训和监管等方面的能力建设。

完善税收优惠政策。完善现行税收优惠政策，综合运用免税、减税、退税和税收抵扣等多种税收优惠手段，进一步加大对节能和可再生能源相关产品和设备的鼓励，促进低碳产品和设备的规模化生产和推广使用。改进现行增值税政策，对低碳产品（企业）实行减免优惠和税收返还政策；改进现行所得税政策，研究针对低碳企业的多种优惠政策，研究试行低碳产品项目减免企业所得税，低碳设备投资抵免企业所得税及再投资退税，以及对低碳设备投资给予增值税进项税抵扣等。继续鼓励低碳能源设备进口免征关税和进口环节增值税。适当提高高能耗、高污染产品和高附加值产品的出口关税税率。

发展政府绿色采购。完善政府采购政策，建立低碳产品强制性政府采购制度，有效增加绿色低碳产品市场需求。尽快建立内蒙古自治区低碳产品目录，在技术、服务等指标同等条件下，优先采购低碳产品目录中的产品，将节能服务公司等提供的专业化节能服务纳入政府采购范围。

第二节　金融政策

加大信贷支持。鼓励和引导金融机构对提高能效、节能减排技术改造项目的支持，优先为符合条件的低碳项目提供直接融资服务，大力扶持新能源和清洁能源项目。对进行低碳技术和节能减排技术研发、生产工艺改进和能源综合开发、污染治理的企业，以低息贷款、延长信贷周期、贷款贴息等方式给予支持。

完善融资环境。建立良好的投融资市场环境，探索建立多渠道融资机制，将金融服务拓展到应对气候变化的各个层面。加大对节能减排技术、新能源技术等项目的投融资力度，引导更多的社会资金进入应对气候变化相关领域。

加快金融创新。选择适当时机建立内蒙古碳排放权交易中心，促进碳排放权及其衍生品的交易和投资，增强在国际市场中的定价权。加快创新金融衍生工具，加强金融中介服务，提高金融服务水平，发挥低碳金融推动经济向低碳转型的作用。

加快推动碳保险。目前内蒙古自治区能源消耗率仍处在较高的水平。保险业作为一种特殊的金融机构，能够正确引导经济向着低碳、环保的方向发展。一方面，通过对投保碳保险的企业进行设备的更新升级，降低二氧化碳的排放量。另一方面，通过开展森林保险等，引导植树造林，增加森林蓄积量，保护绿色植被，增加二氧化碳吸收量。

加强碳资产管理。进一步明确政府对碳资产管理的地位和作用，尽快制定碳资产管理的法规，建立必要的碳资产管理机构。

第三节　投资政策

创新投资方式。设立应对气候变化政府引导基金，灵活运用投资补助、贴息、杠杆基金等多种手段，引导并带动社会资本广泛参与低碳经济建设。

完善投资政策。完善投资管理政策，政府投资项目审批环节增加碳排放评估内容。严格把关高耗能、高碳排放项目的审批程序。对符合产业政策的低碳产业投资项目，要简化投资审批、核准手续，放宽投资领域，降低准入标准。鼓励拥有先进低碳技术的企业进入基础设施和公共事业领域，为低碳企业创造宽松良好的投资环境。

优化投资结构。政府安排配套专项资金，采用补贴、补助、奖励等方式，鼓励低碳产业发展。积极争取中央财政对中西部地区发展低碳经济及资源开发保护的转移支付资金，调整优化财政支出结构，促进财政基本建设投资向减缓和适应气候变化领域倾斜，提高对低碳产业发展的支持力度。完善政府采购政策，建立低碳产品强制性政府采购制度，有效增加绿色低碳产品市场需求，有效引导企业生产方向和公众消费方向。

防范气候风险。将气候变化风险纳入投资项目风险管理内容，对于政府投资建设的大型生产项目和基础设施，在项目规划和设计阶段就考虑适应气候变化问题。投资主管部门在审批、核准项目时，要将是否恰当考虑适应气候变化作为项目评估的重要依据。对于因对气候变化影响因素考虑不周而造成的重大后果，要追究有关当事人的责任。

第四节　价格政策

完善电价机制。落实和完善差别电价政策。扩大差别电价的行业范围，对碳强度高的行业和企业实行较高的电价标准。细化差别电价标准，在不同行业实施不同级别的电价政策。实施峰谷分时电价等电力需求侧管理制度，对可错峰设备实行优惠电价政策，拉大峰谷电差价，引导合理用电。

推进可再生能源电价改革。对太阳能、风能、生物质发电等可再生能源的上网电价给予补贴等优惠政策。进一步细化可再生能源定价制度，适当调整可再生能源附加征收标准，完善可再生能源基金的管理办法。

创新收费政策。落实“谁受益谁付费”和“污染者付费”原则，科学设计收费政策，鼓励绿色投资，促进低碳发展。利用收费政策促进可再生能源发展，研究建立可再生能源发电强制配额制度（RPS）、强制购买制度、污染者付费制度、系统收益费制度等与收费政策有关的绿色能源制度，落实费用共担原则。完善生活垃圾处理收费制度，推行环卫行业服务性收费，减少垃圾处理不当导致的碳排放。研究在碳税正式开征前对高排放产品按碳排放量进行收费，用收费收入建立低碳产业发展基金，用于支持气候变化工作和低碳产业发展。

第八章　体制机制与法制建设

第一节　建立碳排放交易市场

积极探索运用市场手段推进节能减排，发挥市场机制在应对和减缓气候变化中的基础性地位。充分借鉴国内外碳排放交易市场建设经验，结合内蒙古自治区区情，建立碳排放交易市场，降低减排成本，提高减排效率。

规范自愿减排交易。制定适合内蒙古自治区实际的温室气体自愿减排活动交易管理办法，对法人和自然人自愿交易的碳信用额进行规范。建立自愿减排机制的基本管理框架、交易流程和监管办法，建立自愿减排交易登记注册系统和信息发布制度，推动开展自愿减排交易活动。

开展碳排放权交易。根据形势发展并结合内蒙古自治区合理控制能源消费总量要求，研究确定内蒙古自治区碳排放总量控制目标以及温室气体排放权分配办法，借鉴发达国家和地区碳排放交易体系，统筹设立交易平台，建立健全相应管理办法和碳交易监管机制，逐步形成内蒙古自治区碳排放权交易体系。发挥内蒙古自治区碳汇资源丰富的优势，借鉴其他地区 CDM 项目的成功经验，探索构建内蒙古碳汇交易市场。

完善碳排放交易支撑体系。初步做好碳盘查等基础性工作，研究制定不同行业的减排量核证方法，制定认证规则和工作规范，培训并认可一批核证温室气体排放量和减排量的第三方机构。鼓励金融机构参与碳交易，推动碳金融产品创新。充实完善管理机构，加快培养专业人才。积极整合碳汇资源，探索构建“碳汇大区”。

第二节　建立低碳认证、标识制度

建立低碳认证、标识制度。积极参加国家碳排放测量与计算方法体系和评价体系的建设。加强碳排放基础数据工作，按照国家标准建立内蒙古自治区碳排放评价数据库。积极参加国家低碳认证标准、技术规范、认证模式、认证程序和认证监管方式建设，参与国家低碳认证和标识管理办法的制定。

开展低碳认证、标识活动。积极申请、争取成为国家开展低碳认证标识试点地区（行业），开展低碳认证标识宣传活动。

加强低碳认证、标识能力建设。加强内蒙古自治区碳核查和审定人员队伍建设，加强认证机构能力建设和资质管理，规范发展第三方审核机构服务市场。建立和完善内蒙古自治区低碳产品服务、低碳组织和低碳活动的相关优惠政策，推动低碳认证、标识的持续发展。

第三节　完善管理体制

加强组织领导和协调决策机制。在内蒙古自治区应对气候变化领导小组的统一领导下，强化发展改革委归口管理职能，建立协调联络办公室，加强各有关部门分工负责和协调配合，形成统筹结合、分工明确、协同推进的工作机制，提高应对气候变化决策的科学性。

建立健全地方工作机制。各盟市要建立应对气候变化工作机构，完善部门间的沟通协调机制，建立健全应对气候变化工作机制。整合资源，建立应对气候变化研究机构，加强应对气候变化工作与优化产业结构、能源结构、节能减排、生态建设等工作的协同作用，深化相关领域改革，加强财税、金融、价格、产业等政策协调配合。

完善绩效考核评价体系。将二氧化碳排放强度下降指标完成情况纳入各盟市经济社会发展综合评价体系和干部政绩考核体系，完善工作机制，明确任务，落实责任，确保完成目标任务。建立完善专项督查工作机制，加强对各盟市应对气候变化各项目标完成情况的跟踪评估，对重点行业企业目标完成情况和措施落实情况进行定期评价考核，进行严格的目标责任考核和问责，完善奖惩制度。

建立和完善市场监管。加强对于气候变化相关服务业的评级、核查和论证，加强和引导社会中介组织的功能建设，建立健全企业排放标准和企业资质审查，规范市场秩序。

第四节　加强法制建设

在认真贯彻执行国家应对气候变化法律法规的基础上，要适时出台、修订内蒙古自治区应对气候变化的地方性法规和条例，强化相关执法监督管理体系。

适时修订与应对气候变化相关的法规。内蒙古自治区先后颁布、批准实施了环境保护条例、农业环境保护条例、内蒙古自治区境内西辽河流域水污染防治条例、锡林郭勒草原国家级自然保护区管理条例、内蒙古自治区境内黄河流域水污染防治条例等多项有关环境与资源保护方面的地方性法规。认真贯彻执行国家的法律法规，根据应对气候变化工作要求和内蒙古自治区实际情况，适时对相关法律、法规、条例做出相应修订和完善，切实保持各领域政策与行动的一致性，发挥协同效应。

及时制定应对气候变化的地方性法律法规。把加强应对气候变化的相关立法纳入内蒙古自治区人大立法工作日程，认真分析立法需求，根据内蒙古自治区应对气候变化工作面临的形势与任务，制定并实施应对气候变化专门法律，为应对气候变化提供更加有力的法制保障。根据应对气候变化工作需要，制定有关温室气体排放报告制度，统计、检测、核算、考核制度，信息披露和管理制度，温室气体排放市场交易制度以及气候变化影响评估制度等方面的法规，为应对气候变化工作提供法律基础。

强化应对气候变化相关法律法规的实施。按照积极应对气候变化的总体要求，严格执行相关法律法规，依法促进内蒙古自治区应对气候变化工作。加强相关领域的执法监管体系建设及对有关法律实施情况的监督检查，保证法律的有效实施。加强相关法律宣传，开展普法教育，提高全社会法律意识，增强依法办事的自觉性。

第九章　基础能力建设

第一节　提高应对气候变化政策研究能力

提高应对气候变化的政策研究能力，开展低碳发展的政策研究、应对气候变化对策与机制研究，围绕气候变化领域热点问题深入开展应对措施研究，加强学科队伍建设，为内蒙古自治区应对气候变化决策提供支撑。

开展低碳发展战略和政策研究。研究促进内蒙古自治区低碳发展的体制、机制和模式，低碳发展的途径与重要领域，提出内蒙古自治区低碳发展路线图。研究碳交易制度的设计和实施方案、应对气候变化与低碳经济发展，制定适合内蒙古自治区经济发展的碳交易制度。研究建立内蒙古自治区碳汇统计和分析体系。实施内蒙古自治区温室气体排放的路径、峰值，各行业、区域减排潜力和成本效益分析与比较研究，提出实现内蒙古自治区自主减排目标的法规、财政、金融、科技、市场等综合机制，建立和完善涉及应对气候变化的相关制度、法律、政策、行动措施和考核体系。研究制定内蒙古自治区气候适应战略措施与行动计划。研究内蒙古自治区应对气候变化与区域性气候、资源、环境演变规律和承载能力相协调的区域可持续发展战略，研究减缓温室气体排放、温室气体回收和利用的技术战略和政策。

开展适应气候变化对策措施研究。结合内蒙古自治区经济社会发展规划，围绕农牧业、林业、水资源、生物多样性、防灾减灾等领域和内蒙古自治区干旱区、农牧交错带等重点区域和支柱产业，开展适应气候变化对策和措施研究，同时研究非农牧产业应对气候变化的适应政策。

加强应对气候变化学科和机构建设。结合高校协同创新中心建设，加强气候变化的学科建设，推动高校和科研院所相关专业和课程的优化设置，逐步建立门类齐全、结构合理的气候变化学科体系。加强气候变化领域各类人才的培养，培养能够引领学科发展的学术带头人和中青年人才，建立人才激励与竞争的有效机制。加大气候变化领域优秀人才的引进力度，完善人才、智力、项目相结合的柔性引进机制。扩大非政府组织和民间社会团体的参与，培养和建设一批专业特长突出的气候变化研究团队。依托内蒙古自治区现有的气象观测和生态监测网络，组建跨部门、跨行业的应对气候变化研究中心。

第二节　建立温室气体统计核算体系

按照系统性、科学性、导向性和可行性等原则，结合内蒙古自治区实际和现有统计基础，合理设置反映气候变化特征和应对气候变化状况的统计指标，综合反映内蒙古自治区应对气候变化的努力和成效，健全温室气体排放相关统计指标和统计制度，改善温室气体清单编制的统计数据支撑，建立内蒙古自治区控制温室气体排放的目标责任和评价考核制度，为建立“可测量、可报告和可核实”制度奠定坚实基础。

建立温室气体排放基础统计制度。将温室气体排放基础统计指标纳入政府统计指标体系，建立健全涵盖能源活动、工业生产过程、农牧业、土地利用变化与利用、废弃物处理等领域的适应温室气体排放核算的统计体系。根据温室气体排放统计需要，扩大能源统计调查范围，细化能源统计分类标准。重点排放单位要健全温室气体排放和能源消费的台账记录。加强排放因子测算和数据质量监测，确保数据真实准确。

加强温室气体排放核算工作。制订内蒙古自治区温室气体排放清单编制指南，规范清单编制方法和数据来源。研究制定重点行业和重点企业温室气体排放核算指南。建立健全温室气体排放数据信息系统。定期编制内蒙古自治区和各盟市温室气体排放清单。加强对温室气体排放核算工作的指导，做好年度核算工作。

建立健全统计核算工作机制。构建内蒙古自治区、盟市、企业三级温室气体排放基础统计和核算工作体系。加强温室气体清单编制能力建设，建立负责温室气体排放统计核算的专职队伍和基础统计队伍。实行重点企业直接向内蒙古自治区有关部门报送能源和温室气体排放数据制度，将有关数据纳入数据直报系统。

第三节　建立健全气候变化观测监测系统

内蒙古自治区有 119 个国家级自动气象站、23 个无人自动气象站、643 个区域自动气象站、12 个 L 波段高空气象探测站，6 部新一代天气雷达、5 部数字化雷达投入业务使用。EOS 卫星接收站和静止、极轨气象卫星接收系统投入运行。建成了由 117 个生态监测站组成的全国最大的生态监测网。

要有机整合内蒙古自治区现有观测网络，强化信息采集，推动气候系统观测资料存储规范化，促进信息资源的全面、多层次共享，建成统一的气候服务系统。着力提升气候变化预测预估和影响评估能力，提高气候变化决策支持能力。

第四节　加强极端气候事件预测预警和防灾减灾体系

加强各类极端气候事件和气候灾害预测预报系统建设。建立内蒙古自治区多发、易发的各类极端气候事件数据库，提高极端气候事件发生的短期和中期预报预测能力；预测预估极端气候事件的发生、发展和变化。开展各类极端气候事件影响的预评估服务。

加强气候变化风险和各类极端气候事件综合预警系统建设。坚持重在预防的原则，建立极端气候事件预警指数和等级标准，实现各类极端气候事件预测预警信息的共享共用和有效传递；科学编制极端气候事件和灾害应急处置方案，建立多灾种早期预警机制，健全以预警信号为先导的应急联动和社会响应体系，形成统一指挥、功能齐全、反应灵敏、运转高效的防灾减灾应急机制。

加强极端气候事件的风险管理。探索适应内蒙古自治区气候灾害的政策性与商业性保险的开发和推广，建立政府、市场及其他社会力量相结合的巨灾风险转移分担机制。推进气候灾害防御社会化，提高极端气候事件和应对气候灾害的监测预警能力、防御能力和综合减灾能力。

第五节　加强人才队伍建设

加强应对气候变化基础研究和科技研发队伍建设。以应对气候变化领域的国家重大科技专项、重点课题工程及国内外学术交流合作项目为平台，培养熟悉内蒙古自治区区情的、能够引领学科发展、能够为内蒙古自治区提供应对气候变化决策咨询的学术带头人和科研团队。加强气候变化的学科建设，重点支持“地理环境与灾害研究”“地理信息系统与新技术应用研究”等基础学科建设。加强“产学研”合作机制，提高内蒙古自治区应对气候变化的研究水平。

加强温室气体统计和核算队伍建设。适当增加统计部门从事温室气体统计和核算人员的编制和财政经费，加强对统计人员温室气体统计和核算的业务知识培训，提高从业人员业务素质；进一步完善温室气体统计和核算领域的职业化教育培训体系，充分发挥科研院所、非政府组织等机构的作用，壮大职业化、市场化人才力量。

加强应对气候变化战略与政策专家队伍建设。发挥内蒙古自治区高等院校、科研院所和大型企业在农牧业生产和生态环境保护与建设方面的优势，加强气候变化对内蒙古自治区的影响分析和评价，加强气候极端事件研究和灾害预警预报系统建设。

加强新闻宣传队伍建设。重视对新闻媒体从业人员的气候变化教育培训工作，提高媒体从业人员在气候变化技术、理论、政策领域的认识水平。培养一批新闻素养过硬、专业知识扎实、舆论导向正确、语言能力突出、知识体系完善的新闻宣传队伍。

第六节　推动全民参与

开展宣传教育。广泛、深入、持久开展应对气候变化的宣传，将气候变化知识纳入内蒙古自治区科普教育、素质教育的重要内容，使应对气候变化的必要性、紧迫性家喻户晓，深入人心。在全社会大力弘扬“绿色、生态、低碳、环保”的社会风尚，提高人民群众的低碳意识，形成全社会理解、关心、支持应对气候变化工作的良好氛围。

倡导社会责任。深入开展企业社会责任运动，将应对气候变化作为企业社会责任的重要内容，培养企业家社会责任感，引导企业积极履行社会责任，大幅减少碳排放、大力发展低碳技术、不断推出低碳产品。大力宣传先进典型和成功经验，广泛开展“低碳城市”“低碳社区”“低碳企业”和“低碳人物”等创建和表彰活动。

鼓励公众参与。积极发挥民间社会团体和非政府组织的作用，促进公众和社会各界参与应对气候变化行动。建立鼓励公众参与应对气候变化的激励机制，拓展公众参与的渠道，创新公众参与的形式。完善气候变化信息发布的渠道和制度，增强有关气候变化决策透明度，促进气候变化领域管理的科学化和民主化。

加强宣传教育。编写蒙、汉文《内蒙古自治区应对气候变化基础教育读本》和宣传手册，努力提高公众节能和减少温室气体排放的认识；加强宣传《清洁发展机制项目运行管理办法》，鼓励企业参与清洁发展机制项目国际合作，为内蒙古自治区开展应对气候变化项目，落实《内蒙古自治区应对气候变化方案》并提供舆论环境。

第十章　交流合作

第一节　开展国际合作

积极开展 CDM 项目国际合作。内蒙古自治区是国家参与清洁发展机制（CDM）项目的主要省区之一，尤其在风能和工业节能方面具有较大的开发潜力。要加强对 CDM 的宣传和培训，鼓励和引导企业参与 CDM 合作，并为企业提供相关支持和服务；建立一支 CDM 专业咨询队伍，推介一批较有潜力的 CDM 项目。

积极参与国际科研合作项目。鼓励和支持高等院校、科研院所开展应对气候变化领域的国际交流与合作；加强与气候变化领域国际组织、非政府组织之间的联系交流，充分利用国际气候变化援助资金开展合作研究；拓宽国际合作的领域和范围，重点加强节能降耗、可再生能源开发利用、林业碳汇、燃料替代等领域的国际合作；积极参与国际交流与培训，不断提升内蒙古自治区应对气候变化专家队伍能力水平。

积极引进外资和先进技术。扩大利用外资规模，通过引进外资发挥金融服务业的引导作用，创新气候融资模式，促进产业结构调整和优化升级；利用国际技术中心和网络，获取技术信息，开展技术交流，切实推动低碳清洁技术的联合开发与转让；发挥政府主导作用，积极引进、推广国外的先进技术和管理经验；引导和鼓励企业和地方政府积极参与国际间技术和经验交流，全面提升应对气候变化能力。

第二节　加强国内交流

积极开展与其他省区市在应对气候变化领域的交流与合作，借鉴其他省份的宝贵经验，实现资源共享，优势互补；加强与东部地区的合作，充分利用东部地区的资金优势和技术优势；学习和推广低碳试点省市的先进管理经验，为内蒙古自治区应对气候变化工作和低碳发展提供借鉴。

第十一章　组织实施

第一节　加强组织领导

《“十二五”国家应对气候变化科技发展专项规划》是内蒙古自治区在新的发展阶段实现低碳发展的参考性文件，要加强领导，精心组织，落实责任，确保规划的顺利实施。

加强规划实施的组织领导。在内蒙古自治区应对气候变化领导小组统一领导下，建立发展改革委牵头、各部门密切配合的工作机制，形成应对气候变化和推进低碳发展的整体合力，共同推进《“十二五”国家应对气候变化科技发展专项规划》各项任务的贯彻落实。各盟市要加强对规划实施的组织领导，按照总体要求与具体部署，建立健全工作机构，配备专职人员，做好规划的贯彻落实。

明确规划实施主体的责任。各盟市要按照权责明确、分工协作的原则明确规划实施主体的责任，建立规划实施的责任体系。发展改革委要开展对盟市应对气候变化工作的监督指导。各盟市及各职能部门要深入领会总体规划的要求，按照总体规划的部署，制定盟市《“十二五”国家应对气候变化科技发展专项规划》及年度推进计划，将总体规划的任务、目标层层分解，保证规划实施的系统性、连续性和有效性。各盟市应加强对规划实施的指导，并在明确责任的基础上提供配套资金支持；动员社会团体、公众、企业等各类主体积极参与规划的具体实施。

第二节　强化统筹协调

做好规划衔接。本规划与国家应对气候变化规划相衔接，以内蒙古自治区“8337”发展思路、国民经济和社会发展“十二五”规划为统领，是经济社会发展规划在应对气候变化领域的具体化。各盟市要根据本规划的战略部署，结合地区实际，突出地方特色，编制好本盟市应对气候变化专项规划，要与本规划提出的发展战略、主要目标和重点任务进行衔接，要与农牧业、工业、林业、水利、能源、环保、科技等相关领域专项规划之间做好衔接，在应对气候变化领域形成各类规划定位清晰、功能互补、协调一致的规划体系。

重视政策配合。围绕本规划提出的目标和任务，充分利用现有的各项财税政策、信贷政策、投资政策、价格政策、产业政策、土地政策、环保政策，特别是《国务院关于进一步促进内蒙古经济社会又好又快发展的若干意见》的有关政策，整合现有资金、技术、人才等各种要素和资源，为实现减缓和适应气候变化的目标服务。

加强部门协作。内蒙古自治区政府各有关部门要明确责任、各司其职，做好本部门负责领域的减缓和适应工作。各部门要加强协作、相互支持，形成分工合理、密切配合、整体推进的工作格局，部门之间要建立信息共享机制，定期对规划实施进展情况进行联合评估，形成部门合作的长效机制。

第三节　建立评价考核体系

明确目标责任。逐层分解本规划确定的目标、指标和任务，落实到盟市、部门和重点企业，纳入盟市、部门经济社会发展综合评价和绩效考核。研究建立适合各盟市和各部门开展应对气候变化工作成效的指标体系。

健全考核机制。制定和完善具体的评价考核和实施办法，重点评价应对气候变化主要目标的实现情况及相关政策措施的制定和落实情况。探索建立由第三方对应对气候变化、低碳发展进程进行考核的机制，考核标准要量化，考核过程要公开、公正、公平。

完善问责制度。综合评价考核的结果要向社会公开，接受舆论监督，并作为各级政府领导班子调整和领导干部选拔任用、奖励惩戒的重要依据。研究建立应对气候变化问责和奖惩制度，实行严格的问责制度，充分发挥考核和问责制度的导向作用和激励约束作用，并与经济社会发展“十二五”规划考核体系相衔接。

主要参考资料

1.《国家应对气候变化规划（2011—2020 年）》
2.《国务院关于进一步促进内蒙古经济社会又好又快发展的若干意见》
3.《全国主体功能区规划》
4.《地方应对气候变化规划编制指导意见》
5.《“十二五”控制温室气体排放工作方案》
6.《“十二五”国家应对气候变化科技发展专项规划》
7.《交通运输“十二五”发展规划》
8.《中国低碳经济年度发展报告 2011》
9.《内蒙古自治区国民经济和社会发展第十二个五年规划纲要》
10.《内蒙古统计年鉴》
11.《内蒙古自治区“十二五”科技发展规划》
12.《内蒙古“十二五”期间战略性新兴产业发展目标及重点》

13.《内蒙古自治区建材工业“十二五”发展规划》
14.《内蒙古自治区化学工业“十二五”发展规划》
15.《内蒙古自治区钢铁工业“十二五”发展规划》
16.《内蒙古自治区“十二五”节能减排综合性工作方案》
17.《内蒙古自治区“十二五”工业和信息化发展规划》
18.《内蒙古自治区公路水路交通运输“十二五”发展规划》
19.《内蒙古自治区城市公共交通“十二五”发展规划纲要》
20.《内蒙古自治区有色金属工业“十二五”发展规划》
21.《内蒙古自治区“十二五”气象事业发展规划》
22.《内蒙古自治区环境保护“十二五”规划》
23.《内蒙古自治区“十二五”生态综合治理建设规划》
24.《内蒙古自治区“十二五”农牧业发展计划》
25.《内蒙古自治区“十二五”工业和信息化发展规划》

完善盟市党政领导班子年度政绩考核制度研究报告①

一、完善政绩考核制度的目的意义

党政领导班子政绩考核制度，是对各级党政领导班子一定时期的履职业绩进行考察核实评价的制度。盟市党政领导班子政绩考核制度是盟市全面深入贯彻落实中央全面建成小康社会、全面深化改革、全面依法治国、全面从严治党战略布局的指挥棒。这个指挥棒指导和影响着盟市全面深入贯彻落实“四个全面”战略布局的方向、目标和成效。完善盟市党政领导班子政绩考核制度的目的，就是要运用政绩考核这个指挥棒，把党的十八大和十八届三中、四中全会精神落到实处，把习近平总书记系列重要讲话特别是考察内蒙古重要讲话精神和习近平总书记关于从严治党的八项要求落到实处，把内蒙古自治区党委的发展思路和九届十一次、十二次、十三次全委会精神落到实处，引导内蒙古自治区经济从高速增长转向中高速增长、经济发展方式从规模速度型粗放增长转向质量效率型集约增

① 本文选自2014年10月受内蒙古党委政府考核办委托主持研究的课题研究报告。课题组成员有包思勤、殷建设、王广霖、张巨明、马俊、岳滨、耿午、宝鲁、李文杰、刘兴波、姚洋等。原文34000字。

长、经济结构从增量扩能为主转向调整存量和做优增量并存的深度调整、经济发展动力从传统增长点转向新的增长点，主动适应经济发展新常态。

完善盟市党政领导班子政绩考核制度，要全面体现经济、政治、文化、社会、生态文明建设“五位一体”布局，新型工业化、信息化、城镇化、农牧业现代化“四化同步”战略，转变经济发展方式、抓好农牧业和牧区工作、保障和改善民生、搞好教育实践活动“四个着力”战略任务，打造经济发展、民族团结、文化繁荣、边疆安宁、生态文明、各族人民幸福生活六道亮丽风景线目标。

完善政绩考核制度是全面贯彻落实党的十八大和十八届三中、四中全会精神的客观要求。党的十八大报告明确提出“完善干部考核评价机制，促进领导干部树立正确政绩观”。全面贯彻落实党的十八大和十八届三中、四中全会精神，全面建成小康社会、全面深化改革、全面依法治国、全面从严治党，是各级领导班子和领导干部政绩的集中体现。政绩考核制度要从干部考核评价机制上保证党的十八大和十八届三中、四中全会精神的全面贯彻落实，完善政绩考核制度是全面贯彻落实党的十八大和十八届三中、四中全会精神指引的客观要求。

完善政绩考核制度是全面贯彻落实习近平总书记考察内蒙古自治区重要讲话的必然要求。习近平总书记考察内蒙古重要讲话，是指导内蒙古自治区经济社会发展、改革开放稳定、保障改善民生、从严管党治党的战略思想和实践要求，指引着内蒙古自治区前进的方向。完善政绩考核制度必须全面体现习近平总书记系列重要讲话特别是考察内蒙古自治区重要讲话精神，必须用“四个着力”的要求考核评价政绩，才能保证内蒙古自治区按照习近平总书记指引的方向，奋力走进前列。

完善政绩考核制度是全面贯彻落实内蒙古自治区党委发展思路和党的九届十一次、十二次、十三次全委会精神的现实要求。内蒙古自治区党委发展思路和党的九届十一次、十二次、十三次全委会精神，全面体现了党的十八大和十八届三中、四中全会精神，全面体现了习近平总书记考察内蒙古自治区重要讲话精神，符合内蒙古自治区区情。只有按照内蒙古自治区党委发展思路和党的九届十一次、十二次、十三次全委会精神，进一步完善盟市党政领导班子政绩考核制度，才能引导各级领导班子和领导干部团结带领内蒙古自治区各族人民群众，把内蒙古自治区党委发展思路和党的九届十一次、十二次、十三次全委会精神落到实处。

完善政绩考核制度是深化党的建设制度改革的紧迫要求。党的十八届三中全会《中共中央关于全面深化改革若干重大问题的决定》要求紧紧围绕提高科学执政、民主执政、依法执政水平深化党的建设制度改革，改革和完善干部考核评价制度，完善和落实领导干部问责制，并明确提出："完善发展成果考核评价体系，纠正单纯以经济增长速度评定政绩的偏向，加大资源消耗、环境损害、生态效益、产能过剩、科技创新、安全生产、新增债务等指标的权重，更加重视劳动就业、居民收入、社会保障、人民健康状况。"中组部《关于改进地方党政领导班子和领导干部政绩考核工作的通知》，提出了政绩考核要突出科学发展导向、完善政绩考核评价指标、对限制开发区域不再考核地区生产总值、加强对政府债务状况的考核、加强对政绩的综合分析、选人用人不能简单地以地区生产总值及增长率论英雄、实行责任追究、规范和简化各类工作考核八个方面的改进要求。完善政绩考核制度，就是要结合内蒙古自治区实际，落实上述要求。

完善政绩考核制度是主动适应经济发展新常态的内在要求。2014 年 5 月初，习近平总书记就提出了"我国发展仍处于重要战略机遇期，我们要增强信心，从当前我国经济发展的阶段性特征出发，适应新常态，保持战略上的平常心态"的重要判断。此后，习近平总书记多次强调适应新常态问题。2014 年中央经济工作会议，新常态成为主题词，对经济发展新常态作出全面、深入、系统阐述，对当前经济形势的趋势性变化进行深刻分析，阐明认识新常态、适应新常态、引领新常态这个我国经济发展的大逻辑，要求面对经济发展新常态，观念上要适应、认识上要到位、方法上要对路、工作上要得力。深刻认识经济增速换挡、发展方式转变、产业结构调整、发展动力转换、资源配置优化、发展成果共享等新常态的发展趋势与基本特征，按照新常态大逻辑完善政绩考核制度，是适应经济发展新常态的内在要求。

二、政绩考核制度回顾借鉴和建议

（一）内蒙古自治区考核制度的简要回顾

内蒙古自治区于 1996 年建立了干部实绩考核制度。20 年来，政绩考核工作一直在探索中不断完善，在落实党委政府的重点工作、加强领导班子建设、激励领导干部积极性等方面发挥了重要作用。

从 1996 年起实行以目标责任制为基础的考核评价体系，将目标任务分解到盟市和部门，以得分高低评价工作实绩。其优点是调动了积极性，推动了中心任务的落实。但由于地区间和部门间差异较大，难以科学选定目标项，目标完成情况难以准确反映工作绩效；由于考核结果与干部的奖惩使用相联系，出现为争名升位讨价还价、数字掺假现象；由于目标制定、考核评价主要由组织部门承担，许多矛盾集中于组织部门，容易产生平衡照顾等问题。

2002 年，探索建立以考核内容为基础的年度考核评价方法，对地区和部门只明确考核内容，不再确定年度目标任务，对领导干部考核德、能、勤、绩、廉。其优点是与公务员年度考核相结合，解决了领导干部考核不规范问题。但考核目标不够明确，相关职能部门存在打人情分现象，考核结果拉不开差距，难以发挥考核的导向和激励作用。

2005 年，构建社会化综合考核评价体系，采用分类定量、综合定性方法，在评价主体上，扩大了民主，加大了不同评价主体的权重。其优点是开放性和社会参与性较强，考核结果由多方面的评价意见综合而成，组织部门负责汇总，避免了评价权集中，使考核结果具有说服力和权威性。但由于评价主体对评价对象的政绩不是十分了解，评价具有一定的盲目性，评优结果的正面激励效应减弱。

2009 年，将实绩考核变为年度综合考评，旨在通过总结述职、民主测评、民意调查、个别谈话、实绩分析、综合评价等一系列相互独立的考核程序，整合各类专项考核成果进行评价。其优点是程序规范、资源整合、简便易行。但考评意图不明确，导向作用不强；职能部门的作用发挥不够，缺乏平时监控和过程管理，民意调查的群众参与度低；取消了领导班子评等和领导干部评优，考核指挥棒作用难以充分发挥。

2013 年，实行了年度工作任务、党的建设和领导班子建设、党风廉政建设“三位一体”综合考核，由内蒙古自治区党委常委带队进行考核验收。其优点是一个办法考核、一个机构承担、一个平台竞争，有利于统一考核标准、提高考核效率，激发积极性和主动性。但取消了对领导干部的考核，没有了考核对干部的激励约束作用。考核不够专业，组织协调不够顺畅。

2014 年，内蒙古自治区党委调整充实了考核办工作机构，成立了绩效目标考核、党的建设和领导班子建设、党风廉政建设三个专项组，由专项组负责协调相关部门做好指标设置、监控、考核、评价等工作，达到抓业务与抓考核相互促进、相互加强的目的。

总之，以往不同年代的政绩考核制度，都对推动工作发挥了不可替代的作用，优点显著，同时也有一些不足：在考核对象上，把领导班子和领导干部有时结合有时分开，对两者的关系缺乏辩证把握。在考核主体上，考核评价权有时集中有时分散，对集中和分散的关系缺乏适度把握。在考核方式上，把考核和评价有时结合有时分开，对考核和评价的关系缺乏正确把握。在评价方法上，把结果和过程有时结合有时忽略，对结果和过程的关系缺乏有效把握。在开门评价上，把组织评价和群众评价、社会参与有时重视有时忽略，对考核评价方法科学化缺乏有效探索。在考核指标上，速度性指标多，质量效益性指标少；规模性指标多，结构性指标少；单项指标多，综合性指标少；定性指标多，量化指标少；指标数量多，引领功能少。这导致一些干部政绩观偏向加剧、有些成绩数据水分加大，考核指标与中央大政方针和内蒙古自治区党委政府思路结合不紧密，考核重点不突出、问题针对性不强等。

（二）部分省考核制度可资借鉴

为了学习其他省政绩考核的经验，我们专门前往陕西省委组织部和浙江省委组织部座谈，认为两个省的做法各有特点，值得借鉴。

陕西省的政绩考核是2007年开始的，2012年率先实行了“三位一体”考核，他们的做法有以下特点：

一是上下结合确定年度考核目标任务。年初，考核对象根据考核办确定的指标体系，广泛听取社会公众意见，拟定本年度目标任务，经上级主管领导和有关职能部门审核，报考核办汇总修订，由考核委员会决定下达。建立目标任务制定、考核评价标准、考核方式方法、考核结果运用、考核工作运行五个机制，年末采用“一会、三评、四印证”① 方法进行考核，实现平时监控与年终考核相结合、行政考核与群众评价相结合。

二是弱化GDP考核而加大民生指标赋分。GDP权重由原来的8分降到6分，并从加分指标中剔除，超额完成也不加分。经济指标的重点是城乡居民两个收入，加大权重、纳入减分项目。强化环境保护考核力度，由过去的12分提高到25分，超额完成加分。党的建设由7分提高到12分，党风廉政建设由4分提高到7分。通过加减分来调控地区工作重点，发挥考核的指挥棒作用。

三是建立信息系统提高考核工作效率。建立陕西省考核工作网，开发考核信息管理系统，设计机构设置、文件公告、各地要情、部门职能、经验做法、研究成果、任务监控、考核结果、在线评议九个模块，考核办通过系统下达和管理考核任务，地区和部门通过系统上报季度、半年和年度目标任务，没有完成季度任务的自动报警，使平时考核快捷、便利、公开、互动，简化了烦琐的考核过程。

四是扩大社会参与来提高群众满意度。采用“下评上、民评官、基层评机关”等多种形式，让社会各界广泛参与考核评价工作，把评判权交给群众，加大社会评价的权重，重视普通群众和“两代表一委员”对领导班子的评价意见。社会评价分占总分的15%。2007~2012年，有陕西省“两代表一委员”4870人次、服务对象1.2万人次参与社会评价，6万余群众参与电话调查，自觉接受人民群众评判和监督，让群众满意成为检验领导班子政绩的重要标准。

五是强化考核结果运用实行五挂钩。第一，干部管理处把考核结果作为研判

① 一会、三评、四印证，“一会”就是召开考核工作报告大会。“三评”就是民意调查、社会评价和民主测评。“四印证”就是个别谈话、查阅资料、实地核查和综合分析印证。

领导班子和领导干部的重要依据。第二，提拔对象的考核等次每年必须在称职以上，近两年有一次优秀，近三年连续评为优秀的在同等条件下优先考察。第三，各单位每年必须排出末尾人员，80 人以下的排 1 个末尾，80 人以上的处级和一般干部各排 1 名末尾。末尾人员没有年度奖金，并谈话提醒；连续两年排末尾的，直接划定为基本称职，不予提拔。第四，优秀人员比例与考核结果挂钩，优秀单位的优秀率可达到 20%、良好单位 15%、一般单位 10%、较差单位领导不能评优。第五，年底奖金与考核结果挂钩，优秀单位得 5000 元/人奖金，内部发放不能搞平均主义，按内部考核等次发放。2013 年，地市优秀等级奖金为 150 万元，良好等级奖金为 60 万元。

浙江省作为中央"一个意见、三个办法"的试点省区之一，2005 年开始开展新一轮干部考核工作。浙江的理念和有些做法与陕西有很大的不同，其特点有以下几点：

一是不注重设置机构而更注重牵头把关。浙江省没有设立考核委员会或考核领导小组及其办公室，考核工作由组织部牵头提出方案，省直相关职能部门提供考核指标和目标任务。各市完成目标任务的数据由职能部门提供、统计局综合计算为量化结果，组织部把关并结合民主测评和个别谈话形成年度考核结果。把实绩考核结果作为研判领导干部的参考，并向各市反馈，使其查看工作，寻找差距。

二是不注重考核排名而更注重综合评价。浙江基本不搞排名，更不会绝对化地应用到对领导干部的评价。对干部的考核更多是定性的考核，年度考核、平时考核都比较简单，并考虑进一步简化。干部考核更注重通过个别谈话详细了解班子团结、工作的运行情况及领导干部个人情况等，作为考察干部的重要依据。从考核整体看，还是更注重综合评价。

三是不注重增速虚名而更注重质量效益。考核不唯 GDP，重点考核转型升级和质量效益，强化对资源消耗、环境保护、消化产能过剩、政府债务情况等约束性指标的考核，加大对重点工作的考核，对民生改善、生态环境、党风廉政建设等开展满意度评价。2014 年修订的考核评价指标体系中的 48 个指标都是人均、指数、比重、比率等质量效益性指标，并根据地区差异进行分类考核。这些与我们的研究思路不谋而合。

（三）盟市领导对政绩考核的建议

为了全面反映盟市旗县对完善政绩考核制度的想法，我们到 12 个盟市，采取个别交流、召开座谈会等形式，听取了盟市党政一把手、党政班子成员和部分旗县主要领导的意见。他们畅所欲言，讲了很多重要的、诚恳的建议，根据他们的原话概括以下几点：

一是一定不能贻误转方式调结构的战略时机。党的十八大以来，中央坚决纠正唯 GDP 偏向，把转方式、调结构放到前所未有的高度，各省区市都在千方百计、争先恐后地转方式、调结构。内蒙古自治区发展中的突出问题是方式粗放、结构单一、动力不足，如果我们不抓住当前的战略时机把方式转变过来、结构调整过来、创新驱动起来，还要追求粗放、单一、传统的高速增长，等到别人都转型升级了，我们可能犯下不可逆转的历史性错误，永远落在别人后头，做不到后来居上。

二是坚持科学发展就必须和唯 GDP 决裂。2010 年，内蒙古自治区党委果断叫停了 GDP 增速第一，但唯 GDP 思维远远没有绝迹。回头看，实际上是唯 GDP 导致粗放经营、生态破坏、环境污染；导致结构单一、产能过剩、产品低端；导致弄虚作假、光有数字、无钱可花；导致人心浮躁，不愿意在打基础、利长远上下功夫；寅吃卯粮打造新区来往自己脸上贴金，而不愿意改造老区、棚户区等。所以，完善政绩考核制度，就应该和唯 GDP 决裂，重点考核转变发展方式、调整优化结构、延长产业链、创新驱动发展，重点考核五大基地、两个屏障、一个桥头堡建设等。

三是应根据地区差异实行分类考核。内蒙古自治区地域辽阔、地区差异很大。政绩考核应根据功能区划分和不同地区在资源禀赋、发展基础、环境条件、发展水平等方面的差异，分类设置考核指标和权重。比如，草原牧区，草原生态极其脆弱，又是少数民族聚居区，应突出两个屏障建设的考核。又比如，集中连片的贫困地区，主要任务是摆脱贫困，应强化脱贫率和贫困人口增收的考核。还比如，对乌海、乌斯太、蒙西和棋盘井等污染严重的“小三角”区域的环保应实行联防、联控、联治的考核。

四是考核指标的设置应科学合理，有针对性。能不能发挥和怎样发挥政绩考核的指挥棒作用，确实是一门领导艺术。发挥指挥棒的作用，关键在指标体系和考核结果的应用。指挥棒不是杂货筐，不能什么都往里装。指挥棒应该是纲，纲举目张。建议考核指标应强化解决问题、引领发展的针对性，少而精、少而管用，不要名目繁多、杂乱无章；给我们基层多留发挥的余地、创新的空间；减少多头考核、层层考核，给我们基层多提供服务、少施加压力。

三、科学设置政绩考核指标体系

（一）设置指标体系的总体要求

习近平总书记曾强调：“科学的发展观引导正确的政绩观，正确的政绩观实践科学的发展观，”并尖锐地指出，“一个干部树政绩如果是为了给自己留名，替自己立碑，为自己邀官，这样的干部就根本做不到求真务实，根本不可能做到对群众负责，根本不可能专心致志抓落实。”设置盟市党政领导班子政绩考核指标体系，必须突出科学发展导向。

突出科学发展导向，就要在考核指标体系设置上体现中央“四个全面”战略布局和习近平总书记考察内蒙古重要讲话提出的战略思想和实践要求，体现着力转变经济发展方式，把经济发展的立足点转到提高质量和效益上来，推动转方式同调整优化产业结构、延长资源型产业链、创新驱动发展、节能减排、全面深化改革开放相结合的实践要求；体现着力抓好农牧业和牧区工作，持之以恒抓好粮食生产、积极打造现代畜牧业、扎实抓好生态文明建设的实践要求；体现着力保障和改善民生，努力让农牧民过上好日子、做好民生基础工作、打好扶贫开发攻坚战的实践要求；体现习近平总书记关于从严治党的八项要求。

突出科学发展导向，就要在考核指标体系设置上保证内蒙古自治区党委发展思路和党的九届十一次、十二次、十三次全委会精神落到实处，保证加快建设保障首都、服务华北、面向全国的清洁能源输出基地、全国重要的现代煤化工生产示范基地、有色金属生产加工和现代装备制造等新型产业基地、绿色农畜产品生产加工输出基地、体现草原文化独具北疆特色的旅游观光休闲度假基地的目标任务，建设我国北方重要的生态安全屏障和祖国北疆安全稳定屏障的目标任务，建设我国向北开放的重要桥头堡和充满活力的沿边开发开放经济带的目标任务落到实处；保证着力调整产业结构、着力壮大县域经济、着力发展非公有制经济的重要任务落到实处；保证更加注重民生改善和社会治理、更加注重生态建设和环境保护、更加注重改革开放和创新驱动的要求落到实处；保证扎实做好推动经济持续健康发展、提高经济增长的质量和效益、做好“三农三牧”工作、推进城镇化和城乡发展一体化、改善民生和社会治理创新、深化改革开放和推动科技进步、提高党的建设科学化水平等重点工作落到实处。

（二）设置指标体系的基本原则

1. 坚持“四个全面”

2014 年 12 月，习近平总书记在江苏调研时强调，要协调推进全面建成小康社会、全面深化改革、全面推进依法治国、全面从严治党，推动改革开放和社会主义现代化建设迈上新台阶。2015 年 2 月初，习近平总书记在省部级主要领导干部学习贯彻党的十八届四中全会精神全面推进依法治国专题研讨班上的重要讲话中指出，党的十八大以来，党中央从坚持和发展中国特色社会主义全局出发，提出并形成了全面建成小康社会、全面深化改革、全面依法治国、全面从严治党的战略布局。这个战略布局，既有战略目标，也有战略举措，每一个“全面”都具有重大战略意义。设置考核指标要体现“四个全面”战略布局。

2. 强化问题导向

从一定意义上讲，完善政绩考核制度的目的是主动适应经济发展新常态，着力解决内蒙古自治区经济发展中的一系列矛盾和问题。发展的过程，其实就是解决问题的过程。完善政绩考核制度，就是运用政绩考核指挥棒引导盟市积极主动地解决经济社会发展和从严治党中存在的各种矛盾和问题。所以设置考核指标，要强化问题导向，紧紧围绕解决主要矛盾、突出问题设置指标；分析矛盾、指出问题，不做铺垫、不讲成绩，开门见山、直奔问题。

3. 突出质量效益

坚持以提高经济发展质量和效益为中心，是全面贯彻习近平总书记考察内蒙古重要讲话精神，落实内蒙古自治区党委发展思路的核心问题。设置考核指标，要突出质量效益，运用政绩考核指挥棒引导盟市在推动稳中求进、转变方式、调整结构、创新驱动中，始终坚持以提高经济发展质量和效益为中心。

4. 体现地区差异性

贯彻落实中组部《关于改进地方党政领导班子和领导干部政绩考核工作的通知》提出的“对限制开发的农产品主产区和重点生态功能区，分别实行农业优先和生态保护优先的绩效评价，不考核地区生产总值、工业等指标；对禁止开发的重点生态功能区，全面评价自然文化资源原真性和完整性保护情况；对生态脆弱的国家扶贫开发工作重点县取消地区生产总值考核，重点考核扶贫开发成效”的要求，根据不同地区在功能区划分和资源禀赋、发展基础、环境条件、发展水平等方面的差异，要在考核指标和目标任务权重上体现差异性。对 31 个国家级扶贫开发工作重点旗县取消 GDP 考核，重点考核扶贫开发成效。对禁止开发的重点生态功能区，要全面评价自然文化资源原真性和完整性保护情况。

5. 考核指标的引领性

所谓引领性指标，是指主导性、关键性、带动性、综合性、涵盖性较强的指标，是指既管当前又管长远、既体现成果又体现成本、既反映显绩又反映潜绩的指标，同时又是功能性、针对性和数据可获得性较强的指标。一项引领性指标要带动一系列措施的落实，换句话说，完成一项引领性指标的目标任务，需要实实在在地落实一系列具体措施。因此，设置一项引领性指标，要配套提出相应的指导性保障措施。政绩考核，只考核引领性指标，指导性保障措施为完成引领性指标提供保障。这样，可以为各盟市结合本地实际制定措施、实现目标，留下很大的选择余地和创新空间。

四、政绩考核指标体系内容

（一）全面建成小康社会

1. 结构调整

（1）综合效益提升。内蒙古自治区经济综合效益方面的问题。内蒙古自治区人均 GDP 水平较高，但盟市之间不平衡，有些盟市人均 GDP 水平很低，全社会劳动生产率情况也是这样。一个时期以来，内蒙古自治区一些地区经济虽然发展了，但体现经济效应的税收收入却增加不明显，经济发展的综合效益有待提高；消费拉动增长的基础作用不强。设置综合效益提升指标，就是要逐步解决这些问题。

引领性考核指标：①GDP 增速和人均 GDP 增长。②全社会劳动生产率。③一般公共预算收入中的税收增长率。④社会消费品零售总额增长。⑤居民消费价格指数。⑥500 万元以上项目固定资产投资增长。⑦政府性债务率和政府性债务逾期率。⑧外贸进出口总额增长。

指标①是 GDP 增速和 GDP 除以年平均人口数，是衡量经济总量和人均创造的财富，是速度性指标。指标②是 GDP 除以年平均就业人数，是效益性指标。指标③是考核税收收入增长率，具有引导各盟市积极转方式、调结构，不断提高经济发展的质量效益，保证税收收入持续稳定增长的功能和作用。指标④是衡量消费拉动增长的基础作用的效益性指标。指标⑤是反映物价水平、关系居民生活的控制性指标。指标⑥是衡量投资拉动增长的关键作用的速度性指标。指标⑦是防控金融风险的重要指标，对各盟市根据本地实际情况科学、合理、审慎举借债务，既满足经济社会发展需要，又考虑财政金融风险，将债务率控制在警戒范围内，按时还本付息，规范政府投资行为，具有约束作用。指标⑧是关系建设一个桥头堡的速度性指标，对扩大对外开放具有引领性作用。

指导性保障措施：第一，抓财源建设，加大专项资金整合力度，设立重点产业发展基金，支持优势产业做大做强。综合运用财政政策手段，鼓励银行向企业增加贷款。公布涉企收费目录清单，做到清单之外无收费。第二，抓税收征管，加快推进综合治税，建立财税、发改、经信、统计等部门参加的综合治税联席会议制度和工作机制。支持税务部门完善重点税源管控体系，采取有力措施清缴欠税，确保应收尽收和税收收入均衡入库。第三，抓税收制度建设，落实营改增、资源税改革政策，积极推动房地产税、消费税、环境保护税、城建税及个人所得税等改革，完善地方税体系。全面清理规范税收优惠政策，未经国务院和内蒙古自治区政府批准，各地区、各部门不得对企业实行税收、非税、财政支出等优惠政策。第四，认真执行国务院《关于深化预算管理制度改革的决定》和《关于加强地方政府性债务管理的意见》，落实新预算法相关规定，建立借、用、还相统一的地方政府性债务管理机制，坚决制止违规举债，切实防范化解财政金融风险。第五，严格控制新增债务，公益性项目融资必须经债务风险评定和规范性审核，坚决制止非法集资、违规担保和以 BT 方式举借政府性债务。第六，严格执行债务预算（计划）管理，盟市年度政府性债务收支计划要报内蒙古自治区财政部门备案。第七，积极化解存量债务，合理划分债务类型，厘清政府的直接责任和市场化商业风险，分门别类逐步化解存量债务。第八，重点推进向北开放，积极开展与俄罗斯毗邻州区和蒙古国的贸易促进活动，扎实推进在俄蒙的投资合作项目，大力推动跨境经济合作区建设；认真落实国家和内蒙古自治区支持外贸稳定增长的政策措施，鼓励企业开拓国际市场，建立境外营销网络，发展跨境电子商务，加快外贸转方式、调结构，促进外贸转型升级；提高利用外资质量水平，引导外资投向传统优势产业、现代服务业和战略新兴产业；深入实施“走出去”战略，引导企业到境外投资合作，为“走出去”企业提供政策信息、风险防控、金融保险等服务；加强口岸设施保障能力建设，提升口岸发展水平，完善口岸产业结构，加快口岸经济发展。

（2）新型工业化。新型工业化中的问题。用习近平总书记考察内蒙古时的重要讲话对内蒙古自治区发展的战略思想、实践要求和内蒙古自治区党委发展思路衡量，内蒙古自治区工业发展中的主要问题是，发展方式粗放，产业结构单一，产业链比较短，自主创新能力弱，资源转化增值程度低，节能减排任务重，体制机制和管理创新滞后等。具体来讲，清洁能源、现代煤化工、有色金属和现代装备制造、绿色农畜产品加工等产业占工业的比重都比较低，与内蒙古自治区党委发展思路关于建设五大基地的要求比，还有很大差距。考核新型工业化成效，就是要解决上述问题，把习近平总书记考察内蒙古重要讲话关于着力转变经济发展方式的战略思想和推动“五个结合”的实践要求，把内蒙古自治区党委发展思路关于加快建设五个基地的具体要求落到实处，促进传统产业新型化、新兴产业规模化、支柱产业多元化。

引领性考核指标：①新型工业化指数。②中小微企业发展指数。

指标①包括规模以上工业增加值增速、工业固定资产投资增速、战略性新兴产业增加值占规模以上工业增加值比重、工业初级产品转化率、工业园区单位土地产出率、单位工业增加值能耗下降率、重点用能企业主要耗能产品能耗限额达标率、大宗工业固体废物综合利用率、重点行业清洁生产审核通过率、两化融合发展指数、政务信息化应用及共享水平、宽带普及率、网络和信息安全水平等项内容。指标②包括中小微企业户数及增速、中小微企吸纳城镇新增就业人数、中小微企税收优惠政策落实水平等项内容。这些指标对调整优化工业结构、延长资源型产业链、提高工业科技含量和质量效益等，具有较强的引领、导向作用。

指导性保障措施：第一，紧紧围绕发展新兴产业、非资源型产业、高新技术产业、装备制造业和延长资源型产业链，加大招商引资和投资力度。完善电力扶持政策和煤炭控产保价综合措施。开展专项检查，全面推行涉企收费清单制度，巩固清费成果。推动2014年竣工的380个亿元以上项目达产达效，狠抓国家给路条的40个重大项目核准开工。第二，通过推进煤炭就地加工转化、延长资源型产业链、提升工业产品附加值等措施，提高工业经济效益。积极培育和发展延伸加工制造业，逐步降低原煤、初级矿产品等初级产品比重。继续扩大煤电冶、煤电化、煤电硅等特色产业链规模，提高电石、甲醇、电解铝、多晶硅、焦炭等加工度、附加值，争取就地加工转化率提高10%左右。制定工业园区规范化、集约化建设投资机制、政策措施、评价办法，提高工业园区投入产出效益。第三，结合实际落实《信息化和工业化深度融合专项行动计划（2013～2018年）》，鼓励企业应用信息技术开展研发、管理和生产控制，应用电子商务开展采购、销售等业务，以智能制造为突破口，大力推动两化深度融合。引导企业加快绿色循环低碳经济技术改造和产品精细化延伸，鼓励企业引进清洁生产、能源替代技术。以光纤宽带和4G网络建设为主线，实施宽带计划，推进三网融合，提升信息消费能力。第四，认真落实国务院《关于扶持小型微型企业健康发展的意见》，培育国家及内蒙古自治区中小企业公共服务示范平台，重点考核组织开展服务对接活动的次数、提供特色服务品种的数量、服务中小微企业数量及中小微企业满意度；培育建设自治区级小微企业创业示范基地数量、培育国家级小企业创业示范基地数量，推动中小微企业加快发展。

（3）农牧业现代化。农牧业现代化中的问题。习近平总书记强调："要围绕建设特色现代农业，努力在提高粮食生产能力上挖掘新潜力，在优化农业结构上开辟新途径，在转变农业发展方式上寻求新突破，在促进农民增收上获得新成效，在建设新农村上迈出新步伐。"用这"五个新"要求衡量，内蒙古自治区农牧业发展中的主要问题是，发展方式粗放，超载过牧、广种薄收仍然比较严重，农牧业基础比较薄弱、结构调整缓慢，土地草原经营权有序流转、适度规模经营滞后，农牧业科技含量较低、新型经营主体培育不够，新型职业农牧民培养不力，龙头企业等经营主体与农牧民紧密型利益联结机制缺失，农牧业经营效益低，农牧民增收缓慢等。设置农牧业现代化指标，就是要解决这些问题，积极打造现代农牧业，加快建设绿色农畜产品生产加工输出基地。

引领性考核指标：①农牧业劳动生产率。②耕地亩均产出率。

指标①是一项综合性、质量效益性指标，是衡量农牧业劳动者即第一产业从业人员平均生产效率的指标。计算方法是第一产业增加值除以第一产业年平均就业人数，直观地看，提高农畜产品附加值和减少第一产业就业人员数量，都能促进农牧业劳动生产率的提高。因此，这个指标对提高农牧业发展质量效益和推动农牧业转移人口市民化等，都具有较强的引领和带动作用。指标②是衡量农业土地资源利用率的效益性指标，农业增加值除以耕地总面积，旨在提高亩均产值。

指导性保障措施：决定农牧业劳动生产率高低的主要因素有：农牧业劳动者生产技术水平、劳动熟练程度、劳动态度和精神状况，农牧业生产资料的规模和效能，农牧业生产的技术装备状况和农牧业生产过程的机械化水平，农牧业科学研究成果在农牧业生产中的应用情况，农牧业劳动组织形式和农牧业生产过程的组织管理水平，土壤草原的肥沃程度，农牧业气候状况，以及影响农牧业生产的其他自然条件等。因此，必须加强以下保障措施。第一，全面学习宣传和贯彻落实中共中央、国务院《关于加大改革创新力度加快农业现代化建设的若干意见》，深入领会这个“一号文件”提出的一系列新观点、新政策、新举措，结合盟市实际，认真落实到位。第二，按照中办、国办《关于引导农村土地经营权有序流转发展农业适度规模经营的意见》，推进土地、草原承包经营权确权登记颁证工作，优化土地草原资源配置，调整农牧业产业结构，推广农牧业适用技术，提高农牧业组织化程度。第三，加快培育新型农牧业经营主体、加大扶持力度，搞好新型职业农牧民教育培训、提升农牧业劳动者素质能力，建立健全农牧业社会化服务体系。第四，扎实推进农牧业产业化经营，引导龙头企业与产业化基地农牧户建立紧密型利益联结机制，实现农牧民持续稳定增收。第五，按照国务院办公厅《关于加强农产品质量安全监管工作的通知》、农业部和食品药品监管总局《关于加强食用农产品质量安全监督管理工作的意见》要求，加强农畜产品质量安全监管工作。第六，认真落实国务院《关于进一步推进户籍制度改革的意见》，引导农村劳动力转移就业，推动农牧业转移人口市民化。

（4）现代服务业。现代服务业发展中的问题。内蒙古自治区服务业发展中的问题主要是：速度比较慢、比重比较小、质量比较差、现代服务业发展不足、内部结构不合理；就业容量有限，难以满足城乡居民的就业需求；支柱产业少，难以支撑第一、第二产业的服务需求；旅游资源开发不足，基础设施配套滞后，旅游服务不能满足游客需求，建设体现草原文化、独具北疆特色的旅游观光、休闲度假基地，还需要付出很大努力。习近平总书记要求内蒙古自治区在服务业领域培育打造支柱产业，尽快把服务业这块“短板”补起来，是一针见血地指出了内蒙古自治区服务业发展中的突出问题，具有很强的针对性。设置现代服务业发展的考核指标，必须对加快服务业发展速度、提高服务业比重、打造支柱产业、改善服务业内部结构、扩大服务业就业容量、服务业对第一、第二产业发展的支撑能力和对城乡居民生活的保障能力等方面，具有较强的引领和导向作用。

引领性考核指标：①第三产业劳动生产率。②第三产业从业人员占全社会从业人员比重。③国内旅游收入相当于 GDP 的比重。

指标①是效益性指标，对加快服务业发展速度、提高服务业生产效率，具有较强的引领和带动作用。指标②是民生指标，对扩大服务业最大就业容纳器容量，具有引领、促进作用；同时意味着提高服务业劳动生产率，不能减少第三产业从业人员，只能改善服务业结构、提高服务业效益。指标③是衡量旅游业发展规模和效益的质量性指标，对促进旅游资源开发、基础设施完善、服务质量提升，具有引领、带动作用。

指导性保障措施：第一，认真落实国务院《关于加快发展生产性服务业促进产业结构调整升级的指导意见》（国发〔2014〕26 号），大力发展研发设计等 11 个重点领域服务业，提高服务业质量。第二，鼓励引导工业企业将生产性服务业分立，实现主营业务服务化的同时，推动服务社会化，做大做强服务业。[①] 第三，认真落实国务院《关于政府向社会力量购买服务的指导意见》，开展政府向社会力量购买基本公共服务和非基本公共服务，带动服务业发展。第四，认真落实国务院《关于促进旅游业改革发展的若干意见》，依托特色旅游资源，加大旅游投入，强化产品开发、市场营销、管理创新，促进旅游业与相关产业融合发展。

（5）新型城镇化。新型城镇化中的问题。中央明确要求，要紧紧围绕提高城镇化发展质量，稳步提高户籍人口城镇化水平。内蒙古自治区常住人口城镇化率比较高，但户籍人口城镇化率比较低，农牧业转移人口不能享受城镇基本公共服务；城镇新区发展比较好，但棚户区、老旧区依然如故、面貌未改，形成了城镇二元结构。设置新型城镇化指标，要促进以人为核心的城镇化，提高城镇人口素质和居民生活质量，使有能力在城镇稳定就业和生活的常住人口有序地实现市民化。

引领性考核指标：①城镇化质量系数。②城镇建设指数。

指标①是按户籍人口计算的城镇化率与按常住人口计算的城镇化率的比值，计算公式为城镇化质量系数 = 户籍城镇化率 ÷ 常住人口城镇化率。其中，户籍城镇化率 = 城镇户籍人口 ÷ 全部户籍人口；常住人口城镇化率 = 城镇常住人口 ÷ 全部常住人口。这项指标对提高城镇化发展质量，具有引领、带动作用。指标②包括保障性安居工程建设（含棚户区改造和老旧小区改造）、城镇污水和生活垃圾

① 《辽宁千余企业完成生产性服务业分立》，人民日报，2014 年 11 月 5 日。

无害化处理率、建成区绿地率、人均公园绿地面积等内容，是着眼于城镇常住人口生活条件特别是住房条件和生活环境改善的质量性指标。

指导性保障措施：第一，着力解决已经转移到城镇就业的农牧业转移人口落户问题，努力提高农牧民工融入城镇的素质和能力。第二，着力推进产城融合，发展城镇产业特别是个体私营经济、劳动密集型产业、中小微企业，强化就业创业公共服务，让市民稳定增收。第三，着力把保障性安居工程建设与棚户区和老旧区改造结合起来，提高城镇建设水平，科学规划、完善设施、不走弯路，依托现有山水脉络等独特风光，让城镇融入大自然，让居民望得见山、看得见水、记得住乡愁，把让群众生活更舒适的理念，体现在破除城镇二元结构的每一个细节中。

（6）重点任务完成。县域经济发展和非公经济发展中的问题。旗县域经济是盟市经济乃至内蒙古自治区经济发展的基础。内蒙古自治区旗县域经济发展参差不齐，旗县第二、第三产业发展滞后，特别是旗县所在地产业发展滞后，难以辐射带动，吸纳就业能力弱。非公有制经济在支撑增长、促进创新、扩大就业、增加税收等方面具有重要作用。当前，内蒙古自治区非公有制经济发展还不够充分，特别是中小微企业数量少，个体经营户发展不足，创业环境需要改善，还没有形成大众创业、万众创新的格局。

引领性考核指标：①县域经济发展指数。②非公有制经济发展指数。

指标①是衡量旗县域经济发展质量和效益的综合性指标，对增强旗县经济实力、夯实内蒙古自治区经济发展基础、促进农牧民就近转移就业等，具有引领、带动作用。指标②是非公有制经济发展指数包括非公有制经济增加值增长速度、非公有制经济发展环境优化、非公有制经济吸纳就业增长以及非公有制经济固定资产投资增长、非公有制经济社会消费品零售总额、非公有制规模以上工业增加值增长、非公有制经济纳税等内容，是衡量非公有制经济发展质量和水平的综合性指标，对扩大非公有制经济规模、改善发展环境、调整所有制结构、提高非公经济效益、促进老百姓创业、扩大就业容量等，具有引领、带动作用。

指导性保障措施：第一，全面贯彻落实内蒙古自治区党委、政府《关于进一步加快县域经济发展的意见》，切实加强对县域经济发展的领导，坚持以旗县所在地产业发展为龙头，立足资源优势，发展特色经济，辐射带动农村牧区，实现旗县域全面协调可持续发展。第二，认真落实国务院《关于扶持小型微型企业健康发展的意见》，从资金支持、财税优惠、创业基地建设、促进企业信息互联互通等方面加大扶持力度，推动私营企业特别是小微企业和个体工商户加快发展。第三，政府引导建设为中小微企业购买要素对接、辅导培育、政策参谋、管理咨

询、融资担保等方面的服务平台，促进中小企业发展。[①] 第四，全面落实《内蒙古自治区人民政府关于印发内蒙古自治区鼓励和支持非公有制经济加快发展若干规定（试行）的通知》（内政发〔2013〕61 号），加强对落实情况的跟踪督查，将鼓励支持非公经济发展与政府简政放权结合起来，不断激发出非公经济市场主体的活力、创新力，营造良好的发展环境。第五，简化审批手续，强化融资服务，设立中小微企业发展基金和融资担保机构，实行税收优惠政策，受理投诉举报，不断优化非公有制经济发展环境。

2. 创新驱动

（1）创新驱动发展。创新驱动发展中的问题。习近平总书记考察内蒙古重要讲话指出，创新是转变经济发展方式的关键驱动，并强调要优化创新环境，完善创新制度，强化创新激励，培养和吸引创新人才，让发明者、创新者合理分享创新收益，形成有利于创新的良好社会氛围。内蒙古自治区发展中最突出的问题，就是创新这个转变经济发展方式的关键驱动不足，导致产业结构调整动力不足、资源型产业链延长支撑缺失、经济发展方式转变滞后。如果说服务业是内蒙古自治区发展的“短板”，科技就是转型升级的“软肋”。设置创新驱动发展指标，要从关键环节切入，把创新落实到创造新的增长点上，把创新成果变成实实在在的产业活动，使科技“软肋”硬起来。

引领性考核指标：①R&D 经费支出占 GDP 的比重。②国家高新技术企业数量增长。③重大科技成果转化及科技示范园区建设成效。④每万人发明专利拥有量。

指标①是通过投入衡量对创新驱动发展重视程度的质量性指标，对全社会、政府和企业的科技投入具有引领和促进作用。指标②是衡量企业创新主体地位的质量性指标，对强化企业主体地位具有引领、导向作用。指标③是衡量重大科技成果转化数量增长和各类科技示范园区建设成效的指标，对科技成果向生产领域转化和改善科技创新环境具有引领、带动作用。指标④是衡量科技人才创新能力的质量性指标，对增强创新实力具有引领、导向作用。

指导性保障措施：创新驱动是经济提质增效、持续健康发展的重要依托和动力源泉。创新驱动不足是内蒙古自治区转变方式、调整结构、延长产业链很艰难的根本原因，必须在科技创新、体制机制创新上着力，加快从要素驱动、投资拉动发展为主向以创新驱动发展为主的转变。第一，建立研发投入激励机制，加大科技投入力度，创新投入机制，健全技术创新市场导向机制，发挥市场对技术研发方向确定、路线选择、要素价格、要素配置的导向作用。第二，进一步强化企

① 《政府帮扶，不走寻常路》，人民日报，2014 年 11 月 7 日。

业科技创新主体地位，使市场约束和资源环境约束倒逼企业选择创新驱动发展之路，限制企业继续走外部不经济的路子。政府要从资金、税收、人才、知识产权、放开管制等方面入手，大力营造有利于大众创业、万众创新的政策环境和制度环境。第三，认真落实国务院《关于加快科技服务业发展的若干意见》，结合本地实际，重点发展研究开发及其服务、技术转移服务、检验检测认证服务、创业孵化服务、知识产权服务、科技咨询服务、科技金融服务、科学技术普及服务等专业科技服务和综合科技服务，提升科技服务业对科技创新和产业发展的支撑能力。

（2）人才以用为本。人才工作中的问题。所谓人才，是指具有一定的专业知识或专门技能，进行创造性劳动并对社会做出贡献的人，是人力资源中能力和素质较高的劳动者。内蒙古自治区人才工作中存在的主要问题是人才数量少，结构性短缺，特别是缺少高端人才、领军人物；人才不适用，现有人才所从事的工作与经济社会发展需要相脱节；人才不解放，许多人才缺乏充分施展才能的环境和条件，难以用其创造性劳动为社会做出更大贡献。科学发展以人为本，人才工作以用为本。以用为本，就是解放人才，为创新型人才创造宽松的创新环境和条件。

引领性考核指标：①每万人人才资源数量。②每万名就业人员 R&D 人员全时当量。

指标①②是衡量人才数量和研发人员数量的质量性指标，对扩大人才资源总量具有引领、促进作用。

指导性保障措施：制定鼓励创新人才创新创业政策，鼓励本地高校、科研院所和国有事业、企业单位的科技人员（包括担任行政领导职务的科技人员）、高校师生等离岗创新创业、转化创新成果，实行在一定时期内保留其原有身份、职称和档案工资正常晋升，优化创新环境、强化创新激励、调动创新人才积极性，让发明者、创新者合理分享创新收益的新制度，解放科技人员、解放科技第一生产力，让内蒙古自治区科技“软肋”变为硬翅膀。①

3. 文化发展

文化发展中的问题。文艺创作中有“高原”缺“高峰”的问题较为突出，基层文化事业发展和体育设施建设难以满足人民群众对基本公共文化服务均等化的要求，实现基本公共文化服务标准化还有很大差距。文化产业发展难以成规模、市场化程度低，打造文化支柱产业还有很大距离。

引领性考核指标：文化发展指数。

---

① 《南京市“科技九条”》，人民日报，2014 年 11 月 10 日。

文化发展指数包括在国家文华奖评选、全国和内蒙古自治区“五个一工程”评选及一年一度的中国·内蒙古草原文化节中有作品入选，基本公共文化服务标准化、均等化率，公共体育服务和体育活动水平提升，文化产业增加值增速，文化遗产保护，文化体制改革任务完成情况六个方面的内容。

这些指标衡量文艺精品创作水准，对选拔和展示文艺精品具有引领、带动作用；衡量基本公共文化服务规范化程度，对丰富群众文化生活、提高公共文化服务质量、促进基本公共文化服务均等化，进一步加大文化遗产保护力度，具有引领、导向作用；衡量体育事业和体育产业发展水平，对公共体育服务和体育产业发展，提高服务水平、提升发展质量，具有引领、带动作用；衡量文化产业发展速度和规模，对文化产业发展加快速度、提高质量、提升竞争力，具有引领、带动作用；衡量文化体制改革工作推进程度，对破解制约文化发展的深层次矛盾和问题，建立文化大发展大繁荣的体制机制，具有促进、推动作用。

指导性保障措施：第一，按照国家文华奖评选、“五个一工程”创作规划和草原文化节节目选拔要求，加强统筹规划和选题策划，创作推出各个门类优秀文艺作品。第二，认真落实中办、国办《关于加快构建现代公共文化服务体系的意见》，统筹推进公共文化服务均衡发展，增强公共文化服务发展动力，加强公共文化产品和服务供给，推进公共文化服务与科技融合发展，创新公共文化管理体制和运行机制，加大公共文化服务保障力度，加快构建现代公共文化服务体系。第三，根据《国家基本公共文化服务指导标准（2015～2020 年）》，制定适合内蒙古自治区的实施标准，建立对标准实施情况的动态监测机制和绩效评价机制，加强督促检查，并积极引入社会第三方开展公众满意度测评，对公众满意度较差的要进行通报批评，对好的做法和经验及时总结推广。第四，坚持广泛开展全民健身运动，促进群众体育和竞技体育全面发展，加快基本公共体育服务体系建设，提高体育服务水平；认真落实国务院《关于加快发展体育产业促进体育消费的若干意见》，加快体育产业发展，全面完成内蒙古自治区担负的国家足球改革发展试点省区的任务。第五，遵照习近平总书记“向爱惜自己生命一样保护好文化遗产”的重要指示精神，让文物活动起来，围绕以文化人、以文育人的时代要求，充分发挥文物资源作用，提升草原文化在国内的影响力；认真落实国务院《博物馆条例》精神，鼓励博物馆挖掘藏品内涵与文化创意、旅游产业相结合，开发衍生产品，增强博物馆发展能力。第六，按照“抓大扶小”思路，合理规划文化产业发展布局，贯彻落实文化产业扶持政策，加大文化产业发展专项资金投入力度，抓好文化项目，发展文化企业，推动文化与科技、旅游、体育、信息、物流、建筑融合，发展新型文化业态，加强文化产业人才队伍建设，提高文化产业规模化、集约化、专业化水平。第七，按照各地既定的文化体制改革任务书、路线图和时间表，逐项完成改革任务，完善文化管理体制，构建现代公共文化服务体系，健全现代文化市场体系，不断提高文化开放水平。

4. 民生改善

（1）居民收入水平。增加居民收入方面的问题。习近平总书记考察内蒙古重要讲话指出，保障和改善民生是我们党义不容辞的责任，我们搞改革、谋发展，都是为了让各族群众过上好日子。内蒙古自治区保障和改善民生方面的问题，主要是收入分配结构问题，没有做到居民收入增长和经济发展同步、劳动报酬增长和劳动生产率提高同步这“两个同步”，城乡居民收入不仅长期赶不上全国平均水平，而且差距越拉越大。设置居民收入水平指标，就是着眼于调整收入分配结构，努力提高居民收入在国民收入分配中的比重，提高劳动报酬在初次分配中的比重，尽快实现中央对内蒙古自治区提出的城乡居民收入赶上和超过全国平均水平的目标。

引领性考核指标：①城镇常住居民人均可支配收入占人均 GDP 的比重。②农村牧区常住居民人均可支配收入占人均 GDP 的比重。

指标①和②是衡量城乡居民收入占国民收入比重的质量效益性指标，对提高经济发展质量效益、调整国民收入分配结构、人民群众共享改革发展成果等，具有较强的引领、带动作用。

指导性保障措施：第一，有就业才能获得收入，能创业才能创造收入。要把充分就业、大众创业作为民生工作的重中之重，搞好基本公共就业服务和大众创业服务，提高就业质量、促进创业成功，持续稳定增加城乡居民收入。第二，着力提高经济增长的质量效益，提高劳动生产率，做到劳动报酬增长和劳动生产率提高同步。第三，全面深化改革，推动经营体制机制创新，增加老百姓的家庭财产，创造条件增加城乡居民的财产性收入。

（2）社会事业发展。社会事业发展中的问题。习近平总书记考察内蒙古重要讲话指出，内蒙古的公共服务水平和民生状况同全国平均水平相比还有一定差距，一定要加大工作力度；要加快社会事业发展，统筹做好教育、就业、收入分配、医药卫生和计划生育、社会救助、住房保障等民生工作，加快社会保障制度体系建设，编织好社会安全网，让全体人民共享改革发展成果。内蒙古自治区公共服务水平同全国的差距，主要是义务教育发展不均衡、公共文化服务不均等、就业不充分和结构不合理、群众看病难和看病贵、社会保障城乡和区域间不平衡、信访接待和处理不规范、城镇建设中棚户区和老旧区改造滞后、扶贫开发精准化不够等方面的差距。设置社会事业发展的考核指标，就是要带动上述问题的解决，让全体人民共享改革发展成果。

引领性考核指标：①“十个全覆盖”。②教育发展指数。③城镇失业就业指

数。④综合社会保障指数。⑤健康保障指数。⑥人口计生指数。⑦扶贫攻坚成效。

指标①是衡量年度惠民生目标实现程度的综合性指标，对加强农村牧区基础设施建设和促进基本公共服务均等化，具有引领、带动作用。指标②是衡量教育投入和义务教育均衡发展状况的综合性指标，包括盟市教育财政拨款增长应当高于财政经常性收入的增长、在校学生平均教育费用逐步增长、教师工资和学生人均公用经费逐步增长“三个增长”和实现义务教育均衡发展的旗县数量增长，对盟市依照《教育法》逐步增加教育投入，促进旗县域义务教育均衡发展，具有直接的引领、带动作用。

指标③是反映年度城镇常住人口登记失业状况和年度城镇新增就业者数量的质量性指标，包括城镇登记失业率和城镇新增就业者数量两项指标，对推动充分就业具有引领、促进作用。指标④是衡量城乡综合社会保障水平的综合性指标，对提高城乡社会保障水平具有引领、带动作用。计算方法是：综合社会保障指数 = 企业职工养老保险参保人数 ×40% + 城乡医疗保险水平 ×30% + 综合社会救助水平（城乡低保 ×40% + 农村牧区五保 ×20% + 城乡医疗救助 ×20% + 临时救助 ×20%）×30%。

指标⑤是衡量满足城乡居民医疗卫生服务需求，保障城乡居民健康程度的综合性指标，计算方法，健康保障指数 = 财政投入和补偿（30%）+ 取消药品加成公立医院（30%）+ 各级蒙医中医医院基础设施和人员配备按等级医院标准化进行建设（20%）+ 居民县域内就诊率（20%）。这些指标对进一步加大卫生事业投入和提高医疗保障水平、合理配置医疗卫生资源和提高医疗卫生服务效率，深化医药卫生体制改革，解决群众“看病难、看病贵”问题具有引领、带动作用。指标⑥是衡量促进内蒙古自治区人口长期均衡可持续发展的综合性指标，计算方法为：人口计生指数 = 人口出生率（50%）+ 符合政策生育率（50%）（人口出生率为一票否决指标，如果突破年度人口计划，此项指数一票否决）。这些指标对完成内蒙古自治区人民政府下达的年度人口计划，稳定适度低生育水平，提高出生人口素质，改善人口结构，促进内蒙古自治区人口长期均衡可持续发展具有引领、带动作用。指标⑦是衡量精准扶贫成效的指标，对贫困人口加速脱贫致富具有引领、带动作用。这个指标包括贫困人口脱贫率、贫困人口人均可支配收入与本地区当年农牧民人均可支配收入增幅差，按两项指标排名加权，贫困人口人均可支配收入增幅低于内蒙古自治区当年农牧民人均可支配收入增幅的不得分。

指导性保障措施：第一，教育经费投入是教育事业发展的重要保障。要加大《教育法》关于“三个增长”法定要求的落实力度，不断优化投入结构，努力促进教育公平。教育不公平主要表现在城乡、区域、校际、群体四大教育差距上。要从旗县域教育均衡发展起步，制定和实行旗县域义务教育学校标准化建设、校长和教师校际交流的制度，合理配置教育资源，提高教育质量，促进旗县域教育公平。第二，城镇登记失业率是指在报告期末城镇登记失业人数占期末城镇从业人员总数与期末实有城镇登记失业人数之和的比重。要按照人社部等三部委《关于加快发展人力资源服务业的意见》，加快发展本地区人力资源服务业，为劳动者就业和职业发展、为用人单位管理和开发人力资源提供相关服务，促进充分就业，实现大众创业、万众创新。认真落实国务院《关于建立统一的城乡居民基本养老保险制度的意见》等相关文件精神，不断完善城乡居民养老保险制度和城乡养老保险制度衔接办法，逐步实现新农合与城居医保、农牧区与城镇低保并轨。认真落实《社会救助暂行办法》、国务院 45 号文件和《关于全面建立临时救助制度的通知》精神，编密织牢基本民生安全网，确保有困难的群众求助有门、受助及时，让人民群众心中有底、敢于创业，缓解后顾之忧。第三，满足城乡居民医疗卫生服务需求，保障城乡居民健康，全面提高重点公共卫生服务水平和保障能力。按照医改目标，全面深化旗县公立医院综合改革，要将管理体制、运行机制、补偿机制、医保支付、人事管理、收入分配等改革作为重点任务。进一步强化政府在基本医疗卫生制度中的责任，以破除以药补医机制为切入点，取消药品加成政策、规范药品合理使用，统筹推进城市公立医院价格机制、补偿机制、药品供应、医保支付等体制机制改革，在试点城市建立起维护公益性、调动积极性、保障可持续性的公立医院运行新机制，形成可复制、可推广的试点经验，发挥示范作用。落实国家和内蒙古自治区扶持促进蒙中医药事业发展的政策法律，完成各级政府签订的基层蒙中医药服务能力提升工程目标责任状，充分发挥蒙中医药在医改中的作用、扩大蒙中医药应用覆盖率、提高服务能力和服务水平。建立起维护公益性、调动积极性、保障可持续的运行新机制。重点是提高县域内医疗服务能力，实现分级诊疗。加快卫生资源优化配置，引导医疗卫生资源下沉，推动医疗卫生工作重心下移。通过政策引导和加大培训力度，努力提高公共卫生人员比重，深入推动城乡基本公共卫生服务均等化，为群众提供安全有效、方便价廉的公共卫生和基本医疗服务，切实解决好群众看病难、看病贵问题。第四，坚持党政“一把手”亲自抓、负总责。层层落实计划生育工作目标管理责任制，实行“一票否决”制。加大财政投入，稳妥扎实推进“单独两孩”政策，构建按政策生育的制度。加强基层基础工作，落实免费孕前优生健康检查项目，综合治理出生人口性别比，强化卫生和计划生育优质服务，促进内蒙古自治区人口长期均衡可持续发展。第五，全面贯彻落实《关于创新机制扎实推进农村扶贫开发工作的意见》，切实加大扶贫投入，对贫困人口实施精准扶贫，做到生产扶助、就业辅助、生存救助、住房援助、医疗协助、就学资助、科技帮助、社会捐助、结对互助“九到户”，实现精准脱贫。

5. 生态环境

生态环境建设中的问题。习近平总书记考察内蒙古重要讲话指出，内蒙古的生态状况如何，不仅关系内蒙古各族群众生存和发展，也关系华北、东北、西北乃至全国生态安全，要努力把内蒙古建成我国北方重要的生态安全屏障。一段时间以来，内蒙古自治区 GDP 跨越式增长，但也为此付出了很大的资源和生态环境代价，对人民群众的生产生活带来很多影响，其教训需要永远吸取。设置生态环境考核指标，就是要保证习近平总书记要求内蒙古自治区探索编制自然资源资产负债表、对领导干部实行自然资源资产离任审计、建立生态环境损害责任终身追究制等重要指示落到实处。

引领性考核指标：①草原建设总规模增长率。②林业发展指数。③水资源管理与保护指数。④主要污染物总量减排。⑤单位 GDP 能耗下降率。⑥耕地及基本农田保护指数和矿山地质环境治理恢复率。

指标①是衡量草原生态保护建设成果的质量性指标，包括当年新建围栏、当年草地改良面积、新建多年生人工种草面积、新建饲用灌木面积、当年改良种草面积、当年飞播种草面积、一年生牧草面积，对转变草原畜牧业发展方式具有引领、导向作用。指标②包括年度造林绿化完成率及林业有害生物成灾率、森林草原火灾受害率、林地受损率等内容，是衡量林业生态保护程度的质量性指标，对林业生态建设和保护工作具有引领、带动作用。指标③是衡量水资源节约、保护和管理的质量性指标，计算方法是：水资源管理与保护指数 = 水资源利用总量（用水总量控制指标）×30% + 水资源利用效率（万元工业增加值用水量下降率、农田灌溉水有效利用系数）×40% + 水污染治理成效（重要江河湖泊水功能区水质达标率）×30%，对水资源节约和保护具有引领、带动作用。指标④包括化学需氧量排放量、氨氮排放量、二氧化硫排放量、氮氧化物排放量，是考核水污染和空气污染的质量性指标，对保障人民健康具有引领、带动作用。指标⑤是衡量能源节约程度的质量性指标，对节约能源资源、减少大气污染具有引领、促进作用。指标⑥是衡量耕地、基本农田保护发展的数量和质量，衡量矿山环境地质保护与治理恢复程度的质量性指标。耕地及基本农田保护指数，包括守住耕地红线，保护基本农田和提高基本农田质量。矿山地质环境治理恢复率的计算方法为：矿山地质环境治理恢复率 = 本年度矿山治理恢复面积 ÷ 矿山破坏总面积 ×50% + 本年度政府出资治理面积 ÷ 历史遗留矿山地质环境破坏总面积 ×50%。

指导性保障措施：第一，严格禁止超载过牧，严格实行草畜平衡制度和禁牧休牧轮牧制度，加大实施退牧还草等草原生态保护建设力度，促进草原畜牧业由放养向舍饲圈养转变，实现禁牧不禁养。第二，严格禁止乱砍滥伐，严格制止牲畜毁林，严格保护林地，加强野生动植物保护、湿地保护与恢复及自然保护区建设管理，维护生物多样性；因地制宜、适地适树推进植树造林，加强沙化土地综合治理，加大科技的应用力度，提高建设质量和效益；深化集体林权制度改革，巩固和扩大改革成果，积极发展林业产业，提高林业经济效益。第三，落实习近平总书记“任何地方的发展，都要综合考虑资源环境承载能力，决不能以牺牲环境为代价去换取一时的经济增长”的重要指示，加快淘汰落后产能，防治低水平重复建设，推行清洁生产，严格控制污染物排放总量，强化污染物减排。严格环境监管，强化环境风险排查，加强环境风险预警预测工作，坚决打击环境违法行为，确保环境安全。第四，认真落实国务院《关于实行最严格水资源管理制度的意见》和内蒙古自治区人民政府批转的《自治区水利厅关于实行最严格水资源管理制度实施意见的通知》，加强水资源的节约、保护和管理，落实最严格的水资源管理制度。第五，耕地保护是国家的基本国策，也是各级政府的重要职责。耕地是粮食安全的命根子。耕地红线和基本农田、基本草原红线一定要守住，千万不能突破，也不能变相突破。耕地红线和基本农田、基本草原红线既包括数量，也包括质量。要严格执行生产矿山地质环境治理保证金制度，落实谁破坏谁治理和边开采边治理责任，制定内蒙古自治区矿山地质环境治理“十三五”规划，加大政府对历史遗留和政策性关闭矿山的治理恢复力度。

（二）全面深化改革

党的十八届三中全会《关于全面深化改革若干重大问题的决定》强调，各级党委要切实履行对改革的领导责任，完善科学民主决策机制，以重大问题为导向，把各项改革举措落到实处。设置全面深化改革考核指标，是深入贯彻落实党的十八届三中全会精神的需要，是全面落实《内蒙古自治区党委贯彻落实〈中共中央关于全面深化改革若干重大问题的决定〉的意见》和《内蒙古自治区重要改革举措实施规划（2014—2020年）》的需要，是为实现经济社会发展目标和全面从严治党、加强党风廉政建设提供体制机制保障和强大动力的需要。

引领性考核指标：全面深化改革成效。这个指标是衡量年度深化改革目标任务的完成情况。

考核全面深化改革的引领性指标，主要是全面查看落实下面四项指导性保障措施及其各项要求的成效。

指导性保障措施：第一，加强对全面深化改革工作的组织领导，大力推进全面深化改革工作，确保完成本盟市各项改革任务，推动重要领域和关键环节改革取得突破。第二，按照《内蒙古自治区党委贯彻落实〈中共中央关于全面深化改革若干重大问题的决定〉的意见》《内蒙古自治区重要改革举措实施规划（2014—2020年）》和《自治区党委全面深化改革领导小组2015年工作要点》要求，研究制定年度改革举措方案，切实加以落实。第三，结合本盟市实际，认真贯彻落实内蒙古自治区已经出台的改革举措方案，确保取得实效。第四，按照国家和内蒙古自治区的要求，突出问题导向，大胆先行先试，扎实推动改革试点工作，努力取得可复制、可推广的改革成果。

（三）全面依法治区

党的十八届四中全会《关于全面推进依法治国若干重大问题的决定》明确要求，把法治建设成效作为衡量各级领导班子和领导干部工作实绩重要内容，纳入政绩考核指标体系，把能不能遵守法律、依法办事作为考察干部重要内容。对党政一把手，还要考核其履行推进法治建设第一责任人职责、及时解决本盟市法治建设重大问题等情况。设置依法治区考核指标，是深入贯彻落实党的十八届四中全会精神的需要，是建设安全稳定屏障的需要，是深入推进依法行政、加快建设法治政府，提高党员干部法治思维和依法办事能力的需要。

引领性考核指标：①建设法治政府成效。②社会治理法治化。③依法管理民族宗教事务成效。④因未依法行政造成的群体性事件和极端事件数量。⑤安全生产控制指标完成情况。⑥产品质量安全和食品药品安全。⑦构建和谐劳动关系。

指标①是衡量法治政府建设成效的重要指标，对盟市法治建设具有引领、促进作用。指标②是衡量法治社会建设成效的重要指标，对推动全社会树立法治意识、推进多层次多领域依法治理具有引领、带动作用。指标③是衡量民族宗教工作成效的重要指标，对加强和改进新形势下民族宗教工作具有引领、推动作用。指标④是衡量社会治安综合治理成效的约束性指标，对有效防范化解管控影响社会安定的问题具有引领、促进作用。指标⑤是衡量安全生产工作质量的约束性指标，对保护人民生命财产安全具有引领、保障作用。该指标包括两项内容：一是国务院安委会下达给内蒙古自治区的年度安全生产控制指标，包括总量指标和行业指标，二是内蒙古自治区安委会确定的年度安全生产重点工作目标。指标⑥是衡量一个地区产品质量安全状况的综合性指标，对提升生产企业发展水平和竞争力具有引领、带动作用；是衡量食品药品安全工作质量的约束性指标，对保护人民生命财产安全具有引领、保障作用。指标⑦的和谐劳动关系是指劳动者与劳动的使用者之间建立相互沟通、全面协调、依法治理、公平正义、和睦相处的劳动关系。考核这项指标对构建和谐劳动关系具有引领、促进作用。

考核上述七项定性指标，主要是全面查看落实下面九项指导性保障措施及其各项要求的成效。

指导性保障措施：第一，依法履行政府职能，推进机构、职能、权限、程序、责任法定化，行政机关坚持法定职责必须为、法无授权不可为，市场主体坚持法无禁止皆可为，实行责任清单、权力清单和负面清单，坚决纠正不作为、乱作为。第二，健全依法决策机制，把公众参与、专家论证、风险评估、合法性审查、集体讨论决定确定为重大行政决策法定程序，确保决策制度科学、程序正当、过程公开、责任明确；推行政府法律顾问制度。第三，深化行政执法体制改革，重点在食品药品安全、工商质检、公共卫生、劳动保障、安全生产、文化旅游、资源环境、农牧林水利、交通运输、城乡建设等领域内推行综合执法，完善盟市旗县两级政府行政执法管理，提高执法和服务水平。第四，坚持严格规范公正文明执法，依法惩处各类违法行为，加大关系群众切身利益的重点领域执法力度，重点规范行政许可、行政处罚、行政强制、行政征收、行政收费、行政检查等执法行为，提高执法效率和规范化水平。全面落实行政执法责任制，严格确定不同部门及机构、岗位执法人员执法责任和责任追究机制，加强执法监督，坚决排除对执法活动的干预，防止和克服地方和部门保护主义，惩治执法腐败现象。第五，强化对行政权力的制约和监督，重点对财政资金分配使用、国有资产监管、政府投资、政府采购、公共资源转让、公共工程建设等权力集中的部门和岗位实行分事行权、分岗设权、分级授权，定期轮岗，强化内部流程控制，防止权力滥用，建立常态化监督制度。第六，全面推进政务公开，坚持以公开为常态、不公开为例外原则，推进决策公开、执行公开、管理公开、服务公开、结果公开。各级政府及其工作部门依据权力清单，向社会全面公开政府职能、法律依据、实施主体、职责权限、管理流程、监督方式等事项，重点推进财政预算、公共资源配置、重大建设项目批准和实施、社会公益事业建设等领域的政府信息公开。第七，建设覆盖城乡居民的公共法律服务体系，健全依法维权和化解纠纷机制，构建对维护群众利益具有重大作用的制度体系，把信访纳入法治化轨道，建立社会矛盾纠纷预防化解机制，深入推进社会治安综合治理，落实领导责任制。第八，认真贯彻落实中共中央、国务院《关于加强和改进新形势下民族工作的意见》，国务院《宗教事务条例》和内蒙古自治区党委、政府《关于加强和改进新形势下民族工作的实施意见》，坚持各民族共同团结奋斗、共同繁荣发展，用法治思维和法治方式搞好民族宗教工作，开创内蒙古自治区民族宗教工作新局面。第九，加强劳动关系工作体系建设，健全劳动关系协调机制、劳动保障监察和劳动争议调处机制，依法推行用人单位和劳动者签订劳动合同，参加社会保险，全面建立劳动用工备案制度，切实维护劳动者和用人单位双方的合法权益；推行工资集体协商和集体合同制度，完善工资收入分配宏观调控和指导，依据《和谐劳动关系单位评价规范》开展和谐劳动关系单位创建活动，将和谐劳动关系单位认定结果与社会信用体系形成联动机制，维护劳动者合法权益。

（四）全面从严治党

1. 思想组织作风建设

加强党的建设中的问题。习近平总书记要求把抓好党建作为最大的政绩，并强调对各级各部门党组织负责人特别是党委（党组）书记的考核，首先要看抓党建的实效。落实习近平总书记的重要指示，我们要深入思考抓好党建的最大政绩和抓党建的实效主要体现在哪些方面。从本质关系上讲，党的建设引领经济社会发展方向，又为经济社会健康发展提供保障；党领导人民推动经济社会发展，党的领导坚强有力主要体现在各级领导班子坚强有力。从一定意义上讲，抓党建的最大政绩和抓党建的实效，主要体现在领导班子的领导能力和领导实效上。盟市在加强党的建设中的突出问题是，有些领导班子和领导干部的政绩观存在偏向，发展思路欠科学、决策程序不规范、选人用人标准不严、领导作风不务实、党内生活不严格、不能严守党的纪律、不重视基层组织建设等问题，具有一定的普遍性。设置从严治党考核指标，要着眼提高领导班子推动改革发展稳定的能力，体现全面加强党的思想建设、组织建设、作风建设、反腐倡廉建设和制度建设，特别是要体现习近平总书记关于从严治党的八项要求，坚持从严治党、思想建党、制度治党，推动解决盟市党的建设中存在的突出问题。

引领性考核指标：①发展思路正确。②班子决策科学。③选用干部公正。④领导作风正派。⑤转化后进有效。⑥党内生活严肃。⑦党的纪律严明。

指标①是衡量盟市委的政绩观。习近平总书记曾要求“把发展思路是否对头，发展战略是否正确，能否处理好数量与质量、速度与效益的关系，作为考察领导干部是否树立了正确的政绩观的重要内容”。当前和今后一个时期，盟市发展思路必须体现党的十八大、十八届三中、四中全会精神和经济发展新常态，体现习近平总书记考察内蒙古重要讲话的战略思想和实践要求，体现内蒙古自治区党委发展思路和党的九届十一次、十二次、十三次全委会精神；反映本盟市的特色优势和发展实际，反映人民群众从物质上到精神上都把日子过得更加红火起来的新期待。发展思路正确，取决于领导班子和班子成员的理想信念、宗旨意识、理论素养、实践经验、思想认识水平和分析概括能力等思想政治素质；取决于全面准确把握全局和分管领域情况、发现和解决主要矛盾、用科学理论指导工作的实践能力；取决于坚持党的宗旨、贯彻群众路线、以增进人民福祉为改革发展根本目的的为民情怀；取决于把抓好党建作为最大的政绩、坚持从严管党治党的责任意识。考核发展思路正确，具有促进理论学习、调查研究、联系群众和增强责任意识，带动党的思想建设和作风建设的作用。

指标②是衡量盟市委的决策能力。决策科学，就是对关系本盟市经济社会发展全局、与群众利益密切相关的重大战略、重大规划、重大政策、重大改革、重大制度、重要规范性文件和重大工程做出决策，按照党的十八届四中全会关于依法决策的要求，把公众参与、专家论证、风险评估、合法性审查、集体讨论决定作为重大决策的法定程序。要做到决策科学，必须依法决策，按程序决策，建立重大决策终身责任追究制度及责任倒查机制。考核班子决策科学，具有引领领导干部学会法治思维、增强法治意识、运用法治方式，带动党的思想建设和制度建设的作用。

指标③是衡量盟市委的选人用人能力。选用干部公正，就要按信念坚定、为民服务、勤政务实、敢于担当、清正廉洁的好干部标准选用干部，坚持德才兼备、以德为先，注重实绩、群众公认选用干部，选用同党中央保持高度一致、和人民群众打成一片的干部，选用热爱人民、公私分明、作风正派、增进人民福祉的干部。考核选用干部公正，具有引领按标准、按制度选人用人，树立正确导向，带动党的组织建设和党风廉政建设的作用。

指标④是衡量盟市委的领导作风。领导作风正派，就是继续保持和发扬我们党在长期革命和建设实践中形成的理论联系实际、密切联系群众、批评与自我批评的三大作风以及谦虚谨慎、艰苦奋斗、廉洁奉公等优良作风，坚决反对“四风”。考核领导作风正派，具有引领群众路线教育实践活动成果的巩固和拓展，从解决“四风”问题延伸开去，努力改进思想作风、工作作风、生活作风，努力改进学风、文风、会风，带动党的作风建设和反腐倡廉建设的作用。

指标⑤是衡量盟市委加强基层党组织建设的能力。转化后进有效，就要通过配强党组织书记、配齐党组织班子等有效措施，切实转化领导班子软弱涣散、问题突出的农村牧区后进基层党组织。转化后进是加强农村牧区基层党组织建设的重点。考核转化后进有效，具有促进后进转先进、中间变先进、先进更先进，带动党的组织建设水平整体提升的作用。

指标⑥是衡量盟市委严肃党内政治生活的能力。党内生活严肃，就是要坚持和发扬实事求是、理论联系实际、密切联系群众、开展批评和自我批评、坚持民主集中制等优良传统，下大气力解决好影响严肃认真开展党内政治生活的各种问题。考核党内生活严肃，具有引领提高党内政治生活的政治性、原则性、战斗性，使党内政治生活真正起到教育改造提高党员、干部，带动党的组织建设和作风建设的作用。

指标⑦是衡量盟市委严明党的纪律的能力。党的纪律严明，就是要求党组织严格执行和维护党的纪律，党员自觉接受党的政治纪律、组织纪律、宣传纪律、群众纪律、保密纪律、人事纪律、财经纪律和外事纪律的约束，使党的纪律成为党的各级组织和全体党员必须遵守的行为准则，加大对违纪行为的查处力度。考核党的纪律严明，具有引领促进有纪必执，有违必查，带动党的作风建设和制度建设的作用。

指导性保障措施：第一，实行党建工作责任制，落实管党治党责任，党委（党组）书记带头从严治党，班子成员都要履行分管领域从严治党责任，坚持党建工作和中心工作一起谋划、一起部署、一起考核，每条战线、每个领域、每个环节的党建工作都要抓具体、抓深入；考核一把手首先要看抓党建、抓领导班子和干部队伍建设的实效，考核班子成员也要加大抓党建的权重；要认真落实中共中央《关于加强和改进党的群团工作的意见》和内蒙古自治区党委《关于加强和改进党的群团工作的实施方案》，切实加强对群团工作的领导，全面落实党建带群建有关工作制度，充分发挥群团的职能作用。第二，建立务实管用的学习制度、调研制度和直接联系群众制度，坚持思想建党、制度治学，用中国特色社会主义理论体系武装头脑，切实提高思想政治素质；坚持问题导向，深入调查研究，什么问题突出就解决什么问题，切实提高实践能力；把老百姓放在心中最高位置，微服私访看真情、住在百姓家里听实话，确立人民对美好生活的向往就是我们的奋斗目标的为民情怀。第三，坚持依法决策，决策主体、决策程序、决策内容、决策责任都要始终贯穿和体现法治思维，每做出一项决策，都要搞清楚法律上谁有权决策、有多大权限决策、决策的法律依据，应当遵循的法定程序、应当承担的法律责任等；设立公职律师参与决策论证，建立重大决策终身责任追究制度及责任倒查机制，提高决策科学化、民主化水平。第四，选拔干部严格遵循《党政领导干部选拔任用工作条例》确定的原则、条件和各项程序要求，不能有任何随意性；使用干部注重培养锻炼，把干部特别是后备干部安排到偏远落后地区、转化后进面貌、直接和群众打交道的岗位上，在实践中了解群众疾苦、增进群众感情，掌握群众工作方法，提高解决问题的能力，创造百姓认可的业绩；培养锻炼干部注重改造世界观，形成干部主动到基层干事业的导向，克服浮躁心态。第五，作风问题，核心是党和人民群众的关系问题，要靠制度打通联系服务群众的“最后一公里”，改作风改到群众心坎上；思想作风上做到一切从实际出发，实事求是，求真务实；工作作风上做到多谋善断、雷厉风行、严肃认真、开拓创新，对待群众密切联系、关心疾苦、真心服务、公正无私；生活作风上做到厉行节约、简单朴素、助人为乐、平易近人；健全监督机制，规范领导行为，坚持廉洁自律，不利用职权为个人或少数人谋取私利。第六，转化后进，对党组织班子配备不齐、党组织书记空缺或不胜任、工作处于停滞状态的农村牧区基层党组织，要限期配备到位，暂时没有合适人选的，首先从苏木乡镇、旗县区和盟市直属部门后备干部中选派“第一书记”，把转化后进作为培养锻炼干部的熔炉，通过转化后进实践筛选后备干部；加强农村牧区和社区等基层组织后备人才队伍建设，建立后备人才库；各级机关和企事业单位党组织至少结对帮扶一个嘎查村，选派善于同群众打交道的党员干部负责驻嘎查村工作，每个贫困嘎查村都要有结对帮扶单位。第七，严肃党内政治生活贵在经常、重在认真、要在细节讲政治、讲原则、讲规矩，上下关系、人际关系、工作氛围都要突出团结和谐、纯洁健康、弘扬正气，不允许搞团团伙伙、帮帮派派，不允许搞利益集团、进行利益交换；批评和自我批评是解决党内矛盾的有力武器，要大胆使用、经常使用、用够用好，使之成为一种习惯、一种自觉、一种责任；召开专题民主生活会，领导干部的对照检查必须见人见物见思想，敢于揭短亮丑、见筋见骨，点准穴位、开出辣味，起到脸红心跳、出汗排毒、治病救人、加油鼓劲的作用。第八，遵守党的政治纪律，自觉维护党中央权威，保证中央政令畅通，并具体体现到自己的全部工作中去，决不能表面上喊着同党中央保持一致、实际上没当回事，更不能违背中央大政方针各自为政、自行其是；遵守党的组织纪律，核心是自觉坚持民主集中制，包括“四个服从”、请示报告、集体领导和个人分工相结合等基本制度和要求；遵守党的财经纪律，遵守财务制度，严禁利用公款宴请、旅游，坚决反对铺张浪费，勤俭办一切事业；加大对违纪行为的查处力度，使党的纪律真正成为犯者必究、违者必查的硬约束，成为有强大威慑力的高压线。

2. 党风廉政建设

党风廉政建设中的问题。习近平总书记强调：“要落实党委主体责任和纪委监督责任，强化责任追究，不能让制度成为纸老虎、稻草人。党委、纪委或相关职能部门都要对承担的党风廉政建设责任制做到守土有责。”当前，党风廉政建设中存在的问题，主要是工作分工不清晰，职责划分不明确，任务分解比较笼统，各层级、各方面看似有任务，实际没责任，工作落实不到位，难以追究相关部门和人员责任；党风廉政建设考核指标难量化，衡量标准难确定，考准考实难度大；党风廉政建设工作任务和工作方式跟不上信息化时代发展要求，难以达到全程监督、过程掌控、信息准确、结果运用合理的目标要求。实践证明，不明确责任，不落实责任，不追究责任，党风廉政建设难以抓出成效，依法依规从严治党就是一句空话。党风廉政建设和反腐败工作的重点是加强对权力的监督、抓党纪政纪的执行、抓党风政风建设、抓严惩腐败、抓维护群众利益。反腐败高压态势必须继续保持，坚持以零容忍态度惩治腐败。纪检监察机关转职能、转方式、转作风要聚焦党风廉政建设中心任务，强化监督执纪问责。

引领性考核指标：①党风廉政建设的党委主体责任和纪委监督责任得到全面履行。②对权力的制约监督得到健全完善和强化。③党风政风各项建设得到巩固和深化。④违反党纪政纪案件得到严肃查处。

指标①突出了盟市党委在党风廉政建设中担负的主体责任和纪委担负的监督责任，对党委书记管自己、管班子、带队伍和党委重视和支持执纪执法机关依纪依法履行职责，对纪委履行协助党委加强党风廉政建设和组织协调反腐败工作，督促检查相关部门落实惩治和预防腐败工作，监督执纪问责和查办腐败案件等首要职责、重要职责和专门职责，具有引领、保障作用。指标②突出了把权力“关进制度的笼子”里，对健全和完善制约监督权力的制度，强化权力的规范运行，具有保障、促进作用。指标③是推动盟市持之以恒开展“四风”整治和纠正部门、行业不正之风等工作的指标，对防治和纠正选用干部上的不正之风和损害群众利益的腐败问题，具有引领、促进作用。指标④是推动盟市深入贯彻习近平总书记关于严明政治纪律、组织纪律的要求，强化组织意识和纪律观念的指标，对检查纪律执行情况，克服组织涣散、纪律松弛现象，具有引领、推动作用；也是推动盟市严肃查办案件，对保持惩治腐败高压态势，树立“惩处也是教育”“以零容忍态度惩治腐败”的意识和理念，具有引领、促进作用。

指导性保障措施：第一，盟市党委（党组）要切实把党风廉政建设当作分内之事、应尽之责，进一步健全制度、细化责任、以上率下。党委（党组）书记要承担推进党风廉政建设的第一责任，把党风廉政建设与经济、政治、文化、社会建设和生态文明建设以及业务工作紧密结合，一起部署、一起落实、一起检查、一起考核；做到重要工作亲自部署、重大问题亲自过问、重要案件亲自督办。第二，班子成员要按照党风廉政建设责任制“一岗双责”要求，既管事又管人，做到工作职责到哪里，党风廉政建设的职责就到哪里。第三，每年召开专题研究党风廉政建设的党委常委会议（党组会议）和政府廉政建设工作会议，贯彻落实上级党委、政府和纪检监察机关关于党风廉政建设的部署和要求，分解任务责任，明确职责分工，推动计划落实。第四，开展党性党风党纪和廉洁从政教育，组织党员、干部学习党风廉政建设理论和法规制度，加强廉政文化建设。第五，纪委要协助党委建立健全落实党风廉政建设责任制的领导体制和工作机制，把党风廉政建设与经济社会发展和业务工作同步部署、同步推进。第六，纪委要协助党委健全责任分解、检查监督、倒查追责机制，开展党风廉政建设责任制检查考核，强化责任追究，确保党委关于党风廉政建设和反腐败工作的各项部署落实到位；加强督促指导，推动相关部门制定贯彻落实中央关于《建立健全惩治和预防腐败体系 2013 ~ 2017 年工作规划》的具体办法，把惩治和预防腐败各项任务落到实处。第七，要巩固深化落实中央八项规定成果，加大明察暗访、问责处理、通报曝光、整改落实力度，持之以恒纠正“四风”，坚决纠正损害群众利益的行为；严明政治纪律、组织纪律、财经纪律、工作纪律和生活纪律，认真开展对纪律执行情况的监督检查，对违反党风廉政建设责任制的领导班子和班子成员实施责任追究，保持惩治腐败的高压态势，坚持以零容忍态度惩治腐败。

五、政绩考核方法及结果运用

1. 考核主体多元

考核盟市党政领导班子政绩，考核主体是内蒙古自治区党委政府的相关职能部门。考核主体多元，就是把组织部、考核办的统筹协调优势与其他相关职能部门的专业和主管优势紧密结合起来，各负其责、相互配合，形成衔接有效、运行有序的政绩考核体系。

年初，由考核办提出考核评价指标体系的基础指标；由相关职能部门提出对应的、差异化的目标任务，分类设置考核权重，报送考核办；也可以由盟市根据考核办确定的指标体系基础指标，提出本盟市年度目标任务，经上级主管领导和相关职能部门审核，报送考核办；由考核办汇总审核把关，报经考核工作领导小组同意后下达各盟市。考核办要制定政绩考核评价办法，使组织考察有充分依据，干部努力有正确方向，群众监督有明确标准，形成政绩考核的制度保障。

平时，对各盟市完成考核指标目标任务的进度，由提出目标任务的相关职能部门实施监控，每个季度进行考核评价，并将考核评价情况报送考核办。考核办汇总审核，报考核工作领导小组。

年终，由提出目标任务的相关职能部门进行年度考核评价，并将考核结果报送考核办。考核办汇总审核把关，报考核工作领导小组。

要根据上述工作程序，建立盟市年度政绩考核指标体系目标任务确定机制，制定考核主体多元化办法。

2. 考核方法多样

考核方法多样，就是内蒙古自治区党委政府的相关职能部门根据考核指标目标任务和本部门业务特点，坚持传统方法和信息化方法相结合、本部门监控和引入第三方评估相结合等方法，尽可能简化考核程序和方法，保证高质量完成考核任务。

建议借鉴陕西省的做法，建立内蒙古自治区考核工作网，开发考核信息管理系统，内蒙古自治区考核办通过系统下达和管理考核目标任务，盟市通过系统上报季度、半年和年度目标任务完成情况。相关职能部门也可以通过系统专业网络监控本部门负责监控的目标任务完成情况，运用信息化手段整合考核资源，把信息化监控与实地考核结合起来，尽可能减少实地考核，保证考核质量，提高考核效率。

坚持群众民主参与，引入社会第三方进行考核评价，扩大社会公众或社会组织等非官方力量的参与范围，提高考核工作的民主化程度。采取走访、入户调查、座谈等方式进行核查，防止多头考核、重复考核，未经内蒙古自治区党委政府核准，内蒙古自治区各部门一律不得对盟市、旗县领导班子进行工作考核。

内蒙古自治区统计局和相关职能部门要加强对考核数据的审核把关和质量控制，确保统计口径明确、数据来源可靠、考核结果真实，做到政绩考核公开、公平、公正，接受社会和群众的监督。对弄虚作假、虚报瞒报的，一经发现，要进行一票否决，并对责任领导和责任人作出严肃处理。

要制定政绩考核信息化管理和方法多样化的具体办法。

3. 注重过程管控

过程扎实，结果才能圆满，过程决定结果。过程能够更生动地反映领导班子和领导干部的思路、决策和作风。政绩考核要纠正重结果、轻过程的倾向，既要注重结果，更要管控过程。管控过程可以用多种形式，比如，上级领导下基层调查研究、职能部门指导工作、组织专项检查、媒体专题报道等。无论采取哪种形式，都应坚持问题导向、坚持随机抽样，坚持进度排序、促进激励鞭策。

坚持问题导向、随机抽样，才能避免被“调研”、被“检查”，才能及时发现过程中存在的问题，引起对问题的重视，分析研究问题，促进问题的解决，从而使过程扎实、实现结果圆满。如果只看亮点、不见问题，会把亮“点”当成亮“面”，盲目满足，无助于结果圆满。

坚持进度排序、促进激励鞭策，就是对各盟市完成考核指标目标任务的进展程度进行排名，通过现场会等形式加以综合点评，使进度快的受到激励、干劲更足，让进度慢的感到压力、急起直追。能够以月为单位统计的指标进行月排名，能够以季为单位统计的指标进行季排名，实行月单项通报、季综合点评。在季综合点评中，让季度单项指标排前三名的介绍经验、进行表扬，让排名末位的分析原因、鞭策后进。通过月排名、季排序，介绍经验、分析原因，相互学习借鉴，增强实现目标任务的紧迫感。

排序排名要适度，不能过多过滥，可以实行过程排序、结果不排序，月季排序、年度不排序。领导班子政绩考核指标体系向社会公开，考核分值计算过程向被考核单位公开，考核结果向社会公开，严格防止弄虚作假，把政绩考核置于社会和群众监督之下，自觉接受群众评判，提高考核工作的公开透明度、公正性和社会认可度。

要制定实现目标任务过程管控和排名排序办法。

4. 重视群众评价

领导班子和领导干部的政绩，是对党负责和对群众负责相统一、完成上级下达的任务和增进人民福祉相一致的政绩。考核政绩，既要搞好内蒙古自治区党委、政府相关职能部门的考核监控，也要重视人民群众的评价反映。要多形式、多渠道听取人民群众对领导班子和领导干部政绩的评价。对民生改善、选人用人、领导作风、转化后进、党风廉政、就业创业服务、企业发展环境、生态环境保护等方面，要进行群众满意度调查评价；内蒙古自治区统计局社情民意调查中心要建立以普通群众、服务对象为主体的民意调查代表库，定期收集意见，反馈给考核办和相关职能部门；委托国家统计局内蒙古调查总队随机向“两代表一委员”发放调查问卷或在各地抽选住户开展电话访问、入户调查。要加大社会评价和群众满意度调查结果在考核总分值中所占权重。

要制定听取群众评价和开展民意调查的办法。

5. 用好考核结果

年度考核结果是盟市党政领导班子和领导干部政绩的体现，反映了领导班子和领导干部的素质能力。从考核领导班子成员德、能、勤、绩、廉五个方面的素质能力讲，其中能、勤、绩三个方面直接体现在其完成分管工作目标任务上，德和廉也与其完成分管工作目标任务有很大关系。用信念坚定、为民服务、勤政务实、敢于担当、清正廉洁的好干部五条标准考核领导班子成员的政绩，其中为民服务、勤政务实、敢于担当三条直接反映在其完成分管工作目标任务上，信念坚定、清正廉洁两条也与其完成分管工作目标任务有很大关系。可以这么讲，完成了自己分管工作目标任务的干部，不一定都具备了德、能、勤、绩、廉的素质能力和符合好干部五条标准；但具备了德、能、勤、绩、廉素质能力和符合好干部五条标准的干部，肯定都能完成自己分管工作的目标任务。

这就说明，考核评价干部，不能离开他所从事的工作；领导班子的政绩与班子成员的实绩是紧密相连的，对领导班子政绩的考核与对班子成员实绩的考核应结合起来。考核评价干部目的是为了更好地使用干部。如何正确运用考核结果，是一个需要深入探讨的问题。运用正确，必然进一步推动经济社会持续健康发展，进一步推动党的建设特别是干部队伍建设的加强，形成有效的激励机制；运用不当，可能导致“干与不干一个样、干多干少一个样、干好干坏一个样”，政绩考核制度难以持续发挥应有的作用。

用好考核结果，就要把考核结果作为评价领导班子的重要依据，作为干部晋升、奖惩的重要依据。运用考核结果的前提是对各盟市的考核结果分出等次，依据等次运用考核结果。第一，要把考核结果作为分析研判一个班子和一个干部的重要依据，并将考核结果向考核对象反馈，使其看到成绩，寻找差距，切实改进。第二，要把干部的素质能力等次作为干部选拔任用、培养教育、管理监督、激励约束的重要依据。第三，要把班子的等次与班子成员的等次相联系，正确处理班子成员个人与班子集体的关系。第四，要把班子和班子成员的等次与精神鼓

励和物质奖励相挂钩，用适当方式通报考核结果，起到激励先进、鞭策后进的作用。考核结果的运用，不能看一年，更不能看一时一事，要一年接一年连续地看。

附件

盟市党政领导班子政绩考核制度研究情况汇报[①]

内蒙古自治区是较早建立领导班子和领导干部政绩考核制度的省区之一。近20年来，政绩考核在不同时期对促进发展、评价领导班子和领导干部政绩等方面发挥了重要作用。根据形势任务的发展变化，与时俱进地修订完善制度是内蒙古自治区政绩考核工作的重要特点。2014年10月15日，党委政府考核办成立了政绩考核制度研究课题组。

5个月来，课题组在考核办的直接领导下，边学习边调查边研究，内蒙古自治区内深入12个盟市征求意见、与30多个厅局对接沟通，内蒙古自治区外去陕西、浙江考察学习，课题组先后召开12次会议深入探讨，经过多次修改、六易其稿，形成了《完善盟市党政领导班子年度政绩考核制度研究报告》。最近，按照鹏新部长的指示，再次征求了12个盟市、65个厅局和机构主要领导的意见，并充分吸收了他们的意见建议。

在研究过程中课题组始终把握了以下几点：

一、努力体现“四个全面”战略布局

习近平总书记提出的“四个全面”是社会主义现代化建设的战略布局，是引领中国特色社会主义各项事业发展的重大战略思想，也是研究政绩考核制度的指导思想。我们在阐述完善政绩考核制度的目的意义、设置指标体系的总体要求和基本原则中认真贯彻“四个全面”要求，特别是按照“四个全面”战略布局设置了考核指标。

在政绩考核指标体系的60个引领性指标中，全面建成小康社会方面的指标有41个、全面深化改革方面的指标有1个、全面依法治区方面的指标有7个、全面从严治党方面的指标有11个。其中，全面深化改革方面的指标虽然只有1个，但它涵盖了内蒙古自治区深化改革的方方面面。从“四个全面”的关系讲，全面深化改革是实现全面建成小康社会目标的强大动力，完成全面建成小康社会

① 2015年3月20日，在内蒙古自治区党委、政府考核办主任会议上的汇报稿。

方面的41个指标，每一项都需要破除体制机制障碍，都需要健全法规制度保障，都需要全面从严治党来提供组织和人才保证。

二、主动适应经济发展新常态

内蒙古自治区发展要适应新常态，首先政绩考核指挥棒要指向新常态，政绩考核指标体系要适应新常态，要按照新常态大逻辑完善政绩考核制度。我们在制度研究和指标设置中着力体现经济增速换挡、发展方式转变、产业结构调整、发展动力转换、资源配置优化、发展成果共享等新常态的发展趋势与基本特征。

在政绩考核指标体系上，围绕结构调整、创新驱动、文化发展、民生改善、生态环境保护等重点，突出综合效益提升、新型工业化、农牧业现代化、现代服务业、新型城镇化、重点任务完成、创新驱动发展、人才以用为本、文化发展、居民收入水平、社会事业发展、生态环境保护等考核指标，把主动适应新常态与落实内蒙古自治区党委发展思路紧密结合起来，体现了实现中高速增长、迈向中高端水平的要求。

三、全面落实习近平重要讲话精神

从根本上讲，完善内蒙古自治区政绩考核制度的目的，就是要按照“四个全面”战略布局，全面深入贯彻落实习近平总书记考察内蒙古重要讲话精神和内蒙古自治区党委发展思路，就是要充分体现着力转变经济发展方式，把经济发展的立足点转到提高质量和效益上来，推动转方式同调整优化产业结构、延长资源型产业链、创新驱动发展、节能减排、全面深化改革开放相结合的实践要求；充分体现着力抓好农牧业和牧区工作，持之以恒抓好粮食生产、积极打造现代畜牧业、扎实抓好生态文明建设的实践要求；充分体现着力保障和改善民生，努力让农牧民过上好日子、做好民生基础工作、打好扶贫开发攻坚战的实践要求；充分体现习近平总书记关于从严治党的八项要求；就是要把内蒙古自治区党委发展思路关于建设五大基地、两个屏障、一个桥头堡的发展定位落到实处。

在全面建成小康社会方面的41个指标中，从着力转变经济发展方式角度分类，直接指向提高质量效益的指标有17个，调整优化产业结构和延长资源型产业链的指标有13个，创新驱动发展的指标有6个，节能减排的指标有3个；从发展定位角度分类，涉及建设五大基地的指标有11个，涉及生态安全屏障的指标有6个，涉及建设桥头堡的指标有1个，涉及落实七项重点工作的指标有19个，从而使习近平总书记考察内蒙古重要讲话精神和内蒙古自治区党委、政府的决策部署与盟市政绩考核指标体系紧密结合起来。

四、注重创新指标体系设置思路

政绩考核能不能体现“四个全面”、有没有适应新常态、是不是落实习近平总书记考察内蒙古重要讲话精神和内蒙古自治区党委发展思路，从一定意义上讲，取决于考核指标的科学设置。从引领发展的角度看，“四个全面”、新常态、习近平重要讲话和内蒙古自治区党委发展思路，其共同的指向是全面协调可持续、质量高、效益好的发展。所以，完全用以往的一个个单项指标进行考核，不能满足这个要求。

为此，我们着力创新思路，设置了一批“引领性考核指标”。所谓引领性指标，就是能够引领一个领域一个系统，或一个产业一个行业，或一批主体和一系列工作，全面发展、协调发展、可持续发展的指标，是能够引领有质量、有效益、促升级的指标。所以，引领性指标是综合性、关键性、针对性、带动性、涵盖性和数据可获得性较强的指标，是事物发展的结果性、成果性指标。可以说，引领性指标不仅要引领经济社会发展，而且将引领人们转变发展理念、发展方式和工作方法。因为，完成引领性指标，不仅需要关注“分子”，而且必须关心“分母”，抓工作上要求统筹兼顾、瞻前顾后。

五、关于研究成果转化的几个问题

1. 提出差异化指标体系

研究报告提出的《盟市党政领导班子政绩考核指标体系》是基础指标体系，其中，除了全面深化改革、全面依法治区、全面从严治党方面的19个指标是共性指标以外，对全面建成小康社会方面的41个指标都应进行差异化设置。所谓差异化，一是体现在考核指标的增幅上，二是体现在考核指标的取舍上。对必须考核的指标，相关部门应参照各盟市前三年平均数，提出相应的目标任务，征求盟市的意见。对有些盟市确实不宜考核的指标，应舍去该指标，相应加大相关指标的权重。

2. 印发基础指标体系指标解释

党委政府考核办会同统计局制定《盟市党政领导班子政绩考核指标体系指标解释》，对60个指标的内涵、功能、计算方法分别做出准确解释，并注明数据来源，印发各盟市、各厅局，以便各盟市和相关部门了解和把握考核指标，发挥指标的引领、导向作用。

3. 把平时监控纳入厅局政绩考核

平时监控是完成全年目标任务的基础和保障。平时监控既是相关部门履行职能、推进本职工作的重要抓手，也是对盟市工作的实际服务和有力促进。如果平时监控缺失或薄弱，到年末再着急也没用。应制定厅局对盟市政绩考核目标任务完成情况实施监控的办法，使之制度化、规范化，并纳入厅局年度政绩考核。

4. 领导盯着考核指标进行调研

科学的政绩考核指标体系是坚持正确政绩观的体现，是内蒙古自治区党委政府落实决策部署的指挥棒，是党政领导推进工作的重要抓手。所以，党委政府领导的基层调研应与盟市指标体系的完成进度、做法经验、困难问题、破解办法等紧密结合起来，并根据需要开会交流、进行点评，激励先进、督促后进。

5. 及早制定年度考核办法

及早制定下发盟市党政领导班子政绩考核办法，是为了让作为考核指标实施主体的盟市、作为考核主体的相关部门和作为监督主体的广大群众，不仅明晰考核什么，而且知道谁来考核、怎么考核、由谁监督，使各主体的行为有所遵循，做到组织考核有充分依据、干部努力有正确方向、群众监督有明确标准，形成领导班子和领导干部政绩考核的制度保障。

最后，尽管课题组做出了很大努力，但这项任务对我们来说是一个全新课题。虽然也有一些新想法，但遇到具体问题又难以完全实现。所以，研究成果与领导的要求和大家的期盼还有不少差距。对部领导和相关部门在研究过程中给予的大力支持和配合，表示衷心的感谢！

关于增加通辽市农牧民收入的研究报告①

一、增加农牧民收入面临的形势

（一）增加农牧民收入是紧迫课题

“十三五”时期是全面建成小康社会的决胜阶段。党的十八届五中全会《中共中央关于制定国民经济和社会发展第十三个五年规划的建议》对全面建成小康社会提出了新的目标要求，核心是城乡居民人均收入翻一番。五年内能不能较大幅度提高农牧民收入，直接关系到通辽市能不能与内蒙古自治区、全国同步实现全面建成小康社会的目标。

① 本文是 2015 年 3 月至 4 月，受通辽市委领导委托，深入奈曼旗、库伦旗、科左后旗和科左中旗进行调查研究而写成的。

贯彻落实新发展理念，要求我们尽快增加农牧民收入。共享是中国特色社会主义的本质要求，共享发展是新发展理念的根本性理念。坚持发展第一要务，推动经济社会全面、协调、可持续发展，根本目的是让老百姓共享发展成果，让群众有更多的获得感，重中之重是较大幅度地提高农牧民收入。

提高发展的质量效益，要求我们尽快增加农牧民收入。推动经济社会发展，必须以提高发展质量效益为中心，而经济发展的质量效益集中体现在企业利润、政府财政收入和城乡居民收入上。财政收入的支出归根到底是为了富民。增加农牧民收入是富民的坚实基础，也是衡量经济发展质量效益的主要标尺。

精准扶贫精准脱贫的攻坚任务，要求我们尽快增加农牧民收入。只有大幅度提高农牧民收入，才能实现通辽市委提出的2016年稳定脱贫四万人，到2017年基本消除绝对贫困现象、两个内蒙古自治区贫困旗县脱贫摘帽，到2020年贫困人口全部稳定脱贫、四个国家贫困旗县全部摘帽的目标。

（二）增加农牧民收入的成绩和问题

“十二五”时期，通辽市农牧民收入增长速度较快，2015年与2010年相比，农牧民人均可支配收入由5567元提高到10757元，年均增长14.2%，增速比内蒙古自治区高0.9%。收入结构不断改善，经营性收入由4101元提高到7329元，年均增长12.3%；工资性收入由751元提高到1606元，年均增长16.4%；转移性收入由434元提高到1324元，年均增长26.8%；财产性收入由289元提高到398元，年均增长6.6%。由于农牧民收入持续较快增长，农牧民生活水平得到很大改善，农村牧区面貌发生了前所未有的变化。

同时我们要看到，与全国和内蒙古自治区平均水平相比，通辽市农牧民收入水平还存在一定差距。2015年，通辽市农牧民人均可支配收入比内蒙古自治区平均水平低19元，而内蒙古自治区平均水平本身比全国平均水平低646元。南部四旗的农牧民人均可支配收入又比通辽市平均水平低很多。农牧民收入水平较低，不得不说是通辽市发展中最突出的问题。就经济总量讲，2015年通辽GDP排在呼、包、鄂之后，居内蒙古自治区第四位，而农牧民人均可支配收入却排在倒数第四位，反映出经济总量与农牧民收入水平不相称，或者说经济增速与农牧民收入增速不同步。

为什么会出现这样的现象，从不同角度分析，其原因是多方面的。如果从与收入直接相关的生产方面分析，其原因也是显而易见的。我们知道，农牧民的收入主要来自生产，生产发展不足则收入提高不快；生产是收入的基础，收入是生产的成果。生产发展需要生产资料，生产资料多则生产成果丰；生产资料是生产发展的依托，生产发展是利用生产资料的结果。现阶段，通辽市农牧民赖以发展生产的基本生产资料主要是耕地和牲畜，特别是牛。农牧民收入的绝大部分来自出售玉米及其他作物和牛羊的收入。在市场比较稳定的情况下，种地多、卖牛多的农牧民收入就高。

农牧民收入水平较低的主要症结恰恰在于农牧民人均占有的生产资料较少。2015 年，通辽市总人口 319 万人，其中农牧民 201 万人，还不包括农牧场人口，农牧民约占总人口的 2/3。说农牧民收入水平较低是通辽市发展中最突出的问题，是基于这个人口比例来讲的。农牧民的比例很高，人均占有的生产资料却较少。通辽市农牧民人均耕地 10.3 亩，农牧民人均牛 1.5 头。

今后增加农牧民收入，就大多数农牧民来讲，仍然要依托耕地和牲畜特别是牛，但必须转变生产方式，即扩大生产资料数量、提高生产资料质量、提升生产资料利用水平。就耕地来说，扩大面积没有丝毫余地，也不能扩大面积，只能提高耕地质量，推动适度规模经营，增加全过程科技含量，降低生产经营成本，提升单位面积产量。就牛来说，既要扩大数量，也要提高质量，更要提升集约化饲养水平。

综上所述，立足于增加农牧民收入，扩大生产资料数量，主要是增加牛的数量；提高生产资料质量、提升生产资料利用水平，要全面提高、全程提升，种植业、养殖业都要以提高质量和效益为中心，都要提升集约化经营水平。

二、增加农牧民收入的对策思路

根据增加农牧民收入面临的形势，着眼于解决存在的问题，通辽市增加农牧民收入的思路是：增牛为主，调整种养结构；规模经营，促进玉米转型；制度创新，干部服务到位。概括讲就是“增牛转型增收”。

增牛为主，调整种养结构。增加养牛头数，促进农牧民增收，要从当地产业基础、生产资料优势和具体条件出发，不搞一刀切。增牛要从无牛户起步、贫困户起步、人均一头基础母牛起步，有条件养牛的地区都要养牛，种养结合、为养而种，三到五年人均达到三至五头基础母牛，人均纯收入达到三万元以上。没有条件养牛的地区，要因地制宜、多种经营，发展有优势、有市场的特色产业，实现多渠道、多途径、多品种增收。

规模经营，促进玉米转型。国家推进玉米收储制度改革，不是不种玉米了，也不是市场没有玉米需求了，而是玉米的生产成本上升、收储价格过高，各方面都难以承受了。通辽市是以玉米为主的产粮大市，玉米产业是通辽市的优势产业。推动适度规模经营，促进玉米产业转型升级，就是积极推进土地流转，用国外先进农机实现生产过程机械化，从而降低玉米生产成本，提高经济效益。同时，扶持流转土地的农民种青贮养牛，实现较大幅度增收。

通辽市具有“增牛转型增收”的基础、优势和潜力。从总量讲，通辽既是黄牛大市，也是产粮大市。耕地面积较大、水浇条件较好，黄牛数量多、品种优良，具有农牧结合、种养融合的独特优势。在长期的养牛、种玉米生产实践中，老百姓积累了丰富的经验、形成了良好的传统，而且有较畅通的销售渠道，占有比较稳定的市场份额。随着经济社会的发展，人们的饮食习惯、食物结构将不断升级，对肉食品、奶制品、杂粮、蔬菜、瓜果的需求将增加。只要能把种植成本降下来，以玉米为原料的饲料工业、医药工业、食品工业等对玉米的需求也是很大的。所以，如果能够成功转型升级，黄牛、玉米仍然是通辽市很有前途的优势产业，将成为“第六产业”即一二三产业融合发展的新增长极。

制度创新，干部服务到位。制度创新就是所有阻碍“增牛转型增收”的思想观念、思路理念、方针政策、体制机制、经验做法、方法措施等，都应进行改革创新；一切有利于增牛调结构、促进玉米转型的政策制度、体制机制等，都应建立健全。比如，创新财政金融政策，把各级相关资金包括扶贫资金捆绑使用，与金融部门合作，探索建立增牛扶持基金和玉米转型基金。这是实现“增牛转型增收”的关键环节。再比如，创新扶贫机制，就是那些不会安排生产生活、不会生产经营、不能保证生产资料安全的贫困户，把扶持他们的资金和牛，用入股或托管的形式由龙头企业和合作社经营，确保贫困户合理分红。这是精准脱贫的有效形式。又比如，创新干部服务制度，把各级干部作为决胜阶段实施突破的尖兵，建立市旗乡村四级干部驻村服务制度，做到“干部到村、服务到户、温暖到心”，把“增牛转型增收”压实给驻村干部，使各级干部为民服务真正服务到位。最基本的是联系户的干部要做到扶持资金安全、生产资料安全，确保实现转型增收。这是实现“增牛转型增收”的根本保证。

三、增加农牧民收入的具体措施

（一）增牛增收的具体措施

实现“增牛转型增收”目标，必须做到养牛、种地各环节的标准化、规范化、集约化。增牛增收需要具备品种优良、棚窖齐全、草料充足、饲养规范、防疫配种、规模适度、资金保障、教育培训、试点引导九个要素，其内涵是相互衔接的九项措施。

品种优良。养牛必养优良品种，这一关必须由专业技术人员把好，并负责到底。品种不良，将导致草料白喂、人工浪费、没有效益。在购买优良品种的基础母牛上要舍得花钱。

棚窖齐全。棚舍窖池齐全，是养牛的必要设施条件，还包括饮水井、粉碎机，也要考虑母犊分离等需要。要做到大小适度，设计合理，既结实耐用，又不浪费资金。

草料充足。没有充足的草料就没有较高的效益。要做到种养结合、为养而种，根据饲养头数、全舍饲或半舍饲需要，种好青贮和紫花苜蓿，做好黄贮，备足饲料。条件类似的农牧户应学乌恩巴特尔全舍饲模式（见附件一），既提高效益又保护生态。

饲养规范。针对全舍饲和半舍饲要求，分类制定饲养规程，是保证养牛效益的科学遵循。要引导和监督养牛户严格按规程饲养。鼓励有能力的养牛户充分发挥西门塔尔肉乳兼用的优势做奶食品，进一步提高效益。

防疫配种。防疫和配种是确保养牛效益的最重要环节。防疫员要对养牛户防疫全程负责。优良品种来自优良种粒，在用优良种粒上要舍得花钱。对贫困户应免费提供配种。

规模适度。要根据家庭人口数和饲草料种植能力，确定自己最佳效益养殖规模，关键是加快周转、及时更新来提高效益。

资金保障。没有资金保障难以增牛。应根据增牛户的经济状况，通过农牧户自筹、金融部门贷款、龙头企业注入、项目资金投入、专项资金扶持、政府基金支持等多渠道筹措，制定相应政策，既要保障资金，又要保证资金安全和效益。

教育培训。教育培训是转变干部群众观念、掌握相关政策、实行饲养规程、提高养牛效益的重要环节。教育群众，首先要培训干部，由驻村干部帮助养牛户按规程饲养。

试点引导。把市委、市政府的思路变为群众的积极性和内生动力，需要抓试点来引导。抓试点要及时总结完善，创造可复制、可推广的经验。农牧民以眼见为实。教育培训应现场示范，让群众听得懂、学得来、做得好。

（二）玉米转型的具体措施

促进玉米产业转型升级的目的是降低成本、提高效益、提升竞争力，抗衡进口玉米冲击，让农牧业稳定发展，让农牧民大幅度增收。玉米产业转型升级的制约因素是农户小规模种植和粗放型生产。促进玉米产业转型升级的思路是，积极推进土地流转，推动适度规模经营，用国外先进农机实现生产过程机械化，降低生产成本，提高经济效益。与此同时，支持流转土地的农户种青贮养牛，使他们从土地流转和养牛两个方面增加收入。概括讲就是“规模降成本、农机提效益、

养牛增收益”。

根据科左中旗农牧业局同志提供的数据测算，玉米种植规模5000亩，用国外常用机型作业与用国内机械耕作相比，成本降低109.73元/亩。玉米规模种植5000亩与农户分散种植相比，种子、肥料、农膜等农资的规模直购节约成本56.25元/亩（见附件二）。所以，推进规模化种植、使用先进农机，是降低玉米种植成本、提高经济效益、提升市场竞争力的必然选择。

将“规模降成本、农机提效益、养牛增收益”的对策付诸实施，应抓住今年春耕在即的有利时机，在科左中旗、开鲁县、科尔沁区等玉米主产区先行抓试点，转变生产方式。

推动规模种植。两台美国“满胜”播种机、一台“凯斯6188”玉米籽粒收获机在一个作业期能满足5000亩耕地的作业需求。建立5000亩规模的玉米种植合作社，需要动员一百多户农民自愿以股份合作、耕地转包、耕地出租等形式进行合作。这是一件有难度的事情，需要做好大量深入细致的工作。通辽市是玉米大市，转型升级是必由之路，早破题，对通辽市发展有利，老百姓能早受益。

办好种植合作社。制定好章程，组建强有力理事会，合作社本身不以盈利为目的，除预留必要的生产基金以外，当年收益按股或按地分红，确保流转土地农民的单位面积收入比其他农民的收入高。以此坚定社员信心，巩固合作社健康发展的基础。

购买先进农机。美国“满胜”6行玉米播种机和“凯斯6188”玉米籽粒收获机是目前国外常用先进农机，黑龙江等地已经在用。“满胜”每台22万元，服务15年；“凯斯6188”每台135万元，服务15年。购机款可争取项目资金扶持，也可以由玉米深加工龙头企业支持，以减轻合作社负担。还需要及早考虑机手的资格和培训，确保机械良好运转。

支持农户养牛。推动玉米规模化种植，需要相应解决流转土地农民的就业问题。有能力的可以多渠道就业，一般农户应支持他们养牛增收。养牛户应预留青贮地，为养而种，以降低饲养成本。既可以分散种养，也可以组建合作社种养。

增牛为主，是养殖结构调整和转型升级；玉米规模化，是种植结构调整和转型升级。种养结构调整升级，是适应和引领新常态，实施“藏粮于地”“藏粮于技”战略，培育新型农牧业经营主体，推进农牧业供给侧结构性改革，提升农牧业质量效益和农牧民收入水平，实现通辽市农牧业现代化的必由之路。

附件一

乌恩巴特尔养牛效益分析

一、基本情况

乌恩巴特尔是通辽市库伦旗额勒顺镇泊白嘎查养牛户，三口人，两个劳动力，女儿在大学读书。2015年饲养西门塔尔牛27头，其中基础母牛12头、两年龄母犊3头、当年生牛犊12头。棚舍310平方米，其中大牛舍280平方米、牛犊舍30平方米。有耕地24亩、饲草料地38亩、租种地30亩，都是旱作地。当年种玉米15亩、青贮50亩、紫花苜蓿27亩。当年出栏牛犊12头，毛收入96500元，纯收入55000元。另有种粮补贴11000元、嘎查干部补助9600元，人均纯收入达到25200元。

二、饲养方式

乌恩巴特尔养牛，全年舍饲圈养，一天喂两顿，早晨四五点钟喂黄贮加少量紫花苜蓿和玉米，中午饮水，下午四五点钟喂青贮。两年龄以上的牛每天喂黄贮20斤、青贮40斤；一年龄牛犊每天喂黄贮15斤、青贮25斤；八月龄以下牛犊哺乳一个月，母犊分离，喂牛犊专用饲料并逐步添加青贮，两个月后每天平均喂黄贮7斤、青贮10斤。

全年舍饲的好处：一是提高生产效率。由于牛舍温度合适、饲草料比例合理，每天比一般养牛户多喂10斤草，因而母牛营养足、膘情好，产犊35天左右即可发情，配种270天即产犊，一些好母牛能“三年产四犊”，与一般养牛户一年一犊或隔年一犊相比，养殖效益显著提高。二是有利于统一防疫，有疫情可以及时发现，及时防治。三是及时掌握母牛发情，做到及时配种。四是有利于保护生态。五是有利于保持街巷环境卫生。六是节省劳动力，早晚各喂一次，不耽误干别的活。

三、种植产出

乌恩巴特尔养牛，以较为充足的饲草料为依托。50亩青贮中自家的20亩地收青贮约12万斤，租种的30亩由于地力较差，收青贮约9万斤。租地价一亩一年200元，每亩费用种子80元、化肥83元；如果买9万斤青贮，按每斤0.2元计算，租地种青贮约节省7000元。15亩玉米地收玉米1.3万斤，秸秆制作黄贮1万斤。27亩苜蓿地产紫花苜蓿1万斤。此外，还花2000元买玉米秸秆20车约

4 万斤，制作黄贮饲料；买牛犊专用饲料 12 袋。

四、养牛与种玉米效益比较

乌恩巴特尔如果只种玉米，35 亩玉米地的土壤肥力决定平均亩产 800 斤，总产约 28000 斤，按 0.8 元/斤计算，年毛收入可达 22400 元。秸秆 100 元/亩，再增加 3500 元，年毛收入可达 25900 元。扣除费用：种子 28 元/亩，计 980 元；化肥 92 元/亩，计 3220 元，共计 4200 元，种玉米纯收入 21700 元。

坚持种养结合、舍饲圈养，饲养牛 27 头，出栏八月龄牛犊 12 头，平均每头 8000 元，毛收入 96000 元。除了自己种的青贮、黄贮、紫花苜蓿、饲料玉米以外，需要投入：租种 30 亩地，租金 200 元/亩、种子化肥 163 元/亩，计 10890 元；买玉米秸秆 20 车 4 万斤花 2000 元；专用饲料 12 袋，180 元/袋，计 2160 元，三项共计 15050 元。扣除投入，年纯收入可达 80950 元。养牛毛收入比种玉米毛收入多 73600 元，养牛纯收入比种玉米纯收入多 59750 元。

五、不同月龄牛的效益比较

八月龄牛犊平均价 8000 元，期间的饲草料费用约 665 元，其中，二月龄喂专用饲料 1 袋，180 元/袋，三至八月龄每天平均喂青贮 10 斤，0.2 元/斤，计 360 元；黄贮 7 斤，0.02 元/斤，计 25 元；紫花苜蓿和玉米 0.7 斤，0.8 元/斤，100 元，三项共计 665 元。扣除费用，1 头八月龄牛犊的纯收入为 7335 元。

两年龄牛的平均价 9500 元，期间的饲草料费用约 3977 元，其中，二至八月龄饲草料费用 665 元。九至二十四月每天平均喂青贮 25 斤、黄贮 15 斤、紫花苜蓿和玉米 2 斤，按 480 天计算，青贮 2400 元、黄贮 144 元、紫花苜蓿和玉米 768 元，计 3312 元。共计 3977 元。扣除费用，两年龄牛的纯收入为 5523 元。

三年龄牛的平均价 11000 元，期间的饲草料费用约 7577 元，其中，二至二十四月费用 3977 元。二十五至三十六月每天平均喂青贮 40 斤、黄贮 20 斤、紫花苜蓿和玉米 2 斤，按 360 天计算，青贮 2880 元、黄贮 144 元、紫花苜蓿和玉米 576 元，计 3600 元。共计 7577 元。扣除费用，三年龄牛的纯收入为 3423 元。

附件二

玉米适度规模种植效益分析

一台美国“凯斯 6188”玉米籽粒收获机和两台“满胜”播种机在一个作业期的作业规模是 5000 亩。这两款农机是目前国外常用机型，“凯斯 6188”玉米籽粒收获机135万元/台，服务15年，24小时收获500亩，10天为一个作业期；“满胜”6行电子控制气吸播种机22万元/台，服务15年，24小时播种360亩，7天为一个作业期，两台“满胜”配套一台“凯斯6188”。

播种收获5000亩玉米，需要两台国产新疆“牧神y10”玉米收获机、五台国产6行播种机。新疆“牧神y10”玉米收获机39.8万元/台，服务5年，一个作业期收获2500亩。国产6行播种机3.5万元/台，服务5年，一个作业期收获1000亩。

一、玉米机收国内外农机费用比较

“凯斯6188”玉米收获机费用为27.11元/亩，其中燃料费1.6升/亩×4.20元/升=6.72元/亩、人工费2.39元/亩、折旧费135万元/15年/5000亩=18元/亩。新疆“牧神y10”玉米收获机费用为40.54元/亩，其中燃料费1.5升/亩×4.20元/升=6.30元/亩、人工费2.40元/亩、折旧费39.8万元/5年/2500亩=31.84元/亩。国外农机成本比国产农机低13.43元/亩。

“凯斯6188”玉米收获机与国产机型相比每亩减少籽粒损失10%。以亩产1500斤、售价0.65元/斤计算，亩增效：1500斤/亩×10%×0.65元/斤=97.50元/亩。国产机型收获时需要人工捡拾遗落穗棒。“凯斯6188”与国产收获机比，一天节约捡拾人工费用：2人×150元/人=300元。国产机型一天收获80亩，每亩人工费用增加3.75元。

二、玉米机播国内外农机费用比较

“满胜”6行玉米播种机费用为10.37元/亩，其中燃料费1.2升/亩×4.20元/升=5.04元/亩、人工费2.40元/亩、折旧费22万元/15年/5000亩=2.93元/亩。国产6行播种机费用为15.30元/亩，其中燃料费1.5升/亩×4.20元/升=6.30元/亩、人工费2元/亩、折旧费3.5万元/5年/1000亩=7元/亩。国外农机成本比国产农机低4.93元/亩。

“满胜”播种机与国产机型相比每亩增产5%。以亩产1500斤、售价0.65元/斤计算：1500斤/亩×5%×0.65元/斤=48.75元/亩。

“凯斯6188”收获机和“满胜”播种机合计每亩增效：97.50元+3.75元+48.75元=150元。

三、玉米规模种植国内外农机成本比较

种植5000亩玉米，用国外农机需要“满胜”6行电子控制气吸播种机两台、“凯斯6188”玉米籽粒收获机一台；用国内农机需要新疆“牧神y10”玉米收获

机两台、国产6行播种机五台。

从机播成本看，两台“满胜”播种机一亩作业费用为20.74元，五台国产6行播种机作业费用为76.50元。播种5000亩，国外农机成本比国内农机低55.76元/亩。

从机收成本看，一台“凯斯6188”玉米收获机一亩作业费用为27.11元，两台新疆“牧神y10”玉米收获机作业费用为81.08元。播种5000亩，国外农机成本比国内农机低53.97元/亩。

种植5000亩玉米的机播机收成本，国外农机成本比国内农机低109.73元/亩。适度规模种植不但降低成本，而且有利于应用新品种、新技术提高单产，降低市场风险。

四、玉米规模种植与农户分散种植成本比较

农户分散种植费用为300元/亩，其中种子45元/亩、肥料130元/亩、农膜50元/亩、灌溉75元/亩。5000亩规模种植费用为243.75元/亩，因为种子、肥料、农膜等农资不经中介而直购可节约费用25%即168.75元/亩，灌溉75元/亩。规模种植成本比农户分散种植成本低56.25元/亩。

东康伊一体化发展研究[①]

东康伊，是指鄂尔多斯市的东胜区、康巴什新区和伊金霍洛旗。东康伊以占鄂尔多斯市9.3%的土地面积承载了42%的人口和38.6%的经济总量[②]，成为鄂尔多斯市人口最密集、各种资源富集、经济发展最快、生活水平和城镇化水平最高的区域，是鄂尔多斯市政治、经济、文化、教育和科技中心。

东康伊三地土地相连、道路相通、人员相往、产业相近、优势相补，具有很多协同发展的条件。但由于在管理体制和制度机制上存在明显的差异，制约着三地协同发展。2000年，东胜由县级市改为市辖区，但有些职能仍保留县级市的职能，导致管理体制不顺，对经济社会发展带来一些问题。2003年，市委、市政府由东胜区搬到康巴什新区（其前身为2000年批准成立的青春山开发区），但康巴什新区不是市辖区，管理体制不顺，影响其发展。伊金霍洛旗旗府阿勒腾席热镇与康巴什新区紧密相连，是鄂尔多斯市中心城区的有机组成部分，但行政区

① 本文选自2015年4月受鄂尔多斯市政府委托做的课题研究报告。

② 由市统计局提供。

划不同也影响着它的发展。

鄂尔多斯市委三届六次全委会决定推进东康伊一体化发展，是解决三地发展中诸多制度和体制机制障碍的正确决策。所谓东康伊一体化发展，就是紧紧围绕三地产业、社会事业、公共服务、城乡建设、基础设施、生态环境、民生改善一体化发展，全面深化改革，推动依法治市，创新体制机制，建设品质城市，提高东康伊中心城区引领能力的过程。

推进东康伊一体化发展有利于带动鄂尔多斯市发展，东康伊三地构成鄂尔多斯市的中心城区，是鄂尔多斯市的政治和文化中心；有利于呼包鄂一体化发展，可以缩小与呼和浩特市、包头市中心城区的差距；有利于融入京津冀协同发展，鄂尔多斯市是京津冀的清洁能源供给基地，煤制气和电力供给对京津冀经济社会发展和雾霾治理具有不可替代的作用；有利于融入丝绸之路经济带发展，鄂尔多斯市是古丝绸之路起点——陕西的近邻，具有融入丝绸之路经济带发展的得天独厚的区位优势和经济文化优势。

一、推进一体化的基础和条件

（一）经济实力稳步提升

2014 年，东康伊完成地区生产总值 1606.1 亿元，占鄂尔多斯市经济总量的 38.6%；公共预算收入达到 164.2 亿元，占鄂尔多斯市公共预算收入的 38.2%。东康伊三次产业结构为 0.5∶46.6∶52.9，第三产业增加值比重比鄂尔多斯全市高 14.5 个百分点。[①] 东康伊三地有八个产业园区，占鄂尔多斯市园区数量的 38.9%。[②]

（二）社会事业长足发展

东康伊的教育、医疗卫生、文化体育等基本公共服务设施建设在鄂尔多斯市处于领先地位，东康伊民生和社会保障水平在全国处于领先地位。城乡低保、社会福利、医疗保险等社会保障政策标准均高于全国、内蒙古自治区平均水平，住房保障特别是公共租赁住房建设和管理实现了市级统筹。2014 年，东胜区城镇常住居民人均可支配收入为 36302 元，伊金霍洛旗城镇常住居民人均可支配收入为 36025 元，农村牧区常住居民人均可支配收入为 13340 元。

---

① 由市统计局提供。

② 由市园区办提供，经统计局核实。

（三）创新能力逐步提高

近年来，东康伊三地积极搭建人才集聚平台、产学研合作平台和大学生创业就业平台，引进了一批人才，有研发机构25个，有鄂尔多斯（羊绒）、鄂尔多斯（酒业）、伊泰、远兴、响沙、东达蒙古王、天骄驰名品牌7件，有著名品牌64件，知名品牌148件。[①]

（四）基础设施日臻完善

在东康伊有荣乌高速、包茂高速、109国道、210国道和包西铁路、东乌铁路、包神铁路、南部铁路等多条国、省交通干线贯穿，三地间的东康快速路、阿成快速路、东胜至机场高速等重要道路全面通车，鄂尔多斯机场改扩建完成，三地公交实现一体化运营，综合运输网络日臻完善，区域性综合交通枢纽作用日益显现。

二、推进一体化面临的问题

（一）工业发展中的问题

东康伊的工业发展和产业园区建设是紧密联系在一起的。只有把工业发展中的问题同园区建设中的问题结合起来分析，才能把握问题产生的原因。

1. 产业雷同严重

园区间产业雷同、产业重叠，源自园区发展定位不合理、思路不清晰，八个园区中有五个要发展电子信息及其相关产业，四个要发展制造业或航空产业等。发展定位不合理，是因为旗区各自为政、园区各自为战、政策执行混乱，彼此难以协调，在招商引资中无序竞争、同质化竞争，或电价优惠，或土地优惠，或厂房优惠，靠拼地价、拼资源、拼税收引进项目，有的甚至饥不择食、来者不拒。定位不清、竞争无序带来资源浪费、利益损失、竞争力减弱、产能过剩等问题。

2. 产业链条不长

以经济总量最大、发展状况较好的东胜区为例，工业结构仍然“一煤独大”，煤炭行业实现产值284.51亿元，占规模以上工业总产值的54.8%。东胜区工业的非煤产业产值占规模以上工业总产值的比重不足30%，主要是非煤产业门类较少，产业结构较为单一、产业链条有待延长，现有产业处于发展低端，产

① 由市人社局、科技局、工商局提供。

品附加值不高，科技含量较低，提高质量效益的空间还很大。

3. 产业集中度较差

产业集中度较低、集群化发展不够，也与园区设立过于分散、发展定位不合理、思路不清晰有直接的关系。提高产业集中度、实现集群化发展，就要立足调整产业结构、延长产业链条，既要引进大项目、大企业，又要配套发展中小微企业，推动资源精深加工，提高产品附加值，加强园区发展的协调性、增强产业互补性，园区实现转型发展，产业向中高端迈进，提高东康伊整体竞争力。

4. 园区效益较低

八个园区总规划面积 808 平方公里，但建成面积还不到规划面积的 1/4。产业园区过多、摊子铺得过大，形成数量多而规模小、分布广而集聚弱的困局，土地过度征用，基础设施重复建设，造成大量土地资源、水资源、能源资源和资金浪费。不仅分散了土地、资金、项目，而且加大了管理难度。

5. 园区管理不顺

八个园区中除两个由鄂尔多斯市直管以外，其余都由旗区管理，同时，所有园区处级干部又由市委管理且与旗区同级别，导致园区干部难以流动；旗区对园区事务不好管理，园区管委会一手管理又没有执法权，只能当“二传手”。由于管理体制不顺，各旗区、各园区难以形成统一的招商引资政策，招商引资优惠条件不一致，导致招商引资谈判具有随意性，生产要素流通不畅，相互盲目竞争，公共资源浪费。

（二）服务业发展中的问题

服务业特别是现代服务业发展不足是三地的共同特点。以东胜区为例，2014 年，第三产业完成投资 202. 98 亿元，但与 2011 年相比投资下降了 43. 9%。总体来看，三地的生产性服务业发展滞后，不能适应经济社会转型发展和产业向中高端迈进的需求。服务业发展滞后，是因为经济社会发展和城乡居民生产生活对服务业的需求潜力与服务业发展的市场活力未能实现对接，没有形成服务业发展的新增长点。

（三）农牧业发展中的问题

东康伊的第一产业增加值比重很小。但不能因此而忽视农村牧区发展、农牧业现代化、农牧民致富，推进东康伊一体化发展不能忽略城乡发展一体化，后者是前者的题中之意。根据数据测算，2014 年，东康伊农牧业劳动生产率为 18630 元，其中，东胜区（含康巴什新区）的农牧业劳动生产率为 23485 元，伊金霍洛旗的农牧业劳动生产率为 18000 元。比内蒙古自治区农牧业劳动生产率 27579 元分别低 8949 元、4094 元和 9579 元。从总体上看，东康伊农牧民人均耕地不足 4 亩、人均牲畜不到 3 头只，人均资源少、集约化程度差导致农牧业劳动生产率低。

（四）义务教育发展中的问题

东胜区教育投入较大，基数较高，按照创建全国义务教育发展基本均衡旗区评估要求，全面实现教育经费投入逐年“三个增长”难度较大。康巴什新区学校数和班级数逐年增加，需要招聘与班级数等同比例教师的编制问题解决不了。机制上没有吸引人才、留住人次的优势，部分优秀教师有回迁趋势。伊金霍洛旗义务教育均衡发展部分验收指标未达标。2014 年义务教育经费“三个增长”和农村税费改革转移支付资金用于义务教育的比例未达标。

（五）社会保障提供中的问题

东康伊社会保障政策标准不一致。城镇低保发放标准，农村低保发放标准，五保对象供养费，医疗费报销比例，三地都不一致。东康伊三地在社会保险经办机构方面也存在差异，例如伊金霍洛旗由社保部门负责办理医疗保险，东胜区则由医保部门负责，导致跨地区转移存在诸多不便。

三、推进一体化的体制和制度

（一）推进一体化的总体要求和原则

推进东康伊一体化发展，要以党的十八大和十八届三中、四中全会精神及习近平总书记考察内蒙古重要讲话精神为指导，深入贯彻落实内蒙古自治区党委、政府的决策部署和鄂尔多斯市委三届五次、六次全委会精神，以全面转型发展、建设品质城市为目标，以产业协调发展、创新驱动发展、公共服务均等发展、基础设施互联互通为重点，以体制机制制度创新为动力，开创中心城区协调发展新格局，打造鄂尔多斯市转型发展新引擎。

推进东康伊一体化发展，要坚持顶层设计、与法有据，深入开展调查研究，广泛听取各方意见，用法治思维和全局观念设计一体化思路；坚持简政放权、放管结合，把该放的权力放到位，应管的环节管到位；坚持改革创新、先行先试，靠改革创新破除一体化障碍，用先行先试探索可复制制度；坚持先易后难、有序推进，注重制度的相互衔接和形成合力，把握出台的先后次序和整体效应。

（二）完善产业园区管理体制

推进东康伊一体化发展，中心问题是推进三地经济协调发展。产业园区是东康伊经济特别是工业发展的载体，园区的发展直接影响着经济的协调发展。前面我们分析了三地产业园区从设立、建设、运行到管理中存在的一些突出问题。解决这些问题要靠深化改革，要有针对性地推进一系列体制机制创新。

1. 适度整合、适当合并，区分产业定位

园区过多、过于分散，定位雷同、重复建设，浪费资源、无序竞争等，是园区设立、产业定位方面反映较多的突出问题，可以通过调整合并园区来解决这类问题，逐步实现定位明确、布局优化、优势互补、集约发展。具体思路有：

（1）将康巴什产业园区并入鄂尔多斯装备制造基地。康巴什产业园区与鄂尔多斯装备制造基地一路相隔，且产业定位相似。合并后的产业定位应主动适应新常态，以调整优化结构、延长产业链为宗旨，以汽车制造为主导产业，在推动现有汽车制造转型升级的同时发展新能源汽车，着力打造内蒙古汽车城；配套发展相关现代装备制造业；研发和制造工业机器人；着力提高产业集中度，实现产业集群化发展。

（2）将江苏工业园区并入空港物流园区，作为空港物流园区的园中园。江苏工业园区与空港物流园区也是一路相隔，产业定位也有相似之处。合并后的产业定位应主动适应新常态，以调整优化结构、延长产业链为宗旨，突出综合物流枢纽，发展临空经济及相关产业；着力打造承接江苏产业转移示范区；发展煤机、化机及相关装备制造；着力提高产业集中度，实现产业集群化发展。

（3）高新技术产业园区的产业定位。应主动适应新常态，在坚持原先发展定位的同时把研发和制造机器人作为一个产业，充分发挥科技人才集聚的优势，更加突出创新创业基地功能，全力提高知识创造和技术创新能力、产业升级和结构优化能力、国际化和参与全球竞争能力、高新区可持续发展能力，根据东康伊及鄂尔多斯市创新驱动发展的需要引进创新人才，适应三地及鄂尔多斯市产业转型升级需求开展研发，为鄂尔多斯市经济转型发展提供技术支撑。

（4）圣圆煤化工基地的产业定位。应主动适应新常态，以调整优化结构、延长产业链为宗旨，突出清洁能源和现代煤化工，重点发展煤基多联产业、煤基精细化工产业、煤基清洁能源产业和煤电一体化循环经济产业，着力提高产业集中度，实现产业集群化发展。

（5）东胜经科教园区和铜川汽车博览园可以不作为鄂尔多斯市重点园区。鉴于东胜经科教园区是行政和园区合一体制，其工业以现有绒纺、制酒产业为主；铜川汽车博览园以汽车销售维修等第三产业为主的发展趋势，可以不作为鄂尔多斯市重点园区。由东胜区理顺行政和园区合一的管理体制，坚持依法行政，把行政与园区管理分开，各司其职，加快发展园区经济。

2. 权力下放、级别回归，完善管理体制

东康伊三地的八个园区中，除了高新技术产业园区、空港物流园区由鄂尔多斯市管理以外，其余都由旗区管理。但是由于提高园区级别、处级干部由市委管理，使园区管理复杂化，带来一系列问题。据此，可以弱化园区级别，除了高新技术产业园区以外，把其他园区的人、财、物管理权彻底放到旗区，充分调动旗区招商引资、发展园区经济的积极性。鄂尔多斯市政府经信委作为业务主管部门，根据本部门的权力清单和责任清单，应切实加强对各园区发展的指导和监管。高新技术产业园区仍由鄂尔多斯市管是申报升级国家级高新技术开发区的必要条件，需要进一步加强领导，全力扶持。

3. 统一政策、加强监管，合力招商引资

统一政策，是指明确各园区产业定位后，各旗区或市直部门招商引进的项目必须按照产业定位要求入驻相应的园区。项目实现的 GDP 归入项目引进地区，项目实现的税收收入由项目引进地区、园区建设地区合理分成。用哪些优惠条件引进项目、引进的项目如何入驻园区、项目 GDP 如何统计划归、税收收入如何合理分成、园区管委会如何为项目搞好服务等，由鄂尔多斯市政府相关部门认真研究测算后出台统一规范的招商引资政策。加强监管，是指明确各园区产业定位后，应严格按照产业定位招商引资、集群化发展摆布项目，做到分类入园、资源共享。管理主体和主管部门应切实加强监管。

（三）创新服务业发展的制度机制

加快发展服务业，是东康伊中心城区转型发展的主攻方向，是推进三地经济结构调整、实现协调发展的重要支撑。东康伊产业结构调整缓慢、经济转型升级滞后、创新驱动发展不够和产业吸纳就业能力不强等，都与服务业特别是现代服务业发展不足有直接关系。要坚决落实习近平总书记考察内蒙古重要讲话精神，在服务业领域培育打造支柱产业，以产业转型升级需求和群众生产生活需求为导向，尽快把服务业这块“短板”补起来。这也是打造大众创业、万众创新和增加公共产品、公共服务双引擎，推动全面转型发展的重要举措。

加快发展服务业，要创新生产性服务业发展的制度机制，制定鼓励支持企业主辅分离、两端延长的政策，引导企业打破“大而全”“小而全”格局，分离和外包非核心业务，向价值链高端延伸，从而培育和发展服务业新增长点，着力加快服务业特别是生产性服务业发展，促进服务业与工业、农牧业融合发展，推动经济转型升级。

加快发展服务业，要适应产业转型升级需求，把研发、设计等现代服务业作为重点。要以《中共中央　国务院关于深化体制机制改革加快实施创新驱动发展战略的若干意见》为指导，制定鼓励支持企业依靠科技创新转换发展动力的政策，激发全社会创新活力和创造潜能，提升劳动、信息、知识、技术、管理、资本的效率和效益，强化科技同经济对接、创新成果同产业对接、创新项目同现实生产力对接、研发人员创新劳动同其利益分配对接，增强科技进步对经济发展的贡献度，营造大众创业、万众创新的政策环境和制度环境。人才是创新的根基，创新驱动实质上是人才驱动。要建立健全科研人才双向流动机制，破除人才流动的体制机制障碍，促进科研人员在事业单位和企业间合理流动。

加快发展服务业，要创新生活性服务业发展的制度机制，制定鼓励支持服务业企业发展包括政府提供基本公共服务尽可能采用购买服务方式的政策，着力解决养老服务、健康需求、学前教育等方面的有效供给严重不足问题，培育发展教育医疗、健康养老、文化娱乐、体育健身、电子商务等服务业新增长点。提升民生服务水平是培育发展服务业新增长点的出发点和落脚点，是衡量推进东康伊一体化发展成效的重要标志。新的增长点，要靠民生需求来发现，靠市场来培育，靠创新来突破，靠政策来营造，形成有利于大众创业、万众创新的政策环境和制度环境。

加快发展服务业，要推进东康伊旅游业发展一体化，成立东康伊旅游委员会，围绕建设文化旅游大市和知名休闲度假旅游目的地目标，统一发展政策、统筹旅游资源、加强协调配合，推动旅游业与新型工业、现代农牧业融合发展。要完善旅游业硬件设施建设，加快旅游业软件服务建设，构建统一的旅游信息平台，健全东康伊中心城区旅游网络服务体系、咨询服务体系、集散调度体系、电讯服务体系、质量投诉处理体系，形成一体化大旅游业格局，提高旅游业服务水平。

（四）创新基本公共服务均等化制度

建立完善基本公共服务制度，促进三地基本公共服务均等化，是推进东康伊一体化发展的内在要求，是维护社会公平正义的迫切需要，对于全面建设服务型政府，对于推进以保障和改善民生为重点的社会建设，对于切实保障人民群众最关心、最直接、最现实的利益，对于加快经济社会转型发展，都具有十分重要的意义。

基本公共服务，是指由政府主导提供的，与经济社会发展水平和阶段相适应，旨在保障全体公民生存和发展基本需求的公共服务。享有基本公共服务属于公民的权利，提供基本公共服务是政府的职责。基本公共服务范围，一般包括保障基本民生需求的教育、就业、社会保障、医疗卫生和计划生育、住房保障、文化体育等领域的公共服务。基本公共服务均等化，就是让全体公民都能公平地获得大致均等的基本公共服务，其核心是机会均等，而不是简单的平均化和无差异化。推进东康伊基本公共服务均等化，要建立完善以下制度机制：

1. 建立完善九年义务教育均衡发展制度

认真总结推广东胜区作为内蒙古自治区首批创建全国义务教育发展基本均衡旗区的经验，着力推进东康伊三地九年义务教育均衡发展，全面提高义务教育的质量和水平，为鄂尔多斯市推进义务教育均衡发展提供可复制、可推广的制度。统筹规划三地学校布局，推进义务教育学校标准化建设。实行城镇义务教育学校划片入学，实现免试就近入学全覆盖。保留必要的农村牧区小学和教学点，加强农村牧区中小学寄宿制学校建设。公共教育资源重点向农村牧区、边远贫困地区倾斜，实行三地城乡中小学教师编制和工资待遇同一标准，以及教师、校长交流制度，逐步取消义务教育阶段重点校和重点班。以流入地全日制公办中小学为主，保证农牧民工随迁子女平等接受义务教育，并在当地参加升学考试。完善城乡义务教育学校的资源共建共享和对口交流支援制度。

2. 建立完善劳动就业和大众创业公共服务制度

要建立健全覆盖东康伊城乡的劳动就业和大众创业公共服务体系，以高校毕业生、农村牧区转移劳动力、城镇就业困难人员和零就业家庭为重点服务对象，全面提升就业和创业全过程公共服务能力，努力创造平等就业和低门槛创业机会，为全体劳动者就业和大众创业创造必要条件，有力地促进充分就业和大众创业。切实加强就业创业服务和管理，全面实施就业创业政策法规咨询、信息发布、创业指导和职业介绍、就业失业登记等免费服务，建设公共就业创业服务网络，实现就业创业信息联网，推进服务规范化和标准化，拓展服务功能。切实加强就业创业技能培训，加强职业技能培训能力建设，建立面向全体劳动者的免费培训制度，对城乡有就业要求和创业愿望的劳动者提供职业技能培训。

3. 建立健全覆盖城乡居民的社会保险体系

要以增强公平性和适应流动性为重点，着力完善制度，扩大覆盖范围，逐步提高东康伊社会保障水平。基本养老保险，要以农牧民工、非公有制经济组织从业人员和灵活就业人员为重点，扩大职工基本养老保险覆盖面，推动机关事业单位养老保险制度改革，实现三地新农保和城居保制度合并实施，稳步提高基础养老金水平。完善基本养老保险关系转移接续办法，推进三地和城乡养老保障制度有效衔接。基本医疗保险，要扩大职工基本医疗保险制度覆盖范围，重点提高农牧民工、个体工商户和灵活就业人员参保率。提高新农合参合率和城居保参保率，探索建立城乡统筹的居民基本医疗保险制度，逐步提高人均筹资标准和财政补助水平。逐步提高门诊费用报销比例，探索建立重特大疾病保障机制，完善三地基本医疗保险关系转移接续办法和医疗费用结算办法。统一东康伊三地的工伤、失业和生育保险制度。建立基本社会服务制度，要以扶老、助残、救孤、济困为重点，健全三地低保标准动态调整机制，合理确定孤儿养育标准及自然增长机制，建立健全养老服务体系，加强优抚安置工作。

4. 建立完善基本医疗卫生制度

要以人人享有基本医疗卫生服务为目标，建立健全东康伊公共卫生服务体系、城乡医疗服务体系、药品供应和安全保障体系，提高东康伊基本医疗卫生服务的公平性、可及性和质量水平。公共卫生服务，要全面实施国家基本公共卫生服务项目，逐步提高人均基本公共卫生服务经费标准。医疗服务，要完善东康伊卫生规划，按照大病不出东康伊、小病不出嘎查村和社区的要求，加强以市和旗区医院为龙头、苏木乡镇卫生院和嘎查村社区卫生室为基础的医疗卫生服务网络建设。扩大城乡医院对口支援力度，推行乡村卫生服务一体化管理。加强以全科医生为重点的基层医疗卫生队伍建设，加快建立分级诊疗、双向转诊和全科医生首诊制度。完善基本药物价格形成机制和调整机制，加强药品供应和安全保障。坚持计划生育基本国策，以计划生育服务和计划生育利益导向为重点，完善三地人口和计划生育服务体系。

5. 建立健全基本住房保障制度

要结合化解东康伊房地产过剩，增加保障性住房供应，加快解决城镇居民基本住房问题和农村牧区困难群众住房安全问题，逐步满足城乡居民基本住房需求。把健全廉租住房保障方式、实行实物配租和租赁补贴相结合，作为化解房地产过剩的一种途径，完善租赁补贴制度，逐步使公共租赁住房成为保障性住房的主体，并逐步实现与廉租住房统筹保障、并轨运行。结合城镇建设和改善基础设施，加快推进棚户区改造，加快推进农村牧区危房改造。结合东康伊实际，建立完善保障性住房管理制度。

6. 加快构建现代公共文化服务体系

这是推进东康伊一体化发展的必然要求，是促进城乡文化事业繁荣发展、保障和改善民生的重要举措。要认真落实中办、国办《关于加快构建现代公共文化服务体系的意见》，根据东康伊城镇化发展趋势和城乡常住人口变化，统筹城乡公共文化设施布局、服务提供、队伍建设、资金保障，均衡配置公共文化资源，促进城乡基本公共文化服务标准化、均等化。要以东康伊城乡居民基本文化需求为导向，围绕看电视、听广播、读书看报、参加公共文化活动等群众基本文化权益，根据国家指导标准制定与经济社会发展水平相适应、具有鄂尔多斯特色的基本公共文化服务实施标准，明确东康伊基本公共文化服务的内容、种类、数量和水平，以及应具备的公共文化服务基本条件和各级政府的保障责任，确立明确政府保障底线，做到保障基本、统一规范。要培育和促进文化消费，丰富优秀公共文化产品供给，活跃群众文化生活。要加强基层文化队伍建设，创新基层公共文化管理机制，鼓励和引导社会力量参与，培育和规范文化类社会组织，大力推进文化志愿服务，完善公共文化服务评价工作机制，提升公共文化服务效能。要加快东康伊基本公共体育服务体系建设，完善基层体育设施，广泛开展全民健身运动，促进群众体育和竞技体育全面发展，提高公共体育服务和体育活动水平。

（五）推动基础设施互联互通

基础设施建设是城市的神经和脉络，推动基础设施互联互通是推进东康伊一体化发展的重要内容和前提条件。应坚持统一规划、精心设计、共建共享、互联互通，不断完善道路交通、市政设施、信息通信等基础设施功能，切实提高其运行效率。

1. 推动道路交通互联互通

坚持政府主导、市场化运行，建立东康伊道路交通统一政策、统一标准、统一监管、市场化运行制度，实现三地互联互通、城乡互联互通、城区园区互联互通、进口出口畅通，根据城乡经济社会发展需要，提高等级、提升质量，方便群众生产生活，降低经济社会成本。

2. 推动市政设施互联互通

建立三地统一的市政设施建设、管理制度和市场化运行机制，根据总体规划统筹完善给水排水系统、供电照明系统、供热供气系统，健全污水处理和垃圾处理设施，实现市政公用设施全覆盖，地上地下相配套，集约节约利用市政设施资源，加强管网设施建设和管理，提升各类市政公用设施的利用效率。

3. 推动信息基础设施互联互通

统筹规划三地信息管网和基站布局，加快基础通信网、无线宽带网、应急指挥通信网、数字电视网等信息基础设施建设；积极发展4G移动通信网，灵活选择接入技术，进一步提升三地农村牧区宽带覆盖水平；推进下一代广播电视宽带网建设，大力推进电信网、广电网、互联网“三网融合”；以国家智慧城市、“宽带中国”示范城市创建为载体，整合完善“数字东胜”“智慧伊金霍洛”“数字康巴什”信息系统资源，重点实施智慧基础设施、智慧政务、智慧城管、智慧交通、智慧民生、智慧能源等项目，推动东康伊信息资源互联互通、共建共享。

4. 推动生态环境保护一体化

建立三地统一的城镇生态环境保护建设制度和市场化运行机制，坚持政企分开、建管分离，重点保护防护林带、交通绿化带、城市景观带以及湖泊、湿地、公园，加强园林绿化、环卫保洁、物业管理等日常城市养护管理工作，通过市场化运营、政府购买服务的方式，推动城市管理上档次、上水平，满足群众对城市公共环境的多样化需求。

（六）调整完善行政区划等体制制度

1. 调整完善行政区划体制

调整完善行政区划体制，是推进东康伊一体化发展的必然要求和必要条件。现状是只有东胜区一个市辖区，康巴什新区不是市辖区，没有独立的行政区划地位。伊金霍洛旗是中心城区不可缺少的一部分，但也不是市辖区。根据推进东康伊一体化发展的需要调整完善行政区划，最理想的是康巴什新区、伊金霍洛旗都获批市辖区，这样鄂尔多斯市就有了三个市辖区。但是这样的方案获批的难度非常大。

（1）康巴什新区申报市辖区难度较大。党的十八届三中全会《中共中央关于全面深化改革若干重大问题的决定》提出，优化行政区划设置，完善设市标准，严格审批程序，对具备行政区划调整条件的县可有序改市。前不久，在民政部《市辖区设置标准（征求意见稿）》《设立县级市标准（征求意见稿）》征求意见会上，民政部部长李立国说："不是所有的县，也不是多数县能够改市、改区，而是人口密度、经济社会发展水平、城镇集聚的人口，尤其是非农业人口达到城市化的标准，并且各项经济总量指标达到城市化的程度，才构成撤县设市和撤县改区的条件。"

民政部起草的《市辖区设置标准（征求意见稿）》规定："直辖市和地级市可以设立市辖区""市区总人口100万人以下的市，平均每40万人可以设立1个市辖区""最小的市辖区人口不得少于25万人，其中非农业人口不得少于10万人。"2014年，康巴什新区常住人口为8.3万人，除了采取一些内外部调整的措施以外，今后几年康巴什新区人口很难达到25万人。

（2）伊金霍洛旗旗改设市辖区难度较小。民政部《市辖区设置标准（征求意见稿）》规定："中心城市郊县（县级市）改设市辖区，需达到下列标准：①县（市）域与城区的基础设施建设和国土开发利用连为一体，部分区域已纳入城市总体规划的市区规划范围。②全县（市）就业人口中从事非农产业的人口不低于70%；第二产业、第三产业产值在国内生产总值中的比重达到75%以上。③改设市辖区的县（市），全县（市）国内生产总值、财政收入不低于上一年本市辖区的平均水平或人均国内生产总值、人均财政收入不低于上一年本市辖区的平均水平。"2014年，伊金霍洛旗常住人口27.2万人，其中农牧民3万户12.9万人；地区生产总值675.5亿元，公共预算收入75亿元，三次产业结构为

1∶60.5∶38.5。在郊县改设市辖区的三条标准中，伊金霍洛旗除了从事非农产业的人口稍有出入外，都符合要求，可能很快获批。

（3）调整完善行政区划体制有三种方案。根据上述分析，申报增设市辖区可供选择的方案有三个：第一方案是先申报伊金霍洛旗，等康巴什新区的条件成熟以后再申报。第二方案是先通过内外部调整增加康巴什新区人口，然后将伊金霍洛旗、康巴什新区同时申报。第三方案是康巴什新区归入伊金霍洛旗，设东胜区、伊金霍洛区两个市辖区。

2. 理顺规划管理和土地管理体制职能

推进东康伊一体化发展，需要从市与市辖区的关系层面，理顺规划管理和土地管理的体制职能。

（1）理顺规划管理机构体制。根据《中华人民共和国城乡规划法》和国务院《关于加强城乡规划监督管理的通知》关于“设区城市的市辖区原则上不设立区级规划管理机构，如确有必要，可由市级规划部门在市辖区设置派出机构”的规定，东胜区和下一步新设的市辖区不再设立区级规划管理机构，如果认为确实有必要，应由市级规划部门在市辖区设置派出机构。

（2）理顺土地管理机构职能。根据《中华人民共和国城镇国有土地使用权出让和转让暂行条例》规定，市、县人民政府对辖区内国有土地使用权出让负责。这意味着市辖区不负责国有土地使用权出让。参照其他市国土资源管理机构设置做法，东胜区和下一步新设的市辖区应设立国土资源管理分局，为市国土资源管理局派出机构，不负责国有土地使用权出让。国有土地使用权出让统一由市国土资源管理局负责。

3. 加快推进户籍制度改革

户籍制度改革是综合配套改革，应与教育、就业、医疗、社保、住房、土地及人口统计制度等方面的改革统筹配套、协同推进，那种只统一登记为居民户口而不管附着在户口簿上市民待遇的做法需要尽快解决。

（1）按条件放开东康伊落户。根据中央关于户籍制度改革的有关精神，东康伊可以基本放开户口，只要有合法稳定住所、合法稳定就业、有意愿落户的，按照先后顺序排队落户，三地实行统一的户籍制度。加快实施统一的城乡居民养老保险制度。参加城镇社会保险年限是农牧民工在城镇落户的一个条件，对于已经参加农村牧区居民养老保险、进城后不论参加企业职工养老保险还是城乡居民养老保险的，都可以办理养老保险关系转移接续。农牧民的土地草原承包经营权、宅基地使用权和集体收益分配权都是法律赋予农牧民的重要权利，必须依法保护。对于进城落户的农牧民是否有偿退出“三权”，应该充分尊重农牧民的意愿，不得以农牧民放弃或者退出“三权”作为落户城市的前提条件。

（2）推进农牧业转移人口市民化。农业转移人口市民化是中央的一项大政策。东康伊作为鄂尔多斯市中心城区，应从以下几个方面统一政策，促进农牧业转移人口市民化。一是通过稳定就业让农牧民工融于城市，对每年新转移劳动力进行技能培训，大力发展就业容量大的第三产业、中小企业和劳动密集型产业，多渠道加强农民工就业服务。二是让随迁子女平等享有受教育权，合理确定随迁子女入学政策，保证农牧业转移人口及其他常住人口随迁子女平等接受教育。三是将农牧业转移人口及其他常住人口纳入社区卫生和计划生育服务体系，提供基本医疗卫生服务。四是从两方面解决住房问题，一方面，鼓励有能力的进城人员市场购买或者租赁住房；另一方面，将没有能力通过市场解决住房问题的农牧业转移人口纳入住房保障范围，通过提供公共租赁住房、住房租赁补贴方式满足他们的基本需求。

四、推进一体化的任务和责任

本文第三部分“推进一体化的体制和制度”是研究一体化发展的重点，也是推进东康伊一体化发展在操作层面实施的重点。这一部分针对推进东康伊一体化发展中存在的突出问题和体制制度障碍，从 5 个方面提出了 33 项制度性改革措施思路。这些改革措施也应是鄂尔多斯市推进全面深化改革和全面依法治市需要深化改革和法治建设的内容。

这 5 个方面 33 项制度性改革创新措施的内容包括：

在完善东康伊产业园区管理体制方面，需要提出调整合并产业园区的措施、完善产业园区管理体制的措施、东康伊招商引资实行统一政策的措施 3 项改革措施。

在创新服务业发展制度方面，需要制定鼓励支持企业主辅分离的政策措施、鼓励支持企业依靠科技创新转换发展动力的政策措施、营造大众创业万众创新的政策制度环境的措施、建立健全科研人才双向流动机制的措施、鼓励支持服务业企业发展和政府购买公共服务的政策措施、推进东康伊旅游业发展一体化的措施 6 项改革措施。

在创新基本公共服务均等化制度方面，需要提出总结推广东胜区作为内蒙古自治区首批创建全国义务教育发展基本均衡旗区经验的措施、推进东康伊九年义务教育均衡发展的措施、实行东康伊城乡中小学教师编制和工资待遇同一标准的措施、实行东康伊义务教育学校教师和校长交流的措施、完善城乡义务教育学校对口交流支援的措施、加强东康伊劳动就业和大众创业公共服务的措施、加强就业创业技能培训的措施、东康伊新农保和城居保制度合并实施的措施、东康伊城乡统筹的居民基本医疗保险制度的措施、东康伊公共卫生服务体系建设的措施、东康伊城乡医疗服务体系建设的措施、东康伊药品供应和安全保障体系建设的措施、东康伊通过基本住房保障方式化解房地产过剩的措施、促进城乡基本公共文化服务标准化的措施 14 项改革措施。

在推动东康伊基础设施互联互通方面，需要实行推动道路交通互联互通的措施、市政设施互联互通的措施、信息基础设施互联互通的措施、生态环境保护一体化措施 4 项改革措施。

在调整完善行政区划等体制制度方面，需要提出调整完善行政区划的措施、理顺东康伊规划管理机构体制的措施、理顺东康伊土地管理机构职能的措施、加快推进东康伊户籍制度改革的措施、按条件放开东康伊落户的措施、推进东康伊农牧业转移人口市民化的措施 6 项改革措施。

提出上述 5 个方面 33 项制度性改革创新措施的责任单位涉及市组织、宣传、深化改革办、依法治市办、园区办、发改、财政、经信、农牧、公安、民政、教育、卫生、文化、科技、人事、社保、就业、商务、招商、环保、国土、规划、交通、建委、工商、旅游、水务、房管、林业等 30 多个主管部门。提出这些改革措施，有些可以由一个部门独立完成，有些需要由几个部门协同完成，有些还需要旗区参与。

相关责任部门提出这些改革措施，最终经过市委、市政府研究以后将形成推进东康伊一体化发展的顶层设计。所以相关责任部门的任务不轻，责任重大。需要重新学习领会党的十八大和十八届三中、四中全会精神，需要重新学习领会习近平总书记考察内蒙古重要讲话精神，需要认真贯彻内蒙古自治区党委、政府的有关精神，需要认真贯彻市委三届五次、六次全委会精神，需要进一步深入调查了解推进东康伊一体化发展中存在的突出矛盾和问题，以便使每一项改革措施都体现“四个全面”战略布局和新常态趋势，都体现内蒙古法治思维和改革创新精神，都体现内蒙古自治区党委、政府的有关部署和市委、市政府推动全面转型发展的要求，都具有很强的针对性、可操作性，都具有一定的可复制性、可推广性。

在鄂尔多斯市委、市政府的直接领导下，鄂尔多斯市推进东康伊一体化发展领导小组及其办公室应制定相关部门提出这些改革措施的路线图、时间表，明确牵头部门和责任人。深化改革办、依法治市办和一体办应加强督促检查，严把质量关，确保充分体现市委、市政府的意图和人民群众的意愿。

我理解的“内蒙古学”[①]

一、内蒙古学的丰富内涵

（一）内蒙古学的内涵

内蒙古学，就是研究内蒙古的学问，是以内蒙古的历史文化、人文活动、生态环境为研究对象的综合性学问。内蒙古学是一门用广义文化视角从整体上研究内蒙古的综合性学科，也是一门统领内蒙古发展各分支学科的牵头性新兴学科。从总体上讲，内蒙古学应从文化视角回答内蒙古从哪里来、现在何处、往哪里去的问题。

（二）内蒙古学的核心内容

内蒙古学研究的核心内容应是内蒙古优秀传统文化，应研究内蒙古优秀传统文化的特点和特性。从文化的内涵讲，在广义上是指人类在社会历史发展过程中所创造的物质财富和精神财富的总和，在狭义上是指精神财富，是与经济、政治、社会和生态文明相对应的文化，如文学、艺术、教育、科学等。文化是美和善的载体。

内蒙古学研究，应从内蒙古各族人民所创造的精神财富着手，突出内蒙古优秀传统文化这一核心内容，同时可以从物质财富着眼，丰富和扩大内蒙古学研究的内容。

文化在哪里？文化在生活中，在细节里。文化的全部意义体现在人们日常的生活、工作和活动中，以及大大小小的事情里。举手投足是文化，待人接物是文化，企业形象是文化，机关作风是文化，社会改革是文化，制度创新是文化。鲁迅先生曾说：“文化是骨髓里的东西。”文化的根本功能是提升人的精神境界，为社会生活提供意义系统和价值系统，使人不仅在物质生活上，而且在知识、道德、审美各方面得到全面发展。

笔者在《富民论》一书中写过：文化承担的责任就是使人们精神幸福。文

① 本文选自2018年8月19日在内蒙古草原文化节首届“内蒙古学”论坛上的演讲稿。

化作为精神财富，就是让人幸福。繁荣文化富民，应坚持人民至上，更好地满足人民群众的精神文化需求，让人民群众在社会主义文化建设中自我表现、自我教育、自我服务、自我发展，更好地实现文化育民、文化乐民、文化强民、文化富民。

（三）地方的特点在文化

习近平总书记指出，文化自信，是更基础、更广泛、更深厚的自信。内蒙古优秀传统文化，是马背民族的血脉，是各族人民的精神家园。在几千年文明发展中孕育的内蒙古优秀传统文化，在中国共产党领导下的革命、建设、改革、发展中孕育的革命文化和社会主义先进文化，是内蒙古各族人民独特的精神标识，积淀着内蒙古各族人民最深层的精神追求。文化对一个地方发展进程的影响，比经济和政治的影响更深刻、更久远。内蒙古优秀文化传统，对各族人民的价值观念、生活方式和发展方式都具有深刻的影响。

之所以把内蒙古优秀传统文化作为内蒙古学研究的核心内容，是因为文化是一个地方、一个民族最基础、最鲜明、最深层次、最能代表其风骨的特点和特性。越是内蒙古的，就越是全国的，越是世界的。有个性体现区别，有个性才值得去研究，研究出个性才有价值。有个性，有鲜明的特点，有厚重的特性，内蒙古学才能立起来。

（四）内蒙古学研究的目的

内蒙古学以研究内蒙古为己任，其目的就是要立足内蒙古，研究内蒙古，服务内蒙古。就是要以优秀传统文化为核心，立足内蒙古的历史和现实，面对内蒙古的发展和国内国际环境，研究内蒙古的实践和理论，探索提炼出对内蒙古整体发展的规律性认识，为内蒙古各级党委政府决策服务，为内蒙古各族人民服务。研究内蒙古的历史和文化，是为了内蒙古的现实和发展。因此，既要开展重点性研究，也要推动整体性研究；既要重视实践问题的讨论，又要构建内蒙古学的理论体系。

二、内蒙古学研究的内容

内蒙古学应是一门综合许多不同学科、采用许多不同学科研究方法进行研究的学问。内蒙古学研究的内容应具有广阔的领域和丰富的内涵，可以说灿烂若星空，浩瀚若烟海，在这里不敢列举，怕挂一漏万。内蒙古学研究的重点，应包括内蒙古优秀传统文化的本质特征、起源成因、形成机理、发展规律、地位作用、现实状态、相关关系、存在的问题和解决的途径等。

如果把内蒙古优秀传统文化作为内蒙古学研究的核心内容，那么就要科学把握整体性与重点性、学术性与实践性的关系。从理论上讲，整体性与重点性是统一的，没有整体就无所谓重点，不突出重点就难以带动整体；学术性与实践性也是统一的，没有学术性、没有理论的透彻，就不能起到指导实践的作用，而脱离实践、不能指导实践的理论肯定沦为空洞的概念思辨，不能成为真正的学术。内蒙古学的理论研究，既要研究基础理论，也要研究应用理论。

内蒙古学的基础理论，应探索内蒙古作为少数民族地方优秀传统文化发展的普遍规律及历史过程，还应探索作为主体民族的蒙古族优秀传统文化发展的特殊规律，以及有关的基本概念范畴和基本原理，内蒙古优秀传统文化与经济社会发展的关系，蒙古族与汉族、蒙古族与其他少数民族优秀传统文化的区别与联系，等等。

内蒙古学的应用理论，应探索深入研究内蒙古优秀传统文化的现实意义，应探索发掘、传承、创新内蒙古优秀传统文化的方法途径，内蒙古优秀传统文化对满足各族人民日益增长的美好生活需要、推动内蒙古走进前列、构建新时代的模范自治区，建设亮丽内蒙古、共圆伟大中国梦进程中的基本功能和独特作用，等等。

内蒙古学的方法论，应探索内蒙古优秀传统文化的起源与形成、传承与发展、衰败与繁荣、影响与功能等方面的客观规律，以及对发掘、传承、创新和研究中各种问题解决的机制，既要研究内蒙古优秀传统文化总体发展的共同规律，又要研究不同类别文化发展的特殊规律，等等。

发现和掌握内蒙古优秀传统文化发展繁荣规律，以便制定和实行相应的政策措施，发挥其在新时代建设亮丽内蒙古、共圆伟大中国梦进程中的独特功能和作用，并且使内蒙古优秀传统文化在新时代进一步发展繁荣，走向全国，融合世界文化。

三、草原生态文化是源泉

内蒙古优秀传统文化可谓源远流长，博大精深。其中，草原生态文化是内蒙古优秀传统文化的源泉，是研究内蒙古优秀传统文化的起点。

（一）草原生态文化是研究的起点

习近平总书记强调，绵延5000多年的中华文明孕育着丰富的生态文化。内蒙古草原是游牧民族的摇篮，没有草原就没有游牧民族。我们的先人生在草原、长在草原，生生息息、世世代代离不开草原，视草原如生命，人成为草原生态的一部分，人和草原是生命共同体。这是草原生态文化的灵魂，草原生态文化是草原人民骨髓里的东西。文化由人创造，而人又是文化的载体。研究优秀传统文化，绕不开其起源草原生态文化，草原生态文化是内蒙古学研究的起点，而研究草原生态文化不能不研究人与草的关系。

草原生态文化是草原文化的起源和重要组成部分，草原生态文化也是生态文化的一个类别和重要组成部分。可见草原生态文化是草原文化和生态文化的汇集，是两种文化或两个类别文化的融合，是草原文化多元一体的体现。把两种文化有机融合起来是草原人民的智慧，是处理人与草原关系的文化。草原生态，是内蒙古生态的主体，是内蒙古最突出的特点，草原生态文化是草原文化的源泉，也是草原文化最深厚的资源、最亮丽的底色。

（二）内蒙古从模范自治区来

草原生态文化源于先人的游牧方式。游牧方式延续了几千年，游牧的实质是轮牧，通过轮牧保持草原生态平衡。游牧方式孕育了游牧文化，游牧文化的实质是热爱草原、敬畏草原、适应草原、保护草原、人与草原共生，这是草原生态文化的核心理念，是一种和谐的人草关系。人草关系的中介是牲畜，和谐的人草关系的实质是平衡的畜草关系，和谐也是一种平衡。和谐的人草关系，其实是一种人畜草三者相对平衡的关系。

从哲学原理讲，事物发展的平衡是相对的，而不平衡是绝对的，由不平衡到平衡，再由平衡到不平衡，循环往复、螺旋式上升，这就是事物发展的过程。在相当长的时期，人畜草的关系是相对平衡的，这是草原生态文化理念的体现，尽管那是在生产力发展水平很低或较低条件下的相对平衡。

20 世纪 50 年代，内蒙古被周恩来总理誉为“模范自治区”。这是在毛泽东主席和党中央正确领导下，乌兰夫主席实行“人畜两旺”“三不两利”政策和“稳、宽、长”方针，解放和发展生产力的结果。单从牧区人畜草关系讲，当时草原生态良好、畜牧业发展、牧民生活改善，人畜草关系保持平衡。这是草原生态文化理念的体现。

20 世纪 80 年代初，实行分畜到户、承包经营，牧区人口增加，牲畜头数以前所未有的速度增长，牧民生活进一步改善，但草原开始退化沙化。改革打破了人畜草关系的平衡。尊崇草原生态文化理念，平衡成为人们追求的目标，但不平衡才是事物发展的动力。不平衡是矛盾，只有解决矛盾才能达到新的更高水平的平衡。改革打破了原有的平衡，实现新的更高水平的平衡，还要靠改革，还是靠制度创新。

21 世纪初，面对草原生态平衡遭到破坏的严峻形势，锡林郭勒盟创造性地实行围封禁牧、收缩转移、集约经营的围封转移战略，率先推行禁牧、休牧、轮牧的三牧制度和草畜平衡制度，实践证明是符合时代发展要求的正确选择。这也是草原生态文化理念的体现。

（三）内蒙古进入新时代

党的十八大以来，中国特色社会主义进入新时代，内蒙古的发展进入新时代，人畜草关系——草原生态平衡也进入新时代。在新时代如何建立人畜草和谐关系、实现草原生态新的更高水平的平衡？改革开放以来，尽管我们做了大量工作、采取了许多措施，但还没有实现新的更高水平的平衡。对内蒙古来说，这既是严峻的挑战，更是必须完成的艰巨任务。因为这关系到生态文明建设、构建生态安全屏障，关系到满足各族人民日益增长的美好生活需要，关系到亮丽内蒙古建设。

路子在哪里？习近平总书记为我们指明了方向。总书记在“两会”重要讲话中强调，要发展现代农业，调整优化农业结构，加快构建现代农业产业体系、生产体系、经营体系。结合内蒙古实际落实总书记的重要指示，就要加快构建现代畜牧业产业体系、生产体系、经营体系。

加快构建现代畜牧业产业体系，要解决的是发展什么产业的问题，草原的功能不只是产草，绿水青山就是金山银山，绿色草原也是金山银山，用习近平总书记的“两山”理论创新草原生态文化，推动牧区多业并举，提高第一、第二、第三产业融合发展水平。加快构建现代畜牧业生产体系，要解决的是怎样生产的问题，用现代物质装备、科学技术武装和改造畜牧业，转变畜牧业生产方式，提高畜牧业生产良种化、机械化、科技化、信息化、标准化水平。加快构建现代畜牧业经营体系，要解决的是谁来经营的问题，加快形成以牧户家庭经营为基础、合作与联合为纽带、社会化服务为支撑的立体式复合型现代畜牧业经营体系，促进小牧户和现代畜牧业发展有机衔接，提高畜牧业经营集约化、组织化、规模化、社会化、产业化水平。

构建三个体系、提高三个水平之所以能够实现草原生态新的更高水平的平衡，是因为其着眼点是质量兴牧、绿色兴牧，着力点是降低生产成本、提高经营效益、增加牧民收入，发展高质量的现代畜牧业。

（四）走向亮丽内蒙古

几千年来形成的热爱草原、敬畏草原、适应草原、保护草原、人与草原共生的草原生态文化，是草原人民骨髓里的东西。传承草原生态文化，人们追求的目标始终是人畜草三者和谐共生、相互平衡。社会生产力发展规律要求这种和谐平衡关系必须符合生产力发展的需要。因此，在不同历史时期、不同发展阶段，草原生态文化的表现形式不同。追求和谐平衡的目标是始终如一的，而实现目标的过程则是平衡—不平衡—新的平衡的螺旋式上升过程。

内蒙古自治区成立以来，从模范自治区到改革开放的内蒙古，再到新时代的内蒙古，进而建设亮丽内蒙古，草原生态文化始终得到传承和创新。这从一个侧面展现了内蒙古从哪里来、现在何处、往哪里去的艰苦卓绝的历程。正是这种艰苦卓绝的历程，更坚定了内蒙古人民的文化自信，更坚定了内蒙古人民建设亮丽内蒙古、共圆伟大中国梦的信心。

四、内蒙古学研究的方法

（一）明确指导思想

内蒙古学研究，必须始终坚持以习近平新时代中国特色社会主义思想为指导，始终坚持以人民为中心的思想，全面贯彻习近平文化思想，以内蒙古优秀传统文化的发掘、传承、创新为核心，重点突出、整体统筹、建立学科体系，积极探索、把握规律、注重学术方法，联系现实、服务发展、满足群众需求，打造特色、走向全国、与世界前沿接轨。

（二）纵向横向比较

内蒙古学的研究，应注重比较研究，只有比较研究，而且是系统地比较，才能凸显内蒙古学不同于别的地方学的特色，才能凸显草原文化不同于别的文化的特点，才能凸显内蒙古优秀传统文化不同于别的传统文化的特质，才能凸显草原生态文化不同于别的生态文化的特征，才能凸显蒙古族文化不同于别的民族文化的特性，等等。

注重比较研究，既要纵向比较，以纵深的历史视野，研究这个类别文化的古代与现代、过去与现在的状况，研究其形成、发展、演变的过程，从而发现其本质和规律，等等；又要横向比较，以宽广的世界视野，研究内蒙古这个类别文化与别的地方同类别文化的异同及其原因，等等。通过比较研究发现差异、衬托出内蒙古学的特色、特点和特质，凸显研究的学术意义，使内蒙古学立于地方学之林。

（三）坚持问题导向

坚持问题导向，是习近平总书记在治国理政中思考问题、研究问题的主要方法之一，并在全党倡导坚持问题导向，具有普遍的适用性。内蒙古学研究，更要坚持问题导向。

坚持问题导向，首先应树立强烈的问题意识。研究中的问题是推动内蒙古学发展的内在动力。搞清楚构建内蒙古学、开展内蒙古学研究面临的突出问题是什么，分清轻重缓急，提出解决问题的对策。其次应找准主要问题。问题有主要次要、重点一般之分。主要问题、重点问题解决了，其他问题就会迎刃而解。开展内蒙古学研究，应根据研究对象，先列出所有需要研究突破的问题，然后理出各个问题之间的关系，这样率先需要研究突破的主要问题也就会凸显出来。

坚持问题导向，还应兼顾需求导向，需求也是问题。以现实需求、发展需求、人民群众过上美好生活的需求为导向，坚持实事求是的态度，严守客观的学术标准，凸显研究的实践意义，使内蒙古学经得起实践的检验。

（四）紧密联系现实

内蒙古学研究的宗旨是立足内蒙古、研究内蒙古、服务内蒙古，用内蒙古优秀传统文化的视角，立足内蒙古的历史和现实，研究内蒙古的理论和实践，为建设亮丽内蒙古、共圆伟大中国梦提供服务。研究内蒙古的历史是为了内蒙古的现实。因此，无论是构建学科体系还是学术体系，无论是开展重点研究还是整体研究，都应紧密联系现实，都应紧密联系内蒙古发展的现实需要，都应紧密联系各族人民日益增长的美好生活的现实需要。本文用较多文字来阐述草原生态文化问题，其原因也在这里。

紧密联系现实，就是紧密联系现实需要即内蒙古改革发展稳定的现实对内蒙古学研究的需要。假如不联系现实、不紧密联系现实、不紧密联系内蒙古改革发展稳定的现实、不紧密联系各族人民群众生产生活的现实，人们可能质疑这种内蒙古学存在的意义。假如内蒙古学的研究只是从理论到理论、从学术到学术，空话套话连篇，不能联系现实，这样的内蒙古学可能得不到人民群众的认可。

紧密联系现实，要求我们准确把握有哪些现实需要由内蒙古学来研究。这就需要深入基层、深入群众、深入现实，搞好调查研究，既要发掘丰富的文献资料，也要把握更多现实需要，把学科研究、学术研究与现实需要紧密联系起来，凸显研究的现实意义，使内蒙古学深深扎根于现实的土壤中。

论现代畜牧业的“三个体系”①

——以锡林郭勒盟调研为例

一、以“三个体系”重要思想为指导

（一）现代畜牧业的内涵

2018年8月中旬，笔者在锡林郭勒盟就加快发展现代畜牧业特别是新型经营主体发展状况进行调查研究，走访正镶白旗敖登家庭牧场和哈夏图“牧人部落”，太仆寺旗蒙农专业合作社和张金海肉牛养殖合作社，正蓝旗鑫源牧业公司、高娃家庭牧场和珠萨拉牧人之家，东乌珠穆沁旗哈日戈壁畜牧业合作社和原生态游牧牧人之家，乌拉盖开发区王金强家庭牧场，西乌珠穆沁旗浩毕态食品合作社和白艺丽格民族手工艺合作社，锡林浩特市中蕴马业公司等十几个新型经营主体，深入进行交谈交流，深切感受到内蒙古自治区传统畜牧业开始转入现代畜牧业起步阶段，加快发展现代畜牧业正当其时。

现代畜牧业是指以新发展理念为指导，以现代产业体系、生产体系、经营体系为支撑，紧紧围绕提高质量调整优化结构，加快生产方式转变，推动集约化经营，促进产业融合发展，新型经营主体普遍辐射带动小牧户，以提高劳动生产率、资源产出率和全要素生产率为途径增加牧民收入，以有效保护草原生态实现可持续发展的畜牧业。发展现代畜牧业是一个动态过程，是由传统畜牧业向现代畜牧业转变的过程，包括畜牧业生产的物质条件和技术装备的现代化，畜牧业组织和经营管理的现代化等。

（二）加快构建三个体系

习近平总书记在2018年两会重要讲话中强调：“要发展现代农业，确保国家粮食安全，调整优化农业结构，加快构建现代农业产业体系、生产体系、经营体系，推进农业由增产导向转向提质导向，提高农业创新力、竞争力、全要素生产率，提高农业质量、效益、整体素质。”加快构建现代农业产业体系、生产体系、

① 本文于2018年9月撰写。

经营体系，是习近平总书记“三农”思想的重要内容，是发展现代农业的指导思想，深刻地回答了新时代发展现代农业的方向、重点、主体和路径。发展内蒙古自治区现代畜牧业，要以习近平总书记“三个体系”重要思想为指导，紧密结合各地区实际，加快构建现代畜牧业产业体系、生产体系、经营体系。

二、构建现代产业体系

（一）把握产业体系的实质

加快构建现代畜牧业产业体系，要解决的是发展什么产业、发展哪些产业的问题，实质是调整产业结构，推动多业并举、融合发展。产业体系是由相互联系和衔接的若干个相关产业构成的整体，它是相关产业融合发展的结果。构建现代畜牧业产业体系，在思想上要破除传统畜牧业单纯发展第一产业的惯性思维，树立协调发展的新理念；在工作上要努力拓宽畜牧业边界，着力扩延草原畜牧业功能，从单一畜产品供给功能向生活休闲、旅游观光、生态保护、文明传承、教育研学等功能扩延，提升相关产业相互衔接、第一、第二、第三产业融合发展水平。

这次考察的锡林郭勒盟一些新型经营主体具有产业结构优化、体现多元性和综合性、第一、第二、第三产业融合发展、收入大幅提高等特点。2016 年，锡林郭勒盟盟委、行署作出加快发展优质良种肉牛产业的决定和配套的发展规划、扶持办法，实施“减羊增牛”战略，调动了牧民调整畜种、品种结构的积极性。比如，近年来白旗敖登家庭牧场的羊由 300 多只减少到 30 多只，牛由 10 多头增加到 80 头，家庭牧场养殖与牧人之家旅游融合发展的年纯收入达到 24 万元。

再比如，蓝旗鑫源牧业公司是一家肉牛育肥场与北京“顺鑫农业”股份制合作的龙头企业，现养殖安格斯母牛 5300 头、育肥西门塔尔牛近 5000 头，延长产业链，日屠宰肉牛 50 头，向上海、杭州销售优质冷鲜肉产品。“鑫源牧业”的优势在于打通高端市场，为良种肉牛业发展开辟了广阔前景。东乌旗“哈日戈壁”是由 20 多户牧民入股经营种公羊的牧业合作社。他们从事种公羊租赁、活畜交易、新畜产品研发、肉食品冷藏、生态旅游以及饲草料储存、运输服务、信息服务、兽医服务、维修服务等业务，使广大牧户多方面受益，被农业部命名为全国农民专业合作社示范社、肉羊标准化示范场。

（二）大力推进多元融合发展

推动产业多元融合发展，要牢牢把握畜牧业供给侧结构性改革主线，以质量效益为导向，加快调整产业结构，在拓展和扩延畜牧业功能上下功夫，为市场提供优质畜产品的同时，着力发展生活休闲、旅游观光、生态保护、文明传承、教育研学等新产业、新业态，在满足人们物质生活需求的同时努力满足人们的精神文化需求。

提升畜产品供给产业，应坚持质量兴牧、绿色兴牧，树立特色畜牧业理念，把特色资源转化为特色产品，因地制宜发展肉牛产业、肉羊产业、草产业；发展畜产品加工业，振兴传统工艺，扶持家庭工场、手工作坊、嘎查车间等牧区传统加工业，发展牧区电子商务，满足消费者对名优畜产品的需求。发展生活休闲产业，应为游客提供民宿度假、游憩休闲、健康养生等服务，让游客了解牧区生产、体验牧民生活、享受大草原情趣。

发展旅游观光产业，应依托蓝天、白云、绿草原，骏马、牛羊、蒙古包，长调、琴声、乳香飘这样如画如诗的独有景色，以及河湖湿地、冰雪运动、野生动物驯养，吸引游客、愉悦游人，让旅游者观赏美景、放松心情、享受民族风情的服务业。扩延现代畜牧业生态保护功能，践行绿水青山就是金山银山、绿色草原也是金山银山的理念，使游客体验人畜和草原是生命共同体，受到生态文明教育。

拓展现代畜牧业文化传承功能，将民族优秀传统文化融入现代畜牧业产业体系的各产业各环节，发展特色文化产业，让游客感受游牧文明、草原文化的魅力。发展教育研学服务产业，应主动适应城市学校开展研学活动的需求，向游客特别是家长和学生提供草原生态保护、畜牧业生产、牧区生活习惯、手工作坊加工、家庭那达慕等方面的教育和体验服务。

三、构建现代生产体系

（一）把握生产体系的实质

加快构建现代畜牧业生产体系，要解决的是怎么生产、怎样发展的问题，实质是转变生产方式，降低生产成本，提高生产效率，提升畜牧业科技含量来增加牧民收入。生产体系是由相互关联、相互衔接的先进生产方式构成的整体，它是根据相关产业高质量发展需要而转变原有生产方式的结果。在某种意义上，所谓促进产业转型升级就是创新其生产方式。构建现代畜牧业生产体系，应实施创新驱动发展战略，围绕提高畜产品质量效益，加速转变生产方式，提升畜牧业绿色化、良种化、机械化、信息化、标准化、智能化水平。

内蒙古农牧业科学院反刍动物营养工程技术团队的试验研究结果表明，传统畜牧业放养方式导致冬春季节牲畜大量掉膘。寒冷、长距离行走采食和饮冰水三个因素，使一只成年羊一天相当于多消耗青干草708克，冬春放养采食枯草成为纯消耗过程。为了维持母羊冬春季正常生产需要，牧民普遍采取放牧+补饲的饲养方式，一只繁殖母羊需要投入264元，饲养成本提高导致养殖效益下降。针对传统畜牧业的这些问题，技术团队进行创新性试验，研发智能棚舍，将羊长距离行走、抵御寒冷和喝冰水的能量消耗降到最低，实现低成本饲养，提高羔羊的初生重、日增重、成活率，减少了放养及接羔等环节的人工成本。

技术团队研发的智能日光棚舍解决了北方极寒气候条件下抗风雪、保温、换气、饲喂、饮温水、接羔等生产环节的机械化、自动化、智能化、精准化，向数字畜牧业迈出一步，做到了生态效益提升、保膘效果良好、饲养成本降低、养殖收益增加、秸秆有效利用和棚舍成本较低，从养殖方式、接羔方式、饲喂方式、饮水方式到管理方式等方面，对传统草原畜牧业的生产方式进行了颠覆性创新，提供了构建现代畜牧业生产体系的范式。

蓝旗“鑫源牧业”在肉牛育肥、可繁牛饲养上也实现了绿色化、良种化、机械化、标准化，降低成本、提高效率，使育肥户、寄养户实现稳定增收。东乌旗“哈日戈壁”是推进畜牧业良种化的典范，多年坚持乌珠穆沁羊的复壮提纯，在“乌珠穆沁羊节”上多次获一等奖，通过种公羊交易把乌珠穆沁羊推广到其他盟市甚至辐射其他省区，被农业部命名为肉羊标准化示范场。

（二）大力推进生产方式创新

构建现代畜牧业生产体系，实质是转变生产方式，而转变生产方式应实施创新驱动发展战略，围绕提高畜产品质量、增加牧民收入，提升畜牧业绿色化、良种化、机械化、标准化、信息化、智能化水平。绿色化是转变生产方式的方向。应树立“绿水青山就是金山银山、绿色草原也是金山银山”的理念，坚持节约优先、保护优先、自然恢复为主的方针，形成保护绿色草原的产业结构和生产方式。良种化是转变生产方式的基础。因地制宜调整畜种结构、畜群结构，选养优良品种，夯实提高效益、增加收入的基础。机械化是转变生产方式的核心。在可以使用机械的生产环节都使用先进适用机械，降低劳动强度，大幅度提高劳动生产率。标准化是转变生产方式的内在要求。只有生产标准化，才能保证产品质量，才能实现品牌化。应切实增强标准化意识，既要严格执行既有标准，又要制定急需的新标准。信息化是转变生产方式的手段。信息化又是智能化的基础，应努力实现生产各环节的信息化，大幅度提高劳动生产率；因地制宜发展电商，开辟各层次市场。智能化是转变生产方式的目标。应根据畜种养殖特性，因地制宜发展智能棚圈、自动饲喂、感应饮水、无人机放牧等，大力提升畜牧业生产管理水平，大幅度提高劳动生产率。

四、构建现代经营体系

（一）把握经营体系的实质

加快构建现代畜牧业经营体系，要解决的是谁来经营、怎样经营的问题，实质是加快培育新型畜牧业经营主体，发挥其辐射带动作用，促进小牧户和现代畜牧业发展有机衔接。经营体系是相互联系和衔接的若干经营主体构成的整体，它是畜牧业现代化的主要标志。所谓新型畜牧业经营主体，包括牧民专业合作社、家庭牧场、龙头企业和社会化服务组织等。发挥分散经营的广大牧户发展现代畜牧业的主体作用，需要新型畜牧业经营主体的辐射带动，这是实现小牧户和现代畜牧业发展有机衔接的必由之路。

这次在锡林郭勒盟考察的一些新型经营主体都不同程度地发挥了辐射带动牧户的作用。白旗敖登家庭牧场为 4 户贫困牧民托养 8 头牛，4 名牧民在其“牧人之家”打工就业，为周边牧民加工的奶食品提供了销路。蓝旗“鑫源牧业”通过提供疫病防治、技术推广、饲料补充、贷款担保等服务，扶持 21 户农牧民育肥、让 27 户农牧民寄养可繁母牛等形式辐射带动周边农牧户发展养牛业。东乌旗“哈日戈壁”通过企业化管理方式，以较低价格统一购进饲草饲料、兽用药物等，以低于市场价格供给牧户；为牧户提供种公羊租赁，替牧户代销种公羔羊、联保贷款；提供物资运输、车辆机械维修、网购网销等多方面服务，使本嘎查和周边几百户牧民实现所谓“交易量分红”、节支增效、节本增收、多方面受益，使本合作社和本嘎查几十名大学生和青年在社会化服务中实现创业就业，在服务过程中使用规范的生产记录和财务收支记录，提升了合作社标准化生产和经营管理水平。

（二）大力培育新型经营主体

从以上阐述中我们可以梳理三个体系之间的关系。产业体系是现代畜牧业发展的基础，没有产业体系就难以发展现代畜牧业。生产体系是现代畜牧业的发展方式，产业发展靠生产，没有生产就无所谓产业，也难以发展现代畜牧业。经营体系是现代畜牧业发展的引擎，经营体系由新型经营主体构成。没有新型经营主体，经营体系难以构建；没有经营体系，生产体系难以形成；没有经营体系及生产体系，产业体系难以确立。可见，新型经营主体是产业发展主体，是生产方式转变主体，是现代畜牧业发展主体，也是辐射带动小牧户和现代畜牧业发展有机衔接的主体。这是考察锡林郭勒盟一些新型经营主体的最新、最深的感受。

“三个体系”之间的关系说明，加快发展现代畜牧业，关键是加快培育新型经营主体。从现实情况看，培育新型经营主体却是畜牧业发展的一个弱项。据锡林郭勒盟有关部门负责同志讲，锡林郭勒盟在工商部门注册的农牧民合作社总数达4700多个，但实际运行的可能不足10%，大量的是为争取项目而联络五户农牧民注册的。截至2017年底，内蒙古自治区注册的农牧民专业合作社8.21万家，实际运行并发挥作用的可能也要打折扣。

实践证明，发展现代畜牧业，应立足于提升畜牧业集约化、组织化、规模化、社会化、产业化水平，从培育新型畜牧业经营主体入手，加快构建以牧户家庭经营为基础、合作与联合为纽带、社会化服务为支撑的立体式复合型现代畜牧业经营体系。培育合作社，应鼓励牧民按照依法自愿有偿原则流转草场经营权，以草场、资金、劳动、技术、产品为纽带，积极发展生产、供销、信用“三位一体”综合合作，依法组建牧民合作社和联合社。培育家庭牧场，应鼓励以家庭成员为主要劳动力、以畜牧业为主要收入来源，从事专业化、集约化生产的规模适度的经营主体。培育龙头企业，应鼓励企业建立现代企业制度，带动牧民以草场经营权入股产业化经营，完善利润返还等利益联结机制。还应培育多元化畜牧业服务主体，探索建立技术指导、信用评价、保险推广、质量监管、产品营销于一体的公益性、综合性农牧业公共服务组织；培育从事机械作业、生资供应、技术推广、改良配种、全程托管、电子商务等产前、产中、产后社会化服务的经营性服务组织，提升畜牧业社会化服务水平。

五、构建实施保障体系

思想是行动的先导，认识是实践的前提。加快发展现代畜牧业的必要性、重要性和紧迫性不必多说，对加快发展现代畜牧业的认识，怎么提高都不为过。

应推进示范带动。牧民见不得虚的，总是眼见为实。在没有新型畜牧业经营主体的嘎查，至少应培育一个引领畜牧业适度规模经营、带动牧民就业增收、示范作用较强的新型畜牧业经营主体。通过深入推进牧民合作社示范社、畜牧业示范服务组织、特色畜产品示范嘎查和苏木镇创建，发挥新型畜牧业经营主体促进小牧户和现代畜牧业发展有机衔接，带动牧民进入市场、增加收入。

应加快培养人才。具有素质较高的经营管理人才和劳动力，是建设现代畜牧业的前提条件，也是现代畜牧业的突出特征。从事现代畜牧业生产经营，牧民不再是身份，而是一种职业。应把培养更多爱牧业、懂技术、善经营的新型职业牧民这项工程牢牢抓在手上，加快建设知识型、技能型、创新型畜牧业经营者队伍。支持嘎查党支部书记、嘎查达领办牧民专业合作社。把懂牧业、爱牧区、爱牧民的机关干部下派到嘎查领办牧民专业合作社，在一线锻炼干部。

应落实扶持政策。“三个体系”一体化，化于新型经营主体。传统畜牧业向现代畜牧业转型，取决于新型畜牧业经营主体的培育；新型畜牧业经营主体辐射带动作用的发挥，取决于各项扶持政策的落实。衡量新型经营主体的高下优劣，要看其本身的经营成效，更要看新型畜牧业经营主体辐射带动牧户的数量和成效。广大牧户广泛参与到现代畜牧业专业化生产和社会化分工中，加入各种专业化合作组织中，这是现代畜牧业的重要特征。应将新型畜牧业经营主体辐射带动牧户数量和成效作为相关财政支牧资金和项目审批、验收的重要依据，使广大牧户有更多的获得感。

加快发展现代畜牧业，事关全局工作，事关各族人民福祉。上上下下重视重实求实，有关部门全力以赴推进，时不我待，责无旁贷。关键是深刻领会习近平总书记“三农”思想特别是“三个体系”重要思想，用以指导工作，见之于行动。应从培育新型畜牧业经营主体切入，注重培养选用人才，注重落实各项扶持政策，注重建立健全加快推进的制度机制，持续发力，必见成效。

作者简介

布和朝鲁，内蒙古阿拉善盟阿拉善左旗人，蒙古族，研究生学历。曾任内蒙古阿拉善右旗旗委书记，内蒙古阿拉善盟盟委委员、宣传部长、秘书长，内蒙古党委组织部副部长，内蒙古锡林郭勒盟盟委书记，内蒙古党委副秘书长、政策研究室主任，内蒙古自治区人大常委会委员。曾任中国国际经济交流中心特邀研究员，内蒙古党建研究会副会长，内蒙古低碳发展研究院常务副院长，内蒙古人力资源协会名誉会长，内蒙古党校、内蒙古行政学院客座教授。

发表论文300余篇。2010年，人民出版社出版的经济学著作《奋力走进前列——内蒙古现象研究》获内蒙古自治区第三届哲学社会科学优秀成果政府一等奖。2016年，人民出版社出版的经济学著作《富民论》获内蒙古自治区第五届哲学社会科学优秀成果政府三等奖。

布和朝鲁文集

随笔散记篇

布和朝鲁◎著

经济管理出版社
ECONOMY & MANAGEMENT PUBLISHING HOUSE

图书在版编目（CIP）数据

布和朝鲁文集/布和朝鲁著．—北京：经济管理出版社，2020. 1
ISBN 978－7－5096－7003－3

Ⅰ．①布…　Ⅱ．①布…　Ⅲ．①布和朝鲁—文集　Ⅳ．①Z427

中国版本图书馆 CIP 数据核字（2020）第 021656 号

组稿编辑：申桂萍
责任编辑：申桂萍　姜玉满　杜羽茜　王虹茜
责任印制：黄章平
责任校对：张晓燕　陈　颖

出版发行：经济管理出版社
（北京市海淀区北蜂窝 8 号中雅大厦 A 座 11 层　100038）
网　　址：www. E－mp. com. cn
电　　话：（010）51915602
印　　刷：三河市延风印装有限公司
经　　销：新华书店
开　　本：720mm×1000mm/16
印　　张：70. 75
字　　数：1286 千字
版　　次：2020 年 7 月第 1 版　　2020 年 7 月第 1 次印刷
书　　号：ISBN 978－7－5096－7003－3
定　　价：198. 00 元（全五册）

自　序

举国欢庆祖国母亲七十华诞的历史时刻，个人文集即将出版，我的心情格外激动。文集者，顾名思义是文章文稿的汇集选编。为什么出版文集？领袖、伟人、名家的文选文集有其不可估量的价值。我这里要说的是普通人的文集，其意义至少有三个方面：一是对当代人或许有某种参考借鉴的意义；二是对后代人或许有某种增知和启迪意义；三是对历史具有比较研究的意义。所谓历史，从其存在形式来说，就是当时人的文字记录、口口相传的记忆记录和某些物体的特殊记录。如果没有了这些记录，历史便不能被后人知晓。这是我对文集出版价值的认识。

什么样的文集有价值呢？概言之，文集中文章文稿说的是真话实话自己的话，而不是假话空话套话。说来容易，真正做到并不容易。说真话，就是说的话具有真理性、科学性，以党的创新理论为指导，符合习近平新时代中国特色社会主义思想的原则和立场、观点、方法。说实话，就是说的话是实事求是的，符合当时当地的实际情况，坚持问题导向，以解决当时当地发展中的问题为出发点，以实现、维护、发展人民群众的根本利益为落脚点。说自己的话，就是理论与实际相结合，说有见解、有新意，有针对性、有操作性的话。这是我对文集参考价值的认识。我不敢说这套文集有这样的价值，但一直以来是我努力的方向。

进入新时代，人们为实现自己的梦想而奋斗，都在只争朝夕。读书看文章，希望在有限的时间里能看到有新意、有启迪的短文。这套系列文集选录了 260 多篇文章，近百万字，时间跨度从 20 世纪 80 年代到现在，多数文章的篇幅比较短。当然，也有上万字甚至数万字的课题研究报告，数量相对较少。希望这套系列文集能适应不同读者的兴趣，非常期待读者不吝赐教。

这套系列文集尽管是一己之见，却是我从政几十年的印记和心血。恰逢盛世，愿以此为我的祖国献上小小的礼物。是为序。

布和朝鲁

2019 年 9 月 30 日

目　录

布和朝鲁文集之一

理念思路篇

布和朝鲁文集之二

全面发展篇

布和朝鲁文集之三

研究探索篇

布和朝鲁文集之四

随笔散记篇

布和朝鲁文集之五

党建引领篇

布和朝鲁文集之四

随笔散记篇

冬　青[①]

阿拉善这个荒漠草原，打我懂事起就听人们说咱这地方是十年九旱、十年一大旱。茫茫的戈壁，连绵的沙丘，看不到松柏的傲然挺立，也看不到杨柳的婀娜多姿。可是你骑上骆驼横跨戈壁和大漠，你会看到一种灌木，一种常绿的灌木，一丛丛、一片片，生长在没有一滴水的干旱荒漠上，像一队队忠诚的卫士，守护着北疆大地。

这就是我们阿拉善草原上唯一的一种冬夏常青的植物——冬青。

冬青把根系顽强地伸向大地的深处，地面上只有几尺高、胳臂粗的主干。主干上长出很多枝丫，粗的细的，托着无数个绿里泛出银灰色的椭圆形的叶子。夏天，冬青开着满树的黄花，蜜蜂总是在其间忙碌不停。这个季节，牛羊和骆驼都不怎么吃它的叶子，因为冬青的黄花有一种苦味。如果有哪个馋嘴的山羊吃多了那烂漫的黄花，晚上回圈时准会摇摇摆摆、东倒西歪——馋嘴的醉了。待到花谢了，满树吊着鹅黄色的豆角。里面的豆果熟透了，豆角就会咔嚓一声突然裂开，豆子像个调皮的小孩儿跳到地上。风很快就把这些调皮的东西——一颗颗绿的种子埋入大地。这时候是深秋季节，其他的草都枯黄了、散落了，冬青的叶子也不苦了，正好供牲畜享用。

北疆的冬天，“千里冰封，万里雪飘”，三九凛冽的西北风吹得似乎要把三岁犍牛的脑袋给冻裂。在野外过夜的骆驼、牛就卧在冬青旁边。冬青给它们挡住了寒风和沙砾。雪花飘飘，大地银装素裹。这时候你再看看冬青，可谓雪压冬青，冬青更青。

住在蒙古包里的牧民爱烧冬青取暖和熬奶茶。虽说冬青的枝条和叶子有一些水分，但很好烧。一放进炉灶，那绿叶就噼里啪啦地响个不停，宛如过年的鞭炮声。小孩听着这声音，好像是在听美妙的音乐，目不转睛地盯着越烧越旺的火。冬青的灰，洁白如雪。有的老牧民把冬青灰少许掺和在鼻烟里闻吸。

这就是冬青，在我的家乡到处都可以看到的一种灌木。她美吗？不过是一种极普通的灌木，谈不上雄伟或高大。但是我有一种说不清的感受，一想起或一说到冬青，就能联想到家乡的父老乡亲。哦，我的父老乡亲，他们是一些极普通的

---

① 本文是在内蒙古师范大学干部专修科（中文）学习时的作文作业。1983 年 10 月 10 日，任课老师的批语：“不但写出了地区特点，也写出了个别事物的特点，理想是自然而含蓄的。文笔也不错，似乎有写散文的爱好吧？”

人，日复一日，年复一年，赶着羊群驼群放牧，同干旱搏斗，与严寒抗争，代代都是这么过来的。其中有的人至今没有见过汽车、火车是什么模样；有的人一辈子也没有从那世界著名的巴丹吉林沙漠里出来过。党和政府怎么号召，他们就怎么干，从来也不知道什么叫艰苦、什么是条件。我生长在阿拉善的荒漠里，就是由这些极普通的人们养育大的。

我对冬青是一种什么感情呢？我说不清。

红牛石的传说[①]

我的故乡孪井是一片绿草如茵的小平原。南边那个连绵起伏的丘陵叫石篷子梁，东边像三个馒头一样圆的三座小山叫古尔文赛罕，意思是三座好看的山。往东北看，在视野尽头忽隐忽现的那个高大山脉就是远近闻名的贺兰山。再往西看，便是同样有名的腾格里沙漠。这中间就是孪井，蒙语叫浩依尔呼都格，两个井的意思。

在风调雨顺的年景，蔚蓝的天空飘着朵朵白云，碧绿的草地上撒着雪白的羊群，大雁的叫声时断时续，牧人的长调此起彼伏。遇上旱年，就变成起风日无光，出门一片黄。然而，无论年景怎样，牧民对这片土地的爱是不变的。他们祖祖辈辈在这里生产生活、繁衍生息。小时候听大人们说“要放羊孪井淌，要放骆驼石篷子梁”，可知他们对家乡的满意和自豪。那时我总想，在这么好的草原上如果有一条小河，该有多好。

有一年夏天，我跟着母亲放羊。中午，烈日当头，热得连羊也不吃草了，卧在那里直喘气。没有一丝风，太阳晒得更厉害了。我望着天空，盼着飘来一朵云彩下一场雨。下不了雨，就是来遮遮太阳也好呀。这时我突然看见在那天边有一条清澈的小河在流淌。真的，连河水波纹也能看得见。我拽着母亲的衣襟问：“额吉——您看，那是什么呀？”母亲顺着我指的方向看了看，笑了，抚摸着我的头说：“那是一条河。”晒得口干舌燥的我顿时忘了渴，催促母亲说：“那我们快把羊赶到那里饮水吧！”母亲又笑了：“傻孩子，那叫吉日格勒干（海市蜃楼）”。我的高兴和激动被一扫而光：“那您说是河？”母亲转而又说：“不过，老人们说那里确实有过一条河……”于是母亲在羊群旁给我讲了一个

① 本文是在内蒙古师范大学干部专修科（中文）学习时的作文作业。1983 年 12 月 10 日，任课老师的批语：“文笔很流畅，充满草原气息，把一个美好的传说与严峻的现实结合起来写，‘寓意于物’用得很贴切。”

古老的传说。

“很久很久以前，在草原上流淌着一条水晶般的清泉，两岸的草原上百花盛开，蝶飞鹿鸣，一年四季都是歌声和奶香。

可是，有一天，太阳没了光，布谷鸟不歌唱，哈日格那花也失去了芳香。因为，有个皇帝到草原上打猎来了，他正在追射一只小鹿。可怜的小鹿跑呀跑，跑到小河边，腾空一跃，跳过河去了。皇帝追到了小河边，也准备跳过河去。平静温顺的小河顿时波涛汹涌，咆哮起来。皇帝过不了河，气得两眼流血，就把肮脏罪恶的箭射入泉眼。那小河就这样断流了，百花凋零了，绿草也枯萎了。皇帝哈哈大笑，得意地往回返。可是走不多远，晴天一声霹雳，惊天动地，一块硕大无比的红石头从天而落，正好砸在皇帝的脑袋上，把他压死了。你看，那块大红石头还在那儿呢。”

顺着母亲的手指望去，远远的，在那神秘的、使人向往的小河幻景的东边，我真的看到了一块红石头，在太阳照射下还微微闪着红光。

稍大以后，我一个人赶着羊群到过那红石头旁。它像一头卧着的牛，一个巨大的整块石头。周围不远还散落着几块小红石头，好像整块石头落地时砸烂崩出去似的。可是方圆几十里再没有一个石子儿。我站在那红牛石旁，觉得就在它下面压着一个青面獠牙的魔鬼，不由得往后退。可是再一想，不要说一个魔鬼，就是十个、百个也休想把这巨石顶翻。于是我就放心地爬上“牛”背，瞭望那远处的曾经有过的小河……

母亲给我讲的红牛石的传说，我一直记着。上学以后，包括小学、初中到高中，同学要我讲故事，我偶尔也把红牛石的传说讲给他们听。曾几何时，那场“文化大革命”来了。那些“可敬”的造反派说我假借讲故事放毒，我莫名其妙地挨了批。可是母亲讲的那个红牛石的传说我还是没有忘记。

1980年冬天，我出差到北京，正是特别法庭审判“四人帮”的那些日子。我与首都人民一道在电视屏幕上看到那几个曾经不可一世地嘲弄过历史的丑类在人民法庭上的丑态。我还特意到正义路一号，长久地望着那幢极普通而又极庄严的建筑物。不知为什么，那时我突然想起了那块巨大的红牛石。

中国有句俗话说“多行不义必自毙”。尽管是传说，但我觉得那块从天而落的红牛石压在那儿是有道理的。而今这不是传说，在这正义路一号里正在进行着正义的审判！

黑城的传说[①]

在祖国繁华的都市古城里、雄伟的名山大川上、奔腾的长江大河畔，有数不清的各种各样的名胜古迹。围绕这些名胜古迹，又有很多古老而美丽动人的神话传说。可是你想象不到在我的故乡，在那遥远的戈壁腹地、滚滚的大漠深处，也有不少古迹，也有自己的传说。这里我要讲的是其中的一个——黑城的传说。

从阿拉善盟额济纳旗达来库布镇驱车往东南，穿过胡杨林，在戈壁滩上奔驰个把小时，再翻过一道沙梁，你面前出现一片开阔的洼地，其中央是一座土城堡。这就是吸引无数人来此一游的有点神秘的西夏黑城。

一个灰蒙蒙的薄雾笼罩了戈壁的下午，我们来到黑城。这是一座方形城堡，城墙有些已破损，有些被沙埋。西北角的城墙上有一座佛塔，西南侧城墙外有一座清真寺，主体相对完整，塔身和寺顶也都破损。城里有很多古建筑遗址、残砖断瓦、陶瓷碎片和残破的石磨、石碌碡等。

多少年来，这座神秘的戈壁古城堡吸引无数的游人、专家学者和探险家慕名而来。据说，在20世纪初最先是俄国探险家三次来此盗走西夏文物多达数千种。接着是英国探险家来盗取大批文献资料和历史文物。新中国成立以后，甘肃文物考古队、内蒙古文物考古研究所和阿拉善盟文物工作站多次组织发掘，都有不少收获。

我俯拾古陶瓷碎片，观赏，抚摸。它们被蒙上历史的风霜，却记录着远去的岁月。如果让时光倒流千年，我们会看到这城里大街小巷纵横交错，亭台楼阁相映成辉；摊贩叫卖此起彼伏，男女老幼熙熙攘攘。它曾经是丝绸之路上的一颗明珠呢。登上城门楼，也许会看到城郊沟渠汩汩，胡杨成片；房舍栉比，鸡鸣犬吠；烈日下有几顶熏黑的毡包，羊群边传来哀怨的牧歌。

遥想当年，我又仿佛看到这小城内外战马嘶鸣，弓鸣箭飞，尸横城下，血染黄沙。黑城的传说就是讲这个场面。当年侵略者为了掠夺一件稀世珍宝攻打这座城，有一位黑将军镇守黑城。英勇善战的黑将军和他的儿子、儿媳身先士卒，冲锋陷阵，率领全城军民一次又一次打退敌人。侵略者围攻数月仍然无法破城。后来，敌人发现黑城是靠黑水来生存的。黑水就是今天的额济纳河，古代称黑水或弱水。敌人就用沙袋堵截了流经城下的黑水，使黑水改了道。现在站在城墙上还

① 本文是在内蒙古师范大学干部专修科（中文）学习时的作文作业。任课老师的批语："不错，干练、简洁，抚今追昔，联想自然，情真意切，给人以启迪。对'物'的描绘还稍不足，这大概也是造成本文内容较单薄的原因之一。"

依稀能看见那条被断流的古河道。

当时黑水被改道使黑城遭到致命打击。黑将军见黑水断流，就在城内挖井，挖了80丈也没有挖出一滴水，城中百姓和军队饥渴难忍，黑将军的儿子、儿媳也都战死。黑将军把侵略者要抢的稀世珍宝连同儿子、儿媳的尸体都埋进没有挖出水的深井里，最后自己也倒在阵地上。侵略者占领了黑城，但什么也没有找到。后来找到了那口深井，便动土挖那口井。但一挖土就从井里喷出一股黑气，闻到的人即刻昏死。从此以后没有人敢来盗掘。

冬去春来，星移斗转，沙粒年复一年埋着黑城。然而，那位率领军民至死保卫黑城的黑将军同黑城一样被后人传颂。我在城墙上低徊，在低徊中思索。是的，黑城虽小但是神圣的。它上面这高高的蓝天、飘飘的白云，它周围这茫茫的戈壁、滚滚的沙漠和青青的胡杨……这一切都那么的神圣。我们的祖先在这块土地上一代一代生息繁衍、劳动生产，为了保卫它而战斗牺牲、流泪流血，为了它的现在而骄傲、欢笑、歌唱、梦想……是啊，没有他们千百年来前赴后继的探索开拓、不懈奋斗，哪有人类社会今天的文明！

我在城墙上瞭望，瞭望远处的景色。薄雾已经完全散去，晴朗的天空下显出一道绿色的屏障。那是胡杨、梭梭，那是红柳、沙枣，那是与黑城同样有名的额济纳特有的森林。人们称它为空中牧场，秋风萧瑟、牧草枯萎的时候，它繁茂的叶子成了牲畜的优质饲料。人们称它为天然屏障，寒冬腊月、漫天飞雪的时候，它为牲畜挡住了凛冽的西北风。

我看到绿色的林间有雪白的蒙古包，蒙古包顶上升起袅袅炊烟，那是牧民的夏营盘。林间还有三五成群的戈壁红驼在悠然自得地昂首阔步。从林子上面看到高高的水塔、白白的楼房和密密的电线，那是与黑城遥遥相望的戈壁新城达来库布。黑城作为历史的见证在戈壁上挺立了千百年，戈壁的儿女们在中国共产党的领导下永远摆脱了内忧外患，继承祖先的光荣传统，用自己勤劳的双手信心百倍地建设着美好的新生活。

早　晨①

山雀银铃般的叫声，震落了满天的星斗。远处的古尔文赛罕山用神秘的轻纱

① 本文是在内蒙古师范大学干部专修科（中文）学习时的作文作业。1984年2月27日，任课老师的批语：“思路贯通，叙述也较具体。要注意文字要简洁，力求将可有可无的字、词、句去掉。”在最后一段旁边批到：“这一段不错，情深意切，有诗意。”

遮掩了自己。牧人家的房顶上升腾着袅袅炊烟。

母亲早已熬好了香喷喷的奶茶，把盛奶茶的铜茶壶煨在火盆上。然后领着我的几个小侄儿到羊圈配羔挤奶。我跟着他们走进了羊圈。

膘肥体壮的羊儿卧在圈里安详地倒嚼，睡了一夜的小羊羔爬起来伸伸懒腰，咩咩地叫着寻找自己的妈妈。母亲就把那些叫了半天也找不着自己妈妈的小家伙们抱起，一个个配给还不认得自己羔子的大羊。末了，又提着小奶桶挤奶。这时，我的大侄儿已经把要挤的山羊逮住，让奶奶挤奶。调皮的小侄儿却早已骑在一只个头最大而又温顺的山羯子上，慢悠悠地来回走串呢。

这一切对我来说是多么熟悉啊，它勾起我多少个悠远的却又似乎是昨天的童年的回忆。这些年，我工作学习在外，很少有机会重温童年的生活。我也帮母亲逮了一只羊。母亲看见我还能像小时候那样敏捷地逮羊，慈祥地笑着走过来挤我给她逮的羊。母亲虽年逾花甲，可那双手挤奶仍旧是那么熟练，奶桶里发出熟悉的动听的嗞嗞声，浮出雪白的好看的奶花。

母亲这大半辈子受过多少苦呵，可是离开羊群一天，她心里就憋得慌。挖“内人党”挖到羊群里来的那些年月，母亲也同那些忠厚纯朴的牧民一起受到迫害，羊群也给收走了。自从前年实行了“畜草双承包”责任制，羊群又回到母亲身边。母亲的生活也一天天好起来，早晨有奶茶喝，碗柜里有黄油、奶酪，过年过节还可以用羊背子招待客人了。

忙碌了一早晨，我帮母亲提着奶桶走出羊圈。我说：“额吉，您这么大年纪了，就别老这么忙乎了，注意身子。”母亲却慈祥地笑着说：“儿子，额吉不累，这几年党的政策这么好，你想，我能闲得住吗。”

不知什么时候太阳姑娘已经从古尔文赛罕山那边轻盈地跳上来，掀开了纱幔，露出了笑脸。这是故乡的早晨，我们家的早晨，我母亲的早晨。在金色太阳照耀下，我看到母亲脸上的皱纹也少了许多。

母亲和儿子①

成人大学放暑假了。回到家的第二天，小弟弟就从牧区老家赶来。他说：“额吉问你们什么时候能去她那儿，早点儿捎个话。额吉还说，如果像以前那样

① 本文是在内蒙古师范大学干部专修科（中文）学习时的作文作业。1984 年 8 月写于家，9 月修改于内蒙古师范大学，任课老师的批语：“具体、真切、富有真情实感，读来感人肺腑，催人泪下。剪裁也好，点面结合，虚实相生，是一篇浸透了情感体验的好习作。”

当天去了便返回来，就别去了。她老人家自己要来这里多住几天。”母亲想儿子，想尽快见到我。我何尝不想母亲呢，没有见到她老人家已经半年多了。

小时候，我一步也没离开过母亲。炎热的夏天，她把我放在毡包的阴凉地，一边打奶（用传统方法加工奶食），一边给我哼长调民歌。寒冷的冬天，母亲把我裹在老羊皮皮袄里用腰带背起来，照样干自己的活儿。母亲不管走到哪里，干什么活儿，都拉扯着我。即便是腾场移牧，她也领着我。在秋夜的篝火旁，母亲给我讲美妙的神话。我枕在她的腿上，望着闪烁的星星，不知不觉睡着了。

上学以后，我在母亲身边的时候渐渐少了。学校离家二三十里地，我只能住校。母亲难得去看我一次，因为她离不开牲畜和繁重的家务。上初中以后就更远了，二三百里地，骑马还走两三天呢。只有在寒暑假里我和母亲才在一起。

后来，学上完了，“文革”却来了，我不能回到母亲身边，甚至不能从千里之外多来几次看望她老人家。这几年我终于回到故乡工作了，看望母亲的机会也多了。但是由于工作忙，有时路过看一看，有时当天去了便返回来，难得在她老人家身边多住几天。所以，这次母亲才让小弟弟捎来那样的话。

现在，我又是享受寒暑假的学生了，用不着当天去了就往回返，也无须让她老人家赶路劳累。于是，当天傍晚我就找了个车，携全家看望母亲去了。

小车在笔直的草原路上飞快地奔驰。车里，上初中的女儿和上小学的儿子像个小燕子，跟他们妈妈叽叽喳喳个没完。蒙古族俗语说“做了父母的人才知道父母的恩情”。看着自己两个天真活泼的孩子，我陷入往事的回忆。

18 年前，也是这样的傍晚。一个十几岁的少年背着沉重的行李，吃力地从古日文赛罕山口走出来。当日中午时分，他在包兰线上的一个小站下了火车，又搭了一段运煤的拖拉机。剩下的六七十里路只能靠两条腿走回家才能见他的母亲。太阳正在落入地平线。远处灰蒙蒙的，看不见家，但是还知道大方向，走吧。这个步履艰难、心情沉重的少年就是我。

那是 1966 年秋天，“文革”风暴已经席卷全国。我们家被莫名其妙地打成“牧主”，我在学校也被宣布为“黑七类”“小牛鬼蛇神”，遭到批判批斗。到了晚秋，全校学生几乎都串联去了，只剩下少数“黑帮”老师和“小牛鬼蛇神”。经我们再三请求，最后才被允许编入“长征队”监督串联。我这次回家是来向母亲告别的。

夜幕降临了。一种无名的恐惧笼罩着我的心头。不知走了多长时间，我又饿又累又怕迷路，只好把行李放下来，打算在野滩里过夜，等天亮以后再说。躺了一会儿，又冷又怕，怎么也睡不着。我突然看见满天星斗中最亮的三星。母亲给我说过，迷路的人常用三星的方位来辨别方向。我又听见附近有马蹄声，知道有马群在吃草。我知道了方向又壮了胆，就背上行李继续赶路。

直到后半夜我才摸到母亲住的那间窑洞房。她老人家被造反派从自己家里赶出来之后就住进这个窑洞房。被烟熏黑的窑洞里点着黄豆粒儿似的煤油灯，母亲仍在灯下做针线。

“额吉——我回来了！”母亲怎么也想不到半夜三更儿子会站在她面前。听到我的声音，母亲猛然抬起头看着我，好久没有说话。我看见她的眼眶里闪着晶莹的泪水，好长时间没有儿子的音讯了。

那时，我深受极“左”路线的摧残，思想感情上处于一种极其复杂的、迷信的、麻木的状态。认为自己一夜之间由一个经常受到老师的夸奖和喜爱的学生变成专政对象的“黑七类”，全是因为家庭！怨恨自己投错了胎，苦恼得抬不起头来。有时候也强打起精神，以党的“阶级路线”安慰自己，记得还写过“出身不由己，道路任我选，跟着毛主席，革命永向前”的诗句。那次回去不但没有替母亲分担点儿忧愁，反而把自己在学校因家庭出身而被打成“黑七类”“小牛鬼蛇神”，并遭批斗的经过一股脑儿说给母亲。被批斗是什么滋味儿，母亲有亲身体验。她为儿子难过得只是默默地流泪。母亲知道了我要去步行长征，就很快用一床老羊皮被子缝好了一个皮“口袋”，晚上钻进去既是被子又是褥子，黑夜睡着暖和，白天背着走路轻便。

“你这一走什么时候能回来？”

“我们是学习当年的红军，去步行串联。说不定爬雪山、过草地呢。就是我死了也不许你们找我。”

这就是我当年的“豪言壮语”。我现在真是想不明白当时我的心为什么变得那么冷酷?！母亲想儿子、疼儿子的一句问话仅得到了这样的回答，她不抬头，只是默默流泪。那次回家前至少有 8 个月没有见到母亲，可是回来只待了一天，连一句安慰的话都没说，反而尽伤她老人家的心。做儿子的心是多么狠啊！尤其不能容忍的是后来在学校为了表明跟家庭划清了界限，竟按照“红五类”和造反派的要求无限上纲上线，骂自己的“牧主”家庭和生身父母。那字眼是再也不能说出口的，简直是罪过！可当时我哪里知道硬被扣上“牧主”帽子的我们家和别的牧民比，同样是辛苦劳作、勤俭持家，只不过牲畜多一些、生活好一些、忙时雇了两个帮工而已。每次想到这些，我就向早年病逝的父亲和独自一人把我们弟兄几个拉扯大的母亲默默忏悔……

“爸爸，你在大学里想奶奶吗?”儿子唤醒了回忆中的我。我连忙回答：“想呀，怎么会不想呢。那么，你想不想奶奶?”

“奶奶最疼我，常给我捎来酸奶、奶酪和黄油。我也想奶奶。”

是啊，孙子想奶奶，儿子更想母亲。但是儿子再想母亲，也不如母亲想儿子。自那次告别母亲直到 1968 年夏被送到千里之外插队下乡接受再教育，在这三年间我连一封信都没有给母亲写过，以表示决裂得彻底。母亲呢，她每时每刻都在想儿子，每年每月都在打听儿子。后来，她终于打听到儿子的下落，甚至还知道了当知识青年的儿子劳动很好，并且用自己挣的钱盖了两间新房，很快就要和一位一起下乡的姑娘结婚了。于是，她托人把仅有的一块驼色旧毛毯（那是从造反派抢掠中设法保存下来的）和一个旧红花布被面捎给了儿子。

后来，还是在未过门媳妇的一再坚持下儿子才冒着“划不清界限”的危险，回来看了母亲。第二年，我们抱了个小孙女回来，一起过了年。那年月，母亲见儿子，儿子看望母亲，真是不容易呀！

1978 年党的十一届三中全会之后，情况才有了根本好转。党的政策落实了，冤假错案平反了，母亲高兴得脸上的皱纹都舒展了。她心急火燎地招呼儿子回来。

是啊，母亲在召唤，故乡在召唤，儿子能不回来吗！况且，儿子早已归心似箭啊！我回来了，我回到了故乡，回到了母亲的身边。我参加历史上第一次的成人高考，以优异成绩又成为一名学生。母亲照旧在银碗里斟满洁白的鲜奶，像当年送我上小学一样祝福我。

啊，母亲的心！……

我长长地吁了一口气，向车窗外望去。晚霞给金秋的草原着上了绚丽多姿的盛装。在银带似的公路上，小车好像懂得坐车人的心情似的，像支离弦的箭向前飞奔。

远远的，我看见了家，我好像看见母亲站在家门口。

母亲，您的儿子看您来了！

阅览室遐想[①]

书上的字有些模糊起来，眼睛困了，额鲁特把视线从书上挪开，把身子往椅子靠背一仰。40 管日光灯全都亮着，如同白昼。这阅览室真大，能容纳这么多人坐在一起看书。静极了，偶尔才有翻书的声音。究竟是大学！

额鲁特上小学四年级时，语文老师是个红脸庞、大眼睛，文静得像个大姑娘

---

① 本文是在内蒙古师范大学干部专修科（中文）学习时的作文作业。任课老师的批语：“这篇习作是按照心理活动的次序写成的。它的特点是先‘截取流程’，次‘物我交融’，再‘反复穿插’，最后是‘理性升华’。我蓦地感到你文字的表达能力似乎比口头表达要好。心理活动中的起伏，自然是绕笔，惟由于心理活动的复杂和多变，一定要注意层次和节奏，不过急过缓，要主次，有张弛。”

似的小伙子。他不仅课讲得好，还爱唱歌、会作诗，字写得也很漂亮，一句话，他什么都知道、什么都会。人们说他是大学生。10 岁的额鲁特很羡慕这个老师，暗暗下了决心：将来自己也要成为大学生。

今天额鲁特终于坐在大学图书馆的阅览室里了，可是时光已经过去整整 25 年。有这么大岁数的大学生吗？有的，在我们这个经历了十年动乱的古老而又文明的国度里。

一个穿天蓝色登山服的高个子姑娘起身离开了座位，她干什么去，到书库换书吗？她长得多么像图雅。图雅是额鲁特曾经在中学教书时教过的那个班里学习最好的女学生。是的，那个班里像图雅那样勤奋好学的学生真不少。课堂上，他们个个睁大眼睛看着你，那一双双眼睛里闪烁着求知的渴望。可是额鲁特能够给予他们的却太少了。"要想给别人一杯水，你自己得有一桶水"，上哪去装满自己的一桶水呢？额鲁特离开了讲台，他讲课讲得嗓子眼儿里冒烟，他得找一杯水喝，他得装满一桶水。

那个"天蓝色登山服"拿着一本厚厚的书回来了。她坐到自己的座位上，双手拢了拢头发，然后把书打开，贪婪地读起来。可是对面的这个小青年怎么不写了呢，刚才他还一直写个不停——唰、唰、唰。此时他却左手托腮帮，右手捻转钢笔，目不转睛地欣赏起自己的钢笔来了。他在写作文吗，卡壳了？作文这东西是难写。难怪像臧克家这样的大诗人也发出"写作，可贵而难能"的慨叹。前些日子，额鲁特在《人民日报》的"大地"副刊上读到那个"豆腐块"的。

额鲁特也深知这个"难能"。不要说作文，就是起草个报告、写个总结，写好也不容易。干秘书工作的这几年，他度过多少个不眠之夜，然而他的产品却每次都需要返工。在那些不眠之夜，他不止一次地想起小时候的梦——上大学，大学毕业当一个像他的语文老师那样年轻有为、才华横溢的老师。梦，是美好的，然而现实毕竟不是梦想。那场令人毛骨悚然的"文化大革命"无情地摧毁了他的梦。可是梦，人常常要做，而且不由自己。有时候历史的辩证法同样无情地把梦想变为现实。

额鲁特接到成人大学录取通知书，最高兴的是年逾花甲的母亲。她焖了雪白的大米饭，做了儿子最爱吃的干羊肉炒沙葱，把儿媳妇和两个孙子一起叫来，热热闹闹地吃了一顿。母亲说这是为儿子送行。末了，还拿出五张十块钱的票子放在儿子的手里说："这个你在路上喝茶吧。"这是自古以来家乡的长辈为晚辈出门送行的最简单而又不可缺的礼数。

额鲁特赶忙站起来接住钱，鞠一躬，但什么话也没有说出来，鼻子一酸，眼泪就要掉了。他低头看着钱上的图案，看着看着那图案竟变了：朝阳下，草原上的哈日戈那花开得格外艳丽。一个戴红领巾的少年牵着一匹雪青马就要上路。马鞍上的褡裢鼓鼓囊囊的，装满了母亲做的早茶点和煮羊肉。母亲把五块钱塞在儿子的衣兜里，把兜盖给扣好，并安顿他一到学校就把零花钱交给老师代为保管。她又重复一遍几天来不知说了多少遍的"要听老师的话，好好念书"之类的话。儿子不住地点头表示记住了。母亲又在儿子的小圆脸上亲了亲，而后扶儿子跨上马。

火一样的红领巾在微风中飘动。儿子回头向母亲告别："额吉，您回去吧。"母亲说："孩儿，你好好念书，剪完羊毛额吉就去看你。"小额鲁特一挥马鞭，雪青就在绿草上飞起来，留下一串嗒嗒嗒的马蹄声。母亲还是站在那里一动没动，把右手掌横在眼睛上边遮住阳光，看她那渐渐远去的儿子。她永远不会忘记病故的老头临走前说的那句话"要让咱的儿子好好念书，缺什么钱也不要缺了儿子念书的钱"。小学、初中、高中，每到开学，母亲总是这样送儿子。

额鲁特把目光从钱的图案上移开，生怕母亲难过，强忍着没有掉下眼泪，说了些宽心的话："额吉，一学期才四个月，一眨眼就过去了，假期里回来看您。天气暖和的时候额吉还可以去看我，顺便逛逛自治区的首府。"

啪嗒一声，书库里有谁不小心把书掉在地上了。额鲁特透过玻璃屏风看到有人把书捡起来，小心翼翼地用袖子把灰尘擦掉，放回书架上。书架一排一排，摆得整整齐齐，单这一个阅览室的书库里就有三十三个，像一座座小山似的。要征服这一座座山可不是那么容易的事，需做一个真正的登山者！他想起那个绿色的笔记本，那是临入学前他的单位赠送的，扉页上写着十四个大字："学海无涯苦作舟，书山有路勤为径"。

额鲁特长这么大不知道爬过多少回山，就是家乡那最有名的雄伟险峻的贺兰山，他也上去过。那是高考前夕的一个星期天，他照例起得很早，刚打开书要看，他们单位的那位老领导来了。他对额鲁特说："今天不要复习了，我们一块儿进山，你要换换脑子。文武之道，一张一弛嘛。"额鲁特知道这位老领导说的话有一种不可违抗的力量。新中国成立之初，党就把他派到这里来开展工作，他为这里的革命和建设事业献出了自己的大半生。如今他两鬓斑白，仍然像当年那样不知疲倦地工作。额鲁特就是再舍不得这一天也只好服从，而且妻子和儿子都站在老领导一边，成为他的"反对派"。

山里是别样一个世界，泉水淙淙，鸟声啾啾，松涛滚滚，丁香郁郁，令人心旷神怡。额鲁特突然产生了爬山的念头。妻子怕他累着，劝他在林子里散散步。老领导这次却赞成他的想法。于是额鲁特选择了南面那个高峰。山很陡，树又很密，树枝常常挂住衣服划了脸。他顺着雨水冲开的小沟顽强地往上爬。他意识到现在毕竟不像刚才下决心那么轻松。到了半山腰，他腰酸腿痛，汗流浃背，上气不接下气了。他不由得停下来。返回去，还是继续往上爬？回到山脚下对大伙儿说我爬到半途累得够呛就下来了？不。他抬头望去，山峰在云雾中挺立，似乎在静静地看着他。他擦了把汗，继续登了上去。

对经历艰难的攀登，最终达到山顶的人，平地上的人是难以体会他的心境的。额鲁特发现这座高峰那边还有一座更高的峰，白云在它半腰缭绕，雄鹰在它上空盘旋。回首往下，依稀看见山脚下的人们在翘首仰望。儿子在跳在叫，额鲁特挥动手中的衣服尽情地喊了起来。那声音在崇山峻岭中回荡，传得很远很远……

唰唰唰，对面的小青年又开始奋笔疾书。看来他的思路又打开了。

额鲁特看着面前摊开的书，那字异常清晰。他又如饥似渴地读起来。

演讲会主持词[①]

我们班开演讲会是第一次，没有经验，原先没打算也不敢请客人。今天，老师决定给我们请来各班的代表。干训部领导如此重视我们的演讲会，也壮了我们的胆，我们要加倍努力，请你们多提批评意见。我们热烈欢迎老师和各班代表参加我们的演讲会！

演讲是一门科学。为什么这么说呢？科学是对客观事物规律的认识。那演讲有没有规律性、能不能认识呢？演讲是有规律可循的，演讲是一门科学。演讲是一项艺术：演讲需要逻辑思维，也需要形象思维；演讲需要用道理说服人，更需要用感情感染人。演讲是一种武器：演讲用来宣传真理、传播知识、驳斥谬误；抵得上炸药包，如同引航的旗帜。

演讲活动可以促进人们读书，训练人的思维，陶冶人的情操，锻炼口头表达能力，使人增长才干；演讲启迪人们的心灵，鼓励人们行动起来，去为“四化”献身。让我们通过这次演讲会相互学习、增进交流、取长补短、共同提高吧！

这次演讲会上报名演讲的有13位同学。

这些同学来自四面八方，为了成才的目的聚集到这里。先请崔东旺同志讲《话成才》。

成才就要成为党和人民需要的人才。俗话说得好：“书山有路勤为径，学海无涯苦作舟”，登山、跨海的动力是理想。让我们鼓起理想的风帆驶向那成才的

① 本文是在内蒙古师范大学干部专修科（中文）学习时，1984年12月8日和11日主持本班演讲会的主持词。

彼岸。请葛光升同志讲《理想与成才》。

要成才就得努力学习。学有专长，达到一定程度就可以获得相应的文凭。但拿到文凭是不是就一定有水平，文凭和水平是什么关系。请胡庚泉同志讲《文凭与水平》。

文凭决定命运吗，做命运的主人就要努力学习。眼下不努力，日后徒伤悲；现在不流汗，将来会遗憾。但悲伤和遗憾不属于我们，我们是命运的主人。请王静同志讲《命运之神在哪里》。

命运的主人是时代的骄子。天下兴亡，匹夫有责。在这改革建设的伟大时代，我们肩负什么样的责任。请孙文祥同志讲《时代与责任》。

时代赋予我们责任，我们要无愧于时代。改革的时代需要改革者，如果让我改我将怎么改，这是一个严肃的课题。请陈金铎同志讲《如果我是站长》。

这是一篇绝妙的就职演说，祝你成功。在这改革的时代，思想要活跃，志向要远大。要“思接千载，视通万里”“精骛八极，心游万仞”。请徐丰林同志来唱一支《商品畅想曲》。

畅想曲，强者弱者各有各的演奏法。莎士比亚塑造的哈姆雷特有一句名言：“弱者，你的名字是女人。”几个世纪以后的今天，这句名言还能成立吗。请冯庆荣同志讲《弱者，你的名字不是女人》。

我们是强者，尽管我们是迟来的大学生，但我们的学习生活给予我们无数的有益的启示。请韩晓峰同志讲《树根的启示》。

启示多种多样、无处不有、无时不在，能不能受到有益的启示，关键在于我们会不会思考、有没有思想准备。请田地同志讲《无准备之一种》。

机遇偏爱有准备的头脑。我们的演讲会从《话成才》开始，成才了就是人才。人才有无用武之地，还要看能不能识才、用才。请唐立伟同志讲《识才用才》。

识才、用才有一个过程，需要一定的时间。有人说时间就是金钱，这是现代工业社会赋予时间的财富观，说的是时间的价值。首先发现这个秘密的是马克思，他通过剖析商品和商品生产发现了剩余价值，进而揭示了资本主义经济规律。商品是财富，商品生产中耗费了一定量的人类劳动。这种凝结在商品中的人类劳动，是按社会必要劳动时间计量的。从这个意义上说，时间创造了商品，时间创造了财富。我要说，时间就是生命，我们要珍惜每时每刻、每分每秒。今天演讲会的时间过得真快，最后我来讲一讲《生命的分分秒秒》。

生命的分分秒秒[①]

同志们，在今天的演讲会上，我也想占用大家的几分钟。请原谅，仅仅是几分钟。因为，时间太宝贵了，用我们祖先的话说，“一寸光阴一寸金，寸金难买寸光阴”。用当今时髦的话讲，“时间就是金钱”。

时间这么宝贵，那么什么是时间呢？哲学家说“时间是物质存在的方式”，文学家说“时间像奔腾澎湃的急湍，它一去无还，毫不流连”。让我们还是用一个古老的谜语来形容它吧：它是世界上最长的又是最短的；最快的又是最慢的；最能分割的又是最广大的；最不受重视的又是最受惋惜的；没有它，什么事都做不成；它使一切渺小的东西归于消灭，使一切伟大的东西生命不绝！

是的，这就是时间！公正无私，对我们大家一视同仁，无论是谁，每天都给24小时——1440分，不会多给你一分，也不会少给他一秒。金钱可以使鬼神下跪，却买不来它的一分一秒；权势可以使是非颠倒，却不能遏制它向前奔跑。

正如著名文学家朱自清先生说过的那样“洗手的时候，日子从水盆里过去；吃饭的时候，日子从饭碗里过去；默默时，便从凝然的双眼前过去。我觉察他去的匆匆了，伸手遮挽时，他又从遮挽着的手边过去”。

是啊，时间这么宝贵，又这样匆匆，真是生命诚宝贵，时间价更高。所以，古往今来，古今中外，凡在事业上有成就者，对时间是多么地珍惜呵！有人问科学家达尔文，你的身体那么不好，怎么能做那么多的事情，他的回答是：“我从来不认为半小时是微不足道的时间。”有人推崇鲁迅是天才，他却说：“哪里有天才，我是把别人喝咖啡的时间都用在工作上的。”

同志们，这是伟人们的时间观。“志士嗟日短，闲人知夜长。”请允许我再讲一个笑话：有两个懒汉碰到一块儿，谈论起各人的志愿来。一个说“我平生所不满意的就是没有吃足睡够，将来得志，我要吃饱了就睡，睡够了再吃”。另一个接着说“我跟你稍有不同，我要吃过再吃！嘿，还有什么工夫睡觉”。这两个没有什么理想的懒汉，当然不可能对时间有什么责任感。

如果树立了崇高的理想，那就会是另外一个样。

理想的力量不仅使人高度负责地度过眼前的时间，还能使人高度负责地度过

① 本文是在内蒙古师范大学干部专修科（中文）学习时，1984年12月11日在本班演讲会上的演讲词。任课老师的批语：“文章立意好，论述清楚，引证也恰当。但文章层次还不够清楚，未能步步深入地论述。前半部分进展慢，后半部分未谈清现代化社会中时间的新含义。”

自己的一生。马克思是坐在写字台前逝世的；居里夫人是边讲论文的章节边失去知觉的；门捷列夫是在挥笔写作时离开人间的。一个医生曾劝告鲁迅说："如果停止工作，还可以多活十年。"鲁迅说："是不是可以只多活五年，让我继续工作呢?"

同志们，这是多么光辉的榜样，多么崇高的理想，多么可贵的时间观啊！那么我们应当有什么样的时间观呢？据有些细心的同学统计，我们这些迟来的大学生的平均年龄是33.43岁。"人活七十古来稀"。假如我们在这个阳光灿烂的世界上还能度过35个春秋，为党为人民还能工作35个年头，这35年是12775天、306600小时、18396000分。我们究竟该怎样对待这生命的分分秒秒呢。

由于时间的关系，我在这里就不举我们班那些可歌可泣的人们，不说他们生动感人的事迹，我只想算一笔小小的账：我们踏进师范大学的校门，至今已过了两个学期半。我们在座的，在这两个学期半内没有误过一节课，不迟到一分钟的同学，不是个别的。这两个学期半，少算是300天，1200节课，他们一分钟都不耽误呀。不知这种笨拙的、机械的计算能否说明一些问题，不知这是否也是一种时间观?！钟摆嘀嗒嘀嗒地响着，每响一声，生命就缩短一秒。缩短的这一秒，一去永不复返。时针像一根皮鞭，无情地鞭挞着我们，让我们珍惜自己生命的分分秒秒吧！

"谁在睡下时不想一想一天中学会了什么东西，他就没有前进"。让时间留给我们的不是遗憾！

这生命的分分秒秒，让我们珍惜，再珍惜！

浔阳之隐，未尝无意奇功①

——读陶渊明诗《咏荆轲》

陶渊明是中国文学史上第一位伟大的田园诗人。他的诗文情并茂，长于述志，格高意远。他的诗中有"暧暧远人村，依依墟里烟"的江南村庄；有"晨兴理荒秽，戴月荷锄归"的劳动生活；有"平畴交远风，良苗亦怀新"的自然景色。当然，"养真衡茅下"之类说明他力求独善其身；"天运苟如此，且进杯中物"等句反映了他逃避现实和及时行乐的消极思想。不仅如此，"除论客所佩服的'悠然见南山'之外，也还有'精卫衔微木，将以填沧海，刑天舞干戚，

① 本文是在内蒙古师范大学干部专修科（中文）学习时的作文作业。

猛志固常在'之类的'金刚怒目'式，在证明着他并非整天整夜地飘飘然"，在说明着"浔阳之隐，未尝无意奇功"。《咏荆轲》便是一首这样的作品：

燕丹善养士，志在报强嬴。
招集百夫良，岁暮得荆卿。
君子死知己，提剑出燕京。
素骥鸣广陌，慷慨送我行。
雄发指危冠，猛气冲长缨。
饮饯易水上，四座列群英。
渐离击悲筑，宋意唱高声。
萧萧哀风逝，淡淡寒波生。
商音更流涕，羽奏壮士惊。
心知去不归，且有后世名。
登车何时顾，飞盖入秦庭。
凌厉越万里，逶迤过千城。
图穷事自至，豪主正怔营。
惜哉剑术疏，奇功遂不成。
其人虽已没，千载有馀情。

陶渊明早年受儒家思想的影响，有"大济于苍生"抱负，"猛志逸四海"，是想有所作为，干一番事业的。然而十三年的仕途生活，"弱冠逢世阻"，他极其不顺利。他与黑暗现实格格不入，看不惯官场的丑恶，做不惯奴颜婢膝，不愿同流合污，只能退归田园，表示对统治者的反抗。但他渴望干事业的一颗雄心却依然激烈地跳荡，《咏荆轲》便是证明。

这首诗取材于《史记·刺客列传》。荆轲刺秦王这件事历来被传颂，荆轲为反抗强暴侵略、挽救燕国危亡而牺牲自己生命的壮举，博得当时人的同情，也为千百年来被压迫被侮辱者所敬仰。这首诗高度概括了《史记·刺客列传》的内容，三十句一百五十个字，既写出了荆轲刺秦王的全过程，又表达了作者的仰慕之情。

第一层，开头四句写燕太子丹养士的原因。春秋战国时期，诸侯和士大夫有养士之风。太子丹也养了大批门客，都是百里挑一的杰出人物，荆轲是其中的佼佼者。《史记·刺客列传》载：荆轲被荐给太子丹后，燕太子特意优待他，"尊荆卿为上卿，舍上舍，太子日造门下，供太牢，具异物，间进车骑美女，姿荆轲所欲，以顺适其意"。这一切都是为了"报强嬴"。此为第一层。

第二层写送别荆轲，又分为两个场面。第一个场面是出城道上："君子死知己，提剑出燕京"，既赞美了荆轲的侠义精神，能成全知己"报强嬴"之志，也流露了诗人羡慕荆轲能得到燕太子丹这样知己的赏识，而自己得不到重用，不能像荆轲那样除暴安良，只能隐居田园，从侧面表达了对统治者的不满和对黑暗社会的愤慨。“诗言志”。在荆轲身上寄托着诗人的理想。“素骥鸣广陌，慷慨送我行”，白马在广阔的大道上悲鸣，人们都沉浸在一片慷慨悲壮的气氛中。“雄发指危冠，猛气冲长缨”，用夸张手法勾勒荆轲的形象，以“雄”状“发”，以“猛”状“气”，加上“指”和“冲”两个动词，使荆轲义愤填膺的英雄气概跃然纸上，栩栩如生。第二个场面是易水饮饯：“饮饯易水上，四座列群英。渐离击悲筑，宋意唱高声。”朋友们聚集在易水边上，为荆轲饯行。明知生离死别而击筑高歌，以壮行色，何等悲壮；作者移笔泼墨，景随声出，声发于情：“萧萧哀风逝，淡淡寒波生。商音更流涕，羽奏壮士惊。”萧瑟秋风过处，易水涌起寒波，歌到凄凉时满座落泪，歌到激昂时壮士感奋，真是水为之动颜、人为之动容、鬼神为之动情。“心知去不归，且有后世名”，英雄早就下定不再生还的决心，一个临危不惧、视死如归、沉着坚定的形象出现在我们面前。

第三层写荆轲入秦：在慷慨悲壮的乐声中，荆轲头也不回地走了。几千年来甘愿为国牺牲的志士，往往用易水悲歌来表现为国牺牲的精神。这幅壮烈的图画也一直激动读者的心。诗人没有去赘述途中情景，而用“飞盖”“越万里”“过千城”这些极精炼而又充满感情的词语表现荆轲勇往直前、视死如归的英雄气概。飞、越、过，描写其行动神速，重在渲染气氛，铺张声势。诗中正面写刺秦王只用一句“图穷事自至”，不作过多描述；而“豪主正怔营”则不但把不可一世的秦王嬴政在英雄面前惊恐万状的丑态刻画出来，也从侧面烘托了荆轲无所畏惧、舍生取义的英雄形象。“惜哉剑术疏，奇功遂不成”，诗人对荆轲的失败表示了无限惋惜之情。

最后，全诗以“其人虽已没，千载有馀情”结束，作者借荆轲的壮举寄托了自己的感情。清代人沈德潜评论说：“英气勃发，情见于词。”的确，这首诗的字里行间渗透了由衷仰慕的感情。“情之所著，无不可吐出”，这表明诗人“猛志”未泯灭，希望自己能像荆轲一样干一番事业，实际上又办不到。现实中找不到像荆轲那样的英雄，只能在诗里倾泻诗人久郁在胸的、强烈的反抗情绪，表达了作者疾恶除暴的精神。所以清代人蒋熏评论说：“摹写荆轲出燕入秦，悲壮淋漓，知浔阳之隐，未尝无意奇功。”

陶渊明的田园诗多半朴质、平淡、自然，而《咏荆轲》却豪放有力，其主调慷慨悲壮，这当然与诗的题材有关。内容不同，风格也不完全一样。这首诗虽然豪放，“豪放得来不自觉耳”，与他的田园诗的平淡、自然仍有相通之处。龚自珍认为“陶潜酷似卧龙豪，万古浔阳松菊高，莫信诗人竟平淡，二分梁甫一分骚”，是深得陶诗之旨趣的。

《咏荆轲》一诗，语言十分精炼。燕去秦，关山千重，行程万里。诗人仅用“凌厉越万里，逶迤过千城”十个字高度概括。服从于刻画人物的需要，在选材上做到详略有致，该详细处大笔挥写、尽情渲染，如易水送别的场面；该简略处惜墨如金、一笔带过，如行刺秦王。此外，刻画英雄形象十分传神，通过“雄发指危冠，猛气冲长缨”“心知去不归”“登车何时顾，飞盖入秦庭”淡语，把荆轲的貌和神描摹得淋漓尽致、神完气足。作者对荆轲的人格是极其向往的，在英雄身上确实寄托了作者的思想感情，否则难以达到这种出神入化的地步。

正如鲁迅先生评价的那样，读陶渊明的诗，除“悠然见南山”之外，对“刑天舞干戚，猛志固常在”之类的金刚怒目式也不应忽视。这首《咏荆轲》也许有助于我们全面认识陶渊明其人其诗。

巧妙的构思　深刻的主题[①]

——读契诃夫的《睏》

契诃夫的《睏》（契诃夫小说选集《儿童集》）写的是十三岁的小保姆华里卡被雇来为皮匠老板看孩子，日夜连续劳作，疲惫瞌睡，以致不能忍受，最后为了摆脱睏境，睡上一觉，竟把她所照看的那个彻夜啼哭不止，使她不得入睡的婴儿掐死的故事。

这篇小说题材一般，情节简单，只截取了劳苦生活中的一个片段，以巧妙的艺术构思，集中笔墨细致刻画了一个生活细节——瞌睡。但是它却生动形象，撼人心弦，启人联想，发人深思。这正是这位短篇小说艺术大师高超的表现手法所在。

作品极力渲染刻画华里卡的瞌睡。其所以如此，是因为这个细节非常典型。它有力地表现了华里卡所受压迫和剥削的沉重与残酷，从而突出了主题思想，激起人们强烈的同情和愤慨。写一个孩子所受的非人待遇，并集中在她的瞌睡上，而且用孩子的眼光看问题、找原因。这样就使作品具有了不同寻常的艺术效果。因为华里卡“她不明白到底是什么力量捆住她的手脚，压住她，不容她活下去，她往四下里看，找那个力量，可是她找不着，她累得要死……她听到了啼哭，这才找到了不容她活下去的敌人”，于是，她悄悄地走到摇篮那儿，把婴儿掐死了。读到这里，不禁使人为之战栗。华里卡不能入睡的根本原因并不是婴儿哭，而是

① 本文是在内蒙古师范大学干部专修科（中文）学习时的作文作业。

因为老板雇她哄孩子，她睡了老板要打她，敌人是老板，不是婴儿。但十三岁的华里卡不会认清这一点。她得出错误的判断，符合人物本身的特点，在艺术上是真实的，从而更具有悲剧性。华里卡掐死婴儿是出人意料的一笔，是作品能够产生惊心动魄、摇撼肺腑的艺术力量的关键所在。

在这篇小说里，人物活动的场面不大，时间也不过一天两夜，但作品在这极为有限的时间和空间里却展示了极为广阔而复杂的社会生活画面，给人留下了联想和想象的余地。首先，作者通过对半睡半醒的小女孩的朦胧幻影的描写，不仅勾勒出瞌睡的华里卡的痛苦生活片段，而且反映了整个苏联广大劳苦人民的悲惨生活，从而找到造成华里卡的悲剧的社会根源。其次，对华里卡的结局，作品没有去描写，只写了“她掐死他以后，就赶快往地板上一躺，高兴得笑起来，因为她能睡了”。然而，我们可以想象到她面临的更大灾难：也许她永远也不会再醒来了。她的欢乐催人泪下。这样的写法，集中、紧凑、强烈，虚实相映，意在言外，充分体现了作者独到的艺术表现手法。

短篇小说要以巧妙的构思写生活中富有特征的判断，要善于从细微的生活事件中发掘深刻的主题思想，这就是《睏》给我的启示。

全旗动员搞好抗灾保畜①

这次抗旱工作会议的指导思想是，在党的全国代表会议精神鼓舞下，动员全旗各族干部群众，全力以赴抗灾保畜，妥善安排牧民生活，切实抓好今冬明春的各项工作。

这次会议是在抗灾保畜的关键时刻召开的，我们分析了当前旱情，肯定了前段工作成绩，总结了抗灾保畜经验，查找了工作中的差距，部署了下一步的具体措施，从而统一了认识，鼓舞了信心。

前段时间我们抗灾保畜的经验是，通过民间往来、投亲靠友的方式推动腾场移牧；嘎查干部、党员、老牧民三带头；逐群签订购畜合同；联户合群保畜；等等，都是很有效的做法，今后还要坚持这么做。

前段工作中的差距是，抗灾保畜深入不够、底数不清，动手比较晚，思想教育工作薄弱，嘎查干部的作用发挥不力，“村看村、户看户，社员看干部”嘛。

今后加强抗灾保畜，措施办法总的是要放在自力更生的基点上，“包产到了

① 本文是1986年1月7日在阿拉善右旗抗旱工作会上的讲话提纲。

户，户户有干部”嘛。要坚持思想动员做到户、抗灾措施落到户、收购合同签到户、社会服务送到户。要继续推动腾场移牧，抓好接羔保育，并提前做好种草种树的准备。还要做好春节前对腾场移牧牧民的慰问工作。

各行各业要把党风好转与加强牧区建设、支援抗灾保畜紧密结合起来。畜牧业是我们的基础，无牧不稳。我们一定要想牧民所想、急牧民所急，千方百计支援抗灾保畜工作，尽可能地减少损失。

据说现在有些科局领导思想不太稳定，认为搞了8个月的整党，将要结束，旗委、政府领导班子又作了调整。“新官上任三把火”，不知道怎么“烧”，是不是还用我，等等。这里可以明确宣布，对科局领导班子做大的调整，旗委没有这个打算；就是个别调整，眼前也没有考虑；以后要不要调整，取决于工作需要，取决于干部的实际情况。所以，一些思想不稳定的同志要安心自己的工作，放下包袱，轻装上阵，振奋精神，把本单位的工作搞得更好。

访日考察报告①

应日本北海道国际贸易促进协会邀请，1987年5月22日至6月4日，阿拉善盟畜牧业考察团赴日本考察畜牧业，重点考察了日本畜牧业经营管理方式、家畜改良、畜产品加工，饲草料种植、加工、储存、饲喂等方面的技术、工艺、设备、材料等，开阔眼界、增长知识，学习了阿拉善畜牧业发展可资借鉴的东西。

我们在广岛县比婆郡西城町参观了松永三协有限株式会社和农业协同组合养猪团地以及肉牛育肥中心，在北海道参观了道立滝川畜产试验场、家畜改良事业团十腾事业所，带广饲料株式会社、士幌町农业协同组合，铃木洋一的牧场、四叶乳业株式会社、道立根钏农业试验场、樱井牧场、开阳台牧场、雪印乳业株式会社中标津工场、札幌畜产公社株式会社。考察期间，我们还拜访和会见了一些地方政府官员和有关经济组织的领导。

一、日本畜牧业概况

我们主要考察了日本的农牧业生产和农畜产品加工基地北海道。北海道有农牧业用地118.5万公顷，占全国的22%；农民10.9万户，占全国的2.5%，户均

① 1987年6月24日执笔写的阿拉善盟畜牧业考察团访日考察报告，原文刊发在1987年7月20日《阿拉善通讯》第6期。

占有农地11.8公顷，其中牧业用地48.5万公顷、经济作物用地42万公顷、农田27万公顷、果园用地1万公顷。北海年产生乳260万吨，占全国的35.3%；牛肉6万吨，占全国的10.3%；猪肉9万吨，占全国的5.7%；鸡蛋9万吨，占全国的4.3%。北海道农牧业经济中，粮食作物占22.9%，经济作物占25.1%，养牛业占26.2%，猪、鸡等畜产业占13.9%，蔬菜占10.6%，其他占1.3%，畜牧业是北海道农牧业的主导经济。北海道有乳牛80.8万头，占全国的38.3%；有肉牛24.5万头、猪67万头、鸡777万只、绵羊1.18万只、马0.99万匹。

养牛业居日本畜牧业之首，以舍饲为主，饲草饲料除当地少量种植和收获野草外，主要从新西兰、澳大利亚、美国进口。饲养方式和操作方法基本实现了机械化、电气化和电脑控制。因此，平均一个劳力可以承担20头奶牛的饲养管理。青贮饲料是饲养奶牛的基本草料，奶牛场和农户都有青贮塔，一般都是自动输料、按量饲喂。一些先进的牧场的饲养管理、配种繁育、饲喂饮水、产仔挤奶、个体选优和资料记载等待，都实现了电脑控制，达到了世界先进水平。

肉牛育肥日增重达1.3公斤至1.5公斤，体重达到700公斤至800公斤时出栏。据西城育肥牛场介绍，其250头育肥牛，年纯利润为400万日元，合人民币10万元。日本的肉牛以北海道的和牛为主，其肉质鲜嫩，在国际博览会上被评为最佳牛肉，在日本1公斤和牛里脊肉价格高达5万日元，合人民币1250元。

日本的养猪业很发达，饲养管理也实现了机械化、电气化，但没有看到用电脑管理。养猪业要求有两条：一是生长快，二是产仔多。目前日本猪每胎产仔7~8头，他们认为产仔少，打算引进我国广东的梅山猪和东北的大民猪，可产仔10~15头。可见，他们非常注重品种生产性能的选择，只要好的品种就引进改良。

日本的养鸡业以蛋鸡为主，品种是引进洛岛红鸡与来亨鸡杂交改良，培育出滝川鸡。这种鸡产蛋多、个大，一个鸡蛋有63克。日本养鸡全都是笼养。

日本的养羊业主要养绵羊，但数量很少。因为日本吃的羊肉几乎全部由新西兰进口，吃进口羊肉比自己养羊在经济上更划算。进口一千克羊肉250日元，合人民币6.25元，而日本市场上一千克羊肉1000~1200日元，合人民币25~29元。如果他们自己养羊，羊肉成本价就会达到一倍以上。所以，日本的养羊业处于衰退时期。

二、日本畜牧业的特点

根据对北海道等地短暂考察，日本的畜牧业有以下特点：

（1）对外依赖性比较明显。日本发展畜牧业的目的，主要是满足本国人民生活上追求高蛋白、高营养、高水平的需求。由于受到资源限制，日本畜牧业主要靠大量进口饲草、饲料和畜种来生产经营，满足人们生活所必需的乳、肉、皮、蛋等，对外依赖性很大。国外草料和畜种价格的变化对日本肯定有影响。日本畜牧业是把国外的草料和畜种资源与本国的技术、设备和经营方式结合起来的。在自然资源、气候条件、科学技术、劳动者文化程度、畜牧业经济发展阶段和利用国外资源的环境条件等方面，阿拉善与日本相比还有很大差距，不能生搬硬套。

（2）技术设备比较先进。在畜种改良、饲养管理方面，比如，利用不同品种的优势进行杂交改良、根据牲畜生长发育阶段对营养成分的不同需求调制饲草料、采用人工授精或冷冻精液配种等，日本的做法与国内的要求是一样的。但在这些措施中，日本实现了机械化、电气化和电脑控制。例如，将每头奶牛的生产能力和营养调配、孕期预测、后裔测定等都输入电脑，按电脑计算结果来饲喂、管理、配种、接产和鉴定后裔等，饲养管理全部机械化，节约劳力，提高了工效。

（3）家庭牧场集约化程度高。除了农业试验站、家畜改良团、试验场等科技服务部门以外，从事畜牧业生产经营的家庭牧场都完全自主，责任心很强，虽然舍饲为主的饲养方式的成本和设施投资比较高，但生产集中、便于管理，机械、电器、电脑配置方便，组织化、社会化服务程度比较高，经济效益比较好。

三、独特的组织管理模式

日本农业生产的管理组织叫做各级农业协同组合。道有中央协会，町有农业协同组合。协同组合实行成员代表会制度，常设机构总会下设理事会和监事会，理事会有畜产部、农产部、农工部、购置部、信用部、管理部等工作部，部长以下均由专业技术人员组成。

日本的农民都自愿参加一个协同组合，实际上农户如果不参加协同组合就无法进行生产经营。协同组合的作用，主要是指导农户制订生产计划，为农户提供技术、良种、种畜、机械设备、收购、销售、信息、农畜产品加工等服务，用我们的话说，就是提供产前、产中、产后服务。农户的一切活动离不开协同组合。协同组合赚取的利润，除了扩大再生产费用和提留1%～2%的管理服务费以外都分配给农户。协同组合是一个比较严密的农业生产管理服务组织。

农民主要担心农产品价格下降，国家有最低价格，如果市场价格低于最低价格，则国家按最低价格收购。

四、饲草料加工业特点

由于日本的饲草料主要靠进口，他们的饲草料加工以大型饲料加工厂为主，一般不搞饲草加工。一个町或几个町有一个大型配合饲料加工厂，其机械包括玉米粉碎机、压片机、蒸发机、干燥机、颗粒饲料压缩机、包装机等，生产能力高，每小时可生产 10 吨饲料。

日本进口的草是打捆的青干草或经过加工处理的小型草块，直接用来喂牛。他们自己主要是搞青贮玉米，用大型钢制青贮塔进行青贮，青贮技术与我国相同。

五、所见所闻所感

这次访问日本，时间较短，重点是考察北海道畜牧业，其他方面接触不多，有限的所见所闻所感如下：

（1）对教育发展很重视。仅从日本的畜牧业生产、饲草料加工和畜产品加工业看，也是一个现代化程度很高的国家。“二战”后 40 年日本发展如此之快，原因很多，对教育的重视程度高不得不说是其中的重要原因之一。九年义务教育是法定的，94% 的学生能升入高中，高中毕业生的 50% 多能考入大学。当然大学毕业了也不一定能找上工作。在日本，最好的老师须先到最艰苦偏僻的地方去任教。大学老师和义务教育学校的老师，他们之间学问和教学水平的差距不是很大。

（2）多数人比较有教养。我们所到的城乡都比较干净整洁，随地吐痰、走着吸烟、乱扔果皮的现象很少。无论是旅馆、商店，还是机场、车站，服务都很热情、周到、礼貌。在公共场所看不到发生口角的事。男女老幼都不闯红灯。沿途的山林草地没有被盗伐破坏的痕迹。公园的鹿、广场上的鸽子自由漫步，与游人嬉戏，不会遭到伤害。这些，既与文化教育发展水平有关，也与风俗习惯和法律制度有关。

（3）希望中日友好得到加强。十多天的参观考察中，我们接触的日本各界人士不下百人，这些基层人员对来自中国的客人是热情友好的。五十岁以上的一些人对日本侵略过中国表示一种道歉的态度，说些如“几十年前我们日本给贵国人民带来过麻烦、灾难”之类的话。他们希望能到中国访问。

（4）社会存在不安全因素。对这一点，与我们接触的日本人也是承认的。日本各地似乎都有暴力团和黑社会组织。大城市有“暴走族”深夜飙车，杀人抢劫案件在每天的新闻中都有报道。这些都反映了资本主义社会自身无法解决的矛盾。

在访日过程中，考察团的每个成员都能严格要求自己，遵守外事活动纪律和礼节，做到了谦虚谨慎，不卑不亢，落落大方。我们始终坚持节省节约，能少花钱的尽量少花。不住豪华宾馆，从团长到成员不看收费电视节目，不动房间的酒水饮料，自己动手洗衣服，房费没有一次超过预算标准。整个住宿费比预算节约105880日元，合人民币2647元。就餐也没有把“穷日子当富日子过”，既不铺张浪费，又不失体面，伙食费比预算节约63805日元，合人民币1595元。公杂费比预算节约85754日元，合人民币2144元。

这次出国考察，大家都感到开阔眼界，增长知识，获益匪浅。当然，期望通过一次考察就学来很多东西、搬来现成经验，是不现实的。何况，无论在哪个方面，阿拉善与北海道都没有多少可比性。但我们坚信，只要我们坚定不移地坚持四项基本原则，坚持改革、开放、搞活的方针，紧紧依靠勤劳智慧的各族人民，我们一定能后来居上！

参观学习情况报告[①]

1990年国庆节期间，国家民委报请党中央、国务院批准，组织全国边境旗县少数民族领导干部为主的参观团，参加国庆节及亚运会活动，到经济发达城市参观学习。其目的是进一步稳定边疆民族地区，维护祖国统一，增强民族团结，向各族干部群众进行爱国主义、社会主义教育；学习借鉴经济发达地区的经验，促进边境地区改革开放和经济发展，走共同富裕的道路。

参观团主要由长期工作在边境旗县的少数民族领导干部组成，共193人，包括蒙古、回、藏、维吾尔等29个少数民族，来自内蒙古、新疆、广西、西藏、云南、辽宁、吉林、黑龙江、甘肃、贵州、宁夏、青海、海南13个省区，143个边境旗县和驻守边疆的部队，其中，内蒙古有20个人。参观团团长由国家民委副主任文精担任。

参观团的参观学习活动9月29日在北京开始，10月23日在上海结束，历时25天，先后在北京、天津、南京和上海参观学习。

---

① 节选自1990年11月15日代表阿左旗旗长蔡巴图、额济纳旗副旗长云世雄向阿拉善盟盟委写的报告。

一、参观学习的主要内容

（一）在北京

10 月 1 日上午，参观团应党中央邀请到中南海做客，来到怀仁堂参观，江泽民、杨尚昆、李鹏、万里、乔石、姚依林、宋平、李瑞环、秦基伟、丁关根、薄一波、刘华清、杨白冰、温家宝、阿沛·阿旺晋美、倪志福、司马义·艾买提等中央领导来到了代表中间，亲切接见大家。中央领导和代表们来到怀仁堂后花园合影留念，大家一起联欢。绿茵茵的草坪上，中央领导和大家围坐在一起，观看少数民族文艺工作者表演的歌舞。最后跳维吾尔族集体舞“麦西来普”时，江泽民、李鹏等中央领导还应演员邀请欣然起舞。各族代表也一起跳集体舞。

9 月 30 日晚，中央领导与各族代表一起观看了国庆四十一周年文艺晚会。10 月 2 日晚，在民族文化宫举行国庆各民族大联欢，人大常委会副委员长赛福鼎·艾则孜和司马义·艾买提、王恩茂、屈武、王光英等同各族代表一起联欢。10 月 6 日晚，中央统战部在中国国际贸易中心中国大饭店举行盛大招待会，欢迎参观团，阿沛·阿旺晋美、杨静仁等老民族工作领导人和统战部副部长万绍芬、李贵等出席。

参观团在北京的一项重要活动是观看亚运会的一些比赛项目和闭幕式。我们看了田径、跳水、足球三场比赛。在京期间，代表们参观了卢沟桥抗日战争纪念馆、军事博物馆、圆明园遗址等，受到一次生动的爱国主义革命传统教育。听取了国家民委副主任陈欣作的关于当前国际国内形势和民族工作的报告。10 月 5 日下午在北京市人民政府举行报告会，由北京市常务副市长张健民向参观团介绍了中华人民共和国成立以来首都经济发展和城市建设情况。当晚，北京市委、市政府在北京饭店举行盛大招待会，中央政治局委员、北京市委书记李锡铭，国务委员、北京市长陈希同出席招待会并致欢迎词。

（二）在天津

天津市委书记谭绍文、市长聂璧初同大家见面，听取了天津市计经委负责同志关于天津十年改革发展情况的介绍，参观了天津微型汽车制造厂、天津手表厂、长城电视机厂、天津制药厂、天津石化公司等大中型企业及天津经济开发区，参观了中塘乡的乡镇企业、大邱庄农工商联合总公司，参观了塘沽新港码头，出海游览了大沽口。

天津的工作有三个特点：一是把群众关心的热点作为自己工作的重点，把群众的情绪看作第一信号。二是办实事就要办群众之所需，“雪中送炭”。三是一切为了人民，一切依靠人民，大家的事大家办，社会的问题靠全社会来解决。遇到困难，发动各方面共同克服，叫做“谁家的孩子谁抱走”。

（三）在江苏

江苏省委书记沈达人、省长陈焕友同大家见面，参观团凭吊了雨花台烈士陵园，参观了侵华日军南京大屠杀遇难同胞纪念馆、梅园新村纪念馆和中山陵等地。江苏省是全国经济发展最快的省，中华人民共和国成立以来，全省工农业总产值增长了38.7倍，年均增长9.9%，工业总产值从1985年起一直居全国第一。江苏省经济的一大特色是乡镇企业发展迅速，已成为农村经济的主要支柱、工业生产的“半壁江山”和国民经济的重要组成部分。

（四）在上海

10月18日下午，上海市政府在国际学术交流中心举行报告会，欢迎参观团并介绍上海经济建设情况。上海市委书记、市长朱镕基与大家亲切见面。他说，接待全国边境县少数民族参观团是上海的荣幸！以往上海多次接待过少数民族参观团，但接待这样庞大的、高层次的代表团，还是第一次。参观团要看什么就安排什么，要了解什么就介绍什么，要全力以赴做好接待工作。他说，上海郊区有500万人口，每人一亩地，除了种棉花、蔬菜以外所产粮食仅够农民吃，市区770多万人口的粮食全部要调进来，厂子的原料也要调进来。所以，人吃的靠兄弟省市自治区，厂子吃的也靠兄弟省市自治区，没有兄弟省市自治区和边疆地区的帮助、支持和支援，上海既活不下去，也发展不起来。我对兄弟省市自治区和边疆地区再次表示衷心的感谢！

代表团听取了上海市计委、浦东开发办和上海市民委负责同志的报告，参观了大型骨干企业宝山钢铁公司和江南造船厂、市郊乡镇企业等，每到一处都受到当地党政领导和各族群众的热烈欢迎，参观团成员处处感受到祖国各民族大家庭的温暖。

二、参观学习的主要收获

在参观学习的25天里，参观团像一个大家庭一样亲密和谐，像一个大熔炉一样锤炼着民族间的真挚感情与共同信念，像一所大学校一样使每个成员得以学习、吸收、总结和展望。时间有限，但收获颇多。

（一）深感党中央、国务院对边疆少数民族人民的关怀

深切感受到我们国家政治稳定、社会稳定、经济形势好转，深切体会到内地人民对边疆各族人民的深情厚谊，深切体会到祖国大家庭的温暖，深受亚运会精神的鼓舞，更加激发了我们热爱社会主义祖国的感情。

（二）亲眼目睹兄弟省市经济社会迅速发展，宝贵经验值得借鉴

内地经济社会的快速发展引起代表们很大的震动，开阔了代表们的眼界，增长了见识，找到了差距，拓宽了思路。代表们表示一定要学习天津市党政领导实事求是、全心全意为人民服务的精神，每年为群分办几件群众议论最多、最关心的实事，根除说空话、不办实事的不良作风，实实在在地发展边疆经济，改善边疆各族人民的生活。

（三）认真执行党的民族政策，切实做好民族工作

我国是一个统一的多民族国家，各民族团结进步，共同繁荣发展，直接关系着国家的安定团结、边境巩固和“四化”建设大业。要坚决落实党的民族政策，调动各族人民建设社会主义民主政治、发展经济文化事业的积极性，开展对资产阶级自由化思潮的批判，十分警惕国内外敌对势力进行分裂祖国、破坏统一、破坏民族团结的活动，绝不能让他们的阴谋得逞。

（四）社会主义江山来之不易，我们要像爱护自己的眼睛一样爱护她、保卫她

无论是圆明园废墟遗址、卢沟桥抗日战争纪念馆，还是侵华日军南京大屠杀死难同胞纪念馆、雨花台10万先烈，都说明新中国成立前近百年的历史是一部屈辱史，同时是一部无数仁人志士、革命先烈不屈不挠的斗争史。我们边疆各族优秀儿女一定要继承先烈遗志，团结在以江泽民同志为核心的党中央周围，坚持四项基本原则，坚持一个中心、两个基本点，建设好伟大祖国边疆，让党中央放心，让祖国十一亿人民放心。

《中共阿拉善右旗党史大事记》序言[①]

阿拉善是一个具有悠久历史、灿烂文化、光荣革命传统的边疆少数民族地

① 本文是1991年6月为《中共阿拉善右旗党史大事记》写的序言。

区。1961 年，经国务院批准，阿拉善旗分设为左右两个旗。阿拉善右旗是以蒙古族为主体、多民族聚居的边境牧业旗。

建旗三十年来，阿右旗各族人民在中国共产党的英明领导下，团结奋斗、艰苦创业、建设家乡，全旗面貌发生了深刻变化。特别是党的十一届三中全会以来，我们坚定不移贯彻党的基本路线，稳定发展畜牧业，大力振兴工矿业，努力推动教育科技发展，深化各领域改革，使全旗经济持续稳定协调发展，人民生活明显改善。三十年来，农牧业总产值增长 1.2 倍，工业总产值增长 27 倍，地方财政收入增长 11.6 倍，牧民人均收入增长 4.6 倍，在校学生人数增长 3.2 倍，科技人员数增长 6 倍。

三十年来，我旗党的建设工作不断加强，基层党支部由 43 个发展到 156 个，党员由 387 名发展到 1410 名。各级党组织和广大党员坚持党的全心全意为人民服务的宗旨，带领各族人民在社会主义革命和建设中发挥了战斗堡垒作用和先锋模范作用，赢得人民群众的拥护和称赞，涌现出众多先进基层党组织、优秀党员和优秀党务工作者，受到自治区党委、盟委和旗委的表彰。

近年来，我们坚持社会主义物质文明建设和社会主义精神文明建设一起抓，全面推行双文明建设目标管理责任制，努力为人民群众办实事，进一步密切了党和人民群众的血肉联系，推进改革和建设稳步发展。在 1989 年和 1990 年全盟双文明建设目标管理责任状考评中，阿右旗均居第一位，连续两年获得“金骆驼”奖。

我们根据社会主义现代化建设第二步战略目标，结合阿右旗实际贯彻落实党的十三届七中全会《中共中央关于制定国民经济和社会发展十年规划和“八五”计划的建议》，制定了《阿拉善右旗经济社会发展战略》，为今后的发展描绘了一幅建设蓝图。现在，阿右旗安定团结的政治局面进一步巩固和发展，各民族团结和睦，人民群众安居乐业，两万多名驼乡儿女正以昂扬向上的精神风貌为实现第二步战略目标而奋发努力。

《中共阿拉善右旗党史大事记》，用翔实的材料记载了三十年来阿右旗党的活动历史和党领导人民群众在各条战线上取得的成绩。这本书的编纂对总结阿右旗历史经验教训，加强党的建设、推动经济社会发展和帮助读者特别是青少年了解阿右旗历史，都是有益的。鉴往知今，学史明志。最近，江泽民同志强调，要对小学生、中学生一直到大学生，由浅入深、坚持不懈地进行中国近代史、现代史及国情的教育。这本书也可以作为这方面教育的辅助材料。

两年多来，为了写好《中共阿拉善右旗党史大事记》，编纂人员做了大量工作，付出了辛勤的劳动。而且这是一项新的工作，再加上原始资料有限，时间紧迫，不足和疏漏甚至错误之处在所难免，还请读者补正，以期使它更加完善。

这本书的编纂完成，适逢建党七十周年和建旗三十周年，自然是一份献礼。我们对编纂人员，对关心支持本书出版的有关单位和同志们，一并表示诚挚的谢意！

七年的回顾①

我来阿右旗工作已经七个年头了。现在要离开，此时此刻的心情真是难以用语言来表达。七年来，我们心连心、肩并肩，团结一致、紧密配合，为阿右旗的社会主义建设和改革开放事业共同奋斗，结下了同志间的深情厚谊。

七年来，同志们在工作上给予我无私的支持和配合，学习上给予我无数的启迪与激励，生活上给予我无微不至的关心和照顾，从而在各方面为我创造了条件，提供了方便，使我能够较好地完成党交给的任务。我在这里向同志们，并通过你们向全旗两万多各族人民群众表示最崇高的敬意和衷心的感谢！

七年来，我经历了从未经历的实践，见了从未见过的世面，经受了考验和锻炼，增长了知识和才干，丰富了阅历和经验，提高了素质和能力，使我感到真正上了一所人生征途上的大学。

七年来，我走遍全旗13个苏木镇、44个嘎查，去了很多厂矿企业、学校、机关和数百个牧户畜群点，处处都给我留下了难以忘怀的印象。这是生我养我的阿拉善大地的一部分，我人生道路上的一段值得记忆的岁月是在这里度过的。现在要离开了，对我来说真是难分难离、依依不舍。

七年来，我们在盟委、行署的正确领导下，在历届班子打下的坚实基础上，坚定不移贯彻执行党的“一个中心、两个基本点”的基本路线，充分发挥各级党组织的战斗堡垒作用和广大党员的先锋模范作用，团结带领全旗两万多各族人民群众，同心同德、艰苦创业，使全旗面貌发生了深刻的变化。1990年与1985年相比，国民生产总值增长50%，年递增8.4%；社会总产值增长62%，年递增

① 本文是1991年7月20日在阿右旗副科级以上干部大会上的讲话稿。1991年9月25日，“阿拉善右旗党委办公室文件——旗委办发〔1991〕68号”《关于印发布和朝鲁同志〈七年的回顾〉讲话的通知》中说：“现将前任旗委书记布和朝鲁同志7月20日在全旗副科级以上干部大会上《七年的回顾》的讲话印发给你们，望认真组织学习。《七年的回顾》不仅是布和朝鲁同志本人在阿右旗工作七年来的回顾和总结，也是对阿右旗七年来党的建设、经济建设和社会发展等各项事业发展的全面的回顾和总结。学习这篇讲话，对于我们回顾过去、瞻望未来，增强信心，坚定社会主义信念，充分发挥广大干部群众的主人翁责任感和开拓进取精神，顺利实施《阿拉善右旗经济社会发展战略》和‘八五’计划，建设团结、文明、富裕的阿右旗，有着深远的意义。”

10.1%；国民收入增长36%，年递增6.3%；工农牧业总产值增长34%，年递增6.3%，其中工业总产值增长86%，年递增13.2%；财政收入增长311%，年递增32.7%；牧民人均收入增长60%。总之，国民经济持续稳定增长，各项改革逐步深化，教育、科技、文化、体育、卫生事业不断发展，人民生活明显改善。

七年来，各级党委、政府和各部门坚持为人民群众办实事，推动各项事业全盟发展。工矿业方面，万吨硫化碱、万吨元明粉、绒毛分梳、图古勒哈日金矿、档巴井石墨矿、嘎顺塔塔拉多金属矿等项目，或建成投产、发挥效益，或正在建设，或在前期工作中。畜牧业方面，调整畜群结构、推动专业化经营、加强防灾基地建设、通沟水库工程、额肯苏海饲草料基地建设、实施畜群基础建设和饲草料基地基础建设两个“标准”、实行加强社会化统一服务两个“规定”等基础工作和改革措施，进展顺利，成效显著。交通通信方面，巴彦浩特—额肯呼都格公路、旗所在地自动电话、阿盟至阿右旗的微波电话等工程，大大改善了生产生活条件。教育、文化、卫生方面，阿盟到阿右旗的微波线路、全旗各学校的“两主一公”和“一无六有”、一中教学楼、蒙中办公楼和化验室、一批苏木卫生院等项目，提升了社会事业发展水平。基本建设方面，邮电楼、供销楼、商业楼、水利局楼等已建成，额肯呼都格汽车站正在施工中。人民生活方面，完成了金昌—额肯呼都格镇一期引水工程和额肯呼都格镇自来水管网改造。另外，我们根据社会主义现代化建设第二步战略目标，全面贯彻党的十三届七中全会《建议》精神，紧密结合我旗实际，遵循决策民主化、科学化原则，依靠集体的智慧，制定了《阿拉善右旗经济社会发展战略》，为今后经济社会发展描绘了一幅建设蓝图。

七年来，高度重视党的建设和思想政治工作，党的思想建设、组织建设和作风建设不断加强。广大共产党员和各族人民群众坚持四项基本原则，反对资产阶级自由化，经受了严峻考验。社会主义思想教育逐步展开，党员教育、党校培训已经常态化、制度化、网络化，5个苏木建立业余党校，44个嘎查普遍建立了“青妇兵之家”和牧民学习小组。各级领导班子建设和基层组织建设普遍得到加强。按照革命化、年轻化、知识化、专业化方针和德才兼备标准，培养和选拔使用了一批干部，重视少数民族和妇女干部的提拔使用，充实和加强了各级领导班子。七年来，由一般干部提拔为副科的103名、副科提拔为正科的43名、正科提拔为副处的17名、副处提拔为正处的3名。这166名干部中大专文化的有41名，占24.7%；中专文化的有45名，占27.1%；高中文化的有25名，占15.1%；初中文化的有37名，占22.3%；少数民族79名，占47.6%；妇女18名，占10.8%。实践证明这些干部胜任工作，得到了群众的拥护和支持。我们深入贯彻党的十三届六中全会《决定》，实行了党政领导抓联系点制度、干部挂职下派制度、干部交流制度、廉政制度和旗直机关联系户制度，使各项工作逐步走上制度化、程序化、规范化轨道。各级党组织和广大党员在改革和建设事业中发挥了战斗堡垒作用和先锋模范作用，涌现出众多先进集体、先进个人。仅1989年以来的三年中，阿右旗受自治区党委表彰的先进基层党组织2个、优秀党务工作者2名，受盟委表彰的先进基层党组织8个、优秀党员14名、优秀党务工作者5名，受旗委表彰的先进基层党组织27个、优秀党员55名、优秀党务工作者25名。近年来，我们坚持社会主义物质文明建设和精神文明建设一起抓，实行“双文明建设”目标管理责任制，推进了改革和建设稳步发展。1989年和1990年全盟“双文明建设”目标管理责任制考评中，阿右旗均居第一位，连续两年荣获“金骆驼”奖。

今天，全旗安定团结的政治局面进一步巩固和发展，人心稳定，社会稳定，各民族团结和睦，各项事业发展顺利。特别是人大、政府、政协换届选出新的领导班子。我看，现在是阿右旗几大班子配备最齐、齐装满员的最好时期。从年龄的梯次配备、文化程度、民族结构等方面看，都是比较理想的。这是对工作的连续性和今后更好发展的重要组织保证。

回顾七年来的工作，我有以下六点体会：

一、党的领导是抓好工作的根本

坚持党的领导就要坚决贯彻党的路线方针政策。作为承上启下的旗县领导，对党的路线方针政策和重大决策的贯彻落实，态度要正，认识要高，部署要早，行动要快，步子要稳，作风要实，在结合上下功夫、创新上作文章。坚持党的领导就要努力形成集体领导的合力。试想，这些年来如果没有盟委的直接领导和坚决支持，没有旗委一班人的坚强团结和核心作用，没有各级党组织的紧密配合和有力支持，我们怎么能抓好工作呢！没有集体的合力，一个人的本事再大也无济于事。

二、人民群众是推进工作的依靠

毛泽东同志早在20世纪40年代就指出：“善于把党的政策变为群众的行动，善于使我们的每一个运动，每一个斗争，不仅领导干部懂得，而且广大的群众都能懂得，都能掌握，这是一项马克思列宁主义的领导艺术。”我们推进工作的根本目的是为群众谋利益，我们十分重视宣传群众、教育群众、动员群众、组织群众，让群众认识到自己的利益，激发群众的积极性、主动性和创造性，尊重群众的首创精神，带领群众实现群众自己的利益。

三、班子团结是开展工作的保证

旗委是全旗人民治穷致富、富民兴旗的领导核心，旗委班子的团结是几大班子团结的表率；几大班子团结协调，才能同演一台戏、共拉一套车；党政一把手之间精诚团结、配合默契，对党政班子和几大班子的团结具有决定性影响。我们就是持之以恒地重视加强这三个层面的团结，保证了想在一起、说在一起、干在一起，同心协力，共同开创了各项工作新局面。

四、科学理论是引领工作的旗帜

只有努力学习马克思列宁主义、毛泽东思想，学好党的方针政策和文件，我们才能做到紧跟形势、保持清醒的政治头脑，才能做到工作中的预见性、超前性和创造性。学有所获，就必须坚持理论联系实际，多动脑、勤思考，吃透“两头”，善于“结合”。如果说我抓工作有什么特点，那就是把学习和调研作为开展工作的关键，既抓好班子的集体学习，更自觉加强自己的学习。

五、实事求是是做好工作的基础

想问题、作决策、办事情，必须从当时当地的实际情况出发，具体问题具体分析。必须进行深入的调查和研究，透过现象看本质，认清变化观趋势，把握联系找规律，使主观认识更接近于客观实际。1985 年 7 月，我从大学毕业回来的第 10 天被派到阿右旗工作。说实话，刚开始热情多于冷静、决心大于耐心，想当然必然陷入盲目性。然而，实事教我们求是，教训让我们成熟。

六、落实责任是推动工作的前提

推动工作落实，既要发挥我们党思想政治工作优势，又要建立行之有效的制度。几年来，我们坚持经济建设和党的建设两手抓，物质文明建设和精神文明建设一起抓，实行“双文明建设”目标管理责任制，尝到了甜头，抓出了成效。思想政治工作，时刻不能放松；两手抓的方针，必须始终坚持。

七年来，阿右旗各项事业有了长足发展，全旗面貌发生了深刻变化。这些都归功于党的路线方针政策的指引，归功于盟委、行署的正确领导，归功于旗级几大班子和各级党组织坚强有力的组织领导，归功于广大党员和各族人民同心同德、艰苦创业的辛勤劳动。我感到荣幸的是这其中有我的一份努力，然而我个人所做的工作是微不足道的。而且限于自己的能力和水平，有些工作本应做得更好却不尽如人意，请同志们多提意见，以利今后工作开展。和大家相处七年间，有时候要求过分严厉，还请同志们多加谅解。

同志们，当前全党、全国各族人民在以江泽民同志为核心的党中央领导下，为实现党的十三届七中全会提出的十年规划和“八五”计划《建议》而万众一心、努力奋斗。我们《阿拉善右旗经济社会发展战略》也开始实施。尽管在前进道路上还会有这样那样的困难和问题，但“目标已经明确，道路已经找到”。在旗委、政府的正确领导下，经过全旗各族人民同心同德的努力奋斗，阿右旗的明天会更加美好。

一段岁月的结束，意味着新征程的开始。七年来，我和同志们一起工作、一起学习、一起生活、一起创业，有过受挫的苦闷，也有过成功的喜悦，洒过汗，也流过泪。为了全旗的改革和建设，我们肩并肩奋斗过。现在要分别了，但目标是一致的。让我们在不同的岗位上，为党和人民的崇高事业一如既往地努力奋斗吧！

哲学学习笔记①

一般认为，哲学是理论化、系统化的世界观。马克思主义哲学，就是辩证唯物主义和历史唯物主义，是无产阶级的科学世界观，是马克思主义学说的一般理论基础。学习马克思主义哲学，首先要搞清楚哲学的基本问题。

马克思主义哲学产生于19世纪中叶，1845年底至1848年是马克思主义哲学创立时期，《共产党宣言》（1847.12～1848.1）标志着马克思主义哲学问世。唯物史观的创立是马克思主义哲学形成的标志。

一、哲学的基本问题

关于哲学的基本问题，恩格斯说：“全部哲学，特别是近代哲学的重大的基本问题，是思维和存在的关系问题。”思维和存在的关系问题，也就是意识和物质、精神和自然界的关系问题。

① 本文是在中央党校学习期间，1991年9月12日在党支部小组讨论会上的发言提纲。

辩证法用联系、发展和全面的观点看待世界和考察事物，认为一切事物都是发展变化的，而发展变化的根本原因在于它的内部矛盾性。马克思说："辩证法在对现存事物的肯定的理解中同时包含对现存事物的否定的理解，即对现在事物的必然灭亡的理解；辩证法对每一种既成的形式都是从不断的运动中，因而也是从它的暂时性方面去理解；辩证法不崇拜任何东西，按其本质来说，它是批判的和革命的。"

二、辩证唯物主义

（一）世界的物质性

世界是物质的世界。马克思主义认为，世界是物质的世界，运动是物质的存在方式，空间和时间是物质存在的基本形式。说运动是物质的存在方式，指的是宇宙间发生的一切变化和过程，从单纯的位置移动起到思维，而不局限于某种具体的运动形态。

静止是相对的。所谓静止是相对的，是说事物在绝对的运动过程中，相对于某种确定的参考系，可以不具有某种特定的运动形式。另外，当某个事物的运动、变化还处在量变阶段，没有发生质的变化的时候，也具有暂时的稳定性，表现出某种静止的状态。静止都是有条件的、暂时的、相对的，而运动则是无条件的、永恒的、绝对的。所谓静止，不是绝对没有运动，静中有动。静止不过是物质运动的一种特殊状态。正因为事物有相对静止和暂时平衡的状态，各种事物才能区别开来，它们才能存在和发展，人们才能对不同的事物进行研究和认识。

空间和时间是物质存在的基本形式。空间是表征事物的广延性、结构性和并存性的物质存在形式。时间是表征事物的持续性和顺序性的物质存在形式。所谓三维空间，就是指现实存在的任何一个物体所占有的空间，必须用长、宽、高三个量来量度；要确定一个物体和其他物体在空间上的位置关系，也需要用三个量来表示。时间的一维性，即时间永远向前、一去不复返的特性，也要用物质本身的发展过程来说明。空间的无限性，指的是物质世界的广延性是无限的。时间的无限性，指的是物质世界存在和发展的持续性是无限的。

世界的物质统一性。一元论认为世界上繁多的事物有一个统一的本原的哲学观点，即承认世界的统一性，叫做一元论。一元论世界观认为，世界是物质的世界，物质世界是统一的、永恒的、无限的。世界上的一切事物和现象都遵循着物质固有的规律，以空间、时间的形式运动、变化、发展着。这就是彻底的唯物主义一元论世界观。承认世界的物质统一性，是马克思主义世界观的基本出发点，也是我们党实事求是思想路线的基本出发点。

（二）意识的本质和作用

意识是物质世界发展到一定阶段的产物，是人脑的机能；意识的内容是对物质世界的反映；意识对物质又具有能动的作用。

意识是人所特有的精神活动。它包括感性的认识和理性的认识，以及感情、意志等一系列复杂的心理活动形式。语言是思维的物质外壳，是表达思想的手段。人们根据控制论的基本原理，运用功能模拟的方法，制造出电脑来模拟人脑的部分功能，就是人工智能。

意识是物质的反映。感觉是意识反映物质世界的初级形式。思维是意识反映物质世界的最高形式。

意识对物质的能动作用即功能和作用。意识能够反映外部世界，具有认识的作用。这是意识的最根本的作用。它表现在意识通过抽象思维对外部世界传来的信息进行加工，了解事物之间的联系和关系，把握事物的本质及其规律性。在反映的基础上，意识表现出预见的作用。判定“是什么和不是什么”。在反映、预见的基础上，意识起着确定目的、目标和任务的作用。确定“要做什么和不要做什么”。在反映、预见和确定目的的基础上，意识还起着制定行动路线、计划，选择较优方案、方法等作用。规定“应该怎样做和不应该怎样做”。在实现目的、目标的过程中，意识通过意志、信念和情感等形式，对人们的行动起着指导与控制的作用。在实践过程中，意识还具有规范和调整社会成员的关系和行动的作用。

意识的能动作用的两种性质。意识的能动作用，一般来说具有两种不同性质：一种是促进事物的发展，另一种是阻碍事物的发展。马克思主义的一个基本原则，就是要使群众认识自己的利益，并且为实现自己的利益而团结奋斗。

哲学路线（思想路线）。坚持物质第一性、意识第二性还是坚持意识第一性、物质第二性，这是两条对立的哲学路线。按照这两条哲学路线去认识世界和改造世界，在实际工作中就表现为是从实际出发还是从观念、原则出发的两条对立的思想路线。坚持从实际出发，反对从观念出发，这是我们党的思想路线的重要内容。坚持从实际出发，就是要正确解决主观与客观的矛盾，达到主观和客观的一致。从实际出发，是为了能动地改造世界。必须充分发挥意识的能动作用，发扬自觉的能动性。

（三）物质世界的联系和发展

世界是普遍联系和永恒发展着的物质世界。唯物主义和辩证法的关系：在马克思主义哲学中，唯物主义和辩证法是有机联系着的。没有唯物主义，就不可能有科学的辩证法；而没有辩证法，也不可能有彻底的唯物主义。

物质世界的普遍联系。普遍联系的观点，是唯物辩证法的一个基本原则。唯物辩证法肯定事物的普遍联系，并不否认事物的相对独立性。每一事物都同其他事物互相区别，都有自己存在和发展的历史，这是它的独立性。这种独立性是相对的。决定论，是指承认事物联系的客观性和普遍性，认为人们的行动受着事物固有联系的制约，只有遵循事物本身的必然联系进行活动，才能达到预期的结果。这在哲学上叫做决定论。事物联系具有多种形式，大体上说，有内部联系和外部联系、本质联系和非本质联系、必然联系和偶然联系、主要联系和次要联系、直接联系和间接联系等。

所谓条件，就是事物同其周围事物的关系，是制约着该事物存在和发展的一切因素的总和。条件对于事物的性质和发展方向虽然不能起主要的、决定性的作用，但没有一定的条件，任何事物都不可能存在和发展。离开条件，任何事物都认识不了；没有一定的条件，什么事情也办不成。条件也是可以改变的。经过人的主观努力，就有可能变不利条件为有利条件，或者创造出原来不具备的条件。人们不能主观任意地改变或创造条件。

古希腊的亚里士多德说："整体大于部分的总和。"

钱学森的系统定义："由相互作用和相互依赖的若干部分结合成的具有特定功能的有机整体，而且这个系统本身又是它所从属的一个更大系统的组成部分。"

在唯物辩证法看来，系统是一个标志事物整体的哲学范畴，它揭示了任何事物都是由其内部相互联系、相互作用着的要素按一定的方式所组成，并同其周围环境相互联系、相互作用着的统一整体。系统具有整体性、结构性、层次性、开放性。所谓结构，就是系统内部各个要素之间合乎规律的、相对稳定的互相联系、互相作用方式，即系统各个要素的结合方式。所谓层次，是指系统和要素（子系统）之间的地位、等级和相互关系。

全局和局部：全局是指事物的整体及其发展的全过程；局部则是指构成事物整体的各个部分及其发展过程的各个阶段。全局是由局部组成的，离开局部就无所谓全局，但全局并不是局部的简单相加，它统率局部、高于局部。

物质世界的永恒发展。发展的观点，是唯物辩证法的又一个基本原则。运动作为物质存在的方式，是一般的变化。变化既包括事物量的变化，也包括事物质的变化。发展是变化的高级形式，是从量变到质变的过程，是新东西的产生和旧东西的衰亡，是由低级形态到高级形态的前进、上升运动。

所谓过程，是指事物的发生、发展和灭亡的历史。唯物辩证法关于任何事物都是一个过程的思想，具有重大的方法论意义。它要求我们必须用具体的历史的观点看问题。就是说，既要看到事物同周围环境的联系，承认其存在的历史必然性，又必须了解事物发展的全过程，了解它的现状，弄清它的历史，研究它的发展趋势，把握它的来龙去脉。

所谓规律，就是事物内部的、本质的、必然的联系。列宁说："规律就是关系。……本质的关系或本质之间的关系。"规律的客观性在于，任何事物都按照自己固有的规律运动。物质运动的规律是客观的，不以人的意志为转移的。规律是同类事物中普遍的联系。规律是事物的重复的联系。规律是事物的稳定的联系。……当然，规律也不是永恒不变的，它随着事物的变化而变化。规律比现象深刻，而现象则比规律丰富。认识的任务就在于从复杂多变的现象和多种多样的联系中引出其自身固有的规律，作为行动的向导。

唯物辩证法是关于联系和发展的科学。规律分为三类：一是只支配某一领域的单一规律，二是支配几个不同领域的特殊规律，三是对物质世界各个领域都起支配作用的普遍规律。唯物辩证法的科学体系包括联系原则和发展原则两个基本原则，三个基本规律以及一系列基本范畴。

学习唯物辩证法，必须完整地掌握它的科学体系。

（四）对立统一规律

对立统一规律，即矛盾规律，是唯物辩证法最根本的规律，是唯物辩证法的实质和核心。它揭示了事物发展的源泉和动力，说明了事物发展的根本原因；是理解唯物辩证法其他基本规律和基本范畴的"钥匙"；是认识世界和改造世界的根本方法。

学习唯物辩证法，必须牢牢掌握对立统一这个根本规律。

矛盾和矛盾在事物发展中的作用。辩证法和形而上学的根本分歧在于，是否承认世界上的一切事物和现象都包含着矛盾，矛盾双方既统一又对立，推动着事物的运动、变化和发展，这是辩证法和形而上学两种世界观的根本分歧。

所谓矛盾，是指事物内部包含着的既互相联结、互相依存、互相渗透，又互相分离、互相排斥、互相否定的方面和倾向。简言之，矛盾是指事物内部的对立面的统一。

矛盾的基本属性。对立面之间同一性和斗争性是矛盾的基本属性。只有弄清矛盾这两重属性及其相互之间的关系，才能进一步了解辩证矛盾的实质。

矛盾的同一性或统一性，指的是对立面在一定条件下互相联结、互相依存、互相渗透、互相贯通的性质。

矛盾的斗争性，指的是矛盾双方互相分离、互相对立、互相排斥、互相否定的倾向。

总之，无条件的、绝对的斗争性存在于有条件的、相对的同一性之中。矛盾着的对立面既统一又斗争，推动着事物的运动、变化和发展。要全面地把握对立统一规律，既不能离开斗争性讲同一性，也不能离开同一性讲斗争性。研究事物的矛盾，要研究矛盾双方是怎样同一又怎样斗争的，在对立中把握统一，在统一中把握对立，才能认清事物的本质及其发展的规律性。

系统内部的关系：矛盾即事物，而事物总是作为系统、作为过程而存在的。系统内部各个要素的最本质的关系，就是对立统一关系。矛盾分析方法是分析和综合相结合的辩证方法。所谓分析，就是把事物、系统加以分解，对其各个组成部分、要素、特性、关系等，分别加以研究。所谓综合，就是把分析中所获得的部分、要素、特性、关系等，联合成一个有机的统一整体来加以把握。

通过分析和综合，才能揭示事物、系统的结构，区分本质的东西和非本质的东西，区别主流和非主流，把一般和个别、统一性和多样性结合成一个活生生的具体的整体，从总体上把握矛盾，了解矛盾的发展趋势，找出解决矛盾的办法。

毛泽东同志在《反对党八股》中指出，分析和综合相结合的辩证方法，也就是提出问题、分析问题和解决问题的过程。提出问题，就是对问题即矛盾的两个基本方面加以大略的调查研究，了解矛盾的所在；分析问题，就是对矛盾进行系统的周密的分析，暴露事物的内部联系；解决问题，就是要把分析的结果综合起来，指明矛盾的性质，提出解决矛盾的办法。

系统方法，实质上也是分析和综合的辩证方法，是矛盾分析方法在系统研究中的具体应用。系统方法一般包括系统分析、系统综合和系统评价三大步骤。所谓系统分析，从实质上说，也就是分析系统内部各个要素、系统整体和要素、结构和要素、结构和性能、各个层次，以及系统和环境等之间的对立统一关系，即各种矛盾的状况。所谓系统综合，从实质上说，也就是把分析的结果综合起来，从总体上把握各种矛盾的统一体。所谓系统评价，从实质上说，也就是根据实践的需要，对于经过系统分析和系统综合而制定出的多种可行方案进行比较（比较也是对立统一，也必须运用矛盾分析方法），从中选出最优方案，作出决策。

矛盾的特殊性。矛盾的特殊性是指不同事物的矛盾具有各自的特点。认识事物内部矛盾的特殊性，是科学地认识事物的基础。列宁指出，具体地分析具体情况，是马克思主义最本质的东西，是马克思主义的活的灵魂。所谓具体地分析具体情况，也就是具体分析各种事物矛盾的特殊性。

各种物质运动形式的矛盾都有其特殊性。事物的不同发展过程和阶段的矛盾也有其特殊性。事物都是作为过程而存在的。过程不同，就是因为它们所包含的根本矛盾（基本矛盾）不同。所谓根本矛盾就是决定过程的本质，贯彻过程始终的矛盾。事物发展过程往往表现为若干不同的发展阶段。在事物发展过程的各个阶段，过程的根本矛盾并没有改变。事物发展过程和阶段的区别是相对的。

研究矛盾的特殊性，不但要研究各种物质运动形式、过程和阶段的矛盾在总体上的特殊性，而且要研究矛盾各个方面的特点。只有把握了矛盾各个方面的特点，才能在总体上把握矛盾的特殊性。矛盾及其各个方面的地位和作用的特殊性：研究矛盾的特殊性，还必须研究主要矛盾和非主要矛盾、矛盾的主要方面和非主要方面的问题。善于抓住和集中力量解决主要矛盾，也是我们党一个重要的领导方法和工作方法原则。……所谓中心工作，就是为了解决主要矛盾而进行的工作。主要矛盾和非主要矛盾的区别不是绝对的、一成不变的，而是相对的、可变的，在一定条件下它们可以相互转化。

研究矛盾的特殊性，还要了解矛盾各个方面地位和作用的特殊性，区别矛盾的主要方面和非主要方面。……平衡是有条件的、相对的；不平衡是无条件的、绝对的。矛盾的主要方面和非主要方面，在一定条件下也是可以相互转化的。矛盾斗争形式的特殊性：对抗性矛盾是根本利益对立基础上的矛盾。非对抗性矛盾是根本利益一致基础上的矛盾。矛盾的性质和矛盾斗争形式的关系是辩证统一关系。

事物矛盾问题的精髓。矛盾的普遍性和特殊性的关系，就是共性和个性、绝对和相对的关系。这是事物矛盾问题的精髓。研究和运用对立统一规律，必须牢牢把握这个精髓。共性和个性、绝对和相对：矛盾的普遍性即矛盾的共性，矛盾的特殊性即矛盾的个性。共性和个性的关系也就是一般和个别的关系。共性只能存在于个性之中，个性也离不开共性。

矛盾存在于一切事物发展的过程中并且贯穿于过程的始终。这是矛盾的普遍性、共性，它是无条件的，因而是绝对的。每一事物的矛盾又都具有自己的特点。这是矛盾的特殊性、个性，它是有条件的，因而是相对的。从理论观点上说，共性个性、绝对相对的道理是正确理解矛盾学说、把握唯物辩证法的关键。从方法论上说，共性个性、绝对相对的道理提供了正确认识事物矛盾的根本方法。……认识过程是由特殊到一般，又由一般到特殊。从实践上说，共性个性、绝对相对的道理是马克思主义普遍真理同本国革命具体实践相结合这一思想原则的重要哲学基础。

毛泽东同志所总结的“一般号召和具体指导相结合”等领导方法，是矛盾的普遍性和特殊性相结合的原理在实际工作中的具体应用。

社会主义社会矛盾的特点：社会的基本矛盾仍然是生产关系和生产力、上层建筑和经济基础的矛盾，矛盾仍然是社会发展的动力。

（五）质量互变规律

质量互变规律：事物的矛盾运动呈现出量变和质变两种状态，表现为由量变到质变，又由质变到量变的过程。质量互变规律揭示了事物的发展是在量变的基础上由旧质向新质的飞跃。

质是一事物区别于其他事物的内在规定性。质和事物的存在是不可分割的，是直接统一的。事物的质是通过事物的属性（特性）表现出来的。所谓属性，就是一事物和其他事物发生联系时表现出来的质。是物质的规定性，决定于事物内部矛盾的特殊性。具体事物是包含着多种矛盾的统一体，这就使事物具有多方面的质。

量是事物存在和发展的规模、程度、速度等可以用数量表示的规定性。量是事物外在的规定性，它和事物的存在不是直接统一的。

度是质和量的统一。任何事物都是质和量的统一体，没有无质之量，也没有无量之质。量是以质为基础的，质制约着量。同时，质又以一定的量作为必要条件，任何事物的质都有其数量的界限。这是量对质的制约。度是一定事物保持自己质的数量界限，是事物的质所能容纳的量的活动范围。关节点，任何事物的度都有其关节点，即度两端的数量极限。最佳适度的量：在事物的质所能容纳的量的活动范围内，能够最好地满足人们实践需要的量，叫做最佳适度的量。

量变和质变。量变是事物在数量上的增加或减少，是一种连续的、逐渐的、不显著的变化。质变是事物根本性质的变化，是渐进过程的中断，是由一种质的形态向另一种质的形态的突变即飞跃。量变和质变的辩证统一：量变是质变的必要准备，质变是量变的必然结果。质变引起新的量变，为新的质变开辟道路。

发展：发展的实质是渐进过程的中断，是旧质向新质的飞跃。没有质变、飞跃，就没有发展。在量变中有部分质变，在质变中有量的扩张。前进性和倒退性的质变，都是由量变引起的。量变也有向上和向下两种性质的区别。阶段性部分质变是事物内部根本矛盾和非根本矛盾发展的不平衡性所引起的。

量变质变的特殊性。物质系统在其构成要素没有增减的情况下，仅仅由于排列和联结的方式不同，就可以产生不同质的功能或效用。飞跃形式的多样性：任何事物从一种质变为另一种质，都是通过飞跃即渐进过程的中断来实现的。事物的飞跃，总要采取一定的形式。飞跃形式取决于事物内部矛盾的特殊性及其所处的条件。一般来说，可以分为爆发式和非爆发式两种。总的爆发式中的非爆发式和总的非爆发式中的爆发式。

社会主义社会量变质变的特点：一是从社会主义到共产主义的发展所要完成的质变，是有领导、有计划地自觉实现的。二是社会主义社会所要完成的革命变革，是通过部分质变逐步实现的。三是社会主义社会的飞跃形式从总体上说是非爆发式的。

量变质变的互相转化，反映了事物发展的阶段性和连续性的统一。[①]

三、马克思主义哲学实现的革命变革

从对象讲，马克思主义哲学是关于自然、社会和思维发展的普遍规律的科学，是一种科学的世界观理论体系和方法论。其研究对象是自然界和社会以及人的思想的最一般的规律。马克思主义哲学的产生，结束了旧哲学的统治，实现了革命变革，其意义在于：区别了哲学和具体科学研究的对象；区别了两个领域的规律，具体科学研究的是一定领域的特殊规律，哲学研究的是整个世界的最一般的规律；哲学以具体科学为基础，又给具体科学以世界观和方法论的指导。

从内容讲，马克思主义哲学把唯物主义和辩证法有机地结合起来，创立了辩证唯物主义，并将辩证唯物主义贯彻到底，应用于社会历史，创立了历史唯物主义。马克思主义哲学是唯物主义和辩证法的高度统一，是辩证唯物主义和历史唯物主义的高度统一。邢贲思讲，马克思主义哲学把实践的观点引入自己的哲学，论述实践的作用不仅限于认识论的范围，把实践的概念引进了本体论（就是外在于人之外的客观世界、自然界）的范围。这是马克思主义哲学的深刻之处。马克思主义哲学把外在于人的客观世界（至少是其中相当大的一部分）看成是经过人的实践改造过的，是打上人的实践的烙印的，是“人化自然”。这个思想的深刻之处在于人与自然、主体和客体的关系不是一个简单的、主体被动地接受客体影响而不施加自己的影响于客体的关系。人同外界、主体和客体之间存在着一种物质交换的关系。

从使命讲，马克思主义哲学是以实践为基础的科学性和革命性相统一的无产阶级哲学。实践性是马克思主义哲学区别于其他哲学最主要、最显著的特点。科学性是革命性的必要前提和保证，革命性是科学性的必然结论和归宿。马克思和恩格斯说：“对实践的唯物主义者即共产主义者来说，全部问题都在于使现存世界革命化，实际地反对并改变现存的事物。”

从生命力讲，马克思主义哲学的创立并没有结束哲学的发展，而是在更高的基础上为哲学思想的发展开辟了广阔的道路。科学性是其生命力的内在根据，实践性是其生命力的内在源泉。马克思主义辩证法的一个基本点就是不承认世界上有任何终极状态和终极真理，真理总是要发展的，真理本身是一个过程。

① 韩树英：《马克思主义哲学纲要（修订本）》，人民出版社 1983 年版。

失误让我清醒[①]

我一直在基层工作，来中央党校这个党的最高学府系统学习马克思主义基本理论，对我来说是最难得的机会。两个多月来，在老师们的殷切指导下，刻苦攻读经典，积极参加研讨，自己在认识方法和思维方式上有了显著提高。特别是结合理论学习，进行党性分析，从世界观和方法论上认真回顾自己的成长过程，对以往的经验教训加以理论思考和深刻总结，深深感到自己成长的每一步都是在党的培养和教育下走过来的。

回顾起来，自己在总的方面还是较好地坚持了党性原则；同时在有些方面还有不少缺点错误甚至失误，反映出自己的党性不纯。特别是在坚持实事求是，正确认识和处理主观与客观关系方面存在盲目性。我想以阿拉善右旗四届三次人代会选举为例分析这个问题。

1985 年 12 月，我担任阿拉善右旗旗委书记，旗四届三次人代会是 1986 年 4 月召开的。我上任后在领导班子建设上面临的一个突出问题是旗政府班子的力量太薄弱，一正三副的领导职数中在岗的只有一名刚到任的代旗长和一名党外副旗长，其余两名副旗长考入两年制大专班，在外地学习。我想，着力推动党的工作重点转移，搞好经济建设，改变落后面貌，当务之急是尽快把政府领导班子配齐，大家拧成一股绳，同心协力带领广大人民群众，投身于经济建设。而且，即将召开一年一度的人代会例会，正好可以通过选举配合政府领导班子。

还有一个情况是，当时要求法院院长、检察院检察长要按副处级配备，也想一并解决。旗委的同志们都赞成我的意见。于是，按照组织程序从原先培养的后备干部中推荐、选拔、考核了三位同志，报请盟委内批，连同原先已调整的三位领导，将六名候选人推荐到四届三次人代会选举。

选举结果大大出乎意料，旗委推荐的六个候选人中有四人落选。除了人大常委会主任和旗长当选外，原先考核时认为不太理想的“两院”科级院长和检察长照旧当选，两名副旗长没有选出来。那次选举对旗委特别是对我这个书记来说，是一次决策上的失误。选举结果引起各种反映和议论，有的甚至说我这个年轻的新书记第一把火就没有烧起来，还能不能待得下去。这件事对我思想上的触动很大，当时的心情难以用语言来表达。

---

① 本文是在中央党校九一级一年制中青年干部培训班学习时的党性分析报告，1991 年 11 月 27 日在第六党支部第三组会上交流。

那么，是什么原因造成了这个失误呢?

事物的发展往往是错综复杂的，是由多方面的矛盾起作用的，是由各种因素决定的。就拿那次的选举情况来说，既有现实的原因，也有历史的原因；既有上面的原因，也有下面的原因；既有内部的原因，也有外部的原因；既有主观的原因，也有客观的原因。我想先把客观原因列出来作为依据，然后着重从主观原因加以分析。

客观方面：一是阿拉善右旗原党政班子由于种种原因，领导不得力，工作不景气，盟委做了较大的调整，书记调盟直机关，旗长拟任人大常委会主任。对此，被调整的领导想不通，甚至有抵触情绪，部分环节干部也有意见。二是阿拉善右旗在“文革”中是“重灾区”，派性影响一直没有得到肃清。1984 年人代会换届时，盟委内批的旗长候选人落选，不是候选人的人当选。三是 1985 年到 1986 年正是整党的阶段，各方面反映出来的问题不少，但还没得到解决，干部群众的认识较混乱，思想不稳定。四是干部群众对新到任的我不了解，我还来不及建立信任和支持的基础。五是四届三次人代会不是换届，候选人不宜过多，而且时间很仓促，准备不充分。

上述这种情况是当时直接影响到人代会的客观实际，不可能不在选举中反映出来。如果当时能充分了解和掌握这些情况，就可以做出正确的决策，完全避免或减少失误。比如，那次例会上只选举较有把握的旗长和人大常委会主任，副旗长可以在会后过一段时间提交人大常委会任命，或放到下一年的换届时解决，从而有充分的时间做工作。

从决策上看，四届三次人代会选举可以说是一次不应出现的失误。尽管决策是旗委集体做出的，盟委内批的，而且有盟委领导带工作组亲临指导，但作为旗委书记的我负有直接的责任。分析主观原因，归结到一点还是没有能真正坚持实事求是、一切从实际出发的思想路线，主观脱离了客观，犯了主观主义的错误。具体讲有以下几个方面：

一是以良好愿望的主观性代替了客观事物的规律性。主观上想尽快把领导班子配齐，抓经济建设，改变落后面貌，打开工作局面。可是在客观上这个想法能不能实现，却考虑不周到。事物的发展变化是有其内在的、必然的、固有的客观规律，是不以人的意志为转移的。我们只有搞好深入细致的调查研究，从当时当地的具体环境、条件和特点出发，具体分析具体情况，使我们的主观愿望建立在客观规律的基础上，才有实现的可能。否则，再好的主观愿望也代替不了客观事物的规律。

二是想当然和表面性代替了事物内在的复杂性。政府领导班子不健全，不能适应工作需要，这毕竟是矛盾的一种表现形式，是比较容易看得出来的矛盾。而这一矛盾的解决，一方面需要有个过程，要具备各种必要的条件，需要把握好时机；另一方面这一矛盾是同别的许多的、深层次的、更为复杂的矛盾相联系、相交织、相依存的。只看到表面的一点，把复杂的、由多种因素决定的客观事物看得太简单，理想化、想当然地提出解决的方案就着手解决，实践证明没有不碰钉子的。

三是以形而上学的片面性代替了辩证法的全面性。只看到政府领导班子尽快配齐的必要性，忽视了能不能实现的可行性；只看到一种矛盾需要解决，忽视了与此相联系的多种矛盾的存在；只看到旗委意见的一致性，忽视了干部群众即代表认识的多样性；只看到“两院”领导问题可以一并解决，忽视了这样会把矛盾更趋复杂化、尖锐化，等等。形而上学的片面性导致我不能了解和把握各种矛盾各方面的特点，正如毛泽东同志指出的“只看见局部，不看见全体，只看见树木，不看见森林。这样，是不能找出解决矛盾的方法的，是不能完成革命任务的，是不能做好所任工作的”。

四是以急于求成的盲目性代替了领导工作的自觉性。为全旗工作着想的主观愿望里也掺杂着急于求成，“新官上任三把火”，以显示能迅速打开局面，有魄力、有能力的私心杂念。这种私心杂念和急于求成的心理，使我陷入了一定的盲目性，影响了全面地、冷静地、深入地考虑和分析问题，减少了领导工作的自觉性，这样必然导致决策上的失误。经济上不能急于求成，政治上也不能急于求成，任何工作都不能急于求成。事物的发展是渐进过程，“欲速则不达”。

政府领导班子的选举没有如愿以偿，当时我在思想上怨气比较大，一怨代表不理解我，二怨代表素质差、觉悟低。但这毕竟是我的失误，是我成长经历中的一次较大的挫折，对我触动很大，它像迎面泼来的一盆冷水，使我清醒起来，我的“三把火”没有烧起来。

事后，我和旗委的同志们认真总结了经验，锡林郭勒盟盟委也帮助我们分析情况，吸取经验教训。我决心把坏事变成好事，以自己的实际行动赢得广大干部群众的理解和信任。有了这次教训，六年来我始终坚持在吃透“两头”上下功夫，在“结合”上作文章。一方面认真学习马克思主义基本理论和党的路线方针政策，全面掌握其精神实质，另一方面经常深入基层、深入群众、调查研究，全面掌握全旗的情况，在此基础上把两方面有机地结合起来，创造性地开展工作。观察问题、分析问题、解决问题，努力做到实事求是，一切从实际出发。

六年来，在党的基本路线指引下，经过旗委“一班人”和全旗各族干部群众的共同努力，经济稳步发展，社会安定团结，各民族和睦相处，人民生活不断改善，从根本上扭转了以往的局面，全旗面貌发生了深刻变化。1987 年的人代会换届、1989 年的党代会换届、1991 年的人代会换届都很顺利，旗委推荐的候选人都如数当选。阿拉善右旗经济建设和社会主义精神文明建设成绩在全盟目标管理考核评比中，1989 年和 1990 年连续获得“金骆驼”奖。

实践使我深切体会到，实事求是的思想路线是我们党的生命线，矢志不渝地坚持实事求是的思想路线是对党员干部的基本要求。在实际工作中，我将时时、处处、事事坚决克服主观性、表面性、片面性和盲目性，增强原则性、系统性、预见性和创造性，努力做到理论和实践、主观和客观的有机统一。

《资本论》学习笔记①

《资本论》问世以后，恩格斯指出：“自地球上有资本家和工人以来，没有一本书像我们面前这本书那样，对工人具有如此重要的意义。”《资本论》在工人中传播以后，立即被称颂为“工人阶级的圣经”。

《资本论》的研究对象是资本主义生产方式，中心是揭示资本主义生产关系发生、发展和必然灭亡的规律，目的是为无产阶级进行推翻资本主义制度、建立社会主义制度的革命提供科学的理论根据。

《资本论》实质上是一部“资本主义灭亡论”，其主要内容可归结为“三个过程”“一个中心”“三条基线”“一个结论”。所谓“三个过程”是指三卷《资本论》依次研究了资本的生产过程、流通过程和总过程。所谓“一个中心”是指全部《资本论》是围绕剩余价值这个中心展开的。所谓“三条基线”是指《资本论》始终贯穿着三条相互关联的基本线索，即资本和雇佣劳动的对立、榨取剩余价值是生产的唯一目的和动机、生产社会化和生产资料的资本主义私人占有之间的矛盾。所谓“一个结论”是指整个《资本论》科学地证明了一个伟大的真理：资本主义私有制只是与生产力发展一定阶段相适应的特殊历史性的经济制度，它必将随着生产力的进一步发展而走向灭亡，为社会主义公有制所代替。正如恩格斯所说，马克思在《资本论》中，“根据以无可怀疑的知识作的绝对认真的研究，得出了这个结论：整个‘资本主义生产方式’必定要被消灭”。

一、资本的直接生产过程

第一卷研究的是资本的直接生产过程。中心是剩余价值生产。七篇可以概括

① 本文是在中央党校学习期间，1992 年 5 月《资本论》的学习笔记。

为三论：第一篇是劳动价值论，第二至第六篇是剩余价值生产论，第七篇是资本积累论。

（一）劳动价值论

中心是价值的本质和价值规律。

劳动价值论是剩余价值论的基础，而剩余价值论又是马克思经济理论的基础。

（1）价值的产生：社会分工和私有制，是私有制商品生产的条件。商品是用于交换的劳动产品，具有使用价值和价值两个因素。价值是商品的社会属性。商品是为交换而生产的劳动产品。马克思说："商品首先是一个外界的对象，一个靠自己的属性来满足人的某种需要的物。""物的有用性使物成为使用价值。"商品生产不是从来就有，而是在社会分工和私人劳动的条件下产生的。马克思指出："社会分工是商品生产存在的条件""只有独立的互不依赖的私人劳动的产品，才作为商品互相对立。"社会分工和私人劳动使劳动产品变成了商品。

①商品的二因素：使用价值和价值是商品的两个因素，二者缺一不可，否则就不是商品。商品是使用价值和价值的统一。首先，一个物如果不是劳动产品，它可以有使用价值而无价值，那它就不是商品。其次，一个物可以有用，而且是劳动产品，但只是为了满足生产者自己的需要，并不用于交换，也不是商品。最后，一个物是劳动产品，但没有使用价值，如废品，则所消耗的劳动不能形成价值，也不能成为商品。商品的有用性成为商品的使用价值；商品的劳动耗费形成商品的价值。

②商品的两种属性：商品的使用价值和价值这两个因素，是对立的、相互排斥的。使用价值和价值是商品的两种属性，使用价值是商品的自然属性，价值是商品的社会属性。价值是被物掩盖的商品生产者之间的生产关系。它包含着私人劳动和社会劳动的矛盾。

③商品的特点：商品最主要的特点就是具有价值。使用价值和价值、具体劳动和抽象劳动、私人劳动和社会劳动的对立，是商品的内在矛盾。随着商品生产和商品交换的发展，商品的内在矛盾又外化为商品和货币的对立，货币正是商品经济矛盾发展的产物。

（2）价值的实体：生产商品的劳动具有二重性，一方面是具体劳动，形成使用价值，另一方面是抽象劳动，凝结为价值的实体。创造商品的劳动二重性原理：商品的二因素是由体现在商品中的劳动二重性决定的。劳动二重性即具体劳动和抽象劳动决定商品二因素即使用价值和价值。生产商品的劳动，一方面是在一定具体形式下进行的劳动，这是具体劳动。具体劳动生产商品的使用价值。另一方面是抽象掉具体形式的劳动，这是抽象劳动。抽象劳动形成商品的价值。形成价值的抽象劳动以简单劳动作尺度。以上这些是马克思发现的。

劳动二重性的差别：劳动二重性的矛盾表现为劳动的质和量的差别。具体劳动反映劳动的性质，表明怎样劳动和什么劳动的问题；抽象劳动反映劳动的数量，表明劳动多少和时间多长的问题。生产商品的劳动是具体劳动和抽象劳动的统一。各种商品价值都是同质异量的。没有质的同一性，就没有量的可比性。单位商品的价值量与生产它的劳动生产率成反比。单位时间生产力的提高必然会引起单位商品价值量的降低。劳动二重性学说是理解政治经济学的枢纽。

（3）价值量：商品的价值量由生产商品的社会必要劳动时间决定。单位商品的价值量与生产它的劳动生产率成反比。

①社会必要劳动时间：是“个别劳动时间”的对称。在现有社会正常生产条件下，在社会平均劳动熟练程度和劳动强度下，生产某种商品所需要的劳动时间。商品的价值量不能由个别生产者生产某种商品所花费的劳动时间来决定。决定商品价值量的，是一定时期内社会上绝大多数生产者在大致相同的生产条件、技术水平和劳动强度下的劳动时间，即社会必要劳动时间。生产某种商品的社会必要劳动时间的长短，是在市场竞争中确定下来的。交换价值：一种商品同另一种商品相交换时的数量比例。商品中凝结的一般人类劳动构成商品的价值，价值是决定商品交换比例即交换价值的基础。

②商品经济的发展阶段：商品和货币先于资本主义生产方式。商品生产、商品流通和货币流通的发展是资本和资本主义生产方式形成的前提和起点，而资本主义则是商品经济的发达阶段。

（4）价值的社会性：价值是被物掩盖的商品生产者之间的生产关系。它包含着私人劳动和社会劳动的矛盾。这个矛盾是简单商品经济中的基本矛盾。商品经济的基本矛盾：商品内在的使用价值和价值的矛盾，根源于具体劳动和抽象劳动的矛盾，而具体劳动和抽象劳动矛盾的基础则是私人劳动和社会劳动的矛盾。这个矛盾是商品经济的基本矛盾。

（5）价值形式：价值只有通过不同商品交换才能表现出来。价值形式在历史上先后经过简单价值形式、扩大价值形式、一般价值形式，最后形成货币价值形式。货币是商品内在矛盾发展的结果。商品的内在矛盾使商品交换成为必然，而货币正是商品交换过程的产物。“充当一般等价物就成为被分离出来的商品的特殊社会职能。这种商品就成为货币。”唯独货币这种商品作为价值而存在，能够直接同一切其他商品相交换。货币成为价值的代表。货币的本质：货币是固定充当一般等价物的特殊商品。货币体现着商品生产者之间的生产关系。货币具有价值尺度、流通手段、贮藏手段、支付手段、世界货币等职能。

货币流通量的规律：货币流通量的规律 = 待售商品价格总额/货币平均流通次数。

（6）价值规律：生产商品的社会必要劳动量决定商品价值量、商品之间以价值量相等进行交换的规律，叫价值规律。价值规律是商品生产的一般规律，是商品经济的基本规律。

①价值规律的表现形式有两个方面：一是价格围绕价值上下波动。因为由价值决定的价格要受市场供求关系的影响。二是价值规律只能作为“平均数规律来为自己开辟道路”。“规则只能作为没有规则性的盲目起作用”。在价值规律的表现形式中，包含价格与价值的偏离，但价格不能长期地远离价值，偏离的现象在长期过程中会互相抵消。规律都是趋势。

②价值规律的作用：第一，价值规律自发地调节商品生产和商品流通。价格时常偏离价值的情况，会自发地调节生产和流通。价值规律通过市场竞争和价格波动自发地调节商品的生产和流通，叫做市场调节。具体讲，在微观上，价值规律调节生产者的个别劳动时间。在宏观上，价值规律在社会分工中调节社会总劳动（人、财、物）的分配。第二，价值规律刺激商品生产者改进生产技术。商品生产者为减少个别劳动时间来增加盈利，就要改进生产技术，提高劳动生产率。第三，价值规律引起商品生产者两极分化。由于各个商品生产者的生产条件不同，生产同种商品所花费的个别劳动时间就不一样。竞争是价值规律得以贯彻的必要条件；价格波动是价值规律发挥作用的形式。只要商品经济存在，价值规律就必然发生作用。

（二）剩余价值生产论

中心是资本的本质和剩余价值规律。

剩余价值是被资本家雇佣的工人在生产过程中所创造的价值超过其劳动力价值的部分。剩余价值是雇佣工人的剩余劳动所创造而被资本家无偿占有的，它体现着资本家剥削雇佣工人的关系。榨取剩余价值是资本主义生产的唯一目的。马克思说：“生产剩余价值或赚钱，是这个生产方式的绝对规律”。

（1）剩余价值产生的前提：劳动力成为商品，是货币变为资本、生产剩余价值的根本前提。劳动力的使用即劳动所创造的价值大于劳动力自身的价值，这是剩余价值产生的关键。

（2）剩余价值的生产过程：剩余价值不能在流通过程中产生，因为按价值规律在商品流通中通行的是等价交换的原则，即使有贱买贵卖，终究要相抵。剩余价值的真正来源是由雇佣工人在生产过程中创造出来的。雇佣工人的工作日分为两部分，即必要劳动时间和剩余劳动时间。资本家购买雇佣工人的劳动以后，强迫工人在必要劳动时间内再生产出劳动力的价值；在剩余劳动时间内生产剩余价值，被资本家无偿占有。比如做桌子，资本家3元购买木工一天的劳动力、30元购买生产资料，木工用6小时做完桌子，把生产资料和劳动力的价值转移到桌子的价值33元。实际木工工作8小时，生产资料费40元、木工创造新价值4元，桌子的价值44元。扣除生产资料费40元和木工工资3元，剩余价值是1元。剩余价值率是1/3 = 33.3%。剩余价值率是衡量资本家剥削程度的尺度（$m' = \frac{m}{v}$）。这里，不变资本是40元，可变资本是3元，可变资本增值1元。劳动力的价值和劳动力在劳动过程中创造的价值是两种不同的量。资本家购买劳动力时，正是看中了这个价值差额。资本主义生产过程是劳动过程和价值增值过程的统一。资本主义生产过程矛盾的主导方面是剩余价值生产过程。

（3）生产剩余价值的两种基本方法：资本家剥削剩余价值的基本方法有两种，一种是绝对剩余价值的生产，另一种是相对剩余价值的生产。在必要劳动时间不变的情况下，通过延长工作日，使剩余劳动时间增加而生产的剩余价值，叫做绝对剩余价值。在工作日长度不变的条件下，通过缩短必要劳动时间，相应延长剩余劳动时间而生产的剩余价值，叫做相对剩余价值。前者是靠延长工作日来增加剩余劳动时间，后者是靠缩短必要劳动时间来增加剩余劳动时间。绝对剩余价值的生产和相对剩余价值的生产是不能截然分开的，绝对剩余价值的生产构成资本主义剥削的一般基础，是相对剩余价值的起点，两者是并存的。一般来说，在资本主义发展的初期，绝对剩余价值生产占主导地位；进入机器大工业时期以后，由于科学技术迅速发展，相对剩余价值生产逐渐占主导地位。资本主义剥削的本质是资本家无偿占有工人创造的剩余价值。

（4）资本的本质和构成：资本的本质是能够带来剩余价值的价值，体现着资本家对雇佣工人的剥削关系。根据对价值增值所起的作用不同，资本分为不变资本（c）和可变资本（v）。资本的有机构成：由资本的技术构成决定而又能够反映技术构成变化的资本价值构成，叫做资本的有机构成。

资本主义经济关系的基本标志：劳动力转化为商品，货币转化为资本，是资本主义经济关系的基本标志。劳动力转化为商品是货币转化为资本的前提条件。货币转化为资本必须实现价值增值即带来剩余价值。但这种增值不可能发生在流通第一行为即货币作为支付手段G—W阶段的货币本身，也不可能发生在流通的第二行为W—G。价值增值只能发生在流通第一行为G—W所购买的商品上，而且不能发生在商品的价值上，而是发生在商品的使用价值上。唯有劳动力这个特殊商品的使用价值具有成为价值源泉的特殊属性。劳动力商品的根本特点是能使其价值增值即能创造价值。由货币到资本的转化是一个质的飞跃，这个质的飞跃是通过劳动力变为商品而实现的。“资本不能从流通中产生，又不能不从流通中产生。它必须既在流通中又不在流通中产生”。

资本产生的历史前提：商品生产和发达的商品流通，是资本主义产生的历史前提。

（5）资本主义工资：其本质是劳动力的价格，但却表现为劳动的价格，似乎全部劳动都是有酬劳动。这样一来，资本家对工人的剥削关系在表面上就产生了平等的假象。

（6）剩余价值规律：即资本家依靠榨取雇佣工人的剩余劳动而使资本不断增值的规律。它集中反映了资本主义生产的目的、动机、实质，规定了资本主义生产、分配、交换、消费的根本性质，决定了资本主义生产方式发生、发展、灭亡的全部过程，在资本主义经济规律体系中起着主导作用，因而成为资本主义基本经济规律。

（三）资本积累论

中心是资本积累的本质和趋势。

简单再生产和扩大再生产：简单再生产就是资本在原有规模上重复进行的再生产。扩大再生产就是在扩大了规模上的再生产。

（1）资本主义再生产的本质：资本主义再生产是物质资料的再生产与资本主义生产关系的再生产的统一。

资本积累：资本积累就是把剩余价值再转化为资本，即剩余价值的资本化。把剩余价值转化为资本的过程就是资本积累的过程，也就是资本主义扩大再生产的过程。剩余价值是资本积累的源泉，资本积累是资本主义扩大再生产的源泉。资本积累实质上是用剥削来的钱作为扩大剥削的手段。马克思说：“劳动力的不断买卖是形式。其内容则是，资本家用他总是不付等价物而占有的别人的已经物化的劳动的一部分，来不断再换取更大的别人的活劳动。”

（2）资本积累的源泉和扩大资本的途径：剩余价值是资本积累的源泉。扩大资本的途径，一是资本积累，即单个资本通过剩余价值的资本化而扩大；二是资本集中，即若干分散的小资本通过竞争合并成一个大资本。

（3）资本积累的一般规律：资本积累必然造成“机器排斥人”、失业增加，导致无产阶级贫困化。资本积累一般规律的实质，一极是资产阶级的财富的积累，另一极是无产阶级的贫困的积累，无产阶级贫困化是资本积累必然产生的结果。资本积累的规律是两极分化的规律。它深刻地揭示了资本主义生产关系的对抗性。

（4）资本积累的历史趋势：资本积累的增长，必然加深资本主义生产方式的基本矛盾，促使资本主义制度走向灭亡。剥夺者被剥夺，这是资本积累的历史

趋势。

资本主义的基本矛盾：生产的社会化和资本主义私人占有之间的矛盾。马克思指出："生产资料的集中和劳动的社会化，达到了同它们的资本主义外壳不能相容的地步。这个外壳就要炸毁了。资本主义私有制的丧钟就要响了。剥夺者就要被剥夺了。"

社会主义生产和资本主义生产的区别：它们的区别不在于价值是否增值，而在于这种增值是否体现剥削关系。

二、资本的流通过程

第二卷研究的是广义的资本的流通过程，即资本的再生产过程。中心是剩余价值的实现。三篇可以概括为三论：第一篇是资本循环论，第二篇是资本周转论，第三篇是社会总资本再生产论。第二卷可称为马克思的再生产理论。

（一）资本循环论

中心是个别资本的再生产过程和实现条件。

（1）资本循环的过程：产业资本的循环经过购、产、销三个阶段，采取货币资本、生产资本、商品资本三种形式，完成准备生产、实际生产、实现剩余价值三种职能。

资本循环的总过程表现为 G—W…P…W′—G′，更详细的表现形式是 G—W—A（劳动力）和 Pm（生产资料）…P…W′（W + w）（预付资本价值的商品形式 + 剩余价值的商品形式）—G′（G + g）。资本表现为一个价值，它要经过一系列形式变化，即由货币资本转化为生产资本，再由生产资本转化为商品资本，最后由商品资本再转化为货币资本，经历三个阶段，采取三种形式，完成三个职能：在购买阶段，资本采取货币资本的形式，完成剩余价值生产准备条件的职能；在生产阶段，资本采取生产资本的形式，完成生产剩余价值的职能；在售卖阶段，资本采取商品资本的形式，完成实现剩余价值的职能。其中，第一阶段和第三阶段是流通过程，第二阶段是生产过程，总过程是生产过程和流通过程的统一。

（2）实现资本循环的条件：产业资本的连续运动必须是三种资本循环形式的统一；实现这种统一的两个条件是三种资本形式在空间上的并存和时间上的继起。三种资本的并存性和继起性是互为条件、互相依存的。一方面，继起性以并存性为前提并由它决定。没有资本的分割，就谈不上每一部分资本各自运动。另一方面，继起性又是并存性的保证。没有每一部分资本不断地通过循环的各个阶段，资本的并存性就不可能保持。

（3）资本的流通费用：资本在流通领域必须支出流通费用；流通费用分为生产性流通费用和非生产性即纯粹流通费用；流通费用只在社会必要的限度内才能得到补偿。

（二）资本周转论

中心是个别资本运动的速度和效益。

资本周转："资本的循环，不是当作孤立的行为，而是当作周期性的过程时，叫做资本的周转。"资本周转就是不断重复的资本循环，即周而复始的资本运动。

（1）资本周转的方式：生产资本按不同的周转方式区分为固定资本和流动资本，固定资本是一次预付、逐次流回，流动资本是不断预付、不断流回；它们的比例是决定总资本周转速度的重要因素。

（2）资本周转的时间：资本周转的时间由生产时间（包括劳动期间和非劳动期间）和流通时间（包括出卖时间和购买时间）之和构成。一年资本周转次数的公式：$n（次数）=\frac{U（年）}{u（一次时间）}$。

（3）资本周转的效益：资本周转速度的快慢，与生产一定的产品所需要的预付资本量的大小成反比，与年剩余价值率（$M'=n\frac{m}{v}$）的高低成正比。

（三）社会总资本再生产论

中心是社会总资本再生产实现的条件和规律。

（1）社会总资本再生产的主要特点：社会总资本是所有单个资本有机的总和；社会总资本的再生产是生产消费及其交换和生活消费及其交换的统一。研究社会总资本的再生产从年总产品出发；中心问题是研究社会总产品的各个组成部分如何同时实现价值补偿和实物补偿。

（2）社会总产品的基本构成：社会总产品在物质上分成两大类：Ⅰ生产资料，Ⅱ消费资料，与此相适应，社会生产分成两大部类生产；社会总产品在价值上划分为三个组成部分：补偿消耗的不变资本部分 c，补偿可变资本部分 v，剩余价值部分 m。这是研究社会资本再生产的理论前提。

（3）社会再生产的基本类型：社会再生产分为简单再生产和扩大再生产；资本主义再生产的特征是扩大再生产；简单再生产是规模扩大的再生产的重要组成部分和物质基础，简单再生产的过程往往包含着扩大再生产的潜力。

上述四条可概括为"两个消费""两个补偿""两种构成""两个类型"。

（4）社会资本简单再生产实现的基本条件：

Ⅰ（v+m）=Ⅱc，Ⅰ部类的价值产品等于Ⅱ部类的不变资本；

Ⅰ（c+v+m）=Ⅰc+Ⅱc，Ⅰ部类生产的全部生产资料的价值等于两个部类的不变资本之和；

Ⅱ（c+v+m）=Ⅰ（v+m）+Ⅱ（v+m），Ⅱ部类生产的全部消费资料的价值等于两个部类的可变资本和剩余价值之和。

这些条件的精神实质就是“两个维持”：一是Ⅰ部类提供的产品要足以维持两个部类所使用的生产资料的水平（数量和质量）；二是Ⅱ部类提供的消费品要足以维持原有人员的生活水平。

（5）货币在社会再生产中的作用：货币资本是再生产的第一推动力。但生产实际扩大的程度不完全受货币资本数量的限制，二者不是等比的关系，前者一般超过后者；社会总资本再生产的进行要以货币为媒介，所需货币量和社会资本平均周转速度成反比；社会再生产的顺利实现，要求货币从哪里预付，最后要回到哪里去，即“货币回流”。货币回流是检验再生产的一个晴雨表。

（6）货币积累和实际积累的相互关系：资本积累和扩大再生产要经过两个环节，即货币积累和实际积累；这两个积累即钱和物要实现平衡；积累的规模不取决于钱的多少，而是取决于生产力的状况。

（7）扩大再生产实现的基本条件：扩大再生产的前提条件包括两个，一是为了扩大再生产，要求Ⅰ部类生产的全部生产资料在维持两个部类的简单再生产所需要的生产资料以后还有多余，即Ⅰ（c+v+m）>Ⅰc+Ⅱc，或者Ⅰ（v+m）>Ⅱc。这是侧重从生产资料方面表明的前提条件，主要说明扩大再生产要有“多余的生产资料”。二是为了扩大再生产，要求Ⅱ部类生产的全部消费资料在维持两个部类简单再生产所需要的消费资料以后还有多余，即Ⅱ（c+v+m）>［Ⅰ（v+m）+Ⅱ（v+m）］，或者Ⅱ$(c+m-\frac{m}{x})$>Ⅰ$(v+\frac{m}{x})$，或者Ⅱ（c+v+m）>（Ⅰv+Ⅱv）+（Ⅰ$\frac{m}{x}$+Ⅱ$\frac{m}{x}$）。这是侧重从消费资料方面表明的前提条件，主要说明扩大再生产要有“多余的消费资料”。总之，要有“两个多余”，这是第一个条件。

（8）扩大再生产的平衡条件：平衡条件有三个，一是Ⅰ部类的价值产品等于Ⅱ部类的不变资本和Ⅰ部类、Ⅱ部类追加的不变资本，即Ⅰ（v+m）=Ⅱc+（ⅠΔc+ⅡΔc）；二是Ⅰ部类生产的全部生产资料的价值等于两个部类原有的不变资本和两个部类追加的不变资本，即Ⅰ（c+v+m）=（Ⅰc+Ⅱc）+（ⅠΔc+ⅡΔc）；三是Ⅱ部类生产的全部消费资料的价值等于两个部类原先的可变资本和两个部类剩余价值中资本家消费的部分以及两个部类追加的可变资本，即Ⅱ（c+

v + m) = (Ⅰv + Ⅱv) + (Ⅰ$\frac{m}{x}$ + Ⅱ$\frac{m}{x}$) + (ⅠΔv + ⅡΔv)。这三个平衡式主要说明，要在维持好简单再生产的基础上进行积累，即先维持后积累；两大部类的积累和扩大再生产要协调，即两大部类同时积累；总供给和总需求要保持平衡（生产资料和消费资料两个方面）。第二个公式是生产资料的平衡，第三个公式是消费资料的平衡。这是第二个条件。

（9）生产资料优先增长：在技术进步引起资本有机构成提高的条件下，生产资料增长快于消费资料的增长；生产资料优先增长是一个波浪式的趋势；生产资料优先增长的目的是为消费资料生产服务，不能脱离Ⅱ部类而孤立发展。列宁认为，优先增长是规律，优先是速度更快。消费资料是社会的最终产品，生产资料只是手段。这是第三个条件。可归结为三个词："两个多余""两部协调""优先增长"。

（10）扩大再生产的基本类型：扩大再生产分为外延和内涵两种类型；这两种类型往往是结合在一起、相互渗透的，只能从主导方面来区分；从整个扩大再生产过程看，外延和内涵都是必要的，但在不同时期，总有一种主导类型比较突出。

三、资本主义生产的总过程

第三卷研究的是资本主义生产的总过程。中心是剩余价值的分配。七篇中一至六篇主要说明产业资本家、商业资本家、借贷资本家和大地主怎样瓜分剩余价值。第七篇是总结。主要内容可以概括为五论：第一至第三篇是产业利润论，第四篇是商业利润论，第五篇是利息论，第六篇是地租论，第七篇是总论。

（一）产业利润论

这是第三卷的基础理论。中心是剩余价值在产业资本家之间的分配，重点是利润的平均化，原理可归结为"五个转化、一个规律"。

（1）个别价值转化为市场价值：市场价值是同一种商品的个别价值的加权平均数，是在部门内部的竞争中形成的；决定市场价值的生产条件，一般情况下是中等条件，特殊情况下是优等或劣等条件，关键看哪一种条件生产的产品在满足社会需要的总量中占优势；一个部门商品的市场价值总量，不是由这个部门自己随便投入的劳动总量决定的，而是由社会为了满足对这种商品的需要，按比例地投入该部门的社会必要劳动总量（即社会必要劳动时间的另一种意义）所决定的。

（2）所费资本转化为成本价格：成本价格 K 是所费资本（c + v）的转化形

式；成本价格具有重要的经济作用（再生产的必要条件、盈亏的界限、市场竞争的重要因素）；成本价格掩盖了不变资本和可变资本的区别。商品使资本家耗费的东西即商品的资本费用和商品本身耗费的东西即商品的实际费用，是两个完全不同的量。首先，从质上看，商品的资本费用是从资本耗费的角度计算的，商品的实际费用是从劳动耗费的角度计算的。其次，从量上看，前者小于后者。对资本家来说，生产不是耗费劳动，而是耗费资本。因此，所费资本必然表现为商品的成本价格，成本价格必然表现为商品本身的实际费用。因此，$W = k + m$。

（3）剩余价值转化为利润：利润 P 是剩余价值的转化形式；利润率即$\frac{m}{c+v}$是剩余价值率$\frac{m}{v}$的转化形式；利润是资本主义生产的唯一目的，利润率是资本家衡量经济效益的根本尺度；利润进一步掩盖了剩余价值的起源，利润率掩盖了资本主义剥削程度。马克思说："剩余价值，作为全部预付资本的这样一种观念上的产物，取得了利润这个转化形式"。利润的本质就是剩余价值，它们实质上是一个东西。所不同的是，剩余价值和可变资本直接相联系，而利润在外观上则歪曲地表现为整个预付资本的产物。因此，$W = k + p$。

（4）利润转化为平均利润：所谓平均利润，就是投入不同生产部门的等量资本所取得的等量利润。它是社会总剩余价值按平均利润率分摊到整个社会各个个别资本的份额。其公式是$\overline{P} = (c + v) \times \overline{P}'$。不同部门利润率的差别和等量资本获得等量利润要求之间的矛盾，决定了利润必然转化为平均利润；平均利润率是通过部门之间的竞争（资本的转移）而形成的；利润平均化的条件是"两个自由"即资本能够自由转移，劳动力能够自由转移；不同部门利润率的差别和它们投资的比例，是决定平均利润率水平的两个主要因素；平均利润率 = 全社会的剩余价值/全社会的预付资本，是资本主义自由竞争条件下资本家瓜分剩余价值的最低尺度，这时剩余价值规律表现为平均利润率规律；利润的平均化进一步加深了资产阶级和无产阶级的对立，但又进一步掩盖了资本主义剥削关系。

（5）价值转化为生产价格：随着利润转化为平均利润，价值就转化为生产价格；生产价格 = 成本价格 K + 平均利润；价值转化为生产价格以后，改变了价值规律作用的形式，这时市场价格就围绕生产价格上下波动；就个别商品讲，价值和生产价格往往不一致，但就全社会的商品讲，总价值和总生产价格是一致的，价值仍然是生产价格的基础；生产价格的形成进一步掩盖了劳动形成价值的过程。

"五个转化"图示：个别价值—市场价值（不变资本、可变资本、剩余价值）、不变资本和可变资本—成本价格、剩余价值—利润、利润—平均利润（剩余价值率—利润率—平均利润率）、价值—生产价格。

（6）利润率变化的规律：决定利润率（通常指年利润率）的主要因素有三个，即剩余价值率、资本构成、资本年周转次数。用公式表示就是年 $P' = m'n\frac{v}{c+v}$。利润率变化的规律性是，利润率的大小，与剩余价值率的大小成同向变化，与资本周转速度的快慢成同向变化，与资本有机构成的高低（看总资本中不变资本的比重大小）成反向变化。

（二）商业利润论

中心是商业资本的职能和参加利润的平均化。

（1）商业资本：商业资本是产业资本中的一部分商品资本的独立化形式，这个独立化是商品经济发展的客观需要；商业资本的特殊职能就是专门买卖商品，实现商品的价值和剩余价值；商业资本家经商的目的同样是为了使自己的资本得到增值，因而商业资本的运动公式是 G—W—G′；商业资本在经济生活中具有重要的作用（媒介商品流通，缩短流通时间，加速资本周转，节约流通资本和费用，促进剩余价值的生产），同时又滋长了商业投机，加剧生产的无政府状态和危机。

（2）商业利润：商业资本必须获得商业利润，而且通过竞争获得平均利润；商业利润是通过商品购买价格（出厂价格）和销售价格（价值或实际生产价格）的差价获得的；商业利润来源于生产工人创造的剩余价值的一部分；商业利润是商业资本家直接剥削商业工人剩余劳动的结果。

（3）纯粹流通费用：纯粹流通费用（包括 c + v）不仅要得到补偿，而且要获得平均利润；补偿和获利均来源于社会的总剩余价值；纯粹流通费用是在市场竞争中通过多种方式得到补偿的。

（4）商业资本的周转：商业资本的周转既对社会生产有依赖性，又有自己的独立性，因而既能大大促进社会生产的发展，又会造成虚假的需求，加速经济危机的爆发；商业资本的周转对商品的价格有重要影响，商业资本周转速度的快慢与单位商品销售价格的高低成反比；加速整个社会商业资本的周转，可以相对减少商业资本的数量，从而提高平均利润率；在同一部门，个别商业资本的周转速度如果超过该部门的平均速度，还可以获得超额的商业利润。

（三）利息论

中心是借贷资本的职能和瓜分剩余价值。

（1）借贷资本：资本主义商品经济的发展必然产生资本的借贷关系；借贷资本是为了获取利息而暂时贷给职能资本家的货币资本，一种资本商品，是一种所有权和使用权相分离的资本，它的运动公式是 G—G′；借贷资本的运动以职能资本的运动为基础，G—G—W…P…W′—G′—G′，是双重的支出和双重的流回；借贷资本是最富于资本拜物教资本形式，或者说它完成了资本拜物教的神秘观念。

（2）利息：利息一般是货币所有者因贷出货币而从借款人手中获得的收入；资本主义利息主要是职能资本家因取得贷款而付给借贷资本家的一部分剩余价值；作为单纯的资本所有者获得的利息只能是平均利润当中的一部分，也就是说利息小于平均利润；利息来源于雇佣工人创造的剩余价值，是剩余价值的一种特殊转化形式；利息率（＝利息/信贷资本）的高低，在一定的平均利润率之下，取决于借贷资本的供求关系。

（3）资本主义信用：信用是借贷资本运动的形式，包括商业信用和银行信用；商业信用是职能资本家之间在用延期付款的方式赊购商品时彼此提供的信用；银行信用是银行资本家向职能资本家提供贷款所发生的借贷关系；信用制度特别是银行信用，对资本主义经济的发展有着巨大的作用（促进资本的转移和利润的平均化，加速资本的周转和节约流通资本，推动股份资本的形成和资本集中），成为国民经济的枢纽，但同时又发展了资本的投机性，加剧了生产的无政府状态，加深了资本主义的基本矛盾；信用的发展产生了虚拟资本，其实质是收入的资本化，如股票、国债券等，它们本身没有价值，但可以作为资本商品进行买卖，其价格由特殊方法决定，股票价格＝股息率/利息率×票面价格。

（四）地租论

中心是资本主义条件下的大土地所有者瓜分剩余价值。

（1）资本主义的土地所有制和地租的特征：地租一般是凭借土地所有权而获得的收入；资本主义地租是资本主义土地所有权的产物，这种土地制度的典型形态是，土地所有者变成单纯的出租人，将土地租给农业资本家，农业资本家再雇佣农业工人进行生产，于是农业资本家必须将一部分剩余价值作为地租交给地主；由于农业投资也要获得平均利润，所以资本主义地租只能是超过平均利润的一部分超额利润；可见，资本主义地租体现着土地所有者、农业资本家共同剥削农业雇佣工人的关系。

（2）资本主义地租的形式：一是级差地租。是指因土地生产率的差别而形成的、归土地所有者占有的超额利润。由于租种劣等地的农业资本家也要获得平均利润，因此，农产品的社会生产价格是由劣等地决定的。租种中等和优等地的农业资本家能获得超额利润，但这部分超额利润必须为土地所有者所占有，从而转化为级差地租。级差地租的源泉是农业雇佣工人的剩余劳动。二是绝对地租。是指土地所有者凭借对土地私有权的垄断而取得的地租。资本主义农业的资本有机构成曾经长期低于工业，等量投资的剩余价值高于工业，从而农产品的价值高于一般生产价格。因为土地私有权的垄断阻碍其他资本自由转入农业，使农业的剩余价值不参加全社会利润的平均化，农产品能够按高于一般生产价格的价值出卖，形成一部分为土地所有者占有的超额利润，转化为绝对地租。绝对地租同样是农业雇佣工人的剩余劳动。当代发达资本主义国家的农业资本有机构成赶上工业资本有机构成，但由于垄断地位形成商品的垄断价格，绝对地租仍然存在。

（3）土地价格：未开垦土地虽然不是劳动产品，没有价值，但在资本主义条件下，土地可以作为商品买卖；它的价格就是资本化的地租，土地价格 = 土地年地租货币额/年利息率。随着地租的增长，土地价格是不断上升的。

（五）总论

既是第三卷的总结，也是全书的总结。中心是资本主义生产关系和分配关系的相互关系及其历史的暂时性。

（1）各种收入及其源泉：资本主义社会的总收入（v + m）全部是由雇佣工人的劳动创造的；总收入以工资、利润（利息）、地租三种基本形式进行分配，这种分配体现了资本家和地主对雇佣工人的剥削关系；所谓劳动创造工资、资本创造利润、土地创造地租的“三位一体的公式”，完全掩盖了资本主义剥削关系。

（2）生产关系决定分配关系：资本主义是一种历史的、特殊的生产方式，其主要特征：一是商品生产占统治地位，生产资料和劳动以资本和雇佣劳动的形式相结合。二是剩余价值是生产的直接目的和动机；资本主义生产关系决定了它的分配关系，分配关系不过是生产关系的反面；资本主义的生产关系和分配关系都具有历史的暂时性，必将随着生产社会化的发展而趋于灭亡。

（3）资本主义社会的阶级结构和阶级斗争：雇佣工人、资本家和地主是资本主义社会的三大阶级；资本主义的发展必然引起资产阶级和无产阶级这个主要矛盾和斗争的尖锐化；这种斗争的最终结果，必然导致无产阶级专政和社会主义经济制度的建立。

关于市场经济答记者问[①]

编者按：建立社会主义市场经济体制，是我国经济体制改革的总目标。深化

① 本文原标题为《掌握市场经济理论加快市场建设步伐——访盟委委员、盟委宣传部长布和朝鲁》，本报记者刘子斌、通讯员孙兴凯，原载1992年12月3日《阿拉善报》。

改革，就要向这个目标前进。为使广大群众正确理解这一目标，加快我盟市场体系的培育和建设，我们采访了盟委委员、盟委宣传部长布和朝鲁。

记者：党的十四大报告明确指出："我国经济体制改革的目标是建立社会主义市场经济体制。"这是我们党在理论上的又一重大突破。请问您对"社会主义市场经济"这一概念是怎样理解的？

布和朝鲁：大家知道，市场经济作为资源配置的一种方式，在私有制条件下可以搞，在社会主义条件下也可以搞。它本身不存在姓"资"还是姓"社"的问题。正如邓小平同志所说："社会主义市场经济，方法上基本上和资本主义社会相似，但也有不同。"这里所说的"相似"和"不同"，对我们正确理解什么是社会主义市场经济很有启发。一是在资源配置和经济运行方式上所要达到的目标是市场经济；二是在社会制度上必须坚持社会主义。把握了这两点，我们就不难看出，所谓社会主义市场经济，通俗地讲，就是在社会主义条件下实行市场经济。

记者：请您谈谈怎样建立社会主义市场经济体制问题。

布和朝鲁：按照党的十四大报告精神，建立社会主义市场经济体制，我们要认真抓好以下四个相互联系的重要环节：一是以转换经营机制为重点，深化国有企业改革；二是加快市场体系的培育和建设，建立完整、统一、开放的大市场；三是深化分配制度和社会保障制度的改革；四是加快政府职能的转变，改革宏观调控方式。

记者：对市场体系您是怎样理解的？

布和朝鲁：市场体系是指市场的构成及各种市场间相互关系的总和。市场是一个历史范畴，它的范围、规模、形式等，都是随着商品经济的发展而发展的。现代意义的市场已由过去单一的商品市场发展到包括金融市场、劳务市场、技术市场、信息市场、房地产市场等各种市场在内的市场体系。在市场体系中，最基本的是三大市场——商品市场、货币市场、劳务市场。其他市场都是这三种市场的派生物。

记者：现代市场不仅在外延上扩大了，而且在内涵上也增加了许多新要素，给我们提出了许多新课题。您前面提到要建立完整、统一、开放的大市场，对完整、统一，您是怎样理解的？

布和朝鲁：完整，是指既要有消费资料市场，又要有生产资料市场、金融市场、科技信息市场等各类市场及市场要素在内的成龙配套的完备的市场体系；统一，就是要破除地区之间、部门之间的封锁、分割和垄断，形成适应国际国内经济发展需要的全国统一的市场体系。

记者：请您谈谈我盟的市场现状。

布和朝鲁：谈点个人粗浅看法。概括地讲，改革开放以来，我盟的市场建设有了一定的发展，特别是与人民生活密切相关的城乡集贸市场发展较快。但总的来讲，我盟的市场现状，同建立社会主义市场经济体制的要求相比，差距还很大。从市场体系中最基本的三大市场来看，比较正规的货币市场、劳务市场，在全盟可以说基本没有。尽管巴彦浩特旧区三道桥周围经常有众多的外地民工滞留待聘；大街小巷倒卖有价证券的小贩时有出现，但都没有形成比较规范的市场，充其量仅处于萌芽状态。商品市场近年来有所发育，但尚处于低水平、低层次阶段。这不仅表现在生活消费品市场规模小、数量少、档次低，而且生产资料市场也不发育，特别是各类生产要素市场还没有进入起步阶段。

记者：对此，我们也有同感。看来我盟在培育和建立市场体系方面的任务还十分艰巨。在加快我盟市场体系的培育和建设方面，您认为目前应加强哪些方面的工作?

布和朝鲁：这个问题需要我们认真研究和探讨。这里我谈点个人看法。根据我盟的市场情况，我认为当前应加强以下六个方面的工作：一是要进一步解放思想换脑筋，切实提高全盟广大干部群众，特别是各级领导干部对培育和建立市场体系重要性、紧迫性的认识。没有发育的市场，就不可能有繁荣的经济。二是要从我盟实际出发，积极培育各类市场。比如，在各旗所在地组建商业集团公司，建立较高水准的商品市场，使大部分生产资料进入市场；在巴镇地区率先建立金融市场，采取多种形式筹集社会闲散资金，以缓解我盟经济建设中资金不足的矛盾；开发劳务、信息、技术、房地产等市场；建立商品批发市场等。三是要深化流通体制改革，拓宽流通渠道，积极调整流通企业组织结构，培育现代化流通组织。特别要打破商业、物资、外贸部门三分天下的流通格局，积极推动流通企业的联合。四是大力发展市场中介组织，建立和完善会计、律师、公证、审计事务所及经济、技术、信息、咨询服务所，充分发挥它们联结政府、企业和市场的纽带与桥梁作用。五是搞好市场的总体规划。根据我盟实际，制定发展各类市场和市场体系的总体规划，逐步建立起要素完备、布局合理、种类丰富的多层次、多功能、高水准的市场组织；建立健全法规管理体系和有效的宏观调控措施。六是大力培养各种人才，努力提高市场经营管理人员的素质。人才缺乏、人员素质低下，是比资金短缺、设施简陋更为严重的问题。建立市场经济体制，需要培养和造就一大批有胆有识、学贯中西，能经营、善管理的人才，这正是我们最缺乏的生产力要素。

我要为锡盟人民服务好[①]

内蒙古自治区党委决定让我来主持锡盟盟委的工作，说心里话，我是既高兴又担心。高兴的是，我有机会向锡盟党政几大班子的同志和全盟各族人民学习，同大家一起为锡盟的改革开放和现代化建设事业而奋斗，为锡盟 90 万各族人民服务。担心的是，我自己的思想素质、理论功底、政策水平、领导能力、工作经验都很有限，怕把工作干不好，怕为锡盟人民服务不好，辜负了组织的重托和大家的期望。

现在，区党委既然给予信任，委以重任，把重担压给了我，要我同大家一起把这副重担挑起来，我只有以十二分的努力把这副担子挑起来，义无反顾，勇往直前。

美丽的锡林郭勒是我们伟大祖国的一块宝地。这里，地域辽阔、资源富集、草原秀美、民风淳朴、闻名遐迩，是人们向往的地方。我感到我来为锡盟人民服务有很多有利条件：

第一，工作基础扎实。锡盟历届领导班子坚决贯彻党的基本路线，坚持以经济建设为中心，深化改革，扩大开放，带领全盟各族人民艰苦创业，打下了很好的工作基础，为今后的发展创造了条件。

第二，发展思路明确。锡盟盟委坚持解放思想，实事求是，把党中央的精神、内蒙古自治区党委的决策同本地实际紧密结合起来，形成了符合锡盟实际的发展战略和思路，为今后的发展明确了路子。

第三，领导班子坚强。锡盟几大班子在盟委的领导下，同心同德、紧密结合，互相支持、互相配合，心往一处想，劲往一处使，具有很强的凝聚力和战斗力，这是今后发展的领导保证。

第四，干部队伍精干。锡盟的干部队伍具有忠诚党的事业，实践党的宗旨的光荣传统和埋头实干、艰苦创业、开拓进取、励精图治的奋斗精神，这是今后发展的中坚力量。

第五，各族人民勤劳智慧。锡盟各族人民热爱党、热爱社会主义、热爱自己的美丽家园，具有光荣的革命传统，富有首创精神和奋发图强的志气，这是锡盟兴旺发达的无穷力量。

---

① 1998 年 5 月 13 日在宣布关于调整锡林郭勒盟盟委班子的决定干部大会上的表态讲话。

有了这些良好条件，我充满了信心和决心。

我要高举邓小平理论伟大旗帜，坚持党的基本路线，紧密团结盟委一班人及盟级几大班子成员，紧紧依靠全盟90万各族人民，结合我们锡盟的实际，深入贯彻党的十五大精神和自治区党委的决策部署，按照既定的发展思路，锐意开拓创新，一张蓝图画到底。

我要全面贯彻“两手抓，两手都要硬”的方针，多为锡盟人民办实事，着力推进“两个转变”，努力实现“两个提高”，为完成两大历史性任务而竭尽全力，跑好我这一任接力棒。

我要发挥好盟级几大班子的群体优势，依靠集体的智慧，集思广益、群策群力，团结一致、同心协力，把我们锡盟的事情办好。

我要切实加强干部队伍建设，努力提高干部队伍素质，充分调动广大干部的积极性，发挥他们在改革和建设事业中的带头人和中坚力量的作用。

我要努力实践全心全意为人民服务的宗旨，矢志不渝地坚持党的群众路线，经常深入基层，密切联系群众，倾听群众呼声，了解群众疾苦，为群众排忧解难。

从今天起我就是锡盟人民的服务员，在新的工作岗位上我要继续以坚定、勤奋、创新、自律八字座右铭激励约束自己。

坚定，就是对共产主义的理想信念坚信不疑，始终坚持党的基本路线坚定不移，实践全心全意为人民服务的宗旨坚持不懈，从思想上、政治上、行动上同党中央保持高度一致。

勤奋，就是勤奋学习，勤奋思考，勤奋工作，以强烈的事业心和责任感，深入调查、潜心研究，坚韧不拔、锲而不舍，加快节奏、提高效率，求真务实、狠抓落实。

创新，就是既要吃透中央精神，又要吃透锡盟实情，在两者的结合上下功夫，在结合中创新思路、创新理念，增强紧迫感和使命感，善于抓住机遇，锐意开拓进取。

自律，就是用党的纪律严格约束自己，以身作则，大是大非讲党性、讲原则，同志之间互相信任、以诚相待，对人对事一视同仁、公道正派，班子内部精诚团结、合作共事。

古人有训：“吏不畏吾严，而畏吾廉；民不服吾能，而服吾公；公则民不敢慢，廉则吏不敢欺。公生明，廉生威。”我将以史为镜，以人为戒，以民为本，努力做到廉洁奉公、勤政为民，全心全意为锡盟各族人民服务好。

谈解放思想的必要性[①]

我于5月12日来锡盟，13日宣布任职，到今天已过去了一个半月。这期间，先是参加了全盟经济形势分析会、农村牧区专项推进工作汇报会，研究部署了旗县市班子换届考核工作。然后从5月17日起到各旗县市调查研究，了解情况，中间到自治区参加了全区国有企业下岗职工基本生活保障和再就业工作会议。这次到旗县市历时20多天，行程5000余公里，走了10个旗县市、35个苏木乡和农牧场、28户企业，走访了20个农牧民户，看望了3个边防连队哨所，同各级干部和农牧民群众座谈交流，进一步加深了对锡盟的认识。

关于下半年的工作，我想着重强调解放思想问题。

解放思想、更新观念是一个永恒的主题。前不久召开的自治区党委六届六次全委（扩大）会议的主题是解放思想、更新观念，刘明祖同志的报告提出了十个突破，总开关就是解放思想、更新观念。用党的十五大精神指导我们的实践，核心的问题也是解放思想、更新观念。高举邓小平理论伟大旗帜，这面旗帜上最耀眼的还是解放思想、更新观念。今年是全面贯彻党的十五大和九届人大一次会议精神的第一年，正逢纪念真理标准讨论和党的十一届三中全会召开20周年，又是顺利完成“九五”计划至关重要的一年。能不能把我们已经取得的显著成绩作为一个新的起点，全面完成今年改革和建设的各项任务，扎扎实实地向我盟“九五”经济社会发展目标迈进，关键看我们能不能进一步解放思想、抓住机遇、开拓进取，以良好的精神状态抓好各项工作的落实。

人是生产力诸要素中最积极、最活跃的因素，而这一因素所起作用的大小，关键取决于人们的思想观念。解放思想这个问题我们讲了多年，从党的十一届三中全会以来一直在讲，各级领导也一直在抓。我们对长期困扰经济社会发展的一些突出问题及其主要原因有了新的认识，在解决制约经济发展问题方面做了大量卓有成效的工作，在全盟改革开放和现代化建设的各个方面取得了很大的发展和进步，有很多方面可以说是取得了历史性的进步。这是我们各级党委、政府坚持解放思想、实事求是，坚持以经济建设为中心，带领全盟各族干部群众团结奋斗、克服困难、开拓进取的结果。

但是，解放思想没有止境，它是一个实践、认识、再实践、再认识的过程，

① 本文节选自1998年6月28日在全盟上半年经济形势分析会议上的讲话，原载于1998年7月6日《锡党办通报》第11期。

在这个问题上不能一劳永逸，而是要一以贯之。实事求是地讲，和发达地区相比，和兄弟盟市相比，我们的差距不是在缩小，而是在拉大。实事求是地讲，这种差距形成的原因是多方面的，有客观的原因，有历史的原因。因环境条件和基础不同，从一开始我们就和别人不在同一条起跑线上。不承认这一点就不是唯物主义者。所以，这种差距并不说明我们没有努力，没有奋斗，我们不会因此而妄自菲薄、悲观失望。这种差距只能激起我们更加强烈的责任感、使命感，更加增强我们的紧迫感、危机感。但是，我们同样实事求是地承认，如果从主观方面找原因，我们同别人的差距，最根本的还是思想观念上的差距。

因此，我们必须认识到进一步解放思想、更新观念的必要性和重要性，必须不断增强坚持解放思想、实事求是的坚定性和自觉性。在跨世纪的征途上，在改革开放的新形势下，面对着难得的机遇和严峻的挑战，我们每一位领导同志都需要围绕实行“两个转变”、实现“两个提高”、完成两大历史性任务，在经济发展的战略选择问题上，在深化改革、扩大开放问题上，在调整所有制结构、发展多种经济成分问题上，在发挥优势、资源转换问题上，在干部制度改革、选人用人问题上，在转变思维方式和工作作风等诸多问题上，都需要进一步解放思想、更新观念。

为了总结这些年我们在社会主义市场经济理论大学习、大讨论中解放思想、更新观念的成效和经验，在新形势、新任务面前加快解放思想、更新观念的进程，盟委考虑在适当时候举办一期读书班，主要议题是对照邓小平理论、党的十五大报告和党的有关方针政策，以我们正在做的事情为中心，着眼于马克思主义理论的运用，着眼于对实际问题的理论思考，着眼于新的实践和新的发展，在总结经验、肯定成绩的同时，认真研究讨论关系加快我盟改革和建设步伐的一些重大问题。比如，“九五”期末，我们的奋斗目标是国内生产总值达到70亿元，如何实现这一目标，实现这一目标的制约因素有哪些；我们的战略重点是培育轻纺、能源、化工、金属矿产四大支柱产业和造纸、建材、饲草料加工三个优势行业，那么，如何使四大支柱真正支起我们发展的大厦，使三个优势确实带动各个产业。又比如，今年全盟经济工作确定了六个方面的重点，重点工作如何进行重点突破，如期实现目标；农牧业产业化又确定了九个重点专项推进，如何使专项推进有效落实，按时完成任务呢。

再比如，我们锡盟的确有许多独特的优势，这些优势是别人所没有的，如草原、畜牧业、矿产、文化、旅游等资源；我们锡盟的确有许多鲜明的特色，在市场经济条件下，特色就是生产力，特色就是竞争力，特色就是生命力，唯有特色之树常青。江泽民同志在党的十五大报告中要求“各地要从实际出发，发展各具特色的经济”。那么，我们如何以市场为导向，以效益为中心，发挥资源优势，发展特色经济——绿色食品、能源化工、有色金属、草原旅游等，依靠科技教育，实现富民强盟呢？

还比如，在发展战略、全局思路、指导方针、战略重点等已经确定的情况下，我们应以什么样的精神状态、思维方式、工作机制、工作方法来保证各项任务的落实呢？前不久，胡锦涛同志讲："我们今天纪念真理标准问题讨论 20 周年，最重要的，就是要在总结经验的基础上，更加自觉更加坚定地坚持实践标准，坚持党的解放思想、实事求是的思想路线，使我们的思想认识和精神状态提高到党的十五大所要求的水平和境界，提高到时代所要求的水平和境界。"按胡锦涛同志讲的这两个"水平和境界"来衡量，我们高度负责的事业心、使命感和抢抓机遇的意识如何进一步树立；坚韧不拔、奋发图强，摽着干、比着上，不达目的誓不罢休的斗志和劲头如何进一步形成；积极主动、勇于探索，苦干实干、狠抓落实，加快节奏、提高效率的精神和作风如何进一步发扬呢？首先，我感到，我自己在这些方面还存在很大的差距，需要不断学习，不断认识，不断提高。新的形势和市场经济机制在向我们挑战：要么远远落后，要么迎头赶上；要么无情淘汰，要么主动适应。时间就是如此紧迫，形势就是如此严峻。

总之，解放思想、更新观念不是空的、虚的，而是非常具体的。实践是检验真理的唯一标准。看一个人的思想解放没解放，主要看他工作干得怎么样，落实的成效怎么样，而不是听他说得多漂亮。正如刘明祖同志在自治区党委六届六次全委（扩大）会议上讲的："解放思想的最终目的是解放生产力""思想解放的程度，在一定意义上决定着改革的力度和发展的速度。只有思想的大解放，才有事业的大发展，我们的工作才能充满创造精神，各项事业才能焕发出勃勃生机。"

论保持良好的精神状态①

人总是要有点精神的，伟大的创业实践需要有伟大的创业精神来支持和鼓舞。良好的精神状态是崇高思想境界的外在表现，坚持全心全意为人民服务的宗旨，是提高领导干部精神境界、精神状态的关键。

当前，大事多、急事多、难事多，环环相扣，一处受阻，处处受影响。各项改革，如国有企业改革、粮食流通体制改革、金融体制改革、住房制度改革、医疗制度改革、社会保障制度改革等，都是关系全局，关系人民群众根本利益，关

① 本文节选自 1998 年 6 月 28 日在全盟上半年经济形势分析会议上的讲话，原载于 1998 年 7 月 6 日《锡党办通报》第 11 期。

系长远发展的大事难事。困难是客观存在的。“艰难困苦，玉汝于成。”面对困难，正视困难，为了党和人民的利益，积极主动研究问题，解决矛盾，克服困难，才可能经受锻炼，锻炼出一个领导干部应有的领导能力、开拓能力和创造能力。谁能在改革开放和经济发展的重点、难点、热点问题上攻克难关、开拓局面、作出贡献，谁就会受到锻炼，受到尊重，谁就是一个得力的领导者。

在实现“两个提高”的进程中，困难和希望同在，机遇与挑战并存。我们以什么样的精神状态和工作作风投身到实现“两个提高”的伟大实践中去，直接决定着我们事业的成败。我认为，倡导和形成开拓、务实、廉洁、高效的精神状态和工作作风，对于全盟各级领导干部来说，显得尤为重要和紧迫。新的形势、新的任务，要求我们的各项工作必须高质量、高效率。高质量、高效率又要求我们必须有开拓的精神、务实的态度、廉洁的品行、高效的作风，积极主动地推进各项工作。

振奋精神，转变作风，必须保持旺盛的革命斗志，在困难和问题面前，开拓前进，敢于碰硬，敢于得罪人，敢于和善于大刀阔斧地解决难点、热点问题；必须有争的气势，以一流的思路、一流的方法、一流的机制、一流的工作，争创一流的业绩。只有争创一流，争名升位，才能后来居上，更好更快地实现“两个提高”的奋斗目标。

振奋精神，转变作风，必须好务实、抓落实。抓落实是一切工作的落脚点，是各级领导干部的重要职责。抓落实就要扑下身子，深入基层，调查研究，吃准上情，摸准下情，解决实际问题；抓落实就要注重研究政策，抢抓发展机遇，创造性地开展工作；抓落实就要坚持高标准、严要求，出成果、出效益。只有这样，我们才能加快实现“两个提高”的步伐。

振奋精神，转变作风，必须廉洁自律，勤政为民。公生明，廉生威。我们的一言一行、一举一动都为群众所关注，我们形象的好坏直接关系着党和政府威信的高低。在发展社会主义市场经济的新形势下，我们每个共产党员、每个领导干部都要严格要求自己，不断加强世界观改造，加强党性修养，自重、自省、自警、自励，带头发扬艰苦奋斗的优良传统，保持艰苦朴素的本色，做到吃苦在前，享受在后。以崇高的理想、坚定的信念和高尚的情操，经得住历史的考验，肩负起人民的重托。

振奋精神，转变作风，必须快捷高效地工作。在改革的攻坚阶段和发展的关键时期，我们抓工作，解决问题，必须有胆有识、快捷高效，说了就算、定了就办，议而决、决而行，发扬坚决果断、雷厉风行的作风，把各项工作搞得更有活力、更有成效。

我们进一步振奋精神，转变作风，以良好的精神状态去实现我们的奋斗目标，就要从我们锡盟的实际和时代的要求出发，首先从思想上解决跑的意识、放的胆识和争的气势。

关于跑的意识。一是要往下跑，深入基层，深入群众，了解群众情绪，解决群众疾苦，宣传群众、教育群众、组织群众，调动起群众的积极性，使群众为自己的利益而奋斗。二是往上跑，汇报情况、掌握信息、寻求机遇，争取项目、争取资金、争取支持。三是往外跑，寻求合作伙伴，物色嫁接对象，引进人才、资金、技术和经验，借助外力，为我所用。我们要正确认识跑的目的，以锲而不舍的精神来跑，以追求实实在在的成效来跑。

关于放的胆识。一是要放宽，放宽政策，以更加优惠的政策增加我们的吸引力。二是要放手，不怕"肥水外流"，以求得"你发财，我发展"。三是要放活，该管的管好，不该管的放开，以求搞活。放什么，怎么放，放到什么程度，都要以"三个有利于"为标准。

关于争的气势。一是要发扬只争朝夕的精神，没有这种精神就不能加快节奏、提高效率，就不能迎头赶上。二是要争创一流，争创一流的思路、一流的方法、一流的机制、一流的工作、一流的水平、一流的成绩，只有争创一流，才能争名升位，才能迎头赶上。要具备争的气势，首先也要解决对争的认识问题。市场经济，本质上是竞争的经济，竞争规律是其三大基本规律之一。以竞争为手段的市场经济同传统的与世无争、甘居下游格格不入，偏爱的倒是争先恐后、争强好胜。

进一步加强学习，武装自己。能不能进一步解放思想、更新观念，能不能进一步振奋精神、保持良好的精神状态，从决定的意义上讲，都取决于能不能进一步加强学习，武装自己。以我的理解，解放思想就是使我们的认识符合客观事物发展的规律，就是正确地认识规律、掌握规律、运用规律。这种认识、掌握和运用是有条件的，那就是必须具备认识规律、掌握规律、运用规律的能力和水平。那么，这个能力和水平从何而来？学习。

加强学习，武装自己，首先必须学习理论，学习马列主义、毛泽东思想和邓小平理论，学习党的路线方针政策。只有具备较高的理论素养、认识能力和政策水平，才能正确地认识客观事物，全面把握新的形势，才能解放思想，更新观念，提高自己的精神境界，保持良好的精神状态。

加强学习，武装自己，还必须学习经济、科技、法律、哲学、历史等最新知识。世界科技的迅猛发展和知识经济的迅即到来，正在深刻地影响着人类前途和历史进程，向我们提出严峻的挑战。我们必须尽快调整知识结构，及时了解新思潮，熟悉新科学。只有这样我们才能适应新的形势，跟上时代的步伐。

加强学习，武装自己，必须坚持理论联系实际。学习的目的全在于应用。解放思想是为了更好地投身于实践，促进锡盟的发展；保持良好的精神状态是为了更有效地搞好本职工作，在实现全局目标中发挥更大的作用。最近，自治区党委常委会针对当前改革进入攻坚阶段，发展处于关键时期，稳定面临许多新情况、新问题的实际，作出了《关于认真学习中央方针政策，深入调查研究，解决实际问题的决定》（以下简称《决定》）。全盟各级领导班子和领导干部一定要认真学习《决定》，切实贯彻《决定》提出的五条要求，解放思想，更新观念，以积极向上的精神状态和求真务实的工作作风狠抓落实，为全面完成今年的各项目标做出更大的贡献。

沧桑巨变二十年[①]

——纪念党的十一届三中全会召开20周年

20年，在人类历史的长河中只是短暂的一瞬。20年前召开的党的十一届三中全会重新确立解放思想、实事求是的思想路线，使我国进入社会主义现代化建设新时期，也掀开了锡林郭勒草原发展历史上的崭新一页。

经济实力明显增强。1998年全盟国内生产总值预计达到55.9亿元，是1978年的5.9倍，年均递增9.3%；人均国内生产总值达到6066元，比1978年增加5775元。财政总收入达到4.9亿元，是1978年的27倍，年均递增18%；人均财政收入比1978年增加509元。

草原畜牧业稳定发展。牧区实行草畜双承包责任制和草场“双权一制”，适应了畜牧业生产特点和现实生产力水平，极大地调动了广大牧民发展牲畜和建设草原的积极性。1998年牧业年度，全盟大小牲畜总头数达到1675.1万头只，比1978年的508万头只增长2.3倍。1989年，牲畜首次突破1000万头只，虽经历了几次较大雪灾和旱灾，但已连续10年稳定增长，成为历史上发展最好最快的时期。在牲畜数量稳定增长的同时，畜牧业经济效益大幅度提高。近年来，全盟每年出栏牲畜400多万头只，今年预计达到600万头只，出栏率达57%以上。我盟已成为国家和自治区重要的商品畜和畜产品生产基地。

农业生产发生显著变化。1998年粮油总产量达到30.3万吨，是1978年的2.1倍。农民人均占有粮食达到886公斤，比1978年增加476公斤，增长86.1%。农村经济结构不断调整，农区畜牧业、乡镇企业和多种经营不断发展，

① 本文原载于1998年11月22日《锡林郭勒日报》。

经济效益明显提高。在农村总收入中，畜牧业、工副业收入的比重分别由1978年的8.1%和10.5%提高到1997年的40.3%和12.7%。种植业结构中，粮食种植面积由78.9%降为65.7%。

工业经济焕发生机。在国家大力支持下，建起包括煤炭、石油、电力、化工、金属与非金属矿产、建材、肉类加工、毛纺、造纸、酿酒等行业在内的30多个门类的工业企业，具有地方和民族特色的工业体系初步形成。1998年，全盟乡及乡以上工业总产值达18.5亿元，按不变价计算，是1978年的4.5倍。近年来，国有企业改革不断深化，一批国有企业通过嫁接重组、租赁、出售、股份合作等多种形式，实现了资产流动和优化组合，开始焕发生机。

基础设施条件大为改善。先后修建了锡林浩特至赛汉塔拉、锡林浩特至阿尔善油田、赛汉塔拉至乌兰花、赛汉塔拉至二连浩特、锡林浩特至经棚、多伦至丰宁等多条油路。等级路面里程已达5939公里，黑色路面里程已达1293公里，分别比1978年增加9.4倍和9.2倍。横穿南部的集通铁路日益发挥重要作用，新机场使与首都和首府的交通更为便捷，锡桑铁路近日经国家计委正式批准已立项。各旗县市全部实现了市话交换程控化、传输数字化，并建成了C3本地网、数字移动通信网和无线寻呼网。更为可喜的是，全盟苏木乡镇所在地结束了无电网供电的历史。基础设施建设的加强，为畅通人流、物流、信息流创造了条件，增强了经济发展后劲。

商业贸易日益活跃。商业网点星罗棋布，商品品种丰富多彩，货源充足，购销两旺。1998年，全盟社会消费品零售总额预计达21.5亿元，按不变价计算，是1978年的12.2倍。边境贸易从无到有，日趋活跃，贸易范围由蒙古国延伸到俄罗斯、东欧、中东等国家和地区，经营方式由易货贸易扩展到现货贸易、经济技术合作、国际旅游等。

乡镇企业和个体私营经济异军突起。1998年，全盟乡镇企业实现税金预计达1.3亿元，占地方财政收入的38.7%；乡镇企业总户数达到29572户，从业人员89900人；个体工商户和私营企业达到28926户，从业人员78368人。乡镇企业的崛起和个体私营经济比重的增加，开辟了新的就业渠道，活跃了地方经济，推动了社会生产力的发展。

精神文明建设和民主法制建设成效显著。坚持“两手抓，两手都要硬”的方针，以培育“四有”公民为目标，以创建文明城镇、文明小康户为龙头的群众性精神文明建设活动取得显著成效。“科学技术是第一生产力”的思想日益深入人心，科技对经济的贡献率逐年提高，各级各类教育协调发展，初步形成了完整的普通教育、职业教育和成人教育体系。文化体育、广播电视事业快速发展，丰富了城乡人民生活。医疗卫生预防保健条件大为改观，人民健康水平显著提高。人民代表大会制度、政治协商制度以及民族区域自治制度得到认真贯彻落实。发扬民主，依法办事，综合治理，维护稳定，社会主义民主和法制建设取得重大进展。

党的建设不断加强。聚精会神抓党的建设，党的思想、组织和作风建设取得了显著成绩。注重用邓小平理论武装全体党员和各级干部的头脑，坚持解放思想、实事求是的思想路线，全面贯彻党的基本路线，坚持民主集中制，遵守党的纪律，加强党性锻炼。在改革开放和经济建设中，一批中青年干部走上领导岗位，处级领导干部年龄结构、知识结构不断优化，综合素质明显提高，基层三类支部全部得到转化。党风廉政建设和反腐斗争逐步深入。各级党组织发挥了战斗堡垒作用，广大党员发挥了先锋作用。

人民生活水平有了很大提高。随着生产的发展，城乡人民生活发生了巨大变化。1997 年，牧民人均纯收入 2918 元，是 1978 年的 15 倍，年均递增 15.4%；农民人均纯收入 1240 元，是 1978 年的 10.9 倍，年均递增 13.4%；城镇居民人均可支配收入 3383 元，是 1978 年的 12.4 倍，年均递增 14.2%。如今，城乡漂亮了、住房宽敞了、餐桌丰盛了、交通便利了，人们的精神面貌焕然一新。

回顾过去，硕果累累；展望未来，任重道远。在世纪之交，我们深感历史责任重大。从现在到 21 世纪前十年是锡盟深化改革、加快发展、乘胜前进的至关重要的时期。在这个关键时期，机遇和挑战同在，困难与希望并存。我们必须“抓住机遇而不可丧失机遇，开拓进取而不可因循守旧”，牢牢把握实现“两个提高”这个大局，以市场为导向，以效益为中心，发挥资源优势，发展特色经济，依靠科技教育，实现富民强盟。我们坚信，锡林郭勒草原的明天会更加美好。

学习先烈的革命精神[①]

今天是肖诚、苏剑啸诸烈士在沙布日台战斗中牺牲 50 周年纪念日。1948 年 12 月 8 日，原中共察盟工委代书记肖诚、盟长苏剑啸等同志在贝子庙参加中共察锡巴乌工委会议后，与奉调到察盟担任副盟长的朱玉珊及其他充实察盟前线的干部，包括一个警卫班，从贝子庙返回察盟根据地的途中，在阿巴嘎旗境内沙布日台遭遇 200 余名土匪，激战竟日，终因众寡悬殊，肖诚、苏剑啸、朱玉珊等十

① 本文是 1998 年 12 月 8 日在纪念肖诚、苏剑啸诸烈士牺牲 50 周年座谈会上的讲话。

八位同志壮烈牺牲。在烈士们英勇牺牲50周年纪念日，盟委、行署在这里隆重举行座谈会，目的就是深切缅怀革命先烈的丰功伟绩和大无畏的革命精神，进一步激发全盟各族人民热爱草原、建设锡盟的革命热情，全面开创锡盟改革开放和现代化建设事业新局面。

今天，应邀参加座谈会的有曾在锡盟担任过领导职务和工作多年的老领导、老同志代表，烈士的生前战友以及烈士亲属代表。对这次纪念活动，许多老领导、老同志都十分关注，高度重视。值此，我代表中共锡盟盟委、锡盟行署向你们并通过你们向所有烈士生前战友、亲属表示崇高的敬意和亲切的问候。

肖诚、苏剑啸诸烈士是我们党的好同志，是蒙汉各族人民的优秀儿女。在沙布日台战斗中，他们不畏强敌，英勇不屈，顽强战斗，视死如归，为中国革命，为内蒙古及锡林郭勒草原的解放事业建立了不可磨灭的功绩。

今天，我们在这里缅怀先烈们的英雄事迹，就是要学习他们为共产主义事业奋斗终生的革命意志；学习他们不畏艰险、不怕牺牲、坚贞不屈的英雄气概和献身精神；学习他们对党、对祖国、对人民无限忠诚的崇高品质。

50年来，特别是改革开放20年来，在中国共产党的正确领导下，经过全盟各族人民的团结奋斗和不懈努力，锡林郭勒大草原发生了翻天覆地的历史性变化。当前，锡盟的改革开放和经济建设正处在一个非常重要的历史时期，面对跨世纪发展的历史任务，面对新机遇和新挑战，我们必须高举邓小平理论伟大旗帜，全面贯彻党的十五大精神，以实现“两个提高”统揽全局，继续深化改革，扩大开放，加快发展步伐，把一个团结、文明、富裕的锡林郭勒带入21世纪。完成这一历史性任务，实现这一宏伟目标，我们要用革命先烈、革命前辈远大的理想、坚定的信念、高尚的品德、奉献的精神，去教育和激励全体党员、各级干部和各族群众，进而在全党、全社会倡导和形成开拓创新、求真务实、坚韧不拔、奋发图强、争先创优、廉洁高效的精神风貌，承前启后，继往开来，以两个文明建设的丰硕成果，告慰先烈英灵，不辜负党和人民的重托。

学习先烈的革命精神，就是要像他们那样，认真学习马列主义、毛泽东思想，坚定共产主义信念。我们要坚定马克思主义政治方向和政治立场，牢固树立正确的世界观、人生观、价值观，掌握观察客观事物的科学方法，增强分清理论是非、政治是非的能力，提高运用党的基本理论解决实际问题的水平。在当前，全体党员干部，特别是各级领导干部要学好邓小平理论，用邓小平理论武装自己的头脑，坚持党的基本路线不动摇，把锡盟改革开放和现代化建设事业不断推向前进。

学习先烈的革命精神，就是要像他们那样，忠于党、忠于祖国、忠于人民，为党的事业和人民的幸福奉献自己的一切。在发展社会主义市场经济的新形势下，全体党员干部，特别是各级领导干部要始终坚持党的全心全意为人民服务的宗旨，坚持党的事业第一，人们的利益第一，想群众之所想，急群众之所急，做群众之所需，诚心诚意为广大群众谋利益，为加快锡盟实行“两个转变”、实现“两个提高”的进程而努力工作。

学习先烈的革命精神，就是要像他们那样，坚持真理，不畏强敌，刚正不阿，在生与死的考验面前大义凛然，挺身而出，不怕流血牺牲。在新形势下，我们要大力弘扬先烈们的无产阶级浩然正气，继承和发扬我们党在长期革命和建设事业中形成的好传统、好作风，自觉地加强党性修养，做到自重、自省、自警、自励，清正廉洁、克己奉公，敢于同一切歪风邪气和各种腐败现象作斗争，保持党的纯洁性。要以高度的政治责任感和强烈的革命事业心，迎难而上，勇挑重担，创造性地开展工作。

同志们，在跨世纪的征途上，让我们高举邓小平理论伟大旗帜，继承先烈的革命遗志，牢牢坚持党的基本路线，按照党的十五大确定的战略部署，解放思想，实事求是，同心同德，艰苦创业，努力开创锡盟改革开放和现代化建设新局面。

青年们，去基层吧①

你们响应盟委的号召，到嘎查村任职锻炼，选择了一条正确的路子。这对你们的人生道路，甚至对你们一生的事业将产生重大的影响。

你们是有志气、有抱负的青年，年龄最小的只有 20 岁，还有不少女青年，都自愿报名下去。你们是有文化、有知识的青年，你们大学毕业，所学专业也有了用武之地，而且绝大多数是党团员，你们的政治觉悟决定你们选择这样的道路。

毛泽东主席说过，政治路线确定之后，干部就是决定的因素。锡盟“两个提高”即提高财政收入水平和提高城乡人民生活水平的奋斗目标能不能实现，结构调整、开放带动、科教兴盟三大战略能不能顺利实施，关键在于包括基层干部在内的各级干部的素质能力。

近年来，我们不断加强农村牧区基层组织建设，使嘎查村级干部队伍素质有了一定提高，但年龄偏大、文化偏低、综合素质不高的问题仍然很突出。全盟

① 本文是 1999 年 12 月 14 日写给第一批下派到嘎查村任职的大学生的公开信。

899个嘎查村1798名党支部书记和嘎查村村委会主任中大专以上文化程度的只占1.9%，初中及初中以下文化程度的占74.4%；年龄在35岁以下的占21.7%，在45岁以上的占25.3%。这种状况与党的十五届三中全会提出的农业基本实现现代化的目标要求很不适应。长此以往，必将影响农村牧区基层组织建设，制约农村牧区经济社会的发展。

提高农村牧区基层干部队伍素质，增强他们带领农牧民群众脱贫致富的本领，是新形势下加强农村牧区基层组织建设迫切需要解决的问题。对此，我们必须坚持两手抓，一手抓下派，即选调优秀大学毕业生到嘎查村任职；一手抓上派，即选拔农村牧区优秀青年到大专院校学习，取得大专和本科学历后再回到农村牧区去。经过若干年的不懈努力，使全盟每个嘎查村领导班子里至少有一名大学生。这项工作可以称为“一村一名大学生”人才工程。

实施这项人才工程，旨在改善农村牧区干部队伍结构，拓宽城市人才就业渠道，合理配置城乡人才分布，是全盟干部队伍建设的重要组成部分，是事关方向性、战略性、全局性的大事。你们作为启动这一人才工程的第一批实践者，你们把新的知识和技术带到农村牧区去，为农村牧区的发展做出贡献。同时，你们直接接触农牧民群众，直接参与农牧业生产经营活动，直接参与错综复杂矛盾和问题的解决。通过这样的参与，你们将树立群众观念，提高认识问题、分析问题、解决问题的能力。所以我说你们选择了一条正确的道路。

我们的农村牧区发展得还不是很好，各方面条件都比较艰苦，正因为这样，才需要你们到那里去。我相信大家已经做好了充分的思想准备，我也相信大家作为跨世纪的青年实践者能够克服一切艰难困苦，在实践中锤炼，在农村牧区可以大有作为。所以我说你们是有志气、有抱负的青年。

你们以自己的实际行动为广大青年树立了榜样。希望你们把基层作为一个大课堂，继续学好在校园里学不到的知识，以充实自己、提高自己。既然你们选择了一条正确的道路，我相信你们会一步一个脚印地走下去。有志气、有抱负的青年们，去基层吧。

欧洲四国考察随笔[①]

2000年8月下旬，我参加自治区政府城镇建设考察团考察了欧洲德国、荷

① 本文写于2000年9月，2003年7月收入内蒙古自治区政府新闻办公室编辑出版的《我们眼中的世界》一书。

兰、比利时、卢森堡四个国家。境外9天，参观了德国的柏林、汉堡、法兰克福、特里尔、科布伦茨，荷兰的阿姆斯特丹、海牙，比利时的布鲁塞尔，卢森堡大公国的卢森堡9个城市。由于时间短、日程紧，大部分时间只能“坐车观花”，无暇详察细访，所见所闻不免零星浮浅。尽管如此，收获也颇丰，深感不枉此行。

一

欧洲城市建筑不但雄伟气魄，而且城市与自然环境高度和谐，规划设计别具匠心，令人耳目一新。欧洲城市建设的最大特点是特别讲究设计，许多建筑的设计都出自世界各国的名家之手，哪怕是一幢普通居民住宅楼的装饰性改造也要搞国际招标。在这些城市的公共建筑中，高层建筑很少，也不是每个建筑都很漂亮，但各有特点，建筑群整体和谐、美观。墙面的立体感很强，几乎看不到贴瓷砖的，多数用石料或涂料装饰外观。

居民住宅在设计上充分考虑了居住者的采光、视野环境，多采取U字形、V字形和口字形布局，使每幢住宅都有开阔的视野，居民可以临窗观赏到美丽的风景。公共场所各种雕塑极具民族特色，就连道路与绿地的隔离墩也设计成各式各样的石凳。整个城市达到了设计各有特点、建设各具特色、工程造型美化与植物美化结合、建筑特色与环境特色结合、居住与综合利用结合的境界。不论是公共建筑，还是居民住宅，都没有围院，也没有临建。我想这大概是东西方传统观念差异在城市建设中的一种体现吧。

乘车行驶在城区，最直观的感受是主要街道特别宽，机动车道大多是6车道以上，路两边有十几米宽的林带，人行道铺着形状各异、五颜六色的石头，古朴自然，赏心悦目。很多公园或公共场所人行带没有硬化，而是用水洗沙铺出来，不仅省钱，而且美观、舒适，即使刮起大风也没有一点尘土。在这些城市景象中，进入视野最多的就是绿地，除了广场、公共场所以外，每个居民区必有绿地。绿地不仅多，而且很奇特。为了把房顶、马路上的雨水都引到绿地和树林里，绿地大部分比路面低，中间都是凹状或沟状的，路牙和绿地边缘也都是按照排水要求设计的，体现出对水资源的高度珍惜和充分利用。

学习借鉴欧洲四国城镇建设的思路和做法，我们的城镇建设应坚持高起点规划、高层次设计、高标准建设、高水平管理。

首先，要高度重视城镇规划工作，按照“规划一步到位，建设分步实施”的思路，高起点编制城镇规划，城镇发展定位要科学准确，具有前瞻性。

其次，要引入竞争机制，从城镇建设的整体规划到单体建筑的设计施工，实行公开招标，优中选优，精益求精，使每个城镇都具有鲜明的地方和民族特色，形成自己的风格，不随大流，不落俗套。譬如锡林浩特市要突出和强化“草原中的城市，城市中的草原”和没有城乡接合部的特点，力争建成功能完备、特色鲜明的现代草原旅游城市。

再次，要将可持续发展作为现代城镇建设的基本理念加以充分体现，一方面处理好城镇建设与人口、资源、环境的关系，使其相互协调、相互促进；另一方面处理好城镇建设与经济社会发展的关系，使城镇建设不断适应经济社会发展的需要并成为推动经济社会加快发展的重要动力。

最后，要将不断提高市民素质作为现代城镇管理的一项重要内容常抓不懈，努力提高城镇居民的法律意识和社会公德意识，达到先进城镇设施与高素质文明市民的和谐统一。

二

锡林郭勒盟的主体经济是畜牧业，所以，考察期间对四国的乡村情况格外留意。但由于考察团主要是考察城镇建设，对乡村的印象都是从车上观察高速公路两旁的景观而获得和推断的。坐在行驶的车上，公路两旁映入眼帘的是一片一片的森林、一块一块的牧场或农田，分不清哪里是农村，哪里是牧区。那一望无际的绿色，既有天然草场，又有人工草地，也能看到青贮、玉米、小麦等作物，都是旱作的。看来养殖业、种植业和林业是结合在一起的。由于降雨量大，植被覆盖率很高。

从柏林到汉堡，草原上除了看到少量马群以外，都是黑白花奶牛或优质肉牛。据说德国政府对养殖业实行补贴，对牧户经营的牲畜头数进行限制。所以，每户经营的牲畜数量都不多，每群几十只到上百只。但个体质量很高，都是优良品种。路两旁的草场全是用网围栏围起来的，大网围栏里又分成若干小块，显然是在划区轮牧。因为，有的方块里有牛群在吃草或悠闲地卧着，有的方块里一头牲畜也没有，有的方块里有打下来的圆捆干草。

德国乡村的住宅不是一排一排整齐划一，而是一两户或三五户地散落在牧场边上，偶尔也能见到几十户的村落。农舍设计得非常讲究，都是尖顶瓦房。住宅周围没有鸡舍、猪圈、牛棚，没有车库、凉房，也没有围墙，有的只是鲜艳的花圃和碧绿的草坪，显得干净、整洁、漂亮。从这些景象中不难推断，这些乡村的农牧户已达到经营专业化、生产机械化、生活供给市场化。

我们和德国、荷兰等国相比，自然环境差异很大、生产力发展的层次不一样。但对天然草场实施围栏保护、划区轮牧，建设人工草地，推进牲畜品种优良化、经营专业化、服务社会化、生活资料供给市场化等要求是一样的。这些都是畜牧业实现集约化经营，向现代化迈进的必由之路。

今后，我们必须在以下几个方面做出极大的努力：

一是大力推进草场围栏化。只有划清牧户的草场界线，才能真正落实“双权一制”，从而强化牧民保护草场、建设养畜的紧迫感和积极性，创造有利于遏制生态恶化、恢复草原植被的制度条件，促进传统草原畜牧业向集约化、现代化方向发展。

二是大力推进牲畜良改化。锡盟草原畜牧业与世界发达国家畜牧业最大的差距是牲畜良改程度低、个体质量差。无论是着眼于锡盟草原畜牧业的生存和发展，还是适应市场需求、应对加入世贸后的严峻挑战，切实抓好牲畜品种改良，都迫在眉睫，势在必行。

三是大力推进冬营棚圈化。棚圈建设滞后是锡盟草原畜牧业抗灾能力弱的主要原因之一，给畜牧业造成直接损失最大的仍是突发性白灾。因此，必须把棚圈建设作为畜牧业基础设施建设的重点，集中攻坚，努力实现冬营盘棚圈化目标。

四是大力推进畜牧业产业化。突出抓好培育龙头企业、建设畜产品生产基地、建立龙头企业与牧户一体化经营机制三个关键环节，加快现代家庭牧场建设步伐，促进畜牧业生产的专业化分工、社会化服务，不断提高市场竞争能力。

五是大力推进农村牧区住宅小康化。近两年，锡盟积极推进农村牧区小康住宅建设工程，农牧民住房状况有了较大改善。但总体上砖瓦房比例还不高，配套建设也不够，距离小康化还有不小差距。我们要继续采取有力措施，加快建设步伐，不断提高农牧民的生活质量。

三

基础设施完备而先进是欧洲四国共同特点。高速公路连接欧洲各国和城乡，坐大巴士跑四国，没有一次堵车，没有一处收费。车到乡村野外，移动通信随地随时畅通，没有盲区。公路边不时看到大型风力发电机，据介绍都是联网的。沿途乡村没有看到一个农牧户住宅烟囱里冒烟，可见电能、热能充足。正是由于欧洲四国基础设施的高度发达，才使城乡一体化成为现实，给经济社会发展奠定了基础，注入了活力。

近年来，锡盟的基础设施建设有了长足的发展。但从总体上看，由于地域广大、起步较晚、投入不足，基础设施建设的整体水平与国民经济快速发展的需要相比还有很大差距。我们必须抓住国家实施西部大开发战略和实行积极财政政策的机遇，加快公路、铁路、电力、通信等基础设施建设，争取开工建设一批能够有力拉动经济增长、明显改善投资环境的重点项目。同时，加快农村牧区通电、通路、通水、通话、通广播电视等基础设施建设，不断改善农村牧区生产生活和市场交易条件。

四

受考察重点和语言交流所限，对欧洲四国的经济和社会状况了解得很少。据陪同我们考察的一位在德国工作了十几年的上海籍大学生介绍，在德国，一个工程师的月工资约5000马克（1马克约合人民币4元），每月养老金和各种税费占工资的40%左右，房租（德国的私房只有40%左右）占工资的20%左右，其余40%左右是家庭日常生活支出。德国的失业率很高，失业救济金占工资的一半还多，加上各种补贴和优惠，失业者的收入接近就业者的工资水平，因而一些懒汉不愿意就业。在德国，养老金占工资总额的25%～40%，由企业和个人各缴一半。个人所得税和养老金都是由单位、企业输入电脑代扣代缴的，所有就业者都要依法缴纳，就是钟点工也不例外。

相比之下我们的社会保障资金统筹能力和水平还很低，而建立独立于企事业单位之外的社会保障体系，是市场机制发挥作用的制度保证，是进一步深化国有企业改革的基础工程。我们要积极推进养老、医疗、失业保险制度改革，健全和完善社会保障体系。落实好城市居民最低生活保障制度，加大农村牧区扶贫工作力度，不断改善低收入群体的生活。加强就业服务体系建设，加快培育职业介绍等劳务中介组织和劳动力市场，形成市场导向的就业机制，多渠道扩大就业。

锡盟度过抗灾救灾最艰难时期①

今天，我们在北京召开锡林郭勒盟抗灾救灾工作汇报会，主要是向去冬以来对锡盟抗灾救灾工作给予大力支持和无私援助的国家机关、首都各界人士汇报我盟抗灾救灾工作情况，衷心表达锡盟盟委、行署和全盟92万各族人民真诚的谢意！

去年入冬以来我盟遭受历史罕见的特大雪灾，给广大群众的生产生活造成了重大损失。灾害发生后，我们在党中央、国务院的亲切关怀下，在自治区党委、

① 本文是2001年4月19日在北京召开的内蒙古锡林郭勒盟抗灾救灾工作汇报会上的讲话提纲。

政府的正确领导下，认真贯彻落实温家宝同志视察锡盟灾情时的重要讲话精神，团结带领各族干部群众，万众一心，迎难而上，全力投入抗灾救灾工作。

我们把抗灾救灾作为压倒一切的中心任务，实行盟、旗市、苏木、嘎查四级抗灾救灾包片责任制，成立由8个盟级领导带队的工作组深入灾区指导工作，组织8000多名干部职工深入灾区抗灾抢险，开展了两次大规模入户调查，始终掌握抗灾救灾的主动权。

我们采取果断措施紧急救灾抢险，迅速解救在干线公路被困的42辆汽车、98个人，组织出动3347人、540台车辆，找回暴风雪中走失的牧民75人，护送1600多名放假学生安全返家，将被困的352户走场牧户全部搬迁到安全地带，组织2980名基层干部深入灾区帮助牧民找回丢失牲畜9.7万头只、处理出售弱畜4.06万头只，避免了更大程度的人员伤亡和财产损失。

我们把妥善安置灾区群众生产生活作为抗灾救灾工作的首要任务，累计投放救灾款7241万元，协调落实抗灾贷款6.4亿元，将全国各地捐助的总价值3100万元的款物迅速发放到灾民手中，使灾区群众的吃、穿、住、取暖、就医和牧业生产得到基本保障。

我们全力做好饲草料调运工作，组织动用拖拉机、推土机及各种运输车辆811台部，从盟外调入饲草8649万公斤、调入饲料9942万公斤，其规模之大、范围之广、数量之多在锡盟历史上空前，基本做到抗灾救灾期间饲草料足量供应。

我们千方百计恢复灾区交通、电力、通信等基础设施，破雪开道向灾区运送急需饲草料和抗灾物资，紧急抢通43个苏木的输电线路，为牧户安装1050部ETS无线接入电话，保证了灾区物资供应和电力、通信畅通。

我们针对灾害给春季开学带来的困难，及时组织车辆接学生返校，采取先入学后解决因灾欠费问题等措施，免收7298名中小学生学杂费、书本费66万元，缓收1.07万名中小学生学杂费、书本费118.2万元，保证灾区学校按期开学，学生按时返校，避免了中小学生因灾辍学。

今天，我非常高兴地向大家报告，经过近100多天的艰苦努力，锡盟抗灾救灾工作已经度过最艰难时期，取得了阶段性胜利。元月初突发的特大暴风雪之后，再没有发生因灾冻死人的现象。草原积雪已全部融化，灾区交通、通信、电力全面恢复，牧民生产生活趋于正常。群众抗灾救灾意识和能力进一步增强，积极性空前高涨，抗灾保畜、接羔保育工作形势较好。截至4月上旬，全盟因灾死亡牲畜35万头只，保畜率达96.7%，仅比正常年景低1.5个百分点；已接产仔畜245万头只，成活率达96.1%，为夺取抗灾救灾全面胜利奠定了坚实基础。

在与自然灾害生死决斗中，令草原人民永远不能忘记的是，我盟抗灾救灾工作得到全国各地、社会各界的广泛关注和大力支持，更牵动了首都人民的心。今天在座的各位领导和朋友们都曾向我盟灾区人民伸出援助之手，给予大力支持和无私捐助。在锡林郭勒草原遭受特大灾害时，你们视草原为故土，把牧民当亲人，发扬“一方有难、八方支援”的传统美德，想灾区人民之所想，急灾区人民之所急，积极组织开展各种慰问和赈灾捐助活动，在祖国的心脏激起一浪又一浪雪中送炭、援助灾区的热潮，用你们的义举将边疆牧民的冷暖与首都人民的关切紧紧连在一起，使灾区人民深切感受到祖国大家庭的温暖。

特别是当年把宝贵青春奉献给锡林郭勒草原的知识青年，听说第二故乡遭受雪灾，焦虑万分、忧心忡忡，不仅自己纷纷伸出援助之手，而且积极奔走呼吁，争取多方支持。当在电视中看到，北京知青在组织赈灾义演时打出“亲人受灾、我们心痛”的横幅时，多少当年与知青共同生活、并肩战斗的牧民兄弟姐妹无语凝噎，多少默默牵挂他们的老阿爸、老额吉热泪盈眶。到目前，锡盟收到国家机关和北京市各类捐款440万元，捐物折款1424万元。这些满载首都人民深情厚谊的款物，不仅为解决灾民的吃饭、穿衣、取暖问题和牲畜越冬度春发挥了重要作用，而且极大地激发了灾区人民战胜灾害的信心和决心。如果没有你们的大力支持与援助，没有社会各界的关心和帮助，灾区群众面临的处境将更加艰难，所遭受的损失将会更加惨重。可以说，是首都人民、全国各地、社会各界与锡盟各族干部群众共同谱写了这曲激越人心的抗灾壮歌。你们的深情厚谊，草原人民将永远铭记在心。

现在，虽然锡盟抗灾救灾工作取得阶段性胜利，但是形势仍不容乐观，灾区群众的生产生活和灾后的发展还面临着许多困难和问题。由于连年抗灾，地方政府和牧民消耗很大，再投入能力有限，这不仅直接影响当前的抗灾自救和接羔保育工作，而且对灾后恢复和今后一个时期畜牧业的基础设施建设造成重大影响。由于抗灾救灾中牧民买草买料等生产性投入加大，许多牧户因贷款和赊借饲料而背上沉重债务，因灾返贫致贫人口增多，牧区贫困面进一步扩大，扶贫脱困任务相当艰巨。由于近年来草原沙化退化严重，加之连年遭受旱灾、蝗灾等自然灾害，天然草场产草能力不断下降，给草原畜牧业的长远发展带来潜在危机，生态形势十分严峻。虽然解决这些问题难度很大，但是我们坚信，有党中央、国务院及自治区党委、政府的亲切关怀和正确领导，有全国人民的无私帮助和大力支持，锡盟各族干部群众一定会团结一心、迎难而上、不懈奋斗，努力把灾害损失降到最低程度，夺取抗灾救灾和灾后建设工作的全面胜利。

这次特大雪灾给锡盟造成的损失是惨重的、教训是深刻的，传统草原畜牧业的脆弱性暴露无遗。目前，我们正在全盟范围内深入开展大灾之后大反思活动，吸取教训、更新观念，转变方式、稳定发展；我们将大力加强草牧场基本建设，发展人工草地和高产饲草料地，提高增草能力；大力推进草场围栏化，实行局部禁牧、春季休牧、划区轮牧，减轻草场放牧强度，逐步恢复草原植被；坚持“封飞造”相结合、“草灌乔”相配套、生物措施与工程措施相促进，遏制草原退化沙化趋势；严格执行草畜平衡制度，限定草场载畜量，严格奖惩办法，严禁超载过牧；调整优化畜群、畜种结构，推进牲畜良改化，加快畜群周转，发展效益型畜牧业。

我们要努力提高畜牧业抵御自然灾害的能力，使草原畜牧业走上可持续发展之路，为全国人民提供绿色食品，为祖国北疆筑起一道绿色长城，以优异成绩回报全国人民的支持与厚爱。希望首都各界朋友一如既往地关心支持锡林郭勒草原的发展，让我们携手并肩，共同开创锡林郭勒草原的美好明天！

写在阿拉善右旗建旗40周年的时候①

今年6月，阿拉善右旗旗委、政府领导同志给我写信，约我为庆祝阿拉善右旗建旗40周年写一篇回忆文章。看完信，我仿佛又回到了久别的故乡，心中似有千言万语，却又不知从何说起。

1991年7月，我告别了工作、学习、生活了7年的阿右旗。一晃10年过去了，由于工作繁忙，一直抽不开身回阿右旗看一看。但在我的心灵深处，始终眷恋着那片热土，牵挂着那里的父老乡亲。从世界著名的巴丹吉林大沙山到雄伟的龙首山，从美丽的桃花山到孟根布拉格、阿拉坦敖包，那片广袤土地上的一山一水、一草一木都深深凝刻在我的记忆里。曾经在一起学习、工作、奋斗的同事、朋友和乡亲们的欢声笑语也都历历在目。在阿右旗工作的7年是我人生中最难忘的一段经历。现在我想，那7年对我的一生都产生了不同寻常的影响。我时刻想念那片土地，想念生活在那片土地上的人们，想念那段难忘的时光——永远都不会忘记。

由于自然、地理、历史等多方面原因，阿右旗不仅在阿盟，就是在全区、全国也是一个条件很艰苦的地方。干旱少雨，风大沙多，水源奇缺，植被稀疏，有的地方别说发展，就连人类的基本生存条件都不具备。但生活在这片土地上的各族人民，有一种特别能吃苦、特别能奋斗、特别能进取的精神。他们在中国共产

① 本文写于2001年7月6日。

党的领导下，在极其艰苦的条件下，与自然环境作斗争，与前进中的困难作斗争，在改革开放、经济建设和社会发展等各方面都取得了非常了不起的成绩。

这些年我虽然没有回去，但平时特别关注阿右旗的发展变化。无论是从新闻媒体的报道中，还是在与阿盟同志的交谈中，每当听到阿右旗一点一滴的发展变化，我都由衷地感到高兴。今年是阿右旗建旗40周年，我无论如何也要回去看一看，看看10年来故乡的发展变化，看看乡亲们，与他们共享发展进步的喜悦。

我相信，在新世纪，特别是在“十五”计划开始实施的时候，阿右旗的各族干部群众一定能更加紧密地团结起来，在盟委、行署的正确领导下，在旗委、政府的带领下，全面贯彻落实江泽民同志“三个代表”重要思想，在建设家乡、加快发展的进程中取得更大成绩。

衷心祝愿我深爱的家乡明天更美好！

深入学习贯彻党的十六大精神①

一、党的十六大的主题

党的十六大是我们党在新世纪召开的第一次代表大会，是我们党在开始实施社会主义现代化建设第三步战略部署的新形势下召开的一次十分重要的代表大会。

党的十六大《全面建设小康社会，开创中国特色社会主义事业新局面》的报告，通篇贯穿了“三个代表”重要思想的主线；解放思想、实事求是、与时俱进的精髓；全面建设小康社会，实现中华民族伟大复兴的目标。

党的十六大的主题是：高举邓小平理论伟大旗帜，全面贯彻“三个代表”重要思想，继往开来，与时俱进，全面建设小康社会，加快推进社会主义现代化，为开创中国特色社会主义事业新局面而奋斗。这一主题鲜明地回答了在新世纪新阶段我们党要举什么旗、走什么路、实现什么目标的重大问题。我们为实现新世纪新阶段的历史使命而奋斗的精神状态，是继往开来，与时俱进。

① 本文节选自2002年12月至2003年1月，到12个旗县市宣讲的《党的十六大精神宣讲报告》，原载于2003年1月8日锡党办发〔2003〕1号。

二、党的十六大的灵魂

党的十六大的灵魂，是“三个代表”重要思想。全面贯彻“三个代表”重要思想，必须领会和把握以下几点：第一，“三个代表”重要思想是对马克思列宁主义、毛泽东思想和邓小平理论的继承和发展，反映了当代世界和中国的发展变化对党和国家工作的新要求，是加强和改进党的建设、推进我国社会主义自我完善发展的强大理论武器，是全党集体智慧的结晶，是党必须长期坚持的指导思想。第二，始终做到“三个代表”是我们党的立党之本、执政之基、力量之源。第三，贯彻“三个代表”重要思想，关键是坚持与时俱进，核心是坚持党的先进性，本质是坚持执政为民。第四，贯彻“三个代表”重要思想，必须使全党始终保持与时俱进的精神状态，不断开拓马克思主义理论发展的新境界；必须把发展作为党执政兴国的第一要务，不断开创现代化建设的新局面；必须最广泛最充分地调动一切积极因素，不断为中华民族的伟大复兴增添新力量；必须以改革的精神推进党的建设，不断为党的肌体注入新活力。

全面贯彻“三个代表”重要思想，必须领会和把握党的十六大报告一系列新思想、新观点、新论断。比如，“与时俱进”。“时”，是不断发展变化着的客观实际；“进”，是随着发展变化着的客观实际而发展。坚持党的思想路线，解放思想、实事求是、与时俱进，是我们党坚持先进性和增强创造力的决定性因素。与时俱进，就是党的全部理论和工作要体现时代性，把握规律性，富于创造性。能否始终做到这一点，决定着党和国家的前途命运。比如，“三个解放出来”。自觉地把思想认识从那些不合时宜的观念、做法和体制的束缚中解放出来，从对马克思主义的错误的和教条式的理解中解放出来，从主观主义和形而上学的桎梏中解放出来。比如，“第一要务”。必须把发展作为党执政兴国的第一要务。发展必须坚持以经济建设为中心，必须坚持和深化改革，必须相信和依靠人民。一切妨碍发展的思想观念都要坚决冲破，一切束缚发展的做法和规定都要坚决改变，一切影响发展的体制弊端都要坚决革除。

三、全面建设小康社会的奋斗目标

全面建设小康社会，是党的十六大确立的我国在21世纪头二十年现代化建设的奋斗目标。“小康”这个词最早出自《诗经》。小康是古人心目中仅次于“大同”的理想社会的模式。1979年12月6日，邓小平同志在会见来访的日本首相大平正芳时提出，中国现代化所达到的是小康状态。此后，邓小平同志又多次重申这一概念，提出了建设小康社会的跨世纪发展的战略构想，就是著名的“三步走”发展战略。第一步，以1980年人均国民生产总值250美元为基数，用10年时间翻一番，解决温饱问题；第二步，到20世纪末再翻一番，人均国民生产总值达到800～1000美元，即小康水平，基本消除贫困；第三步，在21世纪用50年左右的时间，人均国民生产总值再翻两番，达到4000美元左右，达到中等发达国家水平，基本实现现代化。

经过20多年的奋斗，现在前两步战略目标已经胜利实现，2000年10月召开的党的十五届五中全会宣布，我国人民生活总体上达到了小康水平。党的十六大报告指出，这是社会主义制度的伟大胜利，是中华民族发展史上一个新的里程碑。党的十六大报告同时还指出，现在达到的小康还是低水平的、不全面的、发展很不平衡的小康。所谓低水平，就是虽然我国经济总量已经达到一定规模，但人均水平还比较低。2000年，我国人均国内生产总值只有800多美元，属于中下收入国家的水平，仅相当于日本人均国内生产总值的2.3%。所谓不全面，就是目前的小康基本上还主要是生存性消费的满足，而发展性消费还没有得到有效满足，社会保障还不健全，环境质量也有待提高，精神生活还需丰富。所谓发展很不平衡，是指地区之间、城乡之间发展水平差距较大。到2000年还有3000万人没有解决温饱，城镇也有近2000万人生活在“低保”线以下。

党的十六大报告提出，根据党的十五大提出的到2010年、建党100年和新中国成立100年的发展目标，我们要在21世纪头20年，全面建设惠及十几亿人口的更高水平的小康社会，使经济更加发展、民主更加健全、科教更加进步、文化更加繁荣、社会更加和谐、人民生活更加殷实。……再继续奋斗几十年，到21世纪中叶基本实现现代化，把我国建成富强民主文明的社会主义国家。这就是新“三步走”战略。

全面建设小康社会的目标是：在优化结构和提高效益的基础上，国内生产总值到2020年力争比2000年翻两番，综合国力和国际竞争力明显增强；社会主义民主更加完善，社会主义法制更加完备，依法治国基本方略得到全面落实，人民的政治、经济和文化权益得到切实尊重和保障；全民族的思想道德素质、科学文化素质和健康素质明显提高，形成比较完善的现代国民教育体系、科技和文化创新体系、全民健身和医疗卫生体系；可持续发展能力不断增强，生态环境得到改善，资源利用效率显著提高，促进人与自然的和谐，推动整个社会走上生产发展、生活富裕、生态良好的文明发展道路。

全面小康与总体小康的区别：一是范围不一样，总体小康的侧重点在解决温饱，提高物质文明的水平。全面小康是物质文明、政治文明、精神文明的全面发展，要求更高、水平更高。二是标准不一样，到2020年，我国经济总量比2000

年翻两番，意味着国内生产总值将从8.9万多亿元增长到35万亿元，按目前汇率折算，将超过4万亿美元，大体相当于目前日本的水平，有可能超越法国、英国、德国，排到世界第三位，仅次于美国和日本；人均GDP从800美元到超过3000美元，接近目前中下收入国家的平均水平。

四、全面建设小康社会的重大部署

一是新型工业化。走新型工业化道路，大力实施科教兴国战略和可持续发展战略。坚持以信息化带动工业化，以工业化促进信息化，走出一条科技含量高、经济效益好、资源消耗低、环境污染少、人力资源优势得到充分发挥的新型工业化路子。二是统筹城乡。统筹城乡经济社会发展，建设现代农业，发展农村经济，增加农民收入，是全面建设小康社会的重大任务。三是农民组织化。积极推进农业产业化经营，提高农民进入市场的组织化程度和农业综合效益。四是城镇化道路。农村富余劳动力向非农产业和城镇转移，是工业化和现代化的必然趋势。要逐步提高城镇化水平，坚持大中小城市和小城镇协调发展，走中国特色的城镇化道路。发展小城镇要以现有的县城和有条件的建制镇为基础，科学规划，合理布局，同发展乡镇企业和农村服务业结合起来。消除不利于城镇化发展的体制和政策障碍，引导农村劳动力合理有序流动。五是西部大开发。实施西部大开发战略，关系全国发展的大局，关系民族团结和边疆稳定。要打好基础，扎实推进，重点抓好基础设施和生态环境建设，争取十年内取得突破性进展。积极发展有特色的优势产业，推进重点地带开发。发展科技教育，培养和用好各类人才。国家要在投资项目、税收政策和财政转移支付等方面加大对西部地区的支持，逐步建立长期稳定的西部开发资金渠道。着力改善投资环境，引导外资和国内资本参与西部开发。西部地区要进一步解放思想，增强自我发展能力，在改革开放中走出一条加快发展的新路。六是扩大就业。就业是民生之本。扩大就业是我国当前和今后长时期重大而艰巨的任务。国家实行促进就业的长期战略和政策。各级党委和政府必须把改善创业环境和增加就业岗位作为重要职责。广开就业门路，积极发展劳动密集型产业。对提供新就业岗位和吸纳下岗失业人员再就业的企业给予政策支持。引导全社会转变就业观念，推行灵活多样的就业形式，鼓励自谋职业和自主创业。完善就业培训和服务体系，提高劳动者就业技能。依法加强劳动用工管理，保障劳动者的合法权益。

发展社会主义民主政治，建设社会主义政治文明，是全面建设小康社会的重要目标。全面建设小康社会，必须大力发展社会主义文化，建设社会主义精神文明。有关政治建设和政治体制改革、文化建设和文化体制改革的新思想、新观点、新论断，也要认真领会把握，努力贯彻落实。

锡盟贯彻落实党的十六大精神，加快全面建设小康社会进程的思路是：以全面建设小康社会统揽全局，加快实施围封转移战略、新型工业化战略、城镇化战略和全民素质工程，实现富民强盟。坚持把发展作为第一要务，以结构调整为主线，以转变思想观念和生产经营方式为重点，以提高城乡居民生活水平和质量为根本出发点，推进改革开放和科技进步，加快基础设施建设，加强和改进党的建设，促进物质文明、政治文明、精神文明协调发展，坚定不移地走生产发展、生活富裕、生态良好的文明发展道路。

五、加强和改进党的建设

新时代、新形势、新情况，对党自身提出许多新问题，集中起来是两大历史性课题：一个是如何不断提高党的执政能力和领导水平，另一个是如何不断增强拒腐防变和抵御风险的能力。这是两个非解决不可而又并不容易解决的问题，是时代对我们党提出的严峻考验。

我们党是执政党，党的各方面建设，最终都应该体现到提高党的执政能力上来，体现到巩固党的执政地位上来。我们必须以“三个代表”重要思想为指导，以提高党的执政能力为重点，持之以恒地加强和改进党的思想、组织、作风和制度建设，持之以恒地加强和改善党的领导。

加强和改善党的领导，加强和改进党的建设，我们要把握一个总目标、一个总方针、一个总要求、六项主要任务和提高五个能力。

总目标是：通过锲而不舍的努力，保证我们党始终是中国工人阶级的先锋队，同时是中国人民和中华民族的先锋队，始终是中国特色社会主义事业的领导核心，始终代表中国先进生产力的发展要求，代表中国先进文化的前进方向，代表中国最广大人民的根本利益。

总方针是：党的建设必须按照党的政治路线来进行，围绕党的中心任务来展开，朝着党的建设总目标来加强，不断提高党的创造力、凝聚力和战斗力。

总要求是：一定要高举邓小平理论伟大旗帜，全面贯彻“三个代表”重要思想，保证党的路线方针政策全面反映人民的根本利益和时代发展的要求；一定要坚持党要管党、从严治党的方针，进一步解决提高党的领导水平和执政水平、提高拒腐防变和抵御风险能力这两大历史性课题；一定要准确把握当代中国社会前进的脉搏，改革和完善党的领导方式和执政方式、领导体制和工作制度，使党的工作充满活力；一定要把思想建设、组织建设和作风建设有机结合起来，把制度建设贯穿其中，既立足于做好经常性工作，又抓紧解决存在的突出问题。

六项主要任务是：深入学习贯彻“三个代表”重要思想，提高党的马克思主义理论水平；加强党的执政能力建设，提高党的领导水平和执政水平；坚持和健全民主集中制，增强党的活力和团结统一；建设高素质的领导干部队伍，形成朝气蓬勃、奋发有为的领导层；切实做好基层党建工作，增强党的阶级基础和扩大党的群众基础；加强和改进党的作风建设，深入开展反腐败斗争。

提高五个能力是：必须以宽广的眼界观察世界，正确把握时代发展的要求，善于进行理论思维和战略思维，不断提高科学判断形势的能力；必须坚持按照客观规律和科学规律办事，及时研究解决改革和建设中的新情况新问题，善于抓住机遇加快发展，不断提高驾驭市场经济的能力；必须正确认识和处理各种社会矛盾，善于协调不同利益关系和克服各种困难，不断提高应对复杂局面的能力；必须增强法制观念，善于把坚持党的领导、人民当家做主和依法治国统一起来，不断提高依法执政的能力；必须立足全党全国工作大局，坚定不移地贯彻党的路线方针政策，善于结合实际创造性地开展工作，不断提高总揽全局的能力。

调离锡林郭勒时的演说[①]

我衷心拥护自治区党委关于调整锡林郭勒盟党政领导班子的决定。

1998 年 5 月 12 日，我来锡盟工作，至今已经过去五个春秋。这 1800 个日日夜夜在人类历史长河中是短暂的一瞬，但在我的一生中却是弥足珍贵、永远难忘！

我们抱定“为长远打基础，为百姓办实事”的信念，一起经历了这些岁月，共同走过了这段路程。草原人民勤劳质朴、坚忍执着的品格永远令我钦佩，各级干部不甘落后、团结奋斗的精神永远值得我学习。

我是一个牧民的儿子，有机会为草原牧区的父老乡亲们服务五年，这是我一生的荣幸！对大家的理解、信任、支持和爱护，我表示衷心的感谢！

遵从组织的安排，我将离开深深热爱的草原，但我把我的心留在了草原，愿我们的情谊像锡林河一样长久！

“三个代表”重要思想指引我们前进的方向，全面建设小康社会的蓝图已经展现，愿草原的明天更加美好！

---

① 本文是 2003 年 4 月 4 日在锡林郭勒盟领导干部大会上的演说。

记额尔敦陶格陶同志[①]

听到额尔敦陶格陶同志在春季畜牧业生产和防控“非典”第一线靠前指挥，因极度疲劳而倒在工作岗位上的消息，我的心情久久不能平静。这个和廷·巴特尔一样在艰苦的环境条件下，在平凡的工作岗位上，真心实意为老百姓办实事的优秀基层干部、优秀共产党员，为党的事业奋斗到生命的最后一刻。

额尔敦陶格陶同志原先是东苏旗分管畜牧业的副旗长。去年元月上旬，我到西部几个旗下乡，看到东苏旗白音乌拉苏木白音塔拉生态移民示范园区的牲畜暖棚建造得漂亮、结实、适用，特别引起我注意的是这里的棚圈不像别处的棚圈被沙尘暴刮来的沙土所埋，四处没有一点积沙。旗里的同志说，这是额旗长亲自设计的。当时我问，额胖子（平时我们这样称呼他）你说说，你是怎样设计的。他就从当地的风向风力、户与户之间的距离、棚圈的长宽高和屋顶的形状等原理，讲了一套自己从实践中摸索的管用的“理论”。我听了很佩服。他就是这样一个善于从实际出发，勤于动脑筋，创造性地抓工作的人。

去年4月中旬，我去东苏旗了解围封转移战略各项任务落实情况，与旗里的同志商量“四带”（指沿省道、国道实施的草原生态项目）建设措施时，额尔敦陶格陶同志给我展开一张他亲自绘制的地图，上面把东苏旗境内100多公里的“101”省道两侧50多户牧民的草场状况、房屋和水井布局、各户草场围栏走向、拟实施项目分布、各户跨公路牧道的设计以及项目投入等，标得清清楚楚，他介绍得也明明白白。这个额胖子给我留下了深刻印象。当年项目验收时，东苏旗的“四带”建设在全盟设计最规范、质量和效果最好。这与额尔敦陶格陶同志的事业心、责任感和聪明才智分不开。他就是这样一个对工作特别认真、高度负责，按照一流的要求狠抓落实的人。

西苏旗是连续三年大灾中的重灾区，也是实施围封转移战略任务最艰巨的地区。当时，旗政府班子急需派一名得力同志来加强。盟委首先想到了额尔敦陶格陶同志。去年11月下旬，盟委会一致通过额尔敦陶格陶同志任苏尼特右旗旗委常委，担任常务副旗长。他立即奔赴新的岗位，一心一意地扑在工作上。为了及时总结生态移民示范园区建设工作，解决存在的突出问题，今年2月下旬至3月上旬，我和盟委、行署的一些领导同志到西苏旗齐哈日格图示范园区蹲点调研。

① 本文原载于2003年6月4日《内蒙古日报》第2版。

旗里分工主抓这项工作的额尔敦陶格陶同志，全身心地投入了这次蹲点调研。当时他正患感冒，他晚上输液，白天同大家一起逐户调查牧民生产生活中存在的问题，共同分析研究，围绕调整产业结构、转变生产经营方式、适用技术培训和加强基层组织建设等方面，针对性地制定了一系列切实可行的方案和制度。在这个过程中，额尔敦陶格陶同志特别投入，认真分析每家每户的具体情况，又非常仔细地记录在笔记上，使我感到示范园区 142 户牧民在一个新的基础、新的起点上脱贫致富的蓝图在他的脑海里已经很清晰了。他挑起了具体落实这些方案和制度的重担。他就是这样一个事事、处处为老百姓的生产生活着想，主动解决困难和问题，为群众的利益而不顾自己的人。

额尔敦陶格陶同志跟我讲，他 18 岁参军的时候，斗大的字不识几个，连小麦和韭菜都分不清，是党把他一步一步地培养教育成为有一定文化知识，掌握一些工作能力，懂得生活，能帮助父老乡亲脱贫致富的基层干部，今生今世一定不辜负党的期望，把这一辈子交给党的事业。他就是这样一个牢记党的恩情，知恩图报，把理想信念与所从事的工作统一起来，为党和人民的事业执着奋斗的人。

我认识额尔敦陶格陶同志只有几年时间，而且主要是从工作上认识了他，个人之间并无更多交往。但我知道，他确实是一个不是只把“三个代表”挂在嘴上，而是落实在具体行动上的人，是一个不事张扬，默默无闻，却在平凡的岗位上尽心尽力地为老百姓做了不少实事的人。现在他过早地离我们而去了，但他的精神、他的作风，将永远激励我们。

我的党性分析①

党员的党性是党员先进性的集中体现。一个党员对自己的党性进行分析，是保持自身先进性的必要措施，是党员终身的必修课，也是这次先进性教育活动的一个关键环节。

一

一个党员的理想信念、宗旨、纪律、作风和作用是具体的，是通过党员的学习、工作、觉悟、态度、追求、精神状态来体现的。党员的党性体现在具体工作

① 本文是 2005 年 4 月 22 日在内蒙古党委政研室党的先进性教研活动中写的党性分析。

中，体现在本职岗位上。

我参加工作37年，入党26年，担任领导23年。回顾以往的经历，多年来在做人做事方面始终坚持了以下几点：

（一）努力学习，武装自己

我感到，只有勤学习，掌握更多的知识和信息，才能跟上时代前进的步伐；只有勤学习，掌握科学理论，才能增强自觉性，减少盲目性。我觉得，一个人只要比别人学得多了、知道得早了，就增加了实力、增强了竞争力。在长期的工作实践中，我培育学习动力，养成学习自觉性，读书看报勤思考，在意念中跟作者交流、争论或独立思考，感到是莫大的满足、无比的乐趣。所以，能够充分利用时间，有空就读书、看报、动笔，很少游玩、闲聊、应酬；能够排除干扰，把精力集中在研究思考上；能够根据工作需要选择内容，提高学习效率与效果；能够记卡片、剪报纸，积累资料，分类整理，方便利用。

（二）听党的话，对党忠诚

一是不论提拔使用，还是平职调整，都无条件服从党组织安排，从未提过个人要求。二是不论在哪个岗位上，都自觉坚持党的基本路线，坚持发展第一要务，以实现人民群众的根本利益为目标，不急功近利，不搞形象工程。在锡盟工作期间提出“为长远打基础，为百姓办实事”的理念，扎扎实实地加强基础设施和草原生态建设，改善投资环境和生产生活条件，抓了关系全局的机场、铁路、电厂等大项目。三是吃透上情下情，作好结合文章。认真学习研究中央精神和自治区党委的重大决策，把本地区的发展、本部门的工作置于时代条件和全局形势中加以思考，在创造性工作上下功夫。到锡盟工作，正值1999～2001年三年历史罕见的严重灾害，适时提出并组织实施围封转移战略，使传统草原畜牧业开始向现代草原畜牧业转变。来政研室工作，根据时代要求和部门职能，提出并加强三型机关建设，也在逐步取得成效。

（三）认真工作，以身作则

工作岗位是一个党员、一个领导干部为党为人民服务的平台。对本职工作的态度，就是对党对人民的态度。我牢记毛泽东同志“世界上怕就怕认真二字，共产党就最讲认真”的教导，爱岗敬业认真为本。一是依靠班子。无论当副职，还是任正职，都坚持民主集中制，大事讲原则，小事讲风格，不搞亲亲疏疏，不培植个人小圈子，以诚待人，对人对事一视同仁；珍惜班子团结，不在背后议论，有话说在桌面；为了工作不怕得罪人，敢于开展批评；坚持对事不对人，工作上严要求，进步上多支持；不讲违心话，不勾肩搭背，宁愿冷面热心肠。二是依靠群众。深入基层，体察民情，密切联系群众，集中群众的智慧。在阿右旗工作期间骑骆驼进巴丹吉林大沙漠，下牧区常住牧民家。在自治区组织部工作期间跑遍全区100个旗县区。在锡盟工作期间跑遍一百多个苏木乡镇、一千来个嘎查村和所有边防哨所，住农牧民家有二三十户。三是努力做出样子。领导要服人、不负众望，一靠知识、能力，二靠人格、风范，三靠做出表率，学在前、立在前、干在前。不许大家做的，自己首先不做；要求大家做的，自己首先做到。

（四）严于律己，乐观向上

领导干部特别是一把手时常面临的考验就是腐败问题，必须始终保持高度警觉。我坚持绝不滥用权力，绝不搞权钱交易，除公务活动以外不吃请、不串门；有事在办公室谈，晚上闭门谢客。不论在旗，还是在盟，个人不插手政府的财政问题，干部人事问题按制度程序办事。经常保持一个健康心态，乐观向上。一是知足不攀比。我一个普通牧民的孩子，接受党的培养教育，发展到今天这一步，原本是想也没有想的事。论知识、比本事，比我强者千千万万。世界上的事情是复杂的，是由各种因素决定的，人各有长短，拿自己的长处比别人的短处，只会给自己背包袱，别无益处。二是进取不停步。成绩源于奋斗，快乐来自收获。工作的成绩和收获，群众的认可和支持，是力量的源泉。三是从坏处着想，向好处着力。在谋划上，把问题考虑得多一点，困难设想得大一点，期望值低一点；实施上，措施实一点，要求严一点，力度大一点。

我对马克思主义的信仰、共产主义的理想、中国特色社会主义的信念、党的根本宗旨的坚持，树立辩证唯物主义和历史唯物主义世界观、方法论，确立为党和人民的事业而奋斗终生的人生观、价值观，都经历了一个由浅到深、由朴素到自觉、由感性到理性的过程，但坚信和坚定是矢志不渝的。中国共产党在我的心目中始终是伟大、光荣、正确的党，我对党的目标、主张、地位、作用和能力从来没有怀疑过、动摇过；我坚信我们党在中国化的马克思主义指导下，始终走在时代前列，始终代表最广大人民的根本利益，不断提高执政能力，克服前进道路上的一切困难，实现振兴中华的执政使命。

二

党性分析的一个主要方面，是找准和分析存在的问题。我在思想、工作和作风方面存在的突出问题，概括起来主要是标准过高、要求过严、性子过急，体现在对工作质量的标准和要求过高过严，对别人工作上的差距往往采取批评的方式，有时过于严厉，使人在面子上挂不住。

一般来说，高标准、严要求没有什么不对，我至今认为对工作、对同志高标准、严要求是领导干部的重要职责，是做好工作、带好队伍的前提。但事情往往是利弊相随，如果做过了头，再加上性子急，就会适得其反。

无论是一个地区，还是一个部门，其人员结构必然是多样性的，年龄、性别、民族、文化、专业、经历、思想、政治、理论、业务、知识、能力、觉悟及个性、爱好等，都各不相同，综合素质参差不齐。对这种多样性的对象，采取单一性的高标准、严要求的方法，达不到标准要求就犯急性子，问题都由此产生。

通过这次剖析我认识到，过高、过严、过急的实质是领导者与被领导者之间适应与不适应，如何适应。领导者与被领导者相互适应，是形成合力，搞好工作，实现目标的必要前提。适应，是从不了解到了解、不理解到理解的过程，是相互之间主动磨合、积极影响的过程。适应有层次。积极的适应，就是配合默契；一般的适应，能正常运行；不适应，就要产生矛盾和问题。适应是动态的过程，发展的过程。适应是相对的，不适应是绝对的，不适应—适应—新的不适应—新的适应，是一个循环往复、不断发展的过程。

适应的途径是调整，为了达到相互适应，被领导者要调整，领导者更要主动调整。调整得当，就可以由不适应向适应发展；调整不当，就可能难以适应或向不适应发展。适应就是和谐，不适应就难以和谐。

领导者与被领导者之间的适应与不适应，一般来说，矛盾的主要方面是领导者。要达到相互适应，一是领导者要从一个地区、一个部门的实际出发，求真务实，因人因事制宜，循序渐进；二是领导者要发扬民主，广泛地、经常性地听取被领导者的意见和要求，被领导者也要立足于适应积极主动地表达意愿；三是在领导者与被领导者广泛形成共识的基础上，建立健全相应的制度和机制，以制度和机制保证适应；四是领导者要根据形势和任务的发展变化，加强统筹和协调，使适应与和谐的局面不断向前发展。

过高、过严、过急的问题在我身上是一个老问题，从某种意义上看，地位越高表现得越明显。这与以往我对这个问题的认识有关系。我认为，随着经济转型、体制转轨，在较广的层面和较深的程度上，社会风气、领导风气受到一些负面的影响：认真的人少了、敷衍的人多了，解决问题的少了、绕开问题的多了，得罪人的少了、拍肩膀的多了，坚持原则的少了、拉关系的多了，真抓实干的少了、得过且过的多了，直截了当的少了、绕弯子的多了，真正为同志负责的少了、当面讲好听的多了……我很难融入这样的风气。我想，党组织把我放在一定的领导岗位上，是为了让我把工作抓上去，负起应负的责任。为党为人民负责，我必须既要抓工作，又要带队伍，为后继者打下一个好的基础。为此，必须高标准、严要求，哪怕当时得罪一些人，日后总会理解，组织上总会理解。坚持了这样的认识，所以，三“过”问题在理论和实践上都有了存在的基础。

其实，我自己也常常处于矛盾之中，在一些该说该批评的问题上不说不批评，就觉得是对工作不负责任，对同志不负责任；说了、批评了，就有激动的时候，就有不顾情面的时候，就导致自己和别人心情都不舒畅。

标准过高、要求过严、性子过急的问题，总的来讲是思想作风、工作作风和领导方法的问题，从思想根源上剖析，大体有以下几个方面的原因：

（1）从坚持实事求是的思想路线上看，如前面所分析，对一个地区、一个部门以及一个班子人员结构的多样性所反映的客观问题，主观上采取单一性的标准和要求来解决，就是没有做到实事求是，没有做到从实际出发，因而在具体工作中必然会出现不相适应、不相协调的情况。

（2）从坚持正确的地位观上看，作为领导特别是一把手，工作做得多一点、好一点是应该的，对自己的标准和要求高一点、严一点是理所当然的，但对别人也按同样的标准和要求来约束，显然不合适，必然是事与愿违。

（3）从坚持正确的政绩观上看，性子急，一般来说是个人性格问题，但对一个领导干部的领导工作来说，其实质是急于求成，急于做出成绩。如果不顾客观条件，一味急于求成、急于做出成绩，必然是欲速则不达。

（4）从加强执政能力上看，领导方法是领导能力的主要组成部分，只强调出发点是好的，强调是为了工作、为了提高干部的素质和能力，而不研究和不讲究实现出发点的方式方法，必然是动机与效果不统一。

三

今后的努力方向：

（1）带头实现《政研室保持共产党员先进性的基本要求》，带头达到《政研室共产党员工作能力标准》，努力达到《政研室领导干部保持共产党员先进性的具体要求》。

（2）把坚持理想信念和党的根本宗旨体现到认真履行职责上，落实科学发展观，团结和依靠班子成员，带领全室干部，为自治区党委决策提供一流的服务而努力；落实科学人才观，坚持抓工作、带队伍并举，为不断提高干部队伍素质而努力；落实正确政绩观，坚持以身作则，为创建学习型、创新型、服务型机关和建设和谐机关而努力。

（3）把坚持党的实事求是的思想路线落实到领导工作实践上，改进领导方法，提高领导水平，既坚持高标准、严要求，又不搞过头，特别是改进性子急的毛病，在完善和落实相关制度和机制上下功夫。

（4）从党员队伍、党支部和领导班子中存在的突出问题中查找我的问题、我的责任，理出我应该抓的工作，边查边改，边议边改，能改即改，为整改提高做好准备。

（5）按照《政研室建立长效机制的七个方面原则要求》的思路，明确任务，落实责任，制定相关制度和机制，在建立党员长期受教育、永葆先进性的长效机制上下功夫。

2006年度学习计划[①]

学习目的：增强理论素养，扩大知识容量，提高领导能力，提高工作水平。

学习内容：

第一，科学理论。以科学发展观、和谐社会建设理论、新农村建设理论为重点。

（1）中央有关文件、中央领导的重要讲话。

（2）自治区党委的文件、党委主要领导的讲话。

（3）选读有关的书。

（4）研读报刊上理论前沿成果。

第二，业务知识。以经济理论、社会发展理论、执笔技能为重点。

（1）选读《经济学》（斯蒂格利茨）等书。

（2）研读报刊上理论前沿成果。

第三，党建理论。以加强领导班子建设、提高管理能力为重点，选学有关书籍。

学习方法：

（1）带头学习。抓好中心组学习，做好辅导准备，做到先学一步、深学一层。

（2）经常学习。充分利用时间，突出学习重点，两级日报必阅，重要文件、讲话必读。

（3）动脑学习。边学边思考，结合实际，消化观点，创新思路。

（4）动笔学习。将重点、新意划批，将特别重要的摘录或剪留，以备用。

---

① 本计划于2006年2月20日制定。

（5）动机学习。将思考成果化，将积累加以转化，用计算机写作。

学习目标：提高运用马克思主义的立场、观点、方法分析问题、解决问题的能力，提高执笔能力，提高为党委决策服务的能力。

学习监督：自觉主动地向党支部组织生活会汇报学习情况，年度考核时述学，自觉接受机关党委对自己学习内容的检查，学习目标的实现接受实践的检验。

实现新跨越的行动纲领①

——论内蒙古第八次党代会报告的亮点

内蒙古自治区第八次党代会报告《因应新形势把握新机遇迎接新挑战　把改革开放和现代化建设继续推向前进——储波在中国共产党内蒙古自治区第八次代表大会上的报告（2006 年 11 月 19 日）》，实事求是地总结了第七届党委的工作，深入分析了面临的形势，明确提出了今后五年全区社会主义经济、政治、文化、社会建设和党的建设的目标任务。报告主题鲜明，重点突出，措施得力，符合中央精神和内蒙古实际，反映了时代要求和全区各族人民的意愿，是指导内蒙古在“十一五”时期实现新跨越的纲领性文件。

内蒙古自治区第八次党代会报告提出了很多新思路、新观点、新措施，这些新思路、新观点、新措施形成了报告引人瞩目的亮点。学习领会内蒙古自治区第八次党代会报告精神，应重点把握这些新思路、新观点、新措施，统一思想、提高认识，指导实践、推动工作。

又好又快发展：贯穿全篇的一条主线

——论内蒙古第八次党代会报告的亮点（之一）

内蒙古自治区第八次党代会报告引用了邓小平、江泽民、胡锦涛同志关于内蒙古发展问题的三段话：邓小平同志曾谈道：“内蒙古自治区，那里有广大的草原，人口又不多，今后发展起来很可能走进前列。”江泽民同志希望内蒙古“发挥资源优势，提高资源的综合开发利用水平，加快把资源优势转化为经济优势，

① 本文原载于2006 年 12 月 15 日至 22 日《内蒙古日报》头版，2007 年《内蒙古工作》第 1 期、第 2 期，2007 年《北方经济》第 1 期、第 2 期，刊载在内蒙古党委政策研究室 2006 年 12 月 22 日《决策参阅》第 63 期。

力争使内蒙古成为我们国家下一个世纪经济增长的重要支点”。胡锦涛总书记指出：“做好内蒙古的各项工作，不仅关系到内蒙古2300多万群众的福祉，而且对党和国家工作的全局具有重要意义，”要求内蒙古“因应新形势，把握新机遇，迎接新挑战，把改革开放和现代化建设继续推向前进”。在内蒙古党代会报告中同时引用三代领导的重要指示，这是第一次，充分体现了三代中央领导集体寄予内蒙古发展的殷切希望，深化了报告的主题，成为报告的一大亮点。

邓小平同志的这段话是1987年6月29日，他会见美国前总统卡特时讲的，只有四句，但站在战略和全局的高度看内蒙古，立意高远，寓意深刻，具有很强的针对性和时代特征。“内蒙古自治区，那里有广大的草原，人口又不多”，这是内蒙古的特色和特征，也是内蒙古的优势和潜力。“今后发展起来很可能走进前列”，这是邓小平同志就内蒙古的未来作出的一个非常重要的判断。“走进前列”是邓小平同志寄予内蒙古的殷切希望，也为内蒙古的发展确立了远大目标。但要实现这个远大目标必须“发展起来”，发展起来是基本前提，发展起来才能实现“走进前列”的目标。我理解邓小平同志的这段话，就是内蒙古要突出特色，发挥优势，加快发展，走进前列。

江泽民同志的这段话是1999年2月1日，他视察内蒙古期间，在听取自治区党委、政府工作汇报后讲的。江泽民同志的四句话也是从战略和全局的高度阐述了内蒙古的发展路径和目标。内蒙古资源富集，内蒙古发展必须“发挥资源优势”，发挥资源优势必须走资源的综合开发利用的路子。“提高资源的综合开发利用水平”，要求我们对资源的认识上，要树立“资源稀缺”的理念，珍惜资源、节约资源；对资源的转让上，要遵循市场经济的价值规律，实行资源有偿使用；对资源的开发上，要坚持环保优先、安全第一，综合开发、综合利用；对资源的加工上，要依靠科技进步，信息化管理，做到低投入、低消耗、高产出、高效益；对资源的利用上，要坚持产业结构多元、链条延伸、集群组合、技术升级，少污染、不浪费，循环利用、可持续发展。提高资源的综合开发利用水平，是“加快把资源优势转化为经济优势”的前提；资源优势转化为经济优势，是提高资源的综合开发利用水平的结果。经济优势直接表现为产品的竞争优势，产品的竞争优势来自于持久适应市场需求的能力。“力争使内蒙古成为我们国家下一个世纪经济增长的重要支点”，是江泽民同志站在世纪之交，展望未来，从全局的高度作出的一个重要判断，是寄予内蒙古的殷切希望，也是为内蒙古的发展确立了宏伟目标。何谓支点？支点是物体的支撑点，没有支点，物体就会失去依托。支点是物体的关键部位，起着关键作用，物体不能没有支点。“力争使内蒙古成为我们国家下一个世纪经济增长的重要支点”，这是对内蒙古地位和作用何等高的评价，对内蒙古发展多么大的期望！我理解江泽民同志的这段话，就是内蒙古的资源优势对我们国家来说是不可或缺的，内蒙古只有提高资源的综合开发利用水平，加快把资源优势转化为经济优势，才能“成为我们国家下一个世纪经济增长的重要支点”。

胡锦涛同志的这两段话是2003年1月5日，他任总书记之后第一次深入基层来内蒙古视察期间，在锡林浩特市听取自治区党委、政府汇报后讲的。“做好内蒙古的各项工作，不仅关系到内蒙古2300多万群众的福祉，而且对党和国家工作的全局具有重要意义”，这是新一代中央领导集体从内蒙古各项工作与内蒙古2300多万群众的关系、与党和国家工作全局的关系的角度，向内蒙古党委、政府提出的殷切希望，也是新一代中央领导集体对内蒙古地位和作用的高度重视。这三句话的分量是很重的，做好内蒙古的每一项工作，都关系到2300多万群众的福祉，也就是说做好内蒙古的每一项工作，都要以2300多万群众的福祉为出发点和落脚点，而这样做了，其意义不仅对内蒙古，而且对党和国家工作的全局都具有重要意义。做好内蒙古的各项工作，必须“因应新形势，把握新机遇，迎接新挑战”，这是基本前提。因应新形势，才能把握新机遇；因应新形势、把握新机遇，才能迎接新挑战，把改革开放和现代化建设继续推向前进。

经济全球化、科技日新月异是国际形势的显著特点，全面落实科学发展观、构建社会主义和谐社会、建设创新型国家是国内形势的本质特征。国际国内形势的显著特点和本质特征所体现的宏观环境和发展趋势，正是我们面临的新机遇。机遇与挑战往往是并存的。第八次党代会报告分析的“农牧业基础薄弱，经济结构性矛盾比较突出，经济增长方式比较粗放；改革开放有待深化，自主创新能力亟待提高；城乡、区域、经济社会发展不平衡，居民增收与经济增长不协调，生态环境脆弱，基础设施和公共服务需要进一步改善；民主法制建设、精神文明建设还存在一些薄弱环节，和谐社会建设面临许多新情况、新问题；干部队伍的素质、作风与新形势新任务的要求存在一定差距，党的基层组织建设需要进一步加强”五个方面的问题和不足，就是我们在今后发展中必须应对的新挑战。只要科学判断新形势，适时把握新机遇，理性应对新挑战，我们一定能把内蒙古的改革开放和现代化建设继续推向前进。

邓小平、江泽民、胡锦涛同志对内蒙古发展的重要指示，针对性很强，符合内蒙古实际，反映了时代的要求和人民的意愿，贯穿着一脉相承的一条红线：内蒙古要发展起来，走进前列，成为国家经济增长的重要支点，这对党和国家的全局具有重要意义；内蒙古的发展要以内蒙古2300多万群众的福祉为目标，突出地区特色，发挥资源优势，提高资源的综合开发利用水平；做好内蒙古的各项工作，要因应新形势，把握新机遇，迎接新挑战，把改革开放和现代化建设继续推向前进。这条红线鲜明地回答了内蒙古为什么要发展、为谁发展、怎样发展的问题。学习贯彻第八次党代会报告，我们首先要学习领会好三代中央领导集体对内蒙古发展的重要指示精神，用这些重要指示精神武装思想，指导实践，推动工作。

“三个两”：实现新跨越的奋斗目标

——论内蒙古第八次党代会报告的亮点（之二）

内蒙古自治区第八次党代会报告提出了今后五年全区经济社会又好又快发展的主要目标：提高“两个水平”，即提高协调发展水平，落实“五个统筹”取得明显进展，发展不平衡问题有效缓解；提高可持续发展水平，资源综合开发利用水平显著提高，生态环境明显改善，单位生产总值能耗下降25%，污染物排放总量稳定达标。保持“两个高于”，即地区生产总值、城乡居民人均收入增长速度高于全国平均水平。确保“两个实现”，即实现地区生产总值和财政收入翻一番，实现经济总量进入全国中等行列、人均主要经济指标力争进入前列。在21世纪第一个十年结束的时候，一个综合实力较强、经济结构合理、地区特色鲜明、社会稳定和谐、充满生机活力的内蒙古将崛起在祖国北疆。

这“三个两”的奋斗目标，基于“十五”时期发展的新起点，立足于科学发展的新理念，既有量的指标，又有质的要求，既有近期规划，又绘远景蓝图，实事求是、积极进取，鼓舞斗志、催人奋进，概括精练、表述准确，是报告的一大亮点。

这“三个两”的奋斗目标，是又好与又快的统一。提高“两个水平”，即提高协调发展水平和可持续发展水平。这是经济社会又好又快发展“好”的方面的目标。保持“两个高于”，即地区生产总值、城乡居民人均收入增长速度高于全国平均水平。这是经济社会又好又快发展“快”的需要。“快”是对经济发展速度的强调，“好”是对经济发展质量和效益的要求。“又好又快”是对科学发展观本质要求认识的深化，是对我区经济社会发展新形势认识的深化，是对新阶段经济发展规律认识的深化。确保“两个实现”，即实现地区生产总值和财政收入翻一番，实现经济总量进入全国中等行列、人均主要经济指标力争进入前列。这是经济社会又好又快发展的必然结果和重要标志。

这“三个两”的奋斗目标，是延续与创新的统一。提高“两个水平”，是全面落实科学发展观的内在要求，反映了发展理念的创新、发展思路的完善。保持“两个高于”，是第七次党代会发展目标的延续，反映了发展思路的连续性。确保“两个实现”，是在21世纪第二个五年实现新跨越的定位，反映了大踏步

“走进前列”、着力打造“重要支点”的决心和信心。特别是最后一段“综合实力较强、经济结构合理、地区特色鲜明、社会稳定和谐、充满生机活力”五句话三十个字的描述，清晰地展现出内蒙古今后五年的美好前景。

这“三个两”的奋斗目标，是原因与结果的辩证统一。提高协调发展水平和可持续发展水平，是保持地区生产总值、城乡居民人均收入增长速度高于全国平均水平的前提；只有提高协调发展水平和可持续发展水平，保持地区生产总值、城乡居民人均收入增长速度高于全国平均水平才符合又好又快的要求。只要提高协调发展水平和可持续发展水平，保持地区生产总值、城乡居民人均收入增长速度高于全国平均水平，就能确保实现地区生产总值和财政收入翻一番，实现经济总量进入全国中等行列、人均主要经济指标力争进入前列。就是说要确保实现地区生产总值和财政收入翻一番，实现经济总量进入全国中等行列、人均主要经济指标力争进入前列，就必须提高协调发展水平和可持续发展水平，保持地区生产总值、城乡居民人均收入增长速度高于全国平均水平。

实现“三个两”的奋斗目标，正如报告分析的那样，国际环境总体上对我们的发展有利，国内改革和发展为我们创造了有利条件，国家实施统筹区域发展战略为我区实现又好又快发展提供了良好契机。特别可喜的是，经过不断探索和实践，我们已经走出了一条符合内蒙古实际的发展之路，为继续前进奠定了可靠基础。同时，必须清醒地认识到，实现“三个两”的奋斗目标，我们面临的挑战不少，任务艰巨，必须付出艰苦的努力。

提高“两个水平”，即提高协调发展水平和可持续发展水平，其标志是落实“五个统筹”取得明显进展，发展不平衡问题有效缓解；资源综合开发利用水平显著提高，生态环境明显改善，单位生产总值能耗下降25%，污染物排放总量稳定达标。这几年，我们在统筹城乡、区域、经济社会、人与自然和谐、国内发展和对外开放方面取得了一定进展，但进展还不够明显，发展不平衡的问题还比较突出。提高“两个水平”，就意味着城乡居民之间的收入差距必须明显缩小，农村牧区面貌必须明显改观。而现实情况是城乡居民之间的收入差距没有缩小，还在不断拉大，农村牧区面貌改观也不明显。今后五年，农牧民收入增幅要高于城镇居民收入增幅，社会主义新农村新牧区建设扎实推进，农村牧区面貌要有较大改观。提高“两个水平”，就意味着在经济快速发展的同时社会事业特别是农村牧区社会事业有较快的发展，全民的思想政治素质、科学文化素质和健康素质有较大提高，创业环境有较大改善，创新能力有较大增强。提高“两个水平”，就意味着东部盟市发展速度加快的态势要加以巩固并持续下去，“三少”民族自治旗、少数民族聚居区和边境旗市的发展必须加快。提高“两个水平”，就意味着经济结构优化升级，增长方式切实转变，自主创新能力有明显增强，信息化带动工业化提上议事日程，集群化发展形成气候，循环经济模式在较大范围推开，资源综合开发利用水平显著提高，单位生产总值能耗下降25%、污染物排放总量减少的约束性指标必须如期达标。提高“两个水平”，就意味着牧区草畜平衡制度和禁牧、休牧、轮牧制度普遍实行，农区禁牧真正落实，生态环境恶化的状况得到“整体遏制、局部好转”的重大转变必须巩固和扩大，建设祖国北方重要生态屏障的目标如期实现。提高协调发展水平，就意味着大力实施互利共赢的开放战略，充分利用国际国内两个市场、两种资源，把内蒙古建设成为我国向北开放的前沿阵地和尽快使内蒙古成为人才、资本、技术等要素流入区的目标如期实现。

保持“两个高于”，即地区生产总值、城乡居民人均收入增长速度高于全国平均水平。保持“两个高于”，在“十五”期间我们已经奠定了坚实的基础，积蓄了较强的发展后劲。全区生产总值由2000年的1539.12亿元增加到2005年的3895.55亿元，增长1.2倍，年均增长17.1%，增速高于全国平均水平7.6个百分点；城镇居民人均可支配收入由2000年的5129元增加到2005年的9137元，年均增长12.2%，增速高于全国平均水平1.4个百分点；农牧民人均纯收入由2000年的2038元增加到2005年的2989元，年均增长8%，增速高于全国平均水平0.4个百分点。保持“两个高于”应该高多少，这个速度要根据确保“两个实现”的目标来力争。根据初步测算，地区生产总值只要保持“十五”期间的年均增长速度17%左右，就能进入全国中等行列，即全国第16位左右；城镇居民人均可支配收入年均增长达到14%才能进入全国前列，即全国第9位；农牧民人均可支配收入年均增长达到12%才能进入全国前列，即全国第10位。

确保“两个实现”，即实现地区生产总值和财政收入翻一番，实现经济总量进入全国中等行列、人均主要经济指标力争进入前列。实现地区生产总值翻一番，就是由2005年的3895.55亿元增加到8000亿元左右，年均增长17%左右。财政收入翻一番，就是由2005年的536.36亿元增加到1100亿元左右，年均增长15%左右。实现经济总量进入全国中等行列，具体讲，就是GDP要前移到第16位以上。“十五”期间，我区GDP在全国的位次由第24位上升到第19位，跨过了5个省。“十一五”期间，奋发图强，加倍努力，上升3位，再跨过3个省是可以实现的。人均主要经济指标是人均GDP、人均财政一般预算收入、城镇居民人均可支配收入、农牧民人均纯收入等。“力争进入前列”，就是居全国第10位以上。2005年，我区人均GDP达到16331元（2024美元），超过全国平均水平，居全国第10位，“十一五”期间要力争保持第10位；人均财政一般预算收入达到1163元，居全国第9位，要力争保持第9位；城镇居民人均可支配收入居第14位，要力争上升5位；农牧民人均纯收入居第17位，要力争上升7位。

从上述分析不难看出，实现“三个两”的奋斗目标，难点在经济结构优化升级和增长方式切实转变，难点在农村牧区的发展，难点在社会事业特别是农村牧区社会事业的发展，难点在提高城乡居民特别是农牧民收入。这些难点正是“十一五”时期的工作重点。“三个两”的奋斗目标能不能顺利实现，取决于能不能解决好这些难点。我想，自治区党委、政府团结带领全区2300多万各族干部群众，完全有能力解决这些问题。

四项原则：统领全局的总纲

——论内蒙古第八次党代会报告的亮点（之三）

内蒙古自治区第八次党代会报告提出了实现总体要求和奋斗目标必须牢牢把握、坚持贯彻的四项原则：立足科学发展，坚持“三化”互动，着力增收富民，促进社会和谐。立足科学发展，这是统领经济社会发展全局的总纲。坚持“三化”互动，这是实现经济社会又好又快发展的主要途径和工作着力点。着力增收富民，这是促进经济社会发展的根本目的，也是今后工作必须突出的重点。促进社会和谐，这是又好又快发展的重要目标和保障。

把实现又好又快发展的总纲、途径、目的、保障四个方面作为必须牢牢把握、坚持贯彻的原则提出来，这还是第一次。这是对党的十六大以来以胡锦涛总书记为首的党中央提出的一系列重大战略思想理解和把握的深化，是对指导全局工作谋略的升华。这四个方面，紧密联系、相互支撑、互为补充，共同构成了今后五年实现又好又快发展的基本原则，成为报告的一个亮点。

一是立足科学发展。科学发展观是指导发展的世界观和方法论，是推进中国特色社会主义事业必须长期坚持的指导方针。要坚持发展是硬道理，坚持抓好发展第一要务，坚持以经济建设为中心，坚持用发展和改革的办法解决前进中的问题。发展必须是科学发展，要着力转变发展观念、创新发展模式、提高发展质量，落实“五个统筹”，更好地推动经济社会全面协调可持续发展。

立足科学发展，必须充分认识全面落实科学发展观的重要意义，切实增强全面落实科学发展观的自觉性和坚定性，这是全面落实科学发展观、立足科学发展的思想前提。我们工作中存在的问题和不足，主要是由于还没有把科学发展观真正落到实处；解决这些问题和不足，必须从全面落实科学发展观上找原因，在全面落实科学发展观上下功夫，落实好“五个统筹”。

二是坚持“三化”互动。推进新型工业化、农牧业产业化和城镇化，是我区经济社会发展的必然选择和成功实践。要按照全面建设小康社会目标要求，更加突出农牧业的基础地位和工业的主导地位。以新型工业化为主攻方向，促进农牧业产业化和现代化，推动社会主义新农村新牧区建设。依托新型工业化，加快人口转移和要素集聚步伐，促进城镇化和服务业快速健康发展。在新的更高的层次上实现“三化”互动。

坚持“三化”互动，要害是在新的更高的层次上实现互动。推进新型工业化，必须深刻认识其“新”在哪里。党的十六大明确提出：“走新型工业化道路，大力实施科教兴国战略和可持续发展战略。”“坚持以信息化带动工业化，以工业化促进信息化，走出一条科技含量高、经济效益好、资源消耗低、环境污染少、人力资源优势得到充分发挥的新型工业化路子。”显然，信息化是新型工业化的核心，技术创新是新型工业化的动力。抓住了这两条，就抓住了新型工业化的牛鼻子。抓住了这两条，经济效益好、资源消耗低、环境污染少以及人力资源优势得到充分发挥的要求才能落实。而这两条又是我区工业化中的薄弱环节，推进新型工业化，必须在这两条上多下功夫。继续推进农牧业产业化，关键是要落实好报告强调的“不断培育壮大龙头企业和优质农畜产品生产基地，创新企业、基地与农牧民的利益联结机制”。这样，新型工业化与农牧业产业化才能真正互动。与新型工业化、农牧业产业化互动的城镇化，必须是具备促进新型工业化功能的城镇化，必须是具有吸纳农村牧区富余劳动力能力的城镇化。因为，城镇是新型工业化的载体，是减少和转移农村牧区人口的载体。城镇化具备这样的功能和能力，要着力发展科技教育事业和信息产业，营造人才聚集的环境，并通过体制机制创新，促进科技、教育、信息、人才与新型工业化、农牧业产业化相结合；着力调整城镇经济结构，在加快发展技术密集型、资本密集型产业的同时，大力发展劳动密集型产业，大力发展服务业，大力发展非公有制经济，从而增强城镇的服务功能和辐射带动作用。这就是我理解的在新的更高的层次上实现“三化”互动。

三是着力增收富民。社会主义生产的目的是不断满足人民日益增长的物质文化需要。这个问题要在下一篇里专门谈认识，这里不多写。

四是促进社会和谐。构建社会主义和谐社会，既是重要的发展目标，也是必要的发展条件。要按照以人为本的要求，以解决人民群众最关心、最直接、最现实的利益问题为重点，更加注重经济社会协调发展，更加注重维护社会公平正义，更加注重民主和法制建设，努力形成全体人民各尽其能、各得其所而又和谐相处的局面。

促进社会和谐，就必须深入贯彻落实党的十六届六中全会精神，扎扎实实地推进和谐内蒙古建设。构建和谐社会的重点是解决人民群众最关心、最直接、最现实的利益问题。解决“三最”问题，前提是要真正了解和深入把握哪些问题是本地区、本部门群众最关心、最直接、最现实的利益问题。是不是最关心、真了解并着力解决群众的"三最"问题，这是对领导干部是不是坚持党的宗旨、落实执政为民要求的最直接、最现实的检验。如果各级领导干部都能做到最关心、真了解、着力解决群众的"三最"问题，并从制度和体制上形成经常性解决"三最"问题的机制，那么，和谐内蒙古建设将大大推进一步。和谐社会不是没有矛盾、没有问题的社会，而是能够及时化解矛盾、切实解决问题的社会。

富裕人民：各级干部最重要的政绩

——论内蒙古第八次党代会报告的亮点（之四）

"着力增收富民"是内蒙古自治区第八次党代会报告提出的四项原则中的一项重要原则。报告指出："社会主义生产的目的是不断满足人民日益增长的物质文化需要。要把富裕人民作为坚持党的宗旨、落实执政为民的首要任务，作为各级干部最重要的政绩。坚持发展经济与造福人民的统一，以增加城乡居民收入为重要任务，努力发展生产、扩大就业、完善保障、减少贫困，让各族人民从改革发展中得到更多实惠，逐步使我区城乡居民收入增长与经济发展步伐相协调。"

"着力增收富民"，要把富裕人民作为坚持党的宗旨、落实执政为民的首要任务，特别是明确宣布：要把富裕人民作为各级干部最重要的政绩！如此明确，如此坚决，如此响亮，这是前所未有的！这是内蒙古自治区第八次党代会报告最耀眼的亮点。

"着力增收富民"，要把富裕人民作为各级干部最重要的政绩，这是对遵循党的宗旨、坚持执政为民、落实科学发展观、构建和谐社会认识的进一步深化，是发展理念上的重大转变，表达了自治区党委坚持执政为民、落实科学发展观的使命、责任和决心。自治区党委提出的"要把富裕人民作为各级干部最重要的政绩"与江苏省委提出的"要按照不含水分、人民群众得实惠、老百姓认可的要求，建设一个高水平的全面小康社会"的承诺，在发展目的上有着异曲同工之妙！

"着力增收富民"，是内蒙古自治区第八次党代会报告主题的高度概括。整篇报告有十几处强调增加城乡居民收入、提高群众生活水平问题。比如，在总结以往五年的经验时指出："在发展生产的同时努力提高城乡居民收入水平，改善群众的生产生活条件，维护人民群众的合法权益，让改革发展成果尽可能多地惠及各族人民。"在阐述推进党的建设新的伟大工程问题时指出："我们党的最大政治优势是密切联系群众，要坚持党的群众路线，大兴求真务实、艰苦奋斗之风，做到清醒、静心、实干，多干群众急需和群众受益的事，多干打基础和利长远的事，坚决防止和克服形式主义、急功近利、劳民伤财，以优良的党风促政风带民风，营造和谐的党群干群关系。”

“着力增收富民”，首先还是要从思想理论上解决认识问题。社会主义生产的目的是不断满足人民日益增长的物质文化需要，这是马克思主义理论的一个基本观点。科学发展观回答的也是什么是发展、为谁发展、怎样发展的问题。这三者中为谁发展是核心，真正解决了为谁发展的问题，怎样发展也就清楚了。为谁发展，在我们的口头上似乎不是什么问题，但又恰恰是实践问题的关键。为生产而生产，在我们党的历史上延续了几十年，直到今天，为发展而发展，搞“形象工程”“政绩工程”，还远没有绝迹。所以，突出强调“着力增收富民”，把富裕人民作为各级干部最重要的政绩，具有特殊重要的现实意义。

“着力增收富民”，还必须在着力点上下功夫、见成效。一是要着力于创造就业岗位。充分就业，不仅在我国是一个重要问题，就是在发达资本主义国家也是经济增长所追求的四大目标之一。报告指出：“就业是民生之本，富民是和谐之基。各级党委和政府必须把促进就业和富裕人民作为和谐社会建设的重要任务，广开就业门路，大力发展劳动密集型产业，扩大服务业、非公有制经济、中小企业就业容量，培育新的就业增长点。”就业是老百姓有收入和增加收入的主要渠道，努力创造就业岗位是增收富民的首要措施。因此，要加快经济结构调整，大力发展劳动密集型产业；要加快产业结构调整，大力发展服务业；要加快所有制结构调整，大力发展非公有制经济；要加快企业结构调整，大力发展中小企业。这几个领域是创造就业岗位最多、吸纳就业者能力最强的领域，恰恰又是我区发展中比较薄弱的领域，也是发展潜力最大的领域。二是要着力于增强就业能力。就业的本质是社会对求职者素质的需要和认可。因此，求职者是否具备社会需要和认可的素质便成了就业的重要因素。而提高求职者素质和就业能力，是各级政府的重要责任。有岗位是就业的基本前提，但有了岗位愿意不愿意就业、有没有能力就业，也是能不能就业的重要因素。这些问题都要靠政府和社会的就业教育、就业服务来解决。三是要着力于营造创业环境。创业，是经济增长的重要源泉，是扩大就业的重要方式。创业活动是否活跃，除了创业者本身素质之外，往往取决于创业环境是否良好。因此，政府和全社会应当提高对创业活动重要性的认识，努力营造鼓励人们干事业、支持人们干成事业的创业环境。要减少创业手续，减免税费负担，降低准入门槛，减少行业垄断，以降低创业成本；要加强融资服务，加大创业培训，以增强对创业的服务。四是要着力于完善社会保障。完善的社会保障体系是健全收入分配制度、实现社会公平的重要方面。要尽快完善与经济社会发展相适应的失业、养老、医疗、最低工资、低保、贫困救助等社会保障制度，合理确定保障水平和标准，并建立保障水平自然增长机制，适时提高保障水平，让更多人特别是广大中低收入者及时分享经济增长、社会发展的成果。五是要着力于健全城乡统一的教育、卫生、文化公共服务政策和就业、创业、社会保障制度，逐步改变城乡二元结构。

“着力增收富民”，要完善干部政绩评价、考核制度，把富裕人民作为各级干部最重要的政绩。以什么衡量干部政绩，历来是干部干工作的导向、指挥棒。以前 GDP 是最重要的政绩，今后富裕人民是最重要的政绩，旗帜鲜明，导向明确。谁也不能否认，GDP 与富裕人民有密切的关系，甚至富裕人民不增加 GDP 不行，富裕人民也不是不要 GDP。GDP 被称为伟大的发明，在一定时期具有不可替代的作用。但是，GDP 不等于富裕人民，GDP 与富裕人民二者哪个最重要，不能没有一个明确的选择。正是坚持这样一个基本原则，内蒙古自治区第八次党代会报告明确宣布，要把富裕人民作为各级干部最重要的政绩。根据这个基本原则，适时完善干部政绩评价考核制度，是贯彻落实“着力增收富民”原则的重要保证。

“着力增收富民”，是内蒙古自治区第八次党代会报告的纲。学习领会党代会报告要抓住这个纲，贯彻落实党代会精神要高举这个纲，干部政绩考核要坚持这个纲。

“三个下功夫”：新农村新牧区建设的新思路

——论内蒙古第八次党代会报告的亮点（之五）

建设社会主义新农村新牧区，是我区现代化进程中重大而紧迫的任务。内蒙古自治区第八次党代会报告对我区社会主义新农村新牧区建设提出了“三个下功夫”的思路：“要按照生产发展、生活宽裕、乡风文明、村容整洁、管理民主的要求，坚持解决农牧业问题在非农牧产业上下功夫、解决农村牧区问题在加快推进城镇化上下功夫、解决农牧民问题在减少和转移农牧民上下功夫的思路，探索建立以工促农、以城带乡的长效机制，不断提高农村牧区产业化、城镇化水平，逐步改变城乡二元结构。”

这“三个下功夫”的思路，是我区解决“三农三牧”问题实践经验的总结，体现了统筹城乡发展的思想和“三化”互动的要求，是建设社会主义新农村新牧区的指导思想，也是内蒙古自治区第八次党代会报告的一个亮点。

按照“三个下功夫”的思路推进社会主义新农村新牧区建设，在发展非农牧产业上下功夫是基础，在加快推进城镇化上下功夫是条件，在减少和转移农牧民上下功夫是关键，而“三个下功夫”的目的是让农牧民增收致富。

农牧业、农村牧区和农牧民问题本质上是人与土地、人与草场的关系问题。人与土地的关系主要是人多地少或者人多地差的问题。人多地少或者人多地差的结果是土地的收益难以满足人的需求，农民不增收或者增收缓慢。人与草场的关系主要是人多草场少或者人多草场差的问题。人多牲畜多，超载过牧，导致草场退化沙化、生态恶化。较少或者较差的草场难以满足人的需求，牧民不能持续增收。

处理人与土地、人与草场的关系，可供选择的思路有四条：第一，增加土地，增加草场。第二，划分生态功能区，调整生产力布局；改造土地，改造草场；改善生产条件，改进技术和设备；改革体制机制；调整产业结构；转变增长方式。第三，减少和转移人口。第四，同时推进第二条、第三条措施。这四条中哪条措施可行呢？几十年来我们走的是第一条路，是一条粗放式增长的路子，已经走到尽头，走不通了。第二条措施有潜力，但终究有限。第三条措施有效，但不全面。最可行的是第四条，兼顾了几个方面，可以持续地走下去。“三个下功夫”其实就是第四条措施。

“在减少和转移农牧民上下功夫”，有一个人往哪里去的问题。“在发展非农牧产业上下功夫”“在加快推进城镇化上下功夫”，就是为减少和转移农牧民创造条件，开辟就业岗位，拓宽增收空间。

“在发展非农牧产业上下功夫”，要从农村牧区产业发展的全局上进行统筹。减少和转移农牧民，是解决一部分农牧民——农村牧区富余劳动力的增收致富问题。与此同时，不转移的农牧民增收致富问题也要解决好。所以，“在发展非农牧产业上下功夫”，实际上是要求抓好两方面的工作。一是要在农牧业与非农牧产业的结合上下功夫，即“不断培育壮大龙头企业和优质农畜产品生产基地，创新企业、基地与农牧民的利益联结机制”，大力发展产业化经营。这是稳定完善农村牧区基本经营制度，用先进适用技术改造农牧业，用先进经营形式发展农牧业，推进传统农牧业向现代农牧业转变的重要途径。也就是前面讲到的第二条思路，主要包括“划分生态功能区，调整生产力布局；改造土地，改造草场；改善生产条件，改进技术和设备；改革体制机制；调整产业结构；转变增长方式”几个方面的具体措施。二是要在发展第二、第三产业上下功夫，即适应市场需求，优化发展环境，发挥当地资源优势，突出地方特色，大力发展劳动密集型的第二、第三产业，大力发展个体私营经济，大力发展中小企业，创造更多的就业岗位，吸纳更多的农村牧区富余劳动力。

“在加快推进城镇化上下功夫”，主要是在大力发展县域经济、重点发展县城经济上下功夫。县城经济是县域发展非农牧产业的载体，是培育壮大龙头企业，发展第二、第三产业的依托。县城经济发展了，非农牧产业壮大了，减少和转移农牧民才能得以实现。要加强县城基础设施，强化县城功能，改善发展环境，使县城成为要素聚集中心。“解决农村牧区问题在加快推进城镇化上下功夫”，旨在逐步实现城乡一体化发展。城乡一体化，不是要把农村牧区都建设成城镇，而是逐步改变城乡二元结构，在基础设施和教育、医疗卫生、文化、劳动就业、社会保障等公共服务方面，让农牧民与市民享受平等待遇。推进城乡一体化发展，逐步改变城乡二元结构，实质上是在统筹城乡发展中逐步解决人与人的关系问题。要通过发展县城经济，增强县城经济的辐射带动能力，实现“财政投入向农村牧区倾斜，基础设施向农村牧区延伸，现代文明向农村牧区辐射，社会保障网络向农村牧区覆盖”。推进城乡一体化发展，逐步改变城乡二元结构，需要建立公共财政体制，坚持“多予、少取、放活”，形成以工补农、以城带乡的长效机制。

“在减少和转移农牧民上下功夫”，要求我们在不断提高农牧业产业化、农村牧区城镇化水平的同时，要大力发展职业教育，加强教育培训，切实提高农牧民的科技文化素质和劳动就业技能，培养造就有文化、懂技术、会经营的新型农牧民，既要充分发挥广大农牧民在新农村新牧区建设中的主体作用，又要切实提高农牧民转移就业的能力。

“三个下功夫”的三个方面是相互联系、相辅相成的，按照“三个下功夫”的思路推进社会主义新农村新牧区建设，要夯实发展非农牧产业这个基础，创造加快推进城镇化这个条件，抓好减少和转移农牧民这个关键环节，确保实现让农牧民增收致富的目标。

“三高三促进”：推进新型工业化的新举措

——论内蒙古第八次党代会报告的亮点（之六）

内蒙古自治区第八次党代会报告明确提出大力推进新型工业化。今后大力推进新型工业化的思路是“要不断优化产业结构，高水平拓展和做大做强优势特色产业，高标准改造传统产业，高起点承接非资源型产业，努力促进产业多元、产业延伸、产业升级”。

这“三高三促进”体现了党的十六大关于走新型工业化道路的精神，符合内蒙古工业化的实际，是我区推进新型工业化的系统思路，是调整产业结构的战略性措施。“三高三促进”，“三高”是推进新型工业化要求的高度概括，“三促进”是达到“三高”的实现途径，七句话 61 个字，立意深刻、内涵丰富，概括准确、表述精练，是报告的一个亮点。

“十五”期间，我区工业长足发展，投资成倍增长，规模迅速扩大，特色优势凸显，经济效益提高。全区工业增加值由 2000 年的 484.19 亿元增加到 2005 年的 1477.88 亿元，年均增长 21.5%，占 GDP 的比重由 31.5% 提高到 37.9%。

其中，规模以上工业增加值由 279.54 亿元增加到 1240.43 亿元，年均增长 25.1%，占全部工业增加值的比重由 57.7% 上升到 83.9%，在全国的位次由第 24 位上升到第 20 位。2003～2005 年，我区规模以上工业增长速度连续 3 年居全国第 1 位。5 年中，全区工业累计投资 3119.97 亿元，年均增长 65.6%。2005 年规模以上工业企业实现利润 225.93 亿元，比 2000 年净增 209.83 亿元；规模以上工业经济效益综合指数 203.61，比 2000 年提高 114.81 点。规模以上工业中轻、重工业比例由 26.2∶73.8 调整为 22.8∶77.2。能源、冶金、化工、装备制造、农畜产品加工和高新技术六大优势特色产业迅猛发展，其增加值达到 1133 亿元，占规模以上工业增加值的 91.3%。与此同时，结构性矛盾比较突出、产业链条比较短、产业层次比较低、产业集中度比较差、增长方式比较粗放的问题普遍存在。

党的十六大明确提出："走新型工业化道路，大力实施科教兴国战略和可持续发展战略。""坚持以信息化带动工业化，以工业化促进信息化，走出一条科技含量高、经济效益好、资源消耗低、环境污染少、人力资源优势得到充分发挥的新型工业化路子。"新型工业化的实质是经济发展模式的转变，是符合可持续发展与信息化要求的产业结构升级和就业结构调整。今后，大力推进新型工业化，按照"三高三促进"的思路做大做强优势特色产业、改造传统产业、承接非资源型产业，必须采取综合措施。

一是要坚持可持续发展。可持续发展是推进新型工业化的根本要求，也是坚持"三高"、促进产业升级的必然要求。要把可持续发展的理念渗透到"三高三促进"的每一个环节、每一领域，就是报告强调的"要坚持走资源节约、环境友好的可持续发展路子，大力发展循环经济，鼓励企业循环式生产，推动产业循环式组合，全面推行清洁生产，强化节能降耗，提高资源综合利用水平"。要通过信息化和技术进步来促进可持续发展，产业结构调整、招商引资等都要以可持续发展为前提，要用法律、制度来保障可持续发展。

二是要以信息化带动工业化。信息化是新型工业化的灵魂和核心，也是坚持"三高"、促进产业多元的必然选择。新型工业化道路的精髓就在于以信息化带动工业化，以工业化促进信息化，没有信息化就没有新型工业化。科学技术是第一生产力，信息技术是我们这个时代最具活力和影响的科学技术，因此，信息化也是第一生产力，信息化应贯穿"三高三促进"的全过程和每一个环节。大力发展信息产品制造业本身就是促进产业多元的重要途径。

三是要推进技术创新。技术创新是新型工业化的动力，也是坚持"三高"、促进产业延伸的必经之路。党的十六大关于新型工业化内涵的五个要素中，科技含量高是指充分发挥技术进步的作用，它统率其他四个要素，是实现经济增长方式根本转变的中心环节，就是报告强调的“坚持以创新为动力，着力提高重点行业、重点企业的原始创新、集成创新和引进消化吸收再创新能力。发展壮大一批拥有自主知识产权、主业突出、核心竞争力强和带动作用大的大公司、大集团，培育更多的在国内外市场具有重要影响力的优强企业和具有较强竞争力的知名品牌，不断提高名牌产品、高附加值产品、高技术含量产品、精深加工产品的比重”。

四是要发挥人力资源优势。人力资源优势是新型工业化的支撑，也是坚持“三高三促进”的必要条件。新型工业化本身不是目的，提高人民的生活水平，富裕人民才是根本目的。坚持“三高三促进”要以人为本，既要注重发展劳动密集型产业，创造较多就业岗位，满足人民群众就业增收的需求，又要通过教育培训，加强人力资本的积累，为“三高三促进”提供充足的人力资源支持；既要千方百计引进“三高三促进”所需要的具有创新能力的科研型人才，又要抓紧培训一批适应产业发展需求的技能型人才，还要着力提高广大就业者的劳动就业技能。

五是要追求经济增长的效益。经济效益是社会生产活动中资源、劳动、投入同其成果（产出）与社会需要满足程度的对比关系。资料显示，建国 50 多年来，我国的 GDP 增长了 10 多倍，矿产资源消耗却增长了 40 多倍。平均每增加 1 亿元 GDP 就需要高达 5 亿元的投资。粗放的经济增长是低效益的增长，使人们得不到与经济增长相适应的收入增长；粗放的经济增长是高消耗的增长，必然会过度索取自然，带来生态退化和自然灾害增多，导致社会财富减少。我们大力推进新型工业化，坚持“三高三促进”，要通过技术进步、改进管理、制度创新和人力资源开发，以尽可能少的投入产生尽可能多的产品和服务，节约资源和能源，创造更高的效益，也就是报告强调的“继续加大重点项目建设力度，按照国家产业发展导向和宏观调控的要求，规划建设一批市场前景好、优势突出、特色鲜明的重大项目，组织实施一批提高技术装备水平、延伸产业链条和降低消耗、减少排放的重点技术改造项目，增强产业发展后劲”。

“四个面向”：快速发展服务业的新视角

——论内蒙古第八次党代会报告的亮点（之七）

内蒙古自治区第八次党代会报告提出了“四个面向”的服务业发展思路：大力发展面向生产的服务业，加快发展面向生活的服务业，拓展和加强面向农村牧区的服务业，积极培育面向国际的服务业。把“四个面向”分别用“大力发展”“加快发展”“拓展和加强”“积极培育”来加以强调，指向清晰、层次分明，富有新意、针对性强，内容精练、表述准确，是报告的一个亮点。

服务业，也称第三产业。服务业既包括物流配送、交通运输、金融保险、信息咨询、中介服务、技术服务等主要面向生产的服务业，又包括商品零售、物业管理、社区服务、旅游休闲、文化娱乐、教育培训、健身医疗等主要面向生活的服务业，还包括义务教育、公共卫生、市政公用行业等主要由政府提供的服务型事业。总之，除农业、采掘业、工业、建筑业外，其他行业都属于服务业的范畴。服务业范围广、行业多，具有劳动密集型、技术密集型和知识密集型并存的特点，在促进生产、服务生活、扩大就业方面具有独特的优势。据分析，单位服务业产值所创造的就业岗位是工业的 5 倍。

第七次党代会以来，我区服务业发展步伐明显加快，规模不断扩大，结构逐步改善，质量有所提高。第三产业增加值由 2000 年的 605. 74 亿元增加到 2005 年的 1532. 78 亿元，增长 1. 2 倍，年均增长 17%，增速比同期全国第三产业平均增速高 7 个百分点。第三产业增加值占 GDP 的比重达到 39. 4%，第三产业就业人数占全部就业人数的比重为 31. 2%，比“九五”时期提高 2. 6 个百分点。但从总体上看，我区服务业总量比较小，结构不甚合理，领域不够宽，服务质量和效益还不够高，仍然是经济社会发展中的一个薄弱环节。解决这些问题，必须从“四个面向”抓起。

面向生产的服务业是从工商企业分离出来的现代服务业，如工程与产品设计、原材料与零部件采购和配送、设备租赁、技术服务、管理咨询、市场调查和分析、计算机服务、信息服务、会计和法律服务、商务与对外贸易服务等。面向生产的服务业具有技术与知识密集的特点，不仅能够提高生产企业的效率，而且可以降低企业生产经营和管理成本。大力发展面向生产的服务业，要抓住坚持“三高三促进”、推进新型工业化的机遇，紧紧围绕企业生产经营活动，适应市场需求，突出服务重点，提高服务质量。要大力发展信息服务业，包括产前、产中、产后各个环节的信息化管理等服务，适应以信息化带动工业化的需求；大力发展技术服务业，包括产品研发、先进技术引进消化吸收、适用技术推广等服务，适应增强自主创新能力的需求；大力发展人才服务业，包括人才引进、人才培养、人员培训、就业中介、战略设计、营销咨询等服务，适应发挥人力资源优势的需求。

面向生活的服务业要坚持以人为本，围绕方便群众生活的要求，扩大短缺服务项目的供给，规范市场秩序，提升服务质量。要大力发展社区卫生、家政服务、养老托幼等社区服务业；鼓励发展技术先进、业态多样、诚信便民的零售、餐饮等商贸服务；加快发展旅游休闲、文化娱乐、体育健身、培训教育等需求潜力大的服务业；有序发展房地产业，改善市场结构，增加普通商品房和经济适用房供应。服务业发展与城镇的发展紧密相连。城镇尤其是大城市要把发展服务业放在优先位置，在规划和建设中充分考虑人民群众对服务业发展的要求，加强市政公用事业，优先发展公共交通，积极发展城镇供排水及中水利用、供气、供热、环保等服务体系，努力提高人居环境水平。

面向农村牧区的服务业要适应农牧民群众和农村牧区市场的需求。一方面，要紧紧围绕社会主义新农村新牧区建设，以推进农牧业产业化和建设现代农牧业为中心，促进农村牧区生产服务业的发展。包括健全农牧业技术推广、农畜产品安全认证、动物防疫和植物保护等农牧业技术支持体系，发展农牧业生产资料连锁经营，完善农畜产品流通体系，推进农村牧区经济信息服务等。另一方面，要以改善农村牧区基础条件、满足农牧民需求为重点，发展农村牧区公共服务和生活服务业。包括推进农村牧区水利、交通、通信、广播影视等基础设施建设，发展农村牧区基层文化、医疗卫生、计划生育、群众体育等社会事业等。尤其是要致力于提高农牧民素质，突出加强农村牧区基础教育和职业教育，搞好农牧民和进城务工人员的培训。

面向国际的服务业对于提升我区服务业发展水平、推进国际服务业合作十分重要。服务业是对外开放的重要平台，要充分利用这个平台，发挥毗邻俄蒙的优势，适应俄蒙市场需求，积极探索服务企业“走出去”的路子和劳务输出的形式，加快发展服务贸易。与此同时，要积极扩大服务领域对外开放，主动承接先进服务业转移，吸引一批跨国公司来我区设立研发、运营中心和地区总部等。

坚持“四个面向”，快速发展我区服务业，必须以改革为动力，着力解决制约服务业发展的体制性障碍，不断增强服务业发展的活力。要鼓励、支持和引导非公有制经济发展服务业，扶持中小服务企业发展，放宽市场准入，为各类企业创造公平竞争的市场环境。

坚持“四个面向”，快速发展我区服务业，必须加快服务业人才开发。人才缺乏是制约服务业发展的一个重要因素。现代服务业提供的主要是知识产品，人才素质的高低决定了产业竞争的成败。要下功夫培养造就一批适应市场需求的技能型人才、熟悉国际规则的开放型人才、具有创新能力的科研型人才，为快速发展服务业提供人才保证。

蓝天绿地：对各族人民和子孙后代的庄严承诺

——论内蒙古第八次党代会报告的亮点（之八）

内蒙古自治区第八次党代会报告在阐述加强生态环境建设问题时讲了一段特别激动人心的话：“切实让人民群众喝上干净水、呼吸到新鲜空气，为子孙后代留下蓝天绿地、碧水青山。”三句话34个字，朴实无华、干净利落，这是自治区党委、政府对全区2300多万各族人民和子孙后代的庄严承诺！这个承诺的分量你说有多重就有多重，它关系到内蒙古每个人每时每刻的切身利益，真正“关系到内蒙古2300多万群众的福祉”。这段话当然是报告又一个耀眼的亮点。

干净水就是没有污染的水、各项指标达标的水，新鲜空气就是没有污染的空气，蓝天绿地、碧水青山是生态良好的标志。“切实让人民群众喝上干净水、呼吸到新鲜空气，为子孙后代留下蓝天绿地、碧水青山。”这分明是自治区党委、政府带领全区各族干部群众建设资源节约型、环境友好型内蒙古的生动描述。

“十五”时期，我区生态建设和环境保护工作取得了很大成绩，累计治理荒漠化、沙化土地面积2.5亿亩，累计增加水土保持治理面积4189万亩，生态建设治理速度从每年500万~700万亩提高到了每年1600多万亩，已超过每年1000万亩的沙化速度，实现了历史性跨越。森林面积达到3.1亿亩，森林覆盖率由14.82%提高到17.57%。生态恶化的趋势实现了“整体遏制、局部好转”的重大转变。从2005年开始，对资源回收率不到30%的煤矿全部停产整顿，对回收率在40%的煤矿加倍征收资源补偿费，共淘汰和关闭资源回采率低、不具备安全生产条件的小煤矿812处。地方煤矿矿井数量由“九五”期末的2009处缩减到了498处。但是，我区的生态环境仍然非常脆弱，农牧业生产经营方式仍然很粗放，牧区草畜平衡制度和禁牧、休牧、轮牧制度还没有普遍实行，有的地区甚至草场承包到户制度也没有落到实处，农区落实全面禁牧也有差距。随着工业经济的高速发展，特别是重化工等高耗能企业的迅猛增长，我区环境问题日益突出。2004年，我区每万元GDP综合能耗2.16吨标准煤，比全国平均水平高50%以上。总之，我们离实现“切实让人民群众喝上干净水、呼吸到新鲜空气，为子孙后代留下蓝天绿地、碧水青山”的目标，还有较长的路要走，我们需要付出艰苦的努力。

地处上风上水的内蒙古约占全国国土面积的1/8，草场资源占全国的1/5，森林面积占全国的1/9，是华北乃至全国的生态屏障。内蒙古自治区第八次党代会报告提出“以建设祖国北方重要生态屏障为目标，加大生态保护和建设力度，巩固发展生态保护和建设成果”。我区生态建设和环境保护状况不仅关系到2300多万各族人民群众“喝上干净水、呼吸到新鲜空气，为子孙后代留下蓝天绿地、碧水青山”，而且事关国家生态安全。建设资源节约型、环境友好型内蒙古，任重而道远。

党的十六届五中全会关于“十一五”规划的《建议》作出了建设资源节约型、环境友好型社会的战略决策，国家“十一五”规划《纲要》提出“落实节约资源和保护环境基本国策，建设低投入、高产出，低消耗、少排放，能循环、可持续的国民经济体系和资源节约型、环境友好型社会”，并确定了单位国内生产总值能源消耗降低20%、主要污染物排放总量减少10%的约束性指标。我区“十一五”规划《纲要》相应提出单位生产总值能源消耗比“十五”期末降低25%左右的指标。

单位生产总值能源消耗比“十五”期末降低25%，这是从投入方面提出的反映资源综合利用的重要指标。实现这一指标，意味着我区万元生产总值能耗将由“十五”期末的2.14吨标准煤下降到“十一五”期末的1.6吨标准煤，年均下降5.7%。国家提出“十一五”期间单位生产总值能源消耗比“十五”期末降低20%，即万元生产总值能耗由2005年的1.61吨标准煤下降到1.29吨标准煤，年均节能率要达到4.4%。我区《纲要》提出的单位生产总值能源消耗仍高于全国平均水平。因为，我区经济的重型结构，在短期内不可能下降到全国平均水平。同时我们又鲜明地把节能降耗摆在更加重要的地位，努力建设资源节约型、环境友好型社会，实现可持续发展。

实现“提高可持续发展水平，资源综合开发利用水平显著提高，生态环境明显改善，单位生产总值能耗下降25%，污染物排放总量稳定达标”目标，“切实让人民群众喝上干净水、呼吸到新鲜空气，为子孙后代留下蓝天绿地、碧水青山”，必须采取十分有效的措施。

一是要从源头上保护生态环境。按照国家“十一五”规划《纲要》提出的要求，将生态保护和建设的重点从事后治理向事前保护转变，从人工建设为主向自然恢复为主转变，从源头上扭转生态恶化趋势。把生态建设与农牧业结构调整、扶贫开发、生态移民和发展林、沙、草等产业结合起来，建立生态保护与建设的长效机制，实现生态效益、经济效益和社会效益的统一。

二是要积极调整生产力布局。按照优先保护、积极治理、合理开发、集约利用的原则，积极调整人口和生产力布局，最大限度地减少人类活动对自然环境的影响，提高生态自我恢复能力。继续实施退耕还林、退牧还草、京津风沙源治理、“三北”防护林、水土保持等生态建设重点工程，实现重点治理区域全面好转。

三是要严格实行生态保护制度。按照围封转移战略“围封禁牧，收缩转移，集约经营”的要求，严格实行牧区草畜平衡制度和禁牧、休牧、轮牧制度，农区实行全面禁牧、舍饲圈养制度，走出一条生产发展、生活富裕、生态良好的文明发展道路。

四是要把强化政府责任作为实现节能降耗和污染减排目标的关键环节。到2010年全国二氧化硫和化学需氧量排放总量比“十五”期末减排10%的目标，这是约束性指标。我区要实现“污染物排放总量稳定达标”，必须把污染物排放总量以及环境质量、重点环保工程等各项任务分解到各级政府和相关企业，确保认识到位、责任到位、措施到位、投入到位，层层抓落实，并建立责任追究机制，实行严格的奖惩制度。

五是积极完善污染防治体系。把水、大气、土壤等污染防治作为重中之重，把保障群众饮水安全摆在首位。坚决淘汰严重浪费资源、污染环境的落后生产能力。严格执行建设项目环境影响评价制度，确保重大决策的环境影响论证质量。根据资源环境承载能力和发展潜力，确定优化开发、重点开发、限制开发和禁止开发不同区域的环境“准入门槛”并严格执行。

六是充分运用法律、经济、技术和必要的行政手段保护环境。严肃查处各类环境违法违规行为。完善有利于环境保护的价格、税收等政策，促进污染外部成本内部化。建设先进的环境监测预警体系和完备的环境执法监督体系，不断提高环境保护能力。扩大环境信息公开范围，健全社会监督机制，加大宣传教育力度，提高全社会的环境意识。

调查研究是基本功①

第一，调查研究是基本工作方法。调查，就是为掌握情况进行实地考察；研究，就是探求事物的真相、性质、规律等。调查研究，是指为了解决问题、做出决策而深入实际了解真实情况，对所调查事物形成规律性认识和正确的工作思路的过程。调查研究是辩证唯物主义认识论在实际工作中的运用。

调查研究是我们党领导革命、建设、改革、发展的基本经验和基本工作方法，也是我们党的优良传统和作风。毛泽东同志早在 1931 年 4 月就提出：“我们的口号是：一、不做调查没有发言权。二、不做正确的调查同样没有发言权。”邓小平同志 1978 年 5 月指出：“先做调查研究，然后才有发言权。开会也好，作决议也好，搞文件也好，都要从实际出发，提出问题，总结经验，制定方针政策，这就是实事求是。”江泽民同志 1993 年指出：“什么时候全党从上到下重视调查研究，工作指导方针符合客观实际，党的事业就顺利发展；什么时候忽视调查研究，就会导致主观与客观相脱离，造成工作中的失误，使党和人民的事业遭受损失甚至挫折。因此，加强调查研究不仅是一个工作方法问题，而且是一个关系党和人民事业得失成败的大问题。”“尽管我们现在进行调查研究的对象、内

① 本文是 2007 年 5 月 10 日在全区调查研究工作座谈会上的讲话提纲。

容、手段、条件都发生了新的变化，但是调查研究在党的决策工作和全部领导工作中的地位和作用，不仅丝毫没有改变，而且显得更为重要。”胡锦涛同志2005年2月指出：“调查研究是谋事之基，成事之道。”所有科学决策都建立在调查研究的基础之上，离开调查研究，我们就无法为党委、政府决策提供深层次、有价值的决策建议。

第二，调查研究是建言献策的基础环节。调查研究，一定要围绕中心、服务大局，着眼于解决实际问题。调查研究要有明确的目的、明确的范围、明确的内容。这样，才能合理安排时间，确定调查目的地和调查对象，突出调查的重点，细化调查的方法，使调查做到具体深入，对所调查的问题形成正确的认识。

今年“两会”期间，胡锦涛同志参加西藏代表团审议时指出，做好今年的工作，关键是要紧紧围绕推动科学发展、促进社会和谐这个主题，着力调整经济结构和转变增长方式，着力加强资源节约和环境保护，着力推进改革开放和自主创新，着力促进社会发展和解决民生问题，努力实现经济社会又好又快发展。自治区第八次党代会提出了今后五年提高“两个水平”、保持“两个高于”、确保“两个实现”的宏伟目标。我们要紧紧围绕推动科学发展、促进社会和谐这个主题，瞄准实现“三个两”的奋斗目标，搞好调查研究，提供有价值的决策建议。

第三，调查研究是联系群众的有效形式。调查研究方法是达到调查研究目的的手段，目的决定方法，方法要为目的服务。毛泽东同志指出：“要定调查纲目”“去做调查，就是要使自己心里有底，没有底是不能行动的。了解情况，要用眼睛看，要用口问，要用手记。谈话的时候还要会谈，不然就会受骗。”陈云同志1957年1月说：“我们应该用90%以上的时间去弄清情况，用不到10%的时间来决定政策。这样决定的政策，才有基础。”我们党在长期的实践中积累了许多行之有效的调查研究方法，比如召开座谈会、研讨会、走访调查、蹲点调查、典型调查、实地考察等。在新形势下，适应经济社会的发展新变化，应拓展调研渠道、丰富调研手段、创新调研方式，使用统计调查、问卷调查、抽样调查、网络调查等现代方法，提高调查的效率和质量，并充分利用现代信息技术和手段，综合运用经济学、社会学、信息论、系统论、控制论等方法，对已掌握的调查材料进行多层面、多角度的系统研究和处理，把传统调研方法和现代调研手段结合起来，增强调查研究的科学性和实效性。不论采取哪种方法，最根本的是要围绕调查研究的内容，抓住主要矛盾，了解清楚所要解决的核心问题和导致问题形成的根本原因。

具体方法上把握三点：一要坚持党的群众路线，紧紧依靠群众，直接地、面对面地了解情况，绝不能满足于间接情况和第二手材料。二要坚持求真务实的精神和作风，详尽了解情况、占有资料，对存在问题进行缜密的分析研究，绝不能满足于听取情况汇报。三要增强政治敏锐性，善于抓住具有典型意义的细节，解剖“麻雀”，全面地、细致地了解情况，绝不能满足于表面现象和局部现象。

第四，调查研究要找准解决问题的关键。胡锦涛同志谈调查研究工作时提出，要善于透过现象看本质，善于总结实践经验，从中把握规律性的东西，找准解决问题的关键。我认为，解决问题的关键是提出能够解决问题的思路和措施。调查研究是知情明理的重要途径。调查研究是为了找准问题的关键、提出真知灼见、达到解决问题，绝不能为了调查研究而调查研究。

提出解决问题的思路和措施，必须遵循以下几点：坚持以科学发展观为指导解决问题；坚持用社会主义市场经济体制的要求解决问题；坚持用改革和发展的办法解决前进中的问题；坚持从群众最关心、最直接、最现实的问题入手解决问题。

第五，调查研究要转化为成果。调查报告是调查研究的直接成果。调查报告是对调查对象进行深入调查和认真研究、分析综合之后，将所获得的材料和结论加以整理组织而撰写的书面报告。调查报告的作用在于，为领导者认识客观事物、掌握实际情况、制定方针政策、指导推进工作提供重要的依据；总结提供典型经验、典型事例，为解决问题提供现实根据；将改革发展稳定中存在的带有倾向性的问题及时反映出来，引起有关方面重视，使问题得到解决。

写好调查报告的基础是搞好调查研究。事实是调查报告的基础，要以事实为依据，靠事实说话。事实是调查报告的生命、基础和价值所在。

具体讲，一要把调查过程中的感性认识升华为理性认识，形成对所调查问题的正确观点，确立调查报告的主题。二要围绕主题选择材料，突出重点，注重真实性、客观性、典型性、针对性。三要根据内容选择表达方式，一般以叙述为主，有鲜明的观点、深刻的议论，做到叙议结合、观点和材料结合，进行必要的分析、概括，以具体事实和数据为依据进行准确、鲜明、生动的说明，得出结论，阐明主题。

从60年辉煌看内蒙古现象[①]

在庆祝内蒙古自治区成立60周年的时候，让每个内蒙古人感到骄傲和自豪的是，60年来，这个全国第一个民族自治区的各族人民，在党的民族政策的光

① 本文写于2007年8月8日。

辉照耀下，坚持民族区域自治制度，沿着中国特色社会主义伟大道路阔步前进，铸就60年辉煌。特别是进入21世纪后的短短几年里，内蒙古经济超常速增长，主要经济指标增速连续数年位居全国第一，经济总量及若干人均指标连续跨越几个省市，在全国的位次大幅度前移，掀开了内蒙古发展史上新的光辉一页。人们称其为“内蒙古现象”。

一、内蒙古经济实现前所未有的超常速增长

第一，主要经济指标超常速增长。进入“十五”，内蒙古经济以两位数的速度增长，GDP增速连续5年居全国第1位，规模以上工业增加值增速连续4年居全国第1位，固定资产投资增速连续3年居全国第1位，社会消费品零售总额增速连续两年居全国第1位，地方财政一般预算收入、城镇居民人均可支配收入、农牧民人均纯收入增速均有1年居全国第1位。

第二，经济总量持续扩大。2006年与2000年比，内蒙古GDP占全国GDP的比重由1.41%提高到2.29%，规模以上工业增加值由1.1%提高到2.1%，地方财政一般预算收入由1.49%提高到1.88%。

第三，经济指标位次大幅度前移。2003年到2006年，内蒙古GDP连续超过重庆、云南、吉林、陕西、天津、江西、山西，在全国的位次由第24位跃升到第17位。

第四，经济结构加速调整。2006年与2000年比，内蒙古经济结构进一步优化，三次产业比重由22.8∶37.9∶39.3调整为13.4∶48.6∶38。

第五，经济效益不断提高。2006年与2000年比，财政收入由155.6亿元增加到712.9亿元，增长3.58倍，年均增长28.9%。财政收入占GDP的比重由10.1%提高到14.9%，规模以上工业经济效益综合指数由88.8提高到240.68。

第六，城乡居民收入显著增加。2006年与2000年比，城镇居民人均可支配收入由5129元增加到10358元，年均增长10.9%。农牧民人均纯收入由2038元增加到3342元，年均增长6.3%。

内蒙古作为一个欠发达的边疆少数民族自治区，连续数年多项主要经济指标增速位居全国第一，经济总量持续扩大，在全国的位次大幅度前移，经济结构加速调整，经济效益不断提高，城乡居民收入显著增加，这是前所未有的！内蒙古综合经济实力实现历史性跨越，站在了一个新的历史起点上。

二、内蒙古经济超常速增长的条件和模式

“内蒙古现象”既然是现象，必然有其本质的原因。把它放在历史进程、时

代条件和全国发展的大格局中去认识，其条件和模式有以下几点：

第一，内蒙古几十年的建设改革发展为近几年的经济超常速增长奠定了坚实基础。内蒙古是我国第一个民族自治区，解放60年来，在党的民族政策的光辉照耀下，历届党委、政府团结带领全区各族人民，成功实践民族区域自治制度，在不同的历史时期创造了无愧于时代的辉煌业绩，为进一步发展打下了坚实的基础。

20世纪50年代，乌兰夫同志实行符合内蒙古实际的“三不两利”政策和“稳、宽、长”的方针，促进牧区生产力发展，建设包头钢铁厂等大项目，结束了内蒙古“手无寸铁”的历史，为内蒙古工业的发展奠定了基础。50年代，内蒙古被周恩来总理誉为“模范自治区”。80年代初，内蒙古党委率先在农村牧区实行土地“包产到户”“牲畜归户”和草场“承包到户”等制度，使内蒙古农村牧区改革走在了全国的前列。80年代末，内蒙古党委提出经济发展“三项近期奋斗目标”，结束了内蒙古粮食调入区的历史。90年代，内蒙古党委以实现小康为目标，积极调整经济结构，强化开发第一产业，优化提高第二产业，实施名牌战略，突出发展第三产业，综合经济实力进一步加强。

21世纪初，内蒙古党委提出一条主线、两个转变、三大动力、两项建设和推进“三化”进程的总体要求，并不断完善发展思路，树立和落实科学发展观，提出了提高两个水平、保持两个高于、确保两个实现的奋斗目标。

第二，我国经济进入新一轮快速增长的上升期是拉动内蒙古经济超常速增长的宏观动力。2003年我国经济增长达到两位数，进入新一轮快速增长的上升期。这个时期的主要特点是消费结构的升级拉动相关行业的快速发展，同时，导致煤电油运全面紧张，国家及时加强了宏观调控。内蒙古把国家加强宏观调控视为新的发展机遇，提出“为国家缓解煤电油运全面紧张的瓶颈制约做贡献”，依托富集的资源，加快发展能源、冶金、化工、装备制造、农畜产品加工等行业，加快公路、铁路等基础设施建设，取得令人刮目相看的成就。从一定意义上讲，没有全国经济进入新一轮快速增长的上升期，便没有“内蒙古现象”。

第三，新世纪初的发展模式成就了内蒙古经济的超常速增长。发展模式是发展理念、思路和目标的延伸，是发展途径和机制的具体化。21世纪初，内蒙古的发展模式可以概括为政府主导型、资源支撑型、机遇牵动型、投资拉动型。在主要领域、较大程度上，政府直接控制资源，管制资源产品和土地等生产要素价格，形成了政府主导经济快速增长的模式。依托富集的矿产资源引进投资者，大量开采矿产资源，通过出售矿产资源或初级产品，形成了资源支撑经济快速增长的模式。善于抓住既有机遇，更把挑战变为机遇，因势利导，承接来势，形成了机遇牵动经济快速增长的模式。依托资源优势，优化发展环境，千方百计加大投资力度，发展资金密集型产业，形成了投资拉动经济快速增长的模式。

上述三个方面的简要分析说明，今日的“内蒙古现象”是历史的必然。

三、内蒙古经济超常速增长的阶段性特征

分析认识“内蒙古现象”，目的是把握内蒙古经济超常速增长的阶段性特征，以利于今后更好更快发展。当前，内蒙古的阶段性特征主要有以下几个方面：

第一，社会主义市场经济体制已经初步建立，但这一体制还很不完善，各级政府转变职能的任务还相当艰巨。

第二，经济实现前所未有的快速增长，经济结构加速调整，但经济增长的成果没有充分惠及各族人民群众，城乡居民收入与全国平均水平的差距扩大，城乡居民收入差距拉大。

第三，工业化进程加快，特色优势产业规模扩大，但结构性矛盾和粗放型增长方式没有改变，能源、资源、环境、技术的瓶颈制约日益突出。

第四，城镇建设加快发展，城镇化率提高，但农村牧区发展相对滞后，农牧业基础设施薄弱、增长方式粗放的状况没有根本改变。

第五，科技事业不断发展，项目引进推动了技术引进，但自主创新能力不强，科技工作还不能适应经济社会发展的需要，建设创新型内蒙古任务艰巨。

四、内蒙古经济社会又好又快发展模式思考

党的十六届五中全会提出，发展必须是科学发展，要坚持以人为本，转变发展观念、创新发展模式、提高发展质量，落实“五个统筹”，把经济社会发展切实转入全面协调可持续发展的轨道。内蒙古经济社会要实现又好又快的发展，创新发展模式是关键。

第一，实行市场主导型模式。坚持社会主义市场经济改革方向，更大程度地发挥市场在资源配置中的基础性作用，提高资源配置效率。

第二，实行资源节约型模式。坚持节约资源的基本国策，大力抓好节能减排，切实转变经济发展方式。

第三，实行全民创业型模式。坚持发展为了人民，发展依靠人民，发展成果由人民共享。努力营造全民创业的体制机制、政策制度和环境条件，实现共建中共享、共享中共建，全民创业、全民共享。

第四，实行创新驱动型模式。坚持科学技术是第一生产力的理念，把增强自

主创新能力作为科学技术发展的战略基点和调整产业结构、转变经济发展方式的中心环节，依靠科技进步和劳动力素质的提高实现又好又快发展。

在庆祝内蒙古自治区成立60周年的时候，内蒙古现象更引起全国上下的关注，而新的内蒙古现象必将载入历史新篇章，内蒙古的明天必将更加灿烂辉煌。

党的十七大连着老百姓[①]

党的十七大报告，立意高远、主题鲜明，内涵丰富、思想深刻，求真务实、论述精辟，集中了全党意志、体现了人民意愿，是反映全面建设小康社会新要求，顺应各族人民过上更好生活新期待的好报告。

党的十七大报告提出："在优化结构、提高效益、降低消耗、保护环境的基础上，实现人均国内生产总值到2020年比2000年翻两番。"这一目标是在党的十六大提出的"到2020年国内生产总值力争比2000年翻两番"的基础上，对我国经济社会发展和全面建设小康社会提出的新的更高要求。由"总量"到"人均"，更能反映老百姓在经济发展中分享的成果，是一个标准更高的小康，是以人为本的体现，将为老百姓生活带来更为显著、更为全面的变化。

我们深入学习贯彻党的十七大精神，就要深刻把握全面建设小康社会的新要求和各族人民过上更好生活的新期待，用新视野新理念认识我区的发展，认真解决发展中的新矛盾新问题，全面落实新要求新期待。

过去五年，我区经济社会各项事业取得了新成就，特别是经济超常速增长，主要指标增速连续数年位居全国第一，总量位次大幅度前移，人民群众得到更多实惠，"内蒙古现象"令人刮目相看。同时，我们也要清醒地看到，我区经济增长方式仍然比较粗放，科技投入不足、自主创新能力弱，重化工业处在加速发展阶段、节能减排任务非常艰巨，特别是城乡居民收入水平还比较低，经济超常速增长的成果还没有充分惠及广大群众。从科技投入看，2006年，全国研发投入占GDP的1.4%，我区仅是0.34%，比重不到全国的1/4。从节能减排看，2006年，全国能源消耗总量增长9.61%，我区增长18.7%，将近全国的2倍；全国单位GDP能耗1.206吨标准煤/万元，我区单位GDP能耗2.41吨标准煤/万元，将近全国的2倍；全国二氧化硫排放总量增长1.57%，我区增长6.8%，是全国的4倍多；全国化学需氧量排放总量增长0.99%，我区增长0.34%，是全国的

① 本文是在自治区社科理论界学习贯彻党的十七大精神座谈会上的发言提纲，原载于2007年《实践》第11期、第12期，2007年《内蒙古工作》第11期。

1/3 多。从城乡居民收入看，我区城镇居民人均可支配收入与全国的差距由 2000 年的 1151 元扩大到 2006 年的 1401 元，农牧民人均纯收入与全国的差距由 2000 年的 215 元扩大到 2006 年的 245 元。我区城乡居民收入差距之比，由 2000 年的 2.52∶1 扩大到 2006 年的 3.10∶1。这些差距就是我区在贯彻落实党的十七大精神的实践中需要着力加以解决的问题。

我区从新的历史起点上实现“走进前列”的新跨越，就必须紧密结合我区发展的实际，深入贯彻党的十七大精神，从两个方面加大落实力度。

第一，按照党的十七大的要求，继续把发展作为第一要务，落实全面建设小康社会的新要求。着力增强发展的全面性、协调性和可持续性，保障社会公平正义，提高全民的文明素质，建设生态文明，全面改善各族人民的生活。着力把握发展规律、创新发展理念、转变发展方式、破解发展难题，提高发展质量和效益，坚持速度和结构质量效益相统一，实现又好又快发展。

着力促进经济增长由主要依靠投资向依靠消费、投资、出口协调拉动转变，由主要依靠第二产业带动向依靠第一、第二、第三产业协同带动转变，由主要依靠增加物质资源消耗向主要依靠科技进步、劳动者素质提高、管理创新转变。

着力加大对自主创新投入，深化科技管理体制改革，进一步营造鼓励创新的环境，突破制约经济社会发展的关键技术，引导和支持创新要素向企业集聚，促进科技成果向现实生产力转化。着力加强能源资源节约和生态环境保护，把建设资源节约型、环境友好型内蒙古自治区放在推进新型工业化和城镇化的突出位置，形成节约能源资源和保护生态环境的产业结构、增长方式、消费模式。

第二，按照党的十七大的要求，把发展成果由人民共享作为第一目的，落实各族人民过上更好生活的新期待。着力把实现好、维护好、发展好各族人民的根本利益作为一切工作的出发点和落脚点，尊重人民主体地位，发挥人民首创精神，保障人民各项权益，走共同富裕道路，促进人的全面发展，做到发展为了人民、发展依靠人民、发展成果由人民共享。

着力促进社会公平正义，努力使各族人民学有所教、劳有所得、病有所医、老有所养、住有所居，推动建设和谐内蒙古自治区。着力促进以创业带动就业，完善支持自主创业、自谋职业政策，加强就业观念教育，使更多劳动者成为创业者。着力促进教育公平，优化教育结构，大力发展职业教育，健全面向全体劳动者的职业教育培训制度，加强农村牧区富余劳动力转移就业培训。

着力深化收入分配制度改革，逐步提高居民收入在国民收入分配中的比重，提高劳动报酬在初次分配中的比重，提高低收入者收入，提高扶贫标准和最低工资标准，创造条件让更多群众拥有财产性收入。着力建设覆盖城乡居民的社会保障体系，探索建立农村牧区养老保险制度，全面推进城镇职工基本医疗保险、城镇居民基本医疗保险、新型农村牧区合作医疗制度建设，完善城乡居民最低生活保障制度，使人人享有基本生活保障，人人享有基本医疗卫生服务。

党心连民心，党的十七大连着老百姓。党的十七大高举的旗帜、指引的方向和道路、提出的目标和重大部署，充分体现了最广大人民的根本利益和长远利益，也完全符合我区各族人民最关心、最直接、最现实的利益问题。在党的十七大精神指导下，内蒙古自治区一定会谱写各族人民美好生活的新篇章。

政研室是个好单位①

2003 年 4 月到 2008 年 4 月，我在内蒙古党委政研室工作了整 5 年。5 年来，政研室全体同志对我的工作给予了大力支持，各盟市、各厅局对政研室工作给予了大力支持，我表示衷心感谢。5 年工作的体会可以归结为一句话，党委政研室是一个好单位。

人生在世无非两个目的，一个是认识世界，一个是改造世界。这里说的世界，当然包括主观世界和客观世界。认识世界，首先要提高认识世界的能力，必须努力学习，必须用认识世界所需要的理论和知识来武装自己。政研室是最适合一个人努力学习、武装自己的好单位。政研室的职能职责要求在这里工作的每个人必须坚持工作学习化、学习工作化，不断提高认识世界的能力。如果我们的认识能力提高了，那我们就掌握了改造世界的武器。

改造世界，首先必须了解世界、思考世界、研究世界，从而形成改造世界的见解。政研室是最适合一个人了解世界、思考世界、研究世界的好单位。从实质上讲，政研室的职能职责就是了解世界、思考世界、研究世界，形成改造世界的见解，为党委决策出谋划策。如果我们的见解反映了世界真实情况，把握了事物发展的规律性，那么，从一定意义上说，就为改造世界做出了贡献。

我能到政研室工作，是一大幸事。五年来，我在认识世界、改造世界方面有了新的提高、新的进步。认识世界和改造世界是改造、认识、再改造、再认识循环往复的过程，改造客观世界和改造主观世界是紧密联系、内在统一、相互促进的过程。在认识和改造客观世界的过程中不断认识和改造主观世界，通过不断认

① 本文写于 2008 年 4 月 3 日，原载于 2008 年《内蒙古工作》第 4 期。

识和改造主观世界又不断深化对客观世界的认识和改造，这是人生在世成长进步的规律。五年来，我们政研室的同志们共同努力了，我们切实履行了职责，我们没有辜负党委的重托。

政研室是一个好单位。

为内蒙古的民生决策叫好[①]

春节前夕，内蒙古党委、政府召开联席会议，专题研究改善民生问题，决定从今年起全面提高企业退休人员养老金标准、城乡低保五保集中供养和分散供养标准、孤儿集中供养和分散供养标准、扩大城镇廉租住房保障范围、提高城镇基本医疗保险报销比例、新型农村牧区合作医疗保险报销比例，使这6项指标达到甚至略高于全国平均水平。这个重大决定像新春佳节呈献给老百姓的一份厚礼，让人心情激动，精神振奋。我们为自治区党委、政府的民生决策叫好！

这个决定充分体现了以人为本、科学发展的根本指导思想。在2009年底召开的全区经济工作会议上，内蒙古党委旗帜鲜明地提出了富民与强区并重的指导方针。现在说到做到出实招，把着力保障和改善民生的切入点选在满足百姓的切身利益、基本需求上，首先向弱势群体、困难群众倾斜，顺应了百姓的心愿和期盼。党委、政府关心群众的疾苦、关切百姓的期待，真心实意地为他们办实事解难题，怎么能让人不叫好呢！

这个决定切中了内蒙古发展中问题的要害。近年来，内蒙古发展中最突出的问题是经济增长与城乡居民收入增长不协调。GDP增速连年位居全国第一，固然可喜，但老百姓不图虚名，更关心收入提高、生活改善，共享发展成果，不仅希望人均收入达到全国平均水平，而且期盼每个家庭、每个人的生活得到实实在在的改善，特别是弱势群体、困难群众的日子一天比一天好起来。这个决定急老百姓之所急、想老百姓之所想，怎么能让人不叫好呢！

这个决定是调整国民收入分配结构的一个重要步骤。中央明确要求要更加注重提高经济增长质量和效益。经济增长的质量和效益不仅应体现在企业利润大幅提高、政府财政收入成倍增长上，更应反映在居民收入相应增长、协调提高上。2000年到2007年，内蒙古工业企业利润增长近40倍，财政收入增长7倍，而城镇居民收入增长2倍略多，农牧民收入增长不足2倍。现在内蒙古调整财政支

① 本文在2010年2月22日《内蒙古日报》第一版“百家时评”栏目发表。

出，加大对社会保障的投入，这是向建立公共财政体制、调整国民收入分配结构迈出的重要一步，怎么能让人不叫好呢！

这个决定有利于扩大消费需求、转变经济发展方式。我国应对国际金融危机冲击、保持经济平稳较快发展的重要经验之一，就是坚持改善民生和扩大内需内在统一，更加注重围绕保障和改善民生来谋划发展，把增加居民消费作为扩大内需的重点，通过保障和改善民生促进经济结构优化、增强经济发展拉动力。拉动经济的“三驾马车”中投资拉动这一“驾”很重要，但长期靠高投入来支撑高增长是不可持续的。近些年内蒙古消费需求乏力是因为城乡居民特别是中低收入者缺乏消费能力。从今年起，内蒙古全面提高低收入群众的收入水平和社会保障水平，这既是保障和改善民生的着力点，也是扩大消费需求进而转变经济发展方式的重大举措，这样一举多得的决策怎么能让人不叫好呢！

这个决定有利于形成评价发展的正确导向。怎样评价发展始终是一个根本性问题。转变经济发展方式刻不容缓，转变评价发展导向同样刻不容缓，必须坚决从 GDP 为本转变到民生为本上来。老百姓看经济发展，主要看收入而不是看 GDP。经济工作要更加注重保障和改善民生，围绕保障和改善民生来谋划发展，通过保障和改善民生来转变经济发展方式、促进经济结构优化、增强经济发展动力。把保障和改善民生作为发展的根本目的，作为最大的政绩，坚持富民与强区并重，强化富民指标，像抓强区指标那样抓富民指标，让各族人民群众更加真切地感受到改革发展带来的变化，享受到改革发展带来的成果，这样的决定怎么能让人不叫好呢！

为不再追求 GDP 增速全国第一叫好①

自治区党委、政府决定今年我区不再追求 GDP 增速全国第一，目的是为加快转变经济发展方式、调整优化经济结构留出空间。加快经济发展方式转变是深入贯彻落实科学发展观的重要目标和战略举措。把主要精力集中在深入贯彻落实科学发展观的重要目标上，不再追求 GDP 增速全国第一，这是党委、政府发展思路和价值追求的又一重大转变。我们为不再追求 GDP 增速全国第一叫好！这个决定对于坚持富民与强区并重的方针，推动我区真正实现又好又快发展，具有现实的和深远的重大意义。

---

① 本文在 2010 年第 4 期《北方经济》《内蒙古工作》均有刊载。

第一，这是一次思想的解放。如果说我区 GDP 增速连续 8 年位居全国第一是一个奇迹，那么，21 世纪初以来具备了创造这个奇迹的所有条件，从而使其成为历史必然。如果因为增速第一而在思想上背个包袱，一味追求增速第一，骑虎难下，想的做的都是 GDP 增速，唯恐掉下来影响政绩，那不仅是思想方法、思维方式的片面性，行为方式上也导致顾不了经济增长的结构、质量和效益，顾不了保障和改善民生，顾不了城乡居民收入增长，到头来，经济增长与城乡居民收入增长不协调，收入差距日趋扩大，人民群众生活水平改善缓慢。长此以往，不啻是对思想的禁锢、行动的制约，更要影响又好又快发展。不再追求 GDP 增速第一，首先是思想的解放，有利于把思想认识统一到科学发展观上来，把精力集中在加快转变经济发展方式、调整优化经济结构上来，集中在保障和改善民生上来。

第二，这是发展理念的转变。发展理念有传统发展理念与科学发展理念之分。2007 年 11 月，胡锦涛总书记考察我区时特别强调，一定要把转变经济发展方式放在更加突出的位置来抓，着力推动经济增长由粗放型向集约型转变、由片面追求经济增长向全面协调可持续发展转变，切实把全社会的发展积极性引导到科学发展上来。追求 GDP 增速第一，是传统发展理念指导下的粗放型经济增长、片面追求经济增长。不再追求 GDP 增速第一，不是不要速度，而是要与结构、质量、效益相协调的速度，清洁生产、循环利用、集约增长的速度；不是不要发展，而是要全面协调可持续发展，发展成果由各族人民共享的发展。我区欠发达的基本区情和发展不足的主要矛盾，要求我们在抓发展上不能有丝毫动摇，不能有半点松懈。

第三，这是发展模式的创新。追求 GDP 增速第一，主要是依靠粗放增长模式。笔者在《奋力走进前列——内蒙古现象研究》一书中根据近年我区经济运行的特征，对经济超常速增长的政府主导型、投资拉动型、资源支撑型、机遇牵动型四种模式作了详尽的分析，并指出只有深入了解内蒙古经济超常速增长的模式，才能更准确地认识和把握“内蒙古现象”。不再追求 GDP 增速第一，就要创新发展模式，形成经济增长由主要依靠投资拉动向依靠消费、投资、出口协调拉动转变，由主要依靠工业带动向依靠农牧业、工业、服务业协同带动转变，由主要依靠矿产资源消耗向主要依靠科技进步、劳动者素质提高、管理创新转变的发展模式；形成有利于加快推进国民收入分配结构、城乡结构、区域经济结构调整，加快推进产业结构调整，加快推进自主创新，加快农牧业发展方式转变，加快生态文明建设，加快经济社会协调发展，加快发展文化产业，加快对外经济发展方式转变的发展模式。

第四，这是干部考核评价制度的改革。各级干部是推动我们事业发展的中坚，干部考核评价制度是调动干部积极性的指挥棒。追求 GDP 增速全国第一，在干部考核中以 GDP 为导向，无形中以 GDP 增速论优劣，使得干部为 GDP 增速疲于奔命，压得一些基础和条件差的地方喘不过气来；使得有些地方什么项目能做大 GDP 就上什么项目，全然不顾先进落后、能耗污染；使得有的干部看到 GDP 增速上不去就干预统计数据，玩数字游戏，等等。不再追求 GDP 增速第一，是对干部考核内容的调整和完善，是干部考核评价制度的重大改革，将直接引导各级领导班子、领导干部更加注重转变发展方式、提高发展质量，更加注重保障和改善民生，围绕保障和改善民生谋划发展，把保障和改善民生作为发展的根本目的，作为最大的政绩，坚持富民与强区并重，强化富民指标，像抓强区指标那样抓富民指标，取得保障和改善民生的实际成效。

追求 GDP 增速全国第一，本质上是发展思路的“快”字当头，而不是“好”字当头。很多事情往往并不在于怎么说，而在于怎么做。2006 年，胡锦涛总书记就强调要把发展思路从“又快又好”调整为“又好又快”。不再追求 GDP 增速全国第一，把加快转变经济发展方式、调整优化经济结构、保障和改善民生作为重要目标，这标志着我区真正要“好”字当头、好中求快了。

点滴回报[①]

大家对我的拙作给予了高度评价，说了很多肯定的话、鼓励的话、赞扬的话，很多评价都超出了我的实际水平，超出了这本书所达到的水平，我感到受之有愧。大家的发言都很精彩，文章写得都很漂亮，观点鲜明、言之有据，论据例子取舍精当，结构有度、条理清晰，论述顺畅、文采飞扬，令人钦佩，使人精神为之一振，不愧为专家学者，我要很好地向大家学习，也向大家表示我的敬意。

我之所以写这本书，是因为我觉得有责任说说想说的话，对党和人民的事业负责，对历史负责，对我亲历亲为的这一段发展进程及其未来趋势作一些理论性探索和概括，作为对我深爱的故乡和父老乡亲们的点滴回报；我之所以写成这本书，是因为多年来党和人民的培养教育给了我信心和勇气，各族人民的伟大实践成为我智慧的源泉，包括在座的各位在内的理论界同仁们积淀的知识宝库给了我滋养。今天，大家给予我这么多的鼓励，我感觉到了大家对我发自内心的厚爱，使我深受鼓舞，深受感动，我难以表达我的感激之情。我还感到大家对我很客

① 本文是 2010 年 5 月 11 日在《奋力走进前列——内蒙古现象研究》一书研讨会上的发言。

气，所以对拙作的不足很少提及，我想我们还有机会进一步讨论。总之，大家的发言使我认识到，这不仅是对我些许成果的厚爱，更是对我们共同事业的厚爱，是对自治区党委、政府富民与强区并重方针的拥护，是践行科学发展观坚定信念和坚强决心的表达！

让我们共同奋力，为内蒙古走进前列而努力！

为自治区的又一重大民生决策叫好①

最近，自治区党委召开党政联席会议，专题研究全区城镇保障性住房工作，决定在前三年工作的基础上，用今明两年时间完成廉租房建设工程规划任务，用三年时间基本完成煤矿、国有林区、国有垦区、国有工矿和城市棚户区（危旧房）改造工程规划任务，使全区廉租住房实物配租能力累计达到18.2万套、5类棚户区（危旧房）改造工程受益居民累计达到70万户左右。这个推进城镇保障性住房6项工程的决策，是今年继提高企业退休人员养老金标准等6项指标的决策、在全区集中开展社会矛盾化解专项行动的决策之后的又一重大民生决策。全面推进城镇保障性安居工程，值得叫好。

全面推进城镇保障性安居工程是重大的民生工程。古人梦想“安得广厦千万间，大庇天下寒士俱欢颜”。今人则说“小康不小康，关键看住房”。努力使全体人民“住有所居”是推动和谐社会建设的重要目标之一。保障性安居工程情系于弱势群体，谋利于困难群众，解决老百姓最关心、最直接、最现实的利益问题，真正体现了以人为本。

全面推进城镇保障性安居工程是调整投资结构、公共财政向民生倾斜的重要举措。光今年全区计划在城镇保障性安居工程上投资286.2亿元，是前3年累计投入的3倍。3年内全区廉租住房实物配租能力和5类棚户区（危旧房）改造工程受惠面将覆盖全区近1/4的城镇居民。保障性安居工程的实施将大大改善困难群众的居住条件，同时将有效拉动内需，推动经济发展方式转变。

全面推进城镇保障性安居工程应促进城镇化协调发展。党政联席会议强调，要把保障性住房建设与完善城镇功能结合起来，统一规划、组织和实施。就是说，保障性安居工程不单单是改善居住条件，而且要优化城镇产业布局、拓宽就

① 本文在2010年6月11日《内蒙古日报》第一版“百家时评”栏目发表。

业渠道，统筹发展教育、文化、卫生事业，加强社区建设，切实提高城镇居民的生活水平和生活质量。

全面推进城镇保障性安居工程应带动新农村新牧区建设。党政联席会议强调，农村牧区危房改造工程和游牧民定居工程，要与生态移民和推进城镇化有机结合。城镇化和新农村新牧区建设是统筹城乡发展的两个轮子，缺一不可。农村牧区危房改造、游牧民定居和生态移民，都是推进新农村新牧区建设的重要内容，都应纳入新农村新牧区建设规划，而目前全区各级还缺少城乡统筹、一体化发展的规划。当务之急是搞好切实可行的规划，以免走弯路，造成损失浪费。

提高最低工资标准是重大惠民举措①

日前，自治区党政联席会议通过了我区职工最低工资标准调整方案，从今年7月1日起，四个类型地区的最低工资标准将比2007年的标准提高32%～36%，原先最低工资标准越低的地区提高的幅度越大；四个类型地区的非全日制工作小时最低工资标准也比2007年的标准提高21%～24%。最低工资标准本身并不是工资支付的实际标准，而是用人单位向正常劳动者支付报酬的法定底线。执行最低工资标准并定期调整标准，这是保障劳动者基本生活和基本权益，使劳动者更好地分享经济发展成果的重要制度，对于推动科学发展、促进社会和谐有十分重要的意义。

提高最低工资标准有利于城乡居民收入达到全国平均水平。我区GDP增速连续八年居全国第一，但城乡居民收入还没有达到全国平均水平，甚至差距有所扩大。城乡居民收入没有达到全国平均水平，不是高收入者、中等收入者的收入没有达到，而是低收入者数量较多、收入过低。新一届党委从一开始就坚持富民与强区并重，从提高弱势群体的补助标准、低收入者的收入水平入手保障和改善民生，真正体现了以人为本、科学发展的要求。

提高最低工资标准有利于维护社会公平正义。社会的公平正义体现在劳动领域，就是要保障广大劳动者的劳动报酬权和基本生存权，其底线就是劳动者的工资收入能够维持劳动力的再生产，也就是不能低于最低工资标准。

提高最低工资标准有利于推动经济发展方式转变。近年来，我区一些大企业

① 本文原载于2010年7月31日《内蒙古日报》。

的技术进步水平在不断提升。但总体上外延粗放的发展模式已经难以为继，加快转变经济发展方式，不断提高核心竞争力，刻不容缓。低工资不是核心竞争力，而提高最低工资标准能够促进企业技术进步。

惠民举措需要用惠民责任、惠民精神去落实。每个用人单位都有责任执行最低工资标准，将新的最低工资标准落实到每个用人单位是政府相关部门的重要职责。相信通过各方面的共同努力，党委、政府的惠民举措能够落实，“公平正义的阳光”真正普照弱势劳动者。

人生的奠基①

嘉尔嘎勒赛汗完小是我人生奠基的地方。

1956 年秋，父亲贡格尔扎布和母亲阿尤尔扎娜骑着马把我送到新建的嘉尔嘎勒赛汗完小。这是我第一次迈进知识殿堂的门槛。从家里到校园，换了一个世界，一切都那么新鲜。

我喜欢学校，喜欢老师，喜欢这里的一切。记得，当时学校挑选一些学生跳班学习，这里可能有两个因素，一类是年龄较大的学生，需要安排跳班，早一点毕业；另一类是学习成绩较好的学生，可以跳班学习。我 9 岁上学，但在班里是年龄最小的学生之一。我的学习成绩好，所以我也跳班了。我在一年级只学了一个学期就跳到二年级，二年级也只学了一个学期。学完三年级以后没有念四年级而直接跳到五年级。那个时候的课文内容没有现在这么深，跳班学习也不影响成绩，我的成绩一直在全班名列前茅。

我的学习成绩之所以从一开始就比较突出，其实归功于我的父亲贡格尔扎布。他是一个有一定文化水平的勤奋而又本分的牧民，期望他的儿子也成为一个有文化的人。上嘉尔嘎勒赛汗完小之前，父亲就找来一本叫做《查干陶勒盖》的民间手抄课本，亲自教我，激发我的学习兴趣，教导我学习方法。在父亲的谆谆教导下，我从小养成了看书的习惯。有一天学校里来了旗里的流动书店，有蒙文版的《三国演义》。我就用父母给的零花钱把它买下来，在冬天的长夜里点着煤油灯，钻进老羊皮被子里看它，往往被故事情节所吸引而忘了时间。在小学，我还看完了我的姑父——当时小有名气的民间文化人道尔吉僧格给我的《青史演义》《一层楼》《泣红亭》《达·那楚克道尔吉》等蒙文名著。

① 本文是 2010 年 7 月 6 日应我小学母校之约而撰写。

我跳过班，也蹲过班。1959 年秋，由五年级升六年级的那个学期，父亲病重，我要帮助母亲照顾父亲，不能到校学习了。父亲临终前还特意嘱咐母亲：“不管以后生活怎么样，无论如何不要断了孩子念书的钱!”我不能辜负父亲的期望，帮助母亲料理完父亲的后事以后我就跑到学校。但已经耽误了三个来月，我请求学校让我跟上六年级。学校没让我升级，我在五年级蹲班了。老师们仍然很关心我、爱护我。我知道老师们一般都喜欢学习好的学生。小学、初中、高中都如此。在我临近高中毕业的时候，班主任和任课老师商量着要争取保送我上大学。可是一场突如其来的“文化大革命”打碎了我的大学梦。

在小学，我最崇拜的就是我的那些老师。老校长呼日勒代，他是当地人，是一个受人尊敬的长者。还有刚从师范学校毕业被分配到我校的一批年轻老师，好像都是 20 岁左右，多数是东部地区的，个个都英俊潇洒、举止文雅。不管是在课堂里，还是在操场上，甚至是在公社周末舞会上，都能看到他们多才多艺、才华横溢的表现！不论是讲课板书，还是弹琴唱歌，甚至是投篮进球，他们都有出众的能力和令人佩服的水平！他们中有王呼格吉勒图、白温杜日木勒、阿拉木斯、巴拉吉尼玛、刘恩和宝音、根敦扎木苏等。

我的老师们在我幼小的心灵里，留下了难以磨灭的印象，是他们教我学会在知识的海洋里畅游。岁月无情。小学毕业以后，有的老师我再也没有见到过，有的已经不在人世了。

但他们的言谈举止仿佛在眼前。我非常羡慕他们，那么年轻，却有那么多知识。当时，我听着老师们讲课，暗下决心，长大以后也当一个像他们那样的老师。说来也巧，1968 年高中毕业以后我作为知识青年下乡了，那是在巴彦淖尔盟乌拉特后旗。我开始工作的第一个岗位就是在一个村办小学里当老师，年龄也跟我刚上小学时的年轻老师们差不多。我的第一个梦想就是这样实现的，虽然我没有从师范学校毕业。

我的小学，我的小学老师们，我的牧民父亲母亲，是我人生的奠基者。

谈领导艺术[①]

领导是相对于群众而言。领导艺术，指的是领导者带领群众向正确的方向前进的富有创造性的方式方法。做一个称职的领导者，需要讲究领导艺术。

① 本文节选自 2011 年 10 月 28 日在内蒙古师范大学公共管理学院领导干部讲座讲稿。

一、领导艺术是服务艺术

1985年5月19日，邓小平同志在全国教育工作会议上的讲话中，对热衷于发指示、说空话而不为群众干实事的领导作风进行了严肃的批评，强调指出："什么叫领导，领导就是服务。"领导就是服务，这一重要论断集中反映了我们党的领导观的本质；这一重要论断准确回答了什么是领导、为什么当领导、当什么样的领导、怎样当领导等重大问题。领导就是服务，从这个意义上讲，领导艺术其实就是服务艺术、服务方法！

做一件事情可以有多种方式方法，但达到艺术高度的方式方法应是富有创造性、有效性的方式方法。总的来说，方式方法取决于目的内容，做什么事情用什么方法。所以，掌握服务艺术，必须搞清楚我是谁、为谁服务、为什么服务、服务什么、靠什么服务和怎样服务等问题。

我们党的宗旨是全心全意为人民服务，我们党是为全国各族人民服务的核心力量。人民是历史的创造者，是国家和社会的主人。这是马克思主义的基本观点，也是我们党把全心全意为人民服务确定为自己宗旨的根本原因。来自人民、植根人民、服务人民，是我们党永远立于不败之地的根本。我们党全心全意为人民服务的宗旨是通过全体党员的先锋模范作用，特别是各级领导干部的领导行为来实现的。领导干部的领导行为都应该是为人民服务的行为，因为人民是主人，领导是公仆，领导干部都应是人民的忠诚仆人、服务艺术较高的仆人。我们应从思想认识到行为举止上，视人民为亲人、把人民当主人，始终摆正同人民群众的关系。

然而在现实生活中，有些领导干部以主人自居，把人民当成仆人，凌驾于人民之上，当官做老爷，对人民的饥饱冷暖不闻不问。他们不是为人民谋利益，而是为一己谋私利；他们为人民群众做了点事，就以为是在向仆人"施恩"。在这些领导干部那里领导艺术不是服务艺术，而变成了官僚"艺术"、谋利"艺术"。这种认不清自己是谁、摆不正自己与人民关系的现象，还真不是个别现象。所以，搞清楚什么是领导、什么是领导艺术，不断认清自己、不断提高服务艺术，实在是很有必要。

二、立足职务搞好服务

全心全意为人民服务，是我们党永远不变的宗旨，全体党员包括领导干部当然要矢志不渝地坚持这个宗旨，同时，为人民服务又是历史的、具体的，在不同时期、不同领域、不同层次和不同岗位具有不同的内容和不同的要求。比如，刘少奇同志说过，他和时传祥都是人民的勤务员。

领导干部都有相应的职务，都在一定的职位上履行一定的职责。领导干部全心全意为人民服务，主要是立足职位、尽职尽责来为人民服务。立足职位提高服务艺术，我们需要特别清楚以下几点：第一，要特别清楚我们的职责是什么，我们的职位规定应该担任的工作、权利和义务是什么；第二，要特别清楚人民群众对我们履行职责的要求和期待是什么，即我们的职责与为人民服务是什么关系；第三，要特别清楚我们的职责与整体工作、全局工作、长远工作乃至中国特色社会主义事业是什么关系；第四，要特别清楚出色地、模范地履行我们的职责，需要什么样的素质和能力；第五，要特别清楚我们立足职位、尽职尽责的制约因素是什么。

搞清楚这五个方面，是一个领导干部立足职位、尽职尽责为人民服务的前提条件，也是立足职位提高服务艺术的前提条件。如何看待这五个方面，体现着我们的职务观、事业观、群众观、权力观，而这些基本观点又取决于我们的人生观和价值观，其核心是怎样对待职位和职务。我们应始终坚持人民至上的价值观、人民是真正英雄的唯物史观和以人为本、执政为民的执政观，遵循为了人民、依靠人民、服务人民的根本原则，正确对待职位职务，立足职位尽职尽责，全心全意为人民服务。

不管职务大小、职位高低，所有的领导职务和领导职位都是我们党立党为公、执政为民的一个重要岗位，都是中国特色社会主义伟大事业不可缺少的有机组成部分，都是我们全心全意为人民服务的重要平台。如果在实际运行中有些职位与发展变化的形势任务不相适应，那是通过改革不断完善的问题。关键是看怎样在自己的职位上完成党交给我们的使命，实现我们的人生价值。从这个意义上说，领导艺术就是职务艺术，提高服务艺术就要提高立足职位尽职尽责的艺术。

三、适应需求搞好服务

服务的含义是满足被服务者的利益需求。领导干部立足职位为人民服务，其前提是要清楚广大人民群众的利益需求，使我们的职务职责及尽职尽责更适应人民群众的利益需求。人民是由一个个具体的人组成的，严格地讲，每个人的利益需求是不一样的。从不同的层次和角度可以把人民的利益需求分为共性需求和个性需求、公共需求和私人需求、生存需求和发展需求、一般需求和根本需求等。全心全意为人民服务，就必须统筹兼顾这些相对应的利益需求，但首先要满足广大人民群众的根本利益需求。

那么，当前我区广大人民群众的根本利益需求是什么呢？我们适应人民群众的利益需求履行职务职责，不断提高服务艺术，不能不清楚这个问题。

2010 年，自治区党委、政府围绕我区科学发展提出了一系列新思路。这些新思路的新意主要体现在三个方面：第一，发展不足是内蒙古的主要矛盾、坚持发展第一要务不动摇；第二，要坚持富民与强区并重、富民优先；第三，内蒙古不再刻意追求 GDP 增速全国第一、努力提高发展的质量和效益。这些重要论断，其实是集中回答了怎样认识区情、为谁发展、怎样发展这三个问题，是我区转型发展的新思路。

说发展不足，不是增长速度不快，而是发展方式粗放、质量效益不高、收入分配不公、人民群众不富。因此，必须由 GDP 增长为重、强区优先向富民与强区并重、富民优先转型。这个转型发展的新思路，体现了科学发展的新要求，顺应了人民群众的新期待，反映了广大人民群众的根本利益需求，其核心是富民优先。

我们适应人民群众的根本利益需求尽职尽责，就要善于找准我们的职位职务与富民优先战略的结合点。只有找准了这个结合点，我们才能明确方向、完善思路，把握重点、破解难点，创造性地开展工作，领导艺术、服务艺术才能得到提高，人民群众才能得到实惠。

从总体上讲，所有领导职位职务都是为人民的根本利益服务的，都是通过直接或间接的方式实现服务的。但随着经济社会的发展，人民群众的根本利益需求是不断发展提升的，我们的职位职责定位和要求也是不断发生变化的。这就要求我们，一方面要深入研究职位规定的各项工作，精通本职业务，另一方面要深入研究全局工作，把握全局工作对本职工作提出的要求，找准两者的结合点，使我们的职位职务更好地适应人民群众的利益需求。

深入研究本职工作和全局工作，对领导干部自身素质能力提出了更高的要求。我们说，领导艺术是适应需求的艺术，是说领导干部立足职位职务为人民服务，必须使立足职位尽职尽责适应人民群众的根本利益需求、适应富民优先战略的需求，同时，也要使自己的素质能力适应研究把握全局工作、立足职位尽职尽责的要求。

四、提高能力搞好服务

领导艺术，指的是创造性的高超的领导方法。领导干部采用什么样的服务方法，取决于他的职务职位，取决于他面对的服务需求，从根本上讲，取决于他的素质能力。领导干部的职务职位不同，面对的服务需求不同，服务方法不同，因

而对其素质能力的要求也不同。这是其个性化的一面。同时，作为人民的公仆，作为党执政的中坚力量，对其素质能力必然有共性的要求。领导干部提高自身领导艺术，需要靠一些基本素质和能力。

（一）靠学和思服务

善于学习和思考是领导干部为人民服务所必须具备的基本素质能力。“学而不思则罔，思而不学则殆。”学习，需要解决为什么学、学什么和怎样学的问题。领导干部尽职尽责，要坚持干什么学什么、需要什么学什么、缺什么补什么。学习贵在思考，思考能辨是非。要带着工作中的问题学，勤奋学习是找准问题的前提，善于思考是解决问题的基础。学习贵在有兴趣，兴趣来自需求。认识需求、培育兴趣是学有所成的永恒动力。有没有强烈的问题意识和坚定的学习力、思考力，是衡量领导干部思想高度、成熟程度和进取精神的重要标志。

（二）靠心和情服务

用心服务、用情服务，是服务的最高境界，是提高领导艺术的内在要求。用心服务，就要把人民放在心中最高位置，深怀爱民之心，恪守为民之责，善谋富民之策，多办利民之事；做到心里装着群众，凡事想着群众，一心为了群众，真心实意为群众办实事。用情服务，就要始终保持赤子之情，回报人民的养育之恩，把个人追求融入党和人民的事业，坚持权为民所用、情为民所系、利为民所谋，对人民群众有真心、有感情，做到情系人民、感恩人民、敬畏人民，把人民视为衣食父母、精神父母，把人生坐标定位于服务人民。有心才有情，情深则心诚；心心相印，必然情深意切。

（三）靠谋和断服务

多谋善断，是民主决策、科学决策，是提高领导艺术的重要一环，是领导干部素质能力的集中体现。多谋，是决策之前充分发扬民主，坚持群众路线，尊重人民主体地位，发挥人民首创精神，拜人民为师，把政治智慧的增长、执政本领的增强深深扎根于人民的创造性实践之中，坚持问政于民、问需于民、问计于民。善断，是在发扬民主的基础上善于决策。决策是行动的起点、发展的基点。多谋是前提，善断是结果，多谋才能善断，多谋善断为人民。科学决策要以群众呼声为第一信号，以群众利益为第一考虑，以群众需要为第一选择，以群众满意为第一标准。

（四）靠说和写服务

说和写是表达方式的两个方面，是领导艺术的生动反映。毛泽东同志说，善于把党的政策变为群众的行动，这是一项马克思主义的领导艺术。把党的政策变为群众的行动，离不开说和写。说，要说实话、讲真话，把话说到点子上，让人愿意听、乐于接受。讲，应深思熟虑、有理有据，实事求是、不避问题，点到痛处、说到难处，晓之以理、动之以情，要有亲和力和感召力。写，应自己写，请人帮忙也要讲自己的思路。领导讲话是集体的意志，同时也是个性特点鲜明的文稿。写讲话最基本的有四点：一是谁讲，内容契合职务，讲出自己的风格；二是对谁讲，对象不同，讲话指向各异；三是讲什么，要适应听众，说事明理；四是怎么讲，通俗易懂，有情有义。最重要的是主题鲜明、条理清晰，直面问题、聚焦热点，回应群众关切、解答思想疑惑。

（五）靠危和廉服务

危，指的是居安思危。领导干部应如履薄冰、如临深渊，时刻增强忧患意识、危险意识，经常反省自己的所作所为，始终警醒自己，以敬畏之心对待人民，以谨慎之心对待自己，经得起执政考验、改革开放考验、市场经济考验、外部环境考验。廉，指的是廉洁自律。廉洁从政、干净做人是领导干部的底线。如果说，密切联系群众是我们党的最大政治优势，脱离群众是我们党执政后的最大危险，那么，消极腐败是对我们党的最大伤害。反腐倡廉靠觉悟，牢记我们手中的权力是人民赋予的，只能用来为人民谋利益，绝不能把权力变成牟取个人或少数人私利的工具，永葆共产党人政治本色。反腐倡廉靠制度，用制度管权管人管事，禁止任何形式、任何程度的权钱交易，自觉接受党和群众及社会的监督。

提高领导艺术靠素质能力，努力提升素质能力吧！

关于转变发展方式问题①

转变发展方式，就是由传统发展方式转变为科学发展方式。科学发展方式与传统发展方式有什么不同呢？第一，发展理念不同，传统发展方式以 GDP 为中心、速度第一，科学发展方式以人为本、民生第一。第二，发展的出发点不同，传统发展方式以加快 GDP 增速、做大 GDP 总量为目的，科学发展方式以保障和改善民生为根本出发点和落脚点。第三，发展模式不同，传统发展方式是资源支撑型、投资拉动型发展，科学发展方式是创新支撑型、消费拉动型发展。第四，

① 本文 2012 年 1 月 14 日在中国国际经济交流中心中国经济年会上的演讲提纲。

分配倾向不同，传统发展方式的分配向资本倾斜、贫富差距拉大，科学发展方式的分配向民生倾斜、发展成果共享。第五，发展结果不同，传统发展方式在一定阶段可以把速度搞快、总量做大，但却导致结构性矛盾突出、发展不可持续，科学发展方式注重统筹兼顾、全面协调可持续发展，是解决不平衡、不协调、不可持续问题的必由之路。

当然，传统发展方式在一定发展阶段具有其合理性和积极作用。拿内蒙古来说，新世纪以来，内蒙古经济最显著的特点是增长速度快，GDP 年均增长 17.3%，其中 2002 年至 2009 年，GDP 增速连续 8 年居全国第一位。2010 年与 2000 年相比，内蒙古 GDP 总量由 1539.12 亿元增加到 11655 亿元，由全国第 24 位前移到第 15 位；人均 GDP 突破 7000 美元，由全国第 16 位前移到第 6 位。这个时期是内蒙古经济实力提升最快的时期，城乡面貌发生很大变化，社会建设取得很大成就，人民群众得到很多实惠。但是从国民收入分配结构观察，10 年间，内蒙古规模以上工业企业利润增长了 103.9 倍，财政总收入增长了 14.7 倍，而城镇居民人均可支配收入仅增长了 2.5 倍，农牧民人均纯收入仅增长了 1.7 倍。城乡居民收入与全国平均水平的差距不但没有缩小，反而越拉越大，2010 年与 2000 年相比，内蒙古城镇居民人均可支配收入与全国平均水平的差距由 1151 元扩大到 1411 元，农牧民人均纯收入与全国平均水平的差距由 215 元扩大到 389 元。GDP 增速快、总量大，不但没有实现经济增长与城乡居民收入增长同步，而且能源资源和生态环境约束日益加剧，城乡、区域和贫富差距拉大。所以，加快发展方式转变、加速经济转型，势在必行。

2010 年，内蒙古创新发展思路，实施富民与强区并重、富民优先战略，提出不再刻意追求 GDP 增速第一、努力提高发展的质量和效益，要求把改善民生落实到真金白银上，落实到人民群众生活水平、生活质量的提高上，把保障和改善民生工作摆在优先位置，特别是在切实保障低收入群众和特殊困难群体的基本生活、提高保障标准方面实行了一系列让人民群众得到实惠的政策措施，包括高于国家标准确定农民年人均纯收入 2600 元、牧民年人均纯收入 3100 元作为新一轮扶贫工作标准线，并把扶贫开发作为头号民生工程，举全区之力打好新一轮扶贫攻坚战。

传统发展方式与科学发展方式的本质区别在于为谁发展、怎样发展。传统发展方式单纯追求 GDP 增速，以做大 GDP 为目的，科学发展方式坚持以人为本，以富民为目的。转型发展，就要突出科学发展主题、把握转变经济发展方式主线，以富民为目的、坚持富民优先，转化发展理念、转换发展模式，强化科技支撑、调整经济结构，节约能源资源、保护生态环境，推动产业升级、提高质量效益，增强发展的全面性、协调性、可持续性，实现共同富裕的目标。

转型发展，实质上是由GDP优先向富民优先转型。富民优先，既要满足人民群众的生存型需求，也要满足人民群众的发展型需求。在大多数群众的生存型需求基本满足的今天，坚持富民优先，要着眼于满足包括城乡贫困人口和弱势群体在内的广大人民群众全面快速增长的发展型需求，着力推进教育、文化、卫生、就业服务、基本社会保障、基本住房保障等基本公共服务均等化。坚持富民优先，实现共同富裕目标，在经济社会发展中需要由一系列优先举措来保证。从保障和改善民生出发调整经济结构特别是产业结构，需要坚持就业优先；从富民的丰富内涵出发解决民生问题，需要坚持增收优先；从满足人民群众日益增长的物质文化需求出发推进基本公共服务均等化，需要坚持服务优先；从顺应人民群众对生态恢复、环境保护越来越强烈的诉求出发，需要坚持生态优先。

关于内蒙古发展的成绩、问题及建议①

一、我区贯彻落实科学发展观取得的成就

速度加快。21世纪以来，我区经济最显著的特点是增长速度快，GDP年均增长17.3%，其中2002年至2009年，GDP增速连续8年居全国第一位。

总量扩大。2010年与2000年相比，我区GDP总量由1539.12亿元增加到11655亿元，由全国第24位前移到第15位；人均GDP突破7000美元，由全国第16位前移到第6位。

结构改善。三次产业结构由2000年的22.8∶37.9∶39.3调整为2010年的9.5∶54.6∶35.9。城乡结构改善，城镇化率大幅提高，由2000年的42.2%提高到2010年的55.5%，提高了13.3个百分点。地区发展差距缩小，初步探索出了一条区内发展较好地区帮助欠发达地区加快发展的路子。2010年，我区调整和完善了经济区域划分，形成了覆盖七个盟市的以“金三角”为核心的西部经济区，覆盖被纳入东北地区振兴规划的五个盟市的东部经济区，提出并实施了以缩小差距为宗旨的区域发展新思路。一是在西部经济区，打造沿黄河沿交通干线经济带，使之成为带动西部经济区跨越式发展的龙头，出现了区域性资源整合模式。二是在东部经济区，锡林郭勒盟和呼伦贝尔市分别支援兴安盟35亿吨和30

① 本文2012年1月19日在中央调研组座谈会上的发言提纲。

亿吨煤，使缺少资源的兴安盟的发展有了一定的资源依托，出现了跨盟市资源支援模式。三是在东部经济区，由锡林郭勒盟提供煤炭，赤峰市提供土地和水资源，大企业投资，在赤峰市的克什克腾旗建设新型煤化工工业园，三方受益，出现了资源优势互补模式。四是西部经济区和东部经济区互动，由鄂尔多斯市对口支援兴安盟，为鄂尔多斯及其他地区的企业在兴安盟投资兴业创造条件，调动了市场主体的积极性，出现了以企业为主体的对口支援模式。一年来，鄂尔多斯市财政拿出15亿元，实施政府援建项目24个，已有18个项目开工建设，其他6个项目将在今年启动，总投资36.9亿元；企业投资已有19个项目开工建设，总投资315亿元，已完成投资23亿元。据不完全统计，2011年自治区共投入兴安盟各类扶持资金89亿元，自治区有关部门和单位投入6000多万元开展定点帮扶工作。2011年，兴安盟地区生产总值完成312亿元，增长20%；固定资产投资完成330亿元，增长30.8%；财政收入完成30亿元，增长35%。对口支援帮助兴安盟实现了工业化的破题，同时更加增强了兴安盟干部群众走出困境、加快发展的信心。

效益提高。地方财政总收入由110.68亿元增加到1738.13亿元。规模以上工业企业利润大幅提高，城乡居民收入不断增长。这个时期是我区经济实力提升最快的时期之一，城乡面貌发生很大变化，社会建设取得很大成就，人民群众得到很多实惠。

思路创新。2010年，自治区党委围绕我区科学发展提出了一系列新思路。这些新思路的新意主要体现在三个方面：第一，发展不足是我区的主要矛盾、坚持发展第一要务不动摇；第二，要坚持富民与强区并重、富民优先；第三，不再刻意追求GDP增速全国第一、努力提高发展的质量和效益。这些重要论断，其实是集中回答了怎样认识区情、为谁发展、怎样发展这三个问题，是我区转型发展的新思路，体现了科学发展的新要求，反映了各族人民的新期待。首先，敏锐地抓住了我区发展不足的主要矛盾，而发展不足的实质是富民不足，我区发展的主要矛盾决定了发展必须以富民为出发点和落脚点，必须坚持富民优先、富民为目的。其次，实现富民的目的，必须坚持发展第一要务不动摇，必须加快转变经济发展方式，提高发展的质量和效益，这是实现富民的必由之路。最后，目的和手段决定了我区不能再刻意追求GDP增速全国第一，要实现由GDP增长为重、强区优先向富民与强区并重、富民优先转型。

二、我区贯彻落实科学发展观中存在的问题

速度方面，经济社会发展中，经济增长速度很快，社会事业发展速度相对缓

慢；经济增长中，第二产业特别是工业增长速度很快，第一、第三产业增长速度缓慢；工业经济中，大企业发展速度很快，中小企业发展速度相对缓慢；产业发展中，资源型产业特别是能源产业发展较快，其他产业特别是非资源型产业发展较慢；区域发展中，呼包鄂地区发展较快，其他盟市发展较慢；城乡发展中，城市发展较快，农村牧区发展较慢；效益增长中，财政收入、企业利润特别是大企业利润增长很快，居民收入增长缓慢，等等。

结构方面，需求结构以投资拉动为主，产业投入以工业投入为主，工业投入以大企业、大项目投入为主，相比之下，消费需求不足，出口需求乏力，不能与产业结构优化、经济转型升级、经济社会全面发展和城乡区域平衡发展、人与自然和谐共生等要求相协调，不能与满足人民群众收入同步增长、生活质量提升、共享改革发展成果的需求相适应；要素结构中物质资源消耗过多，而科技进步、劳动者素质和管理创新对经济增长的贡献率过低，使经济增长的资源环境代价过高、劳动力代价过低，导致能源资源加速消耗、污染物过度排放、生态环境遭到破坏，不利于技术进步和管理创新，不利于提高发展的质量和效益，不利于人民群众共享发展成果；长期以来形成的城乡二元结构及二元制度阻碍了农牧业、农村牧区发展，阻碍了农村牧区消费扩大、城乡要素流动和社会公平的实现，积累了诸多社会矛盾和问题。

质量方面，经济增长的资源环境代价过大，生产标准化程度不高，标准制定能力不强，质量管理体系认证面不广，技术进步对经济增长的贡献率较低，创新资源相对匮乏，创新环境需要优化，自主创新能力亟待增强，等等。

效益方面，从投入产出关系讲，经济增长中的能源资源消耗过大、污染物排放过高，增加了经济发展方式转变的难度，经济增长中人力资源没有得到充分开发利用，经济增长特别是工业的超常速增长没有带来就业增加，劳动者素质和技能没有得到明显提高，劳动生产率不高、劳动报酬增长缓慢，从产出成果分配关系讲，国民收入分配结构很不合理，企业利润、财政收入增长与城乡居民收入增长很不协调。我区发展中存在这些问题，其原因是多方面的，从一定阶段的某种意义上讲，有些或许是难以避免的。这些问题最终直接影响着富民目标的实现。从国民收入分配结构观察，过去的10年间，我区规模以上工业企业利润由16.10亿元增加到1688.44亿元，增长了103.9倍；财政总收入由110.68亿元增加到1738.13亿元，增长了14.7倍；而城镇居民人均可支配收入由5129元增加到17698元，仅增长了2.5倍，农牧民人均纯收入由2038元增加到5530元，仅增长了1.7倍。城乡居民收入与全国平均水平的差距不但没有缩小，反而越拉越大，2010年与2000年相比，内蒙古城镇居民人均可支配收入与全国平均水平的差距由1151元扩大到1411元，农牧民人均纯收入与全国平均水平的差距由215

元扩大到389元。

2010年，我区创新发展思路，实施富民与强区并重、富民优先战略，提出不再刻意追求GDP增速第一、努力提高发展的质量和效益，要求把改善民生落实到真金白银上，落实到人民群众生活水平、生活质量的提高上，把保障和改善民生工作摆在优先位置，特别是在切实保障低收入群众和特殊困难群体的基本生活、提高保障标准方面实行了一系列让人民群众得到实惠的政策措施，包括高于国家标准确定农民年人均纯收入2600元、牧民年人均纯收入3100元作为新一轮扶贫工作标准线，并把扶贫开发作为头号民生工程，举全区之力打好新一轮扶贫攻坚战。

三、我区贯彻落实科学发展观的制约因素

从加快转变经济发展方式角度观察，主要的制约因素是，资源环境约束日益加剧，科技创新能力不足，劳动者素质亟待提高，重点领域的改革需要适时推进。

四、我区贯彻落实科学发展观的对策建议

（1）着力加大结构调整力度。加快构建现代产业体系。

（2）着力增强科技创新能力。

（3）着力夯实居民增收的基础。增加家庭经营收入，要大力发展个体私营经济和农牧民专业合作社。增加工资性收入，要坚持就业优先，建立工资正常增长机制。增加转移性收入，要加大公共财政民生支出力度。增加财产性收入，要加快推进产权制度改革。

党的十七大首次提出“创造条件让更多群众拥有财产性收入”。《国务院关于进一步促进内蒙古经济社会又好又快发展的若干意见》提出的“鼓励农牧区集体和个人以土地、草场使用权入股等方式参与当地资源开发建设，增加农牧民财产性收入”的要求，“完善资源开发、征地拆迁补偿办法，创造条件让更多群众拥有财产性收入”，切实维护好广大农牧民群众的利益，包括探索建立无矿产资源区农牧民收入增长基金，完善资源开发企业与农牧民利益共享机制，使发展成果更多地惠及广大群众。

（4）着力推进基本公共服务均等化。基本公共服务的范围分两大类八个方面。一是基础服务类。包括公共教育、公共医疗卫生、公共文化体育、公共交通四项。二是对人的保障类。包括生活保障（含养老保险、最低生活保障、五

保）、住房保障、就业保障、医疗保障四项。自治区决定将城镇居民社会养老保险与新型农村牧区社会养老保险合并实施。

党的十八大报告的新概括、新表述、新提法①

党的十八大报告是我们党理论创新的集大成者，提出了许多新思想、新观点和新论断，并用一系列新概括、新表述和新提法表达了新思想、新观点和新论断。学习党的十八大报告，需要准确把握报告中的一系列新概括、新表述和新提法来深刻理解党的十八大报告的新思想、新观点和新论断，全面领会和深入贯彻党的十八大精神。

一、大会主题的新概括

党的十八大报告概括的大会主题是"高举中国特色社会主义伟大旗帜，以邓小平理论、'三个代表'重要思想、科学发展观为指导，解放思想，改革开放，凝聚力量，攻坚克难，坚定不移沿着中国特色社会主义道路前进，为全面建成小康社会而奋斗"。这八句话表达了五层意思：高举中国特色社会主义伟大旗帜，这是当代中国发展进步的旗帜，是全党全国人民团结奋斗的旗帜。以邓小平理论、"三个代表"重要思想、科学发展观为指导，这是党代会报告第一次作这样的表述，把科学发展观进一步明确为我们党和国家一切工作的指导思想，明确了科学发展观的历史定位，为全面建成小康社会、实现中华民族伟大复兴提供了强大思想武器，是党的十八大最大的理论亮点和历史贡献。解放思想，改革开放，凝聚力量，攻坚克难，这是我们为全面建成小康社会而奋斗的精神状态。坚定不移沿着中国特色社会主义道路前进，这是我们全面建成小康社会的必由之路。为全面建成小康社会而奋斗，这是我们今后八年的奋斗目标，表述上把建设改为建成，由过程性词改为结果性词，体现了达到目标的紧迫性和实现目标的坚定性。总之，党的十八大的主题鲜明回答了我们党举什么旗帜、走什么道路、保持什么样的精神状态、朝着什么样的目标继续前进的重大问题，简明扼要、坚定鲜明，表明了全党的意志，表达了人民的期盼。大会主题是大会的旗帜、灵魂，是大会精神的根本标志。我们学习贯彻党的十八大精神，最紧要最关键的一条，就是深

① 本文2012年11月29日在内蒙古人大常委会上的讲座讲稿。

刻理解、牢牢把握大会主题。只有这样，才能全局在胸、纲举目张，才能高屋建瓴、全面贯彻。

二、“四个更加自觉”实践要求的新表述

党的十八大报告强调：“全党必须更加自觉地把推动经济社会发展作为深入贯彻落实科学发展观的第一要义，更加自觉地把以人为本作为深入贯彻落实科学发展观的核心立场，更加自觉地把全面协调可持续作为深入贯彻落实科学发展观的基本要求，更加自觉地把统筹兼顾作为深入贯彻落实科学发展观的根本方法。”这“四个更加自觉”是第一次从深入贯彻落实科学发展观的角度对科学发展观内涵进行新的表述，是科学发展观的实践要求。我们学习贯彻党的十八大精神，就要从这“四个更加自觉”的实践要求上更深入地理解科学发展观的深刻内涵。党的十六大以来，我们之所以能取得历史性成就和进步，最重要的就是勇于推进实践基础上的理论创新，形成和贯彻了科学发展观，为全面建设小康社会、加快推进社会主义现代化提供了有力的理论指导，使中国特色社会主义伟大旗帜在新的历史条件下展现出科学发展的时代意蕴。

科学发展观是马克思主义同当代中国实际和时代特征相结合的产物，是马克思主义关于发展的世界观和方法论的集中体现，对新形势下实现什么样的发展、怎样发展等重大问题作出了新的科学回答，把我们对中国特色社会主义理论的认识提高到新的水平，开辟了当代中国马克思主义发展的境界。科学发展观是中国特色社会主义理论体系最新成果，是中国共产党集体智慧的结晶，是胡锦涛同志集中全党智慧创立了科学发展观。

2003 年 4 月，胡锦涛同志在广东考察工作时提出，要坚持全面的发展观，努力促进社会主义物质文明、政治文明和精神文明协调发展。7 月，在全国防治“非典”工作会议上强调，要更好地坚持协调发展、全面发展、可持续发展的发展观。8 月，在江西考察工作时提出“要牢固树立协调发展、全面发展、可持续发展的科学发展观，积极探索符合实际的发展新路子”。10 月，党的十六届三中全会《决定》提出要“坚持以人为本，树立全面、协调、可持续的发展观，促进经济社会和人的全面发展”。胡锦涛同志在会上指出，树立和落实科学发展观，这是 20 多年改革开放实践的经验总结，是战胜“非典”疫情给我们的重要启示，也是推进全面建设小康社会的迫切要求。

2003 年底，在中央经济工作会议上，胡锦涛同志再次指出：牢固确立和认真落实科学发展观，对于提高党领导经济工作的水平和驾驭全局的能力，实现全面建设小康社会的宏伟目标至关重要。这既是我国经济工作必须长期坚持的重要

指导思想，也是解决当前经济社会发展中诸多矛盾必须遵循的基本原则。

2004 年 3 月，胡锦涛同志在中央人口资源环境工作座谈会上，全面阐述了科学发展观的理论基础、深刻内涵、基本要求和指导意义。9 月，党的十六届四中全会《决定》把树立和落实科学发展观作为提高党的执政能力的重要内容。

2005 年 10 月，党的十六届五中全会《建议》强调，要坚定不移以科学发展观统领经济社会发展全局，坚持以人为本，转变发展观念、创新发展模式、提高发展质量，把经济社会发展切实转入全面协调可持续发展的轨道。

2006 年 12 月，胡锦涛同志在中央经济工作会议上指出，科学发展观是我们推进经济建设、政治建设、文化建设、社会建设必须长期坚持的根本指导方针。

2007 年 10 月，党的十七大对科学发展观的科学内涵、精神实质、根本要求进行了全面系统深入的阐述，强调指出："科学发展观，第一要义是发展，核心是以人为本，基本要求是全面协调可持续，根本方法是统筹兼顾。"科学发展观同马克思列宁主义、毛泽东思想、邓小平理论、"三个代表"重要思想一道，是党必须长期坚持的指导思想。面向未来，深入贯彻落实科学发展观，就要更全面地把握解放思想、实事求是、与时俱进、求真务实这个科学发展观最鲜明的精神实质，把科学发展观贯彻落实到我国现代化建设全过程，体现到党的建设各方面。

三、中国特色社会主义理论体系的新表述

党的十八大报告指出："中国特色社会主义理论体系，就是包括邓小平理论、'三个代表'重要思想、科学发展观在内的科学理论体系，是对马克思列宁主义、毛泽东思想的坚持和发展。"这个新表述与党的十七大报告的表述，在内容上基本一致，表述方法上有新意，更直接、更简洁，对科学发展观的定位更清晰，说明我们党对科学发展观是马克思主义中国化的最新理论成果的认识进一步提高了。中国特色社会主义理论体系，系统回答了在中国这样一个十几亿人口的发展中大国建设什么样的社会主义、怎样建设社会主义，建设什么样的党、怎样建设党，实现什么样的发展、怎样发展等一系列重大问题。我们学习和坚持中国特色社会主义理论体系，重点是认真学习和深入贯彻落实科学发展观，从理论与实践的结合上进一步增强深入贯彻落实科学发展观的自觉性和坚定性。

我国发展正处于人均国内生产总值从 5000 美元增长到 1 万美元的关键阶段，各种困难、矛盾和潜在风险凸显。科学发展观对新形势下实现什么样的发展、怎样发展等重大问题作出了新的科学回答，把对中国特色社会主义理论的认识提高到新的水平。党的十八大在十七大全面阐述科学发展观的基础上对科学发展观的

实践要求进一步作出精辟概括。只有深入贯彻落实科学发展观，推动我国经济社会科学发展，才能在战胜各种风险挑战中牢牢掌握发展主动权，为如期实现全面建成小康社会的宏伟目标打下具有决定性意义的基础。

当前和今后一个时期抓住和用好重要战略机遇期，深入贯彻落实科学发展观，重在把其实践要求全面体现到经济社会发展中。一是深入贯彻落实科学发展观的第一要义，更加自觉地推动经济社会发展。在当代中国，坚持发展是硬道理的本质要求就是坚持科学发展。科学发展是抓住机遇、应对挑战、解决我国所有问题的关键。只有推动经济持续健康发展，才能筑牢国家繁荣富强、人民幸福安康、社会和谐稳定的物质基础。二是深入贯彻落实科学发展观的核心立场，更加自觉地坚持以人为本。现阶段化解和应对我国经济社会领域存在的问题、矛盾、风险和挑战，都有赖于我们在尊重人民首创精神、保障人民各项权益上取得新进步，在实现发展成果由人民共享、促进人的全面发展上取得新成效。三是深入贯彻落实科学发展观的基本要求，更加自觉地坚持全面协调可持续。现阶段我国发展中不平衡、不协调、不可持续问题及其带来的矛盾、风险和挑战，必须靠更加自觉地贯彻落实全面协调可持续的基本要求才能有效化解和应对。四是深入贯彻落实科学发展观的根本方法，更加自觉地坚持统筹兼顾。统筹兼顾是我们处理各方面矛盾和问题必须坚持的重大战略方针，也是在现阶段用好机遇、应对挑战、实现科学发展必须把握的根本方法。

四、中国特色社会主义制度的新表述

党的十八大报告指出："中国特色社会主义制度，就是人民代表大会制度的根本政治制度，中国共产党领导的多党合作和政治协商制度、民族区域自治制度以及基层群众自治制度等基本政治制度，中国特色社会主义法律体系，公有制为主体、多种所有制经济共同发展的基本经济制度，以及建立在这些制度基础上的经济体制、政治体制、文化体制、社会体制等各项具体制度。"中国特色社会主义制度的提法是胡锦涛同志《在庆祝中国共产党成立 90 周年大会上的讲话》中首次提出来的，党的十八大报告在表述上使其进一步概念化。中国特色社会主义制度是由根本政治制度、基本政治制度、法律体系、基本经济制度和各项具体制度构成的，其中，基本政治制度包括中国共产党领导的多党合作和政治协商制度、民族区域自治制度以及基层群众自治制度等，各项具体制度是指经济体制、政治体制、文化体制、社会体制等。中国特色社会主义制度符合我国国情，顺应时代潮流，有利于保持党和国家活力，调动广大人民群众和社会各方面的积极性、主动性、创造性，有利于解放和发展社会生产力，推动经济社会全面发展，有利于维护和促进社会公平正义，实现全体人民共同富裕，有利于集中力量办大事，有效应对前进道路上的各种风险挑战，有利于维护民族团结、社会稳定、国家统一。中国特色社会主义制度，是当代中国发展进步的根本制度保障，集中体现了中国特色社会主义的特点和优势。学习党的十八大精神，我们应进一步增强贯彻执行中国特色社会主义制度的自觉性和坚定性。

坚持和完善中国特色社会主义，必须进一步弄清中国特色社会主义、中国特色社会主义道路、中国特色社会主义理论体系和中国特色社会主义制度之间的相互关系。主义即旗帜，与道路、理论体系、制度是紧密联系、相互依存、不可分割的统一体。一方面，旗帜是管总的，它规定了道路、理论体系、制度的性质和方向，并通过它们来体现和发挥引领与规范作用。旗帜不是道路、理论体系、制度的简单集合，更不是单纯的符号和标识，旗帜蕴含着党的性质、宗旨、纲领、理论、路线，是全党的共同信仰、共同理想、共同目标的集中表达。旗帜是党和国家的灵魂，昭示党和国家的性质，指引社会发展的方向，凝聚全党和全国各族人民的智慧和力量。另一方面，道路、理论体系和制度是旗帜的具体支撑和实践载体，离开这三者，旗帜就会变成空洞的口号。道路是实现途径，理论体系是行动指南，制度是根本保障，举什么旗、走什么路、以什么样的理论为指导、建设什么样的制度，构成了中国特色社会主义的主要内容，统一于中国特色社会主义伟大实践，这是党领导人民在建设社会主义长期实践中形成的最鲜明特色。

党的十八大报告深刻阐述中国特色社会主义道路、理论体系、制度的基本内涵和相互关系，丰富了中国特色社会主义伟大旗帜的内容。在高举中国特色社会主义旗帜的要求上，由党的十七大报告重点强调的坚持中国特色社会主义，进一步深化到党的十八大报告提出的“坚持和发展”中国特色社会主义的有机统一，即“坚持和拓展”中国特色社会主义道路、“坚持和丰富”中国特色社会主义理论体系、“坚持和完善”中国特色社会主义制度。这昭示出，坚持中国特色社会主义，必须发展中国特色社会主义；只有发展中国特色社会主义，才能更好坚持中国特色社会主义。这是党的十八大报告最鲜明的理论亮点。

五、“两个倍增”小康目标的新表述

党的十八大报告第一次提出“在发展平衡性、协调性、可持续性明显增强的基础上，实现国内生产总值和城乡居民人均收入比 2010 年翻一番”的新指标。这是一个重大突破。党的十六大提出实现国内生产总值到 2020 年比 2000 年翻两番。鉴于经济增长速度超出预期，党的十七大报告提出实现人均国内生产总值到 2020 年比 2000 年翻两番，将指标由总量改为人均。这两次大会均未对居民收入增长提出量化指标。党的十七届五中全会虽然首次提出努力实现居民收入增长与经济发展同步，但也未提出收入增长的量化指标。这次的“两个倍增”指标内涵更丰富，指导性、方向性更鲜明：对发展的平衡性、协调性、可持续性要求明显增强，是实现目标的重要前提；居民收入不仅要倍增，而且要同 GDP 翻一番同步；把居民收入作为全面建成小康社会的一项目标，体现了以人为本和民富优先；用十年时间实现居民收入倍增并非不可企及的高指标，而是切实可行的，保持中速增长就能实现；在实现居民收入倍增过程中，要着力解决收入分配差距较大的问题。

从新表述中深刻理解中国特色社会主义①

党的十八大报告是我们党理论创新的集大成者，提出了许多新思想、新观点和新论断，用一系列新概括、新表述和新提法表达了新思想、新观点和新论断。学习党的十八大报告，应准确把握报告中的一系列新概括、新表述和新提法来深刻理解党的十八大报告的新思想、新观点和新论断，全面领会和深入贯彻党的十八大精神。

中国特色社会主义是指引我们全面建成小康社会、继续推进社会主义现代化的伟大旗帜。夺取中国特色社会主义新胜利，我们要从党的十八大报告的新表述中深刻理解中国特色社会主义。党的十八大报告在党的十七大报告、胡锦涛同志《在庆祝中国共产党成立 90 周年大会上的讲话》相关表述的基础上，对中国特色社会主义道路、中国特色社会主义理论体系和中国特色社会主义制度的内涵作出了新的表述。

一、中国特色社会主义道路的新表述

“中国特色社会主义道路，就是在中国共产党领导下，立足基本国情，以经济建设为中心，坚持四项基本原则，坚持改革开放，解放和发展社会生产力，建设社会主义市场经济、社会主义民主政治、社会主义先进文化、社会主义和谐社会、社会主义生态文明，促进人的全面发展，逐步实现全体人民共同富裕，建设富强民主文明和谐的社会主义现代化国家。”这个新表述在党的十七大报告表述

① 本文原载于 2012 年 11 月 23 日《内蒙古日报》理论版。

的基础上增加了“社会主义生态文明，促进人的全面发展，逐步实现全体人民共同富裕”三句话。

新表述用十句话表达了七层意思：在中国共产党领导下，这是政治大前提，没有共产党的领导就没有中国特色社会主义道路；立足基本国情，这是走中国特色社会主义道路的基本依据，我国最基本的国情就是仍处于并将长期处于社会主义初级阶段；以经济建设为中心，坚持四项基本原则，坚持改革开放，这是党的基本路线的主要内容；解放和发展社会生产力，这是社会主义的根本任务；建设社会主义市场经济、社会主义民主政治、社会主义先进文化、社会主义和谐社会、社会主义生态文明，这是建设中国特色社会主义五位一体总体布局的内容；促进人的全面发展，逐步实现全体人民共同富裕，这是科学发展观的核心立场和社会主义的根本原则；建设富强民主文明和谐的社会主义现代化国家，这是走中国特色社会主义道路的奋斗目标。

可见，党的领导、基本国情、基本路线、根本任务、总体布局、根本原则、奋斗目标，是中国特色社会主义道路内涵的构成要素。我们坚定不移走中国特色社会主义道路，必须体现到坚持走一系列中国特色具体道路，包括中国特色新型工业化、信息化、城镇化、农业现代化道路，中国特色自主创新道路，中国特色社会主义政治发展道路，中国特色社会主义文化发展道路，中国特色军民融合式发展道路，中国将矢志不渝走和平发展道路。

道路问题是关系党的事业兴衰成败第一位的问题，道路就是党的生命，道路就是党的事业的命脉。我们坚定不移地走中国特色社会主义道路，必须从构成要素上深刻把握其丰富内涵，不断增强走中国特色社会主义道路的自觉性和自信心。

二、中国特色社会主义理论体系的新表述

“中国特色社会主义理论体系，就是包括邓小平理论、‘三个代表’重要思想、科学发展观在内的科学理论体系，是对马克思列宁主义、毛泽东思想的坚持和发展。”这个新表述与党的十七大报告表述，在内容上基本一致，表述方法上有新意，更直接、更简洁，对科学发展观的定位更清晰，说明我们党对科学发展观是马克思主义中国化的最新理论成果的认识进一步提高了。

中国特色社会主义理论体系，系统回答了在中国这样一个十几亿人口的发展中大国建设什么样的社会主义、怎样建设社会主义，建设什么样的党、怎样建设党，实现什么样的发展、怎样发展等一系列重大问题。我们学习和坚持中国特色社会主义理论体系，重点是认真学习和深入贯彻落实科学发展观，从理论与实践

的结合上进一步增强深入贯彻落实科学发展观的自觉性和坚定性。

三、中国特色社会主义制度的新表述

“中国特色社会主义制度，就是人民代表大会制度的根本政治制度，中国共产党领导的多党合作和政治协商制度、民族区域自治制度以及基层群众自治制度等基本政治制度，中国特色社会主义法律体系，公有制为主体、多种所有制经济共同发展的基本经济制度，以及建立在这些制度基础上的经济体制、政治体制、文化体制、社会体制等各项具体制度。”中国特色社会主义制度的提法是胡锦涛《在庆祝中国共产党成立90周年大会上的讲话》中首次提出来的，党的十八大报告在表述上使其进一步概念化。

中国特色社会主义制度是由根本政治制度、基本政治制度、法律体系、基本经济制度和各项具体制度构成的，其中，基本政治制度包括中国共产党领导的多党合作和政治协商制度、民族区域自治制度以及基层群众自治制度等，各项具体制度是指经济体制、政治体制、文化体制、社会体制等。中国特色社会主义制度符合我国国情，顺应时代潮流，有利于保持党和国家活力，调动广大人民群众和社会各方面的积极性、主动性、创造性，有利于解放和发展社会生产力，推动经济社会全面发展，有利于维护和促进社会公平正义，实现全体人民共同富裕，有利于集中力量办大事，有效应对前进道路上的各种风险挑战，有利于维护民族团结、社会稳定、国家统一。

中国特色社会主义制度，是当代中国发展进步的根本制度保障，集中体现了中国特色社会主义的特点和优势。学习党的十八大精神，我们应进一步增强贯彻执行中国特色社会主义制度的自觉性和坚定性。

四、中国特色社会主义的内在关系

党的十八大报告指出，中国特色社会主义道路是实现途径，中国特色社会主义理论体系是行动指南，中国特色社会主义制度是根本保障，三者统一于中国特色社会主义伟大实践，这是党领导人民在建设社会主义长期实践中形成的最鲜明特色。

党的十八大报告深刻阐述中国特色社会主义道路、理论体系、制度的基本内涵和相互关系，丰富了中国特色社会主义伟大旗帜的内容。在高举中国特色社会主义旗帜的要求上，由党的十七大报告重点强调的坚持中国特色社会主义，进一步深化到党的十八大报告提出的“坚持和发展”中国特色社会主义的有机统一。

这昭示我们，坚持中国特色社会主义，必须发展中国特色社会主义；只有发展中国特色社会主义，才能坚持中国特色社会主义。这是党的十八大报告最鲜明的理论亮点。

主义、道路、理论体系、制度四者是紧密联系、相互依存、不可分割的统一体。一方面，主义是管总的，它规定了道路、理论体系、制度的性质和方向，主义不是道路、理论体系、制度的简单集合，主义蕴含着党的性质、宗旨、纲领、理论、路线，是全党的共同信仰、共同理想、共同目标的集中表达。中国特色社会主义是党和国家的灵魂，昭示党和国家的性质，指引社会发展的方向，凝聚全党和全国各族人民的智慧和力量。另一方面，道路、理论体系和制度是主义的具体支撑和实践载体，离开这三者，主义就会变成空洞的口号。

五、中国特色社会主义“三个总”的新提法

党的十八大报告提出：“建设中国特色社会主义，总依据是社会主义初级阶段，总布局是五位一体，总任务是实现社会主义现代化和中华民族伟大复兴。”这“三个总”的重要论断，第一次从依据、布局和任务方面表述建设中国特色社会主义的总架构，第一次明确了社会主义初级阶段、五位一体布局、实现社会主义现代化和中华民族伟大复兴三者在建设中国特色社会主义总架构中的定位，使我们从总的方面对建设中国特色社会主义的科学框架及其三个方面的关系有了清晰的把握。

中国特色社会主义，从理论和实践结合上系统回答了在中国这样人口多底子薄的东方大国建设什么样的社会主义、怎样建设社会主义这个根本问题，是当代中国发展进步的根本方向。我们必须清醒认识到，作为世界上最大的发展中国家，我国仍处于并将长期处于社会主义初级阶段的基本国情没有变，人民日益增长的物质文化需要同落后的社会生产之间的矛盾这一社会主要矛盾没有变，在任何情况下都要牢牢把握社会主义初级阶段这个最大国情，推进任何方面的改革发展都要牢牢立足社会主义初级阶段这个最大实际。

六、中国特色社会主义“四个特色”的新提法

党的十八大报告提出：“发展中国特色社会主义是一项长期的艰巨的历史任务，必须准备进行具有许多新的历史特点的伟大斗争。我们一定要毫不动摇坚持、与时俱进发展中国特色社会主义，不断丰富中国特色社会主义的实践特色、理论特色、民族特色、时代特色。”关于丰富中国特色社会主义的“四个特色”，

是胡锦涛同志今年7月23日在省部级主要领导干部专题研讨班开班式上的重要讲话中第一次提出的。

中国特色社会主义的实践特色，突出表现为它在改革开放的实践中开辟了一条社会主义现代化道路；丰富其实践特色，就要更加注重实践探索，最根本的是把改革开放全面推向深入，形成更加完善有效的现实路径和政策制度，在新的历史条件下通过创造性实践使中国特色社会主义道路越走越宽广。

中国特色社会主义的理论特色，突出表现为它实现了科学社会主义的新飞跃，在实践基础上不断进行理论创新，形成了中国特色社会主义理论体系；丰富其理论特色，就要更加注重理论创新，立足实践的新发展作出理论新概括，形成更加全面系统、更具说服力影响力引导力的理论创新成果，不断丰富中国特色社会主义理论体系。

中国特色社会主义的民族特色，突出表现为它实现了科学社会主义的中国化，从中国优秀传统文化和中华民族精神中吸收精神动力的同时丰富发展了优秀传统文化和中华民族精神；丰富其民族特色，就要更加注重彰显民族风格，形成更能体现民族精神、民族智慧、民族气派的独特优势，使其成为坚持和发展中国特色社会主义的强大精神力量。

中国特色社会主义的时代特色，突出表现为它是一个与时俱进、开放包容的理论和实践体系，正确回答了时代提出的重大课题；丰富其时代特色，就要更加注重高扬时代旗帜，关键在于充分吸纳借鉴当代人类社会有益文明成果，顺应时代潮流、吸纳时代精华，始终体现时代精神、反映时代要求，在新的时代条件下不断开创中国特色社会主义事业新局面。

七、中国特色社会主义“八个必须坚持”的新表述

党的十八大报告提出，在新的历史条件下夺取中国特色社会主义新胜利，必须牢牢把握以下基本要求，并使之成为全党全国各族人民的共同信念。党的十八大报告提出的夺取中国特色社会主义新胜利的基本要求包括：必须坚持人民主体地位，必须坚持解放和发展社会生产力，必须坚持推进改革开放，必须坚持维护社会公平正义，必须坚持走共同富裕道路，必须坚持促进社会和谐，必须坚持和平发展，必须坚持党的领导。这“八个必须坚持”中，坚持人民主体地位是中国特色社会主义的核心立场，解放和发展社会生产力是中国特色社会主义的根本任务，改革开放是坚持和发展中国特色社会主义的必由之路，公平正义是中国特色社会主义的内在要求，走共同富裕道路是中国特色社会主义的根本原则，社会和谐是中国特色社会主义的本质属性，和平发展是中国特色社会主义的必然选

择，中国共产党是中国特色社会主义事业的领导核心。这八个方面是相互联系、相互促进、相互支撑、互为条件的有机整体，统一于中国特色社会主义的伟大实践。这“八个必须坚持”的基本要求第一次系统阐述了中国特色社会主义的丰富内涵，是对中国特色社会主义作出的新的理论概括，具有很强的现实针对性、长远指导性，作为全党全国人民的共同信念，必将极大地增强全党全国人民的道路自信、理论自信、制度自信!

这“三个自信”，源于对中国特色社会主义的坚定信念，体现了对我国国情的深刻把握、对民族命运的理性思考、对人民福祉的责任担当；源于建设中国特色社会主义伟大实践，改革开放以来我国经济社会发展取得的伟大成就，是“三个自信”的坚实基础；源于对美好未来的坚定信心，只要我们胸怀理想，不动摇、不懈怠、不折腾，解放思想、改革开放、凝聚力量、攻坚克难，就一定能在中国共产党成立一百年时全面建成小康社会、在新中国成立一百年时建成富强民主文明和谐的社会主义现代化国家。

再谈东方控股集团的发展理念①

六年前，东方控股集团提出要创建“中国特色社会主义新型企业”。创建什么样的企业，这是企业发展定位问题、发展战略问题，对企业健康发展、长久发展至关重要。创建“中国特色社会主义新型企业”，从其内涵上讲应包括两个层面的内容：第一，这个企业是中国特色社会主义的企业。企业要高举中国特色社会主义伟大旗帜，走中国特色社会主义道路，以科学发展观为指导，遵守中国特色社会主义制度。这个企业是建设中国特色社会主义的主体，要为坚持和发展中国特色社会主义添砖加瓦。第二，这个企业是新型企业。在新时期新阶段，我国正在推进新型工业化。所谓新型工业化，就是坚持以信息化带动工业化，以工业化促进信息化，就是科技含量高、经济效益好、资源消耗低、环境污染少、人力资源优势得到充分发挥的工业化道路。我们作为新型企业，就是要以信息化带动跨越式发展，以科技进步和创新为动力，注重员工素质提高；就是要增强可持续发展能力，注重生态建设和环境保护，降低资源消耗，减少环境污染，增强发展后劲；就是要充分发挥人力资源优势，促进员工全面发展。东方控股集团提出要创建“中国特色社会主义新型企业”，体现了企业的道路自信、理论自信、制度

① 节选自 2012 年 12 月 28 日在东方控股集团领导干部学习党的十八大精神讲座讲稿。

自信！谁说一个民营企业没有这样的自信、自觉和境界！

东方控股集团提出“以人为本，共同富裕”的企业宗旨，在企业发展中始终坚持了这个宗旨。党有党的宗旨，企业也有企业的宗旨。确立和坚持什么样的宗旨，关系企业安身立命、成败得失。东方控股集团确定以人为本、共同富裕的宗旨，充分体现了党的全心全意为人民服务的宗旨，充分体现了党的十八大报告关于“八个必须坚持”的基本要求，是党的宗旨和“八个必须坚持”基本要求在东方控股集团的具体化。以人为本，就要坚持人民主体地位，坚持全体员工主体地位，发挥员工主人翁精神，保障员工各项权益。共同富裕，就要坚持中国特色社会主义的根本原则，实现员工劳动报酬增长和企业劳动生产率提高同步，建立和完善劳动、资本、技术、管理等要素按贡献参与分配的分配机制，使企业发展成果更多更公平惠及全体员工，逐步实现共同富裕。坚持以人为本、共同富裕的宗旨，就要让全体员工逐步实现物质上富裕、精神上富有，促进员工全面发展。

到2020年全面建成小康社会，全国城乡居民收入要实现倍增，我们东方控股集团员工的收入当然也要倍增。东方控股集团的奋斗目标是“让无产者变为有产者”。“让无产者变为有产者”，它的含义是让穷人富起来。无产有产，这里说的“产”指的是财产，是员工的财产。目前，大多数员工的收入还是工资性收入即劳动报酬。“让无产者变为有产者”，让收入较低的员工也富起来，就是让员工通过辛勤劳动获得更多工资性收入，使积累起来的工资性收入资本化，使单个员工组织化，实现股份化，从而逐步使员工既有工资性收入，又有财产性收入。党的十八大报告明确提出：“多渠道增加居民财产性收入。”最近召开的中央经济工作会议也明确提出：“要引导广大群众树立通过勤劳致富改善生活的理念，使改善民生既是党和政府工作的方向，也是人民群众自身奋斗的目标。”这些重要论断的中心思想就是勤劳致富、多渠道增收。东方控股集团让员工变为有产者的核心理念是“人本重于资本”，最重要、最具特色的举措是“党管分配”。党委怎样按照人本重于资本的理念管好分配呢？唯一的途径是深化改革。紧密结合企业实际深化改革，既要充分发挥员工的首创精神，又要靠企业决策层科学的顶层设计。这是打造百年东方的必由之路。

东方控股集团具有高度重视企业党的建设、注重员工学习培训的优良传统。学习型、服务型、创新型，同样适用于企业党组织建设，也适用于企业建设。相信在“三型党组织”建设和“三型企业”建设中，东方控股集团能够不断得到提升，不断创造出好做法、好经验。

谈谈文稿的写作①

一、文稿的要素

任何文稿，都是由内容和形式两个方面构成的，是内容和形式的统一。文稿的内容，包括文题、主题、材料；文稿的形式，指的是结构、语言、表达方式。

以习近平总书记《在十八届中共中央政治局常委同中外记者见面时的讲话》为例，这篇讲话的内容：文题是重大责任；主题是“人民对美好生活的向往，就是我们肩负的重任，就是我们的奋斗目标”；材料，事实材料、数字材料、理论材料、历史材料、现实材料，得心应手、运用自如。

这篇讲话的形式：结构，九个自然段，五层意思即五个分观点：一定不负重托，不辱使命；使中华民族更加坚强有力地自立于世界民族之林，为人类作出新的更大的贡献；坚定不移走共同富裕的道路；使我们党始终成为中国特色社会主义事业的坚强领导核心；努力向历史、向人民交一份合格的答卷。语言，平实、准确、鲜明、生动，简洁明快、通俗易懂，清晰响亮、朗朗上口，逻辑性、鼓动性强。表达方式，议论、叙述、描写、抒情等。

二、文稿的内容

文稿的内容包括文题、主题、材料。文题是文稿要写的问题，主题是文稿的中心思想、总的观点，材料是主题来源、主题的支撑。

（一）确立主题

主题是文稿的灵魂。没有主题，不是文稿；主题不突出，不是好文稿。主题在文稿中统率其他五个构成要素，起着支配一切的核心作用，贯穿于文稿始终，具有从内部联结文稿各个部分的功能。文稿的文题、全部材料、结构、全部语言、所有表达方式，都要直接或间接地为主题服务，符合并体现主题的要求；文题的确定、材料的取舍、结构的布局、语言的运用、方式的选择，都要接受主题

① 本文节选自2012年12月7日应邀在内蒙古党委组织部干部大会上的讲座讲稿。

的制约。所以，起草文稿要特别着意于主题，先确立主题。未立主题，不宜动笔，就是所谓“意在笔先”。

（1）确立主题的基本要求。一要正确，二要鲜明，三要深刻，四要集中。

（2）提炼主题的基本方法。通过对大量材料进行对比、分析、研究，认识客观事物的本质，找出客观事物的内在联系及其发展规律，从而确定一个足以统领整篇文稿的中心思想。

文稿是现实生活的反映，文稿主题来源于现实生活，是写作者对现实生活的深刻感受、深刻理解。提炼主题的过程，就是写作者对生活现象进行分析、研究和概括总结的过程，分析研究得越深入，提炼出的主题质量就越高。所以，主题源于现实生活，但必须高于现实生活、深于现实生活。

（二）确定文题

文题是指文稿中要写的主要问题。文题是文稿内容中必不可少的因素，是主题赖以存在的条件。主题是写作者对他所写的问题的认识和态度，文题正是那个“所写的问题”。没有文题，也就无所谓认识和态度，也就无所谓主题。所以，文题是主题赖以存在的前提。文题又是写文稿的始端，写文稿的第一步就要确定文题。只有确定了文题，才能依次进行搜集材料、分析材料、选择材料、提炼主题、起草文稿等一系列工作。

文题的确定，直接关系着文稿的成败。衡量文稿的成败得失，最根本的是看它的实际效果，文题则是影响实际效果的一个十分重要的因素。文题立得准确恰当，抓住了读者普遍关心和迫切要求解决的问题，抓住了人们思想中的主要矛盾，文稿就受欢迎，人们就愿意看，实际效果就好。

确定文题的基本要求：一要实在。二要新鲜。确定文题要研究新问题，选择新角度，开掘新层次。三要科学。文题要抓住主要矛盾，以求突出重点，体现深度；要符合读者意愿，符合形势，符合环境，具有较强的针对性，不能“文不对题”。

（三）掌握材料

材料是指根据文稿主题需要，经过选择加工而在文稿中使用的那些素材。材料是文稿所依据的事实和道理，是构成文稿内容的基本要素。材料是主题的来源，没有材料就没有主题，没有材料也表达不了主题。“巧妇难为无米之炊”。主题重要、观点正确，但没有支撑主题和观点的丰富的材料，也写不成好的文稿。所以，起草文稿，必须掌握充分的材料。只有材料充足，才可能语言丰富、内容充实。如果没有充足的材料，就像做饭没有柴米油盐、盖房没有砖瓦木料一样，文稿不会有丰富的思想和充实的内容。

（1）材料的分类。从外部形态，可分为事实材料、数字材料、理论材料；从内在性质，可分为客观材料、主观材料；从时间空间，可分为历史材料、现实材料；从与主题的关系，可分为直接材料、间接材料等。

（2）选择材料的基本要求。一要能够表达主题。关系紧密、具有内在联系，要少而精。二要真实、准确、可靠。带有普遍意义，令人信服。三要有代表性、典型性、生动性。四要新鲜，从新角度、新层次上选用。

选择材料是写好文稿的基础环节，选择材料要以表达主题为出发点和落脚点。选择的过程是进一步分析材料和深化主题的过程。

（3）运用材料的基本方法。根据表达主题的需要，分清主次、详略得当；合理剪裁、取舍有度；把握密度、交替穿插；主客结合、夹叙夹议；取近舍远、贴近生活。总之，运用材料要服从于主题的表达，服从于文章的效果。

三、文稿的形式

文稿的形式包括结构、语言、表达方式。

（一）设计结构

结构是文稿的载体、框架、布局。结构要解决的是文稿内容的顺序、层次和各个部分之间的联系，即过渡、照应等的精心设计，形成一个和谐严密的有机整体。结构是事物发展客观规律的体现，是写作者对客观事物认识的产物。

结构与内容，相互依存，不可分割；内容主导和决定结构，结构服从和服务于内容；同时，结构反作用于内容，结构适合内容就能充分表达内容，结构不适合内容就妨碍内容的表达。

（1）结构设计的基本要求。一要适应主题。根据表达主题的需要合理组织材料。二要自然严谨。条理清楚，主次分明，详略得体。三要完整统一。瞻前顾后，意思连贯。四要适应读者。有利于说服和感染读者。

（2）结构设计的基本形式。纵式结构，提出问题、分析问题、解决问题，适用于内容比较单一、集中的文稿。横式结构，在同一主题下并列地研究几个相关的、联系紧密的问题，适用于内容比较复杂的文稿。分合式结构，先分述后总述或先总述后分述来组织材料、安排层次。三种基本形式，可以交互运用，相辅相成；思路清晰，则结构有条不紊。

1）层次与段落的划分。层次是文稿内容的表达次序，段落是文稿内容转换、间歇的停顿。层次侧重于内容，段落侧重于形式，是一个问题的两个方面。

2）层次与段落的关系。段落等于层次、段落小于层次、段落大于层次。

3）安排层次的形式。并列式、递进式。层次转换要十分明显，根据表达主题和整篇结构的需要，或设立小标题，或用段落性语言标示，或用过渡性词语显示。

4）划分段落的基本要求。段落反映层次；段落相对完整；段落前后连贯；段落长短适当。

5）过渡与照应的安排。过渡，就是上下文之间的衔接转换。过渡是层次、段落之间内在联系的表现形式。常用的过渡：段落过渡、句子过渡、词语过渡、标题过渡、序数过渡、称呼过渡。照应，就是前后内容的关照呼应。文稿内容步步发展，需要在不同的地方相互照顾和呼应。常见的照应：行文与标题照应、结尾与开头照应、后文与前文照应。

（二）运用语言

语言是文稿最重要的形式要素，是表达主题的工具。如果说主题是灵魂，结构是骨骼，材料是血肉，那么，语言就是相貌。没有语言，就没有文稿；没有好的语言，就没有高水平的文章。必须提高语言运用能力。

领导讲话作为文稿的一个类型，有不同于其他文稿的特殊性，这种特殊性表现在领导讲话的语言上：简明、准确、平实的事务语体与准确、周密、逻辑性和鼓动性很强的政论语体的结合；通俗易懂、简洁明快、停顿较多、句式较短的口头语言与用词准确、句子通顺、逻辑严密、层次分明的书面语言的结合；朗朗上口、声调顺畅、清晰响亮的好讲的语言与和谐顺耳、听得清、听得懂、喜闻乐听的好听的语言的结合。

（1）语言运用的基本要求：短、准、顺。句式短、字数少、求精练，用比较经济的语言表达比较丰富的内容，不用不增加信息量的词语；用最贴切、最恰当的词汇和语句，准确反映客观事物和表达思想感情，认真辨词，辨明词义差别、色彩差别、词性与功能差别，语义明确、通俗易懂；理顺句子结构，理顺句子之间的关系，用通顺畅达的语言把思想、观点、意见写出来。

（2）讲究修辞。常用修辞：比喻（类似："中国声音"、沉沉的担子、美好家园、接力棒、功劳簿、民族之林、重于泰山、答卷）、对偶（对称：下笔千言，离题万里。责任重于泰山，事业任重道远）、对比（比较：新与旧）、排比（内容相关、结构类似：很敬业、很专业、很辛苦。更好的教育、更稳定的工作、更满意的收入、更可靠的社会保障、更高水平的医疗卫生服务、更舒适的居住条件、更优美的环境。每个人的……每个人的……。与人民心心相印、与人民同甘共苦、与人民团结奋斗）、引用、数概（数词+共词："三个代表"）、设问和反问等。

（三）表达方式

常用表达方式：议论、说明、叙述以及描写、抒情等。

议论，就是依据可靠的事实和充分的理由，说明某种观点的正确或反驳某种观点的错误，以表达自己的认识和态度的办法。议论包括论点、论据和论证三个方面，统称为“议论三要素”。论点，就是对材料分析后得出来的判断，是对某个问题从正面提出自己的看法和主张，也叫观点。论据，就是用来证明论点的事实和道理，使论点得以成立的依据，也叫材料。论证，就是运用论据来证明论点的过程和方法，是论点和论据之间的逻辑关系。议论的方法有立论（列举事实、引证材料、分析事理、对照比较、类比证明、相反论证）、驳论（驳论点、驳论据、驳论证）两种。

说明，就是具体解说、剖析和阐明某一客观事物或现象的真相和本质特征的表达方式。说明的基本方法有概念解说、分析综合、比较说明等几种。

叙述，就是用陈述性语言，对人物的活动或事件的经过作一般性的介绍和交代，使读者对人物的经历、事迹或事件发生、发展、变化的过程有个基本的了解。

提高起草文稿能力，要把握文稿的构成，从内容和形式两个方面入手，把握好内容，运用好形式。

全面小康的新部署和转变方式的新要求①

一、全面建成小康社会目标的新表述

对全面建成小康社会目标，党的十八大报告在党的十六大、十七大确立的目标基础上，与时俱进地提出了更具明确政策导向、更加针对发展难题、更好顺应人民意愿的新目标。

对经济发展目标中量化指标的确定上，党的十八大报告有重大突破。党的十六大提出实现国内生产总值到2020年比2000年翻两番。鉴于经济增长速度超出预期，党的十七大报告提出实现人均国内生产总值到2020年比2000年翻两番，将指标由总量改为人均。这两次大会均未对居民收入增长提出量化指标。党的十

① 本文原载于2012年12月7日《内蒙古日报》理论版。

七届五中全会首次提出努力实现居民收入增长与经济发展同步，但未提出收入增长的量化指标。

党的十八大报告首次明确提出“在发展平衡性、协调性、可持续性明显增强的基础上，实现国内生产总值和城乡居民人均收入比2010年翻一番”的新指标。这“两个倍增”指标内涵更丰富，指导性、方向性更鲜明：对发展的平衡性、协调性、可持续性要求明显增强，是实现目标的重要前提；居民收入不仅要倍增，而且要同GDP翻一番同步；把居民收入作为全面建成小康社会的一项目标，体现了以人为本和民富优先；用十年时间实现居民收入倍增并非不可企及的高指标，而是切实可行的，保持中速增长就能实现；在实现居民收入倍增过程中，要着力解决收入分配差距较大的问题。

当前，我国收入分配制度在初次分配和再分配两个层次上都存在分配不公平的缺陷，导致收入分配格局严重失衡。收入分配不仅直接影响生活，而且影响消费。如果“穷人想消费而没有钱，富人有钱却不消费”，消费将长期低迷。只有通过收入分配改革改变这种状态，才能有效扩大消费和扩大内需。

在经济发展目标中，党的十八大报告还增加了工业化基本实现，信息化水平大幅提升，城镇化质量明显提高，农业现代化成效显著，对外开放水平进一步提高，国际竞争力明显增强等定性化目标。

在扩大人民民主目标中，党的十八大报告增加了民主制度更加完善，民主形式更加丰富，人民积极性、主动性、创造性进一步发挥，司法公信力不断提高等目标。

在文化建设目标中，党的十八大报告增加了公民文明素质和社会文明程度明显提高，文化产业成为国民经济支柱性产业，中华文化走出去迈出更大步伐，文化软实力显著增强，社会主义文化强国建设基础更加坚实等目标。

在提高人民生活水平目标中，党的十八大报告增加了基本公共服务均等化总体实现，进入人才强国和人力资源强国行列，教育现代化基本实现，住房保障体系基本形成，社会和谐稳定等目标。

在生态文明建设目标中，党的十八大报告增加了资源节约型、环境友好型社会建设取得重大进展，主体功能区布局基本形成，资源循环利用体系初步建立，单位国内生产总值能源消耗和二氧化碳排放量大幅下降，森林覆盖率提高，生态系统稳定性增强，人居环境明显改善等目标。

由此可见，全面建成小康社会五个方面的目标，注重的是全面二字，不仅经济持续健康发展，而且实现人民民主不断扩大、文化软实力显著增强、人民生活水平全面提高、资源节约型环境友好型社会建设取得重大进展；既有定量化目标，也有定性化目标；实现全面建成小康社会目标，其难度更多的不在于定量化目标，而在于定性化目标。

二、全面深化改革开放目标的新部署

实现全面建成小康社会目标，需要不失时机深化重要领域改革，坚决破除一切妨碍科学发展的思想观念和体制机制弊端，围绕全面建成小康社会各项目标，构建系统完备、科学规范、运行有效的制度体系。党的十八大报告与时俱进地提出实现全面建成小康社会目标新要求的同时，提出了全面深化改革开放目标的新部署。

这个新部署，概括地讲就是“五个加快”：加快完善社会主义市场经济体制、加快推进社会主义民主政治制度化规范化程序化、加快完善文化管理体制和文化生产经营机制、加快形成科学有效的社会管理体制、加快建立生态文明制度。加快完善社会主义市场经济体制，包括完善公有制为主体、多种所有制经济共同发展的基本经济制度，完善按劳分配为主体、多种分配方式并存的分配制度，完善宏观调控体系，完善开放型经济体系。加快推进社会主义民主政治制度化、规范化、程序化，要求从各层次各领域扩大公民有序政治参与，实现国家各项工作法治化。加快完善文化管理体制和文化生产经营机制，要求基本建立现代文化市场体系，健全国有文化资产管理体制，形成有利于创新创造的文化发展环境。加快形成科学有效的社会管理体制，要求完善社会保障体系，健全基层公共服务和社会管理网络，建立确保社会既充满活力又和谐有序的体制机制。加快建立生态文明制度，要求健全国土空间开发、资源节约、生态环境保护的体制机制，推动形成人与自然和谐发展的现代化建设新格局。这“五个加快”的全面深化改革开放的目标，与五位一体总体布局相衔接，与五个方面的全面建成小康社会目标相配套。就两者关系来讲，实现全面深化改革开放的目标，是推进全面建成小康社会的动力；实现全面建成小康社会的目标，是全面深化改革开放的结果。两者联系紧密，缺一不可。

党的十八大关于推动经济发展的目标和要求[①]

一、“两个倍增”的新目标

党的十八大报告提出了转变经济发展方式取得重大进展，科技进步对经济增长

① 本文节选自2012年12月31日为通辽讲座准备的讲稿。

的贡献率大幅上升；工业化基本实现，信息化水平大幅提升，城镇化质量明显提高，农业现代化和社会主义新农村建设成效显著，区域协调发展机制基本形成；对外开放水平进一步提高等目标，并第一次明确提出“在发展平衡性、协调性、可持续性明显增强的基础上，实现国内生产总值和城乡居民人均收入比2010年翻一番”的新指标。这是一个重大突破。党的十六大提出实现国内生产总值到2020年比2000年翻两番。鉴于经济增长速度超出预期，党的十七大报告提出实现人均国内生产总值到2020年比2000年翻两番，将指标由总量改为人均。这两次大会均未对居民收入增长提出量化指标。党的十七届五中全会虽然首次提出努力实现居民收入增长与经济发展同步，但也未提出收入增长的量化指标。这次的“两个倍增”指标内涵更丰富，指导性、方向性更鲜明：对发展的平衡性、协调性、可持续性要求明显增强，是实现目标的重要前提；居民收入不仅要倍增，而且要同GDP翻一番同步；把居民收入作为全面建成小康社会的一项目标，体现了以人为本和民富优先；用十年时间实现居民收入倍增并非不可企及的高指标，而是切实可行的，保持中速增长就能实现；在实现居民收入倍增过程中，要着力解决收入分配差距较大的问题。

二、形成新的经济发展方式的新要求

党的十八大报告第一次提出“加快形成新的经济发展方式”的新要求。新的经济发展方式是什么样，有什么特点呢？新发展方式的立足点是提高经济发展的质量和效益；着力点是激发各类市场主体发展新活力、增强创新驱动发展新动力、构建现代产业发展新体系、培育开放型经济发展新优势；动力是更多依靠内需特别是消费需求拉动，更多依靠现代服务业和战略性新兴产业带动，更多依靠科技进步、劳动者素质提高、管理创新驱动，更多依靠节约资源和循环经济推动，更多依靠城乡区域发展协调互动，不断增强长期发展后劲。这个由一个立足点、四个着力点和五个“更多依靠”动力构成的发展方式是推动经济持续健康发展的新方式。

三、促进“四化同步”发展的新要求

党的十八大报告第一次提出“坚持走中国特色新型工业化、信息化、城镇化、农业现代化道路”的新表述，并明确要求促进工业化、信息化、城镇化、农业现代化同步发展。怎样实现“四化同步”呢？就是要推动信息化和工业化深度融合、工业化和城镇化良性互动、城镇化和农业现代化相互协调。“四化同步”发展是我们党立足全局、着眼长远、与时俱进的重大战略决策，体现了我国社会主义现代化建设理论创新和实践创新的最新成果，是对我国经济社会发展阶段和发展任务的科学把握，为我国现代化建设指明了航向。“四化同步”的本质是“四化”互动，是一个整体系统。就“四化”的关系来讲，工业化创造供给，城镇化创造需求，工业化、城镇化带动和装备农业现代化，农业现代化为工业化、城镇化提供支撑和保障，而信息化推进其他“三化”。因此，促进“四化”在互动中实现同步，在互动中实现协调，才能构建现代产业发展新体系，才能实现社会生产力发展的新跨越。

四、保证“三个平等”的新要求

党的十七大报告提出“坚持平等保护物权，形成各种所有制经济平等竞争、相互促进新格局”，从而对不同市场主体法律上平等保护和经济上平等竞争的“两个平等”，这是我们党关于所有制经济理论的一次飞跃。党的十八大报告第一次提出“保证各种所有制经济依法平等使用生产要素、公平参与市场竞争、同等受到法律保护”的不同市场主体“三个平等”理论。这是对中国特色社会主义经济理论的重大创新。其中，“平等使用生产要素”具有十分重要的现实意义。当前，全面深化经济体制改革，就要保障不同所有制经济主体“权利公平、机会公平、规则公平”，打破行业垄断，放宽民营企业市场准入，并构建与企业体系相匹配的多层次金融体系，让各种市场主体公平竞争，拥有平等使用资源、资金等生产要素的机会。

五、“实施创新驱动发展战略”新论断

党的十八大报告第一次提出“实施创新驱动发展战略”。创新驱动发展，是2012年6月胡锦涛同志在中国科学院第十六次院士大会、中国工程院第十一次院士大会上的讲话中首次提出的，他强调：实现创新驱动发展，最根本的是要依靠科技的力量，最关键的是要大幅提高自主创新能力，促进科技与经济紧密结合，把以人为本贯穿科技工作始终，让广大人民群众共享科技创新成果，建立健全科学合理、富有活力、更有效率的创新体系，坚持人才为本，科学决策，科学咨询。在“7·23”讲话中，胡锦涛同志进一步提出了实施创新驱动发展战略。从经济学角度讲，创新驱动是相对于要素驱动、投资驱动来讲的。当前，经济转型的关键是要实现增长动力转换，即从要素驱动、投资拉动转向通过技术进步提高劳动生产率的创新驱动，从过度依赖“人口红利”“土地红利”转向靠深化改革形成“制度红利”，促进经济内涵式集约型发展。党的十八大报告提出实施创新驱动发展战略，是发展战略的重大创新，具有紧迫的现实意义和长远的战略意义。

六、“城乡发展一体化是解决‘三农’问题的根本途径”的新论断

党的十八大报告第一次提出“城乡发展一体化是解决‘三农’问题的根本途径”的重要论断。农业农村农民问题是全党工作重中之重，也是我国发展的难中之难。党的十六大第一次提出统筹城乡经济社会发展的重大命题，党的十七大报告第一次提出形成城乡经济社会发展一体化新格局的要求，都是我们党关于经济社会发展理论的重大创新，并且在实践中取得了前所未有的成效。党的十八大报告提出城乡发展一体化是解决“三农”问题的根本途径，进一步明确和完善了解决“三农”问题的总思路。

在新形势下，怎样推进城乡发展一体化？党的十八大报告阐述的主要措施是：加大强农惠农富农政策力度，让广大农民平等参与现代化进程、共同分享现代化成果；加快发展现代农业，增强农业综合生产能力；把基础设施建设和社会事业发展重点放在农村，全面改善农村生产生活条件；着力促进农民增收，保持农民收入持续较快增长；坚持和完善农村基本经营制度，依法维护农民土地承包经营权、宅基地使用权、集体收益分配权，发展农民专业合作和股份合作，培育新型经营主体，发展多种形式规模经营，构建集约化、专业化、组织化、社会化相结合的新型农业经营体系；改革征地制度，提高农民在土地增值收益中的分配比例；加快完善城乡发展一体化体制机制，着力在城乡规划、基础设施、公共服务等方面推进一体化，促进城乡要素平等交换和公共资源均衡配置。这七个方面的措施中，完善基本经营制度是根本，完善一体化体制机制是关键，基础设施建设和社会事业发展是基础，增强农业综合生产能力是核心，强农惠农富农政策是动力，保持农民收入持续较快增长是目的。

党的十八大关于政治文化社会发展的目标和要求[①]

一、不断扩大人民民主的目标和要求

（一）“健全社会主义协商民主制度”的新表述

党的十八大报告提出了民主制度更加完善，民主形式更加丰富，人民积极

① 本文节选自2012年12月31日为通辽讲座准备的讲稿。

性、主动性、创造性进一步发挥；依法治国基本方略全面落实，法治政府基本建成，司法公信力不断提高，人权得到切实尊重和保障等目标，并第一次提出了“健全社会主义协商民主制度”的重大命题：“社会主义协商民主是我国人民民主的重要形式。要完善协商民主制度和工作机制，推进协商民主广泛、多层、制度化发展。”这是我们党在民主政治理论创新和制度创新中取得的最新成果。我们党在发展社会主义民主的实践探索和认识深化过程中，逐渐认识到人民行使民主权利应有两种形式：一个是人民通过选举、投票行使权力；一个是人民内部各方面在重大决策之前进行充分协商，尽可能就共同问题取得一致意见。党的十八大报告提出“健全社会主义协商民主制度”，把协商民主从一种民主形式上升为一种制度形式，把它与选举民主结合起来，就形成了中国特色社会主义民主的特色。协商民主的实质，就是要实现公民有序的政治参与。这种公民有序的政治参与，要形成制度和工作机制，广泛、多层、制度化发展。

（二）完善基层民主制度的新要求

党的十八大报告指出，在城乡社区治理、基层公共事务和公益事业中实行群众自我管理、自我服务、自我教育、自我监督，是人民依法直接行使民主权利的重要方式。党的十八大报告强调，要健全基层党组织领导的充满活力的基层群众自治机制，以扩大有序参与、推进信息公开、加强议事协商、强化权力监督为重点，拓宽范围和途径，丰富内容和形式，保障人民享有更多更切实的民主权利。发挥基层各类组织协同作用，实现政府管理和基层民主有机结合。

（三）深化行政体制改革的新要求

党的十八大报告强调，经济体制改革的核心问题是处理好政府和市场的关系，必须更加尊重市场规律，更好发挥政府作用。要按照建立中国特色社会主义行政体制目标，深入推进政企分开、政资分开、政事分开、政社分开，建设职能科学、结构优化、廉洁高效、人民满意的服务型政府。深化行政审批制度改革，继续简政放权，推动政府职能向创造良好发展环境、提供优质公共服务、维护社会公平正义转变。

二、显著增强文化软实力的目标和要求

（一）社会主义核心价值观的新表述

党的十八大报告提出了社会主义核心价值体系深入人心，公民文明素质和社

会文明程度明显提高；文化产品更加丰富，公共文化服务体系基本建成，文化产业成为国民经济支柱性产业等目标，并第一次明确提出："倡导富强、民主、文明、和谐，倡导自由、平等、公正、法治，倡导爱国、敬业、诚信、友善，积极培育和践行社会主义核心价值观。"这12个词24个字，分别从国家、社会、公民三个层面，提出了现阶段全国人民的社会主义核心价值观。富强、民主、文明、和谐，是我国在社会主义初级阶段的奋斗目标；自由、平等、公正、法治，反映了社会主义社会的基本属性；爱国、敬业、诚信、友善，是我国公民应当树立的基本价值追求和应当遵循的根本道德准则。这三个层次的理念实现了政治理想、社会导向、行为准则的统一，实现了国家、集体、个人在价值目标上的统一。

（二）丰富人民精神文化生活的新要求

党的十八大报告提出，让人民享有健康丰富的精神文化生活，提高文化产品质量，为人民提供更多更好精神食粮；坚持面向基层、服务群众，加快推进重点文化惠民工程，加大对农村和欠发达地区文化建设的帮扶力度，继续推动公共文化服务设施向社会免费开放；繁荣发展少数民族文化事业，开展群众性文化活动，引导群众在文化建设中自我表现、自我教育、自我服务；开展全民阅读活动。

三、全面提高人民生活水平的目标和要求

（一）改革开放和现代化建设根本目的的新表述

党的十八大报告提出了基本公共服务均等化总体实现；全民受教育程度和创新人才培养水平明显提高，教育现代化基本实现；就业更加充分，收入分配差距缩小，中等收入群体持续扩大，扶贫对象大幅减少；社会保障全民覆盖，人人享有基本医疗卫生服务，住房保障体系基本形成，社会和谐稳定等目标，并第一次明确提出"提高人民物质文化生活水平，是改革开放和社会主义现代化建设的根本目的"的重大战略思想，明确了改革开放和现代化建设与人民生活的关系，表明我们党对这个关系的认识有了新的提高，充分体现了科学发展观以人为本的核心立场，对全面建成小康社会具有重大的理论和现实意义。明确了这个根本目的，就要多谋民生之利，多解民生之忧，解决好人民最关心、最直接、最现实的利益问题，在学有所教、劳有所得、病有所医、老有所养、住有所居上持续取得新进展，努力让人民过上更好生活。

（二）构建社会管理体系的新表述

党的十八大报告提出："要围绕构建中国特色社会主义社会管理体系，加快形成党委领导、政府负责、社会协同、公众参与、法治保障的社会管理体制，加快形成政府主导、覆盖城乡、可持续的基本公共服务体系，加快形成政社分开、权责明确、依法自治的现代社会组织体制，加快形成源头治理、动态管理、应急处置相结合的社会管理机制。"这"四个加快"的新要求，首次从构成要素角度对社会管理体制、基本公共服务体系、社会组织体制和社会管理机制等中国特色社会主义社会管理体系建设提出了原则要求，从而为加快推进社会体制改革来加强社会建设明确了思路和措施。

（三）"两个同步""两个比重"的新表述

党的十八大报告提出："实现发展成果由人民共享，必须深化收入分配制度改革，努力实现居民收入增长和经济发展同步、劳动报酬增长和劳动生产率提高同步，提高居民收入在国民收入分配中的比重，提高劳动报酬在初次分配中的比重。"实现发展成果由人民共享，这是我们推动经济社会发展的根本目的，是不断满足人民日益增长的物质文化需要的必然要求，是立足科学发展观以人为本核心立场的价值追求。而实现"两个同步"、提高"两个比重"是实现发展成果由人民共享的前提条件，为此，必须深化收入分配制度改革。

四、建设"两型社会"的目标和要求

（一）推进生态文明建设的总体要求

党的十八大报告提出了资源节约型、环境友好型社会建设取得重大进展，主体功能区布局基本形成，资源循环利用体系初步建立；单位国内生产总值能源消耗和二氧化碳排放大幅下降，主要污染物排放总量显著减少；森林覆盖率提高，生态系统稳定性增强，人居环境明显改善等目标，并第一次提出了推进生态文明建设的总体要求。一是要树立尊重自然、顺应自然、保护自然的生态文明理念，是价值取向。二是要把生态文明建设融入经济建设、政治建设、文化建设、社会建设各方面和全过程，形成人与自然和谐发展的现代化建设新格局，是本质特征。三是要坚持节约资源和保护环境的基本国策，坚持节约优先、保护优先、自然恢复为主，是国策方针。四是要着力推进绿色发展、循环发展、低碳发展，是途径方法。五是要形成节约资源和保护环境的空间格局、产业结构、生产方式、生活方式，建设资源节约型、环境友好型社会，是重要目标。六是要从源头上扭转生态环境恶化趋势，为人民创造良好生产生活环境，努力建设美丽中国，是根本目的。

（二）推进生态文明建设的重点任务

第一，优化国土空间开发格局。加快实施主体功能区战略，这是促进城乡区域协调发展的重大战略举措，是当前生态文明建设的紧迫任务。第二，全面促进资源节约。这是保护生态环境的根本之策。第三，加大自然生态系统和环境保护力度。这是增强生态产品生产能力的必要条件。第四，加强生态文明制度建设。要建立健全五个方面的制度，这是推进生态文明建设的重要保障。

全面建成小康社会五个方面的目标和要求，注重的是“全面”二字，不仅经济持续健康发展，而且人民民主不断扩大、文化软实力显著增强、人民生活水平全面提高、资源节约型环境友好型社会建设取得重大进展；不仅有定量化目标，而且更多的是定性化目标；实现全面建成小康社会目标，其难度更多的不在于定量化目标，而在于定性化目标。

2012年经济回顾①

一、全国经济回顾

2012年，是很不平凡的一年。国际金融危机的深层次影响不断显现，世界经济复苏明显放缓，国内经济下行压力加大，企业生产经营遇到较大困难。面对严峻复杂的国内外经济形势，全党全国各族人民以科学发展为主题、以加快转变经济发展方式为主线，按照稳中求进的工作总基调，沉着应对、开拓前进，推动我国经济社会发展呈现稳中有进的良好态势，可以用“筑底回升、稳中有进”两句话来概括。

（一）筑底回升的态势

八年来首次调低经济增长预期。2012年我国经济增长的预期目标为7.5%，

① 本文节选自2012年12月31日在内蒙古低碳发展研究院年会讲座讲稿《经济：2012年回顾与2013年展望》。

这是自2005年以来第一次降低经济增速目标，目的是与“十二五”规划目标逐步衔接，引导各方面把工作着力点放到加快转变经济发展方式、切实提高经济发展的质量和效益上来。从2012年经济运行情况看，在稳增长政策作用下，我国经济的内生动力逐渐形成，经济增速从9月份开始企稳回升，全年经济增长的预期目标能够圆满实现。

经济实现止跌回升。我国GDP增速从2011年一季度开始连续7个季度下行，2012年一季度增长8.1%、二季度增长7.6%、三季度增长7.4%。由于中央及时加强和改善宏观调控，从9月已经出现积极变化的迹象，到11月，从缓中趋稳走向筑底回升的态势进一步确立。GDP增速连续两个季度跌破8%，但没有出现大规模失业；经济增速连续回落且跌破7.5%，但没有出现通货紧缩。这表明这一轮经济回落与1997~1998年、2008~2009年的经济回落有本质性差异。

民间投资比重提高。前11个月，全国规模以上工业企业实现利润46625亿元，同比增长3%；社会消费品零售总额实际增长同比加快0.6个百分点；固定资产投资32.62万亿元，增长20.7%，保持了平稳较快增长，其中，民间固定资产投资20.16万亿元，增长25%，比重达到61.8%。

先行指标显示回升。中国物流与采购联合会、国家统计局服务业调查中心发布数据，2012年12月份中国制造业采购经理人指数（PMI）为50.6%，与上月持平，这是PMI指数连续第三个月位于50%荣枯线上方。

这一轮经济回落具有一定的必然性，也具有一定的超预期性，是国内和国际、经济和非经济、长期积累和近期新增、经济结构和发展方式、体制和制度、可控和不可控的多种因素综合作用的结果。从拉动经济的三大需求分析经济回落的原因，2012年前三季度出口下降幅度最大，投资下降速度较大，消费增长速度有所下降，但幅度不大。出口增速大幅度下降，是因为受国际金融危机和欧债危机影响，国际市场不景气，加上我国外贸发展方式问题，出口受阻，这在一定程度上是不可控的。投资增速较大幅度下降，是因为房地产投资下降，高铁、高速公路建设减速，地方融资平台清理和民间融资困局等，这些是主动调控的、必需的，不调控后果不堪设想。消费增长速度下降，是因为收入分配制度改革滞后，城镇化进程缓慢且质量不高，基本公共服务均等化仍然不到位，这些是可控的，经过努力可以改善。

在中央的及时有效调控和各方面的共同努力下，我国经济正在筑底回升，将走上新一轮复苏。但这一轮复苏难以重现以往的强劲势头，不可能再恢复到长期保持高速增长，而可能步入中高速增长的新阶段。因为，种种迹象表明我国经济潜在增长率正在下降，全球化红利在衰退，人口红利在减弱，制度红利在下滑，资源红利在枯竭，环境红利将不复存在。所以，这一轮复苏的动力，不来源于出口和房地产反弹，而来源于消费和基础设施建设投资；不来源于以往大规模刺激政策，而来源于宏观政策的预调微调；不来源于资源和环境红利，而来源于改革和创新红利。应坚持稳中求进，加快结构调整，全面深化改革，更加注重改善民生。

（二）稳中有进的成效

消费贡献率超过投资。从2012年前三季度经济增长的动力看，内需对经济的拉动作用为105.5%，外需为-5.5%，经济发展已经建立在扩大内需这一战略基点上；在内需拉动的份额中，消费占55%，投资占50.5%，消费对经济增长的贡献率自2006年以来首次超过投资。预计全年消费对经济增长的贡献率在55%左右，超过投资成为拉动经济的第一引擎，社会消费品零售总额达到21万亿元，增长14%左右。

服务业发展带动就业。尽管经济增速已连续7个季度放缓，但前11个月，有1202万人实现就业，同比增长4%，城镇新增就业数量超过历史同期，创历史新高已成定局。2011年我国城镇新增就业1221万人，是2004年以来最佳。就业稳中向好让数亿劳动者拥有稳定的收入，对未来生活充满信心。如此佳绩，放在全球也抢眼。就业与经济增长密切相关。2012年经济增速放缓，为什么就业没受影响？在前三季度7.7%的GDP增速下，服务业增加值占GDP的比重达43.8%，比2011年同期提升了1.2个百分点，而这正是吸纳就业多的领域。以人为本是经济发展的最终目的，如果有好的经济结构，即使速度慢一点，也会由于服务业比重较高而能够吸纳较多就业，也会由于消费比重较高而使百姓福利较快增加。

城乡收入差距在缩小。前三季度，城镇居民人均可支配收入18427元，同比名义增长13.0%，扣除价格因素，实际增长9.8%；农村居民人均现金收入6778元，同比名义增长15.4%，扣除价格因素，实际增长12.3%。两者都跑赢了GDP前三季度7.7%的增速，为“收入倍增”目标的实现释放了积极信号。城乡之间的收入比已经从2009年的3.33降至2011年的3.13。2012年前三季度，农村居民人均纯收入增幅比城镇居民人均可支配收入增速快2.5个百分点。城乡收入差距扩大的“喇叭口”有收拢迹象。

“绿色突围”迹象显现。前三季度，单位国内生产总值能耗下降3.4%，远高于去年同期1.6%的降幅，资源环境正在“绿色突围”。截至2012年10月底，全国6000千瓦以上水电厂装机容量已达20632万千瓦，并网风电装机达到5589万千瓦。继21世纪初我国水电装机规模超过美国跃居世界第一之后，2012年，我国风电装机也超过美国，升至全球榜首。在以水电、风电为主的可再生能源领域，我国发电装机规模雄踞世界第一。

创新能力不断提升。我国研究开发人员总量从2002年的103万人增加到2011年的288万人，年均增长12%，居世界第一位；国际论文数量连续5年稳居世界第二位，发明专利授权数从2002年的1.56万件大幅增加到2011年的17.2万件，居世界第三位；国家财政科技拨款2011年达到4900亿元，研发投入占GDP比例达1.83%，总量达8600亿元。2012年全国研发投入有望达到1万亿元，研发投入占GDP比重已达到中等发达国家水平。

“4%”将改变我国教育。坚持优先发展教育，不断加大教育投入力度。2012年“两会”上，中央财政已按全国财政性教育经费支出占国内生产总值4%的比例编制预算，这个目标可以实现。预计，2012年用人民币计价的GDP超过50万亿元，财政总收入超过11万亿元，财政用于教育方面的支出要超过2万亿元，要拿1/6的财政收入用到教育方面。从一定意义上讲，“4%”将改变我国教育。

城乡居民养老保险全覆盖。2009年下半年，国务院决定开展新型农村社会养老保险试点，2011年启动城镇居民社会养老保险试点。2012年上半年，国务院决定在全国所有县级行政区全面开展新型农村社会养老保险和城镇居民社会养老保险工作，从制度上保证了人人享有养老保障。

3年医改实现阶段性目标。截至2011年底，我国城乡居民参加基本医疗保险人数超13亿，覆盖率达95%以上。这标志着2009年至2011年以基层为重点的新医改工作实现了阶段性目标，惠及全民的医疗保障网基本建成。

二、全区经济回顾

2012年全区经济增长呈现缓中趋稳，产业结构积极调整，财政收入稳步增长，困难群体生活得到进一步保障，民生得到进一步改善的特点。

（一）经济增长缓中趋稳

我区GDP增长从2007年以来基本上是下行趋势，2007年增长19.2%、2008年增长17.8%、2009年增长16.9%、2010年增长15.0%、2011年增长14.3%，到2012年，第一季度增长11.2%，第二季度增长12.0%，第三季度增长12.0%，前三季度增长11.6%，全年预计增长13.0%左右。

（二）产业结构积极调整

前11个月，全区装备制造业增加值同比增长19%以上，高于规模以上工业增速4.5个百分点；有色金属工业增加值增长21%以上，高于全区6个百分点；

化学工业增加值增长20%以上，高于全区5个百分点。规模以上工业企业利润超过1300亿元。

前11个月，全区对外贸易总额达到103亿美元，其中对蒙、俄贸易占53%。对蒙古贸易增长23.2%，对俄罗斯贸易下降8.3%，对澳大利亚贸易下降9.8%，对美国贸易下降2.7%，对日本贸易下降45%。

（三）财政收入稳步增长

2012年，完成地方财政总收入2497.3亿元，比2011年增加235.5亿元，增长10.4%；其中，完成公共财政预算收入1552.8亿元，上划中央税收944.5亿元。完成地方财政支出3429.4亿元，比2011年增加440.2亿元，增长14.7%。

（四）困难群体保障水平提高

城乡居民最低生活保障水平再提高。全区城镇最低生活保障85万人，农村牧区最低生活保障116万人，全区城乡低保保障标准均排在全国第7位。全区投入扶贫资金76亿元，30万贫困人口实现脱贫。

（五）民生得到进一步改善

2012年前三季度，我区城镇居民人均可支配收入17234元，名义增长14.2%，扣除价格因素，实际增长10.2%；农牧民人均现金收入8076元，名义增长15.3%，扣除价格因素，实际增长12.2%。城乡居民收入名义增长都超过GDP增速，城镇居民人均可支配收入增速高于全国平均水平，农牧民人均现金收入略低于全国平均水平。

2013年全区经济展望①

全区经济工作会议对2013年经济工作的总体要求，可以概括为“一个中心、一个进一步、三个着力、三个更加注重”，即以提高经济增长质量和效益为中心，进一步强化创新驱动发展，着力调整产业结构、着力壮大县域经济、着力发展非公有制经济，更加注重保障和改善民生、更加注重加强和创新社会管理、更加注重深化改革和扩大开放。

① 节选自2012年12月31日在内蒙古低碳发展研究院年会讲座讲稿《经济：2012年回顾与2013年展望》。

着力调整产业结构，就要着力构建传统产业新型化、新兴产业规模化、支柱产业多元化的产业发展新格局。

推动传统产业新型化，应推动传统农牧业现代化，其切入点是大力发展农牧民专业合作和股份合作，培育新型农牧业经营主体，发展多种形式规模经营，构建集约化、专业化、组织化、社会化相结合的新型农牧业经营体系；应推动传统工业新型化，其着力点是推动信息化和工业化深度融合，依靠科技进步、劳动者素质提高、管理创新驱动，提高经济效益、降低资源消耗、减少环境污染、充分发挥人力资源优势；应推动现代服务业发展，其着力点是围绕传统农牧业现代化、传统工业新型化，大力发展金融业、保险业、咨询信息服务业和科研技术服务业等，围绕保障和改善民生、加强和创新社会管理，大力发展公用事业、居民服务业、租赁和商务服务业、文化体育和娱乐业、旅游业等。

推动新兴产业规模化，与推动传统产业新型化既有区别又有紧密的联系，不完全是并列关系。从我区实际出发推动新兴产业规模化，重点是推动风能、太阳能、生物质能、地热能等新能源产业规模化，围绕传统产业新型化推动信息产业、节能环保产业规模化，推动稀土新材料产业、新医药和生物育种以及电动汽车产业规模化。

推动支柱产业多元化，因地而异、因条件而异。支柱产业是一个地区经济体系中占有战略地位、较大份额、发挥支撑作用的产业或产业群，对地区经济结构调整和发展方式转变，具有深刻而广泛的影响。支柱产业多元化是在传统产业新型化中形成的，是其题中之意。无论是传统产业新型化、新兴产业规模化，还是支柱产业多元化，提高经济增长的质量和效益是立足点，进一步强化创新驱动发展是重要前提和不可或缺的动力。能不能实现新“三化”目标，很大程度上取决于能不能尽快改变我区研发投入过低、创新主体积极性不高、创新能力整体靠后的状况。这是我区发展中的根本性、战略性问题。

着力壮大县域经济，是推动全区经济持续健康发展、促进城乡区域协调发展、改善民生和富民优先的重大举措，对县域经济发展不平衡、总体水平较低的现状而言，具有较强的针对性。着力壮大县域经济的着眼点是城乡发展一体化，其目的是以城带乡、城乡共同繁荣、城乡居民共同富裕。着力壮大县域经济，本质是着力壮大县城经济，以增强旗县所在地镇产业支撑为重点，发挥县域优势。

着力发展非公有制经济，是推动产业集群发展、大中小企业协调发展、促进创业带动就业、改善民生和富民优先的重大举措，也是着力壮大县域经济的主要措施，对非公有制经济发展相对滞后、城乡居民收入增长相对缓慢的现状而言，具有较强的针对性。着力发展非公有制经济，主体是广大人民群众，必须大力推进全民创业，大力实施全民能力提升工程，着力营造全民创业的良好环境。

更加注重保障和改善民生，是着力调整产业结构、着力壮大县域经济、着力发展非公有制经济的出发点和落脚点。更加注重加强和创新社会管理，着力点是围绕构建社会管理体系，加快形成社会管理体制、基本公共服务体系、社会组织体制和社会管理机制。更加注重深化改革和扩大开放，是着力调整产业结构、壮大县域经济、发展非公有制经济，更加注重保障和改善民生、注重加强和创新社会管理的必然要求，是实现这些目标的必由之路。

热烈庆贺　热切期待①

——贺《北方经济》创刊20周年

在我国开始确立社会主义市场经济改革目标的年代诞生的《北方经济》杂志，在全面贯彻落实党的十八大精神的开局之年迎来了创刊20周年。这20年里内蒙古经济社会发展经历了富有特色的几个时期，比如，实现城乡人民生活水平达到全国中等以上水平、粮食基本自给、提高财政自给率的“三项近期奋斗目标”时期，实施资源转换、开放带动、科教兴区、人才开发、名牌推进的“五大战略”时期，把握西部大开发机遇、实现GDP增速全国“八连冠”时期，实施富民强区、富民优先战略时期，等等，每个时期都有自己的奉献，都创造了有益的经验，也有一些教训成为前车之鉴。而作为我区唯一经济类期刊，《北方经济》见证了它、记录了它，聚集于热点难点，引领于舆论之先，发挥了不可替代的作用。我们热烈庆贺。

再用一个20年，内蒙古必将走进前列。中国特色社会主义道路越走越宽广，靠实干定能建成全面小康。实现走进前列的内蒙古梦，必须进一步突出科学发展主题、转变方式主线，把富民作为一切工作的根本目的，把富民作为检验发展成效的唯一标准，把实施创新驱动发展战略摆在核心位置，真正实现习近平总书记讲的“实实在在和没有水分”的发展。在这个进程中，《北方经济》必将继续创新理论、引导舆论、凝聚共识，更好地服务于全面建成小康、奋力走进前列的伟大实践。我们热切期待。

① 2013年《北方经济》第1期，是应邀为该杂志创刊20周年写的贺词。

党的十八大以来国内形势的特点①

一、党的十八届新班子展示新形象

新班子新形象的三次精彩展示：党的十八届政治局常委同中外记者见面，习近平同志讲话的主题词是“人民对美好生活的向往，就是我们的奋斗目标”“打铁还需自身硬”。党的十八届政治局常委参观《复兴之路》展览，习近平同志讲话的主题词是“实现中华民族伟大复兴，就是中华民族近代以来最伟大的中国梦”“空谈误国，实干兴邦”。12 月 4 日，中央政治局会议审议了中央政治局关于改进工作作风、密切联系群众的八项规定，会议强调，抓作风建设，首先要从中央政治局做起，要求别人做到的自己先要做到，要求别人不做的自己坚决不做，以良好党风带动政风民风，真正赢得群众信任和拥护。

二、坚决果断反腐倡廉

习近平同志在党的十八届政治局常委同中外记者见面时的讲话中说：“新形势下，我们党面临着许多严峻挑战，党内存在着许多亟待解决的问题。尤其是一些党员干部中发生的贪污腐败、脱离群众、形式主义、官僚主义等问题，必须下大气力解决。全党必须警醒起来。打铁还需自身硬。我们的责任，就是同全党同志一道，坚持党要管党、从严治党，切实解决自身存在的突出问题，切实改进工作作风，密切联系群众，使我们党始终成为中国特色社会主义事业的坚强领导核心。”

三、以身作则转变作风

12 月 9 日，习近平同志在广州主持召开经济工作座谈会开始时说，这次座谈会主要是听大家的意见和建议，为中央下一步安排经济工作做点准备。希望大家围绕如何判断当前世界经济发展走势、如何看待我国当前经济形势、如何科学

① 本文节选自 2013 年 3 月 13 日在通辽市市委中心组学习会上的讲座讲稿。

确定明年经济工作的方针和部署发表看法。我们不定基调，事先也没有要求大家提交发言稿，就是希望大家解放思想、实事求是、畅所欲言。

四、坚定不移推进改革

12月7日至11日，习近平同志到广东考察工作。习近平同志说，这次调研之所以到广东来，就是要到在我国改革开放中得风气之先的地方，现场回顾我国改革开放的历史进程，将改革开放继续推向前进。这充分表明了新班子推进改革的坚强决心。

五、国内经济挑战与机遇并存

从国际环境看，发达国家在经济与科技上占优势的压力将长期存在，全球技术革命和产业革命在给我们带来机遇的同时也带来挑战；随着我国综合国力不断增强和国际影响力逐步扩大，“中国威胁论”甚嚣尘上，一些国家对我国的疑虑增加。我国发展面临的外部环境特别是周边环境严峻复杂，出现不少干扰我国和平发展的新问题。从国内发展看，发展中不平衡、不协调、不可持续问题依然突出；城乡区域发展差距和居民收入分配差距较大，社会矛盾明显增多；思想文化领域更加活跃复杂，引领社会思潮、凝聚社会共识的难度加大；提高党的执政能力、保持党的先进性和纯洁性任务艰巨。

六、国内经济发展基本面长期趋好

2012年，中国经济的温度低于常年，但高于其他国家。GDP增速从2011年第一季度开始连续7个季度下行，今年第一季度增长8.1%、第二季度增长7.6%、第三季度增长7.4%。由于中央及时加强和改善宏观调控，从9月已经出现积极变化的迹象，到11月，从缓中趋稳走向筑底回升的态势进一步确立。从今年前三季度我国增长的动力看，内需对经济的拉动作用为105.5%，外需为-5.5%，经济发展已经建立在扩大内需这一战略基点上；在内需拉动的份额中，消费占55%，投资占50.5%，消费对经济增长的贡献率自2006年以来首次超过投资。

我区GDP增收从2010年以来基本上是下行趋势，由2010年第一季度的17.5%下降到今年第一季度的11.2%，第二季度增长12.0%，第三季度增长12.0%，前三季度增长11.6%。

七、中央经济工作会议提出的主要任务

改善宏观调控：增强消费对经济增长的基础作用，发挥好投资对经济增长的关键作用。夯实农业基础：创新农业经营体制，加快发展现代农业。调整产业结构：把化解产能过剩矛盾作为工作重点；着力增强创新驱动发展新动力。提高城镇化质量：城镇化首次单独列为主要任务，把有序推进农业转移人口市民化作为重要任务抓实抓好；走集约、智能、绿色、低碳的新型城镇化道路。提高人民生活水平：要按照“守住底线、突出重点、完善制度、引导舆论”的思路做好民生工作；要善待和支持小微企业发展，强化大企业社会责任；要引导广大群众树立通过勤劳致富改善生活的理念，改善民生既是党和政府工作的方向，也是人民群众自身奋斗的目标。深化经济体制改革：增强改革的系统性、整体性、协同性；深入研究全面深化体制改革的顶层设计和总体规划，明确提出改革总体方案、路线图、时间表；鼓励大胆探索、勇于开拓，允许摸着石头过河。加强领导干部能力建设：提高把握和运用市场经济规律、自然规律、社会发展规律能力，提高科学决策、民主决策能力，增强全球思维、战略思维能力，做到厚积薄发；要尽快健全有利于科学发展的目标体系、考核办法、奖惩机制。

党的十八大关于全面建成小康的新要求[①]

对全面建成小康社会目标和加快转变经济发展方式，党的十八大报告在党的十六大、党的十七大报告的基础上，与时俱进地提出了更具明确政策导向、更加针对发展难题、更好顺应人民意愿的新目标、新要求。

一、“两个翻番”的新目标

党的十八大报告第一次提出“在发展平衡性、协调性、可持续性明显增强的基础上，实现国内生产总值和城乡居民人均收入比2010年翻一番”的新目标。这是一个重大突破。党的十六大提出实现国内生产总值到2020年比2000年翻两番。鉴于经济增长速度超出预期，党的十七大报告提出实现人均国内生产总值到

① 本文节选自2013年3月13日在通辽市市委中心组学习会上的讲座讲稿。

2020年比2000年翻两番，将指标由总量改为人均。这两次大会均未对居民收入增长提出量化指标。党的十七届五中全会虽然首次提出努力实现居民收入增长与经济发展同步，但也未提出收入增长的量化指标。这次的“两个翻番”指标内涵更丰富，指导性、方向性更鲜明：对发展的平衡性、协调性、可持续性要求明显增强，是实现目标的重要前提；居民收入要与GDP同步翻一番；把居民收入作为全面建成小康社会的一项目标，体现了以人为本和民富优先；用十年时间实现居民收入翻番并非不可企及的高指标，而是经过努力可以实现；在实现居民收入翻番过程中，要着力解决收入分配差距较大的问题。

二、形成新的经济发展方式的新要求

党的十八大报告第一次提出“加快形成新的经济发展方式”的新要求。新的经济发展方式是什么样，有什么特点呢？新发展方式的立足点是提高经济发展的质量和效益；着力点是激发各类市场主体发展新活力、增强创新驱动发展新动力、构建现代产业发展新体系、培育开放型经济发展新优势；动力是更多依靠内需特别是消费需求拉动，更多依靠现代服务业和战略性新兴产业带动，更多依靠科技进步、劳动者素质提高、管理创新驱动，更多依靠节约资源和循环经济推动，更多依靠城乡区域发展协调互动，不断增强长期发展后劲。这个由一个立足点、四个着力点和五个“更多依靠”动力构成的发展方式是推动经济持续健康发展的新方式。

三、促进“四化同步”发展的新要求

党的十八大报告第一次提出“坚持走中国特色新型工业化、信息化、城镇化、农业现代化道路”的新表述，并明确要求促进工业化、信息化、城镇化、农业现代化同步发展。怎样实现“四化同步”呢？就是要推动信息化和工业化深度融合、工业化和城镇化良性互动、城镇化和农业现代化相互协调。“四化同步”发展是我们党立足全局、着眼长远、与时俱进的重大战略决策，体现了我国社会主义现代化建设理论创新和实践创新的最新成果，是对我国经济社会发展阶段和发展任务的科学把握，为我国现代化建设指明了航向。“四化同步”的本质是“四化”互动，是一个整体系统。就“四化”的关系来讲，工业化创造供给，城镇化创造需求，工业化、城镇化带动和装备农业现代化，农业现代化为工业化、城镇化提供支撑和保障，而信息化推进其他“三化”。因此，促进“四化”在互动中实现同步，在互动中实现协调，才能构建现代产业发展新体系，才能实现社会生产力发展的新跨越。

四、保证"三个平等"的新要求

党的十七大报告提出"坚持平等保护物权，形成各种所有制经济平等竞争、相互促进新格局"，从而对不同市场主体法律上平等保护和经济上平等竞争的"两个平等"，这是我们党关于所有制经济理论的一次飞跃。党的十八大报告第一次提出"保证各种所有制经济依法平等使用生产要素、公平参与市场竞争、同等受到法律保护"的不同市场主体"三个平等"理论。这是对中国特色社会主义经济理论的重大创新。其中，"平等使用生产要素"具有十分重要的现实意义。当前，全面深化经济体制改革，就要保障不同所有制经济主体"权利公平、机会公平、规则公平"，打破行业垄断，放宽民营企业市场准入，并构建与企业体系相匹配的多层次金融体系，让各种市场主体公平竞争，拥有平等使用资源、资金等生产要素的机会。

五、"实施创新驱动发展战略"新论断

党的十八大报告第一次提出"实施创新驱动发展战略"。创新驱动发展，是2012年6月胡锦涛同志在中国科学院第十六次院士大会、中国工程院第十一次院士大会上的讲话中首次提出的，他强调：实现创新驱动发展，最根本的是要依靠科技的力量，最关键的是要大幅提高自主创新能力，促进科技与经济紧密结合，把以人为本贯穿科技工作始终，让广大人民群众共享科技创新成果，建立健全科学合理、富有活力、更有效率的创新体系，坚持人才为本，科学决策，科学咨询。在"7·23"讲话中，胡锦涛同志进一步提出了实施创新驱动发展战略。从经济学角度讲，创新驱动是相对于要素驱动、投资驱动来讲的。当前，经济转型的关键是要实现增长动力转换，即从要素驱动、投资拉动转向通过技术进步提高劳动生产率的创新驱动，从过度依赖"人口红利""土地红利"转向靠深化改革形成"制度红利"，促进经济内涵式集约型发展。党的十八大报告提出实施创新驱动发展战略，是发展战略的重大创新，具有紧迫的现实意义和长远的战略意义。

六、"城乡发展一体化是解决'三农'问题的根本途径"的新论断

党的十八大报告第一次提出"城乡发展一体化是解决'三农'问题的根本

途径”的重要论断。农业农村农民问题是全党工作重中之重，也是我国发展的难中之难。在新形势下，怎样推进城乡发展一体化？党的十八大报告阐述的主要措施是：加大强农惠农富农政策力度，让广大农民平等参与现代化进程、共同分享现代化成果；加快发展现代农业，增强农业综合生产能力；把基础设施建设和社会事业发展重点放在农村，全面改善农村生产生活条件；着力促进农民增收，保持农民收入持续较快增长；坚持和完善农村基本经营制度，依法维护农民土地承包经营权、宅基地使用权、集体收益分配权，发展农民专业合作和股份合作，培育新型经营主体，发展多种形式规模经营，构建集约化、专业化、组织化、社会化相结合的新型农业经营体系；改革征地制度，提高农民在土地增值收益中的分配比例；加快完善城乡发展一体化体制机制，着力在城乡规划、基础设施、公共服务等方面推进一体化，促进城乡要素平等交换和公共资源均衡配置。这七个方面的措施中，完善基本经营制度是根本，完善一体化体制机制是关键，基础设施建设和社会事业发展是基础，增强农业综合生产能力是核心，强农惠农富农政策是动力，提高农民分配比例是保障，保持农民收入持续较快增长是目的。

七、改革开放和现代化建设根本目的的新表述

党的十八大报告第一次明确提出：“提高人民物质文化生活水平，是改革开放和社会主义现代化建设的根本目的”的重大战略思想，明确了改革开放和现代化建设与人民生活的关系，表明我们党对这个关系的认识有了新的提高，充分体现了科学发展观以人为本的核心立场，对全面建成小康社会具有重大的理论和现实意义。明确了这个根本目的，就要多谋民生之利，多解民生之忧，解决好人民最关心最直接最现实的利益问题，在学有所教、劳有所得、病有所医、老有所养、住有所居上持续取得新进展，努力让人民过上更好生活。

八、实现“两个同步”、提高“两个比重”的新表述

党的十八大报告提出“实现发展成果由人民共享，必须深化收入分配制度改革，努力实现居民收入增长和经济发展同步、劳动报酬增长和劳动生产率提高同步，提高居民收入在国民收入分配中的比重，提高劳动报酬在初次分配中的比重。”实现发展成果由人民共享，这是我们推动经济社会发展的根本目的，是不断满足人民日益增长的物质文化需要的必然要求，是立足科学发展观以人为本核心立场的价值追求。而实现“两个同步”、提高“两个比重”是实现发展成果由

人民共享的前提条件，为此，必须深化收入分配制度改革。

除了经济持续健康发展、人民生活水平全面提高的目标要求以外，党的十八大报告还提出了人民民主不断扩大、文化软实力显著增强、资源节约型环境友好型社会建设取得重大进展等方面的目标要求。

2013年全国经济走势展望①

2013年，是全面贯彻落实党的十八大精神的开局之年，是实施“十二五”规划承前启后的关键一年，是为全面建成小康社会奠定坚实基础的重要一年。中央要求经济工作要稳中求进，开拓创新，扎实开局。展望2013年全国经济走势，可以用“质量、创新、改革、富民、实干”五个关键词概括。

提高质量是关键。党的十八大报告突出强调提高各方面工作质量，比如，“把推动发展的立足点转到提高质量和效益上来”“着力提高城镇化质量”“着力提高教育质量”“推动实现更高质量的就业”“扩大干部工作民主，提高民主质量，完善竞争性选拔干部方式”“提高发展党员质量，重视从青年工人、农民、知识分子中发展党员”，等等。

创新驱动是核心。党的十八大报告多处强调创新问题，比如，“实施创新驱动发展战略”“科技创新是提高社会生产力和综合国力的战略支撑，必须摆在国家发展全局的核心位置”“更多依靠科技进步、劳动者素质提高、管理创新驱动”，等等。中央经济工作会议强调“我们面临的机遇，不再是简单纳入全球分工体系、扩大出口、加快投资的传统机遇，而是倒逼我们扩大内需、提高创新能力、促进经济发展方式转变的新机遇”“要着力增强创新驱动发展新动力，注重发挥企业家才能，加快科技创新，加强产品创新、品牌创新、产业组织创新、商业模式创新”，等等。

深化改革是动力。党的十八大报告强调“必须以更大的政治勇气和智慧，不失时机深化重要领域改革”。习近平在党的十八届一中全会上讲“只有改革开放才能发展中国、发展社会主义、发展马克思主义”，在广东考察工作时讲“实践发展永无止境，解放思想永无止境，改革开放也永无止境，停顿和倒退没有出路”，在政治局第二次集体学习时讲：“改革开放只有进行时没有完成时。没有改革开放，就没有中国的今天，也就没有中国的明天。改革开放中的矛盾只能用

① 本文节选自2013年3月13日在通辽市市委中心组学习会上的讲座讲稿。

改革开放的办法来解决。”李克强在全国综合配套改革试点工作座谈会上强调“改革是中国最大的红利”。

实现富民是目的。党的十八大报告强调“必须坚持走共同富裕道路”“提高人民物质文化生活水平，是改革开放和社会主义现代化建设的根本目的”。习近平在党的十八届一中全会上提出“检验我们一切工作的成效，最终都要看人民是否真正得到了实惠，人民生活是否真正得到了改善”，在同中外记者见面时讲“人民对美好生活的向往就是我们的奋斗目标”。中央经济工作会议提出“要按照‘守住底线、突出重点、完善制度、引导舆论’的思路做好民生工作”。

坚持实干是保障。习近平在不同场合多次强调实干问题，比如，在参观《复兴之路》展览时强调“空谈误国，实干兴邦”，在党外人士座谈会上提出“增长必须是实实在在和没有水分的增长”，在广东考察工作时讲“全面建成小康社会要靠实干，基本实现现代化要靠实干，实现中华民族伟大复兴要靠实干”。

总之，2013 年乃至今后一个时期推动经济持续健康发展，要明确富民目的，抓住质量关键，突出创新核心，强化改革动力，提供实干保障。

《富民论》后记[①]

2009 年，人民出版社出版了我的拙作《奋力走进前列——内蒙古现象研究》。“内蒙古现象”反映在很多方面，其中一个重要方面是，自 2002 年至 2009 年，内蒙古 GDP 增速居全国第一位，而城乡居民收入水平与全国平均水平的差距却呈现拉大趋势。在 21 世纪的前 10 年，城乡居民收入增速与 GDP 增速不同步，这不仅在内蒙古，就是在全国也是比较普遍的现象。GDP 增速和城乡居民收入增速是什么关系、如何处理好这个关系，发展与富民是什么关系、如何认识和处理好两者的关系，这些是我近年来重点思考、研究的问题。思考和研究的结果就是呈献给尊敬的读者的这本《富民论》。

《富民论》试图回答什么是富民、为什么富民、怎样富民的问题。回答这些问题是时代的要求、现实的需要，而对我来说又是一项非常艰巨的任务。尽管我才疏学浅，自知难以胜任这样的艰巨任务，但我还是想试一试，用我的心血和劳动为老百姓、为社会做一点微薄贡献，为从事这个领域研究的同仁提供一些进一

① 2013 年 12 月出版的《富民论》一书的后记。

步研究的参考。于是，我把吃饭、睡觉以外的所有时间用来学习和研究。我们党的理论创新成果始终是思考和研究问题的指南，我围绕富民问题深入学习科学发展观和习近平同志的系列重要讲话；我们国家日新月异的发展实践始终是思考和研究问题不可或缺的养分，近年来组织上让我连续担任内蒙古科学发展观学习实践活动、创先争优活动和群众路线教育实践活动督导组组长工作，为我深入基层掌握第一手资料提供了难得的机会。就是说，我写成《富民论》，与党组织的关怀、专家学者的成果、同事朋友的支持是分不开的，仅靠我一个人的能力是难以完成的。

我特别感谢老领导、老前辈、专家学者为我的拙作作序。著名经济学家郑新立从全国发展大视野，对投资消费结构失衡，生产能力过剩与调整国民收入分配比例、实现富民的关系，特别是围绕党的十八届三中全会《决定》在农村土地制度改革上的重大突破对收入分配制度改革、增加农民财产性收入、消化过剩产能、缩小城乡发展差距等方面的现实意义和历史意义，进行精练而深刻的阐述，对拙作给予精彩“点睛”。

资深党建研究专家郑科扬以人类社会发展进程为脉络，深刻分析在不同社会制度下不同人群对富裕的不同追求，指出在推进中国特色社会主义事业进程中，为人民谋幸福、促共富，始终是必须高度重视和不断努力解决的重大课题，强调中国共产党和中国人民90多年奋斗取得的一系列伟大成就中，最值得珍惜、最值得坚持和捍卫的就是走出了一条充满生机与活力的中国特色社会主义发展道路，这是一条国家繁荣昌盛之路、民族全面振兴之路、人民幸福富裕之路，是一条唯一正确的道路，从而增强了拙作的历史厚重感。

著名经济学家邹东涛围绕欲望与满足、收益（境遇）的现在与过去、自己与他人的收益（境遇）这样三对因素，运用三个简单公式，鲜明、生动、深刻地阐释幸福的丰富内涵，让人们从个体和群体的角度更深入地把握幸福与富民的关系，从而深化了拙作相关阐述的内涵。

我真诚感谢所有对这本书的写作和出版给予帮助、支持的同事们、朋友们。

我深深感谢我的爱人乌云女士，没有她几十年如一日的理解和支持，没有她细致入微的爱护和照料，我哪能全身心地投入研究和写作呢。我深深感谢我的孩子、孙子们，他们是麦俪思和奎巴特、乌特哈和陈莎，哈妮、嘉尔，他们从各方面为我的工作和生活创造了无可挑剔的环境和条件。如果说，我的研究探索对社会、对百姓是一丁点奉献，那么，其中就包含了他们的贡献。

我真高兴能把这部拙作呈献给尊敬的读者。我期待着您的指教！

鄂尔多斯转型发展的动员令①

白玉刚书记在市委三届五次全委会上的讲话，是习近平总书记考察内蒙古重要讲话和自治区党委九届十一次全委会议精神与鄂尔多斯市发展创造性结合的成果，明确回答了关系鄂尔多斯发展全局的三个重大问题，即什么是转型发展、怎样转型发展和靠什么转型发展，思路清晰、符合实际，目标明确、任务具体，重点突出、措施得力，是新常态下推动鄂尔多斯转型发展、再铸辉煌的动员令。

一、什么是转型发展

讲话指出，凝心聚力、转型发展、创新创业、再铸辉煌，把鄂尔多斯建成祖国北疆亮丽风景线上的璀璨明珠，是鄂尔多斯当前和今后一个时期经济社会发展的总要求。

凝心聚力，就是凝识凝心、聚信聚力，把全市人民的思想认识统一到习近平总书记考察内蒙古重要讲话精神上来，统一到自治区党委九届十一次全委会精神上来，统一到实现鄂尔多斯市转型发展上来，总结经验教训、发扬优良传统，提振市场主体转型发展的信心，汇聚全社会智慧和力量，激发再铸辉煌的激情。

转型发展，就是着力转变发展方式，坚持以提高人民物质文化生活水平为根本目的，推动经济建设由速度超常型向质量效益型转变；文化建设由资源优势型向综合优势型转变；社会建设由基本公共服务不平衡型向均等化转变；城乡发展由二元型向一体化转变；生态文明建设与经济社会发展由分割型向融入型转变。

创新创业，就是全面深化改革开放、全面支持全民创业，以制度创新、科技创新为核心，以经济体制改革牵引其他领域改革，以科技体制改革促进创新能力提升，强化企业在科技创新中的主体地位，提升产业技术水平，让市场决定资源配置，提高政府效率效能，提升推动转型发展的能力水平，形成公平竞争、创新驱动的发展环境，让社会创造活力竞相迸发。

再铸辉煌，就是坚持富民优先，顺应人民群众对幸福生活的新期待，满足人民群众从物质上到精神上都把日子过得更加红火起来的新要求，把增进人民福祉

① 2014 年 9 月，在鄂尔多斯市干部培训会上讲座讲稿。

作为转型发展的出发点和落脚点，再铸人民群众共同参与转型发展、共同分享发展成果的新辉煌，使人民群众物质上富裕、精神上富有，促进人的全面发展。

这四句话总要求是鄂尔多斯转型发展思路的高度概括，凝心聚力是基础，转型发展是核心，创新创业是动力，再铸辉煌是目标。讲话指出，转型发展是因应形势变化的必然选择，是破解发展难题的根本出路，转型发展正当其时。就是说，形势的变化要求转型发展，发展中的问题倒逼转型发展，转型发展又具有良好基础、条件和机遇。要说形势变化，我国形势变化就集中体现在新常态上。鄂尔多斯推动转型发展，实质上就是要推动适应新常态的发展。

二、怎样转型发展

讲话强调，要牢牢把握转型发展工作重点，在关键领域和关键环节取得重大突破。转型发展的重点包括：着力推动工业转型发展，夯实强市基础；突出配套发展、融合发展，强化现代服务业在转型发展中的支撑作用；走规模发展、品牌增收的路子，扎实推进农牧业转型发展，让农牧民的日子过得更加红火；落实以人为核心的新型城镇化理念，推进城镇发展转型，全面建设品质城市；坚定不移守住绿色生命线，毫不动摇抓好生态文明建设；富民安民乐民，让转型发展成果更好转化为人民群众的福祉；强化创新驱动，推动转型发展。推动这七项重点领域转型发展，就是转型发展的任务，回答了怎样转型发展的问题。

推动这七项重点领域转型发展，各有各的目标，各有各的路径，但总的转型要求是习近平总书记考察内蒙古重要讲话提出的着力转变经济发展方式，促进经济转型升级，推动转方式同调整优化产业结构、延长资源型产业链、创新驱动发展、绿色循环低碳发展、全面深化改革开放相结合。

作为强市基础的工业，必须是依托资源优势、适应市场需求、质量效益好的工业，必须是多元长链、科技支撑、集群化发展的工业，必须是绿色循环低碳、吸纳就业力强、可持续发展的工业。因此，讲话明确提出了推动工业转型发展要以市场需求为导向，以煤为基、多元转化，延长链条、转化增值，促进洁净化、绿色化、规模化、现代化、一体化、集群化发展的要求。

服务业要支撑转型发展，既要加快发展生活性服务业，实现基本公共服务均等化，更要加快发展生产性服务业，实现服务业与工业、农牧业融合发展，形成工业转型服务化、农牧业转型服务化、服务业转型社会化、人民生活服务化新格局。因此，讲话提出了服务业突出配套发展、融合发展的要求，明确了旅游业、健康产业等生活性服务业和物流业等生产性服务业发展重点。

推进农牧业转型发展富裕农牧民，必须因地制宜发展特色产业、因市场需求培育优质产品、因产品质量推广实用技术，必须推动土地草场流转、支持规模化经营、提高劳动生产率；必须培育新型经营主体、培养职业农牧民、建设新农村新牧区。因此，讲话明确提出立足区位优势，规模发展特色优势产业，壮大种养大户、家庭农牧场、农牧民合作社和龙头企业规模，走规模发展、品牌增收的路子。

全面建设品质城市，其本质是让全体市民过上品质生活，必须从硬件、软件和共建共享三个方面加强城镇建设。硬件包括城镇所有基础设施，推动城乡基础设施建设一体化。软件包括公共服务、城镇管理，推动城乡基本公共服务均等化。共建共享就是让市民广泛参与城镇管理、社会治理，推动农牧区土地制度改革、实现人的城镇化。因此，讲话明确提出了健全城镇基本服务体系、满足人民群众生活需求，加快户籍制度改革、集聚人气商气，突出中心城区带动、打造品质城市名片，以人为本、提升城镇治理能力的要求。

让转型发展成果转化为人民群众的福祉，是推动转型发展的根本目的。富民，就是要让人民群众物质上富裕、精神上富有，促进人的全面发展。因此，讲话明确提出了富民、安民、乐民，大力实施创业就业增收工程，全力做好扶贫开发和民生兜底保障工作，加快推进农村牧区“十个全覆盖”工程，着力提高社会事业服务质量，努力满足人民群众日益增长的精神文化需求，切实维护和巩固社会和谐稳定大局的要求。

强化创新驱动，要推动以科技创新为核心的全面创新，尽快建立市域创新体系。创新驱动实质上是人才驱动。要加强创新型人才队伍建设，坚持招商引资、招人聚才并举，激发科技人员、企业家的创新激情。因此，讲话明确提出了着力推进体制机制创新，着力提升地区科技创新能力，着力强化转型发展人才支撑，以创新的理念着力推动项目建设和招商引资的要求。

这七项重点领域中，推动工业、农牧业、服务业和城镇化、生态建设转型发展，体现了全面转型的要求；富民安民乐民，是转型发展的根本目的；创新驱动发展，是全面转型的强大动力。

三、靠什么转型发展

转型发展靠什么，靠党委、政府的坚强领导，靠全市人民的支持和参与，靠各级干部的责任担当，靠市场主体的创新创业，靠深化改革激发活力，靠加强党的建设提供保证。因此，讲话要求各级党委、政府、党政各部门要做坚定信心、迎难而上的表率，更加尽责地担负起鄂尔多斯转型发展的历史重任；大胆寻求改革突破，向改革要转型发展的红利；确立敢于担当、迎难而上的好干部标准，以各级干部的责任担当推动转型发展；提升党的建设科学化水平，为转型发展提供坚强保障；充分发挥市场主体作用，全面激发企业发展活力；凝聚全社会力量，创新创业，共铸辉煌。

新常态，在表象上是经济增速换挡，在本质上是原有发展方式已经不适应经济发展的阶段性变化，在根本上是决定发展方式的体制机制创新滞后。体制机制引导市场主体行为，形成相关利益格局，决定经济发展方式。只有坚定不移推进改革，才能破除原有发展方式赖以存在的体制安排和利益结构，为适应新常态，实现更高效率、更好效益的发展创造条件。

转型发展，归根结底要靠人。人是实施转型发展的主体，也是共享转型发展成果的主体。经济社会要转型，首先要求人的思想观念转变。人的思想观念、素质能力和积极性、主动性、创造性决定着转型发展的进程、质量和成效。这就要求我们必须坚持经济转型和人的转变两手抓，用人的转变引领经济社会转型，在经济社会全面转型中促进人的全面发展。

《富民论》首发式上的致辞[①]

在《富民论》后记里，我写了一句"读者您就是我的唯一目的"的话。今天，大家成为《富民论》的第一批读者，我感到非常荣幸！

2012 年 11 月，习近平总书记在参观《复兴之路》展览时，第一次提出了实现中华民族伟大复兴中国梦。实现中国梦，就是要实现国家富强、民族振兴、人民幸福。中国梦是国家的梦、民族的梦、人民的梦，归根到底是富民梦。

如何实现富民梦，什么是富民、为什么富民、怎样富民，这些基本问题都是大家所关心的问题，也是我们这个时代需要解决好的重大问题。我写《富民论》就是想回答这些问题。说实话，真正说明白这些问题不是一件容易的事情。如果《富民论》能给人们一些有益的启示，那么，我的思考、研究和所有付出都是值得的。写书是为了让人们看书，为了和读者深度交流，共同切磋这些问题，进而形成共鸣共识，影响人们的决断和行动。如果《富民论》能在这些方面发出一些正能量，那是我最大的幸福。

此时此刻我要重复《富民论》后记的最后一段话：我很高兴把这部拙作呈献给尊敬的读者。读者您就是我的唯一目的。我期待着您的指教！

---

① 2015 年 9 月 7 日在《富民论》一书首发式暨读者见面会上的致辞，任亚平、太增、郭子明等出席。

在这里，我要感谢内蒙古新华发行集团图书大厦策划举办了《富民论》首发式，感谢任亚平主席热情洋溢的致辞，感谢各位领导、同志们、朋友们，感谢广大读者！在此，我还要特别感谢全力支持我研究和写作的我的爱人和孩子们！

我看2018年《政府工作报告》[①]

看了布小林主席作的《政府工作报告》（以下简称《报告》），感受颇多，觉得这个《报告》是深入贯彻习近平新时代中国特色社会主义思想和自治区党委重大决策部署的好报告，是推动全区高质量发展、创造各族人民美好生活的蓝图，有以下突出特点。

一、勇于直面老大难问题

《报告》是习近平新时代中国特色社会主义思想和内蒙古发展实际紧密结合的产物。无论是对过去五年工作的回顾、2017年工作的总结，还是对今后五年工作总体思路、2018年主要工作的部署，都充分体现了习近平新时代中国特色社会主义思想，充分体现了习近平总书记“建设亮丽内蒙古，共圆伟大中国梦”光辉题词和考察内蒙古重要讲话精神，是一篇充分体现“四个自信”“四个意识”，认真贯彻落实党中央、国务院和自治区党委一系列重大决策部署，坚持实事求是、理论联系实际、全面反映民意的好报告。

《报告》好就好在全面贯彻习近平新时代中国特色社会主义思想和党的十九大精神，认真落实自治区十届五次全会暨全区经济工作会议精神，以高度负责的态度和勇于担当的精神，第一次在政府工作报告中指出存在工业增加值数据不实、财政收入虚增空转等困扰我们多年的老大难问题。

《报告》在回顾2017年工作时指出，初步核算，地区生产总值增长4%；一般公共预算收入剔除虚增空转因素后按可比口径增长14.6%，非税收入占比由上年的33.8%下降到24.4%，财政收入质量明显提高。

《报告》在回顾2017年加强政府自身建设时指出，我们规范政府债务管理，积极稳妥化解债务，停建、缓建、“瘦身”了一批政府投资项目，清理拖欠工程

① 本文刊载于2018年《北方经济》第4期。

款和农民工工资。解决工业增加值数据不实和财政收入虚增空转等困扰我们多年的老大难问题，为科学决策提供了可靠依据，为未来发展夯实了基础。我们深刻认识到工作中不严不实带来的危害，认识到不能为增长而增长、为投资而投资，必须破除简单以生产总值增长率论英雄的发展观、政绩观。

习近平总书记在党的十九届一中全会上的讲话中强调："全面建成小康社会要得到人民认可、经得起历史检验，必须做到实打实、不掺任何水分。"新时代要有新气象新作为，最根本的是要实事求是、实打实。工业增加值数据不实、财政收入虚增空转等数据弄虚作假、注水掺水问题，其导向是简单以生产总值增长率论英雄的发展观、政绩观，导致"官出数字，数字出官"，而其思想根源是理想信念丧失，世界观、人生观、价值观扭曲。其危害是多方面的，恶劣影响是深远的。

《报告》"坚持问题导向，勇于坚持真理、修正错误，勇于自我革命、直面矛盾，解决问题，改进工作"，正视问题、直言不讳，果断解决危害多年的老大难问题，分析深层原因，阐述了解决这些问题的重大意义。《报告》还提出"各级政府要把诚信施政作为重要准则，言必行、行必果，新官必须理旧账，提升政府公信力"。这些是今年政府工作报告的最大亮点，是对一个时期以来的发展观、政绩观的一次冲洗，是对建设"得到人民认可、经得起历史检验"的亮丽内蒙古的一大贡献。人们感到时隔多年，统计数据上实事求是的思想路线终于要回来了。

二、紧扣社会主要矛盾变化

社会主要矛盾变化是我们确定发展思路、制定政策措施的根本依据。《报告》紧扣我国社会主要矛盾变化，坚持以人民为中心的发展思想，把提高保障和改善民生水平、满足人民日益增长的美好生活需要作为政府工作的出发点和落脚点。

《报告》在高度概括过去五年保障和改善民生工作成就时说，贫困发生率显著下降，新增城镇就业 133.5 万人，建立了覆盖城乡的社会保障体系，累计为 217.6 万户城乡家庭改善了居住条件。其中 2017 年，全区民生支出占一般公共预算支出的 69.8%，比上年提高 4 个百分点；各级财政扶贫资金支出 121 亿元，增幅达到 112.9%，全年减贫 20 万人；稳步推进创业就业，城镇新增就业 26.1 万人；注重教育公平发展和质量提升，学前教育入园率达到 90% 以上，累计有 93 个旗县（市、区）通过国家义务教育均衡发展评估认定，民族教育整体发展水平走在全国前列；严控"三公"经费支出，自治区本级压缩一般性支出 10 亿元，用于保障和改善民生。

《报告》在部署2018年提高保障和改善民生水平时强调，坚持以人民为中心的发展思想，从解决人民群众普遍关心的问题入手，突出政策的精准性和针对性，让改革发展的成果更多更公平惠及全体人民。发展公平而有质量的教育，完成县域义务教育均衡发展任务。努力促进就业创业，支持各类人员返乡下乡创业。健全社会保障和救助体系，落实养老、医保、低保和优抚补助政策，提高边民补助标准、扩大补助范围。建立多主体供应、多渠道保障、租购并举的住房保障制度，优先保障困难群体，实现低保、低收入住房困难家庭应保尽保。加快健康内蒙古建设，推进异地就医直接结算，基本实现对基层医疗机构和农民工、外来就业创业人员的全覆盖。

习近平总书记要求，在新时代的征程上，全党同志一定要抓住人民最关心、最直接、最现实的利益问题，坚持把人民群众关心的事当作自己的大事，从人民群众关心的事情做起，多谋民生之利，多解民生之忧。《报告》提出，提高保障和改善民生水平，无论是回顾过去五年工作，还是阐述今后五年工作总体思路、部署2018年主要工作，都充分体现了习近平总书记关于幼有所育、学有所教、劳有所得、病有所医、老有所养、住有所居、弱有所扶上不断取得新进展，不断促进社会公平正义，不断促进人的全面发展、全体人民共同富裕的重要指示。

三、谋划推动高质量发展

《报告》按照推动高质量发展要求谋划亮丽内蒙古建设。高质量发展，就是能够满足人民日益增长的美好生活需要的发展，是坚持新发展理念的发展，是以创新为第一动力、以协调为内生特点、以绿色为普遍形态、以开放为必由之路、以共享为根本目的的发展。

推动高质量发展，要重点抓好决胜全面建成小康社会三大攻坚战。《报告》要求坚决打好防范化解重大风险攻坚战，解决全区政府债务率普遍较高的问题，新上政府投资项目严格实行债务风险评估和合法性审查，建立债务偿还和财政转移支付挂钩机制；坚决打好精准脱贫攻坚战，确保全年减贫20万人，完成农村牧区所有建档立卡贫困户危房改造任务；坚决打好污染防治攻坚战，所有火电机组实现超低排放，全面落实水污染防治计划，加大土壤污染防治和重金属减排力度，从源头上治理农业面源污染。

推动高质量发展，要深化供给侧结构性改革。《报告》要求把着力点放在实体经济上，大力培育新动能，运用新技术、新业态、新模式改造提升传统产业，加快建设国家大数据综合试验区，开展质量提升行动，以高标准带动高质量。

推动高质量发展，要加快建设创新型内蒙古。《报告》要求增加科技投入，发挥财政资金引导作用，形成多元投入机制，围绕现代农牧业、战略性新兴产业、荒漠化治理等领域的重大科技需求，突破一批关键共性技术。

推动高质量发展，要实施乡村振兴战略。《报告》要求培育新型农牧业经营主体，促进农村牧区第一、第二、第三产业融合发展。开展农村牧区人居环境整治三年行动。创新农村牧区金融服务产品，更好满足农牧民金融需求。推进城乡建设统一规划、产业合理布局、基础设施互联互通，吸引资本、技术、人才等要素更多地向农村牧区流动。

推动高质量发展，要全面深化改革扩大开放。《报告》要求推广“马上就办”“最多跑一次”，推行“互联网＋政务服务”。深化商事制度改革，完善“双随机、一公开”监管。深化国企国资改革，落实支持非公有制经济发展的政策措施。完善与俄蒙合作机制，深化与“一带一路”沿线国家合作。

推动高质量发展，要加快建设文明内蒙古。《报告》要求大力弘扬中华优秀传统文化，保护和弘扬草原文化，把草原文化所包含的尊重自然、坚守信义、开放包容、崇尚英雄的理念，融入生产生活实践中，并结合时代要求创新发展。

推动高质量发展，要加快建设绿色内蒙古。《报告》要求统筹山水林田湖草系统治理，继续推进天然林资源保护、“三北”防护林、新一轮退耕还林还草等重点生态工程建设。落实最严格的水资源管理制度，完成生态红线划定工作。建立河湖名录，全面实行河长制、湖长制。

围绕推动高质量发展，坚决打好三大攻坚战，深化供给侧结构性改革，实施乡村振兴战略，全面深化改革开放，加快建设创新型内蒙古、文明内蒙古、健康内蒙古、平安内蒙古、绿色内蒙古，一幅亮丽内蒙古建设的画卷展现在我们面前。2018 年的各项重点工作，有新的思路、明确的目标、具体的措施和保障性制度机制，为各项任务的落实创造了条件。

四、新颖文风扑面而来

文风、话风体现党风、政风和作风。《报告》用清晰的思路、充实的内容、紧凑的结构、顺畅的表述、朴实的语言，把这次换届大会上应报告的内容，用一万两千字的较短篇幅，呈献给与会代表和全区各族人民。

思路清晰。《报告》提出今后五年工作总体思路，特别强调要以习近平新时代中国特色社会主义思想为指引，一切工作都要坚持以人民为中心，把人民对美好生活的向往作为我们的奋斗目标；特别强调要坚决打好三大攻坚战；特别强调要坚持稳中求进工作总基调，坚持新发展理念，紧扣社会主要矛盾变化，坚持质量第一、效益优先；特别强调要全面落实科教兴国战略等七大战略，统筹推进稳增长、促改革、调结构、惠民生、防风险各项工作。2018 年九个方面重点工作也是思路具体，措施得力，符合实际。

求真务实。《报告》提出，2017 年全区地区生产总值增长 4%，一般公共预算收入剔除虚增空转因素后按可比口径增长 14.6%；2018 年预期目标，地区生产总值增长 6.5% 左右，城乡居民人均可支配收入分别增长 7.5% 左右等数据，虽然没有“连八超九”数据“好看”，但是不掺水分，实话实说，心里不发虚。《报告》提出发展中存在的经济发展的质量效益不高、民生领域有不少短板、生态环境依然脆弱、需要化解政府债务、政府工作效率不高五个方面的突出问题，也都切中要害，符合实际。

概括准确。在较短的时间里将较多的内容讲清楚，既需要较高的概括能力，又需要准确的表达能力。《报告》用数据说话、用事实说话，没有空话、套话、过头话，没有模棱两可、含混不清的话。比如“不能为增长而增长、为投资而投资”“必须破除简单以生产总值增长率论英雄的发展观、政绩观”“唯有只争朝夕，才能实现我们的奋斗目标”“新官必须理旧账，提升政府公信力”等。总体而言，《报告》讲思路、任务、措施，指向清楚，内涵明确、表述准确，有利于贯彻落实。

语言精练。《报告》的新颖文风还表现在语言朴实、精练，表述概括、贴切，富有新意。比如“深入实施品牌战略，开展质量提升行动，以高标准带动高质量”“改善农村牧区寄宿制学校就餐、洗浴、取暖条件”“培育礼仪文明、语言文明、交通文明、餐桌文明、网络文明，不断提升公民文明素质和社会文明程度”“内蒙古有着光荣的历史，内蒙古人民无愧于时代”“新时代开启新征程，我们要在从富起来到强起来新的伟大历史进程中，努力走在前列，建设新时代的‘模范自治区’”等，都用寥寥数语把深刻的内涵、创新的思路和举措表述得清清楚楚。

一分部署、九分落实。好的《报告》是一幅美好蓝图，把美好蓝图变为美好生活、美好现实，需要根据蓝图设计施工图、制定施工方案，需要组织施工队伍、明确施工责任、确保工程质量。这是一个事关全区各族人民福祉的环环相扣的系统工程，哪一个环节扣不好，都会使美好蓝图变为墙上挂图。我们相信，全区各级政府都能扣好自己的那一环，把《报告》绘就的美好蓝图变为全区发展的美好现实、人民群众的美好生活。

我离不开《人民日报》[1]

从20世纪60年代初开始，我和《人民日报》结下不解之缘。当时我在内蒙古巴彦淖尔盟第二中学读高中，在班里担任学习雷锋小组组长，为了在黑板报上反映雷锋、麦贤德、王杰等英雄模范的先进事迹，找来《人民日报》看。第一印象是《人民日报》上登的都是别的报刊上没有的新内容。后来作为知识青年上山下乡，晚上到队房里在煤油灯下给农牧民念《人民日报》。再后来当教师、当机关干部，担任旗县、盟市和自治区机关的领导职务，越来越离不开《人民日报》，至今已有五十年的历史。

我最爱看《人民日报》的头版和理论版。头版让我在第一时间了解党中央的重大决策部署、国际国内形势动态，使我无论在什么时候、什么岗位上，都以党中央的大政方针为指导，都在全国改革发展的大局下行动。理论版始终为我提供精神大餐，我的剪报多数是有分量的理论文章，包括近些年新设的“大家手笔”栏目的文章。临近退休的年龄，我有幸学会了电脑，再不用那么费时做剪报，而是很方便从《人民日报》数字报上下载我需要的文章。

党的十八大以来，为了用习近平新时代中国特色社会主义思想武装自己的头脑，我平时从《人民日报》头版上把习近平总书记在各类会议上的重要讲话，包括重要批示指示、信函、国际会议上的讲话、到各省区市考察时的讲话等，及时逐篇下载下来，逐篇细读深研，边读边用文字加粗或变红等方法标出重点和结构关系，每读一遍都有新的领会、新的收获，常常感受创新理论的震撼力，常常感到精神振奋、心明眼亮。

党的十八大以来，我把从《人民日报》上下载下来的习近平总书记在不同场合的重要讲话，分年度编辑成集，六个年份的每一集都有十几万字。如果没有《人民日报》数字报，我不可能做到这样。由于一天不落地浏览阅读《人民日报》、一篇不落地学习总书记的重要讲话，虽然退休已经有些年，但自己学习思考的习惯没有退休，自我感觉思想认识没有落伍，坚持把自己的思考所得通过键盘与社会共享。我还把自己编辑的六个年度的总书记重要讲话集电子版发给在职的一些朋友，与他们分享，受到大家的欢迎。

今年，党的十三届全国人大一次会议开幕当天，习近平总书记参加内蒙古代

① 本文2018年7月3日写给《人民日报》。

表团审议并发表了重要讲话。3月6日《人民日报》头版以《习近平在参加内蒙古代表团审议时强调：扎实推动经济高质量发展，扎实推进脱贫攻坚》为题报道了习近平总书记的重要讲话精神。我立即把《人民日报》的报道下载下来，反反复复、一字一句地研读总书记的重要讲话，深受鼓舞、无比激动，深切感受到总书记对内蒙古的亲切关怀和殷切期望，深切感受到这是总书记关于内蒙古发展思想的最新精神，是新时代内蒙古发展的行动指南，明确了内蒙古发展的方向、目标、任务、路径和方法。

因为有《人民日报》每日与我相伴，我才能及时领会总书记的新思想、新理念、新谋略，我才使自己的思想认识与日俱新、与时俱进。我紧紧围绕全面贯彻落实习近平总书记"两会"重要讲话精神，紧密联系内蒙古当前发展实际，连续写了《推动高质量发展的经济学思考》《打赢三大攻坚战是头等大事》《乡村振兴产业》等文章，发表在《内蒙古日报》理论版，力图结合实际阐述总书记关于内蒙古发展的重要思想，为实际工作者提供有针对性的落实路径参考。

我还爱看《人民日报》的"大地"副刊、"人民论坛"等专栏。我很喜欢文学，也试着用文学的笔触表达所见所感。前几年，我在阅读这些副刊专栏过程中，还把梁衡、鲍尔吉·原野等的散文和评论剪下来保存。我也一日不落地关注其他专刊专页。因为，其他省区市特别是发达地区在各项工作中的成功做法、先进经验，对我们联系当地实际推进工作，具有很重要的借鉴意义。

这些就是在纪念《人民日报》创刊70周年的时候我想说的话。《人民日报》是我人生的良师益友，我一生都离不开《人民日报》。

落实中央规划要编制好地方规划①

一、中央规划的特点

9月26日公布了中共中央、国务院的《乡村振兴战略规划（2018—2022年)》。我学习规划，有几点感受：一是为民情结厚重。规划全篇贯穿着一条增进亿万农民福祉的主线，顺应了全国农民对美好生活的向往。二是内容非常全面。充分体现了统筹推进"五位一体"总体布局和协调推进"四个全面"战略

① 2018年10月13日在呼伦贝尔市陈巴尔虎旗乡村振兴战略规划编制座谈会上的发言稿。

布局的要求。三是措施特别具体。每一项目标任务都细化为工作重点和政策措施，实化为重大工程、重大计划、重大行动，保证了规划落实落地。四是创新动力强劲。每一项目标任务的落实都有改革创新的思路和健全完善制度机制的要求。五是责任主体明确。规划提出了落实党政一把手是第一责任人、五级书记抓乡村振兴的工作，县委书记要当好乡村振兴“一线总指挥”的要求。

二、编制管用的规划

陈巴尔虎旗（以下简称“陈旗”）旗委、政府委托内蒙古牧区资源合作商会乡村振兴战略规划研究中心编制陈旗的乡村振兴战略规划，我相信，研究中心会编制好一个管用的规划。我所说的管用的规划，是全面贯彻中央规划精神、落实自治区和呼伦贝尔市规划要求的规划，是体现旗委、政府意图，符合陈旗实际，反映全旗人民特别是广大牧民期望的规划；是解决牧业、牧区、牧民生产生活中实际问题的规划，而不是编制出来束之高阁的规划；是操作性强、能落实的规划，而不是套话连篇的官样文章；是接地气、贴民心的规划，而不是好听不好用的规划。

编制好一个管用的规划，需要进行深入细致的调查研究。一是围绕准确把握发展基础，搞清楚规划涉及的所有领域的发展基础。编制规划、落实规划，是以往工作的延续，是现有基础上的升级。因此，准确把握发展基础和发展态势是编制规划的基础。二是立足解决发展中的问题，搞清楚规划涉及的所有领域存在的问题。从本质上讲，编制规划就是为了系统解决发展中的问题，促进更高质量的发展。因此，准确把握发展中的问题和广大牧民的愿望诉求是编制规划的内在要求。三是认真学习研究中央规划，深刻把握中央规划的精神实质。只有把中央规划精神同当地实际紧密结合起来，才能落实好乡村振兴战略。因此，无论是编制规划还是落实规划，全面深入把握中央规划精神是重要前提。

三、关于“三个体系”

学习研究中央规划，要深刻理解和全面把握乡村振兴的产业兴旺、生态宜居、乡风文明、治理有效、生活富裕五句话总要求。乡村振兴，产业兴旺是重点。这里我仅就产业兴旺这个重点谈一些自己的理解。

习近平总书记在今年两会重要讲话中强调：“要发展现代农业，确保国家粮食安全，调整优化农业结构，加快构建现代农业产业体系、生产体系、经营体系，推进农业由增产导向转向提质导向，提高农业创新力、竞争力、全要素生产率，提高农业质量、效益、整体素质。”加快构建现代农业产业体系、生产体系、经营体系，是习近平总书记“三农”思想的重要内容，是发展现代农业的指导思想，深刻回答了新时代发展现代农业的方向、重点、主体和路径。我们发展现代畜牧业，要以习近平总书记“三个体系”重要思想为指导，紧密结合当地实际，加快构建现代畜牧业产业体系、生产体系、经营体系。

加快构建现代畜牧业产业体系，要解决的是发展什么产业、发展哪些产业的问题，实质是调整产业结构，推动多业并举、融合发展。产业体系是由相互联系和衔接的若干相关产业构成的整体，它是相关产业融合发展的结果。构建现代畜牧业产业体系，在思想上要破除传统畜牧业单纯发展第一产业的惯性思维，树立协调发展的新理念；在工作上要努力拓宽畜牧业边界，着力扩延草原畜牧业功能，从单一畜产品供给功能向生活休闲、旅游观光、生态保护、文明传承、教育研学等功能扩延，提升相关产业相互衔接、一二三产业融合发展水平。

加快构建现代畜牧业生产体系，要解决的是怎么生产、怎样发展的问题，实质是转变生产方式，降低生产成本，提高生产效率，提升畜牧业科技含量来增加牧民收入。生产体系是由相互关联、相互衔接的先进生产方式构成的整体，它是根据相关产业高质量发展需要而转变原有生产方式的结果。在某种意义上，所谓促进产业转型升级就是创新其生产方式。构建现代畜牧业生产体系，应实施创新驱动发展战略，围绕提高畜产品质量效益，加速转变生产方式，提升畜牧业绿色化、良种化、机械化、信息化、标准化、智能化水平。

加快构建现代畜牧业经营体系，要解决的是谁来经营、怎样经营的问题，实质是加快培育新型畜牧业经营主体，发挥其辐射带动作用，促进小牧户和现代畜牧业发展有机衔接。经营体系是相互联系和衔接的若干经营主体构成的整体，它是畜牧业现代化的主要标志。所谓新型畜牧业经营主体，包括牧民专业合作社、家庭牧场、龙头企业和社会化服务组织等。发挥分散经营的广大牧户发展现代畜牧业的主体作用，需要新型畜牧业经营主体的辐射带动，这是实现小牧户和现代畜牧业发展有机衔接的必由之路。

练好调查研究基本功①

习近平总书记强调，正确的决策离不开调查研究，正确的贯彻落实同样也离

① 本文原载于2018年11月26日《内蒙古日报》。

不开调查研究；还强调要把调查研究作为基本功。各级领导干部经常离不开作决策，经常离不开抓贯彻落实。要使我们的决策正确、贯彻落实正确，也就经常不能离开调查研究，必须练好这项基本功。

一、调查研究的含义

调查，就是了解真实情况；研究，是指探求事物真相、性质、规律等。调查研究，就是以解决问题为目的，搞清事情的真相，把握事物的本质和规律，提出解决问题的思路和对策的过程。调查研究的过程，是领导干部提高认识能力、判断能力和工作能力的过程。调查研究是推进决策科学化、民主化的基础，因而是我们党的传家宝，是我们做好各项工作的一项基本功。

调查研究作为一个过程可以分为调查和研究两个紧密联系、互相衔接的阶段。调查，是调查研究的初级阶段，相当于认识论的感性认识阶段，主要任务是搜集相关材料。研究，是调查研究的高级阶段，相当于认识论的理性认识阶段，主要任务是对材料进行分析、综合、比较、概括和判断，分清现象与本质、主流与支流、成绩与缺点、主要矛盾与次要矛盾，进而发现事物的内在联系和本质特征，提炼出规律性认识。

搞好调查研究既要调查又要研究，二者缺一不可。调查是研究的基础，必须全面系统；研究是调查的升华，必须严谨科学。在调查研究的整个过程中，调查和研究并不是彼此孤立地进行的，而往往是调查中有研究，研究中又有调查。要把二者联系和衔接起来，避免调查多、研究少，情况多、分析少，没有解决问题的思路。

二、调查研究的意义

深入实际进行调查研究，坚持理论与实际相结合，由此制定和执行正确的路线方针政策，是我们党领导革命、建设、改革和发展的基本经验和基本工作方法，也是我们党的优良传统和作风。毛泽东同志提出："我们的口号是：一、不做调查没有发言权。二、不做正确的调查同样没有发言权""调查就像'十月怀胎'，解决问题就像'一朝分娩'""我的经验历来如此，凡是忧愁没有办法的时候，就去调查研究，一经调查研究，办法就出来了，问题就解决了。"邓小平同志指出："先作调查研究，然后才有发言权。开会也好，作决议也好，搞文件也好，都要从实际出发，提出问题，总结经验，制定方针政策，这就是实事求是。"

重视和加强调查研究，是我们坚持辩证唯物主义和历史唯物主义世界观、方

法论的必然要求，是理论联系实际、密切联系群众、制定正确的路线方针政策的根本途径，是必须始终坚持的基本工作方法和领导工作制度。一般来说，调查研究能力是领导干部素质能力的重要组成部分，调查研究水平的高低直接关系领导干部领导水平的高低。

三、调查研究中的问题

有些领导干部的调查研究存在以下现象：一是对调查研究没有正确的认识，搞调查研究没有明确的目的，调查研究前不做充分的准备，有很大的随意性。二是搞调查研究不是为了取得发言权，不是为了解决问题，不向群众请教，不同基层商量，有装潢门面之嫌疑，没有明确的目的性。三是搞调查研究往往“被调研”，领到哪儿看哪儿，汇报什么听什么，被亮点蒙住眼睛，让赞扬堵住耳朵，对矛盾问题视而不见，对群众意见听而不闻，讲几句不痛不痒的套话空话，有沽名钓誉之嫌疑，没有担当负责的诚意。四是搞调查研究图形式，坐着车子转、隔着玻璃看，来也匆匆、去也匆匆，走马观花、雾里看花，下乡走一圈不知道基层存在什么问题、群众有什么诉求，工作上有什么收获、认识有哪些提高，自己也不清楚。

这些现象没有达到调查研究的目的，反而助长了形式主义，脱离了基层群众，损害了领导机关、领导干部的形象。

四、调查研究的原则

实事求是是我们党的思想路线，也是开展调查研究的根本原则。调查研究是为了解决问题，问题是客观存在的，了解和研究问题要实实在在。搞调查研究应坚持不唯上、不唯书、只唯实，有一说一、有二说二。了解问题实实在在，分析原因也要实事求是。不能回避问题、掩盖矛盾、忽视原因。只有实事求是地搞清问题所在，实事求是地分析问题产生的各方面原因，才能提出符合实际的、具有操作性的解决问题的思路和方案，使问题切实得到解决。

离开了实事求是的原则，既不能发现问题、了解问题，也不能分析原因、提出解决问题的思路对策。

五、调查研究的导向

瞄着问题去，是搞好调查研究的正确导向。坚持问题导向，是党的十八大以来党中央治国理政的鲜明导向。2013 年 12 月，习近平总书记在河北指导教育实践活动时强调，要更加强化问题导向，注重解决实际问题，特别是对需要侧重解决的问题进行调查梳理，提前做到心中有数，从解决具体问题抓起改起。毛泽东同志说："什么叫问题？问题就是事物的矛盾。哪里有没有解决的矛盾，哪里就有问题。"问题就是矛盾，矛盾无时不有、无处不在。世界是由矛盾组成的。没有矛盾就没有世界。人类社会的发展、人们的实践活动，就是一个不断认识矛盾、解决矛盾，不断发现问题、解决问题的过程。我们的任务是发现问题、解决问题。调查研究是发现问题、认识问题的重要前提和基本方法。

搞好调查研究，要培育强烈的问题意识，这是发现问题、认识问题、解决问题的思想前提。有人问大科学家爱因斯坦："您脑子里都装着什么？"爱因斯坦回答说："我脑子里始终都装着问题。"问题是客观存在的，有问题并不可怕，可怕的是无视问题存在、回避矛盾问题、不去解决问题。我们要学会分析矛盾，善于发现问题，敢于直面问题，着力解决问题。

六、调查研究的途径

坚持群众路线，是搞好调查研究的有效途径。邓小平同志指出："离开群众经验和群众意见的调查研究，那么任何天才的领导者也不可能进行正确的领导。"2014 年 9 月，习近平总书记在中央全面深化改革领导小组第五次会议上强调："要下功夫了解群众的所想所盼，精准把脉、精确制导，为方案制定接地气、攒底气。"群众的意愿代表着事物发展的方向。解决问题的办法在群众之中。好的方针政策都应该来自人民、顺应人民群众的意愿、符合人民群众的所思所想。搞好调查研究，必须深入基层一线，同干部群众一起讨论问题，倾听群众呼声、体察民情民意，总结经验教训，研究提出破解难题、开拓进取的策略和路径。

搞好调查研究离不开群众路线，坚持群众路线也离不开调查研究。调查研究又是相信群众、依靠群众、团结群众、宣传群众、践行群众路线的重要途径。调查研究，既是领导工作的基本方法，也是联系群众的重要途径。只有始终坚持和不断加强调查研究，才能真正保持党同人民群众的密切联系。

七、调查研究的方法

适应形势任务的发展变化，与时俱进创新方法，是搞好调查研究的具体要求。毛泽东同志曾指出："调查有两种方法，一种是走马看花。走马看花，不深入，还必须用第二种方法，就是下马看花，过细看花，分析一朵'花'，解剖

‘麻雀’。”解剖“麻雀”无疑是搞好调查研究的重要方法。习近平总书记指出，调查研究方法要与时俱进，在运用我们党在长期实践中积累的有效方法的同时，要进一步拓展调研渠道、丰富调研手段、创新调研方式，提高调研的效率和科学性。新时代对调查研究工作提出许多新要求，我们既要坚持和完善个别访谈、集体座谈、定期蹲点等传统调研方法，又要善于运用微信、短信、邮件、视频、互联网、大数据等现代手段，开展统计调查、问卷调查、抽样调查、专题调查，获取全面准确的依据。

新时代，调查研究的对象、内容、手段、条件都发生了新的变化，但调查研究在全部领导工作中的地位和作用，不仅丝毫没有改变，而且显得更为重要。“键对键”永远代替不了“面对面”。调查研究方法与时俱进，要充分利用现代信息技术对调查材料进行多层面、多角度综合分析研究，坚持传统调研方法和现代调研手段相结合、第一手资料和第二手资料相统一，增强调查研究的科学性和时效性，提高调查研究的效率和质量。

八、调查研究的制度

调查研究是我们的基本工作方法之一。健全和完善调研制度，形成制度规范，建立长效机制，是搞好调查研究的有力保障。在革命、建设、改革和发展的不同时期，我们党制定了一系列行之有效的调查研究制度，使调查研究成为各级领导干部自觉的经常性活动。习近平总书记高度重视调查研究制度化经常化，强调要坚持和完善先调研后决策的重要决策调研论证制度，坚持和完善领导机关、领导干部的调研工作制度，坚持和完善领导干部的联系点制度。2012 年 12 月，中央政治局出台关于改进工作作风、密切联系群众的八项规定，第一项就是改进调查研究，明确要求到基层调研要深入了解真实情况，总结经验、研究问题、解决困难、指导工作，向群众学习、向实践学习。

陈云同志曾讲：“我们应该用 90% 以上的时间去弄清情况，用不到 10% 的时间来决定政策。这样决定的政策，才有基础。”健全和完善调查研究制度，要处理好调查研究与决定政策、作出决策之间的关系，把调查研究作为作出决策的前提和基础，把功夫下在调查研究上，着力推动调查研究制度化经常化。

九、调研报告的撰写

调研报告是反映调查研究过程和成果的书面报告。撰写调研报告最重要的是精心提炼主题和准确选择材料。调研报告的主题，是指在调查研究过程中形成的解决调查中发现的问题的总的观点，即解决问题的思路和措施。调查研究中的感性认识有没有升华为理性认识，调查研究者是不是有改革意识、创新精神，解决问题的思路有没有新意、是不是符合实际，全由主题来体现。所以，写好调研报告的关键在于提炼主题。调研报告的材料，就是在调查研究过程中掌握的所有材料包括数据。准确选择材料，指的是从中选择能够支撑主题即观点的材料，不是把所有的材料都罗列上。主题即观点是从材料中提炼出来的，提炼是理论联系实际思考的过程。观点必须由相应的材料支撑，否则主题立不起来。材料是调研报告的血肉，主题则是其灵魂。理清了这个关系，谋篇布局、篇章结构、表达方法等就能迎刃而解。

搞调查研究不能是有调查无研究、有研究无思路、有思路无报告、有报告无落实的伪调查研究。而写不好调研报告，调查研究就是一锅夹生饭。因为写好调研报告需要去粗取精、去伪存真、由此及彼、由表及里地分析思考，需要消化、提炼、创新和提升。认真写好调研报告，不仅是调查研究者调研能力的展示，而且其综合素质也能得到进一步提高。

作出正确的决策，推动正确的贯彻落实，应是每个领导干部的真实愿望和努力方向。那就切实把握调查研究的原则、导向、途径、方法等，下功夫练好调查研究的基本功吧，没有别的捷径可走。

作者简介

布和朝鲁，内蒙古阿拉善盟阿拉善左旗人，蒙古族，研究生学历。曾任内蒙古阿拉善右旗旗委书记，内蒙古阿拉善盟盟委委员、宣传部长、秘书长，内蒙古党委组织部副部长，内蒙古锡林郭勒盟盟委书记，内蒙古党委副秘书长、政策研究室主任，内蒙古自治区人大常委会委员。曾任中国国际经济交流中心特邀研究员，内蒙古党建研究会副会长，内蒙古低碳发展研究院常务副院长，内蒙古人力资源协会名誉会长，内蒙古党校、内蒙古行政学院客座教授。

发表论文300余篇。2010年，人民出版社出版的经济学著作《奋力走进前列——内蒙古现象研究》获内蒙古自治区第三届哲学社会科学优秀成果政府一等奖。2016年，人民出版社出版的经济学著作《富民论》获内蒙古自治区第五届哲学社会科学优秀成果政府三等奖。

布和朝鲁文集

党建引领篇

布和朝鲁◎著

图书在版编目（CIP）数据

布和朝鲁文集/布和朝鲁著 . —北京：经济管理出版社，2020. 1
ISBN 978 - 7 - 5096 - 7003 - 3

Ⅰ. ①布… Ⅱ. ①布… Ⅲ. ①布和朝鲁—文集 Ⅳ. ①Z427

中国版本图书馆 CIP 数据核字（2020）第 021656 号

组稿编辑：申桂萍
责任编辑：申桂萍 姜玉满 杜羽茜 王虹茜
责任印制：黄章平
责任校对：张晓燕 陈 颖

出版发行：经济管理出版社
（北京市海淀区北蜂窝 8 号中雅大厦 A 座 11 层 100038）
网 址：www. E - mp. com. cn
电 话：（010） 51915602
印 刷：三河市延风印装有限公司
经 销：新华书店
开 本：720mm × 1000mm/16
印 张：70. 75
字 数：1286 千字
版 次：2020 年 7 月第 1 版 2020 年 7 月第 1 次印刷
书 号：ISBN 978 - 7 - 5096 - 7003 - 3
定 价：198. 00 元（全五册）

自 序

举国欢庆祖国母亲七十华诞的历史时刻，个人文集即将出版，我的心情格外激动。文集者，顾名思义是文章文稿的汇集选编。为什么出版文集？领袖、伟人、名家的文选文集有其不可估量的价值。我这里要说的是普通人的文集，其意义至少有三个方面：一是对当代人或许有某种参考借鉴的意义；二是对后代人或许有某种增知和启迪意义；三是对历史具有比较研究的意义。所谓历史，从其存在形式来说，就是当时人的文字记录、口口相传的记忆记录和某些物体的特殊记录。如果没有了这些记录，历史便不能被后人知晓。这是我对文集出版价值的认识。

什么样的文集有价值呢？概言之，文集中文章文稿说的是真话实话自己的话，而不是假话空话套话。说来容易，真正做到并不容易。说真话，就是说的话具有真理性、科学性，以党的创新理论为指导，符合习近平新时代中国特色社会主义思想的原则和立场、观点、方法。说实话，就是说的话是实事求是的，符合当时当地的实际情况，坚持问题导向，以解决当时当地发展中的问题为出发点，以实现、维护、发展人民群众的根本利益为落脚点。说自己的话，就是理论与实际相结合，说有见解、有新意，有针对性、有操作性的话。这是我对文集参考价值的认识。我不敢说这套文集有这样的价值，但一直以来是我努力的方向。

进入新时代，人们为实现自己的梦想而奋斗，都在只争朝夕。读书看文章，希望在有限的时间里能看到有新意、有启迪的短文。这套系列文集选录了260多篇文章，近百万字，时间跨度从20世纪80年代到现在，多数文章的篇幅比较短。当然，也有上万字甚至数万字的课题研究报告，数量相对较少。希望这套系列文集能适应不同读者的兴趣，非常期待读者不吝赐教。

这套系列文集尽管是一己之见，却是我从政几十年的印记和心血。恰逢盛世，愿以此为我的祖国献上小小的礼物。是为序。

布和朝鲁

2019年9月30日

目　录

布和朝鲁文集之一

理念思路篇

布和朝鲁文集之二

全面发展篇

布和朝鲁文集之三

研究探索篇

布和朝鲁文集之四

随笔散记篇

布和朝鲁文集之五

党建引领篇

布和朝鲁文集之五

党建引领篇

搞好形势教育的几个问题①

党的十三届三中全会提出，要以治理经济环境、整顿经济秩序和全面深化改革为中心内容，在干部、群众中进行一次广泛深入的形势教育。

搞好形势教育，首先要深刻认识进行形势教育的必要性和重要性。党的十三届三中全会提出的治理经济环境、整顿经济秩序和全面深化改革的指导方针，是克服我们面临的困难和问题，推进改革、稳定经济的正确方针。开展形势教育的目的，就是要把广大干部群众的思想真正统一到党的十三届三中全会的正确决策上来，使党的正确主张为广大干部群众所理解和接受，成为上下一致的共同认识和积极行动，从而增强克服困难、坚持改革、搞好建设的信心。所以，形势教育是实现党的十三届三中全会指导方针的重要保证。

1988 年 9 月初起，我们用两个月的时间开展关于生产力标准的学习讨论，组织干部群众深入学习党的十三大报告，结合阿拉善右旗实际畅谈改革十年来取得的成就，实事求是地讨论存在的问题，对于进一步解放思想，确立辨别是非的生产力标准，起到了积极的促进作用，也为这次形势教育打下了基础。这次形势教育实际上是学习党的十三大报告的进一步深入，是党的基本路线教育的继续深化。为了使党的十三届三中全会的指导方针变为各族干部群众的实际行动，我们要通过广泛深入的形势教育，让广大干部群众理解中央的指导方针，接受中央的指导方针，支持中央的指导方针，积极贯彻执行中央的指导方针。所以，开展形势教育是当前的一件大事，我们应当十分重视，认真扎实地抓紧抓好。

这次形势教育的主题是学习贯彻党的十三届三中全会精神，党的十三届三中全会的指导方针是形势教育的中心内容。首先要组织大家学习好党的十三届三中全会和中央工作会议文件，学习好最近一个时期党中央、国务院领导同志有关的重要讲话，传达好内蒙古自治区盟市委书记会议和全盟旗委书记会议精神，统一思想，统一认识，统一行动。

搞好形势教育，要从本地区、本单位的工作实际出发，要从干部群众的思想实际出发，着重在入耳入脑、让人信服上多下功夫，注意遵循以下几项原则：

一是坚持实事求是的原则。要结合阿拉善右旗实际，实事求是地把改革十年

① 本文原刊载于阿拉善右旗旗委办公室、政研室 1988 年《情况反映》第 18 期。

来的成绩讲够，把存在的问题和困难讲透，把通过治理环境、整顿秩序来克服困难的办法讲明，把坚持改革开放总方向的前景讲清，坚持辩证法，防止片面性，不能讲成绩一切都好，说问题一团漆黑，科学、清醒地分析统一大家的认识。

二是要有针对性，有的放矢。首先要摸清干部群众中存在哪些思想问题，思想扣子在什么地方，而后分析原因，对症下药，紧密结合干部群众的思想实际进行形势教育。

三是坚持实效性，注意效果，讲究方法。各级领导要认真负起责任来，根据各自的实际，有步骤、分层次进行。要正确引导社会舆论，不能跟着发牢骚，更不能带头发牢骚；要坚持边教育边整治，一边抓教育，一边见行动，用扎扎实实解决问题的行动提高形势教育的说服力。

四是坚持双向交流，平等对话。形势教育要特别注意采取平等的态度，坦诚相见，开展不同层次的对话讨论，沟通思想，沟通感情，坚持领导教育群众、群众教育群众、群众教育领导，双向交流，多向交流。还可采取“从身边看十年，从发展看改革”“看周围的变化，谈自己的体会”等形式，以前后对比、现身说法，自己教育自己，把形势教育搞得生动、活泼、鲜明、有力。

当前，首先要抓好对党政机关干部的形势教育，重点是各级领导干部。因为各级领导干部的思想是否统一，是党的十三届三中全会关于治理整顿的各项措施能否落实的关键。干部的认识问题解决得如何，也直接关系到群众的认识问题。干部要首先受教育，首先解决自己的思想问题。形势教育要按照先上后下、先党内后党外的原则层层展开。学校企业要搞，苏木镇和牧区也要广泛深入地搞。

认真学好党的十三届三中全会和中央工作会议精神，认真学好有关文件，自己首先受教育，提高思想认识，同时抓好本地区、本单位的形势教育，这是摆在我们各级领导面前必须完成的光荣任务，也是对我们各级领导干部工作责任心、组织领导能力的一次实际考验。怎样才算抓好形势教育了？衡量的标准应当是思想、行动和效果三个方面：一要看思想，是否把广大干部群众的思想认识真正统一到党的十三届三中全会精神上来了；二要看行动，是否把治理整顿的政策措施一一落实照办了；三要看效果，看党的十三届三中全会提出的指导方针的要求和目标是否达到了。关键是提高广大干部群众对形势的信心，对改革的信心，增强克服困难的勇气和决心。

让我们行动起来，不要观望，不要犹豫，不要停留，要用开拓创新的精神积极工作，充分发挥我们的政治优势，把形势教育扎扎实实地搞起来。

大兴学理论之风[①]

江泽民同志在国庆《讲话》中对全党都应重视马克思主义基本理论的学习、提高马克思主义理论素养的问题，作了深刻阐述，提出了明确要求。《讲话》指出："在党内首先是党的高级干部中，要提倡认真学习和研究马克思列宁主义、毛泽东思想基本理论，特别是学习和研究马克思主义哲学，掌握科学的世界观、方法论。"

我们党对于马克思主义基本理论的学习和研究，历来都是非常重视的，并且形成了优良的传统。当今，党中央重新强调马列主义、毛泽东思想基本理论的学习和研究，对于全党继续贯彻"一个中心、两个基本点"的基本路线，紧密团结在以江泽民同志为核心的第三代中央领导集体周围，坚定不移地走建设有中国特色的社会主义道路，有着特殊重要的意义；对于我们战斗在社会主义建设和改革第一线的各级领导干部不断提高马克思主义理论素养，运用正确的立场、观点、方法分析和解决实际问题，有着突出的必要性和紧迫性。

我们有些同志长期做实际工作，有丰富的基层工作经验，但没有机会系统地学习马克思主义的基本理论和基础知识，理论素养不高；有些同志在相关学校学习过或参加过理论培训，但所掌握的理论比较零散，不够系统；有些同志专业知识比较多，业务能力比较强，但哲学功底还不厚；有些同志原先经过正规教育基础比较扎实，但在新形势下也面临知识更新的问题。总之，我们都面临着重新学习、深入学习、系统学习、弄懂弄通的问题。有必要把学习和研究马克思主义基本理论，在马克思主义指导下研究和探讨当代重大的政治、经济、社会理论问题，作为一项紧迫任务，提到重要的议事日程上来。

江泽民同志指出："党在理论上的提高，是党的领导的正确性、科学性的根本保证。"如果我们认真学习和研究马克思主义基本理论，具备较高的哲学素养，我们就能够把丰富的实际工作经验提升到理论的高度，能够把零散的知识系统化，更新知识结构，加深理论功底，从而提高我们的认识水平、政策水平和工作能力，有效解决实际工作中的各种矛盾和问题，更好地推进改革和建设事业。因此，我们应大兴学理论之风。

那么，怎样学好马克思列宁主义、毛泽东思想基本理论，提高我们的理论素

① 本文原刊载于 1989 年 11 月 21 日《阿拉善报》。

养呢?

首先，要提高对学习重要性的认识，增强学习马克思主义理论的自觉性。要从改革和建设的实践需要理论指导、我们的重大使命需要理论指引的高度来认识重要性、增强自觉性。在新的历史时期，一个缺乏马克思主义理论素养，不善于运用正确的立场、观点、方法分析和解决问题的共产党员，不可能发挥应有的作用，更不可能成为党的合格的领导干部。我们要有如饥似渴的紧迫感。

其次，要克服畏难情绪。在学习理论的过程中，我们的好些同志由于文化程度所限，难免会遇到一些困难。有志者事竟成。只要我们有一股蚂蚁啃骨头的精神，学理论就能够入门，入门既不难，深造也是办得到的。学习理论贵在坚持不懈，锲而不舍。学好哲学，终身受益。

再次，要克服满足于现状的思想。有的同志自认为懂得一点马克思主义，学过一些哲学常识就够了，工作中可以应付了，从而放松了自己的学习。这种想法和做法要不得。满足于一知半解，只能使我们学习的差距越拉越大，思想水平和素质能力越来越不能适应形势的变化和工作的需要。我们要下决心迎头赶上才行。

复次，要学习雷锋的“钉子”精神。好多同志感到工作太忙，没有时间看书学习。学习也是工作的一部分，忙要忙到点子上。防止陷入日常事务而放松理论学习。善于处理好学习与其他工作的关系。只要定计划、挤时间、严要求、讲实效，就一定能学好理论。坚持数年，必有好处。

最后，学习理论要联系实际。这是我党三大作风之一，我们一定要矢志不渝地坚持。学习理论要带着实践中的问题学、联系问题学。要联系改革和建设的实际，联系本地区、本单位工作的实际，联系自己的思想和工作实际。联系实际学，才能学懂弄通，才能提高自己的素质能力。

当前，学习马克思主义理论，首先要学好党的十三届五中全会精神和江泽民同志的国庆《讲话》。江泽民同志的国庆《讲话》是一篇有开创意义的马克思主义文献，它所概括的深刻丰富的理论思想一旦为全党全国人民所掌握，必将成为推进有中国特色的社会主义事业的伟大物质力量。

把学习引向深入①

学习、宣传、贯彻党的十四大精神的热潮在阿拉善盟方兴未艾。把党的十四

① 本文原刊载于1992年12月1日《阿拉善报》。

大精神的学习引向深入，用建设有中国特色社会主义理论武装我们的头脑，是当前的主要任务。

党的十四大报告全面系统地阐述了建设有中国特色社会主义理论，标志着我们党对社会主义发展规律认识的深化和飞跃，是马克思主义在当代中国的新发展，是我们加快改革开放和经济建设步伐的指路明灯。我们只有学习好、宣传好、贯彻好、落实好党的十四大精神，才能实现阿拉善的超常规发展，跨越式前进。要贯彻好、落实好，首先必须学习好。理论是行动的指南。只有抓好学习，掌握了理论，才能指导我们的实践。理论一旦被群众掌握，就会变成巨大的物质力量。各级党组织和广大干部，必须把党的十四大精神的学习引向深入。

从以往的情况看，有的同志不注重抓学习，有的仅仅以念文件代替学习，不思考、不研讨；有的不联系实际，学习和行动两张皮，收效甚微；有的借口工作忙，干脆放弃学习。对领导干部来讲，不重视理论学习的领导是不称职的领导。

当前把学习党的十四大精神进一步引向深入，要牢牢把握学习的重点。重点就是建设有中国特色社会主义理论，以及在这一理论指导下提出的社会主义市场经济理论。要用这一理论武装广大党员、干部的头脑，增强贯彻执行党的基本路线的自觉性和坚定性。

学习党的十四大精神，要同总结经验相结合。党的十四大报告是总结改革开放十四年伟大实践经验的产物。结合党的十四大精神的学习，我们要认真总结本地区、本单位以往工作中的经验教训，符合党的十四大精神的，有利于建立社会主义市场经济体制的，就坚持下去；不符合、不利于的，就转变过来。

学习党的十四大精神，要同换脑筋相结合。建设有中国特色社会主义理论的精髓是解放思想，实事求是。我们要把学习和掌握这个理论作为进一步解放思想、换脑筋的实际步骤，使我们的思想冲破姓“资”姓“社”的影响和传统观念的束缚，使我们的主观认识符合阿拉善的客观实际。

学习党的十四大精神，要坚持理论和实际相结合。理论联系实际是我们党的优良传统。我们要联系兴盟富民达小康的实际，联系改革开放和经济建设的实际，联系自己的工作和思想实际，把党的十四大精神作为推进我们各项事业的强大动力。

学习党的十四大精神，在方法上要把学习和研讨结合起来。在精读熟读原文的基础上联系实际展开讨论，是学习的一个重要环节。讨论可以相互启发、相互补充，有利于文件精神的领会。要有准备、抓重点地组织好讨论；要边学、边议、边联系实际、边推动工作。

学习党的十四大精神，要坚持领导带头。各级领导要高度重视这次学习，要带头先学一步，学深一点，带头宣讲，并且精心组织好所在地区和单位的学习。

学习要根据不同对象，分层次进行，原原本本地宣讲，一竿子插到底，使党的十四大精神变为广大干部群众的自觉行动。

首要的是换脑筋[①]

邓小平同志指出，解放思想就是换脑筋，不换脑筋，什么也推不动。学习党的十四大精神，掌握建设有中国特色社会主义理论，开创工作新局面，首要的是解放思想、换脑筋。

脑筋即观念，是人们在社会实践中形成的认识，是客观见之于主观的东西。观念一经形成就具有相对的独立性，以致当客观实际已经发生了变化，老观念、旧脑筋却不会立即跟着变化，甚至阻碍人们对新事物的认识，妨碍人们在新形势下的实践。面对新形势，如果脑筋不换，观念依旧，就必然这也看不惯，那也不理解，用老眼光观察事物、旧思路考虑工作、老套数处理问题。看过程，天天忙忙碌碌，年年辛辛苦苦；看结果，机遇擦肩而去，面貌依然如故。如果观念变了、脑筋换了，视野就宽，思路就活，办法就多，路子就广。故，学习贯彻党的十四大精神，加快改革开放和经济建设步伐，首要的是换脑筋。

换脑筋，就要冲破"左"的思想禁锢。"左"的思想的一个重要特点是认识问题不注重实际而崇尚本本和教条。在我们党的历史上，"左"的错误时间长、影响大、危害深，不可轻视。我们要按照党的十四大精神，检查和清理自己的思想，清除"左"的影响，换一个标准看事物，不去争论姓"资"姓"社"，把"三个有利于"标准作为衡量的尺度，只要有利于兴盟富民达小康，就不要犹豫，不要害怕，不要等待，不要推脱，坚决地去干。

换脑筋，就要冲破传统观念和主观偏见的束缚。应该看到，束缚我们头脑的陈旧思想观念还不少，面对改革开放和经济建设的新形势，我们的思想在许多方面还很不适应，习惯于用计划经济的思维定式想问题，用固有的模式办事情，用传统的方式搞工作，疏于进取，安于现状，缺乏应有的危机感、紧迫感和使命感。学习贯彻党的十四大精神，我们要紧密联系实际，尽快破除旧观念，来一个破旧立新，"破"字当头，立在其中。否则，我们将坐失良机。

换脑筋，就要坚持实事求是的思想路线。解放思想换脑筋，同坚持实事求是是统一的，就是要求我们的思想认识符合客观实际。在新形势下，我们要按照建

① 本文原刊载于1992年12月8日《阿拉善报》。1993年5月12日《内蒙古日报》以《重在换脑筋——三谈学习有中国特色社会主义理论》为题发表了这篇文章。

立社会主义市场经济体制的要求，对本地区、本部门的实际情况来一个再认识。这是创造性地贯彻党的十四大精神，加快改革开放和经济建设步伐的前提。实事求是，一切从实际出发，首先必须熟悉、了解“实事”和“实际”。我们要想超常规发展，跨越式前进，就必须勇于更新观念，敢于接受挑战，善于总结经验，深刻地认识过去，全面地把握现在，正确地规划未来。

从主观上讲，我们与发达地区的差距，主要是思想解放上的差距。为了抓住机遇、加快发展，缩小差距、迎头赶上，我们必须不断解放思想换脑筋。

关键是要有创造性①

富有创造性，是邓小平同志建设有中国特色社会主义理论最鲜明的特征。创造性理论需要用创造性精神来实践。因此，全面落实党的十四大精神，开创阿拉善改革开放和经济建设新局面，关键是要创造性地开展工作。

创造性地开展工作，就是要从我们的盟情、旗情出发，运用马克思主义的立场、观点和方法，探索解决经济建设和改革开放中出现的新情况、新矛盾和新问题，最大限度地发挥我们的主观能动性，实现超常规发展和跨越式前进。创造性地开展工作，是马列主义、毛泽东思想的本质要求，是每个领导干部应具备的基本素质。但是，在实际工作中，有两种偏向阻碍着我们创造性地开展工作。一种是崇尚“不折不扣”“不走样”，唯上、唯书、不唯实的本本主义。在工作中，要么照搬照转照抄，要么就“等、靠、要”。另一种是信奉自己“一贯正确”的经验主义。在工作中，往往是老思路、老办法、老套数，故步自封，墨守成规。这两种偏向以理论与实际脱节、主观与客观分离为特征，都需要克服。

创造性地开展工作，必须吃透“两头”，注重结合。努力掌握马克思主义的立场、观点、方法，深入领会建设有中国特色社会主义理论的精神实质，这是一头；全面把握我们的盟情、旗情以及本系统、本部门、本单位的实情，用全面的、联系的、发展的观点加以分析研究，从中获得合乎规律性的认识，这是另一头。吃透这“两头”，是实现结合的前提，是创造性工作的基础，缺了哪一头都不行。坚持实事求是的思想路线，具体问题具体分析，坚持“不唯上、不唯书、只唯实，交换、比较、反复”，紧紧抓住主要矛盾和矛盾的主要方面，把建设有中国特色社会主义理论同阿拉善的实际联系起来，出思想、出思路、出办法，这

① 本文原刊载于1992年12月31日《阿拉善报》。

就是注重结合。创造性，就是结合的能动性和有效性。

创造性地开展工作，必须坚持解放思想换脑筋，增强危机感、紧迫感和责任感，积极探索，大胆实践，敢闯、敢冒、敢试，敢为天下先。在发展社会主义市场经济的新形势下，必须敢于正视现实，勇于应对挑战，善于选择突破口，富有求新意识、创新精神。

创造性地开展工作，必须坚持科学决策、民主决策，增强政治敏锐性和工作系统性、预见性，超前思维，超前谋划，早安排，早动手。创造性地开展工作，必须调动一切积极因素。列宁说，生气勃勃的创造性的社会主义是人民群众自己创造的。我们要坚持群众路线，调动一切积极因素，不断开创阿拉善各项工作新局面。

团结奋斗绘新图[①]

——祝贺阿拉善盟旗委书记旗长会议召开

阿拉善盟旗委书记、旗长会议就要召开了。这是党的十四大以后阿拉善盟召开的一次十分重要的会议。这次会议将以邓小平同志建设有中国特色社会主义理论为指导，全面贯彻党的十四大和内蒙古自治区党委五届六次全委（扩大）会议精神，认真总结过去的工作，研究部署 1993 年的任务，确定今后一个时期加快改革开放和经济发展的战略部署。这次会议对于动员阿拉善盟共产党员和各族人民，进一步解放思想，把握有利时机，实现阿拉善盟经济超常规发展，夺取建设有中国特色社会主义事业的伟大胜利，具有十分重要的意义。

在过去的一年里，阿拉善盟各族人民在其盟委、行署的正确领导下，认真学习、深入贯彻“邓小平南方谈话”和党的十四大精神，紧紧围绕加快改革开放、加速经济发展这个主题，求是务实、团结奋进，自力更生、艰苦创业，改革开放、经济建设和各项事业取得了重大进展。据初步统计，阿拉善盟实现国民生产总值 46077 万元，国民收入 39140 万元，工农业总产值 49331 万元，财政收入 10942 万元，社会商品零售总额 19071 万元，分别比上年增长 8.23%、7.99%、4.16%、7.7% 和 3.91%。农牧民人均纯收入达到 887 元，比上年增长 9.8%。牧区经济稳定发展，工业生产效益提高，固定资产投资增长，重点项目建设进展顺利。改革力度加大，企业改革、牧区改革、机构改革以及科技教育体制改革都取

① 本文原刊载于 1993 年 2 月 13 日《阿拉善报》。

得了明显成效。“北开南引、东结西联、内外同步、全面开放”的总体开放战略逐步实施，对内对外开放有了突破性进展。党的建设和精神文明建设进一步加强。阿拉善盟政治稳定、经济发展、民族团结、社会进步，各项事业进入一个新的发展阶段。

回顾我们走过的道路和取得的成绩，最基本的经验是牢固树立以经济建设为中心的思想，始终坚持党的基本路线不动摇。只要我们始终坚持一切从阿拉善的实际出发，一切从人民群众的根本利益出发，大胆开拓创新，紧紧依靠各族人民群众，调动一切积极因素，团结一切可以团结的力量，上下齐心，群策群力，坚持不懈地努力奋斗，我们就能不断克服前进道路上的各种困难，把阿拉善的事情办得越来越好。

这次阿拉善盟旗委书记、旗长会议，将在总结建盟以来改革开放、团结建设实践经验的基础上，认真分析实现阿拉善盟经济超常规发展的基础和条件，确定超常规发展的方针、目标和重点，提出超常规发展的战略措施和思想政治保证，并确定和部署 1993 年阿拉善盟各项工作的具体任务。这次会议是阿拉善盟盟委、行署积极、全面、正确地贯彻党的十四大精神，结合阿拉善盟实际落实内蒙古自治区党委五届六次全委（扩大）会议提出的各项任务的新举措和实际步骤。

我们相信，通过这次会议，阿拉善盟各族人民将在各级党委、政府领导下，围绕建立社会主义市场经济体制的目标，进一步解放思想，实事求是，把握机遇，真抓实干，推动阿拉善盟改革开放、经济建设和各项事业再上一个新台阶。

谈加强和改进党员教育工作①

加强和改进内蒙古自治区党员教育工作，对于深入贯彻党的十四届三中全会《中共中央关于建立社会主义市场经济体制若干问题的决定》，全面落实 1993 年底内蒙古自治区党委五届八次全委（扩大）会议提出的邓小平同志殷切期望的“走进前列”的宏伟目标，具有十分重大的意义。内蒙古自治区要“走进前列”，共产党员必须走在前列。实现“走进前列”的宏伟目标，要求每个共产党员都要走在内蒙古自治区改革开放和现代化建设的前列，要求每个共产党员都要全面提高自身素质，真正发挥先锋模范作用。我们一定要充分认识党员教育工作在实现“走进前列”宏伟目标伟大实践中的地位作用和担负的重大责任，进一步增

① 本文来自 1994 年 3 月 2 日在内蒙古自治区党员教育工作会议上的总结讲话提纲。

强紧迫感和责任感，高度重视并切实加强和改进党员教育工作。

加强和改进党员教育，要切实加强党的思想建设。首先要认真学习和深刻领会邓小平同志建设有中国特色社会主义理论。建设有中国特色社会主义理论，既是党员教育的根本指针，又是对广大党员进行教育的最重要的内容。用建设有中国特色社会主义理论武装广大党员，全面提高党员素质，是推进改革开放和社会主义现代化建设伟大实践的需要，是适应实现“走进前列”宏伟目标伟大实践的需要，是党的思想建设的根本任务，也是当前和今后党员教育的根本任务。

加强和改进党员教育，要紧紧围绕经济建设这个中心。抓住机遇，加快发展，把经济搞上去，这是全党工作的大局，是实现“走进前列”宏伟目标的大局。党员教育工作必须始终贯彻党的基本路线，积极适应建立社会主义市场经济体制、实现第二步战略目标的需要，自觉地为经济建设服务，促进生产力的发展。要选准党员教育与经济建设的结合点，通过各种形式把经济建设这个中心渗透到党员教育的各个环节中去。

加强和改进党员教育，必须以全面提高党员素质为出发点。党员素质是党员发挥先锋模范作用的基础，是党组织战斗力的基础。党员素质全面提高了，党员才能真正发挥先锋模范作用，党组织才具有凝聚力、吸引力和战斗力。说到底，加强和改进党员教育，目的就是增强党员的思想政治觉悟，增强党性，全面提高党员素质。其中最根本的是提高党员对执行党的基本路线的自觉性和坚定性。党员教育工作的一切方面都要立足于此，为达到这个目的服务。

加强和改进党员教育，要突出教育重点。突出重点，兼顾一般，是我们基本的工作方法之一，既要在教育内容上突出重点，也要在教育对象上突出重点。党员教育的内容，总的要求是抓好三个教育、提高三个素质，即抓好建设有中国特色社会主义理论的学习教育，提高理论素质；抓好党性教育，提高思想道德素质；抓好社会主义市场经济基本知识、现代科学文化知识的学习教育，提高科学文化素质。当前，党员教育的重点要放在邓小平同志建设有中国特色社会主义理论的学习上。胡锦涛同志说：“坚持用建设有中国特色社会主义理论武装广大党员，就是新时期党员教育工作最重要的改进；做好这项工作，就是党员教育工作最有效的加强；这项工作做得越好，党的思想建设以至整个党的建设就会有一个巨大的进步，我国社会主义现代化事业的成功也就越有保证。”抓好党性教育，这是党员教育区别于其他教育的显著特点，是贯穿于整个党员教育始终的一条主线。党性教育中要突出共产主义的理想、信念和全心全意为人民服务的宗旨以及道德、纪律教育，使每个共产党员都保持工人阶级先锋战士的本色。

加强和改进党员教育，要突出教育对象的重点。注重抓好“两头”，一头是党员领导干部，另一头是基层党员。党员领导干部既是受教育者，又是教育者。

抓好党员领导干部的学习和教育，既可以提高领导干部自身的素质和能力，也可以带动广大基层党员的学习。抓党员领导干部的学习和教育，首先应进一步解决对学习的认识问题，提高学习的自觉性。行动的自觉性来自理论的坚定性，理论的成熟是党成熟的重要标志，理论水平的高低在很大程度上决定领导水平的高低。对建设有中国特色社会主义理论的坚定性，决定着坚持党的基本路线的自觉性；深刻领会和全面掌握建设有中国特色社会主义理论的精神实质，首先要有如饥似渴的学习自觉性。有无学习理论的自觉性，是衡量一个党员领导干部合格不合格的重要标志之一。

加强和改进党员教育，要重视基层党员的学习教育。组织广大党员学好《邓小平文选》第三卷，通过阅读原著、专题辅导和讲解，帮助党员着重明确：为什么要用建设有中国特色社会主义理论武装全党；什么是社会主义，怎样建设有中国特色的社会主义；为什么必须坚持党的基本路线一百年不动摇；为什么必须把握时机，加快发展，实现“三步走”的战略目标；为什么必须建立社会主义市场经济体制，怎样建立和完善这个新体制；为什么必须坚持“两手抓，两手都要硬”的基本方针；为什么必须发扬爱国主义精神，大力弘扬民族自尊心、自信心和自豪感；为什么必须坚持不懈地抓好党的建设，反腐倡廉，保持党员队伍的先进性和纯洁性。

加强和改进党员教育，要不断提高教育成效。党员教育要贯彻改革精神，继承和发扬行之有效的好传统，摒弃不适应新情况的老办法，切实改进方式方法，探索新路子，总结新经验，使党员教育更加生动活泼，富有成效。衡量党员教育的成效，主要看党员的素质是否得到提高，党员在改革开放和经济建设中，在本职工作岗位上，是否发挥了先锋模范作用。

加强和改进党员教育，要坚持理论与实际相结合。党员教育要联系改革发展和稳定的实际，联系本地区、本部门和本单位的实际，联系党员的思想、工作、生产、生活的实际，努力做到有的放矢，按需施教，分类施教，增强教育的针对性和实效性。

加强和改进党员教育，要坚持教育与管理相结合。教育和管理相辅相成，不可分割。没有管理的教育，不会是成功的教育；没有教育的管理，也不会是有效的管理。要加强监督，严明纪律。目前开展的一些融党员教育、管理、监督于一体的有效形式，如民主评议党员、党员活动日、党员责任区、党员目标管理、创先争优等，应继续坚持。同时，针对新形势下出现的新问题，比如对领导干部参加培训、流动党员的管理教育等，要积极进行探索，制定相应办法，努力做到无论党员在什么地方，都不脱离党组织的教育和管理。

加强和改进党员教育，要坚持加强教育管理与加强基层组织建设相结合。基层党组织是党的战斗力的基础，也是开展党员教育工作的主体。对党员的经常性教育和管理，必须依靠党员所在基层党组织来进行。结合加强和改进党员教育工作，切实加强基层党组织建设，按照农村牧区基层党组织建设三年规划和内蒙古自治区国有企业党的建设工作座谈会精神的要求，把农村牧区基层党组织和企业党组织建设好。关键是把基层党委、支部委员会建设好，把书记选配好，从而把党的建设的各项任务包括党员教育任务真正落到实处。

加强和改进党员教育，要加强组织领导。加强和改进党员教育，首先要加强对党员教育工作的领导。党要管党是一条重要原则。胡锦涛同志强调："各级党委首先要管党，党委的一把手要带头管党。这一条做到了，党要管党才能落到实处。"党要管党，必须管好党员教育这项党的建设的基础性工作。各级党委都要建立健全领导党建工作包括党员教育工作的目标责任制，哪一项任务由谁来负责，在什么时候完成，如何确保质量，都要有明确的要求和具体的保证措施。党委职能部门要在党委统一领导下，分工负责、各有侧重，主动配合、形成合力，共同抓好这项系统工程。要建立一支素质较高的精干的党员教育者队伍，选拔政治上、业务上都比较强的干部充实这支队伍。从事党员教育工作的同志要增强事业心和责任感，不断加强自身学习，努力掌握在发展社会主义市场经济条件下做好党员教育工作的本领，做好本职工作，为改革开放和现代化建设服务。

谈谈加强组织工作①

组织工作是党的工作的重要组成部分。组织部门作为党委的重要职能部门，在加强党的建设中负有特别重大的责任。组织部门的同志对新形势下党的建设所面临的新问题、新任务应当有一个清醒的认识。

一、努力做好关键性决定性的工作

当今时代，中国共产党人正肩负着领导全国各族人民建设有中国特色社会主义的伟大历史任务。从近期讲，在20世纪末这七年中要实现翻两番的目标，初步建立起社会主义市场经济体制，整个社会的物质文明和精神文明全面进步，全

① 本文根据1994年3月25日在呼和浩特市组织工作会议上的讲话录音整理。1994年4月7日，呼和浩特市委组织部以"中共呼和浩特市委组织部文件"呼党组发〔1994〕11号文发出《关于印发自治区党委组织部副部长布和朝鲁同志在全市组织工作会议讲话的通知》。

国人民的生活达到小康水平，进而在下个世纪中叶达到世界中等发达国家水平。在人口多、底子薄、经济落后的国家实现这样的宏伟目标，把建设有中国特色社会主义这样一个全新的开创性伟大事业推向前进，如果没有一个用科学理论武装起来的伟大的党，没有党的坚强领导核心团结凝聚全国各族人民群众共同奋斗，是不可能取得成功的。

当前，我们正在深入学习《邓小平文选》第三卷。邓小平同志十分明确地指出："中国的事情能不能办好，社会主义和改革开放能不能坚持，经济能不能快一点发展起来，国家能不能长治久安，从一定意义上说，关键在人。""说到底，关键是我们共产党内部要搞好"。通读全书，我们可以领会到，建设有中国特色社会主义事业的关键在于把党建设好，这个极为重要的思想贯穿《邓小平文选》全篇，是邓小平同志思想理论体系不可分割的组成部分。我们要牢记邓小平同志的教诲，在改革开放和现代化建设的整个历史进程中，始终坚持党的领导，始终重视加强和改进党的建设。只有坚持党的领导不动摇，坚持抓党的建设不动摇，才能保证坚持党的基本路线一百年不动摇。

现在我们越来越清醒地认识到，在社会主义市场经济条件下，党的根本任务就是进一步解放和发展社会生产力。不这样做，贻误了发展机遇，就要犯历史性的错误。我们还应当认识到，在集中精力抓好经济建设，抓好改革开放的同时，还必须抓好党的建设。如果不能正确认识和处理这两者的关系，忽视或放松党的建设，不注重发挥党的领导核心作用，同样会犯历史性的错误。毛泽东同志早就指出："政治路线确定之后，干部就是决定的因素。"现在，全国各地都在抓住机遇，加快发展。在内蒙古自治区，如果没有坚强有力的各级领导班子和一支素质较高的干部队伍，"走进前列"的宏伟目标就难以实现，与发达地区的差距也有可能进一步拉大。内蒙古组织部门作为党委抓党的建设的重要职能部门，工作的主要对象是干部和党员，可以说天天都在做"关键性"和"决定性"的工作。内蒙古组织部门的工作为内蒙古自治区经济社会发展提供强有力的组织保证，任务光荣而艰巨。内蒙古组织部门一定要自觉贯彻，越是改革开放、发展经济，越要加强党的建设的思想，坚定不移地把党的建设工作抓紧抓好。

二、努力解决新形势下的新问题

当前和今后一个时期，加强党的建设的一项重大任务，就是从组织上保证社会主义市场经济体制的建立。建立社会主义市场经济体制，是我们的前人从未做过的伟大的开创性事业，需要解决许多极其复杂的问题。这样一个系统工程，对我们党的建设工作提出了新的、更高的要求。

比如，在领导班子建设方面，从传统的计划经济体制向社会主义市场经济体制转变，迫切需要各级党政领导班子改善结构，提高素质。改善结构，就是在各级领导班子中充实一批政治上坚定、思想理论水平较高，懂市场经济、会经营管理的干部。提高素质，就是要提高马列主义理论素养，用邓小平同志建设有中国特色的社会主义理论武装各级干部的思想；同时还要提高干部的业务素质，学习和掌握社会主义市场经济的基本知识和现代科学文化知识，从而不断增强领导班子驾驭社会主义市场经济的能力和水平。

又比如，从党组织建设和党员管理上看，在发展社会主义市场经济的条件下，各种新经济组织相继出现，有的是跨行业、跨行政区域的，迫切需要考虑党组织设置的同步性、形式的多样性和布局的灵活性问题，需要党的工作紧紧跟上，迅速改变目前在新的经济增长点党的建设工作薄弱的状况。在社会主义市场经济条件下，人员流动日趋活跃，既要打破计划经济体制下的部门单位所有，又要做到人才流动的合理有序，实现整个社会人力资源的合理配置；随着社会人才的大量流动，党员的流动也越来越多，迫切需要研究如何加强对流动党员的管理教育，使他们不论走到哪里，都要发挥先锋模范作用。

再比如，在建立社会主义市场经济体制的过程中，市场经济的一些消极影响诱发和助长了一些党员干部的拜金主义、极端个人主义以及腐朽的生活方式，对我们党保持先进性、纯洁性也提出了挑战。如何既发挥市场经济的优势，同时又把它的消极作用降到最低程度，从而保持共产党的工人阶级先锋队性质，巩固党的执政地位，加强党对改革开放和现代化建设事业的领导，是新形势下党的建设需要解决好的一项重大课题。

还有，政府转变职能，实行政企分开，企业成为市场的主体和独立法人，许多国有企业将进行公司制改革，建立现代企业制度，各种非公有制经济组织也会发展起来，迫切需要尽快建立起一套各具特色的企业人事管理制度，培养造就一支新型的企业家队伍，加强企业党的建设和思想政治工作。

总之，1994 年是改革的关键年，也是攻坚年。我们大家已经意识到，现在的改革与以前的改革有很大不同。以往的改革多数是自下而上进行试点，自上而下的也主要是放权让利支持下面改革。如今之所以说改革进入了攻坚阶段，是因为各项改革都是自上而下的，重大的改革措施一项接着一项，有组织、有领导、有计划地全面推进，集中展开，重点突破。要保证和促进我们国家这一历史性伟大转变的胜利实现，就必须进一步解放思想，转变观念，改革创新，全面加强和改进党的建设工作。

三、努力完成新时期党的建设的新任务

党的十四届三中全会做出关于建立社会主义市场经济体制的《中共中央关于建立社会主义市场经济体制若干问题的决定》，标志着我国根本改变传统计划经济体制的深刻革命开始进入新阶段。这对我们各级领导班子和领导干部的执政水平、领导水平以及党的建设的各个方面，都提出了更高的要求。政治路线决定组织路线，组织路线必须服务于政治路线。我们党的建设工作，应当紧紧围绕党的中心任务来开展，要在坚持党的基本路线、完成党的中心任务的过程中不断加强和改进党的建设。

第一，在学习《邓小平文选》上狠下功夫。用建设有中国特色社会主义理论武装全党，提高各级领导干部的马克思主义理论水平，这是实现党在新时期的伟大历史任务的根本思想保证，也是我们党最重要最根本的建设。从目前各级领导干部学习的情况看，有两点需要特别强调：一是要提高学习的自觉性。学习掌握科学理论，是一个艰苦的独立思考的过程。一个人有没有很高的自觉性，是主动地如饥似渴地学习，还是被动地为学习而学习，效果大不相同。自觉性是主观的，是内因，是内在的动力。提高了认识，提高了学习的自觉性，学习才会大有收获。二是要在理论联系实际上下功夫。毛泽东同志曾经讲过，学习马克思主义理论要精通它、应用它，精通的目的全在于应用。邓小平同志也一再强调，学马列要精、要管用。意思都是讲学习理论的目的是指导实践。建设有中国特色社会主义理论，它来自党和人民的实践，又反过来指导实践的发展。只有联系改革开放和现代化建设的实际学习这一理论，才能真正学懂弄通。

第二，在加强领导班子建设上见到成效。加强党的建设，要把加强领导班子建设作为重点，加强领导班子建设要以思想作风建设为重点，加强思想作风建设要始终加强理论学习。加强领导班子建设，今年要突出抓好三个重点：一是继续坚持不懈地加强思想作风建设，把去年内蒙古自治区党建工作会议提出的各项任务落到实处。二是持之以恒地提升领导干部的素质，不断提高领导经济工作、驾驭社会主义市场经济的能力和水平。三是切实抓好后备干部队伍建设，作为“保证党的路线的连续性和国家长治久安的根本大计”，重点是把“蓄水池”添满，为进一步加强领导班子建设打好基础。

第三，在加强基层党组织建设上花大气力。1994 年，基层党组织建设的重点有两个：一个是农村牧区基层党组织建设，另一个是国有企业党组织建设。在农村牧区，要按照内蒙古自治区《农村牧区基层党组织建设三年规划》和“嘎查村党支部分类标准”抓好乡村两级党组织建设，侧重点是整顿好瘫痪半瘫痪党

支部和加强乡镇企业党组织建设，关键是选好配好党支部书记。在国有企业，要认真贯彻落实内蒙古自治区国有企业党建工作座谈会精神，抓好《关于国有企业党的建设若干问题的暂行规定》的贯彻执行。主要是结合建立现代企业制度，充分发挥企业党组织的政治核心作用，对党组织的设置、工作内容、活动方式进行相应改进，跟上情况的变化。

第四，坚持不懈抓好反腐倡廉工作。要把党风廉政建设同深化改革、扩大开放、促进发展、保持稳定很好地结合起来。党和人民群众对各级组织部门寄予很大期望，各级组织部门要认清自己在反腐倡廉方面的重要职责，充分发挥在加强党风廉政建设中的作用，按照中纪委第三次全体会议要求，推动反腐败斗争深入发展。

第五，大力推进干部人事制度改革。通过推进干部人事制度改革，努力创造一个有利于优秀人才脱颖而出的环境。一是逐步建立健全坚持党管干部原则的科学的分类分级管理机制；二是逐步建立健全公开、平等、竞争、择优的用人机制；三是逐步建立健全科学考核、奖惩分明、能上能下的激励机制；四是逐步建立健全有利于人才资源合理配置的人才管理机制。

党中央一贯的指导思想是改革越深入，经济越发展，党的建设越要加强。现在，我们面临着进一步加强和改进党的建设的有利时机。把党的建设工作搞好，把组织工作搞好，我们应当充满信心。

乌兰察布盟党的建设调研①

1994 年 4 月 18 ~ 30 日，我们到乌兰察布盟（以下简称乌盟）下乡，历时 13 天，行程两千公里，深入乌盟的清水河、和林、凉城、丰镇、前旗、兴和、化德、商都、后旗、集宁和锡盟的镶黄旗共 11 个旗县市的 10 个苏木乡镇、7 个村支部、8 个农牧户和 17 家企业，着重了解内蒙古自治区组织部长会议精神的传达贯彻情况和基层党组织建设情况。

建立社会主义市场经济体制的关键之年，在乌盟盟委和行署的正确领导下，各旗县市委和政府带领乌盟各族干部群众，克服特大旱灾造成的困难，艰苦奋斗，深化改革，发展经济，努力解决群众生产生活中的困难，投身于春耕生产，致力于经济改革，各项工作有了新的起色。

① 本文来自 1994 年 5 月 19 日，内蒙古内组通字〔1994〕15 号文件。

乌盟盟委对内蒙古自治区组织部长会议精神的传达贯彻比较重视。3 月中旬乌盟盟委听取内蒙古自治区党员教育工作会议、组织部长会议和国有企业党的建设工作座谈会精神的汇报，3 月 25 ~26 日召开乌盟组织部长会议，对上述三个会议的精神作了全面传达贯彻。

现根据这次调查，就乌盟各旗县市传达贯彻区、盟两级组织部长会议精神情况、抓基层党组织建设情况以及存在的问题作简要汇报。

一、传达贯彻区、盟两级组织部长会议精神的情况

各旗县市对会议精神的传达都比较重视，但重视的程度不同，因而贯彻的进度不一，抓的力度各异。

（1）乌盟组织部长会议之后及时将会议精神向旗县市委常委会作了汇报，并研究了具体贯彻意见。这样做的有八个旗县。和林和化德只是向书记作了汇报。

（2）从各自的实际出发，提出了贯彻两级组织部长会议精神的具体意见。各旗县市组织部都形成了今年的组织工作要点和安排意见。

（3）召开较大范围的党建工作会议或组织工作会议，传达贯彻了两级组织部长会议精神。已开过会的是清水河县、丰镇市、商都县和集宁市。有些旗县准备在 5 月初召开会议。

（4）根据内蒙古自治区农村牧区基层党组织建设三年规划的要求，对农村牧区党支部现状进行了初步的调查摸底。已进行这项工作的是前旗、兴和、化德、商都等旗县。

二、领导班子建设状况

（1）乌盟盟委按照内蒙古自治区组织部长会议精神的要求，十分重视各级领导班子建设，抓得也比较紧，决定从 4 月中旬至 5 月下旬对乌盟县处级领导班子进行一次全面考核，此项工作正在进行之中。同时，为加快干部人事制度改革步伐，决定用“双推双考”办法公开选拔乌盟卫生处处长、两名副处长、工商物价处处长、行署接待处处长以及乌盟经贸委主任六名处级干部。为此，乌盟盟委组织部专门派员到山西省太原、忻州等地考察学习了公开选拔厅级领导干部和后备干部的经验。现“双推双考”的报名工作已经结束，报名竞争的有 37 人。

（2）旗县市党政领导班子绝大多数团结协调，坚定不移坚持党的基本路线，

深化改革，促进发展，保持稳定，形成了坚强的领导核心。领导班子建设的各项制度，包括议事决策、中心组学习、民主生活会、廉政等制度健全，执行较好。重视邓小平同志建设有中国特色社会主义理论的学习，坚持自身的思想作风建设，具有较强的加快发展本地经济，不断改善和提高人民群众生活水平的责任心和紧迫感。

（3）后备干部队伍建设得到进一步加强。乌盟盟委组织部做出规划准备建立的后备干部队伍包括100名县处级一把手的后备人选、300名县处级的后备人选和500名苏木乡镇领导的后备人选。各旗县市县乡村三级后备干部较健全的有商都县和集宁市，其他八个旗县是县级后备干部数量不足，乡村两级也健全，对后备干部的培养教育措施也比较得力。察右前旗自1988年以来坚持从旗直机关选派后备干部到村公所任职锻炼，每期1~2年，四批共下派375人。1993年旗人代会换届时，有22名下派任职的后备干部进入科局级领导班子。兴和县171个行政村，每村配备两名后备干部，1992年11月至1993年10月，在县党校举办一期107人参加的一年制村级后备干部培训班，以科技知识为主，提高学员综合素质，在校学习七个月以上，农忙时返回生产中实习。目前，已有60多人上岗担任村支部书记或村主任。商都县于1994年2月17~24日召开县委八届五次全委（扩大）会议之际，举办了1500多人参加的为期五天的经济工作培训班，县委书记、县长、副书记和副县长亲自讲授了《市场经济与信息》《建立健全社会化服务体系》《关于发展龙型经济》《股份制、合作制、公有制》《关于企业管理》五个专题。紧接着又组织由乡镇领导、村支部书记、经济综合部门领导、龙头企业领导以及部分农民组成的183人的队伍，分四路赴苏南、山东、河北白沟、呼包两市郊区考察学习。人们称这两个举措为“换脑筋工程”。这项工程对干部群众解放思想，更新观念，开阔视野，开拓思路，无疑起到了很好的作用。

三、基层党组织建设状况

（1）各旗县市委及组织部门对加强基层党组织建设的认识不断提高，紧紧围绕发展农村牧区经济和企业生产经营活动加强党组织建设的指导思想比较明确，采取了一些有力的措施，做了大量的工作。

（2）苏木乡镇领导班子多数比较得力，经过换届调整，班子成员更加年轻化，文化程度有所提高。以商都县为例，乡镇领导平均年龄34.6岁，大中专文化程度的占73%。多数班子坚持党的基本路线的自觉性较高，带领群众脱贫致富的意识较强。乌盟乡镇企业产值超亿元的两个乡镇之一的清水河县喇嘛湾镇；党建坚持“三抓五要”，大办乡镇企业，农民收入达到1100元的凉城县麦胡图乡；“邻集宁吃集宁，沿国道吃国道”后进变先进的前旗白海子乡等，都是比较好的典型。

（3）嘎查村党支部绝大多数组织健全，党员活动有阵地、有制度，开展活动较正常，群众中有一定的威信。但经济基础普遍较差，农民人均收入低。按照新的党支部分类标准衡量，兴和县农民人均收入达到1000元以上或增长幅度达到30%以上的行政村占35%，二类占34%，三类占31%。商都县一类占9.6%，其余均为二类。后旗农民人均收入达到1000元以上的行政村一个都没有。

（4）企业党建工作从调查的17家企业看，党政领导职位设置比较合理，关系比较顺。“一肩挑”的居多数，并设有专职副书记；分设的又有适当交叉。多数企业党组织能认真贯彻“三句话”精神，围绕企业改革和生产经营活动加强党的建设，参与重大问题的决策，加强思想政治工作，发挥了政治核心作用。清水河县特种水泥厂、凉城县股份制化工厂和国有民营种鸡场、集宁市吉昌隆合资房地产开发公司等，都是各具特色的典型。具备条件的少数乡镇企业也建立了党组织。

四、存在问题

（1）传达贯彻区、盟两级组织部长会议精神方面，有些旗县组织部长领会精神不全面，重点不突出，落实的措施也不够得力。究其原因，一是有的旗县领导对基层组织建设重要性仍然认识不足；二是好些新任的组织部长对情况和业务都不熟悉，十个旗县市中有六个旗县是新任的，两个旗县尚未配备，两个旗县是原来的；三是当前正值春播造林农忙时，顾不上全面传达贯彻会议精神。

（2）领导班子建设方面，一是对建设有中国特色社会主义理论的学习重视不够，缺少系统的学习计划和安排，比如丰镇市一个季度才学习一次。二是作风不扎实，存在着形式主义，表现在阿拉伯数字的排列组合——各种“工程”泛滥；以四六句、顺口溜代替切实可行的措施和实实在在的内容；搞什么“龙型”教育等。

（3）基层组织建设方面，不够积极主动，等待文件，没有认真地调查研究，情况不清。对实施农村牧区基层党组织建设三年规划没有引起足够重视，细则尚未制定。有的提出基层党组织建设目标，层层按文件套，没有从实际出发。

（4）发展党员，特别是在生产一线发展党员的工作，有的旗县没有充分重视。丰镇市、前旗、化德县发展党员的数量呈逐年减少的趋势。比如丰镇市在过去的三年里发展党员数分别为66名、58名、22名，1993年发展的数量还不如前旗玫瑰营一个乡的多。加强对流动党员的管理，在乌盟有着特殊的意义。因为，乌盟外迁外出的多，给党员教育管理工作带来了许多困难，仅后旗举家外迁的就四万多人，其中党员364名。

五、几点建议

4月29日，我们和乌盟盟委的同志们交换了意见，针对各旗县市在抓基层党组织建设方面存在的一些问题提出了几点建议。

（1）各级党委要专门安排时间，认真学习和研究内蒙古自治区党委办公厅下发的《内蒙古自治区农村牧区基层党组织建设规划》和《关于进一步加强国有企业党的建设若干问题的暂行规定》，进一步深化班子成员关于加强基层党组织建设重要性的认识，增强紧迫感，提高自觉性。

（2）加强以党支部为核心的基层组织建设是一项系统工程，各级党委主要领导要亲自抓，负全责。要组织各方面力量，形成一个同心协力、共同抓基层组织建设的态势。

（3）乌盟盟委组织部要经常督促检查各旗县市委贯彻落实上述两个文件的情况，特别是要把内党办发〔1994〕17号文件提出的六项主要措施一一落到实处。

乌盟盟委副书记黄馥等表示要对这次调查研究情况和上述意见专门研究一次，按照要求形成具体意见，尽快下发执行。

切实加强嘎查村党支部建设①

农村牧区基层党组织建设，是新时期党的建设新的伟大工程的基础工程，是党的基层组织建设的重点。加强农村牧区基层党组织建设，要深入贯彻党的十四届四中全会《关于加强党的建设几个重大问题的决定》精神，以实现“五个好”为目标，以加强嘎查村党支部建设为重点，切实解决新形势下出现的新问题。

① 本文来自1994年11月，在中央党校后期本科函授班学习的毕业论文。1995年8月，在中央党校函授学院学员优秀毕业论文选《学习·探索·结晶》一书中以《加强农村牧区基层党组织建设》为题入选。

一、着力解决新形势下的新问题

从建立社会主义市场经济体制、建设社会主义新农村新牧区的新形势对农村牧区基层党组织建设的要求看，确实有一些不容忽视的问题：一些农村牧区党支部班子核心领导功能不强，缺少发展社会主义市场经济的本领，没有起到带领群众脱贫致富奔小康的作用。一些党支部长期不发展党员，党员队伍“三化”即思想僵化、年龄老化、没有文化的问题比较严重，全区农牧民党员中，35 岁以下的占 22. 38%，而 61 岁以上的占 22%；小学文化的占 46%，文盲占 17%。一些党支部组织活动不能正常开展，甚至处于软弱涣散状态。一些嘎查村集体经济力量薄弱，群众遇到困难时无力帮助解决，缺少凝聚群众的物质基础，截至 1993 年底，内蒙古自治区集体经济收入不足一万元的嘎查村占嘎查村总数的 61. 3%，十万元以上的仅占 5. 9%。一些旗县委对农村牧区基层党组织建设重视不够，投入的精力不足，采取的措施不力，等等。

着力解决这些问题，是加强内蒙古自治区党的建设的重大任务，是实现内蒙古自治区农牧业生产跨上新台阶、农村牧区改革有新进展、农牧民生活有新改善的组织保证。必须坚持“五个好”目标，切实加强农村牧区基层党组织建设，充分发挥基层党组织的战斗堡垒作用和广大党员的先锋模范作用。农村牧区基层党组织建设包括苏木乡镇、嘎查村两级。要以嘎查村为重点，努力实现“五个好”目标：一是建设一个好领导班子，尤其要有一个好书记，能够团结带领群众坚决贯彻执行党的路线方针政策。二是培养锻炼一支好队伍，共产党员能够发挥先锋模范作用，干部能够发挥示范带头作用。三是选准一条发展经济的好路子，充分发挥当地优势，加快农牧民脱贫致富奔小康的步伐。四是完善一个好经营体制，把集体统一经营的优越性和农牧户承包经营的积极性结合起来，增强经济发展的活力，引导和帮助农牧民走共同富裕的道路。五是健全一套好的管理制度，体现民主管理原则，保证工作有效运转，使嘎查村级各项工作逐步走上制度化、规范化的轨道。这五条是相互联系的有机整体，形成了新形势下加强农村牧区以党组织为核心的基层组织建设的目标体系。

二、切实加强嘎查村党支部建设

加强农村牧区基层组织建设，努力实现“五个好”目标，关键是要把党支部班子建设好。实践证明，哪里的党支部班子团结坚强，领导有力，其他各种组织的作用就发挥得好，经济发展就快，各方面工作都比较好。反之，党支部起不到核心领导作用，其他各种组织就很难活跃起来，经济发展就慢，其他方面工作就比较被动。这是一个较为普遍的现象，充分说明了切实加强农村牧区党支部建设的重要性和必要性。

第一，要整顿好后进党支部。整顿后进党支部，是内蒙古自治区农村牧区基层党组织建设的重点，是嘎查村党支部建设的当务之急。按照新的分类标准衡量，内蒙古自治区13876个嘎查村党支部中处于软弱涣散状态的三类支部有2318个，占支部总数的16.7%。这些后进嘎查村往往既没钱办事，又没人管事，工作软弱无力，经济发展缓慢，群众生活水平低、困难多、意见大。这样的嘎查村虽然是少数，但如果不下大力气帮助解决好，很难如期实现小康目标。后进党支部之所以后进，其原因是多方面的，要逐个分析研究，搞准问题的症结所在，根据不同性质、不同情况采取相应措施，逐一整顿，限期解决。关键是抓住两条：一条是配好班子。大多数软弱涣散党支部往往是领导班子弱，要从配好班子、选好带头人入手。另一条是解决主要矛盾。有些后进嘎查村之所以面貌长期不变，其原因是没有抓住主要矛盾，关键问题解决得不够好。这些嘎查村基础比较差，单靠自身力量难以解决问题，要坚持从上级机关选派得力干部，采取机关包嘎查村的办法帮助工作。

第二，要选配好党支部书记。选配好党支部书记是加强嘎查村党支部建设的关键。“农牧民要致富，全看党支部”，“给钱给物，不如建个好支部”，建个好支部，首先要配个好支书。要按照德才兼备标准，选拔认真贯彻党的路线方针政策、公正廉洁、年富力强、能带领群众致富的人担任党支部书记。注意从具有一定科技文化知识、懂得经营管理的在乡知识青年、退伍军人、乡村企业骨干、种养能手以及外出务工经商的优秀分子中发现人才，选拔嘎查村级组织负责人。本嘎查村没有合适人选的，也可以从附近的先进嘎查村中选调。有些当地确实选不出合适人选的嘎查村，应从旗县、苏木乡镇干部中选派嘎查村党支部书记。

第三，要抓好下派挂职工作。从盟市、旗县、苏木乡镇选派优秀年轻干部到嘎查村任职，是加强嘎查村党支部班子建设的一项重要措施。特别是对于那些长期处于落后状态的嘎查村，当地确实选不出合适人选的，应当采取下派挂职的办法加以解决。挂职下派要注意以下几个环节：一是选派干部的素质要好，二是挂职的任务要明确，三是要建立责任制和激励约束机制，四是下派前要搞好统一培训。选派优秀年轻干部到嘎查村任职，既是加强基层组织建设的重要措施，也是在实践中培养锻炼干部的重要途径。

第四，要抓好基层干部培训。内蒙古自治区农村牧区基层干部队伍的主流是好的，同时要看到有些基层干部的知识水平、工作能力还不适应新形势新任务的需要。尽快提高基层干部的素质能力，已经成为一项十分紧迫的任务。提高农村牧区基层干部素质能力的根本途径是搞好教育培训和在实践中锻炼提高。一定要把用人和育人统一起来，加大培训力度，提高培训质量，分期分批组织基层干部学习邓小平同志建设有中国特色社会主义理论，学习社会主义市场经济知识，学习科技文化知识和实用技术，提高他们的基本素质和能力。培训方法要灵活多样，注重实效。可以轮流组织嘎查村干部到旗县、苏木乡镇党校学习，也可以到奔小康示范嘎查村实地考察学习。

第五，要发展壮大集体经济。要把加强嘎查村党支部建设同发展壮大集体经济结合起来，集体经济有实力，嘎查村党支部才有凝聚力和战斗力。要从当地实际出发，建立健全集体经济组织，依托地缘优势和资源优势，兴办经济实体，坚持充分利用当地资源进行开发性生产。充分发挥集体经济组织服务生产、协调管理、积累资产、开发资源、兴办企业等职能作用，逐步走贸工农一体化、产供销一条龙的路子，积极为农牧户提供产前、产中、产后服务，引导和帮助农牧民进入市场，以推动农村牧区经济和各项工作发展。对于贫困嘎查村发展集体经济，各级政府应在资金、物资、技术等方面给予扶持，使其形成自我发展的能力。

三、明确和强化旗县委的领导责任

加强嘎查村党支部建设，关键在旗县委。旗县委要认真贯彻党的十四届四中全会和全国农村基层组织建设工作会议精神，把工作重心和主要精力放在农村牧区工作上，放在抓基层、打基础上。

第一，把嘎查村党支部建设列入重要议事日程。党的十四届四中全会《中共中央关于加强党的建设几个重大问题的决定》明确规定“要把基层党组织建设工作做得好不好，作为考核市、县委和市、县委书记工作实绩的一个重要依据”。在新形势下，旗县委如果不重视或放松嘎查村党支部建设就是失职，旗县委书记如果不能以极大的精力抓嘎查村党支部建设就是不称职。

第二，用改革的精神研究新情况、解决新问题。调查研究是做好工作、解决问题的基础和前提。旗县委书记要亲自调查研究，安排部署，督促检查。旗县党委、政府领导和党政部门负责同志要经常深入基层，倾听群众呼声，了解基层情况，及时发现问题，解决问题。

第三，关心爱护基层干部。农村牧区基层干部直接面对群众，经常处在矛盾的焦点上，工作任务重、难度大，非常辛苦。要关心爱护广大农村牧区基层干部，在政治上要爱护信任他们，工作努力、成绩突出的要给予肯定和奖励，优秀的可录用为苏木乡镇干部。在工作上要积极支持他们，部署工作要考虑基层的承受能力，给任务的同时要给政策、给方法。在生活上要热情关心他们，努力解除他们的后顾之忧，实行嘎查村干部报酬与工作实绩挂钩，与本嘎查村的经济发展水平相一致。

通过函授学习我提高很多①

1992 年 8 月至 1994 年 12 月，我有幸在中央党校后期本科函授班学习。在自己学习求知的黄金年华因“文化大革命”而失去了上大学的机会，我感到终生遗憾。改革开放后考入内蒙古师范大学干部专修班大专毕业，而今又有机会进入后期本科班学习，20 多年后补回似乎已经失去的东西，又觉得是莫大的幸运。我非常珍惜这两年半的函授学习，以极大的决心克服所有的困难，妥善处理工作与学习之间的矛盾，较好地坚持了学习。

在这两年半的前一年，我担任内蒙古阿拉善盟盟委宣传部长和秘书长职务，后一年半担任内蒙古自治区党委组织部副部长职务。这些工作岗位的共同特点是一个字——忙。而且不是一般地忙，是异常地忙，往往是身不由己。在这种情况下，我把能利用的所有时间都用来学习，丝毫不敢松懈。

我努力学习掌握马列主义、毛泽东思想特别是邓小平同志建设有中国特色社会主义理论，学习社会主义市场经济理论和现代科学技术基础知识，不断提高自己的理论素养和各方面素质能力，以适应新形势新任务的需要，这是时代向我们每个干部提出的重要而紧迫的要求。现在回头看这两年半，确实是不能言喻的紧张。但是，正因为在紧张中坚持学习，才感到难以言表的快乐充实，感到收获很大、提高很多。

第一，马克思主义理论素养得到提高。通过学习马克思主义基本理论，特别是当代中国的马克思主义——邓小平同志建设有中国特色社会主义理论，我对建设有中国特色社会主义理论的精髓——解放思想，实事求是有了进一步的深刻理解，在实际工作中注重解放思想与实事求是相统一，既坚持一切从实际出发，又注重用改革的精神研究新情况，解决新问题；对建设有中国特色社会主义理论完整体系的理解和把握上下功夫，注重用马克思主义的立场、观点、方法分析和研究改革发展稳定中的现实问题，努力用科学的理论指导自己的实践。结合自己的

① 本文来自 1994 年 11 月 24 日，中央党校后期本科函授班 92 级经济二班一组学员毕业总结。

本职工作，进一步认识到党的政治路线决定党的组织路线，党的组织路线要服务于党的政治路线；深刻领会邓小平同志关于“关键在人”的思想，努力贯彻党的干部路线，为实现党的政治路线提供有力的组织保证。

第二，坚持基本路线的自觉性得到提高。我对党在社会主义初级阶段“一个中心、两个基本点”的基本路线的理论依据，对其内容构成要素的相互联系、相互依存、不可分割的关系有了较深刻的理解，全面、准确、坚定地贯彻党的基本路线的自觉性得到增强。我能够在实践中较正确地把握和处理经济建设与改革开放的关系，改革开放与坚持四项基本原则的关系，经济建设与党的建设的关系，物质文明建设与精神文明建设的关系。联系本职工作，我紧紧围绕贯彻党的基本路线加强党的建设，用贯彻党的基本路线的成果来检验加强党的建设的成效。

第三，党性得到进一步增强。我把学习理论与增强党性紧密结合起来，进一步提高了坚持党的全心全意为人民服务的根本宗旨和从群众中来、到群众中去的群众路线的自觉性，在实际工作中注重密切联系群众，尊重群众的首创精神，调动群众的积极性、主动性和创造性，依靠群众实现群众的根本利益。我自觉地深入基层、深入群众、深入实际，针对存在的问题开展调查研究，了解和掌握在农村牧区基层党组织建设中存在的突出问题，研究提出解决问题的办法。同时，我了解基层的成功经验，总结推广，带动全局。在廉洁奉公、勤政为民方面严格按党的纪律约束自己，清白做人，干净做事。

第四，坚持民主集中制的自觉性进一步提高。民主集中制是我们党的根本组织制度和领导制度，是处理党内关系的基本准则。充分发扬党内民主，坚持集体领导，保证决策科学化、民主化、制度化，维护和增强领导班子的团结和统一，就必须坚持民主集中制。我在各个岗位的领导工作中始终坚持民主集中制，身体力行，充分听取各方面意见，顾全大局；以身作则，带头积极主动地开展批评与自我批评。

第五，自觉遵守函授教育的规章制度。在两年半的学习期间，我严格遵守函授总院和分院的各项规章制度，特别是在自觉刻苦学习各门课程，考试考查中严守纪律、绝不作弊，严格要求自己。唯独在参加规定的面授方面做得不够，参加面授较少。固然，这主要是工作特别忙，经常下乡、外出开会等因素和工作脱不开造成的。但是，不能因此而对自己放松，不做检讨，这是我的主要缺点和不足。虽然平时努力，考试成绩较好，也不能以此补过。要多从主观上找原因。

两年半的函授学习使我收获颇多，更重要的是为我今后的学习打下了扎实的基础，我十分感激。

谈基层党员干部实用技术培训①

一、加强实用技术培训的重大意义

党的十四届五中全会《关于制定国民经济和社会发展“九五”计划和2010年远景目标的建议》提出，实现今后15年的奋斗目标，关键是要完成两个具有历史意义的根本性转变：一个是从传统的计划经济体制向社会主义市场经济体制转变，一个是经济增长方式由粗放型向集约型转变。转变经济增长方式，归根结底要靠科技进步和劳动者素质的提高。到20世纪末，我国农业要上新台阶，农村要奔小康。实现这一目标，要靠落实党的政策，靠增加农业投入，靠加强以党支部为核心的村级组织建设，同时也要靠农业科技成果推广，靠农村劳动者素质的提高。

农牧业是内蒙古自治区的基础产业和优势产业，这几年虽有较快发展，但同国内先进地区相比仍有很大差距。1994年全国100个农业增加值大县内蒙古自治区没有列上，全国100个猪、牛、羊肉产量大县也没有内蒙古自治区。科技含量低是内蒙古自治区农牧业经济落后的一个重要原因。“九五”期间内蒙古自治区农村牧区发展的主要任务，一个是保证主要农畜产品稳定增长，粮食生产能力达到一个新水平；另一个是保证农牧民收入有较快增加，农牧民生活达到小康水平。完成这两大任务，缩小同发达地区的差距，就必须尽快扭转农牧业的粗放经营方式，变广种薄收为精种高产，把依靠科技进步和提高劳动者素质作为农牧业发展的原动力。

对农村牧区党员干部进行实用技术培训，是新形势下提高农村牧区党员干部素质的一项有效措施，也是贯彻落实党中央和自治区党委“科技兴农兴牧”战略的重要举措，体现了党建工作服从和服务于党的基本路线的指导思想。在新的历史条件下，农村牧区基层党组织的根本任务是带领农牧民群众发展经济，实现共同富裕奔小康。农牧民党员要真正发挥先锋模范作用，不仅要树立强烈的使命感和责任感，而且要掌握为发展农村牧区经济建功立业的过硬本领。加强农村牧区党员干部实用技术培训工作，对提高党员干部的科技素质，发挥党员的先锋模范作用，转变农牧业增长方式，都具有重大意义。

---

① 本文来自1996年1月16日在内蒙古自治区农村牧区党员、基层干部实用技术培训工作经验交流会暨农函大工作表彰大会上的讲话提纲。

二、落实实用技术培训的各项工作

加强农村牧区党员干部实用技术培训工作，必须采取切实可行的措施。首先，要制定培训规划。按照《1995～2000年全区农村牧区党员、基层干部实用技术和市场经济知识培训规划》，明确培训的对象、目标、任务、内容、方法、手段、措施和要求，扎扎实实地推进培训工作。其次，要加强基础建设。积极抓好师资队伍建设，组织力量编写适合本地实际的乡土教材，包括搞好翻译、编写蒙文培训教材。充分利用现有条件，搞好电化教育，使之成为对党员干部进行实用技术培训的重要形式。落实培训经费，确保培训工作的各项任务落到实处。最后，要建立激励机制。既要激发培训对象的学习自觉性，也要大张旗鼓地表彰培训工作做得好的单位，奖励在学用科技活动中涌现出来的积极分子，大力促进实用技术培训。

三、齐抓共管开创实用技术培训新局面

农村牧区党员干部实用技术培训工作，是一项利在当今、功传后代的大业，是一项内容丰富、涉及面广的社会系统工程，需要各有关部门形成合力，齐抓共管。各级党委重视是搞好农村牧区党员干部实用技术培训工作的关键，要把实用技术培训作为实施科教兴区战略的重要内容和新时期农村牧区基层党员干部教育的重要内容列入议事日程，摆到重要位置，着力解决培训工作中的实际问题。

旗县、苏木乡镇党委对抓好农村牧区党员干部实用技术培训负有直接责任，要明确职责，完善制度，建立实用技术培训工作目标责任制，把目标任务量化分解落实到各部门各单位，做到任务明确，责任到人，并每年进行一次检查、总结、评比，保证培训工作收到实效。党中央要求一把手亲自抓第一生产力。各级党委主要领导要切实加强对实用技术培训工作的领导，亲自抓农村牧区党员干部的实用技术培训工作，一抓到底，抓出成效。

农村牧区党员干部的实用技术培训，旨在通过培训带动农村牧区群众性的学科技、用科技活动，促进“科技兴农兴牧”战略的实施。这不只是组织部门和科协的事，理应得到全社会的支持。各有关部门要在各级党委、政府的统一领导下，互相支持、密切配合，把搞好实用技术培训工作作为自己的重要职责，创造性地做好工作。各级党委组织部门更要积极主动地与有关部门加强联系，认真做好协调工作，担负起培训工作的指导、检查、督促的责任，配合科

协和有关部门认真负责地搞好培训工作规划制定、教学计划落实、教材编写、教师选聘、教学服务指导等工作，为促进农村牧区经济社会发展和小康目标的实现做出新贡献。

新形势下加强党的建设的几点思考[①]

我们正在进行的改革开放和社会主义现代化建设，是一场新的伟大革命。为了加强党对这场新的伟大革命的领导，必须努力推进新时期党的建设新的伟大工程。在进行改革开放和社会主义现代化建设新形势下加强党的建设，要以邓小平同志新时期执政党建设理论为指导，紧紧围绕经济建设这个中心加强党的建设，使组织路线更好地服务于政治路线。

一、紧紧围绕经济建设加强党的建设

党的建设同党的政治路线紧密联系在一起。紧紧围绕发展生产力这个党在社会主义历史时期的根本任务，适应发展生产力的要求加强党的建设，保证党的基本路线的全面贯彻执行，把党建设成为领导全国人民进行社会主义现代化建设的坚强核心。这是邓小平同志新时期执政党建设理论关于加强党的建设的基本方针。

保证党的基本路线的全面贯彻执行，最重要的是紧紧围绕经济建设这个中心加强党的建设。党的建设和经济建设的关系，归根结底是政治和经济的关系。马克思主义认为经济是基础，政治是上层建筑，经济决定政治，政治反作用于经济。党的建设要适应经济建设的需要，就必须紧紧围绕经济建设这个中心来加强。要通过充分发挥党组织的战斗堡垒作用和党员的先锋模范作用这个我们党特有的政治优势，解决矛盾，克服困难，促进改革开放和经济建设，这正是政治对经济的积极的重要的反作用。

加强党的建设，包括加强党的政治建设、理论建设、思想建设、组织建设、作风建设、制度建设以及基层党组织建设、党员队伍建设、干部队伍建设和领导班子建设等，这些各方面建设都有各自的具体要求和衡量标准。然而，党在社会主义历史时期的根本任务是解放和发展生产力。因此，衡量党的建设成败得失的

① 本文原刊载于1996年《实践》第5期，获得内蒙古自治区第五届社会科学优秀成果奖。

根本标准，应是邓小平同志提出的“三个有利于”的标准。只有这样，我们才能正确地处理党的建设与经济建设的关系，才能自觉地使党的建设服从和服务于经济建设。

当然，我们既不能简单地用经济建设的衡量标准去代替党的建设的标准，也不能用党的建设的根本标准去代替或取消党的建设各项工作的具体标准和具体要求。内蒙古自治区在制定农村牧区基层党组织建设三年规划时，从指导思想上明确要求农村牧区基层党组织建设要以党的基本路线为指导，以奔小康、建设社会主义新农村新牧区为目标，在带领农牧民群众实现共同富裕中发挥领导核心作用，为农村牧区两个文明建设提供有力的组织保证。同时，在苏木乡镇党委和嘎查村党支部分类标准中提出了增强经济实力、提高农牧民生活水平和发展壮大集体经济等方面的指标要求，从而使三年规划在农村牧区发展中起到了引领作用。

二、主动适应新形势改善党的领导

党的建设要适应坚持党的基本路线的要求，服从和服务于经济建设这个中心，“党必须善于在改革开放的新形势下认识自己，提高自己，认真研究和解决在自身建设中出现的新矛盾新问题”。这是邓小平同志新时期执政党建设理论关于加强党的建设的一个基本指导思想。我们党肩负着建设有中国特色社会主义伟大事业，发展社会主义市场经济的艰巨任务，这是前无古人的事业。面对全新的任务，我们党在自身建设方面，从组织设置到活动方式都还有些不适应的方面；在改革开放和发展社会主义市场经济的新的实践中，不可避免地会出现许多新情况、新问题。这些都要求我们党切实加强自身建设，不断提高自己，进一步解放思想、更新观念，“必须用改革的精神研究新情况、解决新问题，运用已有的成功经验并进行革新和创造”。

改革是社会主义制度的自我完善和发展，加强党的建设、改善党的领导也是我们党的自我完善和发展。邓小平同志明确指出：“要坚持党的领导，必须改善党的领导，改进党的作风。”用改革的精神认识新形势、研究新情况和解决新问题的过程，就是改善党的领导，加强党的建设，在改革开放中不断自我完善和发展的过程。只有这样，党的建设才能适应有中国特色社会主义伟大实践的需要。

我们要在实践中探索，在改革中创新；通过改革达到加强，在改革中加强。这就必须处理好坚持与创新的关系。党的根本性质、根本宗旨、根本组织原则和党的领导地位，这些根本的东西，我们必须坚持，坚持四项基本原则，这是头一条。具体的领导体制、领导方式、组织形式、工作方式、活动方式等，则必须适应改革开放和发展社会主义市场经济的要求加以改革、改进和改善。这就必须坚持解放思想、实事求是的思想路线，从实际出发，创造性地开展工作，用新眼光认识党的建设现状及其同新形势相适应和不适应的方面，用新思路研究新情况，用新办法解决新问题，提高我们党在新形势下的执政水平和领导水平。

三、组织路线更好服务于政治路线

正确的政治路线要靠正确的组织路线来保证。中国的事情能不能办好，社会主义和改革开放能不能坚持，经济能不能快一点发展起来，国家能不能长治久安，从一定意义上说，关键在人。关键在人，是邓小平同志新时期执政党建设理论关于加强党的建设，特别是加强领导班子建设的一个基本观点，是毛泽东同志关于“政治路线确定之后，干部就是决定的因素”思想的坚持和发展，是邓小平同志全面深刻地总结国际国内执政党建设经验教训得出的重要结论。他指出：“政治路线确定了，要由人来具体贯彻执行。由什么样的人来执行，是由赞成党的政治路线的人，还是由不赞成的人，或者是由持中间态度的人来执行，结果不一样。”党的干部特别是党的各级领导干部，是实现党的政治路线的中坚力量。

坚持邓小平同志关键在人的思想，使组织路线更好地服务于政治路线，切实加强各级领导班子建设，应抓好以下几个重要环节：

首先，注重实绩选用干部。“要选人民公认是坚持改革开放路线并有政绩的人。”这是邓小平同志根据贯彻执行党的基本路线的要求提出的新时期选人用人路线。这条选人用人路线是党的政治路线、思想路线和群众路线在干部工作中的有机结合和科学运用，是新形势下党的干部队伍“四化”方针和德才兼备原则的具体体现，其核心是有政绩。因为，一个干部是不是坚持了改革开路线，只有通过他的政绩才能表现出来，也只有真正做出了政绩，才能得到人民群众的普遍认可和充分肯定。我们一定要深刻理解和全面把握这条路线，选好干部，用好干部，把各级领导班子建设成为坚决贯彻党的基本路线、全心全意为人民服务、具有领导现代化建设能力的坚强领导集体。自治区党委坚持注重实绩的原则，坚持党委集体管干部，党委书记和副书记们亲自带领考察组考察盟市班子，边检查工作边考核班子，把检查和考核有机结合起来，在“两个文明”建设的实践中评价干部、发现人才，受到广大干部群众的好评。

其次，加强教育提高素质。关键在人，说到底是关键在人的素质。从一定意义上说，各级领导干部素质的高低决定着贯彻执行党的基本路线的成效，乃至建设有中国特色社会主义事业的成败。所以，全面提高各级领导干部的素质，是一项重大而紧迫的战略任务。改革开放和发展社会主义市场经济对领导干部素质能力的要求是多方面的、高标准的。应加强各级领导干部学习邓小平同志建设有中国特色社会主义理论的教育培训，树立马克思主义的世界观；努力掌握经济、科技、文化、历史等各方面的知识，不断增强贯彻执行党的基本路线的自觉性、坚定性，提高驾驭社会主义市场经济的能力。

最后，着力培养年轻干部。邓小平同志多次指出，我们一定要认识到认真选好接班人，这是一个战略问题，是关系到我们党和国家长远利益的大问题。高度重视和切实加强培养选拔优秀年轻干部工作，努力造就千百万社会主义事业的接班人，我们的国家就能长治久安，坚持党的基本路线一百年不动摇就有可靠保证。所以，坚持邓小平同志提出的新时期选人用人路线，按照关于政治家素质的五条要求培养和选拔接班人，这是适应坚持党的基本路线一百年不动摇的需要，是加强党的建设的一项十分重要的任务。江泽民同志指出："社会主义在中国的前景，很大程度上取决于青年一代的状况。"选拔和培养年轻干部要着眼于一代人的健康成长。这就要求重点和一般相结合，目标与措施相统一，全党重视，层层负责，从理论学习、实践锻炼、教育培训几个环节上采取有效措施，加大工作力度，造就一大批能够跨世纪担当重任的领导人才。

邓小平同志说："一个国家的革命，核心问题是党。有了一个好党才能引导革命走向胜利。革命胜利后，搞社会主义也要靠一个好党，否则胜利就靠不住。"因此，建设有中国特色社会主义事业的成败，关键在把我们党建设好。在新形势下加强党的建设，一定要深入学习邓小平同志新时期执政党建设理论，在党的建设实践中不断深化理解，掌握其精神实质，使它真正成为我们加强党的建设的有力思想武器，把新时期党的建设新的伟大工程不断向前推进。

论发挥党的组织优势①

一

党的十五大报告对加强党的建设作出全面部署，提出"高举邓小平理论伟大旗帜，实现这次大会确定的任务，把我们的事业全面推向21世纪，关键在于坚持、加强和改善党的领导，进一步把党建设好"。"要把党建设成为用邓小平理论武装起来，全心全意为人民服务，思想上、政治上、组织上完全巩固、能够经

① 1997年10月16日在学习党的十五大报告读书班上的发言提纲。

受住各种风险，始终走在时代前列，领导全国人民建设有中国特色社会主义的马克思主义政党。”这些重要论断充分体现了邓小平同志“关键在党”的思想，充分说明了党的建设在推进伟大事业中的地位和作用，明确提出了党的建设新的伟大工程的总目标。

把我们党建设成为思想上、政治上、组织上完全巩固的党，就要从思想上、组织上、作风上全面加强党的建设。加强思想建设，根本的是坚定不移地用邓小平理论武装全党，充分发挥党的思想政治优势；加强组织建设，根本的是把党建设成为坚强的领导核心，充分发挥党的组织优势；加强作风建设，根本的是坚持全心全意为人民服务的宗旨，充分发挥党密切联系群众的优势。这三种优势互相联系、相互作用，是我们党区别于其他任何政党的显著特点，也是我们党在长期革命斗争和建设实践中积累的宝贵经验和财富。

组织部门是党委抓党的建设的重要职能部门，在全面加强党的建设，特别是加强党的组织建设、发挥党的组织优势方面担负着重要责任。深入贯彻落实党的十五大关于加强党的建设的重大部署，就要认真学习、深刻领会党的十五大精神，紧密联系组织部门工作实际，充分发挥党的组织优势。

二

近年来，特别是党的十四届四中全会以来，在自治区党委的正确领导下，内蒙古自治区各级组织部门认真贯彻落实中央《关于加强党的建设几个重大问题的决定》，在发挥党的组织优势方面取得了显著成绩。

在干部队伍建设方面，以建设高素质干部队伍为目标，以各级领导班子建设为重点，推行领导班子工作实绩考核，用“一推双考”方式推进干部选拔任用制度改革。从思想政治建设入手，坚持不懈开展“双学”活动、“三讲”教育，着力促进邓小平同志建设有中国特色社会主义理论的学习，进一步增强了广大干部特别是各级领导干部贯彻执行党的基本路线的自觉性、坚定性。从完善考核制度入手，内蒙古自治区和河北省在全国率先推行了大范围领导班子工作实绩考核。一年多来的实践证明，这项改革是促进领导机关转变职能、转变作风的重要手段，是提高干部思想政治素质的根本措施，是贯彻“两手抓，两手都要硬”基本方针的制度保证，是建立充满生机与活力的选人用人机制的基本途径，是集扩大民主、推进交流、加强监督于一体的干部制度配套改革，做到了责任目标、考核评价、升降奖惩“三制一体”的有机统一，实现了管人与管事的有机统一。从提高干部队伍素质入手，加强理论培训和实践锻炼相结合，实施“三个五”工程等干部层层下派挂职锻炼和外派挂职学习措施，使各级领导干部的思想政治素质和业务工作能力有了进一步提高。从选人用人制度改革入手，按照公开、平等、竞争、择优原则，采用“一推双考”方式选拔领导干部，重视选拔使用优秀年轻干部，并从厅级到处级、科级，从党政机关到企事业单位，逐步推开，使领导班子的年轻化程度有了进一步提高。

在基层组织建设方面，以农村牧区基层党组织建设和国有企业党的建设为重点，以“五个好”和“四个有”为目标，集中整顿了软弱涣散的嘎查村党支部，加强了国有企业党组织建设。制定实施《内蒙古自治区 1995～1997 年农村牧区基层党组织建设规划》，重点整顿三类苏木乡镇党委和三类嘎查村党支部，使“有人管事”的问题基本得到解决。努力寻找能够发挥当地优势的经济发展路子，发展壮大集体经济实力，在解决“有钱办事”的问题上有了好的开端。3 年来，各级投入发展嘎查村集体经济资金达 95624.5 万元，集体经济年收入 5000 元以下的嘎查村由 1994 年的 6338 个下降到 1619 个、年收入 5 万元以上的嘎查村由 1994 年的 1839 个增加到 2507 个。制定实施《内蒙古自治区 1997～1999 年国有企业党的建设工作规划》《内蒙古自治区国有企业领导班子管理暂行办法》和内蒙古自治区企业经营管理者队伍建设五年规划，取得了很好的效果。

在党员队伍建设方面，以提高素质、增强党性为目标，加强和改进党员教育管理，在全体党员中开展学理论、学党章活动和讲学习、讲政治、讲正气的党风党性教育活动。在解决坚定理想信念、坚持党的宗旨、遵守党的纪律的问题上取得了明显成效，党员队伍的整体素质明显提高，先锋模范作用得到进一步发挥，为内蒙古自治区两个文明建设做出了新贡献。

三年来，内蒙古自治区组织工作取得显著成绩的同时，也存在一些不容忽视的问题。比如，干部队伍素质不高和领导班子建设机制不活的问题；基层组织建设中的人难选的问题，“没有能力管事”的问题，“没有钱办大事”的问题以及党员队伍建设中的“双带”能力差的问题；国有企业党建和班子建设中的思想认识问题以及选拔、培养企业经营管理者机制问题等，都需要高度重视，认真研究，切实解决。

三

党的十五大报告指出：“我们党有 5800 万党员，有 340 万个基层党组织，在马克思主义指导下按照民主集中制组成统一的整体，为实现共同的目标而奋斗，这是巨大的组织优势。”充分发挥党的组织优势，就必须矢志不渝地坚持民主集中制，矢志不渝地加强各级领导班子和干部队伍建设，矢志不渝地加强基层党组织建设。

民主集中制，是党内政治生活的规范，是处理党内关系的基本准则，是马克思主义认识论和群众路线在党的生活和组织建设中的运用，是我们党的根本组织制度和领导制度。坚持民主集中制，要严格执行《中国共产党党员权利保障条例（试行）》，进一步发扬党内民主，保障党员的民主权利；要坚决维护中央权威，保证中央的政令畅通，保证全党行动的一致，在思想上、政治上同中央保持一致；要认真贯彻《中国共产党地方委员会工作条例（试行）》，完善党的代表大会制度，更好地发挥地方党委的领导核心作用。

加强领导班子建设，要以思想政治建设为重点，把各级领导班子建设成为坚决贯彻党的基本理论和基本路线、全心全意为人民服务、具有领导现代化建设能力、团结坚强的领导集体。最重要的是用邓小平理论武装干部的头脑，从总体上领会理论的基本观点和基本精神，坚持理论联系实际，学以致用，提高马克思主义的理论水平，提高解决实际问题的能力，加强世界观的改造。

加强干部队伍建设，要坚持“四化”这个根本指导方针，坚决贯彻《党政领导干部选拔任用工作暂行条例》规定的党管干部原则，坚持德才兼备、任人唯贤，群众公认、注重实绩，全面推开领导班子工作实绩考核制度，使优秀人才脱颖而出，尤其要在干部能上能下方面取得明显进展。

加强基层党组织建设，要紧紧围绕党的基本路线，为党的中心任务服务，用完成本单位任务的实际效果来检验基层党组织的工作，用改革的精神研究新情况新问题，注重制度建设，常抓不懈，抓紧解决当前存在的突出问题。加强农村牧区基层党组织建设，要继续坚持“五个好”的目标，紧紧围绕发展农村牧区经济、建设精神文明、脱贫致富奔小康，把农村牧区基层党组织建设提高到一个新水平。加强国有企业党的建设，要继续坚持“四个有”的目标，紧紧围绕生产经营这个中心，把搞好企业改革、转换经营机制、提高经济效益作为出发点和落脚点，使企业党组织在参与重大问题决策，坚持党管干部原则，加强两个文明建设，保证监督党和国家各项方针政策的贯彻执行中发挥政治核心作用。按照胡锦涛同志重要批示精神，把建立指标体系、年度审计、班子考核三者有机结合起来，提高考核质量，适应企业改革改制、“抓大放小”的实际，特别是努力探索在股份制、股份合作制以及非公有制企业等新经济组织中加强党的建设问题。

高举伟大旗帜，推进伟大事业，要用新的伟大工程来保证，这是我们党的政治优势。推进新时期党的建设新的伟大工程，既要加强领导班子建设这个关键工程，又要加强基层党组织建设这个基础工程。要通过加强关键工程和基础工程，充分发挥我们党的政治优势、组织优势和密切联系群众的优势。

试论重新强调初级阶段的必要性[①]

党的十五大重新强调我国还处于社会主义初级阶段，对全党和全国各族人民高举邓小平理论伟大旗帜，把建设有中国特色社会主义事业全面推向21世纪，具有极其重要的理论意义和实践意义。

党的十五大报告指出："这次大会进一步强调这个问题，是因为：面对改革攻坚和开创新局面的艰巨任务，我们解决种种矛盾，澄清种种疑惑，认识为什么必须实行现在这样的路线和政策而不能实行别样的路线和政策，关键还在于对所处社会主义初级阶段的基本国情要有统一认识和准确把握。"党的十五大之所以重新强调我国还处于社会主义初级阶段，其必要性主要体现在以下几个方面：

第一，要全党进一步深化对社会主义初级阶段的认识。社会主义初级阶段具有特定含义：就社会性质而言，我国已进入社会主义社会，是其社会制度上的优越性；就发展程度而言，我国还处在初级阶段，即不发达阶段，是其发展阶段上的不可逾越性；就经历的时间而言，这个阶段至少需要一百年，是其长期性；就所指范围而言，并不是指任何国家进入社会主义都要经历的起始阶段，而是指我国在生产力落后、市场经济不发达的条件下建设社会主义必然要经历的特定阶段，是其特指性。社会主义初级阶段理论是一个辩证的论断，既确认我国已经进入社会主义社会，又承认我国的社会主义社会还处在不发达阶段；既同否定社会主义的右的思潮划清了界限，也同超越阶段的"左"的思潮划清了界限，是其科学性。社会主义初级阶段理论，是对我国基本国情和社会主义发展阶段的最准确的估计，是我们党制定路线、方针、政策的基本出发点和依据。

社会主义初级阶段理论的实践意义在于，它是马克思主义的基本原理同我国的具体实际相结合的产物。党的十一届三中全会以前，我们在发展生产力方面急于求成、调整生产关系方面急于求纯、社会发展阶段方面急于过渡，根本原因是对我国基本国情没有准确的把握，提出的任务和政策超越了初级阶段。党的十一届三中全会以来，我国社会主义改革开放和现代化建设不断取得成功的最根本原因是一切从初级阶段的实际出发。概括地讲，社会主义初级阶段的特征，一是生产力不发达，二是生产关系不成熟，三是上层建筑不完善。所以，在发展生产力方面，要坚定不移地坚持以经济建设为中心，讲发展是硬道理；在变革生产关系

① 本文于1998年2月12日写成。

方面，要遵循生产关系一定要适应生产力性质和水平的规律，坚持公有制为主体、多种所有制经济共同发展和按劳分配为主体、多种分配方式并存；在完善上层建筑方面，要稳步推进政治体制改革和切实加强社会主义精神文明建设。

我国的改革开放和现代化建设正处在一个关键时期，既面对国际形势发展提供的良好机遇和严峻挑战，又面对国内改革的深入和攻坚，需要解决好思想认识问题，对我国还处于社会主义初级阶段这个基本国情有统一的认识和准确的把握。

第二，要全党更加自觉地坚持党的解放思想、实事求是的思想路线。历史的经验充分证明，什么时候坚持了实事求是的思想路线，我们的党就发展壮大，我们的事业就兴旺发达；什么时候脱离了实事求是的思想路线，我们的党就遭到失败，我们的事业就受到损失。党的十一届三中全会以来，改革开放和现代化建设之所以取得举世瞩目的成绩，是因为我们党坚定不移地坚持了实事求是的思想路线；今后我们要把中国特色社会主义事业全面推向21世纪，实现跨世纪的宏伟目标，必须继续坚定不移地坚持实事求是的思想路线。

解放思想，实事求是，就是要一切从实际出发。江泽民同志指出："我们讲一切从实际出发，最大的实际就是中国现在处于并将长时期处于社会主义初级阶段。"我们必须搞清楚什么是初级阶段的社会主义，在初级阶段怎样建设社会主义。对社会主义初级阶段基本国情的深刻认识和准确把握，是最根本的实事求是。党的十五大报告以邓小平理论为指导思想，以社会主义初级阶段的基本国情为客观依据，以"三个有利于"为检验标准，就人们关注的一些重大思想理论问题作出了回答，特别是历史性地解决了初级阶段所有制结构问题和公有制多样化的实现形式问题，为丰富和发展有中国特色社会主义理论做出了新的贡献。

解放思想，实事求是，就是要认真学习、准确把握党的十五大报告的精神实质，与本地区、本部门实际结合起来，以创造性的工作把党的十五大精神化为生动的改革实践；就是要努力掌握客观规律，尊重客观规律，适应客观规律，使经济工作多一些科学性和辩证法，少一些随意性和片面性，避免走弯路，受损失；就是要抓住机遇而不可丧失机遇，开拓进取而不可因循守旧，既要大胆探索，开拓进取，又要脚踏实地，稳中求进，使改革开放稳步推进，保持国民经济持续快速健康发展。

第三，要全党毫不动摇地坚持党在社会主义初级阶段的基本路线。在社会主义初级阶段，我国经济、政治、文化和社会生活各方面的矛盾会有新的变化，但社会的主要矛盾是人民日益增长的物质文化需要同落后的社会生产之间的矛盾。这个主要矛盾贯穿在我国社会主义初级阶段的整个过程和社会生活的各个方面。毛泽东同志指出："抓住了这个主要矛盾，一切问题就迎刃而解了。"

主要矛盾决定根本任务。社会需要同社会生产的矛盾，从根本上来说只能靠发展生产力来解决。社会主义的根本任务就是集中力量大力发展生产力，并在这个基础上逐步改善人民的物质文化生活。正是基于对这个主要矛盾的认识和把握，正是围绕着主要矛盾决定的发展社会生产力这个根本任务，党制定了“一个中心、两个基本点”的基本路线。党的基本路线是我国社会主义初级阶段社会建设规律的集中反映，是邓小平理论的核心内容，是党在社会主义初级阶段为解决社会主要矛盾和实现根本任务而制定的总揽全局的根本指导方针，是党制定各项具体方针政策的依据，是统一全党思想和行动的基础。

党的基本路线是一个内容丰富、结构严谨的体系：“以经济建设为中心，坚持四项基本原则，坚持改革开放”是党的基本路线的核心内容。“把我国建设成为富强、民主、文明的社会主义现代化国家”是我们的奋斗目标。“领导和团结全国各族人民”表述了我国社会主义现代化建设的领导力量是中国共产党，依靠力量是全国各族人民。“自力更生，艰苦创业”是实现奋斗目标的基本方针和方法。这条基本路线，符合我国社会主义现代化建设的基本规律，集中体现了我国各族人民的根本利益，是建设有中国特色社会主义的总路线、总方针和总政策。

党的十一届三中全会以来我们党伟大实践的经验，集中到一点，就是要毫不动摇地坚持党的基本路线。这是我们的事业能够经受各种风险考验，顺利实现奋斗目标的最可靠保证。因此，邓小平同志在1992年南方谈话中特别强调：“要坚持党的十一届三中全会以来的路线、方针、政策，关键是坚持‘一个中心、两个基本点’。不坚持社会主义，不改革开放，不发展经济，不改善人民生活，只能是死路一条。基本路线要管一百年，动摇不得。只有坚持这条路线，人民才会相信你，拥护你。谁要改变三中全会以来的路线、方针、政策，老百姓不答应，谁就会被打倒。”可见，坚持党的基本路线一百年不动摇的重要性。

坚持党的基本路线不动摇，关键是坚持以经济建设为中心不动摇。能否坚持以经济建设为中心，这是关系到我国社会主义现代化的千秋大业、我国社会主义前途命运的大问题。其他各项工作都要服从和服务于这个中心。如果中心发生动摇，两个基本点就失去依托，整个基本路线就会被动摇。

坚持党的基本路线不动摇，必须把四项基本原则与改革开放统一起来。我们的有中国特色社会主义之所以具有蓬勃的生命力，在于它是实行改革开放的社会主义；我们的改革开放之所以能够健康发展，在于它是有利于巩固和发展社会主义的改革开放。所以，两个基本点是相互贯通、相互依存的，都是为了更快更好地解放和发展生产力。

坚持党的基本路线不动摇，必须巩固和发展团结稳定的政治局面。没有政治稳定，社会如果动荡不安，就无法进行改革开放，就不能一心一意地从事经济建设，实现社会主义现代化的目标也就会落空。因此，在社会主义现代化建设过程中，要处理好改革、发展、稳定三者之间的关系。发展是改革的目的，改革是发展的动力，发展和改革是稳定的基础，而稳定又是发展和改革的前提。

坚持党的基本路线不动摇，关键在党。我们党肩负着建设有中国特色社会主义的历史重任。要按照党的建设新的伟大工程的总目标，从思想上、组织上、作风上全面加强党的建设，不断提高领导水平和执政水平，不断增强拒腐防变的能力，充分发挥党的优势，带领人民完成新的历史任务。

社会主义初级阶段是一个很长的历史过程，需要若干代人坚持不懈地努力奋斗。党的十五大重新强调社会主义初级阶段，并进一步阐述社会主义初级阶段理论，必将进一步深化全党对社会主义初级阶段的认识，增强贯彻执行党的基本路线的自觉性和坚定性。

靠制度激发干部队伍活力[①]

在这次中心组学习会上，我们围绕深化干部人事制度改革，重点学习了邓小平同志《党和国家领导制度的改革》这篇著名讲话、1992 年南方谈话和党的十五大报告有关内容。大家觉得在当前新形势下确定这样一个主题进行学习很必要，也很重要。《党和国家领导制度的改革》这篇讲话是 1980 年讲的，距今已过去 18 年，在当时有很强的针对性，今天重新学习，仍然感到非常亲切，仍然感到具有很强的现实指导意义。

党的十五大确定了我国跨世纪发展的宏伟目标，内蒙古自治区党委贯彻十五大精神提出了实行“两个转变”、实现“两个提高”、完成两大历史性任务的奋斗目标。锡盟的总体思路、发展战略体现了十五大精神和内蒙古自治区党委的决策部署，符合锡盟实际，这些都是大家的共识。要实现我们的发展目标，确实像邓小平同志讲的那样，关键在人。

邓小平同志讲，正确的政治路线要靠正确的组织路线来保证，中国的事情能不能办好，社会主义和改革开放能不能坚持，经济能不能快一点发展起来，国家能不能长治久安，从一定意义上说，关键在人。这是 1992 年邓小平同志南方谈话时讲的一个非常重要的论断。邓小平同志的这个思想由来已久，邓小平理论的整个体系中都贯穿着关键在人的思想。1954 年他在《办好学校，培养干部》一

① 本文来自 1998 年 12 月 4 日在盟委中心组学习会上讲话录音整理稿。

文中讲，现在我们是搞建设，干部已成为决定性的因素。1979 年 11 月他在《高级干部要带头发扬党的优良传统》一文中讲，现在我们国家面临着一个严重问题，不是四个现代化的路线方针对不对，而是缺少一大批实现这个路线方针的人才。道理很简单，任何事情都是人干的，没有大批的人才，我们的事业就不能成功，所以现在我们搞四个现代化，急需培养选拔一大批合格人才。

通过学习我们深切感受到，要实现我们的发展目标，加快“两个提高”进程，确实需要在人的问题上更多地下功夫。我们必须进一步树立关键在人的思想，在教育人、培养人，发现人才、选拔人才、使用人才，充分调动人的积极性、主动性、创造性上下很大的功夫，这是重中之重，当务之急。

我们要把加强领导班子建设，提高领导干部素质作为一件关键性大事来抓，必须作为党的建设的重点，经过坚持不懈的努力，取得实实在在的成效。我们既要坚持党管干部原则，又要改进干部管理办法。教育培养干部，选拔使用干部，调动干部的积极性、主动性和创造性，要改进干部管理，形成管用的制度机制，解决干部能上能下问题。

邓小平同志讲“四个能不能”，都是关键在人。解决能上不能下的问题，也是邓小平同志历来非常重视、特别加以强调的问题。1962 年他在《执政党的干部问题》一文中讲，多少年来，我们对干部就是包下来，能上不能下，现在看来副作用很大，我们面前摆着这个难题，现在还没有很好的办法解决；唯一的出路是要能下；要逐步从制度上、习惯上、风气上做到能上能下。在《党和国家领导制度的改革》一文中他也讲，干部缺少正常的录用、奖惩、退休、退职、淘汰办法，反正工作好坏都是铁饭碗，能进不能出，能上不能下；我们过去发生的各种错误，固然与某些领导人的思想作风有关，但是组织制度、工作制度方面的问题更重要。这些方面的制度好，可以使坏人无法任意横行，制度不好，可以使好人无法充分做好事，甚至会走向反面，不是说个人没有责任，而是说领导制度、组织制度问题更带有根本性、全局性、稳定性和长期性。学习邓小平同志关于领导制度改革的重要思想，从制度上解决能上能下这个干部人事制度上的改革，是各项改革中最深刻的一项改革。

近几年，锡盟在建立完善领导班子建设和干部队伍建设的制度机制方面，都进行了一些探索，收到了一定的成效，起到了应有的作用。在这个基础上，下一步要认真总结经验，结合锡盟实际，逐步建立健全一套切实有效的选人用人管人方面的竞争、激励和约束机制，通过制度和机制解决干部工作中存在的问题。

学习邓小平同志关键在人的思想，其实质是关键在人的素质。江泽民同志在去年“七一”讲话中强调建设一支高素质的干部队伍，其深意也在于此。当前我们加强干部队伍建设，提高干部的素质能力，包括政治素质、业务素质、领导能力、工作方法等，都是至关重要的。提高干部的素质能力，组织上需要加强教育培训，需要建立健全相关规章制度。同时要认识到，对于提高干部素质能力来说，所有这些都属于外因。外因是条件，内因是根本。外因只有通过内因才能起作用。在提高干部素质能力问题上的内因，就是干部自身对提高素质能力的一种需要和需求，也就是提高自身素质能力的动机、动力和压力，甚至是紧迫感和危机感。这些就是提高干部素质能力的内因。

这些内因主要来自两个方面：一是为实现理想信念而奋斗、全心全意为人民服务的自觉性，实现理想信念和宗旨需要相应的素质能力，这样的自觉性就是提高自身素质能力的动机、动力和紧迫感。二是干部能上能下、能者上庸者下的压力，本领不高、能力不强而面临下台下岗传导给干部的是压力和危机感。回顾总结我们这些年提高干部素质能力的工作，从外因方面加大工作力度，下了很大的功夫。但是在激发内因，促使干部增强提高素质能力的动机、动力、压力和危机感方面还有不少差距。只有把内因外因两个方面结合起来，把组织的努力和个人的努力统一起来，建设一支高素质干部队伍才能真正收到实效。

激发干部提高自身素质能力的内因，与干部人事制度改革直接相关。从一定意义上讲，加强干部队伍素质能力建设的成效取决于能不能建立健全一套竞争、激励和约束相结合的干部能上能下的制度机制。干好干坏一个样、跟能上能下不挂钩，干部自身学习提高的需求和动力就不足。只有干好干坏有区别，能上能下有标准，干好的得到奖励和提拔重用，没干好的在竞争中淘汰，同时给他提供一个学习提高的机会。这样既能激励干好的进一步干好，也能促使没干好的学习提高。这样才能激活干部队伍的生机活力。

锡盟的发展关键在人，关键在人的素质，要靠制度机制来提高干部队伍素质。通过学习邓小平同志《党和国家领导制度的改革》等重要论述，我们在干部人事制度改革上应达成这样的共识，统一思想认识，探索建立一套更符合锡盟实际、更能有效调动各级领导和广大干部的积极性、主动性和创造性，从根本上激发干部队伍活力、形成良好精神状态的制度机制。

谈谈对党的先进性的认识[①]

胡锦涛同志在新时期保持共产党员先进性专题报告会上的重要讲话中，第一

① 本文来自2005年2月21日在内蒙古党委政研室先进性教育党员大会上的党课讲稿，原载于2005年《内蒙古工作》第2期。

次提出了“党的先进性建设”这一重大命题，深刻总结了我们党加强先进性建设的历史经验，科学阐明了加强党的先进性建设的一系列重大理论和实践问题，提出了许多新思想、新观点、新论断。认真学习、深刻领会党的先进性建设的新思想，对于我们用“三个代表”重要思想武装头脑、指导实践、推动工作，加强和改进党的建设，抓好保持共产党员先进性教育活动，都具有重大意义。

党的先进性建设是关系马克思主义政党生存发展的根本性问题，是马克思主义政党自身建设的根本任务。开展党的先进性建设，就是要通过推进思想建设、组织建设、作风建设和制度建设，使党的理论路线方针政策顺应时代发展潮流、我国社会发展进步要求和全国各族人民的根本利益，使各级党组织始终发挥领导核心作用和战斗堡垒作用，使广大党员不断提高自身素质、始终发挥先锋模范作用，使我们党保持与时俱进的品质、始终走在时代前列，不断提高执政能力、巩固执政地位、完成执政使命。抓先进性建设，就抓住了党的建设的根本。

先进性是中国共产党的根本特征，是党的生命所系、力量所在，是党安身立命的根本，事关巩固党的执政地位，实现党的执政使命。党的先进性建设，始终是我们党生存、发展、壮大的根本性建设，是加强和改进党的建设的长期任务和永恒课题。加强党的先进性建设，是在长期执政条件下的一项艰巨任务，需要同实现党的历史任务紧密结合起来。加强党的先进性建设，其目的就是保持党的先进性。

党的先进性是与生俱来的。我们党从诞生之日起，就是坚持以马克思主义理论为指导、代表中国社会发展方向、完全新型的无产阶级革命政党。同时，党的先进性又必须与时俱进。一个政党过去先进，不等于现在先进；现在先进，不等于永远先进。党的先进性是随着形势和任务的变化而不断丰富发展的。时代和实践的发展，总是给我们党提出新的要求，也赋予党的先进性新的内涵。我们必须发展地而不是静止地、具体地而不是抽象地看待党的先进性。

当前，保持党的先进性，就必须坚持立党为公、执政为民，不断提高领导水平和执政水平，不断提高拒腐防变和抵御风险的能力，把党的先进性要求转化为全党的实际行动、贯彻到党的全部执政活动中去，做到科学执政、民主执政、依法执政；就必须全面落实科学发展观，始终抓好发展这个党执政兴国的第一要务，紧紧围绕全面建设小康社会的宏伟目标，充分调动广大党员的积极性、主动性，把坚持党的先进性切实落实到发展先进生产力、发展民主政治、发展先进文化、构建和谐社会、实现最广大人民的根本利益上来，推动社会全面进步，促进人的全面发展。

开展先进性教育活动，就是要认真学习实践邓小平理论和“三个代表”重要思想，引导广大党员学习贯彻党章，坚定理想信念，坚持党的宗旨，增强党的观念，发扬优良传统，认真解决党员和党组织在思想、组织、作风以及工作方面存在的突出问题，促进影响本地区本部门本单位改革发展稳定、涉及群众切身利益的实际问题的解决，不断增强党员队伍和党组织的创造力、凝聚力、战斗力，始终保持党的先进性，为实现全面建设小康社会的宏伟目标提供坚强的政治保证和组织保证。

贯彻开展先进性教育活动的这个指导思想，关键是要抓住学习实践“三个代表”重要思想这条主线，把握保持共产党员先进性这个主题，明确提高党的执政能力这个着眼点，坚持党要管党、从严治党这个方针。

开展先进性教育活动，要对我们的党组织和党员队伍有一个正确的认识和把握。从总体上说，我们的党组织和党员队伍是好的、有战斗力的。但是由于多方面因素的影响，党员队伍中还存在着与保持先进性的要求不相适应、不相符合的问题，有的还相当严重。主要表现在：一是有的党员理想信念不坚定，对建设中国特色社会主义信心不足，有的甚至存在“信仰危机”。二是有些党员忘记了全心全意为人民服务的宗旨。极少数党员一切以自我为中心，对个人名利斤斤计较，有的甚至跌入腐败的泥坑。三是一些党员组织纪律观念淡薄。有的不遵守党的政治纪律，对党的路线方针政策和中央已经作出决定的重大问题公开唱反调。有的不讲党性，不讲原则，热衷于讲交情、拉关系。有的缺乏组织观念，不参加甚至长期不过党的组织生活。四是有的党员对国家发展大势看不清，对一些现实问题认识模糊，精神萎靡不振。极少数党员甚至不想继续当党员。党员队伍中存在这些问题，有多方面的原因。综合分析起来，主要是：国际形势的深刻复杂变化，导致有些党员理想信念动摇；市场经济的负面影响，导致有些党员的人生观、价值观发生扭曲；党内一些消极腐败现象的存在和滋长，以及一些涉及个人的具体困难和矛盾，导致有些党员对党和党的事业失去信心；一些党员忽视政治理论学习，放松世界观改造，思想滑坡；一些基层党组织工作薄弱，党员教育管理的内容和方式方法不适应形势发展的要求和党员思想变化的实际，缺乏针对性和实效性；有些地方和部门党组织治党不严，对党员教育管理抓得不紧，流于形式，等等。

中央关于开展保持共产党员先进性教育活动的《中共中央关于保持共产党员先进性教育活动的意见》明确提出，在新的历史条件下，共产党员保持先进性，要自觉学习实践邓小平理论和“三个代表”重要思想，坚定共产主义理想和中国特色社会主义信念，胸怀全局、心系群众，奋发进取、开拓创新，立足岗位、无私奉献，充分发挥先锋模范作用，团结带领广大群众前进，不断为改革开放和社会主义现代化建设做出贡献。

胡锦涛同志在新时期保持共产党员先进性专题报告会上的重要讲话中进一步

明确了共产党保持先进性的基本要求：坚持理想信念，坚定不移地为建设中国特色社会主义而奋斗；坚持勤奋学习，扎扎实实地提高实践“三个代表”重要思想的本领；坚持党的根本宗旨，矢志不渝地做到立党为公、执政为民；坚持勤奋工作，兢兢业业地创造一流的工作业绩；坚持遵守党的纪律，身体力行地维护党的团结统一；坚持“两个务必”，永葆共产党人的政治本色。

中央还要求各级党组织结合本地区本部门本单位实际提出党员保持先进性的具体要求，教育引导广大党员对照检查，身体力行，努力体现先进性。这是这次先进性教育活动与以往的集中学习教育活动不同的一个鲜明特点，体现了实事求是、区别情况、分类指导，对共产党员在本职工作岗位上保持先进性，发挥先锋模范作用，具有重大意义。

基本要求是对全体共产党员的总的要求，是新时期共产党员的标准、基本准则和总的行为规范，全体共产党员都要努力做到。具体要求是基本要求在各地区各部门各单位的具体化，是符合一个地区、一个部门、一个单位实际，体现党员职业、身份、文化程度等特点的行为规范。基本要求体现的是共产党员先进性的共性、普遍性，具体要求反映的是一个地区、一个部门、一个单位共产党员先进性的个性、特殊性；基本要求是具体要求的指导原则，具体要求是落实基本要求的保证。

根据基本要求提出具体要求，是搞好先进性教育的一个重要环节。一个地区、一个部门、一个单位的党组织能不能充分发扬党内民主，深入讨论并提出体现时代精神、符合岗位实际的本地区本部门本单位党员保持先进性的具体要求，反映着对中央要求的理解程度，反映着理论联系实际的紧密程度，反映着学习培训阶段的实际效果，决定着分析评议的标尺、整改提高的方向乃至学习工作的行为规范和永葆先进性长效机制的建立。

我们政研室是为内蒙古自治区党委决策服务、从事综合性研究的职能部门。政研室的党组织和党员同整个党组织和党员队伍一样，总体上是好的，在党委决策服务中发挥了战斗堡垒作用和先锋模范作用。同时，也存在着与保持先进性的要求不相适应、不相符合的问题。胡锦涛同志分析的四个方面的问题在我们政研室都不同程度地存在。比如，有的党员学习意识不强，学习自觉性不高，理论素养和知识水平远不能适应岗位职责和工作要求；有的党员业务工作水平低，写作能力差，且不思进取，怕吃苦，不努力提高，长期不能适应岗位职责和工作要求；有的党员事业心、责任感不强，作风不正，要求自己不严，不愿意改掉自己的不足；有的党员组织纪律观念较差，自我意识较强，一事当前先考虑自己，缺乏团结合作精神；有的党支部凝聚力差，提高党员思想政治素质和业务工作能力的办法不多、措施不力，等等。如果这些问题不解决，就很难说我们的理想信念坚定、宗旨意识很强，或者说，这些问题的存在，正是理想信念不够坚定、宗旨意识不够强的表现。这次先进性教育活动，是我们自我认识问题、自我解决问题、自我教育提高的极好机会。这里的关键是，我们要深入学习和正确把握党章规定的党员八条义务和中央关于保持共产党员先进性的基本要求的基础上，讨论提出我们政研室党员保持先进性的具体要求，并以此为标尺来对照，敢于把自己摆进去，找准存在的突出问题，切实加以解决。

我们能不能提炼出体现时代精神、反映政研室职能特征、符合党员岗位职责的保持先进性的具体要求，取决于我们对中央关于共产党员保持先进性的基本要求的理解把握和对政研室职能、自身作用的深刻认识。党员的先进性，简单地说就是党员在具体环境、本职岗位上所发挥的先锋模范作用，所体现的一流工作业绩。党员的先进性并不是虚无缥缈、高不可攀的，而是具体的，实实在在、切实可行的。我们正确理解基本要求，准确提炼具体要求，首先必须深入学习和把握胡锦涛同志提出的“六个坚持”。

我们必须坚持理想信念。崇高的理想信念，始终是共产党人保持先进性的精神动力。共产党员在本职岗位上的积极性、主动性、创造性以及工作效率、工作成效，始终是衡量其理想信念、精神动力的标准。理想信念的精神动力并不排斥市场经济的物质利益原则。共产党员的先进性在于能够正确认识和处理精神动力与物质利益的关系，自觉地在本职岗位上为党和人民的事业而努力奋斗，而不是以个人的职务升迁之类作为动力。树立崇高的理想信念，是一个理论问题、思想认识问题，更是一个实践问题，是一个长期锻炼和不断提高的过程。我们必须努力学习和自觉运用辩证唯物主义和历史唯物主义，掌握强大的思想武器，胸怀共产主义崇高理想，坚定中国特色社会主义信念，矢志不渝地为实现党在社会主义初级阶段的基本路线而奋斗，在本职岗位上扎扎实实地做好每一项工作。

我们必须坚持勤奋学习。勤奋学习是共产党员增强党性、提高本领、做好工作的前提。勤奋学习，首先要加强理论学习，把学习贯彻“三个代表”重要思想体现到搞好本职工作上，做到真学、真懂、真信、真用，真正领会精神实质，把科学理论变为自己的思想，自觉地用科学理论指导自己的言论和行动，把理性思维变为坚定的实践和实在的效果。

我们必须坚持党的根本宗旨。能不能把立党为公、执政为民的要求具体地落实到各项工作中去，是衡量一名党员是否合格的根本标尺。牢记我们手中的权力是人民赋予的，只能用来为人民谋利益，而绝不能用来为自己谋私利。牢记群众利益无小事的道理，时刻把群众的安危冷暖挂在心上，忠实地贯彻执行党的群众路线，为群众诚心诚意办实事，尽心竭力解难事，坚持不懈做好事。

我们必须坚持勤奋工作。胡锦涛同志强调：“党和人民的事业是由无数具体工作推动的。党的执政能力也是由各级党组织和全体党员干部的工作能力组成的。全面建设小康社会，推进中国特色社会主义事业，离不开千百万共产党人在本职岗位上所做的具体工作和不懈努力。共产党员保持先进性，必须体现到在改革发展稳定的各项工作中发挥先锋模范作用上，体现到带领群众为推动经济发展和社会进步而开拓进取的实际行动中。”胡锦涛同志简洁而深刻地阐述了党和人民的事业与我们的具体工作、党的执政能力与我们党员的工作能力的关系。深刻认识和理解这个关系非常重要，我们的职能是为内蒙古自治区党委决策服务，我们所从事的每一项看似平凡的具体工作都是内蒙古自治区全局工作的重要组成部分。可以说，党的执政能力在政研室直接体现为我们每个党员的执笔能力。我们必须从执政能力与执笔能力的关系上思考和提出我们政研室党组织发挥领导核心和战斗堡垒作用，党员保持先进性、发挥先锋模范作用的具体要求和方式途径。

我们必须坚持遵守党的纪律。党的纪律是全党意志的体现，党有党纪，各地区各部门各单位有各自的纪律和规章制度。这些纪律和规章制度是党的纪律的体现和具体化，遵守党的纪律当然包括遵守这些具体的纪律和规章制度。遵守党的纪律，首先要树立强烈的纪律制度意识，增强遵守纪律制度的自觉性。结合创建“三型”机关建设，政研室制定了一系列切实可行的制度，这是我们集体意志的体现，是增强我们凝聚力、顺利做好各项工作的重要保证，任何人没有不遵守的权力。

我们必须坚持“两个务必”。谦虚谨慎、艰苦奋斗，是我们党的优良传统和作风。在新的历史条件下发扬谦虚谨慎、艰苦奋斗精神，就是要牢记我国的基本国情和我们党的庄严使命，要牢记全心全意为人民服务的宗旨，保持昂扬向上的精神状态，树立为党和人民长期艰苦奋斗的思想，保持旺盛的革命意志和坚韧的革命品格，在成绩面前不自满、困难面前不退缩，戒骄戒躁、不断进取，勇于开拓、善于创新，扎扎实实地做好各项工作。

认真组织开展新时期保持共产党员先进性具体要求的大讨论，是先进性教育学习培训阶段的一项重要内容，是落实胡锦涛同志关于先进性教育活动一定要扎实推进，要在取得实效上下功夫的指示精神的重要举措。在学习培训阶段的第二单元，我们将用一周的时间进行集中学习培训，紧密联系政研室工作实际，反复讨论，集思广益，提炼出政研室保持共产党员先进性的具体要求，形成共识，使党员在分析评议时有具体标尺，在整改提高时有明确方向，在日常工作生活中有行为准则。

坚持高标准、高质量，切实抓好先进性教育活动，把政研室全体党员的思想觉悟提高一步，理论素质提高一步，工作能力提高一步，为内蒙古自治区党委决策服务的水平提高一步，真正发挥先锋模范作用，这是我们这次先进性教育活动所要达到的目标。我们坚信，我们全体党员以真正共产党员的名义共同努力，一定能达到我们的目标。

论组工干部的形象和能力[①]

中央要求组工干部树立公道正派的形象。组织部门是党委的重要职能部门，组工干部是党的干部队伍的中坚力量。组工干部形象决定着组织工作水平，组工干部形象关系党的形象，关系党的执政能力建设成效。树立组工干部公道正派形象，是组织部门加强自身建设的主题。

所谓公道正派，就是对人对事公平合理，选人用人公平合理，为人正直，言行光明正大。公道是对别人的态度和作为，正派是对自身的要求。自身正派才能做到对别人公道。公道正派是对组工干部的基本要求，公道正派才能任人唯贤。形象是外在表现，是由内在素质和能力决定的，素质能力决定形象。公道正派的形象须由较高的素质能力支撑，能力是素质的具体体现。

能力是人们从事一定活动的本领，包括从事一定活动的具体方式及完成一定活动所必需的心理特征。党的十六大提出加强党的执政能力建设，提高党的领导水平和执政水平的重大命题。党的十六届四中全会专门作出关于加强党的执政能力建设的决定。中央关于进一步加强人才工作的《决定》也明确提出，坚持把能力建设作为人才资源开发的主题，以能力建设为核心，大力加强人才培养工作。可见，在新形势下，能力对一个国家、一个政党、一个组织、一个人的重要意义。组织部门以公道正派为主题加强自身建设，树立组工干部公道正派的形象，必须在提高组工干部的能力上下功夫。

要提高认识能力。能力有各种各样、各个层次的能力，而最基本、最基础的是认识能力。一个人的认识能力是其他能力的基础，认识能力的高低决定着其他能力的强弱。从哲学范畴讲，认识是人脑对客观事物的反映。社会实践是认识的来源和发展的基础，是检验认识正确与否的唯一标准，也是认识的目的。提高认识能力，就是要提高科学认识客观事物，将感性认识升华为理性认识的能力，用理性认识指导实践并用实践检验认识的能力。

组工干部树立公道正派形象，提高自己的素质能力，首先必须提高认识能力。组工干部只有具备较高的认识能力，才能正确认识组织工作的对象，才能准

① 本文来自 2005 年 9 月 27 日在内蒙古党委组织部干部大会上的演讲稿。

确把握工作对象的情况，才能做到公道正派。组工干部提高认识能力的重点是提高认识干部、认识组织的能力。所谓认识干部、认识组织，是指认识各级领导干部乃至整个干部队伍，认识各级领导班子乃至各级党组织。

在新的历史条件下，特别是在全党开展先进性教育活动的新形势下，提高认识干部、认识组织的能力，要努力把握我们党对党员先进性的要求。胡锦涛同志在新时期保持共产党员先进性专题报告会上提出了新时期共产党员保持先进性的基本要求：坚持理想信念，坚定不移地为建设中国特色社会主义而奋斗；坚持勤奋学习，扎扎实实地提高实践"三个代表"重要思想的本领；坚持党的根本宗旨，矢志不渝地做到立党为公、执政为民；坚持勤奋工作，兢兢业业地创造一流的工作业绩；坚持遵守党的纪律，身体力行地维护党的团结统一；坚持"两个务必"，永葆共产党人的政治本色。这"六个坚持"的基本要求是对6000多万党员的共同要求，全体党员都应努力做到，特别是各级领导干部应带头做到。

同时，我们的党员是在不同地区、不同行业、不同岗位上从事不同的工作，落实基本要求应同党员的具体情况结合起来。因此，中央明确要求各地区、各部门必须在先进性教育活动中讨论并提出体现时代精神、反映不同群体特征、符合岗位实际的各行各业共产党员保持先进性的具体要求。这是这次先进性教育与以往的集中教育不同的最鲜明的特点，充分体现了区别对待、分类指导的原则。基本要求是对全体党员的要求，具体要求是对不同群体党员的要求，基本要求与具体要求是普遍性与特殊性的辩证统一，基本要求需要通过具体要求得到落实。

党员先进性的要求，为我们在新形势下认识干部、认识组织指明了方向。组工干部提高认识能力，就必须深入研究胡锦涛同志提出的"六个坚持"的基本要求在各级各类干部、各级各类组织的职能职责和业务工作中体现和落实的内容和形式，从而提高以党员先进性的要求为标准认识干部、认识组织的能力。这是组工干部树立公道正派形象的基础。

要提高实践能力。认识的目的是指导实践，提高认识能力是为了提高实践能力，搞好业务工作。考察干部、考察组织是组织部门的主要业务，是认识干部、认识组织的重要手段，也是搞好其他业务工作的基础。在加强党的执政能力建设和先进性建设的新形势下，组工干部提高实践能力，就要善于用党员先进性的要求去考察干部、考察组织。一是考察干部和组织把理想信念同本职工作联系起来的觉悟、思路和业绩。二是考察干部和组织把立党为公、执政为民的本质要求体现在履行自己职能职责上，实现好、维护好、发展好最广大人民根本利益的自觉性、思路和业绩。三是考察干部和组织把坚持科学发展观、构建和谐社会的要求落实到坚持勤奋工作、创造一流的工作业绩上的思路、成效和群众的满意程度。四是考察干部和组织坚持勤奋学习、提高综合素质、增强业务能力的机制和效果。五是考察干部和组织遵守党的纪律、维护团结统一、自觉反腐倡廉、坚持“两个务必”的机制和效果。用党员先进性的要求去考察干部、考察组织，是在新形势下坚持德才兼备、注重实绩、群众公认原则的具体体现。

党员先进性的要求，为我们在新形势下考察干部、考察组织提供了依据。组工干部提高实践能力，就必须深入学习中国化的马克思主义，树立正确的世界观、人生观、价值观，提高思想政治素质，丰富知识、加强修养、转变作风，从而提高以党员先进性的要求为标准衡量干部、衡量组织的能力。这是组工干部树立公道正派形象的过程。

党员的先进性是党的先进性的具体体现。用党员先进性的要求去认识干部、认识组织，考察干部、考察组织，是加强党的先进性建设对组织工作的内在要求，是巩固和发展党员先进性教育活动成果的必然要求，也是组织工作与时俱进、开拓创新的集中体现。树立组工干部公道正派的现象，其实质是组织工作贯彻党的先进性要求，组工干部按党员先进性要求提高自身素质能力，从而使党满意、使人民群众满意。

论保持党员先进性长效机制①

探索建立党员长期受教育、永葆先进性的长效机制，是开展保持共产党员先进性教育活动的重要任务，也是把先进性教育活动的成功经验系统化、有效做法制度化的需要。建立保持党员先进性长效机制，要立足于落实中央提出的“提高党员素质、加强基层组织、服务人民群众、促进各项工作”的目标要求，结合本地区、本部门实际，努力探索把制度建设贯穿于思想建设、组织建设、作风建设全过程的内在规律，在发挥党组织的领导核心作用和党员的先锋模范作用上下功夫。

一、什么是长效机制

机制是指事物内在运行方式。机制是由相互依存、相互制约，紧密关联、协调运行的一系列制度构成的系统。长效机制就是为了长期发挥机制效能而建立的制度体系。我们根据对机制的理解，概括出这样一个定义。保持党员先进性的长

① 本文来自2006年3月14日内蒙古党委政研室《决策参阅》第5期，在2006年4月11日《内蒙古日报》发表。

效机制是着眼于发挥共产党员的先锋模范作用，总结我们党加强党的建设的成功经验，特别是把保持党员先进性教育活动中的一些成功做法用制度形式固定下来，并长期发挥效能的制度体系。

在保持党员先进性教育活动中，内蒙古党委政研室经过全体党员深入讨论、反复修改，制定了《内蒙古党委政研室保持共产党员先进性长效机制》（以下简称长效机制）。这个长效机制由党员对照检查制度、学习提高制度、汇报评议制度，党支部建设制度、组织生活制度、民主生活会制度，领导干部带头制度，以及机关党委检查通报制度、党委会工作制度、述职考评制度十项制度构成。

党员保持先进性的对照检查、学习提高、汇报评议三项制度，分别提出“五对照、五检查”要求和加强学习、实现目标的要求以及在党支部汇报会上作汇报、接受评议的要求。其核心是每个党员都要对照中央提出的“六个坚持”的基本要求和政研室保持共产党员先进性的具体要求，检查自己的学习工作和实现努力目标的情况，并接受党支部的监督评议，其目的是发挥党员的先锋模范作用。

党支部的党支部建设、组织生活、民主生活会三项制度，分别对党支部特别是党支部书记的工作、组织生活会和民主生活会的内容提出了具体要求。其核心是加强党支部建设，规范党支部活动，其目的是发挥党支部的战斗堡垒作用。

领导干部带头制度，明确了每个班子成员都要坚持政研室领导干部保持共产党员先进性的具体要求，提出了“五个带头”的要求。其核心是加强领导班子建设，规范领导班子活动，对领导干部提出了更高的要求，其目的是发挥领导干部的表率作用。

机关党委的检查通报、党委会工作两项制度，明确了机关党委的职能职责，对机关党委的工作内容提出了具体要求。其核心是加强机关党委建设，规范机关党委活动，其目的是发挥机关党委的作用。

年度考核激励制度即述职考评制度，对党员、党支部书记、领导干部和机关党委的述职和民主测评以及选先评优工作提出了具体要求。其核心是规范考核测评活动，其目的是对党员、党支部书记、领导干部和机关党委的作用给予年度评价，给予激励。

二、建立长效机制的要求

第一，要紧紧围绕中心工作。建立长效机制的目的是在全面建设小康社会、加快推进社会主义现代化的伟大事业中，充分发挥党员的先锋模范作用。各地区、各部门的中心工作是社会主义现代化建设的重要组成部分，建立保持党员先进性长效机制必须紧紧围绕中心工作，着眼于推动中心工作。这样才能体现中央关于“服务人民群众、促进各项工作”的要求。这样的长效机制才有实际意义。为内蒙古自治区党委决策服务是我们政研室的中心任务，我们把建立长效机制的目的明确定位在“提高为内蒙古自治区党委决策服务的水平”上，并明确要求每个党员根据处室职能、岗位职责提出自己的努力目标。

第二，要立足于提高党员的素质能力。党员的综合素质和业务工作能力是党员发挥先锋模范作用的内在支撑，是搞好中心工作的基础和前提。我们按照中央关于“提高党员素质”的要求，把提高党员的素质和能力作为建立长效机制的出发点，把学习提高制度作为保持党员先进性的主要载体。结合政研室职能职责和业务工作，我们制定了《党委政研室党员工作能力标准》，并要求党员经常对照工作能力标准，检查提高自身素质能力的情况。

第三，要充分发挥党组织的作用。党员的党内生活主要以党组织的活动为载体，党组织活动的有效性直接关系到保持党员先进性、发挥党员的先锋模范作用。按照中央关于“加强基层组织”的要求，在建立长效机制过程中，我们特别注重加强党组织建设，发挥党组织作用。政研室长效机制中的党支部建设制度、组织生活制度、汇报评议制度、民主生活会制度，机关党委检查通报制度、党委会工作制度、述职考评制度等，都是着眼于加强党组织建设、发展党内民主、保障党员权利，把发挥党组织作用的责任落实到了党组织负责人。

三、长效机制的特点

保持党员先进性长效机制是相互联系、相互促进、相互制约的制度体系，与一般制度相比，具有鲜明的特点：

层级性。长效机制因其发挥效能的层次、范围、对象及其对象的职业和职能职责不同，应具有层级性，全党有全党保持党员先进性的长效机制，各地区、各部门也应有各自的长效机制。只有体现层级性，长效机制才能有针对性，才能发挥其效能。全党保持党员先进性长效机制与各地区、各部门保持党员先进性长效机制是普遍性与特殊性、整体性与局部性的关系。

具体性。建立长效机制，必须从本地区、本部门实际出发，必须从自己的职能职责和中心任务出发。内蒙古党委政研室是为内蒙古党委决策服务、从事综合性研究的工作部门。在保持共产党员先进性教育活动中，我们根据《党章》和胡锦涛同志提出的“六个坚持”的基本要求，结合政研室的实际，提炼出了政研室保持共产党员先进性的具体要求、政研室领导干部保持共产党员先进性的具体要求和政研室党员工作能力标准。这两个具体要求、一个能力标准是制定政研室长效机制的基础。一个特别关键的问题是具体要求一定要具体，如果一个部门的具体要求比中央的基本要求还原则、笼统，这样的要求只能束之高阁，据此制定的长效机制也不会有什么操作性。

关联性。构成长效机制的各项制度之间都具有内在联系。政研室长效机制中，党员保持先进性的三项制度是基础，党支部建设的三项制度、领导班子带头制度是对党员保持先进性发挥组织和领导作用，机关党委检查通报制度发挥对党员、党支部和领导班子的监督促进作用，年度考核激励制度则发挥对党员、党支部和领导班子作用的阶段性评价和激励。十项制度之间也具有内在的紧密联系。这种环环相扣的关联性使长效机制成为一个有序运行的有机系统。

制衡性。构成长效机制的制度与制度之间具有相互制约关系。政研室长效机制中，汇报评议制度是对对照检查制度、学习提高制度的制约，组织生活制度是对党员行为方面制度的制约，民主生活会制度是对领导干部带头制度的制约，机关党委检查通报制度、机关党委工作制度以及述职考评制度是对上述各项制度的制约，而机关党委向党员大会述职制度又是对机关党委检查通报制度和工作制度的制约。这种相互制约的制衡性是长效机制得以顺利运行、长期发挥效能的关键。

简便性。简明扼要、操作性强是建立长效机制必须把握的前提，也是长效机制能不能行得通的前提。政研室长效机制包括十项制度以及包括其中的若干具体制度，但篇幅不足1500字。有些具体制度是原先行之有效的制度，在长效机制中不必再展开。

四、长效机制的运用

探索建立党员长期受教育、永葆先进性的长效机制是将保持党员先进性的行为规范化、制度化的重大举措。建立长效机制是为了运用长效机制，发挥长效机制的作用。有效运用长效机制，还必须把握好以下几点：

第一，提高认识，树立制度意识。广大党员是建立制度的主体，也是执行制度的主体。再好的机制、再完善的制度，也要靠党员来执行和运用。没有制度建设，思想建设是软弱松散的；没有思想建设，制度的维系就失去了基础。我们在讨论制定长效机制过程中，广泛发动党员，注重培养党员的主体意识，在执行长效机制过程中加强思想教育，注重树立党员的制度意识。为了更好地落实长效机制，我们还制定了《政研室保持共产党员先进性长效机制任务职责表》，进一步明确了每项制度中党员、党支部书记、室领导以及机关党委的任务职责和完成时间要求。

第二，领导重视，带头执行制度。长效机制能不能顺利运行，关键在领导，关键在领导要带头执行制度。这样才能保证机制长期发挥效能，才能带出一支真正发挥先锋模范作用的党员队伍。政研室长效机制的领导班子带头制度中，包括了政研室领导干部保持共产党员先进性的具体要求、加强领导班子思想政治建设的意见、中心组学习制度、室主任会议制度以及领导干部五个带头的要求。

第三，严格考核，运用激励制度。激励制度是长效机制的一个关键环节。考核考评是运用激励制度的基础。2005 年下半年，《内蒙古党委政研室保持共产党员先进性长效机制》正式执行。2005 年度考核中，党员在党支部组织生活会上进行汇报，并接受评议；党支部书记在内蒙古党委政研室党员大会上述职；机关党委负责人也在内蒙古党委政研室大会上述职；在内蒙古党委政研室大会上对每个党员的德、能、勤、绩、廉情况进行了民主测评。依据执行长效机制情况、年度文稿考评结果，经过民主推荐，评选出了先进处室、先进党支部、优秀公务员、优秀党员、优秀党务工作者。尽管实行时间不长，但长效机制开始发挥其应有的效能。

党的先进性建设是一项长期的历史任务，建立保持党员先进性长效机制也是一个不断完善的过程。建立长效机制，既要立足当前，坚持相对稳定性，又要着眼长远，坚持与时俱进，根据新形势新任务的要求，及时总结和概括实践中的新鲜经验，不断加以完善。

确定有特色的实践载体①

按照中央的要求和内蒙古自治区党委的安排，内蒙古自治区深入学习实践科学发展观活动从现在开始，用一年半时间分三批进行。第一批是内蒙古自治区直属机关，第二批是盟市旗县，第三批是苏木乡镇嘎查村，全体党员参加，重点是县级以上领导干部。为了给第二批开展学习实践活动积累经验，内蒙古自治区选择五个不同类型的单位作试点，与第一批同步参加学习实践活动。包钢集团是大企业类型的试点。我们这个指导检查组负责五个试点单位。

包钢集团是共和国工业的骄子，一直以来是引领内蒙古自治区经济发展的火车头，对企业党建也抓得很好。这次学习实践科学发展观活动，突出了学习和实

① 本文来自 2008 年 10 月 16 日在包头钢铁（集团）公司学习实践科学发展观活动动员大会上的讲话。

践，有三个问题非常重要，即学习讨论问题、实践载体问题、创新体制机制问题。第一个是学习讨论问题，这是整个学习实践活动的基础和前提，只有深入学习领会科学发展观，深刻理解把握科学发展观的科学内涵、精神实质和根本要求，用科学发展观武装思想，把科学发展观的立场、观点、方法变为自己思想和理念，我们才能够用科学发展观指导实践。

第二个是实践载体问题。这次学习实践活动最鲜明的特点是确定实践载体、突出实践特色。科学确定活动的实践载体，是一个主要抓手。所谓实践载体，实际上是科学发展观与本地区本部门本单位实际紧密结合的产物，是以科学发展观为指导深入分析认识本地区本部门本单位工作中主要矛盾和突出问题的产物，是本地区本部门本单位发展思路、发展模式、发展路径、发展方式和发展目标、发展目的的集中体现。

这次包钢集团提出"坚持科学发展、加快结构调整、实现百亿美元"的实践载体，就概括得很好。好在什么地方呢？首先是坚持科学发展，这是指导思想。对于工业企业来说，坚持科学发展，就要走中国特色新型工业化道路，走出一条科技含量高、经济效益好、资源消耗低、环境污染少、人力资源优势得到充分发挥的路子。这就要求我们加快转变经济发展方式，更加注重提高自主创新能力、提高节能环保水平、提高核心竞争力，要求我们大力推进经济结构战略性调整。把坚持科学发展落实到加快结构调整上，公司党委这个思路符合科学发展观要求，符合包钢实际。

加快结构调整，调什么？包括产品结构、技术结构、组织结构。产品对企业来说是至关重要的，产品是企业的生命。没有好的产品，企业难以发展，甚至难以生存。企业靠产品来占领市场、满足社会需求，也靠产品来实现利润、提高职工的生活水平。产品好不好，产品能不能长久地适应市场需求、长久地具有竞争力，关系企业的生存发展。但人们的需求在不断升级，市场在不断变化，产品结构就得不断调整，原来好卖的现在不一定好卖，现在好卖的将来不一定好卖，结构调整是永恒的主题。

市场需求是结构调整的导向，结构调整的目标就是发展高附加值、高技术含量的"双高"产品。这就要求我们加快推进第二层面的调整即技术结构调整，这是更为重要的调整，是结构调整的核心。产品结构调整是由技术结构调整来支撑的，技术创新是产品结构优化升级的中心环节。包钢集团作为内蒙古自治区最大的企业、技术实力最雄厚的企业，理应成为建设创新型内蒙古的骨干和先锋。调整技术结构，我们应把重点放在集成创新和引进消化吸收再创新上，提高企业的自主创新能力。我们引进了先进的成套设备，我们有很好的稀土资源基础、技术基础和人才基础，我们有条件提高自主创新能力。只要我们逐步形成了自己的核心技术，掌握了生产各环节的关键技术，包钢就能立于不败之地。我们要把研发中心建设好，增加研发投入，加强产学研相结合的技术创新体系，加快培养科技人才、创新人才。员工的素质能力、经营能力、管理水平和岗位技能等决定着企业的前途命运。这些方面我们都搞上去了，包钢集团就是一个创新型企业，就能立于不败之地。

第三个层面的调整是组织结构调整，实际上就是学习实践活动强调的创新体制机制问题。企业组织结构调整是产品结构调整、技术结构调整的保障。通过调整理顺组织结构、创新体制机制，有利于产品结构调整、技术结构调整。也就是说，企业体制机制创新要符合科学发展观、符合现代企业制度、符合市场经济体制，要有利于工业化与信息化融合、实行 ERP 管理、企业发展方式转变，有利于节约资源、节能环保，有利于降低成本、提高效益，有利于充分调动全体干部职工的积极性、主动性和创造性。

总之，包钢集团把加快结构调整作为实践载体的核心，抓住了突出问题，抓住了主要矛盾。这个结构调整是立足于科学发展的结构调整，以科学发展为目的的结构调整。坚持科学发展、加快结构调整，销售收入实现百亿美元，这是包钢集团上层次、上水平的一个主要指标。企业追求的是利润最大化，在不搞盲目扩张的情况下销售收入提高了，说明我们产品的附加值提高了，科技含量提高了，说明我们的产品更加适应市场需求了。这就是我们要走的速度、结构、质量、效益相协调的科学发展路子。

为了人民肯干事[①]

——干部要干事系列之一

干部要干事，是天经地义。干部要干事，就是把分内的事情干好，要肯干事、会干事、干成事。领导干部更要肯干事、会干事、带领人民群众干成事。领导是权力、责任、服务三位一体的概念。掌握领导权力、承担领导责任、履行服务职能的领导干部，必须肯干事、会干事、干成事。领导干部是党执政的骨干力量，肯干事、会干事、干成事是领导干部领导水平和执政能力的具体体现。

干部干事特别是领导干部干事，首先要明白为谁干事、怎样干事这个基本问题。从理论和实践上搞明白这个基本问题，必须坚持四个联系。

① 本文来自 2009 年 8 月 18 日在内蒙古科技大学的干部培训讲座讲稿《干部要干事》一文。

一、把学习理论与指导实践联系起来

为谁干事是价值观问题，怎样干事是方法论问题。世界观决定价值观和方法论，所以，归根结底都是世界观问题。马克思主义是科学的世界观和方法论，是我们认识世界和改造世界的强大思想武器，是有用管用的科学理论。在人类思想史上，就科学性和真理性而言，还没有一种思想理论能达到马克思主义的高度。这一点已经被100多年来的人类发展史特别是我们党领导的革命、建设和改革实践所证明。

我们只有坚持马克思主义价值观的基本原则，才能正确处理个人与集体、个人与社会、个人与国家的关系，始终把国家利益、集体利益放在个人利益之上，始终把奉献社会、服务人民作为实现个人价值的根本途径。

科学发展观是马克思主义关于发展的世界观和方法论的集中体现。科学发展观把以人为本作为核心，深刻体现了科学追求与价值追求的高度统一，体现了马克思主义关于人的全面发展的价值理想，体现了我们党对人民群众历史发展主体地位和最高价值主体地位的尊重，体现了我们党坚持使发展成果惠及全体人民、实现人的全面发展的根本价值取向。科学发展观的基本要求是全面协调可持续，根本方法是统筹兼顾，这深刻体现了马克思主义关于事物普遍联系的基本原理。

辩证唯物主义认为，世界上任何事物都以普遍联系和系统的方式而存在，事物的发展始终是系统诸要素相互作用的过程。科学发展观所要求的发展，在横向上要体现发展的全面性、整体性和协调性，在纵向上要体现发展的持久性、连续性和递进性。统筹兼顾作为科学发展观的根本方法，是辩证唯物主义思想方法在现代化建设中的具体运用。

我们只有深入学习领会马克思主义理论包括科学发展观，提高马克思主义理论素养，用来指导实践，并在实践中加深理解，牢固树立科学的世界观、方法论和价值观，才能搞明白为谁干事、怎样干事这个基本问题，才能确立为人民群众的根本利益而肯干事的坚定意志，增强为人民群众的根本利益而会干事的素质能力，完善为人民群众的根本利益而干成事的制度机制。

二、把本职工作与伟大事业联系起来

事有大小虚实之分、广义与狭义之分，包括广义上的事物即客观存在的一切物体和现象，到一般意义上的事情即人类生活中的一切活动和所遇到的一切社会现象，以及事业即人所从事的具有一定目标、规模和系统而对社会发展有影响的经常活动。我们讲干事，主要是指狭义上的本职工作。我们每个人所从事的本职工作，都是中国特色社会主义伟大事业的组成部分；我们每个人的工作岗位不同，工作性质不一样，但我们共同从事的是中国特色社会主义伟大事业。

所以，我们要肯干事、会干事、干成事，就必须把本职工作与伟大事业联系起来，树立正确的事业观。所谓正确的事业观，就是要自觉把个人奋斗目标与党的事业发展结合起来，努力在党的事业发展舞台上施展才华；自觉把个人理想追求与做好本职工作结合起来，努力在平凡岗位上做出不平凡业绩；自觉把个人成长规划与实现人民群众根本利益结合起来，努力做到个人利益服从和服务于群众利益。对于领导干部来说，还要树立正确的政绩观，必须把经得起实践、人民、历史的检验作为评价政绩的最终标准。经得起实践检验，就不能搞花拳绣腿、速效工程、形象工程；经得起人民检验，就是要用人民群众满意这把尺子来检验政绩；经得起历史检验，就是要对子孙负责、对未来负责、对长远发展负责。

我们只有把本职工作与中国特色社会主义伟大事业联系起来，树立正确的事业观和政绩观，从中国特色社会主义伟大事业的高度，充分认识干好本职工作的重大意义，充分认识本职工作对伟大事业的重要作用，才能确立为人民群众的根本利益而肯干事的坚定意志，增强为人民群众的根本利益而会干事的素质能力，完善为人民群众的根本利益而干成事的制度机制。

三、把局部工作与全局工作联系起来

全局工作是由一个个局部工作构成的，没有一个个局部也就没有全局。全局与局部是相对概念，是包容关系，对全局来说其构成部分是局部，对局部的构成部分来说这个局部又是全局。我们所从事的本职工作都是某个层级的局部工作或这个局部的某个岗位的工作。“不谋万世者不足谋一时，不谋全局者不足谋一域。”把局部工作与全局工作联系起来，就是要胸怀全局、放眼世界，搞清楚局部与全局的关系，充分认识局部对全局的作用和全局对局部的影响，着眼全局谋划局部、立足局部服务全局。

局部工作是全局工作不可或缺的一部分。局部之所以是全局的构成部分，是因为局部在全局中具有独特的、不可替代的作用。假如某个局部对全局没有什么作用，这个局部就没有存在的必要，它就不是全局的构成部分。所以，搞好局部工作，首先，要搞清楚局部的职能职责。不但局部的领导要搞清楚，而且从事局部工作的人也要搞清楚，局部工作的各个层次、各个部分都要围绕局部的职能职责积极努力工作，以出色完成局部的任务来为全局服务、为全局做贡献。其次，局部工作要服从全局工作。局部有局部的特殊性、局部有局部的利益，搞好局部工作要从局部的实际出发，创造性地开展工作。同时，无论局部工作怎样特殊、有什么具体利益，局部利益必须服从全局利益，局部工作必须服务于全局工作；从事局部工作的人，不论在什么岗位、干什么工作，都要着眼全局创造性地干好本职工作，为全局做贡献。干事不分贵贱，职务不在高低，作用同样重要，干好干坏却有别。

四、把上情与下情联系起来

上情指的是上级精神、宏观情势、时代要求等，下情指的是基层情况、群众的意愿和要求、快乐和疾苦、主要矛盾和突出问题等。把上情与下情联系起来，首先，要在吃透上级精神与吃透基层情况上下功夫。无论是上级精神还是基层情况，都在随着事物的发展变化而不断发展变化。吃透上级精神与吃透基层情况，不能满足于以往的了解和把握。真正吃透，我们的认识必须有新的提高，我们的调查研究必须不断深入，做到认识与实践的与时俱进。

其次，要在上级精神与基层情况的结合上下功夫。理论与实际相结合、上情与下情相结合，是我们党的光荣传统和优良作风。领导干部肯干事、会干事、干成事，要有较高的结合意识、较强的结合能力。做好结合的文章，要在结合中出思路、在创新中出特色、在落实中出实绩。

最后，要在深入贯彻落实科学发展观上下功夫。当前和今后，上情的本质要求是科学发展。科学发展观是我国经济社会发展的重要指导方针，是发展中国特色社会主义必须坚持和贯彻的重大战略思想。不论哪一级、不论哪个领域、不论哪个岗位、不论什么工作，都要紧密结合各自的实际，深入贯彻落实科学发展观。这是我们这个时代的主题，也是肯干事、会干事、干成事的大前提。特别是对领导干部来说，具有深入贯彻落实科学发展观的自觉性和坚定性，这是搞好领导工作的政治前提；增强结合实际贯彻落实科学发展观的能力，这是搞好领导工作的素质要求。肯干事、会干事、干成事，就要干科学发展的事，让人民群众共享科学发展的成果。

总之，干部特别是领导干部肯干事，是其马克思主义理论素养的体现，是其科学世界观、方法论和价值观的体现，是其正确的事业观、政绩观的体现，是其贯彻落实科学发展观的自觉性、坚定性的表现。

提高能力会干事[①]

——干部要干事系列之二

如果说，肯干事靠觉悟，那么，会干事要靠能力。能力是由知识和经验转化而来的，能力的提高是一个渐进积累的过程，同时，能力的提高是一个主体实践性和主观能动性很强的过程，知识不会自然而然转化为能力。工作能力是一个人综合素质的反映，只有那些善于学习、善于思考、善于实践的人，才能较快地提高工作能力。会干事，不是凭小聪明、投机取巧能成功，而是靠大智慧、凭真本领把事干好。我们要增加智慧、增强本领，就必须乐于读书、善于思考、勤于运用和养成良好的工作生活习惯。

一、乐于读书，增加知识

书籍是人类知识的载体、智慧的结晶、进步的阶梯。会干事，要围绕提高思想理论水平、完善知识结构、提升精神境界、增强工作能力，选择那些与自己所从事的工作关系密切、自己爱好和有兴趣的各种书籍来读，掌握新理论、新知识、新技能、新规则，努力使自己真正成为行家里手、内行领导。

古人讲，治天下者先治己，治己者先治心。治心养性，最有效的方法就是读书。当今世界，科学技术日新月异，知识经济方兴未艾，知识总量呈几何级数增长，知识更新速度大大加快，近50年来人类社会所创造的知识比过去3000年的总和还要多。联合国教科文组织的埃德加·富尔先生预言："未来的文盲，不再是不识字的人，而是没有学会怎样学习的人。"从这个意义上说，一个人在学历教育阶段更重要的是掌握系统的学习方法，提高学习能力，获得打开智慧之门的钥匙。今天，领导干部如果不加强读书学习，知识就会老化，思想就会僵化，能力就会退化，就难以做好领导工作，难以做到肯干事、会干事、干成事，就会贻误党和人民的事业。所以，事有所成，必是学有所成；学有所成，必是读有所得。

2009年5月13日，习近平同志在中央党校2009年春季学期第二批进修班暨专题研讨班开学典礼上的讲话《领导干部要爱读书读好书善读书》中讲道，当

---

① 本文来自2009年8月18日在内蒙古科技大学的干部培训讲座讲稿《干部要干事》一文。

前领导干部读书的状况不容乐观，归结起来主要有四个方面的问题：一是追求享乐、玩物丧志，不好读书；二是热衷应酬、忙于事务，不勤读书；三是浅尝辄止、不求甚解，不善读书；四是学而不思、知行不一，学用脱节。分析这些问题的原因时习近平同志讲，一些同志对读书抱有不正确的观念，有的认为自己现有的知识差不多了，不用读书也能应付工作；有的认为干比学重要，读不读书无所谓；有的认为领导工作太忙，没有时间，顾不上读书；有的认为社会上潜规则太多，需要的是关系而不是知识，读书多了反而适应不了社会，照书上的道理做会吃亏。正是这些差不多、无所谓、顾不上、会吃亏的思想观念，影响了一些领导干部的读书学习。

“工欲善其事，必先利其器。”我们要把读书学习当成一种生活态度、工作责任、精神追求，自觉养成读书学习的习惯，真正使读书学习成为工作生活的重要组成部分，在读书学习中把握人生道理、领悟人生真谛、体会人生价值、实践人生追求，使自己成为一个肯干事、会干事、干成事的人。

领导干部读书学习应有王国维论述治学的三种境界：“昨夜西风凋碧树，独上高楼，望尽天涯路”，即志存高远，耐得寂寞；“衣带渐宽终不悔，为伊消得人憔悴”，即刻苦钻研，百折不挠；“众里寻他千百度，蓦然回首，那人却在灯火阑珊处”，即学用结合、领悟真谛。

二、善于思考，激活知识

古人说：“学而不思则罔，思而不学则殆。”思考是阅读的深化，是认知的必然，是把书读活的关键。爱因斯坦说：“学习知识要善于思考、思考、再思考，我就是靠这个方法成为科学家的。”思考的作用在于将零散变为系统、孤立变为联系、粗浅变为精深、感性变为理性。

善于思考，激活知识，要带着问题读书，养成边读书边思考问题的习惯。科学始于问题，理论源于实践。问题是什么？问题就是在实际工作生活中需要研究解决的矛盾。唯物辩证法认为，矛盾无时不有、无处不在，原有矛盾解决了，新的矛盾又会产生。从这个意义上说，事物的发展就是矛盾产生—消除—再产生—再消除的不断循环往复的过程。我们肯干事、会干事、干成事，也是一个不断发现问题、研究问题、解决问题的过程。

善于思考，激活知识，要养成强烈的问题意识。问题意识不是与生俱来的，而是在实践中培养出来的。一个具有强烈责任感和问题意识的人，总是能够根据理论指引、时代要求、群众意愿，发现和提出问题。发现和提出新问题，就是认识和实践上的一个大进步，就为进行思路创新和实践创新提供了前提，就为分析问题和解决问题奠定了基础。

善于思考，激活知识，要培育强烈的创新意识。胡锦涛同志强调，各级领导干部应提高运用科学理论分析和解决实际问题的能力，把科学发展观贯穿于各个方面，注重解决自身发展中存在的突出矛盾和问题。提高运用科学理论分析和解决实际问题的能力，注重解决自身发展中存在的突出矛盾和问题，就要对书本知识进行辨析、认知，内化为自己发现问题和解决问题的能力，用科学发展观对实践中发现的问题、对工作生活中存在的问题、对困扰我们的各种问题进行深入分析研究，找准主要矛盾和矛盾的主要方面，认识其本质，探索其发展变化的规律，形成对现有问题的新认识、解决问题的新思路、促进发展的新体制。从一定意义上说，社会实践过程就是不断发现问题、解决问题、不断创新的过程。

三、勤于运用，提高能力

古人讲，“纸上得来终觉浅，绝知此事要躬行”“耳闻之不如目见之，目见之不如足践之”。毛泽东同志说，读书是学习，使用也是学习，而且是更重要的学习。胡锦涛同志在中共十七届中央纪委三次会议上，要求全党尤其是党的领导干部“着力提高实践能力，切实用党的科学理论指导工作实践”。明确指出：既要大力提高理论水平，更要大力提高理论联系实际能力；提高理论修养，增强理论指导实践能力，是领导干部加强党性修养的重要方面。

干部能力是影响干事的重要因素，其中实践能力则是决定干部干事水平的关键因素。干部肯干事、会干事、干成事，要培育强烈的实践意识和实践能力。一是转化知识会干事。知识向能力转化，媒介就是实践。要善于总结实践经验，善于调查研究新情况、新问题，从总结和探索中提高能力。二是知行统一会干事。在着力改造客观世界的同时自觉改造主观世界，牢固树立马克思主义的世界观、人生观、价值观和正确的权力观、地位观、利益观，用以指导实践。三是依靠人民会干事。要坚持从群众中来、到群众中去，不断增进与人民群众的感情，尊重群众的主体地位，发挥群众的聪明才智，尊重群众的首创精神，总结群众的实践经验，引导群众组织起来为自己的利益而奋斗。

具体来讲，要提高改革创新能力，强化发展动力；提高组织协调能力，实现预期目标；提高团结共事能力，营造良好环境；提高语言表达能力，增强语言的清晰度、流畅度、准确度；提高文字综合能力，准确实施领导。邓小平讲过：“用笔领导是领导的主要方法，这是毛主席告诉我们的。凡不会写的要学会写，能写而不精的要慢慢地精。”不论是文字表达还是口头表达，把简单问题说简单是初级水平，把复杂问题说复杂是中级水平，把复杂问题说简单是高级水平，把简单问题说复杂是没有水平。

四、养成良习，提高效率

奥格·曼狄诺说：“好习惯是开启成功之门的钥匙，坏习惯则是通向失败的地狱的门。”人的良好习惯包括坚持主宰时间、持续学习、积极思考、高效工作、敬业乐业、尊重他人、磨炼意志、锻炼身体、总结自己等。时间是生命的构成要素。生命就是分分秒秒，珍惜分分秒秒就是珍惜生命。“一寸光阴一寸金，寸金难买寸光阴”。浪费时间等于缩短生命，珍惜时间等于延长生命。一个人对时间的态度就是对生命的态度，把分分秒秒过得有意义，一生就过得有意义。主宰时间表现在坚强的自控能力上，把有限的时间科学合理分配在睡觉、用餐、工作、学习和锻炼上。睡觉、吃饭、锻炼是延续生命所必需，工作、学习是生命意义所必需。主宰时间是人之第一良好习惯，关键是用好零碎时间。当别人说鲁迅是天才时，他回答：“哪里有天才，我是把别人喝咖啡的时间都用在写作上。”

学习是人生的第一乐事，生活的第一需要。持续学习的意义在于增加知识、扩大信息、提高能力，同历史交流，与未来沟通。需要持续学习的原因在于“已知的半径越长，未知的圆周越大”，越学习越感觉自己无知。思考是学习的深化。思维方式、思想方法决定人们的心态和精神状态。积极思考的人面对困难时大脑里的第一个反应不是“不可能”，而是“我怎样才能”。事物本身并不影响人，人们只受到自己对事物看法的影响，人必须以积极的思维方式看待事物，勇敢面对困难、挫折、疾病、死亡等种种困扰。一旦养成积极思维的习惯，就会以良好的心态积极面对人生，即使遇到困难也会想方设法寻找出路。

高效工作是珍惜时间、珍爱生命的表现。首先，有规划——一生有追求、一个阶段有目标、一天有计划；其次，有程序，分轻重缓急，工作资料、工作对象井然有序，每日有回顾、小结、清理，为次日做准备，形成先进工作力；最后，工作有分工、任务有分解，善于组织、授权和督导。敬业乐业就是把工作当成生活的最大乐趣，以做事为乐，从工作中体会人生价值和生活美好的意境。会不会干事、能不能成事，最大区别在于对干事的态度。工作中最受用的两个词是责任、趣味。有了责任能敬业，有了趣味能乐业，且把两者统一起来。敬业是一种工作状态，更是一种思想境界。心怀远大者才愿意为工作而奋斗、奉献。

尊重他人是美德，更是人生的智慧、自我保护的谋略。尊重他人须做到自己内心世界谦虚。人没有理由不谦虚。尊重他人是成功者应有的素质。尊重他人能快乐他人、快乐自己。这种能力来自对人有宽容心、对事有辩证脑、对信仰有钢铁志。磨炼意志就是和自己斗争。人的意志，是指控制自己思想感情和举止行为的能力，是指引行动方向的平衡轮。成功者与普通人的区别在于前者有坚强的意志，为一定目的理智地控制自己的感情和行动，用意志加以平衡。只有那些有能力管好自己的人才能成功；只有每天和自己作斗争，才能抵御诱惑、应对挑战而在逆境中立于不败之地。

锻炼身体为健康，健康的体魄是成就事业、提高生命质量的保证。要把锻炼当作乐趣，养成不懈锻炼的习惯，以保证有足够的精力去工作学习和享受生活。总结自己就是定期对自己的工作、学习和思想进行客观的分析，做出有利于提高自己的结论。总结要实事求是，成绩是成绩，问题是问题，不夸大、不回避，对自己不真实不可能对别人说真话；分析原因，不论是成绩，还是问题，都要分析其原因，特别是主观的、深层次的原因，以利于正确认识并提高自己；总结的目的，既不是为了高估自己、盲目乐观，也不是为了贬低自己、悲观泄气，而是为了恰如其分地认识自己，发扬成绩，克服不足，以求新的进步。

明确目标干成事①

——干部要干事系列之三

肯干事是觉悟，会干事是能力，而干成事则是目的。肯干事、会干事都是为了干成事。实现最广大人民的根本利益是我们干成事的出发点和落脚点。干成事，必须以科学发展观为指导，确定成事的发展战略，确立奋斗目标，确认岗位责任，确保战略实现，增进人民群众的福祉。

一、确定发展战略

发展战略是在一定时期内对实现发展目标的总的思路和总体谋划。一个科学的发展战略，是由战略指导思想、战略方针、战略目标、战略重点、战略步骤和战略措施等要素构成的完整系统。发展战略由于其范围、时间、层次、对象的不同，有多种类型。大有大战略，小有小思路。但是，不论何种类型的发展战略和发展思路，都必须符合科学发展观的要求，都必须符合本地区、本部门、本单位的发展实际，都必须是民主决策、科学决策的产物。能不能科学概括发展战略、

① 本文来自 2009 年 8 月 18 日在内蒙古科技大学的干部培训讲座讲稿《干部要干事》一文。

发展思路，是对领导干部理论素养、思维能力、实践经验的检验。改革开放以来，各地区、各部门、各单位领导都在用几句话概括自己的发展战略。概括发展战略，如果讲套话、太原则，就可能成为放之四海而皆准的东西；如果讲得太具体，就会显得琐碎、啰嗦，没有高度、没有重点，覆盖不全；只有针对自己的问题，突出自己的特点，体现自己的特色，用自己的语言科学概括，才能符合实际，具有指导作用。

二、确立奋斗目标

干事要有目的，干成事要科学确立目标。科学确立奋斗目标是制定发展战略的核心。科学的奋斗目标必须是以人为本的目标，必须是全面协调可持续发展的目标，必须是统筹兼顾的目标。目标不科学或者没有全面体现科学发展观的要求，其成果必然不能由人民群众充分共享，实践已经证明了这一点。科学确立目标，要做到局部目标服从、服务于全局目标，岗位目标必须与整体目标相衔接。我们的奋斗目标既然是体现最广大人民根本利益的目标，那么，实现这个目标就是广大人民群众共同的实践。领导者的职责就是用奋斗目标凝聚人心，将奋斗目标变为人民群众的共同意志，把大家的思想集中到干事上，把精力凝聚到奋斗目标上，把能力施展到落实目标上，从而形成实现奋斗目标取之不尽、用之不竭的动力。

三、确认岗位责任

干成事，关键在于抓落实。抓落实是主观见之于客观的实践，是人们认识世界、改造世界的过程，是正视困难、解决矛盾的过程，是宣传组织群众、共同干事创业的过程，也是履行职责、承担责任的过程。领导干部既是决策者，又是抓落实的责任者和组织者。干成事是抓落实的结果，是落实责任的结果；干不成事则与没抓落实、没落实责任和没问责有关。目标一旦确立，就要以不达目标不罢休和敢于攻坚克难的韧劲实现目标。这就要求每个领导、每个干部都有明确的岗位责任；既要树立认认真真、尽职尽责的敬业精神，做到执业、敬业、精业；又要实行奖惩分明的问责制度，形成激励机制。

四、确保战略实现

干成事，还需要建立健全必要的制度机制，为实现战略目标提供保障。干与不干一个样、干多干少一个样、干好干坏一个样，是不少地方干部管理中长期存在的一大顽症。顽症难治，其原因有三：一是缺乏尺度，二是决心不大，三是办法不多。能不能根据新形势新目标新要求，设计可行的制度，做出制度安排，通过制度建设形成发展目标、工作任务落实机制，促使大家自觉积极主动地朝着落实目标的方向去努力，这也是对领导干部领导能力、创新能力的检验。始终保持与时俱进的精神状态，用创新思路破解难题，用创新办法解决矛盾，用创新制度形成激励，用创新实践走出成事之路，是干成事的基本要求。制度是大家共同遵守的办事规程或行动准则。机制，泛指一个工作系统的组织或部分之间相互作用的过程和方式。建立制度，一要必需，可有可无的制度一定不要建立；二要管用，能管得住、起作用，不管用的制度一定要及时废除；三要简便，好操作，易执行，全封闭；四要公认，制定制度要充分讨论，绝大多数人同意；五要严肃，制度一旦建立，必须严格执行；六要完善，不能朝令夕改，但要根据执行情况，定期修改完善；七要考核，制定内容科学、导向明确的考核评价制度；八要衔接，各项制度之间不能自相矛盾，而要紧密衔接。只有相互衔接、环环相扣、行之有效的制度体系，才能形成运行机制，甚至是长效机制。

2009 年 6 月 29 日，中央政治局会议通过《关于建立促进科学发展的党政领导班子和领导干部考核评价机制的意见》，强调要完善考核内容，既注重考核发展速度，更注重考核发展方式、发展质量；既注重考核经济建设情况，更注重考核经济社会协调发展、维护社会稳定、保障和改善民生的实际成效。

肯干事、会干事、干成事，要完善干部政绩考核评价体系，树立正确的用人导向，健全责任追究制度，真正做到违纪必究、失职必究、失察必究、落实不力必究，引导干部一门心思干成事。

谈建设马克思主义学习型政党①

党的十七届四中全会作为加强和改进新形势下党的建设的第一位重要任务，第一次提出“建设马克思主义学习型政党，提高全党思想政治水平”。在这之前，2002 年党的十六大作为全面建设小康社会奋斗目标的内容，提出要“形成全民学习、终身学习的学习型社会，促进人的全面发展”。2004 年党的十六届四

① 本文来自 2009 年 10 月 14 日在内蒙古自治区人大常委会党组集体学习会上的讲座讲稿《科学建党的新纲领》。

中全会提出建设学习型政党。2007 年党的十七大作为优先发展教育、建设人力资源强国的内容，提出“发展远程教育和继续教育，建设全民学习、终身学习的学习型社会”，作为党的建设的内容提出“建设学习型政党”的概念。党的十七届四中全会在强调建设学习型党组织时还要求“在全党营造崇尚学习的浓厚氛围，积极向书本学习、向实践学习、向群众学习，优化知识结构，提高综合素质，增强创新能力，使各级党组织成为学习型党组织、各级领导班子成为学习型领导班子”。

学习型组织的概念最先是 1990 年由美国管理学家彼德·圣吉提出的，后来得到联合国教科文组织的提倡。学习型组织的核心理念是，确立共同愿景，达到工作学习化、学习工作化，终身学习。20 世纪 90 年代末，我国有些地方也开始建设学习型机关、学习型企业、学习型社区乃至学习型城市，取得了初步成效。创建学习型政党这一提法是中国共产党人创造。党的四中全会提出建设马克思主义学习型政党，具有重大而深远的战略意义和现实意义。只有率先把执政党建设成为学习型政党，才能带动建设全民学习、终身学习的学习型社会；只有党员特别是领导干部带头学习，才能促进人民群众普遍学习。

为什么要建设马克思主义学习型政党？《中共中央关于加强和改进新形势下党的建设若干重大问题的决定》概括为一句话：世界在变化，形势在发展，中国特色社会主义实践在深入，不断学习、善于学习，努力掌握和运用一切科学的新思想、新知识、新经验，是党始终走在时代前列引领中国发展进步的决定性因素。习近平同志指出，学习是文明传承之途、人生成长之梯、政党巩固之基、国家兴盛之要。可见，提出建设马克思主义学习型政党，对我们党、我们的国家乃至每个人，都具有广泛而深远的意义。

如何推进马克思主义学习型政党建设？《中共中央关于加强和改进新形势下党的建设若干重大问题的决定》提出按照“科学理论武装、具有世界眼光、善于把握规律、富有创新精神”四个方面的新要求，重点抓好推进马克思主义中国化时代化大众化、用中国特色社会主义理论体系武装全党、开展社会主义核心价值体系学习教育、建设学习型党组织四项新举措。科学理论武装是马克思主义学习型政党的本质特征，是我们党永远立于不败之地的根本保障。具有世界眼光要求我们，努力从国际国内形势的相互联系中把握发展方向，从不同条件的相互转化中用好发展机遇，从各类资源的优势互补中创造发展条件，从各种因素的综合作用中掌握发展全局，不断增强各项工作的战略性和前瞻性。善于把握规律是马克思主义学习型政党必须具有的科学精神和科学态度。富有创新精神是马克思主义学习型政党必须具有的理论品质和政治勇气。

胡锦涛同志指出：“面对不断发展变化的国内外形势，面对知识日新月异的当今时代，我们只有勤于学习、不断学习、善于学习，才能始终走在时代前列，才能不断提高领导水平和执政水平，真正担负起领导人民在中国特色社会主义道路上实现中华民族伟大复兴的历史使命。正因为如此，全会鲜明提出建设马克思主义学习型政党的战略任务。全党要高度重视，切实提高学习能力和实践能力。”

建设马克思主义学习型政党的着力点：

第一，推进马克思主义中国化、时代化、大众化。马克思主义是在批判吸收人类全部知识的基础上产生并且随着时代、实践和科学的发展而不断丰富发展的，是人类迄今为止最先进的思想理论体系。马克思主义作为人类先进思想文化的结晶，是时代的产物。应时而生是马克思主义的显著特征之一，与时俱进是马克思主义的宝贵理论品质，是我们认识和改造世界的强大思想武器。1938 年 10 月，毛泽东同志在党的六届六中全会上第一次鲜明地提出了马克思主义中国化的命题和任务。马克思主义中国化，就是把马克思主义基本原理同中国具体实际相结合，深入研究和解决中国革命、建设、改革不同历史时期的实际问题，总结中国的独特经验，形成具有中国风格、中国气派的马克思主义。马克思主义时代化，就是把马克思主义同时代特征结合起来，使之紧跟时代发展步伐、不断吸收新的时代内容、科学回答时代课题。马克思主义大众化，就是把马克思主义理论用简单质朴的语言讲清楚、用群众喜闻乐见的方式说明白，使之更好地为广大党员和人民大众所理解、所接受。推进马克思主义“三化”，核心是马克思主义中国化，就要同中国实际、时代特征、群众实践相结合。

第二，用中国特色社会主义理论体系武装全党。坚持把马克思主义作为立党立国的根本指导思想，紧密结合我国国情和时代特征大力推进理论创新，在实践中检验真理、发展真理，用发展着的马克思主义指导新的实践，是建设马克思主义学习型政党的首要任务。中国特色社会主义理论体系是马克思主义中国化的最新成果，科学发展观是中国特色社会主义理论体系的最新成果，学习实践科学发展观，要做到真学真懂真信真用。

第三，开展社会主义核心价值体系学习教育。核心价值体系是一个社会意识形态的主体和灵魂，在所有价值目标中处于统领和支配地位，对社会意识和社会思潮具有强大的引领和整合能力，是社会主义意识形态的本质体现，其基本内容包括指导思想、共同理想、民族精神和时代精神、荣辱观。党员、干部模范学习践行社会主义核心价值体系，是建设马克思主义学习型政党的重要任务。领导干部要在学习践行社会主义核心价值体系上走在前面，用社会主义核心价值体系规范自己的言行。

第四，建设学习型党组织。建设马克思主义学习型政党必须把建设学习型党组织作为基础工程和组织保障抓实抓好。建设学习型党组织，要坚持学习型组织的理念，学习的目的是解决问题，学习应从找问题开始。现实中新情况、新变化、新问题层出不穷，学习要理论联系实际，应分析研究实际问题，用研究带动学习，用学习推动创新，通过创新解决问题。学习的方式上注重研讨互动，从简单灌输式的被动学习逐步过渡到探讨互动式的主动学习，营造活跃的民主氛围。

1939 年 5 月，毛泽东同志在延安在职干部教育动员大会上提出："要把全党变成一个大学校。"建设马克思主义学习型政党的战略任务必须落实到基层，每一个党组织都要认真履行组织党员学习的职责。要紧紧围绕服务中心任务，创新学习方法，丰富学习内容，完善学习制度，使各级党组织成为学习型党组织、各级领导班子成为学习型领导班子。

谈靠制度保障清正廉洁①

保持干部队伍的清正廉洁，是我们党经受住执政考验、赢得人民群众拥护的重要前提。能否保持干部队伍的清正廉洁，始终是我们党面临的历史性考验。

廉洁奉公是我们党 80 多年来赢得民心的重要法宝，也是我们党永葆先进性的本质要求。1936 年，美国记者斯诺访问延安，被共产党领袖们的廉洁节俭深深感动，断言这种廉洁节俭的作风会产生一种伟大力量——"东方魔力"。1949 年，美国大使司徒雷登对国民党的军官们说："共产党战胜你们的不是飞机大炮，而是廉洁，是靠廉洁换得的民心。"胡锦涛同志指出："在和平时期，如果说有什么东西能够对党造成致命伤害的话，腐败就是很突出的一个。"我们党要经得起拒腐防变的历史考验，防止出现人亡政息的危险，必须坚决反对腐败，搞廉洁政治。

保持政治清醒，才能保持清正廉洁。政治上清醒，是对干部第一位的要求。一个干部政治上犯糊涂，工作上廉洁上是很难不出问题的。政治上不清醒，不但误事、误身，而且要误党、误国、误民。清醒，就要冷静对待成绩，清醒分析问题。清醒，就要永远与人民在一起。人民是党的靠山。就像胡锦涛同志指出的那样，领导干部要真正把人民群众当主人、当亲人、当老师，要经常问政于民、问计于民、问需于民。如果远离群众，不关心、不了解、不重视普通群众的利益和

① 本文节选自 2009 年 10 月 14 日在内蒙古自治区人大常委会党组集体学习会上的讲座讲稿《科学建党的新纲领》。

诉求，以致一旦有事，找不到、叫不应、信不过能够依托的可靠力量。保持政治清醒，就不能用公权谋私利，要严肃整治吏治腐败。用人上的不正之风和腐败现象，危害最烈、整治最难，再难也要彻底整治。

保持清正廉洁，靠制度制约权力运行，最根本的是保障人民的主体地位和民主权利，保障党员的主体地位和民主权利。1945 年 7 月，著名民主人士黄炎培应邀访问延安，毛泽东同志同他进行了十几个小时的长谈。在谈及中国历史的发展演变时，黄炎培说："'其兴也浡焉''其亡也忽焉'……一部历史，'政怠宦成'的也有，'人亡政息'的也有，'求荣取辱'的也有，总之没有能跳出这周期率。"他希望找出一条新路，跳出这"历史周期率"的支配。

毛泽东同志告诉他：我们已经找到了新路，我们能够跳出这周期率。这条新路，就是民主。我们的权力是人民给的。人民是国家的主人，国家的一切权力属于人民。党内民主是党的生命。所谓党内民主，就是全体党员平等地、直接或间接地决定和管理党内事务。党内民主的实质，是全体党员在党内当家做主的政治权利和政治制度。党内的一切权力属于全体党员，党的领导机构及其组成人员是受党员的委托和监督行使党内权力的。这种委托与被委托、监督与被监督的关系不容错位与颠倒。公务员是执行公务的人员。公仆是公众的仆人。仆人应谨言慎行，循规蹈矩，不敢有越轨行为。要使仆人忠诚、主人尊贵，不给主人真正的聘任权、辞退权是不行的。

保障党员主体地位和民主权利的是党内民主制度，主要包括党内选举制度、代表大会制度、委员会制度、任期制度、监督制度、党务公开制度等。选举制度是党内民主制度的基础制度，选举权是党员最为基本的民主权利或者说核心权利。选举的实质，是广大党员包括党员代表按照法定程序，将党内权力委托给党的领导机构及其组成人员来行使。党员的信任与选择是进行权力委托的基础。这是党内权力的获得与行使的法理根据。通过直接选举、差额选举体现选举人的意志和增强选举人的选择性、被选举人的竞争性。

监督制度是党内民主制度的重要组成部分，监督就是权力的委托人对权力的受托人的控制，保证后者只能按照前者的意志和利益行使权力。因为，选举是权力使用权的委托，而不是所有权的让渡，权力的所有者依然是选举者。必须科学合理地配置权力，把权力的运行置于有效的监督制约之下，切实防止权力的滥用、公权私用。党务公开制度，要保障党员的知情权。公开是构成党内民主的重要元素，是党员行使民主权利的必备前提。否则，党员难以感受自己的主体地位，难以行使自己的民主权利。党员的主体地位是通过党员民主权利的行使和保障来体现的，没有党员民主权利的切实行使和保障，也就谈不上党员的主体地位。

怎样当好“村官”①

约定俗成的“村官”是指村党支部书记、村委会主任等村级组织负责人，是党员和群众选举或上级按有关规定下派的基层群众的带头人。当好“村官”，要准确把握自己的职责、权力、任务，提高行使职权、完成任务所应具备的思想政治素质和实际工作能力。

根据《中国共产党农村基层组织工作条例》，村级党组织是村级各种组织和各项工作的领导核心，领导和支持村民委员会、村集体经济和共青团、妇代会、民兵等群众组织开展工作。《中华人民共和国村民委员会组织法》规定，村民委员会是村民自我管理、自我教育、自我服务的基层群众性自治组织，实行民主选举、民主决策、民主管理、民主监督。村民委员会办理本村的公共事务和公益事业，调节民间纠纷，协助维护社会治安，向人民政府反映村民的意见、要求和提出建议。

当好“村官”，要以科学发展观为指导，以农民为本，发展现代农业，确保农民增收；健全制度机制，确保基层民主；建设学习型党组织，确保党支部领导核心作用。

一、推进农业现代化

当好“村官”，首要任务是带领农民发展现代农业。2002 年党的十六大提出建设现代农业。2005 年党的十六届五中全会提出建设社会主义新农村的目标任务。2007 年中央 1 号文件提出发展现代农业的思路、措施和目标要求：“发展现代农业，要用现代物质条件装备农业，用现代科学技术改造农业，用现代产业体系提升农业，用现代经营形式推进农业，用现代发展理念引领农业，用培养新型农民发展农业，提高农业水利化、机械化和信息化水平，提高土地产出率、资源利用率和农业劳动生产率，提高农业素质、效益和竞争力。”这“六个用”是发展现代农业的思路措施，“三个提高”则是发展现代农业的目标要求。

2008 年党的十七届三中全会《中共中央关于推进农村改革发展若干重大问题的决定》第一次提出把走中国特色农业现代化道路作为基本方向。中央关于发

① 本文节选自 2010 年 3 月 10 日在内蒙古自治区“村官”培训班讲座讲稿。

展现代农业的一系列论述都强调农业产业化经营。产业化经营是现代农业的基本经营形式。所谓农牧业产业化经营，就是立足于农畜产品增值，适应市场需求，调整产业结构，转变发展方式，推进规模化、标准化生产，通过加工、营销环节使农畜产品增值，龙头企业与农牧民建立紧密型利益联结机制，实现农牧民持续增收的生产经营过程。产业是生产内容，而产业化是生产方式。按照传统分类方法，农业产业包括农、林、牧、副、渔业，而产业化则是一、二、三产业之间的相互衔接、一体化发展。产业化经营的核心是实现农畜产品增值。

推进产业化经营，要着力培育和完善龙头企业、产业化基地和农牧民专业合作组织三个要素。培育龙头企业，联结工业、服务业与传统农牧业，推动工业农牧业和服务业相结合，龙头企业带动农牧户、成为利益共同体，让农牧民在家门口变成产业工人。加快建立覆盖城乡的服务业发展网络，拓展农村牧区市场、拉动农村牧区消费，为农牧民生产生活提供社会化服务，推动城乡一、二、三产业融合发展；大力发展农牧民专业合作组织，使农牧民联合起来进入市场，提高农牧民讨价还价能力，促进土地承包经营权流转，形成规模优势，逐步达到自己搞加工、搞流通，让农牧民分享加工和流通环节的利润。

二、推进决策制度化

当好“村官”，要坚持村级决策制度化。在学习实践科学发展观活动中，中央要求推广的“四议两公开”制度，就是党的领导与村民自治的有机统一的好形式。去年，胡锦涛同志对河南推行“四议两公开”工作作出重要批示强调，要在总结各地实践经验的基础上，进一步完善符合中国国情的农村基层治理机制。所谓“四议两公开”制度是指所有村级重大事项的决策由村党支部在广泛征求党员和村民意见的基础上提议，再由村“两委”联席会议商议、党员大会审议、村民代表会或村民大会决议，决议和实施结果都要向全体村民公开。

“四议两公开”制度发挥了党支部的领导核心作用，把所有村级重大事项都置于村党支部的领导下，要求村党支部把中央精神、上级要求和本村实际紧密结合起来，认真研究谋划村里发展的重大问题，着重解决关系群众切身利益的实际问题。

“四议两公开”制度促进了村“两委”的团结合作，确立了村“两委”联席会议制度，对村级重大事项，根据村党支部的初步意见，组织“两委”班子成员充分讨论、发表意见，使村“两委”责任更加清晰、分工更加明确，真正成为农民群众信赖的坚强领导集体。

“四议两公开”制度保障了党员的民主权利，村“两委”商定的重大事项提交党员大会讨论审议，使党的民主集中制在村党支部里有程序保证，党支部的工作得到民主监督，进而使党员在党组织中的主体地位得到充分体现，党员的民主权利得到保障。

“四议两公开”制度保证了村民当家做主，对党员大会审议通过的事项，依照有关法律法规规定，在村党支部领导下，由村委会主持，召集村民代表会或村民大会进行讨论表决，使与群众切身利益密切相关的重大村务，从事前、事中到事后实现全程阳光操作，从而保证基层群众的民主权利，维护农村社会和谐稳定。

实行“四议两公开”制度，可以使村民的意愿和利益诉求得到充分理性的表达，自己的事情自己议、自己定、自己干、自己管，减少干群矛盾，从体制机制上保证重大事项提议时倾听群众呼声、决议时尊重群众意见、实施时接受群众监督，实现群众的事情由群众说了算。

三、推进党组织学习化

当好“村官”，要着力建设学习型党组织。胡锦涛同志强调：“建设马克思主义学习型政党的战略任务必须落实到基层，每一个党组织都要认真履行组织党员学习的职责。要紧紧围绕服务中心任务，创新学习方法，丰富学习内容，完善学习制度，使各级党组织成为学习型党组织、各级领导班子成为学习型领导班子。”“要引导广大党员树立重视学习、坚持学习、终身学习的观念，自觉做到学以立德、学以增智、学以创业。要把组织学习同推动工作结合起来，引导党员带着问题学习、围绕工作钻研，使工作过程成为努力学习、增长才干的过程。要提高学习实效，开展丰富多彩、富有成效的活动，在激发学习动力、提高学习质量、增强学习实效上狠下功夫，坚决避免形式主义、一阵风、一刀切。”2010年初，中央专门下发了《关于推进学习型党组织建设的意见》。

怎样推进党组织学习化？

推进党组织学习化，要把学习作为党员干部的重要标志、组织建设的主要特征、组织活动的重要内容、提高战斗力的重要途径，坚持理论联系实际，以用为导向，干什么学什么，带着问题学习，把学习成效转化为解决问题的实际能力，形成学以致用、用以促学、学用相长的良性循环。

推进党组织学习化，要改进学风，不是为学习而学习，而要学有所得，学以致用，大兴密切联系群众之风、求真务实之风、艰苦奋斗之风、批评和自我批评之风。要把制度建设放在重要位置，建立健全集体学习、个人自学、调查研究、岗位培训、主题教育、学习考核、成果转化等，推动学习的科学化、制度化、规范化，确保学习全员化、常态化、长远化。

推进党组织学习化，要坚持以问题为中心的学习，学习是为了解决问题，学习是从找问题、列出问题清单开始，围绕问题进行研究，用研究带动学习，用学习推动创新，通过创新解决问题。学习方式上要坚持研讨式、互动式、共享式，从简单灌输式的被动学习逐步过渡到探讨、互动式的能力型学习。

推进党组织学习化，要结合充分发挥基层党组织推动发展、服务群众、凝聚人心、促进和谐的作用，立足于为农民的需求提供服务，满足农民的生产生活需求，转变观念、转变作风、转变工作方式，从单纯执行上级任务的“管理型党支部”转变为满足群众需求的“服务型党支部”，做到“群众动嘴、干部跑腿”，确保群众小事不出村、大事不出镇、难事不出区，让群众真切地感受到党组织的温暖，使党心与民心更密切地连在一起。

论学习实践活动成效及长效机制建设[①]

——以呼和浩特、包头、鄂尔多斯三市为例

按照党的十七大的部署在全党开展的深入学习实践科学发展观活动，是对深入学习贯彻科学发展观的一个大推动。从呼和浩特、包头、鄂尔多斯三个市看，学习实践科学发展观活动取得了显著成效、积累了宝贵经验，为建立学习实践科学发展观长效机制奠定了基础。

呼和浩特、包头、鄂尔多斯三市的各级党组织和广大党员把这次学习实践活动作为提高执政能力的政治任务、推动本地区本单位科学发展的重大机遇，按照“坚持解放思想，突出实践特色，贯彻群众路线，正面教育为主”的原则，扎扎实实地完成各阶段的任务，达到了预期目的。呼和浩特市加强三级政务服务网络建设、提高行政审批工作效能的做法受到中央领导的肯定，包头市雷锋车队志愿者协会的先进事迹、十万党员群众“海选”人民群众满意的共产党员的做法受到中央领导的重要批示称赞，鄂尔多斯市被中央财经领导小组办公室、中央学习实践科学发展观活动领导小组办公室作为“全国学习实践科学发展观典型地区和单位”之一，对其典型经验加以调研总结，在全国宣传。

---

① 本文来自2010年3月30日《内蒙古日报》，在4月12日《人民日报》摘要发表。

一、主要成效及经验

第一，党员干部普遍受到一次深刻教育。从各级领导干部到普通党员，对什么是科学发展观、为什么要深入贯彻落实科学发展观、怎样结合本地区本部门实际贯彻落实科学发展观等重要问题有了比较明确的认识，增强了深入贯彻落实科学发展观的自觉性和坚定性。科学发展观正在转化为指导改革发展的科学理念、推动科学发展的坚定意志、谋划科学发展的正确思路、促进又好又快发展的政策措施，正在转化为各级领导干部领导本地区本部门科学发展的实际能力。呼和浩特市提出加快推进“一核（核心区）双圈（城镇圈、经济圈）一体化”进程，加快打造一流首府城市、建设一流首府经济，切实提升首府服务全区发展的能力和水平的发展思路。包头市将“科学发展、富民强市”战略确定为实践载体，提出创业富民、创新强市，全民创业、全面创新，富民优先、民生为重的思路。结合本地区本部门实际，完善科学发展思路，这是党员干部受教育的集中体现。

第二，科学发展提高到一个新水平。实现科学发展，关键是要采取科学发展方式，加快经济发展方式转变。通过学习实践活动，广大党员特别是各级领导干部增强了转变经济发展方式刻不容缓的紧迫感，提高了把加快经济发展方式转变作为深入贯彻落实科学发展观的战略举措的自觉性，推动经济增长方式由粗放型向集约型转变、由片面追求经济增长向全面协调可持续发展转变，形成了加快推进经济结构调整，包括需求结构、供给结构、要素投入结构和国民收入分配结构调整，加快推进城乡、区域经济结构调整，通过结构调整推动经济发展方式转变的良好态势。鄂尔多斯市提出的“结构转型、创新强市”“城乡统筹、集约发展”新战略，很好地体现了加快发展方式转变、调整经济结构的战略举措。

第三，人民群众进一步得实惠。通过学习实践活动，各地区各部门更加注重保障和改善民生，围绕保障和改善民生来谋划发展，把保障和改善民生作为发展的根本目的，作为最大的政绩，坚持富民与强市并重，强化富民指标，像抓强市指标那样抓富民指标的氛围正在形成。呼和浩特市开展“转作风、办实事、解民忧、促发展”主题实践活动，市各大班子领导带头，旗县区、委办局各级领导干部6000多人次深入基层，帮助基层和群众解决生产生活中的实际问题5000多个，为民办实事好事3万多件。包头市把“保增长、惠民生，下基层、促落实”活动贯穿始终，35名市领导带头，5000多名干部、600多个市直部门和县直单位与1700个基层党组织主动对接，帮助解决生产生活中的实际问题8387个，为基层办实事好事6320件。鄂尔多斯市开展千名党员领导干部“下基层、保增长、惠民生”主题实践活动，解决“六个一批”（一批生产经营难题、一批就业岗位、一批沼气入户、一批信访案件、一批安置进城农牧民的经济适用房和廉租房、推出一批先进典型），推进“六个全覆盖”（基本医疗保障全覆盖、养老保险全覆盖、食品安全全覆盖、职业技能培训全覆盖、电视机入户全覆盖、进城农牧民社保全覆盖），为基层和群众办实事好事5300多件。三个市想群众之所想、急群众之所急、办群众之所需，让广大群众感受到学习实践活动带来的新变化、新气象，进一步密切了党和群的血肉联系。

总之，三个市的学习实践科学发展观活动，实践载体鲜明、市委领导有力，坚持分类指导、各项措施得当，基层工作扎实、批次衔接联动，注重联系实际、解决突出问题，从而使广大党员和群众很满意。呼和浩特市群众满意率为98.8%，包头市群众满意率为98.6%，鄂尔多斯市群众满意率为99.7%，达到了中央提出的“党员干部受教育、科学发展上水平、人民群众得实惠”的总要求和“提高思想认识、解决突出问题、创新体制机制、促进科学发展、加强基层组织”的目标。

这次学习实践活动有很多经验值得认真总结，概括其要者有三点：一是学习实践科学发展观，必须在学习上下功夫，对科学发展观要有坚定的信仰、执着的追求，真心诚意地学，如饥似渴地学，真正弄懂弄通其科学内涵、精神实质和根本要求；二是学习实践科学发展观，必须在结合上花力气，紧密联系本地区本部门实际，用科学发展观审视、分析、谋划，敢于攻坚克难，善于创新创造，长于统筹兼顾；三是学习实践科学发展观，必须在实践上见成效，把科学发展的理念、思路、措施和制度落到实处，实现两手抓、两不误、两促进，让老百姓共享发展成果，用实践检验学习科学发展观的成效。

二、着力构建长效机制

科学发展观是中国特色社会主义伟大事业的重要指导思想，学习贯彻科学发展观是长期的任务。应按照胡锦涛同志“巩固学习成果，自觉投身实践，构建长效机制”的重要指示精神，把这次学习实践活动的有效做法制度化、成功经验长效化，着力加强长效机制建设，巩固和扩大学习实践活动的成果。

第一，建立和完善学习型党组织学习机制。2002年党的十六大提出要“形成全民学习、终身学习的学习型社会”，2004年党的十六届四中全会和2007年党的十七大都提出“建设学习型政党”，2009年党的十七届四中全会进一步提出“建设马克思主义学习型政党”“建设学习型党组织，……使各级党组织成为学习型党组织、各级领导班子成为学习型领导班子”，2010年初中央专门下发了《关于推进学习型党组织建设的意见》。从要求形成学习型社会到建设学习型政党，再到建设学习型党组织，反映了我们党在新的时代条件下对学习的认识深度和重视程度。建设学习型党组织是建设马克思主义学习型政党的基础。形成全民学习、终身学习的学习型社会，首先各级党组织要成为学习型党组织。应建立和完善学习型党组织学习制度，实行党员学习的科学化、制度化、规范化，确保学习全员化、常态化、长远化。

第二，建立和完善改进干部作风机制。干部作风是党风的直接反映，是干部思想政治素养的外在表现。在学习实践活动中，鄂尔多斯市准格尔旗暖水乡实行乡干部“工作到村、服务到户、温暖到心”的“三到服务”制度，除了少数值班人员以外所有干部包村，一律驻村工作，签订驻村工作责任状，坐农家炕、吃农家饭、听农家言、记农家事、解农家忧，全程代办群众委托的事，以干部的热心温暖群众的心。基层单位坚持工作重心下移、加强一线服务的做法，很好地体现了科学发展观，具有鲜明的时代特征，具有方向性、先导性、趋势性、示范性意义，值得总结推广，建立和完善改进干部作风的长效机制。

第三，建立和完善基层民主建设机制。呼和浩特市新城区作出建立村民监督委员会的《规定》，明确了村民监督委员会的产生办法、职责、权限、纪律、制度、规则以及监委会与党支部、村委会的关系，先搞试点的基础上在所属 26 个行政村全部建立了村民监督委员会。新城区在全区第一个探索建立村民监督委员会，不仅在村委会建设和村委会选举过程中发挥了积极的监督作用，而且为全区发展基层民主、加强嘎查村民主监督提供了有益的经验。应总结推广新城区的做法，完善基层群众自我管理、自我服务、自我教育、自我监督，健全基层党组织领导的充满活力的基层群众自治机制。

第四，建立和完善领导干部走进矛盾、破解难题机制。衡量学习实践活动是否取得实效，群众是否满意，归根结底看整改。党员和群众担心学习实践科学发展观活动结束以后，在学习实践活动中查找出来的尚未解决的那些影响和制约科学发展的突出问题、党性党风党纪方面群众反映强烈的突出问题，有可能会不了了之。不论是解决这些突出问题，还是解决社会发展进程中的其他问题，都需要领导干部走进矛盾、破解难题。从一定意义上讲，走进矛盾、破解难题是领导干部的主要职责。然而，领导干部走进矛盾、破解难题，光靠觉悟或一般要求还不够，必须建立和完善各级领导干部走进矛盾、破解难题的长效机制。

第五，建立和完善基层党组织建设机制。党的基层组织是党执政的组织基础。充分发挥基层党组织推动发展、服务群众、凝聚人心、促进和谐的作用，就必须优化组织设置，扩大组织覆盖，创新活动方式，构建城乡统筹的基层党建新格局。包头市青山区按照“共驻共建、资源共享、优势互补、共同发展”的思路，顺应基层党建工作区域化新趋势，在街道成立区域党工委，统筹协调和指导街道辖区内所有单位和组织的区域化党建工作，灵活设立各种建制性、非建制性专门党支部或产业党支部，较好地发挥了基层党组织的作用。青山区创新党组织设置、推进党建区域化的思路和措施富有新意，符合十七届四中全会精神，值得总结推广，建立和完善适应科学发展要求的基层党组织建设新机制。

谈学习型党组织建设①

从学习到学习型，一字之差，意味着内涵的深刻变化；从一般组织到学习型组织，类型不同，意味着学习理念、学习方式的重大创新。“学习型组织”这一概念是1965年美国哈佛大学佛睿思特教授在《企业的新设计》一文中首先提出来的。1990年，美国学者彼得·圣吉写了《第五项修炼——学习型组织的艺术与实务》，这是众多关于学习型组织论著中影响较大的一本书。所谓学习型组织，用彼得·圣吉的话说，就是“不断创新、进步的组织，在其中，大家得以不断突破自己的能力上限，创造真心向往的结果，培养全新、前瞻而开阔的思考方式，全力实现共同的抱负，以及不断一起学习如何共同学习”的组织。

一、学习型党组织的提出

在我国，最早提出“学习型”的是江泽民同志。2001年5月15日，江泽民同志在亚太经合组织人力资源能力建设高峰会议上提出了五点主张，其中第二点是“构筑终身教育体系，创建学习型社会”。2002年党的十六大作为全面建设小康社会奋斗目标的内容，提出了“形成全民学习、终身学习的学习型社会，促进人的全面发展。”2004年党的十六届四中全会第一次提出“建设学习型政党”。2007年党的十七大作为优先发展教育、建设人力资源强国的内容，提出了“发展远程教育和继续教育，建设全民学习、终身学习的学习型社会”，作为党的建设的内容提出了“建设学习型政党”的概念。

2009年党的十七届四中全会作为加强和改进新形势下党的建设的第一位重要任务，第一次用“建设马克思主义学习型政党，提高全党思想政治水平”的表述，并提出“建设学习型党组织。在全党营造崇尚学习的浓厚氛围，积极向书本学习、向实践学习、向群众学习，优化知识结构，提高综合素质，增强创新能力，使各级党组织成为学习型党组织、各级领导班子成为学习型领导班子”。

① 本文来自2010年5月22日讲座讲稿。

2010 年初中央下发了《关于推进学习型党组织建设的意见》。

从创建学习型社会到建设学习型政党，再到建设马克思主义学习型政党、学习型党组织、学习型领导班子，反映了我们党在新的时代条件下对学习的认识深度和重视程度，揭示了建设学习型政党、学习型领导班子、学习型党组织与建设学习型组织、学习型社会的内在联系。建设学习型党组织是建设马克思主义学习型政党的基础。形成全民学习、终身学习的学习型社会，首先各级领导班子和各级党组织要成为学习型领导班子、学习型党组织。从 20 世纪 90 年代末起，我国一些地方开始建设学习型机关、学习型企业、学习型社区乃至学习型城市，取得了初步成效。党的十七届四中全会以后，学习型党组织建设活动正在更广的范围展开。

创建学习型政党这一提法是中国共产党人的创造。党的十七届四中全会提出建设马克思主义学习型政党，这是一项重大而紧迫的战略任务，具有重大的战略意义和现实意义。只有率先把执政党建设成为学习型政党，才能带动建设全民学习、终身学习的学习型社会；只有党员特别是领导干部成为学习型党员、学习型干部，才能带动群众广泛深入的学习。

学习的重要性不言而喻。21 世纪全面进入信息社会与知识经济时代，时代的发展使学习显得前所未有的重要和紧迫。科技的飞速发展带来世界的巨大变化，知识老化的速度大大加快。最近 30 年产生的知识总量等于过去 2000 年知识量的总和；到 2003 年，知识总量比 2001 年增加 1 倍；到 2020 年，知识总量是 2001 年的 3～4 倍；到 2050 年，目前的知识量只占届时知识总量的 1%。据专家分析：农业经济时代只要 7～14 岁接受教育，就足以应付往后 40 年工作生涯之所需；工业经济时代，求学时间延伸为 5～22 岁；在知识经济时代，每个人一辈子的工作生涯中，必须随时接受最新的教育，人人都必须持续不断增强学习能力，才能获得成功。面对不断发展变化的国内外形势，面对知识日新月异的当今时代，我们只有不断学习、勤于学习、善于学习，才能始终走在时代前列，才能不断提高领导水平和执政水平，真正担负起领导人民在中国特色社会主义道路上实现中华民族伟大复兴的历史使命。正因为如此，党的十七届四中全会鲜明提出建设马克思主义学习型政党的战略任务。

二、学习型党组织建设

（一）把握建设学习型党组织的总体要求

按照党的十七届四中全会提出的科学理论武装、具有世界眼光、善于把握规律、富有创新精神的要求，以提高全党思想政治水平为基本目标，深入学习马克思主义理论，学习党的路线方针政策和国家法律法规，学习党的历史，学习现代化建设所需要的各方面知识，不断在武装头脑、指导实践、推动工作上取得新成效。

（二）遵循建设学习型党组织的主要原则

坚持解放思想、实事求是、与时俱进，用发展着的马克思主义指导新的实践；坚持理论联系实际的马克思主义学风，切实推动实际问题的解决；坚持领导干部作表率，调动广大党员的积极性主动性；坚持改革创新，鼓励大胆探索。

（三）要把解决问题作为根本目的

习近平同志将当前党员干部学习中存在的问题概括为“五个不”：有些党员干部不思进取、碌碌无为，不愿学；有些党员干部热衷应酬、忙于事务，不勤学；有些党员干部装点门面、走走形式，不真学；有些党员干部心浮气躁、浅尝辄止，不深学；有些党员干部食而不化、学用脱节，不善学。把各级党组织建设成为学习型党组织，把各级领导班子建设成为学习型领导班子，就要从解决我们学风不正的问题开始做起。

（四）要把提高思想政治素养作为基本要求

党员干部的思想政治素养决定着党的领导水平和执政能力。提高党员干部的思想政治素养，是推进学习型党组织建设的基本要求。伴随着世情国情党情深刻变化，我们党面临长期执政的考验、改革开放的考验、市场经济的考验、外部环境的考验，这对党员干部的思想政治素养提出了新的要求。提高党员干部思想政治素养，加强理论学习是基础。党的先进性首先表现为理论上的先进性，只有思想理论上先进才能保持和发展党的先进性。要践行社会主义核心价值体系，牢固树立正确的世界观、人生观、价值观和权力观、地位观、利益观，增强党的意识、宗旨意识、执政意识、大局意识、责任意识，做到为党分忧、为国尽责、为民奉献。

（五）要把提高综合能力作为不懈追求

学习的目标是提升能力。首先要提升学习力。所谓学习力是指一个人或一个企业、一个组织学习的动力、毅力和能力的综合体现，学习力是学习型组织的根基。通过学习，优化知识结构，提升综合素质，提高深入贯彻落实科学发展观的能力，提高解决实际问题的能力。要把学习型党组织建设与促进改革发展稳定紧密结合起来，在推动本地区本部门本单位的工作上下功夫，在推动本地区本部门本单位党的建设上下功夫，在提高党员干部思想政治素养上下功夫，在提高党员干部综合能力上下功夫，形成学以致用、用以促学、学用相长的良性循环。

（六）要把改进工作作风作为着力点

作风是思想政治素养的外在表现，境界高才能作风正。通过学习，大兴密切联系群众之风、求真务实之风、艰苦奋斗之风、批评和自我批评之风，倡导优良文风，以党风促政风带民风。

（七）要把制度化机制化作为根本保障

衡量一个党组织是不是学习型党组织，很重要的一点是看有没有一套符合实际、行之有效的学习制度。世情国情党情的深刻变化，要求党的活动方式、自身管理模式和发展模式发生相应变化，形成科学长效的活动载体、管理体制和发展机制。推进学习型党组织建设的关键，是要建立健全一整套有效管用的制度和激励约束机制。要进一步明确学习教育的时间、内容、目标、责任以及相关的考勤、交流、通报等要求，推进党员干部学习教育的科学化、制度化、规范化；建立健全集体学习、培训、调研、轮训、自学等制度，制订学习计划和目标，激发自学的内在动力；建立健全主题教育制度；建立健全学习考核制度，形成注重学习的用人导向；建立健全学习成果转化制度。

谈“两新”组织党组织的创先争优①

“两新”组织的党组织是党的基层组织的重要组成部分，“两新”组织党组织的创先争优活动是全党创先争优活动的重要组成部分。“两新”组织的党组织承担着把科学发展观贯彻落实到两新组织发展的重要责任，紧密联系两新组织党组织和党员岗位实际，把中央和内蒙古自治区党委关于开展创先争优活动的精神具体化，是两新组织党组织的创先争优活动取得实效的关键。

一、两新组织及其地位作用

新经济组织是与国有经济和集体经济组织相对而言的经济组织，它是特指社

① 本文来自2010年7月24日在内蒙古自治区“两新”组织党建工作会议上的讲座讲稿。

会主义市场经济条件下新建立的，在所有制性质、产权结构、运作模式等方面与国有企业和集体企业不同的经济组织。新社会组织则是与工会、共青团、妇联、科协、工商联、文联、侨联、台联八大群众团体相对而言的社会组织，它主要是指八大群众团体以外，以公民或团体身份自愿结成的民间性组织。

两新组织这一概念主要是从组织的活动性质来划分的。新经济组织是直接从事经济活动、直接创造社会财富的组织。新社会组织是直接以人为工作对象，主要从事社会活动的组织。新经济组织主要包括非公有制经济企业法人单位和个体工商户，涉及民营科技企业、外商投资企业、个人独资企业、合伙企业、公司制企业以及其他类型的私营企业等。新社会组织主要包括各种协会、学会等民办社会团体，包括律师事务所、会计师事务所、评估师事务所、婚姻介绍所、人才市场等中介组织，包括民办学校、民办医院等民办非企业法人单位。

“十五”以来，内蒙古自治区非公有制经济增长速度加快，总量不断扩大，发挥着吸纳就业主渠道作用，正在成为一个重要税源。2009 年，内蒙古自治区有非公有制经济单位 79.2 万户，其中，私营企业 9.5 万户，外商及港澳台投资企业 3675 户，个体工商户 69.4 万户；个体私营经济从业人员 234.3 万人。2007 年，非公有制经济增加值 2407 亿元，占 GDP 的比重为 39.5%。2006 年，内蒙古自治区非公有制企业上缴税收 110.7 亿元，占全区税收总额的 18.8%。总之，“两新”组织已经成为经济社会发展的重要力量，已经成为全面建设小康社会的主力军，我们必须不断加强两新组织党组织建设，也必须抓好两新组织党组织的创先争优活动。

二、两新组织党组织的地位作用

胡锦涛同志曾强调：哪里有群众哪里就有党的工作，哪里有党员哪里就有党的组织，哪里有党的组织哪里就有健全的组织生活和坚强的战斗力。在两新组织中建立党组织，开展党的工作，加强党组织建设，是新时期加强和改进党的建设的新课题，是时代对党的建设提出的新任务。

《中央组织部、中央宣传部关于在党的基层组织和党员中深入开展创先争优活动的意见》对两新组织党组织的创先争优活动提出了明确要求：非公有制经济组织和社会组织中的党组织要围绕发挥党组织和党员作用、促进生产经营和各项业务工作设计载体，可通过开展立足岗位比奉献等活动发挥党员作用，贯彻党的路线方针政策，引导和监督非公有制经济组织和社会组织遵守国家法律法规，团结凝聚职工群众，维护各方合法权益，促进健康发展。

党的十七大提出：“充分发挥基层党组织推动发展、服务群众、凝聚人心、促进和谐的作用。”

发挥推动发展作用，就要紧扣发展这个中心，以促进两新组织健康发展为己任，采取参与不干预、协商不命令、引导不强制的办法，强化工作方式上的主导性、渗透性、服务性和灵活性；积极寻找党的路线方针政策与两新组织发展实际的结合点，积极建言献策；在党组织与决策层之间、上级党委与决策层之间、员工与决策层之间建立沟通协商制度，及时解决事关两新组织发展的重大问题和员工普遍关心的热点、难点、疑点问题，促进两新组织在党的方针政策指引下健康发展，使党组织和党建工作成为两新组织发展的导向标和助推器。

在两新组织开展党建工作，必须牢固树立为促进两新组织健康发展服务的思想，将服务贯穿于整个党建工作的始终。我们一定要明确，在两新组织建立党组织、开展党建工作，是服务两新组织而不是管制两新组织，是引导两新组织而不是强制两新组织，是促进两新组织而不是限制两新组织，是改善两新组织的发展环境而不是影响其发展环境，是友善的监督而不是挑刺的监督。

我们的党建工作只有紧紧围绕两新组织健康发展的需要来开展，给两新组织带来实实在在的效益，给党员和员工带来实实在在的利益，给社会带来实实在在的福祉，才有生命力，才能真正实现各方共赢满意。所以，我们要努力做到两新组织党建工作为两新组织真正需要、党员真正欢迎、员工真正拥护、业主真正支持。

三、围绕发挥作用开展创先争优

这次创先争优活动，是基层党组织履职尽责创先进、广大党员立足岗位争优秀，是保持和发挥共产党员先进性的长效机制。作为长效机制，开展创先争优活动必须有鲜明的主题、明确的目标、务实的载体和具体的内容。需要把握的是，无论是确定主题、设计载体，还是拟定先进和优秀的条件，都不能照抄照搬，不能说套话空话，不能只说文件上的话，而一定要从两新组织实际出发，说自己的话、干自己的事，在把中央和内蒙古自治区党委精神的具体化上下功夫。只有结合两新组织健康发展具体化，创先争优活动才能扎实推进，才能取得实效，才能得到员工和业主的认可。

两新组织开展创先争优活动，要紧密结合新经济组织和新社会组织实际，在把中央和内蒙古自治区党委精神的具体化上下功夫，主要是抓好四个具体化，即活动主题具体化、活动目标具体化、活动载体具体化、活动内容具体化。两新组织的先进党组织要努力做到“五好”，即领导班子好、党员队伍好、工作机制好、发展业绩好、群众反映好。两新组织的优秀党员要努力做到五个方面好于一般员工，即思想觉悟高于一般员工、道德品质好于一般员工、业务技能强于一般员工、工作业绩优于一般员工、带动作用胜于一般员工。

两新组织是发展中国特色社会主义的重要力量。两新组织党组织和党员创先争优，要与两新组织自身发展创先争优紧密结合起来，与提高党员和员工素质紧密结合起来，与创建和谐两新组织紧密结合起来，与促进两新组织主动承担社会责任紧密结合起来，推动两新组织强化管理、高效益，既为两新组织健康发展提供动力，又为两新组织沿着正确方向发展提供保证。

创先争优重在具体化[①]

开展创先争优活动是巩固和拓展学习实践活动成果的重要举措，是促进学习实践科学发展观经常化、深入化的必然要求。把科学发展观贯彻落实到基层，是基层党组织的重要责任。紧密联系基层党组织和党员岗位实际，把中央和内蒙古自治区党委关于开展创先争优活动的精神具体化，是创先争优活动取得实效的关键。

一、创先争优的重大意义

2010 年 6 月 30 日，胡锦涛强调，深入开展创建先进基层党组织、争当优秀共产党员活动，是加强党的基层组织建设的一项经常性工作，也是新形势下加强党的先进性建设的有效载体和有力抓手。各级党委都要认真开展这项活动，在广大基层党组织和党员中营造学习先进、争当先进、赶超先进的良好风气。

第一，开展创先争优活动是党的十七大做出的重大部署。党的十七大明确提出要开展两项活动，一个是在全党开展深入学习实践科学发展观活动，一个是在党的基层组织和党员中深入开展创先争优活动。党的十七届四中全会提出普遍开展创先争优活动。开展创先争优活动是落实党的十七大和党的十七届四中全会做出的重大部署。

第二，开展创先争优活动是抓好学习实践活动整改落实的需要。三批学习实践活动整改落实的很多任务需要在基层落实，如果承诺不兑现，将失信于民。开展创先争优活动的一项重要任务，就是要兑现整改落实的承诺。

---

① 本文节选自 2010 年 8 月 26 日在内蒙古自治区创先争优督导组培训会议上的讲座讲稿。

第三，开展创先争优活动是推动科学发展、促进社会和谐的需要。加快经济发展方式转变是深入贯彻落实科学发展观的重要目标和战略举措，开展争先创优活动要组织动员基层党组织和党员在实现这个重要目标中建功立业。

第四，开展创先争优活动是加强基层党组织建设的需要。胡锦涛同志强调："要始终把抓基层打基础摆在更加突出的位置，大力推进基层组织工作创新，统筹抓好各领域各行业基层党组织建设，广泛开展创建先进基层党组织、争做优秀共产党员的创先争优活动，充分发挥基层党组织推动发展、服务群众、凝聚人心、促进和谐的作用。"组织建设是基础，发挥作用是关键，组织建设的成果应在发挥作用中巩固，在创先争优中提升。

第五，开展创先争优活动是进一步调动和激发广大党员积极性、创造性的需要。保护好、引导好广大党员在学习实践活动中的积极性创造性，组织党员在日常工作中发挥先锋模范作用，更好地树立先进形象，开展创先争优活动是行之有效的实践载体和动力机制。

第六，开展创先争优活动是维护边疆稳定的需要。维护社会稳定，要开展创先争优活动，发挥基层党组织和广大党员在排查社会矛盾纠纷专项行动中的作用，把矛盾纠纷解决在基层。

二、创先争优活动的特点

应从创先争优活动与学习实践活动的关系上把握其特点。这两项活动接续进行，既有联系又有区别，是紧密衔接、相互促进的关系。从活动形式看，学习实践活动是集中教育活动，程序、阶段、环节都很明确，而且先搞试点，有一套经验；创先争优活动则是基层党建的经常性工作，不分阶段和环节，但要把集中教育活动的有益经验、成功做法经常化、制度化。

从活动内容看，学习实践活动的主要内容是学习和实践科学发展观，解决突出问题；创先争优活动的主要内容是通过创先争优推动科学发展、服务人民群众，发挥作用是其内容，创先争优是其形式，形式要为内容服务，要以发挥作用为本，通过先进模范作用赢得全体党员满意、广大群众满意。

从活动主题看，学习实践活动的主题是推动科学发展，创先争优活动的主题是深入学习实践科学发展观，两项活动的主题是一致的，要把创先争优活动与完成本地区本单位重点任务紧密结合起来，围绕中心工作谋划创先争优活动，联系基层党组织和党员实际设计活动主题，调动党员参与的积极性，回应群众的关切和期待。

从活动目标看，学习实践活动的目标是提高思想认识、解决突出问题、创新体制机制、促进科学发展，创先争优活动的目标是推动科学发展、促进社会和谐、服务人民群众、加强基层组织。两项活动的目标总体上是一致的，但各有侧重，后者是前者的延伸和拓展。

从活动范围看，学习实践活动是分级分批开展、全体党员参加，创先争优活动是以基层党组织为单位开展，也是全体党员参加，因为上级机关的党员包括各级领导干部都是一个基层组织的成员，两项活动都是全党性活动。

从活动目的看，学习实践活动的目的是党员干部受教育、科学发展上水平、人民群众得实惠，创先争优活动的目的是组织创先进、党员争优秀、科学发展增动力、人民群众得实惠、基层党建上水平。两项活动都要求党员素质得提高、科学发展上水平、人民群众得实惠，目的一致。

总之，学习实践活动重在解决党内不适应不符合科学发展观要求的突出问题；创先争优活动重在推动基层党组织和党员立足本职岗位，在日常工作中学习实践科学发展观，发挥先进模范作用。创先争优活动是基层党组织学习实践科学发展观的长效机制，重在实践，重在发挥作用，就是重在干事，重在解决问题。干好事、干实事、干群众欢迎的事，解决群众切身利益问题、破解发展难题，是创先争优活动取得实效的关键。

三、创先争优重在具体化

这次创先争优活动，是基层党组织履职尽责创先进、广大党员立足岗位争优秀，是充分发挥共产党员先进性的长效机制。创先争优要紧紧围绕中心工作，坚持“干什么创什么、做什么争什么”，把创先争优的着力点放在围绕中心、服务大局上，放在提高素质、建设队伍上，放在改进作风、推动工作上。无论是确定主题、设计载体，还是拟定先进和优秀的条件，都不能照抄照搬，不能说套话空话，不能只说文件上的话，而一定要从自身实际出发，说自己的话、干自己的事，说群众希望说的话、办群众期盼办的事，在把中央和内蒙古自治区党委精神具体化上下功夫。只有与中心工作融为一体，创先争优活动才有生命力；只有结合实际具体化，努力解决实际问题，创先争优活动才能取得实效，才能得到群众的认可。

一是活动主题具体化。所谓活动主题是指围绕解决主要矛盾而确定的中心任务和主要目标的高度概括，反映活动内涵，指引活动方向。创先争优活动在基层开展，在不同地区、不同单位、不同阶段，科学发展面临的中心任务各不相同。因此，争创主题要体现各自的中心任务，要鲜明、实在、具体。确定主题要立足于目标看得见、工作能落实、党员好参加，以正在干的事情为中心，引导基层党组织履职尽责创先进，广大党员立足岗位争优秀。

二是活动目标具体化。所谓活动目标具体化，就是紧密结合本地区本部门本单位实际，将“推动科学发展、促进社会和谐、服务人民群众、加强基层组织、维护边疆稳定”五句话目标加以具体化，每个党支部都要有具体的争创目标。

推动科学发展，就是把内蒙古自治区新一届党委提出的“始终坚持发展是第一要务的思想不动摇，把加快经济发展方式转变作为深入贯彻落实科学发展观的重要目标和战略举措，不断提高经济发展的质量和效益，着力保障和改善民生，真正做到富民与强区并重，让经济发展的成果惠及广大人民群众”的新思路落实到基层，特别是要把富民与强区并重、转变经济发展方式、保障和改善民生这三项目标加以具体化。

促进社会和谐，就是全力推进内蒙古自治区党委提出的社会矛盾化解、社会管理创新、公正廉洁执法三项重点工作目标具体化，巩固内蒙古自治区和谐稳定的社会局面。按照胡春华同志强调的，像抓发展第一要务那样，切实抓好维护稳定工作。

服务人民群众，就是坚持富民与强区并重，保障和改善民生，充分依靠群众，倾听群众呼声，关心群众疾苦，帮助解决农村牧区和社区基础设施薄弱的问题，解决群众上学、就医、住房、就业、行路、饮水、用电等方面的实际困难，改善群众生产生活条件，特别是把六项民生指标、六项安居工程目标加以具体化，使开展创先争优活动过程成为为民解难、为民谋利、为民造福的过程。

加强基层组织，就是抓两头、带中间，优化组织设置，扩大组织覆盖，创新活动方式，大力推进学习型党组织建设，组织广大党员深入学习领会科学发展观，学习新知识新技能，不断提高思想政治素质和业务本领，建设高素质基层党组织带头人队伍，通过党组织建设带动其他各类基层组织建设，不能把创先争优搞成党内自我循环，而是把党内的创先争优和单位的创先争优融为一体。

维护边疆稳定，就是牢固树立马克思主义祖国观、民族观、宗教观和“两个共同”“三个离不开”思想，维护和巩固民族团结、边疆安宁的良好局面。

这“五句话”目标是一个有机整体。推动科学发展、促进社会和谐，是创先争优活动的着力点；服务人民群众，是创先争优活动的落脚点；加强基层组织、维护边疆稳定，既是创先争优活动的重要目标，也是搞好活动的基础和保证。

三是活动载体具体化。所谓活动载体是指体现和承载活动主题、有利于党组织履职尽责创先进、有利于党员立足岗位争优秀、有利于活动取得实效的关键举措和制度机制等。基层党组织应根据本地区本单位的实际情况和党员的岗位特点，精心设计特色鲜明、务实管用的活动载体，找准开展活动的着力点。活动载体的设计应体现广大群众对党组织和党员发挥作用的迫切希望，把创先争优和日常工作融为一体。

四是活动内容具体化。创先争优活动的内容就是创建先进基层党组织、争当优秀共产党员。先进基层党组织要做到领导班子好、党员队伍好、工作机制好、工作业绩好、群众反映好。这“五个好”中班子好是关键，队伍好是基础，机制好是动力，业绩好是核心，反映好是尺度。必须在创造业绩上着力、在创造业绩上具体化。因为只有业绩能说明班子、队伍、机制好不好；党组织的业绩好，群众反映才能好。

优秀共产党员要做到带头学习提高、带头争创佳绩、带头服务群众、带头遵纪守法、带头弘扬正气。这“五带头”中学习是前提，佳绩是表现，服务是核心，法纪是底线，正气是风范。必须在服务上着力、在服务上具体化。因为，为群众服务得好才能创佳绩，佳绩体现在服务上；带头学习是为了带头服务，法纪和正气是带头服务的条件。这“五个好”“五带头”的基本要求是对全国的普遍要求，应结合本地区本部门本单位实际，进一步明确先进基层党组织、优秀共产党员的具体条件，做到简洁可行、好记好评。

五是活动承诺具体化。公开承诺，是开展创先争优活动的一个重要方式和“规定动作”，是创先争优的关键环节和有力抓手，是激发党组织和党员内在动力的有效机制，是确保全员参与的重要保障和加强党性锻炼、接受监督的有效途径，因而也是活动本身的一大特点。

党组织的承诺要紧密结合本地区本部门本单位的职能职责，突出改革发展中心工作，成为推进业务工作的重要契机；党员承诺要紧密结合岗位实际，提出切实可行的争创目标和落实措施。公开承诺的形式要务实、新颖。

公开承诺要实实在在，不能泛泛而谈，正在干什么就承诺什么，群众反映什么问题就承诺办什么实事，务必做到目标、措施、时限“三具体”。承诺内容要具有先进性、可操作、可核查。党组织要写承诺书，每个党员都要结合自己的岗位实际，认真撰写承诺书。

在开展创先争优活动的方式步骤上，要抓好组织动员、公开承诺、践行承诺、领导点评、群众评议、评选表彰六个环节。

总之，先进和优秀是中国共产党和党员的特征和追求。党组织创先就是要带领党员、群众在本单位工作中创造一流成果，争当先进单位。党员争优就是要在自己的岗位上创造优秀业绩，争当先进个人。要以党组织和党员的创先争优带动单位和群众的创先争优，在全社会营造争先进、创优秀的良好氛围。

论党员的承诺践诺①

党员公开承诺是充分调动党员创先争优积极性的好办法。公开承诺只有立足本职岗位、发挥自身优势、回应群众关切，才有针对性，才能见实效，才能成为推动工作、促使党员个人进步的动力。从一定意义上讲，整个创先争优活动就是党组织和党员搞公开承诺、兑现承诺的过程。创先争优活动能不能取得实效，取决于党组织和党员的承诺质量、兑现程度。承诺质量高，全面兑现承诺，就是先进，就是优秀。否则，就要打折扣。所以，看一个基层党组织、一个党员创先争优搞得好不好，主要看他的承诺质量高不高，践诺实不实。

就承诺和践诺的关系来讲，承诺是重要前提，没有承诺就无所谓践诺；有了承诺，践诺是关键，承诺再好，如果不加以兑现就没有任何意义。承诺和践诺是相互依存、相互影响、相辅相成的两个方面，缺一不可。那么，什么是高质量的承诺，怎样搞好承诺?

第一，承诺要有先进性。创先争优的承诺是创建先进党组织、争当优秀党员的承诺，承诺要有先进性，要体现“五个好”“五带头”的目标要求，要有利于发挥基层党组织推动发展、服务群众、凝聚人心、促进和谐的作用，要付出很大努力才能实现的承诺。

第二，承诺要有可行性。公开承诺是履职尽责创先进、立足岗位争优秀的承诺，要从本地区本部门本单位和党员岗位实际出发，紧紧围绕实现发展目标和年度计划、完成中心任务、回应群众关切兴办实事好事做出承诺，不能说不切实际、不能兑现的大话。

第三，承诺要有操作性。做出承诺是为了兑现承诺。所以，承诺必须是日常工作、岗位职责中的一件件具体事项，是解决群众生产生活中的实际困难、回应群众普遍期待的一件件实事好事，不能说看不见、摸不着的空话。

第四，承诺要有考量性。所谓高质量、能兑现的承诺是可以用尺度衡量的承诺，是好操作、能量化的承诺，是党员好参加、群众好评价、组织好考察的承诺，不能说不好考量、不易测度的套话。

从理论上讲，高质量的公开承诺应具有以上四个方面的特点。这些特点在基层党组织和党员的具体承诺中如何体现，我们必须从不同领域、不同行业党组织

① 本文为2010年9月17日在鄂尔多斯市党建工作会上的讲话提纲。

和党员的实际出发。

总之，公开承诺要实实在在，不能泛泛而谈；要具体化，不能说套话空话；干什么工作就承诺什么，群众期盼什么就承诺什么，务必做到目标、措施、时限“三具体”。

公开承诺是新形势下加强党的先进性建设的有效载体和有力抓手，是推进中心任务和业务工作的重要契机，是激发党组织和党员内在动力的有效机制，是确保全员参与的重要保障和加强党性锻炼、接受监督的有效途径，因而也是创先争优活动本身的一大特点。

加强党的建设是为了发挥党组织和党员的作用，党组织和党员发挥作用就要落实到行动上，而行动是具体的，为了行动而做出的公开承诺也必须具体。只有具体才能深入，只有具体才能取得实效。各级党委、各级领导抓创先争优活动，应把功夫下在帮助基层党组织和党员提高承诺质量上，把功夫下在指导基层党组织和党员一步一步践行承诺上。

在学习实践科学发展观活动中，鄂尔多斯市成为全国五个典型单位之一。我们相信，在创先争优活动中同样会形成一个学习先进、争当先进、赶超先进的良好风气，必将涌现出很多全国、内蒙古自治区的先进典型，让我们共同努力。

领导点评是重要方式[①]

领导点评是扎实推进创先争优活动的重要方式之一。所谓领导点评是指上级党组织负责人将基层党组织履行职责、党组织和党员兑现承诺及发挥作用情况作为主要内容，实事求是地肯定开展创先争优活动的成绩，指出存在的问题，提出努力的方向的点评。

开展创先争优活动，必须把中央的总体要求同本地区、本单位的中心工作紧密结合起来，确定各自特色鲜明的活动主题，提出切实可行的活动目标，设计务实管用的活动载体，明确先进党组织、优秀共产党员的具体条件。这是基层党组织履职尽责创先进、广大党员立足岗位争优秀的前提和关键。在基层的不同地区、不同单位、不同阶段，科学发展面临的中心任务各不相同，如果不能将中央的精神具体化、基层化，就容易造成创先争优活动与中心工作“两张皮”，不能推动科学发展。

---

① 本文来自2010年12月28日《内蒙古日报》。

从创先争优活动开展以来的情况看，有不少基层党组织善于把中央的要求同自身实际相结合，具体化的能力比较强，创先争优活动的主题、目标、载体和内容都很贴切地体现了业务工作、生产经营和党员特点，活动搞得红红火火。同时，也有一些地区和单位，创先争优活动启动仓促，对怎样搞创先争优活动还不清楚，习惯于上面怎么讲我怎么说、文件上怎么写我怎么抄，不会具体化。现阶段，基层单位、基层党组织存在这样的现象和问题是难以避免的，也是可以体谅的。但从深入贯彻落实科学发展观的要求考虑，从开展创先争优活动的实效考虑，这些问题需要加以解决。当前，强化其他措施以外，加强领导点评是解决这些问题的重要方式。

2010 年 6 月下旬，我们到包头市九原区阿嘎如泰苏木，指导该苏木的创先争优活动，帮助他们完善了开展创先争优活动的主题、目标、载体和内容。

阿嘎如泰苏木在包头市西北角，离市区 20 多公里，跨高速公路而居，苏木面积 327 平方公里，其中草场面积 253 平方公里；人口 2030 人，其中农牧民 1630 人；有 3 个牧业嘎查、1 个农业村。牧区 38 万亩草场已经全面禁牧，正在建设牧民集中聚居区和牲畜舍饲圈养区。与牧民新村相配套的旅游业项目已有企业在开发。农业温棚种植已经见效，一块面积为 6 分的温棚投入 8 万元，年收入 2 万多元。全村耕地 2000 亩，农民人均 3 亩地。

阿嘎如泰苏木开展创先争优活动的原主题是“发展现代农牧业，培养新型农牧民，建设新农村新牧区”。这个主题能够涵盖该苏木的中心工作，但“帽子”太大，没有体现该苏木的特点，看不出是阿嘎如泰苏木创先争优的主题。我们与阿嘎如泰苏木领导共同讨论改为“争当加快建设城郊型新阿嘎如泰的先锋”。阿嘎如泰苏木的产业发展、新村建设等都依托了紧靠大城市的优势，属于城郊型发展模式。

我们去之前，阿嘎如泰苏木没有提出活动目标，我们共同讨论把活动目标确定为“农牧业设施化，农牧民技能化，新阿嘎如泰社区化，党的建设区域化”。因为，他们提出的活动载体里已有培训农牧民、建立非建制党支部的措施，就用目标性文字体现在“四个化”的活动目标中。

原活动载体有六条：①推行“四议两公开一监督”工作法。②开展产业建设年活动。围绕农牧民就业、增收、住房和社会保障布局产业发展。③打造多功能村级活动场所。具有远程教育、群众文化娱乐、群众健身、党务村务公开、廉政宣传等功能。④设立阿嘎如泰苏木便民中心，开展便民活动。⑤开展全民订单式培训活动。⑥开展统筹城乡党建建设年活动。在现有四个嘎查村党支部基础上建立两个非建制党支部：一个是在万只种羊基地产业链上建立养殖协会党支部，由分管该项目的苏木达助理任党支部书记，各嘎查党支部书记、养殖企业负责人任委员。另一个是在柏树沟嘎查建立村企联合党支部，由柏树沟嘎查党支部书记任书记，黄金公司党委副书记和稀土厂、矿泉水厂、养殖企业经理任委员。这六条中涉及推动发展、改善民生的三条，涉及基层党建的三条。我们共同讨论把载体概括为“在推进农牧业设施化、旅游产业化中比先进，在掌握劳动技能中比先进，在促进农牧民增收中比先进，在化解矛盾、为民解难中比先进，在党建制度化中比先进”。提出这“五个比”的载体，就是要在实现“四个化”目标中充分发挥阿嘎如泰苏木党组织和党员的先进模范作用。

我们去之前，阿嘎如泰苏木也没有提出活动内容，即先进党支部、优秀党员的具体条件。我们共同讨论，将中央的“五个好”“五带头”具体化为阿嘎如泰苏木创先争优的条件，即先进党支部要做到：一是班子学习好、团结好，带领群众发展设施农牧业和旅游业效益好。二是党员素质优、技能强，帮助群众发展设施农牧业和旅游业效益好。三是规范实行“四议两公开一监督”制度，坚持学习型党组织学习制度，党支部带动共青团、妇联创先争优，为群众排忧解难责任到人。四是农牧民人均纯收入年均增长30%以上，化解矛盾纠纷、信访问题解决在本嘎查村。五是群众评议投票先进率达到90%以上。优秀党员要做到：一是带头参加学习型党组织学习和订单式培训，成为发展设施农牧业和旅游业的行家里手。二是带头结对帮助群众发展设施农牧业和旅游业，效果好、效益高。三是带头服务群众，主动承担为群众排忧解难的责任，积极帮助群众解决生产生活中的实际困难。四是带头遵纪守法，教育群众遵守国家法律法规，敢于同违法违纪行为作斗争。五是带头弘扬正气，成为文明乡风、整洁村容建设的模范。阿嘎如泰苏木领导对农牧民人均纯收入年均增长30%以上有把握，对群众评议投票先进率达到90%以上也有信心。

阿嘎如泰苏木领导认为，共同讨论完善的主题、目标、载体和内容使创先争优活动与苏木的中心工作一致了，党员好懂、好记、好承诺、好参加了，党组织的作用好发挥了，创先争优活动肯定能够推动阿嘎如泰苏木科学发展。

领导点评是上级党组织负责人加强对创先争优活动领导的重要方式，是深入了解基层经济社会发展情况和基层党组织建设情况的重要途径，是面对面指导基层致力于科学发展、促进社会和谐、保障和改善民生的重要形式，同时也是上级领导向基层学习、提高自身素质能力的好机会。基层需要领导点评完善，领导也需要加强点评指导。在创先争优活动中，各级领导应认真负责地搞好领导点评。

谈坚持群众路线[①]

1956年，邓小平同志指出："由于我们党现在已经是在全国执政的党，脱离群众的危险，比以前大大地增加了，而脱离群众对于人民可能产生的危害，也比以前大大地增加了。因此，目前在全党认真地宣传和贯彻执行群众路线，也就有特别重大的意义。"

55年后的今天，我们党脱离群众的危险增加了还是减少了，今天，认真地宣传和贯彻执行群众路线，有什么特别重大的意义？比起55年前，我们国家的综合实力空前增强，人民生活实现总体小康，我们党的面貌发生了历史性变化。同时，我国仍处于并将长期处于社会主义初级阶段，由于经济体制深刻变革、社会结构深刻变动、利益格局深刻调整、思想观念深刻变化，由于发展不平衡、不协调、不可持续的问题尚未得到根本解决，人民内部各种具体利益矛盾经常地大量地表现出来，我们的工作中还存在很多不能令人民群众满意的问题。

今天，我们脱离群众的危险不是减少了，而是大大增加了。今天，群众路线仍然是我们党的生命线，矢志不渝地宣传和贯彻群众路线，切实做好新形势下的群众工作，具有极其重要的现实意义。

一、自觉贯彻群众路线

（一）群众路线是中国共产党的伟大创造

1929年9月，《中共中央给红军第四军前委的指示信》中第一次提出了"群众路线"这个概念。对群众路线的内涵作权威阐述的是毛泽东同志，1943年他在《关于领导方法的若干问题》一文中指出："在我党的一切实际工作中，凡属正确的领导，必须是从群众中来，到群众中去。这就是说，将群众的意见（分散的、无系统的意见）集中起来（经过研究，化为集中的、系统的意见），又到群众中去作宣传解释，化为群众的意见，使群众坚持下去，见之于行动，并在群众行动中考验这些意见是否正确。然后再从群众中集中起来，再到群众中坚持下去。如此无限循环，一次比一次地更正确、更生动、更丰富。这就是马克思主义

① 本文来自2011年6月19日内蒙古自治区直属机关干部培训会上的讲座讲稿。

的认识论。”毛泽东同志是从哲学层面上深刻阐述群众路线。1981年6月中央做出的《关于建国以来党的若干历史问题的决议》将群众路线简明地概括为“一切为了群众，一切依靠群众，从群众中来，到群众中去”。群众路线，是中国共产党的伟大创造，是处理党同群众关系的根本态度和领导方法，是以毛泽东同志为代表的中国共产党在长期斗争中形成的实现党的政治路线和组织路线的根本工作路线。

所谓路线，是指思想上、政治上或工作上所遵循的根本途径或基本准则。“一切为了群众，一切依靠群众，从群众中来，到群众中去”的群众路线，就是中国共产党的一切工作必须始终遵循的基本准则。“一切为了群众”是我们的价值观，是我们党全心全意为人民服务的根本宗旨的体现，是贯彻群众路线的出发点和落脚点。“一切依靠群众”是由我们党是中国工人阶级的先锋队，同时是由中国人民和中华民族的先锋队的性质决定的，是贯彻群众路线的根本方法。“从群众中来”是马克思主义认识论的源泉，是坚持全心全意为人民服务宗旨的基础，是贯彻群众路线的前提。“到群众中去”是全心全意为人民服务的根本途径，是贯彻群众路线的目的。

（二）一切为了群众是党的价值观

我们党是为人民群众服务的党，全体党员包括各级领导干部都是人民群众的忠诚服务者。一切为了群众，就是一切为了人民群众的利益，实现好、维护好、发展好人民群众的利益是我们党一切工作的根本出发点和落脚点。人民群众最关心最直接最现实的利益，首先是增加收入、改善生活。但是，有些领导干部只要GDP的增长点数，不要老百姓的幸福指数；只顾GDP增长的数字第一，不顾资源环境的承受能力。究其原因，或者是宗旨意识不强、服务者责任不明，或者对GDP与富民的关系没有搞清，或者借GDP达到个人目的的动机所决定。一切为了群众，首先必须把增加群众收入、改善群众生活作为一切工作的出发点和落脚点，实现经济增长与收入增加同步，让人民群众得到实实在在的利益。我们党的理论路线和方针政策以及全部工作，只有顺民意、谋民利、得民心，才能得到人民群众的拥护和支持，离开人民群众的拥护和支持，党的执政地位和执政能力就会成为无源之水、无本之木。

（三）一切依靠群众是党的根本工作方法

“人民，只有人民，才是创造世界历史的动力”，群众是真正的英雄。我们党的理论路线方针政策只有通过人民群众的伟大实践才能得到贯彻，我们党的各项工作目标只有通过人民群众的共同奋斗才能最终实现。一切依靠群众，就要坚

定地相信群众，虚心地向群众学习，尊重群众的首创精神；为人民群众谋利益的事业，必须让人民群众广泛参加；充分发动群众，普遍组织群众，让群众用自己的力量去解决自己的问题。但是，有些领导干部只注重产业结构变化，不重视就业结构优化；只注重利润税收超常增加，不重视居民收入同步增加。究其原因，他注重的老百姓并不关注，老百姓关心的他却没有关注。人民群众是推动科学发展的主体，科学发展是以人为本、为了人民、依靠人民、人民共享的发展。结构调整必须有利于扩大就业、增加收入，收入分配必须兼顾公平和效率，否则群众不满意。只有得到人民群众的理解、支持和参与，只有充分调动人民群众的积极性、主动性、创造性，才能实现科学发展。一切依靠群众，必须把群众呼声作为第一信号，把群众利益作为第一考虑，把群众需要作为第一选择，把群众满意作为第一标准。

群众路线在指导思想上坚持“一切为了群众、一切依靠群众”的群众观点，这是我们党的根本观点。一切为了人民、一切依靠人民，是我们党一切工作的根本出发点和落脚点。一切为了群众，讲的是党的全部工作的目的；一切依靠群众，讲的是实现目的的手段。目的决定手段，手段保证目的的实现。

（四）政策要从群众中来

我们党制定方针政策，历来尊重人民群众的主体地位，反映人民群众的意愿，顺应人民群众的期待，把人民群众的意见、要求集中起来，做到谋划发展思路向人民群众问计，查找发展中的问题听人民群众的意见，改进发展措施向人民群众请教，落实发展任务靠人民群众努力，衡量发展成效由人民群众评判，从而保证了决策的科学化、民主化。2010 年，内蒙古自治区党委、政府围绕内蒙古自治区发展问题提出了一系列新思路并不断充实完善。这些新思路的新意或其核心，主要是三个方面：第一，发展不足是内蒙古的主要矛盾；第二，要坚持富民与强区并重、富民优先；第三，内蒙古不再追求 GDP 增速全国第一。这三个重要论断，其实是集中回答了怎样认识区情、为谁发展、怎样发展这样三个问题，形成了指导内蒙古科学发展的正确思路。这些发展思路符合内蒙古发展实际，体现了人民群众的愿望，是广泛深入调查研究，虚心听取群众意见，坚持从群众中来，坚持问政于民、问需于民、问计于民，将群众的意见集中起来的结果。

（五）执行要到群众中去

我们党的方针政策都要到群众中去执行，在执行中进一步完善。就是把从群众中集中起来的方针政策，再到群众中去宣传解释，交给群众讨论执行、坚持下去，通过群众的实践检验是否正确，并在执行过程中根据群众意见不断进行修改，然后再从群众中集中起来，再到群众中坚持下去。如此无限循环，使之逐渐完善。

2010年，内蒙古自治区党委、政府提出一系列新思路并不断充实完善，在此基础上，又制定了一系列具体的方针政策，使富民与强区并重、富民优先的思路转化为一系列针对性、操作性较强的重大举措。比如，全面提高企业退休人员养老金标准、城乡低保五保集中供养和分散供养标准、孤儿集中供养和分散供养标准、扩大城镇廉租住房保障范围、提高城镇基本医疗保险报销比例、新型农村牧区合作医疗保险报销比例，使这六项指标达到甚至略高于全国平均水平；比如，2011年，城镇居民医保和新农合补助标准由120元提高到每人每年200元，人均基本公共卫生服务经费由15元增加到25元，两项合计需新增投入1.5亿元；比如，调整职工最低工资标准，四个类型地区的最低工资标准将比2007年的标准提高32%至36%，非全日制工作小时最低工资标准也比2007年的标准提高21%至24%；比如，在前三年工作基础上，用两年时间完成廉租房建设工程规划任务，用三年时间基本完成煤矿、国有林区、国有垦区、国有工矿和城市棚户区（危旧房）改造工程规划任务；比如，2011年，内蒙古自治区各类保障性安居工程建设44.64万套、2752万平方米，总投资420亿元，包括筹资建设的廉租房、公共租赁住房、经济适用房、城市棚户区改造和农村牧区危房改造试点等十项工程，少数民族游牧民定居工程建设3020户、15.1万平方米，总投资1.51亿元；比如，鄂尔多斯市对口支援兴安盟，2011年将有86个投资亿元以上项目陆续开工建设，总投资936亿元，其中鄂尔多斯市援建项目25个，总投资333亿元；比如，实施国家草原生态保护补助奖励机制的同时，各级各地过去用于草原生态建设的资金不减少，各项惠农惠牧政策力度不减弱；比如，做好社会矛盾纠纷化解工作，解决好广大人民群众的切身利益问题，到2010年底，中央交办的信访问题力争全部解决，自治区交办的信访问题80%得到解决，列入各级工作台账的社会矛盾信访总量70%以上得到解决；比如，从2011年起，用三年时间基本解决苏木乡镇干部职工周转住房和食堂建设问题，使基层干部职工的生活条件得到明显改善；比如，进一步加大对嘎查村级组织运转经费的投入保障力度，提高嘎查村干部基本报酬，“两委”正职年平均报酬从4825元增加到不低于6984元，其他成员年平均报酬从3391元增加到不低于5587元；比如，从2011年开始用三年时间免费普及高中阶段教育。这些都是坚持富民优先、体现人民群众意愿的富民举措。

“从群众中来、到群众中去”是我们党的根本领导方法和工作方法。从认识论层面讲，这一根本领导方法同从实践中来到实践中去的认识过程是完全一致的，是马克思主义认识论在党的领导工作中的创造性的运用，也是实事求是思想路线同群众路线有机统一的体现。

二、切实做好群众工作

（一）认清群众工作中的问题

群众工作是党的整个工作的重要组成部分。我们党是一切为了群众、一切依靠群众的党，从广义上讲，党的一切工作都是群众工作。党的一切工作都离不开人民群众，人民群众是党的执政之基和力量源泉。这里讲的群众工作，主要是直接关系人民群众切身利益的工作。重视群众工作是党的优良传统和政治优势。任何时候、任何情况下都不能忽视和放松群众工作，这是我们党的宝贵经验和重要法宝。

时代不同，群众工作的内容和方法不同，面临的问题也不一样。当前，我国正处于发展的黄金期、改革的攻坚期和矛盾的凸显期，既面临着十分难得的历史机遇，同时也面临许多新情况、新矛盾和新问题。其中，党的群众工作也同样面临许多新问题。对此，胡锦涛同志指出："有的党员干部群众观念淡薄，党的宗旨意识不强，不依靠、不相信群众，甚至脱离群众、脱离实际，违背群众意愿；有的党员干部群众立场不坚定，个人主义严重，一事当先只为自己考虑、不为群众考虑，对群众疾苦漠不关心，对群众呼声置若罔闻，对群众利益麻木不仁，甚至见利忘义、以权谋私；有的党员干部做群众工作方式方法简单，缺乏亲和力和感召力，按照法律和政策规定办事本领不强，对互联网等新兴媒体不了解、不熟悉，习惯于发号施令、做表面文章，形式主义、官僚主义严重；有的地方和部门群众工作制度不健全，已有制度贯彻落实不力，一些工作领域和环节缺乏制度安排，工作系统性、协调性、持续性不强。"

胡锦涛同志从群众观念、群众立场、方式方法、工作制度等方面，对有的党员干部、有的地方和部门群众工作中存在的问题，提出了尖锐的批评。每个地区和部门、每个党员干部，都应以胡锦涛同志指出的四个方面的问题作为镜子，对照检查自身的群众工作情况，认真解决新形势下群众工作中存在的突出问题，努力做好群众工作，不断开创群众工作新局面。

（二）牢固树立群众观点

群众观点，就是我们党对人民群众的基本看法。群众观点是马克思主义的基本观点，是我们党的全部工作的出发点和归宿。在长期的革命、建设和改革实践中，我们党把马克思主义关于人民群众历史地位和重要作用的基本原理运用于中国实践，形成了人民是历史创造者的观点，相信人民群众能够自己解放自己的观点，人民群众是党的力量源泉的观点，全心全意为人民服务的观点，以人为本、执政为民的观点，向人民学习的观点，群众利益无小事的观点，对党负责与对人民负责相一致的观点，等等。这些重要观点是我们做好新形势下群众工作的重要思想基础。有没有群众观点是无产阶级政党区别于其他政党的显著标志。牢固树立群众观点，就要坚定地相信群众，紧紧地依靠群众，密切地联系群众，随时听取群众的呼声，了解群众的情绪，代表群众的利益，真心实意为群众谋利益。牢固树立群众观点，就要增强公仆意识，视群众为亲人、把群众当主人，一切为了群众、真心服务群众，实现好、维护好、发展好人民群众的根本利益。牢固树立群众观点，就要始终牢记人民利益高于一切，任何时候任何情况下，全心全意为人民服务的宗旨不能忘，依靠群众推动事业发展的传统不能丢。

（三）始终站稳群众立场

站在什么人的立场上，为什么人、依靠什么人的问题，是一个原则问题。群众立场是决定我们党的性质的根本政治问题。我们党的一切理论和奋斗都致力于实现最广大人民的根本利益，这是我们党最鲜明的政治立场。站稳群众立场，是新形势下贯彻群众路线的根本要求。始终站稳群众立场，要充分尊重群众意愿、充分保障群众利益、充分发挥群众积极性，始终与人民群众同呼吸、共命运、心连心。始终站稳群众立场，要牢固树立群众观点，坚持权为民所用、情为民所系、利为民所谋，强化与人民群众同呼吸共命运的思想基础，获得推进工作的群众基础。始终站稳群众立场，要不断增进与群众的思想感情。有些领导干部与群众坐不到一条板凳上，表现在“脱离”，根本在“感情”。要带着深厚感情做群众工作，与人民群众打成一片。始终站稳群众立场，核心是建立执政为民的决策机制。坚持问政于民、问需于民、问计于民，尊重群众意愿，考虑群众利益，做到富民与强区并重、富民优先。始终站稳群众立场，关键是解决群众利益问题。把实现好、维护好、发展好人民群众的根本利益作为想问题、作决策、做工作的出发点，努力解决人民群众最关心最直接最现实的利益问题，让人民群众共享改革发展的成果。

牢固树立群众观点、始终站稳群众立场，党和人民群众才能建立鱼水关系、保持血肉联系。党同人民群众的血肉联系，这是我们党的一大优势，是党汲取智慧和力量的最深厚源泉，是党正确决策、减少失误的可靠保证，是党的执政水平和领导水平的重要体现，是我们党无往而不胜的法宝。能否始终保持党同人民群众的血肉联系，是对党的执政能力和执政地位最根本的考验。要深刻认识我们党的最大政治优势是密切联系群众、党执政后的最大危险是脱离群众，永远保持党同人民群众的血肉联系。

（四）改进完善工作方法

毛泽东同志在1934年就讲，关心群众生活，注意工作方法。在新形势下做好群众工作，既要继承和发扬我们党善于和精于做群众工作的优良传统，又要适应新形势，改进完善工作方法。

要常怀敬畏之心。水能载舟，亦能覆舟。人民是国家的主人，我们的一切权力来自人民。常怀敬畏之心做群众工作，不是害怕群众、不敢面对群众，而是要摆正干部与群众的位置，尊重群众，顺应民意，群众满意的就干，群众不满意的就不干，绝不干劳民伤财、违反群众意愿的事。

要善于联系群众。保持党同人民群众的血肉联系，是我们党永远立于不败之地的根本保证。要同群众保持密切联系，真正同群众打成一片，人对人、面对面、手拉手、心连心做群众工作，想群众之所想、急群众之所急，以群众赞成不赞成、高兴不高兴作为自己的行动准则。

要善于宣传群众。毛泽东同志说，善于把党的政策变为群众的行动，这是一项马克思主义的领导艺术。宣传群众，就要为群众代言、为群众谋利，强化大众视野、百姓视觉，直面问题、聚焦热点，回答群众关切、解答思想疑惑；反映人民心声、通达社情民意，为群众鼓与呼；推进文化惠民、改善文化民生，提升文化素养、实现文化富民。

要善于组织群众。切实做好群众的教育和组织工作，充分发挥群众组织的作用，使群众认识自己的利益，并且动员起来、团结起来、组织起来，为自己的利益而奋斗；不断提高群众的思想政治觉悟，使广大群众凝聚在党和政府周围，共同为促进经济社会发展而奋斗。

要热情服务群众。以人为本，服务为先。深刻理解权力就是责任、干部就是公仆、领导就是服务，切实加强责任意识、公仆意识、服务意识，从看得见摸得着的事情做起，做正确的事、正确地做事，切实解决好收入、就业、教育、住房、医疗、社保、征地、拆迁、移民、环保和治安等群众反映强烈的突出问题。群众利益无小事。服务能力就是执政能力。凡是群众提出和反映的问题，再小也要满腔热情、竭尽全力去办好。

要善于团结群众。群众是我们的根、我们的本。坚持思想上尊重群众、感情上贴近群众、工作上依靠群众，深入了解民情，充分反映民意，广泛集中民智，切实珍惜民力，不断实现民利；要关心群众物质利益，尊重群众民主权利，虚心听取群众意见，维护群众正当权益；要深怀爱民之心，恪守为民之责，善谋富民之策，多办利民之事。

（五）建立健全工作制度

群众工作本质上是服务工作，就是全心全意为人民群众搞好服务。建立健全制度，各级党组织都应建立健全服务群众的工作制度，而重点是各级政府要成为服务型政府。政府是服务主体，应在履行政府经济调节、市场监管、社会管理和公共服务职能，深化行政管理体制改革中服务群众，应清晰界定服务内容、服务平台、服务公开、服务保障、监督管理以及法律责任，使政府服务法治化。在服务内容上，政府应努力提供关系人民群众切身利益的就业促进、社会保险、社会救助、社会福利、住房保障、教育、医疗卫生、科技、文化、体育、人口和计划生育、公用事业、扶贫、政府信息公开等基本公共服务。在服务平台上，政府应整合分散的服务载体，方便人民群众办事，建立健全电子政务平台、政务服务平台、社区服务平台、社会救助平台等综合性服务平台。政府应加快转变职能，创新服务方式，建立公共服务机制，推进服务公开，强化服务保障，加强监督管理，切实维护人民群众合法权益。

群众路线是党的生命线，群众工作是党的传家宝。认真贯彻胡锦涛同志关于做好新形势下群众工作的重要指示精神，我们要深刻认识新形势下群众工作的重要性和紧迫性，牢固树立群众观点，始终站稳群众立场，不断增进群众感情，自觉贯彻群众路线，把以人为本、执政为民的理念落实到内蒙古自治区富民与强区并重、富民优先战略的各项工作之中。

把认识提高到“七一”讲话上来[①]

胡锦涛同志的“七一”重要讲话，回顾了我们党90年的光辉历程和伟大成就，总结了党和人民创造的宝贵经验，提出了新的历史条件下提高党的建设科学化水平的目标任务，阐述了在新的历史起点上把中国特色社会主义伟大事业全面推向前进的大政方针，是一篇马克思主义的纲领性文献。学习领会“七一”讲话，要深刻理解讲话提出的重大理论观点和各项工作要求，把我们的认识提高到讲话精神上来。

① 本文节选自2011年8月17日在内蒙古自治区宣传系统干部培训会上的讲座讲稿。

一、充分认识90年的历程、成就和经验

（一）90年的光辉历程

我们党90年的光辉历程，集中体现为完成和推进了三件大事：第一件大事，我们党紧紧依靠人民完成了新民主主义革命，实现了民族独立、人民解放。第二件大事，我们党紧紧依靠人民完成了社会主义革命，确立了社会主义基本制度。第三件大事，我们党紧紧依靠人民进行了改革开放新的伟大革命，开创、坚持、发展了中国特色社会主义，形成了党在社会主义初级阶段的基本理论、基本路线、基本纲领、基本经验，建立和完善社会主义市场经济体制，坚持全方位对外开放，推动社会主义现代化建设取得举世瞩目的伟大成就。

讲话对三件大事的高度概括、精确表述具有重大的理论和实践意义。我们党紧紧依靠人民完成和推进三件大事，特别突出了人民的主体地位；对三件大事的表述，以前是做了三件大事，这次是“完成和推进”了三件大事，前两件已经完成，第三件正在推进。

我们党完成和推进三件大事的历史性重大意义是，从根本上改变了中国人民和中华民族的前途命运，不可逆转地结束了近代以后中国内忧外患、积贫积弱的悲惨命运，不可逆转地开启了中华民族不断发展壮大、走向伟大复兴的历史进程，使具有5000多年文明历史的中国面貌焕然一新，中华民族伟大复兴展现出前所未有的光明前景。

我们党完成和推进三件大事的根本原因是，以毛泽东同志为核心的党的第一代中央领导集体团结带领全党全国各族人民，夺取了新民主主义革命的伟大胜利，确立了社会主义基本制度，为当代中国一切发展进步奠定了根本政治前提和制度基础。以邓小平同志为核心的党的第二代中央领导集体团结带领全党全国各族人民，开启了改革开放的伟大历程，吹响了建设中国特色社会主义的时代号角，开辟了社会主义事业发展新时期。以江泽民同志为核心的党的第三代中央领导集体团结带领全党全国各族人民，坚持改革开放、与时俱进，引领改革开放的航船沿着正确方向破浪前进，成功把中国特色社会主义伟大事业推向21世纪。党的十六大以来，党中央团结带领全党全国各族人民，以邓小平理论和“三个代表”重要思想为指导，深入贯彻落实科学发展观，着力推动科学发展、促进社会和谐，继续在全面建设小康社会实践中推进中国特色社会主义伟大事业。

（二）90 年的伟大成就和经验

开辟了中国特色社会主义道路，形成了中国特色社会主义理论体系，确立了中国特色社会主义制度。对三大发展成就的这个概括中，前两个发展成就在党的十七大报告中作过深入阐述，而后一个发展成就——中国特色社会主义制度，这是第一次作出的崭新理论概括。讲话对中国特色社会主义道路、中国特色社会主义理论体系内涵的表述，与党的十七大报告的表述完全一致，讲话对中国特色社会主义制度的表述表明，这个制度是涵盖我国经济、政治、文化、社会等各个领域的一整套相互衔接、相互联系的制度体系，既包括人民代表大会制度这一根本政治制度，也包括中国共产党领导的多党合作和政治协商制度、民族区域自治制度以及基层群众自治制度等构成的基本政治制度，还包括中国特色社会主义法律体系，公有制为主体、多种所有制经济共同发展的基本经济制度，以及包括建立在根本政治制度、基本政治制度、基本经济制度基础上的经济体制、政治体制、文化体制、社会体制等各项相互衔接、相互联系的具体制度体系。

讲话从道路、理论体系、制度三个方面对我们党 90 年奋斗、创造、积累的成就进行新的表述，将三者合而为一，作为 90 年成就表述是第一次，正式使用中国特色社会主义制度这个概念是第一次，对制度体系全面阐述是第一次，对道路、理论体系、制度用一两句话进行高度概括也是第一次，尤其是讲话第一次将我国的根本政治制度、基本政治制度、基本经济制度以及建立其上的经济体制、政治体制、文化体制、社会体制等各项具体制度进行阐述，并简明扼要地叙述了它们的相互关系，突出强调了在制度层面我们所取得的成就。

胡锦涛同志深刻指出，“面对风云变幻的国际形势，面对艰巨繁重的国内改革发展稳定任务，我们党要团结带领人民继续前进，开创工作新局面，赢得事业新胜利，最根本的就是要高举中国特色社会主义伟大旗帜，坚持和拓展中国特色社会主义道路，坚持和丰富中国特色社会主义理论体系，坚持和完善中国特色社会主义制度。”这就是党和人民创造的最宝贵的经验。

二、深刻领会提高党建科学化水平的目标任务

讲话着眼于始终保持党的先进性和纯洁性，深刻阐发了在新的历史条件下提高党的建设科学化水平问题。在世情、国情、党情发生深刻变化的新形势下，我们党面临着“两大历史性课题”“四个考验”“四个危险”和“一个更为紧迫的任务”：提高党的领导水平和执政水平、提高拒腐防变和抵御风险能力；执政考验、改革开放考验、市场经济考验、外部环境考验是长期的、复杂的、严峻的；

精神懈怠的危险，能力不足的危险，脱离群众的危险，消极腐败的危险，更加尖锐地摆在全党面前，落实党要管党、从严治党的任务比以往任何时候都更为繁重、更为紧迫。

上述“四个考验”中央以往多次强调过，而对考验可能会带来的“四个危险”则是第一次整体强调，这“四个危险”更加尖锐地摆在全党面前，振聋发聩。我们党如何保持和发展马克思主义政党先进性的四个根本点，如何应对“四个考验”“四个危险”的挑战，讲话提出了在新的历史条件下提高党的建设科学化水平的目标任务：一是必须坚持解放思想、实事求是、与时俱进，大力推进马克思主义中国化、时代化、大众化，提高全党思想政治水平；二是必须坚持五湖四海、任人唯贤，坚持德才兼备、以德为先用人标准，把各方面优秀人才集聚到党和国家事业中来；三是必须坚持以人为本、执政为民理念，牢固树立马克思主义群众观点，自觉贯彻党的群众路线，始终保持党同人民群众的血肉联系；四是必须坚持标本兼治、综合治理、惩防并举、注重预防的方针，深入开展党风廉政建设和反腐败斗争，始终保持马克思主义政党的先进性和纯洁性；五是必须坚持用制度管权管事管人，健全民主集中制，不断推进党的建设制度化、规范化、程序化。

提高党的建设科学化水平，是党的十七届四中全会第一次提出来的，这次讲话以“五个必须”深刻回答了在新的历史条件下怎样提高党的建设科学化水平的问题。

三、全面把握推进伟大事业的大政方针

讲话在回顾90年伟大历程的同时，瞻望我国发展繁荣的光明前景，阐述了在新的历史起点上把中国特色社会主义伟大事业全面推向前进的大政方针：我国过去30多年的快速发展靠的是改革开放，我国未来发展也必须坚定不移依靠改革开放；我们要继续牢牢扭住经济建设这个中心不动摇，坚定不移走科学发展道路；我们要继续大力推进社会主义民主政治建设，坚定不移走中国特色社会主义政治发展道路；我们要继续大力推动社会主义文化大发展大繁荣，坚定不移发展社会主义先进文化；我们要继续大力保障和改善民生，坚定不移推进社会主义和谐社会建设。

讲话在阐述这“五个坚定不移”时有许多新提法、新概括。比如，阐述改革开放时讲“制约科学发展的体制机制障碍躲不开、绕不过，必须通过深化改革加以解决”，讲以经济建设为中心时强调“只有推动经济又好又快发展，才能筑牢国家发展繁荣的强大物质基础，才能筑牢全国各族人民幸福安康的强大物质基

础，才能筑牢中华民族伟大复兴的强大物质基础”等，都是第一次提出。比如，关于当前我国发展的阶段性特征，讲话概括了“三个没有变”，即我国仍处于并将长期处于社会主义初级阶段的基本国情没有变，人民日益增长的物质文化需要同落后的社会生产之间的矛盾这一社会主要矛盾没有变，我国是世界上最大的发展中国家的国际地位没有变。党的十七大报告概括的是前两个没有变，这次增加了一个，更全面了。“三个没有变”，是对中国国情的清醒定位，对发展方位的科学判断。其中，最核心的是关于社会主义初级阶段的判断，其他两个判断即社会主要矛盾、发展中国家的属性都与此相关。比如，关于坚持科学发展，讲话提出“五个更加”，即更加注重以人为本，更加注重全面协调可持续发展，更加注重统筹兼顾，更加注重改革开放，更加注重保障和改善民生。党的十七届五中全会提出的是“四个更加”，这次增加了“更加注重改革开放”，也更全面了。

四、用讲话精神指导实践推动工作

学习“七一”重要讲话，要把我们的思想认识提高到讲话精神上来，武装头脑，指导实践，推动工作，紧紧围绕坚持科学发展这个主题和加快转变经济发展方式这条主线，紧密结合本地区本部门本单位实际，注重解决好工作中存在的突出问题和群众生产生活中遇到的突出困难，把学习效果转化为加强和改进工作的实际成效。

（一）深入学习领会党的理论创新成果

理论创新每前进一步，理论武装就跟进一步，这是我们党加强自身建设的一条重要经验。讲话是党的理论创新的最新成果，学习讲话要不断增强能力不足的危险意识，增强在新的历史条件下提高党的建设科学化水平的能力和在新的历史起点上把中国特色社会主义伟大事业全面推向前进的能力。

（二）始终保持党同人民群众的血肉联系

密切联系群众是我们党的最大政治优势，脱离群众是我们党执政后的最大危险。学习讲话要不断增强脱离群众的危险意识，把人民放在心中最高位置，把实现好、维护好、发展好最广大人民根本利益作为一切工作的出发点和落脚点，做到权为民所用、情为民所系、利为民所谋。

（三）坚定不移走科学发展道路

推动内蒙古自治区科学发展、转型发展，就要全面落实内蒙古自治区党委提出的发展不足是内蒙古的主要矛盾、坚持发展第一要务不动摇；坚持富民与强区并重、富民优先；内蒙古不再刻意追求 GDP 增速全国第一、努力提高发展的质量和效益的新思路。要加快经济结构战略性调整，加快科技进步和创新，加快建设资源节约型、环境友好型社会，在生产发展、生活富裕、生态良好的文明发展道路上取得新的更大的成绩。

（四）坚定不移推进和谐社会建设

内蒙古自治区发展不足的主要矛盾表现在经济社会发展的诸多方面，但最终表现在城乡居民收入增长与经济增长不同步，核心是富民不足。推进和谐社会建设，要以保障和改善民生为重点，把促进就业放在优先位置，加快发展教育、社保、医疗、住房等各项社会事业，加大收入分配调节力度，做到发展成果由人民共享；要加强和创新社会管理，全面提高社会管理科学化水平，妥善处理人民内部矛盾和其他社会矛盾，确保人民安居乐业、社会和谐稳定。

（五）深入开展“为民服务创先争优”活动

服务人民群众是创先争优活动的重要内容和目标，窗口单位和服务行业联系民生最紧密、服务群众最直接，深入推进创先争优活动要突出为民服务这个重点。要树立服务无小事、服务无借口、服务无缝隙、服务无止境的理念，把让群众得到实际利益作为出发点和落脚点，着力解决群众反映强烈的突出问题，从群众最需要的地方做起，从群众最不满意的地方改起。

干部下基层干什么[①]

新一轮干部下基层，是新形势下中央作出的一项重大部署，对于做好群众工作、密切党群关系、加强基层基础、转变干部作风，具有全局性重大意义。为了使干部下基层工作取得实效，讨论一下干部为什么下基层、干部下基层干什么、干部下基层怎么干的问题，很有必要。

一、干部为什么下基层

概括地讲，就是为基层服务、向群众学习。为基层服务，从全局来讲，最需

① 本文节选自 2012 年 4 月 20 日《内蒙古日报》理论版。

要服务的基层是农村牧区，最需要服务的事情是农牧业，最需要服务的群众是农牧民。因为“三农三牧”工作是全党工作的重中之重，做好“三农三牧”工作事关全局。内蒙古自治区实施富民强区、富民优先战略，强区必须强农村牧区、强农牧业；富民优先必须富裕农牧民优先。相对于城镇发展，农村牧区发展很滞后；相对于其他产业发展，农牧业非常薄弱。农牧业、农村牧区不强，就谈不上强区；农牧民不富，就谈不上富民。

（一）干部下基层要为基层服务

为基层服务的要义是为基层经济社会科学发展服务。内蒙古自治区是全国13个粮食主产区之一。2010年，内蒙古自治区粮食产量达到2158.2万吨，再次创历史新高。但是，内蒙古自治区粮食产量排在13个粮食主产区倒数第三位，略高于辽宁、江西；全国谷物单位面积产量为5524公斤/公顷，内蒙古自治区谷物单位面积产量4912公斤/公顷，居13个粮食主产区倒数第二位，略高于河北；全国肉类产量7925.8万吨，内蒙古自治区肉类产量238.7万吨，居13个粮食主产区倒数第二位，略高于黑龙江。这说明，内蒙古自治区农牧业生产方式还比较粗放，土地草原产出率、资源利用率还比较低。如何加快转变内蒙古自治区农牧业发展方式，促进由传统农牧业向现代农牧业转型，这是内蒙古自治区农牧业发展面临的重大课题，是干部下基层帮助破解的现实问题，也就是我们为基层服务的重要任务之一。

近些年，内蒙古自治区农村牧区社会事业得到长足发展，学校布局大幅度调整，校安工程有序推进，学前教育得到重视，家庭经济困难学生得到扶助，高中阶段免费教育正在全面普及；苏木乡镇综合文化站、嘎查村文化室建设得到加强，农村牧区电影放映等文化惠民工程正在实施，覆盖城乡的公共文化服务网络逐步完善；新农合扩大覆盖面，三级医疗卫生服务网络逐步形成，重大疾病预防控制能力和医疗救治能力不断提高。同时，农村牧区优质教育资源、文化资源、医疗卫生资源严重短缺的局面尚未得到根本缓解，基本公共服务均等化的任务依然繁重，农牧民上学难、上好学更难、看病难、看病贵、精神文化需求得不到满足等问题依然突出。如何满足农牧民对公共教育、文化和医疗卫生等公共服务的基本需求，促进城乡经济社会发展一体化，这是农村牧区发展中的又一重大问题，是干部下基层帮助破解的现实问题，也是我们为基层服务的重要任务之一。

（二）干部下基层要向群众学习

向群众学习，就要拜群众为师，甘当小学生。做好“三农三牧”工作，为农牧业、农村牧区、农牧民搞好服务，帮助解决“三农三牧”工作中的矛盾和问题，需要了解、掌握和运用多方面的政策、知识、能力和方法。无论我们原先熟悉不熟悉“三农三牧”工作，在新形势下解决“三农三牧”工作中的新矛盾新问题，都需要重新学习。我们需要向书本学习、向专家学习，但最重要的还是向群众学习、向实践学习。

向群众学习，拜群众为师、甘当小学生，首先要有甘当小学生的态度。党员干部本来就是群众的学生、群众的服务员，而不应是高高在上、指手画脚的官员。毛泽东同志早就讲过，“群众是真正的英雄，而我们自己却往往是幼稚可笑的”，要“先当学生，后当先生”。基层是最好的课堂，群众是最好的老师。干部下基层，能听到、看到和想到在上面难以听到、不易看到和意想不到的新情况新问题，能了解面上工作的利弊得失，能反思自身工作的差距和不足，能找到化解难题的措施和办法。

总之，干部下基层，在为基层服务、向群众学习的过程中，我们才能知“三农三牧”，懂“三农三牧”，爱“三农三牧”，摘清“三农三牧”家底。只有做到了这些，我们才能对区情有一个基本的、全面的了解；才能对最基层的群众有一个基本的、全面的了解，并拉近与他们的距离、建立与他们的感情；才能提高认知水平、拓宽知识领域、转变思维方法、增强解决问题的能力，并决心为发展“三农三牧”贡献自己的一分力量。这应该是干部下基层、办实事、转作风的基本要求，也是我们把基层工作需要与干部自身需要紧密结合起来，在下基层实践中完善提升自己的过程，是我们每个人值得珍惜的过程。

二、干部下基层干什么

概括地讲，要围绕“三农三牧”工作多干打基础、利长远的事，多干促发展、惠民生的事，多干得民心、解民怨的事。从大的方面讲，要牢牢把握以农牧民为本的根本原则，把实现好、维护好、发展好农牧民的根本利益作为“三农三牧”工作的出发点和落脚点，着力解决农牧民最关心、最直接、最现实的利益问题。具体讲，“三农三牧”问题的核心是农牧民问题，而农牧民问题的根本是利益问题，利益问题的关键则是收入问题。所以，我们为基层服务、为群众服务的着眼点要放在帮助农牧民增收致富上。

（一）干部下基层要致力于农牧民增收

2011 年 6 月下发的《国务院关于进一步促进内蒙古经济社会又好又快发展的若干意见》明确要求，内蒙古自治区城乡居民收入 2015 年、2020 年分别达到和超过全国平均水平。这是一项历史性的艰巨而紧迫的任务。内蒙古自治区农牧民人均纯收入的主要来源是家庭经营收入，主要差距在工资性收入和财产性收入。

增加农牧民的工资性收入，关键是创造条件让农牧民自主创业和转产转移就业，途径是坚持城乡统筹，加快发展个体私营经济、劳动密集型产业和服务业、小微企业，加快发展各种农牧业社会化服务组织，提供更多适合农牧民转移就业的岗位，并做好农村牧区富余劳动力转移就业培训，提高其职业技能、就业能力，实现稳定就业。

增加农牧民的财产性收入，关键是善于把资源变为资产、资产变为资本，途径是认真落实《国务院关于进一步促进内蒙古经济社会又好又快发展的若干意见》提出的“鼓励农牧区集体和个人以土地、草场使用权入股等方式参与当地资源开发建设，增加农牧民财产性收入”的要求，先行先试，创造性地建立发展成果共享、实现共同富裕的机制。

（二）干部下基层要致力于消除贫困

帮助农牧民增收致富，还要搞好扶贫开发，努力消除贫困，这是实现共同富裕的必然选择。2011 年 11 月 29 日，中央扶贫开发工作会议宣布，将农民人均纯收入 2300 元作为新的国家扶贫标准。内蒙古自治区将扶贫标准调整为农民人均纯收入 2600 元以下、牧民人均纯收入 3100 元以下。按照新标准，内蒙古自治区还有 266. 6 万人生活在贫困线下。

内蒙古自治区决定把扶贫开发作为推进科学发展、富民强区的重大战略任务，作为头号民生工程来抓，举全区之力打好新一轮扶贫攻坚战，到 2015 年贫困人口人均纯收入达到 3000 元，贫困人口减少 150 万人；到 2020 年率先在我国西部地区基本消除绝对贫困现象，力争在内蒙古自治区成立 70 周年时实现这一目标。

扶贫攻坚的核心是增收攻坚。我们要把促进贫困人口增收作为扶贫开发的出发点和落脚点，牢牢把握扶贫开发工作的重点，着力支持扶贫人口发展生产和转移就业，确保贫困地区农牧民人均纯收入增长幅度高于内蒙古自治区平均水平，持续稳定增加贫困人口收入；着力提高贫困人口素质，增强可持续发展能力，探索建立共同富裕机制。

（三）干部下基层要致力于新农村新牧区建设

干部下基层，为基层服务、为群众服务，要帮助基层推进新农村新牧区建设，培养新型农牧民。党的十七大报告指出：“培育有文化、懂技术、会经营的

新型农民，发挥亿万农民建设新农村的主体作用。”培育有文化、懂技术、会经营的新型农牧民，是“三农三牧”工作坚持以人为本的重要体现，是推进城乡经济社会一体化发展的重大举措。

千百万农牧民是发展现代农牧业的主体，是建设社会主义新农村新牧区的主体；没有有文化、懂技术、会经营的新型农牧民，便没有现代农牧业，也没有社会主义新农村新牧区；农牧业现代化首先需要农牧民现代化，建设社会主义新农村新牧区首先要培育有文化、懂技术、会经营的新型农牧民。干部下基层，要把培育新型农牧民这项基础性、战略性、全局性的重要工作抓好抓实。

（四）干部下基层要致力于基层党组织建设

干部下基层，为基层服务、为群众服务，一项重要任务是在创先争优活动中开展基层党组织建设年，切实加强基层组织建设。我们要根据组织部的安排，按照情况摸准、问题找准、等级定准的要求，深入进行调查摸底，全面了解基层党组织状况，切实把底数查明、把问题找准、把原因搞清。

要按照基层党组织自评、党员群众测评、上级党委评定的程序规范操作，运用“党组织带头人、工作思路、工作制度、活动阵地、保障机制、工作业绩、群众评价”七项分类定级指标做好基层党组织分类定级。按照“五个好”的要求，把先进、一般和后进的标准细化、量化、具体化，使分类定级标准富有操作性、更具针对性。

确保基层组织建设年取得实效，办成群众满意工程，整改提高是关键。我们要按照巩固先进、推动一般、整顿后进的要求，帮助基层党组织明确改进提高的目标、责任和措施，认真抓好整改落实。注重发挥先进的示范带动作用，突出整顿软弱涣散党组织，使先进的更先进、一般的争先进、后进的赶先进。

三、干部下基层怎么干

总的要求应是访民情、解民忧、暖民心，转作风、办实事、促发展。在实际工作中我们应坚持“三个第一”理念，即把群众呼声作为第一信号，把群众需要作为第一选择，把群众满意作为第一标准，多办顺民意、解民难、增民利的实事。

（一）干部下基层要坚持“三问”

干部下基层怎么干，要问政于民、问需于民、问计于民。干部下基层的目的就是为基层服务、为群众服务。为群众搞好服务的前提是要知道群众需要我们提供什么服务，基层需要我们帮助解决什么问题，搞清楚这些问题该不该解决、能不能解决、由谁解决、怎样解决、何时解决等。我们首先要通过“三问”来寻求这些问题的答案，要尊重群众意愿，考虑群众利益，科学合理地解决问题。

（二）干部下基层要坚持“三同”

干部下基层怎么干，要和群众同吃、同住、同劳动。“三同”是我们党的干部下基层的光荣传统，在新的时代条件下仍然有其不可取代的意义和作用。只有做到“三同”，才能和群众交朋友，干群之间才能建立密切的联系，才能了解群众的酸甜苦辣、喜怒哀乐，才能知道群众实践的丰富内涵。

（三）干部下基层要借鉴“三到”服务

干部下基层怎么干，要创新工作内容、工作载体、工作方法、工作机制，建立责任机制、办事机制、联动机制和联系服务群众工作机制。有的地区对干部下基层提出“三到”服务的要求，叫做工作到村、服务到户、温暖到心，这个做法富有新意。工作到村，是干部服务重心的要求，干部下基层要下得彻底，不是走马观花、蜻蜓点水当“走读生”，而是驻村蹲点、重心下移做村里人，把村里的事当成自己的事，一心一意扑在村子里。服务到户，是干部服务对象的要求，服务基层、服务群众不能大而化之、笼而统之，要掌握每家每户的情况，了解每家每户的困难，帮助解决每家每户的问题。从一定意义上讲，解决了一家一户的问题，一个村子的问题就解决了；解决了每个村子的问题，一个地区的问题也就解决了。温暖到心，是干部服务质量的要求，怎么服务才能暖人心，服务到什么程度才能让人感到温暖，这是每个下基层的干部都需要考虑的问题。因为，在老百姓的眼里，每个干部都是党的形象。我们为基层服务、为群众服务，如果能让群众心里热乎乎的，那么，我们党的执政地位将稳如泰山。

从“三到”的关系讲，工作到村是基础，服务到户是根本，温暖到心是结果。只有工作到村才能服务到户，只有服务到户才能温暖到心。“三到”服务是做好群众工作的一个行之有效的制度。重视不重视群众工作、善不善于做群众工作，是衡量一个干部政治上成熟不成熟、工作能力强不强的重要标准。我们应借鉴“三到”服务制度，因地制宜地创新群众工作方法、服务群众的机制，确保干部下基层工作取得实效，群众得到实惠。

论党组织和党员创先争优的内在动力①

党组织和党员创先争优的内在动力，是指创先争优中基层党组织充分发挥推动发展、服务群众、凝聚人心、促进和谐的作用和党员充分发挥先锋模范作用的内在动力。研究党组织和党员创先争优的内在动力以及实现和增强其内在动力的有效途径，对于推进创先争优常态化、长效化，提高党的建设科学化水平，具有重要意义。

一、党组织和党员创先争优的内在动力从哪里来

开展创先争优活动的目的是更好地发挥党组织和党员的作用。在新形势下充分发挥党组织的战斗堡垒作用和党员的先锋模范作用，必须激发和增强其内在动力。那么，党组织和党员创先争优的内在动力从哪里来？

马克思主义信仰是党组织和党员创先争优的内在动力。创先争优是马克思主义基本原理与我国当前改革发展和党的建设实际相结合的新实践活动。党组织和党员用发展着的马克思主义指导创先争优实践，理论创新每前进一步，理论学习就跟进一步，科学发展的自觉性就提高一步，以人为本、执政为民的能力就提升一步，创先争优的动力就增强一步。坚定的信仰是党组织和党员创先争优的内在动力。

共产主义理想信念是党组织和党员创先争优的内在动力。创先争优是把远大理想、共同信念与当前改革发展和党的建设实践活动紧密结合的有效载体。党组织和党员用创先争优的新业绩，一步一步向崇高理想迈进，为中国特色社会主义伟大事业添加一砖一瓦。崇高的理想信念是党组织和党员创先争优的内在动力。

实现中华民族伟大复兴的历史使命是党组织和党员创先争优的内在动力。创先争优是新时期我们党继续推动中华民族伟大复兴进程的重要举措。党组织和党员牢记历史使命，增强民族振兴的责任感和紧迫感，在日常工作、平凡岗位上致力于民族复兴。神圣使命是党组织和党员创先争优的内在动力。

全心全意为人民服务的根本宗旨是党组织和党员创先争优的内在动力。创先

① 本文最初发表于中共中央政策研究室《学习与研究》2011 年第 1 期，2012 年 7 月 6 日《内蒙古日报》，2012 年 5 月 23 日《人民日报》摘要。

争优就是党组织创先进、党员争优秀、人民群众得实惠。党组织和党员把为人民群众谋利益作为创先争优的出发点和落脚点，努力解决群众生产生活中的实际困难和突出问题，受到群众的拥护。根本宗旨是党组织和党员创先争优的内在动力。

坚定的信仰、崇高的理想信念、神圣使命和根本宗旨构成了党组织和党员创先争优的内在动力系统。贯穿这个内在动力系统的一条红线是以人为本、为人民谋利益。这正是我们党的先进性所在。

我们党内也有一些党组织软弱涣散，不能发挥战斗堡垒作用；也有一些党员徒有其名，不能发挥先锋模范作用。根本原因是他们信仰动摇、理想信念模糊、忘记使命、宗旨淡漠，为人民谋利益的内在动力不足、先进性丧失。加强党的先进性建设，必须健全相关制度来有效实现党组织和党员创先争优的内在动力。

二、党组织和党员创先争优的内在动力怎样实现

创先争优活动中，各级党组织设计各具特色的载体，在党组织和党员创先争优内在动力的实现形式上有许多创新。比如，党员责任区、岗位争优秀、志愿者服务、设岗定责等形式，有效地实现了党组织和党员创先争优的内在动力。其中，中央统一要求、各地普遍采用的公开承诺、践行承诺的做法，是实现党组织和党员创先争优内在动力的最有效形式，具有以下特点：

一是具有先进性。好的承诺体现了我们党以人为本、为民谋利的先进性，体现了“五个好”“五带头”要求，体现了党组织的战斗堡垒作用和党员的先锋模范作用。

二是具有融合性。创先争优与中心工作融为一体才有生命力。好的承诺与中心工作的融合度高，党组织和党员在中心工作中发挥了核心带动作用，创造了突出业绩。

三是具有针对性。好的承诺都是从本地发展实际出发，针对存在的突出矛盾和问题，回应群众关切、为群众办实事的承诺。

四是具有操作性。做出承诺是为了兑现承诺。好的承诺都是党组织和党员通过努力能够完成、必须完成的一件件实事，是群众普遍期待解决的一件件具体事。

五是具有考查性。好的承诺都是经得起实践检验、可以用一定尺度衡量的承诺，是好操作、能量化的承诺，是党员好参加、群众好评价、组织好考查的承诺。

公开承诺、践行承诺是党组织和党员创先争优的一种程序和制度，同时又是一种政治行为，是党组织和党员对自身作用的自觉、对人民群众的负责。言必信、行必果，既承诺必践诺，说到就要做到。所以，承诺践诺本身对党组织和党员是一种鞭策，是党组织和党员内在动力的有效实现形式，是党组织和党员接受广大群众监督、上级党组织指导的重要形式。

创先争优活动中，多数党组织和党员的承诺践诺成效较好，使群众得实惠，受到群众好评。也有一些党组织和党员做出的承诺过于原则、显得空泛，难以操作、难以考查，群众难以得实惠。其根本原因，还是这些党组织和党员缺乏创先争优的内在动力，需要采取有效措施增强其创先争优的内在动力。

三、怎样增强党组织和党员创先争优的内在动力

承诺践诺等制度是新形势下激发实现党组织和党员创先争优内在动力的有效形式。推进创先争优常态化、长效化，还必须实行不断增强党组织和党员创先争优内在动力相关措施。

充分发挥主体作用。党组织和党员是创先争优的主体。发挥主体作用，要引导党组织和党员树立强烈的主体意识，尊重党员主体地位，保障党员民主权利，树立党员良好形象，规范党员承诺践诺制度，增强党员立足岗位建功立业的内在动力。

切实加强教育培训。通过党课、专题讲座、远程教育等形式，开展理想信念、根本宗旨、科学发展观和形势政策教育，增强党组织和党员的内在动力；通过学习型党组织建设，采用党员喜闻乐见的形式，坚持需要什么学什么、缺什么补什么，提升党员的素质能力，增强内在动力。

健全党的组织生活。党的组织生活每次必须突出重点，解决一两个突出问题，认真开展批评与自我批评，党组织负责人既要带头开展自我批评，也要带头批评别人，交心通气、端正风气、促进团结，提高生活质量，增强创先争优的内在动力。

做好关心爱护党员工作。新形势下做好关心爱护党员工作，要从思想上政治上关心党员的成长进步，解决党员的某些思想疑虑，保障党员民主权利，维护党员合法权益。要关心党员疾苦，特别是为那些困难党员多办实事好事，让他们时刻感受到党组织的关怀和温暖。

不断完善激励机制。完善创先争优的激励机制是增强党组织和党员创先争优内在动力的重要环节。用评议激励，抓好领导点评、党员互评和群众评议，使上评下议成为内在动力的强化机制；用典型激励，用身边事教育身边人，潜移默化

地强化内在动力；用考核激励，通过考核评价，调动干事热情，激发创业激情，强化内在动力；用表彰激励，抓好评选表彰，使先进和优秀有成就感、荣誉感，使其他党组织和党员学有榜样、赶有方向，强化内在动力。

先进和优秀是我们党的特征和追求。推进创先争优常态化、长效化，要把承诺践诺制度化，将发挥主体作用的有效制度机制化，用长效机制增强党组织和党员创先争优的内在动力，进一步提高党的建设科学化水平。

论人才工作以用为本①

科学发展以人为本，人才发展以用为本。以用为本，是国家人才发展规划纲要第一次提出的一个新理念，是新时期指导人才发展的重要方针。新形势下做好内蒙古自治区人才工作，必须准确把握以用为本的内涵，增强坚持以用为本的自觉性，认真落实以用为本方针。

以用为本，就是把充分发挥人才作用作为人才工作的根本任务，围绕用好用活人才来培养人才、引进人才，为人才干事创业和实现价值提供机会和条件，让人才对社会做出贡献。什么是人才，人才为什么能对社会做出贡献呢？人才规划纲要指出，人才是指具有一定的专业知识或专门技能，进行创造性劳动并对社会做出贡献的人，是人力资源中能力和素质较高的劳动者。人才之所以能对社会做出贡献，是因为人才是进行创造性劳动的劳动者。

所谓创造性劳动，是指创造社会价值的劳动，而且是能够在同等的社会劳动时间内生产出加倍的价值和使用价值的劳动。人才之所以能进行创造性劳动，是因为人才是人力资源中能力和素质较高的劳动者，而这种较高能力和素质又集中体现在人才具有的专业知识或专门技能上。所以，人才与非人才的区别，主要在于人才身上积累了更多的人力资本，人才是建立了知识和能力结构优势、积累了更多人力资本的人。

人才资源是第一资源。跟其他资源一样，人才资源也需要努力开发、科学使用，而且作为第一资源要优先开发、优先使用，即做到以用为本。只有优先开发、优先使用人才资源，才能合理开发、综合利用其他资源，支撑经济社会又好又快发展。所以，人才是科学发展的第一资源。人才的价值，归根结底在于使用，只有用好用活人才，人才才能进行创造性劳动，为社会做出贡献，发挥其作

① 本文原刊载于《内蒙古人力资源》2012 年第 2 期，2012 年 9 月 21 日《内蒙古日报》理论版。

用、体现其价值。再好的人才，如果不用或者使用不当，就不能发挥其作用、体现其价值，人才与非人才就没有什么区别。

特别是在发展的传统比较优势正在逐步弱化，科技和人才成为经济社会发展最有力支撑的今天，能不能坚持以用为本，善不善于用好用活人才，是考察一个领导者有没有打造新优势的战略头脑，衡量一个地区一个单位是不是科学发展的重要标准。国内外的经验证明，人才是一个国家和一个地区发展最可靠的战略资源，也是一种可持续开发的、越用越多的资源；人才优势是推动科学发展最需要培育、最可依靠的优势。

“十一五”以来，内蒙古自治区围绕建设人才流入区，不断完善人才政策，逐步加大人才投入，人才队伍进一步壮大，人才总量较快增长，人才结构逐步优化，人才素质得到提升，人才市场体系日益健全，人才效能明显提高。内蒙古自治区在全国率先实行以高校毕业生为主要对象的人才储备制度，储备各类人才六万多人，并坚持为用而储、储用结合，取得良好效果，成为人才工作的一个亮点。内蒙古自治区编制中长期人才发展规划纲要，提出八项人才发展重大政策，组织实施“草原英才”工程及其十项子工程，实施“511 人才培养工程”等五项重点人才工程，培养引进了一大批高层次人才。内蒙古自治区先后聘请两院院士48 名，组织实施“523 技能人才培养计划”培养高技能人才 22 万人，引进外国专家611 人次。这些重要举措，使人才对经济社会发展的支撑能力得到进一步提高。

与此同时，内蒙古自治区人才发展中也存在一些结构性矛盾和问题。比如，人才不够用，主要表现为结构性短缺，高端人才和优势特色产业包括发展现代农牧业、现代服务业所需的人才严重不足。内蒙古自治区工人队伍中高级技工仅占1.41%，全国这一比例是 5%，而发达国家则占到 35%。再比如，人才不适用，主要表现为培养出来的人才与经济社会发展需要相脱节，人才所从事的工作与经济社会发展需要相脱离，人才的专业知识或专门技能与其所从事的工作相分离等。还比如，人才不能充分使用，就是许多人才缺乏充分施展才能的舞台和条件，不能进行创造性劳动而为社会做出更大贡献。

解决这些问题，就要把服务科学发展作为人才工作的根本出发点和落脚点，牢固树立以用为本的人才工作理念，把用好用活人才作为人才工作第一位的任务，适应内蒙古自治区实施富民强区、富民优先战略的需求，坚持用当适需、用当识才、用当其位、用当其时、激励人才，让人才在破解内蒙古自治区经济社会发展难题中建功立业，为社会做出新贡献。

人才使用要用当适需。用当适需是指使用人才要适应需求。人才使用是为了服务科学发展、适应经济社会发展对人才的需要，特别是适应破解经济社会发展重点领域中难题之急需。适应需求必须搞清需求，搞清楚内蒙古自治区发展现代农牧业、构建多元发展现代产业体系和发展现代服务业以及和谐内蒙古建设对人才的需求是什么。不仅内蒙古自治区层面要搞清楚，而且内蒙古各地区各部门各单位、每个企业、每个嘎查村乃至每个农牧户都应搞清楚破解自身发展中的难题对人才的需求。

特别是各级领导干部和各类企业家更应该清楚自己领导的事业对人才的需求，这是衡量他们有没有问题意识、人才观念和战略眼光的一个重要方面。搞清需求、适应需求是用好用活人才的基础和前提。只有适应需求培养人才、开发人才、引进人才、使用人才，才能使人才凭借其专业知识或专门技能进行创造性劳动而破解难题，为社会做出贡献。内蒙古自治区人才规划纲要设计的《国民经济重点领域紧缺人才开发一览表》《“草原英才”工程实施方案》主要措施里提出的要“建立重要人才需求信息和目录年度发布制度”等，都属于搞清人才需求的重要措施。类似的人才需求信息发布和适应需求配置人才的措施应进一步具体化、普遍化、适用化，使之落到实处，破解经济社会发展中的难题。

人才使用要用当识才。用当识才是指根据破解难题的需求识别急需紧缺专门人才。搞清需求是找准发展中需要人才来破解的难题，识别人才是搞清破解难题所需人才的专长和优势。人才也不是万能的，人才之所以是人才，是因为人才具有专业知识或专门技能。使用人才必须根据破解发展中难题的需求用人才之所长，而用其所长的前提是知其所长。知人才能善任，识才方能用才。每个人都有长处和短处。用好用活人才，就在于用其所长不埋没，就在于最大限度地发挥人才的专长和优势，根据人才个性特点安排使用，使其长处得到发展，短处得到克服。用好用活人才，就在于善于全面、客观、辩证地识别人才，既要有爱才之心、识才慧眼，又要开放用人，鼓励人才毛遂自荐，使人才的专长和优势与需要破解的难题能够无缝对接，就在于善于扬长避短，不以小疵而掩才，不以妒谤而毁才，不以好恶而弃才，不以卑微而轻才，使每个人才的专长和优势能够有用武之地。

人才使用要用当其位。用当其位是指根据人才的专长和优势把人才用在适当的岗位上。充分发挥人才作用，破解经济社会发展中的难题，为人才干事创业和实现价值提供机会和条件，还必须把人才安排到适当岗位。同样一个人，安排在这个岗位上是人才，安排在那个岗位上就不一定是人才。岗位区别的实质是职责不同，不同的职责要求不同的人才来担当这个职责、完成这个岗位的工作。用当其位，就是把破解的难题、人才的专长、安排的岗位三者统一起来。三者相衔接、相统一，有利于发挥人才的专长和优势，避免人才浪费，最终有利于破解难题、人才实现价值。用当其位，关键是要坚持适才适岗原则，充分尊重人才个性

差异和兴趣特长，尽可能安排到最需要、最适合的岗位上，实现人与事的最佳组合。用当其位，就应从按职位空缺选配人才转变为按岗位职责选用人才，从一般性安置转变为人才资源优化配置，从配齐人头转变为配优配强班子和团队，提高人才资源配置水平，增强团队整体效能。

人才使用要用当其时。用当其时是指在人才发挥作用的最佳时期适时使用人才。每一个人都有其发挥专长、施展才华的最佳时期。如果能把握人才施展才华的最佳时期使用人才，其作用将得到加倍发挥，否则可能耽误人才。用当其时，就要善于抓住人才发挥作用的“黄金期”，不失时机使用人才，不拘一格用好人才，最大限度地发挥人才的专长和优势，破解难题，为社会做出贡献。特别是对年轻优秀人才一定要早发现、早培养、早扶持、早使用，用其所长、用当其位，让他们在创新创造的高峰时期唱主角、挑大梁，发挥最大潜能。用当其时，关键是要坚持适才适时原则，承认差别、正视差距，不搞平衡、少讲照顾，加强培养措施、加大开发力度，适时适才适需选拔使用人才，避免耽误、压抑和埋没人才。

人才使用要激励人才。激励人才是充分发挥人才作用的重要环节。激励人才应以人才的工作业绩为依据，对人才给予科学公正的评价。激励人才应当创新人才工作机制，包括创新人才评价机制和人才激励机制。创新人才评价机制，就是以岗位职责要求为基础，以品德、能力和业绩为导向，建立科学化、社会化的人才评价发现机制。要完善人才评价标准，克服唯学历、唯论文倾向，对人才不求全责备，注重靠实践和贡献评价人才；要改进人才评价方式，拓宽人才评价渠道，把评价人才和发现人才结合起来，坚持在实践和群众中识别人才、发现人才。创新人才激励机制，就是不断完善分配、激励制度，建立健全与工作业绩紧密联系、充分体现人才价值、有利于激发人才活力和维护人才合法权益的激励机制。要坚持精神激励和物质奖励相结合，健全以政府奖励为导向、用人单位和社会力量奖励为主体的人才奖励体系；要建立各级荣誉制度，表彰在经济社会发展中做出杰出贡献的人才；要建立产权激励制度，制定知识、技术、管理、技能等生产要素按贡献参与分配的办法。

“好钢用在刀刃上”。人才的价值和作用在于破解经济社会发展中的难题。经济社会发展的各领域、各层次都有各自的、程度不同的难题，需要培养、开发、引进和使用各层次、各类型人才，针对不同需求，识别不同人才，选择相应岗位，及时安排人才来破解难题，并根据人才业绩适时激励人才，使人才不断为社会做出新贡献，是为人才工作以用为本也。

为东方控股集团党建点赞[①]

2012年9月23日上午成立东方控股集团党建研究会，下午紧接着召开了东方控股集团党建理论研讨会。前两天陪同郑科扬同志在东方控股集团作了一些调查研究。通过调研和参加今天的会，有这样几点感受：一是东方控股集团在内蒙古自治区第一个成立民营企业党建研究会，第一个召开企业党建理论研讨会，难能可贵，可喜可贺。二是15年前，东方控股集团成立的当年就建立企业党组织，15年来矢志不渝抓党建，抓出了突出成绩，难能可贵，值得学习。三是六年前，东方控股集团提出要创建“中国特色社会主义新型企业”，六年来围绕如何把东方控股集团建设成为中国特色社会主义新型企业，从理论、实践两个层面进行深入探索并取得了显著成效，难能可贵，令人钦佩。四是作为一个民营企业，确立“以人为本、共同富裕”的企业宗旨，确定“让无产者变为有产者”的奋斗目标，并在坚持宗旨、实现目标的进程中取得了显著成绩，难能可贵，令人信服。五是企业党建工作通过实行支部建在联队、红旗飘在工地，提高党员地位、考核淘汰末尾，党员带头示范、困难冲在前面，坚持党管分配、维护公平正义，定额管理评十佳、一把手工程创绿卡等制度和措施，把“以人为本、共同富裕”的企业宗旨和“让无产者变为有产者”的奋斗目标落到实处，难能可贵，充分说明了东方控股集团党委一班人特别是党委书记丁新民坚持科学发展的自觉和加强企业党建的自信。

借此机会就东方控股集团的发展定位、企业宗旨、奋斗目标和如何开展企业党建研究等几个问题，谈一点粗浅的思考和认识。

一、关于东方控股集团创建“中国特色社会主义新型企业”的发展定位问题

一个企业怎样定位自己的发展，这是关系企业发展战略的大问题，是关系企业成败得失的重要问题。胡锦涛同志《在庆祝中国共产党成立90周年大会上的讲话》中指出：“经过90年的奋斗、创造、积累，党和人民必须倍加珍惜、长期坚持、不断发展的成就是：开辟了中国特色社会主义道路，形成了中国特色社会

① 本文来自2012年9月23日在东方控股集团党建理论研讨会上的发言。

主义理论体系，确立了中国特色社会主义制度。”企业是社会主义市场经济的主体，也是中国特色社会主义的建设主体。作为中国特色社会主义建设主体的企业，都应该思考举什么旗、走什么路、建什么制度、奔什么目标的问题。也就是要解决企业如何与党和人民同举一面旗、同走一条路、同奔一个目标的问题。六年前，东方控股集团提出要创建“中国特色社会主义新型企业”，六年来它在创建中国特色社会主义新型企业方面取得了哪些成效，也就是说它“新”在哪里呢？

第一，它新就新在旗帜意识强，高举中国特色社会主义旗帜引领企业发展方向，作为一个民营企业率先响亮提出要创建“中国特色社会主义新型企业”的理念；第二，它新就新在党建意识强，办企业的同时建党委、抓党建，企业业务拓展到哪里，党的建设就加强到哪里，依靠党的领导带领队伍，发挥党组织和党员作用凝聚人心，带出了一支敢打硬仗、敢于胜利的铁军；第三，它新就新在主体意识强，把企业自身作为中国特色社会主义的建设主体，把全体员工（民工）当成企业发展的主体，把实现两个主体的利益放在同等重要的地位，正在把小生产者的农民工转变为产业工人；第四，它新就新在富民意识强，扶持激励员工（民工）多劳增收、勤劳致富，统筹兼顾员工（民工）与企业利益，在实现员工（民工）利益最大化、社会利益最大化的过程中实现企业利益最大化，积极承担社会责任，热心赞助公益事业，累计投入近三亿元；第五，它新就新在创新意识强，提出了创建“中国特色社会主义新型企业”的发展理念、“以人为本、共同富裕”的企业宗旨、“让无产者变为有产者”的奋斗目标、“人本重于资本”的分配理念等，都富有新意，而且建立一系列新制度来保证发展理念、企业宗旨、奋斗目标和分配理念落到实处。比如，支部建在联队、民工代表大会、党组织读书会、党管分配、党员津贴、末位淘汰、定额管理、生活费补贴、扶持民工注册股份公司、员工（民工）技能培训、绿卡联队、十佳民工、一把手工程等行之有效的成功做法，已经或正在上升为企业制度层面。这五个方面构成了东方控股集团创建中国特色社会主义新型企业的内涵。

二、关于东方控股集团“以人为本、共同富裕”的企业宗旨问题

党有党的宗旨，企业也有企业的宗旨。我们党的宗旨是全心全意为人民服务，党的宗旨是企业确定自己宗旨的指南。东方控股集团确定的“以人为本、共同富裕”的宗旨，充分体现了党的宗旨，充分体现了科学发展观，是党的宗旨和科学发展观在东方控股集团的具体化。对东方控股集团来说，以人为本，就是以

人民利益为本，以全体员工（民工）利益为本，促进员工（民工）的全面发展。促进员工（民工）的全面发展，就是让全体员工（民工）逐步实现物质上富裕、精神上富有，而让全体员工（民工）逐步实现物质上富裕、精神上富有，就是共同富裕。所以，共同富裕是坚持以人为本的内在要求，是社会主义的本质所在。

作为企业宗旨的“以人为本、共同富裕”，在东方控股集团不是一句口号，而是实实在在的行动。这个行动就是把全体员工（民工）当成企业的主人，保证他们政治上平等参与、经济上不断增收、文体活动活跃、技能得到提高、生活持续改善。所谓政治上平等参与，就是坚持控股集团每三年召开民工联队代表大会，民工代表理直气壮地参与民主选举、民主决策、民主管理、民主监督，优秀民工党员被选拔到领导岗位上，在集团党委33名委员中有两名是民工。所谓经济上不断增收，就是坚持“人本重于资本”的理念，实行定额管理制度，分配向劳动倾斜，多劳多得、高质高得，实现了多数员工（民工）普遍增收、大幅度增收。所谓文体活动活跃，就是坚持先进文化发展方向，控股集团和四个产业集团以及下属各单位，结合各自的业务，开展丰富多彩的群众性文体活动，活跃员工（民工）的文化生活。所谓技能得到提高，就是坚持提高员工（民工）的素质能力，定期不定期开展学习教育活动，层层举办不同类型的培训班，使员工（民工）的业务技能得到切实提高。所谓生活持续改善，就是坚持从细节入手，集团党委书记、董事长带头深入工地、走进工棚，查床铺、看食谱，控股集团拨款补助伙食费，为员工（民工）免费提供吃、住、穿。

令人钦佩的是，东方控股集团这个民营企业通过坚持“以人为本、共同富裕”的宗旨，紧密结合企业自身实际，把科学发展观的核心理念和社会主义的本质要求一步一步地落到了实处。

三、关于东方控股集团“让无产者变为有产者”的奋斗目标问题

一个民营企业把“让无产者变为有产者”确立为自己的奋斗目标，耐人寻味。从某种意义上来说，160多年前马克思、恩格斯在《共产党宣言》中号召“全世界无产者联合起来”，目的就是为解放全人类、让无产者变为有产者逐步创造条件，让全体劳动者逐步富裕起来。东方控股集团让员工（民工）变为有产者即富裕起来，其最重要、最具特色的举措叫做“党管分配”。作为执政党，我们党既要管发展生产力，又要管调整生产关系，使之适应生产力发展的要求。东方控股集团党委既管生产，又管分配，其实是把科学社会主义的基本原则运用

到了企业发展的实践中。生产决定分配，分配又反作用于生产。一方面，如果分配不公，将挫伤员工（民工）的生产积极性，从而直接影响生产；另一方面，分配不公，收入增长缓慢，会抑制消费，从而间接影响生产。东方控股集团党委一心一意抓生产，理直气壮管分配，可谓管到了点子上。

东方控股集团党委管分配的核心理念是“人本重于资本”。人是生产力中最活跃、最具决定性作用的因素。以人为本，还是见物不见人，是衡量是不是科学发展的试金石。东方控股集团党委坚持“人本重于资本”，尊重劳动，分配向劳动倾斜，是将科学发展观以人为本的核心理念贯穿于企业发展实践的具体体现。东方控股集团党委既管生产，又管分配，按照“人本重于资本”的原则落实分配，是坚持“以人为本、共同富裕”的企业宗旨，实现“让无产者变为有产者”奋斗目标的可靠保证。这就是企业宗旨、奋斗目标与重要举措之间的关系，也是党的宗旨、科学发展观、社会主义的本质要求和基本原则在一个民营企业发展实践中的有机统一。

四、关于东方控股集团如何开展企业党建研究的问题

研究会已经成立，研究什么，怎样研究？一是要深入学习领会党的建设理论，特别是中央《关于加强和改进非公有制企业党的建设工作的意见》（试行），结合企业实际吃透精神实质，用党的建设理论指导我们的研究工作。这是自始至终需要把握的。二是要研究企业党组织的地位作用。中央《关于加强和改进非公有制企业党的建设工作的意见》（试行）明确了非公有制企业党组织的地位作用，即“非公有制企业党组织是党在企业中的战斗堡垒，在企业职工群众中发挥政治核心作用，在企业发展中发挥政治引领作用”。在东方控股集团，党组织如何起到核心引领作用，这是需要进一步深入研究的。三是要研究企业党组织的主要职责。中央《关于加强和改进非公有制企业党的建设工作的意见》（试行）明确了非公有制企业党组织的主要职责，即宣传贯彻党的路线方针政策、团结凝聚职工群众、维护各方合法权益、建设先进企业文化、促进企业健康发展、加强自身建设六项职责。东方控股集团如何把这六项职责具体化，这是需要进一步深入研究的。四是要研究发挥企业党组织核心引领作用的有效途径、行使职能职责的领导体制和工作机制。在现有基础上如何健全完善体制机制和制度，这是需要进一步深入研究的。五是要研究加强企业党员队伍、党务工作者队伍建设的有效途径和制度机制。在现有基础上如何健全完善有效途径和制度机制，这是需要进一步深入研究的。

教育实践活动要剑指“四风”①

围绕保持党的先进性和纯洁性，在全党深入开展以为民务实清廉为主要内容的党的群众路线教育实践活动，是党的十八大做出的重大部署。开展群众路线教育实践活动，要全面把握群众路线内涵，突出教育实践活动主题，聚集作风，剑指“四风”，确保教育实践活动取得群众满意的成效。

一、把握群众路线内涵

党的群众路线是党的生命线和根本工作路线，贯穿于党的一切工作中。党的群众路线是在红军时期孕育产生的，主要创立者是毛泽东同志，同时凝结着党的集体智慧。毛泽东同志根据马克思列宁主义的历史观和群众观，结合中国革命的实际，提出了一整套党的群众路线理论。后来在群众路线理论和实践上的丰富和发展，都是建立在这个基础上的。1956 年党的八大党章第一次写入“群众路线”的概念，1981 年党的十一届六中全会《关于建国以来党的若干历史问题的决议》对群众路线的内涵在八大党章的基础上作了更为明确、简洁的概括：“群众路线，就是一切为了群众，一切依靠群众，从群众中来，到群众中去。”1987 年党的十三大党章中又加了一句“把党的正确主张变成群众的自觉行动”，这个完整表述一直使用到现在。群众路线同实事求是、独立自主作为毛泽东思想活的灵魂的三个基本方面，是贯穿于毛泽东思想各个组成部分的立场观点和方法，是在中国革命长期艰苦斗争中形成的具有中国共产党特色的立场观点方法，丰富和发展了马克思列宁主义。

群众路线“一切为了群众，一切依靠群众，从群众中来，到群众中去，把党的正确主张变成群众的自觉行动”的表述包含了相互联系的三层内容，“一切为了群众，一切依靠群众”讲的是党的价值观念和群众基础，“从群众中来，到群众中去”讲的是党的领导方式和工作方法，“把党的正确主张变成群众的自觉行动”讲的是党的领导与群众路线的内在关系，体现了党的领导与人民当家做主的有机统一。

党的群众路线是党和群众关系的科学概括。过去我们强调党和人民群众的关

① 本文发表于 2013 年 8 月 5 日《人民日报》，标题为《扫除作风之弊行为之垢》。

系是鱼水关系，就是说，党如果脱离了人民群众就像鱼离开了水，生命就终止了。这是对革命战争年代和社会主义建设时期党和群众关系的生动比喻。今天，我们既要继续保持以往党和人民群众的鱼水关系，更要强调党的干部和人民群众的主仆关系。人民群众是国家的主人，各级干部是人民群众的公仆。开展党的群众路线教育实践活动，就是要切实增强广大干部特别是各级领导干部的公仆意识，就是要严格规范各级领导干部的公仆行为，就是要真正体现和充分保证人民群众的主体地位、主人地位。只有各级领导干部更真诚、更谦卑地把人民群众当主人，把自己当仆人，才能为民务实清廉、主动服务群众；只有各级领导干部真正把人民群众当老师，把自己当小学生，才能虚心向群众学习、增长自己的智慧和才干；只有各级领导干部真正把人民群众当英雄，自己做普通一员，才能密切联系群众、密切党群关系；只有各级领导干部对党的群众路线真懂真信真用，才能尊重主人、找准角色、当好仆人。

开展群众路线教育实践活动，既要牢固树立“一切为了群众，一切依靠群众”的领导观和群众观，又要真正理解和运用“从群众中来，到群众中去”的领导工作和群众工作的方法论。领导作决策，要倾听群众呼声，顾及群众情绪，代表群众利益，满足群众需求；执行决策，要发动群众，靠群众来落实；决策的效果，要靠群众去评估和监督。开展群众路线教育实践活动，贵在实践，贵在行动。只有动真格、见实效，才能赢得人民群众发自内心的拥护和认同，才能增强党和政府的公信力和领导力，才能把党的正确主张变成群众的自觉行动。

二、突出教育实践活动主题

今天，在全面建成小康社会、实现中华民族伟大复兴中国梦的征途上更好地坚持群众路线，必须做到为民务实清廉，这是开展群众路线教育实践活动的主题。为民，就是为民服务，以人为本、人民至上，是党的根本宗旨和唯一追求，是我们一切工作的根本目的；务实，就是求真务实、真抓实干，是根本的思想方法、行为方式，是我们为民服务应有的作风；清廉，就是遵纪守法、廉洁自律，是我们为民服务的根本保障。只有牢固树立为民宗旨，牢牢把握根本目的，才能坚持务实、清廉，为民是务实、清廉的出发点和落脚点；只有坚持务实、坚守清廉，才能更好地为民服务，务实、清廉是为民服务的根本途径。

为民就要富民。人民对美好生活的向往就是我们的奋斗目标。富民，就是让各族人民的物质生活更加富裕、精神生活更加充实，逐步实现共同富裕。坚持富民优先，必须把增加城乡居民收入放在第一位，努力实现《国务院关于进一步促进内蒙古经济社会又好又快发展的若干意见》关于内蒙古自治区城乡居民收入到2015年要达到全国平均水平、2020年要超过全国平均水平的目标。我们所做的一切工作包括推动经济社会发展，唯一目的是富民，是增加城乡居民收入、提高人民的生活水平，让人民过上更美好的生活。这既是我们为民的奋斗目标，也是衡量我们是不是真正为民的检验标准。

务实就要让人民群众得到真金白银的实惠。人民群众认可的实惠，就是尽快增加收入，不断改善生活，物质上更加富裕、精神上更加富有。务实，就要拿出实实在在招数，千方百计增加城乡居民收入，包括认真落实《国务院关于进一步促进内蒙古经济社会又好又快发展的若干意见》关于“鼓励农牧区集体和个人以土地、草场使用权入股等方式参与当地资源开发建设，增加农牧民财产性收入”的政策，更多增加城乡居民的财产性收入，使发展成果更多更公平惠及全体人民。

清廉就是绝对不搞公权私用、权钱交易、以权谋私。要明白权力属于人民，权力来源于人民，公权不能私用。毛泽东同志说：“我们的权力是谁给的？是工人阶级给的，是占人口95%以上的广大劳动群众给的。”他还说：“人民给我们权力是让我们全心全意地为人民服务。”1945年他在《论联合政府》一文中指出：“我们共产党人区别于其他任何政党的又一个显著的标志，就是和最广大的人民群众取得密切的联系。全心全意地为人民服务，一刻也不脱离群众；一切从人民的利益出发，而不是从个人或小集团的利益出发。”我国《宪法》明确规定：“中华人民共和国的一切权力属于人民。”明确权力来源，坚守公权只能为民造福这个底线，是当领导、做公仆的基本前提。

没有监督的权力必然导致腐败。作为权力主人的人民，对政府等公共部门行使权力有权监督。各级领导干部要自觉接受监督，为人民群众行使监督权创造条件，形成制度。“要加强对权力运行的制约和监督，把权力关进制度的笼子里，形成不敢腐的惩戒机制、不能腐的防范机制、不易腐的保障机制。”正确的权力观应是，权为民所赋，情为民所系，权为民所用，利为民所谋，权为民所督。敬畏人民，敬畏权力，慎用权力。

把握为民务实清廉的主题，还需要紧密结合本单位职能、本岗位职责，明确我们自己为民服务的具体任务、务实的具体方式、清廉的具体要求，从而使教育实践活动搞得深入扎实，解决问题，取得实效。总之，看一个班子、一个干部是不是恪守为民宗旨，主要看单位职能是不是履行到位、本职工作是不是做得到家；看一个班子、一个干部是不是求真务实，主要看群众得到了多少实惠；看一个班子、一个干部是不是清正廉洁，主要看群众是不是拥护。

三、深刻认识“四风”危害

总体上看，今天我们的各级领导班子、领导干部贯彻执行党的群众路线情况是好的，党群干群关系也是好的。同时，我们必须看到，面对世情、国情、党情的深刻变化，精神懈怠危险、能力不足危险、脱离群众危险、消极腐败危险更加尖锐地摆在全党面前，各级领导班子、领导干部中脱离群众的现象大量存在，集中表现在形式主义、官僚主义、享乐主义和奢靡之风这“四风”上。形式主义的主要表现是搞“形象工程”“政绩工程”，弄虚作假、不求实效，不是为群众谋利益，而是刻意追求 GDP，贪图名利、以自己升官发财为目的。习近平总书记在全国组织工作会议上强调，要把民生改善、社会进步、生态效益等指标和实绩作为重要考核内容，再也不能简单以国内生产总值增长率来论英雄了。这是振聋发聩的警示，是对破除形式主义的鞭策。官僚主义的主要表现是脱离群众、脱离实际，饱食终日、不关心群众疾苦，无所作为、不负责任，独断专行瞎指挥、不按客观规律办事。享乐主义的主要表现是思想懒惰、精神懈怠，贪图安逸、不思进取，个人利益第一、多做一点事情觉得吃亏，怕苦怕累、逃避责任，讲排场、比阔气、铺张浪费。奢靡之风的主要表现是挥霍钱财、吃喝玩乐、过分追求享受，沉湎于花天酒地、声色犬马，奢靡享乐甚至以权谋私、腐化堕落。

“四风”在不同时期、不同地区、不同环境、不同单位和不同领导干部身上，其表现形式不同、严重程度不同，但其共同特点是违背为民务实清廉的要求，假公济私、以权谋私，背离了群众路线，损害了党的形象，破坏了党群干群关系，割断了与群众血脉相连的脐带，为全党全民所深恶痛绝，必须对这些作风之弊、行为之垢来一次大排查、大检修、大扫除。

四、扎实抓好三个环节

这次群众路线教育实践活动剑指“四风”，直接从转变作风、落实中央八项规定和内蒙古自治区党委 28 条具体规定切入，把主要任务聚焦到作风建设上，要求在为民宗旨意识、务实工作作风、保持清廉本色上摆问题、找差距、辨是非、明方向，并把这一过程形象地概括为“照镜子、正衣冠、洗洗澡、治治病”。这 12 个字总要求要贯穿教育实践活动全过程，很好地照一照党的纪律、群众期盼、先进典型的镜子，看是不是找准了存在的问题和差距；正一正党性修养、党员义务、党纪国法的衣冠，看是不是正视问题、触及了灵魂，端正行为、维护了形象；洗一洗批评与自我批评的澡，看是不是找到了产生问题的原因，清洗了思想和行为上的灰尘，保持了共产党人政治本色；治一治不正之风和突出问题病，看是不是坚持了惩前毖后、治病救人方针，区别情况、对症下药，教育提醒乃至查处了问题严重的干部。

开展群众路线教育实践活动，要贯彻整风精神，牢牢把握坚持正面教育为主、坚持批评和自我批评、坚持讲求实效和开门搞活动、坚持分类指导、坚持领导带头五项基本原则。要坚持从严、务实，坚持高标准、高质量，着力抓好学习教育和听取意见、查摆问题和开展批评、整改落实和建章立制三个环节。学习是首要任务，学习教育、征求意见是第一环节。只有把习近平总书记在党的群众路线教育实践活动工作会议和中央政治局专门会议上的重要讲话精神学习好领会透，才能进一步提高思想认识，增强行动自觉。只有在学习教育的基础上听取意见，营造知无不言、言无不尽、畅所欲言的氛围，才能听到真话实话。只有紧密联系思想实际和工作实际，查摆问题才会有的放矢、开展批评才会思想交锋。只有从思想深处弄清楚作风问题产生的根源，找到问题的症结所在，明确努力改进的方向，整改落实才会积极自觉、建立长效机制才会切实管用。

五、始终坚持领导带头

“四风”主要反映在一些县处级以上领导机关、领导班子、领导干部的作风上，开展群众路线教育实践活动以县处级以上领导机关、领导班子、领导干部为重点。领导带头是贯穿群众路线教育实践活动始终的一条重要原则，各级领导干部要以普通党员身份把自己摆进去，力争认识高一层、学习深一步、实践先一着、剖析解决突出问题好一筹，要求别人做到的自己首先做到，要求别人不做的自己绝对不做。

在坚持领导带头上，中央政治局改进作风从自身做起，为全党全国作出了表率。中央八项规定出台以来，中央政治局自觉、认真贯彻执行，在改进调查研究、精简会议活动、精简文件简报、规范出访活动、改进警卫工作、改进新闻报道、严格文稿发表、厉行勤俭节约等方面取得显著成效。带动各地区各部门各单位高度重视，迅速部署，在建章立制、解决突出问题、加强监督检查等方面取得突破性进展，有力增强了广大党员、干部的宗旨意识和群众观点，有效遏制了迎来送往、文山会海、铺张浪费等不良现象。促进了党风政风转变，带动了社会风气好转，提高了党在人民群众中的威信，激发了广大干部群众的积极性和主动性，为开展教育实践活动打下了思想和工作基础。

开展群众路线教育实践活动，要坚持“党要管党，首先是管好干部；从严治党，关键是从严治吏”，坚持从严教育、从严管理、从严监督，让每一个干部都深刻懂得，当干部就必须付出更多辛劳、接受更严格的约束。各级领导干部要用“信念坚定、为民服务、勤政务实、敢于担当、清正廉洁”的好干部标准要求自己，强化带头意识，时时处处严要求、作表率。如果内蒙古自治区县处级以上领导机关、领导班子、领导干部都能带头学习提高、带头查摆问题、带头开展批评与自我批评、带头解决“四风”方面的突出问题，从而坚定群众观点、坚持群众路线，与人民心心相印、与人民同甘共苦、与人民团结奋斗，那么，建设更加繁荣富裕和谐美好的内蒙古就有了可靠保证。

论东方控股集团创新发展的实践①

这次全国非公有制企业党建论坛“高举旗帜，创新发展，充分发挥政治核心和政治引领作用”的主题，准确体现了中央加强和改进非公有制企业党建工作实现“两个覆盖”、发挥“两个作用”、加强“两支队伍”建设的总要求。

高举旗帜，就要充分发挥政治核心作用，引导和监督非公企业高举中国特色社会主义伟大旗帜，认真贯彻落实党的路线方针政策，坚持以人为本，确立员工主体地位，尊重员工主人翁精神，带领员工共同富裕。创新发展，就要充分发挥政治引领作用，引导和监督非公企业合法生产经营，创新驱动发展，转变发展理念、发展方式和管理方法，推动技术进步，增强核心竞争力，自觉履行社会责任。

高举旗帜是非有制公企业持续健康发展的方向，只有把握正确方向才能创新发展；创新发展是非有制公企业持续健康发展的路径，只有坚持创新发展才能增强企业的竞争优势。高举旗帜、创新发展，既是非公有制企业党组织充分发挥政治核心和政治引领作用的出发点，也是充分发挥这“两个作用”的落脚点。那么，非公企业要不要、能不能和怎样做到高举旗帜、创新发展呢？内蒙古鄂尔多斯东方控股集团创建中国特色社会主义新型企业的实践证明，高举旗帜、创新发展，不但是必要的，而且是必需的和完全可以做到的。东方控股集团的做法可以概括为以下几个方面。

① 本文为2013年10月26日，在鄂尔多斯市召开的全国非公有制企业党建论坛（2013年年会）大会上的发言。

一、注重创新企业战略

东方控股集团的创新意识很强，2006 年，集团党委书记、董事长丁新民就提出了创建“中国特色社会主义新型企业”的发展理念。一个企业怎样定位自己的发展，涉及企业的发展战略，关系企业成败得失。企业是社会主义市场经济的发展主体，也是中国特色社会主义的建设主体。从大的方面讲，举什么旗、走什么路、奔什么目标，也就是如何与党和人民同举一面旗、同走一条路、同奔一个目标，这是每个企业都面对且需要用行动来回答的问题。东方控股集团作为一个非公有制企业，率先响亮地提出要创建“中国特色社会主义新型企业”的发展定位，确实难能可贵。

那么，“中国特色社会主义新型企业”是一个什么样的企业，怎样创建呢？东方控股集团党委围绕创建“中国特色社会主义新型企业”先后提出了“以人为本，共同富裕”的企业宗旨、“让无产者变为有产者”的奋斗目标、“人本重于资本”的分配理念等独具特色的新思路，建立了党支部建在民工联队、民工代表大会、党组织读书会、党管分配、党员津贴、末位淘汰、定额管理、伙食费补贴、扶持民工注册股份公司、员工技能培训、绿卡联队建设、十佳民工选拔、“一把手”工程等一系列行之有效的新制度，形成了富有新意的企业发展战略，并且从理论、实践两个层面进行深入探索，取得了显著成效。

二、着力追求共同富裕

“以人为本，共同富裕”是东方控股集团的宗旨，是办企业的核心理念。这一核心理念充分体现了我们党全心全意为人民服务的根本宗旨，充分体现了科学发展观，是党的宗旨和科学发展观在东方控股集团的具体化。对东方控股集团来说，以人为本，就是以人民的利益为本，以全体员工民工的利益为本，促进员工民工的全面发展。促进员工民工的全面发展，就是让全体员工民工逐步实现物质上富裕、精神上富有，而让全体员工民工逐步实现物质上富裕、精神上富有，就是共同富裕。所以，共同富裕是坚持以人为本的内在要求，是坚持和发展中国特色社会主义的根本原则。东方控股集团提出别具特色的“让无产者变为有产者”的企业奋斗目标和“人本重于资本”的企业分配理念，把“以人为本，共同富裕”的企业宗旨落到了实处。

三、坚持“人本重于资本”

人本重于资本，是丁新民同志提出的东方控股集团的分配理念，是说人是生产力中最活跃、最具决定性作用的因素；分配要坚持以人为本，不能见物不见人、见钱不见人；要尊重劳动、尊重知识、尊重人才、尊重创造，分配要向劳动倾斜。坚持人本重于资本的目的，就是“让无产者变为有产者”！一个非公有制企业把“让无产者变为有产者”确立为自己的奋斗目标，提法本身就独具内涵、富有新意、耐人寻味。从某种意义上说，160 多年前马克思、恩格斯在《共产党宣言》中号召“全世界无产者联合起来”，目的就是为解放全人类、让无产者变为有产者逐步创造条件，让全体劳动者逐步富裕起来。今天，东方控股集团让全体员工民工变为“有产者”即富裕起来，其最重要、最具特色的举措叫做“党管分配”。作为执政党，我们党既要“管”发展生产力，又要“管”调整生产关系，使之适应生产力发展的要求。东方控股集团党委既管生产，又管分配，其实是把科学社会主义的基本原则运用到了企业发展的实践中。生产决定分配，分配又反作用于生产。一方面，如果分配不公，将挫伤员工民工的生产积极性，从而直接影响生产；另一方面，分配不公，收入增长缓慢，会抑制消费，从而间接影响生产。东方控股集团党委一心一意抓生产，理直气壮管分配，可谓管到了点子上。“让无产者变为有产者”的目标是“以人为本，共同富裕”宗旨的内在要求，“人本重于资本”的理念是坚持共同富裕宗旨、实现“有产者”目标的重要原则，而“党管分配”即党委决定企业分配是落实人本重于资本原则的可靠保证。这就是企业宗旨、奋斗目标、重要原则与重大举措之间的关系，也是党的宗旨、科学发展观、中国特色社会主义的根本原则在一个非公有制企业发展实践中的有机统一。

四、支部建在民工联队

东方控股集团的党建意识很强，其发挥党组织政治核心作用的特点是建企业的同时建党委、抓党建，企业业务拓展到哪里，党的建设就加强到哪里，真正做到了“两个覆盖”。特别是把党支部建在民工联队上，依靠党的领导带领队伍，发挥党组织和党员作用凝聚人心，带出了一支敢打硬仗、敢于胜利的筑路铁军；企业党建工作实行支部建在联队、红旗飘在工地，提高党员地位、实行辞退末位，党员带头示范、困难冲在前面，坚持党管分配、维护公平正义，定额管理评十佳、一把手工程创绿卡等制度和措施，把“以人为本，共同富裕”的企业宗旨和“让无产者变为有产者”的奋斗目标落实到基层、落实到联队、落实到每个员工民工身上。

五、坚持员工主体地位

东方控股集团的主体意识很强，把企业自身作为中国特色社会主义的建设主体，把全体员工民工当成企业发展的主体，把实现两个主体的利益放在同等重要的地位，把小生产者的农民工转变为产业工人；把全体员工民工当成企业的主人，保证他们政治上平等参与、经济上持续增收、文体活动活跃、技能得到提高、生活不断改善。政治上平等参与，就是坚持集团每三年召开一次民工代表大会，民工代表理直气壮地参与民主选举、民主决策、民主管理、民主监督，优秀民工党员还被选拔到领导岗位上，在集团党委33名委员中有两名民工委员。经济上持续增收，就是坚持“人本重于资本”理念，实行定额管理制度，分配向劳动倾斜，多劳多得、高质高得，实现了多数员工普遍增收、大幅度增收。现在，绝大多数员工成为有房、有车、有股份的“有产者”，工资连续八年稳步增长，近三年分别增长了20%、12%和23%。过去，民工日工资25元，一个月不到800元。2001年实行定额管理以来，一般民工月工资增长四倍以上，一个施工期下来，一般民工拿到四万元左右，技工拿到八万元以上。文体活动活跃，就是坚持先进文化发展方向，除了文化产业集团的艺术团经常到施工一线为员工民工演出外，四个产业集团及其下属各单位都开展丰富多彩的群众性文体活动，活跃了员工民工的精神文化生活。技能得到提高，就是坚持提高员工的素质能力，定期不定期开展学习教育活动，层层举办不同类型的培训班，使员工民工的业务技能得到明显提高。生活不断改善，就是按照“绿色东方、健康东方、和谐东方、幸福东方”理念，建设绿色食品生产基地，为员工民工提供有机绿色食品。丁新民同志经常下工地、进工棚，查床铺、看食谱，由东方控股集团直接拨款补助联队伙食费，为民工免费提供吃、住、穿。

六、主动承担社会责任

东方控股集团的社会责任意识很强，始终坚持“以人为本，共同富裕”和“人本重于资本”理念，扶持激励员工民工多劳增收、勤劳致富，统筹兼顾员工民工利益与企业利益，在实现企业利润最大化的同时始终不忘员工民工利益最大化、社会利益最大化，积极承担社会责任，热心赞助公益事业，企业建立以来累计支出社会公益事业资金3.9亿元。近几年，东方控股集团将社会责任的视野扩展到发展滞后的农村牧区，在鄂尔多斯市乌审旗的朝岱嘎查实行“企业+牧民合作社+牧民”模式，扶持朝岱嘎查的60户牧民以租赁形式流转耕地建立牧民专业合作社，由东方控股集团以支付租金、利润分红方式经营合作社耕地，并与地方共同出资建设牧民新村，不但使合作社牧户住上了富有民族风格的新别墅，而且大幅度增加牧民的财产性收入和工资性收入，牧民人均纯收入由建立合作社前的几千元增加到目前的三万多元。东方控股集团将“以人为本、共同富裕”的理念贯彻到与牧民专业合作社的合作和地企共建新牧区之中，带动牧民走上了共同富裕的道路。

东方控股集团为何能创建中国特色社会主义新型企业？

第一，带头人党性强是发挥政治引领作用的关键。丁新民同志自觉用党性谱写忠诚，坚定不移坚持中国特色社会主义方向，以强烈的责任感把党的路线方针政策贯彻到企业生产经营实践中，用新理念、新思路创造性地把党的宗旨、科学发展观落实到实现员工民工利益和担当社会责任上。

第二，为员工谋利益是发挥政治核心作用的基础。东方控股集团紧密结合生产经营活动加强党的建设，用“党管分配”的杠杆把出资人利益与员工民工利益及社会利益统一起来，真心实意为员工民工和社会谋利益，促进员工民工全面发展，把全体员工民工凝聚成了利益共同体。

第三，行之有效的制度是发挥两个作用的保证。东方控股集团善于从大局着眼出思路、谋发展，从生产经营活动和党建工作实际出发定制度、建机制，打造“创新创业、共建共享”的企业文化，用制度机制硬约束和企业文化软实力，保证了党组织“两个作用”的发挥。

东方控股集团的实践鲜明地回答了非公有制企业怎样高举旗帜、创新发展、发挥“两个作用”的问题。非公有制企业量大类多，发展情况千差万别。学习东方控股集团始终加强企业党建，高举旗帜、创新发展的做法和经验，不可能原样复制。但东方控股集团所坚持的方向、理念和路子，却具有普遍的启发和借鉴意义。

谈教育实践活动的主要任务[①]

开展第二批教育实践活动，要充分运用第一批活动的经验，紧紧扭住反对“四风”，从群众最关心、最迫切的问题入手，着力解决关系群众切身利益的问

① 本文为2014年1月23日在鄂尔多斯市群众路线教育实践活动动员会上的讲话稿。

题，解决群众身边的不正之风问题，把改进作风成效落实到基层，真正让群众受益，努力取得人民群众满意的实效。

一、主要任务是解决“四风”问题

开展群众路线教育实践活动，要聚焦形式主义、官僚主义、享乐主义、奢靡之风，着力解决“四风”方面的突出问题。

形式主义是一种只讲究外在形式、不注重实质内容的思想方法和工作作风。其要害是文山会海，脱离实际，不求实效。喜欢搞花架子，善于做表面文章；学习停留在会议上，理论停留在口头上，讲话停留在套话上；调查研究“坐着车子转、隔着玻璃看”，不掌握真实情况，不解决实际问题；弄虚作假、欺上瞒下，大搞“形象工程”“政绩工程”。

官僚主义是一种以官为本、脱离群众、自我膨胀的思想意识和工作作风。其要害是高高在上，漠视群众，唯我独尊。不关心群众疾苦，不负责任、不敢担当；好大喜功、急功近利，跑官要官、任人唯亲，拍胸脯决策、凭想象办事；遇事推诿、办事拖拉，门难进、人难见、脸难看、事难办；以会议落实会议，以文件落实文件。

享乐主义是一种以享乐为人生追求最高目标的思想观念和行为方式。其要害是思想懒惰，精神懈怠，贪图享受。以权谋私，吃拿卡要，玩风盛行，讲究吃喝玩乐；讲虚荣、好面子，计较待遇、追名逐利；饱食终日、不思进取，生活腐化；慵懒松散、迷恋特权，讲排场、比阔气。

奢靡之风是一种挥霍无度、生活奢华、炫耀攀比的风气。其要害是铺张浪费、挥霍公款、腐化堕落。大吃大喝、花天酒地，大兴土木、违规建设，劳民伤财；节庆泛滥，赛事成灾，沽名钓誉；超标准配车，超面积用房，多头占房；一味追求大气、洋气和豪气，视俭朴为寒酸，把奢侈当气派。

“四风”在各层各级、各地区、各单位的表现形式不一样，不可能一一列举。但“四风”的实质是违背人民至上、公私分明原则，假公济私、以权谋私，没有把人民放在心中最高位置，公权私用、公款私花。习近平总书记在党的十八届中央纪委三次全会上的重要讲话中指出：“作为党的干部，就是要讲大公无私、公私分明、先公后私、公而忘私，只有一心为公、事事出于公心，才能坦荡做人、谨慎用权，才能光明正大、堂堂正正。作风问题都与公私问题有联系，都与公款、公权有关系。公款姓公，一分一厘都不能乱花；公权为民，一丝一毫都不能私用。领导干部必须时刻清楚这一点，做到公私分明、克己奉公、严格自律。”习近平总书记的重要论述，对党的干部怎样认识“四风”、克服“四风”，用什么标准查找“四风”问题、解决“四风”问题，提出了明确的要求。

一个时期以来，党内脱离群众的现象大量存在，集中表现在“四风”上。“四风”盛行、愈演愈烈，人民群众反映强烈、非常反感、深恶痛绝，一些领导干部却习以为常、我行我素。“四风”，背离群众路线，破坏党群干群关系；危害党的事业，损害党和政府形象，影响恶劣，亟待解决。必须对这些作风之弊、行为之垢来一次大排查、大检修、大扫除。2012 年 12 月 4 日，新一届中央政治局做出关于改进工作作风、密切联系群众的八项规定，提出抓作风建设，首先要从中央政治局做起，要求别人做到的自己先要做到，要求别人不做的自己坚决不做，以良好党风带动政风民风，真正赢得群众信任和拥护。

“突出问题导向，以问题整改开局亮相，以问题整改注入动力，以问题整改交出答卷”。对各级领导干部来说，开展群众路线教育实践活动，解决“四风”方面的突出问题，必须“更加强化问题导向，注重解决实际问题”。强化问题导向，就必须树立强烈的问题意识，切实增强思想自觉和行动自觉，着力提高领导班子发现和解决自身问题的能力，勇于和善于查找问题、发现问题以及解决问题。看不到问题，本身就是问题；认为自己没有问题，就是最大的问题。强化问题导向是教育实践活动取得实效的重要前提。

二、要自始至终贯彻总要求

开展第二批教育实践活动，要坚持主题不变、镜头不换，贯彻“照镜子、正衣冠、洗洗澡、治治病”的总要求，以严的标准、严的措施、严的纪律坚决反对“四风”，推动思想认识进一步提高、作风进一步转变、党群干群关系进一步密切、为民务实清廉形象进一步树立、基层基础进一步夯实。照镜子，就要照一照党的纪律、群众期盼、先进典型的镜子，看是不是找准了存在的问题和差距；正衣冠，就要正一正党性修养、党员义务、党纪国法的衣冠，看是不是正视问题、触及了灵魂，端正行为、维护了形象；洗洗澡，就要洗一洗批评与自我批评的澡，看是不是找到了发生问题的原因，清洗了思想和行为上的灰尘，保持了共产党人政治本色；治治病，就要治一治不正之风和突出问题病，看是不是坚持了惩前毖后、治病救人方针，区别情况、对症下药，教育提醒乃至查处了问题严重的干部。

市县领导机关、领导干部和基层单位同人民群众的联系更直接，其不良作风更直接损害群众利益、伤害群众感情。必须着力解决发生在群众身边的腐败问题，认真解决损害群众利益的各类问题，切实维护人民群众合法权益。第二批教育实践活动要突出做好这方面工作。开展群众路线教育实践活动，要切实抓好以下工作：

（一）制定好教育实践活动方案

按照中央精神和内蒙古自治区党委的要求，从本地区、本单位的实际和特点出发，搞好舆论引导，制定操作性很强的实施方案，对需要侧重解决的问题进行调查梳理，提前做到心中有数，从解决具体问题抓起改起。应把增强各级干部直接服务群众的本领，提升服务水平，确保服务到位，使活动的成效落实到最基层、体现在最基层，纳入活动方案。

（二）坚持开门搞活动

第二批教育实践活动在群众家门口开展，必须坚持开门搞活动。干部作风存在哪些问题，群众心里最清楚，教育实践活动要让群众满意，一开始就要扎下去听取群众意见，更加注重发挥群众积极性，确保每个环节、每项工作都让群众参与、受群众监督、请群众评判，态度真诚，加强引导，讲究方法，把党的正确主张变为群众的自觉行动。

（三）坚持边学边查边改

要更加强化问题导向，盯住作风问题不放，从群众最关心的具体问题抓起，从群众不满意的地方改起，从小事做起，从具体事情抓起，让群众看到实实在在的成效，有利于百姓的事再小也要做，危害百姓的事再小也要除，不等不靠，立行立改，对拖欠群众钱款、克扣群众财物、侵占群众利益等问题要开展专项治理，属实的都要立即加以解决。

（四）坚持教育和实践两手抓

教育和实践是贯彻群众路线的两手，教育是基础，实践是目的，要两手抓、两手都要硬。学习教育要贯穿始终，只有把学习教育这个基础夯实，才能有做好听取意见、查摆问题、开展批评、整改落实、建章立制各项工作思想认识的自觉、思路措施的创新、取得实效的保证。从一开始就要把教育和实践的规定动作做到位，自选动作做精彩。

（五）坚持分类指导

针对不同层级、不同领域、不同对象提出要求，找准需要解决的突出问题，明确具体任务和推进措施，不能大而化之，不能搞“一刀切”“一锅煮”。市县两级领导机关、领导班子和领导干部应该先行一步、作出表率，行业系统要发挥指导作用，执法监管部门和窗口单位、服务行业要突出服务群众这个着力点，着力针对具体矛盾和问题抓好整改。

（六）坚持发挥一把手的关键作用

搞好教育实践活动，一把手是关键。一把手要把教育实践活动牢牢抓在手上，切实履行第一责任人的职责，发挥一把手的关键作用，以普通党员身份把自己摆进去，自觉示范带头，超前统筹谋划，力争认识高一层、学习深一步、实践先一着、剖析解决突出问题好一筹，要求别人做到的自己首先做到，要求别人不做的自己绝对不做。

（七）坚持发挥督导组的督导作用

内蒙古各地区、各单位党委（党组）要积极支持督导组开展工作，主动接受督导组的监督和指导，及时沟通情况、交换意见，形成工作合力。督导组要坚持严的标准、严的措施、严的纪律，不断加强自身建设，立足于搞好服务，切实发挥督促、指导、检查作用，寓服务于督导之中，加强督促检查，及时发现和解决问题，确保不漏项、不留死角。

习近平总书记指出，人心向背关系党的生死存亡。党只有始终与人民心连心、同呼吸、共命运，始终依靠人民推动历史前进，才能做到坚如磐石。开展党的群众路线教育实践活动，就是要把为民务实清廉的价值追求深深植根于全党同志的思想和行动中，夯实党的执政基础，巩固党的执政地位，增强党的创造力、凝聚力、战斗力，使保持党的先进性和纯洁性、巩固党的执政基础和执政地位具有广泛、深厚、可靠的群众基础。

我们相信，在市委的正确领导下，全市各级党组织和全体党员共同努力，坚持统筹兼顾，把开展活动同做好当前各项工作结合起来，做到两手抓、两不误、两促进，为做好改革发展稳定各项工作提供有力保障，同时，抓好宣传引导，加大宣传力度，发挥典型作用，为搞好教育实践活动营造良好氛围，使鄂尔多斯市群众路线教育实践活动取得令全市人民满意的实效。

切实增强三个意识[①]

思想是行动的先导。开展党的群众路线教育实践活动，首要的问题是提高思

① 本文发表于《内蒙古日报》2014 年 3 月 5 日理论版。

想认识。思想自觉决定行动自觉。提高思想认识，下面讲一讲增强问题意识、公仆意识、责任意识问题。

一、切实增强问题意识

习近平总书记在党的十八届三中全会上强调："改革是由问题倒逼而产生，又在不断解决问题中得以深化。"如果用习近平总书记这个对问题与改革关系的最深刻概括，也可以说，党的群众路线教育实践活动是由"四风"问题倒逼而开展，又在不断解决"四风"问题中取得人民群众满意的实效。

开展群众路线教育实践活动，主要任务是解决"四风"问题。解决问题，需要看到问题、找准问题，而看到问题、找准问题，又需要有强烈的问题意识。问题意识，是党的十八大以来党中央对领导干部提要求使用的一个高频词。第一批教育实践活动刚开始的时候，有的领导机关、领导干部拍胸脯说，我们没有"四风"问题。对这样的现象，中央尖锐而深刻地指出，看不到问题，本身就是问题；认为自己没问题，本身就是大问题。开展群众路线教育实践活动，从思想认识角度讲，每个领导班子、每个领导干部都要增强问题意识、突出问题导向。这是教育实践活动高点起步、健康发展、取得实效的基本前提。

增强问题意识，有强烈的问题意识，才能发现问题、整改问题。第一批教育实践活动解决了许多群众反映强烈的"四风"突出问题，让党风为之一新、政风为之一清。实践证明，增强问题意识，突出问题导向，以问题整改开局亮相，以问题整改注入动力，以问题整改交出答卷，就能确保活动取得实效。

增强问题意识，要紧密联系本地区、本部门实际。市旗教育实践活动涉及的单位和人员范围广、领域宽、数量大，与群众联系更直接、更紧密，涉及的矛盾和问题具体尖锐，群众期望值高，任务也更加艰巨。习近平总书记讲："市县领导机关、领导干部和基层单位同人民群众的联系更直接，其不良作风更直接损害群众利益、伤害群众感情。必须着力解决发生在群众身边的腐败问题，认真解决损害群众利益的各类问题，切实维护人民群众合法权益。"增强问题意识，就要紧紧扭住反对"四风"，从群众最关心、最迫切的问题入手，着力解决关系群众切身利益的问题，解决群众身边的不正之风问题，把改进作风成效落实到苏木乡镇街道和嘎查村社区，真正让群众受益，努力取得人民群众满意的实效。

增强问题意识，要更加强化问题导向，回应群众关切，盯住"四风"问题不放，从小事做起，从具体事情抓起，维护群众利益，注重解决实际问题，让群众看到实实在在的成效。要着力解决群众身边的不正之风，把改进作风的要求真正落实到基层，有利于百姓的事再小也要做，危害百姓的事再小也要除，不等不靠，立行立改，对拖欠群众钱款、克扣群众财物、侵占群众利益等问题要开展专项治理，属实的都要立即加以解决。教育实践活动能否围绕问题做文章，决定着活动能否善做善成、有始有终。从一开始，对此我们要有深刻的认识，做到思想自觉、行动自觉。

二、切实增强公仆意识

解决“四风”问题，其目的是进一步密切联系群众、更好地贯彻群众路线。我们党的最大政治优势是密切联系群众，党执政后的最大危险是脱离群众。密切联系群众、贯彻群众路线，核心问题是正确认识和摆正与群众的关系。

群众路线是我们党的生命线和根本工作路线。群众路线是党和群众关系的科学概括。过去我们强调党和人民群众的关系是鱼水关系，就是说，党如果脱离了人民群众就像鱼离开了水，生命就要终止。这是对革命战争年代和社会主义建设时期党和群众关系的生动比喻。今天，我们既要继续保持党和人民群众的鱼水关系，更要强调党的干部和人民群众的主仆关系。人民群众是国家的主人，各级干部是人民群众的公仆。开展党的群众路线教育实践活动，就是要切实增强广大干部特别是各级领导干部的公仆意识，就是要严格规范各级领导干部的公仆行为，就是要真正体现和充分保证人民群众的主体地位、主人地位。各级领导干部，只有真诚地把人民群众当主人，把自己当仆人，才能为民务实清廉、主动服务群众；只有真正把人民群众当老师，把自己当小学生，才能虚心向群众学习、增长自己的智慧和才干；只有真正把人民群众当英雄，自己做勤务员，才能密切联系群众、密切党群关系；只有对党的群众路线真懂真信真用，才能找到主人、找准角色、当好仆人。坚持群众路线，就要坚持人民是决定我们前途命运的根本力量，坚持全心全意为人民服务的根本宗旨，保持党同人民群众的血肉联系，真正让人民来评判我们的工作。

公仆意识强不强、与群众的关系正不正，是检验我们是不是坚持贯彻群众路线、坚决反对“四风”的试金石。“四风”在各层级、各地区、各单位的表现形式不一样，但“四风”的实质是脱离群众、脱离实际，假公济私、以权谋私，公权私用、公款私花。习近平总书记在党的十八届中央纪委三次全会上的重要讲话中指出：“作为党的干部，就是要讲大公无私、公私分明、先公后私、公而忘私，只有一心为公、事事出于公心，才能坦荡做人、谨慎用权，才能光明正大、堂堂正正。作风问题都与公私问题有联系，都与公款、公权有关系。公款姓公，一分一厘都不能乱花；公权为民，一丝一毫都不能私用。领导干部必须时刻清楚这一点，做到公私分明、克己奉公、严格自律。”习近平总书记的重要论述，对党的干部怎样增强公仆意识、规范公仆行为，怎样认识“四风”、克服“四风”，用什么标准查找“四风”问题、解决“四风”问题，提出了明确的要求，列出了衡量的标准。

增强公仆意识，有强烈的公仆意识，才能对照公仆标准，有勇气把自己摆进去，发现和找到自身“四风”突出问题，有决心真心实意征求意见、揭短亮丑查摆问题，用批评和自我批评这个有力武器清除政治灰尘和政治微生物，进一步密切党同人民群众的血肉联系；才能真正搞清楚我是谁、为了谁、依靠谁，进一步树立马克思主义群众观，更好地解决世界观、人生观、价值观这个“总开关”问题，更好地补上理想信念这个共产党人的精神之“钙”。

三、切实增强责任意识

认真解决“四风”问题，确保教育实践活动取得人民群众满意的实效，全体党员都有责任，各级领导干部都有责任，都要增强责任意识。其中最重要的是各级党组织一把手要履行好第一责任人的责任，充分发挥带头作用。

“打铁还需自身硬”，正人必先正己。领导带头，是带动广大干部群众的无声力量，是我们党的重要领导方法。坚持领导带头，领导要从自身做起，要求别人做到的自己首先做到，要求别人不做的自己绝对不做。身教胜于言传，表态不能代替表率。坚持领导带头，关键是一级做给一级看，一级带着一级干。习近平总书记强调，“一把手是关键。一把手以身作则并有力推动班子切实贯彻中央精神很重要”。一把手是领导班子的班长，是党员干部的标杆，是教育实践活动的第一责任人。一把手带头，是把教育实践活动引向深入的重要方法，也是教育实践活动能否取信于民的重要标准。火车快不快，全靠车头带，一把手的一言一行都影响着其他同志的工作动力。对于群众路线教育实践活动，只有一把手带头抓落实，为其他党员示好范、带好头，才会形成一层抓一层、层层推进的生动局面，让群众看到决心，增强信心。如果一把手不愿动真碰硬、轻描淡写，不以为然、敷衍塞责，传递负面情绪，释放消极信息，教育实践活动自然就会停留在务虚功、走过场上，雷声大雨点小，阵势大实效小，最终让群众反感、社会失望。

“己身不正，焉能正人。”一把手是教育实践活动的组织者、监督者，更是参与者。如果一把手不能以普通党员身份把自己摆进去，不能做到认识高一层、学习深一步、实践先一着、剖析解决突出问题好一筹，就很难用严格标准来要求别人。哪里有一把手带头，哪里就有工作新局面；哪里一把手高度重视，整个班子就会认真负责；哪里一把手把群众放在心中最高位置，群众就会对他敞开心窝子；哪里一把手把自己摆进去、立行立改，党员干部就能直面问题、主动整改。

习近平总书记特别要求我们，要着力搞好教育实践活动，坚持抓严，认真抓实，切实抓长，确保教育实践活动取得人民满意的实效。抓好一把手、一把手抓好，就是确保教育实践活动取得人民满意实效的一条基本经验。切实增强责任意识，认真履行第一责任人的职责，一把手就要亲自抓、带头干，率先垂范、树起标杆，带头认真学习，带头听取意见，带头谈心谈话，带头撰写对照检查材料，带头开展批评和自我批评，带头整改落实和建章立制，真正发挥一把手的关键作用，确保中央高度重视、群众高度期待的教育实践活动，善始善终、善做善成。

今天强调切实增强问题意识、公仆意识、责任意识，就是为了在教育实践活动中着力解决“四风”突出问题，着力密切党群干群关系，注重发挥一把手的示范带头作用。开展教育实践活动，主要任务是解决“四风”问题、切实转变作风，最终目的是贯彻群众路线、密切联系群众，而一把手示范带头是活动取得实效的关键。那么，怎样增强三个意识呢？根本途径是加强学习，学好学深学活中央和内蒙古自治区党委规定的学习内容，边学习、边思考、边讨论，紧密联系自己的思想实际、工作实际和群众的生产生活实际，切实增强思想自觉和行动自觉，不断提高直面问题的自觉、为民服务的自觉、履行职责的自觉。

第九督导组来鄂尔多斯市工作，是向鄂尔多斯市党员干部和人民群众学习的极好机会。我们将紧紧依靠鄂尔多斯市市委、紧紧依靠广大干部群众开展工作。我们将坚持严的标准、严的措施、严的纪律进行督导，到位不越位、帮忙不添乱。我们将不断加强自身建设，立足于搞好服务，切实发挥督促、指导、检查、把关作用，寓服务于督导之中，为确保教育实践活动取得鄂尔多斯市人民满意的实效而做出我们应有的贡献。

学习习近平兰考讲话的几点体会[①]

习近平总书记在兰考县调研指导党的群众路线教育实践活动时发表的重要讲话，进一步明确了第二批教育实践活动需要准确把握的总体要求、实践载体、重点对象、组织指导原则和特点规律。总书记的这个重要讲话，不仅是推进第二批教育实践活动深入开展的行动纲领，而且对于提高党的建设科学化水平、深化党的建设制度改革，都具有重要的指导意义。

① 本文原载于2014年4月3日《鄂尔多斯日报》、2014年4月9日《内蒙古日报》。

一、关于为各项工作确立一个较高标准问题

总书记指出，标准决定质量，有什么样的标准就有什么样的质量，只有高标准才有高质量。教育实践活动要确立一个较高标准，并严格按标准抓部署、抓落实、抓检查。我们要充分认识确立较高标准的重要性。有没有标准、标准高不高，直接关系教育实践活动的成效。比如，衡量当前学习教育质量的标准是什么、有没有标准、能不能确立一个较高标准，这是需要我们思考和研究解决的问题。是不是深入查找“四风”问题、分析根源并提出了整改措施，是衡量当前学习教育质量的一个重要标准。以此类推，衡量征求意见、查摆问题、开展批评、整改落实、建章立制质量的标准是什么，衡量各项工作质量的标准怎么确立，这些都需要我们深入思考和研究解决。确立较高标准，坚持高标准严要求，是教育实践活动的总体要求，是坚持抓严、抓实、抓长，增强政治责任感，严格按标准检验活动成效的迫切需要。

二、关于学习弘扬焦裕禄精神问题

五年前，习近平总书记把焦裕禄精神概括为“亲民爱民、艰苦奋斗、科学求实、迎难而上、无私奉献”。这次，总书记指出，教育实践活动的主题与焦裕禄精神是高度契合的，要把学习弘扬焦裕禄精神作为一条红线贯穿活动始终，做到深学、细照、笃行。要特别学习弘扬焦裕禄同志“心中装着全体人民、唯独没有他自己”的公仆情怀，凡事探求就里、“吃别人嚼过的馍没味道”的求实作风，“敢教日月换新天”“革命者要在困难面前逞英雄”的奋斗精神，艰苦朴素、廉洁奉公、“任何时候都不搞特殊化”的道德情操。要组织党员、干部把焦裕禄精神作为一面镜子，从里到外、从上到下反复照一照自己，深入查摆自己在思想境界、素质能力、作风形象等方面存在的问题和不足，努力向焦裕禄同志看齐，从今天做起，从眼前做起，从小事做起，像焦裕禄同志那样对待群众、对待组织、对待事业、对待同志、对待亲属、对待自己，像焦裕禄同志那样生命不息、奋斗不止，努力做焦裕禄式的好党员、好干部。我们要充分认识把焦裕禄精神确定为教育实践活动载体的重大意义。焦裕禄同志是县委书记的榜样，也是全党的榜样，焦裕禄精神是我们党的宝贵精神财富。以焦裕禄精神为实践载体，就要在对标立规中查找差距，重点学习弘扬焦裕禄的公仆情怀、求实作风、奋斗精神和道德情操，按照“五个从”“六个对待”要求，努力做焦裕禄式的好党员、好干部。那么，焦裕禄精神实践载体与“四大行动”“六大工程”载体是什么关系？

两者是灵魂与形体的关系。只有以焦裕禄精神为指导，弘扬焦裕禄的公仆情怀、求实作风、奋斗精神和道德情操，才能做到“行动”有成效、“工程”有成果。

三、关于充分发挥领导干部带头示范作用问题

总书记指出，领导干部在教育实践活动中发挥带头作用，是具体的而不是抽象的，是全面的而不是有选择的。面对群众的眼睛，领导干部自我要求越严格越好，勘误纠错越主动越好。各级领导干部要自觉把自己以一个普通党员身份摆进去，联系思想和工作实际，联系成长进步经历，带头学习理论，带头听取意见，带头查摆问题，带头开展批评和自我批评，带头整改落实，带头推进制度建设，使每个环节、每个方面都示范到位，力争认识高一层、学习深一步、实践先一着、剖析解决问题好一筹。我们要充分认识领导干部带头示范的重要性。领导带头示范是教育实践活动取得人民满意实效的关键。关键是要求别人做的，领导自己首先要做到；要求下面边学边查边改，领导机关先要边学边查边改；要求下面成为典型，领导机关自身要成为典型。领导干部、领导机关若能身先士卒、率先垂范，下面必能积极响应、紧跟而来。这样，就可以在上下互动中解决问题、取得实效。

四、关于教育实践活动组织指导原则问题

总书记强调，要整合好组织资源、人力资源、社会资源、政策资源，使与活动相关的各种因素同向着力、相互协调。要把握好节律，该齐步走的齐步走，需要有先有后的适当压茬，解决复杂矛盾先行探索，用成功经验和管用办法示范带动，做到现实问题、历史遗留问题一起解决，共性问题、个性问题一起解决，重点单位、重点地区的问题和整个面上的问题一起解决，班子的问题、班子成员个人的问题一起解决。要讲认真动真格，一个环节一个环节抓，一个节点一个节点抓，通过改进作风既及时解决表象问题、简单问题、共性问题，又有效解决深层次问题、复杂问题、个性问题，不达目的不松手，不达标准不交账。要用好批评和自我批评武器，真刀真枪，有点“辣味”，让每个党员、干部都能红红脸、出出汗、排排毒。要坚持开门搞活动，开门听取意见，开门查摆问题，开门整改落实，开门建立制度，对群众提出的意见要逐条梳理，建立台账，作为对照检查的重要依据，对群众提出的一些具体问题，能够解决的要抓紧解决，一时解决不了的要耐心细致做好解释工作，需要上级决策或制定政策的要及时反映，整改工作情况要向群众反馈，让群众评头论足。我们要充分认识把握好组织指导原则的重

要性。教育实践活动的主要任务就是解决问题，要坚持“五个开门”，做到“四个一起”“六个同时”解决问题，在攻坚克难中提振信心。

五、关于坚持两手抓、两促进问题

总书记指出，党的建设历来是为党的中心工作服务的，开展教育实践活动目的是能够使我们党带领群众把改革开放和社会主义现代化建设推向前进，教育实践活动成果要用改革发展的实际成果来检验。要紧密结合实际，把开展教育实践活动与推动发展结合起来，引导党员、干部牢固树立发展仍然是第一要务的理念，不断提高推动科学发展能力，增强区域经济综合实力和竞争力。与深化改革结合起来，加大体制机制改革力度，进一步简政放权，激活各类生产要素，以改革促进发展潜力转化为发展优势。与富民利民结合起来，加大为民服务力度，建立健全发展成果共享机制，不断激励城乡居民创业增收和勤劳致富，持续提高城乡居民生活水平。与加强基层基础结合起来，大力整顿软弱涣散基层党组织，推动人、财、物向基层倾斜，关爱基层干部，关心他们的成长、支持他们的工作、保障他们的待遇，充分调动基层的积极性和主动性。我们要充分认识坚持“两手抓”“两促进”的重要性。正确认识和处理教育实践活动与中心工作的关系，在思考辨析中把握教育实践活动特点规律和县域治理特点规律，坚持“四个结合起来”，把强市强县和富民统一起来，把改革和发展结合起来，把城镇和农村牧区贯通起来，不断取得经济转型升级、社会全面进步的新成绩。

六、关于从本质上认识作风问题

总书记指出，作风问题本质上是党性问题。抓作风建设，就要返璞归真、固本培元，重点突出坚定理想信念、践行根本宗旨、加强道德修养。一是正确认识和处理人际关系，做到既有人情味又按原则办，特别是当个人感情同党性原则、私人关系同人民利益相抵触时，必须毫不犹豫站稳党性立场，坚定不移维护人民利益。二是下决心减少应酬，保持健康的工作方式和生活方式，多学习充电、消化政策，多下基层调查研究、掌握第一手情况，多系统思考和解决存在的突出问题，自觉远离那些庸俗的东西。三是实实在在做人做事，做到严以修身、严以用权、严于律己，谋事要实、创业要实、做人要实，堂堂正正、光明磊落，敢于担当责任，勇于直面矛盾，善于解决问题，不搞“假大空”。四是对一切腐蚀诱惑保持高度警惕，慎独慎初慎微，做到防微杜渐。我们要充分认识转变作风、增强党性的重要性。正确认识和处理个人感情同党性原则、私人关系同人民利益的关系，保持健康的工作方式和生活方式，切实做到“三严三实”。

七、关于教育实践活动重点部位问题

总书记指出，窗口单位是第二批教育实践活动查摆和解决作风问题的重点部位，要在活动中总结经验、解决问题，从服务内容、办事流程、跟踪反馈、结果评价等方面不断改进，使服务更加精细、规范、高效。我们要充分认识窗口单位查摆和解决作风问题的重要性。窗口单位与群众联系更直接更紧密，需要处理的矛盾问题直接关系人民群众的切身利益，其服务质量直接关系党和政府形象。要使其服务更加精细、规范、高效，有效途径还是结合窗口单位实际，围绕服务内容、办事流程制定较高标准，依据标准跟踪反馈、评价结果、实施奖惩。

八、关于如何当好基层干部问题

总书记说，乡村处在贯彻执行党的路线方针政策的末端，是我们党执政大厦的地基，基层干部是这个地基中的钢筋，位子不高但责任很大。现在，农村发展和管理对基层干部素质和能力提出了更高要求，要多思考如何把基层干部当好。焦裕禄同志在兰考工作只有一年多，但在群众心中铸就了一座永恒的丰碑。要深入思考这样一个问题：焦裕禄同志给我们留下了那么多，我们能为后人留下些什么？在教育实践活动中，要坚持上下联动，共同解决难题，推动乡村工作上台阶。要进一步把农村党组织建设成为坚强的战斗堡垒，多渠道发挥农村党员先锋模范作用，带领村民一起建设社会主义新农村。我们要充分认识当好基层干部的重要性。当好基层干部要以焦裕禄同志为榜样，带领群众艰苦奋斗，切实关心农村牧区每个家庭特别是贫困家庭，因地制宜发展特色产业，促进农牧民增收致富。

九、关于教育实践活动要见物见人问题

总书记强调，教育实践活动要见物见人，既围绕解决实际问题制定方案、采取措施，又围绕提高党员、干部素质和能力制定方案、采取措施。要防止用兴办实事代替解决党员、干部作风问题，只注重解决作风问题而忽视提高群众工作能力的倾向。我们要充分认识见物见人问题的重要性。既见物又见人，才是科学发展。一定要制定两个方案、落实两个方案。一定要正确认识和处理兴办实事、转变作风、群众工作能力三者的关系，既不能用一项代替另一项，也不能重视一项而忽视另一项。

十、关于严格督导把关问题

总书记强调，要严格督导把关，督导的重点放到各级领导班子、领导干部特别是一把手身上，坚持问题导向，全面掌握作风上需要解决的突出问题，及时发现和帮助解决工作推进中的苗头性、倾向性问题，跟踪督查落实情况。我们要充分认识严格督导把关的重要性。严格督导把关，是教育实践活动的一个重要特点，也是活动取得实效的重要保证。严格督导把关，就是要立足于充分发挥督促、检查、指导、把关作用，搞清楚督导什么、怎样督导，确立较高标准，不达标准不放过。

群众路线教育实践活动正在学习教育、听取意见环节，而我们都处在一个一时一刻不学习就落伍被淘汰的时代。学习的功夫不在多而在深、不在眼而在脑、不在记而在悟、不在口而在手、不在快而在恒。这五句话的意思是，要把功夫下在深入钻研上、联想思考上、悟出自己上、亲自动手上、持之以恒上。

东胜区“三到两强”服务制度[①]

“三到两强”是东胜区区委和街道党工委派干部到社区，坚持“工作到社区、服务到户、温暖到心”，加强社区基层组织建设和社区干部队伍建设的服务工作。到社区的干部必须坚持为民务实清廉，学习弘扬焦裕禄同志的公仆情怀、求实作风、奋斗精神和道德情操，认真践行“三严三实”，执行“三到两强”服务制度。

一、“三到两强”下派干部数量

每个干部联系200户左右居民，每个社区派干部10～17人，其中，东胜区区直部门脱岗到社区干部2～3人，街道到社区干部2～4人，社区工作人员6～10人。“三到两强”服务工作由街道党工委领导，街道到社区的干部任组长，社区党组织书记任副组长。

① 本文来自2014年4月东胜区委组织部。

二、干部在社区到户工作时间

东胜区区直部门、街道干部到社区工作的时间为一年，干部轮换，服务不断。根据网格、小区楼栋和居民的不同情况，将全部居民户分为下派干部的联系户，下派干部每两个月对所联系的居民户、个体工商户、企业等走访一遍，与重点联系户保持经常性联系。

三、下派干部到社区工作任务

深入宣传党的路线方针政策和上级发展思路，做到家喻户晓；帮助社区制定长远发展规划、精准扶贫规划，提升服务水平，实现规划目标；搭建微创业平台，支持居民创业就业，拓展服务居民领域；开展“爱我家乡文明行·共建宜居宜业道德城”行动，推进社区精神文明建设；帮助社区党组织定期召开在职党员会议，确定服务内容、公开服务责任、制定服务成效评价办法；培育发展各类社会组织，发挥社会组织在社区建设中的作用；加强服务型基层组织建设，发挥党组织的战斗堡垒作用和党组织书记的示范带头作用，发挥其他基层组织的职能作用；发挥居民委员会作用，支持居民自我管理、自我教育、自我服务；推进学习型党组织建设，带动党员成为学习型党员，发挥先锋模范作用；落实上级党委交办的其他任务；带头参加社区党组织组织生活会和学习会。

四、下派干部到户服务任务

虚心听取居民群众的诉求，为居民提供所需信息，宣传相关政策、解疑释惑，做联系户的知心朋友。与居民群众面对面问冷暖、唠家常，及时了解联系户生产生活中的困难和问题及其原因，进行分类梳理。下派干部自己能帮助解决和代办领办的问题，及时帮助解决；自己解决不了的问题，及时向社区“两委”联席会议汇报解决。东胜区区直部门下派到社区的干部每月向本单位汇报一次工作，下派部门要重视和支持到社区干部的工作。

五、下派干部温暖到心服务任务

从细处着眼、从小处着手、从实处着力，解决居民群众最关心、最直接、最现实的问题，化民怨、解民忧、暖民心。做到情绪不稳时疏导、有邻里纠纷和家庭矛盾时劝导、有病有灾时抚慰、有难题时帮助、有疑问时解答。对老党员、孤寡老人、失业人员、流动人口、矫正对象、贫困户、低保户等特殊人群每两周必访问，服务不间断。

六、下派干部到户服务的要求

下派干部要真实准确记录每次到户的《户情日记》，包括每户的基本情况、居民实际困难、居民意见建议、需要帮助解决的问题、解决的办法、解决的结果，让联系户温暖到心的情况等。《户情日记》每次由户主核阅后签字。与联系户建立全天候联系方式。

七、“三到两强”服务方法

以网格化管理为载体，通过下派干部了解、居民直接反映、信息化采集等途径，全面掌握社情民意；通过分析诉求、建立台账、及时办理、反馈结果、群众评议、动态考核等步骤，切实把居民的事办好办实；采取协同服务、信息化服务、代办服务、预约服务、延时服务等方式，为居民提供暖心服务。

八、“三到两强”解决问题的原则

对居民群众和社区要求解决的困难和问题，坚持“属地管理、条块结合、分清责任、限期办结”原则，区、街道、社区三级联动，无缝对接，办好办实。本社区难以解决的问题，报街道党工委、办事处解决；本街道解决不了的问题，按照“街道汇总上报，职能部门下沉”的办法解决；职能部门解决不了的报区委、区政府研究解决；暂时解决不了的，说明原因并提出后续解决方案。同时，层层做好耐心细致的解释工作，做到件件有着落、事事有反馈，争取群众的理解和支持。

九、社区联席会议制度

社区党组织、居委会和驻区单位领导联席会议，由社区党组织书记主持，居委会委员、驻区单位领导、居民代表参加，全体下派干部列席，研究服务社区工作中发现的问题和居民反映的困难。本社区范围内能解决的问题由社区解决，本社区解决不了的问题，由社区“两委”向街道党工委、办事处汇报解决。社区联席会议每两个月至少召开一次，根据需要可以随时召开。

十、“三到两强”服务信息联网要求

建立社区“三到两强”服务信息库，与“数字东胜”联网运行。社区指定专人负责信息录入工作，包括每个居民户和驻区单位的基本情况、生产经营、收入增长、生活改善、困难问题、解决结果、居民意见，下派干部到户情况、服务事项、服务实绩、居民户满意度等。信息录入要实现居民、个体工商户、企业信息全覆盖。街道“三到两强”服务信息联网要覆盖所有社区。全区“三到两强”服务信息汇总要覆盖所有街道。各级信息数据要及时更新，确保准确。

十一、“三到两强”服务纪律

“三到两强”下派干部要做到：不违反党员干部纪律、不拿群众一分一物、不增加基层负担、不损害集体利益、不假公济私。到社区干部实行“社区 + 单位”双重管理，在工作日请假 3 天以内由街道党工委批准并报派出单位备案，累计请假超过 20 天的另安排人替换。

十二、服务实绩考核评价

“三到两强”服务工作列入对街道和区直部门实绩考核。对“三到两强”下派干部的实绩考核，主要以为联系户、为社区办的实事为依据，以联系户和居民群众满意度为依据。对到社区干部的服务实绩，由街道党工委和派出单位共同考核；对社区干部的服务实绩，由街道党工委考核。每半年考核一次，考核结果报东胜区区委组织部，东胜区区委组织部抽查核实。

要勇于把自己摆进去①

党的群众路线教育实践活动的查摆问题、开展批评环节，是检验学习教育、听取意见环节成效，打牢整改落实、建章立制环节基础的关键环节。抓好这个环

① 本文来自 2014 年 5 月 12 日在鄂尔多斯市市级四大班子会上的讲话。

节的工作，领导干部要勇于把自己摆进去，认真写好对照检查材料，运用批评与自我批评的有力武器，提高解决自身问题的能力。

一、切实提高摆进自己的认识

领导干部勇于把自己摆进去，是查摆问题、开展批评的基本前提，是聚焦“四风”问题、写好对照检查材料、开展批评与自我批评的思想基础。勇于把自己摆进去，要克服摆进自己的思想障碍，提高摆进自己的思想认识，增强摆进自己的行动自觉。

（一）要克服自己没有问题的思想

没有问题的思想，认为自己没有问题，有问题也是鸡毛蒜皮的小问题，不值得一提。这是影响把自己摆进去的一个思想障碍。事实上，领导干部干工作难免存在问题，只有不干工作才可能没有问题，但不干工作本身又是问题。看不到问题，本身就是问题；认为自己没问题，本身就是大问题。看不到问题，说明认识问题的能力低；认为自己没问题，说明缺乏起码的自知之明。

（二）要克服回避“四风”问题的思想

回避“四风”的思想，承认自己有问题，但回避自己有“四风”问题。这是影响把自己摆进去的另一个思想障碍。事实上，每个领导干部都从“四风”泛滥的环境里走过来，不是在真空里，不可能不受影响。何况，一个时期以来，党内脱离群众的现象大量存在，集中表现在“四风”上。衡量领导干部参加教育实践活动的态度和表现好不好，不是看有没有、有多少“四风”问题，而是看对自己的“四风”问题有没有正确的认识、能不能直面“四风”问题。

（三）要克服怕亮丑的思想

怕亮丑的思想，觉得把自己的“四风”问题说出来，脸面上不好看，会降低自己的威信。这是影响把自己摆进去的最大思想障碍，红脸出汗在此一举。事实上，你不说别人也清楚，遮遮掩掩反而说明觉悟不高、决心不大，降低了威信。说出来、分析透、坚决改，证明你真反“四风”，敢于担当，无形中提升了自己。查摆问题，不是为追究谁的责任，为的是认清“四风”、不搞“四风”、反对“四风”、转变作风。

（四）要克服闯关的思想

闯关的思想，认为反“四风”也是一阵风，为了闯过这一关，避重就轻，轻描淡写，敷衍塞责。事实上，作风建设永远在路上。习近平总书记在兰考县民主生活会上讲："作风建设是永恒课题，要标本兼治，经常抓、见常态，深入抓、见实效，持久抓、见长效。"闯关不但闯不过去，反而失去了洗澡治病的大好时机。莫不如老老实实地照镜子、正衣冠，真查实摆"四风"，勇敢地拿起批评与自我批评的武器。

克服把自己摆进去的思想障碍，还是要把学习教育贯穿始终，联系自己的思想和工作实际，认真学习习近平总书记关于转变作风的重要论述，切实解决反对"四风"的思想认识问题。

二、认真撰写对照检查材料

对照检查材料是查摆问题、开展自我批评的文字形式。撰写对照检查材料的过程，是把自己摆进去、把"四风"问题写出来、自我反省、思想提升的过程，本身就是红脸出汗排毒的过程，需要认真把握一些具体要求。

（一）对照检查材料的主要内容

包括遵守党的政治纪律、贯彻中央八项规定和自治区28条配套规定的情况；聚焦"四风"问题，对照习近平总书记列举的"四风"问题25种表现、中央教育实践活动办梳理的37项问题和"三严三实"要求，检查修身、用权、律己严不严，谋事、创业、做人实不实；对"三公"经费支出、职务消费、人情消费、公务用车、办公用房和住房、家属子女从业等情况做出说明；对群众提出的意见、上级党组织和督导组点明的问题一一做出回应；对是否存在把作风建设同推动改革发展对立起来，消极对待作风建设新的规章制度，"为官不为"的问题进行检查。领导班子对照检查材料还要对关系群众切身利益的问题和联系服务群众"最后一公里"问题进行查摆剖析。

对上述查摆的问题，要逐一列出具体表现、典型事例；具体原因，不讲客观原因；造成的影响和危害；深挖思想根源，紧密联系思想实际、工作实际、生活实际、成长经历，重点从理想信念、宗旨意识、党性修养、政治纪律和组织纪律、财经纪律和政绩观、权力观、世界观等方面深刻剖析；针对存在的问题，明确努力方向，分别提出务实管用的整改措施。

（二）对照检查材料的撰写要求

撰写对照检查材料，要开门见山、直奔主题、直面问题，不讲套话，客观实在；不能写成工作总结、述职报告；不能以工作问题代替"四风"问题、以班子问题代替个人问题、以共性问题代替个性问题；不能把"四风"问题打捆检查；不能以检查形式主义、官僚主义代替检查享乐主义、奢靡之风。对照检查材料基本成型后在一定范围内征求意见，反复修改。

领导班子的对照检查材料，由一把手亲自主持起草、集体讨论，在一定范围内征求意见，提交班子会审议通过。市委班子的对照检查材料要征求党委成员意见和下一级党组织意见。班子成员要自己动手撰写个人的对照检查材料。

个人的对照检查材料写成以后在班子成员、分管部门领导以及需要征求意见的范围内征求意见，反复修改。修改对照检查材料，要注意保留过程稿，做好流程记载。

一把手亲自主持起草领导班子对照检查材料的同时，率先按要求把自己的对照检查材料写好，印发班子成员，一方面征求班子成员的意见，进一步修改完善；另一方面为班子成员撰写个人对照检查材料树立标杆，发挥示范作用，引导大家深入对照检查。

一把手要逐一审阅把关班子成员的对照检查材料，提出修改意见建议。鄂尔多斯市委书记要严格审查四大班子、厅级党员领导干部及旗区党政主要领导的对照检查材料。

三、切实开好专题民主生活会

在第二环节，班子成员要普遍开展谈心交心。要制定具体的谈心谈话方案，按照一把手与班子每个成员必谈、班子成员相互之间必谈、班子成员与分管部门主要负责同志之间必谈、督导组与班子成员必谈的要求，至少安排三轮谈心。

在查摆问题过程中谈第一轮、在撰写和修改对照检查材料期间谈第二轮、在民主生活会召开前一周内谈第三轮。主要谈自身存在的“四风”问题，指出对方存在的“四风”问题，对拟在专题民主生活会上开展批评的问题进行充分沟通和交换意见，敞开心扉、开诚布公，谈透谈通谈好，把矛盾和问题解决在会前。

专题民主生活会前，每个班子成员要写好开展相互批评的发言材料，相互之间至少提出五条批评意见，见人见事见思想。撰写相互批评的发言材料，不能先表扬后批评、先谈成绩后提问题，不搞“一分为二”，直接指出对方的“四风”问题事例、产生的原因、造成的危害、改进的建议等。一把手要审阅每个班子成员相互批评的发言材料。

专题民主生活会上，要开展严肃认真的批评和自我批评，做到解剖自己不怕严、触及灵魂不怕痛，相互批评动真碰硬、正面交锋，确保民主生活会既有出汗排毒的紧张和严肃，又有加油鼓劲的宽松与和谐，真正达到“团结—批评—团结”的目的。

联系服务群众的“三到两强”制度①

为深入贯彻党的群众路线，转变工作作风，密切党群干群关系，解决联系服务群众“最后一公里”问题，建立联系服务群众长效机制，特制定“工作到村（社区）、服务到户、温暖到心”，加强以党支部为核心的基层组织、以基层干部为重点的党员队伍建设制度。

第一章　参加对象及服务范围

第一条　坚持市、旗区、苏木乡镇和街道、嘎查村和社区联动服务，市级示范带动、突出重点，旗区搞好统筹、抓好覆盖；市、旗区领导联系苏木乡镇、街道，市、旗区机关企事业单位结对联系嘎查村和社区，市、旗区、苏木乡镇选派党员干部驻嘎查村工作，区、街道选派党干部到社区工作，干部轮换、服务不断。

第二章　主要任务

第二条　工作到村。工作到村是前提，要深入宣讲党的路线方针政策和各级党委、政府的重大决策部署，帮助嘎查村制定完善经济社会发展规划和精准扶贫规划，围绕农村牧区和社区经济、文化、社会、生态文明建设重点任务，提供物质、资金、项目和人才支持，努力完成上级党委交办的各项任务，加强基层服务型、学习型党组织建设，提升基层组织和党员队伍的服务能力和本领。帮助社区党组织组织社区在职党员为社区服务，定期召开在职党员会议，根据在职党员不同情况，确定服务内容、公开服务责任、明确服务成效评价办法；培育发展各类社会组织，积极发挥社会组织在社区建设中的作用。

第三条　服务到户。服务到户是目的，要虚心耐心听取基层群众各种诉求，对群众关心的政策法规进行答疑解惑，梳理解决生产生活中的各类困难和问题，帮助贫困户脱贫，并建立精准扶贫档案，切实使服务到户到人，做基层群众的知心朋友。

① 本文来自2014年5月鄂尔多斯市委组织部。

第四条 温暖到心。温暖到心是效果，要从细处着眼、从小处着手、从实处着力，解决群众最关心、最直接、最现实的问题，化民怨、解民忧、暖民心。做到情绪不稳时疏导、有邻里纠纷和家庭矛盾时劝导、有病有灾时抚慰、有难题时帮助、有疑问时解答；对特殊群体，每月必访问，每年必慰问，服务不间断。

第三章 服务措施

第五条 领导联系苏木乡镇和街道。市、旗区领导联系苏木乡镇和街道，指导联系点机关企事业单位开展“三到两强”服务工作，协调解决存在的困难和问题，帮助扶持主导产业、培育合作组织、争取项目资金、化解疑难复杂信访案件。市级领导每年深入联系点不少于四次。

第六条 部门联系嘎查村和社区。市、旗区机关企事业单位结对联系嘎查村，原则上三年内结对关系不作调整，组建驻村工作队，主动对接市、旗区联系领导，落实工作任务，在联系点建立《民情台账》。每个市直机关企事业单位结对联系一个发展基础和条件相对较差的嘎查村，每年深入结对联系点不少于八次。市直部门实行在职党员为社区志愿服务制度，部门联系社区，组建志愿服务队，社区提出服务项目菜单，部门按群众意愿开展各项便民服务。旗区直部门联系服务社区方式由旗区自行确定。

第七条 干部驻嘎查村。市、旗区、苏木乡镇选派干部脱岗驻嘎查村工作。每名干部的派驻时间为一年：在4～10月的农忙时节，工作时间不少于120天，其他时间根据实际情况确定。每个市直机关企事业单位选派一名干部到结对联系嘎查村驻村服务，旗区、苏木乡镇要选派一定数量的干部驻村服务，驻嘎查村干部联系服务农牧户全覆盖，驻村具体时间由旗区确定。所有驻村干部要做到所联系户每户必访，农区每半个月走访一遍，牧区每月走访一遍，与特殊群体保持经常联系，并记录《户情日记》，按月向派出单位汇报工作情况。

第八条 市、旗区、苏木乡镇和街道、嘎查村和社区分别建立“三到两强”服务信息库，并指定专人负责信息录入工作，逐级联网、及时更新、信息共享。“三到两强”服务信息网，市覆盖旗区、旗区覆盖苏木乡镇和街道、苏木乡镇和街道覆盖行政嘎查村和社区。嘎查村和社区录入的信息主要包括住户基本情况、存在的问题、派驻干部工作情况和征集的意见建议等内容。

第四章 工作机制

第九条 市本级建立联席会议制度，联席会议办公室设在市委组织部，组织指导和统筹推动鄂尔多斯市“三到两强”服务工作，每季度召开一次联席会议。安排市本级“三到两强”服务工作，明确任务及重点，梳理意见建议，解决有关问题；审定旗区“三到两强”服务工作及相关活动。

第十条 旗区要将“三到两强”服务工作列入重要议事日程，不再提新口号，建立专门议事工作机制，统筹各级“三到两强”服务力量，根据市委“三到两强”全覆盖要求，合理配置本地区“三到两强”服务资源，实现联系服务基层群众全覆盖。

第十一条 苏木乡镇和街道要将“三到两强”服务工作作为推动经济发展、社会治理、为民服务的主要抓手，认真履行协调、联络的职责，加强与各级驻村工作队的协作配合，牵头组织召开专题工作会议，研究和落实有关任务。着力推动本苏木乡镇、街道“去机关化”，通过干部上门服务、全程代办等服务方式，前移服务阵地，下沉服务资源，把群众的所急所需解决在家门口，打通联系服务群众“最后一公里”。

第十二条 嘎查村和社区要配合和支持各级结对部门及派驻干部开展工作，建立嘎查村“两委”联席会议制度和社区联席会议制度，嘎查村联席会议由嘎查村党组织书记主持，每月至少召开一次，全体派驻干部列席，梳理和解决存在的问题。派驻干部组成工作组，由苏木乡镇驻嘎查村干部任组长，嘎查村党组织书记任副组长。社区联席会议由社区党组织书记主持，社区党组织成员、居委会委员、驻区单位领导参加，全体服务干部列席。到社区干部组成工作组，由街道到社区干部任组长，社区党组织书记任副组长。

第十三条 对需要解决的困难和问题，坚持“属地管理、条块结合、分清责任、限期办结”原则加以解决；暂时解决不了的，要提出解决方案，并做好说明解释工作；对难以解决的问题，要逐级报请上级党委、政府或主管部门解决，做到件件有着落、事事有反馈。

第五章 服务保障

第十四条 各级机关企事业单位要重视和支持派出干部的工作，协调解决存在的困难和问题，按照内蒙古自治区《关于规范干部挂职工作期间有关待遇的通知》（内组通字〔2012〕25 号）要求，落实有关补助。派驻干部的食宿，由所驻嘎查村根据现有条件进行安排，派出单位支付相关费用。

第六章 工作纪律

第十五条 严格遵守密切联系群众、转变工作作风有关规定，不违反党员干部纪律，不增加基层及群众负担，不损害集体利益，树立机关及干部良好形象。

第七章　督查考评

第十六条　鄂尔多斯市市委将“三到两强”服务工作列入实绩考核，每季度运用电子工作平台监测一次，每半年实地调研督查一次，每年底综合评定一次，评定结果作为机关企事业单位及派驻干部评先选优的重要依据。将派驻干部脱岗工作视为基层工作经历。对工作不力、群众满意度不高的单位及个人予以通报批评并限期整改。旗区比照执行。

第八章　附　则

第十七条　本制度自下发之日起施行。

谈靠制度打通“最后一公里”[①]

我们党是一个一切为了人民、全心全意为人民服务的党。密切联系群众、真诚服务群众是我们党的优良传统和显著特征。从一定意义上讲，我们党的一切奋斗和工作，都是联系服务群众的工作。长期以来，我们党在联系服务群众上取得了巨大成就，得到广大人民群众的衷心拥护和赞扬。同时，我们也要清醒地看到，在联系服务群众方面还存在一些不容忽视的问题。现阶段，主要是联系服务群众没有做到常态化、普遍化、长效化、规范化、机制化，与人民群众的期盼和需求还有“最后一公里”距离，需要靠制度打通这“最后一公里”。

一、什么是“最后一公里”

联系服务群众，指的是联系群众和服务群众。联系群众的实质是党和群众的关系问题，党和群众的关系决定着党的兴衰成败、国家的前途命运和人民群众的福祉。密切联系群众是我们党的三大作风之一，密切联系群众就要经常联系、普遍联系、主动联系、长期联系，做到党群关系“零距离”。服务群众就

---

① 本文原载于2014年8月20日《内蒙古日报》理论版。

是满足群众的需求，解决群众的困难和问题。服务群众是我们党的根本宗旨，服务群众就要全天候服务、全覆盖服务、全方位服务，让人民群众满意。联系群众是为了服务群众，联系群众才能服务群众，联系群众和服务群众具有内在的统一性。

联系服务群众，就是党的干部经常联系千家万户特别是生产生活上遇到问题的困难户，为千千万万基层群众真诚服务特别是帮助解决困难群众的切身利益问题。可是在一些地方，广大群众特别是想见干部的困难群众一年也见不到一个干部，一些领导干部联系服务群众“深入”不“身入”，“身入”不“心入”，不去困难户、不见困难群众，偶尔“深入”也是锦上添花多、雪中送炭少，不走“最后一截路”、不进“最远一家人”，做不到联系服务群众常态化。

联系服务群众，是各级干部的根本任务，是各级党组织特别是基层党组织的基本职能。但是，还有一些地区和领域，没有建立党的组织、没有开展党的工作，或者党组织软弱涣散、党组织书记素质能力低，基层党组织联系服务群众的作用难以发挥，不同地区、不同领域群众多方面的需求，包括物质和精神、生产和生活、群体和个体的需求难以充分满足，关系群众切身利益的一些问题得不到解决，做不到联系服务群众普遍化。

联系服务群众，是倾听群众诉求、满足群众需求的过程，而群众的需求是多样化、多层次、多方面的。随着经济社会的发展，群众的需求在不断发展变化，原有问题解决了却产生新的问题，发展起来以后的问题不比不发展少。这是社会发展进步的规律性现象，而一些干部联系服务群众还不能顺应这个规律，有的干部把一时一事作为联系服务群众的全部，不能持之以恒，做不到联系服务群众长效化。

联系服务群众，是面向全体群众、面对不同诉求、面临多种情况的系统工程，既要准确把握联系服务的任务和要求，也要十分讲究联系服务的方式方法。毛泽东同志最早提出，关心群众生活，注意工作方法。新时期，联系服务群众，既要站稳群众立场、强化群众观点，也要规范联系服务方法，联系群众知心、贴心、暖心，服务群众做深、做细、做实，为群众办事公开、公平、公正，做到联系服务群众的方式方法规范化。

联系服务群众，既要从解决立场、观点、方法着手，提高思想觉悟、转变工作作风，也要从完善制度机制着力，形成促进各级干部和基层党组织及其书记积极主动联系服务群众的动力机制。但是，目前还没有把联系服务群众纳入工作实绩考核评价体系，没有从严从实考核评价联系服务群众工作，没有用好考核评价联系服务群众工作成果，导致联系服务群众难以机制化。

总之，联系服务群众，联系服务还没有常态化，服务对象还没有普遍化，服务工作还没有长效化，服务方法还没有规范化，服务行为还没有机制化，这些就是所谓联系服务群众“最后一公里”问题。

二、为什么有“最后一公里”

联系服务群众“最后一公里”，表面看，这些问题是行动不到位，往深看，根子却是思想不自觉。主要是一些干部理想信念不坚定，看眼前名利地位多，想远大奋斗目标少；党性原则不坚决，用中国特色社会主义理论体系武装头脑、指导实践的自觉性差，搞“政绩工程”“形象工程”的劲头足；宗旨意识不坚强，没有把人民群众放在心中最高位置，而是把个人和小集团的利益作为处事的标准；执政能力不过硬，在党忧党意识淡薄，巩固执政地位、夯实执政基础的能力弱，等等。

思想是行动的先导，思想不自觉导致行动不到位。联系服务群众“最后一公里”，是“四风”问题在联系服务群众方面的集中表现，是加强党的建设特别是党的基层组织建设不力的具体体现。联系服务群众“最后一公里”问题的长期存在，导致基层群众有话没地方说、有事没地方办，有困难没人帮、有问题没人管，导致群众对干部的信任度降低、党群干群关系疏远，在一定程度上影响到党的理论和路线方针政策在基层贯彻落实、影响到党的执政基础的巩固。因此，中央明确把着力解决联系服务群众“最后一公里”问题，作为第二批党的群众路线教育实践活动的重点任务之一。是不是解决了联系服务群众“最后一公里”问题，是评判教育实践活动成效的重要标准。

着力解决联系服务群众“最后一公里”问题，要从思想根源上入手，切实加强对各级干部的理想信念、党性原则、宗旨意识和管党治党意识教育，深入学习中国特色社会主义理论体系、习近平总书记系列重要讲话，结合自身思想和工作实际深入查摆问题，从而进一步坚定理想信念、增强党性原则、提高宗旨意识和管党治党意识，为着力解决联系服务群众“最后一公里”问题，打下牢靠的思想基础。同时，要切实加强相关制度建设，靠制度解决联系服务群众“最后一公里”问题。

三、怎样打通“最后一公里”

打通“最后一公里”需要在实践中不断探索。在党的群众路线教育实践活动中，各地都有很多好的做法和经验。内蒙古鄂尔多斯市联系服务群众“三到两强”制度，是靠制度解决联系服务群众“最后一公里”问题的范例。所谓“三到两强”制度，是指工作到村、服务到户、温暖到心，加强以党支部为核心的基层组织、以基层干部为重点的党员队伍建设制度。这个制度用一系列明确具体、环环相扣、切实可行的措施，为解决联系服务群众“最后一公里”问题提供了保证。

在联系服务常态化上，规定市旗两级领导定期联系服务、市旗乡三级选派干部常年驻嘎查村工作，确保工作到村。在联系服务普遍化上，规定派驻嘎查村干部定期走访联系户，确保服务到户。在联系服务长效化上，规定驻嘎查村干部服务到户、温暖到心的各项任务，确保群众满意。在联系服务规范化上，规定市旗领导和机关企事业单位帮助嘎查村解决问题、建立《民情台账》，驻嘎查村干部记《户情日记》，市旗乡村四级分别建立联系服务群众信息库，逐级联网、及时更新、信息共享，实现联系服务公开、接受群众监督。在联系服务机制化上，建立各级“三到两强”服务联席会议制度，按照“属地管理、条块结合、分清责任、限期办结”原则解决群众的困难和问题，做到件件有着落、事事有反馈；将“三到两强”服务工作列入干部实绩考核，将评定结果作为选拔任用干部的重要参考，树立为民务实、群众公认的正确用人导向。

从常态化、普遍化、长效化、规范化、机制化解决联系服务群众“最后一公里”问题来看，鄂尔多斯市“三到两强”制度有以下特点：一是把联系服务群众和转变干部作风紧密结合起来，用转变干部作风促进联系服务群众，在联系服务实践中提升干部素质能力。二是把领导带头和群众监督紧密结合起来，各级领导直接联系群众、服务基层，通过“三到两强”信息库将联系服务情况置于群众监督之下，在上下联动、社会互动中提高联系服务成效。三是把联系服务群众和推动转型发展紧密结合起来，把帮助经济社会发展、生产生活改善、扶贫脱困和增收致富作为重点，在联系服务中让群众共享改革发展成果。四是把联系服务群众和加强基层党建紧密结合起来，把加强以党支部为核心的基层组织、以基层干部为重点的党员队伍建设作为保障，在联系服务中提升基层党组织的服务水平和党员干部的服务能力。五是把联系服务群众和完善实绩考核紧密结合起来，在联系服务群众中密切党群干群关系，通过完善干部实绩考核来强化贯彻落实制度的内生动力，形成了制度催着干部干、干部围着群众转的激励约束机制。

联系服务群众“三到两强”制度，是为民务实清廉主题的制度化，是靠制度打通联系服务群众“最后一公里”的有益探索。“三到两强”，工作到村是前提，干部只有工作到村，才能实现联系服务群众常态化；服务到户是基础，干部只有服务到户，才能实现联系服务群众普遍化；温暖到心是目的，干部只有在常态化、普遍化的基础上做到联系服务群众长效化、规范化，才能使群众满意、人心温暖；“两强”是“三到”的保障，各级干部和广大党员是联系服务群众的主体，只有通过加强党的建设提高主体的素质能力、完善考核强化内生动力，才能打通联系服务群众“最后一公里”。

农村牧区基层党建的成绩问题及建议①

一、可借鉴推广的特色做法

党的十八大以来，各地坚持全面从严治党，高度重视农村牧区党建工作，在组织设置、队伍建设、活动载体、责任落实等方面作了积极探索，取得了明显成效。一是优化党组织设置。各地通过建立非建制性联合党组织，推动强弱结合、组织联合、资源整合，强化了农村牧区基层党组织的领导核心作用。二是配强党组织书记。各地结合“两委”换届，扩大遴选范围，注重从回乡创业者、返乡大学生、致富能手、乡土人才等党员人才中选拔党组织书记，使党组织书记的素质能力明显提升。三是加强党员队伍建设。有的实施“党费帮扶创业”工程，带动社会资金投入帮扶工作；有的实施“五进蒙古包”工程，有的探索适应牧区实际的党员教育模式；有的在人口流入地建立外出务工党员服务中心，加强流动党员管理。四是创新为民服务载体。各地坚持因地制宜、分类施策，形成了特色鲜明、行之有效的基层党建的抓手和载体。五是完善党建工作责任制。2014年以来，各地注重落实各级党组织书记管党治党主体责任，开展党委书记抓党建工作述职评议考核，强化书记抓党建工作的责任意识和问责力度，逐步形成了一级抓一级、层层抓落实的党建工作格局。

二、需要破解的重点难点问题

一是部分基层党组织带头人素质不高、能力不强、后继乏人的问题比较突出。一些嘎查村党组织带头人年龄偏大、素质偏低、进取心不足，缺少带头致富和带领群众致富的本领；一些村级组织后备干部严重不足，特别是一些“空心村”，难以选出一个好支书，不能很好地组织动员群众和教育引导群众，导致有

① 本文节选自《关于农村牧区基层党建工作情况的调研报告》。

些群众宁愿信教，也不听党组织的号召。究其原因，随着经济社会的发展，不少有能力的人都外出务工，留下来的是老弱病残或者能力素质相对较低的人，选村干部只能“矮子里拔大个”；村级工作责任重、难题多、报酬低，吸引力不强，好些人不愿意干；一些地方的党组织选拔培养基层党组织带头人的工作还不能适应形势的变化。

二是农村牧区党员队伍整体素质下滑趋势比较明显。其一，农村牧区党员队伍老龄化十分严重，内蒙古自治区农牧民老党员占到党员总数的30%，而且基本是“留守”党员，活力不足，作用发挥不够；其二，一些党员理想信念弱化、服务意识淡化，甚至混同于一般群众，不能发挥先锋模范作用；其三，多数基层党组织对流动党员的教育管理难题没有破解之法，不少流动党员游离党组织之外，蜕变成“三不”党员，目前，内蒙古自治区流动党员有4.1万左右，持有《流动党员活动证》的只有一万人。究其原因，农村牧区青年大多都外出务工经商，有的地方甚至没有年轻人可发展入党，导致老龄化问题日益突出；一些基层党组织对党员疏于教育引导，甚至长期不开展党员教育培训工作，对党员言行失范甚至丧失党员标准的问题不闻不问；流动党员的教育管理需要投入更多时间和精力，流出地党组织有畏难情绪，不愿、不会、不善教育管理。

三是嘎查村集体经济薄弱影响了党组织的服务力和凝聚力。总体上看，内蒙古自治区嘎查村集体经济非常薄弱，内蒙古自治区农村牧区没有集体经济的占69%，从调研情况看，牧区的部分地区留有集体草场或集体牲畜，有微薄收入，总体情况略好于农区。靠出租集体草场和让牧民承包集体牲畜而获得一点收入的嘎查，在呼伦贝尔市达到嘎查总数的44%，在锡林郭勒盟达到77%。农区土地二轮承包后，大多数村没有集体耕地，变成了集体经济“空壳村”。调研中，大家普遍感到，嘎查村没有集体经济，就无法给群众提供良好的公共服务，也无力对困难群众进行救助和帮扶，党组织的威信就难以树立，带来“集体经济无实力，为民办事无财力，党组织缺少凝聚力，群众缺乏向心力”的连锁反应。究其原因，一个时期以来对发展嘎查村集体经济重要性的认识不足，因地制宜、因时制宜发展集体经济的思路不多，扶持发展集体经济的力度不够。

四是基层基础保障水平还不能很好地满足和适应基层工作的实际需要。大部分苏木乡镇党务工作者一岗多职、一职多责，在抓嘎查村党建工作上投入的精力相对不足。有的把党务岗位作为照顾性岗位、把党建工作作为应付性工作，导致基层党建责任不清、思路不明、保障不力。嘎查村干部报酬虽然逐年在提高，内蒙古自治区要求今年达到12000元，但与杭州会议提出的“当地农民纯收入的两倍”还有很大差距，特别是贫困旗县进一步提高嘎查村干部报酬和增加党建工作经费的难度很大。究其原因，仍然没有把抓党建作为最大的政绩，没有厘清抓发展与抓党建的关系，没有发挥好县级党委“一线指挥部”和苏木乡镇党委“龙头”的作用。

三、加强农村牧区基层党建的几点建议

（1）进一步强化嘎查村党组织的领导核心作用。坚持嘎查村党组织的领导核心地位，是坚持党在农村牧区领导地位的内在要求，也是实现农村牧区经济社会健康发展的根本保证。

一是强化政治引领功能。要把嘎查村党组织建成牢牢把握中国特色社会主义方向，紧紧围绕建设社会主义新农村新牧区目标，团结带领农村牧区群众坚定不移跟党走，确保党的路线方针政策在农村牧区落地生根的领导核心。二是提高服务群众水平。要围绕加强基层服务型党组织建设，认真总结完善和推广各地创造的领导干部层层示范引领、干部驻村等行之有效的做法，打通联系服务群众的“最后一公里”，要明确规定各类惠民工程和项目由嘎查村党组织负责实施和落实，切实增强嘎查村党组织的向心力。三是加强对群众的教育引导。要让农村牧区群众坚定不移跟党走，关键在教育引导。要充分发挥嘎查村党员活动室和文化室的作用，丰富群众精神文化生活，运用农牧民喜闻乐见的方式开展思想教育和法治教育，析事明理、解疑释惑，引导群众理性合法地表达诉求，营造尊法、学法、守法、用法的良好氛围。

（2）发展壮大嘎查村集体经济实力。所谓嘎查村集体经济是依托集体经济资源、运用市场化经营方式，提高规模化经营效益，实现集体经济组织成员收益最大化的经济。发展壮大集体经济实力，是嘎查村党组织发挥领导核心作用、服务农牧民、改善民生的物质基础，是增强党组织发展力、服务力、凝聚力的重要支撑，是党组织当好“领头雁”的重要任务。一是拓宽发展视野，创新发展思路。依托集体经济资源，就要开发利用优势资源，包括集体的耕地草原和牲畜、矿产资源、旅游资源、荒山荒坡、房屋建筑、设施设备、技术特长等。运用市场化经营方式，就要积极引进龙头企业，用市场手段开发利用资源，包括出租耕地草原和牲畜、出租房屋设备、用耕地草原和牲畜入股、建设用地入股、矿产资源入股、旅游资源入股、用技术特长承包等。提高规模化经营效益，就要引进龙头企业或大力发展农牧民专业合作社，推动耕地草原市场化流转，促进集约化经营，提高劳动生产率。实现集体经济组织成员收益最大化，就要建立有利于共享发展成果、实现共同富裕的分配机制。二是发挥党组织引领作用，培育新型农牧民。嘎查村党组织带头人发挥带头作用，首要的是带头发展集体经济、带领农牧民共同富裕。党组织要注重培育新型农牧民，积极主动领办创办农牧民专业合作

社，发展现代农牧业，推进产业化经营，通过农畜产品加工增值提高效益，拓宽农牧民增收渠道。三是加强政策资金支持，加大指导帮扶力度。建议内蒙古自治区出台支持发展壮大嘎查村集体经济的政策文件，明确相关部门为指导内蒙古自治区发展壮大嘎查村集体经济的牵头责任单位，建立各级财政发展壮大嘎查村集体经济基金，认真落实中央和内蒙古自治区关于扶持发展农牧民专业合作组织的各项政策。

（3）规范完善嘎查村务监督工作。建立健全党组织领导下的嘎查村务监督机制，是完善乡村治理机制、促进基层治理法治化的主要内容，是激发农村牧区基层活力、广大群众安居乐业、促进社会和谐稳定的重要保证。一是规范嘎查村级组织的关系。加强嘎查村务监督，是工作运行机制的创新，而不是管理体制的变革。嘎查村务监督委员会的各项工作要自觉接受嘎查村党组织的领导，对嘎查村民会议和代表会议负责，嘎查村委会要自觉接受嘎查村务监督委员会的监督。二是规范嘎查村务监督委员会的职责和工作机制。嘎查村务监督委员会的职责是，监督嘎查村民会议和代表会议决议的执行、嘎查村务决策、嘎查村务公开、集体财产财务、工程项目建设、惠民政策措施落实、耕地保护和土地流转等情况。工作机制上要建立嘎查村务情况分析制度、监督工作报告制度、评议考核制度。三是完善嘎查村级组织体系。要坚持以党的基层组织为核心、嘎查村民自治和嘎查村务监督组织为基础、集体经济组织和农牧民合作组织为纽带、各类经济社会服务组织为补充，不断完善农村牧区组织体系，使各类组织各有其位、各司其职，充分发挥在基层治理中的积极作用。

（4）切实加强“三支队伍”建设。一是加强嘎查村党组织带头人队伍建设。选优配强嘎查村党组织书记，要把党性强、素质高、作风好放在首位。内蒙古自治区、盟市每年要办好示范培训班，旗县委每年至少开展一次嘎查村党组织书记集中培训，使其提升做好群众工作的能力、依法办事的能力、带领群众发展致富的能力，努力做“四有”干部。同时要加大从优秀嘎查村党组织书记中选用苏木乡镇领导干部、考录公务员和事业编制人员力度，调动他们的工作积极性。要加大选派“第一书记”驻村工作力度，把选派“第一书记”与培养后备干部结合起来，探索建立“凡提必下”制度。二是加强基层党务工作者队伍建设。要选用党建工作能力强的干部担任苏木乡镇党委书记，配备1~2名专职党务干部。要强化苏木乡镇抓嘎查村的直接责任，树立岗位在嘎查村、阵地在嘎查村的意识，苏木乡镇党委书记和班子成员要落实分片包嘎查村、入户走访、在嘎查村服务制度，把党的路线方针政策宣传到嘎查村，把思想政治工作开展到户，把各项惠民政策落实到人。三是加强农村牧区党员队伍建设。要立足于优化结构、增强活力，注重在农村牧区现有优秀人员、外出务工的优秀分子，尤其要在“80后”

“90后”优秀青年农牧民中培养和发展党员。要严格日常教育管理，增强针对性，对流动党员、留守党员分别制定不同的教育管理办法，丰富组织活动，严格组织生活。扎实稳妥地做好处置不合格党员工作，畅通党员队伍出口。

（5）进一步加大基层基础保障力度。一要保障运转。将嘎查村办公、活动经费纳入各级财政预算，积极探索建立财政投入为主、社会各方支持、基层组织自我补充的多元保障机制，真正让基层党组织有资金有能力为群众服务。二要提高报酬。根据杭州会议精神，认真落实内蒙古自治区关于报酬待遇标准的有关要求，逐步把嘎查村党组织书记报酬提高到当地农牧民人均收入两倍的水平。对于未列入财政保障的其他嘎查村干部和村民小组长、中心户党员，各地可视财力给予一定补贴。三要有效利用活动场所。结合“十个全覆盖”工程，彻底解决部分嘎查村无活动场所和危旧狭小问题，新建和改扩建的面积不低于150米。活动场所要“一室多用”，完善功能、综合配套、统筹使用，避免资源闲置。

贯彻落实中央《条例》情况问题及建议[①]

一、贯彻落实《条例》的情况

《中国共产党党组工作条例（试行）》颁布三个月来，部分盟市、旗县和厅局立足于全面从严治党，加强和改进党组工作，贯彻落实《条例》总体情况较好。

（1）学习宣传情况。高度重视《条例》的学习宣传工作，通过多种形式和途径组织党组成员、党员干部深入学习《条例》，深刻理解发布《条例》的重大意义，为全面贯彻落实《条例》奠定了基础。一是全面传达学习。党委（党组）把《条例》的学习宣传与正在开展的“三严三实”专题教育，通过中心组学习、专家讲座、专题研讨等形式进行学习辅导，使党组成员、党员干部对《条例》的基本内容有了认识和理解。二是广泛宣传报道。利用广播、电视、报纸、网络等媒体广泛宣传《条例》，为全面贯彻落实《条例》营造了良好氛围。三是开展自查摸底。按照内蒙古自治区党委组织部要求，对党组设立、运行和发挥作用情况开展全面细致的摸底调查，基本掌握党组（党委）的总体情况，为全面贯彻

① 本文节选自《关于贯彻落实〈中国共产党党组工作条例（试行）〉的调研报告》。

落实做了充分准备。

（2）党组设立情况。（略）

（3）党组运行和发挥作用情况。党组（党委）坚持全面从严治党，认真履行政治领导责任，较好地发挥了把方向、管大局、保落实的作用。一是审批设立比较规范。二是履行职责比较全面。三是议事决策比较民主。

二、存在的问题及其原因

一是对党组的性质、地位、作用认识不清楚。对党组职责与国家机关领导班子职责的关系、领导机关党组与机关党组的关系、党组与基层党组织的关系、党组与机关工委的关系等一系列关系还没有厘清的现象，在党员领导干部中具有一定的普遍性，有的甚至仅仅把党组当作领导班子成员参加党内政治生活的组织形式，从而影响了党组的设立、运行和作用的发挥。

二是一些党组的设立、运行不规范。具体表现在：应设立党组的非党组织领导机关中没有设立党组；应设立党组的部门设立党委；党组书记不是由本单位领导班子主要负责人担任；党组成员超职数配备；个别垂直管理部门党组越权批准设立下属部门分党组；有的党组成员人数为偶数；个别党组成员的党龄不够三年等。

三是旗区政府部门多数没有设立党组。旗区只在人大、政府、政协、法院、检察院和少数垂直管理部门设立了党组，政府组成部门的多数还没有设立党组，影响了党的领导核心作用在这些部门的发挥。

四是多数党组没有制定党组工作规则。《条例》第三十六条明确规定，党组（党委）应当根据本条例，结合各自实际制定和完善工作规则。目前，除少数几个党组（党委）制定《党组工作规则》之外，多数都没有制定工作规则，必然影响党组（党委）工作的规范运行和领导核心作用的发挥。

五是还有一些需要明确的问题。《条例》对党组（党委）的设立、运行和发挥作用规定得很全面、很具体，针对性、操作性都很强。但基层情况比较复杂，用《条例》进行规范的过程中，可能还有一些问题需要进一步明确。比如，旗县市区政府领导班子成员职数与党组成员职数如何衔接；在盟市和旗县市区哪些部门可以设立党组性质的党委；党组工作规则的构成要素和主要内容；等等。

上述问题的存在，究其原因，对《条例》的学习领会还不够深入，对很多原则、规定和要求没有吃透，浅尝辄止；没有联系本部门、本班子实际深入思考，没有立即动手用《条例》规定加以规范，缺少贯彻落实的主动性和紧迫感；

在客观上，《条例》颁布时间不长，全面贯彻落实还需要一个过程，需要上下衔接、左右协调，合力推动。

三、进一步推动落实的建议

一是加大培训力度。培训的重点是各级党组书记和应设而未设党组的各级非党组织领导机关的主要负责人、各级组织部门的工作人员。既要从理论上阐明设立党组的重大意义，又要讲清操作层面的各类疑难问题。

二是加快设立进度。加快设立党组的重点层面是旗县市区政府组成部门和其他需要设立且有条件设立党组的各级非党组织领导机关。必须按照《条例》规定的程序，限期设立、规范设立、规范运行。

三是提高规范程度。规范的对象是已经设立的党组，规范的责任主体是党组书记。要对照《条例》的八章三十九条，逐章逐条规范，限期落实到位。

四是完善规则制度。所有党组都要制定工作规则。制定规则既要按构成要素规范，又要体现本单位职能职责特点，成为党组规范运行、发挥作用的遵循。

五是解答需要明确的问题。可以根据需要制定实施细则，也可以通过其他形式说明和解释需要明确的问题，使问题得到解决。

谈好干部标准和“三严三实”①

关于省区市领导班子换届面临的新形势、新任务、新要求和需要重点做好的几项工作。

这次省区市领导班子换届，是党的十八大以来的第一次换届。党的十八大以来在干部工作上最显著的变化是习近平总书记提出了好干部标准和“三严三实”要求。换届面临的新形势是全面建成小康社会进入决胜阶段，新任务是按照党的十八届五中全会提出的新的目标要求全面建成小康社会，新要求是牢固树立和落实创新、协调、绿色、开放、共享新发展理念，坚持创新发展、协调发展、绿色发展、开放发展、共享发展，重点是补齐农村贫困人口脱贫、社会事业发展、生态环境保护、民生保障等方面存在的短板，着力提高发展质量和效益。

搞好省区市领导班子换届，就要以换届为契机，把省区市领导班子建设成为

---

① 本文来自 2015 年 11 月 25 日在中组部关于省区市领导班子换届调研组座谈会上的发言。

主动适应全面建成小康社会决胜阶段新形势、新任务、新要求，协调推进“四个全面”，团结带领人民群众坚持创新发展、协调发展、绿色发展、开放发展、共享发展的坚强领导核心。这是如期实现全面建成小康社会五个方面新目标要求的根本保证。

一些省区市领导班子有些成员工作中存在的突出问题是理念不新、能力不强、办法不实。所谓理念不新，就是同五大新理念对照还有不小差距，特别是在创新发展上西部与东部沿海地区相比差距很大。所谓能力不强，就是把中央的新思想、新理念、新要求同本省区市的具体实际紧密结合起来，形成新思路、新举措的能力欠缺，照抄照念的多。所谓办法不实，就是抓落实、出成效的担当不够、韧劲不足、措施不灵，用老思路、老办法应付新常态。

简单分析问题的原因，理念不新主要是学习浅尝辄止，思考不切实际，研究不深不透，思想认识上的收获有限，仍然用“唯 GDP”思维惯性抓工作。能力不强的深层原因是学习力不强、经历单一、阅历较窄，导致知识储备和经验积累不足，难以转化为工作能力。办法不实是因为不注重调查、不深入研究、不触及问题、不细究原因，讲话只有原则性而缺乏针对性。

省区市领导班子换届需要重点做好的工作，就是搞好领导班子和班子成员的考核，主要考核领导班子和班子成员理念新不新、能力强不强、办法实不实。考核其理念新不新，既要听其言，也要观其行，更要看发展动力创新、综合实力提升和人民群众的获得感。考核其能力强不强，主要考核其学习能力、思考能力、联系实际能力、为民服务能力，看其言行果合不合规律性和目的性。考核其办法实不实，主要考核其调查研究和联系群众的成效，包括调查研究的深度、解决问题的程度、点上所起的作用、面上产生的影响等；联系群众的密切性、了解诉求的真诚性、回应诉求的时效性、对全局影响的广泛性等。

关于坚持“好干部”标准和“三严三实”要求选用好干部，树立正确用人导向。

换届工作的基础考核干部，这次的换届考核与以往不同的是有了明确的标准、要求和理念。这就需要对其内涵准确理解把握。选拔使用信念坚定、为民服务、勤政务实、敢于担当、清正廉洁的好干部，是协调推进“四个全面”，实现全面建成小康社会目标的坚强组织保证。信念坚定是政治上硬，为民服务是宗旨上纯，勤政务实是作风上正，敢于担当是责任上强，清正廉洁是自律上严。

这五句话的关系，为民服务是核心，信念坚定是基础，信念坚定才能为民服务，为民服务是信念坚定的体现。勤政务实是为民服务的途径，敢于担当是为民服务的尽责，清正廉洁是为民服务的条件。根据其内在关系，以五句话标准选用党和人民需要的好干部，应突出为民服务这个核心，重点考核敢于担当的表现和清正廉洁条件。这样才能破解“唯票”，防止“带病提拔”。五句话标准是德和才的有机统一，理想信念是干部的内在素质，内在素质必然有外在表现。

“三严三实”是领导干部的为政之道、成事之要、做人准则。从六句话的内涵讲，严以修身是党性修养的要求，严以用权是行使权力的约束，严以律己是为政清廉的要求；谋事要实是工作观，创业要实是政绩观，做人要实是人生观。

从“三严”的关系看，严以修身是根本，严以用权是核心，严以律己是保证。没有严以修身和严以律己就不能严以用权，严以用权是严以修身、严以律己的结果。严以修身是严以律己的基础，严以律己是严以修身的内容，两者互为条件、互相促进。可以说，用“三严”要求选用党和人民需要的好干部，应以严以用权为重点，看是不是做到坚持用权为民，按规则、按制度行使权力，任何时候都不搞特权、不以权谋私。

从“三实”的关系看，谋事要实是基础，创业要实是关键，做人要实是根本。事由人为。做人不实，难以做到谋事实、创业实。思想是行动的先导，谋事是成事的前提；谋事实是创业实的前提，谋事不实难有创业实。做人要实、谋事要实决定创业要实；创业要实是做人要实、谋事要实的表现。可以说，用“三实”要求选用党和人民需要的好干部，应以创业要实为重点，看是不是做到脚踏实地、真抓实干，敢于担当责任，勇于直面矛盾，善于解决问题，努力创造经得起实践、人民、历史检验的实绩。

“三严”和“三实”相辅相成，内在统一，“三严”是内在要求，是前提和基础；“三实”是行为取向，是成效和归宿；只有坚持“三严”，才能做到“三实”。前面讲了看“三严”应以严以用权为重点，看“三实”应以创业要实为重点。严以用权与创业要实有紧密的内在联系，领导干部用权是为了创业，创业过程就是用权的过程，严以用权才能做到创业要实。可见，严以用权是手段，创业要实是目的。可以说，用“三严三实”要求选用党和人民需要的好干部，应突出严以用权、创业要实这个重点，全面考查践行“三严三实”的表现。

“三严三实”内涵丰富、辩证统一。“严”是内在要求，指向主观世界改造；“实”是行为取向，指向客观世界改造。修身保持本色。修身就是修养身心。习近平总书记讲的“加强党性修养，坚定理想信念，提升道德境界，追求高尚情操，自觉远离低级趣味，自觉抵制歪风邪气”，就是修身的内涵、修身的标准，也是党员干部保持本色的必然要求。

“五句话”好干部标准和“三严三实”要求，也具有紧密的内在关系。严以修身是大前提，无论是坚持标准还是践行要求，都必须严以修身；严以修身又是信念坚定、清正廉洁、做人要实的直接前提。严以用权既是为民服务的前提，又是为民服务的手段，严以用权的目的就是为民服务。严以律己是清正廉洁的基础，严以律己才能清正廉洁。勤政务实、敢于担当是谋事要实、创业要实的内在要求，谋事要实、创业要实是勤政务实、敢于担当的必然结果。可以说，“三严三实”要求是“五句话”标准的逻辑展开和具体化，总的精神是一致的。

关于结合换届推进干部能上能下，调整不称职、不适宜、不作为的干部。

推进干部能上能下，关键是解决能下。什么干部应该下？就是要把不称职、不适宜、不作为的干部调整下来。不作为就是不称职，不适宜也说明不称职。可以说，能下应下的是不称职的干部。

从大的方面讲，在全面建成小康社会进入决胜阶段的新形势下，立足本职岗位，坚持创新、协调、绿色、开放、共享新发展理念，为补齐贫困人口脱贫、社会事业发展、生态环境保护、民生保障等短板，为提高发展质量和效益，为从严管党治党做出应有贡献的干部，就是称职的干部。

不能适应新形势、新任务、新要求，没有做实岗位职责所规定的事，就是不称职或者不甚称职的干部。把不称职、不适宜、不作为的干部调整下来，关键是要有认定干部称职或不称职的定量和定性的标准，这个标准就是干部创造的实绩。认定干部的实绩，靠上级考查、群众评价和社会评估三个方面。从以往情况看，考查干部实绩缺少具体依据，存在考不准、考不实的问题。

在全面建成小康社会进入决胜阶段的新形势下，需要明确考查评价干部实绩的具体依据。建议地方领导班子根据地区经济社会发展战略和班子成员岗位职责，提出类似权力清单、责任清单的干部谋事创业清单，作为考查评价干部实绩的依据，公之于众，接受监督。按照谋事创业清单衡量，谋事不实、创业不实的干部便是不称职的干部。

关于省区市领导班子运行情况、存在的问题和对完善省区市党委工作运行机制的意见建议。

领导班子运行状况直接决定着领导班子工作质量和效率。党委工作运行质量和效率取决于党委总揽全局、协调各方的能力。省区市领导班子运行情况总体肯定很好，其中存在的主要问题可能是会议多、调研少的现象依然存在。

会议多仍然是通病。会议多，其中相当一部分是传达学习会。领导班子的学习，地方要向中央学习。党的十八大以来的三年里，中央政治局开会 33 次、集体学习 27 次，平均一年开会 11 次、集体学习 9 次。开会念文件是传统的学习方法，现代领导都具备应有的学习力，集体学习应在自学的基础上研讨交流，通过个人发言的质量考查其自学质量。

会议多了调研自然就少了。调查研究是谋事之基、成事之道。陈云同志说，应该用 90% 以上的时间去弄清情况，用不到 10% 的时间来决定政策。调研的质量决定谋事要实、创业要实。搞形式、不解决问题的调研还不如不搞。建议每次调研都要提交调研报告，调研报告应该既有调查又有研究，有情况、有问题、有原因，有解决问题的思路、有推进落实的办法。

完善省区市党委工作运行机制，建议完善党委总揽全局、协调各方的制度，建立提高集体学习质量效率、提高调查研究质量效果的激励约束机制。

说说“两学一做”严在经常①

“两学一做”学习教育，是推进党的思想政治建设常态化、制度化的重要实践，是推动党内教育从“关键少数”向广大党员拓展、从集中性教育向经常性教育延伸的重要举措。开展“两学一做”学习教育，基本要求是学好党章、遵守党规，根本任务是用习近平总书记系列重要讲话精神武装全党。要强化问题意识，有针对性地解决问题，真正把党的思想政治建设抓在日常、严在经常。

严在经常，要坚持分类指导。分层分类，增强学习教育和解决问题的针对性、实效性，是开展“两学一做”学习教育的重要原则。分层是纵向分党员领导干部和普通党员等，分类是横向把握不同地域、不同领域党组织的特点和不同群体党员的实际情况，把学习教育的任务具体化、精准化、差异化。做到各个党组织的方案具体，办法措施可操作、能落实。

严在经常，要坚持问题导向。强化问题意识、坚持问题导向，是党的十八大以来全面从严治党的一个鲜明特点、一条成功经验。对于“两学一做”学习教育要重点解决的问题，既要把握中央学习教育方案和学习安排具体方案从总体上分析概括的问题，也要结合每个党员、干部各自实际加以细化、具体化，还要带着自身存在的具体问题学习党章党规、系列讲话，在学习党章党规、系列讲话中加深对自身问题的认识。带着问题学，才能学得深入；针对问题改，才能改得到位。坚持边学边改，学要学到位、做要具体化。

严在经常，要发挥各级党组织作用。旗县区党委要制定具体实施方案，保障工作力量，加强督促指导把关，根据不同领域特点，对学习教育的内容安排、组织方式等提出具体要求。乡镇街道党委要对所辖党支部进行全覆盖、全过程的现场指导，帮助党支部制定学习教育计划，派员参加党支部各项活动。嘎查村社区党支部要履行好党章规定的职责任务，党支部书记要承担起主体责任，尊重党员

① 本文节选自2016年5月在指导呼和浩特、包头两市“两学一做”学习教育中的讲座讲稿。

主体地位，了解党员学习需求，充分调动党员参与学习教育的积极性。

严在经常，要加强基层党组织建设。大力整顿软弱涣散基层党组织，配齐配强班子特别是带头人，健全工作制度。对于问题突出的基层党组织，要先整顿到位，再开展学习教育，确保“两学一做”有人抓、有人管。集中排查党员组织关系，摸清流动党员、“口袋”党员、失联党员情况，理顺党员组织关系，把每名党员都纳入党组织有效管理，参加学习教育。

严在经常，要把自学与讨论结合起来。党员领导干部要落实“五个一”学习制度，读原著、学原文、悟原理，带着信念、带着感情、带着使命、带着问题学。基层党组织要确定学习专题，明确个人自学要求，引导党员搞好自学。党委、党小组或党支部要定期组织集中学习，党支部每季度召开一次全体党员会议，每次围绕一个专题，联系个人思想工作生活实际进行讨论，提高认识，找到差距，明确努力方向。

严在经常，要创新学习方式。贯彻学习型组织理念，明确党支部的共同愿景和党员的个人梦想，对照实现党支部愿景、党员梦想查找党支部工作和党员自身存在的问题。立足于解决问题确定学习内容，带着问题学习、针对问题思考、围绕问题讨论，使学习讨论内容适应党员解决问题、提升自我的需求，从而激发党员参与学习教育的内生动力。

严在经常，要创新讲党课方式。党支部要结合专题学习讨论，对党课内容、时间和方式等作出安排。党员领导干部要带头到基层单位党支部讲党课。要鼓励和指导党支部书记、普通党员联系实际讲党课，联系思想和工作实际深入思考，注重运用身边事例、现身说法，强化互动交流、答疑释惑，相互点评、共同提高，达到以讲促学、以学促做。

严在经常，要开展“互联网＋”学习方式。针对党员多样化学习需求，充分利用共产党员网、手机报、电视栏目、微信易信和远程教育平台等，开发制作形象直观、丰富多样的学习资源，及时推送学习内容。引导党员利用网络自主学习、互动交流，扩大学习教育覆盖面。依托各类网站和微信公众平台发布党章党规、系列讲话问答题，鼓励党员通过网站和微信平台答题积分，公布参与答题党员一定时期的积分，形成促进学习的激励机制。

严在经常，要开好专题组织生活会。召开党支部年度专题组织生活会，是党内重要的组织生活形式。党支部班子及其成员要对照职能职责，围绕生活会主题进行党性分析，查摆党支部班子和党员个人在思想、组织、作风、纪律等方面存在的问题。要面向党员和群众广泛征求意见，严肃认真开展批评和自我批评，针对突出问题和薄弱环节提出整改措施。组织全体党员对支部班子的工作、作风等进行评议。

严在经常，要开展民主评议党员。以党支部为单位召开全体党员会议，组织党员开展民主评议。对照党员标准，按照个人自评、党员互评、民主测评、组织评定的程序，对党员进行评议。党员人数较多的党支部，个人自评和党员互评可分党小组进行。党支部要综合民主评议情况和党员日常表现，确定评议等次，对优秀党员予以表扬；对有不合格表现的党员，按照党章和党内有关规定，区别不同情况，稳妥慎重给予组织处置。

严在经常，要充分利用创新空间。中央要求给基层党组织结合实际开展学习教育留出空间。基层党组织要充分利用这个空间，着重在创新学习教育方式方法上下功夫，在思想建党和制度治党相结合上下功夫，在建立健全激发党员内生动力的制度机制上下功夫，在取得学和做的实效上下功夫。要防止形式主义、走过场，防止撇开日常工作搞学习，防止简单以开了多少会、做了多少笔记来评判学习教育的成效。

严在经常，要坚持以上率下。领导带头、以上率下，是党的十八大以来党风廉政建设的一个鲜明特点，是党内教育取得成效的重要经验。党员领导干部要严格执行双重组织生活制度，以普通党员身份参加所在支部的组织生活，与党员一起学习讨论、一起查摆解决问题、一起接受教育、一起参加党员民主评议。要以身作则、率先垂范，要求别人做到的自己首先做到，要求别人不做的自己坚决不做。

严在经常，要坚持以学促做。开展“两学一做”学习教育，必须坚持知行合一、以知促行、以学促做。学是做的基础，做是学的目的。以学促做，要做到“四讲四有”，要立足岗位做贡献。学党章党规、系列讲话，最终都要通过做合格党员的实际行动来检验。要针对不同群体党员实际情况，提出党员发挥作用的具体要求，教育引导党员在任何岗位、任何地方、任何时候、任何情况下都铭记党员身份，在自己的工作岗位上建功立业，为夺取全面建成小康社会决胜阶段新胜利做出积极贡献。

学要学到位　做要做具体[①]

开展“两学一做”学习教育，基本要求是学好党章、遵守党规，根本任务是用习近平总书记系列重要讲话精神武装全党。主要目标是进一步坚定理想信

① 本文节选自在指导呼和浩特、包头两市“两学一做”学习教育中的讲座讲稿。

念，提高党性觉悟；进一步增强“四个意识”，坚定正确政治方向；进一步树立清风正气，严守政治纪律政治规矩；进一步强化宗旨观念，勇于担当作为，在生产、工作、学习和社会生活中起先锋模范作用。方法措施上要坚持问题导向、分类指导、严在经常、以学促做、以上率下。

一、坚持问题导向

强化问题意识、坚持问题导向，是党的十八大以来全面从严治党的一个鲜明特点、一条成功经验。我们党通过出台八项规定、开展群众路线教育实践活动和“三严三实”专题教育，集中发力抓作风、严纪律、强制度，对解决党员领导干部存在的突出问题、推进全面从严治党起到了重要作用。但要看到，党员队伍中松垮散漫、名不副实的情况还不同程度存在，理想信念动摇、党员意识淡薄、政治纪律涣散等问题也不是个别现象。

强化问题意识、坚持问题导向，还要看到加强基层党组织建设的问题。党内组织生活不严肃、不认真、不经常的问题还没有得到很好解决，党员教育管理还有待改进完善，一些软弱涣散的基层党组织还需要加以整顿。开展“两学一做”学习教育是为了解决问题，如果不解决问题，就会流于形式、走过场。确保“两学一做”学习教育取得实效，关键是要按照习近平总书记要求的，突出问题导向，学要带着问题学，做要针对问题改，把解决问题贯穿学习教育全过程。

带着问题学，才能学得深入；针对问题改，才能改得到位。学得怎么样、改得好不好，最终要体现在激活基层党组织活力上，体现在激发党员内生动力上，体现在解决一个个具体问题上，体现在做好发挥先锋模范作用的一件件具体事项上，从而推动中心工作、增进群众福祉。

二、坚持分类指导

坚持分类指导，增强解决问题的针对性和实效性，是开展“两学一做”学习教育的重要原则。坚持分类指导，要把握不同地域、不同领域、不同行业、不同单位党组织特点及不同群体党员和党员个人的不同特点，把学习教育的任务具体化、精准化、差异化，做到方案具体、措施具体，因人施教、精准施策，体现差别、突出特色。

县处级以上党员领导干部学习党章党规要重点掌握党章总纲和党员、党的组织制度、中央组织、地方组织、基层组织、干部、纪律等章内容，深刻把握“两个先锋队”的本质和使命，明确“四个服从”的要求，掌握党的领导干部必须具备的六项基本条件，掌握“四个廉洁”“四个自觉”；学习系列讲话要领会改革发展稳定、内政外交国防、治党治国治军的重要论述，领会贯穿其中的马克思主义立场观点方法，领会贯穿其中的坚定信仰追求、历史担当意识、真挚为民情怀、务实思想作风。

2016 年 4 月下旬，习近平总书记在安徽考察期间指出，“两学一做”学习教育是今年党的建设的一件大事，各级党组织务必精心组织、扎实推进，确保取得实效。“两学一做”，基础在学，首先要学好党章。党章是党的根本大法，是全面从严治党的总依据和总遵循，也是全体党员言行的总规矩和总遵循。全党学习贯彻党章的水平，决定着党员队伍党性修养的水平，决定着各级党组织凝聚力和战斗力的水平，决定着全面从严治党的水平。不论是高级干部还是普通党员，要做合格党员，学习贯彻党章都是第一位的要求。

做一名合格党员，最基础、最根本的要求，就是树立党章意识、学习贯彻党章，自觉用党章规范自己的一言一行，立足岗位发挥先锋模范作用。

三、坚持严在经常

开展“两学一做”学习教育，党支部是基本单位，“三会一课”等党的组织生活是基本形式，落实民主评议等党员日常教育管理制度是基本依托，突出经常性教育的特点是基本定位。党支部书记要承担起主体责任，尊重党员主体地位，了解党员学习需求，充分调动党员参与学习教育的积极性，坚持抓在日常、严在经常。

严在经常，要加强基层党组织建设。大力整顿软弱涣散基层党组织，配齐配强班子特别是带头人，健全工作制度，确保“两学一做”学习教育有人抓、有人管。集中排查党员组织关系，摸清流动党员、“口袋”党员、失联党员情况，理顺党员组织关系，使每名党员都纳入党组织有效管理，参加学习教育。

严在经常，要创新学习方式。中央要求，各地区各部门各单位要结合实际确定学习方式，为基层留出空间，发挥党支部自我净化、自我提高的主动性。基层党组织要充分利用这个空间，贯彻学习型组织理念，立足于解决问题确定学习内容，带着问题学习、围绕问题讨论，使学习讨论内容适应党员解决问题、提升自我的需求，从而激发党员参与学习教育的内生动力。

严在经常，要创新讨论方式。把个人自学与专题讨论结合起来。基层党组织要确定学习专题，明确自学要求，引导党员搞好自学。党员要读原著、学原文、悟原理，带着信念、带着感情、带着使命、带着问题学。党支部要定期组织集中

学习，每次围绕一个专题，紧密结合党支部工作，紧密联系个人思想工作生活实际进行讨论。通过学习讨论，提高认识，找到差距，明确努力方向。

严在经常，要创新讲党课方式。党支部要结合专题学习讨论，对党课内容、时间和方式等作出安排。党员领导干部要带头到基层单位党支部讲党课。要鼓励和指导党支部书记、普通党员联系实际讲党课，使备党课成为学习党章党规、系列讲话，联系思想和工作实际深入思考，注重运用身边事例、现身说法，增强党课的吸引力和感染力，以讲促学、以学促做。

严在经常，要创新利用媒体方式。针对党员多样化学习需求，充分利用共产党员网、手机报、电视栏目、微信易信和远程教育平台等，开发制作形象直观、丰富多样的学习资源，及时推送学习内容。引导党员利用网络自主学习、互动交流，扩大学习教育覆盖面。注重运用各类媒体，宣传“两学一做”学习教育的做法和成效，加强舆论引导，营造良好氛围。

严在经常，要开好党支部专题组织生活会。支部班子及其成员要对照职能职责，进行党性分析，查摆在思想、组织、作风、纪律等方面存在的问题。要面向党员和群众广泛征求意见，严肃认真开展批评和自我批评，针对突出问题和薄弱环节提出整改措施。组织全体党员对支部班子的工作、作风等进行评议。

严在经常，要开展民主评议党员。以党支部为单位召开全体党员会议，组织党员开展民主评议。对照党员标准，按照个人自评、党员互评、民主测评、组织评定的程序，对党员进行评议。党员人数较多的党支部，个人自评和党员互评可分党小组进行。结合民主评议，支部班子成员要与每名党员谈心谈话。党支部要综合民主评议情况和党员日常表现，确定评议等次，对优秀党员予以表扬；对有不合格表现的党员，按照党章和党内有关规定，区别不同情况，稳妥慎重给予组织处置。

四、坚持以学促做

开展“两学一做”学习教育，学是做的基础，做是学的目的。党员、干部要把学和做统一起来，用合格党员“四讲四有”标准重塑形象。“四讲四有”是着眼于党和国家事业的新发展对党员提出的新要求，集中体现了党章党规、系列讲话的基本精神。党员、干部要自觉践行，用行动体现自己合格。

以学促做，要立足岗位做贡献。学党章党规、系列讲话，最终都要通过履行党员义务的实际行动来检验。每个党员、每个党员领导干部都要立足岗位提出履行党员义务、发挥先锋作用的具体事项，党委、党组、党支部要针对不同党员、干部实际情况，提出党员、干部发挥先锋作用的具体要求，教育引导党员、干部在任何岗位、任何地方、任何时候、任何情况下都铭记党员身份，积极为党工作。

提出发挥先锋作用事项，要同党员、干部履职尽责紧密结合起来。在农村牧区、社区，要同落实党员设岗定责和承诺践诺制度相结合；在国有企业和非公有制企业、社会组织，要同落实党员示范岗和党员责任区制度相结合；在窗口单位和服务行业，要同落实党员挂牌上岗、亮明身份制度相结合；在机关事业单位，要同党员模范履行岗位职责，落实党员到社区报到、直接联系服务群众制度相结合；在学校，要同要求党员增强党的意识，自觉爱党护党为党，敬业修德，奉献社会相结合。

五、坚持以上率下

坚持领导带头、以上率下，是党的十八大以来党风廉政建设的一个鲜明特点，是党内教育取得成效的重要经验。领导干部这个“关键少数”的关键作用，直接影响着学习教育的开展与成效。党员领导干部要严格执行双重组织生活制度，以普通党员身份参加所在支部的组织生活，与党员一起学习讨论、一起查摆解决问题、一起接受教育、一起参加党员民主评议。

以上率下，党员领导干部要在学习教育中作出表率，紧密联系领导工作实际，学得更多一些、更深一些，要求更严一些、更高一些，努力提高思想政治素养和理论水平。要增强“四个意识”，紧密结合思想实际，真正触及思想、触动灵魂，带头坚定理想信念、带头严守政治纪律和政治规矩、带头树立和落实新发展理念、带头攻坚克难敢于担当、带头落实全面从严治党责任，干在实处、走在前列。

以上率下，各级领导机关、领导班子、领导干部要以身作则、率先垂范，要求别人做到的自己首先做到，要求别人不做的自己坚决不做。无论什么职级、什么岗位上的党员领导干部，都要带头参加学习讨论，带头谈体会、讲党课、做报告，带头参加组织生活会和民主评议，带头提出履行党员义务、发挥先锋作用事项，立足岗位做贡献。

开展“两学一做”学习教育，学要学到位，做要做具体。学到位，就要创新学习方式，激发内生动力，把党章党规要求和系列讲话精神内化为党员的思想自觉。做具体，就要创新行为方式，强化外在激励，把履行党员义务、发挥先锋作用细化为党员的具体行动。

“两学一做”要创新方式①

“两学一做”学习教育，是面向全体党员深化党内教育的重要实践，是推动党内教育从“关键少数”向广大党员拓展、从集中性教育向经常性教育延伸的重要举措，也是新形势下深化党内教育的一种新方式。确保“两学一做”学习教育取得实效，需要我们创新工作方式、学习方式和行为方式。

一、创新工作方式

创新“两学一做”学习教育工作方式，主要是坚持问题导向和分类指导。坚持问题导向，坚持分类指导，既是思维方式、思想方式，也是重要的工作方式。创新工作方式，就是要解决大而化之、“一刀切”、形式主义问题。

强化问题意识、坚持问题导向，是党的十八大以来全面从严治党的一个鲜明特点、一条成功经验。开展“两学一做”学习教育，是坚持问题导向，着力解决党员队伍中存在的理想信念动摇、党员意识淡薄、政治纪律涣散等问题的经常性教育。

中央印发的学习教育方案和学习安排具体方案，列出了全体党员和县处级以上党员领导干部要重点解决的问题，这些问题是一个总体概括。对于每个党员、每个干部、每个党组织来说，还需要结合自身实际加以细化、具体化。每个党员、每个干部都要具体查找在学习党章党规、系列讲话，遵守党章党规、落实系列讲话，履行党员义务、发挥先锋模范作用等方面存在什么问题；每个党组织都要查找在激活党组织活力、激发党员内在动力，创新学习方式、提高学习效果，创新行为方式、发挥党员先锋作用等方面存在什么问题。

开展“两学一做”学习教育是为了解决问题，如果不解决问题，就会流于形式、走过场。学习教育的实效，主要体现在解决问题上。确保“两学一做”学习教育取得实效，关键是要按照习近平总书记要求的，突出问题导向，学要带着问题学，做要针对问题改，把解决问题贯穿学习教育全过程。

带着问题学，才能学得深入；针对问题改，才能改得到位。学得怎么样、改得好不好，最终要体现在激活基层党组织活力上，体现在激发党员内生动力上，

① 本文节选自2016年9月在呼和浩特、包头“两学一做”学习教育中的讲座讲稿。

体现在解决一个个具体问题上，体现在发挥先锋模范作用的一件件具体事项上，从而推动中心工作、增进群众福祉。

创新“两学一做”学习教育工作方式，要坚持分类指导。要把握不同地域、不同领域、不同行业、不同单位党组织的特点，把握不同群体党员和每个党员的不同特点，把学习教育的任务具体化、精准化、差异化。具体化，就要做到方案具体、措施具体，把原则要求转化为可操作、能落实的办法；精准化，就要把握不同党员的思想动态和行为特征，做到因人施教、精准施策；差异化，就要不搞整齐划一，注意体现差别、突出特色。

二、创新学习方式

学习方式决定学习效果。中央要求，各地区各部门各单位要结合实际确定学习方式，为基层留出空间，发挥党支部自我净化、自我提高的主动性。创新学习方式，就是要解决学习动力不足、学习效果不佳的问题。基层党组织要充分利用这个空间，就必须在创新学习方式上下功夫。

要发挥党支部主体作用。开展“两学一做”学习教育，党支部是基本单位，“三会一课”等党的组织生活是基本形式，落实民主评议等党员日常教育管理制度是基本依托，突出经常性教育的特点是基本定位。党支部书记要承担起主体责任，尊重党员主体地位，了解党员学习需求，创新党支部学习方式，调动党员参与学习教育的积极性，坚持抓在日常、严在经常。

要建设学习型党组织。按照学习型组织模式，确定党组织共同目标和每个党员在实现党组织目标中的责任。对照党组织目标和自己的责任，查找自身影响履行责任的问题，针对问题确定学习内容，培育学习兴趣。带着问题学习，围绕问题讨论，激发党员参与学习教育的内生动力。

要创新学习讨论方式。把个人自学与专题讨论结合起来。党组织要确定集中讨论的专题，党员自学要读原著、学原文、悟原理，带着信念、带着感情、带着使命、带着问题学。党组织定期组织集中学习讨论，党员每次围绕一个专题，紧密联系个人思想工作生活实际参加讨论，相互学习，取长补短，共同提高。

要创新讲党课方式。除了党员领导干部带头到基层单位党支部讲党课以外，要鼓励和指导党支部书记、普通党员联系实际讲党课。要使普通党员备党课的过程成为学习党章党规、系列讲话，联系思想和工作实际深入思考，自我净化、自我提高的过程。注重运用身边事例、现身说法，强化互动交流、答疑释惑，相互点评、共同提高，增强党课的吸引力和感染力，以讲促学、以学促做。

要创新利用媒体方式。针对党员多样化学习需求，充分利用共产党员网、手机报、电视栏目、微信易信和远程教育平台等，开发制作形象直观、丰富多样的学习资源，及时推送学习内容。引导党员利用网络自主学习，并采取网上答题、积分、优胜等方式，促进互动交流、比学赶帮，激发党员学习的积极性、主动性和自觉性，扩大学习教育覆盖面。

要开好党支部专题组织生活会。支部班子及其成员要对照职能职责，进行党性分析，查摆在思想、组织、作风、纪律等方面存在的问题。要面向党员和群众广泛征求意见，严肃认真开展批评和自我批评，针对突出问题和薄弱环节提出整改措施。组织全体党员对支部班子的工作、作风等进行评议。

要开展民主评议党员。以党支部为单位召开全体党员会议，组织党员开展民主评议。对照党员标准，按照个人自评、党员互评、民主测评、组织评定的程序，对党员进行评议。党员人数较多的党支部，个人自评和党员互评可分党小组进行。结合民主评议，支部班子成员要与每名党员谈心谈话。党支部要综合民主评议情况和党员日常表现，确定评议等次，对优秀党员予以表扬；对有不合格表现的党员，按照党章和党内有关规定，区别不同情况，稳妥慎重给予组织处置。

三、创新行为方式

创新“两学一做”学习教育的行为方式，就是党员履行党员义务、发挥先锋作用，做合格党员的方式。创新行为方式，就是要解决学和做“两张皮”、先锋作用不明显的问题。开展“两学一做”学习教育，学是做的基础，做是学的目的。

“四讲四有”标准是对党员的基本要求，集中体现了党章党规、系列讲话的基本精神。对于每个党员、每个干部来说，做“四讲四有”的合格党员，要立足岗位做贡献，通过履行党员八条义务的实际行动来体现。党员义务是每个党员应尽的责任，全面而具体体现了党章对党员先锋模范作用的要求。学要学到位，做要具体化。把做“四讲四有”的合格党员具体化，每个党员、每个党员领导干部都要提出履责事项，即立足岗位履行党员义务、发挥先锋作用的具体事项。

履责事项应包括基础事项和先锋事项，基础事项是指党员必须长期履行的义务，先锋事项是指党员必须做好的年度或临时性工作。提出履责事项，先由党员个人立足工作岗位、根据自身条件，提出若干条交给党组织。党组织审议党员提出的履责事项，根据党员的优势和特长增加党组织需要交由党员完成的中心工作任务，并经党员认同以后公示。提出党员履责事项，要同落实党员设岗定责和承诺践诺制度相结合，同落实党员示范岗和党员责任区制度相结合，同落实党员挂牌上岗、亮明身份制度相结合，同党员直接联系服务群众制度相结合，同党员履责积分制度相结合。

提出党员履责事项，是做“四讲四有”合格党员的具体化、履行党员义务的精准化；是因岗履责、因人尽责，体现了分类指导、因人施教、精准施策；是党员和党组织双向激励，不是单方面意愿；是学和做的结合，知和行的统一。有了党员履责事项，党员发挥先锋模范作用有具体目标，党组织考核党员有明确依据，群众监督党员有现实根据，党组织和党员服务百姓看得见、摸得着。

创新“两学一做”学习教育的行为方式，要坚持领导带头。领导带头、以上率下，是党的十八大以来全面从严治党的一个鲜明特点，是党内教育取得成效的重要经验。各级领导班子、领导干部要以身作则、率先垂范，要求别人做到的自己首先做到，要求别人不做的自己坚决不做。旗县区党委要加强督促指导把关。苏木乡镇街道党委要对所辖党支部进行全覆盖、全过程现场指导，派员参加党支部各项活动。党员领导干部都要带头提出党员履责事项，立足岗位做贡献。

总之，我们要立足于“两学一做”学习教育取得实效，努力创新“两学一做”学习教育的工作方式、学习方式和行为方式，不断探索、不断总结，把成功的做法、好的经验上升到制度层面，实现“两学一做”学习教育制度化、常态化。

创新调研指导思路[①]

目前，开展“两学一做”学习教育中存在的问题是，有些基层党组织用搞“活动”思维抓“两学一做”，图形式、赶进度，在增强学习效果、发挥党员先锋模范作用上下功夫不够。

“两学一做”学习教育是长期建设，必须积极探索建立增强学习效果、发挥党员作用的制度和机制。增强学习效果，就要突出中央和内蒙古自治区党委明确的学习重点和创新学习方式的要求，指导基层党组织设置专题党员自学、专题讨论加深理解、普通党员讲党课互动提高，形成基层党组织学习制度。

发挥党员作用，就要坚持立足岗位发挥作用。岗位是党支部所在单位整体工作的职能化分解，立足岗位干好本职工作是党员应尽的责任。党员责任担当就是发挥先锋模范作用的具体表现。

责任担当的前提是责任明确。党员责任明确的基础是党支部工作目标具

① 本文节选自2016年9月22日代表第一调研指导组在李鹏新部长主持召开的座谈会上的发言稿。

体。积极主动分担党支部工作目标，是党员发挥先锋模范作用自觉性的体现。党员应根据党支部年度工作目标，主动向党支部提交自己履行党员义务、发挥先锋作用的事项即党员履责事项，应包括基础事项和先锋事项。党员提交履责事项是党员承诺践诺的升级版。党支部要把年度工作目标分解到每个党员的岗位上，认真审议党员提交的履责事项，最终确定并公示党员履责事项。

责任担当的条件是党员有能力出色地履行自己分担的责任。出色地履行自己的责任，就是发挥党员的先锋模范作用，就是合格党员。能够清醒地认识自身担当责任的能力水平和存在的差距，有针对性地加强学习训练，是党员有政治觉悟的表现，是学习型党员的具体表现。党支部要教育引导党员都做学习型党员，定期组织讨论，共享学习经验，促进共同提高。

党支部明确目标、党员担当责任、针对问题学习、共享学习成果，是建设学习型党支部的几项要素。提高学习效果、发挥党员先锋作用，需要抓住这几项要素，把每个党支部都建设成为学习型党支部。

创新学习方式，履责发挥作用，建设学习型党支部，这是“两学一做”制度化的可行选择，是加强基层党组织建设的创新之路，是党的建设和中心工作有机统一的有效途径。这些举措贯穿了新发展理念，体现了时代要求，涵盖了思想、组织、作风、制度建设，对各级党组织建设和领导班子建设都具有借鉴意义。

三项制度具有复制推广的价值①

我是内蒙古自治区党委“两学一做”学习教育第一调研指导组组长，我们这个组负责调研指导呼和浩特、包头两市的“两学一做”学习教育工作。我想把我们在调研指导工作中的一些做法和体会向您做一汇报，恳请在百忙中过目。

“两学一做”学习教育在全党普及了党章党规、系列讲话，增强了党员意识和做合格党员意识，坚定了党员的理想信念，提高了坚持党的宗旨、发挥先锋模范作用的自觉性。“两学一做”学习教育开展以来所取得的成绩有目共睹。

同时，对“两学一做”学习教育中存在的普遍性问题也不能熟视无睹。有些基层党组织的学习方式老套，学习效果不明显。在基层党员座谈会上，我们问

① 本文来自 2016 年 12 月 7 日写给中央组织部组织一局领导的报告。

党员学了什么，他们回答学了党章党规、系列讲话，进一步问有什么收获和体会，多数都回答不上来；有些基层党组织说“四讲四有”条件很好，但是对党员个人却不好衡量，又难以具体化；有些基层党组织还找不到把“两学一做”学习教育与中心工作、为民服务结合起来的有效载体和抓手，等等。

针对这些突出问题，我们指导组反复强调必须增强党支部学习效果、把“四讲四有”条件转化为党员的实际行动，提出了创新学习方式、推动党员履责的思路。包头市市委常委、组织部长包国权同志，呼和浩特市市委组织部副部长刘强同志很赞同这个思路，要求指导组就此抓试点，以便在面上推广。在他们的大力支持和指导下，7 月以来，我们调研指导面上工作的同时在两市不同领域抓了 14 个试点，帮助试点单位结合各自实际制定并落实了《党支部创新学习方式安排》和《党支部工作目标实施方案》，感到试点单位的“两学一做”学习教育取得显著成效，具体情况如下：

一、试点单位的做法

（1）创新党支部学习方式。试点单位按照《党支部创新学习方式安排》，从以下几个方面创新了学习方式：一是突出学习重点。党员学习突出了中央要求深入领会掌握的重点内容。二是设置专题自学。党支部围绕重点设置专题，要求党员按专题自学。三是开展集中讨论。党员结合自身实际，讨论对专题内容的理解。四是普通党员讲课。用身边事例、现身说法，强化互动交流，共同提高。五是注重深入思考。认真贯彻习近平总书记关于学习党章要坚持“六个联系、三个深入思考”的重要指示，注重联系实际、深入思考。六是坚持党员学习日。各领域党支部从本单位实际出发，确定党员学习日。七是衔接学习形式。衔接每个专题的自学、讨论和讲党课。八是党员学习全覆盖。年老体弱党员、不识字的党员和流动党员分别采取不同方式参加学习。九是考核总结完善。年末认真总结设专题自学、讨论和讲党课制度执行情况。

（2）制定党支部工作目标。试点单位按照《党支部工作目标实施方案》，结合各自实际制定了 2016 年度工作目标。一是明确工作目标。明确的工作目标是党支部发挥战斗堡垒作用、推动发展的有效载体，是引领党员履行党员义务、发挥先锋模范作用的重要途径。二是制定全面目标。党支部工作目标体现“五位一体”总体布局，贯彻“四个全面”战略布局，落实新发展理念，与上一级领导班子全面小康目标相衔接。三是表述简明扼要。用目标性语言表述工作目标，便于党员认领目标，在实现党支部工作目标中发挥先锋模范作用。四是充分发扬民主。制定目标充分征求党员意见，广泛听取群众意愿，经党员大会讨论通过后公示。五是完善上一级目标。苏木乡镇和街道党委、党政机关和企事业单位领导班子进一步完善年度工作目标，为党支部制定年度工作目标提供遵循。六是考核总结完善。年末组织党员和群众对全年工作目标完成情况进行总结。

（3）推动党员履行责任。试点单位按照《党支部工作目标实施方案》，对党员履行义务、担当责任提出以下要求：一是认清党员责任。讲奉献、有作为，要立足岗位做贡献。在完成党支部工作目标中发挥先锋模范作用，就是合格党员。二是确保责任到人。党员积极主动提交目标认领书，党支部审议目标认领书，公示党员的责任事项。三是明确履责事项。党员履责事项分为基础事项、先锋事项两部分，基础事项是终身履行的共性事项，先锋事项是党员根据自身条件因人而异发挥先锋作用的事项。四是提高履责能力。党员经常查找履责素质能力方面存在的问题，带着问题学习掌握相关理论和业务技能。五是考核总结完善。党支部综合群众评价、党员评议和党员履责表现，确定党员履责等次。

二、试点单位“两学一做”效果

（1）党员对学习内容思考更深入、理解更深刻了。创新学习方式，设置专题自学、讨论、讲党课，三个环节环环相扣、步步深入，促使党员反复学习专题内容，逐步学会了联系实际思考，理解得更加深刻了。包头市固阳县怀朔镇兴圣公村党支部书记秦贵虎说，设专题自学、讨论、讲党课一个循环学习周期，解决了几个突出问题：一是解决了学习不系统、效率低的问题。以往对党员学习的目标和要求比较笼统，现在一个专题、三个环节的学习，严格执行“三会一课”制度，量化了学习任务，规范了学习教育，提高了学习效率，强化了学习教育实效。二是解决了学习针对性不强的问题。以往学习教育的随意性较大，现在明确规定了学什么、怎么学、学多少，重点突出、目标明确、针对性强，激发了党员学习的积极性、主动性。三是解决了学习方法不当的问题。以往的学习仅仅停留在口头上，影响了学习教育的有效开展，现在设置合理、内容互补、时间连贯，形成了整体合力，增强了学习效果。

（2）党支部工作贯彻了中央理念，体现了群众意愿。制定党支部年度工作目标，把“五位一体”总体布局、“四个全面”战略布局和新发展理念落实到基层，人民群众有了更多获得感。呼和浩特市第三医院党支部书记刘义祥认为，制定党支部工作目标，做到党建工作与中心工作融合，党支部的引领作用更加具体，增强了党支部的职能职责。党员个人拟定履责目标、自我加压，激发了党员立足岗位做贡献的热情。

（3）党员发挥先锋模范作用有了载体和平台。根据党支部工作目标确定党员履责事项，增强了党员的主体地位和主人翁意识，为党员发挥先锋模范作用提供了载体，为实现自身价值建立了平台。包头市土右旗苏波盖乡美岱桥村党支部书记刘乐义说，党员一致认为确立目标使党员有了工作方向，了解了党支部年度工作计划和安排。履责事项使普通党员豁然开朗，认为自己能参与到村里的事务，认识到村里的事务不仅仅是村“两委”的事，普通党员要共同参与村里的发展建设管理事务，感到自身价值的提升，形成了民主议事、群策群力、共谋发展的氛围。

三、几点体会

在指导试点单位“两学一做”学习教育中我们有以下几点体会：

（1）试点单位的做法具有复制推广的价值。创新学习方式、推动党员履责，是增强党员学习效果、落实“四讲四有”条件的有效途径。试点单位的做法和经验具有普遍的适用性，有必要把他们的成功做法和有益经验上升到制度层面，建立《党支部工作目标制度》《党员履责制度》和《党支部专题学习制度》（见附件），在呼和浩特市和包头市所有党支部全面推开。三项制度能够把学习型和服务型党支部建设统筹起来、把学和做统一起来、把“两学一做”学习教育和中心工作结合起来。

（2）三项制度具有普遍适用性。目标—责任—学习三者中，制定党支部工作目标是基础和前提；有了明确具体的目标，党员才能履行自己在实现党支部目标中担当的责任；学习是党员提升履责综合素质能力的唯一途径。三者是相互衔接、相互支撑、相互保障、相互促进的制度体系，其中党支部是关键，抓到支部才能落到实处。三项制度不仅对基层党组织建设具有普遍适用性，而且对各级党组织和领导班子建设也具有普遍的借鉴意义。很显然，工作要有目标、实现目标必有责任、担当责任需要提高素质能力，这是适用于任何组织的规律性行为。

（3）“两学一做”应留下常态化、长效化的制度。中组部常务副部长陈希同志在“两学一做”学习教育协调小组第三次会议上的讲话中说：“我们在组织推进学习教育中，从现在开始就要思考‘两学一做’留下什么问题，立足当前、着眼长远，研究探索如何做到组织生活经常化、党员教育常态化、支部主体作用长效化。”《党支部工作目标制度》《党员履责制度》和《党支部专题学习制度》，将是“两学一做”学习教育留下的实现党的组织生活经常化、党员教育常态化、党支部主体作用长效化的制度保障。

附件

党支部工作目标制度

为了进一步深入学习党的十八大和十八届三中、四中、五中、六中全会精神，贯彻落实中央、内蒙古自治区党委、市委关于“两学一做”学习教育的有关要求，推动学习教育常态化、长效化，依据党章规定，结合党支部工作实际，制定党支部工作目标制度。

一、党支部工作规程

党支部工作目标是指党支部紧扣中央、内蒙古自治区党委、市委的决策部署，结合党支部所在地区、单位的中心工作和党员实际情况确定的年度工作任务。党支部工作目标制度是指保障党支部按计划按要求达到预期目标的办事规程。党支部要按照本制度制定年度工作目标。

二、注重工作目标

明确具体的工作目标，是党支部发挥战斗堡垒作用、推动发展的方向，是引领党员履行党员义务、发挥先锋模范作用的途径。确立发展目标，是建设学习型党组织的第一要素，是新形势下加强基层党组织建设的内在要求。所有党支部都要重视制定年度工作目标。

三、制定全面目标

制定党支部工作目标，要结合本地区本单位实际，体现“五位一体”总体布局，涵盖经济建设、政治建设、文化建设、社会建设、生态文明建设和党的建设；贯彻“四个全面”战略布局；落实创新、协调、绿色、开放、共享新发展理念，与上一级领导班子全面小康目标相衔接。

四、表述简明扼要

制定党支部工作目标，要用目标性语言表述，只写目标而不讲措施，只说干什么不说怎么干；具体、简明，便于党员认领目标，在实现党支部工作目标中发挥先锋模范作用。党支部应另行制定目标实施方案，明确实现目标的具体措施。

五、充分发扬民主

制定党支部工作目标，要充分征求党员意见，广泛听取群众意愿，经党员大会讨论，报上级党组织审核把关后公示。

六、完善上一级目标

苏木乡镇党委和街道党工委，党政机关和企事业单位领导班子，要按照统筹推进“五位一体”总体布局、协调推进“四个全面”战略布局、深入贯彻落实新发展理念的要求，进一步完善年度工作目标，使之全面、具体、更具操作性，为党支部制定年度工作目标提供遵循。

七、考核总结完善

年末，上级党组织要按程序对党支部年度工作目标完成情况进行考核。党支部要组织党员和群众对全年工作目标完成情况进行总结，总结经验，分析教训，提出完善的思路，并制定下一年度党支部工作目标。党员要根据党支部新的年度工作目标，向党支部提交自己新一年的目标事项认领书。

党员履责制度

为了加强和规范党员教育管理，更好发挥党员先锋模范作用，推动“两学一做”学习教育常态化、长效化，依据党章规定，结合党员队伍实际，制定党员履责制度。

一、党员履责规程

党员履责事项是指党员履行党员义务，在完成党支部工作目标中担当责任、发挥先锋模范作用的事项。党员履责制度是指党员完成党支部工作目标过程中发挥先锋模范作用的规程。

二、认清党员责任

积极主动认领并努力完成党支部工作目标，是每个党员义不容辞的责任。党员履责是党员发挥主体作用的有效途径，是实现党支部目标的根本保证，是做“四讲四有”党员的具体体现。讲奉献、有作为，要立足岗位做贡献，最根本的是干好本职工作。主动担当责任，立足岗位发挥先锋模范作用，就是合格党员。

三、确保责任到人

工作目标确定以后，党支部书记和支部委员要带头认领工作目标，其他党员除了年老体弱者之外都要积极主动提交目标认领书。党支部根据每个党员的具体条件认真审议其目标认领书，视目标内容和难易程度进行增加或减少、合并或分解。哪些目标由若干党员共同完成，哪些党员能完成若干项目标，要依照工作目标事项和党员的具体情况而定。党支部的审议意见与党员个人的认领意愿对接以后，公示每个党员认领党支部工作目标的责任事项。

四、明确履责事项

党员履责事项分为基础事项、先锋事项两部分。党员履责基础事项是指每个党员都要履行、终身履行的共性事项，包括对党忠诚，理想信念坚定，在思想、政治、言论、行动上同以习近平同志为核心的党中央保持高度一致；遵守党内政治生活准则、党内监督条例、廉洁自律准则、纪律处分条例等各项党纪党规，努力完成党组织交办的任务；践行社会主义核心价值观，遵守社会公德、职业道德、家庭美德、个人品德，家庭和睦，邻里和谐；按期足额缴纳党费；积极开展批评与自我批评，坚决改正自己的缺点和不足，等等。党员履责先锋事项是指党员根据自身条件因人而异发挥先锋作用的事项，包括认领党支部工作目标的事项、党支部交办的事项和其他自觉自愿为民服务的年度事项。

五、提高履责能力

认领完成党支部工作目标的质量和效率，取决于党员的综合素质和能力。党员在履责过程中要经常查找自身履责素质能力方面存在的差距和问题，带着问题学习掌握相关理论和业务技能，做到工作学习化、学习工作化。党支部要针对党员在履责素质能力方面存在的突出问题，采取设置专题自学、讨论、讲课的方式，加强党员学习培训，提高党员发挥先锋模范作用的素质能力，让每个党员都做“四讲四有”的党员。

六、考核总结完善

年末，党员都要对自己全年履责事项完成情况逐项作出书面总结评价，实事求是肯定成绩，客观准确查摆存在的问题；党支部要组织群众对每个党员的履责情况进行评价；党支部召开全体党员会议，对每个党员的履责情况进行评议；党支部综合群众评价、党员评议和党员履责表现，确定党员履责等次。

党支部专题学习制度

为了深化“两学一做”学习教育，建设学习型党组织，坚定党员理想信念，提高党员综合素质和履责能力，依据党章和中央、内蒙古自治区党委、市委关于创新学习方式的有关要求，结合党员队伍实际，制定党支部专题学习制度。

一、突出学习重点

党员学习要突出党章中党的性质、党的宗旨、指导思想、奋斗目标、组织原则、优良作风、党员条件、党员义务、党员权利、入党誓词、合格党员标准、合格党员条件，党规中的党内政治生活准则、党内监督条例、廉洁自律准则、纪律处分条例，系列讲话中的理想信念、中国梦、“四个自信”“四个全面”战略布局、新发展理念、社会主义核心价值观、全面从严治党等内容，需要什么学什么、缺什么补什么。

二、设置专题自学

围绕学习重点，结合党支部工作实际和党员学习需求，党支部设置学习专题，党员按专题自学，为集中讨论做好准备。党员自学要紧密联系自己的思想和工作实际，带着自身存在的问题，反复学习、深入领会专题的内涵和相关论述。

三、开展集中讨论

党支部要认真组织党员讨论，党员人数较多的应分若干党小组进行讨论，让党员有充足的时间讨论。党员参加讨论要结合自己的思想和工作、生活实际，针对改进自身存在的问题，谈对专题内容的认识，积极发言，可以插话，可以多次发言。通过讨论，相互启发、相互补充，加深对专题的理解。

四、普通党员讲课

在个人自学、集中讨论的基础上，进一步组织党员讲党课。党员人数较多的应分若干党小组讲党课。党支部书记先讲，每个党员都讲。普通党员讲党课，不求讲理论，不说空话套话，而要围绕学习前后的思想认识变化，注重用身边事例、现身说法，讲自己的话，说自己的事。要强化互动交流，相互点评、相互学习、共同提高。

五、注重深入思考

设置专题个人自学、集中讨论和普通党员讲党课，都要认真贯彻落实习近平总书记2016年4月下旬在安徽省调研时关于学习党章要坚持“六个联系、三个深入思考”的重要指示，注重联系实际，注重深入思考。

六、坚持定期学习

各领域党支部都要从本单位实际出发，确定党员学习日。农村牧区嘎查村党支部每月至少学习一次，农闲季节多学习，农忙季节少安排。城镇社区党支部一般每周学习一次。党政机关党支部每周学习一次。事业单位党支部每周学习一次或根据业务情况每半月学习一次。企业单位党支部每半月学习一次或根据生产情况灵活安排。

七、衔接学习形式

第一个学习日由党支部确定专题，要求党员在第二个学习日之前按专题个人自学，明确第二个学习日集中讨论的要求。第二个学习日组织党员集中讨论，并安排第三个学习日普通党员讲党课事宜。第三个学习日组织党员讲党课，并确定下一个学习专题，要求党员个人自学。以此类推，衔接每个专题的自学、讨论和讲党课。

八、党员学习全覆盖

对不能参加学习日学习的年老体弱的党员要采取送学的方式学习。对不识字的党员要采取帮学的方式学习。对流动党员要坚持流入地为主，采取寄学的方式学习。

九、考核总结完善

年末，党支部要组织党员认真总结设专题自学、讨论和讲党课制度执行情况，包括所设专题对党支部工作和党员思想认识的针对性情况，党员带着问题学、针对问题改的情况，党员参加讨论和讲党课情况，党员对所设专题的理解领会情况，学习制度引领党员提高履责素质能力的情况等。既要看到学习制度带来的变化和成绩，也要找到需要改进完善的问题。

把党的建设与中心工作结合起来①

加强基层党的建设，抓到支部才能落到实处，推进制度化才能常态化。在“两学一做”学习教育中，包头市委组织部通过总结推广不同领域试点单位的做法和经验，形成了《党支部工作目标制度》《党员履责制度》《党支部专题学习制度》。这三项制度旨在充分发挥基层党组织的政治功能和服务功能，用新发展

① 本文是2017年1月21日在包头市市委基层党建工作述职会上的讲话稿。

理念统领党支部工作，在为民服务中发挥战斗堡垒作用；旨在明确党员在实现党支部工作目标中担当的责任，引导党员通过履责发挥先锋模范作用，做合格党员；旨在坚持“三会一课”、创新学习方式，调动学习积极性、增强学习效果，引导党员带着问题学、针对问题改，提高履责能力，实现工作学习化、学习工作化。

这三项制度不仅对基层党建具有普遍的适用性，而且对各级党组织和领导班子建设也具有普遍的借鉴意义。很显然，推动发展要有目标、实现目标必有责任、担当责任需要提高素质能力，这是适用于任何组织的规律性行为。三项制度的特点是把学习型和服务型党支部建设统筹起来，把学和做统一起来，把党的建设和中心工作结合起来。中组部《“两学一做”学习教育情况通报》第26期提到，建立《党支部工作目标制度》《党员履责制度》《党支部专题学习制度》三项制度，推动“两学一做”常态化、长效化。

张院忠书记讲全市经济工作总体要求时提出，要打造内蒙古自治区经济社会发展火车头、改革开放领头羊、统筹城乡发展先行区、生态环境保护示范区，在发展后劲进一步增强、工业结构进一步优化、城市品位进一步提升、人民生活进一步改善上实现新突破，突出着力增投资上项目、着力振兴实体经济、着力强化科技创新驱动、着力走内涵发展道路、着力深化改革开放、着力保障改善民生等重点。

打造火车头、领头羊、先行区和示范区，意味着包头市在决胜全面小康进程中，各方面都要走在内蒙古自治区最前面。这是很硬的目标、很高的要求、很响亮而又庄严的承诺。走在最前面，要用着力增投资上项目、着力振兴实体经济、着力强化科技创新驱动、着力走内涵发展道路、着力深化改革开放、着力保障改善民生来支撑。走在最前面，要求各级党组织和广大共产党员发挥核心领导作用和先锋模范作用，带领广大群众，使本地区、本部门、本单位的工作走在最前面。只有各个局部走在最前面，整体才能走在最前面。

落实张院忠书记提出的发展思路，需要把各项重点工作目标化、项目化，层层分解，明确责任，落到实处。建议在全市大力推广三项制度，将全市的发展目标转化为每个领导班子、每个党支部的目标，转化为每个岗位、每个党员的责任，为如期实现全市目标提供可靠的制度保障。

“两学一做”留下什么[①]

在市委的高度重视和市委组织部的直接部署推动下，呼和浩特和包头两市

① 本文节选自2017年3月11日关于呼和浩特和包头两市“两学一做”学习教育情况汇报稿。

“两学一做”学习教育取得了扎扎实实、非常显著的成绩，普及了党章党规、系列讲话，增强了做合格党员意识，坚定了理想信念，提高了坚持党的宗旨的自觉性，广大党员立足岗位发挥了先锋模范作用。同时，也存在一些不容忽视的普遍性问题。有些基层党组织学习方式老套，学习效果不明显；有些基层党组织觉得“四讲四有”条件不好衡量，难以具体化；有些基层党组织找不到学习教育与中心工作、为民服务结合起来的有效载体，等等。

我们的调研指导始终坚持问题导向，奔着问题去，跟着问题走，针对普遍性的突出问题，在促进党支部创新学习方式、增强学习效果，确立工作目标、推动党员履责上下了功夫。我们开展面上调研指导的同时协助两市组织部在不同领域抓了 14 个试点，探索制定了《党支部工作目标制度》《党员履责制度》和《党支部专题学习制度》，形成了推动“两学一做”学习教育常态化、长效化的制度体系，在实行中取得了显著成效。

《党支部工作目标制度》旨在充分发挥基层党组织的政治功能和服务功能，用新发展理念统领党支部工作，在为民服务中发挥战斗堡垒作用，建设服务型党支部。《党员履责制度》旨在明确党员在实现党支部工作目标中担当的责任，引导党员通过履责发挥先锋模范作用，做合格党员。《党支部专题学习制度》旨在坚持“三会一课”、创新学习方式，调动学习积极性、增强学习效果，引导党员带着问题学、针对问题改，提高履责能力，实现工作学习化、学习工作化，建设学习型党支部。

两市试点单位实行三项制度以来，党支部工作贯彻了新发展理念，体现了群众意愿，人民群众有了更多获得感。党员明确了实现党支部工作目标中的责任，增强了党员的主体地位和主人翁意识，积极发挥先锋模范作用，实现自身价值，争做合格党员。党支部创新学习方式，组织党员按专题自学、讨论、讲党课，三个环节环环相扣、步步深入，党员对学习内容思考得更深入、理解得更深刻了。中组部《“两学一做”学习教育情况通报》第 26 期肯定了三项制度，即内蒙古呼和浩特、包头两市建立《党支部工作目标制度》《党员履责制度》《党支部专题学习制度》三项制度，推动“两学一做”常态化、长效化。3 月初，呼和浩特市市委组织部以〔2017〕1 号文下发通知，在全市推广三项制度。包头市也要在全市推广三项制度。

目标—责任—学习三者中，明确目标是推动工作的基础和前提；担当责任才能实现工作目标；善于学习是提升履责能力的唯一途径。三者是相互衔接、相互支撑、相互保障、相互促进的制度体系，其中党支部是关键，抓到支部才能落到实处。三项制度不仅对基层党建具有普遍适用性，而且对各级党组织和领导班子建设也具有普遍的借鉴意义。很显然，推动发展要有目标、实现目标必有责任、担当责任需要提高素质能力，这是适用于任何组织的规律性行为。三项制度的特点在于把学习型和服务型党支部建设统筹起来，把学和做统一起来，把党的建设和中心工作结合起来。

中组部副部长陈希同志在“两学一做”学习教育协调小组第三次会议上的讲话中说：“我们在组织推进学习教育中，从现在开始就要思考‘两学一做’留下什么的问题，立足当前、着眼长远，研究探索如何做到组织生活经常化、党员教育常态化、支部主体作用长效化。”呼和浩特市、包头市通过试点探索制定的三项制度，可以说是“两学一做”学习教育留下的实现组织生活经常化、党员教育常态化、党支部主体作用长效化的制度成果。建议内蒙古自治区党委组织部总结提升两市的三项制度，在全区推广，使两市的成功做法和有益经验在全区党的建设中开花结果。

“两学一做”将贯穿共产党执政的全过程[①]

这次民主生活会是“两学一做”学习教育专题民主生活会，就推进“两学一做”学习教育常态化、制度化谈一点认识。

“两学一做”学习教育要常态化，这是“两学一做”这个内容本身所决定的，“两学一做”将贯穿共产党执政的全过程。随着实践的发展，党章党规、党的理论也要不断创新发展。但执政党的党员不能不学党的章程，不能不守党的纪律，不能不懂党的规矩，不能不学党的创新理论，不能不做合格党员。

推进“两学一做”学习教育常态化，关键在制度化。只有制度化才能常态化，制度化是为了常态化，要立足于常态化推进制度化。中办印发的《关于推进“两学一做”学习教育常态化、制度化的意见》第一次提出“党的一切工作到支部”的重大新理念新思想，非常重要。因此，推进制度化应以基层党支部为重点。

呼和浩特市2017年初制定下发了《党支部工作目标制度》《党员履责制度》和《党支部专题学习制度》，在推进“两学一做”学习教育常态化、制度化方面走在内蒙古自治区前面。我们的制度已经不少，但党支部建设的制度化还不够。一切工作到支部，要求党支部建立工作目标制度。这是“两学一做”学习教育

① 本文是2017年4月23日在呼和浩特市市委常委会“两学一做”学习教育专题民主生活会上的发言。

与中心工作深度融合的需要，是党员以完成党支部目标任务为重点发挥先锋模范作用的需要，也是在党支部发挥职能、党员发挥先锋模范作用过程中发现存在的问题，带着问题学好党章党规、系列讲话的需要。

党支部建设的三项制度不仅对基层党建具有普遍的适用性，而且对各级党委（党组）建设也具有普遍的借鉴意义。不言而喻，各级党委（党组）都有年度工作目标，完成党委（党组）的目标任务是班子成员义不容辞的责任，也是其“四个合格”的体现；针对班子成员在履职尽责中存在的问题设置学习专题，联系思想和工作实际学习，才能学好党章党规、系列讲话。

总之，实行三项制度是确保党的组织充分履行职能、发挥核心作用，确保党员干部忠诚干净担当、发挥表率作用，确保广大党员党性坚强、发挥先锋模范作用的制度保证。

谈“两学一做”学习教育常态化、制度化①

一、党的一切工作到支部

近日中办印发的《关于推进“两学一做”学习教育常态化制度化的意见》第一次提出党的一切工作到支部的重大新理念新思想，明确要求树立党的一切工作到支部的鲜明导向，注重把思想政治工作落到支部，把从严教育管理党员落到支部，把群众工作落到支部。推进“两学一做”学习教育常态化、制度化，要坚决贯彻落实党的一切工作到支部的重大思想，立足于确保发挥党组织的核心作用、党员领导干部的表率作用和广大党员的先锋模范作用，紧紧围绕明确党支部工作目标、党员履职尽责、创新学习方式，建立完善相关制度，实现“两学一做”学习教育融入日常、抓在经常。

二、党支部工作要明确目标

党支部工作目标是指党支部以中央的大政方针为指导，与上级党组织的中心

① 本文发表于2017年5月22日《学习时报》，标题为《树立党的一切工作到支部的鲜明导向》。

工作部署相衔接，符合党支部和党员实际情况的年度工作目标任务。明确具体的工作目标，是党支部发挥战斗堡垒作用、推动支部工作科学发展的导向，是引领党员履行党员义务、发挥先锋模范作用的载体。党支部是我们党全部工作和战斗力的基础。党支部制定明确具体的工作目标，是党的一切工作到支部的必然要求，是把思想政治工作、从严教育管理党员工作和群众工作落实到支部的必然要求，是推动学习教育与中心工作深度融合、促进改革发展稳定的必然要求，是“两学一做”学习教育融入日常、抓在经常的具体体现。

三、确定目标要贯彻新理念

党的一切工作到支部的目的是把党的一切工作任务学习宣传到支部、贯彻落实到支部，充分发挥党组织的政治核心作用和党员的先锋模范作用，让人民群众有更多获得感。因此，党支部工作目标要从本地区本单位实际出发，贯彻“五位一体”总体布局，坚持经济建设、政治建设、文化建设、社会建设、生态文明建设相统筹；贯彻“四个全面”战略布局，坚持小康建设、深化改革、依法治国、党的建设相协调；贯彻“五大理念”，坚持创新、协调、绿色、开放、共享发展。制定党支部工作目标，要充分征求党员意见，广泛听取群众意愿，经党员大会讨论确定；要具体实在、简洁明了、通俗易懂，干什么定什么，没有套话空话，便于党员认领目标任务，在完成党支部工作目标中发挥先锋模范作用。

四、实现支部目标是党员的职责

党员是党的一切工作的主体，是带领群众完成党支部年度目标任务的主体。积极主动认领并努力完成党支部目标任务，是党员发挥主体作用的有效途径，是完成党支部目标任务的根本保证，是做合格党员的具体体现。党员做到发挥作用合格，要牢记党的根本宗旨，爱岗敬业、履职尽责，服务群众、奉献社会，敢担当、敢负责、敢作为，在促进改革发展稳定中作表率、当先锋。对党支部年度工作目标任务，党支部书记和支部委员应带头认领，主动担当主要责任；其他党员除了年老体弱者之外都应积极主动认领目标任务，立足岗位发挥先锋模范作用。

五、党员履责应尽力而为

努力完成党支部目标任务是每个党员义不容辞的责任，也是党员发挥先锋模范作用的实践过程。然而，党员与党员之间在年龄、性别、健康、文化、阅历、经验、能力等诸多方面有明显差异，党员认领和完成党支部工作目标任务要从自身实际出发，既要尽力而为，又要量力而行，不能平均分、“一刀切”。党支部应根据每个党员的具体条件认真审议确定其目标认领，视目标内容和难易程度进行增加或减少、合并或分解。党支部的审议意见与党员的认领意愿对接以后应公之于众。认领完成党支部目标任务的数量、质量和效率，取决于党员的综合素质和能力。党员应善于在发挥先锋模范作用过程中查找和发现自身履责能力方面存在的差距和问题，善于带着问题学习提高。

六、学习是履职尽责的前提

党章是管党治党的总章程，党规是党员思想和行为的具体遵循，习近平总书记系列重要讲话是我们推进各项工作的强大思想武器和必须始终坚持的行动指南。深入学习党章党规、系列讲话，既是党支部工作的首要任务，也是科学确定工作目标的基本前提；既是党员发挥先锋模范作用的重要体现，也是发挥好先锋模范作用的必要条件。只有用党章党规规范党组织和党员行为，用习近平总书记系列重要讲话精神武装头脑、指导实践、推动工作，才能增强“四个意识”，在思想上政治上行动上同以习近平同志为核心的党中央保持高度一致，做到政治合格、执行纪律合格、品德合格、发挥作用合格。

七、创新学习方式求实效

学习党章党规、系列讲话，应把握突出重点、设置专题两项要求，抓好个人自学、集中讨论、党员讲课三个环节。突出重点，就是突出中组部《关于“两学一做”学习安排的具体方案》要求深入领会掌握的重点。设置专题，就是把学习党章党规、系列讲话的重点内容分别设置为不同专题，一段时间内集中学习一个专题。个人自学，就是党员个人围绕党支部设置的专题，紧密联系自己的思想和工作实际，带着问题反复学习思考。集中讨论，就是党支部组织党员结合自身存在的问题，讨论对专题内容的认识，相互启发、相互补充。党员讲课，就是普通党员围绕学习专题，讲学习前后的思想认识变化，注重用身边事例、现身说法，强化互动交流，共同提高。两项要求、三个环节使“三会一课”内容更丰富、更生动、更具体，环环相扣、步步深入，促使党员加深领会专题的内涵和相关论述。

八、用三项制度推进常态化

2016年7月以来，呼和浩特市、包头市分别在不同领域抓推进“两学一做”学习教育常态化、制度化试点，在总结提升试点单位做法经验的基础上制定并实行《党支部工作目标制度》《党员履责制度》和《党支部专题学习制度》，取得了显著成效。工作目标制度要求每个党支部都要紧扣中央、内蒙古自治区党委、市委的决策部署，结合党支部所在地区、单位的中心工作和党员实际情况确定年度工作目标任务。履责制度要求把党员履责事项分为每个党员都要终身履行的基础事项和党员根据自身条件因人而异发挥先锋模范作用的先锋事项两部分。专题学习制度要求认真贯彻落实习近平总书记关于坚持“六个联系、三个深入思考”的重要指示，注重联系实际，注重深入思考。实行三项制度克服了走过场、赶进度的惯性思维，实现了“两学一做”学习教育常态化。

九、制度化旨在解决问题

呼和浩特、包头两市基层党支部书记和党员反映，设专题自学、讨论、讲党课一个循环学习周期，克服了之前为学而学、泛泛学习、印象不深的现象，解决了不系统、不深入，针对性不强、方法不当等问题，促使大家联系实际思考更深入、理解更深刻，强化了学习成效。党支部确定全面具体的工作目标，党员明白了自己的责任，克服了之前支部工作不能体现群众意愿的现象和支部工作是支委的事情与自己无关的认识，强化了党员的主体地位和主人翁意识，激发了党员履职尽责的积极性主动性，为党员发挥先锋模范作用提供了载体，为实现自身价值建立了平台。实行三项制度，把“两学一做”作为“三会一课”基本内容固定下来、坚持下去，使理论学习与解决问题紧密结合，使“两学一做”与中心工作深度融合，使群众有了更多获得感。

十、三项制度是一切工作到支部的需要

党的一切工作到支部，确保党的组织充分履行职能、发挥核心作用，需要建立党支部工作目标制度；确保广大党员党性坚强、发挥先锋模范作用，需要建立党员履责制度；确保坚持读原著、学原文、悟原理，联系实际学、带着问题学、不断跟进学，领会掌握基本精神、基本内容、基本要求，需要建立党支部专题学习制度。概言之，三项制度是“两学一做”学习教育与中心工作深度融合的需

要，是党员以完成党支部目标任务为重点发挥先锋模范作用的需要，也是在党支部发挥职能、党员发挥先锋模范作用过程中发现存在的问题，针对问题联系实际学好党章党规、系列讲话的需要。

十一、三项制度具有普遍的适用性

党支部建设的三项制度不仅对基层党建具有普遍的适用性，而且对各级党委（党组）建设也具有普遍的借鉴意义。不言而喻，各级党委（党组）都有贯彻“五位一体”总体布局、“四个全面”战略布局和“五大理念”的年度工作目标，完成党委（党组）的目标任务是班子成员义不容辞的责任，也是班子成员忠诚干净担当、发挥表率作用的体现。理论学习中心组针对班子成员在履职尽责中存在的问题设置学习专题、确定主题，联系思想和工作实际加强研讨式、互动式、调研式学习，才能学好党章党规、系列讲话，发挥引领示范作用。可见，三项制度具有普遍的适用性。

十二、三项制度符合常态化基本要求

坚持全覆盖、常态化、重创新、求实效，是推进“两学一做”学习教育常态化、制度化的基本要求。推动所有党支部实行年度工作目标制度、党员履责制度和专题学习制度，保证了“两学一做”学习教育全覆盖、常态化。通过党支部工作目标制度，建立党员履职尽责、发挥作用的平台，在发挥先锋模范作用过程中发现问题，针对问题设置专题学习等，都是开展“两学一做”学习教育的重要创新。通过党支部工作目标制度深度融合中心工作，实行党员履责制度切实解决民生问题，抓好突出重点、设置专题、个人自学、集中讨论、党员讲课环节深入理解学习内容等，在推动发展、为民服务、真学实做方面取得了实实在在的成效。

十三、常态化要坚持不懈抓下去

推进“两学一做”学习教育常态化、长效化，是学党章党规系列讲话、做合格党员这个内容本身所决定的，从一定意义上讲，“两学一做”学习教育将贯穿我们党执政的全过程，要坚持不懈抓下去。随着实践的发展，党章党规、党的理论必然要不断创新发展，但作为执政党党员在任何时候都不能不遵党的章程，不能不守党的纪律，不能不懂党的规矩，不能不学党的创新理论，不能不做合格党员。推进“两学一做”学习教育常态化，关键在制度化。只有制度化才能常态化，制度化是为了常态化，要立足于常态化推进制度化。推进制度化，要牢牢扭住党支部这个重点。我们的各种制度已经不少，但党支部建设的制度化还不够。党支部是党最基本的组织，是党全部工作和战斗力的基础，要把党支部建设作为最重要的基本建设。

用制度化推进常态化①

最近，中央召开推进“两学一做”学习教育常态化制度化工作座谈会，主要是深入贯彻习近平总书记对“两学一做”学习教育的重要指示精神和中央《关于推进“两学一做”学习教育常态化制度化的意见》（以下简称《意见》）。贯彻落实中央座谈会精神，要认真学习领会总书记的重要指示和中央《意见》，结合基层实际，真正落到实处。

一、深刻理解精神实质

习近平总书记指出：“实践证明，‘两学一做’学习教育是推进思想建党、组织建党、制度治党的有力抓手，是全面从严治党的基础性工程，要坚持不懈抓下去。”要深刻认识有力抓手、基础性工程这个重要功能定位，立足于全面从严治党，把“两学一做”学习教育坚持不懈抓下去，实现常态化制度化。

习近平总书记指出：“要把思想政治建设摆在首位，坚持用党章党规规范党员、干部言行，用党的创新理论武装全党，引导全体党员做合格党员。”把思想政治建设摆在首位，就必须追求在学习党章党规、系列讲话上真正取得实效，取得实效的标志是真正入耳、入脑、入心、入行，用习近平总书记系列重要讲话武装每个党员的头脑，用党章党规规范每个党员的言行，不把习惯当规范，要把规范当习惯，使每个党员都增强政治意识、大局意识、核心意识、看齐意识，做到政治合格、执行纪律合格、品德合格、发挥作用合格。

习近平总书记指出：“要抓住‘关键少数’，抓实基层支部，坚持问题导向，发挥先进典型示范作用。”抓实基层支部，首先要抓住“关键少数”，基层支部抓得实不实，取决于“关键少数”抓得牢不牢。处理好这“两抓”的

① 本文是2017年7月在呼和浩特、包头指导“两学一做”学习教育讲座讲稿。

关系是推进“两学一做”学习教育常态化制度化的关键。坚持问题导向，首先要解决这“两抓”中存在的问题，选树抓住抓实的先进典型，发挥先进典型的示范作用。

习近平总书记指出：“要落实各级党委（党组）主体责任，落实好‘两学一做’学习教育常态化制度化各项举措，保证党的组织履行职能、发挥核心作用，保证领导干部忠诚干净担当、发挥表率作用，保证广大党员以身作则、发挥先锋模范作用，为统筹推进‘五位一体’总体布局和协调推进‘四个全面’战略布局提供坚强组织保证。”实现三个保证、发挥三个作用，前提是落实主体责任、落实各项举措，目的是为实现中国梦提供坚强组织保证。

中央《意见》提出：“要树立党的一切工作到支部的鲜明导向，注重把思想政治工作落到支部，把从严教育管理党员落到支部，把群众工作落到支部。”第一次提出党的一切工作到支部的鲜明导向，是坚持全面从严治党的新理念新思想，具有重大的现实意义和战略意义。三个落到支部，加强思想政治工作是从严教育管理党员的基础，都是为了做好群众工作，让群众过上更加美好的生活。

中央《意见》提出，联系思想工作实际经常查找解决问题，把查找解决问题作为“两学一做”学习教育的规定要求。党员要着力解决党的意识不强、组织观念不强、发挥作用不够等问题。各级党委（党组）要着力解决党的领导弱化、党的建设缺失、管党治党宽松软等问题。党支部要着力解决政治功能不强、组织软弱涣散、从严治党缺位等问题。开展“两学一做”学习教育的目的就是经常查找解决问题，特别是这三个层面三个方面的问题。

中央《意见》提出，党支部是党最基本的组织，是党全部工作和战斗力的基础，要把党支部建设作为最重要的基本建设。党支部要组织党员按期参加党员大会、党小组会和上党课，定期召开支部委员会会议。要指导党支部健全各项工作制度，把组织开展“两学一做”学习教育情况纳入各级党组织党建工作考核的重要内容，注重从党支部工作成效和党员作用发挥看效果，让党员群众作评价。这些重要判断和要求明确了党支部的地位作用，加强了党支部建设的基本内容和评价标准。

中央召开的推进“两学一做”学习教育常态化制度化工作座谈会提出，要牢固树立党的一切工作到支部的鲜明导向，把“两学一做”作为“三会一课”基本内容固定下来、坚持下去，抓好基层支部相关制度建设，夯实党的组织基础。要完善查找解决问题的长效机制，经常进行党性体检。要推动学习教育与中心工作深度融合，激发党员干部干事创业的内生动力，凝心聚力促进改革发展稳定大局。第一次提出深度融合，必将激发内生动力。

推进“两学一做”学习教育常态化，关键在制度化。只有制度化才能常态化，没有制度保证，做不到常态化；制度化是为了常态化，要立足于常态化推进制度化。

二、建立完善制度保证

呼和浩特、包头两市在全市推广的党支部三项制度，可以说是推进“两学一做”学习教育常态化的制度保证。《党支部工作目标制度》《党员履责制度》和《党支部专题学习制度》，这三项制度充分体现了习近平总书记的重要指示和中央《意见》的基本精神，是结合基层实际推进“两学一做”学习教育常态化制度化的有效载体和制度保证。

党支部工作目标是贯彻“五位一体”总体布局、“四个全面”战略布局和新发展理念的全面目标，充分体现了党的一切工作到支部的新思想，充分反映了推动学习教育与中心工作深度融合的新要求，充分展现了党员发挥先锋模范作用的新平台。

党员履责制度，充分体现了中央《意见》提出的党员“在政治合格方面，重点是坚定理想信念，正确把握政治方向，坚定站稳政治立场，坚决维护以习近平同志为核心的党中央权威，不断增强中国特色社会主义道路自信、理论自信、制度自信、文化自信。在执行纪律合格方面，重点是增强组织纪律性，执行党的决定，服从组织分配，严守党的纪律特别是政治纪律和政治规矩。在品德合格方面，重点是继承发扬党的优良传统和作风，大力弘扬忠诚老实、光明坦荡、公道正派、实事求是、艰苦奋斗、清正廉洁等共产党人价值观，带头践行社会主义核心价值观。在发挥作用合格方面，重点是牢记党的根本宗旨，爱岗敬业、履职尽责，服务群众、奉献社会，敢担当、敢负责、敢作为，在促进改革发展稳定中作表率、当先锋”的要求。

党支部专题学习制度，充分体现了中央《意见》提出的“各级党委（党组）和基层党组织要按年度作出学习安排”，坚持读原著、学原文、悟原理，联系实际学、带着问题学、不断跟进学，领会掌握习近平总书记系列重要讲话贯穿的坚定信念信仰、鲜明人民立场、强烈历史担当、求真务实作风、勇于创新精神、科学方法论，做到学而信、学而思、学而行的要求。

党支部三项制度，充分体现了中央《意见》的“基层党组织要以‘三会一课’为基本制度，以党支部为基本单位，把‘两学一做’作为党员教育的基本内容”的要求，充分体现了“强化分类指导，针对不同层级不同领域不同行业明确工作要求，体现具体化、精准化、差异化”的要求，充分体现了坚持“全覆盖、常态化、重创新、求实效”的基本要求。

推动所有党支部实行年度工作目标制度、党员履责制度和专题学习制度，保证了“两学一做”学习教育全覆盖、常态化。通过党支部工作目标制度，建立党员履职尽责、发挥作用的平台，在发挥先锋模范作用过程中发现问题，针对问题设置专题学习等，都是开展“两学一做”学习教育的重要创新。通过党支部工作目标制度深度融合中心工作，实行党员履责制度切实解决民生问题，抓好突出重点、设置专题、个人自学、集中讨论、党员讲课环节深入理解学习内容等，在推动发展、为民服务、真学实做方面取得实实在在的成效。

可以说，实行党支部三项制度就是推进“两学一做”学习教育常态化制度化，应通过实行党支部三项制度来推进“两学一做”学习教育常态化制度化。“两学一做”学习教育在逐步深入，党支部三项制度也需要不断完善。应在实行中认真总结、不断改进，使三项制度更切合实际、更有效管用。

三、制定好党支部三项制度

推进常态化需要制度化，定制度要从本党支部实际出发制定自己的具体制度。上级党组织不可能制定适合下属所有党支部的三项制度，因为每个党支部都有不同于其他党支部的特点。同时，所有党支部也都有共同的特点。呼和浩特市、包头市制定的党支部三项制度，就是各领域党支部制定自己的具体制度时加以参照的共性指南、规范性要求。

党章确定的党的基层组织的基本任务的第一项提出“宣传和执行党的路线、方针、政策，宣传和执行党中央、上级组织和本组织的决议，充分发挥党员的先锋模范作用，积极创先争优，团结、组织党内外的干部和群众，努力完成本单位所担负的任务”。制定党支部工作目标制度，就是为了确保每个党支部都能完成自己的基本任务。

制定党支部工作目标制度，确定本党支部工作目标，要从本地区本单位实际出发，贯彻“五位一体”总体布局，坚持经济建设、政治建设、文化建设、社会建设、生态文明建设相统筹；贯彻“四个全面”战略布局，坚持小康建设、深化改革、依法治国、党的建设相协调；贯彻新发展理念，坚持创新、协调、绿色、开放、共享发展。制定党支部工作目标，要广泛听取群众意愿，充分征求党员意见，经党员大会讨论确定；要具体实在、简洁明了、通俗易懂，干什么定什么，没有套话空话，便于党员认领目标任务，在完成党支部工作目标中发挥先锋模范作用。

党章规定的党员义务的第二项提出“贯彻执行党的基本路线和各项方针、政策，带头参加改革开放和社会主义现代化建设，带动群众为经济发展和社会进步艰苦奋斗，在生产、工作、学习和社会生活中起先锋模范作用”。制定党员履责制度，就是为党员发挥先锋模范作用建立平台。

完成党支部目标任务，是每个党员义不容辞的责任，也是党员发挥先锋模范作用的实践过程。然而，党员与党员之间在年龄、性别、健康、文化、阅历、经验、能力等诸多方面有明显差异，党员认领和完成党支部工作目标任务要从自身实际出发，既要尽力而为，又要量力而行，不能平均分、“一刀切”。党支部应根据每个党员的具体条件认真审议确定其目标认领，视目标内容和难易程度进行增加或减少、合并或分解。党支部的审议意见与党员的认领意愿对接以后应公之于众。认领完成党支部目标任务的数量、质量和效率，取决于党员的综合素质和能力。党员应善于在发挥先锋模范作用过程中经常查找自身履责能力方面存在的差距和问题，善于带着问题学习，解决存在的问题。

党章规定的党员义务的第一项提出“认真学习马克思列宁主义、毛泽东思想、邓小平理论、‘三个代表重要思想’和科学发展观，学习党的路线、方针、政策和决议，学习党的基本知识，学习科学、文化、法律和业务知识，努力提高为人民服务的本领”。制定党支部专题学习制度，就是为了使党员学有所获，达到努力提高为人民服务的本领的目的。

学习党章党规、系列讲话，应把握突出重点、设置专题两项要求，抓好个人自学、集中讨论、党员讲课三个环节。突出重点，就是突出中组部《关于“两学一做”学习安排的具体方案》要求深入领会掌握的重点。设置专题，就是把学习党章党规、系列讲话的重点内容分别设置为不同专题，一段时间内集中学习一个专题；设置专题必须针对党支部工作和党员思想上存在的问题，“切口”要小，主题要集中。个人自学，就是党员个人围绕党支部设置的专题，紧密联系自己的思想和工作实际，带着问题反复学习思考，做到学习工作化、工作学习化。集中讨论，就是党支部组织党员结合自身存在的问题，讨论对专题内容的认识，相互启发、相互补充。党员讲课，就是普通党员围绕学习专题，讲学习前后的思想认识变化，注重用身边事例、现身说法，强化互动交流，共同提高。两项要求、三个环节使“三会一课”内容更丰富、更生动、更具体，环环相扣、步步深入，促使党员加深领会专题的内涵和相关论述。

制定三项制度，党支部工作目标制度是基础，目标要全面，要明确，表述要用目标性语言，强化可行性；党员履责制度是平台，要因人而异，强化激励；专题学习制度是保证，要着眼于实现目标、发挥作用，针对存在的问题抓好学习。乡镇党委街道党工委要指导帮助村社区党支部制定好三项制度，充分发挥第一书记、大学生村干部、驻村干部的作用。

正确认识党支部三项制度与“三会一课”制度及各项工作任务的关系。党支部三项制度是“三会一课”制度的具体化，“三会一课”要体现在坚持三项制度上。凡是本地区本单位的年度主要工作任务，都应纳入党支部工作目标，都应列入党员履责事项，确保完成年度工作任务。

我们要深入学习贯彻落实习近平总书记重要指示和中央《意见》精神，牢固树立和践行一切工作到支部、学习教育与中心工作深度融合、经常查找解决问题等新理念新思想新要求，坚持用制度化推进常态化，建立完善党支部三项制度，在推进“两学一做”学习教育常态化制度化中走在前列。

学懂弄通做实要制度化①

学习宣传贯彻党的十九大精神是全党全国当前和今后一个时期的首要政治任务。十九届中央政治局第一次集体学习时习近平总书记强调，学习贯彻党的十九大精神，要在学懂弄通做实上下功夫。学懂弄通做实，学懂是前提，弄通是关键，做实是根本。学懂就要突出重点、设置专题学，联系实际学，深入思考，准确领会。弄通就要集中讨论、专题讲课，加强交流、相互启发，把握精神实质。做实就要紧密结合思想和工作实际，把十九大提出的战略部署转化为本地区本部门的目标任务，一件一件落到实处。

学懂弄通是为了做实，做实必须立目标、见行动、看结果。立目标要针对问题立，做到善于发现问题、勇于解决问题。发现问题是能力，也是责任；解决问题是本事，更是担当。发现问题是解决问题的前提，看不到问题是最大的问题。见行动要敢于面对问题，做到“哪壶不开提哪壶”，提了哪壶开哪壶。看结果要看做得实不实。做实没做实，群众说了算，看群众有没有获得感、幸福感、安全感。做实，一要有明确的目标要求，二要有管用的激励机制，三要有科学的评价制度。

党的十九大报告指出，党的基层组织是确保党的路线方针政策和决策部署贯彻落实的基础；基层党组织建设“要以提升组织力为重点”。组织力就是基层党组织凭借自身的组织体系和组织资源，完成自己职责任务即直接教育、管理、监督党员，组织、宣传、凝聚、服务群众，宣传党的主张、贯彻党的决定、领导基层治理、团结动员群众、推动改革发展的能力。党支部三项制度的内容说明，落实三项制度的过程既是提升组织力的过程，也是检验有没有组织力的过程。

① 本文节选自2018年1月5日在包头市青山区基层党建述职评议会上的讲话。

推进“两学一做”学习教育常态化制度化已经写入新修订的《党章》。一切工作到支部，支部工作有制度。党支部三项制度，是推进“两学一做”学习教育常态化的保证、制度化的体现，是坚定不移全面从严治党、学懂弄通做实党的十九大精神的制度保证，也是以提升组织力为重点加强基层党组织建设的制度保证。《党支部工作目标制度》是把党的十九大提出的战略部署转化为本地区本部门目标任务的有效载体，《党员履责制度》是党员发挥先锋模范作用、做合格党员的实践平台，《党支部专题学习制度》是带着问题学、针对问题改、提高学习质量的长效机制。

幸福都是奋斗出来的。新的一年一定要有新气象新作为。要结合党支部年度组织生活会、民主评议党员，认真搞好三项制度的总结完善工作，进一步提高对推行党支部三项制度必要性、重要性和创新性的认识，把 2018 年的党支部三项制度制定得更加切合实际、更加行之有效，让三项制度成为推进“两学一做”学习教育常态化的制度保证，成为党的十九大精神在基层落地生根的制度保证，成为为满足人民日益增长的美好生活需要而奋斗的制度保证。

支部工作有制度①

一切工作到支部，支部工作有制度。实行《党支部工作目标制度》，各领域党支部都结合本支部实际，贯彻新发展理念，按照统筹推进“五位一体”总体布局、协调推进“四个全面”战略布局的要求制定了本支部的全面发展目标。实践证明，《党支部工作目标制度》是党中央的大政方针和各级党委的决策部署在基层落地生根、党建工作与中心工作深度融合的有效载体。

实行《党员履责制度》，党员们根据自身条件积极主动认领党支部工作目标，努力完成党支部交办的任务，在完成党支部目标任务中体现自己的带头作用和带动作用。实践证明，《党员履责制度》是党员践行党的宗旨、发挥先锋模范作用、做合格党员的实践平台。

实行《党支部专题学习制度》，党支部根据本支部工作实际和党员思想实际，确定学习重点、设置学习专题，通过个人自学、集中讨论、党员讲党课三个环节反复学习同一个专题，加深理解，见之于行动。实践证明，《党支部专题学习制度》是带着问题学、针对问题改、提高学习质量的长效机制。

---

① 本文节选自 2018 年 1 月 8 日对呼和浩特、包头两市推进“两学一做”学习教育常态化制度化情况汇报稿。

2017年，中组部《“两学一做”学习教育情况通报》第26期肯定了三项制度，即内蒙古自治区呼和浩特、包头两市建立《党支部工作目标制度》《党员履责制度》和《党支部专题学习制度》三项制度，推动“两学一做”常态化、长效化。实践证明，党支部三项制度是推进“两学一做”学习教育常态化、新时代加强基层党组织建设的制度保证。

调研坚持针对性，指导推动制度化。我们的调研指导始终坚持问题导向，奔着问题去、跟着问题走，针对普遍性的突出问题进行深入思考，始终围绕“学”这个基础、“做”这个关键做文章，始终在引导支部创新学习方式、增强学习效果，确立全面发展目标、发挥党员作用上下功夫。我们开展面上调研指导的同时协助呼和浩特和包头两市组织部抓了不同领域党支部实行三项制度的16个试点。

问题不容忽视，需要及时解决。由于健全完善了制度，呼和浩特和包头两市“两学一做”学习教育初步实现了常态化，但存在的问题不容忽视，主要是进展不够平衡、活动不够规范，特别是农村尤为明显。其原因是党员年龄老化，党支部书记文化偏低，不能适应推行三项制度的需要，更不能适应实施乡村振兴战略的需要。

建议有两条：一是建议内蒙古自治区党委组织部及时总结呼和浩特和包头两市推行党支部三项制度的做法和经验，在内蒙古自治区推广，以利于全区推进“两学一做”学习教育常态化、制度化。可以先组织力量对呼和浩特和包头两市的三项制度进行深入调研和科学评估，以衡量有无推广的价值。二是大力下派党政机关优秀年轻干部到支部书记年龄偏大、文化偏低的嘎查村担任第一书记，落实习近平总书记“把到农村一线锻炼作为培养干部的重要途径”的重要指示，以适应推行党支部三项制度、实施乡村振兴战略对人才的需求。

谈该用谁和谁该用①

推进中国特色社会主义伟大事业，关键在党，关键在人。关键在人，实质是关键在用人。党的十九大强调，选人用人要“坚持事业为上”，为我们新时代选人用人指明了方向。

坚持事业为上，是选人用人的根本出发点。推进中国特色社会主义伟大事

① 本文于2018年3月撰写。

业，表现为推进党和国家各项事业和各项工作，具体表现在全面落实以习近平同志为核心的党中央决策部署的各地区的发展上、各单位的工作上。由此可见，坚持事业为上，具体表现为坚持发展为上、工作为上。推进高质量发展、高质量工作，关键在人。

关键在人，关键是用什么人。考虑用什么人，有两种思维方式，即该用谁或谁该用。两句话，“谁”字在前或在后，其含义有本质的区别。坚持事业为上，就是坚持德才兼备、以德为先，把政治放在第一位，这是选人用人的根本原则，也是被选用者必须具备的共性标准；在以德为先的前提下还必须有才，而才因人而异、各有所长，具有个性特点。坚持事业为上选人的实质是坚持以德为先选才，这就必须把准一个地区的发展、一个单位的工作需要什么样才能的干部，按照岗位需求选择适当人选，即以事择人、优中选适，因岗选人、人岗相适。这种考虑人选的思维方式便是该用谁。

如果考虑人选的思维方式是谁该用，那必然是以人择岗，那就不是看谁德才兼备、谁合适这个岗位，而是看谁资历深、资格老，论资排辈、先来后到；看谁文凭高、能说会道，听着顺耳、合口味；看谁人缘好、票数高，不得罪人、没人反对；看谁关系硬、有背景，有“天线”、有“外援”，等等。其结果是人岗不相适、才事不相配，所用其人，或只当和尚不撞钟，或心有余而力不足，或因隔行如隔山，或因穿新鞋走老路，几年下来，一个地区的面貌山河依旧、人民群众的收入水平相形见绌，一个领域的发展原地踏步、改革创新坐失良机，一个单位的工作问题成堆、职能作用难有发挥。

坚持事业为上选人用人，一要把准岗位需求，二要掌握干部德才，三要培养专业能力。岗位需求，因地因事因时而异。需要缜密观察、动态研究一个地区、一个领域、一个行业、一个单位改革发展稳定进程，特别是把准影响和制约其高质量发展的突出问题，选用能解决这些突出问题的干部。干部德才，因人而异，而且主要异在才上。因为，对干部德的要求是共性的、统一的，而才是五花八门的、有高有低的、因人而异的。坚持以德为先、以岗位需求选才，需要具体分析每个干部的才，分地区、分领域、分行业、分系统、分层次、分门别类研究，动态化、系统化、数字化管理，根据岗位需求该用谁，做到可用人选顺手拈来。

培养专业能力，就是认真落实党的十九大关于“注重培养专业能力、专业精神，增强干部队伍适应新时代中国特色社会主义发展要求的能力”的部署。习近平总书记还强调，“无论是分析形势还是作出决策，无论是破解发展难题还是解决涉及群众利益的问题，都需要专业思维、专业素养、专业方法”。建设高素质专业化干部队伍，是新时代干部队伍建设的方向，是适应全球化联动更加紧密、我国发展领域不断拓宽、分工日趋细化、需求日益多样化新形势的必然要求。

专业能力是指领导干部制定政策能力、依法管理能力、知识更新能力和思想作风等。培养专业能力，要加强学习教育，加快知识更新，通过掌握一项项专业知识而提升综合素养，努力成为通达之才；加强实践锻炼，特别是到各领域一线锻炼，通过练就一项项专业能力而提高综合能力，努力成为行家里手。应彻底改变那种拍脑袋决策、靠行政命令、一般化、大呼隆、粗放型的领导方式和领导方法，通过专业能力培养，努力成为既政治过硬又能力高强的高素质专业化领导干部。

选用推进中国特色社会主义伟大事业需要的干部，要坚持事业为上，把政治标准放在首位，多考虑该用谁、少琢磨谁该用，既要看学过什么、干过什么，更要看能干什么、干成了什么，把功夫下在把准岗位需求、掌握干部专业能力、提升干部专业素养和专业精神上。

推进党的建设与中心工作深度融合①

在改革开放40周年之际，全国党建研究会开展“改革开放40年党的建设成就与经验研究”课题调研，很必要，很及时，对进一步推进党的建设新的伟大工程具有重要意义。

改革开放40年来，特别是党的十八大以来，党的建设取得了历史性成就，党的面貌发生了历史性变化，有很多优良传统值得继承发扬，有很多宝贵经验值得总结推广。下面就基层党建工作与中心工作深度融合问题，谈一点看法，提一点建议。

一、基层党建面临的问题

如果说，当前党的建设面临什么突出问题，其中之一就是如何正确处理党的建设与中心工作的关系、如何紧密结合中心工作推进党的建设，更好地用党的建设引领中心工作。

习近平总书记在十九大报告中强调：“伟大斗争，伟大工程，伟大事业，伟

① 本文是2018年7月19日在全国党建研究会“改革开放40年党的建设成就与经验研究”课题调研座谈会上的发言稿。

大梦想，紧密联系、相互贯通、相互作用，其中起决定性作用的是党的建设新的伟大工程。推进伟大工程，要结合伟大斗争、伟大事业、伟大梦想的实践来进行。”这个重要论述深刻阐明了“四个伟大”之间的关系，要求我们在实际工作中把党建工作与中心工作紧密结合、有机统一、深度融合。这是新时代坚持和加强党的全面领导、推进党的建设新的伟大工程的内在要求。

中央的要求是明确的，但在地方特别是在基层，对伟大工程的决定性作用认识还不够高，把伟大工程同伟大斗争、伟大事业、伟大梦想的实践结合起来推进的意识还不够强，就党建抓党建、党的建设与中心工作“两张皮”的现象比较普遍，把党的建设同中心工作相结合的制度还不健全，党的建设与中心工作深度融合的机制还没有形成。这个问题不解决，就难以实现党的建设和中心工作紧密联系、相互贯通、相互作用，就难以发挥党的建设的决定性作用。在基层党组织建设中，这个问题尤为突出，推进深度融合更为迫切。

二、三项制度的内容和成效

党的基层组织是确保党的路线方针政策和决策部署贯彻落实的基础。只有建立健全基层党建和中心工作相互贯通、深度融合的制度机制，紧密结合中心工作推进党的建设，基层党组织才能强化政治引领，在贯彻落实中央的路线方针政策和决策部署中发挥党支部的战斗堡垒作用和党员的先锋模范作用。呼和浩特市和包头市在基层党组织建设中，创新党建思路，创新活动方式，创造性实行三项制度的实践，为党的建设与中心工作深度融合提供了较成功的范例。

2016 年以来，呼和浩特、包头两市在推进“两学一做”学习教育常态化制度化过程中，积极探索创新，在不同领域党支部开展试点的基础上，在全市全面实行《党支部工作目标制度》《党员履责制度》和《党支部专题学习制度》，用制度化推动常态化，显著提高了“两学一做”学习教育的质量。呼和浩特和包头两市实行三项制度有以下特点。

《党支部工作目标制度》规定，全市各领域党支部都结合本支部实际，全面贯彻新发展理念，按照统筹推进“五位一体”总体布局、协调推进“四个全面”战略布局和全面从严治党要求，制定本支部全面发展的年度目标。实践证明，《党支部工作目标制度》是党中央的大政方针和各级党委的决策部署在基层落地生根、党建工作与中心工作深度融合的有效载体。

《党员履责制度》规定，党员根据自身条件积极主动认领党支部工作目标，努力完成党支部交办的任务，在完成党支部目标任务中发挥自己的带头作用和带动作用。实践证明，《党员履责制度》是动员和组织党员践行党的宗旨、发挥先锋模范作用、做合格党员的实践平台。

《党支部专题学习制度》规定，党支部根据本支部工作实际和党员思想实际，确定学习重点、设置学习专题，通过个人自学、集中讨论、党员讲党课三个环节反复学习同一个专题，加深理解，见之于行动。实践证明，《党支部专题学习制度》是落实“三会一课”制度，党员带着问题学、针对问题改、提高学习质量的长效机制。

呼和浩特、包头两市着力实行党支部三项制度以来，原先普遍存在的一些基层党组织学习方式老套、学习效果不明显，一些基层党组织觉得“四讲四有”条件不好衡量、标准难以具体化，一些基层党组织找不到学习教育与中心工作和为民服务有机结合的有效载体等问题，有了明显改观，“两学一做”学习教育质量明显提高。呼和浩特市各党支部制定工作目标共计41045项，平均每个支部7项；111659名党员确定了履责事项，占党员总数的94%；包头市各党支部制定工作目标共计107500项，189183名党员普遍认领了履责事项。

2017年，中组部《“两学一做”学习教育情况通报》第26期肯定了三项制度，即内蒙古自治区呼和浩特、包头两市建立《党支部工作目标制度》《党员履责制度》《党支部专题学习制度》三项制度，推动“两学一做”常态化、长效化。实践证明，党支部三项制度是推进“两学一做”学习教育常态化、新时代推进基层党建和中心工作深度融合的制度保证。

三、三项制度的现实意义

我们知道，做什么事情都要有明确的目标。从大的方面讲，目标是理想信念的具体化，从小的方面讲，目标是干好工作、干成事情的方向、标杆。全党有实现中国梦的目标、“两个一百年”奋斗目标、全面建成小康社会的目标。全党的目标只有具体化为每个党支部的工作目标，才能确保目标实现。这正是实行《党支部工作目标制度》的政治意义所在，是落实一切工作到支部、发挥党支部政治功能和服务功能、以提升组织力为重点加强基层党组织建设的具体要求所在。

党支部由党员组成，完成党支部的目标任务是每个党员义不容辞的责任。立足本职工作岗位认领和完成党支部工作目标任务，是党员发挥先锋模范作用的具体路径，是为群众办实事的实践过程，是党员达到“四讲四有”标准、做“四个合格”党员的具体体现。这正是实行《党员履责制度》的实践意义所在。

党员能不能履职尽责发挥先锋模范作用，能不能全心全意为群众造福、为人民群众过上美好生活需要服务，取决于党员的综合素质和实际工作能力。提高党员的综合素质和实际工作能力，最根本的是深入学习领会习近平新时代中国特色社会主义思想，用以武装头脑；刻苦学习专业知识和业务技能，提升自己的实践能力。这正是实行《党支部专题学习制度》的保障意义所在。

科学制定制度，制定管用的制度，必须注重制度的必要性、针对性和可行性。制定制度要抓住关键问题、关键环节和关键点。

制定和实行三项制度的必要性在于，目前在地方和基层还没有把习近平总书记关于“四个伟大”相互关系重要论述落到实处的有效的制度机制，还没有把党的政治建设真正摆在首位，这是影响推进党的建设和中心工作深度融合的关键问题。加强党支部政治建设，归根结底要把以习近平同志为核心的党中央的决策部署不折不扣地变为党员的实际行动。

制定和实行三项制度的针对性在于，就党建抓党建、党建与业务“两张皮”、党员学习质量不高的现象比较普遍，这是影响发挥党的建设的决定性作用的关键环节。坚持问题导向，解决突出问题，最主要的是建设发挥党支部战斗堡垒作用和党员先锋模范作用的有效载体。

制定和实行三项制度的可行性在于，每项制度都紧密结合各领域党支部工作实际，符合基层党员业务工作实际，这是三项制度简便易行、相互衔接、与时俱进的关键点。制度建设应做到，既有党支部从本支部业务实际和党员自身条件出发制定制度的自主性空间，又有党支部和党员必须执行制度的约束性规定。

一切工作到支部，支部工作有制度。呼和浩特、包头两市由于实行了党支部三项制度，两市的“两学一做”学习教育初步实现了常态化。但存在的问题也不容忽视，主要是进展不够平衡、活动不够规范，农村牧区尤为明显。其原因是党员年龄老化、党支部书记文化偏低，不能适应推行三项制度的需要，更不能适应实施乡村振兴战略的需要。

实行三项制度是一项开创性工作，存在这些问题是难以避免的。从总体上讲，党支部三项制度是推动全面从严治党向基层延伸的思路创新、模式创新、制度创新。可以说，实行党支部三项制度，是加强基层党的政治建设这个根本性建设的迫切需要，是推进“两学一做”学习教育常态化的迫切需要，是促进支部标准化、规范化建设的迫切需要，是提高党的建设质量的迫切需要。

四、恳请纳入调研的建议

目前，基层党建政治建设薄弱、学习与工作脱节、党的建设与中心工作“两张皮”的现象比较普遍。因此，恳请全国党建研究会开展的“改革开放 40 年党的建设成就与经验研究”课题调研，把呼和浩特、包头两市实行党支部三项制度的做法和经验纳入调研范围，加以总结，在面上推广，以利于加强基层党建政治建设，推进“两学一做”学习教育常态化、制度化，推进党的建设与中心工作深度融合，促进支部标准化、规范化建设，不断提高党的建设质量。同时，也恳请把大力下派党政机关优秀年轻干部到农村牧区嘎查村担任第一书记的做法纳入调研范围，以落实习近平总书记“把到农村一线锻炼作为培养干部的重要途径”的重要指示，以适应推行党支部三项制度、实施乡村振兴战略对人才的需求。